Klartext

Jahresbibliographie
Bibliothek für Zeitgeschichte

Stuttgart

Jahrgang 61 - 1989

Die Deutsche Bibliothek – CIP-Einheitsaufnahme

Bibliothek für Zeitgeschichte (Stuttgart):
Jahresbibliographie / Bibliothek für Zeitgeschichte. – Essen: Klartext-Verl.
erscheint jährlich. – Früher im Verl. Bernhard und Graefe, München. –
Aufnahme nach Jg. 61. 1989 (1991)

Jg. 61. 1989 (1991) –
Verl. – Wechsel

Umfang XVIII, 502 Seiten

Alle Rechte der Vervielfältigung sowie der fotomechanischen Wiedergabe,
auch auszugsweise, vorbehalten.

© Klartext Verlag, Essen 1991

Satzherstellung: Klartext Verlag, Essen

Druck: Fuldaer Verlagsanstalt

Printed in Germany

ISBN 3-88474-162-4

INHALT

Vorwort VII

Inhaltsübersicht IX

Hinweise zur Benutzung XVII

I. Neuerwerbungen der Bibliothek

Systematisches Verzeichnis der Neuerwerbungen
mit einer Auswahl von Zeitschriftenaufsätzen 1

II. Forschungs- und Literaturberichte

Hagen Fleischer:
Griechenland im Zweiten Weltkrieg. Ein Literaturbericht 383

Martina Kessel:
Englische und französische Deutschlandpolitik von 1945 bis 1947.
Bericht und Auswahlbibliographie 393

Heidi Synnatzschke-Cochran:
Berlin – unmißverständliche Widerspiegelungen. Eine Auswahlbibliographie 425

Evelyn M. Cherpak:
The Naval Historical Collection of the Naval War College Report, Rhode Island . . . 455

Mathias Bauermeister:
Die Stiftung Wissenschaft und Technik. Eine parteineutrale Institution
politikbezogener Forschung, Beratung und Informationsvermittlung 461

III. Verfasser-Register 468

VORWORT

Jahrgang 61 (1989) der Jahresbibliographie der Bibliothek für Zeitgeschichte Stuttgart präsentiert sich seinen Benutzern in neuer Gestalt. Die Erklärung für diese ansprechende Veränderung ist einfach: Mit dem Erscheinen des vorliegenden Bandes übernimmt der Klartext Verlag in Essen die deutschsprachigen Veröffentlichungen unseres Hauses. Wir freuen uns auf die Zusammenarbeit mit einem Verlag, dessen Namen nicht zuletzt wegen seines anspruchsvollen historischen Programms bereits einen guten Klang hat. Damit endet auch die jahrzehntelange einvernehmliche Kooperation mit dem Bernard & Graefe Verlag, für die wir der Leitung und den Mitarbeitern des bisher in Koblenz ansässigen Unternehmens zu Dank verpflichtet sind.

Außer ihren deutschen Titeln veröffentlicht die Bibliothek für Zeitgeschichte ab Erscheinungsjahr 1992 eine englischsprachige Reihe (Publications of the Library of Contemporary History, Stuttgart), die im Oxforder Verlag Berg Publishers erscheinen wird. Sie wird übergreifende Darstellungen zur Zeitgeschichte und internationalen Politik enthalten, wobei wir eine Synthese von zusammenfassenden Einzelanalysen und bibliographischen Studien anstreben.

Neben den im Berichtszeitraum katalogisierten Neuerwerbungen der Bibliothek für Zeitgeschichte sowie den ausgewerteten Zeitschriftenaufsätzen enthält die Jahresbibliographie 61 wieder eine Reihe interessanter und wichtiger Forschungs- und Literaturberichte. Der Fall der Berliner Mauer am 9. November 1989, der am Beginn der schließlich im Oktober 1990 vollzogenen deutschen Vereinigung stand, bildete den äußeren Anlaß, die Geschichte dieses makabren Bauwerks erneut in einer Bibliographie der bislang erschienenen Literatur zu dokumentieren. Heidi Synnatzschke-Cochran, die heute als Bibliothekarin an der Alderman-Library der University of Virginia in Charlottesville (USA) tätig ist, legt eine Auswahlbibliographie für den Zeitraum 1981 bis 1990 vor, die somit als Fortsetzung der Bibliographie von Michael Haupt gelten kann, die die Bibliothek für Zeitgeschichte 1981 aus Anlaß des 20. Jahrestags des Mauerbaus (mit einem Vorwort von Willy Brandt) veröffentlichte (Schriften der Bibliothek für Zeitgeschichte, Bd. 21). Unter dem Titel „Berlin – unmißverständliche Widerspiegelung" enthält die erneut von einem Regierenden Bürgermeister (Walter Momper) eingeleitete Bibliographie von Frau Synnatzschke-Cochran eine unkommentierte Auswahl von Titeln von Monographien, Artikeln aus Zeitungen und Zeitschriften, von Pressekonferenzen zum Thema Berliner Mauer und damit zusammenhängenden Fragestellungen.

Während der Fall der innerdeutschen Grenze gleichsam das Ende der deutschen Nachkriegsgeschichte markiert, bildet der Gegenstand der Auswahlbibliographie von Dr. Martina Kessel den Ausgang jener historischen Entwicklung nach dem Zweiten Weltkrieg. Die jetzt an der Freien Universität Berlin arbeitende Historikerin stellt in ihrer systematisch gegliederten Bibliographie vor allem neuere Arbeiten zur englischen und französischen Deutschlandpolitik von 1945 bis 1947 vor, die auf inzwischen zugänglichen britischen und französischen Archivbeständen basieren. Der besondere Reiz dieser Literaturzusammenstellung liegt in der

Verzahnung der alliierten Besatzungs- bzw. Zonenpolitik mit der Deutschlandpolitik der beiden Regierungen im internationalen, insbesondere europäischen Kontext.

Die Bibliothek für Zeitgeschichte gilt zu Recht als eine der zentralen Anlaufstellen in Deutschland für alle Forschungen zur Geschichte der beiden Weltkriege. Zu ihren wichtigsten bibliothekarischen Aufgaben gehört daher die Beschaffung und der Nachweis auch der neueren Literatur zu diesen die Geschichte unseres Jahrhunderts prägenden politischen und militärischen Ereignissen. Mit dem Literaturbericht von Professor Hagen Fleischer (Universität Kreta) liegt ein konzis formulierter, höchst informativer Beitrag vor, der sowohl der älteren als auch der jüngeren nationalen Historiographie zur Geschichte Griechenlands im Zweiten Weltkrieg gerecht wird. Dabei zeigt sich, daß die griechische Geschichtsschreibung nur sehr langsam ihre jahrzehntelange politische Sichtweise überwindet und zu einer vorurteilsfreieren Bewertung der historischen Ereignisse von Krieg, Besatzung und nachfolgendem Bürgerkrieg kommt. Als großes Desiderat der Forschung gilt eine Edition der nach Aufhebung der ungewöhnlich langen Sperrfrist von fünfzig Jahren erst in letzter Zeit sukzessive frei werdenden Quellenbestände der griechischen Archive.

Die Jahresbibliographie 61 schließt mit der Vorstellung zweier wichtiger, wenn auch sehr unterschiedlicher historischer bzw. politikwissenschaftlicher Forschungseinrichtungen: des Naval War College in Newport, Rhode Island (USA), sowie der Stiftung Wissenschaft und Politik in Ebenhausen bei München. Im Mittelpunkt der Ausführungen von Evelyn M. Cherpak stehen die von ihr betreuten marinegeschichtlichen Sammlungen des Naval War College, deren Ursprung bereits 1884 mit der Gründung des College anzusetzen ist und unter denen insbesondere, neben einer Vielzahl persönlicher Nachlässe, die Oral History Collection Erwähnung verdient. Die von Dr. Matthias Baumeister vorgestellte Stiftung Wissenschaft und Politik gilt inzwischen als eine der zentralen deutschen Einrichtungen politikbezogener Forschung und Informationsvermittlung. Unter ausdrücklichem Rekurs auf einen interdisziplinären Forschungsansatz bemüht sich die Stiftung um eine Analyse und Bewertung der internationalen Beziehungen, vor allem auch der internationalen Sicherheitspolitik, insbesondere durch die Erstellung von Problem- und Lageanalysen. Der Beitrag gibt Auskunft über die wissenschaftlichen ebenso wie die bibliothekarischen Leistungen und Angebote dieser bedeutenden Forschungseinrichtung.

Die Erstellung der Jahresbibliographie 61 war wiederum das Ergebnis einer gemeinschaftlichen Leistung. Die bibliographischen Arbeiten wurden in bewährter Weise von den Bibliothekarinnen Birgit Dietrich, Helene Holm, Eva Läpple, Walburga Mück, Angelika Treiber und Andrea Weiss durchgeführt; die Schlußredaktion besorgte Frau Dr. Hildegard Müller (jetzt UB München). Für eine zuverlässige Eingabe der mittlerweile sehr umfangreichen Titel sowie der Forschungs- und Literaturberichte sorgten Anna Schreiner und Marlyse Scheibig; Jochen Rohwer oblag die Betreuung der teilweise komplizierten Programmierungs- und Eingabearbeiten. Ihnen allen sei an dieser Stelle herzlich gedankt.

Wir hoffen, daß auch von dieser Ausgabe der Jahresbibliographie, wertvolle Anregungen für die internationale zeitgeschichtliche und politikwissenschaftliche Forschung ausgehen. Für kritische Anmerkungen und Hinweise sind Herausgeber und Bearbeiter den Lesern dankbar.

Stuttgart, im August 1991

Dr. Gerhard Hirschfeld
Direktor der Bibliothek
für Zeitgeschichte

Inhaltsübersicht

Die systematischen Gruppen A-J (Allgemeiner Teil) und K (Geschichtsteil) werden bei den unter L (Länderteil) aufgeführten Staaten jeweils in gleicher Reihenfolge zur Gliederung der dort verzeichneten Titel wiederholt. Auf die Aufführung dieser Gruppen bei den einzelnen Staaten wird daher verzichtet.

A Hilfsmittel
000 Bibliographien 1
200 Nachschlagewerke, Wörterbücher . 3

B Buch- und Bibliothekswesen 5

C Biographien und Memoiren 5

D Land und Volk
000 Länderkunde,
 Geographie, Geopolitik 6
100 Völkerkunde, Volkstum,
 Minoritäten 6
200 Einzelne Völker und Volksgruppen . 6
280 Juden, Judentum 6

E Staat und Politik 9
000 Allgemeines 9
005 Politikwissenschaft 9
010 Politische Theorie 9
011 Politische Ideen und Philosophie . . 10
012 Theorie politischer Systeme 10
013 Theorie der internationalen
 Beziehungen 10
100 Innenpolitik 11
110 Verfassung und Recht 11
113 Staatsrecht/Öffentliches Recht . . . 11
 .40 Menschenrechte 11
114 Internationales Recht 12
 .00 Allgemeines 12
 .10 Kriegsrecht 13
 .20 Seerecht 13
 .30 Luftrecht 13
116 Strafrecht 13
120 Regierung und Verwaltung 14

140 Parteiwesen 14
141 Theorie der Partei 14
142 Allgemeine politische Richtungen . 14
 .1 Konservatismus 14
 .2 Liberalismus 14
 .3 Nationalismus 15
 .4 Faschismus 15
 .6 Sozialismus/Sozialdemokratie . 15
 .7 Marxismus 15
 .8 Kommunismus/Bolschewismus . 17
 .9 Terrorismus/Anarchismus . . . 18
200 Außenpolitik 19
210 Diplomatie 21
230 Sicherheitspolitik 21
235 Friedensbewegungen 22
250 Internationale Organisationen . . 24
253 Vereinte Nationen 24

F Wehrwesen
000 Wehr- und Rüstungspolitik . . . 26
005 Allgemeines 26
010 Abrüstung und Rüstungskontrolle 27
011 Abrüstung 27
012 Rüstungskontrolle 28
 .1 Allgemeines 28
 .2 Nonproliferation 29
 .3 ABC-waffenfreie Zone 30
 .4 Einzelne Rüstungs-
  Kontrollverhandlungen 30
 .5 Verifikation 32
 .6 Vertrauensbildende Maßnahmen 32
020 Militärbündnisse 32
021 NATO 32
 .1 Allgemeines 32
 .2 NATO-Streitkräfte 34
 .3 NATO-Regionen 35

022 Warschauer Pakt	36
023 Sonstige Militärbündnisse	36
030 Internationale Streitkräfte	36
040 Waffenhandel	37
050 Krieg und Kriegführung	37
051 Allgemeines	37
052 Arten des Krieges	38
053 Strategie	40
.1 Allgemeines	40
.2 Nuklearstrategie	41
.3 Einzelne strategische Konzepte	42
.4 Operative Konzepte	44
054 Taktik/Truppenführung/Manöver	44
055 Geheimer Nachrichtendienst/ Spionage/Abwehr	44
.9 Einzelne Spione/Fälle	46
100 Landmacht/Heer/Landstreitkräfte	46
200 Seemacht/Marine/Seestreitkräfte	47
300 Luftmacht/Luftwaffe/Luftstreitkräfte	49
400 Zivilverteidigung/ Zivilschutz/ Sanitätswesen	49
500 Wehrtechnik/Kriegstechnik	50
501 Allgemeines	50
510 Waffentechnik	50
511 Heereswaffen	50
512 Marinewaffen/Seekriegswaffen	51
513 Luftkriegswaffen	51
515 ABC-Waffen	51
518 Raketen/Raketenabwehr/Lenkwaffen	53
520 Fahrzeugtechnik/Militärfahrzeuge	54
522 Seefahrzeuge/Schiffstechnik	55
523 Luftfahrzeuge/Luftfahrttechnik	56
550 Nachrichtentechnik/Elektronik	59
560 Raumfahrttechnik	59

G Wirtschaft

000 Grundfragen der Wirtschaft/ Weltwirtschaft	61
100 Volkswirtschaft	61
300 Industrie	62
380 Rüstungsindustrie	62
390 Energiewirtschaft	63
400 Handel	63
500 Verkehr	64
600 Finanzen/Geld-und Bankwesen	64
700 Technik/Technologie	64

H Gesellschaft

100 Bevölkerung und Familie	67
130 Frauenfrage/Frauenbewegung	67
200 Stand und Arbeit	68
214 Arbeiterbewegung/Gewerkschaften	68
220 Arbeit und Arbeitsprobleme	69
300 Wohlfahrt und Fürsorge	69
500 Gesundheitswesen	69
510 Umweltschutz	69
600 Sport und Spiel	69

J Geistesleben

100 Wissenschaft	70
200 Kunst	71
400 Presse/Publizistik/ Massenmedien	71
500 Schule und Erziehung	71
600 Kirche und Religion	72
610 Christentum	72
620 Islam	72

K Geschichte

0 Allgemeine Geschichte/ Geschichtswissenschaft	73
2 Geschichte 1815-1914	73
e Politische Geschichte	73
f Kriegsgeschichte	74
3 Geschichte 1914-1918	74
a Gesamtdarstellungen	74
c Biographien/Kriegserlebnisse	75
e Politische Geschichte	75
f Militärische Geschichte	76
10 Allgemeines und Landkrieg	76
20 Seekrieg	77
30 Luftkrieg	77
i Geistesgeschichte	77
k Kriegsschauplätze	78
4 Geschichte 1919-1939	79
e Politische Geschichte	79
f Kriegsgeschichte	79
473 Spanischer Bürgerkrieg	79
490 Sonstige Kriege	81
5 Geschichte 1939-1945	82

a Allgemeine Werke 82
c Biographien und Kriegserlebnisse . .82
   10 Biographien militärischer Führer .82
   20 Kriegserlebnisse 83
e Politische Geschichte 84
   10 Vorgeschichte des Krieges . . .84
   20 Politischer Verlauf des Krieges . .85
   22 Kriegskonferenzen 85
f Militärische Geschichte 85
   10 Landkrieg und Allgemeines . . .85
   16 Truppengeschichte 86
   20 Seekrieg 86
     .2 Seestreitkräfte/Flotten 87
   30 Luftkrieg 88
   60 Einzelfragen 88
   64 Kriegsgefangene/Internierte/
     Deportierte 89
     .1 Kriegsgefangene 89
     .2 Internierte 89
     .3 Deportierte 90
     .4 Konzentrationslager 90
g Wirtschaftsgeschichte 91
k Kriegsschauplätze und Feldzüge . .91
   11 Polenfeldzug 1939-1944 91
     .40 Besatzungszeit und
     Widerstand 92
   12 Ostfeldzug 1941-1945 92
     .00 Allgemeine Werke 92
     .02 Kampfhandlungen in
     einzelnen Gebieten/Orten . .93
     .04 Besetzte Gebiete/ Widerstand/
     Partisanen 1941-1945 94
   20 Nordeuropa/Nordsee/Nordmeer .94
   22 Nordfeldzug 1940 94
   23 Finnland und Lappland
     1941-1945 95
   30 Westeuropa/Atlantik 95
     .2 Seekrieg im Westen 95
     .3 Luftkrieg im Westen 95
   32 Westfeldzug 1940 95
   33 Besetzter Westen/Widerstand
     1940-1944 96
   34 Invasion im Westen 1944 97
   35 Endkampf um Westdeutschland/
     Kapitulation 98
   36 Besetztes Deutschland 98
   40 Mittelmeerraum 98
     .2 Seekrieg im Mittelmeer . . .98
     .3 Luftkrieg im Mittelmeerraum 99
   41 Südosteuropa/
     Balkanfeldzug 1941 99
     .7 Besetzter Balkan/
     Widerstand 1941-1944 . . .99
   42 Afrika 100
   44 Südeuropa 1943-45 100
     .7 Besatzungszeit und
     Widerstand 101
   50 Ostasien/Pazifik 101
     .2 Seekrieg 102
     .3 Luftkrieg 102
   55 Japan 102
6 Geschichte seit 1945 102
 e Politische Geschichte 102
   22 Nachkriegsprozesse/
     Wiedergutmachung 103
   26 Ost-West-Konflikt/ Kalter
     Krieg/Entspannungspolitik . .103
   27 Nord-Süd-Konflikt 104
   30 Ereignisse/Konferenzen 104
   35 KSZE/Folgetreffen 104
   36 KVAE 105
 f Kriegsgeschichte 105
   00 Allgemeines 105
   10 Kriege in Asien 105
   11 Indochina 1946-1954 105
   12 Korea 1950-1953 106
   13 Vietnam 1957-1975 106
     .1 Militärische Geschichte . . .108
   14 Afghanistan 1979-1989 108
   19 Sonstige Kriege in Asien 109
   20 Kriege im Nahen und
     Mittleren Osten 109
   21 Arabisch/israelische Kriege
     seit 1948 109
   23 Golfkrieg Iran-Irak 1980-1989 110
   24 Libanonkrieg 1975- 112
   30 Kriege in Afrika 112
   31 Algerienkrieg 1954-1962 . . .112
   32 Sonstige Kriege in Afrika . . .112
   40 Kriege in Amerika 112

44 Falkland-Krieg 1982 112

L 000 Mehrere Erdteile 114
020 Naher und Mittlerer Osten 114
   d Land und Volk 114
      10 Palästinenser/PLO 114
   e Staat und Politik 115
   g Wirtschaft 115
   k Geschichte 115
   l Nah-Ost-Konflikt 116
030 Entwicklungsländer/ 3. Welt . . 117
   a Allgemeines 117
   e Staat und Politik 117
   f Wehrwesen 118
   g Wirtschaft 118
040 Neutrale und nichtgebundene
   Staaten 119
060 Commonwealth-Staaten 119
100 Europa 119
101 Nordeuropa 119
103 Osteuropa 120
   e Staat und Politik 120
   g Wirtschaft 121
104 Südosteuropa/Balkan 122
107 Westeuropa 122
   e Staat und Politik 122
      10 Innenpolitik 122
      14 Parteien 122
      20 Außenpolitik 123
      21 Sicherheitspolitik 124
      30 EG 124
      40 Europäische Integration . . 125
   f Wehrwesen 126
   g Wirtschaft 126
   h Gesellschaft 126
110 Einzelne Staaten Europas . . . 127
111 Albanien 127
119 Belgien 127
123 Bulgarien 128
125 Dänemark 128
   c Biographien 128
   e Staat und Politik 129
   f Wehrwesen 129
   h Gesellschaft 129

130 Deutschland/Bundesrepublik
   Deutschland 130
   c Biographien 130
   d Land und Volk 137
   d 20 Juden 137
   e Staat und Politik 139
      10 Innenpolitik 140
      11 Verfassung und Recht . . . 141
      12 Regierung und Verwaltung . 144
      13 Parlamente und Wahlen . . 144
      14 Parteien 144
      20 Außenpolitik 150
      23 Sicherheitspolitik 151
        .1 Friedensbewegung . . . 151
      29 Außenpolitische Beziehungen 151
        .1 Deutsche Frage 154
      30 Kolonialpolitik 155
   f Wehrwesen 155
      00 Wehr- und Rüstungspolitik 155
      01 Rüstungspolitik/Abrüstung/
         Rüstungskontrolle 155
      10 Heer 156
      13 Waffengattungen/
         Truppengattungen 156
      14 Militärwesen 157
      20 Marine 159
      30 Luftwaffe 159
   g Wirtschaft 160
      10 Volkswirtschaft 160
      30 Industrie 161
      39 Energiewirtschaft/
         Energiepolitik 162
      40 Handel 162
      50 Verkehr 162
      60 Finanzen/Geld-und
         Bankwesen 162
   h Gesellschaft 163
      10 Bevölkerung und Familie . . 163
      12 Jugend 164
      13 Frauen 164
      20 Stand und Arbeit 165
      21 Arbeiterbewegung 165
      22 Arbeit und Arbeitsprobleme 166
      30 Wohlfahrt und Fürsorge . . 167
   i Geistesleben 167

10 Wissenschaft	167
20 Kunst	168
30 Literatur	168
40 Presse/Publizistik/Medien	168
50 Schule und Erziehung	169
60 Kirche und Religion	170
k Geschichte	170
00 Allgemeines	170
30 Kaiserreich 1871-1918	172
40 Weimarer Republik 1919-1933	173
50 Drittes Reich 1933-1945	173
51 Widerstandsbewegung 1933-1945	173
60 Geschichte seit 1945	174
l Einzelne Länder/Gebiete/Orte	176
10 Länder/Gebiete	176
20 Städte/Orte	178
0 Berlin	180
1 Deutsche Demokratische Republik	181
a Allgemeines	181
c Biographien	182
e Staat und Politik	182
f Wehrwesen	183
135 Finnland	184
137 Frankreich	184
c Biographien	184
e Staat und Politik	186
10 Innenpolitik	187
14 Parteien	187
20 Außenpolitik	189
f Wehrwesen	190
10 Heer	191
h Gesellschaft	191
k Geschichte	192
139 Griechenland	192
141 Großbritannien	193
c Biographien	193
e Staat und Politik	196
10 Innenpolitik	196
14 Parteien	197
20 Außenpolitik	198
29 Außenpolitische Beziehungen	199
f Wehrwesen	200
00 Wehrpolitik	200
10 Heer	200
20 Marine	201
30 Luftwaffe	202
g Wirtschaft	203
h Gesellschaft	203
i Geistesleben	203
l Einzelne Länder/Gebiete/Orte	204
143 Irland	204
145 Italien	205
c Biographien	205
e Staat und Politik	207
10 Innenpolitik	207
14 Parteien	208
20 Außenpolitik	209
f Wehrwesen	209
g Wirtschaft	210
h Gesellschaft	210
i Geistesleben	210
k Geschichte	211
l Einzelne Länder/Gebiete/Orte	211
147 Jugoslawien	212
a Allgemeines	212
e Staat und Politik	213
10 Innenpolitik	213
163 Niederlande	214
a Allgemeines	214
c Biographien	214
165 Norwegen	215
a Allgemeines	215
e Staat und Politik	215
h Gesellschaft	216
k Geschichte	216
171 Österreich	217
c Biographien	217
e Staat und Politik	218
10 Innenpolitik	218
20 Außenpolitik	219
f Wehrwesen	219
i Geistesleben	219
k Geschichte	220
174 Polen	221
a Allgemeines	221
c Biographien	221
d Land und Volk	223

e Staat und Politik 223	14 Parteien 262
10 Innenpolitik 223	20 Außenpolitik 263
20 Außenpolitik 224	f Wehrwesen 263
f Wehrwesen 224	k Geschichte 264
h Gesellschaft 225	l Einzelne Länder/Gebiete/Orte . 264
k Geschichte 226	195 Tschechoslowakei 264
175 Portugal 226	e Staat und Politik 264
177 Rumänien 227	k Geschichte 265
a Allgemeines 227	l Einzelne Länder/ Gebiete/ Orte 266
e Staat und Politik 228	197 Türkei 267
179 Rußland/Sowjetunion 228	198 Ungarn 268
c Biographien 228	a Allgemeines 268
d Land und Volk 232	c Biographien 268
e Staat und Politik 233	e Staat und Politik 269
10 Innenpolitik 234	10 Innenpolitik 269
11 Verfassung 236	k Geschichte 270
12 Regierung und Verwaltung . 236	199 Vatikan 271
14 Parteien 236	200 Asien 272
20 Außenpolitik 238	202 Nordostasien/Ostasien 272
29 Außenpolitische Beziehungen 239	203 Ostasien/Nordostasien 272
f Wehrwesen 242	204 Südostasien/Südasien 272
00 Wehrpolitik 242	210 Einzelne StaatenAsiens 273
05 Kriegswesen 244	211 Afghanistan 273
10 Heer 246	214 Bahrein 274
13 Waffengattungen und Dienste 246	215 Bangladesh 274
14 Militärwesen 247	218 Burma 274
20 Marine 247	219 Sri Lanka/Ceylon 275
g Wirtschaft 248	221 China 275
10 Volkswirtschaft 250	a Allgemeines 275
h Gesellschaft 250	c Biographien 276
i Geistesleben 251	e Staat und Politik 277
k Geschichte 252	10 Innenpolitik 277
21 Oktoberrevolution 254	20 Außenpolitik 279
l Einzelne Länder/Gebiete/Orte . 256	29 Außenpolitische Beziehungen 279
183 Schweden 257	f Wehrwesen 280
e Staat und Politik 257	g Wirtschaft 282
f Wehrwesen 258	k Geschichte 282
185 Schweiz 259	l Einzelne Länder/Gebiete/Orte . 283
a Allgemeines 259	225 Indien 284
c Biographien 259	a Allgemeines 284
e Staat und Politik 259	c Biographien 284
f Wehrwesen 260	e Staat und Politik 284
193 Spanien 261	20 Außenpolitik 285
a Allgemeines 261	f Wehrwesen 285
e Staat und Politik 262	l Einzelne Länder/ Gebiete/Orte . 286

231 Irak 286	315 Algerien 304
233 Iran 286	319 Dahomey/Benin 304
a Allgemeines 286	329 Ghana 304
e Staat und Politik 287	331 Guinea 304
10 Innenpolitik 287	333 Kamerun 305
235 Israel/Palästina 288	337 Kenia 305
c Biographien 288	341 Liberia 305
d Land und Volk 288	343 Libyen 305
e Staat und Politik 289	346 Malawi 305
10 Innenpolitik 289	347 Mali 306
20 Außenpolitik 290	349 Marokko 306
f Wehrwesen 290	351 Mauretanien 306
k Geschichte 291	353 Mocambique 306
l Einzelne Länder/Gebiete/Orte . . 291	354 Namibia 306
10 Besetzte arabische Gebiete . . 291	357 Nigeria 307
237 Japan 292	360 Obervolta/Burkina Faso 307
a Allgemeines 292	364 Rio de Oro/Demokratische
e Staat und Politik 292	Arabische Republik Sahara 307
f Wehrwesen 293	367 Senegal 307
239 Jemen 293	371 Somalia 308
241 Jordanien 293	373 Sudan 308
243 Kambodscha 294	375 Südafrikanische Republik 308
245 Korea 294	a Allgemeines 308
.1 Nordkorea 295	c Biographien 308
.2 Südkorea 295	d Land und Volk 310
247 Laos 296	e Staat und Politik 310
249 Libanon 296	10 Innenpolitik 311
251 Malaysia 296	f Wehrwesen 312
258 Oman 297	377 Südafrikanische Gebiete 312
259 Pakistan 297	381 Tansania 312
265 Saudi-Arabien 298	383 Togo 312
266 Singapur 298	385 Tschad 312
267 Syrien 298	385 Tunesien 313
268 Taiwan 298	389 Uganda 313
269 Thailand 299	391 Zaire 313
271 Tibet 299	392 Zambia 313
277 Vietnam 299	398 Zimbabwe 313
279 Zypern 300	400 Amerika 313
300 Afrika 300	402 Lateinamerika 314
e Staat und Politik 300	e Staat und Politik 314
k Geschichte 301	10 Innenpolitik 314
l Regionen/Gebiete 301	20 Außenpolitik 314
310 Einzelne StaatenAfrikas 303	f Wehrwesen 315
311 Abessinien/Äthiopien 303	g Wirtschaft 315
313 Ägypten 303	i Geistesleben 316

405 Südamerika 316	455 Uruguay 334
409 Mittelamerika 316	457 Venezuela 334
410 Einzelne StaatenAmerikas 317	460 USA 335
421 Argentinien 317	c Biographien 335
a Allgemeines 317	d Land und Volk 339
e Staat und Politik 318	e Staat und Politik 341
f Wehrwesen 318	10 Innenpolitik 342
423 Bolivien 319	11 Verfassung und Recht . . . 343
425 Brasilien 319	12 Regierung und Verwaltung . 344
a Allgemeines 319	13 Parlamente und Wahlen . . 345
e Staat und Politik 319	14 Parteien 346
g Wirtschaft 320	20 Außenpolitik 348
427 Chile 320	23 Sicherheitspolitik 350
a Allgemeines 320	29 Außenpolitische Beziehungen 351
e Staat und Politik 321	f Wehrwesen 357
429 Costa Rica 322	00 Wehr- und Rüstungspolitik 357
431 Ecuador 322	01 Wehrpolitik 357
433 El Salvador 322	02 Wehrorganisation 358
a Allgemeines 322	03 Militärhilfe/Waffenhandel . 358
e Staat und Politik 323	05 Kriegswesen 358
h Gesellschaft 324	10 Heer 362
435 Guatemala 324	13 Waffengattungen und Dienste 362
437 Guayana 324	20 Marine 363
439 Honduras 324	30 Luftwaffe 364
441 Kanada 325	g Wirtschaft 365
e Staat und Politik 326	h Gesellschaft 366
f Wehrwesen 326	00 Allgemeines 367
443 Kolumbien 326	10 Bevölkerung und Familie . . 367
a Allgemeines 326	20 Stand und Arbeit 368
e Staat und Politik 327	i Geistesleben 369
k Geschichte 327	k Geschichte 369
445 Mexico 327	l Einzelne Länder/Gebiete/Orte . 370
a Allgemeines 327	490 Westindien/Antillen/Karibik . . . 371
e Staat und Politik 328	491 DominikanischeRepublik 371
k Geschichte 329	492 Haiti 371
447 Nicaragua 329	494 Kuba 371
a Allgemeines 329	c Biographien 371
e Staat und Politik 329	e Staat und Politik 372
f Wehrwesen 330	k Geschichte 372
g Wirtschaft 331	495 Puerto Rico 373
k Geschichte 331	499 Kleine Antillen 373
449 Panama 332	23 Grenada 373
451 Paraguay 332	500 Australien und Ozeanien 373
453 Peru 333	510 Australien 373
454 Surinam 333	a Allgemeines 373

f Wehrwesen *374*	.5 Neukaledonien 377
520 Neuseeland 374	600 Polargebiete 377
531 Indonesien 374	700 Weltmeere und Inseln 378
.2 Brunei 375	710 Europäische Randmeere 378
532 Philippinen 375	712 Ostsee 378
a Allgemeines 375	720 Mittelmeer 378
c Biographien 375	730 Atlantik 378
e Staat und Politik 376	739 Inseln im Atlantik 379
10 Innenpolitik 376	.22 Falkland-Inseln 379
533 Melanesien 377	740 Indischer Ozean 379
.2 Fidschi-Inseln 377	743 Persischer Golf 379
.3 Papua Neuguinea 377	750 Pazifischer Ozean 379

Hinweise zur Benutzung

Die Jahresbibliographie der Bibliothek für Zeitgeschichte verzeichnet die im Berichtsjahr katalogisierten Neuerwerbungen der Bibliothek in systematischer Gliederung. Dabei werden durchschnittlich circa 6.000 selbständige und etwa ebenso viele unselbständig erschienene Veröffentlichungen aus ca. 300 laufend ausgewerteten Zeitschriften.

Die systematische Verzeichnung der Titel erfolgt entsprechend der für den Sachkatalog der Bibliothek für Zeitgeschichte verwendeten Klassifikation[1], die sich in drei Hauptteile gliedert:

– einen allgemeinen Sachteil (Gruppen A-J) zur Verzeichnung der primär weder räumlich noch zeitlich gebundenen Literatur

– einen chronologischen Teil (Gruppe K, Geschichte) zur Verzeichnung der primär zeitlich gebundenen Literatur

– einen geographischen Teil (Gruppe L, Länder) zur Verzeichnung der primär räumlich gebundenen Literatur.

Die systematischen Gruppen A-L dienen darüber hinaus bei den unter L aufgeführten Staaten zur weiteren Gliederung der dort verzeichneten Titel. Während das Problem der Verzeichnung der sowohl zeitlich und räumlich als auch sachlich gebundenen Titel im Katalog der Biblilothek für Zeitgeschichte gegebenenfalls durch Mehrfacheinlegungen gelöst wird, kann in der vorliegenden Jahresbibliographie aus Raumgründen jeweils nur eine Eintragung erfolgen. Bei der Titelsuche sollten dabei im Zweifelsfall mehrere Sucheinstiege in den drei Teilen der Klassifikation gewählt werden. So sind z. B. bei einer Recherche nach Literatur zum Themenkomplex „Palästinenser/PLO/Palästina" (Länder-Sucheinstiege „Nah-Ost-Kriege" (Chronologischer Teil, K f 20) „Palästinenser" (Länderteil, L 020 d10) und Israel/Besetzte Gebiete (Länderteil, L 235 l 10) zu berücksichtigen. Die Wahl der verschiedenen Sucheinstiege wird durch die jedem Band vorangestellte Inhaltsübersicht erleichtert. Zur formalen Suche steht am Schluß des Bandes jeweils ein Verfasserregister zur Verfügung.

---

[1] Eine ausführliche Übersicht der Klassifikation des Systematischen Kataloges findet sich in der Jahresbibliographie 1969, Jahrgang 41, Seite IX-LXXX

I
NEUERWERBUNGEN

1
NEDERVERDONGEN

A Hilfsmittel

A 000 Bibliographien

Andrews, J. A. ; Hines, W. D. : Keyguide to information sources on international protection of human rights. London: Mansell 1987. XIII, 169 S.
B 63031

Arteaga, A. M. , Largo, E. : La mujer en Chile. Bibliografía comentada. Santiago: Centro de Estudios de la Mujer 1986. 284 S.
B 63813

Barratta, J. P. : Strengthening the United Nations. A bibliography on U. N. reform and world federalism. New York, N. Y.: Greenwood Pr. 1987. 351 S.
B 64851

Bibliographický Prehled. 24. brezna 1986-30. června 1986. Praha: Svoboda 1986. 57 S.
Bc 7557

Bibliographie zur Konfliktforschung 1988. In: Beiträge zur Konfliktforschung. 19 (1989), 1, S. 141 – 178.
BZ 4594:19

Bibliography of international humanitarian law applicable in armed conflicts. 2. ed. Geneva: Int. Comm. of the Red Cross 1987. XXIX, 605 S.
B 63108

British military history: a supplement to Robin Higham's Guide to the sources. Ed.: G. Jordan. New York: Garland 1988. XIII, 585 S.
B 65823

Carotti, C. : I periodici politici milanesi 1945-1980 della Biblioteca Nazionale Braidense. Catalogo sistematico. Milano: Angeli 1986. 305 S.
B 65523

Coletta, P. E. : An annotated bibliography of U. S. Marine Corps history. Lanham: Univ. Press of America 1986. XIII, 417 S.
B 64023

Crenzien, B. J. : Udenrigs-, sikkerheds- og forsvarspolitisk litteratur 1988. In: Militaert tidsskrift. 118 (1989), 2, S. 51-61.
BZ 4385:118

Defence and arms control. Défense et contrôle des armements. Ed. T. Duguid. Ottawa: CSP Publ. 1986. XVI, 266 S.
B 63878

Deutschland-Handbuch: eine doppelte Bilanz 1949-1989. Hrsg.: W. Weidenfeld. München: Hanser 1989. 860 S.
B 68852

Dictionary of modern political ideologies. Ed.: M. A. Riff. Manchester: Manchester Univ. Pr. 1987. XIV, 226 S.
B 65199

Dictionnaire d'art et d'histoire militaires. Paris: Presses Univ. de France 1988. XII, 884 S.
B 64591

Doenecke, J. D. : Anti-intervention. A bibliographical introduction to isolationism and pacifism from World War I to the early cold war. New York: Garland Publ. 1987. XVIII, 421 S.
B 64177

Faschismus in Italien. 1. 2. Rom: Dt. Histor. Inst. 1988. 378, 147 S.
010617

Frankena, F. : Citizen participation in environmental affairs, 1970-1986: a bibliography. New York, N. Y.: AMS Press 1988. 154 S.
010811

Garland, B. : War movies. New York, N. Y.: Facts on File Publ. 1987. 230 S.
B 66080

Gentile, E. : La letteratura della resistenza: testimonianze e testi di narrative e di poesia. Napoli: Federico & Ardia 1987. 167 S.
B 65526

Haynes, J. E. : Communism and anti-communism in the United States. New York: Garland 1987. XXIV, 321 S.
B 62686

Heyse, M. ; Eenoo, R. van: Bibliografie van de geschiedenis van Belgie. Bibliographie de l'histoire de Belgique, 1914-1940. Leuven: Ed. Nauwelaerts 1986. VIII, 410 S.
B 64714

Horak, S. M. : Russia, the USSR, and Eastern Europe: a bibliographic guide to English language publications, 1981-1985. Littleton, Color.: Libraries Unlimited 1987. XV, 273 S.
B 64578

Inder Singh, A. : The Soviet Union and India: a bibliographical review of writing in English. In: Journal of communiststudies. 4 (1988), 3, S. 301-326.
BZ 4862:4

The international peace directory. Ed.: T. Woodhouse. Plymouth: Northcote 1988. 189 S.
010536

Kersebaum, A. : Integrationsbestrebungen in Afrika: Zwischenstaatliche Organisationen und regionale Zusammenarbeit. 1. 2. Hamburg: Deutsches Übersee-Institut 1986-87. XLIII, 151 S. ; XXXVII, 171 S.
Bc 02506

Kirchner, K. : Flugblätter aus der UdSSR Juni – August 1941. Erlangen: Verl. D&C 1986. 597 S.
010782

Kirchner, K. : Flugblätter aus der UdSSR September – Dezember 1941. Erlangen: Verl. D&C 1988. 661 S.
010783

Kirchner, K. : Flugblätter aus Deutschland 1941. Erlangen: Verl. D&C 1987. 331 S.
010784

Lakos, A. A. ; Cooper, A. F. : Strategic minerals: a bibliography. Univ. of Waterloo Library 1987. IX, 132 S.
Bc 8175

Lexikon linker Leitfiguren. Hrsg.: E. Jacoby. Frankfurt: Büchergilde Gutenberg 1988. 422 S.
B 64963

Lubitz, W. : Trotzky bibliography. A classified list of publ. items about Leon Trotsky and Trotskyism. 2. ed. München: Saur 1988. XXXI, 581 S.
B 66780

MacLachlan, K. ; Schofield, R. N. : A bibliography of the Iran-Iraq borderland. Wisbech: Middle East & North African Studies 1987. XII, 383 S.
B 65260

A magyar munkásmozgalom történetének válogatott Bibliográfiája. 1945-1984. Red.: S. Toldi V. Budapest: Kossuth 1987. 509 S.
B 65158

Markmann, S. ; Lange, D. : Women and the First World War in England. Osnabrück: Wenner 1988. VI, 66 S.
Bc 8553

Messick, F. M. : Primary sources in European diplomacy, 1914-1945. A bibliography of published memoirs and diaries. NewYork, N. Y.: Greenwood Pr. 1987. XXII, 221 S.
B 64827

Mikulín, A. : Vojenskopolitický slovník. Praha: Na-se Vojsko 1987. 336 S.
B 66446

Noffsinger, J. P. : World War I aviation books in English: an annotated bibliography. Metuchen, N. J.: The Scarecrow Press 1987. X, 305 S.
B 63411

Otto, I. : Die kleinen arabischen Golfstaaten: bibliogr. Einf. in Wirtschaft, Politik u. Gesellschaft. Hamburg: Deutsches Übersee Institut 1987. XX, 150 S.
Bc 02366

Rahimi, F. : Frauen in Afghanistan. Liestal: Grauweiler 1986. 111 S.
Bc 7074

Rupesinghe, K. ; Verstappen, B. : Ethnic conflict and human rights in Sri Lanka. London: Zell 1989. XIV, 565 S.
B 68894

Spick, M. : An illustrated guide to modern attack aircraft. New York, N. Y.: Prentice-Hall 1987. 155 S.
B 65825

Taylor, J. : A dictionary of the Third Reich. London: Grafton 1987. 392 S.
B 65184

Taylor, M. J. : Encyclopaedia of the world's air forces. Wellingborough: Stephens 1988. 211 S.
010772

Torcellan, N. : Gli Italiani in Spagna. Bibliografia della guerra civile spagnola di. Milano: Angeli 1988. 144 S.
Bc 8605

Veiter, T. ; Wimmer, E. : AWR-Bulletin Anthologie. Wien: Braumüller 1987. 59 S.
Bc 8288

Verstappen, B. : Human Rights reports. An annotated bibliography of fact-finding missions. London: Saur 1987. XIII, 393 S.
B 63898

Verzeichnis der Alternativmedien: Zeitschriften/ Zeitungen, Radioinitiativen, Videogruppen. Hrsg.: ID-Archiv im Internationalen Institut für Sozialgeschichte. Amsterdam: Ed.: ID-Archiv im Intern. Institut für Sozialgeschichte 1989. 221 S.
B 68020

Waldman, H. : The dictionary of SDI. Wilmington, Del.: Scholarly Resources 1988. X, 182 S.
B 65810

Weigall, D. : Britain and the world: 1815-1986; a dictionary of internat. relations. London: Batsford 1987. 240 S.
B 65110

Wilz, J. E. : Korea: the forgotten war. In: The journal of military history. 43 (1989), 1, S. 95-100.
BZ 4980:43

A 200 Nachschlagewerke, Wörterbücher

Bakr, M. : Elsevier's maritime dictionary. Amsterdam: Elsevier 1987. 664 S.
B 63894

Benvenisti, M. ; Abu-Zayed, Z. ; Rubinstein, D. *:* The West Bank handbook. A political lexicon. Boulder, Colo.: Westview Press 1986. 228 S.
B 64563

Berlin, R. H. : United States Army World War II corps commanders: a composite biography. In: The journal of military history. 53 (1989), 2, S. 147-167.
BZ 4980:53

Boyd, A. : An atlas of world affairs. London: Methuen 1987. 216 S.
B 65045

Brassey's multilingual military dictionary. London: Brassey's Defence Publ. 1987. XVII, 815 S.
B 64224

Button, J. : A dictionary of green ideas. Vocabulary for a sane and sustainable future. London: Routledge 1988. X, 524 S.
B 66113

Český Antifa-sismus a ODBOJ. Red. Z. Huná-cek. Praha: Na-se Vojsko 1988. 558 S.
B 67216

Cook, C. ; Paxton, J. : European political facts, 1918-84. New York, N. Y.: Facts on File Publ. 1986. 280 S.
B 65280

Cook, C. ; Pugh, G. : Sources in European political history. London: Macmillan 1987. XV, 237 S.
B 63928

Green, J. : The A – Z of nuclear jargon. London: Routledge & Kegan Paul 1986. VIII, 199 S.
B 64349

Kavtaradze, A. G. : Voennye specialisty na slu-zbe Respubliki Sovetov 1917-1920 gg. Moskva: Nauka 1988. 276 S.
B 66409

Lexikon der Großen Sozialistischen Oktoberrevolution. Hrsg.: M. Anders. Leipzig: Bibliographisches Inst. 1987. 488 S.
B 64718

The Middle East. Ed.: M. Adams. New York, N. Y.: Facts on File Publ. 1987. XVIII, 865 S.
B 68035

Der Reibert. D. Handbuch f. d. Soldaten. Ausg. Luftwaffe. Herford: Mittler 1987. Getr. Pag.
B 65534

Rubio Cabeza, M. : Diccionario de la Guerra Civil Española. 1-2. Barcelona: Ed. Planeta 1987. 819 S.
B 62841

Sheehan, M. ; Wyllie, J. H. : The economist pocket guide to defence. London: Blackwell 1986. 268 S.
B 63730

Sudetendeutsches Ortsnamenverzeichnis. Amtl. Gemeinde- u. Ortsnamenverz. d. nach d. Münchner Abkommen vom 29. 9. 1938 zum Deutschen Reich gekommenen sudetendeutschen Gebiete. 2. Aufl. München: Verl. Sudetenland 1987. 373 S.
B 63186

Taylor, M. : Naval Air Power. Twickenham: Hamlyn 1986. 192 S.
010738

Thackrah, J. R. : Encyclopedia of terrorism and political violence. London: Routledge & Kegan Paul 1987. XI, 308 S.
B 63685

Weeks, A. L. : The Soviet nomenklatura. A comprehensive roster of Soviet civilian and military officials. Washington, D. C.: The Washington Inst. Pr. 1987. XI, 133 S.
010611

Wistrich, R. : Wer war wer im Dritten Reich. Frankfurt: Fischer 1987. 398 S.
B 67786

B Buch- und Bibliothekswesen

Berghahn, V.: Das Militärgeschichtliche Forschungsamt in Freiburg. In: Geschichte und Gesellschaft. 14 (1988), 2, S. 267-274.
BZ 4636: 14

Callesen, G.: The labour movement library and archive in Copenhagen. In: Socialism and democracy. (1988),6, S. 142-150
BZ 4929:1988

Dreyfus, M.: Les sources de l' histoire ouvrière, sociale et industrielle en France. Guide documentaire. Paris: Ed. ouvrières 1987. 298 S.
010476

Gallmeister, P.: „... der Sache des Friedens dienen". Friedensnobel-Preisträger 1945-1986. Bergisch-Gladbach: Lübbe 1987. 493 S.
B 64074

Luna, G.de: Tre generazioni di storici. L'Istituto per la storia della Resistenza in Piemonte 1947-1987. In: Italia contemporanea. (1988), 172, S. 53-77.
BZ 4489:1988

Rosa, S.: Les instituts de recherche sur les problèmes de défense et de sécurité. In: Cosmopolitiques. (1987), 4, S. 87-123.
BZ 05193:1987

C Biographien und Memoiren

Sammel- bzw. Einzelbiographien eines Landes siehe bei dem betreffenden Land.

D Land und Volk

D 000 Länderkunde, Geographie, Geopolitik

Bates, C. C. ; Fuller, J. F. : America's weather warriors. 1814-1985. Austin, TX: Univ. Texas Press 1986. XXIV, 360 S.
B 63572

Border and territorial disputes. Ed.: A. J. Day. 2. ed. Harlow: Longman 1987. X, 462 S.
010523

Foucher, M. : Fronts et frontières: un tour du monde géopolitique. Paris: Fayard 1988. 527 S.
B 67581

The geography of defence. Ed.: M. Bateman. London: Croom Helm 1987. XI, 237 S.
B 63697

D 100 Völkerkunde, Volkstum, Minoritäten

Ansbach, T. ; Heintze, H.-J. : Selbstbestimmung und Verbot der Rassendiskriminierung im Völkerrecht. Berlin: Staatsverlag der DDR 1987. 181 S.
B 63757

Memmi, A. : Rassismus. Frankfurt: Athenäum 1987. 227 S.
B 63196

Race and racism. Ed.: P. Jackson. London: Allen & Unwin 1987. XII, 356 S.
B 64065

Richmond, A. H. : Immigration and ethnic conflict. London: Macmillan 1988. VIII, 218 S.
B 65091

D 200 Einzelne Völker und Volksgruppen

Kurdskoe dviženie v novoe i novejšee vremja. Red.: M. A. Gasratjan. Moskva: Nauka 1987. 303 S.
B 63779

The politics of Arab integration. Ed.: G. Luciani. London: Croom Helm 1988. 334 S.
B 65048

D 280 Juden, Judentum

Adler, J. : The jews of Paris and the final solution. Communal response and internal conflicts, 1940-1944. New York, N. Y.: Oxford Univ. Pr. 1987. XXII, 310 S.
B 64731

Albrich, T. : Exodus durch Österreich. Die jüd. Flüchtlinge 1945-1948. Innsbruck: Haymon 1987. 265 S.
B 64144

Arad, Y. : Belzec, Sobibor, Treblinka: the operation Reinhard death camps. Bloomington, Ind.: Indiana University Press 1987. III, 437 S.
B 63328

Ben-Eliezer, U. : „In Uniform"/„Without a uniform": militarism as an ideology in the decade preceding statehood. In: Studies in zionism. Vol. 9 (1988), No. 2, S. 173-196.
BZ 4955:9

Claussen, D. : Vom Judenhass zum Antisemitismus. Darmstadt: Luchterhand 1987. 269 S.
B 63138

Cohen, R. I. : The burden of conscience: French Jewish leadership during the Holocaust. Bloomington, Ind.: Indiana University Press 1987. XII, 237 S.
B 63377

Dick, L. van: Wer war Henschel Grynszpan? Essen: Verl. Neue Deutsche Schule 1988. 40 S.
Bc 8173

Error without trial. Ed.: W. Bergmann. Berlin: Walter de Gruyter 1988. XII, 546 S.
B 64070

Gelber, Y. : The origins of Youth Aliya. In: Studies in zionism. Vol. 9 (1988), No. 2, S. 147-171.
BZ 4955:9

Gorny, Y. : Zionism and the Arabs, 1882-1948. Oxford: Clarendon Press 1987. 342 S.
B 64431

Halpern, B. : A clash of heroes: Brandeis, Weizmann, and American Zionism. New York, N. Y.: Oxford Univ. Pr. 1987. X, 301S.
B 64476

Klee, E. ; Dressen, W. ; Riess, V. : „Schöne Zeiten". Judenmord aus der Sicht der Täter und Gaffer. Frankfurt: Fischer 1988. 276 S.
B 67125

Kogda isčezajut miraži. Red.: A. Basirov. Moskva: Moskovskij rabočij 1987. 254 S.
Bc 7232

Kuper, J. : Child of the Holocaust. New York: Plume 1987. 244 S.
B 63327

Lerntag über den Holocaust als Thema im Geschichtsunterricht und in der politischen Bildung. Hrsg.: W. Scheffler. Berlin: Technische Universität 1988. 133 S.
Bc 8399

Lewis, B. : Semites and antisemites. An inquiry into conflict and prejudice. New York: Norton 1986. 283 S.
B 63244

Living with antisemitism: modern Jewish responses. Ed.: J. Reinharz. Hanover, N. H.: Univ. Pr. of New England 1987. X, 498 S.
B 65770

May, F. : Israel zwischen Blut und Tränen: d. Leidensweg d. jüd. Volkes. Asslar: Schulte u. Gerth 1987. 301 S.
B 63212

Nettler, R. L. : Past trials and present tribulations. A Muslim fundamentalist's view of the Jews. Oxford: Pergamon Press 1987. XI, 92 S.
B 64292

The origins of the Holocaust: christian antisemitism. Ed.: R. L. Braham. Boulder, Colo.: Social Science Monographs 1986. VII, 85 S.
B 63646

Sanders, R. : Shores of refuge. A hundred years of Jewish emigration. New York: Holt 1988. XIII, 673 S.
B 65684

Schweiger, H. : Das Recht auf Wahrheit. Die Hintergründe des Falles Bronfmann-Waldheim. Mürzzuschlag: Burgenländischer Kulturverband 1987. 32 S.
Bc 8222

Stock, E. : Partners & pursestrings. A history of the United Israel appeal. Lanham: Univ. Press of America 1987. XIV, 242 S.
B 63074

Theodor Herzl oder Der Moses des Fin de siècle. Hrsg.: K. Dethloff. Köln: Böhlau 1986. 300 S.
B 62822

Weinberg, M. : Because they were Jews. New York: Greenwood Press 1986. XVIII, 282 S.
B 63252

Wiesel, E. : Jude heute. Wien: Hannibal Verl. 1987. 264 S.
B 64637

E Staat und Politik

E 000 Allgemeines

Ziegler, D. W. : War, peace, and international politics. 4. ed. Boston, Mass.: Little, Brown and Comp. 1987. XV, 471 S.
B 63357

E 005 Politikwissenschaft

Graham, D. ; Clarke, P. : The new enlightenment. London: Macmillan 1986. XII, 180 S.
B 63716

Schissler, J. ; Tuschhoff, C. : Kognitive Schemata: Zur Bedeutung neuerer sozialpsychologischer Forschungen für die Politikwissenschaft. In: Aus Politik und Zeitgeschichte. Jg. 1988 (1988), 52-53, S. 3-13.
BZ 05159:1988

E 010 Politische Theorie

„Ich hasse zu hassen". Offener Brief an Horst Mahler. Berlin: Kramer 1988. 165 S.
B 67086

Baliccy, J. : Alarm dla ambasad. Warszawa: Wydawn. Prawnicze 1988. 124 S.
Bc 8057

Croci, P. : La conflittuologia. In: Rivista militare della Svizzera italiana. A. 60 No. 4, S. 235-252.
BZ 4502:60

Moore, B. : Authority and inequality under capitalism and socialism. Oxford: Clarendon Press 1987. X, 142 S.
B 66049

Mortimer, E. : Roosevelt's children. Tomorrow's world leaders and their world. London: Hamilton 1987. XXIII, 422 S.
B 64160

O'Kane, R. H. : The likelihood of coups. Aldershot: Avebury 1987. VIII, 162 S.
B 65193

Patriotismus in Europa. Hrsg.: K. Weigelt. Bonn: Bouvier 1988. 135 S.
B 64652

Roth, M. : Strukturelle und personale Gewalt. Frankfurt: Hessische Stiftung Friedens- u. Konfliktforschung 1988. 75 S.
Bc 02489

Senghaas, D. : Konfliktformationen im internationalen System. Frankfurt: Suhrkamp 1988. 229 S.
Bc 8156

Widerstand – Protest – ziviler Ungehorsam. Hrsg.: M. Schleker. Sankt Augustin: Comdok-Verl. 1988. 149 S.
Bc 8240

Wolf, F. O. : Revolution today. In: The Socialist register. 25 (1989), S. 228-244.
BZ 4824:25

Wozniuk, V. : A note on the politics of collaborationism. In: Conflict. 8 (1988), 4, S. 285-294.
BZ 4687:8

Zürn, M. : Gerechte internationale Regime. Frankfurt: Haag u. Herchen 1987. VIII, 239 S.
B 63551

E 011 Politische Ideen und Philosophie

Revolutionary rehearsals. Ed.: C. Barker. London: Bookmarks 1987. 266 S.
B 66680

Widerstand: e. Problem zwischen Theorie u. Geschichte. Hrsg.: P. Steinbach. Köln: Verlag Wissenschaft und Politik 1987. 447 S.
B 62136

E 012 Theorie politischer Systeme

Arblaster, A. : Democracy. Milton Keynes: Open Univ. Press 1987. 119 S.
B 65056

Avakian, B. : Democracy. Can't we do better than that? Chicago, Ill.: Banner Press 1986. 277 S.
B 64505

Bobbio, N. : The future of democracy. Oxford: Blackwell 1987. 184 S.
B 64294

Comparing new democracies. Transition and consolidation in Mediterranean Europe and the southern cone. Ed.: E. A. Baloyra. Boulder, Colo.: Westview Press 1987. XVIII, 318 S.
B 64802

The crisis of liberal democracy: a Straussian perspective. Ed.: K. L. Deutsch. Albany, N. Y.: State Univ. of New York 1987. IX, 304 S.
B 64876

Draper, H. : The „Dictatorship of the Proletariat" from Marx to Lenin. New York: Monthly Review Pr. 1987. 188 S.
B 64295

Manglapus, R. S. : Will of the people. Original democracy in non-western societies. New York: Greenwood Press 1987. XXVII, 167 S.
B 63239

Meny, Y. : Politique comparée. Etats-Unis, France, Grande-Bretagne, Italie, R. F. A. Paris: Ed. Montchrestien 1987. 537 S.
B 64323

Rubin, B. : Modern dictators: Third World coup makers, strongmen, and populist tyrants. New York: McGraw-Hill 1987. XI, 385 S.
B 62770

Samour, H. : Democracia, liberalismo y derecho humanos: estudios teóricos. San Salvador: IDHUCA 1987. 108 S.
Bc 8311

Sartori, G. : The theory of democracy revisited. Chatham, N. J.: Chatham House 1987. XIV, 542 S.
B 65355

E 013 Theorie der internationalen Beziehungen

Gardner, H. : Averting World War III: beyond the World War I, World War II analogies. In: SAIS review. 8 (1988), 2, S. 121-135.
BZ 05503:8

Jackson, W. D. : The construction of conflicts. In: Conflict. 9 (1989), 1, S. 89-100.
BZ 4687:9

Joenniemi, P. : Models of neutrality: The traditional and modern. In: Cooperation and conflict. 23 (1988), 2, S. 53-67.
BZ 4605:23

Walt, S. M. : The origins of alliances. Ithaca, N. Y.: Cornell Univ. 1987. X, 321 S.
B 64737

E 100 Innenpolitik

Revolutionary and dissident movements. Ed.: H. W. Degenhardt. 2. ed. Harlow: Longman 1988. XI, 466 S.
010488

E 110 Verfassung und Recht

E 113 Staatsrecht/Öffentliches Recht

Altvater, E. : National state, regional relations and the capitalist world market. In: Socialism in the world. 11 (1988), 67, S. 3-22.
BZ 4699:11

Barker, J. H. : Individualism and community: the state in Marx and early anarchism. New York, N. Y.: Greenwood Pr. 1986. XIV, 235 S.
B 62904

Civil Society and the State: new European perspectives. Ed.: J. Keane. London: Verso 1988. 426 S.
B 65582

Fidelius, P. : L'esprit post-totalitaire. Paris: Grasset 1986. 301 S.
B 64071

Galtung, J. : Hitlerismus, Stalinismus, Reaganismus. Baden-Baden: Nomos-Verlagsges. 1987. II, 169 S.
B 63988

González Casanova, P. : The theory of the state and today's world. In: Socialism in the world. 11 (1988), 66, S. 3-25.
BZ 4699:11

Jobert, B. ; Muller, P. : L'état en action. Paris: Presses Univ. de France 1987. 242 S.
B 64763

Malunat, B. M. : Der Kleinstaat im Spannungsfeld von Dependenz und Autonomie. Frankfurt: Lang 1987. 329 S.
B 63101

Ougaard, M. : Dimensions of hegemony. In: Cooperation and conflict. 23 (1988), 4, S. 197-214.
BZ 4605:23

Politics, security and development in small states. Ed.: C. Clarke. London: Allen & Unwin 1987. XVIII, 238 S.
B 64426

Sempf, T. : Die deutsche Frage unter besonderer Berücksichtigung der Konföderationsmodelle. Köln: Heymanns 1987. XIII, 259 S.
B 64454

Vincent, A. : Theories of the state. Oxford: Blackwell 1987. VI, 248 S.
B 65093

E 113. 40 Menschenrechte

Castermans-Hollenman, M. : Veertig jaar Universele Verklaring van de Rechten van de Mens. Een Nederlandse bijdrage aan internationale normering? In: Internationale spectator. 42 (1988), 11, S. 696-702.
BZ 05223:42

Donnelly, J. : Assessing national human rights. Performance: a theoretical framework. In: Human rights quarterly. Vol. 10 (1988), 2, S. 214-248.
BZ 4753:10

Fowler, M. R. : Thinking about human rights: contending approaches to human rights in US foreign policy. Lanham: Univ. Press of America 1987. XII, 260 S.
B 63002

Henderson, C. : Human rights and regimes: a bibliographical essay. In: Human rights quarterly. 10 (1988), 4, S. 525-543.
BZ 4753:10

Humana, C. : World human rights guide. New York, N. Y.: Facts on File Publ. 1986. XVIII, 344 S.
B 63433

International handbook of human rights. Ed.: J. Donnelly. New York, N. Y.: Greenwood Pr. 1987. X, 495 S.
B 65406

Kühnhardt, L. : Die Allgemeine Erklärung der Menschenrechte vom 10. Dezember 1948. In: Aus Politik und Zeitgeschichte. (1988), 49, S. 3-13.
BZ 05159:1988

Kühnhardt, L. : Die Universalität der Menschenrechte. München: Olzog 1987. 407 S.
B 63479

Livezey, L. W. : US-nongovernmental organizations and the ideas of human rights. Princeton, N. J.: Center of International Studies, Princeton Univ. 1988. 199 S.
Bc 8062

Milne, A. J. M. : Human Rights and human diversity. Albany, N. Y.: State Univ. of New York 1986. VIII, 186 S.
B 64821

Mitchell, N. J. ; McCormick, J. M. : Research Note. Economic and political explanations of human rights violations. In: World politics. 40 (1988), 4, S. 476-498.
BZ 4464:40

Nickel, J. W. : Making sense of human rights. Berkeley, Cal.: Univ. of California 1987. XIV, 253 S.
B 62691

Uribe Vargas, D. : La tercera generación de derechos humanos y la paz. 2. ed. Bogotá: Plaza y Janés Ed. 1986. 196 S.
B 65459

Zayas, A. de; Möller, J. T. ; Opsahl, T. : Application of the international covenant on civil and political rights under the optional protocol by the Human Rights Committee. Geneva: *Centre for Human Rights 1989.* 56 S.
Bc 8721

E 114 Internationales Recht

E 114. 00 Allgemeines

Boyle, F. A. : Defending civil resistance under international law. Dobbs Ferry, N. Y.: Transnational Publ. 1987. XXII, 378 S.
B 63801

Conybeare, J. A. : Trade wars: the theory and practice of international commercial rivalry. New York: Columbia Univ. Pr. 1987. XV, 319 S.
B 65807

Doxey, M. P. : International sanctions in contemporary perspective. Basingstoke: Macmillan 1987. XI, 175 S.
B 65217

Erickson, R. J. : What international law approach should be taken toward international terrorism? In: Terrorism. 11 (1988), 2, S. 113-137.
BZ 4688:11

Intervention on trial. The New York war crimes tribunal on Central America and the Caribbean. Ed.: P. Ramshaw. New York: Praeger 1987. XXIII, 192 S.
B 63286

Prescott, J. R. V. : Political frontiers and boundaries. London: Allen & Unwin 1987. XV, 315 S.
B 64290

Sarbadhikari, P. : International law and transfer of technology. In: Scandinavian journal of development alternatives. 7 (1988), 2-3, S. 337-346.
BZ 4960:7

Das Selbstbestimmungsrecht und die Deutschen. Berg: Gesellschaft für freie Publizistik 1989. 144 S.
Bc 8563

Voorhes, M. : Wirtschaftssanktionen und Disinvestment – wie denkt das schwarze Südafrika? In: Internationales Afrikaforum. 24 (1988), 4, S. 369-390.
BZ 05239:24

E 114. 10 Kriegsrecht

Bailey, S. D. : War and conscience in the nuclear age. London: Macmillan 1987. XVIII, 210 S.
B 63968

Brancato, J. R. : Doctrinal deficiencies in prisoner of war command. In: Airpower journal. 2 (1988), 1, S. 40-49.
BZ 4544:2

Detter de Lupis, I. : The law of war. Cambridge: Cambridge Univ. Pr. 1987. XX, 411 S.
B 64424

Hampson, F. : Winning by the rules: law and warfare in the 1980s. In: Third world quarterly. 11 (1989), 2, S. 31-62.
BZ 4843:11

Ipsen, K. : Die Kennzeichnung ziviler Krankenhäuser mit dem Emblem des Roten Kreuzes. In: Humanitäres Völkerrecht. 1 (1988), 1, S. 4-13.
BZ 05313:1

Koenig, C. : Der bewaffnete Widerstand gegen „fremde" Besetzungen – eine stete Herausforderung der Anwendungsschleusen des humanitären Völkerrechts internationaler Konflikte. In: Humanitäres Völkerrecht. 2 (1989), 1, S. 4-13.
BZ 05313:2

Levie, H. S. : The code of international armed conflict. Vol. 1-2. London: Oceana Publ. 1986. XXVIII, 1099 S.
B 65423

Rowe, P. : Defence. The legal implications. London: Brassey's Defence Publ. 1987. XVIII, 447 S.
B 64125

E 114. 20 Seerecht

Bring, O. : Ubåtsoperationer och folkrätt. In: Tidskrift i sjöväsendet. 151 (1988), 2, S. 103-115.
BZ 4494:151

Gibson, C. D. : Merchantman? Or ship of war. Camden, Me.: Ensign Pr. 1986. IX, 213 S.
B 63432

The law of the sea: Problems from the East Asian perspective. Ed.: C. Park. Honolulu: Univ. of Hawaii Pr. 1987. XIII, 601 S.
B 64601

Modernes Seevölkerrecht. Red.: M. I. Lazarev. Berlin: Dunker u. Humblot 1987. 281 S.
B 64962

Sanger, C. : Ordering the oceans: the making of the law of the sea. London: Zed Books 1986. XII, 225 S.
B 62940

E 114. 30 Luftrecht

Hurwitz, B. A. : The legality of space militarization. Amsterdam: North Holland 1986. XII, 252 S.
B 63638

E 116 Strafrecht

Ashwood, T. M. : Terror in the skies. New York: Stein and Day 1987. 171 S.
B 63057

Brieskorn, N. : Amnesty International. Wege und Bemühungen einer Gefangenenhilfsorganisation. In: Aus Politik und Zeitgeschichte. (1988), 49, S. 35-44.
BZ 05159:1988

Duggan, C. : The Sicilian origins of the Mafia. London: Institut for the study of conflict 1987. 21 S.
Bc 8123

Kemp Genefke, I. : Torturen i verden – den angår oss alle. København: Hans Reitzels Forl. 1986. 91 S.
Bc 8511

Müller, L. A. : Betrifft: amnesty international. München: Beck 1989. 125 S.
Bc 8336

Taylor, M. ; Ryan, H. : Fanaticism, political suicide and terrorism. In: Terrorism. 11 (1988), 2, S. 91-111.
BZ 4688:11

Testrake, J. ; Wimbish, D. J. : Triumph over terror on flight 847. Old Tappan, N. J.: Revell 1987. 256 S.
B 63230

E 120 Regierung und Verwaltung

Advising the rulers. Ed.: W. Plowden. Oxford: Blackwell 1987. IX, 222 S.
B 62529

Bureaucracy against democracy and socialism. Ed.: R. M. Glassman. New York, N. Y.: Greenwood Pr. 1987. XI, 231 S.
B 64843

Pockrass, R. M. : Building a civil police counterterrorist team. In: Conflict. 8 (1988), 4, S. 327-332.
BZ 4687:8

Regímes políticos actuales. 2. ed. Madrid: Tecnos 1987. 664 S.
B 67276

Smith, B. C. : Bureaucracy and political power. Brighton: Wheatsheaf Books 1988. XV, 263 S.
B 65071

E 140 Parteiwesen

E 141 Theorie der Partei

Ideology, strategy and party change: spatial analyses of post-war election programmes in 19 democracies. Ed.: I. Budge. Cambridge: Cambridge Univ. Pr. 1987. XVII, 494 S.
B 65039

E 142 Allgemeine politische Richtungen

E 142. 1 Konservatismus

King, D. S. : The new Right. Politics, markets and citizenship. London: Macmillan 1987. X, 220 S.
B 63749

O'Maoláin, C. : The radical Right. Harlow: Longman 1987. IX, 500 S.
010454

Tiempos conservadores: América Latina en la derechización de Occidente. Quito: El Coney 1987. 260 S.
B 68404

E 142. 2 Liberalismus

Crowley, B. L. : The self, the individual, and the community. Liberalism in the political thought. Oxford: ClarendonPress 1987. VIII, 310 S.
B 64278

Sunic, T. : Historical dynamics of liberalism from total market to total state ? In: The journal of social, political and economic studies. 13 (1988), 4, S. 455-471.
BZ 4670:13

E 142. 3 Nationalismus

Blaut, J. M. : The national question: decolonizing the theory of nationalism. London: Zed Books 1987. VIII, 232 S.
B 63760

Nationalism, self-determination and political geography. Ed.: R. J. Johnston. London: Croom Helm 1988. 229 S.
B 65068

E 142. 4 Faschismus

Antifašistskaja Solidarnost' v gody vtoroj mirovoj vojny 1939-1945. Red.: A. N. Slepakov. Kiev: Naukova dumka 1987. 335 S.
B 63783

The social basis of European fascist movements. Ed.: D. Mühlberger. London: Croom Helm 1987. 356 S.
B 63677

E 142. 6 Sozialismus/Sozialdemokratie

Béki, E. : A Szociáldemokrácia az elsö világháború után. Budapest: Akadémiai Kiadó 1987. 294 S.
B 65159

Crick, B. : Socialism. Milton Keynes: Open Univ. Press 1987. IX, 121 S.
B 64372

Crozier, B. : Socialism: dream and reality. London: Sherwood 1987. XV, 145 S.
B 65058

Crucible of socialism. Ed.: L. Patsouras. Atlantic Highlands, NJ: Humanities pr. Internat. 1987. XVI, 410 S.
B 63568

Haupt, G. : Aspects of international socialism 1871-1914. Cambridge: Cambridge Univ. Pr. 1986. XVII, 181 S.
B 63583

Non-market socialism in the nineteenth and twentieth centuries. Ed.: M. Rubel. New York: St. Martin's Press 1987. XI, 187 S.
B 65755

Pervoe Maja v dokumentach i svidetel'stvach sovremennikov (1886-1918). Red.: M. A. Zaborov. Moskva: Nauka 1989. 224 S.
B 68940

Rachmanova, I. P. : Pervomaj: vekovaja internacionalnaja tradicija. Moskva: Politizdat 1988. 223 S.
Bc 8093

Socialism: institutional, philosophical and economic issues. Ed.: S. Pejovich. Dordrecht: Kluwer 1987. X, 322 S.
B 64586

E 142. 7 Marxismus

Albers, D. : Sozialismus im Westen. Erste Annäherungen: Marxismus und Sozialdemokratie. Berlin: Argument Verlag 1987. 267 S.
B 66021

Bischoff, J. ; Lieber, C. ; Otto, A. Lieber, C. ; Otto, A.
BZ 05393:14

Brien, K. M. : Marx, reason, and the art of freedom. Philadelphia, Pa.: Temple Univ. Pr. 1987. XVI, 260 S.
B 64515

Carter, A. : Marx: a radical critique. London: Wheatsheaf 1988. 320 S.
B 65065

De Marx au marxisme. Paris: Ed. du Centre National de la Recherche Scientifique 1986. 211 S.
B 64764

Fetscher, I. : Von Marx zur Sowjetideologie. Darst., Kritik u. Dokumentation d. sowjet., jugoslaw. u. chines. Marxismus. 22. Aufl. Frankfurt: Diesterweg 1987. 372 S.
B 64633

Fiedler, H. : Ökonomische Interessen des Monopolkapitals und der Kampf um Frieden und Abrüstung. In: Militärwesen. (1989), 5, S. 51-57.
BZ 4485:1989

Geoghegan, V. : Utopianism and Marxism. London: Methuen 1987. 164 S.
B 64272

Geras, N. : Our morals: the ethics of revolution. In: The Socialist register. 25 (1989), S. 185-211.
BZ 4824:25

Girling, J. L. : Capital and power: polit. economy and social transformation. London: Croom Helm 1987. 226 S.
B 64279

Gottlieb, R. S. : History and subjectivity: the transformation of Marxist theory. Philadelphia, Pa.: Temple Univ. Pr. 1987. XVIII, 318 S.
B 64472

Heininger, H. : Aggressivität und Friedensfähigkeit des heutigen Kapitalismus. In: Marxistische Studien. 15 (1989), 1, S. 104-115.
BZ 4691:15

Huffschmid, J. : Friedensfähigkeit des Kapitalismus und Imperialismustheorie. In: Marxistische Studien. 15 (1989), 1, S. 83-103.
BZ 4691:15

Isaac, J. C. : Power and marxist theory. Ithaca, N. Y.: Cornell Univ. 1987. X, 238 S.
B 64040

Klein, D. : Beiträge marxistisch-leninistischer Theorieentwicklung zur Friedenssicherung. In: Marxistische Studien. 15 (1989), 1, S. 70-82.
BZ 4691:15

Koch, B. ; Pfau, T. : Friedensfähigkeit des Kapitalismus. Zur Rolle von politischen Interessen. In: IPW-Berichte. 18 (1989), 12, S. 12-16.
BZ 05326:18

Linke Spuren. Hrsg.: B. Kuschey. Wien: Verl. f. Gesellschaftskritik 1987. XI, 237 S.
B 64186

Löwy, M. : Fatherland or mother earth? Nationalism and internationalism from a socialist perspective. In: The Socialist register. 25 (1989), S. 212-227.
BZ 4824:25

MacKeown, K. : Marxist political economy and marxist urban sociology: a review and elaboration of recent developments. New York: St. Martin's Press 1987. XVIII, 282 S.
B 65791

MacLellan, D. : Ideology. Milton Keynes: Open Univ. Pr. 1986. 99 S.
B 63355

Mandel, E. : The marxist case for revolution today. In: The Socialist register. 25 (1989), S. 159-184.
BZ 4824:25

Marxism and the interpretation of culture. Ed.: C. Nelson. Urbana, Ill.: Univ. of Illinois 1988. X, 738 S.
B 65409

Marxismus im Umbruch. Berlin: Zeitungsdienst Berlin 1989. 108 S.
Bc 8389

Ozinga, J. R. : Communism: the story of the idea and its implementation. Englewood Cliffs.: Prentice-Hall 1987. XIV, 252 S.
B 65774

Panitch, L. : Capitalism, socialism and revolution: the contemporary meaning of revolution in the West. In: The Socialist register. 25 (1989), S. 1-29.
BZ 4824:25

Pike, S. R. : Marxism and phenomenology: [theories of crisis and their synthesis]. London: Croom Helm 1986. 201 S.
B 63703

Preve, C. : The universalistic pretensions of Marxism as a „World Concepton" and current critique of eurocentralism. In: Socialism in the world. 12 (1988), 64, S. 85-95.
BZ 4699:12

Recapturing Marxism: an appraisal of recent trends in sociological theory. Ed.: R. F. Leine. New York: Praeger 1987. VIII, 255 S.
B 65399

Resnick, S. A. ; Wolff, R. D. : Knowledge and class. Chicago, Ill.: Univ. of Chicago Pr. 1987. VII, 352 S.
B 64041

Reusch, J. : Neues Denken und die marxistische Wissenschaft vom Frieden. In: Marxistische Studien. 15 (1989), 1, S. 11-54.
BZ 4691:15

Sandkühler, J. : In den Zeiten der Schwäche. Über die „Krise des Marxismus". In: Marxistische Blätter. (1989), 11, S. 24-34.
BZ 4548:1989

Schmitt, R. : Introduction to Marx and Engels: a critical reconstruction. Boulder, Colo.: Westview Press 1987. XVIII, 220 S.
B 64573

Sivanandan, A. : New circuits of imperialism. In: Race and class. 30 (1989), 4, S. 1-19.
BZ 4811:30

Székely, G. : Theories of nations and international relations. In: Socialism in the world. 11 (1988), 67, S. 103-127.
BZ 4699:11

Theorie der Revolution. Berlin: Dietz 1986. 228 S.
B 64732

Theorie der Revolution. Die Ausarbeitung der Weltanschauung der Arbeiterklasse in der Einheit ihrer Bestandteile durch Marx und Engels. Berlin: Dietz 1986. 228 S.
B 64723

Wolf, F. O. : International politics as a problem for a contemporary Marxist theory. In: Socialism in the world. 11 (1988), 67, S. 128-190.
BZ 4699:11

E 142. 8 Kommunismus/Bolschewismus

Beilharz, P. : Trotsky, trotskyism and the transition to socialism. London: Croom Helm 1987. 197 S.
B 63722

Bornstein, S. ; Richardson, A. : The war and the International. A history of the Trotskyist movement in Britain 1937-1949. London: Socialist Platform 1986. XIV, 252 S.
B 64266

Caballero, M. : Latin America and the Comintern, 1919-1943. Cambridge: Cambridge Univ. Pr. 1986. IX, 213 S.
B 63032

Campeanu, P. : The origins of Stalinism. From Leninist revolution to Stalinist society. Armonk, N. Y.: Sharpe 1986. 184 S.
B 63255

Caute, D. : The fellow-travellers: intellectual friends of communism. New Haven: Yale Univ. Pr. 1988. 458 S.
B 66069

Documents de 1953 sur la scission dans la IVe Internationale. Paris: C. E. R. M. T. R. I. 1987. 84 S.
Bc 2232

Geisler, L. : Was ist Stalinismus? In: Marxistische Blätter. (1989), 7/8, S. 93-101.
BZ 4548:1989

Gómez Cerda, J. : El comunismo frente a los trabajadores: (política y sindicalismo). Miami: Saeta Ed. 1986. 305 S.
B 62043

Holz, H. H. : Über das Selbstverständnis von Kommunisten heute. In: Marxistische Blätter. (1989), 11, S. 35-42.
BZ 4548:1989

Neumann, A. : Die Bedeutung des III. Kongresses der KI 1921 für die Aneignung marxistisch-leninistischer Positionen in der Gewerkschaftspolitik. In: Beiträge zur Geschichte der Arbeiterbewegung. 30 (1988), 5, S. 579-591.
BZ 4507:30

Rozanov, A. A. : Antikommunizm na službe militarizma. Minsk: Vyšejnaja škola 1987. 143 S.
Bc 7205

Wagenlehner, G. : Abschied vom Kommunismus. Der Niedergang d. kommunistischen Idee von Marx bis Gorbatschow. Herford: Busse Seewald 1987. 491 S.
B 63208

Zipko, A. : Der Egoismus der Träumer. In: Blätter für deutsche und internationale Politik. 34 (1989), 10, S. 1256-1263; 34 (1989), 11, S. 1378-1383.
BZ 4551:34

E 142. 9 Terrorismus/Anarchismus

Anarchismus: Theorie – Kritik – Utopie. Schmitten: Evang. Akademie Arnoldshain 1987. 125 S.
Bc 8481

Castro Sauritain, C. : Política, violencia, terrorismo. Santiago de Chile: Corporatión de Estudios Nacionales 1987. 217 S.
Bc 8320

Cauley, J. ; Sandler, T. : Fighting World War III: a suggested strategy. In: Terrorism. 11 (1988), 3, S. 181-195.
BZ 4688:11

Celmer, M. A. : Terrorism, US strategy, and Reagan policies. New York, N. Y.: Greenwood Pr. 1987. X, 132 S.
B 64492

Chaliand, G. : Terrorism. From popular struggle to media spectacle. London: Saqi Books 1987. 139 S.
B 63596

Clutterbuck, R. : Kidnap, hijack and extortion: the response. Basingstoke: Macmillan 1987. XXII, 228 S.
B 65658

Contemporary research on terrorism. Ed. P. Wilkinson. Aberdeen: Aberdeen Univ. Pr. 1987. XX, 634 S.
B 63708

Contemporary trends in world terrorism. Ed.: A. Kurz. New York: Praeger 1987. VII, 170 S.
B 65405

Diplomats and terrorists. Ed.: M. F. Herz. 1. 2. Washington, D. C.: Institute for the Study of Diplomacy 1982-87. X, 69, 89 S.
Bc 7947

Dobson, C. ; Payne, R. : The never-ending war. Terrorism in the 80's. New York, N. Y.: Facts on File Publ. 1987. XXIV, 356 S.
B 63219

Edwards, R. : International terrorism. Hove: Wayland 1988. 48 S.
010655

Grosscup, B. : The explosion of terrorism. Far Hills, NJ: New Horizon Pr. 1987. X, 320 S.
B 63406

Guérin, D. : L'anarchisme. Paris: Gallimard 1987. 286 S.
B 64182

Hewitt, C. : The costs of terrorism: a cross-national study of six countries. In: Terrorism. 11 (1988), 3, S. 169-180.
BZ 4688:11

Hyde, M. O. : Terrorism: a special kind of violence. New York: Dodd, Mead & Co. 1987. 112 S.
B 64871

Labin, S. : Les états terroristes et la guerre des lâches. Paris: Autoedition 1987. 159 S.
Bc 8541

Laqueur, W. : The age of terrorism. Boston: Little, Brown 1987. 385 S.
B 63199

Livingstone, N. C. : The war against terrorism. 6. pr. Lexington: Lexington Books 1986. XI, 291 S.
B 65721

Ludwikowski, R. R. : Political and legal instruments in supporting and combatting terrorism: current developments. In: Terrorism. 11 (1988), 3, S. 197-211.
BZ 4688:11

MacForan, D. : The world held hostage: the war waged by international terrorism. New York: St. Martin's Press 1987. XV, 262 S.
B 65789

Madelin, P. : La Galaxie terroriste. Paris, Belfast, Bilbao, Bayonne, Corse, Milan, Francfort, Bruxelles. Paris: Plon 1986. 400 S.
B 64644

Maler, J. : Frieden, Krieg und „Frieden". Bariloche: Selbstverlag 1987. 522 S.
B 64654

Mauriat, J.-P. : Les terrorismes. In: Histoire et défense. 14 (1986), 14, S . 45-61.
BZ 4953:14

Morris, E. ; Hoe, A. ; Potter, J. : Terrorism. Threat and response. Basingstoke: Macmillan 1987. IX, 210 S.
B 64411

Mozaffari, M. : The new era of terrorism – approaches and typologies. In: Cooperation and conflict. 23 (1988), 4, S. 179-196.
BZ 4605:23

Opposing viewpoints. Terrorism. Ed.: B. Szumski. St. Paul, Minn.: Greenhaven Press 1986. 240 S.
B 63506

Political violence and terror. Ed.: P. H. Merkl. Berkeley, Cal.: Univ. of California 1986. VI, 380 S.
B 63570

Quigley, J. : Government vigilantes at large: the danger to human rights from kidnapping of suspected terrorists. In: Human rights quarterly. 10 (1988), 2, S. 193-213.
BZ 4753:10

The radical papers. Ed.: D. I. Roussopoulos. Montréal: Black Rose Books 1987. 160 S.
B 63455

Resendes, M. B. : Os media e o terrorismo. In: Estrategía. (1987), 3, S. 171-184.
BZ 4898:1987

Schröder, S. : Bomben, Blut und Bitterkeit. Aus der Geschichte des Anarchismus. Berlin: Militärverlag der DDR 1987. 265 S.
B 64719

Taylor, M. : The possibility of cooperation. Cambridge: Cambridge Univ. Pr. 1987. XIII, 205 S.
B 64439

The threat of terrorism. Ed.: J. Lodge. Brighton: Wheatsheaf Books 1988. XV, 280 S.
B 64374

E 200 Außenpolitik

Ahmann, R. : Nichtangriffspakte. Entwicklung u. operative Nutzung in Europa 1922-1939. Baden-Baden: Nomos-Verlagsges. 1988. 764 S.
B 64382

Analyse internationaler Beziehungen. Methoden – Instrumente – Darstellungen. Hrsg.: J. Bellers. Opladen: Leske + Budrich 1989. 264 S.
Bc 8688

As China sees the world: perceptions of Chinese scholars. Ed.: H. Kapur. London: Pinter 1987. VI, 239 S.
B 65129

Braillard, P. : Mythe et réalité du non-alignement. Paris: Presses Univ. de France 1987. 131 S.
B 64112

Brown, S. : The causes and prevention of war. New York: St. Martin's Press 1987. XIV, 274 S.
B 65703

Chronology 1988. In: Foreign affairs. 68 (1989), 1, S. 220-256.
BZ 05149:68

Darby, P. : Three faces of imperialism. British and American approaches to Asia and Africa, 1870-1970. New Haven: Yale Univ. Pr. 1987. 265 S.
B 63761

Exploring long cycles. Ed.: G. Modelski. Boulder, Colo.: Rienner 1987. X, 277 S.
B 62883

Falk, R. A. : The promise of world order: essays in normative international relations. Philadelphia, Pa.: Temple Univ. Pr. 1987. IX, 332 S.
B 65496

Frieden, Arbeit, Umwelt. Antworten auf Fragen zum Kampf gegen die imperialistischen Bedrohung der Menschheit. Berlin: Dietz 1987. 307 S.
B 65921

Gormly, J. L. : The collapse of the Grand Alliance, 1945-1948. Baton Rouge: Louisiana State Univ. Pr. 1987. XII, 202 S.
B 64061

Halliday, F. : Three concepts of internationalism. In: International affairs. 64 (1988), 2, S. 187-198.
BZ 4447:64

International relations theory: realism, pluralism, globalism. London: Macmillan 1987. X, 613 S.
B 66813

Internationale Politik und der Wandel von Regimen. Hrsg.: G. Schwan. Köln: Heymanns 1987. 190 S.
B 64642

Issues of conflict in the contemporary world. London: Institut for the study of conflict 1987. 33 S.
Bc 8121

Knudsen, O. F. : Of lambs and lions: relations between great powers and their smaller neighbors. In: Cooperation and conflict. 23 (1988), 3, S. 111-122.
BZ 4605:23

Lowe, J. : Rivalry and accord: international relations 1870-1914. Sevenoaks: Arnold 1988. VIII, 150 S.
Bc 8341

Lozano Bartolozzi, P. : Estructura y dinamica de las relaciones internacionales: los nuevos desafíos; violencia, subdesarrollo. Barcelona: Ed. Mitre 1987. 231 S.
B 65469

Mandel, R. : Irrationality in international confrontation. Westport, Conn.: Greenwood Pr. 1987. XV, 147 S.
B 64167

Merle, M. : Les acteurs dans les relations internationales. Paris: Ed. Economica 1986. III, 200 S.
B 65017

Moreau Defarges, P. : Les relations internationales dans le monde d'aujourd'hui. 3e éd. Paris: Ed.: S. T. H. 1987. 432 S.
B 65987

Morgan, P. M. : Theories and approaches to international politics: what are we to think? 4. éd. New Brunswick: Transaction Books 1987. XI, 308 S.
B 63422

New directions in the study of foreign policy. Ed.: C. F. Hermann. Boston: Allen & Unwin 1987. XIII, 538 S.
B 64566

Newsom, D. D. : The new diplomatic agenda: are governments ready? In: International affairs. 65 (1988/89), 1, S. 29-42.
BZ 4447:65

O'Neill, R. : Alliances and international order. Oxford: Clarendon Press 1988. 19 S.
Bc 7973

Randle, R. F. : Issues in the history of international relations: the role of issues in the evolution of the state system. New York: Praeger 1987. XIII, 307 S.
B 65767

Les relations internationales. Ed.: D. Colard. 3e ed. Paris: Masson 1987. 288 S.
B 64327

Revolutionäre Bündnispolitik heute – theoretische Probleme und politische Erfahrungen in Westeuropa und Lateinamerika. Leipzig: Karl-Marx-Univ. 1987. 84 S.
Bc 8604

Seitz, J. L. : The politics of development: an introduction to global issues. Oxford: Basil Blackwell 1988. XIII, 194 S.
B 65706

Senghaas-Knobloch, E. : Zur politischen Psychologie internationaler Politik. In: Aus Politik und Zeitgeschichte. (1988), 52-53, S. 14-23.
BZ 05159:1988

Technology and international relations. Ed.: O. Hieronymi. Basingstoke: Macmillan 1987. 194 S.
B 63659

Vernant, J. : Les relations internationales à l'âge nucléaire. Paris: Ed. La Découverte 1987. 335 S.
B 63978

Waterman, P. : For the liberation of internationalism: a long march through the literatures. In: Alternatives. 14 (1989), 1, S. 5 – 48.
BZ 4842:14

E 210 Diplomatie

Cohen, R. : Theatre of power. The art of diplomatic signalling. London: Longman 1987. 229 S.
B 64441

Der Derian, J. : On diplomacy. A genealogy of western estrangement. Oxford: Blackwell 1987. 258 S.
B 63963

Diplomacy for future. Ed.: G. McGhee. Lanham: Univ. Press of America 1987. VIII, 108 S.
B 64784

E 230 Sicherheitspolitik

Bächler, G. : Friedensfähigkeit von Demokratien, Demokratisierung der Sicherheitspolitik und strukturelle Angriffsunfähigkeit. Hamburg: Inst. f. Friedensforschung u. Sicherheitspolitik 1988. 109 S.
Bc 8157

Buzan, B. : An introduction to strategic studies. Military technology and international relations. London: Macmillan 1987. XVII, 325 S.
B 63947

Global peace and security. Trends and challenges. Ed.: W. F. Hanrieder. Boulder, Colo.: Westview Press 1987. X, 223 S.
B 64553

Gutteridge, W. : The case for regional security. Avoiding conflict in the 1990s. London: Institut for the study of conflict 1989. 28 S.
Bc 8388

Johannsen, M. ; Lutz, D. S. : Alternative Sicherheitskonzepte: ein Thema für die Friedenserziehung. Hamburg: Inst. f. Friedensforschung u. Sicherheitspolitik 1988. 90 S.
Bc 8159

Mathews, J. T. : Redefining security. In: Foreign affairs. 68 (1989), 2, S. 162 – 177.
BZ 05149:68

Militär und Ethik. Verteidigungspolitische Konzeptionen und christliche Ethik. Hrsg.: J. Berger. Wien: Institut für militärische Sicherheitspolitik 1988. 143 S.
Bc 8484

Overcoming threats to Europe: a new deal for confidence and security. Ed.: S. Lodgaard. Oxford: Oxford Univ. Pr. 1987. IX, 235S.
B 63702

La paix surarmée. Paris: Bibliothèque pour la science 1987. 167 S.
010509

Sicherheitspolitik kontrovers. Auf d. Weg in d. neunziger Jahre. Hrsg.: W. Heisenberg. Baden-Baden: Nomos-Verlagsges. 1987. 955 S.
B 63991

Sicurezza e difesa. Fattori interni ed internazionali. Milano: Angeli 1986. 325 S.
B 64950

Strübel, M. : Global security, German question and perspectives of New Peace Movement. In: Socialism in the world. 11 (1988), 68, S. 98-108.
BZ 4699:11

E 235 Friedensbewegungen

Arend, I. : Zur politischen Geschichte der Friedensforschung in der BRD: Bedingungen, Entwicklung und Perspektiven. In: Marxistische Studien. 15 (1989), 1, S. 396 – 413.
BZ 4691:15

Benjowski, K. : Friedensforschung in der DDR. In: Marxistische Studien. 15 (1989), 1, S. 445 – 450.
BZ 4691:15

Blaubuch 1958. Kampf dem Atomtod – Dokumente und Aufrufe. Hrsg.: P. Brollik. Essen: Klartext-Verl. 1988. VIII, 302 S.
B 65678

Byrne, P. : The campaign for nuclear disarmament. London: Croom Helm 1988. 256 S.
B 65657

Calvocoressi, P. : A time for peace. Pacifism, internationalism and protest forces in the reduction of war. London: Hutchinson 1987. 195 S.
B 63662

Ceadel, M. : Thinking about peace and war. Oxford: Oxford Univ. Pr. 1987. 222 S.
B 64250

Czempiel, E.-O. : Der Friede – sein Begriff, seine Strategien. In: Beiträge zur Konfliktforschung. (1988), 4, S. 5-16.
BZ 4594:1988

Dokumentation der Konferenz Verantwortung für Frieden und Arbeit. Hrsg.: M. Johannsen. Hamburg: Inst. f. Friedensforschung u. Sicherheitspolitik 1988. 155 S.
Bc 8483

Der Frieden und die politische Theorie der Gegenwart. Hrsg.: K.-H. Röder. Berlin: Staatsverlag der DDR 1988. 159 S.
Bc 8371

Göttert, W. : So stirbt der Krieg. Friedensstrategie im Atomzeitalter. Rüsselsheim: Göttert 1986. 476 S.
B 64609

Gülsoy, T. : Why the fight over peace studies? New York: Harry Frank Guggenheim Foundation 1988. 25 S.
Bc 8423

Hauswedell, C. : Friedensforschung und Friedenswissenschaft an den Hochschulen. Neue Entwicklungstendenzen und Perspektiven. In: Marxistische Studien. 15 (1989), 1, S. 414 – 430.
BZ 4691:15

Heininger, H. : Aggressivität und Friedensfähigkeit des heutigen Kapitalismus. In: IPW-Berichte. 18 (1989), 4, S. 1 -7.
BZ 05326:18

Jäggi, C. J. : Frieden und Begegnungsfähigkeit. Ein Beitr. zur Friedensdiskussion aus d. Sicht des interkulturellen Dialogs. Frankfurt: Haag u. Herchen 1988. 145 S.
Bc 8503

Johannsen, M. : Das Institut für Friedensforschung und Sicherheitspolitik an der Universität Hamburg (IFSH). In: Marxistische Studien. 15 (1989), 1, S. 431 – 437.
BZ 4691:15

Jürgens, J. : Brevier der Friedensforschung: was wäre wenn? Frankfurt: Fischer 1988. 88 S.
Bc 8236

Kothari, R. : Programme on peace and global transformation. In: Scandinavian journal of development alternatives. 7 (1988), 2 & 3, S. 86-101.
BZ 4960:7

Lakey, G. : Powerful peacemaking: a strategy for a living revolution. 2. ed. Philadelphia, Pa.: New Society Publ. 1987. XXV, 246 S.
B 64864

Legrand, H.-J. : Friedensbewegungen zum Scheitern verurteilt? In: S und F. 7 (1989), 1, S. 34 – 38.
BZ 05473:7

Mabey, J. ; Doostdar, N. : The promise of world peace. London: Oneworld Publ. 1986. 192 S.
B 65584

Mir i razoruženie. Red.: P. N. Fedoseev. Moskva: Nauka 1986. 214 S.
B 61679

Mit Kriegsgefahren leben: Bedrohtsein, Bedrohungsgefühle u. friedenspolit. Engagement. Hrsg.: K. Horn. Opladen: Westdeutscher Verlag 1987. VI, 173 S.
B 62404

Moorehead, C. : Toublesome people. The warriors of pacifism. Bethesda, Md.: Adler & Adler 1987. XX, 344 S.
B 63794

Novák, V. : Abeceda mírového hnutí. Praha: Horizont 1988. 237 S.
B 68705

Pålsson, R. : Den omöjliga freden: a allmänbildningsbok före slutet på världsnyheterna. Malmö: Liber 1986. 142 S.
Bc 7955

Philosophical perspectives on peace: an anthology of classical and modern sources. Ed.: H. P. Kainz. Athens, Ohio: Ohio Univ. Press 1987. X, 315 S.
B 65775

Schmidt, M. : Friedenssicherung durch Abrüstung – Hauptrichtung im Kampf um den Erhalt der Umwelt. In: IPW-Berichte. 18 (1989), 6, S. 1-6.
BZ 05326:18

Senghaas-Knobloch, E. ; Volmerg, B. : Towards a social psychology of peace. In: Journal of peace research. 25 (1988), 3, S. 245-256.
BZ 4372:25

Shaw, M. : The dialectics of war: an essay in the social theory of war and peace. London: Pluto 1988. 154 S.
B 65171

Smoke, R. ; Harman, W. : Paths to peace. Exploring the feasibility of sustainable peace. Boulder, Colo.: Westview Press 1987. XIV, 111 S.
B 64474

The sociology of war and peace. London: Macmillan 1987. VIII, 245 S.
B 62936

Socknat, T. : Witness against war. Pacifism in Canada, 1900-1945. Toronto: Univ. of Toronto Pr. 1987. X, 370 S.
B 63458

Spillmann, K. R. : Konfliktforschung und Friedenssicherung. Zürich: Forschungsstelle für Sicherheitspol. u. Konfliktanalyse 1987. 24 S.
Bc 02233

Trinkl, J. : Struggles for disarmament in the USA. In: The year left. 3 (1988), S. 51 – 62.
BZ 4857:3

Waller, M. : Tchernobyl est partout. Les mouvements autonomes pour la paix et l'écologie en Europe centrale. In: Cosmopolitiques. (1987), 4, S. 36-49.
BZ 05193:1987

Wasmuht, U. C. : Friedensbewegungen der 80er Jahre. Zur Analyse ihrer strukturellen u. aktuellen Entstehungsbedingungen. Gießen: Focus Verl. 1987. 350 S.
B 64992

E 250 Internationale Organisationen

E 253 Vereinte Nationen

Agstner, R. : Friedenserhaltende Operationen der Vereinten Nationen. In: Österreichische militärische Zeitschrift. 27 (1988), 4, S. 286-299.
BZ 05214:27

Allsebrook, M. : Prototypes of peacemaking: the first forty years of the United Nations. London: Longman 1986. XVI, 160 S.
B 65224

Behrstock, J. : The eighth case. Troubled times at the United Nations. Lanham: Univ. Press of America 1987. 201 S.
B 63519

Brauneis, H. ; Spröte, W. : Die Ernährungs- und Landwirtschaftsorganisation der Vereinten Nationen. Berlin: Staatsverlag der DDR 1988. 227 S.
B 65626

Colard, D. : La déclaration universelle des droits de l'homme à quarante ans. In: Défense nationale. 45 (1989), 1, S. 65-80.
BZ 4460:45

Finger, S. M. : American ambassadors at the UN: people, politics, and bureaucracy in making foreign policy. New York: Holmes & Meier 1988. XVIII, 363 S.
B 64840

Forum der Welt. 40 Jahre Vereinte Nationen. Hrsg.: P. J. Opitz. Bonn: Bundeszentrale für polit. Bildung 1986. 399 S.
B 63184

Geigbeder, Y. : Management problems in United Nations Organisations. Reform or decline? London: Pinter 1987. X, 174 S.
B 64285

Haag, E. van den; Conrad, J. P. : The U. N. In or out? New York: Plenum Press 1987. XVI, 355 S.
B 63396

Heyne, D. : Internationale nichtstaatliche Organisationen im Ringen um Sicherheit durch Abrüstung. In: IPW-Berichte. 18 (1989), 7, S. 11-17.
BZ 05326:18

Leurdij, D. A. : Het Amerikaanse leiderschap in de Verenigde Naties. In: Internationale spectator. 43 (1989), 3, S. 191-198.
BZ 05223:43

Roach, C. : Righteous ambiguity: international law and the indigenous peoples. In: Without prejudice. 1 (1987), 1, S. 30-47.
BZ 4976:1

Rosen, S. ; Weissbrodt, D. : The 39th session of the UN sub-commission on prevention of discrimination and protection of minorities. In: Human rights quarterly. 10 (1988), 4, S. 487-508.
BZ 4753:10

Skjelsbæk, K. : Norsk FN-politikk mellom idealisme og realisme. In: Norsk utenrikspolitisk årbok. (1988), S. 53-68.
BZ 4695:1988

Tolley, H. : The U. N. Commission of human rights. Boulder, Colo.: Westview Press 1987. XV, 300 S.
B 64537

Tomuschat, C. : Die Vereinten Nationen und die Menschenrechte. In: Aus Politik und Zeitgeschichte. (1988), 49, S. 14-24.
BZ 05159:1988

The United Nations and the maintenance of international peace and security. United Nations Inst. for Training and Research. Dordrecht: Nijhoff 1987. XVIII, 431 S.
B 65822

Volger, H. : Die Wiederentdeckung der Vereinten Nationen. In: Blätter für deutsche und internationale Politik. 34 (1989), 2, S. 199-211.
BZ 4551:34

Wulf, H. : Abrüstung und Entwicklung: Ziele der UNO-Konferenz. In: Jahrbuch Dritte Welt. (1989), S. 110-116.
BZ 4793:1989

F Wehrwesen

F 000 Wehr- und Rüstungspolitik

F 005 Allgemeines

Bardají, R. L. : Cómo medir la fuerza militar: algunos criterios básicos. In: Politica exterior. 3 (1989), 9, S. 166-183.
BZ 4911:3

Chancen für Abrüstung. Dossier: Der Krieg am Golf. Reinbek: Rowohlt 1987. 252 S.
B 65683

Cheon, S. W. ; Fraser, N. M. : Arms control verification: an introduction and literature survey. In: Arms control. 9 (1988), 1, S. 38-58.
BZ 4716:9

Defence policy making. Ed.: G. M. Dillon. Leicester: Leicester Univ. Pr. 1988. 176 S.
Bc 8329

Fiorenza, N. : The balance of forces in Central Europe. Hamburg: Inst. f. Friedensforschung u. Sicherheitspolitik 1988. 75 S.
Bc 8158

Hagard, J. H. : Nordic security. Boulder, Colo.: Westview Press 1987. VII, 47 S.
Bc 7937

Leh, R. G. : Regional characteristics of arms transfers decisionmaking. In: Scandinavian journal of developmentalternatives. 7 (1988), 4, S. 54-86.
BZ 4960:7

Lider, J. : Correlation of forces. Aldershot: Gower 1986. VII, 384 S.
B 63634

Looney, R. : Military Keynesianism in the Third World: an assessment of non-military motivations for arms production. In: Journal of political and military sociology. 17 (1989), 1, S. 43-63.
BZ 4724:17

Neuman, S. G. : Military assistance in recent wars. The dominance of the superpowers. New York: Praeger 1986. XIII, 186 S.
B 63718

Paret, P. : Military power. In: The journal of military history. 53 (1989), 3, S. 239-256.
BZ 4980:53

Riley, W. H. : Challenges of a military adviser. In: Military review. 68 (1988), 11, S. 34-52.
BZ 4468:68

Schulze-Marmeling, D. : Kann der Westen abrüsten? Die neue Strategiedebatte in der NATO. Köln: Pahl-Rugenstein 1988. 175 S.
Bc 8195

Stützle, W. : SIPRI-Jahrbuch 1988. Die jüngsten Entwicklungen in Rüstung und Abrüstung. 1987 – der Wendepunkt? In: Beiträge zur Konfliktforschung. 18 (1988), 3, S. 139-163.
BZ 4594:18

Szarski, K. : Problemy zagrozenia nuklearnego Europy. Warszawa: Wydawn. Min. Obrony 1987. 174 S.
B 66426

Urban, J. : K Sovetsko-americkému jednáni o jadernych a kosmickỳch zbranich. In: Historie a vojenství. 36 (36), 1, S. 94-113.
BZ 4526: 1987

F 010 Abrüstung und Rüstungskontrolle

F 011 Abrüstung

Abrüstung – Überlebensfrage der Menschheit. Red.: K. Engelhardt. Berlin: Staatsverlag der DDR 1987. 256 S.
B 65674

Annati, M. : Effetti della riduzione degli arsenali nucleari sulle operazioni navali. In: Rivista marittima. 121 (1988), 11, S. 23-40.
BZ 4453:121

Borch, C. : Fredsmakerne: bilder fra nedrustningens historie i etterkrigstiden. Olso: Aschehoug 1987. 213 S.
B 66251

Codevilla, A. : The arms control delusion. San Francisco, Ca.: Inst. for Contemp. Studies 1987. 220 S.
B 64905

Consolidating peace in Europe. A dialogue between East and West. Ed.: M. A. Kaplan. New York: Paragon House Publ. 1987. XVI, 244 S.
B 64475

Dmitriev, B. : Wie läßt sich der Frieden festigen? Moskau: APN-Verl. 1986. 131 S.
Bc 7599

Galvin, J. R. : Some thoughts on conventional arms control. In: Survival. 31 (1989), 2, S. 99-107.
BZ 4499:31

Ghebali, V. -Y. : Mesures de confiance et de sécurité en Europe: le bilan de 1988. In: Défense nationale. 45 (1989), 2, S. 95-104.
BZ 4460:45

Goetze, B. A. : Verification of confidence and security building measures : evolution and future prospects. In: Canadian defence quarterly. 18 (1989), 4, S. 29-38.
BZ 05001:18

Helmer, A. : Auseinandersetzungen um konventionelle Abrüstung in der BRD. In: IPW-Berichte. 18 (1989), 5, S. 15-22.
BZ 05326:18

Jeanclos, Y. ; Manicacci, R. : Communication, compréhension et coopération entre les Etats-Unis et l'URSS à traversl'accord sur la création de centres pour la réduction des risques nucléaires du 15 septembre 1987. In: Stratégique. (1988), 39/3, S. 87-107.
BZ 4694:1988

Lang, B. : Désarmement: renaissance des guerres? In: Défense nationale. 45 (1989), 2, S. 63-94.
BZ 4460:45

Matzke, G. : Auf der Suche nach Abrüstung. In: Marxistische Blätter. 26 (1988), 8/9, S. 85-104.
BZ 4548:26

Perspectives on nuclear war and peace education. Ed.: R. Ehrlich. New York: Greenwood Press 1987. VII, 239 S.
B 64850

Peters, I. : Die Möglichkeiten der Politik militärischer vertrauensbildender Maßnahmen sind größer als erwartet. In: Beiträge zur Konfliktforschung. (1988), 4, S. 91-118.
BZ 4594:1988

Pusch, H. : Die Politiker müssen über die Verhandlungsfortschritte der Experten entscheiden. In: Beiträge zurKonfliktforschung. 19 (1989), 1, S. 95-119.
BZ 4594:19

Urban, J. : Odzbrjení v Evrope. Bilance, problémy, perspektivy. Praha: Nakladatelství Svoboda 1987. 300 S.
B 66412

F 012 Rüstungskontrolle

F 012. 1 Allgemeines

Arms Control and nuclear weapons. U. S. policies and the national interest. Ed.: W. G. Nichols. New York: Greenwood Press 1987. 135 S.
B 64849

Arms control and strategic stability: challenges for the future; proc. from the 3. annual Seminar of the Center for Law andNational Security at Charlottesville. Ed.: W. T. Parsons. Lanham: Univ. Press of America 1986. VIII, 175 S.
B 62912

Arms control in Asia. Ed.: G. Segal. Basingstoke: Macmillan 1987. VIII, 182 S.
B 63695

Arms-control, the FRG, and the future of East-West relations. Ed.: W. F. Hanrieder. Boulder, Colo.: Westview Press 1987. XI, 138 S.
B 64468

Bardaji, R. : La ilusion del control de armamentos. In: Ejército. 50 (1989), 594, S. 74-80.
BZ 05173:50

Berkowitz, B. D. : Calculated risks: a century of arms control, why it has failed, and how can be made to work. NewYork: Simon and Schuster 1987. 221 S.
B 64845

Blackwill, R. D. : Conventional stability talks. Specific approaches to conventional arms control in Europe. In: Survival. 30 (1988), 5, S. 429-447.
BZ 4499:30

Bull, H. : Hedley Bull on arms control. London: Macmillan 1987. VIII, 302 S.
B 63698

Conventional arms control and the security of Europe. Ed.: U. Nerlich. Boulder, Colo.: Westview Press 1988. IX, 251 S.
B 67748

Feld, W. J. : Arms control and the Atlantic community. New York: Praeger 1987. XIX, 144 S.
B 64502

Feo, M. de: La conferenza sul disarmo. In: Rivista marittima. 122 (1989), 6, S. 29-42.
BZ 4453:122

Flanagan, S. ; Hamilton, A. : Arms control and stability in Europe: reductions are not enough. In: Survival. 30 (1988), 5, S. 448-463.
BZ 4499:30

Gallant, K. S. : Anti-utopianism among arms controllers. In: War and society. 7 (1989), 1, S. 44-53.
BZ 4802:7

Guertner, G. L. : Arms control: caught between strategic offense and defense? In: Arms control. 9 (1988), 1, S. 19-37.
BZ 4716:9

Huber, R. K. : The defense efficiency hypothesis and conventional stability in Europe: implications for arms control. München: Univ. der Bundeswehr 1988. 29 S.
Bc 02335

Kamp, K. -H. : Konventionelle Rüstungskontrolle vom Atlantik bis zum Ural – Sachstand und Probleme. In: Aus Politik undZeitgeschichte. (1989), 8, S. 3-12.
BZ 05159:1989

Krause, J. : Prospects for conventional arms control in Europe. Boulder, Colo.: Westview Press 1988. II, 87 S.
Bc 8387

Materialien zu Rüstungskontrolle und Vertrauensbildung. Hrsg.: H. Vetschera. Wien: Inst. f. strat. Grundlagenforschung 1987. IX, 158 S.
Bc 02231

Neuneck, G. : Strukturelle Angriffsunfähigkeit und konventionelle Rüstungskontrolle. Hamburg: Inst. f. Friedensforschung u. Sicherheitspolitik 1988. 97 S.
Bc 8472

Oelrich, I. : Production monitoring for arms control. In: Arms control. 9 (1988), 1, S. 3-18.
BZ 4716:9

Prospects for peacemaking: a citizen's guide to safer nuclear strategy. Ed.: H. Cleveland. Cambridge, Mass.: MIT Press 1987. X, 159 S.
B 64856

Sheehan, M. : Arms control. Theory and practice. Oxford: Blackwell 1988. 188 S.
B 66885

Stein, P. ; Feaver, P. : Assuring control of nuclear weapons. The evolution of permissive action links. Lanham: Univ. Press of America 1987. 127 S.
B 64789

Thomson, J. A. : The arms control challenge and the Alliance. Santa Monica, Calif.: Rand Corp. 1987. 12 S.
Bc 02419

Through the straits of Armageddon. Arms control issues and prospects. Ed.: P. F. Diehl. Athens, Ga.: Univ. of Georgia Pr. 1987. XXIV, 297 S.
B 64166

Urban, J. : K sovetsko-americké smlouvé o likvidaci raket středního a kratšího doletu. In: Historie a vojenství. (1988), 3, S. 67-88.
BZ 4526:1988

Wittmann, K. : Challenges of conventional arms control. London: International Inst. for Strategic Studies 1989. 95 S.
Bc 8668

F 012. 2 Nonproliferation

A European non-proliferation-policy. Prospects and problems. Ed.: H. Müller. Oxford: Clarendon Press 1987. XXII, 416 S.
B 64127

Fischer, D. A. V. : The international Non-Proliferation Régime 1987. New York: UN 1987. III, 81 S.
Bc 02502

Milhollin, G. : Heavy water cheaters. In: Foreign policy. (1987/88), 69, S. 100-119.
BZ 05131:1987/88

Reiss, M. : Without the bomb. The politics of nuclear nonproliferation. New York: Columbia Univ. Pr. 1988. XXII, 337 S.
B 66207

Scheinman, L. : Die Rolle der internationalen Atomenergiebehörde bei der Nichtweitergabe von Kernwaffen. Frankfurt: HSFK 1988. V, 63 S.
Bc 02488

Smith, G. C. ; Cobban, H. : A blind eye to nuclear proliferation. In: Foreign affairs. 68 (1989), 3, S. 53-70.
BZ 05149:68

Spector, L. S. : Going nuclear. Cambridge, Mass.: Ballinger 1987. XV, 370 S.
B 63011

Spector, L. S. : The undeclared bomb: [the spread of nuclear weapons 1987-1988]. Cambridge, Mass.: Ballinger 1988. 499 S.
B 68988

F 012. 3 ABC-waffenfreie Zone

Bitzinger, R. : Nordic nuclear-weapon-free zones: prospects and problems. Santa Monica, Calif.: Rand Corp. 1987. 24 S.
Bc 02415

Dunn, L. A. : Chemical weapons arms control. Hard choices for the Bush administration. In: Survival. 31 (1989), 3, S. 209-224.
BZ 4499:31

Giessmann, H. -J. : Militärpolitische Aspekte kernwaffenfreier Zonen. In: Militärwesen. 32 (1988), 10, S. 39-43.
BZ 4485:32

International Peace Academy. The Indian Ocean as a zone of peace. New York: International Peace Academy 1986. XXIII, 155 S.
B 63565

Lindahl, I. : The Soviet Union and the Nordic nuclear-weapons-free-zone proposal. Basingstoke: Macmillan 1988. XII, 227 S.
B 65599

Mogami, T. : The South Pacific nuclear free zone: a fettered leap forward. In: Journal of peace research. 25 (1988), 4, S. 411-430.
BZ 4372:25

Nuclear-free zones. Ed.: D. Pitt. London: Croom Helm 1987. 145 S.
B 62514

F 012. 4 Einzelne Rüstungs-Kontrollverhandlungen

Arkin, W. M. ; Norris, R. S. ; Cochran, T. B. : Nuclear Weapons Databook Project. Working paper. NWD 87-3. Washington, D. C.: Natural Resources Defense Council 1987. 63 S.
010661

Le Baut, Y. : Quelle évolution pour l'armement nucléaire français après le Traité de Washington sur „L'éliminiation des missiles intermédiaires et a plus courte portée"? In: Stratégique. 41 (1989), 1, S. 75-104.
BZ 4694:41

Catudal, H. M. : „Die Kehrtwendung in der Abrüstungspolitik – der INF-Vertrag und die Folgen". In: Die Friedenswarte. 67 (1987), 1-4, S. 9-19.
BZ 4693:67

Clemens, C. : Beyond INF : West Germany's centre-right party and arms control in the 1990s. In: International affairs. 65 (1988/89), 1, S. 55-74.
BZ 4447:65

McCain, J. : Beyond the INF Treaty: the next steps in arms control. In: RUSI journal. 134 (1989), 2, S. 7-14.
BZ 05161:134

Reddy, L. : Practical negotiating lessons from INF. In: The Washington quarterly. 12 (1989), 2, S. 71-82.
BZ 05351:12

Traité entre les Etats-Unis d'Amériques et l'Union des Républiques Socialistes Soviétiques sur l'élimination de leurs missiles à portée intermédiaire et à plus courte portée. In: Politique étrangère. 53 (1988), 1, S. 183-193.
BZ 4449:53

Treaty between the United States of America and the Union of Soviet Socialist Republics on the elimination of their intermediate-range and shorter-range missiles. Starnberg: Forschungsinst. f. Friedenspolitik 1987. Getr. Pag.
Bc 02407

— ABM-Vertrag

The ABM Treaty Interpretation Resolution. Rep. of the Committee on Foreign Relations United States Senate. Washington, D. C.: o. V. 1986. 106 S.
010660

The ABM Treaty: to defend or not to defend? Ed.: W. Stützle. Oxford: Oxford Univ. Pr. 1987. X, 219 S.
B 64255

Durch, W. J. : The ABM treaty and Western security. Cambridge, Mass.: Ballinger 1988. XIII, 161 S.
B 65397

Haas, S. C. : Reassessing lessons from the ABM Treaty. In: International affairs. 64 (1988), 2, S. 233-240.
BZ 4447:64

Mack, A. : Threats to the ABM treaty. In: Arms control. 9 (1988), 2, S. 99-115.
BZ 4716:9

Rossi, S. A. : Reagan-Gorbaciov a il trattato sugli Euromissili. In: Affari esteri. 20 (1988), 77, S. 55-78.
BZ 4373:20

— INF-Verhandlungen

Hunter, R. E. : After the INF treaty: keeping America in Europe. In: SAIS review. 8 (1988), 2, S. 151-171.
BZ 05503:8

Lellouche, P. : L'après-Washington. In: Politique étrangère. 53 (1988), 1, S. 153-167.
BZ 4449:53

Lucas, M. : The United States and Post-INF Europe. In: World policy journal. 5 (1988), 2, S. 183-233.
BZ 4822:5

Mémorandum d'accord concernant l'établissement de la base de données pour le traité entre les États-Unis d'Amériques et l'Union des Républiques Socialistes Soviétiques sur l'élimination de leurs missiles à portée intermédiaire et à plus courteportée. In: Politique étrangère. 53 (1988), 1, S. 215-238.
BZ 4449:53

Santis, H. de: After INF: the political military landscape of Europe. In: The Washington quarterly. 11 (1988), 3, S. 29-44.
BZ 05351:11

Xiang, H. : Le monde après le démantèlement des INF. In: Politique étrangère. 53 (1988), 1, S. 127-133.
BZ 4449:53

— MBFR

Dean, J. : Conventional talks: A good first round. In: Bulletin of the atomic scientists. 45 (1989), 8, S. 26-31.
BZ 05542:45

Weenendaal, L. W. : Van MBFR tot CFE: verbale exercities als leerproces. In: Internationale spectator. 43 (1989), 8, S. 469-475.
BZ 05223:43

— SALT/START

Binnendijk, H. : START : a preliminary assessment. In: The Washington quarterly. 11 (1988), 4, S. 5-18.
BZ 05351:11

Enders, T. : START und europäische Sicherheitsinteressen. In: Europa-Archiv. 43 (1988), 24, S. 722-731.
BZ 4452:43

Géré, F. : La négociation START ou d'un commencement qui n'en finit pas. In: Stratégique. 41 (1989), 1, S. 105-131.
BZ 4694:41

Mazarr, M. J. : On strategic nuclear policy. In: SAIS review. 9 (1989), 1, S. 157-181.
BZ 05503:9

Norris, R. S. ; Arkin, W. M. ; Cochran, T. B. : START und strategic modernization. Washington, D. C.: Natural Resources Defense Council 1987. 36 S.
Bc 02420

Sardo, M. : La riduzione degli armamenti nucleari strategici. In: Rivista militare. (1989), 1, S. 30-43.
BZ 05151:1989

Talbott, S. : Why START stopped. In: Foreign affairs. 67 (1988), 1, S. 49-69.
BZ 05149: 67

Weston, C. : Die erzwungene „Partnerschaft". Grenzen und Möglichkeiten strateg. Rüstungskontrolle am Beisp. d. SALT-Prozesses von Johnson bis Reagan. München: Tuduv Verlagsges. 1987. 406, 24 S.
B 64306

F 012. 5 Verifikation

Efinger, M. : Das Verifikationsproblem und der „Ost-West-Konflikt". In: Österreichische militärische Zeitschrift. 26 (1988), 5, S. 419-426.
BZ 05214:26

F 012. 6 Vertrauensbildende Maßnahmen

Trofaier, M. : Die Beobachtung „Bestimmter Militärischer Aktivitäten". In: Österreichische militärische Zeitschrift. 26 (1988), 5, S. 413-418.
BZ 05214:26

Vetschera, H. : Confidence-building measures (CBMs) and European security. Wien: Inst. f. strat. Grundlagenforschung 1986. 130 S.
Bc 02235

F 020 Militärbündnisse

F 021 NATO

Artaud, D. : L'évolution des institutions américaines et sa compatibilité avec le leadership de l'Alliance Atlantique. In: Stratégique. 42 (1989), 2, S. 73-88.
BZ 4694:42

Barbati, V. : Quale futuro per l'Alleanza ocidentale? In: Rivista militare. (1989), 5, S. 48-59.
BZ 05151:1989

Fynbo, L. : Byrdefordelingen i NATO. In: Militaert tidsskrift. 118 (1989), 5, S. 153-162.
BZ 4385:118

Thies, W. J. : Crises and the study of Alliance politics. In: Armed forces and society. 15 (1989), 3, S. 349-369.
BZ 4418:15

F 021. 1 Allgemeines

Aliboni, R. : Economia e sicurezza nelle prospettive dell'alleanza occidentale. In: Politica internazionale. 16 (1988), 12, S. 5-13.
BZ 4828:16

Auls, W. ; Stübing, E. : Zu den NATO-Herbstmanövern 1988 in der BRD. In: Militärwesen. (1989), 5, S. 58-63.
BZ 4485:1989

Barbati, V. : Difesa dell'Europa e difesa europea. In: Rivista militare. (1989), 1, S. 16-26.
BZ 05151:1989

Betts, R. K. : NATO's mid-life crisis. In: Foreign affairs. 69 (1989), 2, S. 37-52.
BZ 05149:69

Brie, A. : Die Herausbildung des militärstrategischen Gleichgewichts bis Anfang der siebziger Jahre. In: Militärgeschichte. 28 (1989), 2, S. 107-116.
BZ 4527:28

Burt, R. R. : La política de seguridad de la Alianza en una era de cambios Este-Oeste. In: Política exterior. 2 (1988), 7, S. 208-215.
BZ 4911:2

Calleo, D. P. : NATO's middle course. In: Foreign policy. (1987/88), 69, S. 135-147.
BZ 05131:1987/88

Cimbala, S. J. : Extended deterrence. The United States and NATO Europe. Lexington: Lexington Books 1987. XIV, 229 S.
B 63284

Dealignment. A new foreign policy perspective. Ed.: M. Kaldor. Oxford: Blackwell 1987. VIII, 265 S.
B 63580

Dejean de La Bâtie, B. : L'adaptation de l'Alliance 1949-1988. In: Défense nationale. 45 (1989), 7, S. 27-43.
BZ 4460:45

Europe in NATO: deterrence, defense, and arms control. Ed.: C. E. Baumann. New York: Praeger 1987. XVI, 372 S.
B 65430

Galvin, J. R. : The NATO Alliance: a framework for security. In: The Washington quarterly. 12 (1989), 1, S. 85-94.
BZ 05351:12

Generals in international politics: NATO's Supreme Allied Commander, Europe. Ed.: R. S. Jordan. Lexington, Ky.: Univ. Pr. of Kentucky 1987. XXIV, 229 S.
B 64885

Goldman, A. : NATO needs a new missile. In: Orbis. 32 (1988), 4, S. 541-550.
BZ 4440:32

Joffe, J. : The limited partnership: Europe, the United States, and the burdens of alliance. Cambridge, Mass.: Ballinger 1987. XXIV, 225 S.
B 65411

Kaltefleiter, W. : 40 Jahre NATO : Gedanken zu einem Jubiläum. Die Erosion der Sicherheitspolitik und der Wettbewerb im Parteiensystem. In: Europäische Wehrkunde. 38 (1989), 4, S. 223-227; S. 230-231.
BZ 05144:38

Kromer, R. A. : New weapons and NATO: solutions or irritants? New York, N. Y.: Greenwood Pr. 1987. IX, 185 S.
B 65448

Lichotal, A. A. : Atlantičeskij Al'jans: deficit otvetstvennosti v uslovijach jadernogo protivostojanija. Moskva: Meždunar. otnošenija 1987. 200 S.
Bc 7877

Maneval, H. : Probleme der westlichen Allianz aus ökonomischer Sicht. In: Beiträge zur Konfliktforschung. 18 (1988), 3, S. 35-59.
BZ 4594:18

Nuñuez Villaverde, J. : Una alianza y 16 politicas. In: Ejército. 50 (1989), 594, S. 82-88.
BZ 05173:50

Rechtziegler, E. : Aktuelle Tendenzen der Militärhaushalte in NATO-Ländern. In: IPW-Berichte. 18 (1989), 2, S. 23-28.
BZ 05326:18

Richardson, R. C. : Of Western security, new strategies, and defense costs. In: The journal of social, political and economic studies. 13 (1988), 2, S. 115-128.
BZ 4670:13

Schreiber, W. : Zur NATO-Militärdoktrin: bedrohliche Tendenzen überwiegen. In: IPW-Berichte. 18 (1989), 3, S. 1-8.
BZ 05326:18

Schwarz, W. : Strukturelle Angriffsunfähigkeit in Europa. In: Beiträge zur Konfliktforschung. 19 (1989), 2, S. 5-36.
BZ 4594:19

Sochaczewski, J. : I sistemi C2 della NATO. Il passo decisivo verso la standardizzazione e l'interoperabilita. In: Rivista italiana difesa. 8 (1989), 8, S. 22-29.
BZ 05505:8

Thränert, O. : Wieviele Null-Lösungen sind mit der NATO-Strategie vereinbar? Bonn: Friedrich-Ebert-Stiftung 1987. 23 S.
Bc 02230

Waiss, O. : Vías paralelas: la Otan y el Pacto de Varsovia. Santiago: Ed. Documentas 1987. 167 S.
Bc 8155

Die westliche Sicherheitsgemeinschaft 1948-1950: gemeinsame Probleme und gegensätzliche Nationalinteressen in derGründungsphase d. Nordatlantischen Allianz. Boppard: Boldt 1988. IX, 387 S.
B 67386

Wilke, W. : NATO-Staaten beschlossen Weiterführung der Hochrüstung. Zu den Frühjahrskonferenzen der NATO 1988. In: Militärwesen. 32 (1988), 9, S. 73-80.
BZ 4485:32

Williams, P. : NATO crisis management : dilemmas and trade-offs. In: The Washington quarterly. 12 (1989), 2, S. 29 -40.
BZ 05351:12

F 021. 2 NATO-Streitkräfte

Bardaji, R. : Si el conflicto estallase. In: Ejército. 50 (1989), 594, S. 90-97.
BZ 05173:50

Bardehle, P. : Soldaten für den Frieden. Grundlagen und Formen des UN-Peacekeeping. In: Europa-Archiv. 43 (1988), 20, S. 591-598.
BZ 4452:43

Bartke, M. : Bundeswehrtruppen für die UNO? In: S und F. 6 (1988), 4, S. 259-265.
BZ 05473:6

Chalmers, M. ; Unterseher, L. : Is there a tank gap? Comparing NATO and Warsaw Pact Tank Fleets. In: Internationalsecurity. 13 (1988), 1, S. 5-49.
BZ 4433:13

Clark, S. L. : Who will staff NATO? In: Orbis. 32 (1988), 4, S. 521-539.
BZ 4440:32

Kirschke, D. : Entwicklungstendenzen bei Fregatten der NATO-Seestreitkräfte. In: Militärwesen. (1989), 5, S. 72-79.
BZ 4485:1989

Moore, J. W. : The estimation of optimum force size and force reduction potential in conventional arms reductionnegotiations. In: Arms control. 9 (1988), 2, S. 116-133.
BZ 4716:9

Probleme der Bedrohungsanalyse. Zur Kritik politischer Willkür militärischer Daten. Frankfurt: Haag u. Herchen 1988. 91 S.
Bc 8043

Stanley, S. C. ; Segal, M. W. : Military women in NATO: an update. In: Armed forces and society. 14 (1988), 4, S. 559-585.
BZ 4418:14

F 021. 3 NATO-Regionen

Bacalhau, M. : Os portugueses e a defesa da Europa. In: Estrategía. (1987/88), 4, S. 127-141.
BZ 4898:1987/88

Barbati, V. : Il fianco meridionale della NATO. In: Rivista marittima. 122 (1989), 1, S. 43-60.
BZ 4453:122

Clash in the North. Polar summitry and NATO's northern flank. Ed.: W. Goldstein. Washington: Pergamon-Brassey's 1988. XII, 208 S.
B 64273

Couteau-Bégarie, H. : Le flanc nord de l'Europe. In: Défense nationale. 45 (1989), 1, S. 27-42.
BZ 4460:45

Cygański, M. : Rola polityczno-wojskowa RFN w NATO (przegląd orientacji zachodnioniemieckich i faktów). In: Przeglądstosunków międzynarodowych. (1987), 3-4, S. 17-34.
BZ 4777:1987

Daag, N. : Den bräckliga triangeln. Frankrike, Förbundsrepubliken och Storbritannien som fundament för NATO: europeiska pelare? In: Kungl. Krigsvetenskapsakademiens tidskrift. 193 (1989), 2, S. 67-86.
BZ 4718:193

Jensen, K. B. : NATO's sydstlige flanke. In: Tidsskrift for sovaesen. 159 (1988), 5/6, S. 193-339.
BZ 4546:159

Maurin, F. : L'originalité française et le commandement. In: Défense nationale. 45 (1989), 7, S. 45-57.
BZ 4460:45

Mushaben, J. M. : A search for identity: The „German question" in Atlantic Alliance. In: World politics. 40 (1988), 3, S. 395-417.
BZ 4464:40

Ojeda, J. de: El modelo español de participación en la Alianza Atlántica. In: Politica exterior. 3 (1989), 9, S. 58 -90.
BZ 4911:3

Owen, H. ; Meyer, E. C. : Central European security. In: Foreign affairs. 68 (1989), 3, S. 22-40.
BZ 05149:68

Petersen, N. : The security policies of small NATO countries: factors of change. In: Cooperation and conflict. 23 (1988), 3, S. 145-162.
BZ 4605:23

Revelos, T. : Les relations de la Grèce avec l'OTAN. Vues à travers l'affaire de Chypre. In: Histoire et défense. 1 (1987), 15, S. 21-29.
BZ 4953:1

Rupérez, J. : España en la OTAN: Relato parcial. Barcelona: Plaza y Janés Ed. 1986. 240 S.
B 64649

Sandrart, H. -H. von: Defence of the central region and Canada's contribution. In: Canadian defence quarterly. 18 (1989), 4, S. 13-18.
BZ 05001:18

Tenzer, N. : La défense européenne et ses mythes. In: Défense nationale. 44 (1988), 12, S. 47-57.
BZ 4460:44

Varsori, A. : L'Italia fra alleanza Atlantica e CED (1949-1945). In: Storia delle relazioni internazionali. 4 (1988), 1, S. 125-165.
BZ 4850:4

Vidal-Grégoire, P. : L'Islande: L'allié désarmé de l'Otan. In: Défense nationale. 44 (1988), 11, S. 95-106.
BZ 4460:44

Wahl, J. : National handlefrihed og medlemsskab af et faellesskab. In: Militaert tidsskrift. 118 (1989), 5, S. 145-152.
BZ 4385:118

F 022 Warschauer Pakt

Brühl, R. : Friedenssicherung und Militärdoktrin. In: Militärgeschichte. 28 (1989), 2, S. 99-106.
BZ 4527:28

Kulikov, V. G. : The military doctrine of the Warsaw Treaty has a defensive character. Moskau: Novosti Pr. 1988. 31 S.
Bc 7844

Lehmann, R. : Militärische Aspekte der Sicherheit und die Militärdoktrin der Teilnehmerstaaten des Warschauer Vertrages. In: IPW-Berichte. 17 (1988), 10, S. 12-18.
BZ 05326:17

Luchterhandt, O. : Zum Stand der Freiheitsrechte in den Warschauer-Pakt-Staaten. In: Aus Politik und Zeitgeschichte. (1988), 49, S. 25-34.
BZ 05159:1988

MacGregor, D. A. : Force development in the Warsaw Pact: the Soviet-East German connection. In: Armed forces and society. 14 (1988), 4, S. 527-548.
BZ 4418:14

Nelson, D. N. : WTO mobilization potential : a Bulgarian case study. In: Defense analysis. 5 (1989), 1, S. 31-44.
BZ 4888:5

Ökonomie und Landesverteidigung. 3. Aufl. Berlin: Dietz 1987. 112 S.
Bc 8666

Proceedings of a symposium on unity and conflict in the Warsaw Pact, Stockholm. 2. pr. Stockholm: The Swedish National DefenceResearch Institute 1986. 158 S.
Bc 7851

Prystrom, J. : The problem of non-offensive defence – the case of Poland. In: Current research on peace and violence. 11 (1988), 3, S. 115-120.
BZ 05123:11

Sadykiewicz, M. : Organizing for coalition warfare: the role of East European Warsaw Pact forces in Soviet military planning. Santa Monica, Calif.: Rand Corp. 1988. XXI, 134 S.
Bc 8883

Till, G. : Le „altre" marine del Patto di Varsavia. In: Rivista italiana difesa. (1988), 11, S. 74-95.
BZ 05505:1988

F 023 Sonstige Militärbündnisse

Albinski, H. S. : ANZUS. The United States and Pacific security. Lanham: Univ. Press of America 1987. XIII, 62 S.
B 64787

F 030 Internationale Streitkräfte

James, A. : Interminable interim: the UN Force in Lebanon. London: Institut for the study of conflict 1988. 35 S.
Bc 8130

James, A. : The UN force in Cyprus. In: International affairs. 65 (1989), 3, S. 481-500.
BZ 4447:65

Le Peillet, P. : Les forces de maintien de la paix de l'O. N. U.: succès et limites. In: L'Afrique et l'Asie modernes. (1989), 160, S. 3-14.
BZ 4689:1989

F 040 Waffenhandel

Boelcke, W. A. : Internationaler Rüstungstransfer. Eine historisch-zeitkritische Studie. Bonn: IAP 1987. 20 S.
Bc 02213

Hébert, J. -P. : Les ventes d'armes. Paris: Syros 1988. 185 S.
Bc 8561

Klare, M. T. : Deadly convergence. In: World policy journal. 6 (1988), 1, S. 141-168.
BZ 4822:6

Laurance, E. J. : The new gunrunning. In: Orbis. 33 (1989), 2, S. 225-238.
BZ 4440:33

Navias, M. S. : Ballistic missile proliferation in the Middle East. In: Survival. 31 (1989), 3, S. 225-239.
BZ 4499:31

Pearson, F. S. : The priorities of arms importing states reviewed. In: Arms control. 9 (1988), 2, S. 170-185.
BZ 4716:9

F 050 Krieg und Kriegführung

F 051 Allgemeines

Alternative defence policy. Ed.: G. Burt. London: Croom Helm 1988. 153 S.
B 65216

The changing face of war into the fourth generation. In: Military review. 69 (1989), 10, S. 2-11.
BZ 4468:69

Dunnigan, J. F. ; Martel, W.
B 64734

Dupuy, T. N. : Understanding war: history and theory of combat. New York, N. Y.: Paragon House 1987. XXVI, 312 S.
B 64892

Emerging doctrines and technologies: implications for global and regional political-military balances. Ed.: R. L. Pfaltzgraff. Lexington: Lexington Books 1988. X, 326 S.
B 64807

Glossop, R. J. : Confronting war: an examination of humanity's most pressing problem. 2. ed. Jefferson, N. C.: McFarland 1987. XIV, 362 S.
B 64060

Godballe, M. : Selvforsvar i atomalderen: en debatbog om defensivt forsvar. København: Politisk revy 1987. 141 S.
Bc 7876

Gonzalez-Pola de la Granja, P. : Los perros en las fuerzas armadas. In: Defensa. 11 (1988), 124-125, S. 9-14.
BZ 05344:11

Jackson, W. : The alternative third World War 1985-2035. London: Brassey's 1987. XII, 247 S.
B 63595

Kostko, Y. A. : Alternative conceptions and models of security and defence for Europe and the Soviet military doctrine. In: Current research on peace and violence. 11 (1988), 3, S. 87-94.
BZ 05123:11

Krause, C. : „Strukturelle Nichtangriffsfähigkeit" – a yardstick for conventional stability? In: Current research on peace and violence. 11 (1988), 3, S. 121-128.
BZ 05123:11

Miller, B. : Perspectives of disarmament in Europe – the significance of non-offensive defence strategies. In: Current research on peace and violence. 11 (1988), 3, S. 104-114.
BZ 05123:11

The quest for peace. Transcending collective violence and war among societies, cultures and states. Ed.: R. Väyrynen. London: Sage 1987. XII, 356 S.
B 64163

Raudzens, G. : Blitzkrieg ambiguities: doubtful usage of a famous word. In: War and society. 7 (1989), 2, S. 77-94.
BZ 4802:7

Rosen, S. P. : New ways of war. Understanding military innovation. In: International security. 13 (1988), 1, S. 134-168.
BZ 4433:13

Soziale Verteidigung – Verteidigung mit einem menschlichen Gesicht. Düsseldorf: Patmos-Verl. 1988. 108 S.
Bc 8185

Terraine, J. : Lessons of coalition war: 1914 and 1939. In: RUSI journal. 134 (1989), 2, S. 57-62.
BZ 05161:134

Wedemeyer, A. C. : Wedemeyer on war and peace. Ed.: K. E. Eiler. Stanford, Calif.: Stanford Univ. Pr. 1987. XXII, 245 S.
B 66284

F 052 Arten des Krieges

— Atomkrieg

Abrams, H. L. : Inescapable risk: human disability and „accidental" nuclear war. In: Current research on peace and violence. 11 (1988), 1-2, S. 48-60.
BZ 05123:11

Bradley, M. : The application of psychology to problems of nuclear confrontation and the risk of accidental nuclear war. In: Current research on peace and violence. 11 (1988), 1-2, S. 61-71.
BZ 05123:11

Bunge, W. : The nuclear war atlas. Oxford: Basil Blackwell 1988. XXVIII, 204 S.
B 67316

Cimbala, S. J. : Nuclear war and nuclear strategy: unfinished business. New York, N. Y.: Greenwood Pr. 1987. XXIII, 276 S.
B 65786

DeLeon, P. : The altered strategic environment. Lexington: Lexington Books 1987. VIII, 113 S.
B 64051

Greenwald, D. S. : No reason to talk about it: families confront the nuclear taboo. New York: Norton 1987. XIII, 226 S.
B 63339

Intriligator M. D. ; Brito, D. L. : Accidental nuclear war: a significant issue for arms control. In: Current research onpeace and violence. 11 (1988), 1-2, S. 14/23.
BZ 05123:11

Lynch, A. : Political and military implications of the „nuclear winter" theory. New York: Institute for East-West Security Studies 1987. VII, 49 S.
Bc 8061

Managing nuclear operations. Ed.: A. B. Carter. Washington, D. C.: Brookings 1987. XXII, 751 S.
B 62728

The medical implications of nuclear war. Washington: National Academy Press 1986. XVIII, 619 S.
B 63332

Rousset, D. : Sur la guerre. Sommes-nous en danger de guerre nucléaire? Paris: Ramsay 1987. 482 S.
B 64967

Tzanos, C. P. : Nuclear war and nuclear disarmament. In: Journal of political and military sociology. 16 (1988), 1, S. 91-104.
BZ 4724:16

Wade, N. : A world beyond healing. The prologue and aftermath of nuclear war. New York: Norton 1987. 190 S.
B 63300

— **Begrenzter Krieg**

Armies in low-intensity conflict. Ed.: D. A. Charters. London: Brassey's 1989. VIII, 272 S.
B 68561

Barnes, R. C. : The politics of low-intensity conflict. In: Military review. 68 (1988), 2, S. 2-10.
BZ 4468:68

Evans, E. H. : Wars without splendor: the U. S. military and low-level conflict. Westport, Conn.: Greenwood Pr. 1987. XIV, 160 S.
B 62689

Low-intensity conflict: counterinsurgency, proinsurgency, and antiterrorism in the eighties. New York, N. Y.: Pantheon Books 1988. VI, 250 S.
B 65447

Luard, E. : The blunted sword: the erosion of military power in modern world politics. London: Tauris 1988. 196 S.
B 65240

Olson, W. J. : Low intensity conflict. In: Military review. 49 (1989), 2, S. 6-17.
BZ 4468:49

Taylor, R. H. ; McDowell, J. D. : Low-intensity campaigns. In: Military review. 68 (1988), 3, S. 2-11.
BZ 4468:68

Tusa, F. : Response to low intensity warfare: barrier defences in the Middle East. In: RUSI journal. 133 (1988), 4, S. 36-42.
BZ 05161:133

— **Chemisch-biologischer Krieg**

Biological warfare agents. Stockholm: Liber 1986. 62 S.
Bc 7849

Gander, T. J. : Nuclear, biological & chemical warfare. London: Allan 1987. 128 S.
B 67849

Hemsley, J. : The Soviet biochemical threat to NATO. Basingstoke: Macmillan 1987. XVI, 163 S.
B 64351

Jones, D. T. : Eliminating chemical weapons: less than meets the eye. In: The Washington quarterly. 12 (1989), 2, S. 83-96.
BZ 05351:12

Spiers, E. M. : Chemical warfare. London: Macmillan 1986. IX, 277 S.
B 65888

— **Guerillakrieg/Counterinsurgency**

American military policy in small wars: the case of El Salvador. Washington: Pergamon-Brassey's 1988. IX, 58 S.
Bc 8913

Corbett, R. : Guerrilla warfare from 1939 to the present day. London: Orbis 1986. 224 S.
010519

The roots of counter-insurgency: armies and guerilla warfare 1900-1945. Ed.: I. F. W. Beckett. London: Blandford 1988. 160 S.
010759

— **Konventioneller Krieg**

Cimbala, S. J. : Conventional war in Europe: the unavoidable nuclear backdrop. In: Defense analysis. 4 (1988), 4, S. 361-376.
BZ 4888:4

Epstein, J. M. : The 3: 1 rule, the adaptivve dynamic model, and the future of security studies. In: International security. 13 (1989), 4, S. 90-127.
BZ 4433:13

Mearsheimer, J. J. : Assessing the conventional balance. The 3: 1 rule and its critics. In: International security. 13 (1989), 4, S. 54-89.
BZ 4433:13

Weapons and warfare. Conventional weapons and their roles in battle. Ed.: K. Perkins. London: Brassey's Defence Publ. 1987. XVII, 272 S.
B 64328

— **Krieg im Weltraum**

Boosere, P. de; Berloznik, R. : Star wars. Berchem: Uitgeverij EPO 1986. 318 S.
B 65991

Fieschi, R. : Scienza e guerra. Roma: Ed. Riuniti 1987. 201 S.
B 63554

The militarisation of space. Ed.: S. Kirby. Brighton: Wheatsheaf Books 1987. XIV, 253 S.
B 64248

Myers, G. E. : The strategic defense initiative in the military context. In: Airpower journal. 2 (1988), 2, S. 12-26.
BZ 4544:2

Weaponry in space. The dilemma of security. Ed.: Y. Velikhov. Moscow: Mir Publ. 1986. 147 S.
B 63753

— **Psychologischer Krieg**

Knill, M. : Die psychologische Beeinflussung im Krieg. In: Allgemeine schweizerische Militärzeitschrift. 154 (1988), 751-759
BZ 05139:154

F 053 Strategie

F 053. 1 Allgemeines

Amorim Ferreira, A. : Dissuasao convencional nos países em desenvolvimento. In: Revista maritima brasileira. 108 (1988), 7/9, S. 35-56.
BZ 4630:108

The changing strategic landscape. Pt. 1-3. London: International Inst. for Strategic Studies 1989. 115, 124, 126 S.
Bc 8459

Charzat, G. : La militarisation intégrale. Paris: L'Herne 1986. 155 S.
B 65013

Cimbala, S. J. : Extended deterrence and nuclear escalation: options in Europe. In: Armed forces and society. 15 (1988), 1, S. 9-31.
BZ 4418:15

Dufourcq: Mars, une tentative de théorisation stratégique. In: Stratégique. (1988), 40/4, S. 113-140.
BZ 4694:1988

Exploring the stability of deterrence. Ed.: J. Kugler. Boulder, Colo.: Rienner 1987. VIII, 168 S.
B 64037

Hoppe, T. : Friedenspolitik mit militärischen Mitteln: e. ethische Analyse strateg. Ansätze. Köln: Bachem 1986. 318 S.
B 62391

Keegan, J. : The mask of command. London: Cape 1987. 366 S.
B 63609

Leski, C. : Strukturelle Angriffsunfähigkeit. Zur wissenschaftlichen Diskussion eines politischen Begriffes. In: S und F. 6 (1988), 4, S. 253-259.
BZ 05473:6

Mellor, R. E. H. : National defence – the military aspects of political geography. Aberdeen: Univ. of Aberdeen 1987. VI, 201 S.
010525

Püschel, M. : Das Sonderbündnis Frankreich – BRD. Sicherheits- u. militärpolitische Aspekte. Berlin: Militärverlag der DDR 1988. 48 S.
Bc 8671

Saperstein, A. M. : Primer on non-provocative defense. In: Arms control. 9 (1988), 1, S. 59-75.
BZ 4716:9

F 053. 2 Nuklearstrategie

Barbati, V. : Deterrenza nucleare e potere marittimo. In: Rivista marittima. 122 (1989), 3, S. 41-59.
BZ 4453:122

Betts, R. K. : Nuclear blackmail and nuclear balance. Washington, D. C.: The Brookings Inst. 1987. XI, 240 S.
B 64172

Bovin, A. : Das Gebot des nuklearen Zeitalters. Moskau: APN-Verl. 1986. 46 S.
Bc 7587

Challenges to deterrence. Resources, technology, and policy. Ed.: S. J. Cimbala. New York: Praeger 1987. XXII, 305 S.
B 65511

David, C. -P. : Debating counterforce. A conventional approach in a nuclear age. Boulder, Colo.: Westview Press 1987. XVI, 260 S.
B 64536

Fowler, C. : The logic of U. S. nuclear weapons policy. A philosophical analysis. Lewiston: Mellen 1987. XVIII, 266 S.
B 63400

Gray, C. S. : Nuclear strategy and national style. Boston: Hamilton Pr. 1986. XV, 363 S.
B 63272

Kaiser, K. : Atomare Abschreckung und Nichtverbreitung von Kernwaffen. Wandlungen der modernen nuklearen Weltordnung. In: Europa-Archiv. 43 (1988), 17, S. 481-490.
BZ 4452:43

Langan, J. : Challenges to „The Challenge of Peace": The moral debate on nuclear deterrence. In: The Washington quarterly. 11 (1988), 3, S. 93-101.
BZ 05351:11

Rizzo, A. : Guerra e pace nel duemila. Bari: Laterza 1987. 203 S.
B 63536

Snow, D. M. : The necessary peace. Nuclear weapons and superpower relations. Lexington: Lexington Books 1987. VIII, 147 S.
B 63288

F 053. 3 Einzelne strategische Konzepte

— NATO-Strategie/Flexible Response

Barbati, V. : Deterrenza nucleare e potere marittimo. In: Rivista marittima. 122 (1989), 4, S. 23-40.
BZ 4453:122

Croft, S. : The impact of strategic defences on European-American relations in the 1990s. London: International Inst. for Strategic Studies 1989. 66 S.
Bc 8599

Daalder, I. H. : NATO strategy and ballistic missile defence. London: International Inst. for Strategic Studies 1988. 88 S.
Bc 8339

Gates, D. : Non-offensive defensive. A strategic contradiction? London: Inst. f. European Defence and Strategic Studies 1987. 57 S.
Bc 8420

Griggs, R. A. : Maritime Strategy on NATO's central front. In: Military review. 68 (1988), 4, S. 54-65.
BZ 4468:68

Grin, J. : Command and control : Force multiplier or Achilles' heel? In: Defense analysis. 5 (1989), 1, S. 61-76.
BZ 4888:5

Hamm, M. R. : The Airland Battle doctrine: NATO strategy and arms control in Europe. In: Comparative strategy. 7 (1988), 11, S. 183-211.
BZ 4686:7

Howlett, G. : Concepts and future capabilities in NATO's northern region. In: RUSI journal. 133 (1988), 3, S. 13-18.
BZ 05161:133

Louzeau, B. : Europe et défense. In: Nouvelle revue maritime. (1989), 413, S. 4-11.
BZ 4479:1989

Lübkemeier, E. : Akzeptanzprobleme der NATO-Strategie. In: Aus Politik und Zeitgeschichte. (1989), 8, S. 23-30.
BZ 05159:1989

New conventional weapons and Western defence. Ed.: I. Bellany. London: Cass 1987. X, 198 S.
B 64438

Roschlau, W. : Das Territorium der BRD als Kernwaffenbasis in der militärstrategischen Planung der NATO (1953-1970). In: Militärgeschichte. 27 (1988), 5, S. 433-443.
BZ 4527:27

Saint, C. E. : Crushing the Soviet forward detachment. In: Military review. 68 (1988), 4, S. 2-11.
BZ 4468:68

Shreffler, R. : The defense of Western Europe : an indictment of NATO's posture of flexible response and what can be done about it. In: The journal of social, political and economic studies. 13 (1988), 4, S. 351-369.
BZ 4670:13

Steindorff, K. -J. : Die NATO-Nordflanke, das Tor zum Atlantik – Betrachtungen zur Sicherung. In: Marine-Rundschau. 86 (1989), 1, S. 2-8.
BZ 05138:86

Swords and shields: NATO, the USSR, and new choices for long-range offense and defense. Ed.: F. S. Hoffman. Lexington: Lexington Books 1987. X, 369 S.
B 65369

Tarantino, F. A. : A substitute for NATO's nuclear option? In: Military review. 68 (1988), 2, S. 24-35.
BZ 4468:68

Thoemmes, E. H. : NATO strategy and the INF Treaty. In: Global affairs. 3 (1988), 2, S. 46-62.
BZ 05553:3

Walker, J. : The conundrum of air-land warfare. In: RUSI journal. 133 (1988), 2, S. 15-22.
BZ 05161:133

Weisser, U. : Strategie im Umbruch. Europas Sicherheit u. d. Supermächte. Herford: Busse Seewald 1987. 210 S.
B 62864

— SDI/BMD

Au, H. -E. : Die strategische Verteidigungsinitiative (SDI). Zur politischen Diskussion in der BR Deutschland. Frankfurt: Lang 1988. 189 S.
Bc 8270

Bunin, V. N. : Japonija i SOI. In: Problemy del'nego vostoka. (1988), 1, S. 107-119.
BZ 05458:1988

Ende der Abschreckungspolitik. Frauenfeld: Huber 1987. 163 S.
B 65981

Geneste, M. : Initiative de défense stratégique, an V. In: Défense nationale. 44 (1988), 11, S. 81-94.
BZ 4460:44

Hoffmann, H. : Cosmic secret. Testfall SDI – Mythen u. Szenarien. Berlin: Verlag Neues Leben 1988. 255 S.
Bc 8206

Kubbig, B. W. : Die SDI-Rahmenvereinbarung zwischen Bonn und Washington: eine Bilanz nach zwei Jahren. Frankfurt: HSFK 1988. V, 70 S.
Bc 02486

McMahon: Crisis instability and the need for SDI. In: The journal of social, political and economic studies. 13 (1988), 3, S. 261-268.
BZ 4670:13

Ochmanek, D. A. : SDI and/or arms control. Santa Monica, Calif.: Rand Corp. 1987. 13 S.
Bc 02417

Schlesinger, J. R. : Rhetoric and realities in the Star Wars debate. In: International security. 10 (1985), 1, S. 3-12.
BZ 4433:10

The Star Wars debate. Ed.: S. Anzovin. New York: Wilson 1986. 223 S.
B 63505

Strategic defenses and arms control. Ed.: A. M. Weinberg. New York: Paragon House Publ. 1988. VIII, 263 S.
B 65385

Die strategische Verteidigungsinitiative im Spannungsfeld von Politik und Ethik. Hrsg.: F. Furger. Köln: Bachem 1986. 153 S.
B 62445

Willke, H. : SDI : Die strategische Verteidigungsinitiative – 5 Jahre danach. In: Zeitschrift für Politik. 35 (1988), 4, S. 353-364.
BZ 4473:35

Zegveld, W. : SDI and industrial technology policy: threat or opportunity? London: Pinter 1987. 186 S.
B 62494

F 053. 4 Operative Konzepte

Farndale, M. : The operational level of command. In: RUSI journal. 133 (1988), 3, S. 23-29.
BZ 05161:133

— Rogers Plan/ FOFA

Clemmesen, M. H. : Krigsfringsniveauer. In: Militaert tidsskrift. 118 (1989), 5, S. 163-176.
BZ 4385:118

Dinkelaker, U. : Was heißt : „Lance"-Modernisierung? Waffensysteme für „operatives Feuer" in die Tiefe des Raumes. In: Europäische Wehrkunde. 38 (1989), 4, S. 243-245.
BZ 05144:38

Peter, H. : Offensivkonzepte der NATO gefährden die Sicherheit Europas. In: IPW-Berichte. 18 (1989), 2, S. 16-22.
BZ 05326:18

F 054 Taktik/Truppenführung/Manöver

Andriole, S. : Leveraging command and control via enhanced command decisionmaking: prospects for a behavioral theory of command and control. In: Defense analysis. 4 (1988), 3, S. 253-265.
BZ 4888:4

Christensen, M. : Byg pyramiden om. In: Militaert tidsskrift. 118 (1989), 1, S. 20-40.
BZ 4385:118

Fleet, D. D. van; Yukl, G. A. : Military leadership: an organizational behavior perspective. Greenwich, Conn.: JAI Pr. 1986. XVIII, 327 S.
B 63407

Holley, I. B. : Command, control and technology. In: Defense analysis. 4 (1988), 3, S. 267-286.
BZ 4888:4

Huysman, P. ; Duijnhouwer, I. D. C. : Terreinkennis verhoogt de mobiliteit. In: Militaire spectator. 157 (1988), 5, S. 221-232.
BZ 05134:157

Kronenberg, P. S. : Command and control as a theory of interorganizational design. In: Defense analysis. 4 (1988), 3, S. 229-252.
BZ 4888:4

Principles of command and control. Ed.: J. L. Boyes. Washington, D. C.: AFCEA Internat. Pr. 1987. XIV, 480 S.
B 64567

Roberts, W. K. : Battlefield leaders for the twenty-first century. The razor's edge of leadership. In: Military review. 68 (1988), 11, S. 3-16.
BZ 4468:68

Todd, G. : C1 Catharsis. In: Defense analysis. 4 (1988), 3, S. 203-228.
BZ 4888:4

F 055 Geheimer Nachrichtendienst/Spionage/Abwehr

Arcangelis, M. de: La storia dello spionaggio elettronico. Dalla prima guerra mondiale ai raids americani contro la Libia. Milano: Mursia 1987. 245 S.
B 64953

Braunschweig, P. T. : Geheimer Draht nach Berlin. Die Nachrichtenlinie Masson-Schellenberg und der schweizerische Nachrichtendienst im Zweiten Weltkrieg. 2. Aufl. Zürich: Neue Zürcher Zeitung 1989. 528 S.
B 69152

Breuer, W. B. : The secret war with Germany: deception, espionage, and dirty tricks 1939-1945. Novato, Calif.: Presidio Pr. 1988. X, 318 S.
B 65776

British and American approaches to intelligence. Ed.: K. G. Robertson. Basingstoke: Macmillan 1987. XII, 281 S.
B 63647

Covert warfare. Intelligence, counterintelligence, and military deception during the World War II era. Ed.: J. Mendelsohn. Vol. 1-18. New York: Garland 1989. Getr. Pag.
010826

Cryptology – yesterday, today and tomorow. Norwood, Ma.: Artech House 1987. VII, 519 S.
B 63485

Deacon, R. : The truth twisters. London: Macdonald 1987. 240 S.
B 65243

Galvis, S. : Colombia nazi: 1939-1945; espionaje alemán, la cacería del FBI, Santos López y los pactos secretos. 2. ed. Bogotá: Planeta Colombiana 1986. 367 S.
B 63855

Handel, M. I. : Leaders and intelligence. In: Intelligence and national security. 3 (1988), 3, S. 3-39.
BZ 4849:3

Haswell, J. : Spies and spying. London: Severn House 1986. 122 S.
B 65183

Knightley, P. : The second oldest profession: spies and spying in the 20th century. New York: Norton 1987. XI, 436 S.
B 62765

Liminski, J. : Desinformation – Ein Relikt des Kalten Krieges? In: Aus Politik und Zeitgeschichte. (1988), 52/53, S. 34-46.
BZ 05159:1988

Pincher, C. : Traitors: the anatomy of treason. New York: St. Martin's Press 1987. XVII, 346 S.
B 65758

Rieul, R. : Soldier into spy: the memoirs of Roland Rieul. London: Kimber 1986. 221 S.
B 63745

Romerstein, H. : The role of forgeries in Soviet active measures. In: Survey. 30 (1988), 3, S. 106-120.
BZ 4515:30

Rørholt, B. : ULTRA og radioagentene. In: Norsk militært tidsskrift. 158 (1988), 12, S. 13-21.
BZ 05232:158

Rout, L. B. ; Bratzel, J. F. : The shadow war. German espionage and United States counterespionage in Latin America during World War II. Lanham: Univ. Press of America 1986. X, 496 S.
B 63222

Sinclair, A. : The red and the blue; Cambridge, treason and intelligence. Boston, Mass.: Little, Brown and Comp. 1986. 179 S.
B 65818

Winton, J. : Ultra at sea. London: Cooper 1988. 212 S.
B 67904

F 055. 9 Einzelne Spione/Fälle

Barron, J. : Breaking the ring. Boston, Mass.: Mifflin 1987. 244 S.
B 62665

Barron, J. : Spione für den KGB. Die folgenreichste Spionageaffäre der letzten Jahrzehnte. Bern: Scherz Verl. 1988. 254 S.
B 67356

Bloch, G. : „Enigma" avant „Ultra" (1930-1940). o. O.: Selbstverlag 1988. Getr. Pag.
010718

Costa, A. : Stepping down from the star. A soviet defector's story. London: Putnam 1986. 287 S.
B 63276

Hyde, H. M. : George Blake: superspy. London: Constable 1987. 189 S.
B 65035

Murphy, B. : Turncoat: the strange case of British Sergeant Harold Cole, „the worst traitor of the war". San Diego, Cal.: Harcourt Brace Jovanovich 1987. XII, 301 S.
B 65366

Penrose, B.; Freeman, S. : Conspiracy of silence. The secret life of Anthony Blunt. London: Grafton Books 1986. XV, 588 S.
B 63967

Penrose, B. : Conspiracy of silence: the secret life of Anthony Blund. London: Grafton 1987. XXIV, 649 S.
B 65063

Romanones, A. : The spy wore red: my adventures as an undercover agent in World War II. London: Bloomsbury 1987. XII, 304 S.
B 65579

Suvorov, V. : Aquarium. The career and defection of a Soviet military spy. London: Grafton Books 1987. 412 S.
B 63643

Suvorov, V. : Inside the aquarium: the making of a top Soviet spy. New York, N. Y.: Macmillan 1986. 249 S.
B 62894

F 100 Landmacht/Heer/Landstreitkräfte

Adams, J. : Secret armies. The full story of S. A. S. , Delta Force and Spetsnaz. London: Hutchinson 1987. 440 S.
B 64602

Boza de Lora, J. : Las modernas amazonas. In: Ejército. 49 (1988), 584, S. 54-68.
BZ 05173:49

Carver, M. : Twentieth-century warriors: the development of the armed forces of the major military nations in the twentieth century. London: Weidenfeld and Nicolson 1987. 468 S.
B 66081

Dünne, L. : Zur Frage der Realisierung „struktureller Nichtangriffsfähigkit" im Rahmen konventionell bewaffneter Landstreitkräfte. Hamburg: Inst. f. Friedensforschung u. Sicherheitspolitik 1988. 137 S.
Bc 8471

The elite. The special forces of the world. Ed.: J. Pimlott. Vol. 1-8. New York: Marshall Cavendish 1987. 1253 S.
010477

Kube, J. K. : Militaria: ein Bilderbuch für Sammler und Freunde alter Helme und Uniformen. Friedberg: Podzun-Pallas-Verl. 1987. 240 S.
B 63189

Macksey, K. : Tank versus tank: the illustrated story of armoured battlefield conflict in the twentieth century. London: Bantam Pr. 1988. 192 S.
010727

Maniruzzaman, T. : Military withdrawal from politics: a comparative study. Cambridge, Mass.: Ballinger 1987. XIV, 250 S.
B 62908

Mendez de Valdivia, M. : Nuevos profesionales para la seguridad de la Alianza Atlántica. In: Ejército. 49 (1988), 584, S. 38-51.
BZ 05173:49

Military effectiveness. Ed.: A. R. Millet. Vol. 1-3. Boston, Mass.: Allen & Unwin 1988. Getr. Pag.
B 65879

Molt, A. : Der deutsche Festungsbau von der Memel zum Atlantik: Festungspioniere, Ingenieurskorps, Pioniertruppe;1900-1945. Friedberg: Podzun-Pallas-Verl. 1988. 144 S.
B 68280

Pimlott, J. ; Gilbert, A. ; MacGregor, M. : Modern fighting men. Uniforms a. equiment since World War II. London: Guild-Publ. 1986. 192 S.
010880

Roth, J. : Rambo: die Söldner – e. Reportage. Hamburg: Rasch und Röhring 1987. 207 S.
B 65001

Saint, C. E. ; Yates, W. H. : Attack helicopter operations in the airland battle: CLOSE operations. In: Military review. 68 (1988), 6, 7, S. 2-15; 2-9.
BZ 4468:68

Taulbee, J. L. : Unconventional defense: Is civilian-based defense an alternative to war or surrender? In: Conflict. 9 (1989), 1, S. 77-88.
BZ 4687:9

Tickler, P. : The modern mercenary: dog of war, or soldier of honour. Wellingborough: Stephens 1987. 224 S.
B 65079

Um Militärbischof und Militärseelsorge. Wien: Wiener Katholische Akademie 1987. o. Pag.
Bc 02248

Vivekananda, F. ; Mou, D. : Analyzing the theory of „modernizing soldier": economic impact of modernization of military regimes in the Third World: a comparative investigation. In: Scandinavian journal of development alternatives. 7 (1988), 4, S. 87-118.
BZ 4960:7

XI World Congress of sociology. International sociological association. Ed.: J. Kuhlmann. München: Sozialwissenschaftl. Inst. d. Bundeswehr 1987. 334 S.
B 64996

F 200 Seemacht/Marine/ Seestreitkräfte

Albert Ferrero, J. : Colaboracion especial. Evolucion de la tactica submarina. In: Revista general de marina. (1988), 215, S. 389-411.
BZ 4619:1988

Annati, M. : Posamine Volanti. In: Rivista marittima. 122 (1989), 2, S. 27-38.
BZ 4453:122

Botti, F. : Dal „sea power" al „sea control". Gli odierni nodi della strategia marittima. In: Rivista marittima. 122 (1989), 7, S. 21-34.
BZ 4453:122

Carrara Marrón, D. J. : Del poder anfibio. In: Revista general de marina. (1988), 215, S. 633-644.
BZ 4619:1988

Conley, D. : The impact of technological change upon naval policy. In: RUSI journal. 133 (1988), 2, S. 35-40.
BZ 05161:133

Cosentino, M. : La moderna tecnologia nei sommergibili. In: Rivista marittima. 122 (1989), 6, S. 45-64.
BZ 4453:122

Elloy Bonninghen de, A. : La puissance navale aujourd'hui. In: Défense nationale. 45 (1989), 2, S. 45-59.
BZ 4460:45

Fock, H. : Z-vor! Internationale Entwicklung und Kriegseinsätze von Zerstörern u. Torpedobooten. Herford: Koehler 1989. 444 S.
010815

Friedman, N. : The postwar naval-revolution. London: Conway Maritime Press 1986. 240 S.
010209

Giorgerini, G. : Potere Marittimo. Quale domani? In: Rivista marittima. 122 (1989), 5, S. 13-32.
BZ 4453:122

Goldberg, J. H. : Stealth submarines vs. ASW. In: National defense. 74 (1989), 446, S. 35-43.
BZ 05186:74

Gough, B. M. : Maritime strategy : the legacies of Mahan and Corbett as philosophers of sea power. In: RUSI journal. 133 (1988), 4, S. 55-62.
BZ 05161:133

Grassey, T. B. : Selling sea power. In: United States Naval Institute. Proceedings. 115 (1989), 7, S. 30-35.
BZ 05163:115

Hägg, C. : Kanonbåtsdiplomati – ett begränsat utnyttjandet ab sjömakt. In: Tidskrift i sjöväsendet. 151 (1988), 1, S. 23-43.
BZ 4494:151

Hägg, C. : Några grundvärden för sjökrigföring på operativ nivå. In: Tidskrift i sjöväsendet. 152 (1989), 1, S. 31 -53.
BZ 4494:152

Hattendorf, J. B. : An outline of recent thinking on the theory of naval strategy. In: Tidskrift i sjöväsendet. 152 (1989), 1, S. 55-65.
BZ 4494:152

Hattendorf, J. B. : The evolution of the maritime strategy: 1977 to 1987. In: Naval War College review. 41 (1988), 3, S. 7-28.
BZ 4634:41

Jaroch, R. M. : Supporting land warfare. In: United States Naval Institute. Proceedings. 114 (1988), 1029, S. 50-55.
BZ 05163:114

Miller, D. : Modern submarine warfare. London: Salamander Books 1987. 208 S.
010724

Moore, J. E. : Submarine warfare today and tomorow. London: Joseph 1986. XII, 308 S.
B 63605

Moreno Barbera, A. : El submarino en la estrategia naval moderna. In: Revista general de marina. (1988), 215, S. 477-487.
BZ 4619:1988

Polmar, N. : Amphibious warfare: an illustrated history. London: Blandford 1988. 192 S.
010715

Preston, A. : Amphibious warfare in the 1990s. In: Asian defence journal. (1989), 1, S. 44-47.
BZ 05568:1989

Reijn, J. A. van: Maritieme strategie : ontwikkeling en actualiteit. In: Militaire spectator. 158 (1989), 3, S. 103 -109.
BZ 05134:158

Santoni, A. : Da Lissa alle Falkland. Storia e politica navale dell'età contemporanea. Milano: Mursia 1987. 440 S.
B 64955

Schmähling, E. : Seestreitkräfte und Rüstungsbeschränkung. In: Aus Politik und Zeitgeschichte. (1989), 8, S. 31-38.
BZ 05159:1989

Smith, A. M. : Safeguarding the hospital ships. In: United States Naval Institute. Proceedings. 114 (1988), 1029, S. 56-65.
BZ 05163:114

Tangredi, S. J. : Anti-submarine warfare and „arms control": an inevitable collision? In: Naval War College review. 42 (1989), 1, S. 66-85.
BZ 4634:42

Till, G. : Modern sea power. London: Brassey's Defence Publ. 1987. XV, 179 S.
B 63955

Weisser, U. : Die Seestrategien der beiden Weltmächte. In: Europa-Archiv. 43 (1988), 21, S. 607-614.
BZ 4452:43

F 300 Luftmacht/Luftwaffe/Luftstreitkräfte

Franks, N. : Aircraft versus aircraft. The illustrated story of figther pilot combat since 1914. New York: Bantam Press 1986. 192 S.
010210

Leaf, D. P. : The future of close air support. In: Military review. 69 (1989), 3, S. 11-19.
BZ 4468:69

Mason, R. A. : Air power. An overview of roles. London: Brassey's 1987. XI, 151 S.
B 63655

War in the third dimension. Ed.: R. A. Mason. London: Brassey's Defence Publ. 1986. XII, 228 S.
B 62578

Wells, M. K. : The human element and air combat. Some Napoleonic comparisons. In: Airpower journal. 2 (1988), 1, S. 63-75.
BZ 4544:2

Wetrow, : Formen und Methoden des Einsatzes der Luftstreitkräfte zur Bekämpfung von Reserven. In: Militärwesen. (1989), 6, S. 52-58.
BZ 4485:1989

Wheeler, B. C. : An illustrated guide to aircraft markings. London: Salamander Books 1986. 155 S.
B 63900

Wragg, D. : The offensive weapon. The strategy of bombing. London: Hale 1986. 205 S.
B 63738

F 400 Zivilverteidigung/ Zivilschutz/Sanitätswesen

Goda, Y. : Sekai-no shiminbōei. Nihon- ni okeru bōei seisaku-no mdōten. Tōkyō: Nihon Shiminbōei kyōkai 1987. 263 S.
B 64460

Hacker, B. C. : The dragon's tail. Radiation safety in the Manhattan Project, 1942-1946. Berkeley, Cal.: Univ. of California 1987. X, 258 S.
B 62944

Meier, M. : Unsere Zivilschutz-Illusionen. 25 Argumente gegen den Zivilschutz. Maur: Verl. f. Politische Bildung 1987. 27 Bl.
Bc 02273

Meynen, D. : Inhalt und Grundsätze der Verbreitungsaufgabe nach den Resolutionen der Internationalen Rotkreuz-Konferenzen. In: Humanitäres Völkerrecht. 1 (1988), 1, S. 14-22.
BZ 05313:1

La sanidad militar actual. In: Ejército. 50 (1989), 1, S. 45-91.
BZ 05173:50

F 500 Wehrtechnik/Kriegstechnik

F 501 Allgemeines

Grenander, G. : Vapenlära för armén. Vapenlära A. Stockholm: FLC 1986. 256 S.
B 66618

Smith, C. : Soviet Maskirovka. In: Airpower journal. 2 (1988), 1, S. 28-39.
BZ 4544:2

F 510 Waffentechnik

Alexander, J. B. : Antimateriel technology. In: Military review. 69 (1989), 10, S. 29-41.
BZ 4468:69

Arms and disarmament. SIPRI findings. Ed.: M. Thee. Oxford: Oxford Univ. Pr. 1986. 491 S.
B 65092

Barnaby, F. : The automated battlefield. London: Sidgwick & Jackson 1986. 180 S.
B 63678

Habegger, H. : Munition der Artillerie, heute – morgen. Zürich: Beer 1987. 50 S.
Bc 02491

Kochaǹski, S. : Pistolet maszynowy Sten. Warszawa: Min. Obrony Narodowej 1986. 15 S.
Bc 6662

Lecoeur, G. ; Rouquier, R.: Les couteaux de nos soldats. Paris: Crépin-Leblond 1987. 263 S.
B 64762

Malherbe, M. : La saga du Luger. Paris: Crépin-Leblond 1988. 175 S.
Bc 8305

The uncertain course. New weapons, strategies and mind-sets. Ed.: C. G. Jacobsen. Oxford: Oxford Univ. Pr. 1987. XXIII, 349 S.
B 63969

Wollert, G. ; Lidschun, R. ; Kopenhagen, W. : Schützenwaffen heute. (1945-1985). Bd. 1. 2. Berlin: Militärverlag der DDR 1988. 526 S.
L010622

F 511 Heereswaffen

Alder, K. : PzAbw-Fk der verbesserten 2. /Folgegenerationen. Zunehmende Einsatzflexibilität bei hoherKostenwirksamkeit. In: Armada international. 13 (1989), 2, S. 10-21.
BZ 05577:13

Bull, G. V. ; Murphy, C. H. : Paris Kanonen – The Paris guns (Wilhelmgeschütze) and Project HARP. Herford: Mittler 1988. 246 S.
010702

Head, B. : The hawkcraig experiments. The beginnings of submarine detection. In: Warship. 49 (1989), 1, S. 7-16.
BZ 05525:49

Poli, A. : Les groupes mixtes d'automitrailleuses et d'autocanons de la marine pendant la guerre de 1914. In: Revue historique des armées. (1988), 3, S. 91-100.
BZ 05443:1988

Stone, W. : Neue Tendenzen bei Infanteriewaffen. Wer die Wahl hat, hat die Qual. In: Armada international. 23 (1989), 2, S. 40-51.
BZ 05577:23

Wirtgen, R. : Geschichte und Technik der automatischen Waffen in Deutschland. Herford: Mittler 1987. 183 S.
010357

Wojciechowski, I. J. : 152 mm Haubicoarmata wz. 1937. Warszawa: Min. Obrony Narodowej 1987. 14 S.
B 8019

F 512 Marinewaffen/Seekriegswaffen

Auerbach, H. : Seeminen – Entwicklungsstand und Perspektiven. In: Militärwesen. (8), 1989, S. 62-67.
BZ 4485:8

Campanera i Rovira, A. : Cañones navales. In: Defensa. 12 (1989), 135, S. 53-58.
BZ 05344:12

F 513 Luftkriegswaffen

Cannon, M. W. : Battlefield nuclear weapons and tactical gridlock in Europe. In: Military review. 69 (1989), 10, S. 52- 65.
BZ 4468:69

Ferrard, S. : Le missile sol-air très courte portée MISTRAL de MATRA. Plus qu'un nouveau missile, un nouveau concept. In: Defense et armement. (1989), 82, S. 35-41.
BZ 05558:1989

Jackson, T. J. : Bombe tuidate: il passato e il presente. In: Rivista italiana difesa. 7 (1988), 10, S. 22-27.
BZ 05505:7

MacKenzie, D. : The Soviet Union and strategic missile guidance. In: International security. 13 (1988), 2, S. 5-54.
BZ 4433:13

F 515 ABC-Waffen

Albright, D. ; Zamora, T. : India, Pakistan's nuclear weapons: all the pieces in place. In: Bulletin of the atomic scientists. 45 (1989), 5, S. 20-26.
BZ 05542:45

Arkin, W. M. : The nuclear arms race at sea. Washington, D. C.: Greenpeace 1987. 46 S.
Bc 02512

Le Armi chimiche. Aspetti tecnici, politici e giuridici. Roma: La Nuova Italia Scientifica 1987. 146 S.
Bc 8550

The arms race and nuclear war. Ed.: W. M. Evan. Englewood Cliffs.: Prentice-Hall 1987. X, 342 S.
B 63442

Assessing the nuclear age. Selections from the Bulletin of the Atomic Scientists. Ed.: L. Ackland. Chicago, Ill.: Educational-Found. for Nuclear Science 1986. XVII, 382 S.
B 64504

Augsburger, M. S. : Nuclear arms: two views on world peace. Waco, Tex.: Word Books 1987. VIII, 186 S.
B 63472

Automatic monitoring in verification of chemical disarmament. Helsinki: Selbstverlag 1987. IV, 112 S.
010668

Botti, T. J. : The long wait: the forging of the Anglo-American nuclear alliance, 1945-1958. New York, N. Y.: GreenwoodPr. 1987. VIII, 274 S.
B 65784

Brandon, R. : The burning question. The anti-nuclear movement since 1945. London: Heinemann 1987. XI, 174 S.
B 64277

Bundy, M. : Danger and survival. New York: Random House 1988. XIII, 735 S.
B 68567

The challenge of nuclear armaments. Ed.: A. Boserup. Copenhagen: Rhodos Internat. Publ. 1986. 346 S.
B 65615

Clements, K. P. : New Zealand's role in promoting a nuclear-free Pacific. In: Journal of peace research. 25 (1988), 4, S. 395-410.
BZ 4372:25

Cobban, H. : Israel's nuclear game: the U. S. Stake. In: World policy journal. 5 (1988), 3, S. 415-433.
BZ 4822:5

Cuthbertson, I. M. : The anti-tactical ballistic missile issue and European security. Boulder, Colo.: Westview Press 1988. II, 67 S.
Bc 8446

Duval, M. : L'arme nucléaire tactique, pour quoi faire? In: Défense nationale. 45 (1989), 2, S. 13-29.
BZ 4460:45

Ehrhart, H. -G. : Frankreich und das Problem der chemischen Abrüstung. Bonn: Friedrich-Ebert-Stiftung 1988. IV, 98 S.
Bc 02575

Fischer, H. J. : Hitler und die Atombombe. Asendorf: Mut-Verl. 1987. 127 S.
Bc 8705

Flournoy, M. ; Campbell, K. M. : South Africa's bomb: a military option? In: Orbis. 32 (1988), 3, S. 385-401.
BZ 4440:32

Häckel, E. : Die Bundesrepublik Deutschland und der Atomwaffensperrvertrag: Rückblick und Ausblick. Bonn: Deutsche-Gesellschaft für Auswärtige Politik 1989. VII, 102 S.
Bc 8438

Hansen, C. : US nuclear weapons. The secret history. Arlington, Tex.: Aerofax 1988. 231 S.
010828

Heurlin, T. : Den usynlige tragedie: den ufortalte historie om ofrene for USA's atombombeprogram. København: Vindrose 1987. 127 S.
Bc 7857

Hoekema, J. Th. : Verbod op chemische wapens: conferentie van Parijs en mogelijk verdrag. In: Internationale spectator. 43 (1989), 7, S. 445-450.
BZ 05223:43

India and the nuclear challenge. Ed.: K. Subrahmanyam. New Delhi: Lancer International 1986. 322 S.
B 65117

Jaenecke, H. : Mein Gott, was haben wir getan!. Von Hiroshima nach Tschernobyl – d. Weg in d. atomare Verhängnis. Hamburg: Stern-Buch 1987. 288 S.
B 63913

Jervis, R. : The political effects of nuclear weapons. A comment. In: International security. 13 (1988), 2, S. 80-90.
BZ 4433:13

Johnston, C. B. : Reversing the nuclear arms race. Cambridge, Mass.: Schenkman 1986. XVI, 194 S.
B 61746

Kapur, A. : Pakistan's nuclear development. London: Croom Helm 1987. 258 S.
B 63958

Khan, A. Q. : Dr. A. Q. Khan on Pakistan bomb. Ed.: Sreedhar. New Delhi: ABC Publ. House 1987. 180 S.
B 65194

Komer, R. W. : Strategic impact of abolishing nuclear weapons. Santa Monica, Calif.: Rand Corp. 1987. 6 S.
Bc 02416

The logic of nuclear terror. Ed.: R. Kolkowicz. London: Allen & Unwin 1987. XII, 289 S.
B 63611

Miller, R. L. : Under the cloud. The decades of nuclear testing. New York: The Free Press 1986. XII, 547 S.
B 63444

Mueller, J. : The essential irrelevance of nuclear weapons. Stability in the postwar world. In: International security. 13 (1988), 2, S. 55-79.
BZ 4433:13

Nederland en de kernwapens. Een studie over het Nederlands nucleair beleid, 1972-1985. Alphen aan de Rijn: Samson 1987. 232 S.
B 62190

Non-production by industry of chemical warfare agents: technical verification under a Chemical Weapons Convention. Ed.: S. J. Lundin. Oxford: Oxford Univ. Pr. 1988. XII, 279 S.
010725

Nuclear proliferation and international security. Ed.: K. Subrahmanyam. New Delhi: Lancer International 1986. 310 S.
B 65126

Nuclear weapons and international law. Ed.: I. Pogany. Aldershot: Avebury 1987. XIII, 253 S.
B 63750

Nuclear weapons tests: prohibition or limitation? Ed.: J. Goldblat. Oxford: Oxford Univ. Pr. 1988. XXII, 423 S.
B 65060

Oulton, W. E. : Christmas Island cracker: an account of the planning and execution of the British thermonuclear bombtests, 1957. London: Thomas Harmsworth 1987. VI, 410 S.
B 63606

Political realism and international morality: ethics in the nuclear age. Ed.: K. Kipnis. Boulder, Colo.: Westview Press 1987. X, 271 S.
B 65499

Ruiz del Castillo, P. : Armas nucleares tacticas. In: Ejército. 49 (1988), 586, S. 18-23.
BZ 05173:49

Seth, S. P. : The Indo-pak nuclear duet and the United States. In: Asian survey. 28 (1988), 7, S. 711-728.
BZ 4437:28

Stoll, A. : Geophysik und Kernwaffentests. In: Militärwesen. (1989), 6, S. 38-44.
BZ 4485:1989

Thraenert, O. : Biologische Kampfstoffe – Rüstungsdynamik im Reagenzglas? Bonn: Friedrich-Ebert-Stiftung 1988. II, 25 S.
Bc 02576

Westberg, R. : Nuclear weapons – the rest of the story. In: The journal of social, political and economic studies. 13 (1988), 3, S. 251-260.
BZ 4670: 13

F 518 Raketen/Raketenabwehr/Lenkwaffen

Baumann, E. : Die Raketenversuchsstation Toplitzsee. 1944-1945. In: Marine-Rundschau. 85 (1988), 5, S. 300-302.
BZ 05138:85

Bruckmann, W. : Kurzstreckenraketen und Langzeitkonflikte. In: Blätter für deutsche und internationale Politik. 34 (1989), 6, S. 717-727.
BZ 4551:34

Les Défenses antimissiles. La France et l'Europe. Ed.: Groupe X-Défense. Paris: Fondation pour les Études de Défense Nationale 1986. 188 S.
B 63542

Engel, R. : The SS-19 missile system: the logical expansion of Soviet MIRV technology. In: Military technology. 13 (1989), 6, S. 77-87.
BZ 05107:13

Fridling, B. E. ; Harvey, J. R. : On the wrong track? An assessment of MX Rail Garrison Basing. In: International security. 13 (1988/89), 3, S. 113-141.
BZ 4433:13

Girodet, J. : Les systèmes d'armes navals français. In: Défense et armement. (1988), 78, S. 41-46.
BZ 05558:1988

Hellmold, W. : Die VI. Esslingen: Bechtle 1988. 309 S.
B 65811

Loasby, G. : The Soviet INF ballistic missiles. In: Jane's Soviet intelligence Review. 1 (1989), 4, S. 156-163.
BZ 05573:1

Munson, K. : World unmanned aircraft. London: Jane 1988. 221 S.
010674

Mustin, H. C. : The sea-launched cruise missile. More than a bargaining chip. In: International security. 13 (1988/89), 3, S. 184-190.
BZ 4433:13

Paya Arregui, M. : Canones antimisiles: La barrera infranqueable. In: Defensa. 12 (1989), 131, S. 26-32.
BZ 05344:12

Die Vorder- und Hintergründe des Raketenstreits. In: Blätter für deutsche und internationale Politik. 34 (1989), 6, S. 728 -746.
BZ 4551:34

F 520 Fahrzeugtechnik/Militärfahrzeuge

F 521 Landfahrzeuge/gepanzerte Fahrzeuge

Anweiler, K. ; Blank, R. : Die Rad- und Kettenfahrzeuge der Bundeswehr 1956-1986. Friedberg: Podzun-Pallas-Verl. 1987. 422 S.
B 63149

L'autoblindo pesante italiana B1 Centauro. In: Rivista italiana difesa. (1988), 11, S. 42-61.
BZ 05505:1988

Belmonte-Hernandez, V. : Carros de combate: cañones para el futuro. In: Defensa. 11 (1988), 124-125, S. 90-97.
BZ 05344:11

Bianchi, F. : I veicoli blindati pesanti da ricognizione e combattimento. In: Rivista italiana difesa. (1988), 11, S. 22-41.
BZ 05505:1988

Durand, M. : La moto dans l'armée Française. Le May-sur-Evre: Selbstverlag 1987. 195 S.
010572

Erhart, K. : Gefechtsfahrzeuge der mot. Schützen. Berlin: Militärverlag der DDR 1988. 32 S.
Bc 8277

Fernandez Mateos, F. : 1926-1937. El Carro de combate español „Trubia". In: Defensa. 12 (1989), 135, S. 60-64.
BZ 05344:12

Forty, G. : German tanks of World War II. „In action". London: Blandford Press 1988. VIII, 160 S.
010520

Lamin, E. : Toekomst van de gevechtstank. In: Militaire spectator. 158 (1989), 1, S. 19-29.
BZ 05134:158

Mayer, H. -G. : Der VW-Käfer im Kriege und im militärischen Einsatz danach. Friedberg: Podzun-Pallas-Verl. 1988. 48 S.
Bc 02504

Reid, P. D. : UK tank dilemma: time for decision. In: The army quarterly and defence journal. 118 (1988), 4, S. 391 -404.
BZ 4770:118

Scheibert, H. : Der russische Kampfwagen T-34 und seine Abarten. Friedberg: Podzun-Pallas-Verl. 1988. 48 S.
Bc 02270

Schneider, W. : Der „Königstiger". Bd. 2. Friedberg: Podzun-Pallas-Verl. 1988. 48 S.
Bc 02401

Schneider, W. ; Strasheim, R. : Deutsche Kampfwagen im 1. Weltkrieg. Der A7V und die Anfänge deutscher Panzerentwicklung. Friedberg: Podzun-Pallas-Verl. 1988. 47 S.
Bc 02409

Shaker, S. M. ; Wise, A. R. : War without men. Robots on the future battlefield. Washington: Pergamon-Brassey's 1988. XIV, 196 S.
B 65282

Tiger!. The Tiger tank. Ed.: D. Fletcher. London: Her Majesty's Stat. Off. 1986. 263 S.
010462

Urrisk, R. M. : Die Räderfahrzeuge des österreichischen Bundesheeres 1918-1988. Graz: Weishaupt 1988. 294 S.
010854

Zaloga, S. J. : US light tanks, 1944-84. M24 Chaffee, M41 Walker Bulldog, and M551 Sheridan. London: Osprey 1987. 40 S.
Bc 02431

F 522 Seefahrzeuge/Schiffstechnik

Bradford, E. : Großkampfschiffe. Festungen auf See. München: Herbig 1988. 229 S.
B 68224

Conway's all the world's battleships. 1906 to the present. Ed.: I. Sturton. London: Conway Maritime Press 1987. 190 S.
010518

Friedman, N. : U. S. small combatants. Including PT-boats, subchasers, and the Brown-Water Navy. Annapolis, Ma.: Naval Inst. Pr. 1987. 529 S.
010615

Gabler, U. : Unterseebootbau. 3. Aufl. Koblenz: Bernard und Graefe 1987. 145 S.
010204

Gates, P. J. : Surface warships. An introduction to design principles. London: Brassey's Defence Publ. 1987. XX, 193 S.
B 65103

Gray, E. : Few survived. A comprehensive survey of submarine accidents and disasters. London: Leo Cooper 1986. X, 259S.
B 63949

Keithly, T. M. : Tomorrow's surface forces. In: United States Naval Institute. Proceedings. 114 (1988), 12/1030, S. 50-61.
BZ 05163:114

Korittke, P. : „Fregatte 90" – ein Projekt der NATO-Rüstungskooperation. In: Militärwesen. 32 (1988), 12, S. 73-80.
BZ 4485:32

Lambert, A. : Warrior. The world's first ironclad. London: Naval Inst. Pr. 1987. 192 S.
010597

Marriott, J. : Submarine: the capital ship of today. London: Ian Allen 1986. 128 S.
B 66082

Principles of naval weapons systems. Bd. 1-3. Annapolis, Ma.: Naval Inst. Pr. 1985-86. IX, 607, VI, 105, VI, 69 S.
010178

Pugh, P. G. : The new capital ship? Evolution of the modern submarine. In: Naval forces. 9 (1988), 3, S. 18-32.
BZ 05382: 9

Scala, D. : Portaeromobili Swath. La tecnica e i possibili sviluppi. In: Rivista marittima. 122 (1989), 6, S. 65-73.
BZ 4453:122

Truver, S. C. : Whither the revolution at sea? In: United States Naval Institute. Proceedings. 114 (1988), 12/1030, S. 68-74.
BZ 05163:114

Turrini, A. : La silenziosità. Principale caratteristica del battelo subacqueo. In: Rivista marittima. 122 (1989), 2, S. 39-53.
BZ 4453:122

F 523 Luftfahrzeuge/Luftfahrttechnik

Bruce, J. M. : Britain's first warplanes. Poole: Arms and Armour Pr. 1987. 128 S.
B 64258

Petit, E. : Nouvelle histoire mondiale de l'aviation. Paris: Michel 1987. 461 S.
010459

Szentesi, G. : Katonai Repülögépek és helikopterek. Budapest: Zrinyi Katonai Kiadó 1987. 337 S.
B 65152

— **Einzelne Typen**

Bowyer, C. : The Wellington Bomber. London: Kimber 1986. 320 S.
B 65250

Chartres, J. : BAe nimrod. London: Allan 1986. 112 S.
B 69065

Cooksley, P. G. : Wellington. Mainstay of bomber command. Wellingborough: Stephens 1987. 176 S.
B 64270

Crosnier, A. ; Guhl, J. -M. : Armée de l'air. La chasse á rèaction de 1948 à nos jours. Du „Vampire" au „Mirage 2000". Paris, Limoges: Lavanzelle 1987. 100 S.
010573

The decade fo the Shamsher. In: Air international. 35 (1988), 4/5, S. 175-183; 236-242.
BZ 05091:35

Dorr, R. F. : Boeing KC-135 Stratotanker. London: Allan 1987. 112 S.
B 69765

Dorr, R. F. : Mac Donnell F-101 Voodoo. London: Osprey 1987. 198 S.
010551

Dressel, J. : Heinkel He 280: der erste Düsenjäger d. Welt. Hrsg.: Forschungsgr. Luftfahrtgeschichte e. V. Friedberg: Podzun-Pallas-Verl. 1987. 48 S.
Bc 02224

The elegant ELK. Poland's unfortunate bomber. In: Air international. 35 (1988), 4, S. 193-198; 216-218.
BZ 05091: 35

Emmerling, M. ; Dressel, J. : Raketenjäger Messerschmitt Me 163. Wie ein Floh, aber oho! Friedberg: Podzun-Pallas-Verl. 1988. 48 S.
Bc 02465

Focke-Wulfs schwerer Jäger war chancenlos. Der Falke aus Bremen. In: Flugrevue. (1989), 5, S. 281/5-284/5.
BZ 05199:1989

Green light for EFA. In: Air international. 35 (1988), 3, S. 147-155.
BZ 05091:35

Hillebrand, H. L. : An-225- das größte Transportflugzeug der Welt. Antonovs Traum. In: Flugrevue. (1989), 6, S. 8-13.
BZ 05199:1989

Jackson, A. J. : De Havilland aircraft since 1909. 3. ed. Annapolis, Ma.: Naval Inst. Pr. 1987. VII, 544 S.
B 65494

Kinzey, B. : F4F wildcat. Blue Ridge Summit, Pa.: Airlife Publ. 1988. 72 S.
Bc 02480

Korell, P. : TB-3. Die Geschichte e. Bombers. Berlin: Transpress 1987. 188 S.
B 65922

Luff, D. : Bulldog. The Bristol Bulldog fighter. Shrewsbury: Airlife Publ. 1987. 188 S.
B 64427

Mietelski, M. M. : Samolot myśliwski Curtiss Hawk 75. Warszawa: Wydawn. Min. Obrony 1987. 15 S.
Bc 7210

Redemann, H. : Reif für die Insel. In: Flugrevue. (1989), 5, S. 86-90.
BZ 05199:1989

Redemann, H. : Der erste Düsenbomber der RAF. 40 Jahre und recht weise. In: Flugrevue. (1989), 6, S. 285/6-288/6.
BZ 05199:1989

Redemann, H. : F-4: nach 30 Jahren zuverlässig wie eh und je. In: Flugrevue. (1988), 10, S. 8-14.
BZ 05199:1988

Redemann, H. : Militärluftfahrt : Störspezialist EF-111 A Raven. In: Flugrevue. (1989), 6, S. 30-33.
BZ 05199:1989

Schwarz, K. : Sowjetische Su-27 verblüfft die westlichen Experten. Der Superjäger. In: Flugrevue. (1989), 8, S. 8-15.
BZ 05199:1989

Schwarz, K. : Was den Tornado-Export so schwierig macht. Ziel-Konflikt. In: Flugrevue. (1989), 4, S. 8-12.
BZ 05199:1989

Sheehand, J. W. : North American B-45. The US AF's Tornado. In: Air international. 35 (1988), 5, S. 243-250.
BZ 05091:35

Stanaway, J. C. : Peter three eight. The pilots' story. Missoula, Mont.: Pictorial Histories Publ. 1986. VIII, 132 S.
Bc 02325

Thornborough, A. M. : USAF phantoms. London: Arms and Armour Pr. 1988. 160 S.
010619

Die Tragödie eines Bombers. Stiefkind der Luftwaffe. In: Flugrevue. (1989), 4, S. 277/4-280/4.
BZ 05199:1989

— **Flugzeuge**

Batchelor, J. : Fighter. Newton Abbot: David & Charles 1988. 160 S.
010620

Butowski, P. : Samoloty MiG. Warszawa: Wydawn. Komunikacji i Łacznod'sci 1987. 278 S.
B 66968

Cieślak, K. ; Gawrych, W. ; Glass, A. : Samoloty myśliwskie września 1939. Warszawa: NOT-SIGMA 1987. 148 S.
Bc 02333

Die Flugzeuge der kaiserlich-u. -königlichen Luftfahrttruppe und Seeflieger 1914-1918. Graz: Weishaupt 1988. 224 S.
010729

Future combat aircraft conference proceedings. London: Jane 1987. Getr. Pag.
010545

Griehl, M. ; Dressel, J. : Deutsche Nahaufklärer, 1930-1945. Friedberg: Podzun-Pallas-Verl. 1989. 48 S.
Bc 02555

Kaczkowski, R. : Samoloty bombowe II wojny swiatowej. Warszawa: Wydawn. Komunikacji i Łacznodšci 1987. 254 S.
B 66976

Kampfflugzeuge: Konstruktionen, Kosten und Konzepte. In: Flugrevue. (1989), 7, S. 8 -21.
BZ 05199:1989

Kempski, B. : Samolot szkolno-treningowy Junak. Warszawa: Wydawn. MON 1986. 16 S.
Bc 6652

Kempski, B. : Samolot szkolno-treningowy UT-2. Warszawa: Wydawn. MON 1986. 16 S.
Bc 6634

Makowski, T. : Samoloty bojowe swiata. Warszawa: NOT-SIGMA 1986. 135 S.
Bc 02334

Redemann, H. : Flugzeug-Report: Saabs Jagd-Viggen. Thors Hammer. In: Flugrevue. (1989), 7, S. 82-85.
BZ 05199:1989

Redemann, H. : Die Tragödie eines Bombers. Stiefkind der Luftwaffe. In: Flugrevue. (1989), 7, S. 289/-292/7.
BZ 05199:1989

Schwarz, K. : Neue F-16-Versionen für die 90er Jahre. Agiler Falke für Japan und Europa. In: Flugrevue. (1989), 5, S. 9-14.
BZ 05199:1989

Siuru, W. D. : Supermaneuverability. Fighter technology of the future. In: Airpower journal. 2 (1988), 1, S. 50-61.
BZ 4544:2

Spick, M. : Jet Fighter performance. Korea to Vietnam. London: Ian Allen 1986. 160 S.
B 63737

Taylor, J. W. R. ; Munson, K. : World gallery of trainers. In: Air force magazine. 71 (1988), 12, S. 81-91.
BZ 05349:71

— **Hubschrauber**

Beaver, P. : Modern military helicopters. Wellingborough: Stephens 1987. 168 S.
B 64024

Dunstan, S. : Vietnam choppers. Helicopters in battle 1950-1975. London: Osprey 1988. 199 S.
010594

Gunston, B. ; Spick, M. : Modern fighting helicopters. London: Salamander Books 1986. 208 S.
010654

Gunston, B. ; Spick, M. : Moderne Militär-Hubschrauber. Zürich: Stocker – Schmid 1987. 208 S.
010449

Quaranta, P. : L'elicoterro d'attaco verso il 2000. In: Difesa oggi. 13 (1989), 3-4, S. 107-113.
BZ 05119:13

Richardson, D. : AH-1. Cobra. New York: Prentice Hall Press 1987. 635 S.
L02436

Schwarz, K. : Erste Details des sowjetischen Hubschraubers Mi-28. In: Flugrevue. (1989), 9, S. 8-14.
BZ 05199:1989

Schwarz, K. : Militärluftfahrt: Sowjetischer Kampfhubschrauber Mi-24 „Hind". In voller Rüstung. In: Flugrevue. (1989), 11, S. 38-41.
BZ 05199:1989

Schwarz, K. : Schwieriger Start für NATO-Hubschrauber NH 90. Alles in der Schwebe. In: Flugrevue. (1989), 3, S. 8-14.
BZ 05199:1989

Wheeler, H. A. : Attack helicopters: a history of rotary-wing combat aircraft. London: Greenhill Books 1987. VII, 117 S.
B 65661

F 550 Nachrichtentechnik/Elektronik

Arms and artificial intelligence: weapon and arms control applications of advanced computing. Ed.: A. M. Din. Oxford: Oxford Univ. Pr. 1987. XIV, 229 S.
B 65589

Borovička, V. P. : *Scisle tajne szyfry.* Warszawa: Wydawn. MON 1987. 347 S.
B 65747

Boyd, C. : Significance of MAGIC and the Japanese ambassador to Berlin: (III) the months of growing certainty. In: Intelligence and national security. 3 (1988), 4, S. 83-102.
BZ 4849:3

Fisher, D. E. : A race on the edge of time: radar – the decisive weapon of World War II. New York: McGraw-Hill 1988. XI, 371 S.
B 64483

Parry, D. : Nachtsichtsysteme für den Einsatz mit Bodentruppen. In der Nacht sind nicht alle Katzen grau. In: Armada international. 23 (1989), 2, S. 64-73.
BZ 05577:23

Schleher, D. C. : Introduction to electronic warfare. Dedham, Ma.: Artech House 1986. XII, 559 S.
B 64203

Schröder, E. : Die fernmelde-elektronischen Aufklärungssysteme. Löffelsterz: Schlettach-Verl. 1988. Getr. Pag.
010716

Wilkes, O. ; Gleditsch, N. P. ; Botnen, I. : Loran-C and Omega. A study of the military importance of radio navigation aids. Oslo: Norwegian Univ. Press 1987. 397 S.
B 63723

F 560 Raumfahrttechnik

Boyes, W. : Killed twice – buried once. A story about the catastrophic Apollo fire. Rockville, Md.: Cheasapeake Bay 1986. 264 S.
B 64175

Florini, A. M. : The opening skies. Third-party imaging satellites and U. S. security. In: International security. 13 (1988), 2, S. 91-123.
BLBZ 4433:13

Johnson, N. L. : Soviet military strategy in space. London: Jane's 1987. 287 S.
B 65231

Lewis, J. S. : Space resources: breaking the bonds of Earth. New York: Columbia Univ. Pr. 1987. XIII, 418 S.
B 65377

Rossi, S. A. : La politica militare-spaziale Europea e l'Italia. In: Affari esteri. 20 (1988), 76, S. 521-533.
BZ 4373:20

Schreiber, W. : Westeuropa an der Schwelle zur kosmischen Rüstung. In: Militärwesen. (1989), 7, S. 74-80.
BZ 4485:1989

Seeking stability in space: anti-satellite weapons and the evolving space regime. Ed.: J. S. Nye. Lanham: Univ. Press of America 1987. XII, 167 S.
B 65436

Stares, P. B. : Space and national security. Washington, D. C.: The Brookings Inst. 1987. XVII, 219 S.
B 64215

Swahn, J. : International surveillance satellites – open skies for all? In: Journal of peace research. 25 (1988), 3, S. 229-244.
BZ 4372:25

Welck, S. von: Satelliten in der internationalen Politik. Bonn: Europa-Union-Verl. 1989. VI, 151 S.
Bc 8632

G Wirtschaft

G 000 Grundfragen der Wirtschaft/Weltwirtschaft

Bellis, P. : The non-capitalist road and Soviet development theory today: a critique of some recent accounts. In: Journal of communist studies. 4 (1988), 3, S. 258-281.
BZ 4862:4

Bello, W. : Confronting the brave new world economic order: toward a Southern agenda for the 1990s. In: Alternatives. 14 (1989), 2, S. 135-167.
Bz 4842:14

La crisi globale. Milano: Le Ed. del Maquis o. J. o. P.
Bc 02540

Frank, A. G. : The world economic crisis today: retrospect and prospect. In: Scandinavian journal of developmentalternatives. 7 (1988), 2/3, S. 181-226.
BZ 4960:7

Hübner, K. : The crisis of the world capitalist economy and the crisis of the theory of the world market. In: Socialism in the world. 11 (1987), 59, S. 104-117.
BZ 4699:11

Kanth, R. : Development strategy and crisis: notes on the limits of corporate Pacifism. In: Scandinavian journal of development alternatives. 7 (1988), 2/3, S. 227-240.
BZ 4960:7

Maier, L. : Internationale ökonomische Sicherheit – zu ihren Triebkräften und zum Inhalt des Konzeptes. In: IPW-Berichte. 17 (1988), 8, S. 1-8.
BZ 05326:17

G 100 Volkswirtschaft

Alexander, P. : Der Trost des Entwicklungshelfers: Erfahrungen u. Bekenntnisse aus 18 Jahren Arbeit für d. Dritte Welt. Frankfurt: Haag u. Herchen 1987. 350 S.
B 64986

Altvater, E. : Political economy after Chernobyl. In: Socialism in the world. 11 (1987), 58, S. 13-28.
BZ 4699:11

Berger, P. L. : Le capitalist revolution. Fifty propositions about prosperity, equality, and liberty. Aldershot: Gower 1987. 262 S.
B 64371

Corbridge, S. : Capitalist world development: a critique of radical development geography. Basingstoke: Macmillan 1986. IX, 240 S.
B 63418

Dünki, M. : Ins Feld, in die Freiheit gezogen? Gespräche mit Entwicklungshelfern. Zürich: Limmat Verl. 1987. 237 S.
B 64739

Eckert, R. : Allgemeine Krise des Kapitalismus-Charakter der Epoche. In: Marxistische Blätter. (1989), 7/8, S. 18-26.
BZ 4548:1989

Economic processes and political conflicts: contributions to modern political economy. Ed.: R. W. England. New York: Praeger 1987. X, 323 S.
B 63313

Frank, A. G. : Is the Reagan recovery real or the calm before a storm? In: Socialism in the world. 11 (1987), 58, S. 102-127.
BZ 4699:11

Horvat, B. : The socialist economy. In: Socialism in the world. 11 (1987), 59, S. 73-103.
BZ 4699:11

Itoh, M. : The basic theory of capitalism: the forms and substance of the capitalist economy. Totowa, N. J.: Barnes &Noble 1988. XIII, 432 S.
B 65698

Koraè, M. : Introduction to the political economy of the Socialist self-government society. In: Socialism in the world. 11 (1987), 58, S. 145-166.
BZ 4699:11

Liauzu, C. : L'enjeu tiersmondiste. Débats et combats. Paris: L'Harmattan 1987. 138 S.
B 64747

Miles, R. : Capitalism and unfree labour: anomaly or necessity? London: Tavistock Publ. 1987. 250 S.
B 66077

Perelman, M. : Marx's crisis theory. Scarcity, labor, and finance. New York: Praeger 1987. 250 S.
B 64015

Politische Risiko-Analyse. Hrsg.: D. Ruloff. Zürich: Forschungsstelle für polit. Wiss. , Univ. Zürich 1988. 69 S.
Bc 8107

Riddell, R. C. : Foreign aid reconsidered. Baltimore, Md.: Johns Hopkins Univ. Pr. 1987. X, 309 S.
B 68191

Schwendter, R. : Alternative Ökonomie. Geschichte, Struktur, Probleme. In: Aus Politik und Zeitgeschichte. (1989), 26/89, S. 41-51.
BZ 05159: 1989

Studien zu bürgerlich-kapitalistischer Entwicklung in Asien und Afrika. Leipzig: Karl-Marx-Univ. 1987. 84 S.
Bc 8603

Vilby, K. : Noget for noget: storpolitik og u-landsbistand. København: Vindrose 1986. 173 S.
B 66330

G 300 Industrie

Mikesell, R. F. : Nonfuel minerals. Foreign dependence and national security. Ann Arbor, Mich.: The Univ. of Michigan Pr. 1987. XII, 257 S.
B 63005

Painter, D. S. : Oil and the American century. The political economy of U. S. foreign oil policy, 1941-1954. Baltimore, Md.: Johns Hopkins Univ. Pr. 1986. XII, 302 S.
B 63296

G 380 Rüstungsindustrie

Krysmanski, H. J. : Einige technologiepolitische Voraussetzungen der Rüstungskonversion. In: Marxistische Studien. 15 (1989), 1, S. 328-338.
BZ 4691:15

Polycarpe, G. : Aspect de l'industrie armement. In: Stratégique. (1988), 40/4, S. 55-94.
BZ 4694:1988

Schwarz, W. : Strukturwandel und Konzentrationsprozesse im militärisch-industriellen Komplex. In: Marxistische Studien. 15 (1989), 1, S. 133-155.
BZ 4691:15

Wayand, J. : Internationalisierung der Rüstungsproduktion oder wachsender Konkurrenzkampf zwischen den kapitalistischen Rüstungszentren. In: Marxistische Studien. 15 (1989), 1, S. 195-211.
BZ 4691:15

G 390 Energiewirtschaft

Atomkraft am Ende? 3. Aufl. Göttingen: Die Werkstatt 1986. 191 S.
B 62848

Falk, R. : Nuclearism and national interest. The situation of a non-nuclear ally. In: Scandinavian journal of development alternatives. 7 (1988), 2/3, S. 7-22.
BZ 4960:7

Leclercq, J. ; Durr, M. : The nuclear age. Paris: Le Chêne 1986. 414 S.
010893

Nuclear power in crisis: politics and planning for the nuclear state. Ed.: A. Blowers. New York, N. Y.: Nichols 1987. 327 S.
B 62941

Selling the rope to hang capitalism?: the debate on West-East trade & technology transfer. Ed.: C. M. Perry. Washington: Pergamon-Brassey's 1987. VIII, 246 S.
B 65400

Sylves, R. T. : The nuclear oracles: a political history of the General Advisory Committee of the Atomic Energy Commission, 1947-1977. Ames, Iowa: Univ. of Iowa Pr. 1987. XVIII, 319 S.
B 64859

Tragedija Černobyl' podvig, preduprežde- nie. Moskva: Planeta 1988. 151 S.
B 67025

G 400 Handel

Ham, P. van: De handelspolitiek van de EG en de Verenigde Staten tijdens perestrojka: op weg naar één Europees (handels)huis? In: Internationale spectator. 43 (1989), 10, S. 609-616.
BZ 05223:43

Mead, W. R. : The United States and the world economy. In: World policy journal. 6 (1988), 1, S. 1-46.
BZ 4822:6

Nötzold, J. ; Schröder, K. : Die Wirtschaftsbeziehungen zwischen Ost und West. Neue Aufgabenstellungen für die europäische Entspannungspolitik. In: Europäische Rundschau. 16 (1988), 4, S. 45-58.
BZ 4615:16

Vogel, H. : Wirtschaft und Sicherheit in den Ost-West-Beziehungen. In: Europäische Rundschau. 16 (1988), 3, S. 31-42.
BZ 4615:16

Wandrow, M. : CoCom – Probleme und Trends mit Blick auf die 90er Jahre. In: IPW-Berichte. 18 (1989), 7, S. 31-36.
BZ 05326:18

G 500 Verkehr

Johnson, R. W. : Shootdown: flight 007 and the American connection. New York, N. Y.: Penguin Books 1987. XIV, 250 S.
B 65431

Pearson, D. E. : KAL 007. The cover-up. New York, N. Y.: Summit Books 1987. 462 S.
B 64014

Piwowoński, J. : Nierówne Boje. Warszawa: Nasza Ksiegarnia 1988. 118 S.
B 67995

G 600 Finanzen/ Geld-und Bankwesen

Assetto, V. J. : The Soviet bloc in the IMF and the IBRD. Boulder, Colo.: Westview Press 1988. XI, 208 S.
B 64526

Aufderheide, P. ; Rich, B. : Environmental reform and the multilateral banks. In: World policy journal. 5 (1988), 2, S. 201-322.
BZ 4822:5

Pastor, M. : The international Monetary Fund and Latin America. Economic stabilization and class conflict. Boulder, Colo.: Westview Press 1987. XVI, 228 S.
B 64572

Pérez Sánchez, A. : Crisis internacional de endeudamiento y papel del mercado monetario mundial: collejón sin salida. In: Revista CIDOB d'afers internacionals. (1988), 14, 15, S. 63-79.
BZ 4928:1988

Roepke, W. : 2 Essays by Wilhelm Roepke. The problem of the economic order. Ed.: J. Overbeek. Lanham: Univ. Press ofAmerica 1987. X, 103 S.
B 63420

G 700 Technik/Technologie

Barke, R. : Science, technology and public policy. Washington, D. C.: Congressional Quarterly Pr. 1986. IX, 245 S.
B 63280

Governing science and technology in a democracy. Ed.: M. L. Goggin. Knoxville, Tenn.: Univ. of Tennessee 1986. XVIII, 314 S.
B 63279

Lange, H. -J. : Bonn am Draht. Politische Herrschaft in der technisierten Demokratie. Marburg: SP-Verl. 1988. 181 S.
Bc 8190

Piques, J. -P. : Eureka. In: Histoire et défense. 2 (1986/87), 14 u. 15, S. 63-87; 59-72.
BZ 4953:2

The political economy of international technology transfer. Ed.: J. R. McIntyre. New York, N. Y.: Quorum Books 1986. XII, 267 S.
B 63318

Seiden, C. : Fagre ny verdensdel: Eureka og danskernes fremtid. København: Teknisk Forl. 1986. 102 S.
Bc 7673

Stewart, C. T. ; Nihei, Y. : Technology-transfer and human factors. Lexington: Lexington Books 1987. XIII, 200 S.
B 63268

Technology and global industry. Companies and nations in the world economy. Ed.: B. R. Guile. Washington: National Academy Press 1987. VI, 272 S.
B 64218

Yankey, G. S. : International patents and technology transfer to less developed countries: the case of Ghana and Nigeria. Aldershot: Avebury 1987. 280 S.
B 65592

H Gesellschaft

Bookchin, M. : The modern crisis. 2. ed. Montréal: Black Rose Books 1987. 194 S.
B 63238

Carchedi, G. : Class analysis and social research. Oxford: Basil Blackwell 1987. XI, 289 S.
B 64199

Class in the twentieth century. Ed.: A. Marwick. New York: St. Martin's Press 1986. VIII, 176 S.
B 64730

Dryzek, J. S. : Rational ecology. Environment and political economy. Oxford: Blackwell 1987. IX, 270 S.
B 65197

Fay, B. : Critical social science. Liberation and its limits. Ithaca, N. Y.: Cornell Univ. 1987. X, 242 S.
B 64039

Frank, A. G. ; Fuentes, M. : Social movements. In: Socialism in the world. 11 (1988), 66, S. 62-85.
BZ 4699:11

Franke, B. : Die Kleinbürger: Begriff, Ideologie, Politik. Frankfurt: Campus 1988. 246 S.
B 65637

Hamilton, M. B. ; Hirszowicz, M. : Class and inequality in pre-industrial, capitalist, and Communist society. Brighton: Wheatsheaf Books 1987. XV, 300 S.
B 63725

Harnecker, M. : Oue es? la sociedad. Managua: Ed. Vanguardia 1986. 212 S.
Bc 7905

Hindess, B. : Politics and class analysis. Oxford: Blackwell 1987. 136 S.
B 65237

Intellectuals in liberal democracies: political influence and social involvement. Ed.: A. G. Gegnon. New York: Praeger 1987. III, 242 S.
B 64844

Koch, E. R. : Im Kopf ein Paradies. Auf dem Weg zu einem sanften Faschismus. Berlin: Ullstein 1988. 189 S.
Bc 7739

Mészáros, I. : Philosophy, ideology and social science. Essays in negation and affirmation. New York: St. Martin's Press 1986. XIX, 284 S.
B 63291

Miller, P. : Domination and power. London: Routledge & Kegan Paul 1987. 269 S.
B 66083

Peter, L. : Marxistische Soziologie. In: Sozialismus. 15 (1989), 3, S. 30-36.
BZ 05393:15

Porpora, D. V. : The concept of social structure. Westport, Conn.: Greenwood Pr. 1987. 159 S.
B 65766

Schneider, N. F. : Ewig ist nur die Veränderung. Entwurf e. analytischen Konzepts sozialer Bewegungen. Frankfurt: Lang 1987. 200 S.
Bc 8536

Sprague, J. : Which side are they on? The political understanding of the petit bourgeoisie. In: Journal of political and military sociology. 16 (1988), 1, S. 1-19.
BZ 4724:16

Tinbergen, J. ; Fischer, D. : Warfare and welfare. Integrating security policy into socio-economic policy. Brighton: Wheatsheaf Books 1987. XIV, 189 S.
B 63752

Trotsenburg, E. A. van: Militärische Landesverteidigung und Sozialwissenschaften. In: Österreichische militärische Zeitschrift. 26 (1988), 5, S. 404-412.
BZ 05214:26

Vobruba, G. : Individualisierung und Solidarität. In: Prokla. 19 (1989), 76, S. 60 -70.
BZ 4613: 19

H 100 Bevölkerung und Familie

Kargalova, M. V. : Protestujuščee Pokolenie. Moskva: Mysl' 1987. 174 S.
Bc 7652

H 130 Frauenfrage/Frauenbewegung

Bassnett, S. : Feminist experiences. The women's movement in four cultures. London: Allen & Unwin 1986. 194 S.
B 64568

Behind the lines: gender and the two world wars. Ed.: M. R. Higonnet. New Haven: Yale Univ. Pr. 1987. VIII, 310 S.
B 63345

Binne, H. ; Poerksen, T. ; Post, E. : Frauen auf dem Weg zu friedlicher Koexistenz im UNO-Friedensjahr 1986: dritte Konferenz von Friedensaktivistinnen unter Schirmherrschaft d. Internationalen CFK. Berlin: 1986. 83 S.
BLD 3658

Brenner, J. : Beyond essentialism: feminist theory and strategy in the peace movement. In: The year left. 3 (1988), S. 93-113.
BZ 4857:3

Brenner, J. : Feminism's revolutionary promise. In: The Socialist register. 25 (1989), S. 245-263.
BZ 4824:25

Cott, N. F. : The grounding of modern feminism. New Haven: Yale Univ. Pr. 1987. XIII, 372 S.
B 64792

Eisenstein, Z. R. : The radical future of liberal feminism. Boston: Northeastern Univ. Pr. 1986. XI, 260 S.
B 63429

Forslag til forandring: 36 kjerringråd i en argumentativ metalog om opprr. Oslo: Pax Forl. 1986. 224 S.
B 66511

Die Frau im Krieg. Plakate. Beiheft. Wien: Heeresgeschichtliches Museum 1986. o. Pag.
Bc 8393

Die Frau im Krieg. Katalog. Wien: Heeresgeschichtliches Museum 1986. 127 S.
Bc 8392

Images of women in peace and war. Cross-cultural and historical perspectives. Ed.: S. Macdonald. Houndsmill: MacMillan 1987. XX, 240 S.
B 64274

Jones, K. B. : Socialist-feminist theories of the family. In: Praxis international. 8 (1988), 3, S. 284-300.
BZ 4783: 8

Leahy, M. E. : Development strategies and the status of women. Boulder, Colo.: Rienner 1986. XI, 167 S.
B 63434

Lenz, M. ; Strecker, G. : Der Weg der Frau in die Politik. 6. Aufl. Melle: Knoth 1988. 135 S.
Bc 8595

Randall, V. : Women and politics: an international perspective. 2. ed. Basingstoke: Macmillan 1987. XII, 362 S.
B 65108

Wartenberg, T. E. : The concept of power in feminist theory. In: Praxis international. 8 (1988), 3, S. 301-316.
BZ 4783:8

What is feminism?. Ed.: J. Mitchell. New York, N. Y.: Pantheon Books 1986. VIII, 241 S.
B 63413

H 200 Stand und Arbeit

H 214 Arbeiterbewegung/Gewerkschaften

Bendiner, B. : International labour affairs: the world trade unions and the multinational companies. Oxford: Clarendon Press 1987. 202 S.
B 65648

Federlein, A. : Autobiographien von Arbeitern. 1890-1914. Marburg: Verl. Arbeiterbew. u. Gesellschaftswiss. 1987. IV, 434 S.
B 64595

Foster, J. B. : Fordismus als Fetisch. In: Prokla. 19 (1989), 76, S. 71-85.
BZ 4613:19

Internationale Gewerkschaftsbewegung. In: Blätter des iz3w. (1989), 157, S. 11-42.
BZ 05130:1989

Jensen, L. -A. : „Internasjonalen" – samlingsmerke, kampsang og symbol. In: Arbeiderhistorie. (1988), S. 5-45.
BZ 4920:1988

Mișcarea muncitorească internațională în anii 1924-1933. In: Anale de istorie. 34 (1988), 5, S. 104-122.
BZ 4536:34

Neubert, H. : Menschheitsprobleme und Arbeiterklasse. Berlin: Dietz 1988. 63 S.
Bc 8656

Razvitie rabočego Klassa i bor'ba idej. Red.: T. T. Timofeev. Moskva: Nauka 1989. 262 S.
B 68699

Rybeckỳ, V. : Meznárodní delnické a komunistické hnutí za druhé svetové války. In: Historie a vojenství. (1988), 6, S. 3-21.
BZ 4526:1988

Saage, R. : Arbeiterbewegung, Faschismus, Neokonservatismus. Frankfurt: Suhrkamp 1987. 272 S.
B 64384

Theories of the labor movement. Ed.: S. Larson. Detroit, Mich.: Wayne State Univ. Pr. 1987. XI, 395 S.
010468

Zukunft der Gewerkschaften. Ein internat. Vergleich. Hrsg.: W. Müller-Jentsch. Frankfurt: Campus Verlag 1988. 289 S.
B 64342

H 220 Arbeit und Arbeitsprobleme

The strike, lo sciopero, la grève, la huelga, der Arbeitskampf, a greve. Roma: Giuffrè 1987. XVI, 554 S.
B 65262

H 300 Wohlfahrt und Fürsorge

Gordenker, L. : Refugees in international politics. London: Croom Helm 1987. 227 S.
B 62919

Kent, R. C. : Anatomy of disaster relief. The network in action. London: Pinter 1987. XII, 201 S.
B 65170

Smyser, W. R. : Refugees. Extended exile. New York: Praeger 1987. XVI, 142 S.
B 65990

H 500 Gesundheitswesen

H 510 Umweltschutz

Cartwright, J. : Conserving nature, decreasing debt. In: Third world quarterly. 11 (1989), 2, S. 114-127.
BZ 4843:11

Fitz Simmons, M. ; Gottlieb, R. : A new environmental politics. In: The year left. 3 (1988), S. 114-130.
BZ 4857:3

Hays, S. P. : Beauty, health and permanence: environmental politics in the United States, 1955-1985. Cambridge: Cambridge Univ. Pr. 1987. XV, 630 S.
B 64053

Hohmann, H. : Die Entwicklung der internationalen Umweltpolitik und des Umweltrechts durch internationale und europäische Organisationen. In: Aus Politik und Zeitgeschichte. (1989), B 47-48/49, S. 29-45.
BZ 05159:1989

Müller, E. : Sozial-liberale Umweltpolitik. Von der Karriere eines neuen Politikbereichs. In: Aus Politik und Zeitgeschichte. (1989), B 47-48/49, S. 3-15.
BZ 05159:1989

Voss, J. H. : Bemerkungen zur Lage. E. kommentierte Dokumentation über Umweltschutzpraktiken im Verteidigungsbereich. Lüneburg: Schmidt – Neubauer 1987. 233 S.
B 64629

Weidner, H. : Die Umweltpolitik der konservativ-liberalen Regierung. Eine vorläufige Bilanz. In: Aus Politik und Zeitgeschichte. (1989), B 47-48/49, S. 16-28.
BZ 05159:1989

Zelinka, F. F. ; Anker, I. : Umweltschutz durch Bundeswehr?. Meinungsspiegel in Truppe und Bevölkerung. München: Sozialwissenschaftl. Inst. d. Bundeswehr 1988. 33 S.
Bc 8594

Ziegler, C. E. : Environmental policy in the USSR. Amherst, Mass.: Univ. of Massachusetts Pr. 1987. XIII, 195 S.
B 64529

H 600 Sport und Spiel

Hart-Davis, D. : Hitler's games: the 1936 Olympics. London: Century 1986. 256 S.
B 62929

J Geistesleben

J 100 Wissenschaft

Dixon, N. F. : Our own worst enemy. London: Cape 1987. XIII, 322 S.
B 64242

Eibl-Eibesfeldt, I. : Aggression. Der Wille zum Frieden entspricht unserer biologischen Motivationsstruktur. In: Beiträge zur Konfliktforschung. (1988), 4, S. 17-35.
BZ 4594:1988

Feindbilder im Dienste der Aufrüstung. Hrsg.: G. Sommer. Marburg: Philipps-Univ. 198. 311 S.
B 63187

Fuertes Rocanin, J. C. : Depresión y soicidio en las Fuerzas Armadas. In: Ejército. 50 (1989), 588, S. 92-99.
BZ 05173:50

Ganssmüller, C. : Die Erbgesundheitspolitik des Dritten Reiches. Köln: Böhlau 1987. 205 S.
B 64080

Gollobin, I. : Dialectical materialism. Its laws, categories, and practice. New York: Petras Press 1986. 608 S.
010200

Hastings, P. : War and medicine, 1914-1945. London: Longman 1988. 48 S.
Bc 8554

Horn, K. : Gewalt – Agression – Krieg. Studien zur psychoanalytisch orientierten Sozialpsychologie des Friedens. Baden-Baden: Nomos-Verlagsges. 1988. 299 S.
B 66806

Knoch, P. : Gewalt wird zur Routine. Zwei Weltkriege in der Erfahrung einfacher Soldaten. In: Geschichtswerkstatt. (1988), 16, S. 17-23.
BZ 4937:1988

Knorr, L. : Feindbilder und deren Abbau. In: Marxistische Blätter. (1989), 7/8, S. 74-80.
BZ 4548:1989

Der Krieg in den Köpfen. Beitr. z. Tübinger Friedenskongreß. Hrsg.: H. -J. Althaus. Tübingen: Tübinger Vereinigung für Volkskunde 1988. 253 S.
Bc 8584

Latzel, K. : Vom Sterben im Krieg. Wandlungen in der Einstellung zum Soldatentod vom Siebenjährigen Krieg bis zum II. Weltkrieg. Warendorf: Fahlbusch 1988. 134 S.
Bc 8249

Menschenversuche: Wahnsinn u. Wirklichkeit. Hrsg.: R. Osnowski. Köln: Kölner Volksblatt-Verl. 1988. 173 S.
Bc 8257

Militärische Sozialisation. Hrsg.: H. -J. Gamm. Darmstadt: Technische Hochschule 1986. 183 S.
Bc 8350

Military psychiatry: a comparative perspective. Ed.: R. A. Gabriel. Westport, Conn.: Greenwood Pr. 1986. X, 214 S.
B 64873

Military radiobiology. Ed.: J. J. Conklin. Orlando: Academic Pr. 1987. X, 404 S.
B 63330

Perspectives in U. S. Marxist anthropology. Ed.: D. Hakken. Boulder, Colo.: Westview Press 1987. 279 S.
B 64513

Recke, A. von der: Feindbild oder Feindesliebe. Gedanken eines Christen in Uniform. Hannover: Luthersches Verlagshaus 1988. 33 S.
Bc 8280

Rilling, R. : „Die Wissenschaft als Dienerin des Krieges". In: Marxistische Studien. 15 (1989), 1, S. 172-194.
BZ 4691:15

Schum, D. A. : Evidence and inference for the intelligence analyst. Vol. 1. 2. Lanham: Univ. Press of America 1987. XVI, 486; XII, 359 S.
010612

Zahnmedizin und Faschismus. Hrsg.: W. Kirchhoff. Marburg: Verl. Arbeiterbew. u. Gesellschaftswiss. 1987. 203 S.
B 65995

J 200 Kunst

Hitler's fall. The newsreel witness. Ed.: K. R. M. Short. London: Croom Helm 1988. XII, 188 S.
B 68452

Kaulbach, H. M. : Bombe und Kanone in der Karikatur. Marburg: Jonas-Verl. 1987. 333 S.
B 65670

Koenen, G. : Die großen Gesänge. Lenin, Stalin, Mao, Castro. Sozialist. Personenkult u. seine Sänger von Gorki bis Brecht – von Aragon bis Neruda. Frankfurt: Scarabäus bei Eichborn 1987. 221 S.
B 64949

Schneider, F. : Die politische Karikatur. München: Beck 1988. 135 S.
B 65732

Taishoff, M. N. : State responsibility and the direct broadcast satellite. London: Pinter 1987. XII, 203 S.
B 65174

J 400 Presse/Publizistik/ Massenmedien

Malhotra, R. : Politische Plakate, 1914-1945. Hamburg: Museum für Kunst und Gewerbe 1988. 111 S.
Bc 02497

Prensa, paz, violencia y terrorismo. La crisis de credibilidad de los informadores. Ed.: C. Soria. Pamplona: Ed. Univ. de Navarra 1987. 154 S.
Bc 7636

Reichel, H. : ... der KGB ist immer dabei: Wie Feindbilder gemacht werden. Düsseldorf: Ed. Marxist. Bl. 1987. 223 S.
B 63161

J 500 Schule und Erziehung

Zalecenia komiisji UNESCO Polskiej Rzeczypospolitej Ludowej i Republiki Federalnej Niemiec do spraw podręczników szkolnych w zakresie historii i geografii. Red.: A. Czubiński. Poznań: Institut Zachodni 1986. 84 S.
Bc 6526

J 600 Kirche und Religion

Falcke, H. : Vom Gebot Christi, daß die Kirche uns die Waffen aus der Hand nimmt und den Krieg verbietet. Stuttgart: Radius-Verl. 1986. 98 S.
Bc 8332

Littwin, L. : Religion and revolution: a brief for the theology of liberation. In: The Socialist register. 25 (1989), S. 264-277.
BZ 4824:25

Motaghed, E. : Dialoge. Nebraska: Selbstverlag 1987. 70 S.
Bc 02551

J 610 Christentum

Catholics, the state, and the European radical right, 1919-1945. Ed.: R. J. Wolff. Boulder, Colo.: Social Science Monographs 1987. XIII, 257 S.
B 64729

Christen und Marxisten im Dialog. Berlin: SED Westberlin 1989. 88 S.
Bc 8647

Della Rocca, F. : Papi di questo secolo. Da Pio XII a Giovanni Paolo II. Padova: Sedam 1987. XVI, 238 S.
B 64404

Koval'skij, N. A. ; Ivanova, I. M. : Katolicizm i meždunarodnye otnošenija. Moskva: Meždunarodnye otnošenija 1989. 268 S.
B 68939

Schulze, H. : Menschenfischer – Seelenkäufer. Evangelikale und fundamentalistische Gruppen und ihr Wirken in der 3. Welt. München: Arbeitsgemeinschaft Sozialpolitischer Arbeitskreise 1987. 126 S.
Bc 7741

J 620 Islam

Esposito, J. L. : Islam and politics. 2. ed. Syracuse, N. Y.: Syracuse Univ. Pr. 1987. XVIII, 302 S.
B 64471

Etienne, B. : L'islamisme radical. Paris: Hachette 1987. 366 S.
B 64403

Konzelmann, G. : Allahs Schwert. Der Aufbruch der Schiiten. München: Herbig 1989. 366 S.
B 61718

Sabbagh, A. : Frauen im Islam. Zum Problem sozialer Modernisierung, am Beisp. besonders Ägyptens. Würzburg: Sabbagh 1986. 259 S.
B 64181

Vatikiotis, P. J. : Islam and the state. London: Croom Helm 1987. V, 136 S.
B 63975

K Geschichte

K 0 Allgemeine Geschichte/ Geschichtswissenschaft

Brecher, M. ; Wilkenfeld, J.; Moser, S. : Crises in the twentieth century. Vol. 1. 2. Oxford: Pergamon Press 1988. XII, 346; IX, 280 S.
010652

Degrelle, L. : Hitler, né à Versailles. Bd. 1. Paris: Art et Histoire d'Europe 1986. 258 S.
B 63548

Hobsbawm, E. J. : The age of Empire: 1875-1914. London: Weidenfeld and Nicolson 1987. 404 S.
B 65101

Ifversen, J. : Det politiske, magten og samfundet. In: Den jyske historiker. (1989), 47, S. 7-27.
BZ 4656:1989

Kennedy, P. M. : The rise and fall of the great powers: economic change and military conflict from 1500 to 2000. NewYork: Random House 1988. XXV, 677 S.
B 65702

Koziej, S. : Rajdy bojowe. Warszawa: Min. Obrony Narodowej 1987. 203 S.
B 61347

Rationality and revolution. Ed.: M. Taylor. Cambridge: Cambridge Univ. Pr. 1988. VII, 271 S.
B 65870

Revoluciones y revolucionarios de todos los tiempos. Caracas: Ed.: Centauro 1987. 187 S.
B 63870

Scheurig, B. : Verdrängte Wahrheiten: zeitgeschichtliche Bilder. Frankfurt: Ullstein 1988. 252 S.
B 65345

Tinker, H. : Men who overturned empires: fighters, dreamers and schemers. Basingstoke: Macmillan 1987. XV, 272 S.
B 64943

War, revolution and peace: essays in honor of Charles B. Burdick. Ed.: J. Remak. Lanham: Univ. Press of America 1987. XII, 286 S.
B 64509

Yoder, A. : World politics and the causes of war since 1914. Lanham: Univ. Press of America 1986. XII, 241 S.
B 65433

K 2 Geschichte 1815-1914

K 2 e Politische Geschichte

Bettez, D. J. : Unfulfilled initiative: Disarmament negotiations and the Hague Peace Conferences of 1899 and 1907. In: RUSI journal. 133 (1988), 3, S. 57-62.
BZ 05161:133

Busquets i Vilanova, C. : La „transatlantica y la crisis del 98. In: Revista general de marina. 216 (1989), März, S. 295- 302.
BZ 4619:216

Gutsche, W. : „Panthersprung" nach Agadir, 1911. Berlin: Dt. Verl. d. Wissenschaften 1988. 42 S.
Bc 02425

Gutsche, W. : Zum Verhältnis zwischen nationalen Aufständen, imperialistischen Expansionsbestrebungen und militärstrategischen Zielen europäischer Großmächte in der zweiten Marokkokrise. In: Militärgeschichte. 28 (1989), 2, S. 129 -135.
BZ 4527:28

Lewis, D. L. : The race to Fashoda. European colonialism and African resistance in the scramble for Africa. London: Bloomsbury 1988. XIII, 304 S.
B 65656

Schumann, R. : „Friede durch Recht!" Das Bürgerliche Friedensprogramm von der Jahrhundertwende bis zum ersten Weltkrieg. In: Revue internationale d'histoire militaire. (1989), 71, S. 88-101.
BZ 4454:1989

Spraul, G. : Der „Völkermord" an den Herero. In: Geschichte in Wissenschaft und Unterricht. 39 (1988), 12, S. 713 -739.
BZ 4475:39

K 2 f Kriegsgeschichte

Aktar, Y. : The impact of 1912 „war meetings" upon the Balkan Wars. In: Revue internationale d'histoire militaire. (1988), 67, S. 167-180.
BZ 4454:1988

Blum, R. : The siege of Port Arthur. Adelaide: Selbstverlag 1987. 103 S.
B 68465

East Central European society and the Balkan wars. Ed. B. K. Király. New York: Columbia Univ. Pr. 1987. XII, 434 S.
B 65360

Tmyama, S. : Nichiro kaisen shin-shi. Tmkym: Tmkym Shuppan 1987. 303 S.
B 65506

K 3 Geschichte 1914-1918

K 3 a Gesamtdarstellungen

Ferro, M. : Der Grosse Krieg, 1914-1918. Frankfurt: Suhrkamp 1988. 420 S.
B 67350

The First World War. Scottish Record Office. Edinburgh: HMSO 1986. 52 S.
010610

Galántai, J. : Az elsö Világháború. 2. kiad. Budapest: Gondolat 1988. 546 S.
B 68199

Jindra, Z. : První svetová válka. Praha: Státní pedagogické nakladatelství 1987. 372 S.
B 63664

Piekalkiewicz, J. : Der Erste Weltkrieg. Düsseldorf: Econ 1988. 608 S.
010694

Pimlott, J. : The first World War. London: Watts 1986. 62 S.
010522

Ross, S. : The origins of the First World War. Hove: Wayland 1988. 63 S.
010774

Winter, J. M. : The experience of World War I. London: Macmillan 1988. 256 S.
010713

Zgórniak, M. : 1914-1918. Studia i szkice z dziejów i wojny światowej. Kraków: Wydawn. Literackie 1987. 301 S.
B 63778

K 3 c Biographien/Kriegserlebnisse

Arnollet, M. : Le journal d'un poilu: la guerre de 1914-1918 vécue par François Arnollet. In: Revue historique desarmées. (1988), 3, S. 16-22.
BZ 05443:1988

Coudray, H. : Guerre de 1914-1918. Memoires d'un troupier. Bordeaux: Selbstverlag 1986. 228 S.
B 63576

Martin, B. : Poor bloody infantry. A subaltern on the Western Front 1916-1917. London: Murray 1987. 174 S.
B 63587

Nesham, F. : Socks, cigarettes and shipwrecks. A family's war letters 1914-1918. Gloucester: Sutton 1987. 274 S.
B 65583

Orr, P. : The road to the Somme. Men of the Ulster Division tell their story. Belfast: The Blackstaff Press 1987. VIII, 248 S.
B 64423

Ryder, R. : Oliver Leese. London: Hamilton 1987. XII, 308 S.
B 64128

Shephard, E. A. : A sergeant-major's war: from Hill 60 to the Somme. Marlborough: Crowood 1987. 157 S.
B 63953

Siepmann, H. : Echo of the guns: recollections of an artillery officer, 1914-18. London: Hale 1987. 191 S.
B 63682

K 3 e Politische Geschichte

Brühl, R. : Die Entfesselung des ersten und des zweiten Weltkrieges durch den Imperialismus. In: Militärgeschichte. 28 (1989), 3, S. 195-200.
BZ 4527:28

Chlebowczyk, J. : Między dyktatem, realiami a prawem do samostanowienia. Warszawa: Państwowe Wydawn. Naukowe 1988. 613 S.
B 66970

The coming of the First World War. Ed.: R. J. W. Evans. Oxford: Clarendon Press 1988. VIII, 189 S.
B 68605

Doppelbauer, W. : Gericht über die Armee – Kriegsverbrecherprozesse in Österreich nach 1918. In: Truppendienst. 27 (1988), 5, S. 505-510.
BZ 05209:27

French, D. : British strategy & war aims: 1914-1916. London: Allen & Unwin 1986. XIV, 274 S.
B 63688

Joll, J. : Die Ursprünge des ersten Weltkriegs. München: List Verl. 1988. 361 S.
B 65812

Jones, S. M. : Domestic factors in Italian intervention in the first World War. New York: Garland 1986. 292 S.
B 63274

Ljutov, I. S. : Koalicionnoe vzaimodejstvie sojuznikov: po opytu pervoj i vtoroj mirovych vojn. Moskva: Nauka 1988. 243 S.
Bc 8208

Lusenti, G. ; Ziolkowski, T.; Pfefferle-Chauvet, C. : Origines et consequences de la Première Guerre Mondiale. Genève: Institut Univ. de Hautes Etudes Internationales 1987. 145 S.
Bc 02492

Rauh, M. : Die britisch-russische Marinekonvention von 1914 und der Ausbruch des Ersten Weltkrieges. In: Militärgeschichtliche Mitteilungen. (1987), 1(41), S. 37-62.
BZ 05241:1987

Stevenson, D. : The First World War and international politics. Oxford: Oxford Univ. Pr. 1988. X, 392 S.
B 65269

Wünsche, W. : Die Entfesselung des ersten Weltkrieges im Juli 1914. In: Militärwesen. (1989), 7, S. 49-54.
BZ 4485:1989

Zielinski, Z. : Wklad polonii amerykanskiej w tworzenie polskiej sily zbrojne w czasie i wojny swiatowej. In: Dzieje najnowsze. 21 (1989), 1, S. 3-26.
BZ 4685:21

K 3 f Militärische Geschichte

K 3 f 10 Allgemeines und Landkrieg

Ben-Moshe, T. : Churchill's strategic conception during the First World War. In: The journal of strategic studies. 12 (1989), 1, S. 5-21.
BZ 4669:12

Christens, R. ; Clercq, K. de: Frontleven 14/18. Het dagelijkse leven van de Belgische soldaat aan de Ijzer. Tielt: Lannoo 1987. 176 S.
B 63821

Dangl, V. : Vojnové plány rakúsko-uhorskej monarchie v predvečer prvej svetovej vojny. In: Historie a vojenství. (1988), 2, S. 61-75.
BZ 4526:1988

Laffin, J. : Battlefield archeology. London: Allan 1987. 128 S.
B 64158

Liddle, P. H. : The soldier's war, 1914-18. London: Blandford Press 1988. 256 S.
010714

Macdonald, L. : 1914. London: Joseph 1987. XIV, 446 S.
B 65098

Marrin, A. : The Yanks are coming: the United States in the First World War. New York, NY.: Athenäum 1986. VIII, 248 S.
B 62892

Messerschmidt, M. : Kriegstechnologie und humanitäres Völkerrecht in der Zeit der Weltkriege. In: Militärgeschichtliche Mitteilungen. (1987), 1(41), S. 63-110.
BZ 05241:1987

Porte, J. : Pardan. Kriegsopfer i. Bild u. Kurzbiographie. Wien: Selbstverlag 1987. 112 S.
010717

Slowe, P. : Fields of death: battle scenes of the First World War. London: Hale 1986. 238 S.
B 63683

Travers, T. : The killing ground. The British Army, the Western front and the emergence of modern warfare, 1900-1918. London: Allen & Unwin 1987. XXIV, 309 S.
B 64129

Vávra, V. : Československé jednotky armádách Dohody 1914-1918. In: Historie a vojenství. 37 (1988), 4, S. 23-35.
BZ 4526:37

K 3 f 20 Seekrieg

Armstrong, H. C. : The removal of the North Sea mine barrage. In: Warship international. 25 (1988), 2, S. 134-171.
BZ 05221:25

Armstrong, H. C. : The removal of the North Sea mine barrage. In: Warship international. 25 (1988), 2, S. 134-171.
BZ 05221:25

Flayhart, W. H. : The cruise of the Kronprinz Wilhelm. In: Naval history. 2 (1988), 3, S. 21-26.
BZ 05544:2

Die Handelsschiffe Österreich-Ungarns im Weltkrieg 1914-1918. Graz: Weishaupt 1988. 176 S.
010728

Kemp, P. ; Jung, P. : Five broken down B boats. British submarine operations in the Northern Adriatic 1915-1917. In: Warship international. 26 (1989), 1, S. 11-29.
BZ 05221:26

Rhades, J. : Vor 70 Jahren 1918 – das Ende des Ersten Weltkrieges und der Kaiserlichen Deutschen Marine. In: Marine-Rundschau. 85 (1988), 6, S. 357-361.
BZ 05138:85

Salaün, H. : La réquisition des flottes de commerce et de pêche durant la Première Guerre mondiale. In: Revuehistorique des armées. (1989), 1(174), S. 87-94.
BZ 05443:1989

Wise, J. E. : The sinking of the UC-97. In: Naval history. 3 (1989), 1, S. 12-17.
BZ 05544:3

K 3 f 30 Luftkrieg

Durden, K. : World War I from the viewpoint of American airmen. In: Airpower journal. 2 (1988), 2, S. 28-41.
BZ 4544:2

Facon, P. : Aperçus sur la doctrine d'emploi de l'aéronautique militaire française (1914-1918). In: Revue historiquedes armées. (1988), 3, S. 80-90.
BZ 05443:1988

Graves, T. : Ace of aces – The Red Baron or Raymond Collishaw? In: World War II investigator. 1 (1988), 8, S. 7-14.
BZ 05557:1

MacCudden, J. B. : Flying fury. Five years in the Royal Flying Corps. Elstree: Greenhill Books 1987. XVI, 270 S.
B 65268

Pangerl, I. : Die Luftkämpfe über dem Montello – Die Tradition der Fliegertruppe. In: Truppendienst. 27 (1988), 6, S. 611-617.
BZ 05209:27

Vigilant [d. i. C. W. Sykes]: French Warbirds. Elstree: Greenhill 1987. 256 S.
B 63600

K 3 i Geistesgeschichte

Hartcup, G. : The war of intention: scientific developments, 1914-1918. London: Brassey's Defence Publ. 1988. XII, 226 S.
B 65580

Jeismann, M.; Westheider, R. : Bürger und Soldaten. Deutsche und französische Kriegerdenkmäler zum Ersten Weltkrieg. In: Geschichtswerkstatt. (1988), 16, S. 6-15.
BZ 4937:1988

Menschen im Krieg, 1914-1918. Hrsg.: P. Knoch. Ludwigsburg: Pädagogische Hochschule 1987. 117 S.
Bc 02210

Parker, P. : The old lie. The great war and the public school ethos. London: Constable 1987. 319 S.
B 63588

K 3 k Kriegsschauplätze

Braim, P. F. : The test of the battle: the American Expeditionary Forces in the Meuse-Argonne campaign. Newark, Del.: Univ. of Delaware Press 1987. 229 S.
B 65785

Charlton, P. : Australians on the Somme. Pozières, 1916. London: Leo Cooper 1986. XIV, 318 S.
B 64241

Chasseurs et artilleurs dans un même combat pour vaincre. Le Linge et environs 1914-1918. Colmar: Memorial du Linge 1986. 201 S.
B 63820

Conte, A. : Verdun: 24 octobre 1916. Paris: Orban 1987. 444 S.
B 65261

Creusat, R. : La Victoire oubliée. Gerbeviller-Rozelieures. Lunéville: Selbstverlag 1986. 393 S.
B 62380

Dangl, V. : Nástup rakúsko-uhorskych brannych síl na severovychodnom fronte v auguste 1914. In: Historie a vojenství. (1988), 6, S. 59-77.
BZ 4526:1988

Helbig, K. : Die deutsche Kriegführung in Ostafrika 1914-1918. In: Militärgeschichte. 28 (1989), 2, S. 136-145.
BZ 4527:28

Hodges, G. : The carrier corps. Military labor in the East African Campain, 1914-1918. Westport, Conn.: Greenwood Pr. 1986. XXIII, 244 S.
B 63251

Lowry, M. J. : Allenby's campaign in Palestine. In: Military review. 69 (1989), 6, S. 68-79.
BZ 4468:69

Lugan, B. : Le safari du Kaiser: récit. Paris: La Table Ronde 1987. 231 S.
B 64971

Megnin, P. : Le raid de 700 km du 1er régiment de marche mixte de cavalerie en Syrie en 1918. In: Revue historique des armées. (1988), 3, S. 23-29.
BZ 05443:1988

Moberley, F. J. : Operations in Persia, 1914-1919. London: Her Majesty's Stat. Off. 1987. XXII, 490 S.
B 65130

Pankhurst, E. S. : The home front: a mirror to life in England during the First World War. London: Century Hutchinson 1987. XXI, 460 S.
B 65245

Perazic, G. : Vojnostrategijska i medunarodna pozicija Srpske i Crnogorske vojske u prvom svetskom ratu. In: Vojnoistorijski glasnik. 39 (1988), 3, S. 149- 168.
BZ 4531:39

Rothenberg, G. E. : The Austro-Hungarian campaign against Serbia in 1914. In: The journal of military history. 53 (1989), 2, S. 127-146.
BZ 4980:53

Seince, P. : La veillée d'armes, 4 septembre 1914. In: Revue historique des armées. (1988), 3, S. 9-16.
BZ 05443:1988

Wilson, R. H. : Palestine 1917. Tunbridge Wells: Costello 1987. 175 S.
B 65585

K 4 Geschichte 1919-1939

K 4 e Politische Geschichte

50 Jahre Münchner Abkommen. Zusammenhänge, Erkenntnisse, Urteile, Perspektiven. München: Institutum Bohemicum 1988. 135 S.
Bc 8396

Anger, J. : Mnichov 1938. Praha: Nakladatelství Svoboda 1988. 178 S.
Bc 8024

Batowski, H. : Między dwiema wojnami 1919-1939. Zarys historii dyplomatycznej. Kraków: Wydawn. Literackie 1988. 544 S.
B 68935

Brogi, A. : Il trattato di Rapallo del 1920 e la politica danubinao-Balcanica di Carlo Sforza. In: Storia dellerelazioni internazionali. 5 (1989), 1, S. 3-46.
BZ 4850:5

Bühl, A. : Der sowjetische Historikerstreit um den Hitler-Stalin-Pakt. In: Blätter für deutsche und internationale Politik. 34 (1989), 9, S. 1101-1111; -34 (1989), 10, S. 1241-1249.
BZ 4551:34

Les conséquences des traités de paix de 1919-1920 en Europe centrale et sud-orientale. Ed.: P. Aycoberry. Strasbourg: Assoc. des Publ. près les Univ. de Strasbourg 1987. 400 S.
B 65313

Derogy, J. : Opération Némésis. Paris: Fayard 1986. 320 S.
B 65485

Funke, M. : München 1938: Illusion des Friedens. In: Aus Politik und Zeitgeschichte. (1988), 43, S. 3-13.
BZ 05159:1988

Greenwood, T. : Soviet intimidation of the West: the violation of the Montreux convention. In: Global affairs. 3 (1988), 4, S. 50-70.
BZ 05553:3

Hernández Esteves, L. : Historia de México en el contexto mundial. México: Ed. Quinto Sol 1986. 282 S.
B 63807

Klingaman, W. K. : 1919. The year our world began. New York: St. Martin's Press 1987. XXV, 689 S.
B 64548

Stuby, G. : Lehren des Münchner Abkommens. In: Blätter für deutsche und internationale Politik. 33 (1988), 9, S. 1129-1137.
BZ 4551:33

Weinberg, G. L. : Munich after 50 years. In: Foreign affairs. 67 (1988), 1, S. 165-178.
BZ 05149: 67

K 4 f Kriegsgeschichte

K 4 f 473 Spanischer Bürgerkrieg

Abendroth, H. -H. : Guernica : ein fragwürdiges Symbol. In: Militärgeschichtliche Mitteilungen. (1987), 1(41), S. 111-126.
BZ 05241:1987

Burgos Madroñero, M. : Portugueses en la Legion (1936-1939). In: Ejército. 50 (1989), 592, S. 96-104.
BZ 05173:50

A cinquant' anni dalla guerra di Spagna. Milano: Angeli 1987. 166 S.
Bc 8410

Coello Lillo, J. L. : Las perdidas de buques de la armada durante la Guerra Civil de 1936-1939. In: Revista general demarina. (1989), 216, S. 155-173.
BZ 4619:1989

Cuenca Toribio, J. M. : La guerra civil de 1936. Madrid: Espasa-Calpe 1986. 259 S.
B 61562

Fraser, R. : Blood of Spain. An oral history of the Spanish War. New York, N. Y.: Pantheon Books 1986. 628 S.
B 63338

Gamonal Torres, M. A. : Arte y política en la Guerra Civil Española: el caso republicano. Granada: Diputación Provincial1987. 406 S.
B 66994

Hauch, G. : Gegen welchen Krieg – für welchen Frieden ? Frauen zwischen Autonomie – Affirmation – Parteidisziplin amBeispiel des Spanischen Bürgerkriegs. 1936-1939. In: Zeitgeschichte. 15 (1988), 9/10, S. 365-387.
BZ 4617:15

Italia y la Guerra Civil Española. Madrid: Cento de Estudios Históricos 1986. 245 S.
B 64690

Jrgensen, C. : Fra Bjelkes Allé til Barcelona: danske frivillige i Spanien 1936-39. Kbenhavn: Ny Nordisk Forl. Arnold Busch 1986. 230 S.
B 65613

Landauer, H. : Österreicher im Sanitätsdienst der Spanischen Volksarmee 1936-1939. In: Dokumentationsarchiv des österreichischen Widerstandes. Jahrbuch. (1989), S. 105-116.
BZC 17:1989

Lustiget, A. : Schalom Libertad: Juden im spanischen Bürgerkrieg. Frankfurt: Athenäum 1989. 397 S.
B 68776

Malefakis, E. : La Guerra di Spagna tra guerra civile e altre forme di violenza collettiva. In: Movimento operaio esocialista. 11 (1988), 2, S. 307-317.
BZ 4977:11

Martínez Bande, J. M. : La Cmpaña de Andalucia. Madrid: Ed. San Martin 1986. 284 S.
B 61115

Nagore Yárnoz, J. : „En la 1. a de Navarra,". (1936-1939). Madrid: Ed. Dyrsa 1986. 279 S.
B 63996

Naši Španci 1936-1939. Obeležavanje 50. godišnjice učešca jugoslovenskih dobrovoljaca u borbi španskog naroda protiv fašizma istvaranja internac. brigada. Zrenjanin: Gradska narodna bibl. 1986. 70 S.
Bc 7934

Paz, A. : Durruti: Durruti en la revolución española. Barcelona: Ed. Laia 1986. 250 S.
B 62874

Pedriali, F. : Guadalajara, mito e realta. In: Rivista italiana difesa. 7; 8 (1988;1989), 12;1, S. 94-103; 86-92.
BZ 05505:7/8/12

Pi Sunyer, C. : La guerra: 1936-1939; memòries. Barcelona: Ed.: Pòrtic 1986. 251 S.
B 66490

Quiirosa-Cheyrouze y Muños, R. : Política y guerra civil en Almería. Almería: Ed. Cajal 1986. 334 S.
B 66494

Ranzato, G. : Dies Irae. La persecuzione religiosa nella zona repubblicana durante la Guerre Civile Spagnola (1936-1939). In: Movimento operaio e socialista. 11 (1988), 2, S. 195-220.
BZ 4977:11

Schafranek, H. : Österreichische Spanienkämpfer in den Gefängnissen und Konzentrationnslagern des Franco-Regimes. In: Dokumentationsarchiv des österreichischen Widerstandes. Jahrbuch. (1989), S. 84-104.
BZC 17:1989

Socialismo y guerra civil. In: Ed. Pablo Iglesias. Madrid. (1987), 393 S.
BZ 4782-2:1987

Stefani, F. : A cinquant'anni dalla guerra civile spagnola. In: Rivista militare. (1989), 5, S. 110-121.
BZ 05151:1989

Sucesos de mayo: (1937). Madrid: Fundación Salvador Seguí 1987. 56 S.
Bc 8437

Talón, V. : El holocausto de Guernica. Barcelona: Plaza & Janes Ed. 1987. 326 S.
B 64650

Tarrés, P. : El meu diari de guerra: 1938-1939. Montserrat: Publ. de L'Abadia de Montserrat 1987. 331 S.
B 66485

Vorträge zur Ausstellung „La Guerra Civil Espanola 1936-1939". Bonn: Friedrich-Ebert-Stiftung 1988. 95 S.
Bc 02544

K 4 f 490 Sonstige Kriege

Coffman, E. M. : The intervention in Russia, 1918-1921. In: Military review. 68 (1988), 9, S. 60-71.
BZ 4468:68

Dahlmanns, M. : Der Aufstand. Die Märzunruhen 1920 im Raum Dinslaken-Wesel. Dinslaken: Verein f. Heimatpflege 1988. 69S.
Bc 8281

Dâver, B. : Military's political role during the War of Independence (1919-1922). In: Revue internationale d'histoiremilitaire. (1988), 67, S. 201-207.
BZ 4454:1988

Gürkan, C. : The army as a significant factor in the period of 1919 to 1923, and the interaction between military and political developments. In: Revue internationale d'histoire militaire. (1988), 67, S. 181-200.
BZ 4454:1988

Kiffer, M. : Mussolinis Afrika-Feldzug 1935/36 im Spiegel von Literatur und Propaganda der Zeit. Bonn: Romanist. Verl. 1988. VII, 285 S.
B 67703

Kitaj v period vojny protiv japonskoj agressii 1937-1945. Red.: V. I. Glunin. Moskva: Nauka 1988. 331 S.
B 66984

Menemenicioglu, N. : Enver Pasha in Turkestan, 1918-1922. In: Revue internationale d'histoire militaire. (1988), 67, S. 253-262.
BZ 4454:1988

Snook, D. : British naval operations in the Black Sea 1918-1920. In: Warship international. 26 (1989), 1, S. 36-51.
BZ 05221:26

Vinogorov, N. A. : Krepost' na kolesach. Minsk: Belarus' 1987. 396 S.
B 66977

K 5 Geschichte 1939-1945

K 5 a Allgemeine Werke

40 Let Velikoj Pobedy. Red.: P. N. Fedoseev. Moskva: Nauka 1987. 407 S.
B 63059

Čejka, E. : Veliky Prelom. Válečná léta 1942-1943. Praha: Panorama 1988. 685 S.
B 67906

Dokumente zum 50. Jahrestag des deutschen Überfalls auf Polen am 1. September 1939. In: Blätter für deutsche und internationale Politik. 34 (1989), 10, S. 1276-1284.
BZ 4551:34

Druga Wojna światowa. Red.: E. Kozłowski. Warszawa: Ksiazka i Wiedza 1987. 679 S.
B 66432

Horan, D. : The war chronicles: action stories of U. S. soldiers, sailors, marines and airmen in World War II. New York, N. Y.: Richardson and Steirman 1988. 264 S.
010731

Krach blickriga: urok militaristam i agressoram. Po materialam naučnoj konferencii v svjazi s 45-j godov. Red.: N. A. Stupnikov. Moskva: Voenizdat 1987. 206 S.
B 66405

Mandel, E. : The meaning of the Second World War. London: Verso 1986. 210 S.
B 63598

La mémoire des Français. Quarante ans de commémorations de la seconde guerre mondiale. Paris: Ed. du Centre National de la Recherche Scientifique 1986. 400 S.
B 63862

Mercalov, A. N. : O Kritike buržuaznoj istoriografii vtoroj mirovoj vojny. In: Voprosy istorii. (1987), 12, S. 35-50.
BZ 05317:1987

The military history of World War II. Ed.: B. Pitt. 2. ed. London: Temple Press 1987. 316 S.
02441

Semirjaga, M. I. : K voprosu o političeskom charaktere vtoroj mirovoj vojny. In: Novaja i novejšaja istorija. (1988), 4, S. 90-106.
BZ 05334:1988

Tjuškevič, S. A. : Ob ocenke charaktera vtoroj mirovoj vojny. In: Novaja i novejšaja istorija. (1988), 4, S. 107-113.
BZ 05334:1988

Vtoraja mirovaja Vojna. Red.: S. L. Sokolov. Moskva: Voenizdat 1985. 445 S.
010166

K 5 c Biographien und Kriegserlebnisse

K 5 c 10 Biographien militärischer Führer

Abyzov, V. I. : Dovator. Moskva: Politizdat 1988. 108 S.
Bc 8092

Blank, A. : Vtoraja Žizn feldmaršala Pauljusa. Praha: Naše vojsko Svoboda 1987. 169 S.
Bc 7567

Bradford, R. ; Dillon, M. : Rogue warrior of the SAS. Lt-Col 'Paddy' Blair Mayne. London: Murray 1987. XIV, 256 S.
B 64414

Florentin, E. : Montgomery franchit la Seine. Paris: Presses de la Cité 1987. 529 S.
B 64406

Fröhlich, S. : General Wlassow. Russen und Deutsche zw. Hitler u. Stalin. Hrsg.: E. von Freier. Köln: Markus 1987. 403 S.
B 64146

Gladkov, T. : Ostajus' čekistom. O geroe Sovetskogo Sojuza D. N. Medvedeve. Moskva: Politizdat 1987. 126 S.
Bc 7203

Kessler, L. : SS Peiper. The life and death of SS Colonel Jochen Peiper. London: Cooper 1986. XIII, 188 S.
B 63585

Kulešov, G. P. : Nezavisimo ot zvanija. O general lejtenante L. G. Petrovskom. Moskva: Politizdat 1987. 108 S.
Bc 7886

Martel, A. ; Gourmen, P. : Leclerc, un homme, un chef, un épopée. Paris: Charles-Lavauzelle 1988. 34 S.
010723

Woods, R. : One man's desert: the story of Captain Pip Gardner, VC, MC. London: Kimber 1986. 208 S.
B 63608

K 5 c 20 Kriegserlebnisse

Belz, W. : Soldat gegen Hitler. E. Antikriegsbuch. Frankfurt: Röderberg 1987. 208 S.
B 62827

Borci na Kordunu, 1941. Spomen album. Red.: S. Korač. Zagreb: Prosvjeta 1986. 328 S.
B 67079

Casper, W. : Der Krieg der Verlorenen. Ostpreußen 1945 – Erinnerungen e. Soldaten an d. letzten Kampf d. „Panzergrenadier-Div. Großdeutschland". Rodgau: MCS-Verl. 1986. 79 S.
010495

Deutsche im Zweiten Weltkrieg. Zeitzeugen sprechen. Hrsg.: J. Steinhoff. München: Schneekluth 1989. 751 S.
B 68380

Friedmann, G. : Journal de guerre, 1939-1940. Paris: Gallimard 1987. 307 S.
B 64184

Gibbs, C. C. S. : From the Somme to the armistice. Ed.: R. Devonald-Lewis. London: Kimber 1986. 206 S.
B 63741

Grupe, F. : Jahrgang 1916: die Fahne war mehr als der Tod. München: Universitas 1989. 366 S.
B 68012

Lines of battle. Letters from American servicemen. 1941-1945. Ed.: A. Tapert. New York: Times Books 1987. XX, 297 S.
B 64561

Menzel, J. : Der Löwe von Lyon. Frankreich vor der „Befreiung". Berg a. See: Vowinckel-Verl. 1988. 231 S.
B 68815

Newby, E. : Love and war in the Apennines. Oxford: ISIS 1987. 325 S.
B 64391

Rakov, V. I. : V aviacii – moja žizn'. Leningrad: Lenizdat 1988. 496 S.
B 67917

Shaw, J. : Special force: a Chindit's story. Gloucester: Alan Sutton 1986. 271 S.
B 65177

Stachowiak, A. : Einmal Italien und zurück: Kriegserinnerungen. Frankfurt: R. G. Fischer 1987. 183 S.
B 64268

K 5 e Politische Geschichte

„Pakt mit dem Satan gegen den Teufel".
In: Der Spiegel. 43 (1989), 32, S. 84-105.
BZ 05140:43

Coutouvidis, J. ; Reynolds, J. : Poland 1939-1947. Leicester: Leicester Univ. Pr. 1986. XXI, 393 S.
B 62907

Engel, D. : In the shadow of Auschwitz. The Polish government-in-exile and the Jews, 1939-1942. Chapel Hill, N. C.: Univ. of North Carolina Pr. 1987. XII, 338 S.
B 64173

Kvaček, R. : Diplomaté a ti druzí. K dejinám diplomacie za druhé svetové války. Praha: Panorama 1988. 397 S.
B 67407

Leckie, R. : Delivered from evil: the saga of World War II. New York: Harper & Row 1987. XV, 998 S.
B 64868

Manning, A. F. : Le gouvernement néerlandais à Londres et la „France libre". In: Guerres mondiales et conflitscontemporains. 37 (1987), 146, S. 41-54.
BZ 4455:37

Marquina Barrio, A. : España en la política de seguridad occidental. 1939-1986. Madrid: Servicio de Publ. del EME 1986. 1022 S.
B 63806

Messerschmidt, M. : Ursachen und Charakter des Zweiten Weltkrieges. In: Blätter für deutsche und internationalePolitik. 34 (1989), 9, S. 1069-1080.
BZ 4551:34

Perepiska Predsedatelja Soveta Ministrov SSSR s presidentami SŠA i prem-er-ministrami Velikobritanii vo vremja Velikojotečestvennoj vojny, 1941-1945 gg. T. 1. 2. 2. izd. Moskva: Politizdat 1989. 464, 320 S.
B 68700

Prazmowska, A. : Britain, Poland and the Eastern Front, 1939. Cambridge: Cambridge Univ. Pr. 1987. VIII, 231 S.
B 64067

Raikov, A. V. : Indija v planach fašistskoj Germanii v gody vtoroj mirovoj vojny. In: Novaja i novejšaja istorija. (1989), 1, S. 133-155.
BZ 05334:1989

Ready, J. L. : The forgotten axis: Germany's partners and foreign volunteers in World War II. Jefferson, N. C.: McFarland1987. VIII, 565 S.
B 65432

Riste, O. : Norway in exile 1940-45: the formation of an alliance relationship. In: Scandinavian journal of history. 12 (1988), 4, S. 317-329.
BZ 4643:12

K 5 e 10 Vorgeschichte des Krieges

Ben-Zvi, A. : The illusion of deterrence: the Roosevelt presidency and the origins of the Pacific war. Boulder, Colo.: Westview Press 1987. 136 S.
Bc 8391

Bernaś, F. : Mordercy z Wilhelmstrasse. Warszawa: Ksiazka i Wiedza 1987. 191 S.
B 65005

Kunert, D. : Deutschland im Krieg der Kontinente: Anmerkungen zum Historikerstreit. Kiel: Arndt 1987. 318 S.
B 65926

Kvaček, R. : . a zmenen svet. Praha: Státní pedagogické nakladatelství 1987. 399 S.
B 66407

Lamb, R. : The ghosts of peace. Salisbury: Russell 1987. XII, 353 S.
B 63690

Lang, G. : „... die Polen verprügeln... ". Sowjetische Kriegstreibereien bei d. dt. Führung 1920 bis 1941. Bd. 1. 2. Lindhorst: Askania Verl. Ges. 1988. 175, 176 S.
Bc 8617

Moritz, E. : Zur Vorgeschichte des zweiten Weltkrieges. In: Militärwesen. (1989), 8, S. 31-38.
BZ 4485:1989

Smith, G. : The dark summer: an intimate history of the events that led to World War II. New York: Macmillan 1987. XI, 314 S.
B 65662

K 5 e 20 Politischer Verlauf des Krieges

Feis, H. : The Spanish story. Franco and the nations at war. Westport, Conn.: Greenwood Pr. 1987. XII, 282 S.
B 63319

Robertson, J. : Turkey and allied strategy, 1941-1945. New York: Garland 1986. XVI, 309 S.
B 63419

K 5 e 22 Kriegskonferenzen

Laloy, J. : La conférence de Yalta. In: Revue internationale de stratégie. 36 (1988), 3, S. 29-35.
BZ 05449:36

Materski, W. : Teheran Jałta San Francisco Podzdam. Warszawa: Wydaw. szkolne i pedagogiczne 1987. 286 S.
B 66423

Wehner, G. : Die militärischen Verhandlungen im Anschluß an die britisch-polnische Garantie vom 31. März 1939. In: Militärgeschichtliche Mitteilungen. (1988), 44, S. 51-60.
BZ 05241:1988

K 5 f Militärische Geschichte

Chevallaz, G. -A. : Les plans italiens face à la Suisse en 1938-1943. Pully: Centre d'Histoire et de Prospectvemilitaires 1988. 23 S.
Bc 8146

Durth, W. ; Gutschow, N. : Träume in Trümmern. Planungen z. Wiederaufbau zerstörter Städte i. Westen Deutschlands 1940-1950. Bd. 1. 2. Braunschweig: Vieweg 1988. XXXIV, XIII, 1070 S.
B 67564

Mayer, A. : Gaston's war: a true story of a hero of the resistance in World War II. Novato, Calif.: Presidio Pr. 1988. IX, 206 S.
B 65746

Richard, G. : La Deuxième Guerre mondiale. La guerre: 1939-1945. Paris: Masson 1987. XI, 184 S.
B 65149

Sokolov, B. V. : O sootnošenii poter' v ljudjach i boevoj technike na sovetsko-germanskom fronte v chode velikojotecestvnnoj vojny. In: Voprosy istorii. (1988), 9, S. 116-126.
BZ 05317:1988

K 5 f 10 Landkrieg und Allgemeines

Allen, C. R. : Nazi war criminals in America. New York, N. Y.: Highgate House 1985. III, 110 S.
Bc 8482

Benz, W. : „Präventiver Völkermord?" Zur Kontroverse um den Charakter des deutschen Vernichtungskrieges gegen die Sowjetunion. In: Blätter für deutsche und internationale Politik. 33 (1988), 10, S. 1215-1227.
BZ 4551:33

Lammers, W. : „Fahrtberichte" aus der Zeit des deutsch-sowjetischen Krieges 1941. Boppard/Rhein: Boldt 1988. IX, 390 S.
B 67189

Messerschmidt, M. : Die Wehrmacht in der Endphase. Realität und Perzeption. In: Aus Politik und Zeitgeschichte. (1989), 32/33, S. 33-46.
BZ 05159:1989

Whiting, C. : Poor bloody infantry. London: Paul 1987. 278 S.
B 63940

K 5 f 16 Truppengeschichte

Chant-Sempill, S. : St. Nazaire commando. Novato, Calif.: Presidio Pr. 1987. XVI, 204 S.
B 65777

Degrelle, L. : La Campagne de Russie, 1941-1945. Paris: Art et Histoire d'Europe 1987. 440 S.
B 65323

Ertel, H. ; Schulze-Kossens, R. : Europäische Freiwillige im Bild. Osnabrück: Munin-Verl. 1986. 310 S.
010463

Jacoby, L. ; Trauffler, R. : Freiwilligekompanie 1940-1945. T. 1. 2. Luxembourg: Saint-Paul 1980-86. 328, 749 S.
B 42026

Posselt, A. M. : Österreichische Soldaten in den alliierten Streitkräften des Zweiten Weltkrieges (1938-1945). T. 1. 2. Wien: Verl. d. A. Chorin Seminary 1987/88. 62, 62 S.
Bc 8313

Stacey, C. P. : The half million: the Canadians in Britain, 1939-1945. Toronto: Univ. of Toronto Pr. 1987. XII, 198 S.
B 65508

Uhlich, W. : Deutsche Decknamen des Zweiten Weltkrieges. Berg a. See: Vowinckel-Verl. 1987. 304 S.
B 67524

K 5 f 20 Seekrieg

Bagnasco, E. : Submarines of World War Two. 4. pr. London: Arms and Armour Pr. 1986. 256 S.
B 010206

Caballeros Jurado, C. : Los submarinos italianos en la S.G.M. In: Militärtechnik. 11 (1988), 123, S. 56-63.
BZ 05244:11

Edwards, B. : They sank the Red Dragon. Cardiff: GPC 1987. 206 S.
B 63602

Enders, G. : Überlandtransport deutscher U-Boote im Jahre 1942-43 von der Ostsee zum Schwarzen Meer. Landsberg/ Lech: Selbstverlag 1988. 32 S.
Bc 02424

Ewing, S. : Memories and memorials. The World War II. U. S. Navy. Missoula, Mont.: Pictorial Histories 1986. VI, 218 S.
010562

Franks, N. L. R. : Conflict over the Bay. London: Kimber 1986. 284 S.
B 65124

Houg, R. : The longest battle. The war at sea 1939-45. New York: Morrow 1986. 371 S.
B 63382

Hoyt, E. P. : The death of the U-boats. New York: McGraw-Hill 1988. 248 S.
B 65439

Hoyt, E. P. : U-boats. A pictorial history. London: Paul 1987. VIII, 289 S.
B 65089

Itani, J. ; Lengerer, H.; Rehm-Takahara, T. : „Ohne Einfluß auf die Kriegführung". In: Marine-Forum. 64 (1989), 1/2, S. 19-24.
BZ 05170:64

Kurowski, F. : Wolfgang Lüth. Friedberg: Podzun-Pallas-Verl. 1988. 288 S.
B 68277

Lange, W. : Cap Arcona. 2. Aufl. Neustadt i. Holstein: Selbstverlag 1988. 207 S.
B 68111

Leach, D. E. : Now hear this. The memoir of a junior naval offices in the great Pacific War. Kent: The Kent StateUniv. Press 1987. XV, 184 S.
B 64201

Macksey, K. : Godwin's Saga. A commando epic. London: Brassey's Defence Publ. 1987. X, 149 S.
B 64416

Milner, M. : The dawn of modern anti-submarine warfare: allied responses to the u-boats, 1944-45. In: RUSI journal. 134 (1989), 1, S. 61-68.
BZ 05161:134

Neukirchen, H. : Mit ungewissem Kurs. 2. Aufl. Berlin: Transpress 1986. 80 S.
B 64721

O'Kane, R. H. : Wahoo: the patrols of America's most famous World War II submarine. Novato, Calif.: Presidio Pr. 1987. X, 345 S.
B 65378

Poolman, K. : Allied escort carriers of World War two in action. London: Blandford 1988. 272 S.
010653

Risio, C. de: A cinquant'anni dall'avvenimento. La fine della corazzata tascabile „Admiral Graf Spee". In: Rivistamarittima. 122 (1989), 10, S. 75-87.
BZ 4453:122

Tarrant, V. E. : The U-Boat Offensive 1914-1945. London: Arms and Armour Pr. 1989. 190 S.
010859

K 5 f 20. 2 Seestreitkräfte/Flotten

Barker, R. : Children of the Benares. A war crime and its victims. London: Methuen 1987. 172 S.
B 64239

Le Berd, J. : L'orient sous l'occupation. Rennes: Ouest-France 1986. 157 S.
B 64353

Bernacconi, S. : Da Testimone. Uomini, fatti e memorie fra la cronaca e la storia. 2. ed. Ferrara: S. A. T. E. 1986. 238 S.
B 63517

Buchheim, L. -G. : Zu Tode gesiegt. D. Untergang d. U-Boote. München: Bertelsmann 1988. 306 S.
010451

Gibson, C. : Death of a phantom raider: the gamble that triumphed and failed, Atlantic, 1942-43. London: Hale 1987. 240 S.
B 63603

Grover, D. H. : U. S. Army Ships and watercraft of World war II. Annapolis, Ma.: Naval Inst. Pr. 1987. XVI, 280 S.
B 65422

Jones, G. P. : Defeat of the wolf packs. London: Kimber 1986. 223 S.
B 62539

Went, V. ; Stacey, R. : Diary of a wartime cruise. Braunton: Merlin Books 1988. 138 S.
Bc 8362

Whitley, M. J. : Destroyers of World War Two: an international encyclopedia. Annapolis, Ma.: Naval Inst. Pr. 1988. 320 S.
010848

K 5 f 30 Luftkrieg

Breguet, E. : La place de l'aviation française de renseignement dans la guerre de 1939-1940. In: Revue historique des armées. (1988), 4, S. 102-111.
BZ 05443:1988

Golley, J. : Hurricanes over Murmansk. Wellingborough: Stephens 1987. 215 S.
B 63604

Heydte, A. Frhr. von der: „Muß ich sterben – will ich fallen. " Ein Zeitzeuge erinnert sich. Hrsg.: H. v. Bergh. Berg a. See: Vowinckel-Verl. 1987. 255 S.
B 63211

Hove, P. : Morkrets Vrede. En fortælling i seks afsnit om et allieret bombetogt oer Danmark 1944. Herning: Poul Kristensen 1987. 54 S.
Bc 7674

Muirhead, J. : Those who fall. New York: Random House 1986. 258 S.
B 63267

O'Leary, M. : Gunfighters. Airworthy fighter airplanes of WW2 and Korea. London: Osprey 1986. 121 S.
Bc 02257

Rea, R. R. : Briefe. Wings of gold. Alabama: Univ. of Alabama Pr. 1987. XIII, 332 S.
B 63424

Rhoades, W. E. : Flying MacArthur to victory. College Station: Texas A & M Univ. Pr. 1987. X, 563 S.
B 64018

Smith, R. T. : Tale of a Tiger. Van Nuys, Calif.: Tiger Orginals 1986. 362 S.
B 64488

Spooner, T. : Coastal ace: the biography of squadron leader Terence Malcolm Bulloch, DSO and Bar, DFC and Bar. London: Kimber 1986. 205 S.
B 65560

Sweeney, J. B. : Famous aviators of World War II. New York, NY.: Watts 1987. 94 S.
B 63336

Winter, F. F. : Die verlorenen Adler. E. Dokumentation d. deutschen Jagdflieger. München: Universitas Verl. 1987. 237 S.
010212

K 5 f 60 Einzelfragen

Arnold, S. R. : Der Gedenkkomplex Wolgograd. Gedanken zum sowjetischen Totenkult. In: Geschichtswerkstatt. (1988), 16, S. 46-51.
BZ 4937:1988

K 5 f 64 Kriegsgefangene/Internierte/Deportierte

K 5 f 64. 1 Kriegsgefangene

Alciato, A. : Memorie di un prigioniero: campo francese di Saida (Algeria) giugno 1943 – aprile 1946. Firenze: Ed. La Ginestra 1987. 163 S.
B 65524

Bedot, P. ; Bedot, R. : Les evasions de guerre de deux frères gardous prisonniers en Allemagne 1941-1942. Nimes: Lacour1987. 196 S.
B 63155

Brickhill, P. : The great escape. Bath: Chivers Press 1987. 263 S.
B 63644

Fly wheel: memories of the open road. Exeter: Webb & Bower 1987. 239 S.
B 64096

Gazzini, M. : Zonderwater. I prigionieri in Sudafrica (1941-1947). Roma: Bonacci 1987. 348 S.
B 64753

Hayer, T. : Bilibid diary: the secret notebooks of Commander Thomas Hayes; POW, the Philippines, 1942-45. Ed.: A.B. Feuer. Hamden, Conn.: Archon Books 1987. XXII, 248 S.
B 65569

Herrmann, H. : Als die Jagd zu Ende war. München: Universitas Verl. 1988. 440 S.
B 67399

Kuhne, W. : Lager 1102, Nr. 1322741. Notizen u. Erinnerungen. 3. Aufl. Paderborn: Verl. Bonifatius-Dr. 1988. 96 S.
B 66015

Nazarevič, R. : Sovetskie voennoplennye v Pol'še v gody vtoroj mirovoj vojny i pomosč' im so storony pol'skogonaselenija. In: Voprosy istorii. (1989), 3, S. 35-43.
BZ 05317:1989

Rochat, G. : I prigionieri di guerra, un problema rimosso. In: Italia contemporanea. (1988), 171, S. 7-14.
BZ 4489:1988

Roland, C. G. : Stripping away the veneer: P. O. W. survival in the Far East as an index of cultural atavism. In: The journal of military history. 53 (1989), 1, S. 79-94.
BZ 4980:53

Schewitza, H. : NKFD – Traditionen aktiven Kampfes für den Frieden unter Führung der KPD. In: Militärwesen. (1989), 1, S. 24-30.
BZ 4485:1989

Strasser, C. : Im Schatten des Elbrus. Autobiographische Erinnerungen eines Tiroler Bergbauern an seine russische Gefangenschaft. Köln: Böhlau 1987. 113 S.
B 65894

Szubański, R. : Pięčdziesięciu z Zagania. Warszawa: Ksiazka i Wiedza 1987. 214 S.
Bc 7606

Zaron, P. : Sprawa „16" polaków aresztowanych przez wojskowe wladze radzieckie w marcu 1945 R. In: Dzieje najnowsze. 21 (1989), 1, S. 81-106.
BZ 4685:21

K 5 f 64. 2 Internierte

Gesensway, D. ; Roseman, M. : Beyond words. Images from America's concentration camps. Ithaca, N. Y.: Cornell Univ. 1987. 176 S.
010677

Kennedy, J. : British civilians and the Japanese war in Malaya and Singapore, 1941-45. Basingstoke: Macmillan 1987. XII, 167 S.
B 65097

Manzanar-martyr. An interview with H.Y. Ueno. Fullerton, Ca.: Oral History Program, California State Univ. 1986. XXXVI, 225 S.
B 63277

K 5 f 64. 3 Deportierte

Sabato, M. di: Il sacrificio di Prato sull'ara des Terzo Reich. Bologna: Ed. Nuova Fortezzy 1987. XV, 326 S.
B 64359

K 5 f 64. 4 Konzentrationslager

Die Auschwitz-Hefte. Texte d. poln. Zeitschrift „Przeglad Lekarski" über hist. , psych. u. med. Aspekte d. Lebens u. Sterbens in Auschwitz. Hrsg.: Inst. f. Sozialforschung. Bd. 1. 2. Weinheim: Beltz 1987. 328, 329 S.
010453

Czech, D. : Kalendarium der Ereignisse im Konzentrationslager Auschwitz-Birkenau, 1939-1945. Reinbek: Rowohlt 1989. 1056 S.
010802

Dragoni, U. : Quella radio clandestina nei Lager. Milano: Ed. Paoline 1986. 246 S.
B 64976

Freund, F. : Was „kostet" ein KZ-Häftling? In: Dokumentationsarchiv des österreichischen Widerstandes. Jahrbuch. (1989), S. 31-51.
BZC 17:1989

Hitlerowskie Więzienie na Zamku w Lublinie 1939-1944. Red.: Z. Mańkowski. Lublin: Wydawnictwo Lubelskie 1988. 547 S.
B 68956

Karzowitsch, E. : Die Brücke. Ein österreichisches Schicksal. Graz: Leykam-Verl. 1988. 78 S.
Bc 8294

Das Konzentrations- und Vernichtungslager Auschwitz-Birkenau. 2. Aufl. Nürnberg: Amt f. kulturelle Freizeitgestaltung 1988. 66S.
Bc 02559

Lewin, C. : Le retour des prisonniers de guerre Français. Paris: Publ. de la Sorbonne 1986. X, 335 S.
B 63112

Lingens, E. : Als Ärztin in Auschwitz und Dachau. Erinnerungen. In: Dachauer Hefte. 4 (1988), 4, S. 22-58.
BZ 4855:4

Marsalek, H. : Der Beitrag des intern. Komitees vom Roten Kreuz in Genf zur Häftlingsevakuierung aus dem KZ Mauthausen und die Rolle von Louis Haefliger in Mauthausen in den April- und Maitagen 1945 resp. nach 1945. In: Dokumentationsarchiv des österreichischen Widerstandes. Jahrbuch. (1989), S. 10-30.
BZC 17:1989

Mauthauzen. Priča o živim i mrtim zatočenicima. Beograd: Sekcija logora Mauthauzen 1986. 38 S.
Bc 8029

Miloševa, L. : Častica ot života. Fašistkijat konclager za ženi (juli 1941 – noemvri 1943) g. 2. izd. Sofija: Partizdat 1987. 212 S.
Bc 8263

Perz, , B. : Steyr-Münichholz, ein Konzentrationslager der Steyr-Daimler-Puch A. G. In: Dokumentationsarchiv des österreichischen Widerstandes. Jahrbuch. (1989), S. 52-61.
BZC 17:1989

Polanska-Palmer, Z. : Yalta victim. London: Grafton Books 1988. 219 S.
Bc 8356

Pollak, M. : Die Grenzen des Sagbaren. Lebensgeschichten von KZ-Überlebenden als Augenzeugenberichte und als Identitätsarbeit. Frankfurt: Campus Verlag 1988. 178 S.
Bc 8200

Rogers, J. : Tunnelling into Colditz. A mining engineer in captivity. London: Hale 1986. 217 S.
B 63720

Safronov, V. G. : Antifašistkaja bor'ba v nacistskich konclagerjach i učastie v nej sovetskich ljudej. In: Novaja i novejšaja istorija. (1989), 1, S. 45-62.
BZ 05334:1989

Secretaries of death: accounts by former prisoners who worked in the Gestapo of Auschwitz. Ed.: L. Shelley. New York, NY.: Shengold 1986. XVIII, 378 S.
B 64562

K 5 g Wirtschaftsgeschichte

Goralski, R. ; Freeburg, R. W. : Oil & war. How the deadly struggle for fuel in WW II meant victory or defeat. New York: Morrow 1987. 384 S.
B 64219

Schüler, K. A. F. : Logistik im Rußlandfeldzug. Die Rolle d. Eisenbahn bei Planung, Vorbereitung u. Durchführung d. deutschen Angriffs auf d. Sowjetunion bis zur Krise vor Moskau im Winter 1941/42. Frankfurt: Lang 1987. VI, 725 S.
B 63102

K 5 k Kriegsschauplätze und Feldzüge

K 5 k 11 Polenfeldzug 1939-1944

Dunin-Wasowicz, K. : Wladze niemieckie i propaganda wobec powstania warszawawskiego 1944 R. In: Dzieje najnowsze. 20 (1988), 3/4, S. 21-68.
BZ 4685:20

Gross, J. T. : Revolution from abroad: the Soviet conquest of Poland's Western Ukraine and Western Belorussia. Princeton, N. J.: Princeton Univ. Press 1988. XXII, 334 S.
B 65711

Lewis, S. J. : Reflections on German military reform. In: Military review. 68 (1988), 8, S. 60-69.
BZ 4468:68

Liszewski, K. : The Polish-Soviet war of 1939. In: Militärhistorisk tidskrift. (1988), S. 161-182.
BZC 2:1988

Rost, S. E. : Pierwotny Sztab Obrony Warszawy W 1939 R. In: Wojskowy przeglad historyczny. 33 (1988), 4, S. 168-182.
BZ 4490:33

K 5 k 11. 40 Besatzungszeit und Widerstand

Bataliony chłopskie i wieś Wielkopolska w walce z hitleowskim okupantem (1939-1945). Poznań: Institut Zachodni 1986. 106 S.
Bc 02393

Bitwy partyzanckie. Ruch oporu w Polsce 1944-45. Krakow: Krajowa Agencja Wydawn 1987. 78 S.
Bc 02391

Brand, S. : Und dennoch leben. Als „Arierin" überstand die Jüdin Sandra die Jahre des Holocaust. Bergisch Gladbach: Bastei-Verl. 1988. 254 S.
Bc 8198

Gmitruk, J. : Bataliony Chłopskie. Warszawa: Wydawn. Min. Obrony Narodowej 1987. 474 S.
B 66975

Górski, G. : Słuzba wojskowa kobiet w zwzak. In: Dzieje najnowsze. 20 (1988), 1, S. 120-142.
BZ 4685:20

Huntingdon, E. : The unsettled account. London: Severn House 1986. X, 225 S.
B 62492

Jekiełek, W. : „Zmija". Bataliony Chłopskie w Małopolsce i na Śląsku. Kalendarium. Warszawa: Ludowa Spółdzielnia Wydawn 1987. 427 S.
B 65151

Jurga, T. : Armia „Modlin" 1939. Warszawa: Wydawn. MON 1987. 499 S.
B 64010

Konieczkowski, R. : Strzępy wspomnień. Warszawa: Min. Obrony Narodowej 1986. 245 S.
Bc 6615

Malinowski, K. : Na Północ od starówki. Zołnierze lacznośći Zoliborza. Warszawa: Państw. Inst. Wydawn. 1988. 302 S.
B 67989

Marcinkowski, J. : Ruch Ludowy w Małopolsce i na Śląsku 1939-1945: ludzie myśl programowa prasa konspiracyjna. Warszawa: Ludowa Spółdzielnia Wydawn 1987. 756 S.
B 66425

Noskova, A. F. : Formirovanie dvuch lagerej v pol'skom dviženii soprotivlenija. In: Voprosy istorii. (1988), 8, S. 24-35.
BZ 05317:1988

Raporty Ludwiga Fischera gubernatora dystryktu Warszawskiego 1939-1944. Warszawa: Ksiazka i Wiedza 1987. 860 S.
B 63770

Ruch oporu w Polsce 1939-43. Krakow: Krajowa Agencja Wydawn 1985. 73 S.
Bc 01801

Warchoł, S. : Nazewnictwo partyzanckie Okręgu Biała Podlaska w latach 1939-1944. Lublin: Uniw. Marii Curie-Skłodowskiej 1987. 102 S.
Bc 7968

Warszawskie Getto. 1943-1988 w 45 rocznicę powstania. Warszawa: Wydawn. Interpress 1988. 79 S.
010682

K 5 k 12 Ostfeldzug 1941-1945

K 5 k 12. 00 Allgemeine Werke

Benz, W. : Das „Unternehmen Barbarossa" und der Vatikan. In: Blätter für deutsche und internationale Politik. 8 (1989), 1, S. 981-991.
BZ 4551:8

Buchner, A. : Ostfront 1944. Friedberg: Podzun-Pallas-Verl. 1988. 335 S.
B 68446

Chor'kov, A. G. : Nakanune groznych sobytij. In: Voenno-istoričeskij žurnal. (1988), 5, S. 42-49.
BZ 05196:1988

Drosdov, G. ; Ryabko, E. : Russia at war 1941-1945. New York, N. Y.: The Vendome Pr. 1987. 254 S.
010490

Fleischhauer, I. : Der Widerstand gegen den Rußlandfeldzug. Berlin: Gedenkstätte Deutscher Widerstand 1987. 31 S.
Bc 8231

Müller, R. -D. : Kriegsrecht oder Willkür? In: Militärgeschichtliche Mitteilungen. (1987), 2(42), S. 125-152.
BZ 05241:1987

Remmer, A. ; Brunkert, P. : Abseits der Rollbahn. Russ. Impressionen 1942/43. 2. Aufl. Husum: Husum Druck- u. Verl. -gesell. 1987. 71 S.
B 64635

Sawicki, T. : Niemieckie Wojska ladowe na froncie wschodnim czerwiec 1944-maj 1945. Warszawa: Państwowe Wydawn. Naukowe1987. 339 S.
B 66443

Semenov, N. S. : Vremja ne vlastno. Moskva: DOSAAF 1988. 416 S.
B 69492

Vojstrov, D. F. : V goreckom Redkoles'e. Minsk: Belarus' 1986. 142 S.
Bc 7207

K 5 k 12. 02 Kampfhandlungen in einzelnen Gebieten/Orten

Anderson, J. W. : Operational art on the Eastern Front. In: Military review. 68 (1988), 6, S. 44-53.
BZ 4468:68

Basov, A. V. : Krym v Velikoj Otečestvennoj vojne 1941-1945. Moskva: Nauka 1987. 331 S.
B 63786

Belan, P. S. : Kazachstancy v bojach za osvoboždenie Belorussii i Sovetskoj Pribaltiki. Alma-Ata: Nauka 1988. 173 S.
B 66974

Braun, E. : Der verlorene Haufe. München: Herbig 1988. 275 S.
B 67533

Cejka, E. : Vítezství v bitve u Stalingradu. In: Historie a vojenstvi. 38 (1989), 1, S. 25-47.
BZ 4526: 38

Czarski, A. : „ o polskie Słupy graniczne nad Odra". Szczecin: Krajowa agencja wydawn 1988. 44 S.
Bc 8097

Glantz, D. M. : American perspectives on Eastern front operations in the Second World War with Soviet commentary. In: The journal of Soviet military studies. 1 (1989), 1, S. 108-132.
BZ 4943:1

Gosztonyi, P. : A magyar Honvédség a második világháborúban. Róma: Katolikus Szemle 1986. 459 S.
B 61100

Hansen, B. : Sage nie, das kann ich nicht. Leer: Rautenberg 1986. 168 S.
B 62214

Hunácek, Z. : Tajny nacisticky plán obrany Prahy z dubna 1945. In: Historie a vojenstvi. 38 (1989), 2, S. 54-69.
BZ 4526:38

Isaev, S. I. ; *Levčenko, V. N.* : Geroi – osvoboditeli Char'kovščiny. Charkov: Prapor 1988. 316 S.
B 68964

Konecki, T. : Sewastopol: 1941-1942, 1944. Warszawa: Wydawn. MON 1987. 181 S.
B 66442

Kosiarz, E. : Druga Wojna światowa na Bałtyku. Gdański: Wydawn. Morskie 1988. 715 S.
B 68957

Nepokorennyj Placdarm. Vospominanija učastnikov oborony Oranienbaumskogo placdarma 1941-1944. Leningrad: Lenizdat 1987. 301 S.
B 63772

Pamjat'. Moskovskaja bitva 1941-1942 gg. Moskva: Moskovskij rabočij 1986. 417 S.
010274

Samsonov, A. M. : Stalingradskaja Bitva. 4. izd. Moskva: Nauka 1989. 630 S.
B 68936

Schelling, G.; Pichler, M. : Festung Voralberg. 3. Aufl. Bregenz: Teutsch 1987. 271 S.
B 63543

Schustereit, H. : Vabanque: Hitlers Angriff auf d. Sowjetunion 1941 als Versuch durch d. Sieg im Osten d. Westen zu bezwingen. Herford: Mittler 1988. 184 S.
B 67323

K 5 k 12. 04 Besetzte Gebiete/ Widerstand/Partisanen 1941-1945

Arcidiacono, B. : Gli alleati e l'armistizio della Romania: variazioni su un tema italiano (Settembre 1943 – Settembre1944). In: Storia delle relazioni internazionali. 4 (1988), 2, S. 317-354.
BZ 4850:4

Korčev, M. S. : Gody ognevye. 2. izd. Kiev: Politizdat Ukrainy 1989. 301 S.
B 68954

Schulte, T. J. : The German Army and nazi policies in occupied Russia. Oxford: Berg 1989. XVI, 390 S.
B 68758

Sud'ba moja granica. Kišinev: Kartja Moldovenjaske 1988. 152 S.
Bc 8512

K 5 k 20 Nordeuropa/Nordsee/Nordmeer

K 5 k 22 Nordfeldzug 1940

Best, W. : Dänemark in Hitlers Hand. Der Bericht des Reichsbevollmächtigten. Husum: Husum-Verl. 1988. 320 S.
B 68432

Kirchhoff, H. : Kamp eller tilpasning: politikerne og modstanden 1940-45. Kbenhavn: Gyldendal 1987. 208 S.
B 66331

The rescue of the Danish Jews: moral courage under stress. Ed.: L. Goldberger. New York: New York Univ. Pr. 1987. XXVII, 222 S.
B 65839

Simonnaes, B. : Den gode ulydighet: en fortelling fra Annen verdenskrig. Kbenhavn: Gyldendal Norsk Forl. 1986.
B66238

K 5 k 23 Finnland und Lappland 1941-1945

Gebhardt, J. F. : Petsamo-Kirkenes operations (7-30 October 1944): a Soviet joint and combined arms operation in Arcticterrain. In: The journal of Soviet military studies. 2 (1989), 1, S. 49-86.
BZ 4943:2

Vehviläinen, O. : German armed forces and the Finnish Civilian population 1941-1944. In: Scandinavian journal of history. 12 (1988), 4, S. 345-358.
BZ 4643:12

K 5 k 30 Westeuropa/Atlantik

K 5 k 30. 2 Seekrieg im Westen

Breemer, J. S. : Defeating the submarine: choosing ASW strategies. In: Naval forces. 6 (1988), 6, S. 71-74; 81-84.
BZ 05382:6

Peillard, L. : La bataille de l'Atlantique (1939-1945). Paris: Laffont 1987. 573 S.
B 64299

Schoenfeld, M. : Winston Churchill as war manager: the battle of the Atlantic Committee, 1941. In: Military affairs. 52 (1988), 2, S. 122-127.
BZ 05148:52

K 5 k 30. 3 Luftkrieg im Westen

Johnstone, S. : Spitfire into war. London: Kimber 1986. 219 S.
B 65254

Marolz, J. : Die Entwicklung der Verteidigung ab 1900. In: Österreichische militärische Zeitschrift. 26 (1988), 3, S. 211-218.
BZ 05214:26

Taylor, E. : Operation Millennium. „Bomber" Harry's raid on Cologne, may 1942. London: Hale 1987. 218 S.
B 63684

Townsend, P. : The odds against us. New York: Morrow 1987. 240 S.
LB 64498

K 5 k 32 Westfeldzug 1940

Beal, J. : La Somme dans la guerre 1939-1945. Le Coteau: Horvath 1986. 184 S.
B 63515

Bikar, A. : La campagne de mai 1940 en Belgique: la Ire Brigade de Cavalerie française (1re BC) dans les Ardennes, les 10, 11 et 12 mai. In: Revue belge d'histoire militaire. 28 (1989), 3, S. 169-194.
BZ 4562:28

Donnart, R. : Cinq jours en Thierache. 16. - 20. Mai 1940. Maulévrier: Herault 1986. 146 S.
B 63516

Gangloff, R. : La tragédie de la Ligne Maginot. Victoires, résistance et sacrifice des soldats sans gloire. Paris: Ed. Albatros 1987. 225 S.
B 64621

Huan, C. ; Marchand, A. : La bataille aéronavale de Dunkerque (18 mai- 3 juin 1940). In: Revue historique des armées. (1988), 4, S. 30-39.
BZ 05443:1988

Mansoor, P. R. : The second battle of Sedan. May 1940. In: Military review. 68 (1988), 6, S. 64-75.
BZ 4468:68

Regnier, G. : Le „miracle de Voreppe". In: Histoire et défense. 2 (1986), 14, S. 23-43.
BZ 4953:2

Truttmann, P. : La muraille de France ou la Ligne Maginot. Thionville: Klopp 1988. 627 S.
010807

Wahl, J. -B. : La Ligne Maginot en Alsace. 200 kilomètres de béton et d'acier. Steinbrunn-Le-Haut: Ed. du Rhin 1987. 438 S.
B 65970

K 5 k 33 Besetzter Westen/Widerstand 1940-1944

Audouin-Le Marec, M. : Le Maine et Loire dans la guerre, 1939/45. Le Coteau: Horvath 1987. 173 S.
B 68319

La bataille de Vassincourt. Bar-le-Duc: Impr. Barrois 1986. 125 S.
B 64972

Bernier, J. -P. : Maquis Rhône-Alpes. Paris: Lavauzelle 1987. 126 S.
Bc 02251

Braber, B. : Passage naar vrijheid. Joods verzet in Nederland, 1940-1945. Amsterdam: Uitgeverij Balans 1987. 152 S.
B 63115

Brathwaite, E. : Pilot on the run. The epic escape from occupied France of flight sergeant L. S. M. (Chalky) White Glenfield: Hutchinson 1986. 185 S.
B 65180

Brès, E. ; Brès, Y. : Un maquis d'antifascistes Allemands en France. (1942-1944). Montpellier: Presses du Languedoc 1987. 349 S.
B 63979

Cohen, A. : Le „peuple Aryen" vu par le commissariat général aux questions juives. In: Revue d' histoire moderne et contemporaine. 35 (1988), 3, S. 482-494.
BZ 4586:35

Coilliot, A. : 1940-1944. 4 longues années d'occupation. T. 3. Beaurains: Selbstverlag 1986. 351 S.
B 66354

Delzell, C. F. ; Smith, B. F. : L'aide américaine aux mouvements de Résistance en Europe. In: Guerres mondiales et conflits contemporains. 37 (1987), 146, S. 23-40.
BZ 4455:37

Grall, J. : Le calvados dans la guerre 1939-1945. La vie quotidienne sous l'occupation. Roanne: Horvath 1986. 181 S.
B 63501

Hirschfeld, G. : Nazi rule and Dutch collaboration. The Netherland under German occupation 1940-1945. Oxford: Berg 1988. 360 S.
B 69062

Lévy, C. : La résistance juive en France. De l'enjeu de mémoire à l'histoire critique. In: Vingtième siécle. (1989), 22, S. 117-128.
BZ 4941:1989

La liberation dans le Midi de la France. Toulouse: Eché Ed. et Service des Publicat 1986. 410 S.
B 64625

La liberté de l'esprit. Lyon: La Manufacture 1987. 344 S.
B 65136

Mackness, R. : Oradour. Massacre & aftermath. London: Bloomsbury 1988. VIII, 166 S.
B 65578

Maloire, A. : Le forez dans la guerre 1939/1945. Roanne: Horvath 1986. 183 S.
B 64952

Moore, W. : The long way round. An escape through occupied France. London: Cooper 1986. IX, 182 S.
B 63616

Moszkiewiez, H. : Inside the Gestapo: a young woman's secret war. London: The Bodley Head 1987. X, 189 S.
B 65549

Nobécourt, R. G. : Les soldats de 40 dans la première bataille de Normandie. De la Bresle au Cotentin, 5-19 juin 1940. Luneray: Éd. Bertout 1986. 396 S.
B 65146

Pellus, D. : La Marne dans la guerre 1939/45. Le Coteau: Horvath 1987. 179 S.
B 68304

Posselt, A. M. : Entstehung und Untergang der Kampfgruppe Boertanger veen 1945. Wien: Chorin Seminary 1987. 38 S.
Bc 8300

Posselt, A. M. : Meine ersten drei Monate in den NBS 1944. Wien: Chorin Seminary 1988. 23 S.
Bc 8301

Les réseaux action de la France combattante. Paris: Amicale des Réseaux Action de la France Combattante 1986. 296 S.
010475

Rosh, L. ; Schwarberg, G. : Der letzte Tag von Oradour. Göttingen: Steidl 1988. 142 S.
B 66044

Rossiter, M. L. : Women in the resistance. New York: Praeger 1986. XII, 251 S.
B 62905

Sainclivier, J. ; Marec, B. le: L'Ille-et-Vilaine dans la guerre 1939-1945. Le Coteau: Horvath 1986. 186 S.
B 63514

Wieviorka, A. : Ils étaient juifs, résistants, communistes. Paris: Benoel 1986. 356 S.
B 63901

Willequet, J. : La Belgique sous la botte résistances et collaborations, 1940-1945. Paris: Ed. Universitaires 1986. 383 S.
B 63819

K 5 k 34 Invasion im Westen 1944

Brooks, S. ; Eckstein, E. : Operation Overlord. The history of D-Day and the Overlord embroidery. Southampton: Ashford 1989. 154 S.
B 69511

Chauy, G. : Lyon, des années bleues libération – épuration. Paris: Plon 1987. 259 S.
B 64106

Copp, T. ; Vogel, R. : Maple Leaf Route: Caen. Alma: Maple Leaf Route 1986. 119 S.
010657

Footitt, H. ; Simmonds, J. : France 1943-1945. London: Leicester Univ. Pr. 1988. XVI, 319 S.
B 68574

Forti, M. : Gli sbarchi alleati in Normandia. Particolari nuovi dagli archivi britannici. In: Rivista marittima. 122 (1989), 6, S. 93-108.
BZ 4453:122

Lauwers, B. : De britse opmars van Normandie naar Antwerpen 1944. De bevrijding van de Stad en de haven door de 11th Armoured Division. Antwerpen: C. de Vries 1987. 192 S.
B 65023

Lugani, E. : Causas que motivaron la invasión de Normandía. In: Revista de la Escuela Superior de Guerra. 65 (1987), 481, S. 33-49.
BZ 4631:65

Normandie 44. Du débarquement à la libération. Paris: Michel 1987. 320 S.
B 63500

Operation CBRA and the Mortain counterattack. In: Military review. 68 (1988), 7, S. 57-66.
BZ 4468:68

K 5 k 35 Endkampf um Westdeutschland/Kapitulation

Becker, W. : Die Kämpfe zwischen Eggegebirge und Weser im Frühjahr 1945. Paderborn: Verl. Bonifatius-Dr. 1985. S. 294-366.
Bc 8458

Die Kapitulation von 1945 und der Neubeginn in Deutschland. Hrsg.: W. Becker. Köln: Böhlau 1987. VIII, 406 S.
B 63839

Kee, R. : 1945. The world we fought for. London: Sphere Books 1986. XXV, 347 S.
B 64132

Pallud, J. P. : Ardennes. 16. décembre 1944 – 16. janvier 1945. Bayeux Cedex: Ed. Heimdal 1986. 484 S.
010233

K 5 k 36 Besetztes Deutschland

Bilder vom Feind: engl. Pressefotogr. im Nachkriegsdeutschland. Hrsg.: M. Caiger-Smith. Berlin: Nishen 1988. 127 S.
Bc 8372

Demokratie von außen. Amerikanische Militärregierung in Nürnberg 1945-1949. Hrsg.: D. Rossmeissl. München: dtv 1988. 270 S.
Bc 8466

Dorfey, B. : Die Teilung der Rheinprovinz. Zur Diskussion um eine Zonengrenze. In: Geschichte im Westen. 4 (1989), 1, S. 7-20.
BZ 4865:4

Hudemann, R. : Sozialpolitik im deutschen Südwesten zwischen Tradition und Neubeginn. Mainz: Hase u. Koehler 1988. XV, 616 S.
B 68211

Matschke, W. : Die industrielle Entwicklung in der Sowjetischen Besatzungszone Deutschlands (SBZ) von 1945 bis 1948. Berlin: Berlin Verl. Spitz 1988. 389 S.
B 63993

Reifeld, H. : Das Phantom der Wirtschaftseinheit. In: Geschichte im Westen. 3 (1988), 2, S. 135-150.
BZ 4865:3

K 5 k 40 Mittelmeerraum

K 5 k 40. 2 Seekrieg im Mittelmeer

Bertrand, M. : Avions contre cuirassés : l'attaque de Tarente. In: Nouvelle revue maritime. (1989), 413, S. 38-54.
BZ 4479:1989

Favorite, M. : La resistenza delle forze armate italiane nei Balcani: il caso di Cefalonia. In: Storia delle relazioni internazionali. 4 (1988), 2, S. 265-317.
BZ 4850:4

Gabriele, M. : La marina italiana in Corsica. Dopo l'armistizio dell' 8 settembre 1943. In: Rivista marittima. 122 (1989), 10, S. 89-106.
BZ 4453:122

Gabriele, M. : L'operazione VADO. (14 Giugno 1940). In: Rivista marittima. 121 (1988), 11, S. 77-91.
BZ 4453:121

Smith, P. C. : Pedestal. The Malta convoy of August 1942. 2. ed. München: Kimber 1987. 256 S.
B 65078

K 5 k 40. 3 Luftkrieg im Mittelmeerraum

Mattesini, F. : La battaglia aeronavale di mezzo agosto. Roma: Ed. dell'Ateneo 1986. 611 S.
B 63539

Shores, C. ; Cull, B.; Malizia, N. : Malta: the hurricane years, 1940-41. London: Grub Street 1987. XIII, 457 S.
B 63714

K 5 k 41 Südosteuropa/ Balkanfeldzug 1941

Fatutta, F. ; Covelli, L. : La conquista dell'Albania. In: Rivista italiana difesa. 8 (1989), 4, S. 86-94.
BZ 05505:8

K 5 k 41. 7 Besetzter Balkan/Widerstand 1941-1944

Este, C. d': Bitter victory. The battle for Sicily July-August 1943. London: Collins 1988. 666 S.
B 66675

Für die Heimat, für die Freiheit. Ungarn im antifaschistischen Kampf. Budapest: MTI-Verl. 1986. 64 S.
Bc 8615

Kleut, P. : Jedanaesti Korpus NOVJ. Beograd: Vojnoizdavački novinski centar 1987. 405 S.
B 67905

Klokov, V. I. : Partizany Slovackich gor. Kiev: Politizdat Ukrainy 1986. 271 S.
B 61710

Németh, G. : Rómeó és társai. Ozd: : Kun Béla Müv. Közp. 1987. 159 S.
Bc 8417

Zav'jalov, N. I. : Pod Zvezdami balkanskimi. Kiev: Politizdat Ukrainy 1987. 213 S.
B 66411

– Jugoslawien

Čemalovič, E. : Mostarski Bataljon. Mostar: Skupština opštine Mostar 1986. 408 S.
B 61667

Četvrta sandžačka NOU Brigada. Beograd: Vojnoizdavački novinski centar 1986. 495 S.
B 67915

Črnugelj-Zorko, F. : Na zahodnih Mejah – 1943. Briškobeneški odred in 3. soša (20.) brigada. Ljubljana: Partizanska knjiga 1986. 281 S.
B 64931

Glišič, V. : Užička Republika. Beograd: Nolit 1986. 288 S.
B 66424

Gutic, M. : Formiranje prve proleterske brigade – pocetak nove etape u razvoju oruzanih snaga narodnooslobodilackogpokreta. In: Vojnoistorijski glasnik. 39 (1988), 3, S. 183-204.
BZ 4531:39

Hrvatska u NOB. Fotomonografija. Zagreb: Graficki zavod Hrvatske 1986. 557 S.
010493

Jelič- Butič, F. : Četnici u Hrvatskoj 1941-1945. Zagreb: Globus 1986. 270 S.
B 61153

Karasijevič, D. : Četvrta krajiška NOU Divizija. Beograd: Vojnoizdavački novinski centar 1986. 435 S.
B 66404

Konec druge svetovne vojne v Jugoslaviji. Ljubljana: Založba Borec 1986. 626-883 S.
B 62615

Lekovič, M. : Dogovori Okupatora i Kvislinga O Zajedničkim operacijama Protiv Novj u Proleče 1942. In: Vojnoistorijski glasnik. 39 (1988), 1, S. 11-48.
BZ 4531:39

MacConville, M. : A small War in the Balkans. British military involvement in wartime Yugoslavia, 1941-1945. London: Macmillan 1986. XI, 336 S.
B 61075

Makedonija od ustanka do slobode 1941-1945. Beograd: Vojnoizdav. i novinski centar 1987. 1019 S.
B 67907

Medenica, G. : Kosovsko metohijski Proleteri. Prva kososko-metohijska narodnooslobodialčka udarna Brigada. Beograd: Vojnoizdavački novinski centar 1986. 158 S.
B 68953

Mesne partizanske Jedinice u južnoj Srbiji 1941-1942. Zbornik radova s naučnog skupa odražanog jan. 1982 u. Nišu. Beograd: Vojnoizdavački novinski centar 1986. 479 S.
B 67910

Minderovič, C. : Za Titom. Zagreb: Spektar 1986. 315 S.
B 61716

Mirčetič, D. D. : Dvadeseta srpska Brigada. Beograd: Vojnoizdavački novinski centar 1986. 389 S.
B 66447

Oslobodenje Hrvatske 1945 godine. Zagreb: Institut za hist. radničkog pokreta Hrvatske 1986. 730 S.
B 61311

Ristič, R. : U Beogradu Rat je trajao 1311 dana. Hronologija 27.III.1941-27.X.1944. Beograd: Niro Književne novine 1986. 289 S.
B 65003

Treči Batal'on četvrte proleterske crnogorske brigade. Beograd: Kosmos 1986. 1188 S.
B 66966

Velebit, V. : Jugoslavija u drugom svetskom ratu. Beograd: Jugoslovenska revija 1987. 148 S.
B 68197

Vujosevič, J. : Italijanske Partizanske Jednice u Narodnooslobodilačkoj Vojsci Jugoslavije 1943-1945. In: Vojnoistorijski glasnik. 39 (1988), 1, S. 159-179.
BZ 4531:39

Završne operacije za oslobodenje Jugoslavije. Beograd: Vojnoizdavački novinski centar 1986. 951 S.
B 67026

Zlatkovič, D. ; Bakič, M. D. : Sedma srpska Brigada. Nič: Gradina 1986. 535 S.
B 62628

K 5 k 42 Afrika

Bieganski, W. : Szczurami Tobruku ich zwali. Z dziejów walk polskich formacji wojskowych w Afryce Pólnocnej w latach 1941-1943. Warszawa: Ludowa Spółdzielnia Wydawn 1988. 247 S.
B 66979

Carver, M. : Dilemmas of the desert war. A new look at the Libyan campaign, 1940-1942. London: Batsford 1986. 160 S.
B 62914

MacGuirk, D. : Rommel's army in Africe. London: Paul 1987. 192 S.
010461

Potter, F. E. : Tebessa? Wherever's that? Braunton: Merlin Books 1987. 71 S.
Bc 8394

K 5 k 44 Südeuropa 1943-45

Caballero Jurado, C. : La aviacion de la R. S. I. (1943-1945). In: Defensa. 12 (1989), 134, S. 58-64.
BZ 05344:12

Fiorentino, F. : La Roma di Charles Poletti (giugno 1944 – aprile 1945). Roma: Bonacci 1986. 187 S.
B 65020

Gordon, J. : Joint fire support. The Salerno experience. In: Military review. 69 (1989), 3, S. 38-49.
BZ 4468:69

Hixson, J. A. : Operation Shingle. Combined planning and preparation. In: Military review. 69 (1989), 3, S. 63-77.
BZ 4468:69

Kreuter, S. : Operationsziel: Rom. In: Österreichische militärische Zeitschrift. 26 (1988), 5, S. 441-449.
BZ 05214:26

Mikič, V. : Kaitulacija Italije i Neprijateljska Avijacija U Jugoslaviji u Jesen 1943. Godine. In: Vojnoistorijskiglasnik. 39 (1988), 1, S. 115-152.
BZ 4531:39

Miller, J. : Friends and Romans: on the run in wartime Italy. London: Fourth Estate 1987. 184 S.
B 65212

Od rzymu do Alp. Warszawa: Krajowa agencja wydawn 1987. 78 S.
Bc 02550

Strawson, J. : The Italian campaign. London: Secker and Warburg 1987. 221 S.
B 63668

K 5 k 44. 7 Besatzungszeit und Widerstand

Borioli, D. ; Botta, R. : „La scelta,". Soggettività e cosciienza nei partigiani della Pinan-Chichero. In: Italia contemporanea. (1988), 173, S. 23-41.
BZ 4489:1988

DeBlasio Wilhelm, M. : The other Italy: Italian resistance in World War II. New York: Norton 1988. 272 S.
B 68811

Le Formazioni Matteotti nella lotta di liberazione. Cuneo: Ed. L'Arciere 1987. 150 S.
B 62125

L'insurrezione in Piemonte. Milano: Angeli 1987. 552 S.
B 64336

Le operazioni delle unità italiane in Corsica nel settembre ottobre 1943. Lucca: Fed. Prov. di Lucca 1987. 446 S.
B 63868

Petacco, A. : I ragazzi del '44. II. ed. Milano: Mondadori 1987. 209 S.
B 63558

K 5 k 50 Ostasien/Pazifik

Arthur, A. : Bushmasters: America's jungle warriors of World War II. New York: St. Martin's Press 1987. XII, 270 S.
B 65491

Hunt, R. C. ; Norling, B. : Behind Japanes lines. An American guerrilla in the Philippines. Lexington, Ky.: Univ. Pr. of Kentucky 1986. XIII, 258 S.
B 63573

Lewis, R. D. : The Chindits' operations in Burma. In: Military review. 68 (1988), 6, S. 34-43.
BZ 4468:68

O'Brien, T. : The moonlight war. The story of clandestine operations in South-East Asia, 1944-45. London: Collins 1987. 363 S.
B 63713

Shrader, C. R. : Bobcat. Rapid deployment in 1942. In: Military review. 69 (1989), 3, S. 28-37.
BZ 4468:69

K 5 k 50. 2 Seekrieg

Boyd, C. : American naval intelligence on Japanese submarine operations early in the Pacific war. In: The journal of military history. 53 (1989), 2, S. 169-189.
BZ 4980:53

Davenport, R. M. : Clean sweep. New York: Vantage Pr. 1986. 243 S.
B 65740

Flisowski, Z. : Ko morzu Filipińskiemu. Poznań: Wydawn. Poznańskie 1987. 276 S.
Bc 7217

Galantin, I. J. : Take her deep: a submarine against Japan in World War II. Chapel Hill, NC: Algonquin 1987. XVIII, 262 S.
B 65741

Hammel, E. : Guadalcanal. The carrier battles. New York: Crown Publ. 1987. VIII, 505 S.
B 64735

Hubáček, M. : Ofenzíva v Pacifiku. Praha: Panorama 1987. 517 S.
B 66417

Stankovich, M. : The hardest choice. In: Naval history. 2 (1989), 2, S. 30-41.
BZ 05544:2

K 5 k 50. 3 Luftkrieg

Leben nach der Atombombe. Hiroshima u. Nagasaki, 1945-1985. Frankfurt: Campus Verlag 1988. 228 S.
B 64341

Smith, P. C. : Jungle dive-bombers at war. London: Murray 1987. X, 182 S.
B 65550

Y'Blood, W. T. : The little giants: U. S. escort carriers against Japan. Annapolis, Ma.: Naval Inst. Pr. 1987. XII, 468 S.
B 65384

K 5 k 55 Japan

Harris, N. : Pearl Harbor. London: Dryad Pr. 1986. 64 S.
B 63742

Prange, G. W. : December 7, 1941: the day the Japanese attacked Pearl Harbor. New York: McGraw-Hill 1988. XVI, 493 S.
B 65388

Sigal, L. V. : Fighting to a finish. Ithaca, N. Y.: Cornell Univ. 1988. 335 S.
B 67172

K 6 Geschichte seit 1945

K 6 e Politische Geschichte

Caute, D. : The year of the barricades: a journey through 1968. New York: Harper & Row 1988. XIV, 514 S.
B 66729

Grenville, J. A. S. ; Wasserstein, B. : The major international treaties since 1945. A history and guide with texts. London: Methuen 1987. XIV, 528 S.
B 64410

Head, I. L. : South-North dangers. In: Foreign affairs. 68 (1989), 3, S. 71-86.
BZ 05149:68

Katsiaficas, G. : The imagination of the New Left: a global analysis of 1968. Boston, Mass.: Southend Press 1987. XV, 323 S.
B 68799

Lane, P. : The postwar world. London: Batsford 1987. 319 S.
B 64280

Linden, R. H. : Communist states and international change: Romania and Yugoslavia in comparative perspective. London: Allen & Unwin 1987. XVIII, 201 S.
B 65591

K 6 e 22 Nachkriegsprozesse/ Wiedergutmachung

Anders, G. : Wir Eichmannsöhne. Offener Brief an Klaus Eichmann. 2. Aufl. München: Beck 1988. 99 S.
Bc 8728

Brackman, A. C. : The other Nuremberg. The untold story of the Tokyo war crimes trials. New York: Morrow 1987. 432 S.
B 63381

Kania, S. : Proces zbrodniarzy z Majdanka. Warszawa: Wydawn. Prawnicze 1987. 73 S.
Bc 7199

Maier, F. K. : Ist Schacht ein Verbrecher? Anklageschrift des früheren öffentlichen Klägers bei der Spruchkammer Stuttgart. Berlin: Argon 1988. 126 S.
Bc 8178

Martynenko, B. A. : Nacistskie voennye Prestupniki v SŠA i drugich stranach NATO. Kiev: Naukova dumka 1988. 214 S.
B 66972

Pantcheff, T. X. H. : Der Henker vom Emsland, Willi Herold, 19 Jahre alt. Ein deutsches Lehrstück. Köln: Bund-Verl. 1987. 240 S.
B 63093

Sagi, N. : German reparations. A history of the negotiations. New York: St. Martin's Press 1986. 256 S.
B 64533

Wiedergutmachung und Entschädigung für nationalsozialistisches Unrecht: Öffentl. Anhörung d. Innenausschusses d. Dt. Bundestages am 24. Juni 1987. Hrsg.: Dt. Bundestag, Referat Öffentlichkeitsarbeit. Bonn: 1987. 415 S.
B 64902

Wolffsohn, M. : Das deutsch-israelische Wiedergutmachungsabkommen von 1952 im internationalen Zusammenhang. In: Vierteljahrshefte für Zeitgeschichte. 36 (1988), 4, S. 691-731.
BZ 4456:36

K 6 e 26 Ost-West-Konflikt/ Kalter Krieg/Entspannungspolitik

Atwood, W. : The twilight struggle. Tales of the Cold War. New York: Harper & Row 1987. X, 433 S.
B 64034

Bahr, E. : Zum Europäischen Frieden. Eine Antwort auf Gorbatschow. Berlin: Corso bei Siedler 1988. 101 S.
B 64597

The Cold War, past and present. Ed.: R. Crockatt. London: Allen & Unwin 1987. XVII, 244 S.
B 64284

Dockrill, M. L. : The Cold War 1945-1963. London: Macmillan 1988. VII, 108 S.
Bc 8560

East, west, north, south. Major developments in international politics, 1945-1986. Oslo: Norwegian Univ. Pr. 1986. 308 S.
B 65681

Efinger, M. : Internationale Regime in den Ost-West-Beziehungen: e. Beitr. zur Erforschung d. friedl. Behandlunginternat. Konflikte. Frankfurt: Haag u. Herchen 1988. V, 193 S.
Bc 8242

Eppler, E. : Wie Feuer und Wasser. Sind Ost und West friedensfähig? Reinbek: Rowohlt 1988. 143 S.
Bc 8188

Gaddis, J. L. : The long peace. Oxford: Oxford Univ. Pr. 1987. IX, 332 S.
B 64831

Galtung, J. : The Cold War as an exercise in autism: the US government, the governments of Western Europe, and the people. In: Alternatives. 14 (1989), 2, S. 169-193.
BZ 4842: 14

Humanitäre Aspekte in der Systemauseinandersetzung. In: IPW-Berichte. 18 (1989), 7, S. 1 -10.
BZ 05326:18

Katz, S. M. : Israeli tank battles: Yom Kippur to Lebanon. London: Arms and Armour Pr. 1988. 128 S.
B 65150

Mandelbaum, M. : Ending the Cold War. In: Foreign affairs. 68 (1989), 2, S. 16-36.
BZ 05149:68

Marcou, L. : La guerre froide – l'engrenage. Bruxelles: Ed. Complexe 1987. 275 S.
B 64759

Nathanson, C. E. : The social construction of the Soviet threat: a study in the politics of representation. In: Alternatives. 13 (1988), 4, S. 443-484.
BZ 4842:13

Sharnik, J. : Inside the Cold War. An oral history. New York: Arbor House 1987. XXI, 360 S.
B 64208

Thomas, H. : Armed truce. The beginnings of the Cold War 1945-46. 2. pr. Frankfurt: Athenäum 1987. XVIII, 667 S.
B 63237

Vanden Berghe, Y. : Zeventig jaar koude Oorlog (1917-1987). Leuven: Amersfoort 1987. 173 S.
B 63982

Voigt, K. D. : Durch „Neues Denken" zur neuen Friedenspolitik. In: Die neue Gesellschaft – Frankfurter Hefte. 36 (1989), 4, S. 305-311.
BZ 4572:36

Zwischen kaltem Krieg und Entspannung: Sicherheits- u. Deutschlandpolitik d. Bundesrepublik im Mächtesystem d. Jahre1953-1956. Boppard am Rhein: Boldt 1988. VIII, 256 S.
B 67387

K 6 e 27 Nord-Süd-Konflikt

Richter, R. : Giftmüllexporte nach Afrika. In: Afrika-Spektrum. 23 (1988), 3, S. 315-350.
BZ 4614:23

K 6 e 30 Ereignisse/Konferenzen

Dmitričev, T. F. : Zenevskaja Konferencija po razoruženiju. Moskva: Nauka 1987. 90 S.
Bc 7892

Mastny, V. : Helsinki, human rights, and European security. Analysis and documentation. Durham, NC.: Duke Univ. Pr. 1986. XVI, 389 S.
B 63367

Nevakivi, J. : American reactions to the Finnish-Soviet friendship treaty of 1948. In: Scandinavian journal of history. 4 (1988), 4, S. 279-291.
BZ 4643:4

Schwarz, H. -P. : Eine Entente élémentaire. Das dt. -frz. Verhältnis im 25. Jahr des Elysée-Vertrages. Bonn: Europa-Union-Verl. 1988. 79 S.
Bc 8108

K 6 e 35 KSZE/Folgetreffen

Bloed, A. : CVSE in Wenen: hoogtepunt in Helsinki-proces. In: Internationale spectator. 43 (1989), 6, S. 392-400.
BZ 05223:43

Fuentes, J. : El Congreso de Viena de 1989. In: Politica exterior. 3 (1989), 9, S. 139-157.
BZ 4911:3

Zellner, W. : Das Mandat von Wien. Vor den Verhandlungen über konventionelle Abrüstung in Europa. In: Blätter für deutsche und internationale Politik. 34 (1989), 3, S. 323-338.
BZ 4551:34

K 6 e 36 KVAE

Borawski, J. : From the Atlantic to the Urals: negotiating arms control at the Stockholm Conference. Washington: Pergamon-Brassey's Internat. Defense Publ. 1988. XV, 261 S.
B 66089

Peters, I. : Transatlantischer Konsens und Vertrauensbildung in Europa. Die KVAE-Politik d. Vereinigten Staaten von Amerika u. d. Bundesrepublik Deutschland 1978-1986. Baden-Baden: Nomos-Verlagsges. 1987. 270 S.
B 63989

K 6 f Kriegsgeschichte

K 6 f 00 Allgemeines

Bucher, L. M. : Commander Bucher replies. The Pueblo incident. In: Naval history. 3 (1989), 1, S. 44-50.
BZ 05544:3

Coker, C. : Terrorism and the civil strife. London: Watts 1987. 62 S.
010739

Lempen, B. : L'avant-guerre nucléaire. Lausanne: Favre 1987. 265 S.
B 63512

Munoz, H. : El escenario mundial hacia el ano 2000. In: Estudios internacionales. 21 (1988), 81, S. 3-14.
BZ 4936:21

Munro, D. : The four horsemen. The flammes of war in the Third World. Secaucus, N. J.: Stuart 1987. 288 S.
010470

Stewart, K. : South Atlantic conflict 1982. In: Military review. 69 (1989), 4, S. 31-40.
BZ 4468:69

Tillema, H. K. : Foreign overt military intervention in the nuclear age. In: Journal of peace research. 26 (1989), 2, S. 179-195.
BZ 4372:26

K 6 f 10 Kriege in Asien

Robbins, C. : The ravens: the men who flew in America's secret war in Laos. New York, NY.: Crown 1987. XI, 420 S.
B 65470

K 6 f 11 Indochina 1946-1954

Bergot, E. : La bataille de Dong Khê. La tragédie de la R. C. 4. Indochine 1950. Paris: Presses de la Cité 1987. 360 S.
B 64393

Bergot, E. : Convoi 42. Paris: Presses de la Cité 1986. 339 S.
B 63532

Juul-Heider, E. : Vietnam. Midler uden mål. In: Militært tidsskrift. 117 (1988), 8, S. 259-279.
BZ 4385:117

Loustau, H. -J. : Les deux Bataillons. Cochinchine – Tonkin, 1945-1952. Paris: Michel 1987. 255 S.
B 64368

Mary, R. : Les bagnards d'Hô Minh. Paris: Michel 1986. 272 S.
B 64355

Ruscio, A. : Dien Bien, Phu. La fin d'une illusion. Paris: L'Harmattan 1986. 124 S.
B 63912

Schier, P. : Der Kambodscha-Konflikt: Charakter, Genese und Lösungsmöglichkeiten. In: S und F. 7 (1989), 1, S. 19-24.
BZ 05473:7

K 6 f 12 Korea 1950-1953

Blair, C. : The forgotten war: America in Korea, 1950-1953. New York, NY.: Times Books 1987. XV, 1136 S.
B 65783

Cannon, M. : Task force Smith: a study in (Un)Preparedness and (Ir)Responsability. In: Military review. 68 (1988), 2, S. 63-73.
BZ 4468:68

Dingman, R. : Atomic diplomacy during the Korean War. In: International security. 13 (1988/89), 3, S. 51-91.
BZ 4433:13

Foot, R. J. : Nuclear coercion and the ending of the Korean conflict. In: International security. 13 (1988/89), 3, S. 92-112.
BZ 4433:13

Gemignani, M. : Operazioni aeree nei cieli coreani 1950-1953. In: Rivista italiana difesa. 8 (1989), 5, S. 94-104.
BZ 05505:8

Halliday, J.; Cumings, B. : Korea. The unknown war. London: Viking 1988. 224 S.
010796

Hastings, M. : The Korean War. London: Joseph 1987. XIX, 476 S.
B 63629

Hwang, B. -M. : Revolutionary armed struggle and the origins of the Korean war. In: Asian perspective. 12 (1988), 2, S. 123-138.
BZ 4889:12

The Korean war in history. Ed.: J. Cotton. Manchester: Manchester Univ. Pr. 1989. 182 S.
B 67828

K 6 f 13 Vietnam 1957-1975

Arnold, J. R. : Armor. New York, N. Y.: Bantam Books 1987. 158 S.
Bc 8400

Artraud, D. : États-Unis: Les leçons du Vietnam. In: Défense nationale. 44 (1988), 11, S. 29-50.
BZ 4460:44

Assessing the Vietnam War. A coll. from the Journal of the U. S. Army War College. Ed.: L. J. Matthews. Washington: Pergamon-Brassey's 1987. 254 S.
B 65543

Brennan, M. : Headhunters: Stories from the 1st Squadron, 9th Cavalry in Vietnam, 1965-1971. Novato, Calif.: PresidioPr. 1987. IX, 306 S.
B 65743

Burstall, T. : The soldier's story. The battle at Xa Long Tan Vietnam, 18 August 1966. St. Lucia: Univ. of QueenslandPr. 1986. XXVI, 188 S.
B 63670

Carhart, T. : The offering. New York: Morrow 1987. 305 S.
B 64495

Chanoff, D. ; Doan van, T. : Portrait of the enemy. New York: Random House 1986. XXII, 215 S.
B 63293

Cubbage, T. L. : Westmoreland vs. CBS: was Intelligence corrupted by policy demands? In: Intelligence and national security. 3 (1988), 3, S. 118-180.
BZ 4849:3

Culbert, D. : La televisione e l'offensiva del TET nel 1968: la svolta nella Guerra del Vietnam. In: Passato epresente. (1988), 16, S. 135-150.
BZ 4794:1988

Currey, C. B. : Preparing for the past. In: Military review. 49 (1989), 1, S. 2-13.
BZ 4468:49

Dellinger, D. : Vietnam revisited: from covert action to invasion to reconstruction. Boston, Mass.: South End Pr. 1986. VI, 232 S.
B 63359

Egendorf, A. : Healing from the war. Trauma and transformation after Vietnam. Boston, Mass.: Shambhala 1986. 324 S.
B 64540

Gadd, C. : Line doggie: foot soldier in Vietnam. Novato, Calif.: Presidio Pr. 1987. X, 187 S.
B 65492

Hamilton-Smith, M. : US counter insurgency initiatives in South Vietnam during the administration of J.F. Kennedy 1961-63. In: Defence force journal. (1988), 71, S. 21-34.
BZ 4438:1988

Hannah, N. B. : The key to failure: Laos and the Vietnam war. Lanham, Md.: Madison 1987. XXVI, 335 S.
B 65428

Hardy, G. : Words of war. An anthology of Vietnam war literature. Boston, Mass.: Boston Publ. Comp. 1988. 192 S.
010748

Joseph, P. : Cracks in the empire: state politics in the Vietnam war. New York: Columbia Univ. Pr. 1987. IX, 362 S.
B 65373

Keenan, B. M. : Every effort. A true story. New York: St. Martin's Press 1986. XII, 351 S.
B 63430

Levant, V. : Quiet complicity: Canadian involvement in the Vietnam war. Toronto: Between the Lines 1986. 322 S.
B 65802

Marolda, E. J. : Carrier Operations. New York, N. Y.: Bantam Books 1987. 158 S.
Bc 8169

Nichols, J. B. ; Barrett, T. : On Yankee Station. The naval air war over Vietnam. Annapolis, Ma.: Naval Inst. Pr. 1987. XV, 179 S.
B 64062

Rotter, A. J. : The path to Vietnam: origins of the American commitment to Southeast Asia. Ithaca, NY: Cornell Univ. Pr. 1987. XII, 278 S.
B 65705

Scutts, J. : Wolfpack: hunting MiGs over Vietnam. Shrewsbury: Airlife 1988. 138 S.
B 65586

Simmons, E. H. : Marines. Toronto: Bantam Books 1987. 158 S.
Bc 8170

Vietnam. The heartland remembers. Norman, Oklh.: Univ. of Oklahoma Pr. 1987. XVIII, 194 S.
B 65883

Werrell, K. : Marine helicopters against North Vietnam. In: Naval history. 2 (1988), 4, S. 12-17.
BZ 05544:2

Willenson, K. : The bad war. An oral history of the Vietnam War. New York, N. Y.: Nal Books 1987. IX, 451 S.
B 63798

The World Almanac of the Vietnam War. Ed.: J. S. Bowman. New York, N. Y.: Ballantine Books 1986. 512 S.
B 64538

K 6 f 13.1 Militärische Geschichte

The American war in Vietnam: lessons, legacies, and implications for future conflicts. Ed.: L. E. Grinter. Westport, Conn.: Greenwood Pr. 1987. VIII, 165 S.
B 65490

Butler, D. : The fall of Saigon: scenes from the sudden end of a long war. London: Sphere Books 1988. XIII, 560 S.
B 66931

Clarke, J. J. : Advice and support: the final years, 1965-1973. Washington: Center of Military History 1988. XXI, 561 S.
010745

Colvin, R. : First heroes: the POWs left behind in Vietnam. New York, NY.: Irvington 1987. XII, 355 S.
B 65454

Mangold, T. : The tunnels of Cu Chi. Warszawa: Państwowe wydawn. naukowe 1986. 287 S.
B 65036

Marshall, K. : In the combat zone: an oral history of American women in Vietnam, 1966-1975. Boston, Mass.: Little, Brown and Comp. 1987. VII, 270 S.
B 65713

Newcomb, R. F. : A pictorial history of the Vietnam War. Garden City, N. Y.: Doubleday 1987. 292 S.
010552

K 6 f 14 Afghanistan 1979-1989

Afghan resistance: the politics of survival. Ed.: G. M. Farr. Boulder, Colo.: Westview Press 1987. XII, 235 S.
B 62669

Afghanistan unter sowjetischer Besatzung 1980-1988. St. Augustin: Siegler 1988. 188 S.
BZ 4555

Amstutz, J. B. : Afghanistan: the first five years of Soviet occupation. Washington, D. C.: National Defense Univ. Pr. 1987. XXVI, 545 S.
B 65622

Bonner, A. : Among the Afghans. Durham, NC.: Duke Univ. Pr. 1987. XVI, 366 S.
B 65386

Carr-Gregg, C. : An extension of humanitarian international law: the case of Soviet soldiers captured by Afghan liberation movements, 1982-1986. In: War and society. 7 (1989), 2, S. 95-105.
BZ 4802:7

Daley, T. : Afghanistan and Gorbachev's global foreign policy. In: Asian survey. 29 (1989), 5, S. 496-513.
BZ 4437:29

Derleth, J. W. : The Soviets in Afghanistan: can the Red Army fight a counterinsurgency war? In: Armed forces and society. 15 (1988), 1, S. 33-54.
BZ 4418:15

Gall, S. : Afghanistan: agony of a nation. London: The Bodley Head 1988. XIII, 225 S.
B 65590

Goodwin, J. : Caught in the crossfire. New York: Dutton 1987. XVIII, 330 S.
B 63414

Goodwin, J. : Reise durch ein zerrissenes Land. Eine Frau erlebt den Krieg in Afghanistan. Bern: Scherz 1988. 348 S.
B 67378

Hippler, J. : Der Krieg geht weiter. In: Blätter des iz3w. (1988), 152, S. 17-23.
BZ 05130:1988

Maaß, C. D. : Der sowjetisch-afghanische Krieg : innenpolitische Voraussetzungen, Verlauf und Endphase. In: Aus Politik und Zeitgeschichte. (1989), 9, S. 3- 14.
BZ 05159:1989

Rashid, A. : Behind the Soviet pullout: the specter of Afghanistan's partition. In: Strategic review. 16 (1988), 2, S. 16-22.
BZ 05071:16

Tillotson, H. M. : United Nations in Afghanistan and the Gulf. In: The army quarterly and defence journal. 118 (1988), 4, S. 426-436.
BZ 4770:118

Urban, M. L. : War in Afghanistan. Basingstoke: Macmillan 1988. XII, 248 S.
B 65082

Varo Arjona, J. : Análisis de la invasión soviética de Afganistán. In: Ejército. 50 (1989), 591, S. 116-124.
BZ 05173:50

K 6 f 19 Sonstige Kriege in Asien

Armaoglu, F. : Crisis in the Cyprus question initiated in Turco-Greek relations. In: Revue internationale d'histoiremilitaire. (1988), 67, S. 227-250.
BZ 4454:1988

Chen, K. C. : China's war with Vietnam, 1979. Issues, decisions, and implications. Stanford, Cal.: Hoover Institut 1987. XIV, 234 S.
B 65353

James, A. : The United Nations and the Gulf War. In: Naval forces. 6 (1988), 6, S. 44-51.
BZ 05382:6

Kristiansson, S. : Kashmirkonflikten och fredsbevarande insatser. UNMOGIP (United Nations Military Observer Group in India and Pakistan). In: Militärhistorisk tidskrift. (1988), S. 103-160.
BZC 2:1988

Lia, S. z. : „Liao Shen zhanyi". (The Liaoxi-Shenyang Campaign). In: Junshi lishi. (1988), 3, S. 4-13.
BZ 05570:1988

Milivovjevic, M. : The Spratly and Paracel Islands conflict. In: Survival. 31 (1989), 1, S. 70-78.
BZ 4499:31

Newsinger, J. : A forgotten war: British intervention in Indonesia 1945-1946. In: Race and class. 30 (1989), 4, S. 51 -66.
BZ 4811:30

Richter, H. A. : Friede in der Ägäis? Zypern – Ägäis – Minderheiten. Köln: Romiosini 1988. 162 S.
Bc 8582

Tsardanidis, C. : The European Community and the Cyprus problem since 1974. In: Journal of political and military sociology. 16 (1988), 2, S. 155-172.
BZ 4724:16

K 6 f 20 Kriege im Nahen und Mittleren Osten

K 6 f 21 Arabisch/israelische Kriege seit 1948

Bar-Joseph, U. : The best of enemies: Israel and Transjordan in the war of 1948. London: Cass 1987. X, 254 S.
B 65037

Laffin, J. ; Chappell, M. : Arab armies of the Middle East wars, 1948-73. London: Osprey Publ. 1987. 40 S.
Bc 02255

Lewan, K. M. : Sechs Tage und zwanzig Jahre. Aufsätze zum Spannungsfeld Naher Osten. Berlin: Verl. Neuer Weg 1988. 165 S.
Bc 8272

Mutawi, S. A. : Jordan in the 1967 war. Cambridge: Cambridge Univ. Pr. 1987. XI, 228 S.
B 63671

Pappé, I. : Das Scheitern der Politik. Eine historische Annäherung an den Krieg von 1948. In: Babylon. 1988 (1988), 4, S. 24-39.
BZ 4884:1988

Rabinovich, A. : The battle for Jerusalem. June 5-7, 1967. 2. Aufl. Philadelphia, Pa.: The Jewish Publ. Soc. of America 1987. XV, 429 S.
B 64046

K 6 f 23 Golfkrieg Iran-Irak 1980-1989

Bauder, I. : Kriget mellan Irak och Iran. In: Militärhistorisk tidskrift. (1988), S. 7-58.
BZC 2:1988

Bock, W. de; Deniau, J. -C. : Des Armes pour l'Iran. L'Irangate européen. Paris: Gallimard 1988. 294 S.
B 65913

Braun, U. : Flottenaufmarsch am Golf. In: Jahrbuch Dritte Welt. (1989), S. 138-156.
BZ 4793:1989

Burgess, W. H. : Iranian special operations in the Iran-Iraq war: Implications for the United States. In: Conflict. 8 (1988), 1, S. 23-40.
BZ 4687:8

Cable, J. : Fremde Marinen im Persischen Golf. In: Marine-Forum. 64 (1989), 1/2, S. 3-11.
BZ 05170:64

Chubin, S. : The last phase of the Iran-Iraq war: from stalemate to ceasefire. In: Third world quarterly. 11 (1989), 2, S. 1-14.
BZ 4843:11

Cigar, N. : The Soviet Navy in the Persian Gulf: naval diplomacy in a combat zone. In: Naval War College review. 52 (1989), 2, S. 56-88.
BZ 4634:52

Cordesman, A. H. : The Iran-Iraq War and western security 1984-87: strategic implications and policy options. London: Jane's Publ. 1987. XXVIII, 185 S.
B 63946

Cordesman, A. H. : Western seapower enters the Gulf. In: Naval forces. 9 (1988), 2-4, S. 26-34; 34-40; 62-70.
BZ 05382:9

Der Golfkrieg. Ursachen, Verlauf, Auswirkungen. Hamburg: Landeszentrale f. polit. Bildung 1988. 207 S.
Bc 8161

Karsh, E. : Military lessons of the Iran-Iraq war. In: Orbis. 33 (1989), 2, S. 209-224.
BZ 4440:33

Khavari, A. : Wer den Frieden mehr fürchtet als Gift. In: Probleme des Friedens und des Sozialismus. 31 (1988), 10, S. 1321-1326.
BZ 4504:31

Langston, B. : Operation praying mantis. In: United States Naval Institute. Proceedings. 115 (1989), 5, S. 54-65.
BZ 05163:115

Lucignano, A. di: La rivoluzione islamica e la guerra Iran-Iraq. In: Affari esteri. 20 (1988), 80, S. 594-602.
BZ 4373:20

Malanowski, A. : Die Funktion des irakisch-iranischen Krieges seit 1980 für die Herrschaftssicherung der „Islamischen Republik". Hamburg: Selbstverlag 1987. XII, 134 S.
B 64009

Mannetti, L. : Nations at war. Iran and Iraq. New York, N. Y.: Watts 1986. 87 S.
B 67837

Maull, H. W. : Containment, competition, and cooperation: superpower strategies in the Persian Gulf. In: SAIS review. 8 (1988), 2, S. 103-119.
BZ 05503:8

Mirror of war. A pictorial report on the Iraqui regime aggressions against Iran. Tehran: Islamic Republic of Iran o.J. o.Pag.
010559

Neuman, H. J. : Nederlandse marineschepen in de Golf: lasten en baten. In: Internationale spectator. 42 (1988), 11, S. 687-695.
BZ 05223:42

O'Rourke, R. : Gulf operations. In: United States Naval Institute. Proceedings. 115 (1989), 5, S. 42-50.
BZ 05163:115

Perkins, J. B. : Operation praying mantis. In: United States Naval Institute. Proceedings. 115 (1989), 5, S. 66-80.
BZ 05163:115

Der profitable Krieg. Iran – Irak. BUKO-Koordinationsst. „Stoppt den Rüstungsexport". Bremen 1987. 24 S.
D 03773

Razi, G. H. : An alternative paradigm to state rationality in foreign policy: the Iran-Iraq war. In: The Western political quarterly. 41 (1988), 4, S. 689-724.
BZ 4612:41

Rizzo, A. : La Guerra del Golfo. In: Affari esteri. 20 (1988), 77, S. 46-54.
BZ 4373:20

Rondot, P. : Batailles pour le Chatt Al-Arab. In: L'Afrique et l'Asie modernes. (1988/89), 159, S. 76-92.
BZ 4689:1988/89

Rubin, B. : Drowning in the Gulf. In: Foreign policy. (1987/88), 69, S. 120-134.
BZ 05131:1987/88

Sabin, P. G. : Military lessons of the Iran-Iraq war. In: Orbis. 33 (1989), 2, S. 209-224.
BZ 4440:33

Sahebjam, F. : Ich habe keine Tränen mehr. Iran: Die Geschichte des Kindersoldaten Reza Behrouzi. Reinbek: Rowohlt 1988. 215 S.
Bc 8193

Tucker, A. R. : Soviet arms supplies – A strategic lever? In: Jane's Soviet intelligence Review. 1 (1989), 8, S. 338 -342.
BZ 05573:1

Vlabos, M. : Relatório Stark. In: Revista maritima brasileira. 108 (1988), 7/9, S. 25-33.
BZ 4630:108

Zur Lage am Persischen Golf: Der strategische Umschwung. In: Österreichische militärische Zeitschrift. 26 (1988), 5, S. 426-432.
BZ 05214:26

K 6 f 24 Libanonkrieg 1975-

Gazit, S. : Intelligence estimates and the decision-maker. In: Intelligence and national security. 3 (1988), 3, S. 261-287.
BZ 4849:3

Laurent, A.; Basbous, A. : Guerres secrètes au Liban. Paris: Gallimard 1987. 370 S.
B 63109

Meney, P. : Auch Mörder haben eine Mutter. Bergisch Gladbach: Bastei-Verl. 1987. 319 S.
B 64983

Petit, M. : Peacekeepers at war. A marine's account of the Beirut catastrophe. Boston, Mass.: Faber and Faber 1986. X, 228 S.
B 64444

Petran, T. : The struggle over Lebanon. New York: Monthly Review Pr. 1987. 431 S.
B 62893

K 6 f 30 Kriege in Afrika

K 6 f 31 Algerienkrieg 1954-1962

Montagnon, P. : L'affaire Si Salah. Paris: Pygmalion 1987. 187 S.
B 62114

K 6 f 32 Sonstige Kriege in Afrika

Kamil, L. : Feeling the fire: US policy & the Western Sahara conflict. Trenton, NJ.: Red Sea Pr. 1987. 104 S.
B 64832

Postiglioni, U. ; Sgarlato, N. : Le operazioni aeree nella guerra civile nel Congo 1960-1967. In: Rivista italiana difesa. 8 (1989), 2, S. 86-94.
BZ 05505:8

Throup, D. : Economic and social origins of Mau Mau, 1945-53. London: Currey 1987. XVI, 304 S.
B 63636

War and refugees: the Western Sahara conflict. Ed.: R. Lawless. London: Pinter 1987. VIII, 201 S.
B 63692

K 6 f 40 Kriege in Amerika

Cole, J. : Assisting El Salvador. In: United States Naval Institute. Proceedings. 115 (1989), 11, S. 60-69.
BZ 05163:115

Roett, R. ; Smyth, F. : Dialogue and armed conflict: negotiating the civil war in El Salvador. Baltimor, Ma.: The John Hopkins Univ. 1988. XII, 40 S.
B 68997

K 6 f 44 Falkland-Krieg 1982

Burns, J. : The land that lost its heroes. The Falklands, the post-war, and Alfonsin. London: Bloomsbury 1987. XV, 287 S.
B 63699

Caminha, J. C. G. : A guerra das Malvinas. Conjecturas e consideraçoes estratégicas. In: Revista maritima brasileira. 108 (1988), 10/12, S. 47-60.
BZ 4630:108

Dillon, G. M. : The politico-military interface of war: Britain and the Falklands. In: Naval forces. 6 (1988), 6, S. 18-24.
BZ 05382:6

Gamba, V. : The Falkland/Malvinas War: model for north-south crisis prevention. London: Allen & Unwin 1987. XII, 212 S.
B 63748

Jordán Astaburuaga, G. : El avión Super Etendard en la Guerra de las Falkland. In: Memorial del Ejército de Chile. 82 (1988), 430, S. 48-58.
BZ 4470:82

Madsen, K. T. : Falklandskrigens fregatter of flyemaskiner. In: Tidsskrift for søvaesen. 159 (1988), 2/3, S. 52-106.
BZ 4546:159

Ossendorf, I. : Der Falkland-Malwinenkonflikt 1982 und seine Resonanz in der internationalen Presse. Frankfurt: Lang 1987. 325 S.
B 63843

Piaggi, I. A. : Ganso verde: . Buenos Aires: Sudamericana/Planeta 1986. 168 S.
B 66491

Popov, V. I. : Anglija v vojne za Folklendy (Mal'viny). In: Voprosy istorii. (1987), 12, S. 74-89.
BZ 05317:1987

L Länder

L 000 Mehrere Erdteile

La Coopération multilaterale francophone.
Ed.: G. Conac. Paris: Ed. Economica 1987.
377 S.
B 64297

L 020 Naher und Mittlerer Osten

Shapira, S. : The origins of Hizballah. In: The Jerusalem quarterly. (1988), 46, S. 115-130.
BZ 05114:1988

L 020 d Land und Volk

L 020 d 10 Palästinenser/PLO

Bar-Illan, D. : Palestinian nationalism – unguided missile. In: Global affairs. 3 (1988), 4, S. 87-96.
BZ 05553: 3

Cutting, P. : Children of the siege. London: Heinemann 1988. 208 S.
B 65572

Dawisha, A. I. : The Arab radicals. New York: Council on Foreign Relations 1986.
XV, 171 S.
B 63463

Frankel, N. : Abu Za'im – alternative to Yasir Arafat? In: Terrorism. 11 (1988), 2, S. 151-164.
BZ 4688:11

Graham-Brown, S. : Die Palästinenser. Darmstadt: Verl. f. wissenschaftliche Publ. 1987. 203 S.
Bc 8237

Hannah, J. P. ; Indyck, M. : Beyond the Shultz initiative: the new administration and the Palestinian problem. In: SAIS review. 1 (1989), 9, S. 87-106.
BZ 05503:1

Sayigh, R. : Palestinians in Lebanon: status ambiguity, insecurity and flux. In: Race and class. 30 (1988), 1, S. 13-32.
BZ 4811: 30

Sayigh, Y. : Struggle within, struggle without: the transformation of PLO politics since 1982. In: International affairs. 65 (1989), 2, S. 247-271.
BZ 4447:65

Stein, G. : Die Palästinenser. Unterdrükkung u. Widerstand e. entrechteten Volkes. Köln: Pahl-Rugenstein 1988. 154 S.
010494

Uehlinger, C. : Palestinian localities destroyed after 1948. A documentary list. Fribourg 1987. 22 S.
Bc 8278

L 020 e Staat und Politik

Andersen, R. R. ; Seibert, R. F. ; Wagner, J. G. : Politics and change in the Middle East. Sources of conflict and accommodation. 2. ed. Englewood Cliffs.: Prentice-Hall 1987. XIII, 334 S.
B 64519

Curtiss, R. H. : A changing image: American perceptions of the Arab-Israeli dispute. Washington, D. C.: American Educational Trust 1986. XII, 390 S.
B 63490

Diehl, P. F. : Avoiding another Beirut disaster: strategies for the deployment of U. S. troops in peacekeeping roles. In: Conflict. 8 (1988), 4, S. 261-270.
BZ 4687:8

Hanisch, R. : Politische Systeme und politische Entwicklung im Nahen Osten. In: Jahrbuch Dritte Welt. (1989), S. 171-186.
BZ 4793:1989

Khalil, M. : The Arab States and the Arab League: a documentary record. Vol. 1-3. Gerrards Cross: Archive Ed. 1987. XXXVII, 639; XXXVI, 482 S; S. 483-1019.
B 65186

Pogany, I. S. : The Arab league and peacekeeping in the Lebanon. Aldershot: Avebury 1987. XXI, 214 S.
B 64025

The Soviet-American competition in the Middle East. Ed.: S. L. Spiegel. Lexington: Lexington Books 1988. XIII, 392 S.
B 65763

Stein, K. W. : Les dilemmens américains au Moyen-Orient. In: Politique étrangère. 53 (1988), 4, S. 911-919.
BZ 4449:53

Vatikiotis, P. J. : Arab politics and security. In: Global affairs. 3 (1988), 4, S. 99-113.
BZ 05553: 3

L 020 g Wirtschaft

Ali, S. R. : Oil and power. Political dynamics in the Middle East. London: Pinter 1987. VIII, 173 S.
B 65099

Middle East and North Africa. Situation and outlook report. Washington: U.S. Government Print. Off. 1987. 58 S.
Bc 02428

Der Nahe und Mittlere Osten. Politik, Gesellschaft, Wirtschaft, Geschichte, Kultur. Hrsg.: U. Steinbach. Bd. 1. 2. Opladen: Leske u. Budrich 1988. 821, 546 S.
B 65509

L 020 k Geschichte

Chatterji, N. C. : A history of modern Middle East. New York: Envoy Pr. 1987. XIV, 658 S.
B 65276

Gombár, E. : Revolučné demokratické Strany na Blízkém vychodé. Praha: Univerzita Karlova 1986. 117 S.
Bc 6628

Koulakssis, A. ; Meynier, G. : L'Emir Khaled. Premier za'îm? Identité algérienne et colonialisme français. Paris: L'Harmattan 1987. 379 S.
B 63863

National and international politics in the Middle East. Ed.: E. Ingram. London: Cass 1986. XVIII, 284 S.
B 63654

Novejšaja Istorija arabskich stran Azii. 1917-1985. Red.: E. M. Primakov. Moskva: Nauka 1988.
010831

L 020 k 1 Nah-Ost-Konflikt

Awwad, E. : Les Etats-Unis et le conflit israelo-arabe. In: L'Afrique et l'Asie modernes. (1989), 160, S. 15-30.
BZ 4689:1989

Awwad, E. : Les sommets arabes et le conflit avec Israel. In: L'Afrique et l'Asie modernes. (1988), 158, S. 3-21.
BZ 4689:1988

Bar-Siman-Tov, Y. : Israel, the superpowers, and the war in the Middle East. New York: Praeger 1987. XIII, 313 S.
B 64490

Bin Talal, H. : La Giordania e le prospettive di pace : il conflitto arabo-israeliano. In: Affari esteri. 20 (1988), 79, S. 335-343.
BZ 4373: 20

Boyle, F. A. : Create the state of Palestine!. In: Scandinavian journal of development alternatives. 7 (1988), 2/3, S. 25-58.
BZ 4960:7

Cattan, H. : The Palestine question. London: Croom Helm 1988. X, 407 S.
B 64245

Cohen, M. J. : The origins and evolution of the Arab-Zionist conflict. Berkeley, Cal.: Univ. of California 1987. XIV, 183 S.
B 64577

Conflict management in the Middle East. Ed.: G. Ben-Dor. Lexington: Lexington Books 1987. X, 323 S.
B 64584

Garfinkle, A. : Plus ça change... in the Middle East. In: World affairs. 151 (1988), 1, S. 3-16.
BZ 05509:151

Harik, I. ; Cantori, L. J. : Domestic determinants of foreign policy and peace efforts in the Middle East. In: Conflict. 8 (1988), 1, S. 49-68.
BZ 4687:8

Harkabi, Y. : Israel's fateful hour. In: World policy journal. 6 (1989), 2, S. 357-370.
BZ 4822:6

Hippler, J. ; Lueg, A. : Gewalt als Politik. Köln: Pahl-Rugenstein 1987. 244 S.
B 63477

Israel – Palestine. Imaginer la paix. Paris: L'Harmattan 1987. 253 S.
B 64749

Khalidi, R. I. : The uprising and the Palestine question. In: World policy journal. 5 (1988), 3, S. 497-517.
BZ 4822:5

Khalidi, W. : Vers la paix en Terre Sainte. In: Politique étrangère. 53 (1988), 2, S. 349-364.
BZ 4449:53

Landmann, K. : Eine Alternative zur Nahostkonferenz. Frankfurt: Herchen 1987. 67 S.
Bc 8244

Masannat, G. S. : Middle East peace process: Progress or impasse? In: Conflict. 8 (1988), 1, S. 1-11.
BZ 4687:8

Miller, A. D. : The Arab-Israeli conflict : The shape of things to come. In: The Washington quarterly. 11 (1988), 4, S. 159-170.
BZ 05351:11

Oded, A. : Africa and the Middle East conflict. Boulder: Lynne Rienner 1987. XI, 244 S.
B 64812

Robbe, M. : Scheidewege in Nahost. Der Nahostkonflikt in Vergangenheit und Gegenwart. 2. Aufl. Berlin: Militärverlag der DDR 1987. 514 S.
B 64720

Schreiber, F. ; Wolffsohn, M. : Nahost. Geschichte u. Struktur d. Konflikts. Opladen: Leske + Budrich 1987. 331 S.
B 63880

Security in the Middle East. Regional change and great power strategies. Ed.: S. F. Wells. Boulder, Colo.: Westview Press 1987. X, 366 S.
B 64518

Soetendorp, R. B. : 'Realpolitik' in heit Midden-Oosten? De illusie van een internationale Vredesconferentie. In: Internationale spectator. 42 (1988), 11, S. 678-686.
BZ 05223:42

Varadi, M. : Profezia e politica. „L'iniziativa di pace del Governo d'Israele". In: Rivista di studi politici internazionali. (1989), 118, S. 347-349.
BZ 4451:1989

L 030 Entwicklungsländer/ 3. Welt

L 030 a Allgemeines

Ethnic preference and public policy in developing states. Ed.: N. Nevitte. Boulder, Colo.: Rienner 1986. IX, 203 S.
B 62692

Matthies, V. : Kriegsschauplatz Dritte Welt. München: Beck 1988. 234 S.
B 65630

Nedbal, J. : Ozbrojné konflikty v rozvojových zemích po 2. svetové válce a jejich uloha v politice imperialismu. In: Historie a vojenstvi. 38 (1989), 2, S. 126-139.
BZ 4526: 38

Revoluční proces v rozvojových zemích 1945-1985. Praha: Academia 1987. 263 S.
B 63791

Third World – second sex. Women's struggles and national liberation. London: Zed Books 1987. VII, 257 S.
B 65088

L 030 e Staat und Politik

Competitive elections in developing countries. Ed.: M. Weiner. Durham, NC.: Duke Univ. Pr. 1987. XIII, 432 S.
B 64033

Hischier, G. : Politische Regimes in Entwicklungsländern. E. internat. vergleichende Typologie. Frankfurt: Campus Verlag 1987. 251 S.
B 64138

International labour and the third world. The making of a new working class. Ed.: R. E. Boyd. Aldershot: Avebury 1987. XII, 283 S.
B 65040

Meyns, P. : Sozialismus in der Dritten Welt. In: Jahrbuch Dritte Welt. (1989), S. 53-71.
BZ 4793:1989

National security in the Third World: the management of internal and external threats. Ed.: E. E. Azar. Aldershot: Elgar 1988. VI, 308 S.
B 65554

Owens, E. : The future of freedom in the developing world: economic development as political reform. New York, NY.: Pergamon Press 1987. XVI, 109 S.
B 65120

Political parties in the Third World. Ed.: V. Randall. London: Sage Publ. 1988. X, 198 S.
B 66012

The socialist Third World: urban development and territorial planning. Ed.: D. Forbes. Oxford: Blackwell 1987. VII, 333 S.
B 62490

Understanding political development. Ed.: M. Weiner. Boston, Mass.: Little, Brown and Comp. 1987. XVIII, 514 S.
B 63403

Williams, G. : Third-World political organizations. A review of developments. 2. ed. Atlantic Highlands, N. J.: Humanities Press Internat. 1987. XIII, 150 S.
B 64508

L 030 f Wehrwesen

Defence, security and development. Ed.: S. Deger. London: Pinter 1987. XIII, 219 S.
B 63700

Kruijt, D. : Militaire regimes, nationale veiligheid en nationale ontwikkelng in de Derde Wereld. In: International espectator. 43 (1989), 2, S. 78-84.
BZ 05223:43

Looney, R. E. : Defense budgetary processes in the Third World: does regime type make a difference? In: Arms control. 9 (1988), 2, S. 186-200.
BZ 4716:9

Morris, M. A. : Expansion of Third World navies. New York: St. Martin's Press 1987. XIII, 294 S.
B 65757

L 030 g Wirtschaft

Chesnais, J.-C. : La revance du tiers-monde. Paris: Laffont 1987. 336 S.
B 64401

Falk, R. : Entwicklungsprobleme der Dritten Welt und internationale Solidarität im Zeichen neuen Denkens. In: Marxistische Studien. 15 (1989), 1, S. 116-132.
BZ 4691:15

Hunger durch Agrarexporte? Afrikas Landwirtschaft zwischen Selbstversorgung u. Exportproduktion. Hrsg.: Dritte Welt Haus. Bielefeld 1986. 60 S.
D 03675

Kruijer, G. J. : Development through liberation: third world problems and solutions. Basingstoke: Macmillan 1987. X, 257 S.
B 65542

Learning by doing. Science and technology in the developing world. Boulder, Colo.: Westview Press 1987. XV, 239 S.
B 64557

Mármora, L. ; Messner, D. : Theorieruinen der Entwicklungsforschung. Überlegungen am Vergleich Argentinien Südkorea. In: Blätter für deutsche und internationale Politik. 34 (1989), 10, S. 1206-1219.
BZ 4551: 34

Nossiter, B. : The global struggle for more: Third World conflicts with rich nations. New York: Harper & Row 1987. XVI, 254 S.
B 63007

Petroleum resources and development. Economic, legal and policy issues for developing countries. Ed.: K. I. F. Khan. London: Belhaven Pr. 1988. XIII, 277 S.
B 65267

Schuldenkrise und Dritte Welt. Stimmen aus der Peripherie. Hrsg.: D. Boris. Köln: Pahl-Rugenstein 1987. 239 S.
B 62074

The state and development in the Third World. Ed.: A. Kohli. Princeton, N. J.: Princeton Univ. Press 1986. 288 S.
B 62059

Survival and change in the Third World. Cambridge: Polity Pr. 1988. 365 S.
010760

Tran, V. D. : Independence, liberation, revolution. An approach to the understanding of the Third World. Norwood, N.J.: Ablex 1987. XIV, 262 S.
B 63301

L 040 Neutrale und nichtgebundene Staaten

European neutrals and the Soviet Union. Ed.: B. Huldt. Stockholm: The Swedish Inst. of Internat. Affairs 1986. 134 S.
Bc 7912

Nichtpaktgebundene – Bewegung für Frieden, Abrüstung und Entwicklung. Berlin: Staatsverlag der DDR 1987. 208 S.
B 63882

L 060 Commonwealth-Staaten

Andrews, E. M. : The writing on the wall. The British Commonwealth and aggression in the East, 1931-1935. London: Allen& Unwin 1987. XV, 228 S.
B 65179

Jackson, W. G. : Withdrawal from Empire: a military view. London: Batsford 1986. XVII, 285 S.
B 63630

L 100 Europa

Da Ponte, F. : Unidade e diversidade na Península Ibérica – balanço de um debate. In: Estrategía. (1987), 3, S. 185-196.
BZ 4898:1987

Daguzan, J.-F. : Les politiques industrielles de défense de l'Europe du sud. In: Défense nationale. 44 (1988), 12, S. 101-113.
BZ 4460:44

Heuvel, M. van den: Het Balticum proeflokaal voor de perestrojka? In: Internationale spectator. 43 (1989), 1, S. 2-7.
BZ 05223:43

L 101 Nordeuropa

Dahlerup, D. : From a small to a large minority: women in Scandinavian politis. In: Scandinavian political studies. 11 (1988), 4, S. 275-298.
BZ 4659:11

Elder, N. : The consensual democracies?: the government and politics of the Scandinavian states. Oxford: Blackwell1988. XII, 248 S.
B 65067

Felfe, E. ; Grobe, E. : Strategie, Rolle und Funktion der Monopolverbände in skandinavischen Ländern. In: IPW-Berichte. 18 (1989), 4, S. 13-21.
BZ 05326:18

Korsmo, F. L. : Nordic security and the Saami minority: territorial rights in Northern Fennoscandia. In: Human rights quarterly. 10 (1988), 4, S. 509-524.
BZ 4753:10

Misgeld, K. : As the Iron Curtain descended: the co-ordinating committee of the Nordic Labour Movement and theSocialist International between Potsdam and Geneva (1945-55). In: Scandinavian journal of history. 13 (1988), 1, S. 49-64.
BZ 4643:13

Noskov, A. M. : Severnaja Evropa v voennych planach imperializma. Moskva: Nauka 1987. 126 S.
Bc 7891

Partierna i Nordens parlament. En informationsskrift från Nordiska Rådet. Stockholm: Nordisk Råd 1986. 64 S.
Bc 7951

Vivekanandan, B. : Social democracy in Scandinavia : development and impact. In: International studies. 25 (1988), 3, S. 217-240.
BZ 4909:25

L 103 Osteuropa

Brucan, S. : World socialism at the crossroads: an insider's view. New York: Praeger 1987. XXII, 179 S.
B 65760

Miskiewicz, S. M. : Social and economic rights in Eastern Europe. In: Survey. 29 (1987), 4, S. 47-104.
BZ 4515:29

Specht, H. ; Wolf, D. : Gegensätzliche Deutungen der sozialistischen Militärpolitik durch „Kommunismusforscher" der BRD. In: Militärwesen. (1989), 6, S. 59-65.
BZ 4485:1989

Das Tauwetter und die Folgen. Kultur und Politik in Osteuropa nach 1956. Hrsg.: D. Beyrau. Bremen: Temmen 1988. 183 S.
B 65929

Voenno-političeskoe Sotrudničestvo socialističeskich stran. Moskva: Nauka 1988. 319 S.
B 68692

L 103 e Staat und Politik

Bebler, A. : I rapporti tra militare e civili nei paesi socialisti europei. In: Rivista marittima. 122 (1989), 3, S. 13- 40.
BZ 4453:122

The fourteenth American-German conference on challenges for alliance cooperation. Freiburg: Rombach 1987. 259 S.
B 64657

Garrett, S. A. : From Potsdam to Poland. American policy toward Western Europe. New York: Praeger 1986. IX, 237 S.
B 62678

Gati, C. : Eastern Europe on its own. In: Foreign affairs. 68 (1989), 1, S. 99-119.
BZ 05149:68

Giscard d'Estaing, V. ; Nakasone, Y. ; Kissinger, H. A. ; Kissinger, H. A. : Ost-West-Beziehungen. Bonn: Europa-Union-Verl. 1989. VI, 45 S.
Bc 8625

Gordon, L. : Eroding empire: Western relations with Eastern Europe. Washington, D. C.: Brookings 1987. XV, 359 S.
B 63326

Hodos, G. H. : Show trials: Stalinist purges in Eastern Europe 1948-1954. New York: Praeger 1987. XVI, 193 S.
B 65465

Holmes, L. : Politics in the communist world. Oxford: Clarendon Press 1987. XVI, 457 S.
B 62910

Larrabee, F. S. : Generationswechsel in Osteuropa. In: Europäische Rundschau. 16 (1988), 2, S. 25-42.
BZ 4615:16

Nowak, J. M. ; Smolen, R. : Komunikowanie międzynarodow w dobie przebudowy stosunków Wschód-Zachód. In: Sprawymiędzynarodowe. 62 (1989), 3, S. 21-38.
BZ 4497:62

Revel, J.-F. : Ist der Kommunismus reversibel? In: Europäische Rundschau. 17 (1989), 1, S. 3-18.
BZ 4615:17

Schöpflin, G. : The Stalinist experience in Eastern Europe. In: Survey. 30 (1988), 3, S. 124-147.
BZ 4515:30

The uncertain future: Gorbachev's Eastern Bloc. Ed.: N. N. Kittrie. New York, NY.: Paragon 1988. III, 281 S.
B 69668

Waller, M. : Peace, power and protest. Eastern Europe in the Gorbachev era. London: Institut for the study of conflict 1988. 27 S.
Bc 8129

Zielonka, J. : Toward a more effective policy for human rights in Eastern Europe. In: The Washington quarterly. 11 (1988), 4, S. 199-220.
BZ 05351:11

L 103 g Wirtschaft

Altmann, F.-L. : Wirtschaftsreformen zwischen Moskau, Peking und Budapest. Eine vergleichende Übersicht. In: Blätter für deutsche und internationale Politik. 34 (1989), 6, S. 696-709.
BZ 4551:34

Crisis and reform in socialist economies. Ed.: P. Gey. Boulder, Colo.: Westview Press 1987. XI, 196 S.
B 64552

Holzman, F. D. : The economics of Soviet bloc trade and finance. Boulder, Colo.: Westview Press 1987. XI, 215 S.
B 65752

Lehmann, N. : RGW- EWG im Prozeß gesamteuropäischer Zusammenarbeit. In: IPW-Berichte. 17 (1988), 12, S. 1-6.
BZ 05326:17

Prybyla, J. S. : Market and plan under socialism: the bird in the cage. Stanford, Cal.: Hoover Institut 1987. XV, 348 S.
B 63569

Schroeder, G. : Property rights issues in economic reforms in socialist countries. In: Studies in comparative communism. 21 (1988), 2, S. 175-188.
BZ 4946:21

Socialist agriculture in transition: organizational response to failing performance. Ed.: J. C. Brada. Boulder, Colo.: Westview Press 1988. IX, 445 S.
B 64913

White, S. : Communist political systems: an introduction. London: Macmillan 1987. XI, 319 S.
B 65222

Zloch-Christy, I. : Debt problems of Eastern Europe. Cambridge: Cambridge Univ. Pr. 1987. XIX, 220 S.
B 65073

L 104 Südosteuropa/Balkan

Jankovič, B. M. : The Balkans in international relations. Basingstoke: Macmillan 1988. IX, 233 S.
B 65655

Schurr, P. P. : Das Leben ist ein Würfelspiel. Die Erlebnisse eines Donauschwaben. Stuttgart: Selbstverlag 1986. 96 Bl.
Bc 02324

L 107 Westeuropa

L 107 e Staat und Politik

L 107 e 10 Innenpolitik

Du sköna gamla värld. Den europeiska traditionens framtid. Stockholm: FRN – Framtidsstudier 1987. 138 S.
Bc 7954

Hänsch, K. : Die europäische Linke und die Einigung Europas. Formen und Strategien sozialen Wandels im 20. Jahrhundert. In: Die neue Gesellschaft – Frankfurter Hefte. 35 (1988), 10, S. 884-902.
BZ 4572:35

Lewis, F. : Europe: a tapestry of nations. New York: Simon and Schuster 1987. 587 S.
B 64808

Mangan, B. : Protecting human rights in national emergencies: shortcomings in the European system and a proposal for reform. In: Human rights quarterly. 10 (1988), 10, S. 372-394.
BZ 4753:10

Plädoyers für Europa. Stellungnahmen deutschsprach. Schriftsteller 1915-1949. Hrsg.: P. M. Lützeler. Frankfurt: Fischer Tb. Verl. 1987. 319 S.
B 64135

Wahlatlas Europa. Wahlen und Abstimmungen in allen Mitgliedstaaten der Europäischen Gemeinschaft. Braunschweig: Höller u. Zwick 1988. 168 S.
Bc 8196

L 107 e 14 Parteien

Evans, R. J. : Comrades and sisters. Feminism, socialism, and pacifism in Europe, 1870-1945. Brighton: Wheatsheaf Books 1987. XI, 203 S.
B 63628

La izquierda y Europa: debate de Sigüenza; noviembre de 1986. Madrid: Ed. Pablo Iglesias 1987. 308 S.
B 64447

Lazar, M. : Communism in Western Europe in the 1980s. In: Journal of communist studies. 4 (1988), 3, S. 243-257.
BZ 4862:4

Ledeen, M. A. : West European communism and American foreign policy. New Brunswick: Transaction Books 1987. VIII, 197 S.
B 65381

Zapadnoevropejskaja Social-demokratija: poiski obnovlenija. Moskva: Nauka 1989. 320 S.
B 68954

L 107 e 20 Außenpolitik

Bardelle, F. : Jenseits des Atlantiks – zur Kritik der eurozentrischen Kultur- und Kolonialgeschichtsschreibung. In: Prokla. 19 (1989), 76, S. 119-135.
BZ 4613:19

Bobba, F. : L'Italia e i trattati di Roma. In: Affari esteri. 19 (1987), 75, S. 331-345.
BZ 4373:19

Bredow, W. von: Krise und Protest: Ursprünge u. Elemente d. Friedensbewegung in Westeuropa. Opladen: Westdeutscher Verlag 1987. 247 S.
B 62429

Bulmer, S. : The Federal Republic of Germany and the European Community. London: Allen & Unwin 1987. XV, 276 S.
B 62518

Coma, M. : Estados Unidos: rehen dé Europa. In: Ejército. 50 (1989), 594, S. 68-73.
BZ 05173:50

Eschke, D. : Die EG und ihre politische Rolle in Mittelamerika. In: IPW-Berichte. 18 (1989), 3, S. 15-21.
BZ 05326:18

Die europäische Herausforderung. England u. Deutschland in Europa. Hrsg.: A. M. Birke. München: Saur 1987. 160 S.
B 65025

Gabriel, J. M. : The status of neutrality in a United Europe. St. Gallen: Inst. f. Politikwissenschaft 1987. 13 S.
Bc 02461

Grabendorf, W. : European community relations with Latin America. In: Journal of Inter-American studies and world affairs. 29 (1987/88), 4, S. 69-88.
BZ 4608:29

Holland, M. : The European Community and South Africa: in search of a policy for the 1990s. In: International affairs . 64 (1988), 3, S. 415-430.
BZ 4447:64

McSweeney, B. : The European neutrals and the European community. In: Journal of peace research. 25 (1988), 3, S. 205-211.
BZ 4372:25

Palmer, J. : Europe without America? The crisis in Atlantic relations. Oxford: Oxford Univ. Pr. 1987. VIII, 217 S.
B 64281

Les relations Communauté européenne Etats-Unis. Ed.: J. Bourrinet. Paris: Ed. Economica 1987. 617 S.
B 64298

La Serre, F. de: La Grande-Bretagne et la Communauté européenne. Paris: Presses Univ. de France 1987. 221 S.
B 63104

Weber, E. : Vorschläge für ein Friedens-, Abrüstungs- und Sicherheitskonzept in Europa aus marxistischer Sicht. In: Marxistische Studien. 15 (1989), 1, S. 268-277.
BZ 4691:15

L 107 e 21 Sicherheitspolitik

Benjowski, K. ; Schwarz, W. : Military issues of security in Europe – theoretical aspects. In: Current research on peace and violence. 11 (1988), 3, S. 95-103.
BZ 05123:11

Brie, A. ; Müller, M. : Strukturelle Angriffsunfähigkeit als europäische Sicherheitsperspektive. In: IPW-Berichte. 18 (1989), 9, S. 13-19.
BZ 05326:18

Heumann, H.-D. : Nationale Interessen und Sicherheit in Europa. In: Aus Politik und Zeitgeschichte. (1989), 8, S. 13-22.
BZ 05159:1989

Kiss, L. : Die Rolle Ungarns im europäischen Sicherheitssystem. Frankfurt: Hessische Stiftung für Friedens- u. Konfliktforschung 1987. III, 47 S.
Bc 02490

McGwire, M. : A mutual security regime for Europe? In: International affairs. 64 (1988), 3, S. 361-379.
BZ 4447:64

Mühle, K.-D. : Positionen westeuropäischer Parteienbünde zu Fragen der Sicherheitspolitik. In: IPW-Berichte. 17 (1988), 11, S. 20-27.
BZ 05326:17

Nationale Interessen und westeuropäische Kooperation in der Sicherheitspolitik. Frankfurt: Hessische Stiftung für Friedens- u. Konfliktforschung 1987. IV, 57 S.
Bc 02346

Pott, A. : Europäische Sicherheits-Interessen. Gemeinsame Sicherheit als Strategiemodell f. Europa. Hamburg: Inst. f. Friedensforschung u. Sicherheitspolitik 1988. 50 S.
Bc 8473

Schmidt, M. ; Schwarz, W. : Herausforderungen und Perspektiven für gemeinsame Sicherheit und das gemeinsame Haus Europa. In: Marxistische Studien. 15 (1989), 1, S. 248-267.
BZ 4691:15

L 107 e 30 EG

Bloed, A. : 'De doofstommen horen en spreken weer': normalisering van betrekkingen EEG-Comecon. In: Internationale spectator. 42 (1988), 10, S. 661-670.
BZ 05223:42

Bulmer, S. : The domestic structure of European community policy-making in West Germany. New York: Garland 1986. 403 S.
B 64532

Die Bundesrepublik Deutschland und die Entwicklungspolitik der Europäischen Gemeinschaft 1957-1983. Münster: Lit.-Verl. 1986. 111 S.
B 62361

Castellina, L. : The European Community: opportunity or negative conditioning? In: Socialism in the world. 11 (1988), 66, S. 26-33.
BZ 4699:11

Dyba, J. : Geistige Grundlagen der europäischen Einigung. Melle: Knoth 1988. 20 S.
Bc 8452

The dynamics of European Union. Ed.: R. Pryce. London: Croom Helm 1987. 300 S.
B 62916

Europe and Israel. Troubled neighbours. Ed.: I. Greilsammer. Berlin: de Gruyter 1988. X, 354 S.
B 64459

The expanding role of the European Community in international security issues. Washington: U. S. Government Print. Off. 1987. 90 S.
Bc 8021

Heath, E. : European unity over the next ten years : from community to union. In: International affairs. 64 (1988), 2, S. 199-207.
BZ 4447:64

Hindley, B. : Die Europäische Gemeinschaft 1993. In: Aus Politik und Zeitgeschichte. (1989), 24/25, S. 15-24.
BZ 05159:1989

Ifestos, P. : European political cooperation. Towards a framework of supranational diplomacy? Aldershot: Avebury 1987. XXIII, 635 S.
B 64124

Januzzi, G. : La cooperazione politica europea. In: Rivista di studi politici internazionali. 56 (1989), 1, S. 15-27.
BZ 4451:56

Januzzi, G. : Difesa e integrazone Europea. In: Rivista militare. (1989), 5, S. 24-35.
BZ 05151:1989

Mahncke, D. : La Alemania dividida y la Comunidad Europea. In: Política exterior. 2 (1988), 7, S. 154-170.
BZ 4911:2

May, B. : Normalisierung der Beziehungen zwischen der EG und dem RGW. In: Aus Politik und Zeitgeschichte. (1989), 3, S. 44-54.
BZ 05159:1989

Nicholson, F.; East R.: From the six to the twelve. The enlargement of the European communities. Harlow: Longman 1987. XVII, 298 S.
B64412

Schmidhuber, P. M. : Der Binnenmarkt 1992 – Eine Herausforderung für die Gesetzgebung der Gemeinschaft und der Mitgliedstaaten. In: Europa-Archiv. 44 (1989), 3, S. 75-84.
BZ 4452:44

Volle, A. : Der Wandel Großbritanniens vom zögernden Außenseiter zum widerspenstigen Partner in der EuropäischenGemeinschaft. In: Aus Politik und Zeitgeschichte. (1989), 3, S. 30-43.
BZ 05159:1989

Weiner, K.-P. : Zwischen Freihandelszone und Weltmacht. Auf dem Weg zu einer gemeinsamen Außen- und Sicherheitspolitik der EG. In: Blätter für deutsche und internationale Politik. 34 (1989), 3, S. 339-350.
BZ 4551:34

L 107 e 40 Europäische Integration

Almdal, P. : Aspects of European integration: a view of the European Community and the Nordic countries. Odense: Odense Univ. Pr. 1986. 108 S.
Bc 7855

Areitio, J. : Los avances en la integración europea durante los primeros meses de presidencia española. In: Politica exterior. 3 (1989), 10, S. 176-196.
BZ 4911:3

Fraga, M. : España y la integración europea. In: Politica exterior. 3 (1989), 10, S. 154-174.
BZ 4911:3

Histoire des débuts de la construction européenne (mars 1948-mai 1950). Baden-Baden: Nomos-Verlagsges. 1986. 480 S.
B 65024

Volle, A. : Grossbritannien und der europäische Einigungsprozeß. Bonn: Europa-Union-Verl. 1989. VI, 76 S.
Bc 8448

L 107 f Wehrwesen

Allison, R. : Current Soviet views on conventional arms control in Europe. In: Arms control. 9 (1988), 2, S. 134-169.
BZ 4716:9

Dockrill, S. : The evolution of Britain's policy towards a European army 1950-1954. In: The journal of strategic studies. 12 (1989), 1, S. 38-62.
BZ 4669:12

Girard, C. : Défense européenne et stratégie maritime. In: Défense nationale. 45 (1989), 2, S. 31-43.
BZ 4460:45

López de la Torre, S. : La reducción de armas convenionales en Europa. In: Politica exterior. 3 (1989), 9, S. 124 -138.
BZ 4911:3

Matzke, G. : Ende der Eiszeit? In: Marxistische Studien. 15 (1989), 1, S. 224-247.
BZ 4691:15

Santis, H. de: The new détente and military-strategic trends in Europe. In: SAIS review. 8 (1988), 2, S. 211-228.
BZ 05503:8

Schwarz, S. : Westeuropa – Weltraummacht der Zukunft ? In: IPW-Berichte. 18 (1989), 5, S. 1-7.
BZ 05326:18

Steel R. : Europe's superpower problem. In: SAIS review. 8 (1988), 2, S. 137-149.
BZ 05503:8

L 107 g Wirtschaft

Amin, S. : Ansätze zu einer nicht-eurozentrischen Kulturtheorie. In: Prokla. 19 (1989), 75, S. 97 -108.
BZ 4613:19

Costa Bona, E. : L'Italia e l'integrazione Europea: Aspetti storici e diplomatici (1947-1957). In: Il politico. 53 (1988), 3, S. 467-482.
BZ 4541:53

A high technology gap?: Europe, America and Japan. Ed.: A. J. Pierre. New York, NY.: New York Univ. Pr. 1987. XII, 114 S.
B 63370

Kindleberger, C. P. : The Marshall Plan days. London: Allen & Unwin 1987. X, 273 S.
B 63959

Mattina, E. : Le finestre di rue Belliard. Resoconto di un deputato al Parlamento di Strasburgo. 1985-1986. Napoli: Ed. CEP 1987. 202 S.
B 64392

Schoser, F. : Konvergenz der Wirtschaftspolitik in Europa. Melle: Knoth 1988. 14 S.
Bc 8450

Seiffert, W. : Die Aufnahme offizieller Beziehungen zwischen EWG und COMECON. Völkerrechtliche Aspekte. In: Die Friedenswarte. (1987), 67, S. 20-39.
BZ 4693:1987

Zur Wirtschaftslage imperialistischer Länder. Jahresbericht 1989. In: IPW-Berichte. 18 (1989), 8, S. 21-44.
BZ 05326:18

L 107 h Gesellschaft

Bredow, W. von; Jäger, T. : Niemandsland Mitteleuropa. Zur Wiederkehr eines diffusen Ordnungskonzepts. In: Aus Politik und Zeitgeschichte. (1988), 40-41, S. 37-39.
BZ 05159:1988

Gutermuth, R. ; Schumacher, K. : Lage und soziale Kämpfe der Arbeiterklasse in den kapitalistischen Hauptländern Mitte der 80er Jahre. In: IPW-Berichte. 17 (1988), 11, S. 1-8.
BZ 05326:17

Hughes, H. S. : Sophisticated rebels: the political culture of European dissent, 1968-1987. Cambridge, Mass.: Harvard Univ. Pr. 1988. 172 S.
B 67229

Koza, I. : Völkerversöhnung und europäisches Einigungsbemühen. Untersuchungen zur Nachkriegsgeschichte 1945-1951. Köln: Böhlau 1987. VI, 187 S.
B 64141

Krassin, J. : Die Arbeiterbewegung auf der Suche nach einer demokratischen Alternative. In: Blätter für deutsche und internationale Politik. 33 (1988), 12, S. 1453-1467.
BZ 4551:33

Lee, S. J. : The European dictatorships 1918-1945. London: Methuen 1987. XV, 343 S.
B 63674

Morin, E. : Penser l'Europe. Paris: Gallimard 1987. 221 S.
B 64396

Pour une communauté politique européenne. Travaux préparatoires (1955-1957). Bruxelles: Bruylant 1987. 239 S.
B 64334

Šnejdárek, A. ; Mazurowa-Château, C. : La nouvelle Europe centrale. Paris: Imprimerie nationale 1986. 436 S.
B 64748

Spostamenti di popolazione e deportazioni in Europa. 1939-1945. Bologna: Cappelli 1987. XIV, 506 S.
B 64358

Zapadnaja Evropa 80-ch godov. Idejnopol. bor'ba i rabočee oviženie. Moskva: Nauka 1988. 440 S.
B 66983

L 110 Einzelne Staaten Europas

L 111 Albanien

Albanien. Bücher und Fotografien. Stuttgart: Institut für Auslandsbeziehungen 1988. o. Pag.
Bc 02410

Hoxha, E. : Die Supermächte, 1959-1984. Tirana: Verl. 8-Nentori 1986. 780 S.
B 63782

Mara, H. : Errungenschaften und Entwicklungsperspektien der Wirtschaft in der SVR Albanien. In: Südosteuropa-Mitteilungen. 28 (28), 2, S. 101-113.
BZ 4725:1988

Schmidt-Neke, M. : Entstehung und Ausbau der Königsdiktatur in Albanien (1912-1939): Regierungsbildungen, Herrschaftsweise u. Machteliten in e. jungen Balkanstaat. München: Oldenbourg 1987. 371 S.
B 64099

L 119 Belgien

Coolsaet, R. : Buitenlandse zaken. Leuven: Kritak Uitgev. 1987. 264 S.
B 64332

Deschouwer, K. : The 1987 Belgian election: the voter did not decide. In: West European politics. 11 (1988), 3, S. 141-145.
BZ 4668:11

Hendrickx, J. P. : Répertoire des mémoires de licence et des thèses de doctorat présentés dans les départements d'histoire contemporaine des universités belges. T. 1. Leuven-Louvain: Nauwelaerts 1986. XX, 214 S.
B 64717

Martin, P. : D'une croisade l'autre ou la paix á tout prix. Analyse du regard porté par le journal Cassandre sur les événements d'Espagne. In: Revue belge d'histoire contemporaine. 19 (1988), 3/4, S. 395-416.
BZ 4431:19

Meire, R. : Le Léopoldisme. Bruxelles: Legrain 1986. 263 S.
B 63540

Schalbroeck, I. : Belgisch Kongo. De dekolonisatie van een kolonie. Tielt: Lannoo 1986. 176 S.
B 63822

L 123 Bulgarien

Bulgari-oktomrijci. Sofija: Partizdat 1987. 158 S.
B 66419

Crampton, R. J. : A short history of modern Bulgaria. Cambridge: Cambridge Univ. Pr. 1987. XIII, 221 S.
B 63673

Dimitrov, B. : Život za počit. Sofija: Partizdat 1988. 181 S.
B 67908

Geschichte der bulgarischen Kommunistischen Partei. Sofia: Press 1986. 352 S.
B 66421

Grosul, V. Ja. : Ch. G. Rakovskij – revoljucioner, diplomat, publicist. In: Novaja i novejšaja istorija. (1988), 6, S. 151-175.
BZ 05334:1988

Hatschikjan, M. : „Weisse Flecken" in der bulgarischen Nachkriegsgeschichte – Der Fall Trajčo Kostov. In: Südosteuropa. 37 (1988), 9, S. 478-512.
BZ 4762:37

Höpken, W. : Perestroika oder potemkinsche Dörfer? Zum Stand der Umgestaltung in Bulgarien. In: Südosteuropa. 38 (1989), 5, S. 273-320.
BZ 4762:38

Milčev, G. G. : Predi zazorjavaneto. Sofija: Partizdat 1988. 254 S.
B 67516

Popo, Ž. : Narodnoliberalnata/ stambolovistkata/ Partija Bulgarija 1903-1920. Sofija: Nauka i izkustvo 1986. o. Pag.
Bc 6633

Zotschew, T. : Stellung der Frau im heutigen wirtschaftlichen und gesellschaftlichen Leben Bulgariens. In: Südosteuropa-Mitteilungen. 28 (1988), 3, S. 266-274.
BZ 4725:28

L 125 Dänemark

L 125 c Biographien

Broby-Johansen, R. : Testamente. København: Vindrose 1987. 91 S.
Bc 7935

Mogensen, H. : Ét er sikkert – alt forandres. Århus: Husets Forl. 1987. 164 S.
B 65614

Nrlund, I. : Oktober: fdt i 1917. København: Forl. Tiden 1987. 83 S.
Bc 7852

– **Carlsen**
Carlsen, E. : Sidste tog: om frivilligt tvangsarbejde i det 3. rige. Kolding: Kolding Bogcafés Forl. 1987. 112 S.
Bc 7672

– **Christensen**
Christensen, K. : Min spanske krig: erindringer fra den internationale brigades luftbatteri „Argument Dimitrov"1936-1937. Århus: SP Forl. 1986. 196 S.
B 66508

– **Marcus**
Marcus, M. : Barn af min tid. København: Tiderne skifter 1987. 328 S.
B 66324

L 125 e Staat und Politik

Andersen, J. P. : Agent provocateur: et etisk og juridisk problem. Aarhus: Aarhus Universitetsforl. 1986. 153 S.
Bc 7868

Ellemann-Jensen, U. : Da Danmark igen sagde ja til det fælles. København: Schultz 1987. 157 S.
B 66301

Jacobsen, K. : Moskva som medspiller: DKP's gennembrud og Aksel Larsensvej til folketinget. København: Tiden 1987. 224 S.
B 66344

Jespersen, K. : Det rde flertal. København: Gyldendal 1987. 153 S.
B 66329

Lockhart, P. D. : Danish interwar politics and the defence law of 1937. In: War and society. 7 (1989), 1, S. 54-70.
BZ 4802:7

Lunde, J. : Vision og ansvar: en debatbog om konomien i 90'erne. København: Vindrose 1987. 143 S.
Bc 7832

Sauerberg, S. : The general election in Denmark 1988. In: Scandinavian political studies. 11 (1988), 4, S. 361-371.
BZ 4659:11

L 125 f Wehrwesen

Borck, N. C. : Den flekksible flæde – år 2000. In: Tidsskrift for svaesen. 159 (1988), 1, S. 18-26.
BZ 4546:159

Madsen, K. T. : Der er fortsat brug for flåden. In: Militært tidsskrift. 117 (1988), 7, S. 226-237.
BZ 4385:117

Thostrup, S. S. : Omkring en forsarsordning. In: Tidsskrift for søvaesen. 159 (1988), 1, S. 1-17.
BZ 4546:159

Wasiak, K. : Nowe tendencje w polityce bezpieczeństwa Danii. In: Sprawy międzynarodowe. 41 (1988), 11, S. 97-110.
BZ 4497:41

L 125 h Gesellschaft

Bisgaard, N. : Kvinder i modstandskampen. København: Tiderne skifter 1986. 211 S.
B 66323

Blüdnikow, B. : Immigranter: de steuropaeiske jder i København 1905-1920. Valby: Borgen 1986. 223 S.
B 66300

Havrehed, H. : De tyske flygtninge i Danmark 1945-1949. Odense: Odense Universitetsforl. 1987. 368 S.
B 66497

Kolstrup, S. : Mellemkrigstidens Danmark; produktion of levevilkår. *Herning*: Systime 1987. 247 S.
B 66507

Protest og oprr. Kollektive aktioner i Danmark 1700-1985. Aarhus: Modtryk 1986. VI, 365 S.
B 66776

L 130 Deutschland/Bundesrepublik Deutschland

L 130 c Biographien

– Adenauer
Adenauer, K. : Teegespräche. Berlin: Siedler 1984-88. XXVII, 815; VIII, 509; XI, 804 S.
B 53532

Jahn, H. E. : An Adenauers Seite. Sein Berater erinnert sich. München: Langen Müller 1987. 495 S.
B 63896

Mensing, H. P. : „Dass sich die Fama auch meiner mysteriösen Angelegenheit bemächtigt hat". In: Geschichte im Westen. 3 (1988), 1, S. 84-98.
BZ 4865:3

– Arendt
Tlaba, G. M. : Politics and freedom: human will and action in the thought of Hannah Arendt. Lanham: Univ. Press of America 1987. XVI, 205 S.
B 65413

– Barbie
Kaufmann, A. : Klaus Barbie: d. Schlächter von Lyon entkommen. Wien: Österr. Bundesverlag 1987. 192 S.
B 62457

Morel, G. : Barbie pour mémoire. 2e éd. Paris: Ed. FNDIRP 1986. 173 S.
B 64614

Paris, E. : Unhealed wounds. France and the Klaus Barbie affair. New York, N. Y.: Grove Pr. 1986. 352 S.
B 63351

Sánchez Salazar, G. : Barbie, criminal hasta el fin. Buenos Aires: Ed. Legasa 1987. 233 S.
B 66263

Sánchez Salazar, G. ; Reimann, E. : Comment j'ai piégé Klaus Barbie. Paris: Ed. Messidor 1987. 199 S.
B 63080

– Barschel
Siegerist, J. : Das Testament des Uwe Barschel und andere faszinierende Reportagen. 5. Aufl. Regensburg: Walhalla u. Praetoria 1988. 367 S.
B 67562

– Barzel
Barzel, R. : Geschichten aus der Politik: Persönliches aus meinem Archiv. Berlin: Ullstein 1987. 246 S.
B 62784

– Baumann
Baumann, M. : Hi Ho. Wer nicht weggeht kommt nicht wieder. Hamburg: Frölich u. Kaufmann 1987. 205 S.
B 64081

– Behrend-Rosenfeld
Behrend-Rosenfeld, E. R. : Ich stand nicht allein: Leben e. Jüdin in Deutschland 1933-1944. München: Beck 1988. 269 S.
B 64998

– **Bendlin**
Bendlin, H. : Vagabund wider Willen: Autobiographie = Brodjaga ponewole. München: Schild-Verlag 1986. 255 S.
B 64077

– **Bernstein**
Hyrkkänen, M. : Sozialistische Kolonialpolitik: Eduard Bernsteins Stellung zur Kolonialolitik u. zum Imperialismus 1882-1914; e. Beitr. zur Geschichte d. Revisionismus. Helsinki: SHS 1986. 382 S.
B 62258

– **Blüm**
Bamberg, H.-D. : Der Muntermacher. Aufstieg u. Aussichten, Aktivitäten u. Ansichten d. Norbert Blüm. Marburg: SP-Verl. 1987. 339 S.
B 62808

– **Blumenfeld**
Blumenfeld, E. : Durch tausendjährige Zeit: Erinnerungen. Berlin: Argon 1988. 349 S.
B 67339

– **Bonin**
Brill, H. : Bogislaw von Bonin im Spannungsfeld zwischen Wiederbewaffnung – Westintegration – Wiedervereinigung. E. Beitr. zur Entstehungsgesch. d. Bundeswehr 1952-1955. Baden-Baden: Nomos-Verlagsges. 1987. 308 S.
B 64318

– **Brackmann**
Burleigh, M. : Albert Brackmann (1871-1952) Ostforscher: the years of retirement. In: Journal of contemporary history. 23 (1988), 4, S. 573 - 588.
BZ 4552:23

– **Brandt**
Hofmann, G. : Willy Brandt: Porträt e. Aufklärers aus Deutschland. Reinbek: Rowohlt 1988. 127 S.
Bc 8530

– **Brauchitsch**
Feyerabend, J. : Der Industrielle: Eberhard von Brauchitsch – eine Karriere in Deutschland. Stuttgart: Bonn aktuell 1987. 239 S.
B 62430

– **Braun**
Frank, J. : Eva Braun: e. ungewöhnl. Frauenschicksal in geschichtl. bewegter Zeit. Preussisch Oldendorf: Schütz 1988. 324 S.
B 68072

Litten, F. : Otto Brauns frühes Wirken in China (1932-1935). München: Osteuropa-Institut 1988. 132 Bl.
Bc 02496

– **Busch**
Busch, W. : Freiheit aus dem Evangelium. Meine Erlebnisse mit der geheimen Staatspolizei. 2. Aufl. Neukirchen-Vluyn: Aussaat- u. Schriftenmissions-Verl. 1987. 60 S.
Bc 8182

– **Cranz**
Cranz, M. : Ich, ein Deutscher. Dülmen/Westf.: Laumann 1987. 601 S.
B 63166

– **Dürr**
Dürr, K. : Altbauer aus Gaukönigshofen. Erinnerungen und Gedanken aus meinem Leben. Hrsg.: P. Högler. Öllingen: Selbstverlag 1987. 142 S.
Bc 8074

– **Eichler**
Lemke-Müller, S. : Ethischer Sozialismus und soziale Demokratie: d. polit. Weg Willi Eichlers vom ISK zur SPD. Bonn: Verl. Neue Gesellschaft 1988. 253 S.
B 65730

– **Eisner**
Hitzer, F. : Anton Graf Arco. D. Attentat auf Kurt Eisner u. d. Schüsse im Landtag. München: Knesebeck & Schuler 1988. 397 S.
B 65669

– **Engels**
Aloysio, F. de: Engels e la speranza della grande guerra. Chieti: Vecchio Faggio 1986. 207 S.
B 64975

Engels revisited. New feminist essays. Ed.: J. Sayers. London: Tavistock 1987. 172 S.
B 64283

– **Giesler**
Giesler, H. : Nachtrag. Hrsg.: H. u. P. Giesler. Essen: Heitz & Höffkes 1988. 206 S.
B 68814

– **Goebbels**
Bucher, P. : Die Tagebücher von Joseph Goebbels. In:1999. 3 (1988), 2, S. 89-95.
BZ 4879:3

– **Göring**
Ver Elst, A. : Hermann Goering. Ijzeren ikaros. Het duitse luchtwapen doorheen twee wereld oorlogen. Antwerpen: De Vlijt 1987. 105 S.
Bc 02382

– **Greiffenhagen**
Greiffenhagen, M. : Jahrgang 1928. Aus einem unruhigen Leben. München: Piper 1988. 198 S.
Bc 8187

– **Heck**
Heck, B. : Grundlagen und Wandel. Aufsätze und Reden 1976-1986. Hrsg.: K. Gotto. Osnabrück: Fromm 1987. 196 S.
B 63209

– **Heidegger**
Farias, V. : Heidegger und der Nationalsozialismus. Frankfurt: S. Fischer 1989. 439 S.
B 67784

– **Heinemann**
Heinemann, G. W. : Es gibt schwierige Vaterländer: Aufsätze u. Reden 1919-1969. Hrsg.: H. Lindemann. München: Kaiser 1988. 388 S.
B 65111

– **Hess**
Seidl, A. : Der Fall Rudolf Hess 1941-1987. Dok. d. Verteidigers. 3. Aufl. München: Universitas Verl. 1988. 582 S.
B 67083

– **Hitler**
100 Jahre Hitler: [eine Bilanz]. Hrsg.: R. Augstein. Hamburg: Augstein 1989. 122 S.
Bc 02588

Alcalde Cruchaga, F. J. : De Hitler. . todos han hecho leña. o.O. 1987. 117 S.
Bc 7816

Augstein, R. : Der Terror als Staatsdoktrin. T. 1-2. In: Der Spiegel. 43 (1989), 15, S. 124-148; 43 (1989), 16, S. 130-150.
BZ 05140:43

Grünberg, K. : Adolf Hitler. Biografia Führera. Warszawa: Ksiazka i Wiedza 1988. 473 S.
B 67912

Jablonsky, D. : The pardox of duality: Adolf Hitler and the concept of military surprise. In: Intelligence and national security. 3 (1988), 3, S. 55-117.
BZ 4849:3

Robin, J. : Hitler, l'élu du dragon. Paris: Trédaniel 1987. 239 S.
B 63977

Schenck, E. G. : Patient Hitler: eine medizinische Biographie. Düsseldorf: Droste 1989. 384 S.
B 68292

Turner, H. A. : Geißel des Jahrhunderts. Hitler und seine Hinterlassenschaft. Berlin: Siedler 1989. 94 S.
B 69083

Wahls, H. : Zur Authentizität des „Wannsee-Protokolls". Hitlers polit. Testament: Die Bormann-Diktate vom Febr. und April 1945. Ingolstadt: Zeitgeschichtl. Forschungsstelle 1987. Getr. Pag.
Bc 02221

Wippermann, W. : Der konsequente Wahn. Ideologie u. Politik Adolf Hitlers. Gütersloh: Bertelsmann 1989. 275 S.
B 68445

– **Höcherl**
Vogel, R. : Hermann Höcherl. Annäherung an e. polit. Menschen. Regensburg: Pustet 1988. 171 S.
B 64379

– **Jaxtheimer**
Jaxtheimer, B. W. : Polen und der deutsche Osten: e. zukunftsbezogener Erlebnis- u. Tatsachenbericht. Neukeferloh/München: Garnies 1986. 431 S.
B 62388

– **Kaiser**
Kaiser, J. : Jakob Kaiser Gewerkschafter und Patriot. Hrsg.: T. Mayer. Köln: Bund-Verl. 1988. 710 S.
B 65946

– **Kirchhoff**
Cyrus, H. ; Steinecke, V. : Ein Weib wie wir. Auguste Kirchhoff (1867-1940). Ein Leben für den Frieden u. f. d. Rechte der Frauen. Bremen: Verl. in der Sonnenstraße 1989. 152 S.
Bc 8729

– **Korsch**
Kornder, H.-J. : Konterrevolution und Faschismus: zur Analyse von Nationalsozialismus, Faschismus u. Totalitarismus im Werk von Karl Korsch. Frankfurt: Lang 1987. 260 S.
B 65307

– **Ledebour**
Keller, E. : Georg Ledebour in der Novemberrevolution. In: Beiträge zur Geschichte der Arbeiterbewegung. 30 (1988), 6, S. 796-802.
BZ 4507:30

– **Ley**
Smelser, R. : Robert Ley. Hitlers Mann an der „Arbeitsfront". Paderborn: Schöningh 1989. 316 S.
B 69409

– **Liebknecht**
Schwarz, H. : Karl Liebknecht. Krieg dem Kriege! Berlin: Militärverlag der DDR 1986. 63 S.
Bc 02267

– **Lotz**
Lotz, T. : „Einschnitte":60 Jahre mitten mang; über d. Leben d. Hamburger Kommunisten Tetje Lotz; autobiograph. Aufzeichnungen. Hamburg: Dt. Kommunist. Partei, Kreisorganisation Hamburg Nord 1986. 244 S.
B 62645

– **Lüttwitz**
Kobe, G. : Pflicht und Gewissen. Smilo Freiherr von Lüttwitz. Lebensbild e. Soldaten. Mainz: Hase u. Koehler 1988. XII, 274 S.
B 68226

– **Luxemburg**
Ettinger, E. : Rosa Luxemburg: a life. Boston, Mass.: Beacon Press 1986. XV, 286 S.
B 65710

Rosa Luxemburg. Hrsg.: K. von Soden. Berlin: Elefanten Pr. 1988. 176 S.
Bc 02460

– **Marx**
Appelbaum, R. P. : Karl Marx. Newbury Park: Sage 1988. 160 S.
B 68807

Guarneri, E. : Karl Marx: gli anni di apprendistato; antologia degli scritti giovanili dalla tesi di laurea ai Manoscritti economico-filosofici del '44. Palermo: Mazzone 1986. 231 S.
B 62145

Hehl, U. von: Wilhelm Marx:1863-1946; e. polit. Biographie. Mainz: Matthias-Grünewald-Verl. 1987. XLV, 503 S.
B 64002

Kitching, G. : Karl Marx and the philosophy of praxis. London: Routledge 1988. XII, 265 S.
B 66914

Kusnezow, W. : Zu den philosophischen Auffassungen von Karl Marx und Friedrich Engels über das Wesen und die Arten der Bedürfnisse. In: Marx-Engels-Jahrbuch. 11 (1988), S. 39-72.
BZ 4445:11

Murray, P. : Marx's theory of scientific knowledge. Atlantic Highlands, N. J.: Humanities Press Internat. 1988. XX, 279 S.
B 64878

Rigby, S. H. : Marxism and history: a critical introd. Manchester: Manchester Univ. Pr. 1987. 314 S.
B 66185

Rocolle, P. : Trois vies – une idéologie. Paris: Lavauzelle 1987. 340 S.
B 65311

Sardoni, C. : Marx and Keynes on economic recession: the theory of unemployment and effective demand. Brighton: Wheatsheaf Books 1987. XIV, 152 S.
B 65241

Steiner, H. : Die Marxsche Theorie des gesellschaftlichen Reproduktionsprozesses in ihrer Bedeutung für die soziologische Theorie. In: Marx-Engels-Jahrbuch. 11 (1988), S. 9-38.
BZ 4445:11

– **Mayer**
Niedhart, G. : Gustav Mayers englische Jahre: zum Exil eines deutschen Juden und Historikers. In: Exilforschung. (1989), 6, S. 98-107.
BZ 4810:1989

– **Mellenthin**
Mellenthin, F. W. : Schach dem Schicksal. Osnabrück: Biblio Verl. 1988. 255 S.
B 67993

– **Mennecke**
Mennecke, F. : [Briefwechsel] Friedrich Mennecke. Innenansichten e. medizinischen Täters im Nationalsozialismus. Bd. 1. 2. Hamburg: Hamburger Inst. für Sozialforschung 1987. 1721 S.
B 62065

– **Mierendorff**
Albrecht, R. : Der militante Sozialdemokrat. Carlo Mierendorff 1897 bis 1943. Berlin: Dietz 1987. 463 S.
B 63121

– **Müller**
Müller, P. : „Wir wollten die Welt verändern". Stationen im Leben e. Altsozialisten. Frankfurt: Athenäum 1987. 333 S.
B 63126

– **Nölting**
Nölting, C. : Das Porträt: Erik Nölting (1872-1953). In: Geschichte im Westen. 4 (1989), 1, S. 65-88.
BZ 4865:4

– **Olbricht**
Georgi, F. : Soldat im Widerstand. General der Infanterie Friedrich Olbricht. 2. Aufl. Hamburg: Parey 1989. 71 S.
Bc 8531

– **Overlach**
Overlach, H. : Biographische Skizzen. Sie stritt mit Herz und Verstand für den Sozialismus. In: Beiträge zur Geschichte der Arbeiterbewegung. 30 (1988), 6, S. 803-812.
BZ 4507:30

– **Pünder**
Morsey, R. : Das Porträt Hermann Pünder (1888-1976). In: Geschichte im Westen. 3 (1988), 1, S. 68-83.
BZ 4865:3

– **Rathenau**
Berglar, P. : Walther Rathenau. Ein Leben zw. Philosophie und Politik. Graz, Köln: Styria 1987. 333 S.
B 63131

– **Rogalla v. Bieberstein**
Rogalla von Bieberstein, H. : Erinnerungen des Kavallerie-Offiziers Hermann Rogalla von Bieberstein (1907-1975). Bielefeld: Selbstverlag 1987. 142 S.
Bc 02574

– **Rosbaud**
Kramish, A. : The Griffin. Boston, Mass.: Houghton Mifflin 1986. VIII, 294 S.
B 63321

– **Rust**
Mourousi, Y. : Salut Mathias!. Paris: Lafon 1987. 164 S.
B 64398

– **Salomon**
Wieler, J. : Er-Innerung eines zerstörten Lebensabends. Alice Salomon während d. - Zeit (1933-1937) u. im Exil (1937-1948). Darmstadt: Lingbach 1987. 520 S.
B 64309

– **Schäffer**
100 Jahre Fritz Schäffer. Politik in schwierigen Zeiten. Hrsg.: C. Hartmann. Passau: Univ. Passau 1988. 192 S.
Bc 8276

– **Scheidemann**
Putensen, D. : Philipp Scheidemann als Emigrant in Dänemark. In: Beiträge zur Geschichte der Arbeiterbewegung. 30 (1988), 5, S. 649-655.
BZ 4507:30

– **Schenke**
Schenke, W. : Siegerwille und Unterwerfung; aus d. Irrweg zur Teilung; Erinnerungen 1945-1955. München: Herbig 1988. 432 S.
B 67235

– **Schmid**
Auerbach, H. : Die politischen Anfänge Carlo Schmids. In: Vierteljahrshefte für Zeitgeschichte. 36 (1988), 4, S. 595-648.
BZ 4456:36

– **Schmide**
Arndt, C. E. : Der einsame Weg: Geschichte e. ostdt. Mutter. Kelkheim (Taunus): ILMA-Verl. 1987. 244, XVI S.
B 64616

– **Schmidt**
Leidenschaft zur praktischen Vernunft: Helmut Schmidt zum Siebzigsten. Hrsg.: M. Lahnstein. Berlin: Siedler 1989. 501 S.
B 68542

Schmidt, H. : Ausgewählte Texte. Hrsg.: H. C. Meiser. München: Goldmann 1988. 217 S.
Bc 8476

– **Schulte**
Laqueur, W. : Breaking the silence. New York: Simon and Schuster 1986. 320 S.
B 62926

Laqueur, W. : Der Mann, der das Schweigen brach: wie d. Welt vom Holocaust erfuhr. Frankfurt: Ullstein 1986. 304 S.
B 59869

– **Schumacher**
Stamm, T. : Kurt Schumacher als Parteiführer. In: Geschichte in Wissenschaft und Unterricht. 40 (1989), 5, S. 257 -277.
BZ 4475:40

– **Schwerter**
Schwerter, H. : Erinnerungen eines Dorfjungen. München: Schöningh 1988. 74 S.
Bc 8070

– **Sester**
Sester, H. : Als Junge im sogenannten Dritten Reich. Ein Bericht aus Köln und Orten der Evakuierung. Frankfurt: Herchen 1987. 116 S.
Bc 8243

– **Stauffenberg, von**
Cavefors, B. : Claus von Stauffenberg. In: Kungl. Krigsvetenskapsakademiens tidskrift. 193 (1989), 1, S. 40-52.
BZ 4718:193

– **Süsterhenn**
Mathy, H. : Das Portät Adolf Süsterhenn (1905-1974). In: Geschichte im Westen. 3 (1988), 2, S. 203-217.
BZ 4865:3

– **Thälmann**
Kücklich, E. : Ernst Thälmann und die Reichspräsidentenwahl 1932. Berlin: Dt. Verl. d. Wissenschaften 1986. 43 S.
Bc 02266

– **Todt**
Auberlen, R. : Erinnerungen an Leben und Werk von Dr.-Ing. Fritz Todt. Stuttgart: Selbstverlag 1986. 29 Bl.
Bc 02223

– **Wachenfeld**
Wachenfeld, S. : Unsere wunderlichen fünfziger Jahre. Düsseldorf: Droste 1987. 141 S.
B 65727

– **Wallraff**
Wallraff, G. : Vom Ende der Eiszeit und wie man Feuer macht. Köln: Kiepenheuer & Witsch 1987. VI, 220 S.
B 63134

– **Warnke**
Warnke, H. : „Bloß keine Fahnen". Auskünfte über schwierige Zeiten, 1923-1954. Hamburg: VSA-Verl. 1988. 182 S.
Bc 8533

– **Weinand**
Weinand, R. : Stationen eines Lebens. Für Spaniens Freiheit, Dachau und danach. Köln: Röderberg im Pahl-Rugenstein 1987. 220 S.
B 64984

– **Weizsäcker, von**
Weizsäcker, R. von: Hüter der Mitte. Kiel: Landeszentrale f. polit. Bildung 1989. 159 S.
Bc 8700

– **Wilhelm II.**
Röhl, J. C. : Kaiser, Hof und Staat. Wilhelm II. u. d. deutsche Politik. München: Beck 1987. 262 S.
B 62832

– **Wolf**
Müller, H. : „Der jüdische Arzt und Kommunist Dr. Friedrich Wolf". Dokumente des Terrors und der Verfolgung. Neuwied: Stadtverwaltung 1988. 64 S.
Bc 8287

– **Zetkin**
Zetkin, C. : Ich will dort kämpfen, wo das Leben ist. 5. Aufl. Berlin: Dietz 1986. 317 S.
B 68980

L 130 d Land und Volk

Démerin, P. : Passion d'Allemagne. Paris: Ed. Autrement 1986. 267 S.
B 63561

Fleury, A. : „La Croix" et l'Allemagne. 1930-1940. Paris: Les Ed. du Cerf 1986. 456 S.
B 64313

Opitz, R. : Zur Aktualität des Rassismus und eines deutsch beherrschten Europas. Ein Vortrag zu den November-Pogromen 1938, eingeleitet und bearbeitet von Martin Bennhold. In: 1999. 4 (1989), 1, S. 80-100.
BZ 4879:4

Poniatowska, A. : Polacy w Berlinie 1918-1945. Poznań: Wydawn. Poznańskie 1986. 353 S.
B 66435

Sana, H. : Die verklemmte Nation. Zur Seelenlage der Deutschen. München: Knesebeck & Schuler 1989. 256 S.
B 68440

L 130 d 20 Juden

„Schrei, was du kannst". Der Weg in den Holocaust. T. 1-4. In: Der Spiegel. 42 (1988), 37-40, S. 134-158; *142-158; 142-159; 212-232.*
BZ 05140:42

Aus Nachbarn wurden Juden. Ausgrenzung und Selbstbehauptung, 1933-1942. Hrsg.: H. Rosenstrauch. Berlin: Transit-Buchverl. 1988. 166 S.
Bc 8098

Benz, W. : Die deutschen Juden und der Nationalsozialismus 1933-1939. In: Aus Politik und Zeitgeschichte. (1988), 43, S. 22-33.
BZ 05159:1988

Broder, H. M. : Ich liebe Karstadt und andere Lobreden. Augsburg: Oelbaum-Verl. 1987. 203 S.
B 63489

Corbach, D. : „Ich kann nicht schweigen!" Richard Stern, Köln, Marsilstein 20. Köln: Scriba-Verl. 1988. 40 S.
Bc 02572

Dawidowicz, L. S. : The war against the jews. 1933-1945. 10th ed. Toronto: Bantam Books 1986. XL, 466 S.
B 63228

Das deutsche Judentum und der Liberalismus – German Jewry and Liberalism. St. Augustin: DOMDOK-Verl. 1986. 246 S.
B 64139

Dietz, E. : Freiheit am Ende des Weges. Erinnerungen e. Emser Jüdin v. 1933 bis 1945. Bad Ems: Verein f. Geschichte/ Denkmal- u. Landschaftspflege 1988. 32 S.
Bc 8087

Döscher, H.-J. : „Reichskristallnacht". Die Novemberpogrome 1938 im Spiegel ausgewählter Quellen. Niederkassel: Roeder 1988. 63 S.
Bc 8172

Döscher, H.-J. : „Reichskristallnacht": d. Novemberpogrome 1938. Frankfurt: Ullstein 1988. 198 S.
B 67188

Engelmann, B.: Deutschland ohne Juden: e. Bilanz. Köln: Pahl-Rugenstein 1988. 493 S.
B 65635

Fellner, G. : Der Novemberpogrom 1938. Bemerkungen zur Forschung. In: Zeitgeschichte. 16 (1988), 2, S. 35-58.
BZ 4617:16

Frei, A. G. ; Storz-Schumm, H. : Der Zeitzeuge verläßt das Klassenzimmer. Die Rekonstruktion einer Flucht. In: Geschichtswerkstatt. 1988 (1988), 15, S. 33-39.
BZ 4937:1988

Goldberg, S. ; Hinnenberg, U. ; Hirsch, E. : Erinnerung an Recha Ellern. Eine jüdische Gemeindeschwester in der Nazizeit. In: Geschichtswerkstatt. (1988), 15, S. 40-47.
BZ 4937:1988

Hancock, I. : „Uniqueness" of the victims: Gypsies, Jews and the Holocaust. In: Without prejudice. 1 (1988), 2, S. 45-67.
BZ 4976:1

Huppert, H. : Hand in Hand mit Tommy. St. Ingbert: Röhrig 1988. 135 S.
Bc 8467

Kershaw, I. : Indifferenz des Gewissens. Die deutsche Bevölkerung und die „Reichskristallnacht". In: Blätter für deutsche und internationale Politik. 33 (1988), 11, S. 1319-1330.
BZ 4551:33

Kropat, W. A. : Kristallnacht in Hessen. Wiesbaden: Komm. f. d. Gesch. d. Juden in Hessen 1988. 291 S.
B 68073

Lohmann, D. ; Lohmann, C. : Das Schicksal der jüdischen Gemeinde in Fritzlar 1933-1945. Die Pogromnacht 1938. Fritzlar: Geschichtsverein 1988. 104 S.
Bc 850

Mairgünther, W. : Reichskristallnacht. Kiel: Neuer Malik Verl. 1987. 212 S.
B 64150

Die Nacht, in der im Deutschen Reich die Synagogen brannten. Dok. u. Materialien. Villingen-Schwenningen: Neckar-Verl. 1988. 126 S.
Bc 8162

Pätzold, K. ; Runge, I. : „Kristallnacht". Zum Pogrom 1938. Köln: Pahl-Rugenstein 1988. 260 S.
Bc 8334

Preradovich, N. von: „Reichskristallnacht" 9. November 1938. Hintermänner und Hintergründe. Berg: Türmer-Verl. 1986. 156 S.
Bc 8454

Rettallack, J. : Anti-semitism, conservative propaganda, and regional politics in late nineteenth century Germany. In: German studies review. 11 (1988), 3, S. 377-403.
BZ 4816:11

„Die schlimmste Sache war die Angst, die andauernde Angst": Alltagsgeschichte d. jüd. Familien von Mörfelden u. Walldorf (1918-1942). Mörfelden-Walldorf: Magistrat d. Stadt 1986. 381 S.
B 64941

Vilsmeier, G. : Deutscher Antisemitismus im Spiegel der österreichischen Presse und ausgewählter Zeitungen in der Tschechoslowakei, Ungarn, Rumänien und Jugoslawien. Frankfurt: Lang 1987. 317 S.
B 63844

Weidemann, J. : Novemberpogrom 1938. „Kristallnacht" in Verden. Verden/Aller: Stadt Verden 1987. 69 S.
Bc 02561

Wiesenthal, S. : Recht, nicht Rache. Frankfurt: Ullstein 1988. 456 S.
B 67304

Zuckermann, M. : Fluch des Vergessens. Zur innerisraelischen Diskussion um den Holocaust. In: Babylon. 1988 (1988), 4, S. 63-77.
BZ 4884:1988

L 130 e Staat und Politik

Ditfurth, J. : Träumen, kämpfen, verwirklichen. Polit. Texte bis 1987. Köln: Kiepenheuer & Witsch 1988. 335 S.
B 64946

Engelhardt, A. : Bundesrepublik 2000. Umbruch, Alternativen, Zukunft. Köln: Pahl-Rugenstein 1986. 201 S.
B 62865

Für eine bessere Republik. Ein Lesebuch. Hrsg.: M. Jung. Köln: Pahl-Rugenstein 1987. 481 S.
B 64455

Grosser, A. : Mit Deutschen streiten. Aufforderungen zur Wachsamkeit. München: Hanser 1987. 306 S.
B 62805

Honolka, H. : Schwarzrotgrün. Die Bundesrepublik auf d. Suche nach ihrer Identität. München: Beck 1987. 237 S.
B 64344

Horx, M. : Die wilden Achtziger. E. Zeitgeist-Reise durch d. Bundesrepublik. München: Hanser 1987. 165 S.
B 62804

Ist unsere Demokratie noch handlungsfähig? Mainz: Hase u. Koehler 1987. 206 S.
B 63525

James, H. : The German slump. Politics and economies, 1924-1936. Oxford: Clarendon Press 1986. XVI, 469 S.
B 62932

Jenke, M. : Kommentare mit Würze. Zeitgeschehen – deutsch gesehen. Göttingen: Jenke 1986. 351 S.
B 64147

Katzenstein, P. J. : Policy and politics in West Germany. The growth of a semisovereign state. Philadelphia, Pa.: Temple Univ. Pr. 1987. XXV, 434 S.
B 64517

Lafontaine, O. : Die Gesellschaft der Zukunft: Reformpolitik in e. veränderten Welt. Hamburg: Hoffmann und Campe 1988. 271 S.
B 64947

Lohmar, U. : Auf den Spuren der Zeit. Vierzig Aufsätze aus vierzig Jahren, 1947-1987. Köln: Verlag Wissenschaft undPolitik 1987. 270 S.
B 64307

Marshall, B. : The origins of post-war German politics. London: Croom Helm 1988. 221 S.
B 65081

Moser, C.-A. : Teufelszeug von A bis Z. Wörter und Worte der Zeitkritik. Berg: Türmer-Verl. 1986. 489 S.
B 65327

Politische Kultur in Deutschland. Bilanz u. Perspektiven d. Forschung. Hrsg.: D. Berg-Schlosser. Opladen: Westdeutscher Verlag1987. 484 S.
B 63179

Prima Klima. Wider den Zeitgeist. Hamburg: VSA-Verl. 1987. 218 S.
B 63856

Radwański, R. : „Wende" a ewolucja polityczno-prawna RFN 1982-1986. Próba wstępnego rozpoznania problematyki. In: Przegląd stosunkòw międzynarodowych. (1987), 5, S. 69-95.
BZ 4777:1987

Richter, H.-E. : Leben statt machen. Einwände gegen d. Versagen. Hamburg: Hoffmann und Campe 1987. 333 S.
B 63135

Steinbuch, K. : Der Zeitgeist in der Hexenschaukel: unser Schicksal ist unsere Vernunft. Herford: Busse Seewald 1988. 189 S.
B 64598

L 130 e 10 Innenpolitik

APO: außerparlamentarische Opposition in Quellen u. Dokumenten (1960-1970). Köln: Pahl-Rugenstein 1989. 441 S.
B 67673

Backes, U. ; Jesse, E. : Politischer Extremismus in der Bundesrepublik Deutschland. Bd. 1. Köln: Verlag Wissenschaft und Politik 1989. 311 S.
B 67936

Genri, E. : Za Scenoj v Bonne. Moskva: Sovetskaja Rossija 1987. 123 S.
Bc 7556

Grigor'eva, V. Z. : Nemeckie pisateli-antifašisty v emigracii v Meksike. 1939-1946 gg. In: Novaja i novejšaja istorija. (1988), 4, S. 137-151.
BZ 05334:1988

Hirschfeld, G. : „The defence of learning and science". In: Exilforschung. (1989), 6, S. 28-43.
BZ 4810:1989

Info zur Situation von Angelika Goder, Gefangene aus der Guerilla (Westberlin). o.O.1986. 19 S.
D 03758

Istjagin, L. G. : Obščestvenno-političeskaja Bor'ba v FRG po voprosam mira i bezopasnosti. 1949-1987 gg. Moskva: Nauka 1988. 166 S.
Bc 8440

Jung, O. : Direkte Demokratie in der Weimarer Republik. Die Fälle „Aufwertung", „Fürstenenteignung", Frankfurt: Campus Verlag 1989. 164 S.
Bc 8351

Kohn, W. : In der Provinz, 1968. Berlin: Nishen 1988. 93 S.
Bc 8359

Opitz, P. J. : Present problems of German politics. In: International studies. 25 (1988), 3, S. 277-292.
BZ 4909:25

Walter-Meckauer-Plakette 1987. Verleihungsfeier im Historischen Archiv der Stadt Köln. Köln: Walter Meckauer Kreis 1988. 32 S.
Bc 7791

Zwischen Kooperation und Konfrontation. Beitr. z. Geschichte v. außerparlamentarischer Bewegung u. Gewerkschaften. Marburg: SP-Verl. 1988. 183 S.
Bc 8266

L 130 e 11 Verfassung und Recht

Düwell, K. : Föderalismus und Zeitgeschichte. In: Geschichte im Westen. 4 (1989), 1, S. 36-46.
BZ 4865:4

Wilms, D. : El derecho a la utodeterminación de Alemania. In: Política exterior. 2 (1988), 7, S. 184-198.
BZ 4911:2

– bis 1945

Bästlein, K. : Als Recht zu Unrecht wurde. Zur Entwicklung der Strafjustiz im Nationalsozialismus. In: Aus Politik und Zeitgeschichte. (1989), 13/14, S. 3-18.
BZ 05159:1989

Bechdolf, U. : Den Siegern gehört die Beute. Vergewaltigungen beim Einmarsch der Franzosen im Landkreis Tübingen. In: Geschichtswerkstatt. (1988), 16, S. 31-36.
BZ 4937:1988

Brebeck, W. E. ; Hüser, K. : Wewelsburg 1933-1945 Konzentrationslager. Münster: Landschaftsverband Westfalen-Lippe 1988. 56 S.
Bc 8086

Direkte Demokratie in der Weimarer Republik. E. verfassungspolitische Vergegenwärtigung. Hrsg.: T. Evers. Hofgeismar: Evangelische Akademie 1988. 130 S.
Bc 8495

Fein, E. ; Flanner, K. : Rot-weiß-rot in Buchenwald. D. österr. polit. Häftlinge i. Konzentrationslager a. Ettersberg b. Weimar 1938-1945. Wien: Europaverlag 1987. 328 S.
B 63527

Finn, G. : Sachsenhausen, 1936-1950. Geschichte eines Lagers. 2. Aufl. Bad Münstereifel: Westkreuz-Verl. 1988. 71 S.
Bc 8559

Friese, H. ; Windmüller, B. ; Heiser, A. : „Wir wußten, daß die Schwachen im Recht waren, und der Starke dort im Unrecht war". Erinnerung an die Todesmärsche. Bremen-Vegesack: Antifaschistischer Arbeitskreis 1987. 132 S.
Bc 02481

Gareis, S. ; Vultejus, M. von: Lernort Dachau? E. empirische Einstellungsuntersuchung bei Besuchern d. KZ-Gedenkstätte Dachau. Berlin: Janssen 1987. 229, 52 S.
B 64339

Hannover, H. : Ein Terroristenproze/ besonderer Art. Plädoyer im Thälmann-Mordprozeß. In: Blätter für deutsche und internationale Politik. 33 (1988), 10, S. 1240-1249.
BZ 4551:33

Heigl, P. : Konzentrationslager Flossenbürg in Geschichte und Gegenwart. Regensburg: Mittelbayerische Druckerei- u. Verlags-Ges. 1989. 200 S.
Bc 4876

Jacobeit, S. ; Thoms-Heinrich, L. : Kreuzweg Ravensbrück. Lebensbilder antifaschist. Widerstandskämpferinnen. Frankfurt: Röderberg 1987. 231 S.
B 64381

Justizalltag im Dritten Reich. Hrsg.: B. Diestelkamp. Frankfurt: Fischer 1988. 172 S.
Bc 8498

Kamphausen, R. E. : Buchenwald – die Saat der Zerstörung. Düsseldorf: Verl. Neuer Weg 1988. 86 S.
Bc 8366

Ost, E. : Die Malaria-Versuchsstation im Konzentrationslager Dachau. In: Dachauer Hefte. 4 (1988), 4, S. 174-189.
BZ 4855:4

Półtawska, W. : And I am afraid of my dreams. London: Hodder a. Stoughton 1987. 191 S.
B 63658

Schneider, J. ; Westelaken, G. van de: De Bus uit Dachau. Tweede druk. Amsterdam: HP-Balans 1987. 129 S.
B 63818

Schulz, G. : Zwischen Demokratie und Diktatur. Verfassungspolitik und Reichsreform in der Weimarer Republik. Bd. 1. 2. 2. Aufl. Berlin: de Gruyter 1987. XIV, 689, XIV, 681 S.
B 64310

Sigel, R. : Heilkräuterkulturen im KZ. Die Plantage in Dachau. In: Dachauer Hefte. 4 (1988), 4, S. 164-173.
BZ 4855:4

Stärker als der Tod. Oranienburg: Nationale Mahn- u. Gedenkstätte Sachsenhausen 1987. 83 S.
Bc 8326

Vestring, S. : Die Mehrheitssozialdemokratie und die Entstehung der Reichsverfassung von Weimar, 1918/1919. Münster: Lit.-Verl. 1987. IX, 547 S.
B 64611

Zámecník, S. : Erinnerungen an das „Revier" im Konzentrationslager Dachau. In: Dachauer Hefte. 4 (1988), 4, S. 128-143.
BZ 4855:4

– nach 1945

Alberti Rovira, E. : Federalismo y cooperación en la República Federal Alemana. Madrid: Centro de Estudios constitucionales 1986. XXIII, 575 S.
B 63824

Berufsverbote und Menschenrechte in der Bundesrepublik. Hrsg.: K. Dammann. Köln: Pahl-Rugenstein 1987. 383 S.
B 63920

Diestelkamp, B. ; Jung, S. : Die Justiz in den Westzonen und der frühen Bundesrepublik. In: Aus Politik und Zeitgeschichte. (1989), 13/14, S. 19-29.
BZ 05159:1989

Gössner, R. : Widerstand gegen die Staatsgewalt. Handbuch z. Verteidigung d. Bürgerrechte. Hamburg: Konkret Literatur Verl. 1988. 302 S.
B 67233

Grimm, D. : Das Grundgesetz in der deutschen Verfassungstradition. In: Aus Politik und Zeitgeschichte. (1989), 16/17, S. 3-12.
BZ 05159:1989

Das Grundgesetz und die Bundesrepublik Deutschland. 1949-1989. Hrsg.: W. Benz. Gräfelfing: Moos 1988. 335 S.
010685

Kovacic, A. : Der legale Terror. Das Jahrzehnt d. Scharfmacher. Bornheim-Merten: Lamuv-Verl. 1987. 176 S.
B 63493

Krieger, V. : Entscheiden: was Frauen (u. Männer) über d. Paragr. 218 wissen sollten. Hamburg: Konkret Literatur-Verl. 1987. 255 S.
B 63494

Nord, K. : Im Kampf gegen das Unrecht und für die Freiheit. Erlebnisse und Erfahrungen. Ludwigshafen: SPD-Stadtverband 1986. 111 S.
Bc 8256

Perels, J. : Demokratie und soziale Emanzipation: Beiträge zur Verfassungstheorie der bürgerlichen Gesellschaft und des Sozialismus. Hamburg: VSA-Verl. 1988. 240 S.
B 67215

Riedel, N. K. : Der Einsatz deutscher Streitkräfte im Ausland - verfassungs- und völkerrechtliche Schranken. Frankfurt: Lang 1989. XIX, 324 S.
B 68651

Scherb, A. : Präventiver Demokratieschutz als Problem der Verfassungsgebung nach 1945. Frankfurt: Lang 1987. 335 S.
B 64301

Seifert, J. : Die unfertige Demokratie. Ungelöste Probleme und Defizite der Verfassungsordnung. In: Blätter für deutsche und internationale Politik. 34 (1989), 1, S. 97-105.
BZ 4551:34

Ustrój państwowy Republiki Federalnej Niemiec. Poznań: Instytut Zachodni 1986. 662 S.
B 61328

Vack, K. ; Narr, W.-D. : Amnestie – als Revision, nicht als Verdrängung. Ein Plädoyer für die Aufhebung der sogenanntenAnti-Terror-Gesetze. In: Blätter für deutsche und internationale Politik. 33 (1988), 11, S. 1304-1319.
BZ 4551:33

Vorländer, H. : Grundgesetzverständnis und Verfassungspolitik in der Bundesrepublik Deutschland. In: Aus Politik und Zeitgeschichte. (1989), 16/17, S. 13-24.
BZ 05159:1989

Wassermann, R. : Grundgesetz und Rechtsprechung. In: Aus Politik und Zeitgeschichte. (1989), 16/17, S. 25-32.
BZ 05159:1989

Werkentin, F. : Der Staat, der Staat ist in Gefahr. Kontinuität und Formwandel innerer Rüstung in der Bundesrepublik. In: Europäische Rundschau. 18 (1988), 4, S. 97-117.
BZ 4615:18

Wolff, B. : Ein Leben auf Abruf. Zur Situation der Tamilen in der BRD. In: Blätter des iz3w. (1988), 152, S. 3-7.
BZ 05130:1988

Zusammenlegung der Gefangenen aus RAF und Widerstand, für eine revolutionäre Front hier! Zwischen uns und dem Feind einen klaren Trennungsstrich ziehen. o. O.: o. V. 1986. 27 S.
D 03757

L 130 e 12 Regierung und Verwaltung

Boenau, A. B. : Changing chancellors in West Germany. In: West European politics. 11 (1988), 3, S. 24-41.
BZ 4668:11

Diamant, A. : Gestapo Frankfurt am Main. Zur Geschichte e. verbrecher. Organisation in den Jahren 1933-1945; Frankfurt: Steinmann & Boschen 1988. XVI, 459 S.
010706

Ellwein, T. : Das Regierungssystem der Bundesrepublik Deutschland. 6. Aufl. Opladen: Westdeutscher Verlag 1987. XII, 829 S.
B 67379

Jäger, W. : Die Bundespräsidenten. Von Theodor Heuss bis Richard von Weizsäcker. In: Aus Politik und Zeitgeschichte. (1989), 16/17, S. 33-47.
BZ 05159:1989

Jarausch, D. ; Haase, J. : Die Feuerwehr Regimenter im 2. Weltkrieg. Das Feuerschutzpolizei-Regiment „Sachsen". Stuttgart: Selbstverlag 1988. 370 S.
010679

Schwarz, H.-P. : Adenauers Kanzlerdemokratie und Regierungstechnik. In: Aus Politik und Zeitgeschichte. (1989), 1/2, S. 15-27.
BZ 05159:1989

Sládek, O. : Zločinná Role Gestapa. Nacistická bezpečnostniti policie v českých zemich 1938-1945. Praha: Naše Vojsko 1986. 442 S.
B 61330

L 130 e 13 Parlamente und Wahlen

Alex, J. ; Richtsteiger, H. : Veränderungen im Wählerverhalten in der BRD. In: IPW-Berichte. 17 (1988), 10, S. 42-48.
BZ 05326:17

Bald, D. ; Zimmer, M. : Sicherheits- und militärpolitische Anfragen im Bundestag. Indizen für gestiegenes Interesse und Kontrollbedürfnis der Öffentlichkeit. In: Zeitschrift für Parlamentsfragen. 20 (1989), 1, S. 94 - 101.
BZ 4589:20

Haungs, P. : Kanzlerprinzip und Regierungstechnik im Vergleich. Adenauers Nachfolger. In: Aus Politik und Zeitgeschichte. (1989), 1/2, S. 28-39.
BZ 05159:1989

Honnen, U. : Vom Frauenwahlrecht zur Quotierung. 125 Jahre Kampf um Gleichberechtigung in der SPD. Münster: Waxmann 1988. 184 S.
Bc 8497

Kotsch, D. : Der Wehrbeauftragte des BRD-Bundestages. In: Militärwesen. (1989), 9, S. 76-81.
BZ 4485:1989

L 130 e 14 Parteien

Auf dem Weg zum modernen Parteienstaat. Zur Entstehung, Organisation und Struktur polit. Parteien. Hrsg.: H. W. v. d. Dunk. Melsungen: Verl. Kasseler Forschungen zur Zeitgeschichte 1986. 326 S.
B 63509

Dörre, K. : Die imaginäre Revolte. In: Blätter für deutsche und internationale Politik. 34 (1989), 10, S. 1220-1235.
BZ 4551:34

Gensicke, K.-H. : Rückgang von Wirkung und Akzeptanz antikommunistischer Feindbilder. In: IPW-Berichte. 18 (1989), 3, S. 22-28.
BZ 05326:18

Kühnl, R. : Der (aufhaltsame) Aufstieg rechtsextremer Parteien. In: Blätter für deutsche und internationale Politik. 34 (1989), 3, S. 280-293.
BZ 4551:34

Liese, H.-J. : Zielvorstellungen der Parteien. Auswahl und Gegenüberstellung der wichtigsten Aussagen aus denProgrammen der im 11. dt. Bundestag vertretenen Parteien. 3. Aufl. München: Olzog 1987. 165 S.
Bc 8303

Padgett, S. ; Burkett, T. : Political parties and elections in West Germany. The search for a new stability. 2. Aufl. London: Horst 1986. XI, 308 S.
B 63037

Parteien in der Krise? In- und ausländische Perspektiven. Hrsg.: P. Haungs. Köln: Verlag Wissenschaft und Politik 1987. 278 S.
B 66004

Patch, W. : Class prejudice and the failure of the Weimar Republic. In: German studies review. 12 (1989), 1, S. 35 -54.
BZ 4816:12

Schmitt, H. : Neue Politik in alten Parteien. Zu Verhältnis von Gesellschaft u. Parteien in der Bundesrepublik. Opladen: Westdeutscher Verlag 1987. XVI, 243 S.
B 62193

Tempel, K. G. : Die Parteien in der Bundesrepublik Deutschland und die Rolle der Parteien in der DDR. Grundlagen, Funktionen, Geschichte, Programmatik, Organisation. Opladen: Leske + Budrich 1987. 275 S.
B 64188

– **Anarchismus**

Cantzen, R. : Weniger Staat – mehr Gesellschaft. Freiheit, Ökologie, Anarchismus. Frankfurt: Fischer Tb. Verl. 1987. 263 S.
B 64076

– **CDU**

Behrend, M. : Differenzierungen in CDU und CSU zur Krieg-Frieden-Problematik. In: IPW-Berichte. 18 (1989), 5, S. 8 -14.
BZ 05326:18

Leggewie, C. : CDU – Integrationsmodell auf Widerruf? Die zwei Modernisierungen der deutschen Rechten nach 1945. In: Blätter für deutsche und internationale Politik. 34 (1989), 3, S. 294-308.
BZ 4551:34

Opp de Hipt, M. : Denkbilder in der Politik. Der Staat in d. Sprache von CDU und SPD. Opladen: Westdeutscher Verlag 1987. 258 S.
B 64993

Plachetta, B. : Die Rolle der Familie in konservativen Strategien. In: IPW-Berichte. 18 (1989), 5, S. 37-42.
BZ 05326:18

Schmidt, U. : Der restaurierte Pragmatismus. Zur Neuformierung des deutschen Bürgertums nach 1945. In: Prokla. 18 (1988), 4, S. 37-56.
BZ 4613:18

Schmidt, U. : Zentrum oder CDU: polit. Katholizismus zwischen Tradition u. Anpassung. Opladen: Westdeutscher Verlag 1987. 410 S.
B 62192

– **DKP**

Engelhardt, A. : Zur Kritik und Erneuerung unseres Sozialismusbildes. In: Marxistische Blätter. (1989), 7/8, S. 34-42.
BZ 4548:1989

Fisch, H. ; Heilig, A. : Revolutionäre Traditionen und neue Herausforderungen – 20 Jahre DKP im Ringen um Frieden, Arbeit und demokratischen Fortschritt. In: Beiträge zur Geschichte der Arbeiterbewegung. 30 (1988), 6, S. 749-760.
BZ 4507:30

Landefeld, B. : Meinungs-Pluralismus und kommunistische Partei. In: Marxistische Blätter. (1989), 7/8, S. 53-58.
BZ 4548:1989

Madloch, N. : Voraussetzungen und Verlauf der Konstituierung der DKP 1968/69. In: Zeitschrift für Geschichtswissenschaft. 36 (1988), 11, S. 978-991.
BZ 4510:36

Steigerwald, R. : Eine („Meine") DKP-Zwischen-Bilanz. In: Marxistische Blätter. (1989), 11, S. 43-52.
BZ 4548:1989

Steigerwald, R. : Sieben Thesen zur Theorie der modernen kommunistischen Partei. In: Marxistische Blätter. (1989), 7/8, S. 67-73.
BZ 4548:1989

– FDP

Hagemeyer, B. : Neoliberalismo y socialcristianismo: apuntes sobre un diálogo sociopolítico entre neoliberales y socialcristianos en la Alemania de la postguerre. Madrid: Unión Ed. 1986. 93 S.
Bc 7646

Harnisch, E. : Gesellschaftspolitische Vorstellungen der FDP für die 90er Jahre. In: IPW-Berichte. 18 (1989), 6, S. 14- 20.
BZ 05326:18

– Die Grünen

Dräger, K. : Aus für Grün?: d. grüne Orientierungskrise zwischen Anpassung u. Systemopposition. Frankfurt: isp-Verl. 1986. 318 S.
B 62787

Frankland, E. G. : Green politics and alternative economics. In: German studies review. 11 (1988), 1, S. 111-132.
BZ 4816:11

Gatter, P. : Die Aufsteiger: e. polit. Porträt d. Grünen. Hamburg: Hoffmann und Campe 1987. 319 S.
B 62459

Gincberg, L. I. : Massivye demokratičeskie Dviženia v FRG i partija „zelenych". Moskva: Nauka 1988. 256 S.
B 68690

Gincberg, L. I. : Partija „Zelenych" Bundestage FRG. In: Voprosy istorii. (1988), 2, S. 54-69.
BZ 05317:1988

Hülsberg, W. : The German Greens. A social and political profile. London: Verso 1988. 257 S.
B 65061

Rudnik, S. : Myśsl polityczno-programowa ruchów alternatywnych w RFN. In: Przegląd stosunków międzynarodowych. (1987), 6, S. 31-45.
BZ 4777:1987

Vereinbarung zwischen SPD und Grünen für die 11. Legislaturperiode. Hrsg.: Die Grünen im Hessischen Landtag. 2. Aufl. Wiesbaden1986. 160 S.
D 03738

Vorsicht. Grüne Falle! Köln: Tiberius 1987. 192 S.
B 64116

– **KPD**

Andersen, A. : „Lieber im Feuer der Revolution sterben, als auf dem Misthaufen der Demokratie verrecken!" Die KPD in Bremen von 1928-1933. München: Minerva-Publ. 1987. 526 S.
B 64148

Doehler, E. ; Meister, R. : Militärpolitik gegen Militarismus und Krieg. Zum 70. Jahrestag der Gründung der KPD. In: Militärgeschichte. 27 (1988), 6, S. 515-525.
BZ 4527:27

Engelhardt, A. : Umbruchperiode und Reformalternative: der Beginn einer Debatte. In: Marxistische Blätter. 27 (1989), 1, S. 50-61.
BZ 4548:27

Glaser, G. ; Greese, K. : Friedenssichernde Militärpolitik der KPD bzw. SED in der antifaschistisch-demokratischen Umwälzung. In: Militärgeschichte. 28 (1989), 3, S. 211-215.
BZ 4527:28

Heider, P. : Gegen Faschismus und Krieg, für ein neues, demokratisches Deutschland. In: Militärwesen. (1989), 1, S. 18-23.
BZ 4485:1989

Die illegale Tagung des Zentralkomitees der KPD am 7. Februar 1933 in Ziegenhals bei Berlin. 5. Aufl. Berlin: Dietz 1988. 126 S.
Bc 8566

Kacman, G. V. : Kommunističeskaja Partija Germanii v bor'be za edinstvo antifašistskich sil 1935-1939. Moskva: Nauka 1988. 176 S.
Bc 8402

Klein, M. : Antifaschistische Demokratie und nationaler Befreiungskampf. Die nationale Politik der KPD 1945-1953. Berlin: Körner 1986. 290 S.
B 65985

Kühnrich, H. : Die KPD im Kampf gegen die faschistische Diktatur, 1933-1945. 2. Aufl. Berlin: Dietz 1987. 338 S.
B 64097

Kühnrich, H. : Die KPD und die Bewegung „Freies Deutschland". In: Beiträge zur Geschichte der Arbeiterbewegung. 30 (1988), 4, S. 435-450.
BZ 4507:30

– **Linke**

„Vernunft wird Unsinn, Wahltat Plage." Die Linke und der Fortschritt. Frankfurt: IMSF 1987. 162 S.
B 65303

Der blinde Fleck. D. Linke, d. RAF u. d. Staat. Frankfurt: Verl. Neue Kritik 1987. 253 S.
B 63488

Deppe, F. : Geborene Verlierer? Die Linke zwischen Ausgrenzung und Integration. In: Blätter für deutsche und internationale Politik. 34 (1989), 1, S. 76-84.
BZ 4551:34

Die Mythen knacken: Materialien wider ein Tabu; Neue Linke, RAF, Deutscher Herbst, Amnestie. Hrsg.: Linke Liste. Frankfurt: Linke Liste 1988. 399 S.
010549

– **Nationalsozialismus**

Arntz, H.-D. : Ordensburg Vogelsang 1934-1945: Erziehung zur polit. Führung im 3. Reich. Euskirchen: Kümpel 1986. 258 S.
B 63167

Bauer, I. : „Ich hab' geglaubt, die Welt fällt zusammen." Notizen zu einem nicht einkalkulierten Dialog mit einer Nationalsozialistin. In: Zeitgeschichte. 15 (1988), 9/10, S. 388-402.
BZ 4617:15

Borth, F. : Nicht zu jung zum Sterben: d. „Hitler-Jugend" im Kampf um Wien 1945. Wien: Amalthea 1988. 359 S.
B 65335

Engelmann, B. : Grosses Bundesverdienstkreuz mit Stern. Göttingen: Steidl 1987. 218 S.
B 63092

The formation of the Nazi constituency:1919-1933. Ed.: T. Childers. London: Croom Helm 1986. VIII, 263 S.
B 62538

Gartenschlaeger, U. ; Hartmann, J. ; Seidel, H.-C. : Eine rote Festung wird erobert. Der Nationalsozialismus in Oerlinghausen. Oerlinghausen: Selbstverlag 1986. 208 S.
Bc 8462

Hassell, U. von: Die Hassell-Tagebücher, 1938-1944. Aufzeichnungen vom andern Deutschland. Hrsg.: F. Freiherr Hillerv. Gaertringen. Berlin: Siedler 1988. 688 S.
B 67508

Heinacher, P. : Der Aufstieg der NSDAP im Stadt- und Landkreis Flensburg (1919-1933). Bd. 1. 2. Flensburg: Gesellschaft für Flensburger Stadtgeschichte 1986. 381, 264 S.
B 63177

Jokisalo, J. : „... Den Arbeiter für die NSDAP zu gewinnen". Zur Ideologie und Massenbasis des deutschen Faschismus 1933-39. Oulu: Oulu Yliopisto 1988. 234 S.
Bc 8296

Koch, G. : Als Mutprobe: Mord. Über neofaschistische Bewegungen in kapitalistischen Ländern. Berlin: Militärverlag der DDR 1988. 223 S.
Bc 8600

Lammers, K. C. : Afnazificering og politisk omskoling. Politiseringsprocesser i Vestyskland efter 1945. In: Den jyske historiker. (1989), 47, S. 69-88.
BZ 4656:1989

Mosse, G. L. : Masses an man. Nationalist and fascist perceptions of reality. Detroit, Mich.: Wayne State Univ. Pr. 1987. XII, 362 S.
B 63435

Nazism 1919-1945. Ed.: J. Noakes. Vol. 1-3. Exeter: Univ. of Exeter 1987-88. 193, 608, VIII, 1236 S.
B 65270

Paulsen, J. : Zur Geschichte der Soziologie im Nationalsozialismus. Oldenburg: Bibliotheks- u. Informationssystem der Universität Oldenburg 1988. 185 S.
Bc 8273

Radt, K. : Der deutsche Faschismus. Frankfurt: isp Verl. 1987. 210 S.
B 63491

Richarz, B. : Heilen, pflegen, töten. Zur Alltagsgeschichte e. Heil- u. Pflegeanstalt bis zum Ende d. Nationalsozialismus. Göttingen: Verl. für Med. Psychologie im Verl. Vandenhoeck u. Ruprecht 1987. 217 S.
B 64118

Russell, S. ; Schneider, J. W. : Heinrich Himmlers Burg. Das weltanschauliche Zentrum der SS. Essen: Heitz & Höffkes 1989. 213 S.
010849

Spuren des Unrechts. Recht und Nationalsozialismus. Hrsg.: M. Bennhold. Köln: Pahl-Rugenstein 1989. 157 S.
Bc 8407

Wright, J. ; Stafford, P. : Hitler, Britain and the Hoßbach Memorandum. In: Militärgeschichtliche Mitteilungen. (1987), 2(42), S. 77-123.
BZ 05241:1987

– **Republikaner**

Dem Hass keine Chance: der neue rechte Fundamentalismus. Hrsg.: M. von Hellfeld. Köln: Pahl-Rugenstein 1989. 173 S.
Bc 8650

Funke, H. : Kein Grund zur Verharmlosung – die „Republikaner" sind eine Jungwählerpartei. In: Die neue Gesellschaft – Frankfurter Hefte. 36 (1989), 4, S. 312-320.
BZ 4572:36

Knütter, H.-H. : Hat der Rechtsextremismus in der Bundesrepublik eine Chance? Bonn: Osan-Verl. 1988. 107 S.
Bc 8539

Leggewie, C. : Die Republikaner: Phantombild der Neuen Rechten; mit Reportagen aus Bayern, Berlin u. Köln. Berlin: Rotbuch Verl. 1989. 153 S.
Bc 8651

Naumann, K. : Wieso Republikaner? Welche Republik? In: Blätter für deutsche und internationale Politik. 34 (1989), 3, S. 274-279.
BZ 4551:34

Wolowicz, E. : Renaissance des Rechtsextremismus. In: Sozialismus. 15 (1989), 4, S. 5-11.
BZ 05393:15

– **SPD**

Die 69er und ihre Erben – zur Geschichte der Jusos seit 1969. 2. Aufl. Bonn: Juso-Hochschulgruppen 1986. 102 S.
Bc 8586

Bernstein to Brandt: a short history of German Social Democracy. Ed.: R. Fletcher. London: Arnold 1987. XI, 234 S.
B 65548

Butterwegge, C. : Die Opposition auf der Suche nach einer friedenspolitischen Konzeption. In: Marxistische Studien. 15 (1989), 1, S. 278-291.
BZ 4691:15

Dietzel, H. ; Kalex, K. : Zur wirtschaftspolitischen Diskussion in der SPD. In: IPW-Berichte. 18 (1989), 12, S. 27-33.
BZ 05326:18

Geary, D. : Karl Kautsky. Manchester: Manchester Univ. Pr. 1987. VIII, 146 S.
B 63592

Homburg, G. : Sozialdemokratie unterm Hakenkreuz. Ostwestfalen-Lippe 1933-1945. Hamburg: Ergebnisse Verl. 1988. 180 S.
Bc 8501

Łempiński, Z. : Zagadnienia jednòści Niemiec w załozeniach programowych i praktyce olityczneji SPD w latachsiedemdiesiątych. In: Przegląd stosunków międzynarodowych. (1987), 5, S. 23-39.
BZ 4777:1987

Mujal-Leon, E. : The West German social democratic party and the politics of internationalism in Central America. In: Journal of Inter-American studies and world affairs. 29 (1987/88), 4, S. 89-123.
BZ 4608:29

Ransch, K. : Die Arbeitsgemeinschaft der Jungsozialisten in der SPD. In: IPW-Berichte. 17 (1988), 11, S. 56-60.
BZ 05326:17

Rürup, R. : Sozialdemokratie und Antisemitismus im deutschen Kaiserreich. In: Die neue Gesellschaft – Frankfurter Hefte. 36 (1989), 4, S. 357-365.
BZ 4572:36

Sozialdemokratische Positionen zur Gesellschaftspolitik. In: IPW-Berichte. 17 (1988), 7, S. 1-10.
BZ 05326:17

Über Irsee hinaus! Zur Kritik am Programmentwurf der SPD. Hrsg.: D. Albers. 2. Aufl. Berlin: spw-Verl. 1987. 91 S.
Bc 7593

– Terrorismus

Hertel, G. : Terrorismus und Politikwissenschaft in der Bundesrepublik Deutschland. München: Tuduv-Verl. 1986. VI, 261 S.
B 62824

Tomczak, M. : Terroryzm w RFN i w Berlinie Zachodnim. Zródla strategia i konsekwencje dzialalnośći terrorystycznych ugrupowań skrajnej lewicy. Poznań: Institut Zachodni 1986. 183 S.
B 61322

L 130 e 20 Außenpolitik

Bredthauer, K. D. : Die Bundesrepublik zwischen Nachkriegs- und Nach-Nachkriegsordnung. In: Blätter für deutsche und internationale Politik. 34 (1989), 6, S. 662-673.
BZ 4551:34

Cygański, M. : Polityk Wschodnia i Niemiecka RFN w Latach 1969/1970-1986. In: Przegląd stosunkòw międzynarodowych. (1988), 1, S. 43-80.
BZ 4777:1988

Cziomer, E. : Polityka zagraniczna RFN. Warszawa: Pahstwowe Wydawn. Naukowe 1988. 317 S.
B 66430

Gäbel, H.-J. : Trojanisches Pferd im Westen. Ansichten e. Liberalen zur bundesdeutschen Aussenpolitik d. 80er Jahre. Everswinkel: Freie Polit. Ed. 1987. 261 S.
B 67444

Gutsche, W. : Außenpolitische Ziele, Rüstungspolitik und Kriegsdisposition der deutschen Reichsleitung vor 1914. In: Zeitschrift für Geschichtswissenschaft. 36 (1988), 11, S. 963-977.
BZ 4510:36

Kiessling, G. : Neutralität ist kein Verrat: Entwurf einer europäischen Friedensordnung. Erlangen: Straube 1989. 314 S.
B 68186

Longerich, P. : Propagandisten im Krieg: d. Presseabteilung d. Auswärtigen Amtes unter Ribbentrop. München: Oldenbourg 1987. 356 S.
B 62223

Rosolowsky, D. : West Germany's foreign policy: the impact of the Social Democrats and the Greens. New York, NY.: Greenwood Pr. 1987. X, 155 S.
B 65477

Steinkühler, M. : Unfähig zur moralischen Auseinandersetzung mit der eigenen nationalsozialistischen Vergangenheit? Unser Auswärtiger Dienst. In:1999. 3 (1988), 2, S. 79-88.
BZ 4879:3

L 130 e 23 Sicherheitspolitik

Bahr, E. : Alemania, en la hora de la distensión. In: Política exterior. 2 (1988), 7, S. 44-53.
BZ 4911:2

Bredow, W. von: Über den Ost-West-Konflikt hinaus? Welt- und Politikverständnis sicherheitspolitischer Alternativen für die Bundesrepublik Deutschland. In: Zeitschrift für Politik. 35 (1988), 4, S. 365-376.
BZ 4473:35

Dietzel, P. ; Kawalun, H.-J. : Die Rolle der Bundesregierung im europäischen Abrüstungsprozeß: Handlungsmöglichkeiten der BRD, Ziele und Konzeptionen im Regierungslager. In: Marxistische Studien. 15 (1989), 1, S. 292-304.
BZ 4691:15

Rattinger, H. : Sicherheitspolitik der Bundesrepublik Deutschland: e. Einführung in ihre bündnispolitischen Grundlagen. Berlin: Colloquium Verl. 1988. 107 S.
Bc 8238

Schmähling, E. : German security policy beyond American hegemony. In: World policy journal. 6 (1989), 2, S. 371-384.
BZ 4822:6

Sommer, T. : Alemania y la estabilidad de Occidente. In: Política exterior. 2 (1988), 7, S. 67-84.
BZ 4911:2

L 130 e 23. 1 Friedensbewegung

Adler, H. : Die BRD-Friedensbewegung nach dem ersten atomaren Abrüstungsvertrag. In: IPW-Berichte. 17 (1988), 12, S. 7-13.
BZ 05326:17

Friede mit der Sowjetunion. Beiträge zur Aussöhnung. Karlsruhe: Evang. Akademie Baden 1987. 151 S.
Bc 8293

Leif, T. : Die Friedensbewegung zu Beginn der achtziger Jahre. Themen und Strategien. In: Aus Politik und Zeitgeschichte. (1989), 26/89, S. 28-40.
BZ 05159:1989

Pazifismus in Deutschland. Dokumente zur Friedensbewegung, 1890-1939. Hrsg.: W. Benz. Frankfurt: Fischer 1988. 223 S.
Bc 8258

Rücker, B. ; Vilmar, F. : Kommunale Basisarbeit: Lebensbedingung der Friedensbewegung. Die Friedensinitiative Nagold als exemplarisches Beispiel. Starnberg: Forschungsinst. f. Friedenspolitik 1987. 35 S.
Bc 02408

Um Kopf und Krieg. Widersprüche. Hrsg.: C. Schulte. Darmstadt: Luchterhand 1987. 254 S.
B 63492

L 130 e 29 Außenpolitische Beziehungen

– China

Lin, R. : Die Beziehungen zwischen China und Deutschland unter besonderer Berücksichtigung ihrer Entwicklung nach dem Zweiten Weltkrieg. Baden-Baden: Nomos-Verlagsges. 1986. X, 249 S.
B 64087

Von der Kolonialpolitik zur Kooperation. Studien zur Geschichte der deutsch-chinesischen Beziehungen. Hrsg.: K. Heng-yü. München: Minerva-Publ. 1986. 518 S.
B 62862

– DDR

Bahr, E. ; Ruehe, V. : Wie geht es weiter in den deutsch-deutschen Beziehungen. 4. Deutschlandpolit. Forum am 3. Juni 1987. Bonn: Friedrich-Ebert-Stiftung 1987. 77 S.
Bc 02385

Bender, P. : De la normalización a la reunificación. In: Política exterior. 2 (1988), 7, S. 171-183.
BZ 4911:2

Genscher, H.-D. : La cooperación Oeste-Este en cuestiones de seguridad. In: Política exterior. 2 (1988), 7, S. 28-43.
BZ 4911:2

Hoppe, H.-G. : Deutschlandpolitik – Anspruch und Wirklichkeit. La politique à l'égard de Allemagne. Regensburg: Verl. Recht, Verwaltung, Wirtschaft 1988. 53 S.
Bc 8373

Schäuble, W. : Relations between the two states in Germany: problems and prospects. In: International affairs. 64 (1988), 2, S. 209-215.
BZ 4447:64

Wilms, D. : Beiträge zur Deutschlandpolitik 1988. Bonn: Bundesministerium für innerdeutsche Beziehungen 1989. 172 S.
Bc 8567

– Europa

Behrens, D. : Kontinuitäten deutscher Europapolitik? In: Prokla. 19 (1989), 75, S. 10-28.
BZ 4613:19

– Frankreich

Menyesch, D. ; Uterwedde, H. : Frankreich – Deutschland. Der schwierige Weg zur Partnerschaft. 4. Aufl. Berlin: Landeszentrale f. polit. Bildungsarbeit 1988. 112 S.
Bc 8113

Statz, A. : Deutsch-französische Militärkooperation – eine Achse der Westeuropäisierung? In: Prokla. 19 (1989), 75, S. 47-71.
BZ 4613:19

Yost, D. S. : La coopération franco-allemande en matière de défense. In: Politique étrangère. 53 (1988), 4, S. 841-854.
BZ 4449:53

– Israel

Scheffler, T. : Die Normalisierung der Doppelmoral: Vierzig Jahre deutsch- israelische Beziehungen. In: Europäische Rundschau. 18 (1988), 4, S. 76-96.
BZ 4615:18

Wolffsohn, M. : Ewige Schuld? 40 Jahre deutsch – jüdisch-israelische Beziehungen. 2. Aufl. München: Piper 1988. 186 S.
Bc 8189

– Italien

Koszel, B. : Rywalizacja niemiecko-włoska w Europie Srodkowej i na Bałkanach w latach 1933-1941. Poznań: Institut Zachodni 1987. 373 S.
B 66987

Ropponen, R. : Italien als Verbündeter: d. Einstellung d. polit. u. militär. Führung Deutschland u. Österreich-Ungarns zu Italien von d. Niederlage von Adua 1896 bis zum Ausbruch d. Weltkrieges 1914. Helsinki: SHS 1986. 244 S.
B 62264

– **Lateinamerika**

Die Bundesrepublik Deutschland und Lateinamerika. Dokumentation. Bonn: Auswärtiges Amt 1987. 207 S.
Bc 8160

– **Liechtenstein**

Krebs, G. : Zwischen Fürst und Führer: Liechtensteins Beziehungen zum „Dritten Reich". In: Geschichte in Wissenschaft und Unterricht. 39 (1988), 9, S. 548-567.
BZ 4475:39

– **Naher Osten**

Müllenmeister, U. : Die Nahostpolitik der sozial-liberalen Koalition 1969-1982. Frankfurt: Lang 1988. XI, 157 S.
Bc 8552

– **Polen**

Aussenpolitik und Interessenausgleich. Die Bundesrepublik Deutschland und die Volksrepublik Polen in den Ost-West-Beziehungen. Hrsg.: H. Timmermann. Saarbrück-Scheidt: Dadder 1988. 187 S.
Bc 8252

Łuczak, C. : Od Bismarcka do Hitlera. Polsko-niemieckie stosunki gospodarcze. Poznań: Wydawn. Poznańskie 1988. 521 S.
B 68194

Wasiak, K. : Polityka RFN róznicowania stosunków z Polską i NRD w latach 1982-1984. In: Przegląd stosunkòwmiędzynarodowych. (1988), 3/4, S. 105-128.
BZ 4777:1988

– **Tunesien**

Bouraoui, M.-N. : 30 Jahre deutsch-tunesische Zusammenarbeit und Freundschaft, 1956-1986. Würzburg: Königshausen u. Neumann 1988. 457 S.
B 64961

– **UdSSR**

Brücken der Verständigung. Für ein neues Verhältnis zur Sowjetunion. Hrsg.: E. Raiser. Gütersloh: Mohn 1986. 176 S.
Bc 8246

Cziomer, E. : Stanowisko rządu CDU/CSU/FDP wobec ZSRR w latach 1982-1986. In: Przegląd stosunków międzynarodowych. (1987), 6, S. 5-30.
BZ 4777:1987

Daschitschew, W. : Ostdrift der Bundesrepublik? Westdrift der Sowjetunion? Über die deutsch-sowjetischen Beziehungenund den Wandel in Europa. In: Blätter für deutsche und internationale Politik. 34 (1989), 6, S. 673-686.
BZ 4551:34

Kosyk, W. : L'Allemagne national-socialiste et l'Ukraine. Paris: Publ. de l'Est Européen 1986. 665 S.
B 62121

Zinoviev, A. : Alemania y el juego soiético. In: Política exterior. 2 (1988), 7, S. 199-207.
BZ 4911:2

– **USA**

Käbel, I. : Probleme im Bündnis BRD – USA. In: IPW-Berichte. 18 (1989), 6, S. 21-27.
BZ 05326:18

Pommerin, R. : Der Kaiser und Amerika. Die USA in d. Politik d. Reichsleitung 1890-1917. Köln: Böhlau 1986. XII, 436 S.
B 64119

L 130 e 29. 1 Deutsche Frage

Aspekte der Souveränität. Hrsg.: H. Fischer. Kiel: Arndt 1987. 167 S.
B 65928

Blumenwitz, D. : Denk ich an Deutschland. Anworten auf d. Deutsche Frage. Bd. 1-3. München: Landeszentrale f. polit. Bildung 1989. 240, 196 S.
B 69058:1; B 69058:2; Bc 8722

Brandt, P. ; Stolz, R. : Las opciones de las „Verdes" en política interalemana y de seguridad. In: Política exterior. 2 (1988), 7, S. 96-115.
BZ 4911:2

Brunner, G. : La cuestión alemana en la Historia. In: Política exterior. 2 (1988), 7, S. 116-122.
BZ 4911:2

Einheit, Freiheit, Selbstbestimmung. Die deutsche Frage im historisch-politischen Bewu/tsein. Hrsg.: K.-E. Jeismann. Frankfurt: Campus Verlag 1988. 232 S.
B 64153

Fritsch-Bournazel, R. : L'Allemagne. Un enjeu pour l'Europe. Bruxelles: Ed. Complexe 1987. 252 S.
B 64110

Germany between East and West. Ed.: E. Moreton. Cambridge: Cambridge Univ. Pr. 1987. VIII, 185 S.
B 64435

Hennig, O. : La cuestión alemana y Europe. In: Política exterior. 2 (1988), 7, S. 54-66.
BZ 4911:2

Hofmann, Jürgen: Zu Entstellungen der Positionen der SED in der nationalen Frage. In: Militärwesen. (1989), 6, S. 31 -37.
BZ 4485:1989

Kim, H. : Probleme einer Wiedervereinigung Koreas. Ein Vergleich mit Deutschland, China und Vietnam. In: Beiträge zur Konfliktforschung. 19 (1989), 2, S. 55-66.
BZ 4594:19

Knorr, L. : Frieden, Abrüstung und die „deutsche Frage". In: Marxistische Studien. 15 (1989), 1, S. 305-315.
BZ 4691:15

Loth, W. : Die doppelte Lösung der Deutschen Frage. Neuformierung oder Spaltung? In: Blätter für deutsche und internationale Politik. 34 (1989), 1, S. 35-42.
BZ 4551:34

Mayer, T. : Prinzip Nation. Dimensionen d. national. Frage, dargest. am Beisp. Deutschland. 2. Aufl. Opladen: Leske + Budrich 1987. 267 S.
B 64191

Mut zu einer gesamtdeutschen Zukunft. Materialien für die Wiederherstellung Deutschlands. Hrsg.: G. Oeltze. Berlin: ColloquiumVerl. 1988. 143 S.
Bc 8535

Naród w ideologii i polityce RFN. Poznań: Institut Zachodni 1986. 350 S.
B 62616

Portero, F. : La cuestión alemana desde una perspectiva histórica. In: Política exterior. 2 (1988), 7, S. 234-246.
BZ 4911:2

Stürmer, M. : La cuestión alemana desde la Segunda Guerra Mundial. In: Política exterior. 2 (1988), 7, S. 138-153.
BZ 4911:2

Stürmer, M. : Deutsche Frage und europäische Integration. Melle: Knoth 1988. 22 S.
Bc 8451

Voigt, E. : Verrat an Deutschland? D. Unionsparteien u. d. deutsche Einheit. Berg a. See: Türmer-Verl. 1988. 187, 3 S.
Bc 8282

L 130 e 30 Kolonialpolitik

Germans in the tropics: essays in German colonial history. Ed.: A. J. Knoll. Westport, Conn.: Greenwood Pr. 1987. XIV, 178 S.
B 65442

Die Verschränkung von Innen-, Konfessions- und Kolonialpolitik im Deutschen Reich vor 1914. Hrsg.: J. Horstmann. Schwerte: Kath. Akademie Schwerte 1987. 131 S.
Bc 7815

Voeltz, R. A. : German colonialism and the South West Africa Company, 1884-1914. Ohio: Ohio Univ. Center for Internat. Studies 1988. X, 133 S.
Bc 8103

L 130 f Wehrwesen

Gewerkschaften und Bundeswehr. In: Beiträge zur Konfliktforschung. 19 (1989), 2, S. 115-148.
BZ 4594:19

Wie aus der Pistole geschossen. . Heiteres aus dem Verteidigungsministerium. Hrsg.: G. Allendorf. Düsseldorf: Rau 1988. 110 S.
Bc 8180

L 130 f 00 Wehr- und Rüstungspolitik

Allen, C. S. ; Diehl, P. F. : The defence issue in West Germany: constraints on increased military allocations. In: Armed forces and society. 15 (1988), 1, S. 93-112.
BZ 4418:15

Becker, J. M. : Die Remilitarisierung der Bundesrepublik Deutschland und das deutsch-französische Verhältnis. D. Haltung führender Offiziere (1945-1955). Marburg: Hitzeroth 1987. 417 S.
B 64085

Citino, R. M. : The evolution of Blitzkrieg tactics. Germany defends itself against Poland, 1918-1933. Westport, Conn.: Greenwood Pr. 1987. XIV, 209 S.
B 64493

Minrath, A. : Friedenskampf: d. DKP u. ihre Bündnispolitik in d. Anti-Nachrüstungsbewegung. Köln: Verlag Wissenschaft und Politik 1986. 158 S.
B 62417

Thoß, B. : Nationale Rechte, militärische Führung und Diktaturfrage in Deutschland 1913-1923. In: Militärgeschichtliche Mitteilungen. (1987), 2(42), S. 27-76.
BZ 05241:1987

L 130 f 01 Rüstungspolitik/ Abrüstung/Rüstungskontrolle

Abrüstung in der Bundesrepublik – politische und ökonomische Aspekte. In: Marxistische Studien. 15 (1989), 1, S. 339-395.
BZ 4691:15

Asmus, R. D. : West Germany faces nuclear modernization. In: Survival. 30 (1988), 6, S. 499-513.
BZ 4499:30

Burchard, F. von: Das Umgehungsgeschäft beim Waffenexport in Drittländer aus strafrechtlicher Sicht. Frankfurt: Lang 1987. XXIX, 193 S.
Bc 8271

Cioc, M. : Pax Atomica: the nuclear defense debate in West Germany during the Adenauer era. New York: Columbia Univ. Pr. 1988. XXII, 251 S.
B 67642

Faltin, B. : Es gibt keine Grauzonen beim Rüstungsexport! In: Mediatus. 9 (1989), 1, S. 3-7.
BZ 05506:9

Krell, G. : Die Bundesrepublik Deutschland und die Rüstungskontrolle. Frankfurt: HSFK 1988. III, 40 S.
Bc 02487

Lehmann, J. : Die Aufrüstung und die Politik der Ausländerbeschäftigung in Deutschland 1933 bis 1939. In: Militärgeschichte. 28 (1989), 2, S. 147-154.
BZ 4527:28

Obermeyer, U. ; Schäfer, P. : Bumerang Null-Lösung. Vom Bluff zur Abrüstung. Köln: Pahl-Rugenstein 1987. 230 S.
B 63148

L 130 f 10 Heer

Drei Jahrzehnte innere Führung. Grundlagen, Entwicklungen, Perspektiven. Hrsg.: D. Walz. Baden-Baden: Nomos-Verlagsges. 1987. 176 S.
B 63990

Prus, E. : Powstanie i Działania zbrojne 14 Galicyjskiej Dywizji SS. In: Wojskowy przeglad historyczny. 33 (1988), 4, S. 104-135.
BZ 4490:33

Die Wehrstruktur der neunziger Jahre: Reservistenarmee Miliz oder...? Hrsg.: D. Bald. Baden-Baden: Nomos-Verlagsges. 1988. 107 S.
Bc 8183

L 130 f 13 Waffengattungen/Truppengattungen

Die 13. Panzer-Division im Bild 1935-1945. Panzerbataillon 23 Braunschweig 1976-1988. Friedberg: Podzun-Pallas-Verl. 1988. 176 S.
B 68430

25 Jahre Heeresinstandsetzungswerk 800 Jülich. Koblenz: Moench 1986. 48 S.
Bc 7547

Hass, G. : Die Konkretisierung der Aggressionskonzeption des deutschen Imperialismus um die Jahreswende 1937/38. In: Revue internationale d'histoire militaire. (1989), 71, S. 141-150.
BZ 4454:1989

Hebert, G. : Das Alpenkorps. Aufbau, Org. u. Einsatz e. Gebirgstruppe im Ersten Weltkrieg. Boppard/ RH.: Boldt 1988. VII, 165 S.
B 64588

Jones, N. H. : Hitler's heralds: the story of the Freikorps 1918-1923. London: Murray 1987. XII, 284 S.
B 62542

Kaltenegger, R. : Kampf der Gebirgsjäger um die Westalpen und den Semmering. D. Kriegschroniken d. 8. u. 9. Gebirgs-Division, („Kampfgruppe Semmering"). Graz: Stocker 1987. 252 S.
B 64117

Krag, E. A. : An der Spitze im Bild. Späher, Aufklärer, Kraftradschützen in d. Divisionen d. Waffen-SS. Osnabrück: Munin-Verl. 1988. 262 S.
010696

Luther, C. W. : Blood and honor: the history of the 12th SS Panzer Division „Hitler Youth", 1943-1945. San Jose, Calif.: Bender 1987. 272 S.
B 68818

Mabire, J. : Les generaux du diable. La Waffen SS en Normandie. Paris: Grancher 1987. 317 S.
B 64329

Perrett, B. : Knights of the Black Cross: Hitler's Panzerwaffe and its leaders. London: Hale 1986. 366 S.
B 63719

Schulz, S. : Geschichte des Grenadier-Regiments Graf Kleist von Nollendorf (1. Westpreußisches) Nr. 6 von 1772 bis 1920. Lübeck: Selbstverlag 1988. 125 S.
Bc 02554

Silgailis, A. : Latvian Legion. San Jose, Calif.: Bender 1986. 256 S.
B 62705

Trumpp, T. ; Nilges: Bild 101 III. Propagandakompanien (Waffen-SS). Koblenz: Bundesarchiv 1989. VII, 366 S.
010735

L 130 f 14 Militärwesen

Achilles, O. : Militär im Landtag Niedersachsen. E. Analyse u. Dok. d. 1. bis 9. Wahlperiode unt. bes. Berücksichtigung d. Bereichs Soltau – Lüneburg. Dortmund: Selbstverlag 1987. Getr. Pag.
010709

Bachmann, P. ; Zeisler, K. : Der deutsche Militarismus. Illustr. Geschichte. Bd. 1. 2. Köln: Pahl-Rugenstein 1986. 436 S.
010457

Frauen in den Streitkräften. Auswahlbibliographie (1978-1988). Bonn: Dt. Bundestag 1988. V, 38 S.
Bc 02455

Hughes, D. J. : The king's finest: a social and bureaucratic profile of Prussia's general officers, 1871-1914. New York: Praeger 1987. IX, 215 S.
B 65446

Kaufmann, H.-P. : Raumwirksamkeit militärischer Einrichtungen. Die Raumwirksamkeit von Einrichtungen der Bundeswehr und Möglichkeiten ihrer Nutzung als Instrument der Regionalpolitik. Spardorf: Wilfer 1986. XII, 299 S.
B 62407

Kirchner, K. H. : Reservisten. Unverzichtbar für unsere Sicherheit. Bonn: Bundesminister d. Verteidigung 1988. 83 S.
Bc 8110

Kotsch, D. : Zu einigen Aspekten der geschichtsideologischen Erziehung und der Militärgeschichtsschreibung in der Bundeswehr. In: Militärwesen. 32 (1988), 11, S. 61-68.
BZ 4485:32

Lichtenstein, H. : Angepaßt und treu ergeben: das Rote Kreuz im „Dritten Reich".
Köln: Bund-Verl. 1988. 158 S.
Bc 8186

Materialamt der Bundeswehr. Sankt Augustin: MatABw 1988. 81 S.
Bc 02454

Militär als Gegenkultur. Hrsg.: W. R. Vogt. Opladen: Leske + Budrich 1986. 308 S.
B 60140

Militär als Lebenswelt. Hrsg.: W. R. Vogt. Opladen: Leske + Budrich 1988. 304 S.
B 67565

Offizier und Studium. Hrsg.: M. Domsch. München: Hampp 1988. IX, 180 S.
Bc 8493

Ruehl, L. : Franco-German military cooperation: an insurance policy for the Alliance. In: Strategic review. 16 (1988), 3, S. 48-54.
BZ 05071:16

Schmidt-Eenboom, E. : Wiesbaden: eine Analyse der militärischen Strukturen in der hessischen Landeshauptstadt. Starnberg: Forschungsinst. f. Friedenspolitik 1987. 137 S.
Bc 8245

Stüllein, W. : Aufklärerschule Brieg O/S – November 1939 – Februar 1940. o.O. o.J. 10 S.
Bc 8597

Stüllein, W. : Beim Luftzeugstab 4. Frankreich, Jugoslawien, Griechenland, Russland. o.O. o.J. 55 S.
Bc 8598

Stüllein, W. : Mit Lz 8 trop in Italien. o.O. o.J. 16 S.
Bc 8596

Volmerg, U. : Jugendoffiziere im Konflikt mit der Friedensbewegung. Frankfurt: HSFK 1987. 61 S.
Bc 02292

Wie funktioniert das? Die Bundeswehr. Mannheim: Meyers Lexikonverl. 1987. 316 S.
B 63476

– **Militärseelsorge**

Katholische Christen in der Bundeswehr. Hrsg.: Kath. Militärbischofsamt. Köln: Bachem 1987. 157 S.
B 64120

– **Wehrrecht**

Baeuerle, D. : Totalverweigerung als Widerstand. Motivationen, Hilfen, Perspektiven. Frankfurt: Fischer 1988. 138 S.
Bc 8179

Wehrdienst aus Gewissensgründen. Zur polit. u. ethischen Legitimation d. Verteidigung. Hrsg.: H. Bühl. Herford: Mittler 1987. 331 S.
B 63140

– **Militaria**

Davis, B. L. : German uniforms of the Third Reich, 1933-1945: in colour. Poole: Blandford 1987. 222 S.
B 64997

Hormann, J. M. : Die Bundeswehr und ihre Uniformen. 30 Jahre Bekleidungsgeschichte. Friedberg: Podzun-Pallas-Verl. 1987. 208 S.
B 64027

Die Kopfbedeckungen der Kriegsmarine 1919-1945. Norderstedt: Militair-Verl. Patzwall 1988. 119 S.
010757

Kotsch, D. : Zur Traditionspflege in der Bundeswehr. Kontinuität und Anpassung in dreieinhalb Jahrzehnten. In: Militärgeschichte. 28 (1989), 1, S. 53-65.
BZ 4527:28

Kraus, J. : Vom bunten Rock zum Kampfanzug. Uniformentwicklung vom Dreißigjährigen Krieg bis zur Gegenwart. Ingolstadt: Bayerisches Armeemuseum 1987. 104 S.
Bc 8259

Patzwall, K. D. : Das Ehrenzeichen vom 9. November 1923. (Blutorden). 2. Aufl. Norderstedt: Militair-Verl. Patzwall 1986. 124 S.
010478

– **Wehrrecht**

Beiwinkel, K. : Wehrgerechtigkeit als finanzpolitisches Verteilungsproblem. Möglichkeiten e. Kompensation von Wehrgerechtigkeit durch monetäre Transfers. Frankfurt: Lang 1986. XIV, 191 S.
B 64183

Krücken, W. : Kriegsdienstverweigerung: politl.-eth.-theol. Erinnerungen u. Erwägungen zu e. unbewältigten Problem. St. Ottilien: EOS-Verl. 1987. 574 S.
B 63169

Scherer, W. ; Alff, R. : Soldatengesetz. Kommentar. 6. Aufl. München: Vahlen 1988. XV, 418 S.
B 64596

Zivildienstgesetz. Kommentar mit erg. Vorschriften. 3. Aufl. Leverkusen: Heggen-Verl. 1986. 486 S.
B 64296

L 130 f 20 Marine

26. historisch-taktische Tagung der Flotte. 1986. Erziehung u. Ausbildung zum Marineoffizier in Vergangenheit u. Gegenwart. Glücksburg: Selbstverlag 1986. 313 S.
B 61987

Behrens, G. : Die Geschichte der 1. Schnellbootflottille 1931-1945 in Bildern. Kiel: Selbstverlag 1986. 172 S.
Bc 02563

Breyer, S. : Schlachtschiff „Gneisenau". Friedberg: Podzun-Pallas-Verl. 1987. 48 S.
Bc 02222

Die Crew 38 im Spiegel der Zeit. Festschrift z. 50jähr. Jubiläum, 1. Okt. 1938-1. Okt. 1988. o. O.: Selbstverlag 1988. 68 S.
Bc 8352

Epkenhans, M. : Großindustrie und Schlachtflottenbau 1897-1914. In: Militärgeschichtliche Mitteilungen. (1988), 1(43), S. 65-94.
BZ 05241:1988

Flank, H. : Die Schnellbootflottille. In: Marine-Rundschau. 86 (1989), 2, S. 66-73.
BZ 05138:86

Meyer-Höper, H.-J. ; Wierig, V. : 30 Jahre Segelschulschiff „Gorch Fock". In: Marine-Rundschau. 85 (1988), 5, S. 258-264.
BZ 05138:85

Neuber, H. : Mayday – mayday. SAR-Hubschrauber im Rettungseinsatz auf See. Koblenz: Bernard und Graefe 1988. VIII, 328 S.
B 65881

Showell, J. P. : U-boats under the Swastika. Annapolis, Ma.: Naval Inst. Pr. 1987. 144 S.
B 65507

L 130 f 30 Luftwaffe

Boog, H. : Das Problem der Selbständigkeit der Luftstreitkräfte in Deutschland 1908-1945. In: Militärgeschichtliche Mitteilungen. (1988), 1(43), S. 31-64.
BZ 05241:1988

Bourg, W. van der: Die Bruderschaft der Flieger. Fuchstal: Verl. d. Flieger 1986. 510 S.
B 64458

Fast, N. : Urasowo. „Der lange Marsch" der i. /Jg 52 durch die Don-Steppe im Januar '43. Bensberg: Selbstverlag 1986. 58S.
Bc 8167

Jungkurth, H. : The German Air Force – now and in the future. In: Military technology. 12 (1988), 12, S. 16-23.
BZ 05107:12

Kraft, H. D. : Fliegersonderbekleidung und Ausrüstung. Norderstedt: Militair-Verl. Patzwall 1987. 80 S.
010704

Luftwaffen-Rangliste 1945. Norderssstedt: Militair-Verl. Patzwall 1986. 224 S.
B 67475

Moritz, E. : Einschätzung der „Luftlage in Europa" im Frühjahr 1939 durch die deutsche Luftwaffenführung. In: Militärgeschichte. 28 (1989), 4, S. 365-380.
BZ 4527:28

Tiefflug – die eigene Bedrohung. In: Mediatus. 8 (1988), 11, S. 9-15.
BZ 05506:8

L 130 g Wirtschaft

L 130 g 10 Volkswirtschaft

Abelshauser, W. : Die langen fünziger Jahre. Wirtsch. u. Gesellsch. d. Bundesrepublik Deutschland 1949-1966. Düsseldorf: Schwann 1987. 191 S.
B 64634

Achtamzjan, A. A. : Sovetsko-germanskie ekonomičeskie otnošenija v 1922-1932 gg. In: Novaja i novejšaja istorija. (1988), 4, S. 42-56.
BZ 05334:1988

Altvater, E. ; Hübner, K. : Das Geld einer mittleren Hegemonialmacht. Ein kleiner Streifzug durch die ökonomische Geschichte der BRD. In: Prokla. 18 (1988), 4, S. 6-36.
BZ 4613:18

Blaich, F. : Wirtschaft und Rüstung im „Dritten Reich". Düsseldorf: Schwann 1987. 160 S.
B 64994

Bührer, W. : Auftakt in Paris. In: Vierteljahrshefte für Zeitgeschichte. 36 (1988), 3, S. 529-556.
BZ 4456:36

Himmlers Graue Eminenz – Oswald Pohl und das Wirtschaftsverwaltungshauptamt der SS. Hrsg.: P.-F. Koch. Hamburg: Verl. Facta Oblita 1988. 333 S.
B 64236:2

Huffschmid, J. : An den Grenzen des Wunders. Zur Leistungsfähigkeit kapitalistischer Wirtschaftslenkung. In: Blätter für deutsche und internationale Politik. 34 (1989), 1, S. 57-68.
BZ 4551:34

Koerfer, D. : Zankapfel Europapolitik: der Kompetenzstreit Auswärtiges Amt und Bundeswirtschaftsministerium 1957/58. In: Politische Vierteljahresschrift. 29 (1988), 4, S. 553-568.
BZ 4501:29

Marks, S. : Die Grenze der Schuld. Soziologische Strukturen d. faschist. Ideologie. Opladen: Westdeutscher Verlag 1987. 265 S.
B 64140

Muschiol, S. : Die Lage der BRD-Wirtschaft 1988/Anfang 1989. In: IPW-Berichte. 18 (1989), 4, S. 13-21.
BZ 05326:18

Plumpe, W.: Vom Plan zum Markt. Wirtschaftsverwaltung und Unternehmerverbände in der britischen Zone. Düsseldorf: Schwann 1987. 364 S.
B 63984

Tammer, H.: Mehrwert- und Profitrate in der BRD 1950 bis 1985. In: IPW-Berichte. 18 (1989), 2 u. 3, S. 8-15; 9-14.
BZ 05326:18

Tammer, H.: Profite und Profitraten der BRD-Konzerngesellschaften 1979 bis 1987. In: IPW-Berichte. 17 (1988), 12, S. 14-24.
BZ 05326:17

Ude, U.: 150 Jahre Marineschiffbau bei „Howaldt" – Rückenblick und Ausblick. In: Marine-Forum. 64 (1989), 6, S. 196 - 209.
BZ 05170:64

Unsere Volkswirtschaft in der Weltwirtschaft. Kiel: Landeszentrale f. polit. Bildung 1988. 262 S.
Bc 8398

L 130 g 30 Industrie

Die Daimler-Benz AG 1916-1948. Schlüsseldokumente zur Konzerngeschichte. Hrsg.: K.-H. Roth. Nördlingen: Greno 1987. 478 S.
B 65900

Klewitz, B.: Die Arbeitssklaven der Dynamit Nobel. Schalkmühle: Engelbrecht 1986. 319 S.
B 64308

König, W.; Schneider, U.: Sprengstoff aus Hirschhagen. Vergangenheit u. Gegenwart e. Munitionsfabrik. 2. Aufl. Kassel: Verl. Gesamthochschulbibl. Kassel 1987. 213 S.
B 64232

Kugler, A.: Die Behandlung des feindlichen Vermögens in Deutschland und die „Selbstverantwortung" der Rüstungsindustrie. Dargest. am Beisp. d. Adam Opel AG von 1941 bis Anfang 1943. In:1999. 3 (1988), 2, S. 46-78.
BZ 4879:3

Pfliegensdörfer, D.: Neue Wege in der historischen Unternehmensforschung. Ein Projektbericht. In: 1999. 3 (1988), 3, S. 56-78.
BZ 4879:3

Radandt, H.: Die Interessen der IG Farbenindustrie AG in Bulgarien bis 1944. In: 1999. 3 (1988), 4, S. 10-30.
BZ 4879:3

Rohwer, G.: Die Lohnentwicklung bei Daimler-Benz (Untertürkheim) 1925-1940. In: 1999. 4 (1989), 1, S. 52-79.
BZ 4879:4

Roth, K. H.: Justitiar der Räuber. Wolfgang Heintzeler und die Pläne der I. G. Farbenindustrie AG zur Plünderung der sowjetischen Kautschukfabriken 1941/42. In: 1999. 3 (1988), 2, S. 96-131.
BZ 4879:3

Roth, K. H.: Ein Spezialunternehmen für Verbrennungskreisläufe: Konzernskizze Degussa. In: 1999. 3 (1988), 2, S. 8-45.
BZ 4879:3

Tammer, H.: Profite und Profitraten der BRD-Konzerngesellschaften im Jahre 1988. In: IPW-Berichte. 18 (1989), 12, S. 17-26.
BZ 05326:18

Vaupel, D.: "Unauslöschbare Spuren" – Zwangsarbeiterinnen der Dynamit AG berichten nach mehr als vierzig Jahre. In: 1999. 3 (1988), 4, S. 60-74.
BZ 4879:3

Walden, H. : Blohm & Voss und die russische Seekriegrüstung vor 1914. In: Hamburger Zustände. 1 (1988), 1, S. 161-181.
BZ 4968:1

Wolf, M. : Von Frankfurt in die Welt. Aus d. Gesch. der Degussa AG. Frankfurt: Degussa 1988. 195 S.
010596

L 130 g 39 Energiewirtschaft/ Energiepolitik

Die Chaoten: Bilder aus Wackersdorf. Hrsg.: H. Lohmeyer. Augsburg: AV-Verl. 1988. 301 S.
010719

Kohlert, S. : Ende der Ausbaustrecke? Nach Wackersdorf: Umrisse eines neuen energiepolitischen Konsenses. In: Blätter für deutsche und internationale Politik. 34 (1989), 9, S. 1140-1148.
BZ 4551:34

Reaktoren und Raketen. Bonn auf d. Weg von d. zivilen zur militär. Atomenergie? Hrsg.: U. Schelb. Köln: Pahl-Rugenstein 1987. 337 S.
B 64152

Zwischenschritte. D. Anti-Atomkraft-Bewegung zw. Gorleben u. Wackersdorf. Hrsg.: W. Ehmke. Köln: Kölner Volksblatt Verl. 1987. 231 S.
B 62456

L 130 g 40 Handel

Freiberg, P. ; Zapf, H.-U. : Wirtschaftsbeziehungen der BRD mit den sozialistischen Ländern. In: IPW-Berichte. 18 (1989), 6, S. 7-13.
BZ 05326:18

Jacobsen, H.-D. ; Machowski, H. : Die Wirtschaftsbeziehungen zwischen beiden deutschen Staaten – Sonderstatus und Bedeutung. In: Europäische Rundschau. 16 (1988), 4, S. 31-43.
BZ 4615:16

Riemenschneider, M. : Die deutsche Wirtschaftspolitik gegenüber Ungarn 1933-1944. E. Beitr. zur Interdependenz von Wirtschaft u. Politik unter d. Nationalsozialismus. Frankfurt: Lang 1987. 453 S.
B 64742

L 130 g 50 Verkehr

2. 11. 87. Ber. , Stellungnahmen, Diskussionen z. d. Schüssen a. d. Startbahn West. Amsterdam: Stichting Beheer IISG 1987. S. I-VIII, 301 S. , S. IX-XVI.
010548

Die Feldpostnummern der deutschen Unterseeboote 1939-1945. Hrsg.: O. Steckel. Itzehoe: Selbstverlag 1987. 117 S.
Bc 8517

Kannapin, N. : Die deutsche Feldpost 1939-1945. Organisat. u. Lokalisat. d. Feldpostämter u. Feldpostdienststellen. 2. Aufl. Osnabrück: Biblio Verl. 1987. 389 S.
010707

L 130 g 60 Finanzen/Geld- und Bankwesen

Buchheim, C. : Die Währungsreform 1948 in Westdeutschland. In: Vierteljahrshefte für Zeitgeschichte. 36 (1988), 2, S. 189-231.
BZ 4456:36

Heimbrecht, J. : Das Milliardending: Minister, Multis u. Moneten. Köln: Pahl-Rugenstein 1987. 202 S.
B 62416

Mein Kopfgeld. Die Währungsreform – Rückblicke nach vier Jahrzehnten. Hrsg.: H. Friedrich. München: Dtv 1988. 184 S.
Bc 8197

L 130 h Gesellschaft

Exil, Wissenschaft, Identität. Hrsg.: I. Srubar. Frankfurt: Suhrkamp 1988. 383 S.
B 66001

Klingemann, C. : Angewandte Soziologie im Nationalsozialismus. In:1999. 4 (1989), 1, S. 10-34.
BZ 4879:4

Krink, A. : Leben im Dritten Reich. Bonn: Bundeszentrale für polit. Bildung o. J. 32 S.
Bc 02422

Lau, T. : Normenwandel der deutschen militärischen Elite seit 1918. Frankfurt: Lang 1988. 174 S.
Bc 8534

Life in the Third Reich. Oxford: Oxford Univ. Pr. 1987. XIX, 124 S.
B 63724

Nullmeier, F. : Institutionelle Innovationen und neue soziale Bewegungen. In: Aus Politik und Zeitgeschichte. (1989), 26/89, S. 3-16.
BZ 05159:1989

Pappi, F. U. : Die Anhänger der neuen sozialen Bewegungen im Parteiensystem der Bundesrepublik. In: Aus Politik und Zeitgeschichte. (1989), 26/89, S. 17-27.
BZ 05159:1989

Sachse, C. : Betriebliche Sozialpolitik als Familienpolitik in der Weimarer Republik und im Nationalsozialismus mit e. Fallstudie der Firma Siemens, Berlin. Hamburg: Hamburger Inst. für Sozialforschung 1987. VII, 625 S.
B 66143

Schildt, A. ; Sywottek, A. : "Wiederaufbau" und „Modernisierung". In: Aus Politik und Zeitgeschichte. (1989), 6/7/89, S. 18-32.
BZ 05159:1989

Simon, K. : Repräsentative Demokratie in großen Städten. Melle: Knoth 1988. 124 S.
Bc 8349

Sozialpolitik und Judenvernichtung. Gibt es eine ökonomie der Endlösung? Berlin: Rotbuch-Verl. 1987. 188 S.
BZ 4837:5

Spurk, J. : Von der Volksgemeinschaft zur Re-Vergemeinschaftung in der Krise des Fordismus. Überlegungen zum Verhältnis von Gemeinschaft in der deutschen Geschichte. In: Prokla. 18 (1988), 4, S. 57-75.
BZ 4613:18

Stölting, S. : Auswanderer auf alter Zeitungsgrafik. Lilienthal: Worpsweder Verl. 1987. 103 S.
010623

Uffelmann, U. : Gesellschaftspolitik zwischen Tradition und Innovation in der Gründungsphase der Bundesrepublik-Deutschland. In: Aus Politik und Zeitgeschichte. (1989), 6/7/89, S. 3-17.
BZ 05159:1989

L 130 h 10 Bevölkerung und Familie

Embacher, H. : Der Krieg hat die „göttliche Ordnung" zerstört! Konzepte und Familienmodelle zur Lösung von Alltagsproblemen, Versuche zur Rettung der Moral, Familie und patriarchalen Gesellschaft nach dem Ersten Weltkrieg. In: Zeitgeschichte. 15 (1988), 9/10, S. 347-364.
BZ 4617:15

Fuchs, H. J. : Das glückliche Bewußtsein und die Krise. Ausländerfeindlichkeit in d. Bundesrepublik. Frankfurt: Brandes u. Apsel 1986. 133 S.
B 62825

Opawski, K. : Gastarbeiterzy w RFN. Warszawa: Państwowe Wydawn. Naukowe 1989. 211 S.
B 68947

Wette, W. : Die schwierige Überredung zum Krieg. Zur phsychologischen Mobilmachung der deutschenBevölkerung. 1933-1939. In: Aus Politik und Zeitgeschichte. (1989), 32/33, S. 3-17.
BZ 05159:1989

L 130 h 12 Jugend

Lienker, H. : "Geist von Weimar". Partizipationsbestrebungen, kulturelle Orientierungen u. politisch-pädagogische Handlungsfelder. Bonn: Sozialist. Jugend Deutschlands 1987. 158 S.
Bc 8253

„Manchmal war'n mir richtig bös'..." Arbeiterkinder und -jugendliche in Fechenheim 1918-1933. Frankfurt: dipa 1987. 384 S.
B 63217

Sakson, A. : Zbutowana Młodziez? Nowe ruchy młodziezowe w RFN i Berlinie Zachodnim. Krakow: Krajowa agencja wydawn 1987. 77 S.
Bc 7873

Schlewecke, G. : Stirb er anständig. Kindheits- und Jugenderlebnisse mit dem Dritten Reich, 1932-1945. Hannover: Lutherisches Verlagshaus 1987. 160 S.
Bc 7719

Schley, C. : Die Sozialistische Arbeiterjugend Deutschlands (SAJ). Sozialist. Jugendverband zw. polit. Bildung u. Freizeitarbeit. Frankfurt: dipa Verl. 1987. 363, XXVIII S.
B 64190

Sternheim-Peters, E. : Die Zeit der großen Täuschungen. Mädchenleben im Faschismus. Bielefeld: AJZ-Verl. 1987. 481 S.
B 63918

Wilke, M. ; Brabant, M. : Totalitäre Träumer. Die SDAJ – der unbekannte Jugendverband. München: Olzog 1988. 125 S.
Bc 8546

Wir sind die grüne Garde. Geschichte der Naturfreundejugend. Hrsg.: H. Hoffmann. Essen: Klartext 1986. 240 S.
B 63210

L 130 h 13 Frauen

Auf der Flucht geboren: [Kinder- u. Mütter-Schicksale]. Leer: Rautenberg 1986. 174 S.
B 62810

Beavan, D. ; Faber, B. : „Wir wollen unser Teil fordern." Interessenvertretung u. Organisationsformen d. bürgerlichen u. proletarischen Frauenbewegung im dtsch. Kaiserreich. Köln: Pahl-Rugenstein 1987. IV, 264 S.
B 63549

Bremer, S. : Muckefuck und Kameradschaft. Mädchenzeit im Dritten Reich. Von der Kinderlandverschickung 1941. Frankfurt: Fischer 1988. 126 S.
Bc 8184

Steinberg, A. : Frauen in den Klassenverhältnissen. In: Marxistische Blätter. 27 (1989), 1, S. 62-74.
BZ 4548:27

Thunner, E. : "Dann haben wir wieder unsere Arbeit gemacht". Frauenarbeit und Frauenleben nach dem Zweiten Weltkrieg. In: Zeitgeschichte. 15 (1988), 9/10, S. 403-425.
BZ 4617:15

Weder Waffenrock noch Schwesternkleid. Gegen weitere Militarisierung von Frauen und allgemeine Dienstpflicht. Bonn: Die Grünen 1988. 149 S.
Bc 8542

L 130 h 20 Stand und Arbeit

L 130 h 21 Arbeiterbewegung

Fritzsche, E. : Wir sagten, der Mensch ist gut. E. Leben für d. Gewerkschaftsbewegung. Oldenburg: Bibliotheks- u. Informationssystem d. Univ. Oldenburg 1987. 143 S.
Bc 8274

Gulevič, V. N. : Revoljucionnye antivoennye Tradicii v germanskom rabočem dviženii. Kiev: Naukova dumka 1988. 199 S.
B 66982

Herzberg, W. : Ich bin doch wer. Arbeiter u. Arbeiterinnen d. VEB Berliner Glühlampenwerk erzählen ihr Leben 1900-1980. Darmstadt: Luchterhand 1987. 273 S.
B 64456

Recht und Arbeiterbewegung. Zum Gedenken an Wolfgang Abendroth. Hrsg.: D. Hensche. Köln: Pahl-Rugenstein 1987. 226 S.
B 64151

– bis 1945

Fricke, D. : Handbuch zur Geschichte der deutschen Arbeiterbewegung, 1869 bis 1917. Bd. 1. 2. Berlin: Dietz 1987. 697, 698-1468 S.
B 64095

Geschichte der revolutionären Berliner Arbeiterbewegung. Bd. 1. 2. Berlin: Dietz 1987. 651, 527 S.
B 64722

Kotłowski, T. : Niemcy 1919-1923. Organizacje robotnicze w walce o ustrój społeczno-polityczny panstwa. Poznan: Wyd. Nauk. Uniw. UAM 1986. 402 S.
B 61661

Kratzenberg, V. : Arbeiter auf dem Weg zu Hitler? Die nationalsozialist. Betriebszellen-Organisation. Frankfurt: Lang 1987. 342 S.
B 65905

Laursen, J. N. : Arbejderbevægelsen i Tyskland – fra Preussen til Det tredje Rige. København: ABA 1986. 82 S.
Bc 02394

Müller, W. : Lohnkampf, Massenstreik, Sowjetmacht. Ziele u. Grenzen d. "Revolutionären Gewerkschafts-Opposition" (RGO) in Deutschland 1928-1933. Köln: Bund-Verl. 1988. 433 S.
B 65927

Pelz, W. A. : The Spartakusbund and the German working class movement, 1914-1919. Lewiston, NY.: Edwin Mellen Press 1987. XVIII, 405 S.
B 66869

Potthoff, H. : Freie Gewerkschaften 1918-1933. D. Allgemeine Dt. Gewerkschaftsbund in der Weimarer Republik. Düsseldorf: Droste 1987. 435 S.
B 63183

Reuter, L.-R. ; Dodenhoeft, M. : Arbeitsmigration und gesellschaftliche Entwicklung. E. Literaturanalyse. Wiesbaden: Steiner 1988. 150 S.
Bc 7980

Speier, H. : German whitecollar workers and the rise of Hitler. New Haven: Yale Univ. Pr. 1986. XXV, 208 S.
B 64547

Wulf, H. A. : „Maschinenstürmer sind wir keine." Technischer Fortschritt u. sozialdemokrat. Arbeiterbewegung. Frankfurt: Campus Verlag 1987. 228 S.
B 64338

– nach 1945

Fritzsche, H. : Gewerkschaften in der BRD zur Rüstungskonversion. In: IPW-Berichte. 18 (1989), 8, S. 11-20.
BZ 05326:18

Fritzsche, H. : Positionen der DGB-Gewerkschaften zu den Grundrechten. In: IPW-Berichte. 17 (1988), 12, S. 33-38.
BZ 05326:17

Georgens, B. : Die Diskussion über Konversion von Rüstungsproduktion in den Gewerkschaften der Bundesrepublik. In: Marxistische Studien. 15 (1989), 1, S. 316-327.
BZ 4691:15

Glotz, P. : Aggressiver Traditionalismus oder Ausbruch aus der Wagenburg. In: Blätter für deutsche und internationale Politik. 33 (1988), 12, S. 1437-1452.
BZ 4551:33

Glotz, P. : Ausbruch aus der Wagenburg. über die Zukunft der Gewerkschaften. In: Die neue Gesellschaft – Frankfurter Hefte. 35 (1988), 11, S. 1034-1046.
BZ 4572:35

Grewe, H. ; Niedenhoff, H.-U. ; Wilke, M. : Funktionärskarrieren im DGB. Zum Generationswechsel an der Spitze der DGB-Gewerkschaften. Melle: Knoth 1988. 117 S.
Bc 8593

Liebermann, J. ; Meer-Leyh, C. : Ohne Gewerkschaft ist wie ein Mann ohne Schuh. Bochum: Berg-Verl. 1988. 152 S.
Bc 8275

Organisatorischer Aufbau der Gewerkschaften 1945-1949. Köln: Bund-Verl. 1987. 1182 S.
B 63309

Wengst, U. : Beamtentum zwischen Reform und Tradition. Beamtengesetzgebung in der Gründungsphase der BRD, 1948-1953. Düsseldorf: Droste 1988. 328 S.
B 65134

Zeuner, B. : Gewerkschaften und intellektuelle Linke in 40 Jahren Bundesrepublik – Impressionen und Anmerkungen. In: Europäische Rundschau. 18 (1988), 4, S. 118-130.
BZ 4615:18

L 130 h 22 Arbeit und Arbeitsprobleme

Freyberg, T. von: Flexibilität – Zur Geschichte eines Schlagworts. In: Prokla. 19 (1989), 76, S. 86-103.
BZ 4613:19

Herrenmensch und Arbeitsvölker. Ausländische Arbeiter und Deutsche, 1939-1945. Berlin: Rotbuch-Verl. 1986. 189 S.
BZ 4837

Morsch, G. : Streik im „Dritten Reich". In: Vierteljahrshefte für Zeitgeschichte. 36 (1988), 4, S. 649-689.
BZ 4456:36

Sklaven in Deutschland. Fremd- und Zwangsarbeiter in Gelsenkirchen während der NS-Zeit. Gelsenkirchen: Ev. Jugendpfarramt, o. J. 32 S.
Bc 02271

Straube, H. : Türkisches Leben in der Bundesrepublik. Frankfurt: Campus 1987. 374 S.
B 65729

Syben, T. : Abstich in Rheinhausen. Dokumentation, Analyse, Geschichtliches und Geschichten. Duisburg: D. I. S. S. 1988. 180 S.
Bc 8323

L 130 h 30 Wohlfahrt und Fürsorge

Alle NS-Opfer anerkennen und entschädigen. Hrsg.: T. Lutz. Berlin: Aktion Sühnezeichen 1987. 112 S.
Bc 8248

Erfahrung und Zeugnis der Deutschen aus Polen. Hrsg.: R. Breyer. Berlin: Westkreuz-Verl. 1987. 171 S.
010508

Herzog, U. : Solidarität in der Not – Kampf für eine soziale Republik. Die Arbeiterwohlfahrt im Bezirk östlichesWestfalen, 1919-1933. Bielefeld: Arbeiterwohlfahrt 1987. 111 S.
Bc 8164

Kuhn, E. : Nicht Rache, nicht Vergeltung. Die deutschen Vertriebenen. München: Langen Müller 1987. 368 S.
B 63195

Vorländer, H. : Die NSV. Darstellung und Dokumentation e. nationalsozialist. Organisation. Boppard: Boldt 1988. XXIII, 544 S.
B 65165

L 130 i Geistesleben

Für Wahrheit und Recht. Hrsg.: H. Schwab. Bensheim: Schillerbund- Dt. Kulturverband 1987. 71 S.
Bc 02399

Thies, J. : Las relaciones culturales entre los dos Estados alemanes. In: Política exterior. 2 (1988), 7, S. 123-137.
BZ 4911:2

L 130 i 10 Wissenschaft

Aktion T 4, 1939-1945. Die „Euthanasie"-Zentrale in der Tiergartenstrasse 4. Hrsg.: G. Aly. Berlin: Hentrich 1987. 206 S.
Bc 8199

Benz, W. : Dr. med. Sigmund Rascher. Eine Karriere. In: Dachauer Hefte. 4 (1988), 4, S. 190-214.
BZ 4855:4

Bower, T. : The paperclip conspiracy. The battle for the spoils and secrets of Nazi Germany. London: Joseph 1987. XIV, 336 S.
B 64257

Feinderklärung und Prävention. Kriminalbiologie, Zigeunerforschung und Asozialenpolitik. Berlin: Rotbuch-Verl. 1988. 214 S.
BZ 4837:6

International Auschwitz Committee. Nazi medicine. Doctors, victims and medicine in Auschwitz. Ed.: J. Rawicz. New York: Fertig 986. XII, 227 S.
B 64499

Jäckle, R. : "Pflicht zur Gesundheit" und Ausmerze". Medizin im Dienst des Regimes. In: Dachauer Hefte. 4 (1988), 4, S. 59-77.
BZ 4855:4

Kalckreuth, J. von: Die Sicherstellung medizinischer Versorgung in Katastrophen. Forderungen an Staat u. Ärzteschaft für Katastrophen, Krisen- u. Verteidigungsfall. Baden-Baden: Nomos-Verlagsges. 1988. 219 S.
B 64317

Klee, E. : „Den Hahn aufzudrehen war ja keine große Sache". Vergasungsärzte während der NS-Zeit und danach. In: Dachauer Hefte. 4 (1988), 4, S. 1-21.
BZ 4855:4

Lohmann, H.-M. : Die Psychoanalyse unterm Hakenkreuz. In: Dachauer Hefte. 4 (1988), 4, S. 116-127.
BZ 4855:4

Reiter, R. : Unerwünschter Nachwuchs. Schwangerschaftsabbrüche bei „fremdvölkischen" Frauen im NSDAP-Gau Ost-Hannover. In: Dachauer Hefte. 4 (1988), 4, S. 225-236.
BZ 4855:4

Simon-Pelanda, H. : Medizin und Trinkerfürsorge. Ein Amtsarzt bekämpft den Alkoholismus mit KZ-Haft. In: Dachauer Hefte. 4 (1988), 4, S. 215-224.
BZ 4855:4

L 130 i 20 Kunst

Drewniak, B. : Der deutsche Film 1938-1945: e. Gesamtüberblick. Düsseldorf: Droste 1987. 990 S.
B 66006

Das sowjetische Ehrenmal in Berlin-Tiergarten. E. Text- u. Fotodokumentation. Berlin: Zeitungsdienst Berlin 1987. 71 S.
Bc 8447

Tod eines Pianisten. Karl Robert Kreiten u. d. Fall Werner Höfer. Hrsg.: F. Lambart. Berlin: Hentrich 1988. 342 S.
010547

Zoratto, B. : Stuttgart gedenkt Leopold Rettis. Stuttgart: Ed. Oltreconfine 1988. 31 S.
Bc 8148

L 130 i 30 Literatur

Carl von Ossietzky:227 Tage im Gefängnis; Briefe, Dokumente, Texte. Hrsg.: S. Berkholz. Darmstadt: Luchterhand 1988. 318 S.
B 65677

Grünzweig, W. : Die vergebliche Enttrümmerung beschädigter Kinderköpfe: Nationalsozialismus in den Werken Gert Hofmanns. In: German studies review. 17 (1989), 1, S. 55-67.
BZ 4816:17

Knabe, G. : Lachen um Adolf Hitler. Humor im Dritten Reich. Knüllwald: Winkelberg-Verl. 1988. 112 S.
Bc 8247

Seitz, N. : Bananenrepublik und Gurkentruppe: d. nahtlose Übereinstimmung von Fussball u. Politik 1954-1987. Frankfurt: Eichborn 1987. 160 S.
B 63486

Suhr, E. : Carl von Ossietzky: e. Biographie. Köln: Kiepenheuer & Witsch 1988. 332 S.
B 65294

L 130 i 40 Presse/Publizistik/Medien

Bleistein, M. : Kirche im Prozeß gesellschaftlicher Kommunikation. Zum Konflikt um d. Theologie d. Befreiung in d. deutschen Presse. St. Ottilien: EOS-Verl. 1987. 233 S.
B 64114

Hallwirth, U. : Auf der Suche nach einer neuen Identität? Zum nationalen Selbstverständnis in d. westdten. Presse 1945-1955. Frankfurt: Lang 1987. 299 S.
B 63840

Rost, L. : Propaganda zur Vernichtung „unwerten Lebens" durch das Rassenpolitische Amt der NSDAP. In:1999. 3 (1988), 3, S. 46-55.
BZ 4879:3

Der Traum der Republik. Literarische Revue über die Zerstörung der Weimarer Republik. Hrsg.: A. Lipping. Köln: Röderberg im Pahl-Rugenstein Verl. 1988. 151 S.
Bc 02467

... wahr muss es sein: Militär und Journalismus in zwei Jahrhunderten. Hrsg.: P. Hoppe. Herford: Mittler 1989. 176 S.
010762

L 130 i 50 Schule und Erziehung

Benz, U. : Brutstätten der Nation. In: Dachauer Hefte. 4 (1988), 4, S. 144-163.
BZ 4855:4

Kennedy, K. D. : Regionalism and nationalism in South German history lessons, 1871-1914. In: German studies review. 12 (1989), 1, S. 11-33.
BZ 4816:12

„Der Traum von der freien Schule". Hrsg.: H.-P. de Lorent. Hamburg: Ergebnisse-Verl. 1988. 367 S.
BZ 4700:40/41

– bis 1945

Der Berliner Antisemitismusstreit. Hrsg.: W. Boehlich. Frankfurt: Insel Verl. 1988. 265 S.
Bc 8348

Kampe, N. : Studenten und „Judenfrage" im Deutschen Kaiserreich. D. Entstehung e. akad. Trägerschicht d. Antisemitismus. Göttingen: Vandenhoeck u. Ruprecht 1988. 327 S.
B 64899

Langer, H. : Schulfrei für den Tod. Jugend unter Pickelhaube und Stahlhelm. Berlin: Verlag Neues Leben 1988. 196 S.
Bc 8660

– nach 1945

Ackermann, P. : Die Einflußmöglichkeiten der politischen Bildung in der Schule sind begrenzt. In: Beiträge zur Konfliktforschung. (1988), 4, S. 75-90.
BZ 4594:1988

Beck, D. : Die neue Unruhe. Zwischenbilanz der Ereignisse an den Hochschulen im Winter 1988/89. In: Blätter für deutsche und internationale Politik. 34 (1989), 2, S. 171-185.
BZ 4551:34

Die Früchte der Revolte. Über die Veränderung der politischen Kultur durch die Studentenbewegung. Berlin: Wagenbach 1988. 153 S.
Bc 8538

Haupt, H. : Aktuelle Probleme und Forderungen der akademischen Jugend in der BRD. In: IPW-Berichte. 18 (1989), 4, S. 29- 34.
BZ 05326:18

Mohr, R. : 1968: d. letzte Revolution, die noch nicht vom Ozonloch wusste. Berlin: Wagenbach 1988. 178 S.
Bc 8112

Rajewsky, C. ; Schmitz, A. : Nationalsozialismus und Neonazismus. E. Reader f. Jugendarbeit u. Schule. Düsseldorf: FH Düsseldorf 1988. XVII, 458 S.
010689

Wedemeyer, F. L. : Friedenserziehung als politischer Auftrag. E. Rückblick auf Stellungnahmen in den achtziger Jahren. In: Beiträge zur Konfliktforschung. (1988), 4, S. 37-74.
BZ 4594:1988

L 130 i 60 Kirche und Religion

Blackbourn, D. : Progress and piety: Liberalism, Catholicism and the state in Imperial Germany. In: History workshop. (1988), 26, S. 57-78.
BZ 4726:1988

Diakonie im dritten Reich. Mühlheim: Evang. Akademie 1987. 127 S.
Bc 02479

Die evangelische Kirche nach dem Zusammenbruch. Berichte ausländischer Beobachter a. d. Jahre 1945. Göttingen: Vandenhoeck u. Ruprecht 1988. XLV, 392 S.
B 67227

Gerlach, W. : Als die Zeugen schwiegen. Bekennende Kirche u. d. Juden. Berlin: Inst. Kirche u. Judentum 1987. 468 S.
B 67527

Gordon, F. J. : Protestantism and Socialism in the Weimar Republic. In: German studies review. 11 (1988), 3, S. 423-446.
BZ 4816:11

Kaps, J. : Vom Sterben schlesischer Priester, 1945/46. E. Ausschnitt a. d. schlesischen Passion. 2. Aufl. Köln: Wienand 1988. 151 S.
Bc 8191

Kirche und Nationalsozialismus: Beiträge zur Geschichte des Kirchenkampfes in den evangelischen Landeskirchen Schleswig-Holsteins. Hrsg.: K. Reumann. Neumünster: Wachholtz 1988. 442 S.
B 65141

Klee, E. : "Die SA Jesu Christi": d. Kirchen im Banne Hitlers. Frankfurt: Fischer Tb. Verl. 1989. 203 S.
Bc 8558

Kremmel, P. : Pfarrer und Gemeinden im evangelischen Kirchenkampf in Bayern bis 1939. Lichtenfels: Schulze 1987. 784 S.
B 64340

Opfermann, B. : Das Bistum Fulda im Dritten Reich (Ostteil und Westteil). Priester, Ordensleute u. Laien. Fulda: Pazeller 1987. 202 S.
Bc 8235

Scholder, K. : Die Kirchen zwischen Republik und Gewaltherrschaft: gesammelte Aufsätze. Hrsg.: K. O. von Aretin. Berlin: Siedler 1988. 307 S.
B 65346

Volk, L. : Katholische Kirche und Nationalsozialismus. Mainz: Grünewald 1987. XVII, 372 S.
B 64003

L 130 k Geschichte

L 130 k 00 Allgemeines

Byczkowski, J. : Polska i stosunki Niemiekko-Polskie w Historiografii RFN. In: Przegląd stosunkòw międzynarodowych. (1988), 1, S. 5-23.
BZ 4777:1988

Corni, G. : La storiografia 'privata' di Ernst Nolte. In: Italia contemporanea. 179 (1989), 6, S. 115-119.
BZ 4489:179

Dickhut, L. : Die Horbachs. Erinnerungen für d. Zukunft. Düsseldorf: Verl. Neuer Weg 1986. 390 S.
B 64627

Einführung in Fragen an die Geschichtswissenschaft in Deutschland nach Hitler, 1945-1950. Hrsg.: C. Cobet. Frankfurt: Cobet 1986. 61 S.
Bc 8145

Einigkeit und Recht und Freiheit in der deutschen Geschichte und Gegenwart. Bonn: Gesamtdeutsches Institut 1987. 132 S.
Bc 8138

Fleischer, H. : Zur Kritik des Historikerstreits. In: Aus Politik und Zeitgeschichte. (1988), 40-41, S. 3-14.
BZ 05159:1988

Hennig, E. : Zum Historikerstreit: was heißt u. zu welchem Ende studiert man Faschismus? Frankfurt: Athenäum 1988. 229 S.
B 65902

Historikerstreit e Dintorni: una questione non solo tedesca. In: Passato e presente. (1988), 16, S. 9-53.
BZ 4794:1988

Ist der Nationalsozialismus Geschichte? Zu Historisierung u. Historikerstreit. Hrsg.: D. Diner. Frankfurt: Fischer Tb. Verl. 1987. 309 S.
B 64145

Jarausch, K. H. : Removing the Nazi Stain? The quarrel of the German historians. In: Journal of black studies. 18 (1987/88), 4, S. 285-302.
BZ 4607:18

Jens, W. : Das Land der Sieger. In: Blätter für deutsche und internationale Politik. 34 (1989), 2, S. 156-170.
BZ 4551:34

Kielmansegg, P. Graf: Lange Schatten. Vom Umgang der Deutschen mit der nationalsozialistischen Vergangenheit. Berlin: Siedler 1989. 98 S.
B 69422

Kocka, J. : Deutsche Identität und historischer Vergleich. In: Aus Politik und Zeitgeschichte. (1988), 40/41, S. 15-28.
BZ 05159:1988

Kraft, L. ; Pfisterer, R. ; Wolffsohn, M. : Die Last und Chance der deutschen Vergangenheit. Alfter-Oedekoven: Köllen 1989. 27 S.
Bc 8634

Lattmann, D. : Die Erben der Zeitzeugen: wider d. Vertreibung d. Geschichte. Frankfurt: Fischer Tb. Verl. 1988. 153 S.
Bc 8477

Meier, C. : Aktuelle Aufgaben der Geschichtswissenschaft und der Geschichtsvermittlung. In: Aus Politik und Zeitgeschichte. (1988), 40/41, S. 29-36.
BZ 05159:1988

Münkler, H. ; Storch, W. : Siegfrieden. Politik m. e. deutschen Mythos. Berlin: Rotbuch Verl. 1988. 141 S.
Bc 8630

Nolte, E. : Das Vergehen der Vergangenheit. Antwort an meine Kritiker im sogenannten Historikerstreit. Frankfurt: Ullstein 1987. 190 S.
B 63147

Orlow, D. : A history of modern Germany. 1871 to present. Englewood Cliffs.: Prentice-Hall 1987. XI, 371 S.
B 63450

Patrušev, A. I. : Konservativnye Tendencii v sovremennoj zapadnogermanskoj buržuaznoj istoričeskoj nauke. In: Novaja i novejšaja istorija. (1988), 1, S. 51-64.
BZ 05334:1988

Rosenthal, G. : „... wenn alles in Scherben fällt." Von Leben u. Sinnwelt d. Kriegsgeneration. Opladen: Leske +Budrich 1987. 425 S.
B 64380

Schulze, H. : Is there a German history? London: German Historical Inst. 1987. 43 S.
Bc 8345

Stern, F. : Dreams and delusions. The drama of German history. New York: Knopf 1987. 323 S.
B 64478

Stern, F. : Der Traum vom Frieden und die Versuchung der Macht. Dt. Geschichte im 20. Jahrhundert. Berlin: Siedler 1988. 302 S.
B 65347

Streit ums Geschichtsbild. Die „Historiker-Debatte". Hrsg.: R. Kühnl. Köln: Pahl-Rugenstein 1987. 330 S.
B 64985

Stürmer, M. : Deutsche Fragen oder die Suche nach der Staatsräson. Historisch-polit. Kolumnen. München: Piper 1988. 210 S.
Bc 8194

Vergangenheit, die nicht vergeht. D. „Historiker-Debatte". Hrsg.: R. Kühnl. Köln: Pahl-Rugenstein 1987. 330 S.
B 62405

Więcek, W. : Problemy historiografii i świadomości historycznej w RFN. In: Przegląd stosunków międzynarodowych. (1987), 2, S. 35-46.
BZ 4777:1987

L 130 k 30 Kaiserreich 1871-1918

Another Germany: a reconsideration of the imperial era. Ed.: J. R. Dukes. Boulder, Colo.: Westview Press 1988. XI, 250 S.
B 64564

Arendt, H.-J. ; Kuhlbrodt, P. : Die proletarische Frauenbewegung in der Novemberrevolution 1918/19. In: Beiträge zur Geschichte der Arbeiterbewegung. 30 (1988), 6, S. 761-773.
BZ 4507:30

Becker, W. : Arbeiter-, Soldaten- und Bauernräte in Stadt und Amt Bad Driburg 1918/19. Bad Driburg: Heimatverein 1988. 26 S.
Bc 02553

Bramke, W. ; Hess, U. : Die Novemberrevolution in Deutschland und ihre Wirkung auf die deutsche Klassengesellschaft. In: Zeitschrift für Geschichtswissenschaft. 36 (1988), 12, S. 1059-1073.
BZ 4510:36

Gessner, K. : Die Novemberrevolution 1918/19 und der bewaffnete Schutz ihrer Errungenschaften. In: Militärgeschichte. 27 (1988), 5, S. 419-426.
BZ 4527:27

Nichols, J. A. : The year of the three Kaisers. Bismarck and the German succession, 1887-88. Urbana, Ill.: Univ. of Illinois 1987. XII, 413 S.
B 63203

Rosentreter, R. : Der Kieler Matrosenaufstand. In: Militärwesen. 32 (1988), 10, S. 26-38.
BZ 4485:32

Syrbe, H. : Ursachen, Ergebnisse und historische Bedeutung der Novemberrevolution von 1918. In: Militärwesen. 32 (1988), 10, S. 13-19.
BZ 4485:32

L 130 k 40 Weimarer Republik 1919-1933

Bry, K. C. : Der Hitler-Putsch. Hrsg.: M. Gregor-Dellin. Nördlingen: Greno 1987. 230 S.
B 65943

The burden of German history. 1919-1945. London: Methuen 1988. XII, 209 S.
B 66062

Haigh, R. H. ; Morris, D. S.
B 65624

Hayward, N. F. : The first Nazi town. Aldershot: Avebury 1988. VI, 135 S.
B 65236

Könnemann, E. : Vom Pabst-Putsch im Juli 1919 zum Kapp-Putsch im März 1920. Zur Genesis militaristischer Staatsstreiche. In: Revue internationale d'histoire militaire. (1989), 71, S. 124-140.
BZ 4454:1989

Die Weimarer Republik. 1918-1933. Politik, Wirtschaft, Gesellschaft. Hrsg.: K. D. Bracher. Düsseldorf: Droste 1987. 688 S.
B 63838

L 130 k 50 Drittes Reich 1933-1945

Biedermann und Schreibtischtäter. Materialien zur dt. Täterbiographie. Berlin: Rotbuch Verl. 1987. 207 S.
BZ 4837:4

Friedlander, R. A. : The Munich affliction: will it happen again? In: Global affairs. 3 (1988), 4, S. 15-30.
BZ 05553:3

Jablonsky, D. : Röhm and Hitler: The continuity of political-military discord. In: Journal of contemporary history. 23 (1988), 3, S. 367-386.
BZ 4552:23

Jesse, E. : Die Kontroverse zum Reichstagsbrand – ein nicht endender Wissenschaftsskandal. In: Geschichte und Gesellschaft. 14 (1988), 4, S. 513-533.
BZ 4636:14

Leiwig, H. : Deutschland. Stunde Null. 2. Aufl. Stuttgart: Motorbuch Verl. 1988. 231 S.
010690

Pfliegendörfer, D. : Vom Handelszentrum zur Rüstungsschmiede. 2. Aufl. Bremen: Univ. Bremen in Komm. 1987. 490 S.
B 62460

Stresemann, W. : Wie konnte es geschehen? Hitlers Aufstieg in d. Erinnerung e. Zeitzeugen. Frankfurt: Ullstein 1987. 247 S.
B 63128

L 130 k 51 Widerstandsbewegung 1933-1945

Balfour, M. L. G. : Withstanding Hitler in Germany 1933-1945. London: Routledge 1988. XXII, 310 S.
B 68367

Beuys, B. : Vergesst uns nicht. Menschen im Widerstand. 1933-1945. Reinbek: Rowohlt 1987. 601 S.
B 62851

Erkämpft das Menschenrecht. Lebensbilder u. letzte Briefe antifaschist. Widerstandskämpfer. Düsseldorf: Verl. Neuer Weg 1988. 703 S.
B 67665

Hoffmann, P. : Colonel Claus von Stauffenberg in the German resistance to Hitler: between East and West. TheHistorical Journal 1988. S. 629-650.
Bc 8487

Hoffmann, P. : The German resistance and the allies in the Second World War. Montreal: McGill Univ. 1988. 31 S.
Bc 8489

Kadach, H. ; Schlichting, D. : Drei Leben gegen die Diktatur. Die Pinneberger Nazigegner Heinrich Geick, Heinrich Boschen u. Wilhelm Schmitt. Pinneberg: VVN 1988. 142 S.
Bc 8648

Kaiser, J. : „Lösch nie die Spuren". Frauen leisten Widerstand, 1933-1945. Neustadt. a. d. W.: Verl. Pfälzische Post 1988. 32 S.
Bc 8210

Kitterman, D. H. : Those who said „No": Germans who refused to execute civilians during World War II. In: Journal of black studies. 18 (1987/88), 4, S. 242-265.
BZ 4607:18

Klausch, H. P. : Die Geschichte der Bewährungsbataillone 999 unter besonderer Berücksichtigung des antifaschistischen Widerstandes. Bd. 1. 2. Köln: Pahl-Rugenstein 1987. IV, 1194 S.
B 67190

Kozeǹski, J. : Opozycja w III rzeszy. Poznaǹ: Institut Zachodni 1987. 201 S.
B 65735

Kroh, F. : David kämpft. Vom jüdischen Widerstand gegen Hitler. Reinbek: Rowohlt 1988. 204 S.
Bc 8181

Lilo Herrmann – eine Stuttgarter Widerstandskämpferin. Stuttgart: VVN-Bund der Antifaschisten 1989. 70 S.
Bc 8738

Meyer-Krahmer, M. : Carl Goerdeler und sein Weg in den Widerstand. E. Reise in die Welt meines Vaters. Freiburg: Herder-Taschenbuch Verl. 1989. 189 S.
Bc 8357

Nationalsozialismus. Hamburg: P. M. Magazin 1988. 106 S.
Bc 02456

„Treu deutsch sind wir – wir sind auch treu katholisch". Kardinal von Galen und das Dritte Reich. Münster: Wurf Verl. 1987. 106 S.
Bc 8723

Ueberschär, G. R. : Das Dilemma der deutschen Militäropposition. Berlin: Gedenkstätte Deutscher Widerstand 1988. 48 S.
Bc 8232

L 130 k 60 Geschichte seit 1945

8. Mai 1945: ein Tag d. Befreiung? Hrsg.: A. Hueber. Tübingen: Hohenrain-Verl. 1987. 318 S.
B 65324

Anfangsjahre der Bundesrepublik Deutschland. Berichte der Schweizer Gesandtschaft in Bonn 1949-1955. Hrsg.: M. Todt. München: Oldenbourg 1987. 187 S.
B 64995

Beyme, K. von: Vier Jahrzehnte Wiederaufbau in der Bundesrepublik Deutschland. In: Aus Politik und Zeitgeschichte. (1989), 6/7, S. 32-39.
BZ 05159:1989

Borowsky, P. : Deutschland 1969-1982. Hannover: Fackelträger-Verl. 1987. 376 S.
B 65009

Bracher, K. D. : Orientierungsprobleme freiheitlicher Demokratie in Deutschland. In: Aus Politik und Zeitgeschichte. (1989), 1/2, S. 3-14.
BZ 05159:1989

Deutschland 1949-1989. Bonn: Gesamtdeutsches Institut 1989. 178 S.
Bc 8575

Deutschland, Deutschland. 40 Jahre. E. Geschichte d. Bundesrepublik Deutschland u. d. DDR in Bild u. Text. Gütersloh: Bertelsmann 1989. 352 S.
010850

Herbst, L. : Option für den Westen. Vom Marshallplan bis zum deutsch-französischen Vertrag. München: dtv 1989. 263 S.
Bc 8401

Herrnleben, H.-G. : Neubeginn und Wiederaufbau, 1945-1949. Bonn: Bundeszentrale für polit. Bildung o. J. 32 S.
Bc 02423

Holtmann, E. : Politik und Nichtpolitik. Lokale Erscheinungsformen politischer Kultur im frühen Nachkriegsdeutschland. Opladen: Westdeutscher Verlag 1989. 446 S.
B 67704

Jesse, E. : Vergangenheitsbewältigung in Österreich und in der Bundesrepublik Deutschland. In: Beiträge zur Konfliktforschung. 19 (1989), 2, S. 77-90.
BZ 4594:19

Keiderling, G. : Vier Jahrzehnte Westberlin. In: S und F. 6 (1988), 4, S. 237-242.
BZ 05473:6

Lammers, K. C. : Vesttyskland 1945-1985: fra taber til stormagt. Herning: Systime 1987. 200 S.
B 66506

Malanowski, W. : Die Gnade der künstlichen Geburt. T. 1-5. In: Der Spiegel. 43 (1989), 17, S. 136-153; 43 (1989), 18, S. 136-151; 43 (1989), 19, S. 144-163; 43 (1989), 20, S. 136-153; 43 (1989), 21, S. 139-155.
BZ 05140:43

Mutz, R. : Berlin in der Konfrontationsphase des Ost-West-Konflikts: ein sicherheitspolitisches Lehrstück. In: S und F. 6 (1988), 4, S. 220-227.
BZ 05473:6

Nickel, E. : Geschichte der Bundesrepublik Deutschland: e. Überblick. Köln: Pahl-Rugenstein 1988. 319 S.
B 65632

Piétri, N. : L'Allemagne de l'Ouest (1945-1969). Paris: SEDES 1987. 291 S.
B 64324

Podkowiński, M. : Róze dla Kaina: W kregu niemieckiej historii. Warszawa: Państw. Inst. Wydawn. 1988. 254 S.
Bc 8115

Röhrich, W. : Die Demokratie der Westdeutschen: Geschichte u. politisches Klima e. Republik. München: Beck 1988. 207 S.
B 65000

Schildt, A. : Gründerjahre. Zur Entwicklung der westdeutschen Gesellschaft in der „Ära Adenauer". In: Blätter für deutsche und internationale Politik. 34 (1989), 1, S. 22-34.
BZ 4551:34

So viel Anfang war nie: deutsche Städte 1945-1949. Hrsg.: H. Glaser. Berlin: Siedler 1989. 339 S.
010809

Strasser, J. : Ein Rückblick mit gemischten Gefühlen. Hermann Glasers Kulturgeschichte der Bundesrepublik von derTrümmerzeit bis zur Gegenwart. In: Die neue Gesellschaft – Frankfurter Hefte. 36 (1989), 7, S. 580 - 585.
BZ 4572:36

Turner, H. A. : The two Germanies since 1945. New Haven: Yale Univ. Pr. 1987. VIII, 228 S.
B 64805

Von Stalingrad zur Währungsreform. Zur Sozialgeschichte des Umbruchs in Deutschland. Hrsg.: M. Broszat. München: Oldenbourg 1988. XLIX, 767 S.
B 66353

Vorgeschichte der Bundesrepublik Deutschland. Zwischen Kapitulation u. Grundgesetz. Hrsg.: J. Becker. 2. Aufl. München: Fink 1987. 463 S.
B 64137

L 130 l Einzelne Länder/Gebiete/Orte

Die innerdeutsche Grenze. Bonn: Bundesministerium für innerdeutsche Beziehungen 1987. 113 S.
Bc 8048

L 130 l 10 Länder/Gebiete

Bauer, F. J. ; Albrecht, D. : Die Regierung Eisner 1918/19. Ministerratsprotokolle u. Dokumente. Düsseldorf: Droste 1987. CV, 486 S.
B 67221

Böhm, U. P. : Hessisches Militär. Die Truppen der Landgrafschaft Hessen-Kassel, 1672-1806. Beckum: Dt. Gesellschaft f. Heereskunde 1986. 56 S.
Bc 02484

Edmonds, J. E. : The occupation of the Rhineland, 1918-1929. London: HMSO 1987. XXV, 444 S.
B 65563

Gerke, W. ; Gabbert, H. : Heimatbuch für den Kreis Eichenbrück-Wongrowitz. Wendisch Evern: Heimatkreisvereinigung Eichenbrück-Wongrowitz 1988. 343 S.
B 66030

Herre, F. : Kaiser Friedrich III. Deutschlands liberale Hoffnung. Stuttgart: Deutsche Verlagsanstalt 1987. 317 S.
B 62807

Hiery, H. : Reichstagswahlen im Reichsland. E. Beitr. z. Landesgeschichte von Elsaß-Lothringen u. z. Wahlgeschichte d. Dt. Reiches 1871-1918. Düsseldorf: Droste 1986. 520 S.
B 57571

Hügen, L. : Der Krieg geht zu Ende: niederrhein. Berichte zur Operation Grenade 1945. Die Botschaft aus dem Dunkel: alliierte Flugblattpropaganda über d. Niederrhein 1940-45. Viersen: Oberkreisdirektor 1987. 151, 75 S.
B 65639

Jonge, J. A. de: Wilhelm II. Köln: Böhlau 1988. 192 S.
010693

Kaizik, J. : Anatomie einer Revolution, z. B. München 1919. München: Bayerischer Rundfunk 1986. Getr. Pag.
Bc 02436

Kloppe, E. : Blumen für den Herrgott. Erinnerungen an Mecklenburg, Krieg u. Flucht nach Schleswig-Holstein. Rendsburg: Möller 1987. 138 S.
B 63552

Kutsch, A. : Neue Zeitungen für Deutsche. Entstehung und Struktur der Lizenzpresse in Nordrhein und Westfalen (1945-1949). In: Geschichte im Westen. 3 (1988), 1, S. 46-68.
BZ 4865:3

Land der Hoffnung – Land der Krise. Jugendkulturen im Ruhrgebiet 1900-1987. Berlin: Dietz 1987. 288 S.
B 63226

Müller, G. : Mitbestimmung in der Nachkriegszeit. Brit. Besatzungsmacht, Unternehmer, Gewerkschaften. Düsseldorf: Schwann 1987. 314 S.
B 63529

Müller, K.-F. : Das Jahr 1945 in Südbaden. Frankfurt: Lang 1987. XI, 561 S.
B 65304

Neuanfang in Bayern:1945-1949; Politik u. Gesellschaft in d. Nachkriegszeit. Hrsg.: W. Benz. München: Beck 1988. 234 S.
B 65731

Nordrhein-Westfalen und die Weststaatsbildung. Zur Deutschlandpolitik der Regierung Arnold im Sommer und Herbst 1948. In: Geschichte im Westen. 3 (1988), 2, S. 218-236.
BZ 4865:3

Rohdich, W. : Das Dreikaiserjahr 1888. Wilhelm I. , Friedrich III. , Wilhelm II. Friedberg: Podzun-Pallas-Verl. 1987. 359 S.
B 63124

Schlicht, H. : Eine Mutter und sieben Kinder. Leer: Rautenberg 1987. 176 S.
B 64082

Schreiber-Kellermann, M. : Brieger-Strasse. E. Kindheit in Schlesien 1925-1933. Frankfurt: Ullstein 1987. 383 S.
B 62814

Sporck-Pfitzer, J. : Die ehemaligen jüdischen Gemeinden im Landkreis Würzburg. Würzburg: Echter 1988. 80 S.
Bc 02450

Steinert, J. D. : Vertriebenverbände in Nordrhein-Westfalen 1945-1954. Düsseldorf: Schwann 1986. 224 S.
B 62411

Steininger, R. : Reform und Realität. Vom Scheitern britischer Sozialisierung an Rhein und Ruhr. In: Geschichte imWesten. 3 (1988), 1, S. 35-45.
BZ 4865:3

Trautmann, H. ; Becker, F. : Spuren jüdischen Lebens in Württemberg und die nationalsozialistische Verfolgung. Stuttgart: Gesellschaft f. christl.-jüdische Zusammenarbeit 1988. 138 S.
Bc 02446

Wehrmann, V. : Lippe im Dritten Reich. Die Erziehung zum Nationalsozialismus. 2. Aufl. Detmold: Topp u. Möller 1987. 332 S.
010705

Welfens, H. : Die Rheingemeinden unter dem Hakenkreuz. Alltag in Monheim, Baumberg und Hitdorf 1933-1945. 2. Aufl. Monheim: Eigenverl. 1987. 147 S.
Bc 8544

L 130 I 20 Städte/Orte

Aschoff, H.-G. : Welfische Bewegung und politischer Katholizismus: d. Deutschhannoversche Partei u. d. Zentrum in d. Provinz Hannover während d. Kaiserreiches 1866-1918. Düsseldorf: Droste 1987. 433 S.
B 63170

Bauer, R.: Fliegeralarm. Luftangriffe auf München 1940—1945. München: Hugendubel 1987. 177 S.
010691

Die Besatzungschronik und ausgewählte Dokumente zur Nachkriegszeit, 1945-1949. Witten: Arbeitskreis Wittener Stadtgeschichte 1987. 187 S.
Bc 8268

Bomben auf Attendorn. Ein Beitr. z. Geschichte d. Stadt Attendorn 1930-1986. 2. Aufl. Attendorn: Frey 1986. 215 S.
B 65896

Bremen – Friedenshauptstadt oder Rüstungszentrum? Hrsg.: C. Butterwegge. Bremen: Selbstverlag 1987. 166 S.
Bc 8171

Cramer, H. D.: Erfahrungen bei den Befragungen über das Schicksal der Juden in Goslar 1933-1945. In: Geschichtswerkstatt. (1988), 15, S. 48-54.
BZ 4937:1988

Dietermann, K.: Siegen – eine Stadt unterm Hakenkreuz. Stätten des Nationalsozialismus, des Widerstands und heutige Gedenkstätten. Siegen: Verl. d. Gesellschaft f. christl.-jüdische Zusammenarbeit 1988. 56 S.
Bc 02505

Engemann, H.; Ernst, U. : Nationalsozialismus und Verfolgung in Brakel. Brakel: Stadt Brakel 1988. 193 S.
010730

Flörken, N. : Troisdorf unter dem Hakenkreuz: e. rhein Kleinstadt u. d. Nationalsozialisten. Aachen: Alano 1986. 270 S.
B 62415

Die Geschichte der Oerlinghauser Synagoge. Oerlinghausen: Stadt Oerlinghausen 1988. 32 S.
Bc 8457

Gleiss, H. G. W. : Breslauer Apokalypse 1945. Dokumentarchronik. Bd. 1-5. Wedel: Natura et patria Verl. 1986-88. 709, 800, 1037, 1240, 1152 S.
B 62228

Glensk, E. : Die Aufnahme der Flüchtlinge in Hamburg 1945. Ein Aspekt sozialpolitischer Kontinuität. In: Hamburger Zustände. 1 (1988), 1, S. 65-94.
BZ 4968:1

Griewel, H. : Soweit die Erinnerung reicht. Erlebtes u. Erlauschtes zw. Inflation u. Währungsreform. Büderich, Kreis Soest, 1923-1948. Werl: Coelde 1986. 170 S.
B 64590

„Hafenstrasse". Chronik u. Analysen e. Konflikts. Hamburg: Verl. am Galgenberg 1987. 258 S.
B 64005

Halter, G. : Lager Weinsberg: e. Dokumentation d. Geschichte d. Lagers 1937-1977. Weinsberg: Stadt Weinsberg 1987. 88 S.
B 64904

Heinzerling, H. : Anarchisten in Hamburg. Beiträge zu ihrer Geschichte 1890-1914. In: Hamburger Zustände. 1 (1988), 1, S. 95-144.
BZ 4968:1

Herrschaft und Verfolgung. Marls im Nationalsozialismus. Hrsg.: U. Brack. 2. Aufl. Essen: Klartext-Verl. 1987. 356 S.
B 65901

Herz, R. ; Halfbrodt, D. : Revolution und Fotografie. München 1918/19. Berlin: Nishen 1988. 326 S.
010708

Kaiser, J. : Gemeinsames Schicksal – gemeinsame Arbeit! Zur Wiederentstehung des demokrat.-polit. Lebens in Bad Dürkheim. Neustadt/ W.: Neue Pfälzer Post 1987. 144 S.
B 64738

Kuckuk, P. : Bremen in der deutschen Revolution 1918-1919. Revolution, Räterepublik, Restauration. Bremen: Steintor 1986. 394 S.
B 64193

Leiwig, H. : Mainz 1933-1948. Von d. Machtergreifung bis zur Währungsreform. 2. Aufl. Mainz: Schmidt 1987. 176 S.
010450

Lorenz, E. : Kirchliche Reaktionen auf die Arbeiterbewegung in Mannheim, 1890-1933. Ein Beitr. zur Sozialgeschichte der evangel. Landeskirche in Baden. Sigmaringen: Jan Thorbecke 1987. 327 S.
B 63176

Matzerath, H. ; Holzhauser, B. : „... vergessen kann man die Zeit nicht, das ist nicht möglich." Kölner erinnern sich an die Jahre 1929-1945. 3. Aufl. Köln: Histor. Archiv 1987. 372 S.
B 62839

Merkel, W. ; Oldigs, B. : Morgen rot. 80 Jahre Bremer Arbeiterjugendbewegung – 40 Jahre Landesjugendring. Bremen: Steintor 1987. 96 S.
Bc 02509

Pommerin, R. : „Geburtstag einer provisorischen Hauptstadt". Zur Wahl von Bonn zum vorläufigen Bundessitz 1948/49. In: Geschichte im Westen. 4 (1989), 1, S. 89-112.
BZ 4865:4

Rath, J. : Arbeit im Hamburger Hafen. Hamburg: Ergebnisse Verl. 1988. 377 S.
BZ 4700

Rombeck-Jaschinski, U. : Wie die Gross-Stadt Wuppertal entstand. Der Weg zur kommunalen Neugliederung von 1929. In: Geschichte im Westen. 3 (1988), 1, S. 19-34.
BZ 4865:3

Schramm, G. W. : Bomben auf Nürnberg. Luftangriffe 1940-1945. München: Hugendubel 1988. 216 S.
010695

Stadtmüller, A. : Aschaffenburg im Zweiten Weltkrieg. Bombenangriffe, Belagerung, Übergabe. 3. Aufl. Aschaffenburg: Geschichts- u. Kunstverein 1987. 443 S.
B 63218

Steinborn, N. : Militärs auf Abruf – Zur Rolle und Entwicklung der Hamburger Polizei 1919-1952. In: Hamburger Zustände. 1 (1988), 1, S. 13-63.
BZ 4968:1

Traunreut 1938-1960. D. Kampfstoffarbeiter. Hrsg.: F. Ebert. Traunreut: Stadt Traunreut 1988. 149 S.
010686

Über allem die Partei. Schule – Kunst – Musik in Wuppertal 1933-1945. Hrsg.: K. Goebel. Oberhausen: Graphium Pr. 1987. 160 S.
Bc 02483

Ueberholz, H. : Die evangelische Kirchengemeinde Vohwinkel während der Zeit des Nationalsozialismus. Köln: Böhlau 1987. 351 S.
B 63127

Ueckert-Hilbert, C. : Senta Meyer-Gerstein. Eine Hamburger Jüdin in der Emigration. In: Hamburger Zustände. 1 (1988), 1, S. 209-228.
BZ 4968:1

Ulshöfer, H. : Jüdische Gemeinde in Bergen-Enkheim 1933-1942. Frankfurt: Selbstverlag 1988. 139 S.
Bc 8549

Wulff, B. : Arbeitslosigkeit und Arbeitsbeschaffungsmaßnahmen in Hamburg 1933-1939. Frankfurt: Lang 1987. 383 S.
B 63846

Wunder, M. ; Genkel, I. ; Jenner, H. ; ; : „Auf dieser schiefen Ebene gibt es kein Halten mehr". Die Alsterdorfer Anstalten im Nationalsozialismus. Hamburg: Kommis.-Verl. d. Rauhen Hauses 1987. 241 S.
B 64195

L 130. 0 Berlin

Aeschbacher, M. : Berlin. Die Mauer – und e. Antwort darauf. Bern: Eigenverl. 1988. 91 S.
Bc 8469

Bahr, G. : Westberlin – wie weiter? Kommunist. Standpunkte. 2. Aufl. Berlin: Zeitungsdienst Berlin 1987. 37 S.
Bc 8449

Bender, P. : Wenn es West-Berlin nicht gäbe. Berlin: Siedler 1987. 104 S.
B 63575

Berlin – Deutschland – Europa. Bonn: Gesamtdeutsches Institut 1987. 147 S.
Bc 8137

Berliner Demokratie 1919-1985. Bd. 1. 2. Berlin: de Gruyter 1987. XIII, 500, XIV, 441 S.
B 65950

Caballero Jurado, C. : Hace 40 años: el puente aereo de Berlin. In: Defensa. 13 (1989), 130, S. 61-64.
BZ 05344:13

Diepgen, E. : Berlín en las reclaciones Este-Oeste. In: Política exterior. 2 (1988), 7, S. 85-95.
BZ 4911:2

Hunter, R. E. : Berlin: forty years on. In: Foreign affairs. 68 (1989), 3, S. 41-52.
BZ 05149:68

Jackson, R. : Berlin airlift. Wellingborough: Stephens 1988. 192 S.
B 65556

Kemp, A. : Escape from Berlin. London: Boxtree 1987. IX, 173 S.
B 63970

Kurz, T. : „Blutmai": Sozialdemokraten u. Kommunisten im Brennpunkt d. Berliner Ereignisse von 1929. Berlin: Dietz 1988. 177 S.
B 65633

Lange, A. : Berlin in der Weimarer Republik. Berlin: Dietz 1987. 1133 S.
B 63120

Prell, U. ; Wilker, L. : Berlin in der Kooperationsphase des Ost-West-Konflikts. In: S und F. 6 (1988), 4, S. 227-232.
BZ 05473:6

Schilde, K. : Erinnern – und nicht vergessen. Dokumentation z. Gedenkbuch für die Opfer des Nationalsozialismus. Berlin: Ed. Hentrich 1988. 150 S.
Bc 8419

Schwan, G. : Berlin – eine europäische Aufgabe. In: S und F. 6 (1988), 4, S. 243-248.
BZ 05473:6

Der Wedding – hart an der Grenze: Weiterleben in Berlin nach d. Krieg. Hrsg. von d. Berliner Geschichtswerkstatt. Berlin: Nishen 1987. 251 S.
B 67443

Wetzlaugk, U. : Die Alliierten in Berlin. Berlin: Berlin Verl. Spitz 1988. 432 S.
B 64078

Wilk, G. H. : Truman und Berlin. Entscheidende Jahre zwischen Potsdamer Konferenz u. Marshall-Plan. Berlin: Presse u. Informationsamt 1986. 60 S.
Bc 7950

Zur Wirtschafts- und Sozial-Geschichte Berlins vom 17. Jahrhundert bis zur Gegenwart. Hrsg.: K. Lehmann. Berlin: Akademie-Verlag 1986. 317 S.
B 63132

L 130. 1 Deutsche Demokratische Republik

L 130. 1 a Allgemeines

Der Aufstand vom 17. Juni 1953. 1. Aufl. Bonn: Bundesministerium für innerdeutsche Beziehungen 1988. 32 S.
Bc 8049

Childs, D. : East Germany to the 1990s. Can it resist Glasnost? London: EIU 1987. 96 S.
Bc 02556

DDR-Geschichte in der Übergangsperiode 1945 bis 1961. Hrsg.: H. Heitzer. Berlin: Akademie-Verlag 1987. 322 S.
B 63150

De DDR het onbekende duitsland. Onderzoek naar een communistische samenleving. Delft: Eburon 1986. 366 S.
B 64357

Die Deutsche Demokratische Republik erfüllt ihren Friedensauftrag. In: IPW-Berichte. 18 (1989), 9, S. 1-12.
BZ 05326:18

Finker, K. : Der Platz militärhistorischer Kenntnisse in der Ausbildung von Geschichtslehrern und Historikern. In: Militärgeschichte. 28 (1989), 2, S. 117-128.
BZ 4527:28

Glaser, G. : Kontinuität und Veränderung in der 50jährigen Geschichte und Militärgeschichte der DDR (I). In: Militärwesen. – (1989), 8, S. 12-25; – (1989), 9, S. 12-18; – (1989), 10, S. 17-24.
BZ 4485:1989

Löbel, U. : Aus der Diskussion auf dem VIII. Historiker-Kongress der DDR. In: Militärgeschichte. 28 (198), 4, S. 333-348.
BZ 4527:28

Margedant, U. : Feindbilder sozialistischer Erziehung in der DDR. In: Aus Politik und Zeitgeschichte. (1988), 52-53, S. 24-33.
BZ 05159:1988

Niethammer, L. : Annäherung an den Wandel. Auf der Suche nach der volkseigenen Erfahrung in der Industrieprovinz der DDR. In: BIOS. (1989), 1, S. 19-66.
BZ 4961:1989

Schreyer, W. : Preludio 11: Roman. Berlin: Militärverlag der DDR 1988. 208 S.
Bc 8035

Weissbuch über die „Demokratische Bodenreform" in der Sowjetischen Besatzungszone Deutschlands: Dokumente u. Berichte. Hrsg.: J. von Kruse. München: Vögel 1988. 144 S.
Bc 8229

VIII. Historiker-Kongreß der DDR. Plenum. In: Militärgeschichte. 28 (1989), 3, S. 243-247.
BZ 4527:28

VIII. Historiker-Kongreß der DDR. Arbeitskreise. In: Militärgeschichte. 28 (1989), 4, S. 381-393.
BZ 4527:28

L 130. 1 c Biographien

– **Becher**
Boris, P. : Johannes R. Becher. 30 Jahre nach seinem Tod erscheint das Bild des Dichters und SED-Funktionärs vielen sehr verklärt. In: Beiträge zur Konfliktforschung. 18 (1988), 3, S. 129-137.
BZ 4594:18

– **Honecker**
Ein Erfolg der Politik der Vernunft und des Realismus. Offizieller Besuch des Generalsekretärs. Erich Honecker. Berlin: Dietz 1987. 111 S.
Bc 7580

Honecker, E. : Revolutionäre Theorie und geschichtliche Erfahrungen in der Politik der SED. Berlin: Dietz 1987. 673 S.
B 63164

– **Jarowinsky**
Jarowinsky, W. : Alles für das Wohl des Volkes. Ausgewählte Reden und Aufsätze. Berlin: Dietz 1987. 487 S.
B 63168

– **Lange**
Lange, I. : Die Frauen – aktive Mitgestalterinnen des Sozialismus. Ausgewählte Reden und Aufsätze. Berlin: Dietz 1987. 515 S.
B 63156

– **Maron**
Maron, M. ; Westphalen, J. von: Trotzdem herzliche Grüße. Ein deutsch-deutscher Briefwechsel. Frankfurt: Fischer 1988. 129 S.
Bc 8089

– **Pieck**
Neue Briefe Wilhelm Piecks aus dem Jahre 1915. In: Beiträge zur Geschichte der Arbeiterbewegung. 31 (1989), 1, S. 45-59.
BZ 4507:31

– **Stillmann**
Stillmann, G. : Berlin – Palästina und zurück. Erinnerungen. Berlin: Dietz 1989. 169 S.
Bc 8661

L 130. 1 e Staat und Politik

14. Parteitag der LDPD. 9. bis 11. April 1987 in Weimar. Berlin: Buchverl. Der Morgen 1987. 559 S.
B 63158

Bulla, M. : Zur Außenpolitik der DDR. Bestimmungsfaktoren – Schlüsselbegriffe. Melle: Knoth 1988. 54 S.
Bc 8464

Dean, J. : Will the two German states solve the problem of European security? In: SAIS review. 8 (1988), 2, S. 173-190.
BZ 05503:8

Dennis, M. : German Democratic Republic. Politics, economics and society. London: Pinter 1988. XXI, 223 S.
B 64942

Geschichte der deutschen Volkspolizei. Bd. 1. 2. 2. Aufl. Berlin: Dt. Verl. d. Wissenschaften 1987. 367, 391 S.
B 63152

Grabowsky, V. : Zwei-Nationen-Lehre oder Wiedervereinigung. Die Einstellung der Partei d. Arbeit Koreas u. d. Sozialist. Einheitspartei Deutschlands zur nationalen Frage ihrer Länder seit dem Zweiten Weltkrieg. Bochum: Brockmeyer 1987. IV, 533 S.
B 63526

Hartmann, G. : Zum Beitrag der NDPD für die sozialistische Landesverteidigung. In: Militärwesen. (1989), 9, S. 25-37.
BZ 4485:1989

Hillebrand, E. : Das Afrika-Engagement der DDR. Frankfurt: Lang 1987. 250 S.
B 62366

Lapp, P.-J. : Traditionspflege in der DDR. Berlin: Holzapfel 1988. 169 S.
Bc 8302

Lieser-Triebnigg, E. : Die Stellung der Gemeinden in der DDR. Melle: Knoth 1988. 47 S.
Bc 8064

Schmidt, M. ; Schwarz, W. : DDR und BRD – Sicherheitspartner im gemeinsamen Haus Europa. In: IPW-Berichte. 18 (1989), 8, S. 1-10.
BZ 05326:18

Schou, A. : Die Friedensbewegung in der DDR. Aalborg: Aalborg Universitetsforlag 1986. 63 S.
Bc 8456

Wahlsystem und Volksvertretungen in der DDR. Autorenkollektiv. 2. Aufl. Berlin: Staatsverlag der DDR 1988. 112 S.
Bc 8543

Woywod, G. ; Heumayer, E. : Menschenrechte in der DDR und in Berlin. 3. Aufl. Frankfurt: IGFM 1988. 251 S.
Bc 8152

Ziegler, U. : Die neue Sicht der DDR zur „Systemauseinandersetzung". In: Aus Politik und Zeitgeschichte. (1989), 34, S. 28-38.
BZ 05159:1989

L 130. 1 f Wehrwesen

Bethmann, U. : 25 Jahre Offiziershochschule „Ernst Thälmann". In: Militärwesen. 32 (1988), 11, S. 3-10.
BZ 4485:32

Brühl, R. : Historische Leitlinien für Erziehung und Ausbildung in der Nationalen Volksarmee und ihre Bedeutung für die Zukunft. In: Militärgeschichte. 27 (1988), 6, S. 524-532.
BZ 4527:27

Doehler, E. : Militärhistorische Traditionen der DDR und der NVA. In: Militärwesen. (1989), 10, S. 44-49.
BZ 4485:1989

Fragen und Antworten zum Wehrdienst. 3. Aufl. Berlin: Militärverlag der DDR 1988. 272 S.
Bc 8383

Gehmert, M. : 30 Jahre Militärakademie „Friedrich Engels". In: Militärwesen. 33 (1989), 1, S. 3-10.
BZ 4485:33

Gyurkovits, G. : Flugtaktische Übungen – Höhepunkte in der Ausbildung der Fliegertruppenteile. In: Militärwesen. (1989), 7, S. 55-66.
BZ 4485:1989

Hampf, E. : Klassenauftrag und ideologische Stählung der NVA. In: Militärwesen. 32 (1988), 12, S. 3-13.
BZ 4485:32

Honecker, E. : Frieden, höchstes Gut der Menschheit. Ausgew. Reden u. Aufsätze zur Militär- u. Sicherheitspol. d. SED (1982-1986). Berlin: Militärverlag der DDR 1987. 436 S.
B 64463

Mahler, G. : Sowjetische Truppen in Deutschland. Konventionelle Bedrohung der Bundesrepublik Deutschland. Kiel: Christian-Albrechts-Univ. 1988. 98 S.
Bc 8506

Pfeiffer, I. : Zur Traditionspflege an der Offiziershochschule der Volksmarine „Karl Liebknecht". In: Militärwesen. 32 (1988), 12, S. 53-65.
BZ 4485:32

Schulze, H. : Wehrdienst ist Verfassungsauftrag. In: Militärwesen. (1989), 9, S. 50-55.
BZ 4485:1989

L 135 Finnland

Arter, D. : Politics and policy-making in Finland. Brighton: Wheatsheaf Books 1987. XII, 255 S.
B 62498

Kronlund, J. : Suomen Puolustuslaitos 1918-1939. Puolustusvoimien rauhan ajan historia. Porvoo: Söderström 1988. 614 S.
010703

Lähteemäki, M. : The foreign contacts of the Finnish Working Women's Movement (1900-1918). In: Scandinavian journal of history. 13 (1988), 1, S. 29-37.
BZ 4643:13

Luostarinen, H. : Finnish Russophobia: the story of an enemy image. In: Journal of peace research. 26 (1989), 2, S. 123-137.
BZ 4372:26

Paastela, J. : The 1988 presidential election in Finland. In: Scandinavian political studies. 11 (1988), 2, S. 159-168.
BZ 4659:11

Piilonen, J. : Women's contribution to „Red Finland" 1918. In: Scandinavian journal of history. 13 (1988), 1, S. 39-48.
BZ 4643:13

Polvinen, T. : Between East and West. Finland in international politics, 1944-1947. Minneapolis, Minn.: Univ. of Minnesota Pr. 1986. XI, 363 S.
B 64520

Srensen, S. : Kekkonen: en politisk biografi. København: Reitzels Forl. 1987. 374 S.
B 65607

Suomen puolustusvoimat ennen ja nyt. Porvoo: Söderström 1988. 322 S.
010669

Volobuev, P. V. : Istoričeskoe mesto finljandskoj revoljucii 1918 g. In: Novaja i novejšaja istorija. (1988), 5, S. 15-24.
BZ 05334:1988

L 137 Frankreich

L 137 c Biographien

– Aron

Colquhoun, R. : Raymond Aron. Bd. 1. 2. London: SAGE 1986. XI, 540 S, XV, 680 S.
B 63672

Stark, J. : Das unvollendete Abenteuer. Gesch. , Gesellschaft u. Politik i. Werk Raymond Arons. Würzburg: Königshausen + Neumann 1986. 297 S.
B 62406

– Barre

Chamard, M. ; Macé-Scaron, J. : La galaxie Barre. Paris: La Table Ronde 1987. 332 S.
B 64185

Mage, T. : Hallô! Elysée 19 88, Monsieur Raymond Barre? T. 1-3. Paris: Selbstverlag 1987-88. 421, 105, 231, 300 S.
010531

– Briand

Oudin, B. : Aristide Briand. La paix. Une idée neuve en Europe. Paris: Laffont 1987. 612 S.
B 64980

– Chirac

Ambroise-Rendu, M. : Paris – Chirac: Prestige d'une ville, ambition d'un homme. Paris: Plon 1987. 379 S.
B 65317

Arzakanjan, M. C. : Žak Širak. In: Voprosy istorii. (1988), 8, S. 84-104.
BZ 05317:1988

Boyer, C. ; Bechter, J.-P. : Jacques Chirac. Une passion pour la France. Paris: Ed. Prestige de France 1987. 288 S.
010511

Giesbert, F.-O. : Jacques Chirac. Paris: Ed. du Seuil 1987. 445 S.
B 64321

Jouve, P. ; Magoudi, A. : Jacques Chirac. Portrait total. Paris: Carrere 1987. 179 S.
B 63157

Montvalon, D. de; Pierre-Brossolette, S. : Le couple impossible. Paris: Belfond 1987. 283 S.
B 64461

– Clemenceau

Śladkowski, W. : Stary Tygrys Georges Clemenceau. Łódz: Wydawnictwo Łodzkie 1988. 367 S.
B 67145

– De Gaulle

Lacouture, J. : De Gaulle: Le „Je" nucléaire. In: Revue internationale de stratégie. 36 (1988), 3, S. 11-25.
BZ 05449:36

Ollivier, J.-P. : De Gaulle et la Bretagne. Paris: Ed. France-Empire 1987. 254 S.
B 64108

– Duras

Duras, M. : Der Schmerz. München: Hanser 1986. 207 S.
B 64075

– Fejtö

Fejtö, F. : Mémoires. De Budapest à Paris. Paris: Calmann-Lévy 1986. 323 S.
B 62398

– Foch

Autin, J. : Foch ou le triomphe de la volonté. Paris: Librairie Académique Perrin 1987. 427 S.
B 65015

– Gandoet

Douceret, S. : Paul Gandoet, géneral. Paris: Lavauzelle 1987. 243 S.
B 65910

– Giscard d'Estaing

Giscard d'Estaing, V. : Macht und Leben. Erinnerungen. Frankfurt: Ullstein 1988. 315 S.
B 65629

– Laval

Kupferman, F. : [Pierre] Laval. Paris: Balland 1987. 570 S.
B 63495

– **Mendés-France**
Rimbaud, C. : Le procés Mendés France. Paris: Librairie Academique Perrin 1986. 216 S.
B 64104

– **Michelet**
Charbonnel, J. : Edmont Michelet. Paris: Beauchesne 1987. 294 S.
B 64320

– **Pasteau**
Pasteau, M. : Quand l'honneur est bafoué est-il dícent d'invoquer la prescription? Paris: Selbstverlag 1986. 127, 27 S.
010513

– **Petain**
Ferro, M. : Pétain. Paris: Fayard 1987. IX, 789 S.
B 63480

– **Rayski**
Rayski, A. : Zwischen Thora und Partei. Lebensstationen e. jüd. Kommunisten. Freiburg: Herderbücherei 1987. 222 S.
B 63125

– **Roques**
André, É. : Le Général Roques, inspecteur permanent de l'aéronautique. In: Revue historique des armées. (1988), 3, S. 57-67.
BZ 05443:1988

– **Schuman**
Monnet, J. ; Schuman, R. : Briefwechsel. Correspondances 1947-1953. Lausanne: Fond J. Monnet pour l'Europe 1986. 188 S.
B 63081

– **Veil**
Sarazin, M. : Une femme, Simone Veil. Paris: Laffont 1987. 305 S.
B 64365

– **Weil**
Melchiori, P. ; Scattigno, A. : Simone Weil. Il pensiero e l'esperienza del femminile. Milano: La Salamandra 1986. 144 S.
B 65933

L 137 e Staat und Politik

Arnon, P. : Au-delà de la cohabitation. Vers une démocratie nouvelle. Paris: Ed. Albatros 1987. 171 S.
B 63045

Colombani, J.-M. : Le mariage blanc: Mitterrand- Chirac. Paris: Grasset 1986. 234 S.
B 63482

Dutourd, J. : Le spectre de la rose. Paris: Flammarion 1986. 290 S.
B 65476

Duverger, M. : La cohabitation des Français. Paris: Presses Univ. de France 1987. 250 S.
B 64103

Leclerc-Gayrau, G. : La rose et le lys. (Mitterrand, ou l'ambition de l'histoire). Paris: Albatros 1987. 246 S.
B 64966

Lesage, M. : Le système politique de l'URSS. Paris: Presses Univ. de France 1987. 504 S.
B 64760

The Mitterrand experiment. Continuity and change in modern France. Ed.: G. Ross. Cambridge: Polity Press 1987. XIII, 363 S.
B 63637

Rideau, B. : La fiancée chauve. Paris: La Table Ronde 1987. 251 S.
B 64987

L 137 e 10 Innenpolitik

1981. Les elections de l'alternance. Ed.: A. Lancelot. Paris: Presses de la Fondation Nationale des Sciences Politiques 1986. 261 S.
B 62394

Benoit, J.-M. ; Benoit, P. ; Lech, J.-M. : La politique à l'affiche. Affiches électorales et publicité politique 1965-1986. Paris: May 1986. 221 S.
010447

Chaunu, P. : Une autre voie. Paris: Stock 1986. 252 S.
B 63484

Hasquenoph, M. : La Gestapo en France. Paris: De Vecchi Poche 1987. 546 S.
B 63557

Laguerre, B. : Les dénaturalisés de Vichy 1940-1944. In: Vingtième siécle. (1988), 20, S. 3-15.
BZ 4941:1988

Lenain, P. : Le clandestin politique. La France de demain. Paris: Ed. Economica 1987. 127 S.
B 64402

Lottman, H. R. : The purge. New York: Morrow 1986.
B 65761

Massot, J. : La présidence de la république en France. Vingt ans d'élection au suffrage universel 1965-1985. Paris: La Documentation française 1986. 196 S.
B 62165

Mitterrand's France. Ed.: S. Mazey. London: Croom Helm 1987. XI, 253 S.
B 63966

Pfister, T. : Dans les coulisses du pouvoir: la comédie de la cohabitation. Paris: Michel 1986. 328 S.
B 65480

Pour sortir la France de la crise. Saint-Amand: Cujas 1986. 349 S.
B 62374

Rioux, J.-P. : The Fourth Republic, 1944-1958. Cambridge: Cambridge Univ. Pr. 1987. XV, 531 S.
B 63961

Schneidermann, D. : "Tout va très bien, Monsieur le Ministre". Paris: Belfond 1987. 339 S.
B 64974

Wachtel, D. : Cultural policy and socialist France. Westport, Conn.: Greenwood Pr. 1987. XVI, 114 S.
B 64855

Weber, H. : La parti des patrons. Le CNPF (1946-1986). Paris: Ed. du Seuil 1986. 437 S.
B 63902

L 137 e 14 Parteien

Bell, D. S. ; Criddle, B. : The French Socialist Party. The emergence of a party of government. Oxford: Clarendon Press 1988. X, 329 S.
B 64237

Burrin, P. : La dérive fasciste. Doriot, Déat, Bergery 1933-1945. Paris: Ed. du Seuil 1986. 530 S.
B 63510

Chombart de Lauwe, M.-J. : Vigilance. Vieilles traditions extrémistes et droites nouvelles. Paris: Ligue des Droits de l'Homme 1986. 170 S.
B 63563

Colson, D. : Anarcho-Syndicalisme et communisme. Saint Etienne 1920-1925. Saint Etienne: Centre d'etudes Foréziennes 1986. 222 S.
B 64363

Les Communistes français de Munich à Châteaubriant (1938-1941). Paris: Presses de la Fondation Nationale des Sciences Politiques 1987. 439 S.
B 65018

Eichler, J. : Vojenská politika FKS v letech 1968-1986. In: Historie a vojenství. 36 (1987), 1, S. 141-164.
BZ 4526:36

Holeindre, R. : Aux larmes, citoyens! Paris: Laffont 1987. 342 S.
B 64361

Konrat, M. : Le front Populaire vu de la Loire inférieure. Nantes: CNDP 1986. XIII, 143 S.
010512

Lecomte, C. : Au secours!. L'alternance est là. Paris: Messidor/Éd. sociales 1986. 211 S.
B 64969

Matouk, J. : Le Socialisme libéral. Paris: Michel 1987. 238 S.
B 64354

Milza, P. : Fascisme, Français. Passé et présent. Rungis Cedex: Flammarion 1987. 463 S.
B 64622

Monnier, P. : A l'ombre des grandes têtes molles. Paris: La Table Ronde 1987. 302 S.
B 64968

– **Kommunismus**

Marchais, G. : Angst vor der Perestroika? In: Marxistische Blätter. (1989), 11, S. 53-61.
BZ 4548:1989

– **Nationalismus**

Exner, P. : „Frankreich den Franzosen". Die Renaissance des französischen Rechtsextremismus im Front National. In: Geschichte in Wissenschaft und Unterricht. 40 (1989), 6, S. 333-348.
BZ 4475:40

Tristan, A. : Von innen: als Mitglied d. Front National in d. Hochburg Le Pens. Köln: Kiepenheuer & Witsch 1988. XII, 190 S.
B 66002

– **Sozialismus**

Collovald, A. : Les Poujadistes, ou l'échec en politique. In: Revue d' histoire moderne et contemporaine. (1989), 36, S. 113-133.
BZ 4586:1989

Eichler, J. : Bilance vládní politiky francouzskỳch socialistu (1981-1986). In: Historie a vojenství. (1988), 6, S. 116-139.
BZ 4526:1988

The French socialists in power:1981-1986. Ed.: P. McCarthy. Westport, Conn.: Greenwood Pr. 1987. XII, 212 S.
B 65435

Gaffney, J. : French Socialism and the Fifth Republic. In: West European politics. 11 (1988), 3, S. 42-56.
BZ 4668:11

Harr, K. G. : The genesis and effect of the Popular Front in France. Lanham: Univ. Press of America 1987. 316 S.
B 63003

Rochefort-Turquin, A. : Socialistes parce que chrétiens: front populaire. Paris: Ed. du Cerf 1986. II, 232 S.
B 62780

L 137 e 20 Außenpolitik

Carelli, M. ; Théry, H. ; Zantman, A. : France-Brésil: bilan pour une relance. Paris: Ed. Entente 1987. 274 S.
B 64752

Le couple franco-allemand et la défense de l'Europe. Ed.: K. Kaiser. Paris: Inst. Francais des Relations Internationales 1986. 354 S.
B 63577

Daniel, J. : De Gaulle et l'Algérie. La tragédie, le héros et le témoin. Paris: Ed. du Seuil 1986. 279 S.
B 63903

Delauney, M. : Kala-Kala. De la grande à la petite histoire un ambassadeur raconte. Paris: Laffont 1986. 317 S.
B 64360

Dreyfus, M. : Pacifistes socialistes et humanistes dans les années trente. In: Revue d'histoire moderne et contemporaine. 35 (1988), 3, S. 452-469.
BZ 4586:35

Fougier, G. : Menaces et risques majeurs pour la sécurité de la France. In: Défense nationale. 44 (1988), 12, S. 13-30.
BZ 4460:44

La France et l'Allemagne entre les deux guerres mondiales: actes du colloque tenu en Sorbonne (Paris IV) 15-16-17 janvier 1987. Nancy: Pr. Univ. de Nancy 1987. 244 S.
B 64960

Frankreich und Dritte Welt. In: Blätter des iz3w. (1989), 158, S. 21-39.
BZ 05130:1989

Guldner, E. : Le traité de l'Élysée et la coopération franco-allemande en matière de défense. In: Stratégique. 41 (1989), 1, S. 133-150.
BZ 4694:41

Jacquard, R. ; Nasplèzes, D. : La longue traque d'Action Directe. Paris: Michel 1987. 235 S.
B 64369

Moisi, D. : French foreign policy: the challenge of adaptation. In: Foreign affairs. 67 (1988), 1, S. 151-164.
BZ 05149:67

Nigoul, C. ; Torrelli, M. : Menaces en Méditerranée données nouvelles et conséquences pour la politique de sécurité de la France. Paris: Fondation pour les Études de Défense Nationale 1987. 268 S.
B 64756

Nowak, K. : Polityka zagraniczna Francji w okresie prezydentury François Mitterranda. In: Przegląd stosunkòwmiędzynarodowych. (1987), 2, S. 7-33.
BZ 4777:1987

Parzymies, S. : Ciągłośċ stanowiska Francji w sprawie granicy na Odrze i Nysie. In: Sprawy międzynarodowe. 41 (1988), 6, S. 47-70.
BZ 4497:41

Schmidt, H. : La política franco-alemana de seguridad: contradicciones y perspectivas. In: Política exterior. 2 (1988), 7, S. 11-27.
BZ 4911:2

Semi-Bi, Z. : Il y a trente ans. . l'accélération du processus de décolonisation en Afrique noire francophone. In: Moisen Afrique. 22 (1987), 253/254, S. 7-27.
BZ 4748:22

Wells, S. F. : Les politiques étrangères de Mitterrand. In: Commentaire. 11 (1988), 43, S. 655-666.
BZ 05436:11

L 137 f Wehrwesen

Allemand, J. : Les services spéciaux français pendant la Première Guerre Mondiale. In: Histoire et défense. 1 (1987), 15, S. 5-20.
BZ 4953:1

Bally, J. J. : Understanding the independent NATO partner. In: United States Naval Institute. Proceedings. 115 (1989), 6, S. 72-78.
BZ 05163:115

Barthel, R. : Les officiers interprètes du chiffre et des transmissions de la Marine. In: Revue historique des armées. (1989), 1(174), S. 77-86.
BZ 05443:1989

Battesti, M. : Porte-avions français. In: Revue historique des armées. (1988), 4, S. 20-25.
BZ 05443:1988

Delporte, C. : Les pertes humaines dans l'aviation française. In: Revue historique des armées. (1988), 3, S. 68-79.
BZ 05443:1988

Ehrhart, H.-G. : Französische Verteidigungspolitik im Wandel. Zur Problematik konventioneller Verteidigungskooperation. Bonn: Friedrich-Ebert-Stiftung 1987. III, 28 Bl.
Bc 02329

Gordon, P. : France and European security after the INF Treaty. In: SAIS review. 8 (1988), 2, S. 191-209.
BZ 05503:8

Kaufmann, J. E. : Unusual aspects of a unique fortification: The Maginot line. In: Military affairs. 52 (1988), 2, S. 69-74.
BZ 05148:52

Mialet, J. ; Schlumberger, J. : Le moral des troupes, 1962-1986. Paris: Ed. Economica 1987. IX, 261 S.
B 64362

Pagot, : La Marine et ses réserves. In: Revue historique des armées. (1989), 1(174), S. 95-97.
BZ 05443:1989

Péan, P. : Secret d'Etat. La France du secret. Paris: Fayard 1986. 365 S.
B 64073

Porch, D. : French intelligence and the fall of France, 1930-40. In: Intelligence and national security. 4 (1989), 1, S. 28-58.
BZ 4849:4

Preston, A. : The French navy faces the 1990s. In: Defence. 20 (1989), 9, S. 651-656.
BZ 05381:20

Rose, F. de: La pensée stratégique du général André Beaufre. In: Commentaire. 11 (1988), 42, S. 434-440.
BZ 05436:11

Teyssier, A. : L'Armée de l'air et l'aviation d'assaut (1933-1939): histoire d'un malentendu. In: Revue historique des armées. (1989), 1(174), S. 98-109.
BZ 05443:1989

Vercken, R. : L'aéronautique navale française de 1945 à 1962. In: Revue historique des armées. (1988), 4, S. 46-53.
BZ 05443:1988

Vivier, T. : Les réservistes de l'air (1919-1939). In: Revue historique des armées. (1989), 1(174), S. 63-76.
BZ 05443:1989

L 137 f 10 Heer

Abzac-Epezy, C. : Reductions in officer numbers and relations between army and nation: the example of the French Army in 1815 and 1945. In: War and society. 7 (1989), 2, S. 1-14.
BZ 4802:7

Anderson, R. C. : Devils, not men. The history of the French foreign legion. London: Hale 1987. 190 S.
B 63669

Dutailly, H. : L'instruction volontaire des cadres de réserve de 1919 a nos jours. In: Revue historique des armées. (1989), 1(174), S. 46-53.
BZ 05443:1989

Gandy, A. : La légion en Indochine. 1885-1955. Paris: Presses de la Cité 1988. 191 S.
010712

Mifsud, M. : L'officier de réserve aujourd'hui. In: Revue historique des armées. (1989), 1(174), S. 54-62.
BZ 05443:1989

Miquel, P. : L'Armée Française 1880-1930. Un certain âge d'or. Paris: GGEA 1987. 208 S.
010496

Puschel, M. : Die Landstreitkräfte Frankreichs. In: Militärwesen. (1989), 1, S. 74-81.
BZ 4485:1989

Stella, J.-P. : Guide des insignes des bâtiments de la marine nationale de 1936 à 1970. Fasc. 1-3. Paris: SDA 1987. 15, 15, 14 S.
Bc 02258

Strieter, T. W. : The impact of the Franco-Prussian War on veterans: the company-level career patterns of the French army, 1870-1895. In: War and society. 7 (1989), 1, S. 24-42.
BZ 4802:7

Windrow, M. ; Chappell, M. : Uniforms of the French Foreign Legion 1831-1981. Poole: Blandford 1986. 159 S.
B 63956

L 137 h Gesellschaft

L'actualité de la charte d'Amiens. Paris: Presses Univ. de France 1987. 238 S.
B 64111

Bloch-Lainé, F. ; Bouvier, J. : La France restaurée. 1944-1954. Dialogue sur les choix d'une modernisation. Paris: Fayard 1986. 338 S.
B 64196

Cordier, P. : S. T. O. en 1943. Paris: Pensée Universelle 1988. 109 S.
Bc 8547

Documents sur l'histoire du mouvement ouvrier français au XIXe siècle. Paris: Centre d'Etudes et de Recherches sur les Mouvements Trotskyste et Révolutionnaires Internationaux 1988. 83 S.
Bc 02426

Eichelberg, I. : Mai '68 in der Literatur. Die Suche nach dem Glück in einer besseren Gesellschaft. Marburg: Hitzeroth1987. 182 S.
B 62776

Launay, M. : La C. F. T. C. Origines et développement 1919-1940. Paris: Publicat. de la Sorbonne 1986. 486 S.
B 64316

Mitchell, B. : The practical revolutionaries: a new interpretation of the French anarcho-syndicalists. Westport, Conn.: Greenwood Pr. 1987. XI, 314 S.
B 63410

Simard, M. : Intellectuels, fascisme et antimodernité dans la France des années Trente. In: Vingtième siécle. (1988), 18, S. 55-75.
BZ 4941:1988

L 137 k Geschichte

Chambon, A. : Quand la France était occupée. . 1940-1945. Fin des mythes, légendes et tabous. Paris: Ed. France-Empire 1987. 205 S.
B 64973

Cointet-Labrousse, M. : Vichy et le fascisme. Les hommes, les structures et les pouvoirs. Bruxelles: Ed. Complexe 1987. o.Pag.
B 64109

Juifs révolutionnaires. Une page d'histoire du Yidichland en France. Paris: Messidor/Éd. sociales 1987. 263 S.
B 63578

Kolomijcev, V. F. : „Levyj eksperiment" vo Francii. In: Voprosy istorii. (1988), 3, S. 74-87.
BZ 05317:1988

Mai 68 à l'ORTF. Paris: La Documentation Française 1987. 229 S.
B 65519

Pithon, R. : Le Juif à l'écran en France vers la fin des années Trente. In: Vingtième siécle. (1988), 18, S. 89-99.
BZ 4941:1988

Ramadier, P. : Réfléxions de Paul Ramadier, décembre 1947. In: Revue d' histoire moderne et contemporaine. 35 (1988), 3, S. 495-511.
BZ 4586:35

Rossiter, M. L. : Le rôle des femmes dans la résistance en France. In: Revue d'histoire de la deuxième guerre mondiale et des conflits contemporains. (1989), 155, S. 53-62.
BZ 4455:1989

Rousso, H. : Le syndrome de Vichy. (1944-1987). Paris: Ed. du Seuil 1987. 378 S.
B 64326

Sweets, J. F. : La police et la population dans la France de Vichy: une étude de cas conforme et fidèle. In: Revue d'histoire de la deuxième guerre mondiale et des conflits contemporains. (1989), 155, S. 63- 74.
BZ 4455:1989

L 139 Griechenland

Ascione, L. : L'incrociatore „Averoff". Storia di una nave. In: Rivista marittima. 121 (1988), 11, S. 65-76.
BZ 4453:121

Clogg, R. : Parties and elections in Greece: the search for legitimacy. London: Hurst 1987. XVII, 268 S.
B 65196

Eckert, R. ; Gottberg, B. : Entwicklung und Einsatz der griechischen Streitkräfte 1935-1941. In: Militärgeschichte. 28 (1989), 2, S. 155-161.
BZ 4527:28

Henderson, M. : Xenia – a memoir: Greece 1919-1949. London: Weidenfeld and Nicolson 1988. XIX, 233 S.
B 65259

Melakopides. C. : The logic of Papandreou's foreign policy. In: International journal. 42 (1987), 3, S. 559-584.
BZ 4458:42

Molho, R. : The Jewish community of Salonika and its incorporation into the Greek state 1912-19. In: Middle Eastern studies. 24 (1988), 4, S. 391-403.
BZ 4624:24

Papageorge-Limberes, Y. : Conventional political involvement of Greek women. In: Journal of political and military sociology. 16 (1988), 1, S. 31-41.
BZ 4724:16

Sarides, E. : Ethnische Minderheit und zwischenstaatliches Streitobjekt. Die Pomaken in Nordgriechenland. Berlin: Verl. Das Arabische Buch 1987. 60 S.
Bc 8529

Studies in the history of the Greek civil war, 1945-1949. Ed.: L. Baerentzen. Copenhagen: Museum Tusculanum Pr. 1987. 324 S.
B 66341

Tsonis, I. G. : Die griechischen Parteien und die Europäische Gemeinschaft. Die parteipol. Auseinandersetzung um die EG-Politik Griechenlands 1974-1984. München: Tuduv Verlagsges. 1987. XIII, 431 S.
B 65930

Tzermias, P. : Das Trauerspiel eines Charismatikers. Andreas Papandreous Popularitätsschwund. In: Europäische Rundschau. 17 (1989), 2, S. 97 - 104.
BZ 4615:17

Zervakis, P. : Regierungsmehrheit und Opposition in Griechenland von 1975 bis heute. In: Zeitschrift für Parlamentsfragen. 19 (1988), 3, S. 392-414.
BZ 4589:19

L 141 Großbritannien

L 141 c Biographien

Braybon, G. ; Summerfield, P. : Out of the cage. Women's experiences in two world wars. London: Pandora 1987. XIII, 330 S.
B 64415

– Baldwin
Jenkins, R. : Baldwin. London: Collins 1987. 204 S.
B 65051

– Benn
Benn, T. : Out of the wilderness. Diaries 1963-67. London: Hutchinson 1987. XVI, 592 S.
B 64276

– **Bevan**
Campbell, J. : Aneurin Bevan and the mirage of British socialism. New York: Norton 1987. XVII, 430 S.
B 65352

– **Brittain**
Bennett, Y. : Vera Brittain. Women and peace. London: Peace Pledge Union 1987. 40 S.
Bc 8395

– **Burton**
Burton, J. : Mirador: my term as Hitler's guest. London: Regency Press 1987. 163 S.
B 65234

– **Callaghan**
Callaghan, J. : Time and chance. London: Collins 1987. 584 S.
B 63705

– **Churchill**
Kaiser, D. E. : Churchill, Roosevelt, and the limits of power. In: International security. 10 (1985), 1, S. 204-221.
BZ 4433:10

– **Cooper**
Charmley, J. : Duff Cooper. The authorized biography. London: Papermac 1987. X, 265 S.
B 65075

– **Curzon**
King, P. : The viceroy's fall: how Kitchener destroyed Curzon. London: Sidgwick & Jackson 1986. 310 S.
B 63693

– **Ede**
Ede, J. C. : Labour and the wartime coalition. From the diary of 1941-1945. Ed.: K. Jeffreys. London: Historians' Pr. 1987. 238 S.
B 65536

– **Eden**
James, R. R. : Anthony Eden. London: Weidenfeld and Nicolson 1986. XIV, 665 S.
B 63584

– **Hain**
Hain, P. : A putney plot? Nottingham: Spokesman 1987. 158 S.
B 63764

– **Haughley**
Dwyer, T. R. : Charlie. The political biography of Charles J. Haughey. Dublin: Gill and Macmillan 1987. 245 S.
B 63624

– **Heseltine**
Critchley, J. : Heseltine. London: Deutsch 1987. 184 S.
B 64271

Heseltine, M. : Where there's a will. London: Hutchinson 1987. 312 S.
B 63701

– **Hodgkin**
Hodgkin, T. : Letters from Palestine, 1932-36. Ed.: E. C. Hodgkin. London: Quartet Books 1986. 202 S.
B 63652

– **Hook**
Hook, H. : Home from the hill. London: The Sportsman's Press 1987. X, 206 S.
B 63653

– **John**
John, R. : Caspar John. London: Collins 1987. 240 S.
B 63593

– **Livingstone**
Livingstone, K. : If voting changed anything, they'd abolish it. London: Collins 1987. 367 S.
B 63965

– **Lloyd George**
Grieves, K. : Improvising the British war effort: Eric Geddes and Lloyd George, 1915-1918. In: War and society. 7 (1989), 2, S. 40-55.
BZ 4802:7

– **MacDonald**
Morgan, A. : J. Ramsay MacDonald. Manchester: Manchester Univ. Pr. 1987. 276 S.
B 64159

– **Macmillan**
Horne, A. : Macmillan. Vol. 1. 2. London: Macmillan 1988-89. XIX, 537, XVII, 741 S.
B 68482

– **Maskelyne**
Fischer, D. : Le magicien de guerre. Paris: Presses de la Cité 1986. 248 S.
B 62198

– **Maxton**
Knox, W. : James Maxton. Manchester: Manchester Univ. Pr. 1987. 159 S.
B 64289

– **Montgomery**
Monty at close quarters: recollections of the man. Ed.: T. E. B. Howarth. Bath: Chivers 1987. 13, 238 S.
B 65230

– **Mountbatten**
Mountbatten, L. M. : The diaries of Lord Louis Mountbatten 1920-1922: tours with the Prince of Wales. Ed.: P. Ziegler. London: Collins 1987. 315 S.
B 65213

– **Owen**
Owen, D. : David Owen: personally speaking to Kenneth Harris. London: Weidenfeld and Nicolson 1987. 248 S.
B 65573

– **Potter**
Caine, B. : Destined to be wives. The sisters of Beatrice Webb. Oxford: Clarendon Press 1986. XVI, 276 S.
B 64348

– **Punkhurst**
Romero, P. W. : E. Sylvia Pankhurst: portrait of a radical. New Haven: Yale Univ. Pr. 1987. XV, 334 S.
B 63823

– **Shuckburgh**
Shuckburgh, E. : Descent to Suez. Diaries 1951-1956. New York: Norton 1986. X, 380 S.
B 62672

– **Stone**
Sheffield, G. D. : The effect of the Great War on class relations in Britain: the career of Major Christopher Stone DSOMC. In: War and society. 7 (1989), 1, S. 87-105.
BZ 4802:7

– **Thatcher**
Cole, J. P. : The Thatcher years: a decade of revolution in British politics. London: BBC Books 1987. VIII, 216 S.
B 62931

Mount, F. : Das Jahrzehnt der Margaret Thatcher. In: Europäische Rundschau. 17 (1989), 2, S. 81-96.
BZ 4615:17

Peregubov, S. P. : Margaret Tetčer. In: Voprosy istorii. (1988), 10, S. 60-83.
BZ 05317:1988

Worcester, K. : Ten Years of Thatcherism. In: World policy journal. 6 (1989), 2, S. 297-320.
BZ 4822:6

– **Walker**

Brown, R. J. : „Won by such as he". In: United States Naval Institute. Proceedings. 115 (1989), 6, S. 43-48.
BZ 05163:115

– **Wilson**

Wilson, H. : Memoirs. The making of a Prime Minister, 1916-64. London: Weidenfeld and Nicolson 1986. 213 S.
B 63709

– **Windgate**

Mead, P. : Orde Wingate and the historians. Braunton: Merlin 1987. 206 S.
B 64352

– **Wright**

Wright, P. ; Greengrass, P. : Spycatcher. Enthüllungen aus dem Secret Service. Frankfurt: Ullstein 1987. 392 S.
B 65348

L 141 e Staat und Politik

Blake, R. : The decline of power:1915-1964. London: Paladin 1986. X, 462 S.
B 63687

Cable, J. : Political institutions and issues in Britain. London: Macmillan 1987. X, 181 S.
B 64249

Foote, G. : A chronology of post war British politics. London: Croom Helm 1988. 280 S.
B 65059

Middlemas, K. : Power, competition and the state. Vol. 1. Basingstoke: Macmillan 1986. 404 S.
B 63626

Noetzel, T. : Die Revolution der Konservativen. England in der Ära Thatcher. Hamburg: Junius 1987. 181 S.
B 64989

Searle, G. R. : Corruption in British politics:1895-1930. Oxford: Clarendon Press 1987. X, 448 S.
B 65247

L 141 e 10 Innenpolitik

Benn, T. : Obstacles to reform in Britain. In: The Socialist register. 25 (1989), S. 130-145.
BZ 4824:25

Bird, J. C. : Control of enemy alien civilians in Great Britain 1914-1918. New York: Garland 1986. 355 S.
B 64531

Butler, D. ; Kavanagh, D. : The British general election of 1987. Basingstoke: Macmillan 1988. XV, 379 S.
B 65555

Donoughue, B. : Prime Minister. The conduct of policy under Harold Wilson and James Challaghan. London: Cape 1987. X, 198 S.
B 63715

Human rights and responsibilities in Britain and Ireland: a Christian perspective. Ed.: S. D. Bailey. Basingstoke: Macmillan 1988. VII, 241 S.
B 65074

Jenkins, P. : Mrs. Thatcher's revolution. The ending of the socialist era. London: Cape 1987. X, 411 S.
B 64443

Jordan, A. G. ; Richardson, J. J. : Government and pressure groups in Britain. Oxford: Clarendon Press 1987. VII, 308 S.
B 64252

Kiernan, V. G. : Reflections on revolution in an age of reaction. In: The Socialist register. 25 (1989), S. 146-158.
BZ 4824:25

McLennan, G. : Kann man die Konservativen schlagen? In: Probleme des Friedens und des Sozialismus. 32 (1989), 4, S. 450-455.
BZ 4504:32

Open Government. A study of the prospects of open government within the limitations of the British political systen. Ed.: R. A. Chapman. London: Croom Helm 1987. 194 S.
B 63945

Pearce, E. : Looking down on Mrs. Thatcher. London: Hamish Hamilton 1987. 258 S.
B 64282

Punnett, R. M. : British government and politics. Aldershot: Gower 1988. XIV, 572 S.
B 65652

Radice, L. : Member of Parliament: the job of a backbencher. Basingstoke: Macmillan 1987. XIV, 182 S.
B 65653

Ruling performance. British governments from Attlee to Thatcher. Ed.: P. Hennessy. Oxford: Basil Blackwell 1987. VI, 344 S.
B 64251

Suffrage and Pankhursts. Ed.: J. Marcus. London: Routledge & Kegan Paul 1987. VII, 325 S.
B 66047

Taylor, P. : Stalker. The search for the truth. London: Faber and Faber 1987. XII, 231 S.
B 63857

Thatcherism: personality and politics. Ed.: K. Minogue. Basingstoke: Macmillan 1987. XVII, 144 S.
B 63661

Vacher's parliamentary biographical guide. Ed.: L. Zetter. Herts: Kerswill 1987. 202 S.
B 65587

L 141 e 14 Parteien

Bentley, M. : The climax of liberal politics. British liberalism in theory and practice, 1868-1918. London: Arnold 1987. XVIII, 158 S.
B 63623

Bridge, C. : Holding India to the Empire. (The British Conservative party and the 1935 constitution). London: Oriental Univ. Pr. 1986. XII, 220 S.
B 63591

Ceadel, M. : British parties and the European situation, 1950-1957. In: Storia delle relazioni internazionali. 4 (1988), 1, S. 167-194.
BZ 4850:4

George, B.; Lister, T. : Britain's Labour Party and defense: principles or power. In: The Washington quarterly. 2 (1989), 12, S. 41-54.
BZ 05351:2

Ingle, S. : The British party system. Oxford: Blackwell 1987. IX, 231 S.
B 63735

Levy, R. : Third Party Decline in the UK: The SNP and SDP in comparative perspective. In: West European politics. 11 (1988), 3, S. 57-74.
BZ 4668:11

Morgan, K. O. : Labour people. Leaders and lieutenants, Hardie to Kinnock. Oxford: Oxford Univ. Pr. 1987. XII, 370 S.
B 63676

O'Halloran, C. : Partition and the limits of Irish nationalism. An ideology under stress. Atlantic Highlands, N. J.: Humanities Press Internat. 1987. XVIII, 243 S.
B 64524

Outwin, D. : The SDP story. Maidenhead: Hartswood 1987. 78 S.
Bc 8343

Silkin, J. : Changing battlefields. The challenge to the Labour Party. London: Hamilton 1987. XIV, 226 S.
B 65214

Stepanova, N. M. : Britanskij neokonservatizm i trudjaščiesja 70-e-80-e gody. Moskva: Nauka 1987. 237 S.
Bc 7874

Wainwright, H. : Labour. A tale of two parties. London: Hongarth Press 1987. 338 S.
B 63939

– **Faschismus**

Lewis, D. S. : Illusions of grandeur: Mosley, fascism and British society, 1931-81. Manchester: Manchester Univ. Pr. 1987. 291 S.
B 63960

– **Liberalismus**

Freeden, M. : Liberalism divided: a study in British political thought 1914-1939. Oxford: Clarendon Press 1986. X, 399 S.
B 62507

– **Sozialismus**

Černeckij, S. A. : Krizis britanskogo imperializma i Lejboristskaja partija Velikobritanii: (1970-e seredina 1980-chgodov). Moskva: Nauka 1988. 189 S.
Bc 8094

Crick, M. : The march of militant. London: Faber 1986. 346 S.
B 62957

Seyd, P. : The rise and fall of the Labour left. London: Macmillan 1987. XI, 236 S.
B 65654

Webb, S. : Socialismus in England. Aldershot: Gower in association with the London School of Economic and Political Science 1987. LVI, 136 S.
B 65083

L 141 e 20 Außenpolitik

Adamthwaite, A. : Overstretched and overstrung: Eden, the Foreign Office and the making of policy, 1951-5. In: International affairs. 64 (1988), 2, S. 241-259.
BZ 4447:64

British foreign policy. Tradition, change and transformation. Ed.: M. Smith. London: Hyman 1988. XVI, 287 S.
B 65272

British imperial policy and decolonization, 1938-62. Ed.: A. N. Porter. London: Macmillan 1987. XVII, 403 S.
B 62968

Campaigns for peace: British peace movements in the twentieth century. Ed.: R. Taylor. Manchester: Manchester Univ. Pr. 1987. X, 308 S.
B 65090

Cohen, Y. : Media diplomacy. The Foreign Office in the mass communications age. London: Cass 1986. X, 197 S.
B 63013

Davis, L. E. : Mammon and the pursuit of Empire: the political economy of British imperialism, 1860-1912. Cambridge: Cambridge Univ. Pr. 1986. X, 394 S.
B 65041

Edwards, E. W. : British diplomacy and finance in China, 1895-1914. Oxford: Clarendon Press 1987. 212 S.
B 63691

Ivanov, A. G. : Velikobritanija i mjunchenskij sgovor (v svete archinych dokumentov). In: Novaja i novejšaja istorija. (1988), 6, S. 21-38.
BZ 05334:1988

Robbins, K. : Appeasement. Oxford: Blackwell 1988. 89 S.
Bc 8335

Smith, R. : A climate of opinion: British officials and the development of British Soviet policy, 1945-47. In: International affairs. 64 (1988), 4, S. 631-647.
BZ 4447:64

Zięba, A. : Thatcheryzma a zasady brytjskiej polityki zagranicznej. In: Sprawy międzynarodowe. 51 (1988), 10, S. 47-60.
BZ 4497:51

L 141 e 29 Außenpolitische Beziehungen

Besymenski, L. : Ein zweites München? Die englisch-deutschen Geheimgespräche im Sommer 1939. In: Blätter für deutsche und internationale Politik. 34 (1989), 9, S. 1081-1110.
BZ 4551:34

Collister, P. : Bhutan and the British. London: Serindia Publ. 1987. XI, 210 S.
B 65547

Croft, S. : British policy towards Western Europe, 1947-49: the best of possible worlds? In: International affairs. 64 (1987), 4, S. 617-629.
BZ 4447:64

Ireland and Britain since 1922. Ed.: P. J. Drudy. Cambridge: Cambridge Univ. Pr. 1986. 184 S.
B 64442

Jones, A. P. : Britain's search for Chinese co-operation in the first World War. New York: Garland 1986. 304 S.
B 63273

Kedourie, E. : England and the Middle East. The destruction of the Ottoman Empire, 1914-1921. London: Mansell 1987. XII, 236 S.
B 65169

Kenny, A. : The road to Hillsborough: the shaping of the Anglo -Irish agreement. Oxford: Pergamon Press 1986. XI, 141 S.
B 62921

Queval, A. : La Grande-Bretagne et l'Europe. In: Cosmopolitiques. (1987), 4, S. 12-25.
BZ 05193:1987

Reynolds, D. : Rethinking Anglo-American relations. In: International affairs. 65 (1988/89), 1, S. 89-112.
BZ 4447:65

L 141 f Wehrwesen

L 141 f 00 Wehrpolitik

Le Chêne, E. : Watch for me by the moonlight. A British agent with the French resistance. Bath: Chivvers Press 1986. 224 S.
B 63645

Chichester, M. ; Wilkinson, J. : British defence. A blueprint for reform. London: Brassey's Defence Publ. 1987. XVIII, 142 S.
B 63660

The defence equation. British military systems policy, planning and performance. Ed.: M. Edmonds. London: Brassey's Defence Publ. 1986. XII, 238 S.
B 62982

Ferris, J. : The British army and signals intelligence in the field during the First World War. In: Intelligence and national security. 3 (1988), 4, S. 23-48.
BZ 4849:3

Graham, B. : Break-in: inside the Soviet trade delegation. London: The Bodley Head 1987. 127 S.
B 63763

Kitson, F. : Warfare as a whole. London: Faber and Faber 1987. 186 S.
B 63586

Marshall, R. : All the King's men: (the truth behind SOE's greatest wartime disaster). London: Collins 1988. 314 S.
B 65077

Nazar, E. : Política de defensa del Reino Unido. In: Revista de la Escuela Superior de Guerra. 65 (1987), 481, S. 71-92.
BZ 4631:65

Pritchard, R. J. : Far Eastern influences upon British strategy towards the great powers, 1937-1939. New York: Garland 1987. 328 S.
B 63386

Stafford, D. : Camp X. New York: Dodd, Mead & Co. 1987. XXIV, 327 S.
B 63447

Thomas, A. : British signals intelligence after the Second World War. In: Intelligence and national security. 3 (1988), 4, S. 103-110.
BZ 4849:3

Watt, D. C. : Francis Herbert King: a Soviet source in the Foreign Office. In: Intelligence and national security. 3 (1988), 4, S. 62-82.
BZ 4849:3

West, N. : Molehunt. The full story of the Soviet spy in MI5. Sevenoaks: Coronet 1987. 280 S.
B 63739

L 141 f 10 Heer

Ashurst, G. : My bit. A Lancashire fusilier at war, 1914-1918. Ramsbury: Crowood 1987. 144 S.
B 64238

Bristow, C. : History of the Kent Cyclist Battalion. Territorial Force 1908-1920. Hildenborough: Selbstverlag 1986. 132 S.
Bc 02275

Churchill, C. ; Westlake, R. : British army Collar Badges, 1881 to the present. An illustr. reference guide for collectors. London: Arms and Armour Pr. 1986. 68 S.
B 63680

The collector's book of badges & emblems of the British forces 1940. London: Greenhill Books 1988. o. Pag.
B 65094

Daumann, D. : Militärpolitik und Streitkräfte Großbritanniens. In: Militärwesen. (1989), 7, S. 81-86.
BZ 4485:1989

Dennis, P. : The territorial army, 1906-1940. Woodbridge: Boydell 1987. 274 S.
B 65046

Gander, T. : The modern British army. A guide to Britain's land forces. Wellingborough: Stephens 1988. 128 S.
Bc 8364

Grieves, K. : The politics of manpower, 1914-18. Manchester: Manchester Univ. Pr. 1988. VII, 241 S.
B 64895

Handley, R. E. : The First Londons. Dover: Littledown 1986. X, 246 S.
B 65033

McInnes, C. J. : BAOR in the 1980s: changes in doctrine and organization. In: Defense analysis. 4 (1988), 4, S. 377-394.
BZ 4888:4

Morris, E. : Guerrillas in uniform. Churchill's private armies in the Middle East and the war against Japan 1940-1945. London: Hutchinson 1989. XVII, 277 S.
B 68469

Stockman, J. : Seaforth Highlanders. A fighting soldier remembers. (1939-45). Somerton: Crécy Books 1987. XIII, 270 S.
B 64263

Willis, L. : None had lances. The story of the 24th Lancers. Surrey:24th Lancers old Comrades Association 1986. XIX, 245 S.
B 63582

L 141 f 20 Marine

Beaver, P. : Encyclopaedia of the Fleet Air Arm since 1945. Wellingborough: Stephens 1987. 267 S.
B 65561

Beaver, P. : The modern Royal Navy. A guide to Britain's sea power. Wellingborough: Stephens 1988. 128 S.
Bc 8342

Burt, R. A. : British cruisers in World War One. London: Arms and Armour Pr. 1987. 64 S.
Bc 02254

Coward, B. R. : Battleships & battlecruisers of the Royal Navy since 1861. London: Ian Allen 1986. 120 S.
B 65257

Crawford, J. B. : Making waves. In: Naval history. 2 (1989), 2, S. 25-29.
BZ 05544:2

Foster, N. : The making of a royal marine commando. London: Sidgwick & Jackson 1987. 190 S.
B 68553

Gething, M. J. : British naval air power 75 years young. In: Defence. 20 (1989), 9, S. 658-664.
BZ 05381:20

Gordon, G. A. H. : British seapower and procurement between the wars. A reappraisal of rearmament. London: Macmillan 1988. IX, 321 S.
B 65128

Hamilton, W. M. : The nation and the Navy. Methods and organization of the British Navalist Propaganda, 1889-1914. New York: Garland 1986. 419 S.
B 64522

Jordan, John: Loosening the stranglehold on the Royal Navy. In: United States Naval Institute. Proceedings. 115 (1989), 3, S. 34-39.
BZ 05163:115

Kemp, P. J. : Die Royal Navy auf der Donau 1918-1925. Graz: Weishaupt 1988. 96 S.
010755

Neillands, R. : By sea and land: the Royal Marines Commandos: a history 1942-1982. London: Weidenfeld and Nicolson 1987. XVIII, 268 S.
B 65105

Rippon, P. M. : Evolution of engineering in the Royal Navy. Vol. 1. Speldhurst: Spellmount 1988. 304 S.
010656

The Royal Navy in the Mediterranean, 1915-1918. Ed.: P. G. Halpern. London: Temple Smith 1987. XV, 623 S.
B 64350

Stanford, P. : Britain's surface navy – whither away ? In: United States Naval Institute. Proceedings. 115 (1989), 1/1031, S. 44-48.
BZ 05163:115

Watton, R. : The battleship warspite. London: Conway Maritime Press 1986. 120 S.
010211

Wells, J. : The immortal Warrior: Britain's first and last battleship. Emsworth: Mason 1987. 263 S.
B 65552

Whinney, B. : The U-boat-peril: an antisubmarine commander's war. Poole: Blandford 1986. 160 S.
B 63746

Wilson, M. : Submarine minelayers of the Royal Navy. In: Warship. 49 (1989), 1, S. 20-29.
BZ 05525:49

L 141 f 30 Luftwaffe

Cameron, D. : „Glasgows own": a visual record of the men and machines of 602 (City of Glasgow) Squadron Auxiliary Air Force and Royal Auxiliary Air Force, 1925 to 1957. Glasgow: Squadron Prints 1987. 200 S.
B 65228

Flack, J. : Today's Royal Air Force in colour. Poole: Blandford 1987. 128 S.
010675

Jefferson, A. : Assault on the guns of Merville. D-Day and after. London: Murray 1987. 240 S.
B 65076

Jones, N. : The beginnings of strategic air power. A history of the British Bomber Force, 1923-1939. London: Cass 1987. XXV, 192 S.
B 64247

Muirhead, C. : The diary of a bomb aimer. Tunbridge Wells: Spellmount 1987. 158 S.
B 63632

Terraine, J. : The right of the line: the Royal Air Force in the European War, 1939-1945. Sevenoaks: Sceptre 1988. XIX, 841 S.
B 65027

L 141 g Wirtschaft

Boyce, R. W. D. : British capitalism at the crossroads 1919-1932. A study in politics, economics, and internationalrelations. Cambridge: Cambridge Univ. Pr. 1987. XV, 504 S.
B 65044

Kinnock, N. : Making our way. Investing in Britain's future. Oxford: Basil Blackwell 1986. VIII, 200 S.
B 63663

Marschke, H.: Militärisch orientierte Technologieentwicklung und ihre Auswirkungen auf die Wirtschaft in Großbritannien. In: IPW-Berichte. 18 (1989), 3, S. 29-35.
BZ 05326:18

Walker, W. : Militärisch orientierte Technologieentwicklung und ihre Auswirkungen auf die Wirtschaft inGro/britannien. In: IPW-Berichte. 18 (1989), 3, S. 29-35.
BZ 05326:18

Walker, W. ; Gummett, P. : Britain and the European armaments market. In: International affairs. 65 (1989), 3, S. 419-442.
BZ 4447:65

L 141 h Gesellschaft

Adeney, M. : The miners' strike:1984-85; loss without limit. London: Routledge & Kegan Paul 1987. VII, 319 S.
B 65215

Atkinson, D. : Votes for women. Cambridge: Cambridge Univ. Pr. 1988. 48 S.
Bc 02577

Banks, O. : Becoming a feminist. The social origins of „First Wave" feminism. Athens, Ga.: Univ. of Georgia Pr. 1987. V, 184 S.
B 63269

Condell, D. ; Liddiard, J. : Working for victory? Images of women in the First World War, 1914-1918. London: Routledge & Kegan Paul 1987. XII, 201 S.
010460

Coote, A. ; Campbell, B. : Sweet freedom. The struggle for women's liberation. Oxford: Blackwell 1987. VIII, 271 S.
B 65252

Deakin, N. : The politics of welfare. London: Methuen 1987. VIII, 205 S.
B 64126

Harrison, B. : Prudent revolutionaries: portraits of British feminists between the wars. Oxford: Clarendon Press 1987. VIII, 362 S.
B 65244

Hinton, J. : Self-help and socialism: The Squatters' movement of 1946. In: History workshop. (1988), 25, S. 100-126.
BZ 4726:1988

Jackson, M. P. : Strikes. Brighton: Wheatsheaf Books 1987. XI, 232 S.
B 63689

Koelble, T. A. : Challenges to the Trade Unions: the British and West German cases. In: West European politics. 11 (1988), 3, S. 92-109.
BZ 4668:11

Waites, B. : A class society at war. England, 1914-1918. Leamington, Spa.: Berg 1987. 303 S.
B 63649

L 141 i Geistesleben

Camporesi, V. : Alla scoperta delle frontiere culturali: La BBC in guerra di fronte all'americanizza zione. In: Passato e presente. (1988), 18, S. 71-86.
BZ 4794:1988

Cockett, R. B. : In wartime every objective reporter should be shot. The experience of British press correspondents in Moscow, 1941-1945. In: Journal of contemporary history. 23 (1988), 4, S. 515-530.
BZ 4552:23

Hewison, R. : In anger. Culture in the Cold War, 1945-60. London: Methuen 1988. XVIII, 268 S.
B 67106

Hogenkamp, B. : Deadly parallels: film and the Left in Britain, 1929-1939. London: Lawrence & Wishart 1986. 240 S.
B 65211

The Media in British politics. Ed.: J. Seaton. Aldershot: Avebury 1987. XVIII, 266 S.
B 63734

Robins, P. : A feeling of disappointment: the British press and the Gulf conflict. In: International affairs . 64 (1988), 4, S. 585-597.
BZ 4447:64

Wallace, S. : War and the image of Germany. British Academics 1914-1918. Edinburgh: Donald 1988. X, 288 S.
B 65248

L 141 l Einzelne Länder/Gebiete/Orte

Gallagher, T. : Edinburgh divided: John Cormack and no popery in the 1930s. Edinburgh: Polygon 1987. XI, 208 S.
Bc 8363

Ireland and the First World War. Ed.: D. Fitzpatrick. Dublin: Trinity History Workshop 1988. XIII, 120 S.
Bc 8431

O'Halpin, E. : The decline of the Union. British government in Ireland, 1892-1920. Dublin: Gill and Macmillan 1987. XI, 258 S.
B 63635

Rapp, M. : Nordirland am Scheideweg. Britische Direktherrschaft, anglo-irische Dimension. München: Tuduv Verlagsges. 1987. XIV, 351 S.
B 64991

L 143 Irland

Adams, G. : The politics of Irish freedom. Dingle: Brandon 1986. XV, 176 S.
B 62496

Beyond the rhetoric: politics, the economy and social policy in Northern Ireland. Ed.: P. Teague. London: Lawrence & Wishart 1987. XXI, 243 S.
B 64256

Bishop, P. ; Mallie, E. : The provisional IRA. London: Heinemann 1987. 374 S.
B 64130

Conroy, J. : Belfast diary: war as a way of life. Boston, Mass.: Beacon Press 1987. VIII, 218 S.
B 65403

Greer, A. : Nationalism, internationalism and the conflict in Northern Ireland. In: The journal of social, politicaland economic studies. 13 (1988), 2, S. 128-173.
BZ 4670:13

Guillaume, A. : L'Irlande, une ou deux nations? Paris: Presses Univ. de France 1987. 195 S.
B 64761

Ireland at the polls, 1981, 1982 and 1987: a study of four general elections. Ed.: H. R. Penniman. Durham, NC.: Duke Univ. Pr. 1987. XV, 275 S.
B 64865

The Irish war: the Irish freedom movement handbook. London: Junius Publ. 1987. 302 S.
B 62506

Irland-Info. Hrsg.: Westdt. Irland-Solidaritätskomitee. Oberursel 1981-86. Nr. 15/16; 19/20.
DZ 92

Multhaupt, W. F. : Die Irisch Republikanische Armee. Geschichte, Ziele und Aktivitäten. In: Aus Politik und Zeitgeschichte. (1988), 45, S. 35-46.
BZ 05159:1988

Northern Ireland: living with the crisis. Ed.: A. J. Ward. New York: Praeger 1987. XVII, 223 S.
B 64836

Philpin, C. H. E. : Nationalism and popular protest in Ireland. Cambridge: Cambridge Univ. Pr. 1987. VII, 466 S.
B 65246

Smyth, C. : Ian Paisley: voice of Protestant Ulster. Edinburgh: Scottish Academic Press 1987. X, 206 S.
B 65049

White, R. W. : Commitment, efficacy, and personal sacrifice among Irish Republicans. In: Journal of political and military sociology. 16 (1988), 1, S. 77-90.
BZ 4724:16

Wright, F. : Northern Ireland: a comparative analysis. Totowa, NJ.: Gill and Macmillan 1988. XVI, 334 S.
B 65201

L 145 Italien

L 145 c Biographien

– Bocchini
Carafóli, D. ; Padiglione, G. : Il Viceduce. Storia di Arturo Bocchini capo della polizia fascista. 2. ed. Milano: Rusconi 1987. 218 S.
B 63154

– De Mita
Castoldi, L. : De Mita: l'uomo, il partito, la gente. Milano: Giornalisti Riuniti 1987. 366 S.
B 65513

– Gentile
Calandra, G. : Gentile e il fascismo. Roma: Laterza 1987. 187 S.
B 64620

– Gramsci
Bettolli, J. : El pensamiento de Antonio Gramsci. In: Revista de la Escuela Superior de Guerra. 65 (1987), 481, S. 51-69.
BZ 4631:65

Gómez Hinojosa, J. F. : Intelectuales y pueblo: un acercamiento a la luz de Antonio Gramsci. San José: DEI 1987. 269 S.
Bc 8322

Somai, G. : Alcune osservazioni su „Gramsci in carcere e il Partito" di Paolo Spriano. In: Storia contemporanea. 19 (1988), 5, S. 853-872.
BZ 4590:19

Zunino, G. : „Il popolo delle scimmie" e la lettura gramsciana del fascismo negli anni venti. In: Italia contemporanea. (1988), 171, S. 67-85.
BZ 4489:1988

– **Grandi**
Nello, P. : Dino Grandi: la formazione di un leader fascista. Bologna: Il Mulino 1987. 301 S.
B 65144

– **Kuliscioff**
Casalini, M. : La signora del socialismo. Roma: Ed. Riuniti 1987. 301 S.
B 63535

– **La Pira**
Balducci, E. : Giorgio La Pira. San Domenico di Fiesole: Ed. Cultura della Pace 1986. 189 S.
B 63861

Citterich, V. : Un santo al Cremlino: Giorgio La Pira. Milano: Ed. Paoline 1986. 156 S.
B 64977

– **Labriola**
Martinelli, R. : Antonio Labriola, 1843-1904. Roma: Ed. Riuniti 1988. 168 S.
Bc 8602

– **Modotti**
Cacucci, P. : Tina Modotti. Ein brüchiges Leben in Zeiten absoluter Gewißheiten. Frankfurt: Verl. Neue Kritik 1989. 195S.
B 68992

– **Molinaro**
Molinaro, T. : Memorie di un ammiraglio nelle tempeste d'Italia. Siracusa: Ediprint 1986. 169 S.
Bc 8540

– **Mussolini**
Böss, B. : Benito Mussolini und der Faschismus. Eine kommunikationswissenschaftl. Studie. Puchheim: IDEA 1988. 160 S.
Bc 8475

Mussolini. T. 1. 2. Roma: Ciarrapico 1986. 653 S.
B 64303

– **Ortona**
Ortona, E. : Anni d'America. 1-3. Bologna: Società editrice il Mulino 1984-89. 447, 449, 580 S.
B 60582

– **Pistoso**
Pistoso, G. : Erinnerungen einer kleinen Italienerin. Mädchenjahre unter Mussolini. Darmstadt: Luchterhand 1986. 224 S.
B 62387

– **Sacchi**
Sacchi, F. : Diario 1943-1944. Un fuoruscito a Locarno. Lugano: Giampiero Casagrande 1987. 328 S.
B 64337

– **Spinelli**
Spinelli, A. : Discorsi al Parlamento Europeo 1976-1986. Bologna: Il Mulino 1986. 360 S.
B 62853

L 145 e Staat und Politik

Barbieri, F. : Caro Gorbaciov, caro Natta. Torino: Ed. La Stampa 1987. 167 S.
B 64394

Fritzsche, P. : Die politische Kultur Italiens. Frankfurt: Campus Verlag 1987. 317 S.
B 63049

Koppel, E. ; Uesseler, R. : Italien. Ein polit. Reisebuch. Hamburg: VSA-Verl. 1986. 285 S.
B 58708

Sassoon, D. : Contemporary Italy. Politics, economy and society since 1945. 2. ed. London: Longman 1987. XV, 277 S.
B 63417

L 145 e 10 Innenpolitik

Allum, P. ; Feltrin, P. ; Salin, M. : Chiesa, cattolicèsimo politico, scelte elettorali. Il voto del 1946 a Vicenza. In: Italia contemporanea. (1988), 172, S. 19-52.
BZ 4489:1988

Bolaffi, A. : Das Land, in dem die Widersprüche blühen. Betrachtungen zu Politik und Gesellschaft in Italien. In: Aus Politik und Zeitgeschichte. (1988), 39, S. 3-11.
BZ 05159:1988

Colarizi, S. di: Il voto socialista del 1946. In: Italia contemporanea. (1988), 172, S. 79-88.
BZ 4489:1988

Furlong, P. : The constitutional Court in Italian politics. In: West European politics. 11 (1988), 3, S. 7-23.
BZ 4668:11

Italy at the polls, 1983. Ed.: H. R. Penniman. Durham, NC.: Duke Univ. Pr. 1987. XII, 216 S.
B 64210

Jamieson, A. : Political kidnapping in Italy. In: Conflict. 8 (1988), 1, S. 41-48.
BZ 4687:8

LaPalombara, J. : Democracy Italian style. New Haven: Yale Univ. Pr. 1987. XII, 308 S.
B 64794

Le Marche nel secondo dopoguerra. Atti. „Le Marche dalla liberazione alla fine degli anni cinquanta". Ancona: Ed. il lavoro editoriale 1986. 335 S.
B 63531

Morelli, V. : Anni di piombo: appunti di un generale dei Carabinieri. Torino: Società Editrice Internazionale 1988. 160 S.
B 64156

Novelli, E. : Representazione della realta e strategie comunicative nei volantini delle Brigate Rosse dal 1970 al 1978. In: Passato e presente. (1988), 16, S. 81-106.
BZ 4794:1988

Osta, A. P. J. van: Italie op weg naar de Tweede Republiek? In: Internationale spectator. 42 (1988), 12, S. 708-804.
BZ 05223:42

Panunzio, S. : Il fondamento giuridico del fascismo. Roma: Bonacci 1987. 352 S.
B 65021

Rapone, L. di: Le alleanze politiche dell'emigrazione antifascista italiana (1937-1940). In: Storia contemporanea. 19 (1988), 5, S. 873-934.
BZ 4590:19

Toscano, M. : L'emigrazione ebraica italiana dopo il 1938. In: Storia contemporanea. 19 (1988), 6, S. 1287-1314.
BZ 4590:19

Vialiani, L. : La constituzione republicana 40 anni dopo. In: Il politico. 53 (1988), 3, S. 365-378.
BZ 4541:53

L 145 e 14 Parteien

Betti, D. : Il partito editore. Libri e lettori nella politica culturale del Pci 1945-1953. In: Italia contemporanea. 179 (1989), 6, S. 53-74.
BZ 4489:179

Calamida, L. : Gli anni del dolore e della rabbia (1935-1975). Milano: La Pietra 1986. 222 S.
B 63537

Calice, N. : Il PCI nella storia di Basilicata. Venosa: Ed. Osanna Venosa 1986. 211 S.
B 62117

De'Medici, G. : Le Origini del M. S. I. Roma: Ed.: ISC 1986. 199 S.
B 62147

Della Porta, D. : Protestbewegung und Terrorismus in Italien. In: Aus Politik und Zeitgeschichte. (1988), 45, S. 20-31.
BZ 05159:1988

Errigo, G. : Lotte popolari in Calabria nel dopoguerra. La sezione del P. C. I. di Siderno dal 1943 al 1953. Roma: Casa del Libro Ed. o. J. XI, 440 S.
B 64978

Finotti, S. : Difesa occidentale e Patto Atlantico: la scelta internazionale del MSI (1948/52). In: Storia delle relazioni internazionali. 4 (1988), 1, S. 85-124.
BZ 4850:4

Mein Leben für die Mafia. D. Lebensbericht eines ehrbaren anonymen Sizilianers. Reinbek: Rowohlt 1989. 267 S.
B 70212

Modafferi, F. : Movimenti di protesta e lotte contadine dal fascismo al secondo dopoguerra: Gioiosa Jonica. Documenti di storia municipale. Pisa: ETS Ed. 1986. 270 S.
B 64979

Olesen, T. B. ; Srensen, N. A. ; stergård, U. : Fascismen i Italien. Brud og kontinuitet i Italiens historie efter 1800. Aarhus: Aarhus Universitetsforl. 1986. 287 S.
B 66340

La Provincia di Pesaro e Urbino nel regime fascista. Luoghi, classi e istituzioni tra adesione e opposizione. Ancona: Soc. ed Il Lavoro Ed. 1986. 290 S.
B 64965

Rony, J. : Italie, les termes noueaux de la question communiste. In: Cosmopolitiques. (1987), 4, S. 26-35.
BZ 05193:1987

Sassoon, D. : La sinistra in Italia e in Europa. Elezioni e governi 1945-1988. In: Italia contemporanea. 175 (1989), 6, S. 5-21.
BZ 4489:175

Vallauri, C. : I Partiti italiana tra declino e riforma. Struttura, organizzazione, ... Roma: Bulzoni 1986. 1599 S.
B 63555

XVII. Congresso del Partito communista italiano. Roma: Ed. Riuniti 1987. XIX, 829 S.
B 63864

– **Kommunisten**

Zänker, C. : Die Abkehr der italienischen Kommunisten von Moskau (1964-1983). Frankfurt: Lang 1987. 228 S.
B 65305

L 145 e 20 Außenpolitik

Bagnato, B. : La politica „Araba" dell'Italia vista da Parigi (1949-1955). In: Storia delle relazioni internazionali. 5 (1989), 1, S. 115-155.
BZ 4850:5

Ghilardi, F. : L'apertura della rappresentanza italiana ad Ottawa dopo la Seconda Guerra Mondiale. In: Storia dellerelazioni internazionali. 4 (1988), 2, S. 355-365.
BZ 4850:4

Goglia, L. : Note sul razzismo coloniale fascista. In: Storia contemporanea. 19 (1988), 6, S. 1223-1266.
BZ 4590:19

Guida, F. di: Ungheria e Italia da'la fine del primo conflitto mondiale al trattato del Trianon. In: Storia contemporanea. 19 (1988), 3, S. 381-418.
BZ 4590:19

Italien und die Grossmächte:1943-1949. Hrsg.: H. Woller. München: Oldenbourg 1988. 249 S.
B 68229

Noiret, S. : Le origini della ripresa delle relazioni tra Roma e Mosca. Idealismo massimalista e realismo bolscevico: la missione Bambacci-Cabrini a Copenhagen nell'aprile 1920. In: Storia contemporanea. 19 (1988), 5, S. 797-850.
BZ 4590:19

Pastorelli, P. : La politica estera italiana del dopoguerra. Bologna: Il Mulino 1987. 269 S.
B 65916

Szczepanik, K. : Polityka Włoch w basenie Morza Śródziemnego. Warszawa: Min. Obrony Narodowej 1987. 263 S.
B 66449

L 145 f Wehrwesen

Bargoni, F. : Tutte la Navi militari d'Italia 1861-1986. Roma: Uff. storico della Marina militare 1987. 255 S.
010817

Bucciante, G. : I generali della dittatura. Milano: Mondadori 1987. 559 S.
B 63560

Cervoni, F. : Il problema della difesa del nostro paese. In: Rivista militare. (1989), 1, S. 8-15.
BZ 05151:1989

La cobelligeranza italiana nella lotta di liberazione dell' Europa. Atti del Convegno internat. (Milano, 17-19 maggio 1984). Roma: Minist. della Difesa 1986. 711 S.
B 64113

Ferrante, E. : Il pensiero strategico navale in Italia. In: Rivista marittima. (1988), 11, 151 S.
BZ 4453:1988

Garano, M. ; Mangione, R. : Dai fanti da mar ai lagunari. In: Rivista militare. (1989), 1, S. 46-58.
BZ 05151:1989

Gasparinetti, A. : I calendari dell'esercito italiano. Roma: Rivista Militare Europea 1987. 94 S.
Bc 02473

Gay, F. : The cruiser Bartolomeo Colleoni. London: Conway Maritime Press 1987. 120 S.
B 65167

Italo Pesce, E. : A aviaçào marinha italiana. In: Revista maritima brasileira. 108 (1988), 4/6, S. 79-98.
BZ 4630:108

Pellizzoni, G. : R. N. „Aquila" la portaerei italiana incompiuta. In: Rivista marittima. 122 (1989), 5, S. 93-105.
BZ 4453:122

Rocca, G. : Fucilate gli ammiragli. La tragedia della marina italiana nella seconda guerra mondiale. Milano: Mondadori 1987. 323 S.
B 63160

Vicentini, C. : Noi soli vivi. Quando settantamila italiani passarono il Don. Milano: Cavallotti 1986. 325 S.
B 64613

L 145 g Wirtschaft

Curami, A. : L'industria aeronautica a Varese. Dalle origini al 1939. In: Rivista di storia contemporanea. 17 (1988), 4, S. 578-602.
BZ 4812:17

Diamanti, E. ; Nascetti, D. : L'industria italiana per la difesa. Situazione e prospettive. In: Rivista marittima. 122 (1989), 6, S. 13-21.
BZ 4453:122

Raspin, A. : The Italian War Economy, 1940-1942. With particular reference to Italian relation with Germany. New York: Garland 1986. 461 S.
B 64801

Schiavi, G. G. : Nucleare all'Italia. Milano: Angeli 1987. 136 S.
Bc 8412

L 145 h Gesellschaft

Besson, R. ; Campanile, M. : Avanti, adagio, quasi indietro. Il sindacato italiano tra declino e recerca di nouveidentità. Roma: Ed. Datanews 1987. 96 S.
Bc 8413

Coli, D. : Intellettuali, fascismo e idea di „nazione". In: Storia contemporanea. 19 (1988), 5, S. 935-948.
BZ 4590:19

I giovani nella politica del dopoguerra (1945-1949). Reggio Emilia: Nuova Libreria Rinascita 1987. 128 S.
B 63859

Mafai, M. : Pane nero. Donne e vita quotidiana nella seconda guerra mondiale. Milano: Mondadori 1987. 278 S.
B 65265

Marazzotti, G. : Sarà un bel natale. Trent' anni nella Cgil. Roma: Ediesse 1986. 68 S.
Bc 8254

Misefari, E. : Sindacato e lotte per la terra in Calabria 1943-1945. Contributi per una storia sociale. Roma: Ediesse 1986. 74 S.
Bc 8463

Nenni, P. : La lotta di classe in Italia. Milano: Sugar Co 1987. 275 S.
B 65517

Parlato, G. : Polemica antiborghese, antigermanesimo e questione razziale nel sindacalismo fascista. In: Storia contemporanea. 19 (1988), 6, S. 1189-1221.
BZ 4590:19

Sclafani, A. di; Spataro, C. : I Moti dei fasci dei lavoratori e il „massacro" di Marineo. Palermo: Mazzone 1987. 164 S.
Bc 8470

L 145 i Geistesleben

Antonellis, G. de: Storia dell' azione cattolica. Milano: Rizzoli 1987. 229 S.
B 63559

Balducci, A. : Il caso Moro. Napoli: Tullio Pironti Ed. 1987. 410 S.
B 67566

Barbagallo, F. : Il Sessantotto a Napoli. Lotte universitarie e potere accademico. In: Italia contemporanea. 179 (1989), 6, S. 84-96.
BZ 4489:179

Cinema, storia, resistenza, 1944-1985. Milano: Angeli 1987. 165 S.
Bc 8411

Grispigni, M. : Generazione, politica e violenza. Il Sessantotto a Roma. In: Italia contemporanea. 179 (1989), 6, S. 97-107.
BZ 4489:179

Harper, , J. L. : Italian newspapers and the Moro affair. In: SAIS review. 8 (1988), 2, S. 247-270.
BZ 05503:8

Isnenghi, M. : La guerra civile-nella pubblicistica di destra. In: Rivista di storia contemporanea. 18 (1989), 1, S. 104 -115.
BZ 4812:18

Messina, N. : Le donne del fascismo. Massaie rurali e dive del cinema nel ventennio. Roma: Ed. Ellemma 1987. 178 S.
Bc 8414

Moro, R. : Le premesse dell'atteggiamento cattolico di fronte alla legislazione razziale fascista. Cattolici ed ebreinell'Italia degli anni venti (1919-1932). In: Storia contemporanea. 19 (1988), 6, S. 1013-1120.
BZ 4590:19

L 145 k Geschichte

Aquarone, A. : Fascimo e antifascismo nella storiografia italiana. Roma: Ed. della Voce 1986. 518 S.
B 63860

Artieri, G. : Quarant'anni di Repubblica. Con una premessa e 37 illustrazioni fuori testo. Milano: Mondadori 1987. 701 S.
B 65266

Cavaterra, E. : Quattromila Studenti alla guerra. Storia delle Scuole Allievi Ufficiali della G. N. R. nella Repubblica Sociale Italiana. Roma: Dino 1987. 399 S.
B 65522

Pallotta, G. : Cronache dell'Italia repubblicana. Roma: Lucarini 1987. XII, 561 S.
B 65935

Petersen, J. : Italien nach dem Faschismus. Eine Gesellschaft zwischen postnationaler Identität und europäischer Integration. In: Aus Politik und Zeitgeschichte. 39 (1988), S. 12-23.
BZ 05159:39

Srensen, N. A. : At skabe italienere. Politisk integration i Italien 1860-1948. In: Den jyske historiker. (1989), 47, S. 45-68.
BZ 4656:1989

Vailati, V. : 1943-1944. La Storia nascosta. Torino: G. C. C. 1986. XIII, 427 S.
B 64121

L 145 l Einzelne Länder/Gebiete/Orte

Corsi, H. : La lotta politica in Maremma 1900-1925. Roma: Ed. Cinque Lune 1987. 215 S.
B 65337

Franzina, E. : "Bandiera rossa ritornerà, nel cristianesimo la libertà". Verona: Bertani 1987. 458 S.
B 63325

Ganapini, L. : Una città, la guerra. Milano: Angeli 1988. 324 S.
B 68629

I Muscoli della storia. Milano: Angeli 1987. 268 S.
B 63875

Nationalismus und Neofaschismus in Südtirol. D. Erfolge d. Movimento Sociale Italiano (M.S.I.-D.N.) bei d. Gemeinderatswahlen vom 12. Mai 1945. R. Benedikter. Wien: Braumüller 1987. XII, 436 S.
B 62231

Die Option. R. Messner. München: Piper 1989. 271 S.
B 68187

Steininger, R. : Los von Rom? Die Südtirolfrage 1945/1948 und das Gruber-De Gasperi-Abkommen. Innsbruck: Haymon-Verl. 1987. 405 S.
B 64640

L 147 Jugoslawien

L 147 a Allgemeines

Alexander, S. : The triple myth. A life of Archbishop Alojzije Stepinac. Boulder: East European Monographs 1987. IX, 257 S.
B 64732

Breyer, S. : Schiffsmaterial und Schiffs-Waffensysteme der jugoslawischen Marine heute. In: Marine-Rundschau. 85 (1988), 5, S. 285-289.
BZ 05138:85

Cubrilovic, V. : Istorijski osnovi postanka Jugoslavije 1918. In: Vojnoistorijski glasnik. 39 (1988), 3, S. 13-52.
BZ 4531:39

Djekovič, L. : Wirtschaftskrisen in Südosteuropa: Jugoslawien. In: Südosteuropa-Mitteilungen. 28 (1988), 2, S. 176-184.
BZ 4725:28

Djilas, M. : Susreti sa Staljinom. London: Naše reči 1986. 130 S.
B 59460

Frescobaldi, D. di: La Jugoslavia dopo Tito. In: Affari esteri. 20 (1988), 78, S. 245-262.
BZ 4373:20

Hadzi Vasilev, K. : National relations in the Socialist Self-management. In: Socialism in the world. 11 (1988), 68, S. 14-35.
BZ 4699:11

Hendrichs, I. : Die Muslime in Jugoslawien. In: Europäische Rundschau. 17 (1989), 1, S. 69-79.
BZ 4615:17

Mitrovič, A. : Ustaničke Borbe u Srbiji 1916-1918. Beograd: Srpska knižževna zadruga 1988. 542 S.
B 68196

Morgenstern, M. : Die Arbeiterklasse der SFR Jugoslawien. Grundzüge ihrer Entwicklung. In: Beiträge zur Geschichte der Arbeiterbewegung. 31 (1989), 1, S. 28-34.
BZ 4507:31

Oružane Snage Socijalističke Federativne Republika Jugoslavije. Beograd: Narodna Armija o. J. 199 S.
010055

Prvulovich, Z. R. : Serbia between the swastika and the red star. Birmingham: La Zarica Press 1986. VI, 240 S.
B 63627

Reuter, J. : Das Albanierproblem in Jugoslawien. Kosovo und Mazedonien als Brennpunkte. In: Europäische Rundschau. 17 (1989), 1, S. 61-68.
BZ 4615:17

Stanojevič, B. : Ustaški ministar Smrti. Anatomija zločina Andrije Artukoviča. 2. izd. Beograd: Nova knjiga 1986. 277 S.
B 63925

L 147 e Staat und Politik

Bebler, A. : La nouvelle politique soviétique et la sécurité de la Yougoslavie. In: Défense nationale. 45 (1989), 7, S. 95-110.
BZ 4460:45

Franquesa, A. R. : La crisis del modelo yugoslavo. In: Revista CIDOB d'afers internacionals. (1988), 14, S. 169-189.
BZ 4928:1988

Iversen, H. C. : Förderation in der Zerreißprobe. Zur politischen und wirtschaftlichen Entwicklung in Jugoslawien. In: Blätter für deutsche und internationale Politik. 33 (1988), 12, S. 1487-1498.
BZ 4551:33

Jugoslawien von 1980 bis 1989. Sankt Augustin: Siegler 1989. 200 S.
BZ 4555

Lendvai, P. : Über die internationale Dimension der Jugoslawien-Krise. In: Europäische Rundschau. 17 (1989), 1, S. 81 -88.
BZ 4615:17

Lydall, H. F. : Yugoslav socialism: theory and practice. Oxford: Clarendon Press 1986. 302 S.
B 65219

Morokvašič, M. : Jugoslawische Frauen. Emigration u. danach. Basel: Stromfeld/ Roter Stern 1987. 251 S.
B 64990

Müller-Wlossak: Die Peitsche des Tito-Kommissars. Passau: Verl. Passavia 1987. 419 S.
B 65334

Randonjič, R. : Actual and historical meaning of Yugoslav '48. In: Socialism in the world. 11 (1988), 68, S. 127-146.
BZ 4699:11

Rehák, L. : Nemzet, nemzetiség, kisebbség Jugoszlábiában. Budapest: Gondolat 1988. 182 S.
Bc 8415

Reuter, J. : Konfligierende politische Ordnungsvorstellungen als Hintergrund der Krise in Jugoslawien. In: Südosteuropa. 38 (1989), 1, S. 1 - 8.
BZ 4762:38

Reuter, J. : Die sowjetisch-jugoslawischen Beziehungen seit dem Amtsantritt Gorbacevs. In: Südosteuropa. 37 (1988), 10, S. 558-573.
BZ 4762:37

Schönfeld, R. : Das jugoslawische Dilemma. In: Europa-Archiv. 44 (1989), 15/16, S. 477-486.
BZ 4452:44

Stojanovič, S. : Jugoslawiens Krise und die nationale Frage. In: Europäische Rundschau. 16 (1988), 3, S. 43-58.
BZ 4615:16

Vrcan, S. : The League of Communists of Yugoslavia in the Situation created by the present social crisis. In: Socialism in the world. 11 (1988), 67, S. 191-212.
BZ 4699:11

L 147 e 10 Innenpolitik

Sekelj, L. : The communist league of Yugoslavia: elite of power or consciousness? In: Socialism and democracy. (1988), 6, S. 115-134.
BZ 4929:1988

L 163 Niederlande

L 163 a Allgemeines

De Crisis van het nederlandse communisme. Amsterdam: Mets 1986. 155 S.
B 63086

De Mariniersbrigade te kiek. Amsterdam: Omega Boek 1986. o. Pag.
Bc 02294

Dijk, A. : The drawingboard battleships for the Royal Netherlands Navy. In: Warship international. 25 (1988), 4, S. 353-361.
BZ 05221:25

Dijk, A. : The drawingboard battleships for the Royal Netherlands Navy. In: Warship international. 26 (1989), 1, S. 30- 35.
BZ 05221:26

Graaf, H. de: In Dienst van de vrede. Kampen: Kok 1987. 193 S.
B 63916

Larson, G. D. : Prelude to revolution. Palaces and politics in Surakarta, 1912-1942. Dordrecht: Foris 1987. 242 S.
B 62189

Officiele Bescheiden betreffende de Nederlands-Indonesische betrekkingen 1945-1950. Bd. 1-14. Dordrecht: Nijhoff 1971-1988. Getr. Pag.
B 67896

Peet, J. : Het uur van de arbeidersjeugd. De Katholieke Arbeiders Jeugd, de Vrouwelijke Katholieke Arbeidersjeugd en de emancipatie van de werkende jongeren in Nederland 1944-1969. Baarn: Uitgeverij Arbor 1987. 431 S.
010515

The RNethN's 'M'-class 'Karel Doorman' frigates. In: Maritime defence. 14 (1989), 10, S. 320-327.
BZ 05094:14

Schoenmaker, W. ; Postma, T. : KLu Vliegtuigen. De Vliegtiugen van de Koninklijke Luchtmacht vanaf 1913. Alkmaar: De Alk1988. 160 S.
010616

Zielonka, J. : Nederland en het Oost-Europabeleid: van diplomatiek naar strategisch concept. In: Internationale spectator. 43 (1989), 1, S. 44-51.
BZ 05223:43

L 163 c Biographien

Kopstukken van de VVD. Houten: Uitgeverij Unieboek 1988. 214 S.
B 65912

Moossen, I. : Das unselige Leben der „seligen" Edith Stein: e. dokumentar. Biographie. Frankfurt: Haag u. Herchen 1987. 275 S.
B 62861

– De Jonge
Jonge, K. de: Dagboek uit Pretoria. Amsterdam: Van Gennep 1987. 204 S.
B 65479

– Frank
Frank, A. : Die Tagebücher der Anne Frank. Frankfurt: Fischer 1988. VIII, 791 S.
010672

– Gies
Gies, M. ; Gold, A. L. : Meine Zeit mit Anne Frank. D. Bericht jener Frau, d. Anne Frank u. ihre Fam. in ihrem Versteckversorgte. Bern: Scherz 1987. 254 S.
B 63137

– **Meyenfeldt**
Meyenfeldt, M. H. von: Ich lernte, daß Regeln und Gebote kein Selbstzweck sein dürfen. Mein Weg von der Kriegsakademie zur Friedensbewegung. In: Blätter für deutsche und internationale Politik. 33 (1988), 12, S. 1498-1509.
BZ 4551:33

– **Romkes**
Romkes, J. : Cel 383, zing nog eens. Een leven met de oorlog. Amsterdam: Balans 1987. 226 S.
B 63113

– **Six**
Schulten, C. M. : Ihr P. J. Siz RMWO (1895-1986), Amsterdammer en verzetsstrijder. Nijmegen: Special Images 1987. 147 S.
B 65290

– **Stein**
Arborelius, A. : Edith Stein. Gent: Carmelitana o. J. 160 S.
B 62187

– **Warren**
Warren, H. : Geheim Dagboek. Bd. 1-6. Amsterdam: Bakker 1986-87. 198, 227, 219, 252, 226, 197 S.
B 64134

L 165 Norwegen

L 165 a Allgemeines

Austvik, O. G. : Den petroleumspolitiske utfordring. Norsk strategi i olje- og gassmarkedene. In: Norsk utenrikspolitiskårbok. (1987), S. 74-94.
BZ 4695:1987

Danielsen, D. : Aktuelle saker og utfordringer i haeren. In: Norsk militært tidsskrift. 158 (1988), 5, S. 1-8.
BZ 05232:158

Grimstvedt, B. : Stortingsmelding 54 og sjforsvaret. In: Norsk militært tidsskrift. 158 (1988), 12, S. 1-12.
BZ 05232:158

Holst, J. J. : Aktuelle forsvars- og sikkerhetspolitiske utfordringer. In: Norsk militært tidsskrift. 159 (1989), 2, S. 1-11.
BZ 05232:159

L 165 e Staat und Politik

Amdam, R. P. : Teknologi og plankonomi. In: Arbeiderhistorie. (1988), S. 107-123.
BZ 4920:1988

Brundtland, A. O. : Synspunkter på sikkerhetspolitikken – 1987. In: Norsk utenrikspolitisk årbok. (1987), S. 11-42.
BZ 4695:1987

Halsaa, B. : A feminist utopia. In: Scandinavian political studies. 11 (1988), 4, S. 323-359.
BZ 4659:11

Hansen, G. : Fra min plass: politiske erindringer 1970-1985. Oslo: Aschehoug 1986. 246 S.
B 66294

Hoemsnes, O. N. : Skjebedgn: om Bortenregjeringens fall. Oslo: Gyldendal Norsk Forl. 1986. 172 S.
B 66303

Holst, J. J. : De nordlige havområder i norsk sikkerhetspolitikk. In: Norsk militært tidsskrift. (1988), 11, S. 1-9.
BZ 05232:1988

Listhaug, O. ; Aardal, B. : Welfare state issues in the Norwegian 1985 election: evidence from aggregate and surveydata. In: Scandinavian political studies. 12 (1989), 1, S. 57-76.
BZ 4659:12

Ringdal, N. J. : Mellom barken og veden: politiet under okkupasjonen. Oslo: Aschehoug 1987. 407 S.
B 66240

Vi anklager!Treholtsaken og rettssikkerheten. Olso: Aschehoug 1986. 254 S.
B 66522

L 165 h Gesellschaft

Bering, B. : Radikale telemarkinger i „Det rde amt". In: Arbeiderhistorie. (1988), S. 155-183.
BZ 4920:1988

Berntsen, H. : 100 år med Folkets Hus. In: Arbeiderhistorie. (1988), S. 63-75.
BZ 4920:1988

Fra barrikade til gerilja. En bruksbok for norske kvinner – og for menn som vil vite mer om dem. Oslo: Tiden Norsk Forl. 1987. 176 S.
B 66236

Grass, M. : „... den starkaste brygga mellan nordens folk för fredligt arbete..." De skandinaviska arbetar- ochfredsmötena sommaren 1914. In: Arbeiderhistorie. (1988), S. 77-105.
BZ 4920:1988

Hagemann, G. : Historien om den mannlige arbeiderklassen. In: Arbeiderhistorie. (1988), S. 125-151.
BZ 4920:1988

Hansen, G. : Trehesten, partiet og gutten: bilder fra en barndom. Oslo: Aschehoug 1987. 116 S.
B 66243

Olstad, F. : Radikalisme? Om faglig opposisjon i Norsk Jern- og Metallarbeiderforbund, med hoedekt på tida omkring 1. verdenskrig. In: Arbeiderhistorie. (1988), S. 47-61.
BZ 4920:1988

Senje, S. : Dmte kvinner: tyskerjenter og frontsstre 1940-45. Oslo: Pax Forl. 1986. 139 S.
Bc 7956

Skåum, A. : Arbeidere og aristokrati på Bprgestad i Gjerpen. In: Arbeiderhistorie. (1988), S. 185-193.
BZ 4920:1988

Stokke, O. : Norsk bistandspolitikk: kontinuitet og endring. In: Norsk utenrikspolitisk årbok. (1987), S. 43-73.
BZ 4695:1987

Veslemy, K. : Kinder der Schande. Berlin: Nishen 1988. 116 S.
B 67597

L 165 k Geschichte

Barstad, T. A. : Pelle-Gruppa: sabotrer på stlandet 1944-45. Oslo: Cappelens Forl. 1987. 200 S.
B 66499

Dancke, T. M. : Opp av ruinene: gjenreisningen av Finnmark 1945-1960. Oslo: Gyldendal Norsk Forl. 1986. 464 S.
B 66268

Didriksen, J. : Industrien under hakekorset. Oslo: Universitetsforl. 1987. 202 S.
B 66302

Grimnes, O. K. : Veien inn i krigen. Oslo: Aschehoug 1987. 117 S.
B 66250

Hauge, J. C. : Frigjringen. København: Gyldendal 1985. 161 S.
B 66292

Jensen, J. O. : De naere årene: norske kvinner og menn forteller om krigen. Oslo: Gyldendal Norsk Forl. 1986. 266 S.
B 66246

Norge i krig. Fremmedåk of frihetskamp 1940-1945. Bd. 1-8. Oslo: Aschehoug 1984-88. 255, 244, 280, 256, 285, 280, 276, 296 S.
010601

L 171 Österreich

L 171 c Biographien

Preradovich, N. von: Österreichs höhere SS-Führer. Berg a. See: Vowinckel-Verl. 1987. 367 S.
B 67520

– **Brantweiner**
Fleck, C. : Der Fall Brandweiner. Universität im Kalten Krieg. Wien: Verl. f. Gesellschaftskritik 1987. 155 S.
Bc 8239

– **Dollfuß**
Miller, J. W. : Bauerndemokratie in practice: Dollfuß and the Austrian agricultural health insurance system. In: German studies review. 11 (1988), 3, S. 405-421.
BZ 4816:11

– **Fischer**
Fischer, E. : Das Ende einer Illusion. Erinnerungen 1945-1955. 2. Aufl. Frankfurt: Vervuert 1988. 424 S.
B 65636

– **Jägerstätter**
Jägerstätter, F. : Gefängnisbriefe und Aufzeichnungen. Franz Jägerstätter verweigert 1943 den Wehrdienst. Linz: Veritas 1987. 248 S.
B 65952

– **Kalmar**
Kalmar, S. S. : Goodbye, Vienna! San Francisco: Strawberry Hill Press 1987. 251 S.
B 63574

– **Kautsky**
Laschitza, A. : Ich bin Redakteur und Parteimann, nicht bloßer Privatgelehrter. Karl Kautsky. In: Beiträge zur Geschichte der Arbeiterbewegung. 30 (1988), 5, S. 657-676.
BZ 4507:30

– **Kronprinz Rudolf**
Łątka, J. S. : Ooskarzam arcyksięcia Rudolfa. Wyd. 2. Katowice: Wydawn. Šlask 1988. 142 S.
B 68958

– **Lachs**
Lachs, M. : Warum schaust Du zurück. Wien: Europaverlag 1986. 269 S.
B 62364

– **Matysek**
Matysek, O. : Die Machthaber. Wien: Orac 1987. 231 S.
B 65287

– **Vranitzky**
Rauscher, H. : Vranitzky. Eine Chance. Wien: Ueberreuter 1987. 247 S.
B 64740

– **Waldheim**
Die Leiche im Keller. Dokumente des Widerstands gegen Dr. Kurt Waldheim. Hrsg.: M. Dor. Wien: Picus Verl. 1988. 143 S.
Bc 8545

– **Wallnöfer**
Schmidl, H. ; Bauer, R. : Mein Leben für Tirol. Eduard Wallnöfer. Wien: Ueberreuter 1987. 128 S.
B 64330

L 171 e Staat und Politik

Lahodynsky, O. : Der Proporz-Pakt: d. Comeback d. großen Koalition. Wien: Ueberreuter 1987. 144 S.
B 63175

Rauchensteiner, M. : Die Zwei: d. Grosse Koalition in Österreich 1945-1966. Wien: Österr. Bundesverlag 1987. 576 S.
B 64643

L 171 e 10 Innenpolitik

Bailer-Galanda, B. : Frauen und Rechtsextremismus. In: Dokumentationsarchiv des österreichischen Widerstandes. Jahrbuch. (1989), S. 151-161.
BZC 17:1989

Collotti, E. : Antisemitismo e legislazione antiebraica in Austria. In: Rivista di storia contemporanea. 18 (1989), 1, S. 54-75.
BZ 4812:18

Garscha, W. R. : Ein Versuch zur Vereinigung von revolutionären Sozialisten (RS) und Kommunisten (KPÖ) in der Steiermark im August 1938. In: Dokumentationsarchiv des österreichischen Widerstandes. Jahrbuch. (1989), S. 74-83.
BZC 17:1989

Die Kommunistische Partei Österreichs. Beitr. zu ihrer Geschichte u. Politik. Wien: Globus-Verl. 1987. 576 S.
B 64302

Leo, R. ; Staudinger, K. : Prügelnde Polizisten. „Schwarze Schafe" in Uniform. Wien: Grüner Klub im Parlament 1987. 120 S.
Bc 7854

Pelinka, A. : Alte Rechte, neue Rechte in Österreich. Zum aufhaltsamen Aufstieg des Jörg Haider. In: Die neue Gesellschaft – Frankfurter Hefte. 36 (1989), 2, S. 103-109.
BZ 4572:36

Plasser, F. : Parteien unter Stress. Zur Dynamik der Parteiensysteme in Österreich, der BRD und den VereinigtenStaaten. Köln: Böhlau 1987. XII, 344 S.
B 64631

Pretterebner, H. : Der Fall Lucona. Ostspionage, Korruption und Mord im Dunstkreis d. Regierungsspitze. Wien: Pretterebner Verlagsges. 1987. 672 S.
B 65897

Švejcer, V. J. : Sozial-demokratija Avstrii. Moskva: Nauka 1987. 220 S.
Bc 7524

Weiss, H. : Antisemitische Vorurteile in Österreich. Theoret. u. empirische Analysen. 2. Aufl. Wien: Braumüller 1987. VI, 167 S.
B 62393

Widerstand und Verfolgung in Niederösterreich 1934-1945. E. Dokumentation. Hrsg.: H. Arnberger. Bd. 1-3. Wien: Österreichische Bundesverl. 1987. 574, 654, 749 S.
B 63130

Widerstand und Verfolgung in Österreich, 1938-1945. Wien: Bundespressedienst 1988. 107 S.
Bc 8147

Wird Österreichs Geschichte umgeschrieben? In: Aus Politik und Zeitgeschichte. (1988), 43, S. 34-39.
BZ 05159:1988

L 171 e 20 Außenpolitik

Neutrals in Europe: Austria. Stockholm: The Swedish Inst. of Internat. Affairs 1987. 101 S.
Bc 7856

Österreichbewußtsein, Vergangenheitsbewältigung, Neutralitätspolitik. Wien: Pädagog. Inst. des Bundes 1986. VI, 226 S.
Bc 02469

Österreichische Neutralität und Friedenspolitik. Forschungsbericht. Bd. 1. 2. Stadtschleining: Österr. Inst. für Friedensforschung u. Friedenserziehung 1986. 436, 407 S.
B 63182

Überlegungen zum Frieden. Hrsg.: M. Rauchensteiner. Wien: Deuticke 1987. 463 S.
B 64450

Washietl, E. : Österreich und die Deutschen. Wien: Ueberreuter 1987. 177 S.
B 63487

L 171 f Wehrwesen

The Defence Forces of Austria. Hrsg.: T. D. Bridge. 2. ed. Tavistock: AQ and DJ Publ. 1987. 208 S.
B 64122

Fessler, P. ; Stumpf, E. ; Wieseneder, A. : Zivildienstrecht. T. 1-3. Wien: Juridica-Verl. 1989.
B 69881

Die Fliegerkräfte Österreichs 1955 bis heute. 2. Aufl. Graz: Weishaupt 1987. 255 S.
010746

Greger, R. : Die Marinemeuterei in Cattaro und Franz Rasch. In: Marine-Rundschau. 85 (1988), 6, S. 351-356.
BZ 05138:85

Pawlik, G. ; Baumgartner, L. : S. M Unterseeboote. Graz: Weishaupt 1986. 127 S.
010710

Sinn, N. : Heeresübung „Landesverteidigung 1988". In: Österreichische militärische Zeitschrift. 26 (1988), 6, S. 501-511.
BZ 05214:26

Sprung, K. : Das legendäre Regiment. Graz: Selbstverlag 1986. 160 S.
B 64217

Vetschera, H. : Das „Deutsche Kriegsmaterial" im Österreichischen Staatsvertrag. In: Österreichische militärische Zeitschrift. 27 (1989), 3, S. 193-199.
BZ 05214:27

L 171 i Geistesleben

Hörmann: Von Breschnew zu Gorbatschow. Als Reporter in Moskau. Graz, Köln: Styria 1987. 280 S.
B 62856

Jugend unterm Hakenkreuz. Erziehung und Schule im Faschismus. Hrsg.: O. Achs. Wien: Jugend u. Volk 1988. 68 S.
Bc 02482

Liebmann, M. : Theodor Innitzer und der Anschluß. Österreichs Kirche 1938. Graz, Köln: Styria 1988. 327 S.
B 66003

Pevny, W. : Die vergessenen Ziele. Wollen sich die 68er davonstehlen. Wien: Europaverlag 1988. 39 Bl.
Bc 8504

Schmoll, H. : Exilpublizistik oder Exilpublizistik? Österreichische Journalisten in Palästina 1933 bis 1948. In: Dokumentationsarchiv des österreichischen Widerstandes. Jahrbuch. (1989), S. 117-131.
BZC 17:1989

Vertriebene Vernunft. Emigration u. Exil österr. Wissenschaft. Hrsg.: F. Stadler. Bd. 1. 2. Wien: Jugend u. Volk 1987-88. 584, 1117 S.
010588

L 171 k Geschichte

1938 – Anatomie eines Jahres. Hrsg.: T. Chorherr. Wien: Ueberreuter 1987. 418 S.
B 65336

Betrifft: „Anschluß". E. Almanach. Wien: Arb. Gem. österr. Privatverl. 1988. 80 S.
Bc 7659

Botz, G. : Krisenzonen einer Demokratie. Gewalt, Streik u. Konfliktunterdrückung in Österreich seit 1918. Frankfurt: Campus Verlag 1987. 389 S.
B 64781

Denscher, B. : Das schwarz-gelbe Kreuz. Wiener Alltagsleben im Ersten Weltkrieg. Wien: Wiener Stadt- u. Landesbibliothek 1988. 40 S.
Bc 8299

Drexler, M. ; Stöger, B. : Vom roten Stern zu rot-weiss-rot. Die Geschichte Ostösterreichs unter der russischen Besetzung. Horn: Bundesgymnasium 1986. 24 Bl.
Bc 02112

Die erste Republik, 1918-1938. Wien: Bundespressedienst 1988. 71 S.
Bc 8165

Frick, K. : 1938 – der Anschluß, der keiner war. Wien: KPÖ 1988. 32 S.
Bc 8264

Das grosse Tabu: Österreichs Umgang mit seiner Vergangenheit. Hrsg.: A. Pelinka. Wien: Edition S 1987. 197 S.
B 62468

Jelavich, B. : Modern Austria. Empire and republic, 1918-1986. Cambridge: Cambridge Univ. Pr. 1987. XVII, 346 S.
B 64726

Keyserlingk, R. H. : Austria in World War II. An Anglo-American dilemma. Kingston: McGill-Queen's Univ. Pr. 1988. X, 305 S.
B 67975

Mölzer, A. : Österreich – ein deutscher Sonderfall. Berg am See: Türmer 1988. 234 S.
B 66362

Oberkofler, G. ; Rabofsky, E. : Pflichterfüllung für oder gegen Österreich. Historische Betrachtungen zum März 1938. Wien: Globus Verl. 1988. 48 S.
Bc 8269

Pfeiffer, H. : Werden und Wesen der Republik Österreich. Tatsachen und Dokumente. 3. Aufl. Wien: ÖsterreichischeLandsmannschaft 1988. 103 S.
Bc 8337

Preradovich, N. von: Großdeutschland 1938. Traum – Wirklichkeit – Tragödie. Leoni am Starnberger See: Druffel 1987. 445S.
B 67385

Schuschnigg, K. : Im Kampf gegen Hitler. Die Überwindung d. Anschlußidee. Wien: Amalthea 1988. 472 S.
B 64599

Simon, W. B. : Die verirrte Erste Republik. E. Korrektur österr. Geschichtsbilder. Innsbruck: Multilex Media Verl. 1988. 131 S.
Bc 8505

Slapnicka, H. : Oberösterreich – zweigeteiltes Land. 1945-1955. Linz: Landesverl. 1986. 331 S.
B 62834

Steinert, H. : 1938, Waldheim, der Antisemitismus und die erzwungene österreichische Identität. In: Babylon. (1988), 3, S. 27-38.
BZ 4884:1988

Stubenvoll, K. : März 1938. Ursachen und Folgen. Wien: Sozialwissenschaftl. Studienbibliothek 1988. 31 S.
Bc 8292

Wanner, G. : 1938 – der Anschluß Vorarlbergs an das Dritte Reich. Lochau/Bodensee: Landesbildungszentrum Schloß Hofen 1987. 87 S.
Bc 02478

Zentner, C. : Heim ins Reich. Der Anschluß Österreichs 1938. München: Südwest Verl. 1988. 143 S.
010692

L 174 Polen

L 174 a Allgemeines

Brzeziński, B. : Kult jednostki i jego wpływ na budownictwo socjalizmu w polsce. In: Z pola walki. 31 (1988), 2, S. 40-94.
BZ 4559:31

Freudenstein, R. : Der polnische Katholizismus und die Deutsche Frage. In: Beiträge zur Konfliktforschung. 18 (1988), 3, S. 61-83.
BZ 4594:18

Kłoczeski, Z. : Polska Gospodarka wojskowa 1918-1939. Warszawa: Wydawn. Min. Obrony 1987. 300 S.
B 66980

Rutowska, M. ; Servański, E. : Losy polskich środowisk artystycznych w latach 1939-1945. Architektura, sztuki plastyczne muzyka i teatr. Poznań: Instytut Zachodni 1987. 146 S.
Bc 8014

Zerosławski, C. : Katolicka Myśl o ojczyżnie. Ideowopolityczne koncepcje klerikalnego podziemia 1939-1944. Warszawa: Państwowe Wydawn. Naukowe 1987. 317 S.
B 63771

L 174 c Biographien

– Abramowski
Giełzyński, W. : Edward Abramowski zwiastun „Solidarnośći". London: Polonia 1986. 155 S.
Bc 6470

– Beck
Józef Beck ostatni raport. Warszawa: Państw. Inst. Wydawn. 1987. 238 S.
B 66429

– Cat-Mackiewicz
Jaruzelski, J. : Stanisław Cat-Mackiewicz 1896-1966 Wilno-Londyn-Warszawa. Warszawa: Czytelnik 1987. 353 S.
B 66431

– **Czapski**
Czapski, J. : Souvenirs de Starobielsk. Montricher: Ed. Noir sur Blanc 1987. 147 S.
B 64956

– **Dembiński**
Brodowski, L. : Henryk Dembiński. Warszawa: Państwowe Wydawn. Naukowe 1988. 294 S.
B 68959

– **Dobrzański**
Kosztyła, Z. : Oddział Wydzielony Wojska Polskiego majora Hubala. Warszawa: Min. Obrony Narodowej 1987. 315 S.
B 66406

– **Gomułka**
Werblan, A. : Władysław Gomułka: Sekretarz Generalny PPR. Warszawa: Ksiazka i Wiedza 1988. 662 S.
B 67141

– **Karnicki**
Karnicki, B. : Marynarski Worek wspomnien. Warszawa: Min. Obrony Narodowej 1987. 170 S.
Bc 7521

– **Korczak**
Kondo, J. : Im Tal der modernen Geschichte, Korczaks Leben: aus d. Schriften e. Arztes, Poeten u. Erziehers; zwischen Polen- u. Judentum u. Nationalsozialismus. Frankfurt: Herchen 1987. 185 S.
Bc 8241

– **Naszkowski**
Naszkowski, M. : Paryz Moskwa. Wsomnienia dyplomaty 1945-1950. Warszawa: Państw. Inst. Wydawn. 1986. 291 S.
B 62634

– **Piłsudski**
Jedrezejewicz, W. : Józef Piłsudski 1867-1935. Wyd. 5. Londyn: Polska Fundacja Kulturalna 1986. 309 S.
B 66416

Józef Piłsudski i jego legenda. Warszawa: Państw. Inst. Wydawn. 1988. 141 S.
Bc 8406

Lepecki, M. : Pamietnik adiutanta Marszałka Piłsudskiego. Warszawa: Państwowe Wydawn. Naukowe 1987. 364 S.
B 64093

Mantel, F. : Słowo o Marszałku. Paryz: Księgarnia Polska 1986. 23 S.
Bc 7632

Nałęcz, D. ; *Nałęcz, T.* : Józef Piłsudski legendy i fakty. Warszawa: Młodziezowa Agencja Wydawnicza 1986. 319 S.
B 62652

– **Shainberg**
Shainberg, M. : Breaking from the KGB. Warsaw Ghetto Fighter. New York: Shapolsky Publ. of North Armica 1986. 295 S.
B 63247

– **Sikorski**
Zaroń, P. : Kierunek wschodni w strategii wojskowopolitycznej gen. Władysława Sikorskiego 1940-1943. Warszawa: Państwowe Wydawn. Naukowe 1988. 335 S.
B 66969

– **Walesa**
Walesa, L. : Ein Weg der Hoffnung. Autobiographie. Wien: Zsolnay 1987. 440 S.
B 63095

L 174 d Land und Volk

Kruk, H. : Bibliothekar und Chronist im Ghetto Wilna. Hannover: Laurentius 1988. 74 S.
Bc 8537

Mantel, F. : Stosunki polsko-zydowskie. Paryz: Księgarnia Polska 1986. 15 S.
Bc 7633

Oliner, S. P. : Restless memories. Recollections of the Holocaust years. 2. ed. Berkeley: Magnes Museum 1986. XIII, 215 S.
B 63508

Piotrowski, B. : O Polskę nad Odrą i Bałtykiem. Myśl zachodnia i badania niemcoznawczne Uniwersytetu Poznańskiego 1919-1939. Poznań: Institut Zachodni 1987. 438 S.
B 66986

Rautenberg, H.-W. : Deutsche und Deutschstämmige in Polen – eine nicht anerkannte Volksgruppe. In: Aus Politik und Zeitgeschichte. (1988), 50, S. 14-27.
BZ 05159:1988

Rudavsky, J. : To live with hope, to die with dignity. Lanham: Univ. Press of America 1987. 253 S.
B 64507

To live with honor and die with honor! Selected documents from the Warsaw Underground Archives „O.S." [„Oneg Shabbath"]. Ed.: J. Kermish. Jerusalem: Yad Vashem 1986. XLIV, 790 S.
B 64600

Turgel, G. ; Groocock, V. : I light a candle. London: Grafton Books 1987. 160 S.
B 64437

Wajnryb, A. : Medizin im Ghetto Wilna. In: Dachauer Hefte. 4 (1988), 4, S. 78-115.
BZ 4855:4

Zalewska, G. : Sprawa emigracji Zydowskiej z Polski w Drugiej Połowie lat trzydziestych w świetle materiałów polskiego MSZ. In: Dzieje najnowsze. 20 (1988), 1, S. 85-120.
BZ 4685:20

L 174 e Staat und Politik

L 174 e 10 Innenpolitik

Bingen, D. : Systemwandel durch Evolution: Polens schwieriger Weg in die parlamentarische Demokratie. In: Aus Politik und Zeitgeschichte. (1989), 23, S. 3-16.
BZ 05159:1989

Błazyński, Z. : Mówi Józef Światło. Za kulisami bezpieki i partii 1940-1955. Wyd. 3. Londyn: Polska Fundacja Kulturalna 1986. 319 S.
B 66414

Cynkin, T. M. : Soviet and American signalling in the Polish crisis. Basingstoke: Macmillan 1988. IX, 263 S.
B 65166

Hahn, W. G. : Democracy in a communist party: Poland's experience since 1980. New York: Columbia Univ. Pr. 1987. XXV, 368 S.
B 65372

Jachowicz, L. : Organizacja konspiracyjna „Polska Niepodległa". In: Wojskowy przegląd historyczny. 33 (1988), 2, S. 76-85.
BZ 4490:33

Koko, E. : Polska partia socjalistyczna i Józef Pilsudski Wobec kwestii Ukrainskiej w latach 1918-1920. Próbaporównania stanowisk. In: Dzieje najnowsze. 21 (1989), 1, S. 27-40.
BZ 4685:21

Kołomejczyk, N. : Polska Zjednoczona Partia Robotnicza 1948-1986. Warszawa: Ksiazka i Wiedza 1988. 346 S.
B 68694

Kuciński, J. : Spór o wspólczesne państwo polskie. Warszawa: Ksiżka i Wiedza 1988. 360 S.
B 67140

Lammich, S. : Die Menschenrechtskonvention und das polnische Strafrecht. In: Die Friedenswarte. 67 (1987), 1-4, S. 40-52.
BZ 4693:67

Malko, S.: Verkiezingen in Polen: Solidariteit in de knel tussen massa en intelligentsia, partij en kerk. In: Internationale spectator. 43 (1989), 7, S. 406-413.
BZ 05223:43

Sawicki, C. : Der runde Tisch oder Perspektiven der polnischen Krise. In: Blätter für deutsche und internationalePolitik. 34 (1989), 4, S. 474-484.
BZ 4551:34

Swidlicki, A. : Political trials in Poland, 1981-1986. London: Croom Helm 1988. 426 S.
B 64068

Werlan, A. : Klasowe i narodnowe aspekty myśli politycznej PPR i PZPR. Warszawa: Państw. Inst. Wydawn. 1987. 269 S.
B 66410

Weydenthal, J. B. de: The Communists of Poland. Stanford, Cal.: Hoover Institut 1986. 272 S.
B 62676

L 174 e 20 Außenpolitik

Basiński, E. : Rozwój stosunków polsko-Radzieckich w latach 1956-1965. In: Kraje socjalistyczne. 4 (1988), 1, S. 99-111.
BZ 4956:4

Bielski, J. : Polski punkt widzenia na strategię i taktykę zachodnionieckiego Rewizjonizmu terytorialnego. In: Studia šlåske. 46 (1988), S. 153-188.
BZ 4680:46

Góoralski, W. : Zarys stosunków polsko-indyjskich po ii wjnie swiatowje. In: Kraje socjalistyczne. 4 (1988), 2, S. 73 -105.
BZ 4956:4

Kamiński, M. K. ; Zacharias, M. J. : Polityka zagraniczna II Rzeczypospolitej 1918-1939. Warszawa: Młodziezowa Agencja Wydawnicza 1987. 311 S.
B 67139

Teague, E. : Perestroika: the Polish influence. In: Survey. 30 (1988), 3, S. 39-58.
BZ 4515:30

Varkonyi, P. : Stosunki węgiersko-polskie w latach osiemdziesiåtych. In: Sprawy międzynarodowe. 41 (1988), 6, S. 7-18.
BZ 4497:41

Wolff-Poweska, A. : Die Polen im geteilten Europa. In: Aus Politik und Zeitgeschichte. (1989), 23, S. 17-27.
BZ 05159:1989

Z Historii stosunków polsko-radzieckich 1917-1977. Warszawa: Wydaw. Książka i Wiedza 1987. 553 S.
B 67024

Zieba, R. : Wkład Polski w umacnianie bezpieczeństwa europejskiego. In: Sprawy międzynarodowe. 41 (1988), 12, S. 39-58.
BZ 4497:41

L 174 f Wehrwesen

Czerep, S. : Utworzenie 2 Pułku Piechoty Legionów Polskich W 1914 R. In: Wojskowy przegląd historyczny. 33 (1988), 4, S. 146-161.
BZ 4490:33

Korczewski, W. : Organizacja wojsk pancernych i zmotoryzowanych Ludowego WP. In: Wojskowy przeglad historyczny. 33 (1988), 2, S. 37-75.
BZ 4490:33

Kowalski, T. J. : Godło i barwa w lotnictwie polskim 1939-1945. Warszawa: Wydawn. Komunikacji i Łácznod'sci 1987. 176 S.
Bc 7870

Król, W. : Zarys działańpolskiego lotnictwa we Francji 1940. Warszawa: Wydawn. Komunikacji i Łácznod'sci 1988. 159 S.
Bc 8704

Lechowski, A. : Warszawski Wezel Komunikacyjny w Działaniach 2 Armii WP. In: Wojskowy przeglad historyczny. 33 (1988), 4, S. 62-103.
BZ 4490:33

Lisiewicz, P. M. : Bezimienni. Z dziejów wywiadu Armii Krajowej. Warszawa: Inst. Wydaw. Zwiżków Zawodowych 1987. 280 S.
B 66437

Lisiewicz, P. M. : W Imieniu Polski podziemnej. Z dziejów wojskovego sądownictwa specjalnego armii Krajowej. Warszawa: Inst. Wydaw. Zwiążków Zawodowych 1988. 247 S.
Bc 8015

Talon, V. : Algo se mueve en la Europa del Este. In: Defensa. 12 (1989), 134, S. 6-14.
BZ 05344:12

Wyszczelski, L. : Polska myśl wojskowa 1914-1939. Warszawa: Wydawn. Min. Obrony 1988. 339 S.
B 68961

Zgórniak, M. : Der polnische militärische Nachrichtendienst und seine Berichte über den Anschluß 1938. In: Österreichische Osthefte. 30 (1988), 2, S. 155-177.
BZ 4492:30

L 174 h Gesellschaft

Crisis and transition. Politish society in the 1980s. Oxford: Berg 1987. 184 S.
B 63648

Jažborovskaja, I. S. ; Bucharin, N. I. : Pol'skoe rabočee Dviženie v bor'be za socializm. Moskva: Nauka 1986. 335 S.
B 61674

Krzemień, L. : Zbutowani. (65 rocznica powstania Komunistycznego Zwiążku Młodwiezy Polski). Warszawa: Iskry 1987. 363 S.
B 66436

Mury. Harcerska konspircyjna druzyna w Ravensbrück. Katowice: Šlaski Inst. Naukowy 1986. 260 S.
B 60229

Ost, D. J. : Indispensable ambiguity: solidarity's internal authority structure. In: Studies in comparative communism. 21 (1988), 2, S. 188-201.
BZ 4946:21

Simatupang, B. : Economic crisis and full employment: The Polish Case. In: Journal of communist studies. 4 (1988), 3, S. 282-300.
BZ 4862:4

Zjednoczenie Ruchu Robotniczego w polsce. In: Z pola walki. 31 (1988), 4 (124), S. 38-106.
BZ 4559:31

L 174 k Geschichte

Czubiński, A. : Najnowsze Dzieje Polski 1914-1983. Warszawa: Państwowe Wydawn. Naukowe 1987. 460 S.
B 66433

Czubiński, A. : Spory o II Rzeczospolită. Poznań: Instytut Zachodni 1988. 83 S.
Bc 8430

Industrializacja przemiany społeczne i ruch robotniczy w Polsce i w Niemczech do 1914 r. Poznań: Institut Zachodni 1987. 193 S.
Bc 7936

Jernsson, F. : Polen im Widerspruch. E. geistig-polit. Landschaftsbeschreibung. München: Olzog 1987. 200 S.
B 62365

Misztal, Z. : U progu Polski Ludowej 1944-1945. Udział wojska w tworzeniu administracji i odbudowie gospodarkinarodowej. Warszawa: Wydawn. Min. Obrony 1987. 229 S.
B 63776

Rykowski, Z. ; Władyka, W. : Kalendarium polskie 1944-1984. Warszawa: Młodziezowa Agencja Wydawn 1987. 157 S.
B 66445

Sobczak, K. : Wysiłek Zbrojny narodu Polskiego w Walce o Niepodległośċ 1914-1918. In: Wojskowy przeglad historyczny. 33 (1988), 3, S. 17-50.
BZ 4490:33

Tuszyński, W. : Działania zbrojne ruchu oporu w Polsce Połundniowej Jesieniä 1944 R. In: Wojskowy przeglad historyczny. 33 (1988), 3, S. 139-156.
BZ 4490:33

Wielki Październik i Polacy. Poznań: Wydawn. Poznańskie 1987. 214 S.
Bc 7884

Wróbel, P. : Listopadowe Dni – 1918. Kalendarium narodzin II Rzeczypospolitej. Warszawa: Inst. Wydawn. Pax 1988. 187 S.
Bc 8706

Ziemer, K. : Polens Weg in die Krise: e. polit. Soziologie der „Ära Gierek". Königstein: Athenäum 1987. 491 S.
B 63553

L 175 Portugal

Aurélio, D. P. : Os intelectuais e a estratégia – O caso português. In: Estrategía. (1987/88), 4, S. 89-102.
BZ 4898:1987/88

Chesneau, J. : Le Portugal et l'Afrique: une relation multiséculaire. In: Défense nationale. 44 (1988), 12, S. 115-132.
BZ 4460:1988

Dauderstädt, M. : Schwacher Staat und schwacher Markt: Portugals Wirtschaftspolitik zwischen Abhängigkeit und Modernisierung. In: Politische Vierteljahresschrift. 29 (1988), 3, S. 433-453.
BZ 4501:29

Derou, J. : Les relations Franco-Portugaises á l'époque de la Première République Parlamentaire Libérale. Paris: Publique de la Sorbonne 1986. 271 S.
B 63917

Gama, J. : Portugal num novo contexto estratégico e regional. In: Estrategía. (1987/88), 4, S. 75-88.
BZ 4898:1987/88

Macedo Borges de, J. : Portugal na perspectiva estratégica europeia. In: Estrategía. (1987/88), 4, S. 9-32.
BZ 4898:1987/88

Magalhaes Calvet de, J. : Portugal e os Estados Unidos – relacoes no domínio da defesa. In: Estrategía. (1987), 3, S. 13-52.
BZ 4898:1987

Magalhaes Clavet de, J. : Portugal e a integraçao europeia. In: Estrategía. (1987/88), 4, S. 33-73.
BZ 4898:1987/88

Oliveira, C. : Portugal y la Segunda República española:1931-1936. Madrid: Ed. Cultura Hispanica 1986. 291 S.
B 64022

Ventura, C. : Sozialismus, wie ich ihn erlebte. Erfahrungen e. ehemaligen Funktionärin d. Kommunist. Partei Portugals. Bern: Verl. SOI 1986. 216 S.
B 63204

L 177 Rumänien

L 177 a Allgemeines

1918 triumful marelui ideal. Faurirea statului naţional unitar român. Bucuresti: Ed. Militara 1988. 487 S.
B 69063

Alexandrescu, I. : Contribuţia Romaniei. La înfrîngerea Fascismului ŝi la scurtarea duratei celui de-al doilea Razboi Mondial. In: Anale de istorie. 34 (1988), 4, S. 61-80.
BZ 4536:34

Antonescu mareŝalul României ŝi rāasboaiele de reintregire. Venetia: Ed. Nagard 1986. 653 S.
B 65516

Antosjak, A. V. : Revoljucija i kontrrevoljucija v Bessarabii v 1917-1918 godach. In: Voprosy istorii. (1988), 12, S. 47-58.
BZ 05317:1988

Ceauŝescu, N. : Dezvoltarea multilaterala a fortelor de productie – factor esential al progresuli economiei românesti. Bucuresti: Ed. Politica 1987. 239 S.
Bc 6621

Dima, N. : Nicolae Ceausescu of communist Romania: a portrait of power. In: The journal of social, political andeconomic studies. 13 (1988), 4, S. 429- 454.
BZ 4670:13

Eyal, J. : Romania: looking for weapons of mass destruction? In: Jane's Soviet intelligence Review. 1 (1989), 8, S. 378-382.
BZ 05573:1

Friedrich, I. : Zur Strategie der Rumänischen Arbeiterpartei; zur Sozialistischen Umgestaltung der Landwirtschaft. In: Beiträge zur Geschichte der Arbeiterbewegung. 31 (1989), 1, S. 35-44.
BZ 4507:31

Gabanyi, A. U. : Die Deutschen in Rumänien. In: Aus Politik und Zeitgeschichte. (1988), 50, S. 28-39.
BZ 05159:1988

Gheorghiu, C. V. : Mémoires. Le témoin de la vingt-cinquième heure. Paris: Plon 1986. 481 S.
B 62152

Porteau, A. : 70 de ani de la Faurirea statului naţional unitar român. In: Revista de istorie. 41 (1988), 11, S. 1043-1065.
BZ 4578:41

Raffay, E. : Erdély 1918-1919-ben. Budapest: Magvetö Kiadó 1987. 389 S.
B 65155

Rus, T. : Atitudinea democratica a consililor naţionale române în perioada octombrie-decembrie 1918. In: Revista de istorie. 41 (1988), 11, S. 1067-1082.
BZ 4578:41

Stanculescu, V. ; Ucrain, C. : Istoria artileriei române în date. Bucuresti: Ed. Xtiintifică siEnciclopedică 1988. 291 S.
B 66985

L 177 e Staat und Politik

Dascalu, N. : Diplomaţia franceza si unirea românilor din 1918. In: Revista de istorie. 41 (1988), 11, 12, S. 1099-1112; 1185-1197.
BZ 4578:41

Deac, A. : Conditile interne si externe ale pregatirii de catre partidul comunist român a marii demonstratii de la 1 mai 1939. In: Anale de istorie. 35 (1989), 2, S. 22-36.
BZ 4536:35

Gabanyi, A. : Ceausescus „Systematisierung" Territorialplanung in Rumänien. In: Südosteuropa. 38 (1989), 5, S. 12-257.
BZ 4762:38

Gabanyi, A. U. : Ceauşescu und kein Ende? Der Kampf um die Nachfolge hat bereits begonnen. In: Südosteuropa. 37 (1988), 9, S. 437-456.
BZ 4762:37

Gabanyi, A. U. : Von Gorbačev zu Gromyko: zum Stand der rumänisch-sowjetischen Beziehungen. In: Südosteuropa. 37 (1988), 6, S. 257-271.
BZ 4762:37

Politica externa a României. Dicţionar cronologic. Bucureşti: Ed. Xtiintifică siEnciclopedică 1986. 414 S.
B 68965

The truth about the nationalities in Romania. The plenary meetings of the councils of the working people of Magyar and Germannationality. Bucharest: Ed. Politica 1987. 269 S.
B 63099

L 179 Rußland/Sowjetunion

L 179 c Biographien

Vasil'ev, N. I. : Veterany gordost' narodnaja. Moskva: Izd-vo DOSAAF 1987. 76 S.
Bc 6509

– Alter
Tombs, I. : Erlich and Alter. The Sacco and Vanzetti of the USSR': an episode in the wartime history of international socialism. In: Journal of contemporary history. 23 (1988), 4, S. 531-549.
BZ 4552:23

– Armand
Podljaščuk, P. : Inessa. E. dokument. Bericht üb. das Leben der Inès Armand. Berlin: Dietz 1987. 359 S.
B 63162

– Bakunin
Unterhaltungen mit Bakunin. Hrsg.: A. Lehning. Nördlingen: Greno 1987. XXIX, 450 S.
B 64107

– Breschnew
Moore, J. N. ; Turner, R. F. : International law and the Brezhnev doctrine. Lanham: Univ. Press of America 1987. VII, 135 S.
B 63454

– Bucharin
Bucharin, N. I. : Izbrannye Proizvedenija. Moskva: Politizdat 1988. 499 S.
B 67988

Kun, M. : Buharin. Budapest: Szabad Tér Kiadó 1988. 492 S.
B 68203

Timmermann, H. : Is Gorbachev a Bukharinist? Moscow's reappraisal of the NEP period. In: Journal of communist studies. 5 (1989), 1, S. 1-17.
BZ 4862:5

– **Frunze**
Gareev, M. A. : M. V. Frunze, military theorist. London: Pergamon-Brassey's 1988. XIII, 402 S.
B 65085

– **Galiev**
Bennigsen, A. : Sultan Galiev, le père de la révolution tiers-mondiste. Paris: Fayard 1986. 305 S.
B 64364

– **Gorbačev**
Ernould, R. : Mikhail Gorbatchev et ses militiares: un dialogue difficiel. In: Politique étrangère. 53 (1988), 4, S. 887-898.
BZ 4449:53

Gorbačev, M. S. : Für eine kernwaffenfreie Welt. Jan. 1986 – Jan. 1987. Moskau: APN-Verl. 1987. 323 S.
B 65162

Gorbačev, M. S. : Perestrojka i novoe myšlenie dlja našej strany i dlja mira. Moskva: Politizdat 1988. 271 S.
B 67077

Gorbačev, M. S. : Socialism, peace and democracy. Writings, speeches. London: ZwanPubl. 1987. 210 S.
B 64288

Gorbačev, M. S. : Die wichtigsten Reden. Köln: Pahl-Rugenstein 1987. 466 S.
B 63084

Holloway, D. : Gorbachev's new thinking. In: Foreign affairs. 68 (1989), 1, S. 66-81.
BZ 05149:68

Mihail Gorbacsov Budapesten. Az SZKP KB fötitkáranak baráti látogatása. Budapest: Kossuth 1986. 77 S.
Bc 6520

Murarka, D. : Die Grenze der Macht. Bergisch-Gladbach: Bastei Lübbe 1987. 509 S.
B 65956

The Soviet Union under Gorbachev: assessing the first year. Ed.: A. B. Gunlicks. New York: Praeger 1987. X, 163 S.
B 65460

Ticktin, H. : The contradictions of Gorbachev. In: Journal of communist studies. 4 (1988), 4, S. 83-99.
BZ 4862:4

Vizit General'nogo skretarja CK KPSS M. S. Gorbačeva v Soedinennye Staty Ameriki, 7-10 dek. 1987 g. Moskva: Politizdat 1987. 175 S.
Bc 8211

– **Gromyko**
Gromyko, A. A. : Pamjatnoe. Kn. 1-2. Moskva: Politizdat 1988. 479, 414 S.
B 67282

Gromyko, A. : Erinnerungen. Internat. Ausg. Düsseldorf: Econ 1989. 528 S.
B 68538

– **Kalasnikov**
Ezell, E. C. : Automat Kalaschnikow. AK 47 – Geschichte u. Entwicklung. Dietikon-Zürich: Stocker-Schmidt 1988. 196 S.
010853

– **Kirov**
S. M. Kirov i leningradskie kommunisty 1925-1934. Leningrad: Lenizdat 1986. 333 S.
B 59447

– **Krassine**
Krassine, V. : L'affaire K. Mouscou 1973. Confession d'un repenti. Paris: Balland 1986. 186 S.
B 64408

– **Krupskaja**
Nadežda Konstantinovna Krupskaja. 2. izd. Moskva: Politizdat 1988. 303 S.
B 67409

O Nadežde Krupskoj: Vospominanija, očerki, stat'i sovremennikov. Moskva: Politizdat 1988. 304 S.
B 66422

– **Kujbyšev**
Valerian Vladimirovič Kujbyšev. Moskva: Politizdat 1988. 383 S.
B 67911

– **Kuznecov**
Lošak, V. G. : V Pamjati narodnoj. Sverdlovsk: Sredne-Ural-skoe kn. izd-vo 1986. 139 S.
B 6257

– **Lenin**
Bernov, J. V. ; Manusevič, A. J. : V krakovskoj Emigracii: Žizn i dejatel'nost V. I. Lenina v 1912-1914 gg. Moskva: Politizdat 1988. 285 S.
B 67919

Clark, R. W. : Lenin: the man behind the mask. London: Faber and Faber 1988. X, 564 S.
B 66938

Cliff, T. : Lenin. Vol. 1-2. London: Bookmarks 1985/86. 398, XII, 412 S.
B 65533

Colas, D. : Lénine et le léninisme. Paris: Presses Univ. de France 1987. 127 S.
Bc 8295

Dieckmann, G. : Einführung in Lenins Schrift „Der , linke Radikalismus', die Kinderkrankheit im Kommunismus". Berlin: Dietz 1987. 47 S.
Bc 8285

Lenin and imperialism: an appraisal of theories and contemporary reality. Ed.: P. Patnaik. London: Sangam Books 1986. 414 S.
B 65564

Mukhametshin, B. : Anti-Posters. Soviets icons in reserve. San Bernardino: Borgo Press 1988. 164 S.
010595

Rawcliffe, M. : Lenin. London: Batsford 1988. 62 S.
010732

Rjabcev, V. P. : Istoričeskoe Značenie opyta bor'by V. I. Lenina protiv likvidatorstva. Kiev: Vyšča škola 1988. 166 S.
Bc 8091

– **Litvinov**
Šejnis, Z. S. : Maksim Maksimovič Litvinov: revoljucioner, diplomat čelovek. Moskva: Politizdat 1989. 432 S.
B 68948

– **Machno**
Malet, M. : Nestor Makhno in the Russian Civil War. London: Macmillan 1985. XXVII, 232 S.
B 66622

– **Nikolaevič**
Černobaev, A. A. : M. N. Pokrovskij – Učenyj i revoljucioner. In: Voprosy istorii. (1988), 8, S. 3-22.
BZ 05317:1988

– **Ogarkov**
Fitz Gerald, M. C. : Marshal Ogarkov and the new revolution in Soviet military affairs. In: Defense analysis. 3 (1987), 1, S. 3-19.
BZ 4888:3

– **Ordzonikidze**
Krasil'ščikov, V. : Zvezdnyj Čas. Povest' o Sergo Ordžonikidze. Moskva: Politizdat 1987. 430 S.
B 63767

– **Reisner**
Porter, C. : Larissa Reisner/ Cathy Porter. London: Virago 1988. X, 195 S.
B 65645

– **Sacharov**
Bailey, G. : Sacharow: der Weg zur Perestroika. München: Herbig 1988. 568 S.
B 67208

– **Šalamov**
Šalamov, V. : La quatrième Vologda. Récit autobiographique. Paris: La Découverte/ Fayard 1986. 214 S.
B 65138

– **Šapošnikov**
Šapošnikov, B. M.: Das Hirn der Armee. Berlin: Militärverlag der DDR 1987. 588 S.
B 63375

– **Savickij**
Savickij, E. J. : Ja – „Drakon". Atakuju! Razmyšlenija o vremeni i o sebe. Moskva: Molodaja gvardija 1988. 333 S.
B 67078

– **Scaranskij**
Anatoli und Avital Schtscharanskis Heimkehr ins Gelobte Land. Hrsg.: L. Rapoport. Zürich: Jordan-Verl. 1987. 317 S.
B 67518

Anatoly and Avital Shcharansky. The journey home. Ed: L. Rapoport. San Diego, Calif.: Jovanovich 1986. XV, 317 S.
B 64503

– **Snečkus**
Bordonajte, M. : Tovarišč Matas: Vospominanija ob Antanase Snečkuse. Vil'njos: Mintis 1986. 160 S.
B 63765

– **Sprogis**
Osipov, G. O. : Tovarišč Artur, kto vy? Moskva: Politizdat 1989. 192 S.
B 68946

– **Stalin**
Jonge, A. de: Stalin and the shaping of the Soviet Union. London: Collins Harvill 1986. 560 S.
B 63754

MacNeal, R. H. : Stalin. Man and ruler. Basingstoke: Macmillan 1988. XVI, 389 S.
B 67720

Sztálin. Az igazat, csak az igazat. Budapest: Magyar Hirlap Könyvek 1988. 217 S.
Bc 8528

Thompson, R. J. : Reassessing personality cults: the cases of Stalin and Mao. In: Studies in comparative communism. 21 (1988), 1, S. 99-128.
BZ 4946:21

Wolkogonow, D. : Am Vorabend des Krieges. In: Marxistische Blätter. 26 (1988), 8/9, S. 81-92.
BZ 4548:26

– **Suvorov**
Suvorov, V. : Rasskazy osvoboditelja. Suvorov: The Liberators. London: Overseas Publ. Interchange Ltd. 1986. 259 S.
Bc 7162

– **Trotzki**
Dugrand, A. ; Farrell, J. T. ; Broué, P. : Trotsky. Mexico 1937-1940. Paris: Payot 1988. 200 S.
B 68298

Trotzki, L. : Dt. Schriften. Hrsg.: H. Dahmer. Bd. 1. 2. Hamburg: Rasch und Röhring 1988. 678, 687-1416 S.
B 67573

– **Tuchačevskij**
Simpkin, R. ; Erickson, J. : Deep battle. The brainchild of Marshal Tukhachevskii. London: Brassey's Defence Publ. 1987. XII, 281 S.
B 63666

– **Wrangel**
Wrangel, A. : General Wrangel. Russia's white crusader. New York, N. Y.: Hipocrene Books 1987. 249 S.
B 63402

L 179 d Land und Volk

Altshuler, M. : Soviet Jewry since the Second World War. Population and social structure. Westport, Conn.: Greenwood Pr. 1987. XVIII, 278 S.
B 64826

Besançon, A. : Die Nationalitätenfrage in der UdSSR. In: Europäische Rundschau. 17 (1989), 1, S. 19-34.
BZ 4615:17

Bull Hansen, F. : Perestrojka – Glasnost sett fra randstaten Norge. In: Norsk militært tidsskrift. 159 (1989), 4, S. 17- 33.
BZ 05232:159

Dalby, S. : Geopolitical discourse: the Soviet Union as other. In: Alternatives. 13 (1988), 4, S. 415-442.
BZ 4842:13

Die Deutschen im Russischen Reich und im Sowjetstaat. Hrsg.: A. Kappeler. Köln: Markus-Verlag 1987. 191 S.
B 63173

Dietz, B. ; Hilkes, P. : Deutsche in der Sowjetunion. Zahlen, Fakten und neue Forschungsergebnisse. In: Aus Politik und Zeitgeschichte. (1988), 50, S. 3-13.
BZ 05159:1988

English, R. ; Halperin, J. J. : The other side. How Soviets and Americans perceive each other. New Brunswick: Transaction Books 1987. 155 S.
Bc 02212

Furler, B. : Augen-Schein. Deutschsprach. Reportagen über Sowjetrussland 1917-1939. Frankfurt: Athenäum 1987. 230 S.
B 64225

Halbach, U. : Die Armenier in der Sowjetunion. Berg-Karabagh als Beispiel des Nationalitätenproblems. In: Europa-Archiv. 43 (1988), 18, S. 513-524.
BZ 4452:43

Hook, S. ; Bukovskij, V. K. ; Hollander, P. : Soviet hypocrisy and western gullibility. Lanham: Univ. Press of America 1987. VI, 65 S.
B 64057

Iral, H. ; Leon, A. : Gorbatschows Reformpläne in der öffentlichen Meinung der Bundesrepublik Deutschland. In: Beiträge zur Konfliktforschung. 18 (1988), 3, S. 85-102.
BZ 4594:18

Lieven, D. : Gorbachev and the nationalities. London: Institut for the study of conflict 1988. 31 S.
Bc 8233

Meyer, G. : Nationalitätenfragen in der UdSSR. In: Blätter für deutsche und internationale Politik. 34 (1989), 5, S. 597-604.
BZ 4551:34

Oplatka, A. : Hat Gorbatschow eine Chance? Land im Widerspruch. Zürich: Neue Zürcher Zeitung 1987. 191 S.
B 65312

Perkovich, G. : Soviet Jewry and American foreign policy. In: World policy journal. 5 (1988), 3, S. 435-467.
BZ 4822:5

Pinkus, B. : Die Deutschen in der Sowjetunion: Geschichte e. nationalen Minderheit im 20. Jh. Hrsg. L K.-H. Ruffmann. Baden-Baden: Nomos-Verlagsges. 1987. 599 S.
B 63987

L 179 e Staat und Politik

Beilagen Kreis im Radius der SPD. Zur Vereinigungsdebatte von BWK, GIM, KPD. Hrsg.: Gruppe IV. Internationale. Berlin 1986. 86 S.
D 03669

Clark, M. T. : Gorbachev's new line: twenty years after the Brezhnev doctrine. In: Global affairs. 3 (1988), 4, S. 71-86.
BZ 05553:3

Dahm, H. : Sozialistische Krisentheorie: d. sowjet. Wende – e. Trugbild. München: Wewel 1987. 292 S.
B 64632

Frankland, M. : The sixth continent: Russia and the making of Mikhail Gorbachov. London: Hamish Hamilton 1987. X, 292 S.
B 63762

Gorbačev, M. S. : „Zurück dürfen wir nicht!". Programmat. Äußerungen zur Umgestaltung d. sowjet. Gesellschaft. Hrsg.: H. Temmen. Bremen: Donat u. Temmen Verl. 1987. 285 S.
B 64608

Graham, D. : A conservative deals with Glasnost. In: The journal of social, political and economic studies. 13 (1988), 3, S. 227-238.
BZ 4670:13

Kelley, D. R. : Soviet politics from Brezhnev to Gorbachev. New York: Praeger 1987. 242 S.
B 64846

Lehmann, L. : Wie die Luft zum Atmen: e. Journalist erlebt d. Perestroika. Hamburg: Hoffmann und Campe 1988. 303 S.
B 64948

Naylor, T. H. : The Gorbachev strategy. Opening the closed society. Lexington: Lexington Books 1988. XI, 253 S.
B 65329

Radvanyi, J. : L'URSS en révolution. Paris: Messidor/Éd. sociales 1987. 261 S.
B 64395

Roberts, C. : The new realism and the old rigidities: Gorbachev's strategy in perspective. In: The Washington quarterly. 11 (1988), 3, S. 213-226.
BZ 05351:11

Smith, G. B. : Soviet politics: continuity and contradiction. New York: St. Martin's Press 1988. XI, 388 S.
B 65488

The Soviet Union 1984/85. Events, problems, perspectives. Boulder, Colo.: Westview Press 1986. XIX, 349 S.
B 63471

The Soviet Union under Gorbachev. Ed.: M. McCauley. London: MacMillan Pr. 1987. XII, 247 S.
B 63726

Die Sowjetunion als Militärmacht. Hrsg.: H. Adomeit. Stuttgart: Kohlhammer 1987. 288 S.
B 64383

L 179 e 10 Innenpolitik

Bahry, D. : Outside Moscow: power, politics, and budgetary policy in the Soviet Republics. New York: Columbia Univ. Pr. 1987. 236 S.
B 64733

Benn Wedgwood, D. : Glasnost, dialogue and East-West relations. In: International affairs. 65 (1989), 2, S. 289-304.
BZ 4447:65

Berg, G. P. van den: Vestiging van de socialistische rechtsstaat in de Sovjetunie. In: Internationale spectator. 43 (1989), 10, S. 591-600.
BZ 05223:43

Bergmann, T. : Widerstand gegen die Umgestaltung. In: Sozialismus. 15 (1989), 2, S. 59-64.
BZ 05393:15

Bernstam, M. S. : Anatomy of the Soviet Reform. In: Global affairs. 3 (1988), 2, S. 63-88.
BZ 05553:3

Bjl, E. : De nye russere. Copenhagen: Politikens Forl. 1986. 143 S.
Bc 7828

Cockburn, P. : Gorbachev and Soviet conservatism. In: World policy journal. 6 (1988), 1, S. 81-106.
BZ 4822:6

Colton, T. J. : The dilemma of reform in the Soviet Union. New York, N. Y.: Council on Foreign Relations 1986. V, 274 S.
B 63462

Dekabristy vospominanijach sovremennikov. Moskva: Izd. Moskovskogo univ. 1988. 504 S.
B 67147

Es gibt keine Alternative zu Perestroika: Glasnost, Demokratie, Sozialismus. Hrsg.: J. Afanassjew. Nördlingen: Greno 1988. 760 S.
B 67610

Fagiolo, S. : La Russia di Gorbaciov. Il nuovo corso della settanta anni dopo l'Ottobre. Milano: Angeli 1988. 208 S.
Bc 8409

Gorbačev, M. S. : Demokratisierung – das ist das Wesen der Umgestaltung, das Wesen des Sozialismus. Moskau: APN-Verl. 1988. 61 S.
Bc 8030

Grivnina, I. ; Neplechovitsj, V. ; Voren, R. van: De zaak Grivnina. Schaakmatch tegen de KGB. Amsterdam: Buijten & Schipperheijn 1986. 184 S.
B 61847

Gross, F. : The future development in the Soviet Union and Europe. An exercise in political forecasting. In: Il politico. 53 (1988), 3, S. 421-446.
BZ 4541:53

Ibisate, F. J. : "Perestroika: " Nuevas ideas mi páis y el mundo. In: Estudios centroamericanos. 43 (1988), 475, S. 349-376.
BZ 4864:43

Kaiser, R. h. : Der Niedergang der Sowjetunion. In: Europäische Rundschau. 17 (1989), 2, S. 105 -120.
BZ 4615:17

Kessler, M. : The paradox of Perestroika. In: World policy journal. 5 (1988), 4, S. 651-676.
BZ 4822:5

Khrushchev and Khrushchevism. Ed.: M. McCauley. Basingstoke: Macmillan 1987. XII, 243 S.
B 63727

Krassin, J. : Das neue Denken: Der internationale und der innere Aspekt. In: Marxistische Studien. 15 (1989), 1, S. 55- 69.
BZ 4691:15

Krassin, J. : Perestroika und die Reform des politischen Systems. In: Marxistische Blätter. 27 (1988), 12, S. 86-95.
BZ 4548:27

Lewin, M. : Gorbatschows neue Politik. Die reformierte Realität und die Wirklichkeit der Reformen. Frankfurt: Fischer 1988. 141 S.
Bc 8727

Meissner, B. : Der sowjetkommunistische Einparteistaat zwischen „kollektiver Führung" und Einmannherrschaft. In: Beiträge zur Konfliktforschung. 19 (1989), 1, S. 5-31.
BZ 4594:19

Ostellino, P. di: Gorbaciov e la crisi del sistema sovietico. In: Affari esteri. 20 (1988), 77, S. 34-45.
BZ 4373:20

Rees, E. A. : State control in Soviet Russia: the rise and fall of the workers and peasants inspectorate, 1920/34. Basingstoke: Macmillan in association with the Centre for Russian and East European Studies Univ. of Birmingham 1987. XV, 315 S.
B 64436

Smith, T. : Thinking like a communist: state and legitimacy in the Soviet Union, China, and Cuba. New York: Norton 1987. 244 S.
B 64551

Sorrentino, F. M. : Soviet politics and education. Lanham: Univ. Press of America 1986. VII, 417 S.
B 63022

Umbruch in der Sowjetunion: sowjet. Autoren über d. Umgestaltung 70 Jahre nach d. Oktoberrevolution. Düsseldorf: Ed. Marxistische Blätter 1987. 265 S.
B 63163

White, S. : Reforming the electoral system. In: Journal of communist studies. 4 (1988), 4, S. 1-17.
BZ 4862:4

Zielonka, J. : Het nieuwe denken van Gorbatsjov: vormt de Sovjetunie nog een bedreiging? In: Internationale spectator. 43 (1989), 10, S. 601-608.
BZ 05223:43

Zwass, A. : Für eine revolutionäre Perestrojka sind die Waffen stumpf. In: Europäische Rundschau. 16 (1988), 2, S. 43-52.
BZ 4615:16

L 179 e 11 Verfassung

Csikós, G. ; Tamas-Pilère, F.: Katorga. Un européen dans les camps de la mort soviétiques (1949-1955). Paris: Ed. du Seuil 1986. 440 S.
B 63513

Geschichte des Staates und des Rechts der UdSSR, 1917-1977. Berlin: Staatsverlag der DDR 1987. 316 S.
B 64457

Huskey, E.: Russian lawyers and the Soviet state: the origins and development of the Soviet Bar 1917-1939. Princeton, N. J.: Princeton Univ. Press 1986. XII, 247 S.
B 65418

Joyce, W.: The law of the state enterprise. In: Journal of communist studies. 4 (1988), 4, S. 71-82.
BZ 4862:4

Mommsen, M.: Strukturwandel der Öffentlichkeit im Sowjetsystem. Zur Dialektik von Glasnost und Perestroika. In: Aus Politik und Zeitgeschichte. (1989), 12, S. 10-19.
BZ 05159:1989

L 179 e 12 Regierung und Verwaltung

Borcke, A. von: KGB, die Macht im Untergrund. Neuhausen-Stuttgart: Hänssler 1987. 205 S.
B 62107

Dzhirkvelov, I.: Secret servant L. my life with the KGB and the Soviet élite. London: Collins 1987. 398 S.
B 63755

Dziak, J. J.: Chekisty: a history of the KGB. Lexington: Lexington Books 1988. XX, 234 S.
B 64482

Levchenko, S.: On the wrong side. My life in the KGB. Washington: Pergamon-Brassey's 1988. XI, 244 S.
B 66120

Owen, R.: Comrade chairman: Soviet succession and the rise of Gorbachov. New York: Arbor House 1987. 253 S.
B 64541

Ree, E.: Stalinisten tegen Stalin: berekening of waanzin. In: Internationale spectator. 43 (1989), 4, S. 226-233.
BZ 05223:43

Wolton, T.: Le KGB en France. Paris: Grasset 1986. 310 S.
B 63153

L 179 e 14 Parteien

Baum, A. T.: Komsomol participation in the Soviet first five-year plan. New York: St. Martin's Press 1987. 62 S.
B 64799

Brovkin, V. N.: The Mensheviks after october: socialist opposition and the rise of the Bolshevik dictatorship. Ithaca, N. Y.: Cornell Univ. 1987. XVIII, 329 S.
B 65389

Fortescue, S.: The regional party apparatus in the ‚sectional' society. In: Studies in comparative communism. 21 (1988), 1, S. 11-23.
BZ 4946:21

Gerns, D.: Lenin/Stalin: Konflikt über die Gründung der UdSSR. In: Marxistische Blätter. (1989), 11, S. 62-70.
BZ 4548:1989

Gill, G.: The rules of the Communist Party of the Soviet Union. Basingstoke: Macmillan 1988. XI, 264 S.
B 65884

Gorbačev, M. S.: Rapport politique du Comité Central du P. C. U. S. au XXVIIe Congrès du Parti. Moscou: Ed. de l'Agence de Presse Novosti 1986. 167 S.
Bc 7585

Gorbachev at the helm. A new era in Soviet politics? Ed.: R. F. Miller. London: Croom Helm 1987. VIII, 251 S.
B 65070

Hazan, B. A.: From Brezhnev to Gorbachev. Infighting in the Kremlin. Boulder, Colo.: Westview Press 1987. XII, 260 S.
B 64560

Hill, R. J.: Gorbachev and the CPSU. In: Journal of communist studies. 4 (1988), 4, S. 18-34.
BZ 4862:4

Immonen, H.: The agrarian program of the Russian Socialist Party, 1900-1914. Helsinki: SHS 1988. 169 S.
Bc 8063

Internacional'noe Sotrudničestvo KPSS i KPV: istorija i sovremennost. Moskva: Politizdat 1987. 334 S.
B 63769

Janovskij, V. S.: Elysian fields. A book of memory. DeKalb, Ill.: Northern Illinois Univ. Pr. 1987. XV, 311 S.
B 62950

Kaplan, C. S.: The party and agricultural crisis management in the USSR. Ithaca, N. Y.: Cornell Univ. 1987. XVI, 203 S.
B 65697

Komsomol Belorussii v Velikoj Otečestvennoj vojne: Dokumenty i materialy. Minsk: Belarus 1988. 496 S.
B 67281

Krjukovskich, A. P.: Vo imja pobedy. Ideologičeskaja rabota Leningradskoj partinjnoj organizacii v gody Velikoj Otečestvennoj vojny. Leningrad: Lenizdat 1988. 334 S.
B 66434

Mader, J.: Politika KSSZ v oblasti obrany a bezpecnosti krajiny. In: Historie a vojenstvi. 38 (1989), 2, S. 3-25.
BZ 4526:38

Maslov, N. N.: XXVII S-ezd KPSS. Moskva: Politizdat 1987. 95 S.
Bc 7931

Materialy plenuma centralnogo komiteta KPSS. 27-28 janvarja 1987 g. Moskva: Politizdat 1987. 92 S.
Bc 6632

Miller, J.: Planning party membership: How successful can it be? In: Studies in comparative communism. 21 (1988), 1, S. 87-98.
BZ 4946:21

Prityckaja, T. I.: Kursom kommunističeskogo sozidanija. Minsk: Izd-vo Universitetskoe 1987. 81 S.
Bc 7926

Protčenko, V. Z.: Partija – vožď Oktjabrja. Minsk: Izd-vo Universitetskoe 1987. 79 S.
Bc 7924

Rutland, P.: The role of the Communist Party on the Soviet shopfloor. In: Studies in comparative communism. 21 (1988), 1, S. 25-43.
BZ 4946:21

Schneider, E.: Moskaus Leitlinie für das Jahr 2000. D. Neufassung von Programm u. Statut d. KPdSU. München: Olzog 1987. 255 S.
B 64194

Šelochaev, V. V.: Partija Oktjabristov v period pervoj rossijskoj revoljucii. Moskva: Nauka 1987. 157 S.
Bc 7525

Smirnov, P. S.: Programma KPSS o zaščite socializma. Moskva: Voenizdat 1987. 124 S.
Bc 7522

Stranicy istorii KPSS: Fakty. Problemy. Uroki. Moskva: Vysšaja škola 1988. 702 S.
B 69491

Strategija spasenija čelovečestva XXVII s-ezd KPSS i bor'ba za mir. Moskva: Politizdat 1987. 398 S.
B 65007

Timmermann, H.: Die KPdSU und das kommunistische Parteiensystem. Paradígmenwechsel in Moskau. In: Aus Politik und Zeitgeschichte. (1989), 12, S. 20-28.
BZ 05159:1989

White, S.: Gorbachev, Gorbachevism and the party conference. In: Journal of communist studies. 4 (1988), 4, S. 127-160.
BZ 4862:4

XX S-ezd Vsesojuznogo Leninskogo Kommunističeskogo Sojuza Molodeži. Moskva: Molodaja gvardija 1987. 383, 415 S.
B 67990

XXVII S-ezd KPSS ob osnovnych tendencijach meždunarodnogo razvitija. Minsk: Izd-vo Universitetskoe 1987. 248 S.
BC 7932

Zelinskij, P. I.; Kotov, A. I. : Revoljucija, preobrazujuščaja mir. Minsk: Izd-vo Universitetskoe 1987. 70 S.
Bc 7927

L 179 e 20 Außenpolitik

Allison, G. T. : Testing Gorbachev. In: Foreign affairs. 67 (1988), 1, S. 18-32.
BZ 05149:67

Beyme, K. von: The Soviet Union in world politics. Aldershot: Gower 1987. XI, 219 S.
B 65123

Bialer, S. : Der hohle Riese. D. Sowjetunion zw. Anspruch u. Wirklichkeit. Düsseldorf: Econ 1987. 464 S.
B 63133

Containing the Soviet Union. A critique of U. S. Policy. Ed.: T. L. Deibel. Washington: Pergamon-Brassey's 1987. IX, 251 S.
B 64170

Horensma, P. T. G. : Het veiligheitsbeleid van de Sovjetunie inzake haar Arctische grenzen. In: Internationale spectator. 43 (1989), 1, S. 28-34.
BZ 05223:43

Istorija meždunarodnych otnošenij i vnešnej politiki SSSR. V trech tomach 1917-1987. Moskva: Meždunar. otnošenija 1986/87. 416, 456, 512 S.
B 63908

Laqueur, W. : Glasnost abroad: new thinking in foreign policy. In: The Washington quarterly. 11 (1988), 4, S. 75-93.
BZ 05351:11

Legvold, R. : The revolution in Soviet foreign policy. In: Foreign affairs. 68 (1989), 1, S. 82-98.
BZ 05149:68

Light, M. : The Soviet theory of international relations. Brighton: Wheatsheaf Books 1988. VI, 376 S.
B 65225

Lynch, A. : The Soviet study of international relations. Cambridge: Cambridge Univ. Pr. 1987. XII, 197 S.
B 64253

Maljukovič, R. A. : Politika mira roždennaja Oktjabrem. Minsk: Izd-vo Universitetskoe 1987. 78 S.
Bc 7928

Meyer, S. M. : The sources and prospects of Gorbachev's new political thinking on security. In: International security. 13 (1988), 2, S. 124-163.
BZ 4433:13

Napuch, Y. : Die Sowjetunion, das Erdöl und die Ursachen des Kalten Krieges. Frankfurt: Lang 1986. 499 S.
B 59612

Pirityi, S. : A békedekrétummal kezdödött. Hét évtized a békért. Budapest: Zrinyi Katonai Kiadó 1987. 127 S.
B 65161

Pravda, A. : Is there a Gorbachev foreign policy? In: Journal of communist studies. 4 (1988), 4, S. 100-120.
BZ 4862:4

The Soviet Union in transition. Ed.: Niiseki K. Boulder, Colo.: Westview Press 1987. IX, 243 S.
B 63972

Staar, R. F. : USSR foreign policies after detente. Stanford, Calif.: Stanford Univ. Pr. 1987. XXVII, 308 S.
B 63892

Svec, M. : Removing Gorbachev's edge. In: Foreign policy. (1987/88), 69, S. 148-165.
BZ 05131:1987/88

Titarenko, M. L. : The Soviet concept of security and cooperation in the Asia-Pacific region. In: Journal of Northeast Asian studies. 7 (1988), 1, S. 55-69.
BZ 4913:7

Volgyes, I. : Between the devil and the deep Blue sea: the foreign policy of Eastern Europe during the Gorbachev era. In: International journal. 43 (1987-8), 1, S. 127-141.
BZ 4458:43

Wishnick, E. : Soviet Asian collective security politcs from Brezhnev to Gorbachev. In: Journal of Northeast Asian studies. 7 (1988), 3, S. 3-28.
BZ 4913:7

Wozniuk, V. : Gorbachev, reform, and the Brezhnev Doctrine. In: Comparative strategy. 7 (1988), 3, S. 213-225.
BZ 4686:7

L 179 29 Außenpolitische Beziehungen

Behbehani, H. S. : The Soviet Union and Arab nationalism, 1917-1966. London: KPI 1986. 252 S.
B 64347

Berner, O. : Soviet policies toward the Nordic Countries. Lanham: Univ. Press of America 1986. 192 S.
B 63943

Buszynski, L. : International linkages and regional interests in Soviet Asia-Pacific Policy. In: Pacific affairs. 61 (1988), 2, S. 213-234.
BZ 4450:61

Dunér, B. : The bear, the Cubs and the eagle: Soviet Bloc interventionism in the Third World and the US response. Aldershot: Gower 1987. 204 S.
B 65106

Edelman, M. ; Fritsche, K. : Weder Schaf noch Wolf. Sowjetunion – Lateinamerika, 1917-1987. Bonn: Informationsstelle Lateinamerika 1988. 131 S.
Bc 8279

Fritsche, K. : Sowjetische Dritte-Welt-Politik unter Gorbatschow. In: Jahrbuch Dritte Welt. (1989), S. 33-52.
BZ 4793:1989

Girenko, J. S. : SSSR – Jugoslavija:1948 god. In: Novaja i novejšaja istorija. (1988), 4, S. 19-41.
BZ 05334:1988

Hassner, P. : Gorbachev and the West. In: The Washington quarterly. 11 (1988), 4, S. 95-103.
BZ 05351:11

Heinzig, D. : Sowjetische Chinapolitik unter Gorbatschow: Der Abbau der „drei großen Hindernisse". In: Aus Politik und Zeitgeschichte. (1989), 12, S. 29-38.
BZ 05159:1989

Hendrikse, H. : De Verenigde Staaten in het beleid van Gorbatsjov. In: Internationale spectator. 43 (1989), 1, S. 8-14.
BZ 05223:43

Hussini, M. M. el: Soviet-Egyptian relations, 1945-85. Basingstoke: Macmillan 1987. XIX, 276 S.
B 64606

Iovonen, J. : Gorbachev and Europe: reflections of the future world order. In: Journal of communist studies. 4 (1988), 4, S. 121-126.
BZ 4862:4

Kaminsky, C. ; Kruk, S. : Les relations entre Moscou et Téhéran. In: L'Afrique et l'Asie modernes. (1988), 158, S. 22-33.
BZ 4689:1988

Kim, R. : Gorbachev and the Korean Peninsula. In: Third world quarterly. 10 (1988), 3, S. 1267-1299.
BZ 4843:10

Kim, R. U. T. : Warming up Soviet-Japanese relations? In: The Washington quarterly. 9 (1986), 2, S. 85-96.
BZ 05351:9

Kol'cov, N. N. : SSSR – Indija: plodotvornoe sotrudničestvo. K 40-letiju ustanovlenija diplomatičeskich otnošenij. Mosvka: Meždunar. otnošenija 1987. 128 S.
Bc 7875

Krell, G. : Die Entwicklung der Beziehungen zwischen den USA und der Sowjetunion 1987/88: Rüstungskontrolle, Regionalkonflikte, innenpolitische Bedingungen. Frankfurt: HSFK 1988. IV, 47 S.
Bc 02570

Kumaniecki, J. : Radziecka teoria równego bezpieczenstwa. Polityczne próby jej realizacji w okresie kadencji jurija andropowa. In: Kraje socjalistyczne. 4 (1988), 2, S. 39-53.
BZ 4956:4

Kuzm'in, V. J. : Strategija mira i dobrososedstva. Politika evropejskich socialističeskich gosudarstv v otnošenni FRG i problemy bezopasnosti Evropy 70-80-e gody. Moskva: Nauka 1987. 269 S.
B 63075

Luck, E. C. ; Gati, T. T. : Gorbachev, the United Nations, and US policy. In: The Washington quarterly. 11 (1988), 4, S. 19-35.
BZ 05351:11

Mason, D. S.: Glasnost, perestroika and Eastern Europe. In: International affairs. 64 (1988), 3, S. 431-448.
BZ 4447:64

Mathiopoulos, M. : Gorbatschows „gemeinsames europäisches Haus". Wiederauferstehung von Wandel durch Annäherung? In: Europäische Rundschau. 17 (1989), 2, S. 13-24.
BZ 4615:17

Mills, W. de B. : Baiting the Chinese Dragon: Sino-Soviet relations after Vladivostok. In: Journal of Northeast Asian studies. 6 (1987), 3, S. 3 -30.
BZ 4913:6

Neumann, I. B. : Soviet foreign policy towards her European allies: interests and instruments. In: Cooperation and conflict. 23 (1988), 4, S. 215-229.
BZ 4605:23

Nossov, M. G. : The UdSSR and the security of the Asia-Pacific region. In: Asian survey. 29 (1989), 3, S. 252-267.
BZ 4437:29

Otto, I. ; Schmidt-Dumont, M. : Die Beziehungen Afghanistans zur Sowjetunion. Hamburg: Deutsches Übersee-Institut 1988. XIII, 90 S.
Bc 02449

Pick, O. : Problems of adjustment: The Gorbachev effect in Eastern Europe. In: SAIS review. 8 (1988), 1, S. 57-73.
BZ 05503:8

Rossija i Indija. Moskva: Nauka 1986. 354 S.
B 66964

Rubinstein, A. Z. : Soviet success story: the Third World. In: Orbis. 32 (1988), 4, S. 551-568.
BZ 4440:32

Schucher, G. : Versöhnung auf neuer Basis. In: AIB-Dritte-Welt-Zeitschrift. 20 (1989), 7, S. 7-11.
BZ 05283:20

Sheikh, A. T. : The new political thinking. In: Asian survey. 28 (1988), 11, S. 1170-1187.
BZ 4437:28

Sovetskij Sojuz – Narodnaja Pol'ša 1974-1987. Moskva: Politizdat 1989. 486 S.
B 68950

Sovetsko-amerikanskaja Vstreča na vysšem urovne, Rejkjavik, 11-12 oktj. 1986. Moskva: Politizdat 1986. 64 S.
Bc 6425

Sperling, V. : Vesten kan ikke vente på svaret på om Gorbatjovs reformer vil lykkes. In: Militaert tidsskrift. 118 (1989), 3, S. 79-85.
BZ 4385:118

SSSR – Kolumbija. 50 let ustanovlenija diplomatičeskich otnošenij 1935-1988. 182 S.
B 67921

SSSR i bratskie socialističeskie strany Evropy v 70-e gody. Moskva: Nauka 1988. 264 S.
B 67987

SSSR i Japonija. Moskva: Nauka 1987. 425 S.
B 63781

SSSR i Koreja. Moskva: Nauka 1988. 408 S.
B 67144

Zaagman, R. : Het ‚gemeenschappelijke Europese huis'. In: Internationale spectator. 43 (1989), 7, S. 414-421.
BZ 05223:43

Zagoria, D. S. : Soviet policy in East Asia: a new beginning? In: Foreign affairs. 68 (1989), 1, S. 120-138.
BZ 05149:68

– **Afghanistan**

The Soviet Union and the Middle East: a documentary record of Afghanistan, Iran and Turkey 1917-1985. Princeton: Kingston Pr. 1987. XIII, 708 S.
B 65764

– **Asien**

The Soviet Union as an Asian Pacific power: implications of Gorbachev's 1986 Vladivostok initiative. Ed. L R. Thakur. Boulder, Colo.: Westview Press 1987. VI, 236 S.
B 65749

– **China**

Ray, H. : Sino-Soviet conflict over India: an analysis of the causes of conflict between Moscow and Beijing over India since 1949. New Delhi: Abhinav Publ. 1986. XIII, 196 S.
B 65208

– **Dänemark**

Jensen, B. : Tryk og tilpasning: Sovjetunionen og Danmark siden 2. verdenskrig. København: Gyldendal 1987. 257 S.
B 66333

– **Dritte Welt**

Golan, G. : The Soviet Union and national liberation movements in the Third World. Boston: Unwin Hyman 1988. 374 S.
B 67824

– **Frankreich**

Zueva, K. P. : Sovetsko-francuzskie otnošenija i razrjadka meždunarodnoj naprjažennosti: (1958-1986). Moskva: Nauka 1987. 267 S.
B 63926

– **Mittelamerika**

Yopo, H. B. : La Unión Sovietica y Argentina frente la crisis centroamericana. San José, Costa Rica: Flacso 1987. 87 S.
Bc 7930

– **USA**

Liska, G. : Rethinking US-Soviet relations. Oxford: Blackwell 1987. XI, 231 S.
B 63950

L 179 f Wehrwesen

L 179 f 00 Wehrpolitik

Covington, S. R. : The Soviet military: prospects for change. In: The journal of Soviet military studies. 2 (1989), 2, S. 241-265.
BZ 4943:2

Crowe, W. J. : Elements and pillars of Soviet military power. In: RUSI journal. 134 (1989), 1, S. 1 – 4.
BZ 05161:134

Crozier, B. : Strategy for the Gorbachev era. In: Global affairs. 3 (1988), 4, S. 1-14.
BZ 05553:3

Glantz, D. M. : Force structure. Meeting contemporary requirements. In: Military review. 68 (1988), 12, S. 58-70.
BZ 4468:68

Goldstein, W. : The erosion of the superpowers: the military consequences of economic distress. In: SAIS review. 8 (1988), 2, S. 51-68.
BZ 05503:8

Green, W. C. : Soviet nuclear weapons policy. A research and bibliographic guide. Boulder, Colo.: Westview Press 1987. XV, 399 S.
B 63895

Guertner, G. L. : Soviet leadership succession and the politics of arms control compliance. In: Defense analysis. 5 (1989), 1, S. 45-53.
BZ 4888:5

Hansen, J. H. : Correlation of forces. Four decades of Soviet military development. New York: Praeger 1987. XIX, 236 S.
B 63263

Hooper, R. W. : Mikhail Gorbachev's economic reconstruction and Soviet defence policy. In: RUSI journal. 134 (1989), 2, S. 15-22.
BZ 05161:134

Jasow, D. : Qualitative Parameter der Gestaltung der Landesverteidigung. In: Militärwesen. 32 (1988), 12, S. 32-39.
BZ 4485:32

Karlsson, H. : The defence council of USSR. In: Cooperation and conflict. 23 (1988), 2, S. 69-83.
BZ 4605:23

Kaufman, R. F. : Economic reform and the Soviet military. In: The Washington quarterly. 11 (1988), 3, S. 201-211.
BZ 05351:11

Kościuk, L. : Nowe podejście do czynnika wojskowego w polityce ZSRR. In: Sprawy międzynarodowe. 41 (1988), 12, S. 59-70.
BZ 4497:41

Kozar, P. M. : The politics of deterrence: American and Soviet defense policies compared; 1960-1964. Jefferson, N. C.: McFarland 1987. VI, 169 S.
B 64858

Laurent, J. ; Ernould, R. : URSS: vers une nouvelle "révolution dans les affaires militaires"? In: Stratégique. 42 (1989), 2, S. 11 - 53.
BZ 4694:42

Lowenkron, B. E. : The new political thinking: Pax Sovietica with a human face? In: SAIS review. 8 (1988), 2, S. 83-101.
BZ 05503:8

Manthorpe, W. : What is pushing Gorbachev into arms control? T. 1. In: United States Naval Institute. Proceedings. 114 ((1989), 1, S. 73-77.
BZ 05163:114

McCain, J. : Weapons and budgets. In: Orbis. 33 (1989), 2, S. 181-194.
BZ 4440:33

Menning, B. W. : The deep strike in Russian and Soviet military history. In: The journal of Soviet military studies. 1 (1989), 1, S. 9-28.
BZ 4943:1

Mesmerized by the bear. The Soviet strategy of deception. Ed.: R. S. Sleeper. New York: Dodd, Mead & Co. 1987. 384 S.
B 65685

Paris, H. : La structur opérationelle du commandement des forces armées de l'Union Soviétique et du Pacte de Varsovie. In: Stratégique. 41 (1989), 1, S. 21-74.
BZ 4694:41

Sherr, J. : Soviet Power: the continuing challenge. Basingstoke: Macmillan 1987. XVII, 280 S.
B 63665

The Soviet defence-Enigma. Estimating costs and burden. Ed.: C. G. Jacobsen. Oxford: Oxford Univ. Pr. 1987. IX, 189 S.
B 64154

Warner, E. L.: New thinking and old realities in Soviet defence policy. In: Survival. 31 (1989), 1, S. 13-33.
BZ 4499:31

Zamascikov, S.: Gorbachev and the Soviet Military. In: Comparative strategy. 7 (1988), 3, S. 227-251.
BZ 4686:7

L 179 f 05 Kriegswesen

Adragna, S. P.: Doctrine and strategy. In: Orbis. 33 (1989), 2, S. 165-179.
BZ 4440:33

Cimbala, S. J.: War termination and US-Soviet conflict in Europe: strategic perspectives. In: The journal of Sovietmilitary studies. 2 (1989), 1, S. 17-48.
BZ 4943:2

Deane, M. J.: Current Soviet philosophy of command and control. In: Defense analysis. 4 (1988), 3, S. 287-306.
BZ 4888:4

Dietrich, D. V.; Hitchens, R. M.: The Soviet strategy debate: striving for reasonable sufficiency. In: The journal of Soviet military studies. 2 (1989), 1, S. 1-16.
BZ 4943:2

Garejew, M.: Die sowjetische Militärdoktrin in der gegenwärtigen Etappe. In: Militärwesen. 32 (1988), 11, S. 11-20.
BZ 4485:32

Garelow, M. A.:: Woher droht Gefahr? In: Militärgeschichte. 28 (1989), 4, S. 349-364.
BZ 4527:28

Garthoff, R. L.: New thinking in Soviet military doctrine. In: The Washington quarterly. 11 (1988), 3, S. 131-158.
BZ 05351:11

Glantz, D. M.: Operational art and tactics. In: Military review. 68 (1988), 12, S. 32-40.
BZ 4468:68

Glantz, D. M.: Surprise and Maskrovka in contemporary war. In: Military review. 68 (1988), 12, S. 50-57.
BZ 4468:68

Goldberg, A. C.: The present turbulence in Soviet military doctrine. In: The Washington quarterly. 11 (1988), 3, S. 159-170.
BZ 05351:11

Gouré, L.: A „New" Soviet military doctrine: reality or mirage? In: Strategic review. 16 (1988), 3, S. 25-33.
BZ 05071:16

Hines, K. L.: Competing concepts of deep operations. In: The journal of Soviet military studies. 1 (1989), 1, S. 54-80.
BZ 4943:1

Holcomb, J. F.: Recent developments in Soviet helicopter operations. In: The journal of Soviet military studies. 2 (1989), 2, S. 266-287.
BZ 4943:2

Kipp, J.: Soviet „tactical" aviation in the postwar period. In: Airpower journal. 2 (1988), 1, S. 8-27.
BZ 4544:2

Kipp, W. J.: Soviet military doctrine and conventional arms control. In: Military review. 68 (1988), 12, S. 3-23.
BZ 4468:68

Kulikow, V.: über die militärstrategische Parität und die Hinlänglichkeit der Verteidigung. In: Militärwesen. 32 (1988), 10, S. 3-12.
BZ 4485:32

Lectures from the Voroshilov general staff academy. In: The journal of Soviet military studies. 1 (1989), 1, S. 29-53.
BZ 4943:1

Moissejew, M. : Hinlängliche Verteidigung. In: Militärwesen. (1989), 7, S. 14-21.
BZ 4485:1989

Munier, B. : La stratégie soviétique en Asie et dans le Pacifique. In: Défense nationale. 44 (1988), 11, S. 107-120.
BZ 4460:44

Odom, W. E. : Soviet military doctrine. In: Foreign affairs. 67 (1988/89), 2, 114-134.
BZ 05149:67

Petersen, P. A. : A „New" Soviet military doctrine: origins and implications. In: Strategic review. 16 (1988), 3, S. 9-24.
BZ 05071:16

Phillips, R. H. ; Sands, J. I. : Reasonable sufficiency and Soviet conventional defense. A research note. In: International security. 13 (1988), 2, S. 164-178.
BZ 4433:13

Romer, J.-C. : Gorbatchev, la dissuasion et la „Nouvelle Approche". In: Stratégique. (1988), 40/4, S. 95-112.
BZ 4694:1988

Stoeckli, F. : Soviet operational planning: superiority ratios and casualties in Soviet front and army operations. In: RUSI journal. 134 (1989), 1, S. 33-40.
BZ 05161:134

Turbiville, G. H. : Sustaining theater strategic operations. In: The journal of Soviet military studies. 1 (1989), 1, S. 81-107.
BZ 4943:1

Turbiville, G. H. : Theater-strategic operations. Evolving Soviet assessments. In: Military review. 68 (1988), 12, S. 24-31.
BZ 4468:68

Turbiville, G. : Rear service support. Concepts and structures. In: Military review. 68 (1988), 12, S. 71-79.
BZ 4468:68

Turbiville, G. : Strategic deployment. Mobilizing and moving the force. In: Military review. 68 (1988), 12, S. 40-49.
BZ 4468:68

Westwood, J. T. : Soviet electronic warfare: theory and practice. In: Jane's Soviet intelligence Review. 1 (1989), 9, S. 386-391.
BZ 05573:1

Worobjow, J. : Taktische Verteidigung. Geschichte und Gegenwart. In: Militärwesen. (1989), 7, S. 22-30.
BZ 4485:1989

Yu, W. : Lun Su De zhanzheng qianxi Sulian de junshi lilun yu junshi gaige. (On Soviet Military Theory and Reform onthe Eve of Soviet-German War). In: Junshi hishi. (1988), 1, S. 21-27.
BZ 05570:1988

– **Geheimer Nachrichtendienst/ Spionage/ Abwehr**

Ball, D. : Soviet signals intelligence: vehicular systems and operations. In: Intelligence and national security. 4 (1989), 1, S. 5-27.
BZ 4849:4

Glantz, D. M. : Soviet military deception in the Second World War. London: Cass 1989. XL, 644 S.
B 68485

Goldberg, M. D. : Rapping Ivan's sticky fingers. In: United States Naval Institute. Proceedings. 114 (1988), 1028, S. 69-78.
BZ 05163:114

Soviet strategic deception. Ed.: B. D. Dailey. Lexington: Lexington Books 1987. XX, 538 S.
B 65778

L 179 f 10 Heer

Danilov, V. D. : Organizacija strategičeskogo rukovodstva Sovetskimi Vooružennymi Silami (1917-1920 gg.). In: Voenno-istoričeskij žurnal. (1988), 3, S. 17-25.
BZ 05196:1988

Donnelly, C. : Red banner: the Soviet military system in peace and war. Coulsdon: Jane's Information Group 1988. 288 S.
010780

Legro, J. W. : Soviet crisis decision-making and the Gorbachev reforms. In: Survival. 31 (1989), 4, S. 339-358.
BZ 4499:31

Perečnev, Ju. G. : O nekotorych Problemach podgotovski strany i Vooružennych Sil k otraženiju fašistskoj agressii. In: Voenno-istoričeskij žurnal. (1988), 4, S. 42-50.
BZ 05196:1988

Rosefielde, S. : False science: underestimating the Soviet arms buildup: an appraisal of CIA's direct costing effort, 1960—1985. 2. ed. New Brunswick: Transaction Books 1987. XXXVI, 463 S.
B 65754

Seaton, A. : The Soviet army, 1918 to the present. London: Bodley Head 1986. XV, 292 S.
B 63736

Voin vysokogo dolga. Kiev: Višča škola 1988. 180 S.
Bc 7933

L 179 f 13 Waffengattungen und Dienste

73-ja Gvardejskaja. Sbornik vospominanij, dok. i mat. o boevom puti 73-j gvardejskoj Krasnoznamennoj divizii. Alma-Ata: Kazachstan 1986. 232 S.
B 62639

Aleksievič, S. : Der Krieg hat kein weibliches Gesicht. Berlin: Henschelverl. 1987. 254 S.
Bc 7121

Anan'ev, I. M. : Tankovye Armii v nastuplenii. Po opytu Velikoj Otečestv. vojny 1941-1945 gg. Moskva: Voenizdat 1988. 456 S.
B 67185

Bilenko, S. V. : Na ochrane tyla strany: Istrebitelnye batal'ony i polki v Velikoj Otečestvennoj vojne 1941-1945 gg. Moskva: Nauka 1988. 256 S.
B 67405

Čugunov, A. I. : Granica sražaetsja. Moskva: Voenizdat 1989. 286 S.
B 68963

Dančenkov, F. S. : Osoboe Poručenie. Kiev: Politizdat Ukrainy 1988. 253 S.
B 67404

Kolesnik, A. D. : Opolčenskie Formirovanija Rossijskoj Federacii v gody Velikoj Otečestvennoj vojny. Moskva: Nauka 1988. 266 S.
B 67284

Ljaščenko, N. G. : 2-ja udarnaja Armija v bojach za Rodinu. In: Voenno-istoričeskij žurnal. (1988), 3, S. 71-77.
BZ 05196:1988

Lysuchin, I. F. ; Kukovenko, S. E. . ; : Gorlovskaja dvaždy Krasnoznamennaja. Boevoj put 126-j strelkovoj Gorlovskoj dvaždy Karsnoznamn. ord. Suvorova II stepni divizii. Moskva: Voenizdat 1986. 195 S.
B 60210

Oficery granicy. Moskva: Sovetskaja Rossija 1988. 287 S.
B 67406

Samsons, V. : No Lovates lidz Zilupei. Riga: Avots 1987. 221 S.
B 66790

L 179 f 14 Militärwesen

Garthoff, R. L. : Introduction to volume one of lectures from the Voroshilov General staff academy. In: The journal of Soviet military studies. 2 (1989), 2, S. 157-171.
BZ 4943:2

Herfurth, D. : Militärische Auszeichnungen der UdSSR. Berlin: Militärverlag der DDR 1987. 164 S.
B 63883

Kuznecov, I. I. : Generaly 1940 goda. In: Voenno-istoričeskij žurnal. (1988), 10, S. 29-37.
BZ 05196:1988

Nelson, R. R. ; Schweizer, P. : The next generation. In: Orbis. 33 (1989), 2, S. 195-208.
BZ 4440:33

Vermaat, J. A. E. : Gorbatsjov, de militairen en de KGB. In: Internationale spectator. 43 (1989), 7, S. 427-433.
BZ 05223:43

Zeidler, M. : Luftkriegsdenken und Offiziersausbildung an der Moskauer Zukoskij-Akademie im Jahre 1926. Die Gruppe Fiebig und die sowjetischen Luftstreitkräfte. In: Militärgeschichtliche Mitteilungen. (1987), 1(41), S. 127-174.
BZ 05241:1987

L 179 f 20 Marine

Annati, M. : Le forze anfibie sovietiche. In: Rivista marittima. 122 (1989), 7, S. 45-65.
BZ 4453:122

Berežnoj, S. S. : Korabli i suda VMF SSSR. 1928-1945. Moskva: Voenizdat 1988. 710 S.
B 67916

Berezovskij, N. : Central'nye organy krasnogo flota b period stanovlenija. In: Morskoj sbornik. (1989), 2, S. 12-17.
BZ 05252:1989

Blair, D. : The strategic significance of maritime theaters. In: Naval War College review. 41 (1988), 3, S. 29-40.
BZ 4634:41

Breemer, J. S. : The 'Mike' disaster: a preliminary assessment. In: Jane's Soviet intelligence Review. 1 (1989), 6, S. 247-251.
BZ 05573:1

Corlett, R. : Soviet submarine MHD propulsion and drag reduction. In: Maritime defence. 14 (1989), 6, S. 173-175.
BZ 05094:14

Cosentino, M. : Gli aeromobili imbarcati della marina sovietica. In: Rivista marittima. 122 (1989), 1, S. 63-76.
BZ 4453:122

Cranshow, B. C. : Kirov, Frunze and now Kalinin – The Kirov class cruisers compared. In: Jane's Soviet intelligenceReview. 1 (1989), 4, S. 146-152.
BZ 05573:1

Croos, N. H. : Soviet inshore capabilities. Closing the grip on Europe. In: Navy international. 94 (1989), 4, S. 153 -157.
BZ 05105:94

Cross, N. H. : Kirov & Frunze in Soviet Strategy. In: Navy international. 93 (1988), 8, S. 429-433.
BZ 05105:93

Cunha, D. da: Soviet strike warfare in the Pacific. In: United States Naval Institute. Proceedings. 115 (1989), 2, S. 57-63.
BZ 05163:115

Jacobs, G. : Soviet naval C2 – from shore to shipboard command. In: Jane's Soviet intelligence Review. 1 (1989), 5, S. 227-233.
BZ 05573:1

Kubaldin, O. : Ispol'zovanie flotilij v graždanskoj vojne. In: Morskoj sbornik. (1989), 2, S. 20-24.
BZ 05252:1989

Leitenberg, M. : Soviet submarine operations in Swedish waters 1980-1986. New York: Praeger 1987. XI, 199 S.
B 64896

Neely, T. A. ; Kime, S. F. : Perestroika, doctrinal change and the Soviet Navy. In: Strategic review. 16 (1988), 4, S. 45-54.
BZ 05071:16

Paparela, I. : Alcune riflessioni estemporanee sulla più recente „Arte Navale" Sovietica. In: Rivista marittima. 121 (1988), 12, S. 13-22.
BZ 4453:121

Schulz-Torge, U.-J. : Tbilisi: Only a Super-Kiev. In: RUSI journal. 133 (1988), 3, S. 30-32.
BZ 05161:133

Striewe, J. : Soviet carrier battle group on the horizon? The development, operational concept and mission options of the new Soviet aircraft carrier. In: Military technology. 13 (1989), 6, S. 26-31.
BZ 05107:13

Vego, M. : L'organizzazione per l'impiego delle forze aeronavali sovietiche. In: Rivista marittima. 122 (1989), 5, S. 33-50.
BZ 4453:122

Vego, M. : La minaccia sovietica contro porti e installazioni degli Stati Uniti e della Nato. In: Rivista marittima. 121 (1988), 12, S. 49-73.
BZ 4453:121

Westwood, J. T. : Soviet reaction to the U. S. maritime strategy. In: Naval War College review. 41 (1988), 3, S. 62-68.
BZ 4634:41

L 179 g Wirtschaft

Aganbegyan, A. : The economics of perestroika. In: International affairs. 64 (1988), 2, S. 177-186.
BZ 4447:64

Ball, A. M. : Russia's last capitalists: the nepmen, 1921-1929. Berkeley, Cal.: Univ. of California 1987. XVII, 226 S.
B 65794

Četvertnoj, L. M. : SSSR-FRG: problemy torgovo-ekonomičeskogo sotrudničestva. Moskva: Meždunar. otnošenija 1988. 160 S.
Bc 8095

Csaba, L. : Die Entstehung der sowjetischen Wirtschaftsreform. In: Österreichische Osthefte. 31 (1989), 1, S. 18-55.
BZ 4492:31

Davies, R. W. : The Soviet economy in turmoil, 1929-1930. Basingstoke: Macmillan 1989. XX, 601 S.
B 41817:3

Grzybowski, K. : Soviet International Law and the World Economic Order. Durham: Duke Press Policy Studies 1987. XII, 226 S.
B 64179

Horst, K. van der: De ‚perestrojka' van de sovjetlandbouw. In: Internationale spectator. 43 (1989), 1, S. 15-21.
BZ 05223:43

Hutchings, R. : Soviet secrecy and non-secrecy. Basingstoke: Macmillan 1987. VII, 292 S.
B 64131

Illeš, A. V. ; Pral'nikov, A. E. : Reportaž iz Černobylja. Moskva: Mysl' 1987. 156 S.
Bc 7523

Ioffe, O. S. : The Soviet economic system: a legal analysis. Boulder, Colo.: Westview Press 1987. IX, 326 S.
B 64854

Jung, L. : Militärisch-industrieller Komplex und Perestroika in der UdSSR. In: S und F. 7 (1989), 1, S. 46-51.
BZ 05473:7

Kelly, W. J. ; Shaffer, H. L. ; Thompson, J. K. : Energy Research and development in the USSR. Preparations for the twentyfirst century. Durham, NC.: Duke Univ. Pr. 1986. XVI, 417 S.
B 63297

Knaack, R. ; Stolker, J. : Coöperaties in de Sovjetunie: vallen en opstaan. In: Internationale spectator. 43 (1989), 1, S. 22-27.
BZ 05223:43

Leivesley, S. : Chernobyl: the invisible threat. In: RUSI journal. 133 (1988), 2, S. 41-46.
BZ 05161:133

Magnusson, M.-L. ; Nrgaard, O. : Dagbog fra Tjernobyl. Hvvidovre: Forl. Carnet 1986. 96 S.
Bc 7810

Marples, D. R. : Chernobyl and nuclear power in the USSR. Houndsmill: MacMillan 1987. XII, 228 S.
B 63599

Parker, R. : Assessing Perestroika. In: World policy journal. 6 (1989), 2, S. 265-296.
BZ 4822:6

Potter, W. C. ; Kerner, L. : Soviet decision-making for Chernobyl: an assessment of Ukrainian leadership performance. In: Studies in comparative communism. 21 (1988), 2, S. 203-220.
BZ 4946:21

Sapir, J. : L'économie soviétique et les réformes Gorbatchev. In: Cosmopolitiques. (1987), 3, S. 5-25.
BZ 05193:1987

Soviet energy. Proceedings from an internat. seminar in Söderfors, June 6-7, 1985, arranged by the Nat. Energy Administration, Sweden. Stockholm: Liber/ Allmänna 1986. 95 S.
Bc 7850

The Soviet Union under Gorbachev: prospects for reform. Ed.: D. A. Dyker. London: Croom Helm 1987. 227 S.
B 63601

L 179 g 10 Volkswirtschaft

Aganbegjan, A. G. : The challenge: economics of perestroika. London: Hutchinson 1988. XXVII, 248 S.
B 65623

Bischoff, J. : NÖP – Vorläufer der Perestroika? Bucharin: Theoretiker der Transformationsgesellschaft. In: Sozialismus. 15 (1989), 114, S. 88-100.
BZ 05393:15

Buck, T. ; Cole, J. : Modern Soviet economic performance. London: Blackwell 1987. VIII, 192 S.
B 64164

Cooper, J. : The prospects for the socialist economy. In: Journal of communist studies. 4 (1988), 4, S. 64-70.
BZ 4862:4

Desai, P. : The Soviet economy: problems and prospects. Oxford: Basil Blackwell 1987. VIII, 281 S.
B 65181

Dyker, D. : Gorbachev's economic revolution. The realities of perestroika. London: Institut for the study of conflict 1989. 21 S.
Bc 8480

Eggers, W. : Auswirkungen der Perestrojka auf die deutsch-sowjetischen Wirtschaftsbeziehungen. Bonn: Europa-Union-Verl. 1988. 68 S.
Bc 8109

Gregory, P. R. ; Stuart, R. C. : Soviet economic structure and performance. 3. ed. New York: Harper & Row 1986. XIII, 447 S.
B 65354

Keiding, H. : Sovjets konomi: problemer og reformer. København: Tiden 1987. 192 S.
B 66343

Mandel, D. : „Revolutionary reform" in Soviet factories: restructuring relations between workers and management. In: The Socialist register. 25 (1989), S. 102-129.
BZ 4824:25

Nove, A. : The Soviet economic system. 3. ed. London: Allen & Unwin 1986. XIX, 425 S.
B 63712

The Soviet economy. A new course? Ed.: R. Weichhardt. Brüssel: NATO 1987. 352 S.
B 64903

Zinov'ev, A. : Katastroika. Gorbatschows Potemkinsche Dörfer. Berlin: Ullstein 1988. 208 S.
B 67675

L 179 h Gesellschaft

Adibekov, G. M. : Oktjabr'skaja revoljucija i professional'nye sojuzy. Razvitie revoljucionno-klassovoj koncepciiprofsojuznogo dviženija. Moskva: Profizdat 1987. 382 S.
B 66519

Barry, D. D. ; Barner-Barry, C. : Contemporary Soviet politics. 3. ed. Englewood Cliffs.: Prentice-Hall X, 387 S. 1987.
B 63449

Browning, G. K. : Women and politics in the USSR. Consciousness raising and Soviet women's groups. Brighton: WheatsheafBooks 1987. IX, 178 S.
B 64286

Churchward, L. G. : Soviet socialism: social and political essays. London: Routledge & Kegan Paul 1987. XIV, 216 S.
B 65650

Filtzer, D. : Soviet workers and Stalinist industrialization: the formation of modern Soviet production relations, 1928-1941. Armonk, N. Y.: Sharpe 1986. VI, 338 S.
B 63363

Grass, B. : Anmerkungen zur Sowjetunion: Gesellschaft und Militär. In: S und F. 7 (1989), 1, S. 40-46.
BZ 05473:7

Lane, D. : Soviet labour and the ethic of communism. Full employment and the labour process in the USSR. Brighton: Wheatsheaf Books 1987. VIII, 246 S.
B 63640

Oktjabr'skaja Revoljucija i molodež. Erevan: Izd-vo AN ArmSSR 1987. 263 S.
B 66428

Ryan, M. : Social trends in the Soviet Union from 1950. New York: St. Martin's Press 1987. XIII, 100 S.
B 65759

Stačečnoe Dviženie rabočich Rossii v gody pervoj mirovoj vojny. Bd. 1. 2. Moskva: Institut istorii 1986. 268 S.
Bc 7963

Teague, E. : Solidarity and the Soviet worker: the impact of the Polish events of 1980 on Soviet internal politics. London: Croom Helm 1988. 378 S.
B 65200

Trehub, A. : Social and economic rights in the Soviet Union. In: Survey. 29 (1987), 4, S. 6-42.
BZ 4515:29

L 179 i Geistesleben

Buss, G. : The bears's hug. Religious belief and the Soviet state. London: Hodder a. Stoughton 1987. 223 S.
B 63657

Ebon, M. : The Soviet propaganda machine. New York: McGraw-Hill 1987. VIII, 471 S.
B 63271

Elliot, I. : How open is „openess"? In: Survey. 30 (1988), 3, S. 3-22.
BZ 4515:30

Lampert, N. : The dilemmas of glasnost. In: Journal of communist studies. 4 (1988), 4, S. 48-63.
BZ 4862:4

Laqueur, W. : Glasnost und die Kremlastrologen. In: Europäische Rundschau. 16 (1988), 3, S. 9-30.
BZ 4615:16

Mickiewicz, E. : Changes in the media under Gorbachev: the case of television. In: Journal of communist studies. 4 (1988), 4, S. 35-47.
BZ 4862:4

Mommsen, M. : Strukturwandel der öffentlichkeit im Sowjetsystem. Zur Dialektik von Glasnost und Perestroika. In: Aus Politik und Zeitgeschichte. (1989), 12, S. 10-19.
BZ 05159:1989

Petersen, T. : Uddannelse i Sovjetunionen. Aarhus: Aarhus Universitetsforl. 1986. 80 S.
Bc 02395

Pospielovsky, D. V. : A history of Soviet atheism in theory and practise, and the believer. Vol. 1-3. Basingstoke: Macmillan 1987/88. XVII, 189 S. ; XIX, 275 S. ; XXXII, 325 S.
B 64233

Psychological operations: the Soviet challenge. Ed.: J. S. Gordon. Boulder, Colo.: Westview Press 1988. IX, 216 S.
B 65771

Reddaway, P. : Soviet psychiatry: an end to politcal abuse? In: Survey. 30 (1988), 3, S. 25-38.
BZ 4515:30

The struggle for religious survival in the Soviet Union. Testimony presented at hearings of the national interreligious taskforce on Soviet jewry, 1985-86. New York, N. Y.: The American Jewish Committee 1986. 76 S.
Bc 02339

Wishnevsky, J. : The origins of Pamyat. In: Survey. 30 (1988), 3, S. 79-91.
BZ 4515:30

L 179 k Geschichte

„Kruglyj stol": Sovetskij sojuz B 30-e gody. In: Voprosy istorii. (1988), 12, S. 3-30.
BZ 05317:1988

Afanasev, J. N. : Die UdSSR vor dem Spiegel. Der Stalinismus und die gesellschaftstheoretischen Grundlagen der Perestroika. In: Sozialismus. 14 (1988), 9, S. 61-67.
BZ 05393:14

Aufbruch mit Gorbatschow? Entwicklungsprobleme d. Sowjetgesellschaft. Hrsg.: C. Ferenczi. Frankfurt: Fischer Tb. Verl. 1987. 278 S.
B 64089

Bergeron, F. : Le Goulag avant le Goulag. Bouère: Cahier du Cices 1987. 77 S.
Bc 02353

Čikovani, A. J. : Partija bolševikov v revoljucii 1905-1907 gg. Istoriografija. Moskva: Izd. Moskovskogo Univ. 1987. 179 S.
Bc 7890

Edelman, R. : Proletarian peasants: the revolution of 1905 in Russia's Southwest. Ithaca, N. Y.: Cornell Univ. 1987. XV, 195 S.
B 65390

Gavrilov, B. I. : V Bor'be za svobodu: Vosstanie na bronenosce „Potemkin". Moskva: Mysl' 1987. 222 S.
B 63787

Germenčuk, V. V. : Edinstvo fronta i tyla: Dejatel'nost'bol'ševist. opg. Belorussii po ukrepleniju boecposobnosti častejKrasnoj Armii v gody gražd. vojny. Minsk: Izd. Univ. 1987. 125 S.
Bc 7208

Goldman, M. I. : Gorbachev's challenge. Economic reform in the age of high technologie. New York: Norton 1987. XVII, 296 S.
B 64555

Gorbatschows Revolution von oben. Dynamik und Widerstand im Reformprozeß der UdSSR. Hrsg.: M. Mommsen. Frankfurt: Ullstein1987. 323 S.
B 65999

Gugai, N. ; Giertz, H. : Probleme der Oktoberrevolution und des Bürgerkrieges in Sowjetrußland in der neuesten sowjetischen Geschichtsschreibung. In: Militärgeschichte. 28 (1989), 3, S. 248-262.
BZ 4527:28

Heller, M. ; Nekrich, A. : Utopia in power. The history of the Soviet Union from 1917 to the present. London: Hutchinson 1986. 877 S.
B 64178

Hochman, J. : The Soviet Historical debate. In: Orbis. 32 (1988), 3, S. 369-383.
BZ 4440:32

Huijts, J. : Zo kan je het ook zien: de Russische revolutie van Stalin tot Gorbatsjov. In: Internationale spectator. 43 (1989), 1, S. 53-60.
BZ 05223:43

Imperialističeskaja Interencija na Donu i Severnom Kavkaze. Moskva: Nauka 1988. 260 S.
B 67283

Istoričeskij opyt trech rossijskich revoljucij. Kn. 1-3. Moskva: Politizdat 1985-87. 572, 415, 655 S.
B 59851

Kolev, S. : Trite ruski revoljucii i vlijanieto im v Bulgarija. Sofija: Partizdat 1986. 294 S.
B 61662

Komissary na linii ognja. T. 1. 2. Moskva: Politizdat 1987. 368, 368 S.
B 66448

Laqueur, W. : The fate of the revolution: interpretations of Soviet history from 1917 to the present. New York: Scribner's 1987. XII, 285 S.
B 64804

Leningradskij Sovet v gody graždanskoj vojny i socialističeskogo stroitel'stva 1917-1937. Leningrad: Nauka 1986. 260 S.
B 61389

Magnusson, M.-L. ; Nrgaard, O. ; Qvortrup, J. : Sovjetunionen 1945-1980' erne. Herning: Systime 1987. 127 S.
Bc 7869

Posadas, J. : Der Aufbau des Arbeiterstaates und vom Arbeiterstaat zum Sozialismus. Frankfurt: Ed. Wissenschaft Kultur u. Politik 1987. 267 S.
B 64187

Prolog Velikogo Oktjabrja. Po materialam respublikanskoj naučnoj konferencii, posvjaščennoj 80-letiju revoljucii 1905-1907 gody v Rossii. Minsk: Vyšejšaja škola 1986. 157 S.
Bc 6631

Raun, T. U. : Estonia and the Estonians. Stanford, Cal.: Hoover Institut 1987. XVII, 313 S.
B 64910

Reiman, M. : Lenin, Stalin, Gorbačev. Kontinuität und Brüche in der sowjetischen Gesellschaft. Hamburg: Junius Verl. 1987. 188 S.
B 63165

Revoljucija graždanskaja vojna i inostrannaja intervencija v Estonii 1917-1920. Tallin: EEsti raamat 1988. 720 S.
B 68698

Ruffmann, K.-H. : Zarenreich und Sowjetmacht. Zur Einheit der russischen Geschichte. Erlangen-Nürnberg: Friedrich-Alexander-Univ. 1988. 19 S.
Bc 8455

Samojlov, A. D. : Na straže zavoevanij Oktjabrja: (Krach kontrrevoljucii na Dal'nem Vostoke.). Moskva: Mysl' 1986. 302 S.
B 61725

Spring, D. : Soviet historians in crisis. In: Revolutionary Russia. 1 (1988), 1, S. 24-35.
BZ 4967:1

Venturi, A. : Un altro passato che non passa? Storia e perestrojka sotto Gorbacev. In: Movimento operaio e socialista. 11 (1988), 1, S. 57-78.
BZ 4977:11

Wilk, M. : Lata trosk i nadziei ZSRR w latach 1918-1941. Warszawa: Wydaw. szkolne i pedagogiczne 1988. 286 S.
B 67143

Zeitzeichen aus der Ferne. Glasnost. Neues Denken in d. Sowjetunion. Hamburg: Verl. am Galgenberg 1987. 480 S.
B 63639

L 179 k 21 Oktoberrevolution

Bäther, U. ; Uhlmann, M. : Das Echo der „Aurora". Internationale Stimmen zur Großen Sozialistischen Oktoberrevolution. Berlin: Dietz 1987. 303 S.
B 68863

The Blackwell Encyclopedia of the Russian revolution. Ed.: H. Shukman. Oxford: Blackwell 1988. XIV, 418 S.
010651

Chadžinikolov, V. : Oktombri i Bulgarija. Otglasi i vlijanija 1917-1944. Sofija: Partizdat 1987. 338 S.
B 67218

Chamberlin, W. H. : The Russian Revolution, 1917-1921. Vol. 1. 2. Princeton, N. J.: Princeton Univ. Press 1987. XIV, 511; XIV, 556 S.
B 65455

Drizul, A. A. : Istorija Velikogo Oktjabrja v Latvii. 2. izd. Riga: Avots 1987. 492 S.
B 66438

Felber, R. : Der Große Oktober und die Entstehung erster Organisationen chinesischer Kommunisten. Anfang der zwanziger-Jahre in Europa. In: Beiträge zur Geschichte der Arbeiterbewegung. 30 (1988), 5, S. 592-605.
BZ 4507:30

Gamreckij, J. M. ; Timčenko, Z. P. ; Ščus', O. I. : Triumfal'noe Šestvie sovetskoj vlasti na Ukraine. Kiev: Naukova dumka 1987. 437 S.
010491

Gvardija Oktjabrja. Moskva. Moskva: Politizdat 1987. 399 S.
B 65010

Gvardija Oktjabrja. Petrograd. Moskva: Politizdat 1987. 461 S.
B 65011

Heenan, L. E. : Russian democracy's fatal blunder: the summer offensive of 1917. New York: Praeger 1987. XV, 188 S.
B 65445

Heresch, E. : Blutiger Schnee. D. Russ. Oktoberrevolution in Augenzeugenberichten. Graz, Köln: Styria 1987. 318 S.
B 63122

Internacionalisty. U_castie trudjaščichja stran Central'noj i Jugo-Vostočnoj Evropy v bor'be za vlast' sovetov v Rossii 1917-1920 gg. Moskva: Nauka 1987. 449 S.
B 63789

Jažborovskaja, I. S. : Velikaja Oktjabr'skaja socialističeskaja revoljucija i Pol'ša. In: Novaja i novejšaja istorija. (1989), 1, S. 31-44.
BZ 05334:1989

Jerusalimskij, W. : Die neue Sicht der eigenen Geschichte. In: Marxistische Blätter. 27 (1989), 1, S. 75-86.
BZ 4548:27

Kuchmann, D. : An alle! An alle! An alle!. Zitate, Maximen und Sentenzen aus Werken über die Große Sozialistische Oktoberrevolution. Berlin: Militärverlag der DDR 1988. 159 S.
B 68864

Ljudi bol'ševistskogo podpol'ja Urala i Sibiri 1918-1919. Moskva: Sovetskaja Rossija 1988. 263 S.
B 66973

MacDaniel, T. L. : Autocracy, capitalism, and revolution in Russia. Berkeley, Cal.: Univ. of California 1988. XI, 500 S.
B 65773

Mawdsley, E. : The Russian Civil War. London: Allen & Unwin 1987. XVI, 351 S.
B 65869

Mironenko, V. M. : Šturm veka: Ot fevralja k oktjabrju 1917 g. Moskva: Politizdat 1988. 255 S.
Bc 8214

Oktjabr'v Sibiri. Chronika sobytij (mart 1917-maj 1918 g.). Novosibirsk: Nauka 1987. 319 S.
B 64930

Oktjabrju navstreču. Vospominanija učastnikov revolucionnogo dviženija v Petrograde v marte – sentjabre 1917 g. Leningrad: Lenizdat 1987. 399 S.
B 63773

Pearce, B. : How Haig saved Lenin. New York: St. Martin's Press 1987. XII, 138 S.
B 65792

Pipes, R. : The Bolsheviks dissolve the constituent assembly. In: Survey. 30 (1988), 3, S. 148-175.
BZ 4515:30

Pobeda Velikogo Oktjabrja v Sibiri. Bd. 1. 2. Tomsk: Izd-vo Tom. un-ta 1987. 256, 320 S.
B 67217

Revolutionen och historien. Udvalgte artikler om den russiske revolution og den sovjetiske udvikling i dag. København: Forl. Tiden 1987. 93 S.
Bc 02396

Riaboff, A. : Gatchina days. Reminiscences of a Russian pilot. Washington, D. C.: Smithsonian Inst. Pr. 1986. 183 S.
B 63751

Rok jedna den prvý. Praha: Mladá fronta 1987. 82 S.
Bc 02384

Semennikova, L. I. : Partija bol'ševikov vo glave Oktjabr'skogo vooružennogo voostanija. Moskva: Izd-vo Mosk. un-ta1988. 186 S.
Bc 8023

Smirnov, N. N. : Tretij Vserossijskij S-ezd Sovetov: istorija sozyva, sostav, rabota. Leningrad: Nauka 1988. 123 S.
Bc 8027

Sovokin, A. M. : Revoljucija proletarskaja, revoljucija narodnaja. Moskva: Politizdat 1987. 318 S.
B 63784

Storming the heavens: voices of October. Ed. L M. Jones. London: Zwan 1987. LXIV, 186 S.
B 66655

Strategija i taktika bol'ševikov v bor'be za pobedu Oktjabrja. Moskva: Izd-vo Mosk. un-ta 1988. 192 S.
Bc 8022

Tanty, M. : Rewolucja rosyjska a sprawa polska 1917-1918. Warszawa: Młodziezowa Agencja Wydawnicza 1987. 207 S.
Bc 7520

Trigub, P. N. : Na Zaščite zavoevanij Velikogo Oktjabrja. Kiev: Vyšejšaja škola 1987. 149 S.
Bc 7200

Vekov, A. : Revoljucionna Bulgarija i revoljucionna Rusija. Sofija: Nauka i izkustvo 1987. 287 S.
B 66413

Velikij Oktjabr' i nacional'nogosudarstvennoe stroitel'stvo v Belorussii. Minsk: Nauka i technika 1987. 174 S.
B 63785

Velikij Oktjabr' i narody stran Central'naj i Jugo-Vostočnoj Evropy. Moskva: Nauka 1987. 285 S.
B 63790

Velikij Oktjabr'. Kratkij ist. Moskva: Politizdat 1987. 360 S.
010492

Velikij Oktjabr'i social'naja struktura sovetskogo obščestva. Minsk: Nauka i technika 1987. 237 S.
B 66420

Wade, R. A. : Self-organisation and leadership in the Russian revolution: the workers ‚armed bands'. In: Revolutionary Russia. 1 (1988), 1, S. 57-67.
BZ 4967:1

The workers' revolution in Russia, 1917: the view from below. Ed.: D. H. Kaiser. Cambridge: Cambridge Univ. Pr. 1987. XII, 152 S.
B 65846

Žarkov, M. G. : Oktjabr'skaja Revoljucija i sovremannaja ideologičeskaja bor'ba. Minsk: izd-vo Univ. 1987. 65 S.
Bc 7925

L 179 l Einzelne Länder/Gebiete/Orte

Beissinger, M. : Ethnicity, the personnel weapon, and neo-imperial integration: Ukrainian and RSFSR provincial partyofficials compared. In: Studies in comparative communism. 21 (1988), 1, S. 71-85.
BZ 4946:21

Boris, M. : Vikorinjujmo naš chibi. Mjunchen: Inst. polit. lit. 1986. 158 S.
Bc 6622

Dienes, L. : Soviet Asia. Economic development and national policy choices. Boulder, Colo.: Westview Press 1987. XX, 289 S.
B 64559

Dragadze, T. : The Armenian-Azerbaijani conflict: structure and sentiment. In: Third world quarterly. 11 (1989), 1, S. 55-71.
BZ 4843:11

Dzintars, J. : Tajny rižskogo Podpol'ja: Bor'ba rabočich Rigi v gody gitlerovskoj okkupacii 1941-1944. Riga: Avots 1986. 239 S.
B 67914

Germenčuk, V. V. : Velikij Oktjabr' v Belorussii. Minsk: Izd-vo Univ. 1987. 79 S.
Bc 7923

Gimmel'rajch, K. : Spogadi komandira viddilu osobligovo priznačennja „UPA-Schid". Toronto: V-vo Litopis UPA 1987. 256 S.
B 66630

Isberg, A. : Med Demokratin som insats. Politisktkonstitutionellt maktspel i 1930-talets Estland. Stockholm: Almqvist &Wiksell 1988. 184 S.
B 65610

Luciuk, L. Y. ; Kordan, B. S. : Anglo-American perspectives on the Ukrainian question, 1938-1951. A documentary collection. Kingston: The Limestone Press 1987. XX, 242 S.
B 64390

Oktjabr' i graždannskaja vojna na Ukraine. Kiev: Naukova dumka 1987. 251 S.
B 66787

Pidpil'ni Žurnali zakerzonskoi Ukraini. Underground journals from Ukraine beyond the Curzon line. Toronto: V-vo Litopis UPA 1987. 608 S.
B 67412

Political thought of the Ukrainian underground, 1943-1951. Ed.: P. J. Potichnyj. Edmonton: Univ. of Alberta 1986. XXIX, 406 S.
B 63780

Prus, E. : Atamania UPA. Warszawa: Inst. Wydawn. Zwiazków Zawodowych 1988. 365 S.
B 67076

Revoljuciej Prizvannye: Biograf. očerki. Taškent: Uzbekistan 1987. 335 S.
B 67897

Revoljucionnoe dviženie v Belorussii ijon-1907-fevr. 1917. Minsk: Nauka i technika 1987. 283 S.
B 63768

Rudnytsky, I. L. : Essays in modern Ukrainian history. Ed.: P. L. Rudnytsky. Edmonton: Canadian Inst. of Ukrainian Studies 1987. XXII, 496 S.
B 65718

Siberia and the Soviet Far East. Strategic dimensions in multinational perspective. Ed.: R. Swearingen. Stanford, Cal.: Hoover Institut 1987. XXX, 298 S.
B 63799

Socialističeskoe Stroitel'stvo na Ukraine v gody graždanskoj vojny. Kiev: Naukova dumka 1986. 188 S.
B 65002

Talon, V. : Armenia, un escenario de crisis. In: Defensa. 11 (1988), 124-125, S. 58-63.
BZ 05344:11

Tursunbaev, A. B. : Kazachstan v revoljucii 1905-1907 godov. Alma-Ata: Mektep 1987. 84 S.
Bc 8404

Uibopu, H.-J. : Estland pocht auf seine Eigenständigkeit. Die nördlichste baltische Republik. In: Beiträge zur Konfliktforschung. 19 (1989), 1, S. 33-54.
BZ 4594:19

Ural v period Velikoj Otečestvennoj vojny 1941-1945 gg. Sverdlovsk: UNC AN 1986. 194 S.
Bc 8090

L 183 Schweden

L 183 e Staat und Politik

Andrén, N. : Human rights and security policy: a neutral perspective. In: Kungl. Krigsvetenskapsakademiens tidskrift. 193 (1989), 2, S. 55-66.
BZ 4718:193

Arvidsson, H. : Medan revolutionen dröjer: kritik av ett parti i motvind. Stockholm: Arbetarkultur 1987. 167 S.
Bc 8465

Åsheden, A.-M. : Jakten på Olof Palmes mördare: de tre första månaderna. Stockholm: Bonniers 1987. VIII, 165 S.
B 69256

Cole, P. M. : Sweden's security policy in the 1980s. In: SAIS review. 8 (1988), 1, S. 213-227.
BZ 05503:8

Hermansson, H. : Uppdrag: Olof Palme: hatet, jakten, kampanjerna. Stockholm: Tiden Förl. 1987. 202 S.
B 65606

I framtidens kölvatten. Samhällskonflikter 25 år framåt. Stockholm: Allmänna Förl. 1987. 159 S.
Bc 8461

Jenkins, P. : The assassination of Olof Palme: evidence and ideology. In: Contemporary crises. 13 (1989), 1, S. 15 -33.
BZ 4429:13

Kanger, T. : Wer erschoß Olof Palme? Polizeifahndung auf Abwegen. Kiel: Neuer Malik Verl. 1988. 224 S.
B 64982

Karvonen, L. : Internationalization and foreign policy management. Aldershot: Gower 1987. 181 S.
B 65238

Poulsen, J. : Olof Palme. København: Samlerens Forl. 1986. 108 S.
Bc 02383

Rothstein, B. : State and capital in Sweden: The importance of corporatist arrangements. In: Scandinavian political studies. 11 (1988), 8, S. 235-260.
BZ 4659:11

Säkerhet och oberoende. In: Kungl. Krigsvetenskapsakademiens tidskrift. 193 (1989), 1, S. 1-12.
BZ 4718:193

Thullberg, P. : Mjölkstrejken i Dalarna 1942. Solidariteten sätts på prov. Stockholm: Almqvist & Wiksell 1987. 149 S.
Bc 8478

Wörlund, I. : The election to the Swedish Riksdag 1988. In: Scandinavian political studies. 12 (1989), 1, S. 77-82.
BZ 4659:12

L 183 f Wehrwesen

Befrielse från värnpliktstjänstgöring. Betänkande av 1983 års värnpliktsutbildningskommitté. Stockholm: Liber 1986. 156 S.
Bc 7848

Berge, A. : Sjöofficerare i dilemma. Pansarfartygen och den svenska försvarspolitiken 1918-1939. In: Militärhistorisk tidskrift. (1988), S. 59-73.
BZC 2:1988

Cars, H. C. ; Skoglund, C. ; Zetterberg, K. : Svensk Försvarspolitik under efterkrigstiden. Stockholm: Probus Förl. 1986. 144 S.
Bc 7899

Det svenska totalförsvaret inför 90-talet. Slutbetänkande av 1984 års försvarskommitté. Stockholm: Allmänna Förl. 1987. 164 S.
Bc 7953

Kruzel, J. : New challenges for Swedish security policy. In: Survival. 30 (1988), 6, S. 529-543.
BZ 4499:30

Militära skyddsområden. Betänkande av utredningen om tillträdesskydd. Stockholm: Liber/Allmänna Förl. 1986. 160 S.
Bc 7952

Morbach, H. : Die schwedischen Seestreitkräfte. In: Militärwesen. 32 (1988), 11, S. 73-79.
BZ 4485:32

Schuback, B. : Framtidens sjöförsvar mellan hot och ekonomi. In: Tidskrift i sjöväsendet. 152 (1989), 1, S. 7-19.
BZ 4494:152

Studie:1987 års försvarsbesluts inverkan på totalförsvaret. In: Kungl. Krigsvetenskapsakademiens handlingar. 193 (1989), 1, S. 1-85.
BZ 4384:193

Thullberg, P. : Krigsmaktens högsta Ledning 1895-1920. Från konungslig makt till parlamentarisk kontroll ochprofessionell ledning. Stockholm: Militärhistoriska Förl. 1986. 75 S.
Bc 02374

Wiktorin, O. : Försvarsplanering – det omöjligas konst? In: Kungl. Krigsvetenskapsakademiens handlingar. 192 (1988), 6, S. 329-339.
BZ 4384:192

L 185 Schweiz

L 185 a Allgemeines

Bretscher, W. : Im Sturm von Krise und Krieg. Neue Zürcher Zeitung 1933-1944. Zürich: Neue Zürcher Zeitung 1987. 384 S.
B 65941

Das Friedensabkommen in der schweizerischen Maschinen- und Metallindustrie. Dokumente zur Vertragspolitik 1899-1987. Hrsg.: K. Humbel. Frankfurt: Lang 1987. 161 S.
B 63842

Grundbacher, W. : 50 Jahre Schweizer Wehrsport. 1936-1986. Thun: Ott 1987. 217 S.
010507

Hecht, R. : Une action de sauvetage des Juifs européens en 1944-1945: L',,Affaire Musy". In: Revue d' histoire moderne et contemporaine. (1989), 36, S. 287-303.
BZ 4586:1989

Holenstein, R. : Das erste Opfer ist die Wahrheit. So informiert d. Schweizer Presse über Zentralamerika. Zürich: Limmat Verl. 1987. 210 S.
B 64084

Lüscher, R. M. : Amalie und Theo Pinkus-De Sassi – Leben im Widerspruch. Zürich: Limmat-Verl. 1987. 419 S.
B 64029

Pithon, R. : Cinéma suisse de fiction et „Defense nationale spirituelle" de la Confédération Helvétique (1933-1945). In: Revue d'histoire moderne et contemporaine. 33 (1986), Avril-Juin, S. 254-279.
BZ 4586:33

Zeit der Flüchtlinge. Zürich: Ed. M 1987. 159 S.
Bc 8298

L 185 c Biographien

– Seliger
Seliger, K. : Basel – badischer Bahnhof. In der Schweizer Emigration 1938-1945. Wien: Österreichische Bundesverl. 1987. 211 S.
B 65300

L 185 e Staat und Politik

Aus-Wahlbuch 1987. Luzern: Grünes Bündnis 1987. 166 S.
Bc 8297

Däniker, G. : Dissuasion. Schweizerische Abhaltestrategie, heute und morgen. Frauenfeld: Huber 1987. 267 S.
B 63837

Favez, J.-C. ; Mysyrowicz, L. : Le nucléaire en Suisse. Jalons pour une histoire difficile. Lausanne: Ed. L'Age d'Homme 1987. 178 S.
B 64751

Gabriel, J. M. : Zielkonflikte in der schweizerischen Aussenpolitik. St. Gallen: Inst. für Politikwissenschaft 1987. 20 S.
Bc 02464

Gasser, A. : Bündner Kulturkampf. Vor 40 Jahren – Parteien- u. Pressekrieg auf konfessionellem Hintergrund. Chur: Terra Grischuna Buchverl. 1987. 130 S.
Bc 8290

Näf, B. ; Spillmann, K. R. : Die ETH-Arbeitstagung zur schweizerischen Sicherheitspolitik vom 29. Juni 1987. Zürich: Forschungsstelle für Sicherheitspol. u. Konfliktanalyse 1987. 51 S.
Bc 02507

Nicht nur Waffen bedrohen den Frieden. Ansätze zu e. neuen schweizerischen Innen-, Außen- u. Sicherheitspolitik. Hrsg. von d. Frauen für den Frieden, Region Basel. Basel: Lenos 1987. 146 S.
B 64618

Racine, M. : La politique étrangère dans le cadre de la politique de paix et de sécurité. In: Revue militaire suisse. 133 (1988), 10, S. 457-464.
BZ 4528:133

Rebeaud, L. : Die Grünen in der Schweiz. Bern: Zytglogge Verl. 1987. 141 S.
B 64619

Scheiben, O. : Krise und Integration. Wandlungen in d. polit. Konzeptionen d. Sozialdemokrat. Partei d. Schweiz 1928-1936. Zürich: Chronos 1987. 442 S.
B 64623

Schwarb, M. : Die Mission der Schweiz in Korea. E. Beitr. zur Geschichte d. schweizerischen Aussenpolitik im kalten Krieg. Bern: Lang 1986. 336 S.
B 62169

Spillmann, K. R. : Beyond soldiers and arms: the Swiss model of comprehensive security policy. Zürich: Forschungsstelle für Sicherheitspol. u. Konfliktanalyse 1986. 20 S.
Bc 02234

Tschopp, P. : Politik als Projekt. Plädoyer für e. Schweiz von morgen. Basel: Helbing u. Lichtenhahn 1987. 235 S.
B 62811

Die unheimlichen Patrioten. 6. Aufl. Zürich: Limmat-Verl. 1987. 794 S.
B 63474

Wiedmer-Zingg, L. : Die Schweiz-Macherinnen. 10 Spitzenpolitikerinnen im Glashaus. Basel: Reinhardt 1987. 182 S.
B 64605

L 185 f Wehrwesen

Diesbach, R. de; Grezet, J. J. : Die Armee. Lausanne: Mondo-Verl. 1988. 152 S.
010722

Höpflinger, F. ; Ladner, A. ; Tschäni, H. : Zur Zukunftstauglichkeit des Milizsystems. Zürich: Univ. Zürich 1987. II, 51 S.
Bc 02571

Meier, M. : Frieden schaffen ohne Waffen oder der überwundene Krieg in Europa ermöglicht die Abschaffung der SchweizerArmee. Maur: Verl. f. Politische Bildung o. J. o. Pag.
Bc 02269

Moccetti, R. : L'importanza militare del San Gottardo nel centenario delle fortificazioni. In: Rivista militare della Svizzera Italiana. (1989) 60 4, S. 253-283.
BZ 4502:60

Reed, C. ; Buck, J. : A new dimension for Swiss defence. In: Defence. 20 (1989), 9, S. 675-682.
BZ 05381:20

Schweiz ohne Armee? Disput zwischen Philosoph und Major. Neuhausen: Selbstverlag 1986. 32 S.
Bc 02168

Die Schweizer Armee heute. Das aktuelle Standardwerk über die schweizerische Landesverteidigung. 11. Aufl. Thun: Ott 1989. 620 S.
010892

Sollen wir die Armee abschaffen? Blick auf eine bedrohliche Zeit. Hrsg.: W. Schaufelberger. Frauenfeld: Huber 1988. 103 S.
Bc 8639

Walliser-Klunge, M.-P. : La femme à l'armée de milice: mise en question, soutien, participation. In: Revue militaire suisse. 133 (1988), 10, S. 429-438.
BZ 4528:133

Weck, H. de: Une cavalerie de milice qui s'adapte difficilement à la guerre moderne: les Dragons suisses entre 1890 et 1920. In: Histoire et défense. 2 (1988), 18, S. 89-100.
BZ 4953:2

Ziegler, P. : 100 Jahre Gotthard-Festung. 1885-1985. Geschichte u. Bedeutung unserer Alpenfestung. Andermatt: Festungsbrigade 23 1986. 79 S.
B 64940

L 193 Spanien

L 193 a Allgemeines

Ariño Ortiz, G. : El estado y la política de fusiones en España. In: Politica exterior. 2 (1988), 8, S. 143-169.
BZ 4911:2

Fusi Aizpurúa, J. P. : Franco. A biography. London: Unwin Hyman 1987. XII, 202 S.
B 63667

El pensament polític de Jordi Pujol: (1980-1987). Ed.: J. Fauli. 2. ed. Barcelona: Planeta 1988.
B 68784

Ramirez Lafita, M. J. : La opinión pública española ante la incorporación de la mujer a las Fuerzas Armadas. In: Ejército. 49 (1988), 584, S. 62-71.
BZ 05173:49

Rodrigo, F. : La opinión pública en España y los problemas de defensa. In: Politica exterior. 3 (1989), 9, S. 159 -165.
BZ 4911:3

Sacristán Luzón, M. : Pacifismo, ecología y política alternativa. Barcelona: Icaria Ed. 1987. 208 S.
B 64691

Schütz, R. : Gewerkschaften in Spanien 1976-1986: Die armen Verwandten der Demokratie. In: Zeitschrift fürParlamentsfragen. 19 (1988), 3, S. 354-365.
BZ 4589:19

Tosstorff, R. : Die POUM im spanischen Bürgerkrieg. Frankfurt: Isp-Verl. 1987. XII, 383, 174 S.
B 64004

L 193 e Staat und Politik

Bonime-Blanc, A. : Spain's transition to democracy: the politics of constitution-making. Boulder, Colo.: Westview Press 1987. XVII, 182 S.
B 63374

Carrillo, S. : El año de la peluga. Barcelona: Ed. B. Grupo Zeta 1987. 149 S.
Bc 7889

Fraga Iribarne, M. : En busca del tiempo servido. Barcelona: Ed. Planeta 1987. 481 S.
B 67278

Ibarra Güell, P. : La evolución estratégica de ETA: (de la „guerra revolucionaria" 1963 a la negociación 1987). Donostia: Kriselu 1987. 197 S.
B 67959

Legislación sobre fuerzas y cuerpos de seguridad. Madrid: Tecnos 1986. 144 S.
Bc 7641

López Rodó, L. : Testimonio de una política de estado. Barcelona: Ed. Planeta 1987. 295 S.
B 66995

Moxon-Browne, E. : Spain and the ETA. The bid for Basque autonomy. London: Institut for the study of conflict 1987. 17 S.
Bc 8122

Noblen, D. : Parlamentarismus in Spanien in verfassungssystematischer Perspektive. In: Zeitschrift für Parlamentsfragen. 19 (1988), 3, S. 366-376.
BZ 4589:19

Pollack, B. : The paradox of Spanish foreign policy: Spain's international relations from Franco to democracy. London: Pinter 1987. VIII, 196 S.
B 63973

Sullivan, J. : ETA and Basque nationalism: the fight for Euskadi 1890-1986. London: Routledge 1988. VII, 299 S.
B 65569

Waldmann, P. : Die Bedeutung der ETA für Gesellschaft und Politik im spanischen Baskenland. In: Aus Politik und Zeitgeschichte. (1988), 45, S. 3-19.
BZ 05159:1988

L 193 e 14 Parteien

Arias-Salgado, R. : Entstehung und Struktur des spanischen Parteiensystems. In: Zeitschrift für Parlamentsfragen. 19 (1988), 3, S. 377-391.
BZ 4589:19

Caciagli, M. : Elecciones y partidos en la transición española. Princeton, N. J.: Center of International Studies, Princeton Univ. 1986. 292 S.
B 64446

Ellwood, S. M. : Spanish fascism in the Franco Era. Falange Española de las Jons, 1936-76. Houndsmill: MacMillan 1987. VII, 207 S.
B 64264

Garay Vera, C. : El tradicionalismo y los origenes de la Guerra Civil Española. Santiago: Ed. Hernández blanco 1987. 355 S.
B 67193

El Socialismo en España. Desde la fundación del PSOE hasta 1975. Madrid: Ed. Pablo Iglesias 1986. 466 S.
BZ 4782:1

Sotelo, I. : Los socialistas en el poder. Madrid: El País 1986. 315 S.
B 66484

L 193 e 20 Außenpolitik

Remiro Brotóns, A. : La cooperación europea en asuntos de seguridad: una perspectiva española. In: Politica exterior. 2 (1988), 8, S. 110-124.
BZ 4911:2

L 193 f Wehrwesen

Alvarez Beran, R. F. : De las „Descubierta" al „Principe de Asturias": Los costos de la flota. In: Defensa. 11 (1988), 124-125, S. 64-81.
BZ 05344:11

La armada, ante la opinion publica. In: Revista general de marina. 216 (1989), März, S. 267-286.
BZ 4619:216

Busquets i Vilanova, C. : Informaciones para la historia naval. In: Revista general de marina. 216 (1989), 6, S. 697 -709.
BZ 4619:216

Busquets i Vilanova, C. : Submarinos de asalto en la Armada Española. In: Revista general de marina. (1988), 215, S. 237-250.
BZ 4619:1988

Campanera i Rovira, A. : El grupo de combate de la Armada espanola. In: Defensa. 11 (1988), 126, S. 30-42.
BZ 05344:11

De Salas Lopez, F. : El desarme nuclear y la postura espanola. In: Revista general de marina. (1988), 215, S. 597-606.
BZ 4619:1988

La Enseñanza militar en España. Un analisis sociologico. Madrid: Consejo Superior de Invest. Cientificas 1986. 315 S.
B 62584

Especial tropas de montaña. In: Defensa. 12 (1989), 129, S. 16-20.
BZ 05344:12

Fisas Armengol, V. : Las exportaciones españolas de armamento a América Latina en la década de los ochenta. In: Revista CIDOB d'afers internacionals. (1988), 14/15, S. 41-62.
BZ 4928:1988

Juan y Ferragut, M. : El submarino PERAL. In: Revista general de marina. (1988), 215, S. 461-476.
BZ 4619:1988

La Lama Cereceda, J. A. : Miscelanea tactica. In: Ejército. 49 (1988), 584, S. 6-15.
BZ 05173:49

Lopez de Arenosa, F. : El personal en la armada. In: Revista general de marina. 216 (1989), 6, S. 683-691.
BZ 4619:216

Mariñas Romero, G. : Una historia gloriosa y desconocida: Las tropas nomadas españolas. In: Defensa. 12 (1989), 133, S. 60-64.
BZ 05344:12

Ruiz de Azcarate y Varela, J. : Elcano: sesenta años de historia y anecdotas. In: Revista general de marina. (1988), 215, S. 197-214.
BZ 4619:1988

Topete de Grasa, J. : El ayer de las tropas de montaña. In: Defensa. 12 (1989), 129, S. 56 -60.
BZ 05344:12

Trevino Ruiz, J. M. : El arma aerea de la Armada Espanola. In: Ejército. 49 (1988), 584, S. 96-105.
BZ 05173:49

Trevino Ruiz, J. M. : El futuro submarino de ataque. In: Defensa. 9 (1986), 104, S. 15-21.
BZ 05344:9

L 193 k Geschichte

Hernández Andréu, J. : España y la crisis de 1929. Madrid: Espasa-Calpe 1986. 260 S.
B 61560

Neckárová, L. : Španelsko a lidová fronta 1931-1936. Praha: Academia 1986. 146 S.
Bc 6627

Padilla Bolívar, A. : 1934: las semillas de la guerra. Barcelona: Planeta 1988. 320 S.
B 68783

Payne, S. G. : The Franco regime:1936-1975. Madison, Wis.: Univ. of Wisconsin Pr. 1987. XVII, 677 S.
B 65753

Preston, P. : Spanien. Der Kampf um die Demokratie. Rheda-Wiedenbrück: Daedalus Verl. 1987. 269 S.
B 64630

Spain in conflict 1931-1939. Democracy and its enemies. Ed.: M. Blinkhorn. London: SAGE 1986. 278 S.
B 63590

Spain in the 1980s. The democratic transition and a new international role. Ed.: R. P. Clark. Cambridge, Mass.: Ballinger 1987. XIII, 206 S.
B 65462

L 193 l Einzelne Länder/Gebiete/Orte

Ariztimuño, J. : Obras completas. Idazlan guztiak. San Sebastian-Donostia: Erein 1986/87. 286, 175, 292 S.
B 63852

Collier, G. A. : Socialists of rural Andalusia. Unacknowledged revolutionaries of the second Republic. Stanford, Calif.: Stanford Univ. Pr. 1987. XIII, 253 S.
B 64470

La Granja Sainz, J. L. de: Nacionalismo y II republica en el pais vasco. Estatutos de autonomía, partidos y elecciones. Historia de Acción Nacionalista Vasca, 1930-1936. Madrid: Center de Investigaciones Sociologicas 1986. 687 S.
B 61145

Lobato, O. : Gibraltar: el fuego de la Guerra brilla sobre la puerta de los titanes. In: Defensa. 12 (1989), 131, S. 4-10.
BZ 05344:12

Sacaluga, J. A. : La resistencia socialista en Asturias. 1937-1962. Madrid: Ed. Pablo Iglesias 1986. 223 S.
B 61559

Shubert, A. : The road to revolution in Spain. The coal miners of Asturias, 1860-1934. Urbana, Ill.: Univ. of Illinois 1987. 183 S.
B 65363

Vignaux, P. : Manuel de Irujo. Ministre de la république dans la Guerre d'Espagne 1936-1939. Paris: Beauchesne 1986. 564 S.
B 63866

L 195 Tschechoslowakei

L 195 e Staat und Politik

Bugajski, J. : Czechoslovakia: Charter 77's decade of dissent. New York: Praeger 1987. XII, 118 S.
B 64894

Čacda, V. : KSČ v období 1921-1948. Strategie a taktika. Praha: Nakladatelstvi Svoboda 1988. 416 S.
B 68704

Cotic, M. : The Prague trial. The first antizionist show trial in the communist bloc. New York: Herzl Pr. 1987. 281 S.
B 64914

Hoffmann, R. J. : T. G. Masaryk und die tschechische Frage. München: Oldenbourg 1988. 490 S.
B 64651

Husák, G. : Z Projevu a stati. Leden 1984-červen 1987. Praha: Svoboda 1987. 531 S.
B 66418

Klimko, J. : Politické a právne Dejiny hraníc predmnichovskej republiky (1918-1938). Bratislava: Veda 1986. 180 S.
B 63185

Kołomejczyk, N. : Wśród dwóch narodów. Komunistyczna partija Czechosłowacji. Warszawa: Młodziezowa Agencja Wydawnicza 1987. 110 S.
Bc 7898

Nesvadba, F. : Postoje čs. politickỳch stran k obrane republiky proti fašistické agresi v roce 1938. In: Historie a vojenství. 37 (1988), 4, S. 53-69.
BZ 4526:37

Nesvadba, F. : Die Standpunkte der tschechoslowakischen politischen Parteien zur Verteidigung der CSR 1938. In: Militärgeschichte. 27 (1988), 4, S. 327-334.
BZ 4527:27

Pástor, Z. : Vydávanie, rozširovanie a perzekúcia komunistickej tlače v rokoch 1921-1938. Martin: Matica slovenská 1987. 266 S.
B 66439

Škvaril J.: Vỳvoj zahraniční politiky ČLR a čs. ínskỳch vztahu v letech 1949-1987. In: Historie a vojenství. (1988), 2, S. 22-44.
BZ 4526:1988

Sláma, J. : Die verzögerte Reform. In: Osteuropa-Info. (1989), 76, S. 47-66.
BZ 4778:1989

Svatos, S. : Ksč Národní v období nastupující vnitrostranické a celospolečenské krize. In: Ceskoslovenskỳ časopis historickỳ. 36 (1988), 2, S. 161-181.
BZ 4466:36

Vávra, V. : Vojenská politika KSČ v letech 1937-38. In: Historie a Vojenství. 37 (1988), 4, S. 3-24.
BZ 4526:37

Vytiska, J. : Czechosłowacja a zachodnioniemiecka „polityka wschodnia" po roku 1945. In: Przeglad stosunkòwmiędzynarodowych. (1987), 1, S. 41-54.
BZ 4777:1987

L 195 k Geschichte

Amort, Č. : Svet po listopadu 1917. Praha: Horizont 1987. 169 S.
Bc 7215

Belloin, G. : Du „Printemps de Prague" au débat sur l'histoire en Union soviétique. In: Cosmopolitiques. (1988), 8, S. 66-79.
BZ 05193:1988

Cada, V. : Vznik Samostatného československa a velká Rijnová socialistická revoluce. In: Ceskoslovenskỳ časopis historickỳ. 36 (1988), 4, S. 481-504.
BZ 4466:36

Hájek, M. : Die Demokratisierung der Partei. In: Osteuropa-Info. (1989), 76, S. 41-46.
BZ 4778:1989

Hegedüs, A. : Erinnerungen an den Prager Frühling. In: Osteuropa-Info. (1989), 76, S. 67-72.
BZ 4778:1989

Horak, J. : Rebell. Erinnerungen eines antisowjetischen Untergrundkämpfers. Berg a. See: Vowinckel-Verl. 1987. 390 S.
B 63215

Hronský, M. : Slovensko pri zrode Československa. Bratislava: Nakladatelstvo Pravda 1987. 338 S.
B 66440

Jicinsky, Z. : Prager Frühling und die gegenwärtige sowjetische Umgestaltung. In: Osteuropa-Info. (1989), 76, S. 31 -40.
BZ 4778:1989

Kovály, H. M. : Under a cruel star. Cambridge, Mass.: Plunkett Lake Pr. 1986. 192 S.
B 63415

Králová, B. ; Sluka, V. : Čs. protirakouský odboj za 1. svetové války v dokumentech VHA. In: Historie a vojenství. 37 (1988), 4, S. 152-171.
BZ 4526:37

Kratochvil, J. : Velká rijnová socialistická revoluce a vznik samostatného Československa. In: Historie a vojenství. 37 (1988), 4, S. 3-22.
BZ 4526:37

L 195 l Einzelne Länder/ Gebiete/ Orte

Berthold, D. : Die sudetendeutsche Jugendbewegung und die Turnerjugend des deutschen Turnberbundes in der ersten tschechoslowakischen Republik von 1919 bis 1938. München: Sudetendeutsches Archiv 1988. 133 S.
Bc 02500

Campion, J. : In the lion's mouth. Gisi Fleischmann and the Jewish fight for survival. Lanham: Univ. Press of America 1987. XII, 152 S.
B 65744

Grobelný, A. : Zur Nationalitätenproblematik im besetzten Grenzgebiet in den Jahren 1938-1945. München: Sudetendt. Archiv 1988. 48 S.
Bc 02413

Herde, G. : Die Sudetendeutsche Landsmannschaft: Geschichte, Personen, Hintergründe – e. kritische Bestandsaufnahme. Köln: Pahl-Rugenstein 1987. 222 S.
B 62073

Hrnko, A. : Slovensky klérofasisticky stát a antifasisticky odboj na Slovensku v rokoch 1919-1941. In: Historie avojenstvi. 38 (1989), 1, S. 48-66.
BZ 4526:38

Hronský, M. : Slovenská republika rád. In: Historie a vojenství. 37 (1988), 4, S. 36-52.
BZ 4526:37

Leoncini, F. : Die Sudetenfrage in der europäischen Politik. Von den Anfängen bis 1938. Essen: Hobbing 1988. VII, 146 S.
Bc 8368

Novák, O. : Henleinovci proti Československu. Z historie sudetoněmeckého fašismu v letech 1933-1938. Praha: Naše Vojsko 1987. 235 S.
Bc 8215

Richter, K. : Sudetenémecký separatismus v úloze páté kolony hitlerovského Německa. In: Historie a vojenství. 37 (1988), 4, S. 50-70.
BZ 4526:37

Siegerist, J. : Schreie aus der Hölle. 3. Aufl. Hamburg: Wirtschafts- u. Verbands-Pr. 1989. 182 S.
B 70221

Szarka, L. : The Slovak separation in 1918: an indirect form of self-determination. In: Danubian historical studies. 1 (1987), 3, S. 23-33.
BZ 4971:1

Vida, I. : American diplomacy and the Hungarian minority in Czechoslovakia (1945-1947). In: Danubian historical studies. 1 (1987), 2, S. 17-32.
BZ 4971:1

L 197 Türkei

Birand, M. A. : The General's coup in Turkey. An inside story of 12 September 1980. London: Brassey's Defence Publ. 1987. XIII, 220 S.
B 64440

Ceyhun, F. : The politics of industrialization in Turkey. In: Journal of contemporary Asia. 18 (1988), 3, S. 333-357.
BZ 4671:18

Evren, K. : Grundzüge der Türkischen Außenpolitik. In: Europa-Archiv. 43 (1988), 21, S. 599-606.
BZ 4452:43

Gunter, M. M. : The Kurdish problem in Turkey. In: The Middle East journal. 42 (1988), 3, S. 389-406.
BZ 4463:42

Heinrich, L. A. : Die Arbeiterpartei Kurdistans (PKK): Kult des Opfers und Kult der Tat als Programm. In: Orient. 29 (1988), 3, S. 423-466.
BZ 4663:29

Helfer, H.-U. : Arbeiterpartei Kurdistans (PKK). Zürich: Presdok 1988. 56 S.
Bc 8291

Köni, H. : How the Empire was lost. In: Revue internationale d'histoire militaire. (1988), 67, S. 141-152.
BZ 4454:1988

Köni, H. : Turkish foreign policy. Before World War II. In: Turkish review quarterly digest. 3 (1988), 13, S. 11-36.
BZ 4856:3

Nouri Pasha, I. : La revolte de l'Agri Dagh. „Ararat" (1927-1930). Genève: Agrî 1986. 195 S.
B 63976

Orel, S. ; Yuca, S. : The Talat Pasha „Telegrams". Histor. fact or Armenian fiction? Lefkosa: Rustem 1986. X, 276 S.
B 63050

Rumpf, C. : Die türkische Rechtsordnung im Lichte der Anerkennungserklärung gemäß Art. 25 EMRK durch die Türkei. In: Orient. 29 (1988), 1, S. 101-129.
BZ 4663:29

Steinbach, U. : Die Türkei steht in der Dritten Republik. In: Außenpolitik. 39 (1988), 3, S. 237-255.
BZ 4457:39

Tachau, F. : Kemal Atatürk. New York: Chelsea House Publ. 1987. 111 S.
B 63299

Turan, S. : Relations between the Ottoman military and administrative units during the second constitutional era. In: Revue internationale d'histoire militaire. (1988), 67, S. 153-166.
BZ 4454:1988

Turkey in transition. New perspectives. Ed.: I. C. Schick. Oxford: Oxford Univ. Pr. 1987. XII, 405 S.
B 63310

L 198 Ungarn

L 198 a Allgemeines

Arday, L. ; Hlavik, G. : Adatok, tények a magyarországi nemzetiségekről. Budapest: Kossuth Könyvkiadó 1988. 76 S.
Bc 8525

Barany, Z. D. : Military higher education in Hungary. In: Armed forces and society. 15 (1989), 3, S. 371-388.
BZ 4418:15

Brunner, G. : Der völkerrechtliche Minderheitenschutz und die deutsche Volksgruppe in Ungarn. In: Südosteuropa-Mitteilungen. 28 (1988), 3, S. 236-251.
BZ 4725:28

Fehér, I. : A magyarországi németek Kitelepítése 1945-1950. Budapest: Akadémiai Kiadó 1988. 231 S.
B 68945

Kovács, A. : Die Judenfrage im zeitgenössischen Ungarn. In: Babylon. (1988), 3, S. 42-64.
BZ 4884:1988

Múlt jelen. Az MHSZ négy évtizedes története. Budapest: Zrinyi 1988. 87 S.
B 68221

Nagyváradi, S. ; Szabó, M. M. ; Winkler, L.: Fejezetek a magyar katonai repülés történetéből. Budapest: Müszaki Könyvkiadó 1986. 303 S.
B 60550

Szakály, S. : A magyar katonai Elit. 1938-1945. Budapest: Magvetö Kiadó 1987. 272 S.
Bc 7030

L 198 c Biographien

– Bajcsy-Zsilinszky

Tidrenczel, S. : Bajcsy-Bsilinszky Endre és politikai pátriája. Nyiregyháza: Móricz Zsigmond Megyei és Varosi Könyvtár 1986. 270 S.
B 65157

– Bethlen

Bethlen István Emlékirata. 1944. Budapest: Zrinyi Katonai Kiadó 1988. 174 S.
Bc 8526

Romsics, I. : Gróf Bethlen István politikai pályája:1901-1921. Budapest: Magvetö Kiadó 1987. 305 S.
B 63905

– Bibó

Bibó, I. : Misère des petits états d'Europe de l'est. Paris: L'Harmattan 1986. 462 S.
B 63910

– Kádár

Kádár, J. : Emlékezések. Budapest: Corvina Kiadó 1987. 34 S.
Bc 7609

– **Kun**

Želicki, V. J. : Bela Kun. In: Voprosy istorii. (1989), 1, S. 58-81.
BZ 05317:1989

– **Lázár**

Lázár, O. : Eletem szörnyü Naplója. Miskolc: Borsod-Abauj-Zemplén Megyei Levéltár 1987. 70 S.
Bc 8416

– **Lukács**

Aczél, G. : Elvtársunk Lukács György. Budapest: Akadémiai Kiadó 1987. 126 S.
Bc 7608

Sziklai, L. : Proletárforradalom után. Lukács György marxista fejlödése 1930-1945. Budapest: Kossuth Könyvkiadó 1986. 361 S.
B 61585

– **Münnich**

A történelem Sodrában Münnich Ferenc. Budapest: Reflektor 1986. 139 S.
B 61379

– **Szakasits**

Szakasits Arpád emlékkönyv. Budapest: Kossuth Könyvkiadó 1988. 309 S.
B 68204

L 198 e Staat und Politik

Czege, A. Wass von: Wirtschaftskrise und Systemwandel: Ungarn 1988/89. In: Südosteuropa. 38 (1989), 2/3, S. 107-117.
BZ 4762:38

Dreisziger, N. F. : Bridges to the West: the Horthy regime's 'reinsurance policies' in 1941. In: War and society. 7 (1989), 1, S. 1-23.
BZ 4802:7

Horthy-Magyarország Részvétele Jugoszlávia megtámadásában és megszállásában 1941-1945. Dokumentumgyüjtemény. Budapest: Zrinyi 1986. 563 S.
B 65153

Juhász, G. : Magyarország nemzetkösi Helyzete és a magyar szellemi élet. 1938-1944. Budapest: Akadémiai Kiadó 1987. 66 S.
Bc 7605

Schöpflin, G. : Ungarn in der Krise: Veränderung, Zusammenbruch oder Reform. In: Europäische Rundschau. 17 (1989), 1, S. 111-118.
BZ 4615:17

Sebestyén, G. : Fünf Thesen zur Dialektik einer Nachbarschaft. In: Europäische Rundschau. 17 (1989), 1, S. 89-97.
BZ 4615:17

Sitzler, K. : Grundpositionen Ungarns im politischen Verhältnis zur Sowjetunion. In: Südosteuropa. 37 (1988), 7/8, S. 351-359.
BZ 4762:37

Szüröes, M. : Hazánk és Európa. Budapest: Kossuth 1987. 363 S.
B 65156

L 198 e 10 Innenpolitik

Aczél, G. : Sozialismus und nationale Frage. Budapest: Budapress 1988. 49 S.
Bc 8516

Božoki, A. : Critical movements and ideologies in Hungary. In: Südosteuropa. 37 (1988), 7/8, S. 377-387.
BZ 4762:37

A DISZ és a KISZ 1953-1957. Dokumentumok az ifjusági mozgalom történetéböl.
Budapest: Kossuth 1987. 270 S.
B 65160

Farago, B. : Réform en Hongrie? In: Commentaire. 11 (1988), 43, S. 675-682.
BZ 05436:11

A Hazafias Népfront VIII. Kongresszusa. 1985. dec. 13-15. Budapest: Hazafias Népfront Országos Tanácsa 1986. 253 S.
B 62028

Helyünk Európában. Nézetek és koncepciók a 20. századi Magyaroszágon. Bd. 1. 2. Budapest: Magvetö Könyvkiadó 1986. 671, 693 S.
B 62604

Kardos, J. : A szentkorona-tan története (1919-1944). Budapest: Akadémiai Kiadó 1987. 246 S.
B 63907

Korom, M. : A magyar Fegyverszünet 1945. Budapest: Kossuth 1987. 206 S.
Bc 7604

A Magyar Kommunista Ifjúsági Szövetség XI. Kongresszusa. Budapest: Ifjúsági Lap-és Könyvkiadó 1986. 253 S.
Bc 7602

Magyarok az európai antifasiszta ellenállási mozgalmakban. Budapest: Móra Ferenc Könyvkiadó 1986. 186 S.
010335

Molnár, J. : A Szociáldemokrata Párt Müvelödéspolitikája 1944-1948. Budapest: Kossuth 1987. 166 S.
Bc 7603

Molnár, M. : De Béla Kun a János Kádár. Soixantedix ans de Communisme Hongrois. Paris: Presses de la Fondation Nationale des Sciences Politiques 1987. 335 S.
B 63533

Sitzler, K. : Ungarns politische Reformen im Spiegel der neuen Verfassungskonzeption. In: Aus Politik und Zeitgeschichte. (1989), 23, S. 29-38.
BZ 05159:1989

Tilkovszky, L. : The confrontation between the policy toward national minorities and the German ethnic group policy in Hungary during the Second World War. In: Danubian historical studies. 1 (1987), 4, S. 33-49.
BZ 4971:1

L 198 k Geschichte

Borsányi, G. : Októbertöl márciusig. Polgári demokrácia Magyarországon, 1918. Budapest: Kossuth Könyvkiadó 1988. 211 S.
B 67937

Geréb, S. ; *Hajdú, P.* : Az ellenforradalom Utóvédharca. 1956. nov.-1957. márc. Budapest: Kossuth Könyvkiadó 1986. 220 S.
Bc 6522

Gyurkó, L. : 1956. Elötanulmány és oknyomozás. Budapest: Magvetö Könyvkiadó 1987. 478 S.
B 62612

Juhász, G. : A Háború és Magyarország 1938-1945. Budapest: Akadémiai Kiadó 1986. 152 S.
Bc 7607

Knogler, M. : Wirtschaftskrisen in Südosteuropa: Ungarn. In: Südosteuropa-Mitteilungen. 28 (1988), 2, S. 185-193.
BZ 4725:28

Magyar Köztársaság 1911-1913. Történet és repertórium. Szeged: Somogyi Könyvtár 1986. 102 S.
Bc 7601

Nehéz esztendök Krónikája 1949-1953.
Dokumentumok. Budapest: Gondolat
1986. 511 S.
B 62613

Nežinskij, L. N. : Revoljucionnaja Bor'ba v
Vengrii za sovetskuju respublika v 1919g.
In: Novaja i novejšaja istorija. (1988), 1, S.
129-151.
BZ 05334:1988

Oplatka, A. : Ungarns Spielraum zwischen
Ost und West. Gabriel Bethlen und János
Kádár – Gedanken über einenVergleich.
In: Europäische Rundschau. 17 (1989), 1,
S. 99-110.
BZ 4615:17

Puskás, J. : Emigration from the Austro-
Hungarian monarchy to the United States
(1870-1914). In: Danubian historical stu-
dies. 1 (1987), 4, S. 3-18.
BZ 4971:1

Ránki, G. : A Harmadik Birodalom Arnyé-
kában. Budapest: Magvetö Kiadó 1988.
342 S.
B 67938

Szekfü, G. : „Valahol utat vesztettünk". Bu-
dapest: Magvetö Könyvkiadò 1987. 71 S.
Bc 6873

Varga, J. : Schuldige Nation oder Vasall wi-
der Willen? Beitr. z. Zeitgeschichte Un-
garns und des Donauraums. T. 1. Wien:
Deak 1987. 259 S.
B 62188

L 199 Vatikan

Cheneux, P. : Le Vatican et l'Europe (1947-
1957). In: Storia delle relazioni internazio-
nali. 4 (1988), 1, S. 47-83.
BZ 4850:4

Deschner, K. : Mit Gott und dem Führer:
die Politik der Päpste zur Zeit des National-
sozialismus. Köln: Kiepenheuer & Witsch
1988. 302 S.
B 64944

Ferrari, S. : S. Sede, Israele e la questione di
Jerusalemme. In: Rivista di studi politici in-
ternazionali. 56 (1989), 1, S. 57-74.
Bz 4451:56

Kent, P. C. : A tale of two popes: Pius XI,
Pius XII and the Rome-Berlin axis. In: Jour-
nal of contemporary history. 23 (1988), 4,
S. 589-608.
BZ 4552:23

Meneguzii Rostagni, C. : Il Vaticano e i rap-
porti est-ovest nel secondo dopoguerra
(1945-1949). In: Storia dellerelazioni inter-
nazionali. 4 (1988), 1, S. 35-46.
BZ 4850:4

Nolfo, E. di: La politica estera del Vaticano
e l'Italia del 1943 al 1948. In: Storia delle
relazioni internazionali. 4 (1988), 1, S. 3-
34.
BZ 4850:4

Pałyga, E. J. : Polsko-watykańskie stosunki
dyplomatyczne. Od zarania II Rzeczypospo-
litej do pontyfikatu papieza-Polaka. Warsza-
wa: Inst. Wydawn. Zwiazków Zawodow-
ych 1988. 375 S.
B 66978

The Vatican, Islam, and the Middle East.
Ed.: K. C. Ellis. Syracuse, N. Y.: Syracuse
Univ. Pr. 1987. XVIII, 344 S.
B 64791

Wenger, A. : Rome et Moscou, 1900-1950.
Paris: Desclée de Brouwer 1987. 684 S.
B 64397

L 200 Asien

Hasegawa, T. : Soviet arms control policy in Asia and the Japan-U. S. Alliance. In: Japan review of international affairs. 2 (1988), 2, S. 204-230.
BZ 4926:2

Helbig, K. ; Scholze, C. : Herausbildung und Entwicklung der nationalen Befreiungsbewegung in Asien, Afrika und Lateinamerika. Dresden: Pädagogische Hochschule „Karl Fr. Wilhelm Wander" 1988. 66 S.
Bc 8344

Muslim world: geography and development. Ed.: M. Rahman. Lanham: Univ. Press of America 1987. VIII, 190 S.
B 65424

Peace, politics & economics in Asia. The challenge to cooperate. Ed.: R. Scalapino. Washington: Pergamon-Brassey's 1988. XIV, 209 S.
B 66132

L 202 Nordostasien/ Ostasien

Bracken, P. : Crises and Northeast Asia. In: The Washington quarterly. 11 (1988), 4, S. 183-198.
BZ 05351:11

East Asia, the West and international security. Ed.: R. O'Neill. London: Macmillan 1987. VIII, 253 S.
B 65087

East Asian conflict zones. Prospects for regional stability and deescalation. Ed.: L. E. Grinter. New York: St. Martin's Press 1987. XII, 239 S.
B 64795

Linder, J. B. : The security situation in East Asia und U. S. military facilities in the Philippines. In: Global affairs. 3 (1988), 4, S. 147-165.
BZ 05553:3

Schlomann, F.-W. : Die militärisch-politische Lage in Fernost. In: Allgemeine schweizerische Militärzeitschrift. 154 (1988), 9 u. 10, S. 559-563, 651-656.
BZ 05139:154

L 203 Ostasien/ Nordostasien

Japan and the pacific quadrille: the major powers in East Asia. Ed.: H. J. Ellison. Boulder, Colo.: Westview Press 1987. XI, 252 S.
B 63421

L 204 Südostasien/Südasien

The ASEAN success story. Social, economic, and political dimensions. Ed.: L. G. Martin. Honolulu: East-West Center 1987. XVIII, 253 S.
B 64036

Bankowicz, M. : Doktryna i praktyka polityczna ASEAN. In: Sprawy międzynarodowe. 62 (1989), 3, S. 71-84.
BZ 4497:62

Government and politics in South Asia. Boulder, Colo.: Westview Press 1987. XV, 415 S.
B 63235

Neher, C. D. : Politics in Southeast Asia. 2. ed. Cambridge, Mass.: Schenkman 1987. XI, 322 S.
B 64797

Palmer, R. D. : Building ASEAN:20 years of Southeast Asian Cooperation. New York: Praeger 1987. XX, 162 S.
B 64912

Simon, S. : Asean security in the 1990s. In: Asian survey. 29 (1989), 6, S. 580-600.
BZ 4437:29

Singh, B. : Southeast Asia in 1987. Hope amidst problems. In: Southeast Asian affairs. (1988), S. 3-21.
BZ 05354:1988

Wolff, B. : Die Anrainer lernen das Fürchten. In: Blätter des iz3w. (1988), 151, S. 40-44.
BZ 05130:1988

L 210 Einzelne Staaten Asiens

L 211 Afghanistan

Afghans in exile. Tom Rogers: Refugees – a threat to stability. London: Institut for the study of conflict 1987. 33 S.
Bc 8136

Akbar, M. : Revolution and counterrevolution in Afghanistan. In: Journal of contemporary Asia. 18 (1988), 4, S. 458 -472.
BZ 4671:18

Aziz, A. : Essai sur les catégories dirigeantes de l'Afghanistan 1945-1963. Mode de vie et comportement politique. Frankfurt: Lang 1987. VII, 368 S.
B 67549

Barré, H. : Résistance afghane, du champ de bataille au tapis vert. In: Cosmopolitiques. (1987), 3, S. 54-63.
BZ 05193:1987

Berner, W. : Afghanistan 1978-1988. Zehn Jahre Revolution, Konterrevolution und Krieg. In: Jahrbuch Dritte Welt. (1989), S. 117-137.
BZ 4793:1989

Cronin, R. P. : Afghanistan in 1988. In: Asian survey. 29 (1989), 2, S. 207-215.
BZ 4437:29

Galster, S. R. : Rivalry and reconciliation in Afghanistan: what prospects for the accords? In: Third world quarterly. 10 (1988), 4, S. 1505-1541.
BZ 4843:10

Ghaus, A. S. : The fall of Afghanistan: an insider's account. Washington: Pergamon-Brassey's 1988. XI, 219 S.
B 65795

Grevemeyer, J. H. : Afghanistan – sozialer Wandel und Staat im 20. Jahrhundert. Berlin: Express Ed. 1987. 430 S.
B 67345

Newman, J. : The future of Northern Afghanistan. In: Asian survey. 28 (1988), 7, S. 729-739.
BZ 4437:28

Roy, O. : Islam and resistance in Afghanistan. Cambridge: Cambridge Univ. Pr. 1986. VI, 253 S.
B 63694

Rubin, B. R. : Lineages of the State in Afghanistan. In: Asian survey. 28 (1988), 11, S. 1188-1209.
BZ 4437:28

The tragedy of Afghanistan: the social, cultural and political impact of the Soviet invasion. Ed.: B. Huldt. London: Croom Helm 1988. 270 S.
B 65540

Weinbaum, M. G. : The politics of Afghan resettlement and rehabilitation. In: Asian survey. 29 (1989), 3, S. 287-307.
BZ 4437:29

L 214 Bahrein

Al-Tajir, M. A. :: Bahrain 1920-1945: Britain, the Shaikh and the administration. London: Croom Helm 1987. 281 S.
B 65249

L 215 Bangladesh

Rahman, S. : Bangladesh in 1988. Precarious institution building amid crisis management. In: Asian survey. 29 (1989), 2, S. 216-228.
BZ 4437:29

Schendel, W. van: „Redt het land!" de jaren tachtig in Bangladesh. In: Internationale spectator. 42 (1988), 11, S. 711-719.
BZ 05223:42

L 218 Burma

Aung-Thwein, M. : Burmese days. In: Foreign affairs. 68 (1989), 2, S. 143-161.
BZ 05149:68

Burma Watcher (Pseud.): Burma in 1988. In: Asian survey. 29 (1989), 2, S. 174-180.
BZ 4437:29

Fistié, P. : La crise birmane dans sa perspective historique. In: L'Afrique et l'Asie modernes. (1989), 160, S. 41 -671.
BZ 4689:1989

Machterhalt um jeden Preis. Die Unterdrückung des Widerstandes durch das Militär. In: Blätter des iz3w. (1989), 159, S. 3-7.
BZ 05130:1989

Siemens, G. : Neuer Machtwechsel in Birma. Zurück zum Militär oder hin zur Demokratie? T. 1-2. In: Südostasien aktuell. 7 (1988), 5 u. 6, S. 415-424, 513-517.
BZ 05498:7

Siemers, G. : Einige Szenarios zur näheren Zukunft Birmas. In: Südostasien aktuell. 8 (1989), 2, S. 171-178.
BZ 05498:8

Siemers, G. : Neuer Machtwechsel in Birma. Zurück zum Militär oder hin zu Demokratie? T. 1-3. In: Südostasien aktuell. 8 (1989), 1, S. 77-80; 513 -517.
BZ 05498:8

Siemers, G. : Regierungswechsel in Birma: Wandel eines Systems? In: Europa-Archiv. 43 (1988), 23, S. 687-696.
BZ 4452:43

Sola, R. : La rivalité sino-soviétique en Birmanie (1948-1988). In: L'Afrique et l'Asie modernes. (1988), 158, S. 34-53.
BZ 4689:1988

Taylor, R. H. : The state in Burma. London: Hurst 1987. XVI, 395 S.
B 64413

Than, T. M. M. : Burma in 1987. Twenty-five years after the revolution. In: Southeast Asian affairs. (1988), S. 73-93.
BZ 05354:1988

Weming, R. : Der vereitelte Aufstand. In: AIB-Dritte-Welt-Zeitschrift. 19 (1988), 12, S. 32-37.
BZ 05283:19

Yitri, M. : The crisis in Burma. In: Asian survey. 29 (1989), 6, S. 543-558.
BZ 4437:29

L 219 Sri Lanka/Ceylon

Austin, D. ; Gupta, A. : Lions and tigers. The crisis in Sri Lanka. London: Institut for the study of conflict 1988. 25 S.
Bc 8131

Gooneratne, Y. : Relative merits. A personal memoir of the Bandaranaike Familiy of Sri Lanka. London: Hurst 1986. VIII, 270 S.
B 63289

Hellmann-Rajanayagam, D. : The Tamil militants – before the accord and after. In: Pacific affairs. 61 (1989), 4, S. 603- 619.
BZ 4450:61

Hennayake, S. K. : The peace accord and the Tamils in Sri Lanka. In: Asian survey. 29 (1989), 4, S. 401-415.
BZ 4437:29

Hyndman, P. : Sri Lanka – serendipity under siege. Nottingham: Spokesman 1988. 146 S.
B 66045

Jetly, N. : India and the Sri Lankan ethnic tangle. In: Conflict. 9 (1989), 1, S. 59-75.
BZ 4687:9

Maaß, C. : Sri Lanka: Frieden durch Intervention Indiens? In: Jahrbuch Dritte Welt. (1989), S. 263-277.
BZ 4793:1989

Matthews, B. : Sri Lanka in 1988. In: Asian survey. 29 (1989), 2, S. 229-235.
BZ 4437:29

Rupesinghe, K. : Ethnic conflicts in South Asia: the case of Sri Lanka and the Indian Peace-Keeping Force (IPKF). In: Journal of peace research. 25 (1988), 4, S. 337-350.
BZ 4372:25

Sri Lanka: Der Konflikt zwischen Singhalesen und Tamilen. Hamburg: Deutsches Übersee Institut 1987. 30 S.
Bc 02503

Vaidik, V. P. : Ethnic crisis in Sri Lanka. India's options. New Delhi: National Publishing 1986. VIII, 239 S.
B 64243

L 221 China

L 221 a Allgemeines

Clark, P. : Chinese cinema: culture and politics since 1949. Cambridge: Cambridge Univ. Pr. 1988. VII, 243 S.
B 66115

Das Gespenst des Humanismus. Oppositionelle Texte aus China von 1979 bis 1987. Hrsg.: E. Klapproth. Frankfurt: Sendler 1987. 186 S.
B 63851

Honig, E. ; Hershatter, G. : Personal voices. Chinese women in the 1980's. Stanford, Calif.: Stanford Univ. Pr. 1988. VI, 387 S.
B 66199

Kwong, J. : The 1986 student demonstration in China. A democratic movement? In: Asian survey. 28 (1988), 9, S. 970-985.
BZ 4437:28

MacKinnon, S. R. ; Friesen, O. : China reporting. An oral history of American journalism in the 1930s and 1940s. Berkeley, Cal.: Univ. of California 1987. XXX, 230 S.
B 64727

Moody, P. R. : The political culture of Chinese students and intellectuals. In: Asian survey. 28 (1988), 11, S. 1140-1160.
BZ 4437:28

Rosenthal, M. M. : Health care in the People's Republic of China. Moving toward modernization. Boulder, Colo.: Westview Press 1987. XIX, 220 S.
B 64202

Schier, P. : Chinas demokratisch orientierte Intellektuelle fordern die Freilassung von Weil Jingsheng und anderen politischen Häftlingen. In: China aktuell. 18 (1989), 2, S. 115-119.
BZ 05327:18

Shapiro, J. ; Liang, H. : Cold winds, warm winds. Intellectual life in China today. Middletown, Conn.: Wesleyan Univ. Pr. 1986. XVI, 212 S.
B 63436

Tiangming, J. : Practice and development of Marxist theory on national questions in China in the new historical period. In: Socialism in the world. 12 (1988), 65, S. 94-141.
BZ 4699:12

Wortzel, L. M. : Class in China: stratification in classless society. Westport, Conn.: Greenwood Pr. 1987. XI, 171 S.
B 64839

L 221 c Biographien

– Ai Ssu-ch'i
Fogel, J. A. : Ai Ssuh-ch'i's contribution to the development of Chinese marxism. Cambridge, Mass.: Harvard Univ. Pr. 1987. o. Pag.
B 64841

– Chiang Kai-shek
Chiang Kai-shek und Europa. Hrsg.: B. Zoratto. Stuttgart: Ed. Oltrevonfine 1987. 24 S.
Bc 8422

– Chou En-lai
Hoobler, D. ; Hoobler, T. : Zhou Enlai. New York, N. Y.: Chelsea House Publ. 1986. 115 S.
B 64180

– Deng Xiaoping
Barman, G. ; Dulioust, N. : Les années françaises de Deng Xiaoping. In: Vingtième siècle. (1988), 20, S. 17-34.
BZ 4941:1988

– Hu Yaobang J.-K.
Liu, J. K. : Hzu Yaobang – eine Biographie. In: China aktuell. 18 (1989), 4, S. 251-269.
BZ 05327:18

– Kang Sheng
Faligot, R. ; Kauffer, R. : Kang Sheng et les services secrets chinois. Paris: Laffont 1987. 652 S.
B 63544

Faligot, R. : Der Meister der Schatten. Kang Sheng u. d. chinesische Geheimdienst 1927-1987. München: Ehrenwirth 1988. 707 S.
B 68227

– **Mao Tse-tung**
Fan, F. : Huo Dongyou: „Peng zong dui Mao Zedong junshi sixiang de zhongda gongxian. In: Junshi lishi. (1988), 5, S. 24-28.
BZ 05570:1988

Grimm, T. : Mao Tse-tung. Mit Selbstzeugnissen u. Bilddokum. Reinbek: Rowohlt 1987. 193 S.
Bc 8203

Kampen, T. : The Zunyi conference and further steps in Mao's rise to power. In: China quarterly. (1989), 117, S. 118-134.
BZ 4436:1989

Mao Tse-tung: The writings of Mao Zedong, 1949-1976. Ed.: M. Z. M. Kau. Vol. 1. Armonk, N. Y.: Sharpe 1986. XLI, 771, 28 S.
B 65725

– **Nien Cheng**
Cheng, N. : Leben und Tod in Shanghai. Frankfurt: Ullstein 1988. 479 S.
B 65667

– **Teng Hsiao-ping**
Franz, U. : Deng Xiaoping: Chinas Erneuerer; e. Biographie. Stuttgart: DVA 1987. 349 S.
B 66910

Teng, H. : Deng Xiaoping. Speeches and writings. 2. ed. Oxford: Pergamon Press 1987. X, 114 S.
B 65588

Teng, H. : Die Reform der Revolution. Eine Milliarde Menschen auf dem Weg. Berlin: Siedler 1988. 218 S.
B 67129

– **Tschou Enlai**
Wei, D. : Renmin jundui de yiwei jiechu dianjiren. Jinian Zhou Enlai danchen 90 zhounian. In: Junshi lishi. (1988), 1, S. 17-22.
BZ 05570:1988

L 221 e Staat und Politik

L 221 e 10 Innenpolitik

Bergmann, T. : Ursachen und Folgen des 4. Juni. In: Sozialismus. (1989), 10, S. 7-10.
BZ 05393:1989

Cheng, J. Y. S. : The democracy movement in Hong Kong. In: International affairs. 65 (1989), 3, S. 443-462.
BZ 4447:65

Ding, X. : The disparity between idealistic and instrumental Chinese reformers. In: Asian survey. 28 (1988), 11, S. 1117-1139.
BZ 4437:28

Dirlik, A. : Socialism and capitalism in Chinese socialist thinking: the origins. In: Studies in comparative communism. 21 (1988), 2, S. 131-152.
BZ 4946:21

Dittmer, L. : China's continuous revolution. The postliberation epoch 1949-1981. Berkeley, Cal.: Univ. of California 1987. XV, 320 S.
B 63262

Domes, J. : Die Krise in der Volksrepublik China. Ursachen, Bedeutung und Folgerungen. In: Europa-Archiv. 44 (1989), 15/16, S. 465-476.
BZ 4452:44

Foundations and limits of state power in China. Ed.: S. R. Schram. London: School of Oriental and African Studies 1987. XXVII, 367 S.
B 65122

Gardner, J. : China under Deng. London: Institut for the study of conflict 1987. 26 S.
Bc 8118

Harding, H. : China's second revolution: reform after Mao. Washington, D. C.: The Brookings Inst. 1987. XX, 369 S.
B 65709

Hu, K. : The struggle between the Kuomintang and the Chinese Communist Party on campus during the war of resistance, 1937-45. In: China quarterly. (1989), 118, S. 300-323.
BZ 4436:1989

Human rights in the People's Republic of China. Boulder, Colo.: Westview Press 1988. XI, 332 S.
B 66860

Liu, A. P. L. : How China is ruled. Englewood Cliffs.: Prentice-Hall 1986. XI, 366 S.
B 63793

Lo, R. E. : In the eye of the typhoon: an American woman in China during the Cultural Revolution. New York, N. Y.: Da Capo 1987. XII, 289 S.
B 65696

Machetzki, R. : Chinas Jahrzehnt der Reformen: „Neue historische Etappe" – Abkehr vom Primat der Ideologie? In: China aktuell. 17 (1988), 12, S. 906-917.
BZ 05327:17

Ninth party-congress 1969 to the death of Mao (1976). Ed.: J. T. Myers. Columbia, S. C.: Univ. of South Carolina Pr. 1989. XVI, 451 S.
010255:2

Pan, L. : The new Chinese revolution. London: Hamilton 1987. 246 S.
B 65887

Policy conflicts in post-Mao China. Ed.: J. P. Burns. Armonk, N. Y.: Sharpe 1986. XI, 371 S.
B 63461

Reform und Krise. Hintergründe der Ereignisse in der VR China. In: Blätter des iz3w. (1989), 159, S. 19-30.
BZ 05130:1989

Ristaino, M. R. : China's art of revolution: the mobilization of discontent, 1927 and 1928. Durham, NC.: Duke Univ. Pr. 1987. XV, 274 S.
B 63379

Schram, S. R. : China after the 13th Congress. In: China quarterly. (1988), 114, S. 177-197.
BZ 4436:1988

Seywald, W. : Journalisten im Shanghaier Exil, 1939-1949. Salzburg: Neugebauer 1987. 375 S.
B 63921

Su, S. : Democratization and reform. Nottingham: Spokesman 1988. 181 S.
B 66886

Sullivan, L. R. : Assault on the Reforms: conservative criticism of political and economic liberalization in China, 1985-86. In: China quarterly. (1988), 114, S. 198-222.
BZ 4436:1988

Tan, C. P. : National question in China. In: Socialism in the world. 11 (1988), 68, S. 109-126.
BZ 4699:11

L 221 e 20 Außenpolitik

Garrett, B. N. ; Glaser, B. S. : Chinese assessments of global trends and the emerging era in international relations. In: Asian survey. 29 (1989), 4, S. 347-362.
BZ 4437:29

Machetzki, R. : Grundmerkmale im sicherheitspolitischen Denken Chinas. In: S und F. 7 (1989), 1, S. 7-10.
BZ 05473:7

La politique Asiatique de la Chine. Paris: Fondation pour les Études de Défense Nationale 1986. 357 S.
B 64405

Wedeman, A. H. : The east wind subsides: Chinese foreign policy and the origins of the Cultural Revolution. Washington, D. C.: The Washington Inst. Pr. 1987. XII, 317 S.
B 66533

Weggel, O. : Zehn Jahre reformerische Außenpolitik. Bestandsaufnahme, Defizit, Perspektiven. In: China aktuell. 18 (1989), 1, S. 28 - 54.
BZ 05327:18

Weiss, J. : The new hegemony: Deng Xiaoping's China faces in the world. Washington, D. C.: Counsil for social a. economic studies 1988. 96 S.
Bc 8490

L 221 e 29 Außenpolitische Beziehungen

– BRD

Ratenhof, U. : Die Chinapolitik des Deutschen Reiches 1871 bis 1945: Wirtschaft, Rüstung, Militär. Boppard a. Rh.: Boldt 1987. IX, 629 S.
B 62270

– Japan

Kiyohara, M. : China watching by the Japanese: reports and investigations from the first Sino-Japanese war to the unification of China under the communist party. Stanford, Cal.: Hoover Institut 1988. 378 S.
010558

Newby, L. : Sino-Japanese relations. China's perspective. London: Routledge 1988. 96 S.
Bc 8580

– Malaysia

China and Malaysia, 1949-1983. Ed.: R. K. Jain. London: Sangham Books 1987. LX, 364 S.
B 67618

– UdSSR

Evans, J. : The Russo-Chinese crisis: N. P. Ignatiev's mission to Peking, 1859-1860. Newtonwille, Mass.: Oriental Res. Partners 1987. XIII, 153 S.
B 64771

Garver, J. W. : Chinese-Soviet relations 1937—1945. Oxford: Oxford Univ. Pr. 1988. 301 S.
B 67997

Hart, T. G. : Sino-Soviet relations. Re-examing the prospects for normalization. Aldershot: Gower 1987. XIII, 128 S.
B 64246

Heinzig, D. : Keine Rückkehr zur Achse Moskau-Peking. In: Beiträge zur Konfliktforschung. 19 (1989), 2, S. 37-54.
BZ 4594:19

Marinelli, A. : Verso il vertice Gorbaciov-Deng Xiao Ping. In: Rivista di studi politici internazionali. 56 (1989), 1, S. 28-36.
BZ 4451:56

– USA

Cheng, J. Y. S. : China's relations with the two superpowers in the context of modernization diplomacy. In: Asian perspective. 12 (1988), 2, S. 157-191.
BZ 4889:12

Ross, R. S. : From Lin Biao to Deng Xiaoping: Elite instability and China's U. S. policy. In: China quarterly. (1989), 118, S. 265-299.
BZ 4436:1989

Starr, J. B. : Sino-American relations. In: Current history. 87 (1988), 530, S. 241-244; 270; 301-302.
BZ 05166:87

Summaries of three bilateral conferences. Held in Beijing and Shanghai. Honolulu: Pacific Forum 1988. XV, 72 S.
Bc 8397

– Vietnam

MacGregor, C. : The Sino-Vietnamese relationsship and the Soviet Union. London: International Inst. for Strategic Studies 1988. 94 S.
Bc 8163

Ross, R. S. : The Indochina tangle: China's Vietnam policy, 1975/1979. New York: Columbia Univ. Pr. 1988. XVI, 361 S.
B 65817

– Westeuropa

Opitz, P. J. : Über das Interesse der Volksrepublik China an Westeuropa. In: China-Report. (1988), 101, S. 5-15.
BZ 05321:1988

L 221 f Wehrwesen

Cheung, T. M. : Disarmament and development in China. The relationship between national defense and economic development. In: Asian survey. 28 (1988), 7, S. 757-774.
BZ 4437:28

China's military modernization: international implications. Ed.: L. M. Wortzel. Westport, Conn.: Greenwood Pr. 1988. XIX, 204 S.
B 66814

Deqi, K. : Zhongguo junshi shi yanjiu de youguan xueshu wenti zongshu. In: Junshi lishi. (1988), S. 55-58.
BZ 05570:1988

Galdorisi, G. V. : China's plan. In: United States Naval Institute. Proceedings. 115 (1989), 3, S. 97-104.
BZ 05163:115

Hahn, B. : Chinas submarine fleet. In: Navy international. 94 (1989), 2, S. 71-81.
BZ 05105:94

Hahn, B. : Third ranking maritime power and growing. In: Pacific defence reporter. 15 (1988), 4, S. 46-49; 52.
BZ 05133:15

Hasenbalg, R. J. : Política de defensa de la República Popular China. In: Revista de la Escuela Superior de Guerra. 65 (1987), 481, S. 7-31.
BZ 4631:65

Joffe, E. : The Chinese army after Mao. London: Weidenfeld and Nicolson 1987. IX, 210 S.
B 62918

Kogelfranz, S. : „Die Barbaren – unbedeutend und widerwärtig". Chinas Demütigungen, seine Revolutionen. T. 1-3. In: Der Spiegel. 43 (1989), 25, S. 104-115; 43 (1989), 26, S. 114-134; 43 (1989), 27, S. 132-145.
BZ 05140:43

Larkin, B. D. : Chinese auguries. In: Journal of peace research. 25 (1988), 4, S. 365-380.
BZ 4372:25

Lee, W. : The birth of a salesman: China as an arms supplier. In: Journal of Northeast Asian studies. 6 (1987/88), 4, S. 32-46.
BZ 4913:6

Lewis, J. W. : China builds the bomb. Stanford, Calif.: Stanford Univ. Pr. 1988. XVIII, 329 S.
B 67091

Mahapatra, C. : Chinese navy: development and diplomacy. In: Strategic analysis. 12 (1988), 8, S. 865-878.
BZ 4800:12

Maltor, I. : L'évolution de la doctrine militaire chinoise. In: Stratégique. (1988), 39/3, S. 133-154.
BZ 4694:1988

McCord, E. A. : Militia and local militarization in late Qing and early Republican China. The case of Hunan. In: Modern China. 14 (1988), 2, S. 156-187.
BZ 4697:14

Norbu, D. : Chinese strategic thinking on Tibet and the Himalayan region. In: Strategic analysis. 12 (1988), 4, S. 371- 395.
BZ 4800:12

Peng, Z. : Junxianzhi de chansheng, fazhan ji zuoyong. In: Junshi lishi. (1988), 3, S. 34-38.
BZ 05570:1988

Sandschneider, E. : Militär und Politik in der Volksrepublik China:1969-1985. Hamburg: Inst. f. Asienkunde 1987. XIV, 300 S.
B 65302

Schier, P. : Vom Tod Hu Yaobangs bis zum Massaker vom 4. Juni 1989 – eine vorläufige Chronologie. In: China aktuell. 18 (1989), 5, S. 334-347.
BZ 05327:18

Segal, G. : As China grows strong. In: International affairs. 64 (1988), 2, S. 217-231.
BZ 4447:64

Woon, E. Y. : Chinese arms sales and U. S.-China military relations. In: Asian survey. 29 (1989), 6, S. 601- 618.
BZ 4437:29

Xu, X. : Jiaqiang Makesizhuyi junshi shixue lilun de yanjiu. In: Junshi lishi. (1988), 1, S. 55-57.
BZ 05570:1988

Yang, C. : Dui Deng Xiaoping guanyu xin shiqi jianjun wenti lunshu zhi yanjiu. In: Junshi lishi. (1988), 2, S. 3-10.
BZ 05570:1988

Young, J. R. : The dragon's teeth. Inside China's armed forces. London: Hutchinson 1987. 224 S.
010445

Žukov, V. V. : Kitajskij Militarizm 10-20-e gody XX v. Moskva: Nauka 1988. 165 S.
Bc 8405

Zzhenggue Renmin Jiefangjun Zhanshi. Vol. 1-3. Peking: Junshikexue Chubanshe 1987. Getr. Pag.
B 66796

L 221 g Wirtschaft

Bergmann, T. : Verlangsamte Reform. Der schwierige Weg der Preisreform in China. In: Sozialismus. 14 (1988), 10, S. 50-55.
BZ 05393:14

China's global presence: economics, politics and security. Washington, D. C.: American Enterprise Inst. for Publ. Policy Research 1988. XV, 237 S.
B 67858

Deliusin, L. P. : Reforms in China. In: Asian survey. 28 (1988), 11, S. 1101-1116.
BZ 4437:28

Findlay, M. ; Chiu Chor-Wing, T. : Sugar coated bullets: corruption and the new economic order in China. In: Contemporary crises. 13 (1989), 2, S. 145-161.
BZ 4429:13

Foreign capital and technology in China. Ed.: R. D. Robinson. New York: Praeger 1987. XVII, 191 S.
B 65441

Guadagni, A. A. : China después Mao: socialismo y mercado. Buenos Aires: Ed. Sudamericana 1987. 166 S.
B 66261

Hsu, R. C. : Economics and economists in post-Mao China. In: Asian survey. 28 (1988), 12, S. 1211-1228.
BZ 4437:28

Lippit, V. D. : The economic development of China. Armonk, N. Y.: Sharpe 1987. 268 S.
B 63464

Liu, A. P. : Phoenix and the lame lion: modernization in Taiwan and mainland China, 1950-1980. Stanford, Cal.: Hoover Institut 1987. X, 182 S.
B 65412

Policy implementation in post-Mao China. Ed.: D. M. Lampton. Berkeley, Cal.: Univ. of California 1987. XII, 439 S.
B 64049

Putterman, L. : Group farming and work incenties in collective-era China. In: Modern China. 14 (1988), 4, S. 419-450.
BZ 4697:14

Sicular, T. : Grain pricing. A key link in Chinese economic policy. In: Modern China. 14 (1988), 4, S. 451-486.
BZ 4697:14

Tsao, J. T. H. : China's development strategies and foreign trade. Lexington: Lexington Books 1987. XII, 209 S.
B 63307

L 221 k Geschichte

Adshead, S. A. : China in world history. New York: St. Martin's Press 1988. IX, 422 S.
B 66875

Bergère, M.-C. : La République populaire de Chine de 1949 à nos jours. Paris: Colin 1987. 282 S.
B 64959

Budura, A. : Aspecte ale procesului de creare în China a frontului național unit antijaponez. In: Revista de istorie. 41 (1988), 10, S. 993-1008.
BZ 4578:41

Corneli, A. : Libertà e repressione in Cina. Scelta fatta fra destabilizzazione e rischio di isolamento. In: Rivistamarittima. 122 (1989), 10, S. 9-17.
BZ 4453:122

Esherick, J. : The origins of the Boxer Uprising. Berkeley, Cal.: Univ. of California 1987. XIX, 451 S.
B 64581

Fairbank, J. K. : China watch. Cambridge, Mass.: Harvard Univ. Pr. 1987. VIII, 219 S.
B 64212

Lan Shuchen: Zhongguo guofang shi shang de buxiu pinazhang. Kang Ri zhanzheng shiqi wo Dang lingdao xia de guofangjiaoyu. In: Junshi lishi. (1988), 5, S. 32-36.
BZ 05570:1988

Majstrova, Z. E. : Stanovlenie revoljucionnoj vlasti v sovetskich rajonach Kitaja. 1927-1937 gg. Novosibirsk: Nauka Sib. otd-nie 1988. 157 S.
Bc 8519

Rodzinski, W. : The People's Republic of China: reflections on Chinese political history since 1949. London: Colllins 1988. 304 S.
B 65559

Taylor, J. : The dragon and the wild goose: China and India. Westport, Conn.: Greenwood Pr. 1987. XVII, 289 S.
B 65498

Tichvinskij, S. L. : Kitaj i vsemirnaja istorija. Moskva: Nauka 1988. 539 S.
B 67986

Weggel, O. : Geschichte und Gegenwartsbezug. In: China aktuell. 17 (1988), 8-10, S. 627-650; 696-720; 781-804.
BZ 05327:17

Yao, J. : Lun jiefang zhanzheng shiqi wo jun jiji fangyu de zuozhan fangzhen. In: Junshi lishi. (1988), 3, S. 13-17.
BZ 05570:1988

L 221 l Einzelne Länder/Gebiete/Orte

Cheng, J. Y. S. : The post-1997 government in Hong Kong. In: Asian survey. 29 (1989), 8, S. 731-748.
BZ 4437:29

Cotton, J. : Hong Kong: convergence of divergence? In: Journal of Northeast Asian studies. 6 (1987/88), 4, S. 3-17.
BZ 4913:6

The future of Hong Kong. Toward 1997 and beyond. Ed.: H. Chiu. New York: Quomrum Books 1987. VI, 262 S.
B 64165

Kelly, I. : Hong Kong. A political-geographic analysis. Honolulu: Univ. of Hawaii Pr. 1986. XIII, 191 S.
B 63229

Miners, N. : Hong Kong under Imperial rule, 1912-1941. Oxford: Oxford Univ. Pr. 1987. VI, 330 S.
B 66048

Weiss, J. : The negotiation style of the People's Republic of China: the future of Hong Kong and Macao. In: The journal of social, political and economic studies. 13 (1988), 2, S. 175-194.
BZ 4670:13

L 225 Indien

L 225 a Allgemeines

Hoering, U. ; Wichterich, C. : Indien ohne Gandhi. Begegnungen mit e. Gesellschaft auf d. Weg in d. 21. Jhdt. 2. Aufl. Wuppertal: Hammer 1986. 266 S.
B 62213

India's northern security. Ed. G. Sharma. New Delhi: Reliance Publ. House 1986. X, 243 S.
B 65116

Khurshid, S. : At home in India: a restatement of Indian Muslims. London: Sangam 1987. X, 226 S.
B 65239

Manor, J. : Collective conflict in India. London: Institut for the study of conflict 1988. 27 S.
Bc 8132

Murty, B. S. : Profiles in Indian trade unions. Delhi: B. R. Publ. Corp. 1986. XII, 388 S.
B 65206

Murty, T. S. : India-China boundary: India's options. New Delhi: ABC Publ. House 1987. 143 S.
B 65038

L 225 c Biographien

– Gandhi, I.

Gandhi, I. ; Norman, D. : Letters to a friend, 1950-1984. London: Weidenfeld and Nicolson 1986. XVIII, 179 S.
B 64429

– Gandhi, M.

Borman, W. : Gandhi and non-violence. Albany, N. Y.: State Univ. of New York 1986. 287 S.
B 63426

Gandhi on war and peace. New York: Praeger 1987. XIV, 244 S.
B 63317

Rau, H. : Mahatma Gandhi. Mit Selbstzeugnissen u. Bilddokumenten. Reinbek: Rowohlt 1988. 147 S.
Bc 8202

Sofri, G. : Gandhi in Italia. Bologna: Il Mulino 1988. 156 S.
Bc 8321

– Gandhi, R.

Sood, P. : Rajiv Gandhi: the brave new leader. New Delhi: Marwah Publ. 1986. XXVIII, 227 S.
B 63974

L 225 e Staat und Politik

Ahmed, M. : The British Labour Party and the Indian independence movement, 1917-1919. London: Oriental Univ. Pr. 1987. XII, 215 S.
B 63631

Betz, J. : Außen- und innenpolitische Rahmenbedingungen der wirtschaftspolitischen Liberalisierung in Indien. In: Aus Politik und Zeitgeschichte. (1989), 9, S. 25-38.
BZ 05159:1989

Chaitanya, K. : The roots of violence: a moral analysis in an Indian classic. In: Alternatives. 13 (1988), 3, S. 337-356.
BZ 4842:13

The Indian National Congress and the political economy of India 1885-1985. Ed.: M. Shepperdson. Aldershot: Avebury 1988. VII, 414 S.
B 65570

Jawaid, S. : Socialism in India. New Delhi: Radiant Publ. 1986. XIII, 320 S.
B 64432

Mahmood, C. K. : Sikh rebellion and the Hindu concept of order. In: Asian survey. 29 (1989), 3, S. 326-340.
BZ 4437:29

Malik, Y. K. ; Vajpeyi, D. K. : The rise of Hindu militancy. In: Asian survey. 29 (1989), 3, S. 308-325.
BZ 4437:29

Potter, D. C. : India's political administrators. 1919-1983. Oxford: Clarendon Press 1986. XV, 289 S.
B 64161

Wariavwall, B. : India in 1988. In: Asian survey. 29 (1989), 2, S. 189-198.
BZ 4437:29

L 225 e 20 Außenpolitik

India and the communist countries. Documents:1979. Ed.: J. A. Naik. Kolhapur: Ainash Reference Publ. o. J. IX, 244 S.
B 64386

India and the communist countries. Documents:1980. Ed.: J. A. Naik. Kolhapur: Avinash Reference Publ. o. J. X, 377 S.
B 64389

India and the West. Documents:1979. Ed.: J. A. Naik. Kolhapur: Avinash Reference Publ. o. J. XV, 231 S.
B 64388

India in Asia and Africa. Documents:1980. Ed.: J. A. Naik. Kolhapur: Avinash Reference Publ. o. J. X, 408 S.
B 64387

Jetly, N. : India's security perspectives in South Asia in the eighties. In: Conflict. 8 (1988), 4, S. 295-309.
BZ 4687:8

Kaniyalil, J. : India and Pakistan mutual threat perceptions. In: Strategic analysis. 12 (1988), 4, S. 359-370.
BZ 4800:12

Kapur, A. : The Indian subcontinent. In: Asian survey. 28 (1988), 7, S. 693-710.
BZ 4437:28

Ojha, G. P. : India's foreign policy. Meerut City: ANU Books 1986. XIII, 222 S.
B 65115

The security of South Asia. American and Asian perspectives. Ed.: S. P. Cohen. Urbana, Ill.: Univ. of Illinois 1987. XIII, 290 S.
B 65686

Shaumian, T. L. : India's foreign policy. In: Asian survey. 28 (1988), 11, S. 1161-1169.
BZ 4437:28

Subrahmanyam, K. : India's security. The north and northeast dimension. London: Institut for the study of conflict 1988. 25 S.
Bc 8134

L 225 f Wehrwesen

Bhargava, M. L. : Indian National Army – Tokyo Cadets. New Delhi: Reliance Publ. 1986. XI, 88 S.
B 65113

Brauzzi, A. : La marina indiana. In: Rivista marittima. 122 (1989), 3, S. 61-80.
BZ 4453:122

Jackson, D. : India's Army. Delhi: Daya Publ. 1986. XVI, 584 S.
010444

Nigudkar, A. : Sea power, sea control and sea denial. In: Pacific defence reporter. 16 (1989), 4, S. 22-23; 30-31.
BZ 05133:16

Praval, K. C. : Indian army after independence. New Delhi: Lancer International 1987. XV, 623 S.
B 65781

Singh, K. ; Ahluwalia, H. : Saragarhi Battalion. Ashes to glory. History of the 4th Battalion the Sikh Regiment (XXXVI). New Delhi: Lancer 1987. 300 S.
B 65125

L 225 l Einzelne Länder/ Gebiete/Orte

Lehren aus Bhopal. Ein Jahr nach d. Giftgasunglück. Hrsg.: Evangel. Pressedienst in Zus.-Arb. mit d. Südasien-Büro Wuppertal. Frankfurt 1986. 84 S.
D 03397

Shrivastava, P. : Bhopal. Anatomy of a crisis. Cambridge, Mass.: Ballinger 1987. XVI, 184 S.
B 63275

Vivekamanda, F. ; Shirvastava, R. : Prospects and crisis in Punjab. In: Scandinavian journal of development alternatives. 7 (1988), 2/3, S. 157-178.
BZ 4960:7

L 231 Irak

Bengio, O. : Ba'thi Iraq in search of identity: between ideology and praxis. In: Orient. 28 (1987), 4, S. 511-518.
BZ 4663:28

Farouk-Sluglett, M. ; Sluglett, P. : Iraq since 1958. From revolution to dictatorship. London: KPI 1987. XVII, 332 S.
B 64155

Gat, M. : The connection between the bombings in Baghdad and the emigration of the Jews from Iraq:1950-51. In: Middle Eastern studies. 24 (1988), 3, S. 312-329.
BZ 4624:24

Mylroie, L. : The Baghdad alternative. In: Orbis. 32 (1988), 3, S. 339-354.
BZ 4440:32

Nakdimon, S. : First strike. New York, N. Y.: Summit Books 1987. 353 S.
B 64017

Rasoul, F. : Irak – Iran. Ursachen und Dimensionen eines Konflikts. Köln: Böhlau 1987. 176 S.
B 63143

Werle, R. : Zwischen allen Fronten. Zur aktuellen Lage in Kurdistan. In: Blätter des iz3w. (1988), 154, S. 19-21.
BZ 05130:1988

L 233 Iran

L 233 a Allgemeines

Clawson, P. : Islamic Iran's economic politics and prospects. In: The Middle East journal. 42 (1988), 3, S. 371-388.
BZ 4463:42

Gail, M. : Summon up remembrance. Oxford: Ronald 1987. 295 S.
B 65032

Hyman, A. : Elusive Kurdistan. The struggle for recognition. London: Institut for the study of conflict 1988. 25 S.
Bc 8071

Iranskaja Revoljucija. 1978-1979. Moskva: Nauka 1989. 557 S.
B 68941

Jerome, C. : The man in the mirror: a true inside story of revolution, law and treachery in Iran. London: Unwin Hyman1988. 311 S.
B 65541

Nodjonmi, M. : From popular revolution to theocratic absolutism: Iran 1979-1981. In: Socialism and democracy. (1988), 6, S. 31-55.
BZ 4929:1988

Rafizadeh, M. : Witness: from the Shah to the secret arms deal: an insider's account of US involvement in Iran. New York: Morrow 1987. 396 S.
B 63348

L 233 e Staat und Politik

Ajami, F. : Iran: The impossible revolution. In: Foreign affairs. 67 (1988/89), 2, S. 135-155.
BZ 05149:67

Chubin, S. : Iran and its neighbours. The impact of the Gulf War. London: Institut for the study of conflict 1987. 32 S.
Bc 8124

Hiro, D. : Iran: the revolution within. London: Institut for the study of conflict 1988. 24 S.
Bc 8128

Hoveyda, F. : The West and Iran's paradox. In: Global affairs. 3 (1988), 2, S. 119-133.
BZ 05553:3

Marshall, P. : Revolution and counter-revolution in Iran. London: Bookmarks 1988. 128 S.
Bc 8555

Moghadam, B. : One revolution or two? The Iranian revolution and the Islamic Republic. In: The Socialist register. 25 (1989), S. 74-101.
BZ 4824:25

Moghadam, V. : Islam, populism and the state of Iran. In: Socialism in the world. 11 (1988), 68, S. 73-85.
BZ 4699:11

Ud Din, S. : Iranian-Soviet mutual perceptions. In: International studies. 25 (1988), 3, S. 259-275.
BZ 4909:25

L 233 e 10 Innenpolitik

Akhavi, S. : Islam, politics and society in the thought of Ayatullah Khomeii, Ayatullah Taliqani and Ali Shariati. In: Middle Eastern studies. 24 (1988), 4, S. 404-431.
BZ 4624:24

Singh, K. R. : Constitutional basis of religious power in Iran. In: International studies. 25 (1988), 2, S. 129-139.
BZ 4909:25

L 235 Israel/Palästina

L 235 c Biographien

– **Begin**
Perlmutter, A. : The life and times of Menachem Begin. Garden City, N. Y.: Doubleday 1987. XI, 444 S.
B 65819

Temko, N. : To win or to die. A personal portrait of Menachem Begin. New York: Morrow 1987. 460 S.
B 63384

– **Ben Gurion**
Bar-Zohar, M. : David Ben Gurion. 40 Jahre Israel. E. Biographie d. Staatsgründers. Bergisch-Gladbach: Lübbe 1988. 496 S.
B 65631

– **El Husseini**
Taggar, Y. : The Mufti of Jerusalem and Palestine Arab politics, 1930-1937. New York: Garland 1987. 472 S.
B 63387

– **Kollek**
Shepherd, N. : The mayor and the citadel: Teddy Kollek and Jerusalem. London: Weidenfeld and Nicolson 1987. XI, 175 S.
B 65172

– **Sharon**
Benziman, U. : Sharon. An Israeli Ceasar. London: Robson Books 1987. 276 S.
B 63610

L 235 d Land und Volk

Blaming the victims: spurious scholarship and the Palestinian question. Ed.: E. W. Said. London: Verso 1988. VI, 296 S.
B 65576

Dossa, S. : Auschwitz and the Palestinians: Christian conscience and the politics of citimization. In: Alternatives. 13 (1988), 4, S. 515-528.
BZ 4842:13

Friedman, R. M. : Burekas, Blut und Tränen. Sozialpsychologische Notizen zum israelischen Kino. In: Babylon. 1988 (1988), 4, S. 86-101.
BZ 4884:1988

Giniewski, P. : Le combat d'Israel. Mythes et realistes. Paris: Ed. anthropos 1987. 292 S.
B 63562

Kahane, M. : Uncomfortable Questions for comfortable Jews. Secaucus, N. J.: Stuart 1987. 324 S.
B 63220

Kaul, K. : Forty years of the Palestinian problem. In: Strategic analysis. 12 (988), 3, S. 291 – 302.
BZ 4800:12

Kiselev, V. I. : Palestinskaja problema v meždunarodnych otnošenijach: regional'nyj aspekt. Moskva: Nauka 1988. 239 S.
Bc 8209

Lipman, B. : Israel: the embattled land. Jewish and Palestinian women talk about their lives. London: Pandora Pr. 1988. XIII, 176 S.
Bc 8581

Podet, A. H. : The success and failure of the Anglo-American Committee of Inquiry, 1945-1946. Last chance in Palestine. Lewiston, N. Y.: Mellen 1986. 381 S.
B 64465

Public opinion and the Palestine question. Ed.: E. Zureik. London: Croom Helm 1987. 206 S.
B 63962

Rondot, P. : Quelques aperçus du problème de la Palestine. In: Défense nationale. 44 (1988), 11, S. 121-142.
BZ 4460:44

Salame, G. : Les Arabes entre compromis politiques et refus ontologiques. In: Politique étrangère. 53 (1988), 2, S. 365-383.
BZ 4449:53

Shahak, I. : Israeli apartheid and the intifida. In: Race and class. 30 (1988), 1, S. 1-12.
BZ 4811:30

Smith, D. : Prisoners of god. The modern-day conflict of Arab and Jew. London: Quartet Books 1987. 256 S.
B 63696

Unified in hope: Arabs and Jews talk about peace. Geneva: WCC Publ. 1987. XIV, 160 S.
B 65520

L 235 e Staat und Politik

L 235 e 10 Innenpolitik

Duclos, L.-J. : Les élections israéliennes et la question palestinienne. In: Défense nationale. 45 (1989), 2, S. 105-118.
BZ 4460:45

Greilsammer, I. : Le poids des partis religieux sur la politique étrangère d'Israel. In: Politique étrangère. 53 (1988), 4, S. 921-929.
BZ 4449:53

Hillel, S. : Operation Babylon. New York, N. Y.: Doubleday 1987. 301 S.
B 65720

Keren, M. : Israel's intellectuals and political independence. In: Studies in zionism. 9 (1988), 2, S. 197-208.
BZ 4955:9

Kollek, T. : Sharing united Jerusalem. In: Foreign affairs. 67 (1988/89), 2, S. 156-168.
BZ 05149:67

Linn, R. : Terrorism, morality and soldier's motivation to fight – An example from the Israeli experience in Lebanon. In: Terrorism. 11 (1988), 2, S. 139-149.
BZ 4688:11

Mergui, R. ; Simonnot, P. : Israel's Ayatollahs. Meir Kahane and the far right in Israel. London: Saqi Books 1987. 203 S.
B 64293

Shavit, J. : The new Hebrew nation. A study in Israeli heresy and fantasy. London: Cass 1987. XV, 192 S.
B 63938

Tekiner, R. : On the inequality of Israeli citizens. In: Without prejudice. 1 (1987), 1, S. 48-57.
BZ 4976:1

L 235 e 20 Außenpolitik

Bar-Siman Tov, Y. : Ben-Gurion and Sharett: conflict management and Great Power costraints in Israeli foreign policy. In: Middle Eastern studies. 24 (1988), 3, S. 330-356.
BZ 4624:24

Blum, Y. Z. : For Zion's sake. New York, N. Y.: Herzl Books 1987. 242 S.

B 64866

Gazit, M. : The Israel-Jordan peace negotiations (1949-51): King Abdallah's lonely effort. In: Journal of contemporary history. 23 (1988), 3, S. 409-424.
BZ 4552:23

Golubev, V. M. : Izrail'skij Vyzov Afrike. Moskva: Sovetskaja Rossija 1986. 96 S.
Bc 6626

Hunter, J. : Israeli foreign policy: South Africa and Central America. Nottingham: Spokesman 1987. 274 S.
B 65107

Marcus, J. : The politics of Israel's security. In: International affairs. 65 (1989), 2, S. 233-246.
BZ 4447:65

Minerbi, S. I. : Europe and the Middle East: an Israeli perspective. In: The Jerusalem journal of international relations. 10 (1988), 3, S. 118-128.
BZ 4756:10

Nachmani, A. : Israel, Turkey and Greece. Uneasy relations in the East Mediterranean. London: Cass 1987. X, 130 S.
B 64433

Peleg, I. : Begin's foreign policy. Israel's move to the right. Westport, Conn.: Greenwood Pr. 1987. XX, 227 S.
B 63258

Rafael, G. : Quarante ans de politique étrangère israélienne. In: Politique étrangère. 53 (1988), 2, S. 385-396.
BZ 4449:53

L 235 f Wehrwesen

Beit-Hallahmi, B. : The Israeli connection. Who Israel arms and why. New York, N. Y.: Pantheon Books 1987. XIV, 289 S.
B 64055

Inbar, E. : The ‚No Choice War' debate in Israel. In: The journal of strategic studies. 12 (1989), 1, S. 22-37.
BZ 4669:12

Mandelbaum, M. : Israel's security dilemma. In: Orbis. 32 (1988), 3, S. 355-368.
BZ 4440:32

Mintz, A. ; Ward, M. D. : The evolution of Israel's military expenditures:1960-1983. In: The Western political quarterly. 41 (1988), 3, S. 489-508.
BZ 4612:41

Posner, S. : Israel under cover: secret warfare and hidden diplomacy in the Middle East. Syracuse, N. Y.: Syracuse Univ. Pr. 1987. XI, 350 S.
B 65367

Puddu, F. M. : La Marina Militare Israeliana. In: Rivista marittima. 121 (1988), 12, S. 33-47.
BZ 4453:121

Shetreet, S. : The grey area of war powers: the case of Israel. In: The Jerusalem quarterly. (1988), 45, S. 27-48.
BZ 05114:1988

L 235 k Geschichte

Diner, D. : Nach vierzig Jahren: Israel in der Wüste. In: Babylon. 1988 (1988), 4, S. 7-23.
BZ 4884:1988

Donno, A. : Palestina 1948: L'atteggiamento dei liberals americani verso la „la questione Ebraica". In: Storia dellerelazioni internazionali. 1 (5), 1989, S. 97-114.
BZ 4850:1

Flapan, S. : The birth of Israel: myths and realities. New York, N. Y.: Pantheon Books 1987. X, 277 S.
B 64837

Goldstein, Y. : David Ben-Gurion and the bi-national idea in Palestine. In: Middle Eastern studies. 24 (1988), 4, S. 460-472.
BZ 4624:24

Gresh, A. ; Vidal, D. : Palestine 47. Un partage avorté. Bruxelles: Ed. complexe 1987. 256 S.
B 64102

Louis, Wm. R. : L'impérialisme britannique et la fin du mandat en Palestine. In: Revue d'etudes palestiniennes. (1988), 28, S. 37-63.
BZ 4817:1988

Nicosia, F. R. : Hitler und der Zionismus. Das 3. Reich u. d. Palästina-Frage 1933-1939. Leoni am Starnberger See: Druffel 1989. 411 S.
B 66789

Segre, D. : L'etat d'Israel et ses républiques. In: Politique étrangère. 53 (1988), 2, S. 337-347.
BZ 4449:53

L 235 l Einzelne Länder/Gebiete/Orte

L 235 l 10 Besetzte arabische Gebiete

Chomsky, N. : The Palestinian uprising: a turning point? In: Scandinavian journal of developement alternatives. 7 (1988), 4, S. 5-28.
BZ 4960:7

Dal Miglio, G. : Il richiamo storico dell'altra riva del Giordano. In: Politica internazionale. 16 (1988), 7, S. 12-20.
BZ 4828:16

Flores, A. : Intifada. Aufstand d. Palästinenser. Berlin: Rotbuch Verl. 1988. 143 S.
Bc 8265

Flores, A. : Westbank und Gazastreifen: Hintergründe des Aufruhrs. In: Jahrbuch Dritte Welt. (1989), S. 157-170.
BZ 4793:1989

Lübben, I. ; Jans, K. : Kinder der Steine. Vom Aufstand der Palästinenser. Reinbek: Rowohlt 1988. 189 S.
Bc 8724

Roberts, A.: Decline of illusions: the status of the Israeli occupied territories over 21 years. In: International affairs. 64 (1988), 3, S. 345-359.
BZ 4447:64

Schechla, J. : The past as prologue to the Intifadah. In: Without prejudice. 1 (1988), 2, S. 68-99.
BZ 4976:1

Von der Intifada zum Palästina-Staat. In: AIB-Dritte-Welt-Zeitschrift. 19 (1989), 1//2, S. 23-62.
BZ 05283:19

Yishai, Y. : Land or peace. Whither Israel? Stanford, Cal.: Hoover Institut 1987. XXII, 265 S.
B 64169

L 237 Japan

L 237 a Allgemeines

Chagoll, L. : Hirohito. Kaizer van Japan. Een vergeten oorlogsmisdadiger. Antwerpen: Houtekiet 1988. 75 S.
Bc 8677

Eguchi, M. ; Smith, A. : Growing fears ignite: the new anti-nuclear power movement. In: Ampo. 19 (1988), 4, S. 38-43.
BZ 05355:19

Elites and the idea of equality: a comparison of Japan, Sweden, and the United States. Cambridge, Mass.: Harvard Univ. Pr. 1987. X, 331 S.
B 65512

Hane, M. : Modern Japan. A historical survey. Boulder, Colo.: Westview Press 1986. XIV, 450 S.
B 64556

James, T. : Exile within. The schooling of Japanese Americans 1942-1945. Cambridge, Mass.: Harvard Univ. Pr. 1987. VII, 212 S.
B 64213

Women against war. Comp. by Women's Division of Soka Gakkai. Tokyo: Kodansha International 1986. 247 S.
B 63233

L 237 e Staat und Politik

Buzan, B. : Japan's future: old history versus new roles. In: International affairs. 64 (1988), 4, S. 557-573.
BZ 4447:64

Cohen, T. : Remaking Japan: the American occupation as New Deal. Ed.: H. Passin. New York, N. Y.: Free Pr. 1987. XXIII, 533 S.
B 64833

Connors, L. : The Emperor's adviser. Saionji Kinmochi and pre-war Japanese politics. London: Croom Helm 1987. 260 S.
B 65096

Iriye, A. : The origins of the Second World War in Asia and the Pacific. 2nd ed. London: Longman 1987. XI, 202 S.
B 63758

Ishida, T. : Socialism and national consciousness: the case of Japan in the periods before and after World War II. In: Socialism in the world. 11 (1988), 68, S. 36-43.
BZ 4699:11

Japan in den Jahren 1980-1989. Sankt Augustin: Siegler 1989. 204 S.
BZ 4555

Kan, T. : The roots of subservience. In: Ampo. 20 (989), 3, S. 14-21.
BZ 05355:20

Kiyoshi, I. : Japanese aggression in Thailand: the Emperor Connection. A Century of Japan-Thai „Friendships". In: Ampo. 19 (1988), 4, S. 52-57.
BZ 05355:19

May, B. : Japans Entwicklungspolitik als Element der amerikanisch-japanischen Beziehungen. In: Beiträge zur Konfliktforschung. 19 (1989), 1, S. 73-93.
BZ 4594:19

Okita, S. : Japans weltpolitische Rolle. In: Europa-Archiv. 43 (1988), 24, S. 712-721.
BZ 4452:43

Seizelet, E. : Nationalisme et internationalisation au Japon. In: Vingtième siécle. (1988), 18, S. 17-28.
BZ 4941:1988

Senatorov, A. I. : Sen Katajama. Moskva: Nauka 1988. 319 S.
B 67920

Sudo, S.: The road to becoming a regional leader: Japanese attempts in Southeast Asia, 1975-1980. In: Pacific affairs. 61 (1988), 1, S. 27-50.
BZ 4450:61

Wallraf, W. : Japan-politische Realität und Ambitionen. Berlin: Staatsverlag der DDR 1988. 110 S.
Bc 8374

L 237 f Wehrwesen

Antier, J.-J. : L'aventure Kamikaze 1944-1945. Paris: Presses de la Cité 1986. 265 S.
B 64105

Feretti, V. : La marina giapponese e il governo Tojo. Il dibattito sull'inizio e l'epilogo della guerra del Pacifico. In: Storia contemporanea. 41 (1989), 1, S. 103-132.
BZ 4590:41

Hook, G. D. : The erosion of anti-militaristic principles in contemporary Japan. In: Journal of peace research. 25 (1988), 4, S. 381-394.
BZ 4372:25

Hunt, K. : Japan's security policy. In: Survival. 31 (1989), 3, S. 201-207.
BZ 4499:31

Kohno, M. : Japanese defense policy making. The FSX selection, 1985-l987. In: Asian survey. 29 (1989), 5, S. 457-479.
BZ 4437:29

Kurisu, H. : L'évolution des rapports de forces militaires et la situation du Japon en Extrême-Orient. In: Stratégique. (1988), 39/3, S. 5-20.
BZ 4694:1988

Kusumi, T. : Measures that Japan can take following the INF Treaty. In: Shin Boei Ronshu. 16 (1988), 1, S. 81-97.
BZ 4532:16

Lengerer, H. ; Rehm-Takahara; Kobler-Edamatsu, S. : Die Bauprogramme der Kaiserlich-Japanischen Marine 1937-1945, T. IV. In: Marine-Rundschau. 85 (1988), 4 u. 5, S. 231-237; 295-299.
BZ 05138:85

Nakamura, Y. ; Tobe, R. : The Imperial Japanese Army and politics. In: Armed forces and society. 14 (1988), 4, S. 511-525.
BZ 4418:14

Okazaki, H. : The restructuring of the U.S.-Japan Alliance. In: Japan review of international affairs. 2 (1988), 2, S. 123-142.
BZ 4926:2

Tankha, B. : On the defence of Japan. In: Strategic analysis. 12 (1988), 4, S. 397-417.
BZ 4800:12

L 239 Jemen

Sitte, F. : Jemen. Krummdolch u. Erdöl. Graz, Köln: Styria 1988. 207 S.
B 65296

L 241 Jordanien

Ramati, Y. : The danger from Jordan. In: Global affairs. 3 (1988), 4, S. 114-133.
BZ 05553:3

Wilson, M. C. : King Abdullah, Britain and the making of Jordan. Cambridge: Cambridge Univ. Pr. 1987. XXII, 289 S.
B 65226

L 243 Kambodscha

Ashe, V. H. : From Phnom Penh to paradise. Escape from Campodia. London: Hodder a. Stoughton 1988. 222 S.
B 65535

The Cambodian agony. Ed.: D. A. Ablin. Armonk, N. Y.: Sharpe 1987. LXI, 418 S.
B 64486

Frieson, K. : The political nature of democratic Kampuchea. In: Pacific affairs. 61 (1988), 3, S. 405-427.
BZ 4450:61

Hannum, H. : International law and Cambodian genocide: The sounds of silence. In: Human rights quarterly. 11 (1989), 1, S. 82-138.
BZ 4753:11

Huxley, T. : Cambodia in 1986. The PRK's eighty year. In: Southeast Asian affairs. (1987), S. 161-173.
BZ 05354:1987

Kiernan, B. : Orphans of genocide: The Cham muslims of Kampuchea under Pol Pot. In: Bulletin of concerned Asian scholars. 20 (1988), 4, S. 2-33.
BZ 05386:20

Mysliwiec, E. : Punishing the poor: the international isolation of Kampuchea. Oxford: Oxfam 1988. XIII, 172 S.
B 65574

Ngor, H. S. : Surviving the killing fields: the Cambodian odyssey of Haing S. Ngor. London: Chatto & Windus 1988. 478 S.
B 65544

Porter, G. : Towards a Kampuchean peace settlement. History and dynamics of Sihanouk's negotiations. In: Southeast Asian affairs. (1988), S. 123-132.
BZ 05354:1988

Scalabrino, C. : Réconcilier le Cambodge, construire L'Asie du Sud-Est. In: Cosmopolitiques. (1988), 6, S. 18-35.
BZ 05193:1988

Sihanouk, N. : Prisonnier des Khmers Rouges. Paris: Hachette 1986. 433 S.
B 63547

Weggel, O. : Die Kambodscha-Frage vor einer Lösung? Annäherung und offene Probleme. In: Europa-Archiv. 43 (1988), 21, S. 615-624.
BZ 4452:43

Weggel, O. : Steht die Kambodscha-Frage vor einer Lösung? In: Südostasien aktuell. 7 (1988), 5, S. 410-415.
BZ 05498:7

L 245 Korea

Chung, B. K. : A short history of the Republic of Korea Air Force (ROKAF). In: Air power history. 35 (1988), 4, S. 251-255.
BZ 05500:35

Clough, R. N. : Embattled Korea. The rivalry for international support. Boulder, Colo.: Westview Press 1987. XIV, 401 S.
B 64535

Hacker, J. : Die Problematik der Wiedervereinigung Koreas aus der Sicht beider Staaten. In: Aus Politik und Zeitgeschichte. (1988), 36/37, S. 17-32.
BZ 05159:1988

Hwang, I. K. : One Korea via permanent neutrality. Cambridge, Mass.: Schenkman 1987. 195 S.
B 64042

Jenerette, V. E. : The forgotten DMZ. In: Military review. 68 (1988), 5, S. 32-43.
BZ 4468:68

Kang, W. J. : Religion and politics in Korea under the Japanese rule. Lewiston: Mellen 1987. X, 113 S.
B 63305

L 245. 1 Nordkorea

The foreign relations of North Korea: new perspectives. Ed.: J. K. Park. Boulder, Colo.: Westview Press 1987. XIII, 491 S.
B 64054

Gerig, U. : Roter Gott im „Paradies": Reisenotizen u. Bilder aus Nordkorea. Böblingen: Tykve 1987. 143 S.
B 64655

Kanin, D. B. : North Korea: institutional and economic obstacles to dynamic succession. In: The journal of social, political and economic studies. 14 (1989), 1, S. 49-76.
BZ 4670:14

Kim Ik Hyon: The immortal woman revolutionary. Vol. 1. Pyongyang: Foreign Languages Publ. House 1987. 160 S.
B 65724

Kim Il Sung: Zur Verwirklichung der Souveränität in der ganzen Welt. Pjongjang: Verl. f. fremdsprachige Literatur1988. 149 S.
B 64343

Kirby, S. : The two Koreas-conflict or compromise? London: Institut for the study of conflict 1988. 34 S.
Bc 8127

L 245. 2 Südkorea

Ahn, S. : Die wirtschaftliche Entwicklung Südkoreas. In: Aus Politik und Zeitgeschichte. (1988), 36/37, S. 33-41.
BZ 05159:1988

Chung, K. : Crossing the divide. A front line report from Moon Ik-hwans's historic mission to Pyongyang. In: Ampo. 20 (1989), 3, S. 2-10.
BZ 05355:20

Kim, D.-j. : Prison writings. Berkeley, Cal.: Univ. of California 1987. XI, 333 S.
B 64200

Kim, H. N. : The 1988 parliamentary election in South Korea. In: Asian survey. 29 (1989), 5, S. 480-495.
BZ 4437:29

Meyer-Stamer, J. : Der Weg Südkoreas. In: Blätter für deutsche und internationale Politik. 33 (1988), 9, S. 1120-1129.
BZ 4551:33

Pae, S. M. : Testing democratic theories in Korea. Lanham: Univ. Press of America 1986. XVII, 300 S.
B 63021

Pohl, M. : Südkorea 1987/1988: Der schwierige Weg zur Demokratie. In: Jahrbuch Dritte Welt. (1989), S. 278-295.
BZ 4793:1989

Südkorea. Kein Land für friedl. Spiele. Reinbek: Rowohlt 1988. 250 S.
B 64945

L 247 Laos

Gunn, G. C. : Laos in 1987. Socialist dependence and underdevelopment. In: Southeast Asian affairs. (1988), S. 135-149.
BZ 05354:1988

Meng, N. S. : Laos in 1986. Into the second decade of national reconstruction. In: Southeast Asian affairs. (1987), S. 177-193.
BZ 05354:1987

L 249 Libanon

Hélou, C. : Liban, remords du monde. Carnet (1976-1987). Paris: Cariscript 1987. 272 S.
B 65143

Liban. Espoirs et réalités. Hrsg.: B. Kodmani-Darwish. Paris: Inst. Français des Relations Internationales 1987. 287 S.
B 64315

Norton, A. R. : Amal and the Shi'a. Struggle for the soul of Lebanon. Austin, Texas: Univ. of Texas Pr. 1987. XII, 238 S.
B 64494

Toward a viable Lebanon. Ed.: H. Barakat. London: Croom Helm 1988. XV, 395 S.
B 64898

Weir, B. ; Weir, C. : Hostage bound, hostage free. Cambridge: Lutterworth Pr. 1987. 182 S.
B 63619

L 251 Malaysia

Ariff, M. : Malaysia in a recessionary setting. An overview. In: Southeast Asian affairs. (1987), S. 197-216.
BZ 05354:1987

Bach, H. : Die Königliche Malaysische Marine. In: Marine-Rundschau. 86 (1989), 2, S. 87-91.
BZ 05138:86

James, K. : Malaysia in 1987. Challenges to the system. In: Southeast Asian affairs. (1988), S. 153-169.
BZ 05354:1988

Malaysia – last change for a new beginning. A report for CSCS by a South-East Asian observer. London: Institut for the study of conflict 1987. 26 S.
Bc 8116

Nathan, K. S. : Malaysia in 1988. The politics of survival. In: Asian survey. 29 (1989), 2, S. 129-139.
BZ 4437:29

Rachagan, S. S. : The 1986 parliamentary elections in peninsular Malaysia. In: Southeast Asian affairs. (1987), S. 217-235.
BZ 05354:1987

Shafruddin, B. H. : The federal factor in the government and politics of Peninsular Malaysia. Oxford: Oxford Univ. Pr. 1987. XXI, 401 S.
B 65109

Shamsul, A. B. : The „Battle Royal". The UMNO elections of 1987. In: Southeast Asian affairs. (1988), S. 170-188.
BZ 05354:1988

Singh, H. ; Narayanan, S. : Changing dimensions in Malaysian politics. In: Asian survey. 29 (1989), 5, S. 514-529.
BZ 4437:29

L 258 Oman

Oman: economic, social and strategic developments. Ed.: B. R. Pridham. London: Croom Helm 1987. XIV, 254 S.
B 65545

Young, P. L. : The sultan of Oman's navy. In: Navy international. 94 (1989), 2, S. 53-58.
BZ 05105:94

L 259 Pakistan

Ahmed, I. : The concept of an islamic state. An analysis of the ideological controversy in Pakistan. London: Pinter 1987. XI, 235 S.
B 63944

Ahmed, M. D. : Pakistans Rückkehr zur parlamentarischen Demokratie. In: Orient. 28 (1987), 4, S. 533-547.
BZ 4663:28

Burki, S. J. : Pakistan under Zia, 1977-1988. In: Asian survey. 28 (1988), 10, S. 1082-1100.
BZ 4437:28

Burki, S. J. : Pakistan: a nation in the making. Boulder, Colo.: Westview Press 1986. XIII, 226 S.
B 65414

Khan, K. M. : Zur politischen Lage in Pakistan nach Zia. In: Aus Politik und Zeitgeschichte. (1989), 9, S. 15-24.
BZ 05159:1989

Maaß, C. : Pakistan nach dem Tod von Zia ul Haq: Instabilität oder Entspannung. In: Europa-Archiv. 43 (1988), 19, S. 553-558.
BZ 4452:43

Martino, E. : Il Pakistan ad una svolta. In: Affari esteri. 21 (1989), 81, S. 119-125.
BZ 4373:21

Montgomery, M. : The US-Pakistani connection. In: United States Naval Institute. Proceedings. 115 (1989), 7, S. 67 -73.
BZ 05163:115

Noman, O. : Pakistan and general Zia: era and legacy. In: Third world quarterly. 11 (1989), 1, S. 28-54.
BZ 4843:11

Rais, R. B. : Pakistan in 1988. In: Asian survey. 29 (1989), 2, S. 199-206.
BZ 4437:29

Rizvi, H.-A. : The legacy of military rule in Pakistan. In: Survival. 31 (989), 3, S. 255-268.
BZ 4499:31

Talon, V. : Pakistan 1958-88: Treinta anos de regimen militar. In: Defensa. 11 (1988), 126, S. 58-63.
BZ 05344:11

Ziring, L. : Domestic politics and the regional security perspective of Pakistan. In: Strategic analysis. 12 (1988), 4, S. 331 - 357.
BZ 4800:12

Ziring, L. : Public policy dilemmas and Pakistan's nationality problem. The legacy of Zia ul-Haq. In: Asian survey. 28 (1988), 8, S. 795-812.
BZ 4437:28

L 265 Saudi-Arabien

Tursunov, R. M. : Saudovskaja Aravija v mežarabskich otnosšenijach v period 1964-1975 gg. Taškent: FAN Uzbekskoj SSR 1987. 120 S.
Bc 8403

L 266 Singapur

Bellows, T. J. : Singapore in 1988. In: Asian survey. 29 (1989), 2, S. 145-153.
BZ 4437:29

Government and politics of Singapore. Ed.: J. S. T. Quah. Oxford: Oxford Univ. Pr. 1987. XVIII, 338 S.
B 65064

Quah, J. S. T. : Singapore in 1987. Political reforms, control, and economic recovery. In: Southeast Asian affairs. (1988), S. 233-265.
BZ 05354:1988

Zoohri, W. H. : Singapore in 1986. A political and social overview. In: Southeast Asian affairs. (1987), S. 275-289.
BZ 05354:1987

L 267 Syrien

Bitterlin, L. : Hafez ed-Assad. Le parcours d'un combattant. Paris: Ed. du Jaguar 1986. 285 S.
010510

Douwes, D. : Het behoud van de macht: het duurzame presidentschap van Asad. In: Internationale spectator. 43 (1989), 2, S. 119-125.
BZ 05223:43

Kaminsky, C. ; Kruk, S. : La Syrie. Politique et stratégies de 1966 à nos jours. Paris: Presses Univ. de France 1987. 223 S.
B 62164

Koszinowski, T. : Die Rolle Syriens im nahöstlichen Kräftefeld. In: Orient. 29 (1988), 2, S. 237-261.
BZ 4663:29

Meyer, B. : Frauenpolitik und Frauenalltag in Syrien. In: Orient. 29 (1988), 3, S. 467-475.
BZ 4663:29

Perthes, V. : Wirtschaftsentwicklung und Krisenpolitik in Syrien. In: Orient. 29 (1988), 2, S. 262-281.
BZ 4663:29

Roberts, D. : The Ba'th and the creation of modern Syria. London: Helm 1987. 182 S.
B 63642

L 268 Taiwan

Arnold, W. : Bureaucratic politics, state capacity, and Taiwan's automobile industrial policy. In: Modern China. 15 (1989), 2, S. 178-214.
BZ 4697:15

Bergère, M.-C. : Taiwan après le miracle. In: Vingtième siécle. (1988), 18, S. 5-15.
BZ 4941:1988

Biddick, T. V. : Diplomatic rivalry in the South Pacific. In: Asian survey. 29 (1989), 8, S. 800-815.
BZ 4437:29

Copper, J. F. : Ending martial law in Taiwan: implications and prospects. In: Journal of Northeast Asian studies. 7 (1988), 2, S. 3-19.
BZ 4913:7

Wu, Y.-S. : Marketization of politics. In: Asian survey. 29 (1989), 4, S. 382-400.
BZ 4437:29

Zoratto, B. : Inseln der Freiheit. Quemoy/Matsu und Westberlin – die Unterschiede und die Gemeinsamkeiten. Böblingen: Tykve 1989. 110 S.
Bc 8443

Zoratto, B. : Taiwan, la Sparta del duemila. Palermo: Libri Thule 1986. 71 S.
Bc 8445

L 269 Thailand

Alagappa, M. : The national security of developing states: lessons from Thailand. Dover, Mass.: Auburn House 1987. XIV, 274 S.
B 63311

Bunbongkarn, S. : The change of military leadership and its impact on Thai politics. In: Southeast Asian affairs. (1987), S. 327-341.
BZ 05354:1987

Hirsch, P. ; Lohmann, L. : Contemporary politics of environment in Thailand. In: Asian survey. 29 (1989), 4, S. 439 -451.
BZ 4437:29

Niksch, L. A. : Thailand in 1988. In: Asian survey. 29 (1989), 2, S. 165-173.
BZ 4437:29

Rajah, A. : Thailand in 1986. Change and continuity, yet again. In: Southeast Asian affairs. (1987), S. 307-326.
BZ 05354:1987

Saw, D. : Thailand: preparing for the future. In: Military technology. 12 (1988), 12, S. 48-61.
BZ 05107:12

Snitwongse, K. : Thailand's year of stability. Illusion or reality? In: Southeast Asian affairs. (1988), S. 269-286.
BZ 05354:1988

L 271 Tibet

Ankeren, S. van: China in Tibet. In: Internationale spectator. 42 (1988), 11, S. 720-727.
BZ 05223:42

Grunfeld, A. T. : The making of modern Tibet. London: Zed Books 1987. X, 277 S.
B 64069

Neterowicz, E. M. : Tibet after Mao Zedong. In: The journal of social, political and economic studies. 13 (1988), 4, S. 405-427.
BZ 4670:13

L 277 Vietnam

Davidson, P. B. : Vietnam at war: the history 1946-1975. Novato, Calif.: Presidio Pr. 1988. XII, 838 S.
B 65716

Ehrhart, W. D. : Going back: an ex-marine returns to Vietnam. Jefferson, N. C.: McFarland 1987. IX, 188 S.
B 65836

Pike, D. E. : Vietnam and the Soviet Union: anatomy of alliance. Boulder, Colo.: Westview Press 1987. XVI, 271 S.
B 64058

Quang, B. X. : Légitimité, histoire et légitimation á propos d'un anniversaire. Vietnam: Têt 1968, la déchirure. In: Cosmopolitiques. (1988), 6, S. 36-49.
BZ 05193:1988

Stern, L. M.: The Vietnamese Communist Party in 1986. In: Southeast Asian affairs. (1987), S. 345-363.
BZ 05354:1987

The, A. D.: Die politische Entwicklung in Gesamtvietnam 1975 bis 1982. Anspruch und Wirklichkeit. München: Tuduv Verlagsges. 1987. 271 S.
B 63214

Tri, V. N.: Vietnam in 1987. A wind of „renovation". In: Southeast Asian affairs. (1988), S. 297-314.
BZ 05354:1988

Will, G.: Vietnam 1975-1979. Von Krieg zu Krieg. Hamburg: Verbund Stiftung Dt. Übersee-Inst. 1987. XIII, 259 S.
B 64189

L 279 Zypern

Katzikides, S. A.: Arbeiterbewegung und Arbeitsbeziehungen aus Zypern, 1910-1982. Frankfurt: Lang 1988. XVI, 219 S.
Bc 8267

MacDonald, R.: The problem of Cyprus. London: International Inst. for Strategic Studies 1989. 86 S.
Bc 8429

Meinardus, R.: Entwicklungen in der Zypernfrage 1984-1987. In: Orient. 28 (1987), 4, S. 519-532.
BZ 4663:28

Souter, D.: The Cyprus conundrum: the challenge of the intercommunal talks. In: Third world quarterly. 11 (1989), 2, S. 76-91.
BZ 4843:11

Venter, A. J.: blue helmets on the green line. The UN peacekeeping force in Cyprus. In: International defense review. 21 (1988), 11, S. 1431-1436.
BZ 05569:21

L 300 Afrika

L 300 e Staat und Politik

Africa. Perspectives on peace & development. Ed.: E. Hansen. London: Zed Books 1987. X, 237 S.
B 63651

Africa and the great powers in the 1980's. Ed.: O. Aluko. Lanham: Univ. Press of America 1987. XI, 332 S.
B 63246

Africa in world politics. Changing perspectives. Ed.: S. Wright. London: Macmillan 1987. XVI, 214 S.
B 63941

The African State in transition. Ed.: Z. Ergas. Basingstoke: Macmillan 1987. XVIII, 340 S.
B 64420

Dimanski, H.-M.: Militärregime in Afrika – Ursachen, Erscheinungsformen, Widersprüche. In: Militärwesen. 32 (1988), 9, S. 65-72.
BZ 4485:32

L'Etat contemporain en Afrique. Paris: L'-Harmattan 1987. 418 S.
B 64746

Ghartey, J. B.: Crisis accountability and development in the Third World: the case of Africa. Aldershot: Avebury 1987. X, 170 S.
B 65192

Jaffe, H. : Race, tribe and nation in Africa today. In: Socialism in the world. 11 (1988), 68, S. 44-71.
BZ 4699:11

Marcum, J. A. : Africa: a continent adrift. In: Foreign affairs. 68 (1989), 1, S. 159-179.
BZ 05149:68

The military in African politics. Ed.: J. W. Harbeson. New York: Praeger 1987. 197 S.
B 63395

The OAU at 25. The quest for unity, self-determination and human rights. In: Africa today. 35 (1988), 3/4, S. 3-80.
BZ 4407:35

Pan-Africanism. New directions in strategy. Ed.: W. Ofuatey-Kodjoe. Lanham: Univ. Press of America 1986. VIII, 464 S.
B 63254

Political domination in Africa. Reflections on the limits of power. Ed.: Chabal. Cambridge: Cambridge Univ. Pr. 1986. IX, 211 S.
B 60323

Popular struggles for democracy in Africa. Ed.: P. Anyang'Nyong'o. London: Zed Books 1987. XIII, 288 S.
B 65189

Yousuf, H. S. : African-Arab relations. Brattleboro: AMANA Books 1986. 212 S.
B 62241

L 300 k Geschichte

Boahen, A. A. : African perspectives on colonialism. Baltimor, Ma.: The John Hopkins Univ. 1987. VIII, 133 S.
B 65707

Coquery-Vidrovitch, C. : Villes coloniales et histoire des Africains. In: Vingtième siècle. (1988), 20, S. 49-73.
BZ 4941:1988

La décolonisation de l'Afrique. Vue par des Africains. Paris: L'Harmattan 1987. 171 S.
B 63911

Studies in power and class in Africa. Ed.: I. L. Markovitz. Oxford: Oxford Univ. Pr. 1987. XV, 400 S.
B 65278

Turok, B. : Africa: what can be done? London: Zed Books 1987. IX, 181 S.
B 65242

L 300 l Regionen/Gebiete

Damböck, M. : Südwestafrika im Brennpunkt der Zeitgeschichte. Zum besseren Verständnis. Ardagger: Selbstverlag 1987. 240 S.
B 64957

Feller, B. : Les etats d'Afrique Noire de l'indépendance à 1980. Essai de typologie. Berne: Lang 1987. 311 S.
B 62170

Kasimila, B. J. : Die Politik Ostafrikas in den ersten zwanzig Jahren nach der politischen Unabhängigkeit. Frankfurt: Lang 1987. VI, 276 S.
B 63841

– Nordafrika

Ben Salem, H. : Le Maghreb sur l'échiquier méditerranéen. In: Défense nationale. 45 (1989), 7, S. 111-124.
BZ 4460:45

La Corne de l'Afrique. Questions nationales et politique internationale. Paris: L'Harmattan 1986. 286 S.
B 62819

Les intellectuels et le pouvoir. Syrie, Egypte, Tunisie, Algérie. Paris: CEDEJ 1986. 221 S.
B 64757

Parker, R. B. : North Africa. Regional tensions and strategic concerns. New York: Praeger 1987. XI, 214 S.
B 64013

Woodward, P. : Rivalry and conflict in North-East Africa. London: Institut for the study of conflict 1987. 18 S.
Bc 8120

Woodward, P. : War – or peace – in North-East Africa? London: Institut for the study of conflict 1989. 29 S.
Bc 8515

– Südliches Afrika

Afro-marxist Regimes. Ideology and public policy. Ed.: E. J. Keller. Boulder, Colo.: Rienner 1987. XIV, 335 S.
B 63942

Ali, S. R. : Southern Africa. An American enigma. New York: Praeger 1987. XII, 227 S.
B 64501

Bender, G. J. : Peacemaking in Southern Africa: the Luanda-Pretoria tug-of-war. In: Third world quarterly. 11 (1989), 2, S. 15-30.
BZ 4843:11

Braun, G. : Pretorias totale Strategie im südlichen Afrika. In: Afrika-Spectrum. 23 (1988), 1, S. 5-23.
BZ 4614:23

Campbell, K. : Terrorismus in Südafrika. ANC-Handlanger der Sowjetunion? Bern: Verl. SOI 1988. 93 S.
Bc 8255

Libby, R. T. : The politics of economic power in Southern Africa. Princeton, N. J.: Princeton Univ. Press 1987. XXII, 361 S.
B 64838

SADCC – prospects for disengagement and development in Southern Africa. Ed.: S. Amin. London: Zed Books 1987. XI, 256 S.
B 65050

– Zentralafrika

Aquarone, M.-C. : Les Frontiéres du refus. Six séparatismes africains. Paris: Ed. du Centre National de la Recherche Scientifique 1987. 133 S.
Bc 02493

Baccard, A. : Les martyrs de Bokassa. Paris: Ed. du Seuil 1987. 349 S.
B 63897

Wells, A. ; Pollnac, R. : The coup d'état in Sub-Saharan Africa: changing patterns from 1956-1984. In: Journal of political and military sociology. 16 (1988), 1, S. 43-56.
BZ 4724:16

L 310 Einzelne Staaten Afrikas

L 311 Abessinien/Äthiopien

Beisel, D. : Reise ins Land der Rebellen: Tigray – e. afrikanische Zukunft. Reinbek: Rowohlt 1989. 182 S.
Bc 8548

Gruber, R. : Rescue: the exodus of the Ethiopian Jews. New York, N. Y.: Athenäum 1987. XIII, 234 S.
B 64857

Gründungskongreß der Arbeiterpartei Äthiopiens. 6.-10. Sept. 1984. Berlin: Dietz 1986. 155 S.
Bc 8286

The long struggle of Eritrea for independence and constructive peace. Ed.: L. Cliffe. Nottingham: Spokesman 1988. 215 S.
Bc 8105

MacCann, J. : From poverty to famine in Northeast Ethiopia: a rural history; 1900-1935. Philadelphia: Univ. of Pennsylvania Pr. 1987. XIV, 227 S.
B 65374

Rohkohl, E. G. : Die Streitkräfte Äthiopiens im Umbruch 1974 bis 1976. In: Militärgeschichte. 27 (1988), 6, S. 555-561.
BZ 4527:27

Wubneh, M. : Ethiopia: transition and development in the Horn of Africa. Boulder, Colo.: Westview Press 1988. XV, 224 S.
B 65417

L 313 Ägypten

Abdel-Kader, S. : Egyptian women in a changing society:1899-1987. Boulder, Colo.: Rienner 1987. X, 163 S.
B 65427

Ahmed, A. : The armed forces and the democratic process in Egypt. In: Third world quarterly. 10 (1988), 4, S. 1452-1466.
BZ 4843:10

Ansari, H. : Egypt, the stalled society. Albany, N. Y.: State Univ. of New York 1986. XIV, 308 S.
B 64819

Beinin, J. : Workers on the Nile: nationalism, communism, islam and the Egyptian working class, 1882-1954. Princeton, N. J.: Princeton Univ. Press 1987. XIX, 488 S.
B 65779

Forstner, M. : Auf dem legalen Weg zur Macht? In: Orient. 29 (1988), 3, S. 386-422.
BZ 4663:29

MacDermott, A. : Egypt from Nasser to Mubarak: a flawed revolution. London: Croom Helm 1988. 311 S.
B 65054

Sadat, J. : A woman of Egypt. London: Bloomsbury 1987. 479 S.
B 65575

Wissa, C. : L'Egypte de Moubarek: le changement dans la continuité. In: L'Afrique et l'Asie modernes. (1988/89), 159, S. 36-51.
BZ 4689:1988/89

L 315 Algerien

Gallissot, R. : Maghreb-Algérie. Classe et nation. T. 1. Paris: Arcanthère 1987. 381, 216 S.
B 65939

Jinadu, L. A. : Fanon. In search of the African revolution. London: KPI 1986. VIII, 262 S.
B 62959

Kebir, S. : Schwarze Haut, weiße Masken. Zur Aktualität Frantz Fanons. In: Blätter für deutsche und internationale Politik. 34 (1989), 4, S. 461-473.
BZ 4551:34

Kebir, S. : Zwischen Fundamentalismus und Moderne. Der „algerische Weg" in der Krise. In: Blätter für deutsche und internationale Politik. 33 (1988), 12, S. 1476-1487.
BZ 4551:33

Leighton, M. : Algeria: beyond the politics of gratitude. In: Global affairs. 3 (1988), 2, S. 134-162.
BZ 05553:3

Lübben-Pistofidis, I. : Von der Revolte zum politischen Frühling? In: AIB-Dritte-Welt-Zeitschrift. 19 (1988), 12, S. 12-16.
BZ 05283:19

Obdeijn, H. L. M. : Algerije: Quo vadis? In: Internationale spectator. 42 (1988), 11, S. 703-710.
BZ 05223:42

Pieck, W. : Algerien. Die wiedergewonnene Würde. Hildesheim: Olms 1987. XII, 208 S.
B 64305

Schütze, W. : Ein neuer Unruheherd im Mittelmeer-Raum? In: Europa-Archiv. 43 (1988), 24, S. 732-739.
BZ 4452:43

Stora, B. : Nationalistes algériens et révolutionnaires français au temps du Front Populaire. Paris: L'Harmattan 1987. 140 S.
B 63904

L 319 Dahomey/Benin

Houndjahoue, M. : Le Bénin socialiste et le bon voisinage:1972-1986. In: Mois en Afrique. 22 (1987), 253/254, S. 28-41.
BZ 4748:22

L 329 Ghana

Marable, M. : African and Caribbean politics. From Kwame Nkrumah to the Grenada Revolution. London: Verso 1987. XI, 314 S.
B 63180

L 331 Guinea

Baba Kaké, I. : Sékou Touré. Le héros et le tyran. Paris: Groupe Jeune Afrique 1987. 254 S.
B 63980

Decraene, P. : La Guinée-Bissau, république populaire en voie de libéralisation. In: L'Afrique et l'Asie modernes. (1988), 158, S. 54-62.
BZ 4689:1988

Lopes, C. : Guinea-Bissau. From liberation struggle to independent statehood. Boulder, Colo.: Westview Press 1987. 194 S.
B 62248

Perez Sanchez, F. J. : Misión militar en Guinea Ecuatorial. In: Ejército. 49 (1988), 586, S. 24-29.
BZ 05173:49

Tchidimbo, R.-M. : Noviciat d'un évêque. Huit ans et huit mois de captivité sous Sékou Touré. Paris: Fayard 1987. 332 S.
B 63159

L 333 Kamerun

Körner, P. : Kamerun – afrikanisches „Musterland" in der Krise. In: Afrika-Spectrum. 23 (1988), 1, S. 77-94.
BZ 4614:23

L 337 Kenia

Kimathi, D. : Kenya's freedom struggle. The Dedan Kimathi papers. Ed.: M. wa Kinyatti. London: Zed Books 1987. XIX, 138 S.
B 65218

Moi, D. T. A. : Kenya African nationalism. Nyayo philosophy and principles. London: Macmillan 1986. XVI, 192 S.
B 65062

The political economy of Kenya. Ed.: M. G. Schatzberg. New York: Praeger 1987. VIII, 245 S.
B 65444

L 341 Liberia

Liebenow, J. G. : Liberia. The quest for democracy. Bloomington, Ind.: Indiana University Press 1987. XIII, 336 S.
B 63456

L 343 Libyen

Ayoub, M. M. : Islam and the third universal theory: the religious thought of Mu'ammar al-Quadhdhafi. London: KPI 1987. 155 S.
B 63957

Bessis, J. : La Libye contemporaine. Paris: L'Harmattan 1986. 220 S.
B 64626

Blundy, D. ; Lycett, A. : Quaddafi and the Liban revolution. Boston, Mass.: Little, Brown and Comp. 1987. 230 S.
B 64545

Gli Italiani in Libia. Vol. 1. 2. Roma: Laterza 1986-88. 478, 564 S.
B 61324

Libyen. Die verkannte Revolution? Wien: Promedia Verl. Ges. 1987. 205 S.
B 64030

Saint John, R. B. : Quaddafi's world design. Libyan foreign policy, 1969-1987. London: Saqi Books 1987. 184 S.
B 63633

L 346 Malawi

Mtewa, M. : Malawi democratic theory and public policy. Cambridge, Mass.: Schenkman 1986. XV, 137 S.
B 63522

L 347 Mali

Diarrah, C. O. : Le Mali de Modibo Keita. Préface de Christian Coulon. Paris: L'Harmattan 1986. 187 S.
B 64744

L 349 Marokko

Calandri, E. : La Francia, gli Stati Uniti e il futuro dei protettorati sulla Tunisia e il Marocco (1945-1947): dalconfronto all collaborazione. In: Storia delle relazioni internazionali. 5 (1989), 1, S. 47 - 77.
BZ 4850:5

The political economy of Morocco. Ed.: I. W. Zartman. New York: Praeger 1987. XIII, 265 S.
B 64796

Tessler, M. : Moroccan-Israeli relations and the reasons for Moroccan receptivity to contact with Israel. In: The Jerusalem journal of international relations. 10 (1988), 2, S. 76-108.
BZ 4756:10

L 351 Mauretanien

Wegemund, R. : Die Militärregierung in Mauretanien. In: Afrika-Spektrum. 23 (1988), 3, S. 293-314.
BZ 4614:23

L 353 Mocambique

Cahen, M. : Mozambique. La révolution implosée. Paris: L'Harmattan 1987. 170 S.
B 64743

Egerö, B. : Mozambique: a dream undone; the political economy of democracy, 1975-1984. Uppsala: Nordiska Afrika institutet 1987. 230 S.
B 65673

Scherzer, L. : Das Camp von Matundo. 132 Tage Afrika. Berlin: Verlag Neues Leben 1986. 207 S.
B 64098

L 354 Namibia

Außerordentliche Plenartagungen des Namibia-Rats der Vereinten Nationen. New York: Vereinte Nationen 1986. 25 S.
Bc 02332

Garnier, C. von: Namibie. Les derniers colons d'Afrique. Paris: L'Harmattan 1987. 191 S.
B 64311

Internationale Konferenz für die sofortige Unabhängigkeit Namibias. New York: Vereinte Nationen 1986. 21 S.
Bc 02331

Konferenz über die Intensivierung des internationalen Eintretens für die Unabhängigkeit Namibias. New York: Vereinte Nationen 1986. 23 S.
Bc 02330

Melber, H. : Perspektive einer Dekolonisierung Namibias. In: Blätter des iz3w. (1989), 156, S. 3-7.
BZ 05130:1989

Namibia in struggle. A pictorial history. London: Intern. Defence a. Aid Fund 1987. o. Pag.
Bc 02402

Nelissen, F. A. : De onafhankelijkheid van Namibie: zonder Walvisbaai een kat in de zak? In: Internationale spectator. 43 (1989), 7, S. 451-459.
BZ 05223:43

Soggot, D. : Namibia the violent heritage. New York: St. Martin's Press 1986. XVI, 333 S.
B 63292

L 357 Nigeria

Bergstresser, H. : Wirtschaft und Politik in Nigeria. Rolle und Funktion der Militärs im Vorfeld der Dritten Republik. In: Afrika-Spektrum. 23 (1988), 2, S. 183-200.
BZ 4614:23

Clarke, J. D. : Yakubu Gowon. Faith in a united Nigeria. London: Cass 1987. 149 S.
B 63935

Miles, W. : Elections in Nigeria: a grassroots perspective. Boulder, Colo.: Rienner 1988. 168 S.
B 65765

Oladimeji, O. A. : Nigeria on becoming a sea power. In: United States Naval Institute. Proceedings. 115 (1989), 3, S. 69-74.
BZ 05163:115

L 360 Obervolta/Burkina Faso

Andriamirado, S. : Sankara, le rebelle. Paris: Groupe Jeune Afrique 1987. 237 S.
B 64335

Burkina Faso. Ist die Revolution mit Sankara gestorben? In: blätter des iz3w. (1988), 153, S. 3-7.
BZ 05130:1988

Englebert, P. : La révolution burkinabé. Paris: L'Harmattan 1986. 270 S.
B 62854

Hillebrand, E. : Burkina Faso in der Ära Sankara: Eine Bilanz. In: Jahrbuch Dritte Welt. (1989), S. 248-262.
BZ 4793:1989

Lear, A. : Burkina Faso. Edgemont, Pa.: Chelsea House 1986. 95 S.
B 65745

Rapp, J. P. ; Ziegler, J. : Burkina Faso. E. Hoffnung für Afrika? Zürich: Rotpunktverl. 1987. 174 S.
B 63151

Rapp, J. P. ; Ziegler, J. : Thomas Sankara. Un nouveau pouvoir africain. Lausanne: Ed. Favre 1986. 176 S.
B 63546

L 364 Rio de Oro/ Demokratische Arabische Republik Sahara

Zunes, S.: Participatory democracy in the Sahara: A study of Polisario Self-Governance. In: Scandinavian journal of development alternatives. 7 (1988), 2/3, S. 141-156.
BZ 4960:7

L 367 Senegal

Stetter, E.; Voll, K. : Senegal: Mehrparteiensystem zwischen Bewährung und Krise. In: Afrika-Spektrum. 23 (1988), 1, S. 43-53.
BZ 4614:23

Wegemund, R. : Die Widersprüche zwischen nomineller Demokratie und faktischem Einparteiensystem im subsaharischen Afrika. Das Beispiel der Republik Senegal. In: Afrika-Spektrum. 23 (1988), 2, S. 169-181.
BZ 4614:23

L 371 Somalia

Lewis, I. M. : A modern history of Somalia: nation and state in the Horn of Africa. Boulder, Colo.: Westview Press 1988. XIII, 297 S.
B 66320

L 373 Sudan

Garang, J. : John Garang speaks. Ed.: M. Khalid. London: KPI 1987. XII, 147 S.
B 65084

The search for peace and unity in the Sudan. Ed.: F. M. Deng. Washington, D. C.: The Wilson Center Pr. 1987. XXIII, 183 S.
B 64786

Torgomian, H. : La France libre au Soudan. Paris: Selbstverlag 1986. VI, 211 S.
B 64954

L 375 Südafrikanische Republik

L 375 a Allgemeines

Barbier, C. ; Désouches, O. : Sanctionner l'apartheid. Paris: Ed. La Découverte 1987. 193 S.
B 63499

Berridge, G. R. : The politics of the South Africa run: European Shipping and Pretoria. Oxford: Clarendon Press 1987. X, 254 S.
B 65100

Finnegan, W. : Crossing the line. New York: Harper & Row 1986. IX, 418 S.
B 64506

Griffiths, I. : The crisis in South Africa. Hove: Wayland 1987. 78 S.
B 65229

The politics of race, class and nationalism in twentieth-century South Africa. Ed.: S. Marks. London: Longman 1987. XIII, 462 S.
B 65566

Puhe, H. ; Schöppner, K. P. : Südafrikanische Kohlearbeiter. Arbeitsbedingungen. Sanktionen. Gewerkschaften. In: Internationales Afrikaforum. 24 (1988), 2, S. 173-185.
BZ 05239:24

Schöppner, K. P. ; Puhe, H. : Boykotte und Sanktionen. Die Meinung der südafrikanischen Früchtearbeiter. Hannover: Mittelstandsinstitut Niedersachsen 1988. 45 S.
Bc 8425

Wolpe, H. : Race, class [&] and the apartheid state. London: Currey 1988. VIII, 118 S.
Bc 8361

L 375 c Biographien

– Biko

Woods, D. : Steve Biko. Schrei nach Freiheit. München: Goldmann Verl. 1987. 443 S.
B 64999

– **Boesak**
Rothe, S. : Kirchen in Südafrika. Interviews m. Allan A. Boesak. Hamburg: Entwicklungspolitische Korrespondenz 1986. 173 S.
Bc 8474

– **Dingake**
Dingake, M. : My fight against apartheid. London: Kliptown 1987. 241 S.
B 65565

– **Hope**
Hope, C. : White boy running. London: Secker and Warburg 1988. 273 S.
B 65581

– **Jenkin**
Jenkin, T. : Escape from Pretoria. London: Kliptown Books 1987. VIII, 240 S.
B 65047

– **Jordan**
Jordan, B. V. : We will be heard: a South African exile remembers. Boston, Mass.: Quinlan Pr. 1986. 207 S.
B 64820

– **Joseph**
Joseph, H. : Allein und doch nicht einsam. Reinbek: Rowohlt 1987. 284 S.
B 62442

– **Mandela, N.**
Benson, M. : Nelson Mandela. The man and the movement. New York: Norton 1986. 268 S.
B 62685

Für Nelson Mandela. Reinbek: Rowohlt 1987. 202 S.
B 63478

Harwood, R. : Mandela. London: Boxtree 1987. IX, 133 S.
B 65679

Mandela, N. : The struggle is my life. His speeches and writings brought together with historical documents and accounts of Mandela in prison by fellow-prisoners. 2nd pr. New York: Pathfinder Pr. 1986. 249 S.
B 63383

– **Mandela, W.**
Harrison, N. : Winnie Mandela: mother of a nation. London: Grafton Books 1986. 251 S.
B 65080

– **Mathabane**
Mathabane, M. : Kaffir boy. The true story of a Black youth's coming of age in apartheid South Africa. New York: Macmillan 1986. XII, 354 S.
B 63295

– **Mattera**
Mattera, D. : Gone with the twilight: a story of Sophiatown. London: Zed Books 1987. 151 S.
B 65567

– **Smuts**
Ingham, K. : Jan Christian Smuts. The conscience of a South African. London: Weidenfeld and Nicolson 1986. XII, 284 S.
B 64422

– **Tambo**
Tambo, O. : Preparing for power. Oliver Tambo speaks. London: Heinemann 1987. XIV, 272 S.
B 65055

L 375 d Land und Volk

The anti-apartheid reader: the struggle against white racist rule in South Africa. Ed.: D. Mermelstein. New York, N. Y.: Grove Pr. 1987. XXI, 538 S.
B 64480

Bradford, H. A. : A taste of freedom: the ICU in rural South Africa, 1924-1930. New Haven: Yale Univ. Pr. 1987. XVI, 364 S.
B 65451

Hofmann, H.-K. : Südafrika: Widerstand und Vergebung: auf d. Weg zur Überwindung d. Apartheid; Darst. u. Dokumente. Wuppertal: Brockhaus 1987. 320 S.
B 64981

Kendall, F. : After apartheid: the solution for South Africa. San Francisco, Calif.: Inst. for Contemporary Studies 1987. XVIII, 253 S.
B 65854

Lewis, G. : Between the wire and the wall: a history of South African „coloured" politics. New York: St. Martin's Press 1987. 339 S.
B 65788

Mathews, A. S. : Freedom, state security and the rule of law: dilemmas of the apartheid society. Cape Town: Juta 1986. XXX, 312 S.
B 65692

Pedersen, O. K. : Sr-Afrika: siste trekk: apartheid som mentalitet og maktsystem. Oslo: Gyldendal Norsk Forl. 1986. 154 S.
B 66239

South Africa in question. Ed.: J. Lonsdale. Cambridge: Cambridge Univ. Pr. 1988. X, 244 S.
B 65558

The South African society: realities and future prospects. New York, N. Y.: Greenwood Pr. 1987. XV, 217 S.
B 64825

Stadler, A. : The political economy of modern South Africa. London: Croom Helm 1987. 197 S.
B 65173

L 375 e Staat und Politik

Baker, P. H. : South Africa: the Afrikaner Angst. In: Foreign policy. (1987/88), 69, S. 61-79.
BZ 05131:1987/88

Berridge, G. R. : Diplomacy and the Angola/Namibia accords. In: International affairs. 65 (1989), 3, S. 463-479.
BZ 4447:65

Bunting, B. : The rise of the South African Reich. London: Intern. Defence a. Aid Fund for Southern Africa 1986. 552 S.
B 64090

Davis, S. M. : Apartheid's rebels. Inside South Africa's hidden war. New Haven: Yale Univ. Pr. 1987. XVII, 238 S.
B 64793

Democratic liberalism in South Africa: its history and prospect. Ed.: J. Butler. Middletown, Conn.: Wesleyan Univ. Pr. 1987. XIV, 426 S.
B 64889

First, R. : 117 Days. An account of confinement and interrogation under the South African ninety-day detention law. London: Bloomsbury 1988. 143 S.
Bc 8557

Foster, D. : Detention and torture in South Africa: psycholog, legal & histor. studies. New York: St. Martin's Press 1987. VI, 250 S.
B 65787

Gibson, N. : black consciousness 1977-1987: The dialects of liberation in South Africa. In: Africa today. 35 (1988), 1, S. 5-26.
BZ 4407:35

Kürschner-Pelkmann, F. : Soziale Desintegration, politische Polarisierung und wachsende Gewalt in Südafrika. In: Afrika-Spectrum. 23 (1988), 1, S. 55-75.
BZ 4614:23

Murray, M. : South Africa: time of agony, time of destiny; the upsurge of popular protest. London: Verso 1987. XII, 496 S.
B 64066

Nagan, W. P. ; Albrecht, L. G. : Judicial executions under Apartheid: the case of the Sharpeville Six. In: Withoutprejudice. 2 (1988), 1, S. 61-71.
BZ 4976:2

Nickel, H. W. : Promoting change in South Africa: The United States searches for a new role. In: SAIS review. 8 (1988), 1, S. 29-41.
BZ 05503:8

Ostrowsky, J. : Grenzen von Repression und Imagepflege. In: AIB-Dritte-Welt-Zeitschrift. 19 (1988), 10, S. 27-32.
BZ 05283:19

Saul, J. S. : The Southern African revolution. In: The Socialist register. 25 (1989), S. 47-73.
BZ 4824:25

Schlemmer, L. : Processes and strategic options for South Africa. In: SAIS review. 9 (1989), 1, S. 107-124.
BZ 05503:9

South Africa in crisis. Ed.: J. Blumenfeld. London: Croom Helm 1987. X, 207 S.
B 63650

Südafrika. Berichterstattung in den öffentlich-rechtlichen Medien. Erlangen: TM-Verl. 1988. 88 S.
Bc 8227

Zartman, W. : Negotiations in South Africa. In: The Washington quarterly. 11 (1988), 4, S. 141-158.
BZ 05351:11

L 375 e 10 Innenpolitik

– Apartheid

Adam, H. ; Moodley, K. : Südafrika ohne Apartheid? Frankfurt: Suhrkamp 1987. 338 S.
B 64628

Bullier, A. J. : Pouvoir culturel & politique d'Apartheid. In: L'Afrique et l'Asie modernes. (1989), 160, S. 87-106.
BZ 4689:1989

Carr, J. : An act of immorality. London: Hodder a. Stoughton 1987. 304 S.
B 63622

Leistner, E. : Südafrika im Wandel. In: Internationales Afrikaforum. 24 (1988), 2, S. 159-171.
BZ 05239:24

Moleah, A. T. : South Africa under siege: the ever-deppening crisis of Apartheid. In: Without prejudice. 1 (1987), 1, S. 58-84.
BZ 4976:1

Moleah, A. T. : Understanding apartheid: historical and ideological foundations. In: Without prejudice. 1 (1988), 1, S. 7-44.
BZ 4976:1

Neuhaus, R. J. : Dispensations. The future of South Africa as South African see it. Grand Rapids, Mich.: Eerdmans 1986. XVI, 317 S.
B 63473

Riveles, S. : Diplomatic asylum as human rights: The case of the Durban Six. In: Human rights quarterly. 11 (1989), 1, S. 139-159.
BZ 4753:11

Sampson, A. : black and gold. Tycoons, revolutionaries and apartheid. London: Hodder a. Stoughton 1987. 280 S.
B 63594

State, resistance and change in South Africa. Ed.: P. Frankel. London: Croom Helm 1988. 325 S.
B 64425

Südafrika. Nur für Weiße? Hrsg.: U. Luig. Berlin: Reimer 1987. 595 S.
B 63194

Twenty-five years of commitment to the elimination of apartheid in South Africa. New York: United Nations Special Committee against Apartheid 1988. II, 39 S.
Bc 02474

Zorgbibe, C. : Les derniers Jours de l'Afrique du sud. Paris: Presses Univ. de France 1986. 211 S.
B 62166

L 375 f Wehrwesen

Campbell, K. M. : The soldiers of Apartheid. In: SAIS review. 8 (1988), 1, S. 43-56.
BZ 05503:8

Vohra, R. : The South African defence force. In: Strategic analysis. 12 (1988), 5, S. 511-527.
BZ 4800:12

L 377 Südafrikanische Gebiete

Maré, G. ; Hamilton, G. : An appetite for power. Buthelezi's Inkatha and South Africa. Johannesburg: Ravan Pr. 1987. 261 S.
B 65053

Picard, L. A. : The politics of development in Botswana: a model for success? Boulder: Lynne Rienner Publ. 1987. XIV, 298 S.
B 63446

L 381 Tansania

Crouch, S. C. : Western responses to Tanzanian socialism, 1967-83. Aldershot: Avebury 1987. X, 194 S.
B 65235

L 383 Togo

Sebald, P. : Seltsamer Weg einer Idee. In: Zeitschrift für Geschichtswissenschaft. 36 (1988), 9, S. 812-821.
BZ 4510:36

L 385 Tschad

Lisette, Y. ; Dumas, M. : Le RDA et le Tchad. Histoire d'une décolonisation. Paris: Présence africaine 1986. 351 S.
B 63922

L 387 Tunesien

Lakhdar, C. : Le concept de „constitution" dans le mouvement nationaliste tunisien. In: L'Afrique et l'Asie modernes. (1988), 158, S. 76-93.
BZ 4689:1988

L 389 Uganda

Furley, O. : Uganda's retreat from turmoil? London: Institut for the study of conflict 1987. 32 S.
Bc 8117

Omara-Otunnu, A. : Politics and the military in Uganda, 1890-1985. Basingstoke: Macmillan 1987. XX, 218 S.
B 63656

L 391 Zaire

Alekseev, V. : Grani Almaza. Povest' o Patrise Emeri Lumumbe. Moskva: Politizdat 1988. 333 S.
B 67016

Coquery-Vidrovitch, C. ; Forest, A. ; Weiss, H. : Rébellions – révolution au Zaire, 1963-1965. T. 1. 2. Paris: L'Harmattan1987. 237, 207 S.
B 64951

Simon, D. : Internationale Abhängigkeit und nationale Entwicklung seit der Unabhängigkeit, am Beisp. Zaire. Frankfurt: Lang 1987. 325 S.
B 63845

L 392 Zambia

Chikulo, B. C. : The impact of elections in Zambia's one party second republic. In: Africa today. 35 (1988), 2, S. 37-50.
BZ 4407:35

L 398 Zimbabwe

Flower, K. : Serving secretly. An intelligence chief on record Rhodesia into Zimbabwe, 1964 to 1981. London: Murray 1987. XXII, 330 S.
B 63711

Herbst, J. : Racial reconciliation in southern Africa. In: International affairs. 65 (1988/89), 1, S. 43-54.
BZ 4447:65

Lemon, A. : The Zimbabwe general election of 1985. In: The journal of Commonwealth & comparative politics. 26 (1988), 1, S. 3-21.
BZ 4408:26

Lines, T. : Investment sanctions and Zimbabwe: breaking the rod. In: Third world quarterly. 10 (1988), 3, S. 1182-1216.
BZ 4843:10

L 400 Amerika

Núñez, O. : Democracia y revolución en las Américas: (agenda para un debate). Managua: Ed. Vanguardia 1986. 245 S.
Bc 7908

L 402 Lateinamerika

L 402 e Staat und Politik

L 402 e 10 Innenpolitik

Burbach, R. : Fire in the Americas: forging a revolutionary agenda. London: Verso 1987. 109 S.
B 65562

Casas, U. : La rebelión latinoamericana: de Tupac Amarú José Antonio Galán al „Che" Guevara y Camilo Torres Restrepo. Bogotá: Ed. Bandera Roja ca. 1987. 288 S.
B 67415

Elections and democratization in Latin America, 1980-1985. Ed.: P. W. Drake. San Diego: Univ. of California 1986. XI, 335 S.
B 63282

Harnecker, M. : Estudiantes, cristianos e indígenas en la revolución. México: Siglo XXI 1987. 271 S.
B 67954

Hinkelammert, F. J. : Democracia y totalitarismo. San José, Costa Rica: DEI 1987. 273 S.
B 66463

Lambert, J. : Le système politique de l'Amérique latine. Paris: Presses Univ. de France 1987. 590 S.
B 65973

Lateinamerika – innere Entwicklung. St. Augustin: Siegler 1988. 224 S.
BZ 4555

Liberalization and redemocratization in Latin America. Ed.: G. A. Lopez. Westport, Conn.: Greenwood Pr. 1987. XIV, 273 S.
B 65407

Löwy, M. : Marxismus in Lateinamerika. 1909-1987. 2. Aufl. Frankfurt: isp. Verl. 1988. 108 S.
Bc 7737

Needler, M. C. : The problem of democracy in Latin America. Lexington: Lexington Books 1987. XII, 190 S.
B 63020

Rouquié, A. : Amérique Latine. Introduction à l'Extrême-Occident. Paris: Ed. du Seuil 1987. 438 S.
B 64325

Terrorismo de estado y violencia psiquica. Caracas: Fondo Ed. Tropykos 1987. 221 S.
B 67267

Vilas, C. M. : Revolution and democracy in Latin America. In: The Socialist register. 25 (1989), S. 30-46.
BZ 4824:25

Zlatkov, K. : Vtoroto Osvoboždenie. Sofija: Partizdat 1987. 323 S.
B 66450

L 402 e 20 Außenpolitik

América Latina y el Caribe. Políticas exteriores para sobrevivir. Buenos Aires: Prospel 1986. 656 S.
BZ 4915

Authoritarians and democrats: regime transition in Latin America. Ed.: J. M. Malloy. Pittsburgh, Pa.: Univ. of Pittsburgh Pr. 1987. 268 S.
B 63344

Barrett, J. W. : Preventive foreign policy in Latin America: how to avoid more Nicaraguas. In: The Washingtonquarterly. 11 (1988), 4, S. 171-181.
BZ 05351:11

Boertmann, D. : Hundrede års afhaengighed: imperialisme, reformisme og revolution i Latinamerika. København: Vindrose 1987. 224 S.
B 66322

Cisneros Lavaller, A. : América Latina: conflicto o cooperación. Caracas: Proimagen Ed. 1986. 207 S.
B 65471

Díaz Müller, L. : América Latina: relaciones internacionales y derechos humanos. México: Fondo de Cultura Económica 1986. 372 S.
B 67120

Los factores de la paz. Caracas: Ed. Nueva Sociedad 1987. 224 S.
Bc 7902

Organización de Militares por la Democracía, la Integración y la Liberación de América Latina y el Caribe.-OMIDELAC-. Bogotá: OMIDELAC 1986. 143 S.
Bc 7647

Papeleux, L. : Le Vatican et la crise hispanoaméricaine de 1941. In: Revue d'histoire de la deuxième guerre mondiale et des conflits contemporains. (1989), 155, S. 43-51.
BZ 4455:1989

Paz, seguridad y desarrollo en América Latina. Caracas: Nueva Sociedad 1987. 271 S.
B 65959

Paz?: Paz!; testimonios y reflexiones sobre un proceso. Bogotá: Leyva Durán Ed. 1987. VIII, 550 S.
B 65530

Las Políticas exteriores de América Latina y el Caribe. Continuidad en la crisis. Buenos Aires: Prospel, Grupo Ed. Latinoamericano 1987. 642 S.
BZ 4915

L 402 f Wehrwesen

Calvert, P. ; Milbank, S. : The ebb and flow of military government in Latin America. London: Institut for the study of conflict 1987. 23 S.
Bc 8119

English, A. : Latin American navies in recession. In: Military technology. 13 (1989), 10, S. 61-77.
BZ 05107:13

The Latin American military institution. Ed.: R. Wesson. New York: Praeger 1986. XIII, 234 S.
B 63315

Pion-Berlin, D. : Latin American national security doctrines: hard- and softline themes. In: Armed forces and society. 15 (1989), 3, S. 411-429.
BZ 4418:15

Scheina, R. L. : Latin American navies. In: United States Naval Institute. Proceedings. 115 (1989), 3, S. 124-129.
BZ 05163:115

Welch, C. E. : No farewell to arms? military disengagements from politics in Africa and Latin America. Boulder, Colo.: Westview Press 1987. XXII, 224 S.
B 64806

L 402 g Wirtschaft

América Latina hacia el 2000: opciones estrategias. Caracas: Ed. Nueva Sociedad 1986. 271 S.
B 67430

Ames, B. : Political survival: politicians and public policy in Latin America. Berkeley, Cal.: Univ. of California1987. XIV, 286 S.
B 64829

Mabry, D. : The US military and the war on drugs in Latin America. In: Journal of Inter-American studies and worldaffairs. 30 (1988), 2/3, S. 53-76.
BZ 4608:30

Pérez Escolar, R. : Una propuesta sobre la deuda exterior iberoamericana. In: Politica exterior. 3 (1989), 10, S. 74 -100.
BZ 4911:3

Rubio, M. : El problema de la deuda exterior latinoamericana. In: Politica exterior. 3 (1989), 10, S. 58-73.
BZ 4911:3

Ruiz García: Latinoamérica: deuda y crisis de un modelo global. In: Politica exterior. 3 (1989), 10, S. 101-114.
BZ 4911:3

L 402 i Geistesleben

Chačaturo, K. A. : „Eretiki" i inkvizitory. Moskva: Sovetskaja Rossija 1988. 127 S.
Bc 8212

Peacemaker. Karikaturen und Texte zu Latein- und Mittelamerika. Hrsg.: H. E. Gross. Köln: Weltkreis Verl. 1987. 117 S.
Bc 02211

Religion and political conflict in Latin America. Ed.: D. H. Levine. Chapel Hill, N. C.: Univ. of North Carolina Pr. 1986. XIII, 266 S.
B 63213

L 405 Südamerika

Gillespie, C. G. : Democratic consolidation in the Southern Cone and Brazil: beyond political disarticulation? In: Third world quarterly. 11 (1989), 2, S. 92-113.
BZ 4843:11

Lee, R. W. : Why the U. S. cannot stop South America cocaine. In: Orbis. 32 (1988), 4, S. 499-519.
BZ 4440:32

Nohlen, D. ; Barrios, H. : Redemokratisierung in Südamerika. In: Aus Politik und Zeitgeschichte. (1989), 4, S. 3-25.
BZ 05159:1989

Represión política y defensa de los derechos humanos. Ed.: H. Fruehling Ehrlich. Santiago: Ed. Chile y América 1986. 348 S.
B 62835

Sukup, V. : Zeitbombe Südamerika. E. Kontinent zw. Diktatur u. Demokratie. Köln: Pahl-Rugenstein 1988. 269 S.
B 64378

L 409 Mittelamerika

Caballero Jurado, C. : Centroamerica: Un caso típico de guerra de baja intensidad. In: Defensa. 12 (1989), 131, S. 18-24.
BZ 05344:12

The Central American Crisis Reader. Ed.: R. S. Leiken. New York, N. Y.: Summit Books 1987. 717 S.
B 63394

Centroamérica: la guerra de baja intensidad. San José, Costa Rica: DEI 1987. 240 S.
Bc 8009

Centroamérica: una historia sin retoque. México: El Día en Libros 1987. 298 S.
B 67953

Chomsky, N. : Vom politischen Gebrauch der Waffen. Zur politischen Kultur der USA und den Perspektiven des Friedens. Berlin: Guthmann Peterson 1987. 331 S.
B 65008

Contadora and the diplomacy of peace in Central America. Ed.: B. M. Bagley. Boulder, Colo.: Westview Press 1987. XV, 275 S.
B 63397

Crisis in Central America: regional dynamics and US-policy in the 1980s. Ed.: N. Hamilton. Boulder, Colo.: Westview Press1988. X, 272 S.
B 65800

Dealy, G. C. : An honorable peace in Central America. Belmont, Calif.: Brooks/Cole Publ. 1988. XIII, 76 S.
Bc 8574

Kurtenbach, S. : Zentralamerika: Frieden in Sicht? In: Jahrbuch Dritte Welt. (1989), S. 187-206.
BZ 4793:1989

Letz, M. ; Wahl, D. : Bewaffnete Befreiungskämpfe in Mittelamerika, Nikaragua, El Salvador, Guatemala. Berlin: Militärverlag der DDR 1988. 111 S.
Bc 8205

Meždunarodnye Otnošenija v Centralnoj Amerike i Karibskom bassejne v 80-ch godach. Moskva: Nauka 1988. 214 S.
B 68703

Richard, P. : Religion and democracy: the church of the poor in Central America. In: Alternatives. 13 (1988), 3, S. 357-378.
BZ 4842:13

Vivas Díaz, A. : Centro América: los protagonistas hablan. Caracas: Ed. Cabildo 1986. 722 S.
B 63816

L 410 Einzelne Staaten Amerikas

L 421 Argentinien

L 421 a Allgemeines

Adler, E. : The Power of ideologie. The quest for technological autonomy in Argentina and Brazil. Berkeley, Cal.: Univ. of California 1987. XXI, 398 S.
B 64171

Alfonsín, R. : Hacia una nueva estrategia en materia de deuda externa. In: Politica exterior. 3 (1989), 10, S. 5-18.
BZ 4911:3

Bourdé, G. : La classe ouvrière argentine (1929-1969). T. 1-3. Paris: L'Harmattan 1987. 1460 S.
B 64741

Crassweller, R. D. : Perón and the enigmas of Argentina. New York: Norton 1987. XI, 432 S.
B 64549

Dos Santos, N. B. : A geopolítica Argentina. In: Politica e estratégia. 5 (1987), 1, S. 98-116.
BZ 4921:5

Godio, J. : Perón: regreso, soledad y muerte; (1973-1974). Buenos Aires: Hyspamérica 1986. 251 S.
B 66521

Mignone, E. F. : Iglesia y dictadura: el papel de la iglesia a la luz de sus relaciones con el régimen militar. 3. ed. Buenos Aires: Ed. del Pensamiento Nacional 1986. 283 S.
B 63815

Munck, R. : Argentina: from anarchism to peronism. Workers, unions and politics, 1855-1985. London: Zed Books 1987. 261 S.
B 63614

Petras, J. : Argentina: two faces of the small and medium bourgeoisie. In: Contemporary crises. 13 (1989), 1, S. 53 -72.
BZ 4429:13

Walsh, R. : Caso Satanowsky. 2. ed. Buenos Aires: Ed. de la Flor 1986. 179 S.
Bc 7173

Wixler, K. E. : Argentina's geopolitics and her revolutionary Diesel-electric submarines. In: Naval War Collegereview. 42 (1989), 1, S. 86-107.
BZ 4634:42

L 421 e Staat und Politik

Castello, A. E. : La Democracia inestable. 1962-1966. T. 1. 2. Buenos Aires: Ed. Astrea 1986. 325, 348 S.
B 63874

Galasso, N. : J. J. Hernández Arregui: del peronismo al socialismo. Buenos Aires: Ed. del Pensamiento Nacional 1986. 223 S.
B 66482

Haffa, A. I. : Beagle/Konflikt und Falkland-(Malwinen)- Krieg: zur Aussenpolitik d. argentinischen Militärregierung 1976-1983. München: Weltforum Verl. 1987. 435 S.
B 64656

Nunca más. The report of the Argentine National Commission on the disappeared. New York: Straus Giroux 1986. XXVIII, 463 S.
B 63385

Poneman, D. : Argentina: democracy on trial. New York: Paragon House Publ. 1987. XVII, 238 S.
B 64485

Reyes, C. : La farsa del peronismo. 2. ed. Buenos Aires: Sudamericana/Planeta 1987. 187 S.
B 66262

Seoane, M. : La noche de los lapices. 3. ed. Buenos Aires: Ed. Contrapunto 1986. 282 S.
B 62838

Sigal, S. : Perón o muerte: los fundamentos discursios del fenómeno peronista. Buenos Aires: Ed. Legasa 1986. 243 S.
B 66310

Waisman, C. H. : Reversal of development in Argentina: postwar counterrevolutionary policies and their structural consequences. Princeton, N. J.: Princeton Univ. Press 1987. XIV, 329 S.
B 65440

L 421 f Wehrwesen

Laidlaw, C. E. : Identificaçao de eventuais interesses estratégicos divergentes entre Argentina e Brasil. In: Politica e estratégia. 6 (1988), 3, S. 467-505.
BZ 4921:6

Macedo, U. de: Identificaçao de eventuais interesses estratégicos divergentes entre Argentina e Brasil. In: Politica e estratégia. 6 (1988), 3, S. 457-466.
BZ 4921:6

L 423 Bolivien

Antezana Ergueta, L. : Historia secreta del Movimiento Nacionalista Revolucionario. T. 1-5. La Paz: Libr. Ed. „Juentud" 1984-86. 219, 223-526; 539-830; 841-1073; 1083-1422.
B 58437

Bohrt Irahola, C. : Itinerario de un conflicto. Teoría política. Oruro: Ed. Universitaria 1986. 301 S.
B 63877

Healy, K. : Coca, the State and the peasantry in Bolivia, 1982-1988. In: Journal of Inter-American studies and worldaffairs. 30 (1988), 2/3, S. 105-126.
BZ 4608:30

Krempin, M. : Bauernbewegung in Bolivien: d. Entwicklung d. sozioökonom. Lage sowie d. polit. Haltung u. Organisationsformen d. ländl. Bevölkerung in Bolivien unter bes. Berücks. d. Bauernbewegung seit 1969. Frankfurt: Haag u. Herchen 1986. 315 S.
B 62792

Prado Salmón, G. : La guerrilla inmolada: testimonio y análisis de un protagonista. Santa Cruz de la Sierra: Ed. Puntoy Coma 1987. 397 S.
B 63871

Rolon Anaya, M. : Política y partidos en Bolivia. 2. ed. La Paz: Libr. Ed. „Juventud" 1987. 715 S.
B 66271

L 425 Brasilien

L 425 a Allgemeines

Frazaó, E. M. R. : Um guarda-marinha na Segunda Guerra Mundial. In: Revista maritima brasileira. 108 (1988), 10/12, S. 63-72.
BZ 4630:108

Liehr, W. : Mit Gottes Hilfe zum Sozialismus? Kirche und Befreiungstheologie. In: Blätter des iz3w. (1988), 152, S. 35-41.
BZ 05130:1988

Luebke, F. C. : German's in Brazil. A comparative history of cultural conflict during World War I. Baton Rouge: Louisiana State Univ. Pr. 1987. XIII, 248 S.
B 63465

Race, class and power in brazil. Ed.: P.-M. Fontaine. Los Angeles: Center for Afro American Studies, Univ. of California 1986. XI, 160 S.
B 63504

Topliss, D. : The Brazilian dreadnoughts, 1904-1914. In: Warship international. 25 (1988), 3, S. 240-290.
BZ 05221:25

L 425 e Staat und Politik

Allen, E. : Housing programmes, opposition government, and the move towards democracy in Brazil:1983-1986. Glasgow: Inst. of Latin American Studies 1988. 47 S.
Bc 02430

Mainwaring, S. : Political parties and democratization in Brazil and the Southern cone. In: Comparative politics. 21 (1988), 1, S. 91-120.
BZ 4606:21

Medeiros, A. C. de: Politics and intergovernmental relations in Brazil, 1964-1982. New York: Garland 1986. 464 S.
B 64523

O'Donnell, G. : Challenges to democratization in Brazil. In: World policy journal. 5 (1988), 2, S. 281-300.
BZ 4822:5

Pedraza, L. D. : O accordo de intgegraçao Brasil-Argentina da perspectiva da politica internacional. In: Politica e estratégia. 6 (1988), 1, S. 36-48.
BZ 4921:6

State and society in Brazil: continuity and change. Ed.: J. D. Wirth. Boulder, Colo.: Westview Press 1987. X, 349 S.
B 63372

Stepan, A. : Rethinking military politics. Brazil and the Southern Cone. Princeton, N. J.: Princeton Univ. Press 1988. XVIII, 167 S.
B 65419

Torture in Brazil. A report by the archdiocese of Sao Paulo. Ed.: J. Dassin. New York: Vintage Books 1986. XXVIII, 238 S.
B 64539

Zirker, D. : Democracy and the military in Brazil: elite accommodation in cases of torture. In: Armed forces and society. 14 (1988), 4, S. 587-605.
BZ 4418:14

L 425 g Wirtschaft

Franko-Jones, P. : „Public private partnership:" Lessons from the Brazilian armaments industry. In: Journal of Inter-American studies and world affairs. 29 (1987/88), 4, S. 41-68.
BZ 4608:29

Topik, S. : The political economy of the Brazilian state, 1889-1930. Austin, Texas: Univ. of Texas Pr. 1987. XII, 241 S.
B 64047

Wöhlcke, M. : Brasilien als Produzent und Exporteur von Rüstungsgütern. Baden-Baden: Nomos-Verlagsges. 1987. 176 S.
B 63985

L 427 Chile

L 427 a Allgemeines

Briant, J. : Chili au quotidien. Paris: L'Harmattan 1987. 143 S.
B 64612

Cárdenas, J. P. : No a Pinochet. Santiago de Chile: Ed. Emisión 1986. 108 S.
Bc 7907

Collyer C. , P. : José Carrasco: asesinato de un periodista. Santiage de Chile: Ed. Emisión 1987. 168 S.
Bc 7881

Couyoumdjian, J. R. : Chile y Gran Bretaña durante la Primera Guerra Mundial y la postguerra, 1914-1921. Santiago: Ed. A. Bello 1986. XVI, 340 S.
B 61143

García Márquez, G. : Das Abenteuer des Miguel Littín. Illegal in Chile. Köln: Kiepenheuer & Witsch 1987. 153 S.
B 64346

Hourton Poisson, J. : Combate cristiano por la democracia:1973-1987. Santiago de Chile: Ed. Chile y América, CESOC1987. 283 S.
B 67955

Kunc, J. : Salvador Allende. Praha: Horizont 1987. 139 S.
Bc 7897

Muñoz Dálbora, A. : Fuerza feminista y democracia: utopía a realizar. Santiago de Chile: Ed. Documentas 1987. 96 S.
Bc 7883

Prats González, C. : Memorias: testimonio de un soldado. 3. ed. Santiago: Pehuén 1987. 610 S.
B 62869

Ramírez Necochea, H. : Historia del moimiento obrero en Chile: antecedentes – siglo XIX. 2. ed. Concepción: Ed. Literatura Americana Reunida 1986.
B 63809

Silva, P. : Estado, neoliberalismo y política agraria en Chile, 1973-1981. Dordrecht: Foris Publ. 1987. 389 S.
B 63483

Una armada profesional y eficiente. In: Defensa. 12 (1989), 135, S. 26-43.
BZ 05344:12

L 427 e Staat und Politik

Almeyda Medina, C. : Mi respuesta: a la acusación del regimen ante el tribunal constitucional. Santiago: Centro de Estudios Sociales 1987. 111 S.
Bc 8154

Bitar, S. ; Cárdenas, J. P. : Chile's transition. In: World policy journal. 6 (1988), 1, S. 169-202.
BZ 4822:6

Democracia Cristiana y Partido Comunista. Santiago: Ed. Aconcagua 1986. 308 S.
B 63063

Democracia en Chile: doce conferencias. Santiago: CIEPLAN 1986. 279 S.
B 63064

Devés Valdes, E. : El pensamiento socialista en Chile: antología 1893-1933. Santiago de Chile: América Latina Libros1987. 234 S.
B 67272

Estados Unidos y Chile hacia 1987. Santiago de Chile: Flacso 1987. 78 S.
Bc 8080

Haližak, E. : Czynnik technologiczny w polityce zbrojeń Stanów Zjednoczonych. In: Sprawy międzynarodowe. 41 (1988), 6, S. 83-96.
BZ 4497:41

Holst, J. : Nein zu Pinochet – Was nun? In: Blätter des iz3w. (1988), 154, S. 4-9.
BZ 05130:1988

Huneeus, C. : Los chilenos y la política: cambio y continuidad bajo el autoritarismo. Santiago de Chile: Salesianos1987. 241 S.
Bc 8079

In Chile von der Todesstrafe bedroht – in der Bundesrepublik zum Sicherheitsrisiko erklärt. Frankfurt: Medico International 1987. 35 S.
Bc 02472

Jobet, J. C. : Historia del Partido Socialista de Chile. 2. ed. Santiago de Chile: Ed. Documentas 1987. 432 S.
B 67194

Krumwiede, H. W. : Probleme und Aussichten der Demokratisierung: Chile und Nicaragua in vergleichender Perspektive. In: Aus Politik und Zeitgeschichte. (1989), 4, S. 26-49.
BZ 05159:1989

Mero, R. : Pinochet, penúltimo round. Buenos Aires: Ed. Legasa 1987. 392 S.
B 66464

Monckeberg P. , M. O. : Crimen bajo estado de sitio. 2. ed. Santiago de Chile: Ed. Emision 1987. 379 S.
B 63999

Muñoz, H. : Una amistad esquiva: las relaciones de Estados Unidos y Chile. Santiago de Chile: Pehuén 1987. 179 S.
Bc 8082

Petras, J. : Political economy of state terror: Chile, El Salvador, and Brazil. In: Crime and Social Justice. (1987), 27-28, S. 88-109.
BZ 4979:1987

Pinto, M. : Nunca mas, Chile:1973-1984. Santiago de Chile: Terranova 1986. 174 S.
Bc 7904

Tironi, E. : Pinochet. La dictature néo-libérale. Paris: L'Harmattan 1987. 126 S.
B 63899

Verdugo A. , P. : Una herida abierta: detenidos, desaparecidos. 2. ed. Santiago de Chile: Ed. Aconcagua 1986. 187 S.
B 67023

L 429 Costa Rica

Rojas Bolaños, M. : Lucha social y guerra civil en Costa Rica:1940-1948. San José, Costa Rica: Alma Máter 1986. 177 S.
Bc 7474

Sáenz Carbonell, J. F. : Los cancilleres de Costa Rica. San José, Costa Rica: Ministerio de Relaciones Exteriores y Culto 1986. XII, 229 S.
B 66395

Schifter Sikora, J. : Las alianzas conflictivas: [las relaciones de Estados Unidos y Costa Rica desde la Segunda Guerra Mundial a la guerra fría]. San José, Costa Rica: Libro Libre 1986. 317 S.
B 66483

L 431 Ecuador

Carrión Mena, F. : Política exterior del Ecuador: evolución, teoría y práctica. Quito: Ed. Universitaria 1986. 338 S.
B 66478

Martz, J. D. : Politics and petroleum in Ecuador. New Brunswick: Transaction Books 1987. XII, 432 S.
B 63373

Ochoa A. , N. : La mujer en el pensamiento liberal. Quito: Ed. El Conej 1987. 208 S.
B 64452

Ochoa Antich, N. : La mujer en el pensamiento liberal. Quito: Ed. El Conej 1987. 208 S.
B 64452

L 433 El Salvador

L 433 a Allgemeines

Figueroa Salazar, A. : El Salvador: elementos de su historia y sus luchas; (1932-1985). Caracas: Fondo Ed. Tropykos1987. 160 S.
Bc 7651

LeMoyne, J. : El Salvador's forgotten war. In: Foreign affairs. 68 (1989), 3, S. 105-125.
BZ 05149:68

Lievens, K. : De vijfde etage van de vreugde. Bergen: Uitgeverij EPO 1986. 191 S.
B 65989

Minenkrieg in El Salvador. E. Dokumentation des salvadorischen Außenministeriums. München: Mundis 1987. 44 S.
Bc 02476

L 433 e Staat und Politik

Acevedo, C. : La propuesta de paz más viable del FMLN. In: Estudios centroamericanos. 44 (1989), 483/484, S. 53-77.
BZ 4864:44

Blachman, M. J. ; Sharpe, K. E. : Things fall apart in El Salvador. In: World policy journal. 6 (1988), 1, S. 107-140.

BZ 4822:6

Duarte, J. N. : Duarte: my story. London: Putnam 1986. 284 S.
B 63507

Echeverría, S. : Análisis coyuntural de los proyectos políticos. In: Estudios centroamericanos. 43 (1988), 480, S. 883-910.
BZ 4864:43

Ellacuría, I. : Una nueva fase en el proceso salvadoreño. In: Estudios centroamericanos. 45 (1989), 485, S. 167-197.
BZ 4864:45

Ellacuríia, I. : Los partidos políticos y la finalización de la guerra. In: Estudios centroamericanos. 43 (1988), Nov.-Dec. , S. 1037-1077.
BZ 4864:43

Harnecker, M. : La propuesta del FMLN: un desafío a la estrategia contrainsurgente. In: Estudios centroamericanos. 44 (1989), 485, S. 211-228.
BZ 4864:44

Martínez, E. ; Montoya, A. : Las propuestas económicas de los partidos y la necesidades de la mayorías populares. In: Estudios centroamericanos. 43 (1988), Nov.-Dec. , S. 1013-1035.
BZ 4864:43

Montes, S. : Los derechos humanos en las plataformas de los partidos políticos. In: Estudios centroamericanos. 43 (1988), Nov.-Dec. , S. 1079-1088.
BZ 4864:43

Montes, S. : Las elecciones presidenciales del 19 de marzo de 1989. In: Estudios centroamericanos. 44 (1989), 485, S. 199-209.
BZ 4864:44

Padilla Vela, R. : El fascismo en un pais dependiente, la dictadura del General Maximiliano Hernández Martinez. San Salvador: Ciudad Universitaria 1987. 72 S.
Bc 8310

La primera administración Reagan y el Salvador. (Enero de 1981 – noviembre de 1984). San Salvador: CECARI 1986. 127 S.
Bc 7811

Rone, J. ; Neier, A. ; Nelson, A. : Setting into routine. Human rights abuses in Duarte's second year. New York, N. Y.: The Americas Watch Committee 1986. V, 162 S.
B 63323

El Salvador – Unterstützung für die Süd-West-Front „Feliciano Ama" in El Salador. Hrsg. z. Unterstützung d. Kampagne f. die Südwest-Front „Feliciano Ama" (von) Info-Stelle El Salvador. Wuppertal 1987. 48 S.
D 03772

El Salvador: Central America in the new cold war. Ed.: M. E. Gettleman. New York, N. Y.: Grove Pr. 1987. XVII, 450 S.
B 64575

Samayoa, S. ; Karl, T. : Negotiations or total war. In: World policy journal. 6 (1989), 2, S. 321-355.
BZ 4822:6

Smyth, F. : Consensus or crisis? Without Duarte in El Salvador. In: Journal of Interamerican studies and worldaffairs. 30 (1988/89), 4, S. 29-52.
BZ 4608:30

Villalobos, J. : Perspectivas de victoria y proyecto revolucionario. In: Estudios centroamericanos. 44 (1989), 483/484, S. 11-52.
BZ 4864:44

Zamora, R. : El Salvador after Duarte. In: World policy journal. 5 (1988), 4, S. 703-723.
BZ 4822:5

L 433 h Gesellschaft

Maroney, T. A. : Psicología de la oprimida. In: Estudios centroamericanos. 43 (1988), 480, S. 911-926.
BZ 4864:43

Montes Mozo, S. : El Salvador 1987: salvadoreños refugiados en los Estados Unidos. San Salvador: Inst. de Investigaciones 1987. 263 S.
Bc 8319

L 435 Guatemala

Coudert, V. : Refuge, réfugiés. Des guatémaltèques sur terre mexicaine. Paris: L'Harmattan 1987. 141 S.
B 64745

Frundt, H. J. : Refreshing pauses: Coca-Cola and human rights in Guatemala. New York: Praeger 1987. XVI, 269 S.
B 65437

Manz, B. : Refugees of a hidden war: the aftermath of counterinsurgency in Guatemala. Albany, N. Y.: State Univ. of New York 1988. VI, 283 S.
B 65699

Painter, J. : Guatemala. False hope, false freedom. London: CIIR 1987. XVIII, 134 S.
B 64428

L 437 Guayana

Salkin, Y. : Regard stratégique sur les Guyanes. In: Défense nationale. 45 (1989), 7, S. 125-136.
BZ 4460:45

L 439 Honduras

Lagos Andino, R. : Die Entwicklung der Gewerkschaftsbewegung in Lateinamerika, dargest. a. Beisp. von Honduras (1950-1980). Münster: Lit Verl. 1987. 269 S.
B 63528

Lagos Andino, R. ; Lawrence, E. ; Driessler, W. : Garnison Honduras. E. bitterarmes Land im Griff d. Pentagon. Wuppertal: Ed. Nahua 1987. 216 S.
B 63545

Paz Barnica, E. : La Política exterior de Honduras:1982-1986. 2. ed. Madrid: Ed. Iberoamericana 1986. 493 S.
B 62973

Rosenberg, M. B. : Narcos and politicos: the politics of drug trafficking in Honduras. In: Journal of Inter-Americanstudies and world affairs. 30 (1988), 2/3, S. 143-165.
BZ 4608:30

L 441 Kanada

Barrett, S. R. : Is God a racist? the right wing in Canada. Toronto: Univ. of Toronto Pr. 1987. XIV, 377 S.
B 65495

Bélanger, R. : Wilfried Laurier. Quand la politique devient passion. Québec: Presses de l'Univ. Laval 1986. 484 S.
B 65308

Bland, D. L. : Controlling the defense policy process in Canada. White papers on defense and bureaucratic politics in the Department of National Defence. In: Defense analysis. 5 (1989), 1, S. 3-17.
BZ 4888:5

Bland, D. L. ; Young, J. D. : Trends in Canadian security policy and commitments. In: Armed forces and society. 15 (1988), 1, S. 113-130.
BZ 4418:15

Bothwell, R. ; Drummond, I. ; English, J. : Canada, 1900-1945. Toronto: Univ. of Toronto Pr. 1987. X, 427 S.
B 63520

Brimelow, P. : The patriot game: Canada and the Canadian question revisited. Stanford, Cal.: Hoover Institut 1986. 310 S.
B 64886

Calvert, J. R. : The divergent paths of Canadian and American labor. In: The year left. 3 (1988), S. 213-228.
BZ 4857:3

Cox, D. : Mixed signals from the North: Canada's defense debate. In: World policy journal. 5 (1988), 3, S. 469-496.
BZ 4822:5

Franks, C. E. : The parliament of Canada. Toronto: Univ. of Toronto Pr. 1989. VI, 305 S.
B 65502

Hyatt, A. M. J. : General Sir Arthur Currie: a military biography. Toronto: Univ. of Toronto Pr. 1987. XII, 178 S.
B 65393

Léonard, J. F. ; Léveillée, J. : Montréal after Drapeau. Montréal: black Rose Books 1986. 134 S.
B 64044

Mahler, G. S. : New dimensions of Canadian federalism. Canada in a comparative perspective. London: Associated Univ. Pr. 1987. 195 S.
B 64728

Martynenko, B. A. : Kanada vo vtoroj mirovoj vojne. Formirovanie „severaotlantičeskogo treugol'nika" 1939-1941. Kiev: Naukova dumka 1986. 134 S.
Bc 6612

Pickersgill, J. W. : The road back: by a liberal in oposition. Toronto: Univ. of Toronto Pr. 1986. 255 S.
B 65714

Ross, J. I. : Attributes of domestic political terrorism in Canada, 1960-1985. In: Terrorism. 11 (1988), 3, S. 213-233.
BZ 4688:11

Scheuer, S. L. : Equality of rights and the Canadian Armed Forces: Is there a future role for female combatants? In: Defense analysis. 5 (1989), 1, S. 19-29.
BZ 4888:5

Smiley, D. V. : The federal condition in Canada. Toronto: McGraw-Hill Ryerson 1987. XII, 202 S.
B 64604

Southern exposure. Canadian perspectives on the United States. Ed.: D. H. Flaherty. Toronto: McGraw-Hill Ryerson 1986. X, 246S.
B 64603

L 441 e Staat und Politik

Barrett, J. : Arms control and Canada's security policy. In: International journal. 42 (1987), 4, S. 731-768.
BZ 4458:42

Dosman, E. J. : Points of departure: the security equation in Canadian-Commonwealth Caribbean relations. In: International journal. 42 (1987), 4, S. 821-847.
BZ 4458:42

Pratt, C. : Ethics and foreign policy: the case of Canada's development assistance. In: International journal. 42 (1988), 2, S. 264-301.
BZ 4458:42

L 441 f Wehrwesen

Langdon, F. ; Ross, D. : Towards a Canadian maritime strategy in the north Pacific region. In: International journal. 42 (1987), 4, S. 848-889.
BZ 4458:42

Morton, D. : Defending the indefensible: some historical perspectives on Canadian defence 1867-1987. In: International journal. 42 (1987), 4, S. 627-644.
BZ 4458:42

L 443 Kolumbien

L 443 a Allgemeines

Bagley, B. M. : Colombia and the war on drugs. In: Foreign affairs. 67 (1988), 1, S. 70-92.
BZ 05149:67

Chernik, M. W. : Negotiated settlement to armed conflict: lessons from the Colombian peace process. In: Journal of Interamerican studies and world affairs. 30 (1988-89), 4, S. 53-88.
BZ 4608:30

Galán Medellín, R. : El crimen de abril: lo qué se ha revelado del proceso Gaitán. Bogotá: Ed. Ecoe 1986. 320 S.
B 65457

Jaramillo, J. : Colonización, coca y guerrilla. Bogotá: Univ. Nac. de Colombia 1986. 239 S.
B 63831

Klim: Figuras políticas de Colombia. 2. ed. Bogotá: *El Ancona Ed. 1986. 138 S.*
B 62549

Martz, J. D. : National security and politics: The Colombian-Venezuelan border. In: Journal of Interamerican studies and world affairs. 30 (1988-89), 4, S. 117-138.
BZ 4608:30

Puddu, F. M. : Armada republica de Colombia armada de Ecuador. In: Rivista marittima. 122 (1989), 10, S. 41-54.
BZ 4453:122

Restrepo, L. : Historia de una traición. Bogotá: Plaza & Janes Ed. 1986. 255 S.
B 66517

Rincon, F. : Parejo bajo el fuego. Bogotá: VEA 1987. 93 S.
Bc 7639

L 443 e Staat und Politik

Barco, V. : Hacia una Colombia nueva. Liberalismo, democracia social y cambio. 3. ed. Bogotá: Ed. Oveja Negra 1986. 241 S.
B 63828

Colombia. Violencia y democracia. Bogotá: Univ. Nac. de Colombia, Centro Ed. 1987. 318 S.
B 65467

Latorre Rueda, M. : Hechos y crítica política. Bogotá: Univ. Nac. de Colombia 1986. 199 S.
B 63848

Lucena Quevedo, E. : Colombia ante la guerra: democracia o totalitarismo; discurso pronunciado el debate sobre elproces o de guerra que vive Colombia. Bogotá: Ed. Democracía Humanista 1987. 52 S.
Bc 7644

Pécaut, D. : L'ordre et la violence. Evolution socio-politique de la colombie entre 1930 et 1953. Paris: École des Hautes Études en Sciences Sociales 1987. 486 S.
B 63817

Pérez, L. C. : La guerrilla ante los jueces militares. Bogotá: Ed. Temis 1987. 189 S.
Bc 8111

Pizani Pardi, A. : De Cipriano Castro a Romulo Betancourt. Caracas: Ed. Centauro 1987. 337 S.
B 63872

Ricardo Piñeros, V. G. : Paz, democracia, solidaridad y autonomía regional. Bogotá: Ed. Presencia 1986. XIX, 268 S.
B 63811

Stockmann, R. : Kolumbien im Griff der Gewalt. In: Jahrbuch Dritte Welt. (1989), S. 229-247.
BZ 4793:1989

Vázquez Carrizosa, A. : Betancur y la crisis nacional. Bogotá: Ed. Aurora 1986. 287 S.
B 65466

L 443 k Geschichte

Alape, A. : La paz, la violencia: testigos de excepción; documento. Bogotá: Planeta 1987. 640 S.
B 66488

Behar, O. : "Las guerras de la paz". 9. ed. Bogotá: Planeta Colombiana 1987. 415 S.
B 66777

Casas Aguilar, J. : La violencia en los Llanos Orientales: (comando Hermanos Bautista). Bogotá: Ed. ECOE 1986. 141 S.
Bc 7645

López Caballero, J. M. : El Palacio de Justicia: defensa de nuestras instituciones? Bogotá: Ed. Retina 1987. 136 S.
Bc 7643

Mantilla Escobar, D. : Holocausto a la justicia. Medellín: Prod. Alicia 1986. 240 S.
B 65461

Pasado y presente de la violencia en Colombia. Bogotá: Fondo Ed. CEREC 1986. 413 S.
B 63812

L 445 Mexico

L 445 a Allgemeines

Gallo, M. A. : La satira politica mexicana. México: Ed. Quinto Sol 1987. 318 S.
B 63832

Imbusch, P. : Mexiko. Entwicklungsstrategische Alternativen. Marburg: Verl. Arbeiterbew. u. Gesellschaftswiss. 1988. 207 S.
Bc 8135

Philip, G. : Mexico's internal conflicts. The risks of a declining economy. London: Institut for the study of conflict 1987. 23 S.
Bc 8126

Riding, A. : Mexico. Inside the volcano. London: Tauris 1987. XIV, 401 S.
B 63729

Salinas de Gortari, C. : Sobre la recuperación de la economía mexicana. In: Politica exterior. 3 (1989), 10, S. 33 -49.
BZ 4911:3

Schneider, B. R. : Partly for sale: Privatization and state strength in Brazil and Mexico. In: Journal of Interamerican studies and world affairs. 30 (1988/89), 4, S. 89-116.
BZ 4608:30

Suárez, L. : Lucio Cabañas: el guerrillero sin esperanza. México: Grijalbo 1986. 358 S.
B 62871

L 445 e Staat und Politik

Castañeda, J. G. México: el futuro en juego: México: J. Moritz, Planeta 1987. 191 S.
B 67952

Castillo, H. : Desde la trinchera. México: Ed. Océano 1986. 282 S.
B 61972

Delal Baer, M. : Between evolution and devolution: Mexican democracy. In: The Washington quarterly. 11 (1988), 3, S. 77-89.
BZ 05351:11

Ehrke, M. : Die Präsidentschaftswahlen in Mexiko: Ursachen und Perspektiven eines Umbruchs? In: Lateinamerika. (1988), Beih. 5, S. 3-22.
BZ 05479:1988

Garrido, L. J. : El partido de la revolucíon institucionalizada: medio siglo de poder político en Mézico; la formación del nueo estado (1928-1945). México: Secretaría de Educación Pública, SEP 1986. 493 S.
B 63833

Lajous, A. : Los candidatos: [cuatro punteros y algunos cachirulos]. México: Edamex 1987. 52 S.
Bc 8077

Mexican politics in transition. Ed.: J. Gentleman. Boulder, Colo.: Westview Press 1987. XIII, 320 S.
B 63398

México y la paz. 1. ed. México: Secr. de Relaciones Exteriores 1986. 240 S.
B 63808

Mexico's political stability. The next 5 years. Ed.: R. A. Camp. Boulder, Colo.: Westview Press 1986. IX, 279 S.
B 61673

O'Malley, I. V. : The myth of the revolution: hero cults and the institutionalization of the Mexican state, 1920-1940. Westport, Conn.: Greenwood Pr. 1986. XII, 199 S.
B 63316

Ramírez, C. : Operación Gavin: México en la diplomacia de Reagan. México: El Día en Libros 1987.
Bc 8513

Reding, A. : Mexico at a crossroads: the 1988 election and beyond. In: World policy journal. 5 (1988), 4, S. 615-649.
BZ 4822:5

Wiarda, H. J. : Mexico: The unravelling of a corporatist regime? In: Journal of Interamerican studies and world affairs. 30 (1988-89), 4, S. 1-28.
BZ 4608:30

Wiener, A. : Das PRI-System gerät ins Wanken. In: Blätter des iz3w. (1988), 154, S. 13-18.
BZ 05130:1988

Zinser, A. A. : Mexico The presidential problem. In: Foreign policy. (1987/88), 69, S. 40-60.
BZ 05131:1987/88

L 445 k Geschichte

Epistolario. Archivo de Don Francisco I. Madero. T. 1-2. 2. ed. o.O. o.J. 541, 339 S.
B 66473

Flores Magón, R. : 1914: la interención americana en México. 3. ed. México: Ed. Antorcha 1987. 93 S.
Bc 8520

Hart, J. M. : Revolutionary Mexico. The coming and process of the Mexican revolution. Berkeley, Cal.: Univ. of California 1987. XI, 478 S.
B 64500

Jore, J. : Pershing's mission in Mexico: logistics and preparation for the war in Europe. In: Military affairs. 52 (1988), 2, S. 117-121.
BZ 05148:52

Tutino, J. : From insurrection to revolution in Mexico: social bases of agrarian violence 1750-1940. Princeton, N. J.: Princeton Univ. Press 1986. XX, 425 S.
B 65420

L 447 Nicaragua

L 447 a Allgemeines

Berreby, G. ; Berreby, É. G. ; Pastora, E. : Commandant Zéro. Paris: Laffont 1987. 290 S.
B 65016

Casaldáliga, P. : Nicaragua: combate y profecía. San José: DEI 1987. 188 S.
Bc 7878

Diaz Polanco, H. : Nicaragua: autonomía y revolución. Panamá: Centro de Capacitación Social 1986. 122 S.
Bc 8324

Macintosh, F. ; Angel, A. : The tiger's milk. Women of Nicaragua. London: Virage Pr. 1987. 142 S.
Bc 02220

Nicaragua. Menschen, Landschaften. Hrsg.: I. Seibert. Berlin: Elefanten Pr. 1989. 127 S.
Bc 02564

Preston, J. : The Mosquito intians and Anglo-Spanish rivalry in Central America, 1630-1821. Glasgow: Inst. of Latin American Studies 1987. 35 S.
Bc 02429

L 447 e Staat und Politik

Benítez, R. : EE. UU. contra Nicaragua: la guerra de baja intensidad en Centroamérica. Madrid: Ed. Revolución 1987. 87 S.
Bc 8436

Farer, T. J. : Looking at Nicaragua: the problematique of impartiality in human rights inquiries. In: Human rights quarterly. 10 (1988), 2, S. 141-156.
BZ 4753:10

Hamann, P. : Blüte aus Feuer. Nikaragua – Reportage aus dem Alltag e. Revolution. Leipzig: Urania-Verl. 1988. 158 S.
Bc 8654

Luciak, I. A. : Participation development in sandinista Nicaragua: grass-roots movements and basic needs. In: Scandinavian journal of development alternatives. 7 (1988), 4, S. 29-53.
BZ 4960:7

Mateo, R. de: Poder y modelo de comunicación en Nicaragua: de Somoza García al sandinismo. In: Revista CIDOB d'afers internacionals. (1988), 14/15, S. 81-99.
BZ 4928:1988

Moore, J. N. : The secret war in Central America: Sandinista assault on world order. Lanham: Univ. Press of America 1987. VII, 195 S.
B 64527

Nicaragua. The right to survive. Croton-on-Hudson, N. Y.: North River Pr. 1987. XII, 135 S.
Bc 8460

Nicaragua. 10 Jahre Sandinistische Revolution. In: AIB-Dritte-Welt-Zeitschrift. 20 (1989), 6, S. 13-36.
BZ 05283:20

Ortega Saavedra, D. : „The Government of the United States must rectify". o.O. 1986. 11 S.
Bc 7642

Ramirez, S. : Las armas del futuro. Managua: Ed. Nuea Nicaragua 1987. XXXVI, 391 S.
B 66495

Reader zum Seminar „Hintergründe und Strategien der Desinformationskampagne üb. Nicaragua. Seminar in der ESG Köln, 16.-18. Jan. 1987. Köln 1987. 150 S.
D 03787

Reagan versus the Sandinistas. The undeclared war on Nicaragua. Ed.: T. W. Walker. Boulder, Colo.: Westview Press 1987. XIV, 337 S.
B 64514

Ruchwarger, G. : People in power: forging a grassroots democracy in Nicaragua. South Hadley, Mass.: Bergin & Garvey 1987. XI, 340 S.
B 64893

Sanabria Centeno, O. : Nicaragua: diagnostico de una traición; el Frente Sandinista de Liberación Nacional en el poder. Esplugues de Llobregat: Plaza y Janes 1986.
B 66273

Torres, R. M. : Transición y crisis en Nicaragua. San José: Icadis 1987. 248 S.
B 66460

La transición difícil: la autodeterminación de los pequeños países periféricos. Managua: Ed. Vanguardia 1987. 408 S.
B 66461

Turner, R. F. : Nicaragua vs. the United States: a look at the facts; special report. Washington: Pergamon Press 1987. XIV, 165 S.
B 65797

L 447 f Wehrwesen

Dickey, C. : With the Contras. A reporter in the wilds of Nicaragua. New York: Touchstone 1987. 327 S.
B 63409

Gutiérrez, P. R. : Calero, el contra. San José, Costa Rica: Ed. Lena 1987. 195 S.
B 66469

Morales, A. : Con el corazón en el disparador: (las batallas del frente interno). Managua: Vanguardia 1986. 190 S.
Bc 7880

Reimann, E. : Confesiones de un contra: historia de „Moisés" en Nicaragua. Buenos Aires: Ed. Legasa 1986. 158 S.
Bc 7903

Reimann, E. : Yo fui un contra: historia de un „paladín de la libertad". Managua: Ed. Vanguardia 1987. 349 S.
B 66466

Rosenfeldt, R. : Die Sandinistische Volksarmee – Garant der nikaraguanischen Revolution. In: Militärwesen. (1989), 7, S. 67-73.
BZ 4485:1989

L 447 g Wirtschaft

Brigadenbewegung: Kalter Kaffee? In: Blätter des iz3w. (1988), 152, S. 27-34.
BZ 05130:1988

Kaffee aus Nicaragua. Hrsg.: AG IV-Kaffeeimport, Informationsbüro Nicaragua Wuppertal. Wuppertal 1986. 10
D 03713

Nicaragua. Profiles of the revolutionary public sector. Ed.: M. E. Conroy. Boulder, Colo.: Westview Press 1987. XIX, 247 S.
B 64469

The political economy of revolutionary Nicaragua. Ed.: R. J. Spalding. London: Allen & Unwin 1987. XII, 255 S.
B 63641

Der Streit um Nicaragua. Argumente, Fakten, Hintergründe. Hrsg.: Christl. Initiative Romero. Münster 1986. 41 S.
D 3311

Vilas, C. M. : The Sandinista Revolution. National liberation and social transformation in Central America. New York: Monthly Review Pr. 1986. 317 S.
B 63232

Wheelock Román, J. : Entre la crisis y la agresión la reforma agraria Sandinista. 2. ed. Managua: Ed. Nueva Nicaragua1986. 148 S.
Bc 8114

L 447 k Geschichte

Ahora sé que Sandino manda. Instituto de Estudio del Sandinismo. Managua: Ed. Nueva Nicaragua 1986. 327 S.
B 62876

Avilés Carranza, M. A. : La coopération internationale et la problématique socio-économique du Nicaragua durant ses huitannées de vie révolutionnaire (1979-1987). In: Socialism in the world. 11 (1988), 68, S. 3-13.
BZ 4699:11

Calloni, S. : Nicaragua: el tercer día. Montevideo: Ed. La Hora 1986. 258 S.
B 63998

Conflict in Nicaragua: a multidimensional perspective. Ed.: J. Valenta. Boston, Mass.: Allen & Unwin 1987. XXX, 441 S.
B 65221

Delaporte, M. : Nicaragua: l'épreuve de force. In: Stratégique. (1988), 39/3, S. 155-175.
BZ 4694:1988

Letz, M. : Kurze Geschichte der sandinistischen Revolution. Wurzeln, Verlauf, erste Ergebnisse. Berlin: Dietz 1988. 264 S.
Bc 8207

Navas Zepeda, M. : El rapto de Nicaragua: historia documentada de la intervención americana. Inst. Historico Nicaraguense 1986. 202 S.
B 66486

Niess, F. : Das Erbe der Conquista: Geschichte Nicaraguas. Köln: Pahl-Rugenstein 1987. 498 S.
B 62064

Núñez Téllez, C. : Un pueblo en armas. 2. ed. Managua: Ed. Vanguardia 1986. 192 S.
Bc 7846

Vilas, C. M. : Perfiles de la revolución sandinista: liberación nacional y transformaciones sociales en Centroamérica. Madrid: Ed. Legasa 1986. 402 S.
B 66496

L 449 Panama

Appunn, D. von; Koch, J.; Montero, O. : Panama. Geschichte und Gegenwart. München: Mundis Verl. 1989. 48 S.
Bc 02578

Bolívar Pedreschi, C. : De la protección del canal a la militarización del país. Panamá:1987. 111 S.
Bc 8510

Denk, H. : Die Regierung annullierte die Wahlen. Noriega will nicht weichen. In: AIB-Dritte-Welt-Zeitschrift. 20 (1989), 7, S. 12-16.
BZ 05283:20

Drabek, J. : Panama zwischen Entkolonialisierung und Konfrontation. In: Militärgeschichte. 28 (1989), 2, S. 162-170.
BZ 4527:28

Elton, C. : The Panama Canal in the international setting. In: Ampo. 19 (1988), 4, S. 44-48.
BZ 05355:19

García, A. J. : Cronologia de una crisis: Panamá; junio – julio 1987. Panamá: CELA 1987. 30 S.
Bc 8325

The good neighbors: America, Panama, and the 1977 canal treaties. Ed.: G. H. Summ. Athens, Ohio: Ohio Univ. 1988. XIII, 160 S.
Bc 8442

Hartwig, U. : Oh wie schön ist Panama! In: Blätter des iz3w. (1989), 158, S. 3-6.
BZ 05130:1989

López Tirone, H. : Panamá: una revolución democrática. México: J. Boldó i Climent 1986. 157 S.
Bc 8315

Silva, P. : Noriega's Panama: een politieke patstelling. In: Internationale spectator. 42 (1988), 12, S. 778-783.
BZ 05223:42

Weeks, J.; Zimbalist, A. : The failure of intervention in Panama: humiliation in the backyard. In: Third world quarterly. 11 (1989), 1, S. 1-27.
BZ 4843:11

Zuñiga, M. : El drama de Panama: una alternativa. Panamá:1986. 44 S.
Bc 8312

L 451 Paraguay

Abente, D. : Constraints and opportunities: prospects for democratization in Paraguay. In: Journal of Inter-American studies and world affairs. 30 (1988), 1, S. 73-104.
BZ 4608:30

Kleinpenning, J. M. G. : Paraguay. De balans van het tijdperk-Stroessner. In: Internationale spectator. 42 (1989), 3, S. 150-156.
BZ 05223:42

Roett, R. : Paraguay after Stroessner. In: Foreign affairs. 68 (1989), 2, S. 124-142.
BZ 05149:68

L 453 Peru

Bernales Ballesteros, E. : Socialismo y nación. Lima: Mesa Redonda Ed. 1987. 196 S.
Bc 8106

Ceresole, N. : Peru: „Senderizacao", militarizacao e social-democracia. In: Politica e estratégia. 5 (1987), 1, S. 19 -55.
BZ 4921:5

Chang-Rodríguez, E. : Opciones políticas peruanas. 2. ed. Trujillo: Ed. Normas Legales 1987. 471 S.
B 63829

Farnsworth, E. : Peru: a nation in crisis. In: World policy journal. 5 (1988), 4, S. 725-746.
BZ 4822:5

Guibal, F. : Mariátegui hoy. Lima: Tarea 1987. 225 S.
B 63847

León Alvarez, V. : La revolución social y el APRA. Trujillo: Generación Norte 1986. 196 S.
B 65458

Luna Vegas, R. : José Carlos Mariátegui:1894-1930; ensayo biográfico. Lima: Ed. Horizonte 1986. 110 S.
Bc 7819

McClintock, C. : The war on drugs: the Peruvian case. In: Journal of Inter-American studies and world affairs. 30 (1988), 2/3, S. 127-142.
BZ 4608:30

Morote Solari, F. : Geopolítica del Peru. 2. ed. Lima: Libr. Studium Ed. 1986. 235 S.
Bc 6645

Pérez, G. ; Llosa, M. V. ; Ames, R. : On Peru's future. In: World policy journal. 5 (1988), 4, S. 747-779.
BZ 4822:5

Peru. Sendero Luminoso, ejército y democracia. Madrid: Prensa y Ed. Iberoamericanas 1987. 237 S.
B 66489

Pike, F. B. : The politics of the miraculous in Peru: Haya de la Torre and the spiritualist tradition. Lincoln, Neb.: Univ. of Nebraska Pr. 1986. XVI, 391 S.
B 63356

Ramos Rau, D. : Mensaje de Trujillo: del anarquismo al aprismo. Trujillo: Inst. Nor Peruano de Desarrollo Económico Social 1987. 195 S.
Bc 7879

Relaciones internacionales del Peru. Ed.: E. Ferrero Costa. Lima: Centro Peruano de Estudios Internacionales 1986. XXXVI, 498 S.
B 63810

L 454 Surinam

Fernandes Mendes, H. : Militair en samenleving in Suriname. In: Internationale spectator. 43 (1989), 2, S. 91-97.
BZ 05223:43

Haakmat, A. : De revolutie uitgegleden. Politieke herinneringen. Amsterdam: Mets 1987. 223 S.
B 63088

Lagerberg, K. : Onvoltooid verleden: Suriname en Nederland een jaar na de verkiezingen. In: Internationale spectator. 42 (1988), 12, S. 742-750.
BZ 05223:42

MacDonald, S. B. : Insurrection and redemocratization in Suriname?: The ascendancy of the „Third Path". In: Journal of Inter-American studies and world affairs. 30 (1988), 1, S. 105-132.
BZ 4608:30

Scholtens, B. : Opkomende Arbeidersbeweging in Suriname. Doedel. Liesdek, de Sanders, de Kom en de werklozen onrust, 1931-1933. Nijmegen: Masusa 1986. 224 S.
B 63105

L 455 Uruguay

Barran, J. P. : Lucha política y enfrentamiento social:1913-1916. Montevideo: Ed. de la Banda Oriental 1986. 271 S.
B 64445

Caula, N. : Alto el fuego: FF. AA. y Tupamaros. 4. ed. Montevideo: Monte Sexto 1986. 292 S.
B 62977

Fernández, W. N. : El gran culpable: la responsabilidad de los EE. UU. en el proceso militar uruguayo. Montevideo: Ed. Atenea 1986. 255 S.
B 64000

Ginesta, J. : A doutrina de segurança nacional como ideologia do poder militar no Uruguai. In: Politica e estratégia. 6 (1988), 3, S. 509-528.
BZ 4921:6

Monatañez, P. : A doutrina de segurança nacional no Uruguai. In: Politica e estratégia. 6 (1988), 3, S. 550-563.
BZ 4921:6

Vega, E. M. Umpierrez: A evoluçao das doutrinas e da organizaço das forças armadas uruguaias a partir da II Guerra Mundial e a ideologia d segurança nacional. In: Politica e estratégia. 6 (1988), 3, S. 529 - 549.
BZ 4921:6

L 457 Venezuela

Arroyo Talavera, E. : Elections and negotiation. The limit of democracy in Venezuela. New York: Garland 1986. 450 S.
B 64530

Berroeta, P. : Rómulo Betancourt: los años de aprendizaje; 1908-1948. Caracas: Ed. Centauro 1987. 277 S.
B 63885

Boeckh, A. : Die Schuldenkrise und die Krise des bürokratischen Entwicklungsstaates in Venezuela. In: PolitischeVierteljahresschrift. 29 (1988), 4, S. 636 -655.
BZ 4501:29

Fuenmayor, J. B. : Historia de la Venezuela política contemporanea. 1899-1969. T. 1-13. Caracas 1978-1987. Getr. Pag.
B 67133

Soto Tamayo, C. : Rómulo: democracia con garra. Caracas: Ed. Texto 1986. 409 S.
B 62870

Venezuela: un sistema político en crisis. Ed.: A. Ramos Jiménez. Mérida: Kappa Ed. 1987. 271 S.
B 65473

L 460 USA

L 460 c Biographien

– Bell
Bell, T. H. : The thirteenth man: a Reagan cabinet memoir. New York, N. Y.: Free Press 1988. XI, 195 S.
B 65380

– Bohlen
Ruddy, T. M. : The cautious diplomat. Kent, Ohio: Kent State Univ. 1986. XII, 219 S.
B 64822

– Bush
Bush, G. : Looking forward. New York, N. Y.: Doubleday 1987. XII, 270 S.
B 65690

Caretto, E. : Bush, uomo e politiche. In: Affari esteri. 21 (1989), 81, S. 31-40.
BZ 4373:21

Ege, K. : George Bush – der neue Präsident. Köln: Kiepenheuer & Witsch 1988. 141 S.
Bc 8631

– Chennault
Samson, J. : Chennault. Garden City, N. Y.: Doubleday New York, N. Y. 1987.
B 65693

Schultz, D. : The maverick war: Chennault and the flying tigers. New York: St. Martin's Press 1987. 335 S.
B 64583

– Eisenhower
Brendon, P. : Ike. His life and times. New York: Harper & Row 1986. XVI, 478 S.
B 63281

Burk, R. F. : Dwight D. Eisenhower. Hero and politician. Boston, Mass.: Twayne 1986. XII, 207 S.
B 63341

Miller, M. : Ike the soldier: as they knew him. London: Putnam 1987. 859 S.
B 65815

– Galbraith
Galbraith, J. K. : A view from the stands: of people, politics, military power and the arts; with notes by the author. Ed.: A. D. Williams. Boston, Mass.: Mifflin 1986. XIV, 449 S.
B 63364

– Goetz
Rubin, L. B. : Quiet rage. Bernie Goetz in a time of madness. London: Faber and Faber 1987. 264 S.
B 64375

– Goldman
Solomon, M. : Emma Goldman. Boston: Twayne 1987. 182 S.
B 63343

– Gompers
Unrest and depression, 1891-94. Ed.: S. B. Kaufman. Urbana, Ill.: Univ. of Illinois 1989. XXXII, 764 S.
B 63069:3

– Gootnick
Gootnick, A. : O say, can you see: chaos, and a dream of peace. Lanham: Univ. Press of America 1987. 223 S.
B 65364

– **Groves**
Lawren, W. : The general and the bomb: a biography of general Leslie R. Groves, director of the Manhattan Project. New York: Dodd, Mead & Co. 1988. XII, 324 S.
B 66537

– **Hammer**
Hammer, A. ; Lyndon, N. : Mein Leben. 5. Aufl. Bern: Scherz Verl. 1989. 543 S.
B 69146

– **Helms**
Furgurson, E. B. : Hard right. The rise of Jesse Helms. New York: Norton 1986. 302 S.
B 63243

– **Hoover**
Powers, R. G. : Die Macht im Hintergrund. J. Edgar Hoover und das FBI. München: Kindler 1988. 607 S.
B 65320

Powers, R. G. : Secrecy and power. The life of J. Edgar Hoover. New York: The Free Pr. 1987. X, 624 S.
B 64528

The problems of lasting peace revisited. A scholarly conference, November 2, 1983. Ed.: T. T. Thalken. West Branch, Iowa: Herbert Hoover Presidential Library Association 1986. VIII, 196 S.
B 63412

– **Hopkins**
MacJimsey, G. T. : Harry Hopkins: ally of the poor and defender of democracy. Cambridge, Mass.: Harvard Univ. Pr. 1987. XIV, 474 S.
B 64842

– **Johnson**
Johnson, Lyndon B. : A bibliography. Vol. 1. 2. Austin, Texas: Univ. of Texas Pr. 1984-88. XIV, 257; XIV, 362 S.
B 56079

Conkin, P. K. : Big Daddy from the Pedernales. Lyndon Baines Johnson. Boston, Mass.: Twayne 1986. XII, 324 S.
B 63347

– **Kahane**
Breslauer, S. D. : Meir Kahane: ideologue, hero, thinker. Lewiston, N. Y.: Mellen 1986. 157 S.
B 62989

– **Kennedy, J. F.**
Berry, J. P. : John F. Kennedy and the media: the first television president. Lanham: Univ. Press of America 1987. 148 S.
B 65500

– **Kennedy, R.**
David, L. ; David, I. : Bobby [Robert] Kennedy. The making of a folk hero. New York: Dodd, Mead & Co. 1986. VIII, 342 S.
B 63242

Kennedy, R. F. : In his own words. The unpubl. recollections of the Kennedy years. Ed.: E. O. Guthman. Toronto: Bantam 1988. XVIII, 493 S.
B 69130

– **Lewis**
Dubofsky, M. : John L. Lewis: a biography. Urbana, Ill.: Univ. of Illinois 1986. XII, 387 S.
B 63428

– **Lloyd George**
Gilbert, B. B. : David Lloyd George. A political life. Vol. 1. Columbus, Ohio: Ohio State Univ. Pr. 1987.
B 65808

– **McCarthy**
Griffith, R. : The politics of fear: Joseph R. McCarthy and the Senate. 2. ed. Amherst: Univ. of Massachusetts Press 1987. XXIX, 362 S.
B 64906

Landis, M. : Joseph McCarthy: the politics of chaos. Selinsgrove: Susquehanna UP 1987. 171 S.
B 65415

MacCarthy, E. J. : Up 'til now: a memoir. San Diego, Cal.: Harcourt Brace Jovanovich 1987. XI, 273 S.
B 65824

– **Marshall**
Band, L. I. : George C. Marshall and the education of army leaders. In: Military review. 68 (1988), 10, S. 27-37.
BZ 4468:68

Marshall, G. C. : The papers of George Catlett Marshall. Ed.: L. I. Bland. Baltimor, Ma.: The John Hopkins Univ. 1981-86. XXX, 742; XXVIII, 746 S.
B 64467

– **Matusow**
Kahn, A. E. : The Matusow affair: memoirs of a national scandal. Mt. Kisco, N. Y.: Moyer Bell 1987. XX, 308 S.
B 65688

– **Nichols**
Nichols, K. D. : The road to Trinity. New York: Morrow 1987. 401 S.
B 64574

– **Nixon**
Ambrose, S. E. : Nixon. The education of politician 1913-1962. New York: Simon and Schuster 1987. 752 S.
B 63452

The Nixon presidency: twenty-two intimate perspectives of Richard M. Nixon. Ed.: K. W. Thompson. Lanham: Univ. Press of America 1987. XVI, 416 S.
B 65426

Nixon-Eisenhower, J. : Pat Nixon. The untold story. New York: Simon and Schuster 1986. 480 S.
B 63294

Sulzberger, C. L. : The world and Richard Nixon. New York, N. Y.: Prentice-Hall 1987. XIII, 269 S.
B 65368

– **Parry**
Parry, F. F. : Three-war marine: the Pacific, Korea, Vietnam. Pacifica, Calif.: Pacific Press 1987. XVI, 272 S.
B 65379

– **Patton**
Whitting, C. : Patton's last battle. New York: Stein and Day 1987. 311 S.
B 64823

– **Pesotta**
Pesotta, R. : Bread upon the waters. Ed.: J. N. Beffel. Ithaca, N. Y.: ILR Pr. 1987. XXIV, 435 S.
B 63342

– **Piel**
Piel, G. : Gerard Piel on arms control. Science and economics. Lanham: Univ. Press of America 1987. VIII, 84 S.
B 65330

– **Regan, N.**
Leighton, F. S. : The search for the real Nancy Reagan. New York: Macmillan 1987. XVII, 406 S.
B 63443

– **Reagan, R.**
Edwards, A. : Early Reagan. London: Hodder a. Stoughton 1987. 617 S.
B 65210

Friedman, S. P. : Ronald Reagan. His life story in pictures. New York: Dodd, Mead & Co. 1986. 159 S.
Bc 02326

Jinks, H. : Ronald Reagan: smile, style, and guile. New York, N. Y.: Vantage Press 1986. VIII, 290 S.
B 64908

Reagan and the States. Princeton, N. J.: Princeton Univ. Press 1987. XV, 375 S.
B 64915

Reagan, R. : Ronald Reagan's weekly radio addresses. The president speaks to America. Vol. 1. Wilmington, Del.: Scholarly Resources 1987. XXXVIII, 274 S.
B 64897

Wills, G. : Reagan's America. Innocents at home. Garden City, N. Y.: Doubleday 1987. VIII, 472 S.
B 63466

– **Reed**
Duke, D. C. : John Reed. Boston, Mass.: Twayne Publ. 1987. 163 S.
B 64516

– **Rogers**
Rogers, J. G. : Wartime Washington: the secret OSS journal of James Grafton Rogers, 1942-1943. Ed.: T. F. Troy. Frederick, Md.: Univ. Press of America 1987. XXVIII, 201 S.
B 62951

– **Roosevelt**
Laarabee, E. : Commander in chief. Franklin Delano Roosevelt, his lieutenants, and their war. London: Deutsch 1987. VIII, 723 S.
B 63733

Turk, R. W. : The ambiguous relationship. Theodore Roosevelt and Alfred Thayer Mahan. Westport, Conn.: Greenwood Pr. 1987. VIII, 183 S.
B 64168

– **Rustom**
Congdon, J. : A soldier for Eden. London: Macmillan 1987. XXIII, 198 S.
B 63710

– **Sakell**
Sakell, A. N. : A ripple on the seas. New York, N. Y.: Vantage Press 1986. XXIII, 301 S.
B 64911

– **Smedley**
MacKinnon, J. R. : Agnes Smedley: the life and times of an American radical. Berkeley, Cal.: Univ. of California 1988. XI, 425 S.
B 65365

– **Smith, G.**
Smith, G. : Gerard Smith on arms control. Ed.: K. W. Thompson. Lanham: Univ. Press of America 1987. XXVII, 270 S.
B 64473

– **Smith, L**
Loveland, A. C. : Lillian Smith. A southerner confronting the south. Baton Rouge: Louisiana State Univ. Pr. 1986. XII, 298 S.
B 63039

– **Stockman**
Greenya, J. : The real David Stockman.
New York: St. Martin's Press 1986. XVIII,
302 S.
B 65850

– **Szarek**
Szarek, H. : Ein Soldatenleben. Düsseldorf:
Barett Verl. 1988. 130 S.
Bc 8659

– **Truman**
Harry S. Truman. The man from Independence. Ed.: W. F. Levantrosser. New
York: Greenwood Pr. 1986. X, 427 S.
B 63314

Miller, R. L. : Truman: the rise to power.
New York: McGraw-Hill 1986. 536 S.
B 63349

– **Tsipis**
Tsipis, K. : Kosta Tsipis on arms race. A collection of critical essays. Lanham: Univ.
Press of America 1987. X, 282 S.
B 64790

– **Will**
Will, G. F. : The morning after: American
successes and excesses, 1981-1986. New
York, N. Y.: Free Pr. 1986. XV, 430 S.
B 63420

– **Yeager**
Yeager, C. ; Janos, L. : Yeager. Schneller als
der Schall. München: Goldmann 1987.
441 S.
B 63145

L 460 d Land und Volk

American concentration camps. A documentary history of the relocation and incarceration of Japanese Americans, 1942-1945. Vol. 1-9. New York: Garland 1989.
Getr. Pag.
010904

Amerika und die Deutschen. Eine Studie.
Bonn: Friedrich-Ebert-Stiftung 1987. 91 S.
Bc 02542

Cholewinski, R. : State duty towards ethnic
minorities: positive or negative? In: Human
rights quarterly. 10 (1988), 10, S. 344-371.
BZ 4753:10

Hudson, B. : Hysteria by law: the Palestinian deportation case and the INS contingency plan. In: Without prejudice. 2 (1988),
1, S. 40-60.
BZ 4976:2

Jones, C. E. : The political repression of the
Black Panther Party 1966-1971. The case
of the Oakland Bay Area. In: Journal of
black studies. 18 (1987/88), 4, S. 415-434.
BZ 4607:18

Knauer, S. : Lieben wir die USA? Was die
Deutschen über die Amerikaner denken.
Hamburg: Stern 1987. 224 S.
B 64136

MacAdam, D. : Freedom summer. New
York: Oxford Univ. Pr. 1988. X, 333 S.
B 68390

Parlow, A. : Cry, sacred ground: big mountain, U. S. A. In: Without prejudice. 2
(1988), 1, S. 15-39.
BZ 4976:2

Reinharz, J. : Zionism in the USA on the
eve of the Balfour Declaration. In: Studies
in zionism. 9 (1988), 2, S. 131-145.
BZ 4955:9

Schnall, D. J. : The Jewish agenda: essays in contemporary Jewish life. New York: Praeger 1987. XVIII, 186 S.
B 64847

Tivnan, E. : The lobby. Jewish political power and American foreign policy. New York: Simon and Schuster 1987. 304 S.
B 63893

– **Farbige**

Bernheim, N. : Les églises noires et leurs révérends. In: Vingtième siécle. (1988), 19, S. 31-41.
BZ 4941:1988

Blacks in southern politics. Ed.: L. W. Moreland. New York: Praeger 1987. VII, 305 S.
B 65429

Cargile, S. D. ; Woods, J. E. : Strengthening black student's academic preparedness for higher education. In: Journal of black studies. 19 (1988), 2, S. 150-162.
BZ 4607:19

Černye Amerikancy v istorii SSA v dvuch tomach. Moskva: Mysl' 1986. 254, 290 S.
B 60188

The crusader. Cyril Valentine Briggs. A facs. of the periodical. Ed.: R. A. Hill. Bd. 1-3. New York: Garland 1987. 1395 S.
010613

Darden, J. T. : The effect of World War I on black occupational and residential segregation. The case of Pittsburgh. In: Journal of black studies. 18 (1988), 3, S. 297-312.
BZ 4607:18

DuBois, W. E. B. : Writings. Ed.: N. Huggins. New York: Library of America 1986. 1334 S.
B 63042

Edds, M. : Free at last. What really happened when civil rights came to Southern politics. Bethesda, Md.: Adler & Adler 1987. XV, 277 S.
B 63405

Fairclough, A. : To redeem the soul of America. The southern christian leadership conference and Martin Luther King, Jr. Athens, Ga.: Univ. of Georgia Pr. 1987. X, 504 S.
B 63304

Flick, H. ; Powell, L. : Animal imagery in the rhetoric of Malcolm X. In: Journal of black studies. 18 (1987/88), 4, S. 435-451.
BZ 4607:18

Garvey, M. : The Philosophy and opinions of Marcus Garvey or Africa for the Africans. Dover, Mass.: The Majority Pr. 1986. 412 S.
B 63401

Marable, M. : W. E. B. DuBois. Black radical democrat. Boston, Mass.: Twayne Publ. 1986. X, 285 S.
B 63290

Morrison, M. : Black political mobilization: leadership, power and mass behavior. Albany: Suny Press 1987. 303 S.
B 65362

The new black politics. The search for political power. Ed.: M. B. Preston. 2. ed. New York: Longman 1987. X, 293 S.
B 63259

Newman, R. : Black power and black religion: essays and reviews. West Cornwall, Conn.: Locust Hill Pr. 1987. XIX, 237S.
B 63362

Pinkney, A. : Black Americans. 3. ed. Englewood Cliffs.: Prentice-Hall 1987. VIII, 232 S.
B 65857

Smith, G. : When Jim Crow met John Bull. Black American soldiers in World War II Britain. London: Tauris 1987. 265 S.
B 63951

Tripp, L. S. : Black student activists. Transition to middle class professionals. Lanham: Univ. Press of America 1987. XVI, 167 S.
B 64048

Tushnet, M. V. : The NAACP's legal strategy against segregated educations, 1925-1950. Chapel Hill, N. C.: Univ. of North Carolina Pr. 1987. XIV, 222 S.
B 63802

Walters, R. W. : Black presidential politics in America: a strategic approach. Albany, N. Y.: State Univ. of New York 1988. XVII, 255 S.
B 65394

Walters, R. : White racial nationalism in the United States. In: Without prejudice. 1 (1987), 1, S. 7-29.
BZ 4976:1

Wiggins, W. H. : O freedom!: Afro-American emancipation celebrations. Knoxville, Tenn.: Univ. of Tennessee 1987. XXI, 207 S.
B 64818

Williams, L. E. : Public policies and financial exigencies. Black colleges twenty years later; 1965-1985. In: Journal of black studies. 19 (1988), 2, S. 135-149.
BZ 4607:19

L 460 e Staat und Politik

Alterman, E. : Washington and the curse of the pundit class. In: World policy journal. 5 (1988), 2, S. 235-280.
BZ 4822:5

Arterton, F. C. : Teledemokratie. Can technology protect democracy? Newbury Park: Sage Publ. 1987. 224 S.
B 64510

Birnbaum, N. : Die nächsten vier Jahre: Amerikanische Immobilität? In: Die neue Gesellschaft – Frankfurter Hefte. 36 (1989), 4, S. 295-305.
BZ 4572:36

Blumenthal, S. : Dateline Washington: the conservative crackup. In: Foreign policy. (1987/88), 69, S. 166-188.
BZ 05131:1987/88

Democracy, strategy, and Vietnam. Implications of American policy making. Lexington: Lexington Books 1987. XVI, 373 S.
B 64585

Freedman, L. ; Riske, R. A. : Power and politics in America. 5th ed. Monterey, Calif.: Brooks/Cole 1987. XV, 605 S.
B 63324

Green, D. : Shaping political consciousness: the language of politics in America from McKinley to Reagan. Ithaca, N. Y.: Cornell Univ. 1987. XII, 277 S.
B 65704

Harrigan, J. J. : Politics and the American future. 2. ed. New York: Random House 1987. XVII, 537 S.
B 63266

Hellberg, L. : Reagans USA. Oslo: Cappelens Forl. 1986. 124 S.
B 66501

Ideology and American experience. Essays on theory and practice in the United States. Ed.: J. K. Roth. Washington, D. C.: The Washington Inst. Pr. 1986. VI, 264 S.
B 63302

Jervas, G. : Utvärdering av Reagan-eran. In: Kungl. Krigsvetenskapsakademiens tidskrift. 193 (1989), 1, S. 27-39.
BZ 4718:193

Jobert, M. : Les Américains. Paris: Michel 1987. 218 S.
B 64367

The Johnson presidency. Twenty intimate perspectives of Lyndon B. Johnson. Ed.: K. W. Thompson. Lanham: Univ. Press of America 1986. XIV, 296 S.
B 63270

Lens, S. : Permanent war: the militarization of America. New York, N. Y.: Schocken 1987. XIII, 252 S.
B 64582

Mammarella, G. : L'America di Reagan. Bari: Laterza 1988. 157 S.
Bc 8331

Orman, J. : Comparing presidential behavior. Carter, Reagan, and the macho presidential style. New York: Greenwood Pr. 1987. VIII, 190 S.
B 63523

Ougaard, M. : Politik på amerikansk eller „The American way of political life". In: Den jyske historiker. (1989), 47, S. 28-44.
BZ 4656:1989

Peschek, J. G. : Policy-planning organizations. Elite agendas and America's rightward turn. Philadelphia, Pa.: Temple Univ. Pr. 1987. VIII, 288 S.
B 63457

Pious, R. M. : Essentials of American politics and government. New York: McGraw-Hill 1987. XV, 555 S.
010530

Pynn, R. E. : American politics. Changing expectations. 3. ed. Monterey, Calif.: Brooks/Cole 1987. XV, 645 S.
B 64546

Reagan's first four years. A new beginning? Ed.: J. D. Lees. Manchester: Manchester Univ. Pr. 1988. VI, 264 S.
B 65885

Schmidt, S. W. ; Shelley, M. C. ; Bardes, B. M. : American Government and politics today. 2. ed. St. Paul: West Publ. 1987. XXXIII, 713 S.
010467

Staack, M. : Kurswechsel in Washington. Entspannungsgegner u. Rüstungskontrolle unter d. Präsidentschaft Ronald Reagan. Berlin: Quorum Verl. 1987. V, 154 S.
Bc 8250

Stockman, D. A. : The triumph of politics: how the Reagan revolution failed. New York: Harper & Row 1986. X, 422 S.
B 62927

L 460 e 10 Innenpolitik

Epstein, B. : The politics of prefigurative community: the non-violent direct action movement. In: The year left. 3 (1988), S. 63 - 92.
BZ 4857:3

Fredericks, M. : The octopus eagle: an inside account of Iranscam. Tallahassee, Fl.: Loiry Publ. House 1987. 151 S.
B 65376

Gabriel, J. M. : Die Iran-Contras Affäre. St. Gallen: Inst. für Politikwissenschaft 1987. 18 S.
Bc 02463

Gardner, G. : All the presidents' wits: the power of presidential humor. New York: Morrow 1986. 274 S.
B 65719

Gitlin, T. : Die Gegenreformation ist stekkengeblieben. Ein Rückblick auf die amerikanische 68er Revolution am Ende der Reagan-Ära. In: Blätter für deutsche und internationale Politik. 33 (1988), 11, S. 1341-1347.
BZ 4551:33

Graebner, W. : The engineering of consent. Democracy and authority in twentieth-century America. Madison, Wis.: Univ. of Wisconsin Pr. 1987. XI, 262 S.
B 64056

Halliday, F. : Beyond Irangate. The Reagan doctrine and the Third World. Amsterdam: Transnational Inst. 1987. 38 S.
Bc 8168

Layne, C. : Requiem for the Reagan doctrine. In: SAIS review. 8 (1988), 1, S. 1-17.
BZ 05503:8

MacElvaine, R. S. : The end of the conservative era. Liberalism after Reagan. New York: Arbor House 1987. XI, 338 S.
B 64571

Das politische System der USA. Geschichte u. Gegenwart. Hrsg.: K.-H. Röder. 3. Aufl. Köln: Pahl-Rugenstein 1987. 461 S.
B 63992

Pyle, C. H. : Military surveillance of civilian politics 1967-1970. New York: Garland 1986. XIV, 433 S.
B 64874

Rogin, P. M. : Ronald Reagan, the movie and other episodes in political demonology. Berkeley, Cal.: Univ. of California 1987. XX, 366 S.
B 63016

Sanchez, J. J. : Index to the Iran-Contra hearings summary report. Jefferson, N. C.: McFarland 1988. XIV, 82 S.
Bc 8353

Simmons, J. : Operation abolition: the campaign to abolish the House Un-American Activities Committee 1938-1975. New York: Garland 1986. VI, 325 S.
B 64875

Taking the stand. The testimony of Lieutenant Colonel Oliver L. North. New York: Pocket Books 1987. XIV, 753 S.
B 64580

Toinet, M.-F. : Le système politique des Etats-Unis. Paris: Presses Univ. de France 1987. 629 S.
B 64750

Tower, J. ; Muskie, E. ; Scocroft, B. : The tower Commission Report. The full text of the president's special reviewboard. New York: Bantam Books 1987. XIX, 550 S.
B 62687

Wheaton, E. : Codename Greenkill. The 1979 Greensboro killings. Athens, Ga.: Univ. of Georgia Pr. 1987. X, 328 S.
B 64888

Witzel, R. : Rüstungskontrollpolitik und Machtverständnis in den USA. Die inneramerikanische Kontroverse um die äußere Sicherheit 1968-1976. Frankfurt: Campus 1988. 290 S.
B 65350

L 460 e 11 Verfassung und Recht

The Burger Years. Rights and wrongs in the supreme court. Ed.: H. Schwartz. New York: Sifton Books 1987. XXV, 293 S.
B 63502

Coll, A. R. : International law and US foreign policy: present challenges and opportunities. In: The Washington quarterly. 11 (1988), 4, S. 107-118.
BZ 05351:11

Elliff, J. T. : The United States Department of Justice and individual rights 1937-1962. New York: Garland 1987. 814 S.
B 65708

Garbus, M. : Traitors and heroes. A lawyer's memoir. New York: Athenäum 1987. XX, 305 S.
B 63040

Hevener Kaufman, N. ; Whiteman, D. : Opposition to human rights treaties in the United States Senate: the legacy of the Brikker Amendment. In: Human rights quarterly. 10 (1988), 10, S. 309-337.
BZ 4753:10

Hofrichter, R. : Neighborhood justice in capitalist society: the expansion of the informal state. New York, N. Y.: Greenwood Pr. 1987. XXXIII, 192 S.
B 64853

Horne, G. : Communist front?: The Civil Rights Congress, 1946-1956. Rutherford, N. J.: Fairleigh Dickinson Univ. Pr. 1988. 454 S.
B 64870

King, M. : Freedom song. A personal story of the 1960s Civil Rights Movement. New York: Morrow 1987. 592 S.
B 64587

Leddy, E. F. : Magnum Force Lobby. Lanham: Univ. Press of America 1987. XIII, 318 S.
B 62670

Manis, A. M. : Southern civil religions in conflict: black and white Baptists and civil rights, 1947-1957. Athens, Ga.: Univ. of Georgia Pr. 1987. XI, 160 S.
B 64887

Moss, A. : Disinformation, misinformation, and the „conspiracy" to kill JFK exposed. Hamden, Conn.: Archon Books 1987. VIII, 219 S.
B 64477

Roth, M. P. : The juror and the general. New York: Morrow 1986. 300 S.
B 64496

Todesstrafe in den USA. Amnesty international. Frankfurt: Fischer 1989. 269 S.
Bc 8564

Turner, R. F. : International law, the Reagan doctrine, and world peace: going back to the future. In: The Washington quarterly. 11 (1988), 4, S. 119-136.
BZ 05351:11

L 460 e 12 Regierung und Verwaltung

Benze, J. G. : Presidential power and management techniques: the Carter and Reagan administrations in historical perspective. New York, N. Y.: Greenwood Pr. 1987. XII, 158 S.
B 64852

Berman, L. : The new American presidency. Boston, Mass.: Little, Brown and Comp. 1987. XI, 413 S.
B 63354

Berry, W. D. : Understanding United States government growth: an empirical analysis of the postwar era. New York: Praeger 1987. XIV, 212 S.
B 64879

Bock, J. G. : The White House staff and the national security assistant. Friendship and friction at the water's edge. Westport, Conn.: Greenwood Pr. 1987. XII, 215 S.
B 64491

Bowles, N. : The White House and Capitol Hill: the politics of presidential persuasion. Oxford: Clarendon Press 1987. IX, 261 S.
B 65119

Davis, J. W. : The American presidency. A new perspective. New York: Harper & Row 1987. XIV, 482 S.
B 63803

Gabriel, J. M. : NSC 119 – ein wichtiges Dokument schweizerisch-amerikanischer Beziehungen. St. Gallen: Inst. für Politikwissenschaft 1987. 27 S.
Bc 02462

History and current issues. Ed.: K. W. Thompson. Lanham: Univ. Press of America 1986. XII, 124 S.
B 63371

The In-and-Outers. Presidential appointees and transient government in Washington. Ed.: G. C. Mackenzie. Baltimore, Md.: Johns Hopkins Univ. Pr. 1987. XIX, 239 S.
B 64059

The new American state. Bureaucracies and policies since World War II. Ed.: L. Galambos. Baltimor, Ma.: The Johns Hopkins Univ. 1987. 227 S.
B 64803

Perceptions of policymakers. Ed.: K. W. Thompson. Lanham: Univ. Press of America 1987. XIII, 128 S.
B 63236

Reedy, G. : The twilight of the presidency. From Johnson to Reagan. New York: Nal Books 1987. 200 S.
B 64063

Roosevelt to Reagan: the development of the modern presidency. Ed.: M. Shaw. London: Hurst 1987. XII, 317 S.
B 63759

Simonton, D. K. : Why presidents succeed: a political psychology of leadership. New Haven: Yale Univ. Pr. 1987. XI, 292 S.
B 65695

Steering the elephant: how Washington works. Ed.: R. Rector. New York, N. Y.: Universe Books 1987. XXI, 356 S.
B 65756

To form or preserve a government. The presidency, Congress and political discourse. Ed.: K. W. Thompson. Lanham: Univ. Press of America 1987. XIV, 90 S.
B 64860

Transferring responsibility: the dangers of transition. Lanham: Univ. Press of America 1986. 15 S.
Bc 02466

Wannall, W. R. : The FBI: perennial target of the left. In: The journal of social, political and economic studies. 13 (1988), 3, S. 279-299.
BZ 4670:13

L 460 e 13 Parlamente und Wahlen

The 1984 and the future of American politics. Ed.: P. W. Schramm. Durham, N. C.: Carolina Academic Pr. 1987. XI, 305 S.
B 64481

Abramson, P. R. ; Aldrich, J. H. ; Rohde, D. W. : Change and continuity in the 1984 elections. Washington, D. C.: Congressional Quarterly Pr. 1987. XVI, 378 S.
B 64576

Alexander, H. E. ; Haggerty, B. A. : Financing the 1984 election. Lexington: Lexington Books 1987. XVI, 430 S.
B 64558

Collins, S. D. : The rainbow challenge. The Jackson campain and the future of U. S. politics. New York: Monthly Review Pr. 1986. 384 S.
B 63566

Congress: structure and policy. Ed.: M. D. McCubbins. Cambridge: Cambridge Univ. Pr. 1987. XII, 563 S.
B 64724

Cook, R. : Race for the presidency. Winning the 1988 nomination. Washington, D. C.: Congressional Quarterly Pr. 1987. X, 121 S.
Bc 02400

Elections American style. Ed.: A. J. Reichley. Washington: Brookings Inst. 1987. XII, 291 S.
B 65358

Kleppner, P. : Continuity and change in electoral politics, 1893-1928. London: Greenwood 1987. XV, 263 S.
B 65831

Knickrehm, K. M. ; Bent, D. : Voting rights, voter turnout, and realignment. The impact of the 1965 voting rights act. In: Journal of black studies. 18 (1988), 3, S. 283-296.
BZ 4607:18

Making government work: from White House to Congress. Ed.: R. E. Hunter. Boulder, Colo.: Westview Press 1986. XI, 292 S.
B 63470

Markovits, A. S. : Die Präsidentschaftswahl 1988: Eine analytische Skizze. In: Prokla. 19 (1988), 1, S. 11-31.
BZ 4613:19

Ornstein, N. J. ; Schmitt, M. : The 1988 election. In: Foreign affairs. 68 (1989), 1, S. 39-52.
BZ 05149:68

Power in Congress. Who has it? How they got it? How they use it? Washington, D. C.: Congressional Quarterly Pr. 1987. 158 S.
Bc 02260

Presidential selection. Ed.: A. Heard. Durham, NC.: Duke Univ. Pr. 1987. C, 413 S.
B 64211

Schell, J. : History in Sherman Park: an American family and the Reagan-Mondale election. New York, N. Y.: Knopf 1987. 133 S.
B 64883

Teixeira, R. A. : Why Americans don't vote: turnout decline in the United States, 1960-1984. New York, N. Y.: Greenwood 1987. XIII, 149 S.
B 64817

Thernstrom, A. M. : Whose votes count? Affirmative action and minority voting rights. Cambridge, Mass.: Harvard Univ. Pr. 1987. XII, 315 S.
B 64214

Will, G. F. : The new season: a spectator's guide to the 1988 election. New York: Simon and Schuster 1988. 223 S.
B 64810

Zisk, B. H. : Money, media, and the grass roots. State ballot issues and the electoral rocess. Newbury Park: Sage Publ. 1987. 278 S.
B 63308

L 460 e 14 Parteien

Adamovsky, L. : KS USA a formování jwsnorného protiválwxného knutí na pocárku 80. let. In: Historie a vojenstvi. 38 (1989), 3, S. 112-123.
BZ 4526:38

Adamovský, L. : KS USA současné etape potimonopolistického boje. In: Historie a vojenství. 36 (1987), 1, S. 126-140.
BZ 4526:36

Bibby, J. F. : Politics, parties and elections in America. Chicago: Nelson-Hall 1987. 377 S.
B 65370

Chalmers, D. M. : Hooded Americanism. The history of the Ku Klux Klan. Durham, NC.: Duke Univ. Pr. 1987. XII, 477 S.
B 64176

Coates, J. : Armed and dangerous: the rise of the survivalist right. New York: Hill and Wang 1987. 294 S.
B 65396

Creagh, R. : L'Anarchisme aux Etats-Unis. Bd. 1. 2. Lille: Atelier National de Reproduction des Theses 1986.
B 64198

Ewald, W. B. : McCarthyism and consensus. Lanham: Univ. Press of America 1986. VII, 68 S.
B 62084

Fresia, G. J. : There comes a time. A challenge to the two party system. New York: Praeger 1986. 255 S.
B 63320

Gillon, S. M. : Politics and vision: the ADA and American liberalism; 1947-1985. New York, N. Y.: Oxford Univ. Pr. 1987. XII, 289 S.
B 64569

Herman, E. S. : U. S. Sponsorship of international terrorism: an overview. In: Crime and Social Justice. (1987), 27/28, S. 1-31.
BZ 4979:1987

Johns, M. C. : The Reagan administration's response to state-sponsored terrorism. In: Conflict. 8 (1988), 4, S. 241 -259.
BZ 4687:8

Krejčí, O. : Americký Konzervatismus. Praha: Svoboda 1987. 257 S.
Bc 7526

Kuttner, R. : The life of the party: democratic prospects in 1988 and beyond. New York, N. Y.: Viking 1987. XII, 265 S.
B 65689

Lowi, T. J. : La deuxième République des Etats-Unis. La fin du libéralisme. Paris: Presses Univers. 1987. 445 S.
B 64331

Lunch, W. M. : The nationalization of American politics. Berkeley, Cal.: Univ. of California 1987. XXI, 408 S.
B 64207

Miller, W. E. ; Petrocik, J. R. : Where's the party? The Assessment of changes in party loyalty and party coalitions in the 1980s. Washington, D. C.: Center for National Policy 1987. 64 S.
Bc 02404

Nikolov, V. A. : Republikancy: ot Niksona k Rejganu. Moskva: Izd. Moskovskogo Univ. 1988. 287 S.
B 67138

Sirota, N. M. : Kritika konservatizma SŠA po problemam vojny, mira i revoljucii. Leningrad: Izd-vo Leningradskogo univ. 1987. 159 S.
Bc 7057

Steiniger, K. : Die Brut des Al Capone. Gangstersyndikate in d. USA. Köln: Weltkreis Verl. 1987. 215 S.
B 64032

L 460 e 20 Außenpolitik

Ambassadors in foreign policy: the influence of individuals on U. S.- Latin American policy. Ed.: C. N. Ronning. New York: Praeger 1987. XII, 151 S.
B 65489

Ambrosius, L. E. : Woodrow Wilson and the American diplomatic tradition. The treaty fight in perspective. Cambridge: Cambridge Univ. Pr. 1987. XVII, 323 S.
B 65190

Bagley, B. M. : US foreign policy and the war on drugs: analysis of a policy failure. In: Journal of Inter-American studies and world affairs. 30 (1988), 2/3, S. 189-212.
BZ 4608:30

Barry, T. : Low intensity conflict. Battlefield Central America. 2. ed. Albuquerque, N. M.: The Resource Center 1988. 70 S.
Bc 02498

Before the point of no return. An exchange of views on the cold war, the Reagan doctrine, and what is to come. Ed.: L. Wofsy. New York: Monthly Review Pr. 1986. 146 S.
B 62888

Beres, L. R. : America outside the world. Lexington: Lexington Books 1987. XVII, 172 S.
B 64050

Biering, S. G. : Außenpolitik in der Ära Reagan: Akteure, Systemstrukturen, Entscheidungsprozesse. In: Außenpolitik. 39 (1988), 4, S. 341 - 352.
BZ 4457:39

Bill, J. A. : Populist Islam and U. S. foreign policy. In: SAIS review. 9 (1989), 1, S. 125-139.
BZ 05503:9

Boene, B. : La stratégie générale des Etats-Unis ou le jeu sans fin de l'idéologie et du réalisme. In: Stratégique. (1988), 39/3, S. 43-85.
BZ 4694:1988

Brzezinski, Z. : The NSC's midlife crisis. In: Foreign policy. (1987/88), 69, S. 80-98.
BZ 05131:1987/88

Chace, J. : Inescapable entanglements. In: Foreign affairs. 67 (1988/89), 2, S. 27-44.
BZ 05149:67

Claude, I. L. : American approaches to world affairs. Lanham: Univ. Press of America 1986. XI, 67 S.
B 63890

Combs, J. A. : The history of American foreign policy. New York, N. Y.: Knopf 1986. XIX, 516 S.
B 62899

Congress and United States foreign policy: controlling the use of force in the nuclear age. Ed.: M. Barnhart. New York, N. Y.: State Univ. of New York Press 1987. XI, 196 S.
B 65357

Discourse on policy making. American foreign policy. Ed.: K. W. Thompson. Lanham: Univ. Press of America 1987. XIII, 127 S.
B 64785

Dobriansky, P. J. : Human rights and U. S. foreign policy. In: The Washington quarterly. 12 (1989), 2, S. 153-170.
BZ 05351:12

Dobson, A. P. : The Kennedy administration and economic warfare against communism. In: International affairs . 64 (1988), 4, S. 599-616.
BZ 4447:64

Dougherty, J. E. ; Pfaltzgraff, R. L. : American foreign policy. FDR to Reagan. New York: Harper & Row 1986. XIII, 433 S.
B 62900

Eagle resurgent? The Reagan era in American foreign policy. Ed.: K. A. Oye. Boston, Mass.: Little, Brown and Comp. 1987. VIII, 472 S.
B 63353

Ethnic groups and U. S. foreign policy. Ed.: M. E. Ahrari. New York, N. Y.: Greenwood Pr. 1987. XXI, 178 S.
B 65434

Fairbanks, C. H. : Reagan's turn on summit diplomacy. In: SAIS review. 8 (1988), 2, S. 69-82.
BZ 05503:8

Forsythe, D. P. : Human rights and U. S. foreign policy: Congress reconsidered. Gainesville: Univ. Pr. of Florida 1988. 224 S.
B 66861

Fundamentals of U. S. foreign policy. Washington: United States Dept. of State 1988. III, 97 S.
Bc 8579

Gershman, C. : The United States and the world democratic revolution. In: The Washington quarterly. 12 (1989), 1, S. 127-139.
BZ 05351:12

Gosse, V. : „The North American front': Central American solidarity in the Reagan era. In: The year left. 3 (1988), S. 11-50.
BZ 4857:3

Groth, A. J. : Democracy, dictatorship, and moral obligations in U. S. policy. In: Global affairs. 3 (1988), 4, S. 30-49.
BZ 05553:3

Haftendorn, H. : Die außenpolitischen Programme von George Bush und Michael Dukakis. In: Europa-Archiv. 43 (1988), 19, S. 543-552.
BZ 4452:43

Halle, L. J. : History, philosophy, and foreign relations. Background for the making of foreign policy. Lanham: Univ. Press of America 1987. XII, 404 S.
B 63453

Hill, K. L. : A concise overview of foreign policy (1945-1985). Malabar, Fla.: Krieger 1986. 164 S.
B 65712

Homan, C. : De Reagan-doctrine: Amerikaanse interventiepolitiek in een tijdperk van „Gewelddadige vrede". In: Internationale spectator. 43 (1989), 4, S. 266-271.
BZ 05223:43

Institutions and leadership. Prospects for the future. Ed.: K. W. Thompson. Lanham: Univ. Press of America 1987. XII, 137 S.
B 63303

Kegley, C. W. : American foreign policy: pattern and process. 3. ed. New York: St. Martin's Press 1987. XIII, 681 S.
B 65790

Lifka, T. E. : The concept „totalitarism" and American foreign policy. 1933-1949. Vol. 1. 2. New York: Garland 1988. 955 S.
B 69120

Marks, F. W. : Wind over sand. Athens, Ga.: Univ. of Georgia Pr. 1988. XIV, 462 S.
B 66856

Mower, A. G. : Human rights and American foreign policy: the Carter and Reagan experiences. New York, N. Y.: Greenwood Pr. 1987. VII, 167 S.
B 65408

Nathan, J. A. ; Oliver, J. K. : Foreign policy making and the American political system. 2nd ed. Boston, Mass.: Little, Brown and Comp. 1987. XI, 330 S.
B 63423

Nixon, R. : American foreign policy: the Bush agenda. In: Foreign affairs. 68 (1989), 1, S. 199-219.
BZ 05149:68

Offner, A. A. : The origins of the second World War. American foreign policy and world politics, 1917-1941. Malabar, Fla.: Krieger 1986. XVI, 268 S.
B 63392

Painter, D. S. : Private power and public policy. Multinational oil companies and U. S. foreign policy, 1941-1954. London: Tauris 1986. XII, 302 S.
B 62911

Post-Reagan America. New York, N. Y.: World Policy Inst. 1987. 174 S.
B 65833

A reader in American foreign policy. Ed.: J. M. McCormick. Itasca, Ill.: Peacock 1986. VIII, 411 S.
B 64869

Rosati, J. A. : The Carter administration's quest for global community: beliefs and their impact on behavior. Columbia, S. C.: Univ. of South Carolina Pr. 1987. IX, 259 S.
B 64809

Schloming, G. C. : American foreign policy and the nuclear dilemma. Englewood Cliffs.: Prentice-Hall 1987. XIII, 284 S.
B 63451

A selection of historical documents pertaining to the foreign relations of the United States of America. Fontenay-aux-Roses: Bellenand o. J. 156 S.
B 68261

Shank, G. : Counterterrorism and foreign policy. In: Crime and Social Justice. (1987), 27-28, S. 33-65.
BZ 4979:1987

Tucker, R. W. : Reagan's foreign policy. In: Foreign affairs. 68 (1989), 1, S. 1-27.
BZ 05149:68

Unwinding the Vietnam War. From war into peace. Ed.: R. Williams. Seattle, Wash.: The Real Comet Pr. 1987. 448 S.
B 67726

L 460 e 23 Sicherheitspolitik

Bagley, B. : The new hundred years war? US National security and the war on drugs in Latin America. In: Journal of Inter-American studies and world affairs. 30 (1988), 1, S. 161-182.
BZ 4608:30

Balancing the national interest. U. S. national security export controls and global economic competition. Washington: National Academy Press 1987. XIII, 321 S.
B 63408

Clifford, C. M. ; Geyelin, P. : The workings of the national security system: past, present, and future. In: SAIS review. 8 (1988), 1, S. 19 - 28.
BZ 05503:8

Colson, B. : La culture stratégique américaine. In: Stratégique. 38 (1988), 2, S. 15-81.
BZ 4694:38

Cyr, A. : U. S. Foreign policy and European security. London: Macmillan 1987. VII, 156 S.
B 64287

Hartmann, F. H. ; Wendzel, R. L. : Defending America's security. Washington: Pergamon-Brassey's 1988. XII, 363 S.
B 65168

Reagan, R. : National security strategy of the United States. Washington: Pergamon-Brassey's 1988. XIII, 114 S.
Bc 8638

Schissler, J. ; Tuschhoff, C. : Die amerikanische Außen- und Sicherheitspolitik unter Ronald Reagan. In: Beiträge zurKonfliktforschung. 18 (1988), 3, S. 5-33.
BZ 4594:18

Snow, D. M. : National security: enduring problems of US defense policy. New York: St. Martin's Press 1987. XI, 272 S.
B 63365

Tokatlián, J. G. : National security and drugs: their impact on Colombian-US relations. In: Journal of Inter-American studies and world affairs. 30 (1988), 1, S. 133-160.
BZ 4608:30

Weidenbaum, M. : Economics and the national security. In: The Washington quarterly. 11 (1988), 4, S. 39-45.
BZ 05351:11

L 460 e 29 Außenpolitische Beziehungen

– **Afrika**

Winchester, B. : United States policy toward Africa. In: Current history. 87 (1988), 529, S. 193-196; 232-233.
BZ 05166:87

– **Angola**

Freeman, W. : The Angola/Namibia accords. In: Foreign affairs. 68 (1989), 3, S. 126-141.
BZ 05149:68

– **Australien**

Mack, A. : US „Bases" in Australia: the debate continues. In: Australian outlook. 42 (1988), 2, S. 77-85.
BZ 05446:42

– **Bulgarien**

Žignja, K. L. : Imperialističeskaja Politika SŠA i Velikobritanii v otnošenii Bolgarii i Rumynii 1944-1947 gg. Kišinev: Štiinca 1987. 210 S.
Bc 7552

– **Bundesrepublik Deutschland**

Junker, D. : Kampf um die Weltmacht. Die USA und das Dritte Reich 1933-1945. Düsseldorf: Schwann 1988. 179 S.
B 67492

Mathiopoulos, M. : US-Präsidentschaft und die deutsche Frage in der Kanzlerschaft von Adenauer bis Kohl. In: Außenpolitik. 39 (1988), 4, S. 353-370.
BZ 4457:39

– **China**

Chiang, H. : The United States and China. Chicago, Ill.: Univ. of Chicago Pr. 1988. XIII, 200 S.
B 67880

Hickey, D. van Vranken: America's military relations with the People's Republic of China: the need for reassessment. In: Journal of Northeast Asian studies. 7 (1988), 3, S. 3-28.
BZ 4913:7

Lasater, M. L. : Continuity, clarification or change: US policy towards China's reunification. In: Journal of Northeast Asian studies. 6 (1987-88), 4, S. 18-31.
BZ 4913:6

– Europa

The dissolving alliance. The United States and the future of Europe. Ed.: R. L. Rubenstein. New York, N. Y.: Paragon House Publ. 1986. XXXI, 190 S.
B 62953

Johnson, P. : Europe and the Reagan years. In: Foreign affairs. 68 (1989), 1, S. 28-38.
BZ 05149:68

Žarickij, B. E. : SŠA i levye sily v Zapadnoj Evrope (70-80gg). In: Voprosy istorii. (1988), 1, S. 32-48.
BZ 05317:1988

– Großbritannien

Ryan, H. B. : The vision of Anglo-America. The US-UK alliance and the emerging cold war, 1943-1946. Cambridge: Cambridge Univ. Pr. 1987. 234 S.
B 63589

– Iran

Kennedy, M. : The Ayatollah in the cathedral. 3rd pr. New York: Hill and Wang 1986. IX, 241 S.
B 63283

Samii, K. A. : Involvement by invitation. American strategies of containment in Iran. University Park, Pa.: ThePennsylvania State Univ. Pr. 1987. XVI, 190 S.
B 64149

– Island

Loftsson, E. : The price of national interests. The US-Icelandic defence negotiations in 1951. In: Militärhistorisk tidskrift. (1988), S. 183-205.
BZC 2:1988

– Israel

Feintuch, Y. : U. S. policy on Jerusalem. New York, N. Y.: Greenwood 1987. XII, 178 S.
B 65750

– Japan

Corning, G. P. : U. S.-Japan security cooperation in the 1990s. In: Asian survey. 29 (1989), 3, S. 268-286.
BZ 4437:29

Falkenheim, P. L. : Evolving regional ties in Northeast Asia. In: Asian survey. 28 (1988), 12, S. 1229-1244.
BZ 4437:28

Mansfield, M. : The US and Japan: sharing our destinies. In: Foreign affairs. 68 (1989), 2, S. 3-15.
BZ 05149:68

Orr, R. M. : The aid factor in U. S.-Japan relations. In: Asian survey. 28 (1988), 7, S. 740-756.
BZ 4437:28

– Kolumbien

Lael, R. L. : Arrogant diplomacy: U. S. policy toward Colombia, 1903-1922. Wilmington, Del.: Scholarly Resources 1987. XIX, 194 S.
B 64882

– **Korea**

Olsen, E. A. : U. S. Policy and the two Koreas. Boulder, Colo.: Westview Press 1988. XVII, 115 S.
Bc 8104

– **Kuba**

Luxenberg, A. H. : Did Eisenhower push Castro into the arms of the Soviets? In: Journal of Inter-American studies and world affairs. 30 (1988), 1, S. 37-71.
BZ 4608:30

Morley, M. H. : Imperial state and revolution: the United States and Cuba, 1952-1986. Cambridge: Cambridge Univ. Pr. 1987. IX, 571 S.
B 66084

Pacca: An alternative U. S. policy toward Cuba. In: Social justice. 15 (1988), 2, S. 114-132.
BZ 4917:15

Platt, T. : The United States, Cuba and the new cold war. In: Social justice. 15 (1988), 2, S. 4-21.
BZ 4917:15

– **Lateinamerika**

Hayes, M. D. : The U. S. and Latin America: a lost decade? In: Foreign affairs. 68 (1989), 1, S. 180-198.
BZ 05149:68

Linowitz, S. M. : Latin America: The President's agenda. In: Foreign affairs. 67 (1988/89), 2, S. 45-66.
BZ 05149:67

Lowenthal, A. F. : Partners in conflict: the United States and Latin America. Baltimor, Ma.: The Johns Hopkins Univ. 1987. XI, 240 S.
B 64570

Morales Padrón, F. : Historia de unas relaciones difíciles: (EEUU – América Española). Sevilla: Publ. de la Univ. Sevilla 1987. 388 S.
B 67960

Tulchin, J. S. : The United States and Latin America in the 1960s. In: Journal of Inter-American studies and world affairs. 30 (1988), 1, S. 1-36.
BZ 4608:30

– **Libyen**

Christliche Demokraten für Schritte zur Abrüstung. Pressebericht zum US-Angriff auf Libyen. Hrsg.: CDSA, Region Hochsauerland. Meschede 1986. 48 S.
D 3417

– **Mittelamerika**

Chomsky, N. : On power and ideology: the Managua lectures. Boston, Mass.: South End Pr. 1987. 140 S.
B 63256

Chomsky, N. : Our little region over here. In: National reporter. 10 (1987), 4, S. 12-23.
BZ 05447:10

Findling, J. E. : Close neighbours, distant friends. Westport, Conn.: Greenwood Pr. 1987. XVI, 240 S.
B 63521

U. S.-Central American relations. o. O.: Resource Development Branch 1987. 33 S.
Bc 02508

– Naher Osten

Ben-Zvi, A. : The American approach to superpower collaboration in the Middle-East, 1973-1986. Jerusalem: Jerusalem Post 1986. 133 S.
Bc 8390

Bookbinder, H. ; Abourezk, J. G. : Through different eyes. Two leading Americans. Bethesda, Md.: Adler & Adler 1987. X, 312 S.
B 64725

Kemp, G. : Middle East opportunities. In: Foreign affairs. 68 (1989), 1, S. 139-158.
BZ 05149:68

Latter, R. : The making of American foreign policy in the Middle East, 1945-1948. New York: Garland 1986. 463 S.
B 64800

Nauntofte, J. : Reagans sidste tango: USAs mellemstpolitik i kritisk belysning. København: Vindrose 1987. 286 S.
B 66332

Stein, K. W. : Die amerikanische Nahost-Politik während der nächsten Präsidentschaft. In: Europa-Archiv. 43 (1988), 23, S. 669-678.
BZ 4452:43

– Neuseeland

MacMillan, S. : Neither confirm nor deny. New York: Praeger 1987. 176 S.
B 64012

– Nicaragua

Bermann, K. : Under the big stick. Nicaragua and the United States since 1848. Boston: South End Press 1986. IX, 339 S.
B 63390

Burns, B. E. : At war in Nicaragua: the Reagan doctrine and the politics of nostalgia. New York: Harper & Row 1987. XI, 211 S.
B 63376

Cockburn, L. : Out of control: the story of the Reagan administration's secret war in Nicaragua, the illegal armspipeline, and the contra drug connection. New York, N. Y.: Atlantic Monthly Pr. 1987. XII, 287 S.
B 64880

Gutman, R. : Banana diplomacy. The making of the American policy in Nicaragua 1981-1987. New York: Simon and Schuster 1988. 404 S.
B 67644

Heitmann, H. : Reagans Politik gegenüber Nicaragua. In: Prokla. 19 (1988), 1, S. 83-108.
BZ 4613:19

Kenworthy, E. : Selling Reagan's Nicaraguan policy to the United States. In: Scandinavian journal of development alternatives. 7 (1988), S. 103-126.
BZ 4960:7

Pastor, R. A. : Condemned to repetition: the United States and Nicaragua. Princeton, N. J.: Princeton Univ. Press 1987. XVI, 392 S.
B 64484

Pfost, D. R. : Reagan's Nicaraguan policy: a case study of political deviance and crime. In: Crime and Social Justice. (1987), 27-28, S. 66-87.
BZ 4979:1987

– **Ostasien**

Gallicchio, M. S. : The cold war begins in Asia. New York: Columbia Univ. Pr. 1988. XVI, 188 S.
B 66847

– **Osteuropa**

Hoyer, S. H. : The United States and Eastern Europe in the next four years. In: The Washington quarterly. 12 (1989), 2, S. 171-182.
BZ 05351:12

– **Ostmitteleuropa**

Hayrs, S. : Polityka administracji Reagana wobec krajów Europy Srodkowo-Wschodniej. In: Sprawy międzynarodowe. 51 (1988), 10, S. 7-28.
BZ 4497:51

– **Pakistan**

Thornton, T. P. : The new phase in U. S Pakistani relations. In: Foreign affairs. 68 (1989), 3, S. 142 -159.
BZ 05149:68

– **Panama**

Minkner, M. : Panama und die USA: Krise um einen General? In: Jahrbuch Dritte Welt. (1989), S. 207-226.
BZ 4793:1989

– **Pazifik**

Palmer, N. D. : Westward watch: the United states and the changing Western Pacific. Washington: Pergamon-Brassey's 1987. XV, 175 S.
B 65382

– **Pazifik/Südpazifik**

Young, T.-D. : U. S. policy and the South and Southwest Pacific. In: Asian survey. 28 (1988), 7, S. 775-788.
BZ 4437:28

– **Persischer Golf**

Stein, J. G. : The wrong strategy in the right place. The United States in the Gulf. In: International security. 13 (1988/89), 3, S. 142-167.
BZ 4433:13

– **Philippinen**

Bacho, P. : U. S.-Philippine relations in transition. The issue of the bases. In: Asian survey. 28 (1988), 6, S. 650-660.
BZ 4437:28

Bonner, R. : Waltzing with a dictator: the Marcoses and the making of American policy. London: Macmillan 1987. IX, 533 S.
B 63404

– **Süd-Vietnam**

Halberstam, D. : The making of a quagmire: America and Vietnam during the Kennedy era. New York, N. Y.: Knopf 1988. XXIV, 193 S.
B 66746

– **Südkorea**

Kim, J. : Recent anti-Americanism in South Korea. In: Asian survey. 29 (1989), 8, S. 749-763.
BZ 4437:29

– Südostasien

Langdon, F. C. : Challenges to the United States in the South Pacific. In: Pacific affairs. 61 (1988), 1, S. 7-26.
BZ 4450:61

– Taiwan

Hickey, D. van Vranken: America's two-point policy and the future of Taiwan. In: Asian survey. 28 (1988), 8, S. 881-896.
BZ 4437:28

– Türkei

Brecher, F. W. : Revisiting ambassador Morgenthau's Turkish peace mission of 1917. In: Middle Eastern studies. 24 (988), 3, S. 357-363.
BZ 4624:24

– UdSSR

Backer, C. D. : Reluctant warriors. The United States, the Soviet Union, and arms control. New York: Freeman 1987. XIII, 193 S.
B 63019

Caldwell, L. T. : Washington and Moscow: a tale of two summits. In: Current history. 87 (1988), 531, S. 305-308
B 63404

Clark, D. : United States – Soviet relations: building a Congressional Cadre. Queenstown, Md.: Aspen Inst. for Humanistic Studies 1986. III, 39 S.
Bc 02252

Gorbachev's Russia and American foreign policy. Ed.: S. Bialer. Boulder, Colo.: Westview Press 1988. XVI, 510 S.
B 68136

Hyland, W. G. : Mortal rivals. New York: Random House 1987. XIV, 271 S.
B 64043

Krickus, R. J. : The superpowers in crisis. Implications of domestic discord. Washington: Pergamon-Brassey's 1987. XIII, 236 S.
B 64221

Nincic, M. : The United States, the Soviet Union, and the politics of opposites. In: World politics. 40 (1988), 4, S. 452-475.
BZ 4464:40

Otnošenija sovetsko-amerikanskie v sovremennom mire. Moskva: Nauka 1987. 302 S.
B 63927

Pedersen, C. : En frisk start?: Praesident Reagans Sovjet-politik siden 1984. København: Vindrose 1986. 153 S.
B 66403

Superpower competition and security in the Third World. Ed.: R. S. Litwak. Cambridge, Mass.: Ballinger 1988. XIV, 295 S.
B 65410

Western Europe and the crisis in U. S.- Soviet relations. Ed.: R. H. Ullman. New York: Praeger 1987. VIII, 123 S.
B 64554

Williams, P. : US-Soviet relations: beyond the Cold War? In: International affairs. 65 (1989), 2, S. 274-288.
BZ 4447:65

Yankelovich, D. ; Smoke, R. : America's „New Thinking". In: Foreign affairs. 67 (1988), 1, S. 1-17.
BZ 05149:67

– **Westeuropa**

Kugler, R. L. : United States-West European relations. In: Current history. 87 (1988), 532, S. 353-356; S. 387-389.
BZ 05166:87

– **Zentralamerika**

Millett, R. L. : The United States and Central America: a policy adrift. In: Current history. 87 (1988), 533, S. 401-438; 448.
BZ 05166:87

L 460 f Wehrwesen

L 460 f 00 Wehr- und Rüstungspolitik

Cosentino, M. : Il trasporto marittimo militare statunitense. In: Rivista marittima. 122 (1989), 4, S. 43-63.
BZ 4453:122

Einhorn, R. : Strategic arms reduction talks. The emerging START agreement. In: Survival. 30 (1988), 5, S. 387-400.
BZ 4499:30

Leggett, J. K. ; Lewis, P. M. : Verifying a START agreement: impact of INF precedents. In: Survival. 30 (1988), 5, S. 409-428.
BZ 4499:30

Perry, W. J. : Defense investment strategy. In: Foreign affairs. 68 (1989), 2, S. 72-92.
BZ 05149:68

Powaski, R. E. : March to Armageddon: the United States and the nuclear arms race, 1939 to the present. Oxford: Oxford Univ. Pr. 1987.
B 63312

Rechtziegler, E. : Folgen der Rüstungspolitik für die Wirtschaft der USA. In: IPW-Berichte. 17 (1988), 8, S. 9-15.
BZ 05326:17

Sorenson, D. S. : Declining defense budgets and the future of the US Defense Industry. In: Defense analysis. 4 (1988), 2, S. 161-173.
BZ 4888:4

Sullivan, L. : Major defense options. In: The Washington quarterly. 12 (1989), 2, S. 97-114.
BZ 05351:12

Trofaier, M. : Die Beobachtung „Bestimmter Militärischer Aktivitäten". In: Österreichische militärische Zeitschrift. 26 (1988), 5, S. 413-418.
BZ 05214:26

L 460 f 01 Wehrpolitik

Ellsworth, R. F. : Maintaining U. S. security an era of fiscal pressure. In: International security. 13 (1989), 4, S. 16-24.
BZ 4433:13

Ivanickij, G. M. ; Orlov, A. S. ; Jakuševskij, A. S. : Fašistskie Prestupniki na svobode. Moskva: Voenizdat 1987. 86 S.
Bc 7202

Kontrollierte Intervention. Destabilisierung, unerklärte Kriege und Militäraktionen gegen die Dritte Welt. Frankfurt: Haag u. Herchen 1988. 112 S.
Bc 8044

Mattes, H. : Die militärische Konfrontation zwischen Libyen und den USA 1986. Hamburg: Dt. Orient Inst. 1986. XI, 322 S.
010497

Sanders, J. W. : America in the pacific century. In: World policy journal. 6 (1988), 1, S. 47-80.
BZ 4822:6

Seitz, R. : American security policies: the new perspectives. In: RUSI journal. 134 (1989), 1, S. 5-14.
BZ 05161:134

Trost, C. A. H. : American security interests and the US. Navy. In: Naval War College review. 52 (1989), 2, S. 7-16.
BZ 4634:52

The United States, Western Europe and military intervention overseas. Ed.: C. Coker. Basingstoke: Macmillan 1987. X, 190 S.
B 64418

Williams, C. : Strategic spending choices. In: International security. 13 (1989), 4, S. 25-35.
BZ 4433:13

L 460 f 02 Wehrorganisation

Hemond, H. C. : The flip side of rickover. In: United States Naval Institute. Proceedings. 115 (1989), 7, S. 42-48.
BZ 05163:115

Lempke, D. A. : Ridqway's leadership legacy. In: Military review. 68 (1988), 11, S. 69-75.
BZ 4468:68

Newman, A. S. : What are generals made of? Novato, Calif.: Presidio Pr. 1987. X, 314 S.
B 63278

L 460 f 03 Militärhilfe/Waffenhandel

Bajusz, W. D. ; Louscher, D. J. : Arms Sales and the U. S. economy. The impact of restricting military exports. Boulder, Colo.: Westview Press 1988. XII, 145 S.
Bc 8069

Hagelin, B. : Military dependency: Thailand and the Philippines. In: Journal of peace research. 25 (1988), 4, S. 431-447.
BZ 4372:25

Salkin, Y. : Présence militaire nord-américaine dans les Caraibes. In: Défense nationale. 45 (1989), 1, S. 91-104.
BZ 4460:45

Sebesta, L. : I programmi di aiuto militare nella politica americana per l'Europa. L'esperienza italiana 1948-1952. In: Italia contemporanea. (1988), 173, S. 43-63.
BZ 4489:1988

Sutton, A. C. : The best enemy money can buy. Billings, Mont.: Liberty House Pr. 1986. XX, 261 S.
B 63805

L 460 f 05 Kriegswesen

Allen, T. B. : War games: the secret world of the creators, players, and policy makers rehearsing World War III today. New York: McGraw-Hill 1987. VIII, 402 S.
B 65453

Archer, C. : The United States defence areas in Greenland. In: Cooperation and conflict. 23 (1988), 3, S. 123-144.
BZ 4605:23

Boene, B. ; Martin, M. L. : L'Amerique entre Atlantique et Pacifique. Essai de prospective stratégique. Paris: Fondation pour les Études de Défense Nationale 1987. 318 S.
B 64399

Brooks, L. F. : Arleigh burke prize essay contest. Dropping the baton. In: United States Naval Institute. Proceedings. 115 (1989), 6, S. 32 - 37.
BZ 05163:115

David, C.-P. : Stratégie nucléaire à l'Américaine. In: Stratégique. (1988), 40, S. 9-53.
BZ 4694:1988

Gareev, M. : Soviet military doctrine: current and future developments. In: RUSI journal. 133 (1988), 4, S. 5-10.
BZ 05161:133

Gregor, A. J. ; Aganon, V. : The Philippine bases. U. S. security at risk. Washington, D. C.: Ethics and Public Policy Center 1987. XIV, 132 S.
B 64511

Hamm, M. R. : The Airland Battle doctrine: NATO strategy and arms control in Europe. In: Comparative strategy. 7 (1988), 11, S. 183-211.
BZ 4686:7

Hayes, P. : American nuclear hegemony in Korea. In: Journal of peace research. 25 (1988), 4, S. 351-364.
BZ 4372:25

Hendrickson, D. C. : The future of American strategy. New York: Holmes & Meier 1987. X, 210 S.
B 65391

Korkisch, F. : Von der „grand strategy" zur „national security strategy". In: Österreichische militärische Zeitschrift. 27 (1989), 1 u. 2, S. 32-40; 124-134.
BZ 05214:27

Lauenstein, H.-J. : Zur USA-Konzeption der „Konflikte geringer Intensität". In: Militärwesen. (1989), 6, S. 66-71.
BZ 4485:1989

Martin, J. R. : War plan „orange" and the maritime strategy. In: Military review. 69 (1989), 5, S. 24-35.
BZ 4468:69

McFarlane, R. C. : Effective strategic policy. In: Foreign affairs. 67 (1988), 1, S. 33-48.
BZ 05149:67

Nelson, D. J. : Defenders or intruders? the dilemmas of U. S. forces in Germany. Boulder, Colo.: Westview Press 1987. XXIII, 288 S.
B 64835

Nesvadba, F. : Rozširování základen USA za druhé svetové války. In: Historie a vojenství. (1988), 2, S. 45-60.
BZ 4526:1988

Osgood, R. E. : The nuclear dilemma in American strategic thought. Boulder, Colo.: Westview Press 1988. XIII, 138 S.
B 65503

Sokolsky, J. J. : Trends in United States strategy and the 1987 white paper on defence. In: International journal. 42 (1987), 4, S. 675-706.
BZ 4458:42

Sommer, J. : US-Politik im Wandel? Strategische Abrüstung, ABM-Vertrag und die Zukunft von SDI. Frankfurt: IMSD-Vertrieb 1988. 80 S.
Bc 8494

A strategy against the Soviet empire. In: Global affairs. 3 (1988), 3, S. 15-53.
BZ 05553:3

Trachtenberg, M. : A „wasting asset". American strategy and the shifting nuclear balance, 1949-1954. In: International security. 13 (1988/89), 3, S. 5-49.
BZ 4433:13

Über Sprengkammern, Atomminen, Wallmeister und verbrannte Erde. Hrsg.: Friedensbüro Osthessen, Landesfriedensausschuß d. Grünen, Antimilitarist. Gruppe Hanau. Frankfurt 1986. 30 S.
D 03734

US-Bases in the Philippines: issues and implications. Ed.: D. Ball. Canberra: Australian National Univ. 1988. 98 S.
Bc 8679

Woolsey, R. J. : U. S. Strategic force decisions for the 1990s. In: The Washington quarterly. 12 (1989), 1, S. 69-83.
BZ 05351:12

– Geheimer Nachrichtendienst/-Spionage/Abwehr

Agee, P. : On the run. London: Bloomsbury 1987. 400 S.
B 65646

Armija noči. 40 let prestuplenij CRU. Moskva: Politizdat 1988. 318 S.
B 66441

Armstrong, A. : Bridging the gap: Intelligence and policy. In: The Washington quarterly. 12 (1989), 1, S. 23-34.
BZ 05351:12

Beer, S. : Exil und Emigration als Information. In: Dokumentationsarchiv des österreichischen Widerstandes. Jahrbuch. (1989), S. 132-144.
BZC 17:1989

Gates, R. M. : An opportunity unfulfilled: the use and perceptions of intelligence at the White House. In: The Washington quarterly. 12 (1989), 1, S. 35-44.
BZ 05351:12

Godson, R. : Intelligence requirements for the 1990s. In: The Washington quarterly. 12 (1989), 1, S. 47-65.
BZ 05351:12

Kwitny, J. : The crimes of patriots: a true tale of dope, dirty money, and the CIA. New York: Norton 1987. 424 S.
B 64834

Mader, J. : CIA-Operation Hindu Kush. Geheimdienstaktivitäten im unerklärten Krieg der USA gegen Afghanistan. Berlin: Militärverlag der DDR 1988. 95 S.
Bc 8204

Nair, K. : CIA-Komplotte gegen die Dritte Welt. Berlin: Militärverlag der DDR 1987. 171 S.
Bc 8669

Nair, K. : CIA: Club der Mörder: d. US-Geheimdienst in d. Dritten Welt. Göttingen: Lamuv-Verl. 1988. 169 S.
B 67661

Polmar, N. : The decade of the spy. In: United States Naval Institute. Proceedings. 115 (1989), 5, S. 104-109.
BZ 05163:115

Smith, E. D. : Ultra and the Walkers. In: United States Naval Institute. Proceedings. 115 (1989), 5, S. 110-119.
BZ 05163:115

Treverton, G. F. : Covert action: the limits of intervention in the postwar world. New York: Basic Books 1987. X, 293 S.
B 65398

The United States Intelligence Community. Princeton, N. J.: Princeton Univ. Press 1988.
Bc 02552

Winks, R. W. : Cloak & gown: scholars in the secret war. New York: Morrow 1987. 607 S.
B 64544

Woodward, B. : VEIL: the secret wars of the CIA 1981-1987. London: Simon and Schuster 1987. 543 S.
B 64479

– SDI

Biello, D. di: L'evoluzione della strategia nucleare americana dalla „Massive Retaliation" all'SDI. In: Storia contemporanea. 19 (1988), 3, S. 453-475.
BZ 4590:19

Claxton, B. D. : Traditional American military doctrine and SDI. In: Defense analysis. 4 (1988), 4, S. 347-359.
BZ 4888:4

Gerson, J. : What is the deadly connection? In: Scandinavian journal of development alternatives. 7 (1988), 2/3, S. 127-139.
BZ 4960:7

Heiss, K. P. : Killer bees, negative gates and hibernation: an effective SDI system for deployment now. In: The journal of social, political and economic studies. 13 (1988), 3, S. 269-278.
BZ 4670:13

Kent, G. A. : A suggested policy framework for strategic defenses. Santa Monica, Calif.: Rand Corp. 1986. 31 S.
Bc 02414

Kubbig, B. W. : Die SDI-Debatte in der Reagan-Administration und im Kongress ab 1983. Frankfurt: HSFK 1988. IV, 60 S.
Bc 02485

Lampton, C. : Star wars. New York, N. Y.: Watts 1987. 70 S.
B 63334

Martinez de Banos Carrillo, A. : Proyecto S. D. I. In: Ejército. 50 (1989), 588, S. 16-27.
BZ 05173:50

Pressler, L. : Star wars: the strategic defense initiative debates in Congress. New York: Praeger 1986. VIII, 179 S.
B 63322

Richardson, R. C. : Security, space, and cost. In: The journal of social, political and economic studies. 14 (1989), 1, S. 3-24.
BZ 4670:14

SDI technology, survivability, and software. Ed.: J. H. Gibbons. Princeton, N. J.: Princeton Univ. Press 1988. 281 S.
010684

Star Wars and European defence. Implications for Europe: perceptions and assessments. Ed.: H. G. Brauch. New York: St. Martin's Press 1987. LI, 599 S.
B 64223

Star wars: the economic fallout. Council on economic. Cambridge, Mass.: Ballinger 1988. XXIII, 234 S.
B 65359

Strategic Defense and the western alliance. Ed.: S. Lakoff. Lexington: Lexington Books 1987. XIII, 218 S.
B 63264

The strategic defense initiative. An international perspective. Ed.: J. Haug. Boulder, Colo.: Social Science Monographs 1987. XXIV, 178 S.
B 63260

The strategic defense initiative: shield or snare? Ed.: H. Brown. Boulder, Colo.: Westview Press 1987. XII, 297 S.
B 64828

Strategic defenses and Soviet-American relations. Ed.: S. F. Wells. Cambridge, Mass.: Ballinger 1987. XVI, 216 S.
B 63197

Tornetta, V. : Un documento dei vescovi americani sulla deterrenza e sulla S. D. I. In: Affari esteri. 20 (1988), 80, S. 575-593.
BZ 4373:20

Waller, D. C. : The strategic defense initiative, progress and challenges: a guide to issues and references. Claremont, Cal.: Regina Books 1987.
B 65375

Zionic, G. A. : New level for simulation. In: National defense. 73 (1988), 442, S. 49-56.
BZ 05186:73

L 460 f 10 Heer

Bertin, F. : Le soldat américain de 1944. Rennes: Ouest-France 1988. 32 S.
Bc 8306

Burk, J. : Debat in the draft in America. In: Armed forces and society. 15 (1989), 3, S. 431-448.
BZ 4418:15

Chambers, J. W. : To raise an army: the draft comes to modern America. New York, N. Y.: Free Press 1987. XI, 386 S.
B 64877

Garcia Sole, F. : U. S. Acorazadas alternativas. In: Ejército. 49 (1988), 586, S. 30-37.
BZ 05173:49

Kohn, S. M. : Jailed for peace: the history of American draft law violators, 1658-1985. Westport, Conn.: Greenwood Pr. 1986. XII, 169 S.
B 62760

The modern U. S. war machine. An encyclopedia of American military equipment and strategy. Ed.: R. Bonds. London: Salamander Books 1987. 240 S.
010514

Nalty, B. C. : Strength for the fight: a history of black Americans in the military. New York, N. Y.: Free Press 1986. VIII, 424 S.
B 63416

Reflections on the wall: the Vietnam Veterans Memorial. Harrisburg, Pa.: Stackpole 1987. 160 S.
B 65793

L 460 f 13 Waffengattungen und Dienste

Collins, J. M. : Green berets, seals and spetsnaz. U. S. and Soviet special military operations. Washington, Wash.: Pergamon Press 1987. XVI, 174 S.
010469

Condon-Rall, M. E. : The U. S. army medical department and the attack on Pearl Harbor. In: The journal of military history. 53 (1989), 1, S. 65-78.
BZ 4980:53

Cuff, R. D. : United States mobilization and railroad transportation: lessons in coordination and control, 1917-1945. In: The journal of military history. 53 (1989), 1, S. 33-50.
BZ 4980:53

Dienstfrey, S. J. : Women veterans' exposure to combat. In: Armed forces and society. 14 (1988), 4, S. 549-558.
BZ 4418:14

The guard and reserve in the total force: the first decade, 1973-1983. Ed.: B. J. Wilson. Washington, D. C.: National Defense Univ. Pr. 1987. XVI, 340 S.
B 64824

History of the third infantry division in World War II. Ed.: D. G. Taggart. Nashville, Tenn.: Battery Pr. 1987. XXIII, 574 S.
010861

The Vietnam veteran redefined. Ed.: G. Boulanger. Hillsdale, N. J.: LEA 1986. XI, 202 S.
B 64487

L 460 f 20 Marine

Allen, F. J. : Steel at sea – the first steps. USS Atlanta and USS Boston of 1883. In: Warship. (1988), 48, S. 46-56.
BZ 05525:1988

Allen, F. J. : USS Katahdin: Fighting ram. In: Warship. (1988), 47, S. 10-19.
BZ 05525:1988

Carpenter, W. M. : The U. S. Navy beyond the year 2000: a strategic forecast. In: Comparative strategy. 7 (1988), 3, S. 253-310.
BZ 4686:7

Clary, D. ; Whitehorn, J. W. A. : The Inspectors General of the United States Army 1777-1903. Washington, D. C.: Off. of the Inspector General 1987. XVIII, 465 S.
B 64008

Coletta, P. E. : A survey of U. S. naval affairs:1865-1917. Lanham: Univ. Press of America 1987. VIII, 265 S.
B 65501

Cosentino, M. : Le unità subacquee sovietiche e statunitensi a confronto. In: Rivista marittima. 121 (1988), 10 u. 11, S. 37-55; 43-64.
BZ 4453:121

Dewey, G. : Autobiography of. Admiral of the Navy. Annapolis, Ma.: Naval Inst. Pr. 1987. XXVII, 297 S.
B 63431

Fieldhouse, R. ; Taoka, S. : Superpowers at sea: an assessment of the naval arms race. Oxford: Oxford Univ. Pr. 1989. XI, 183 S.
B 69443

Gay, A. : Aspects comparés de la stratégie navale américaine et soviétique. In: Nouvelle revue maritime. (1989), 413, S. 16-29.
BZ 4479:1989

Gray, C. S. : The maritime strategy in U. S.-Soviet strategic relations. In: Naval War College review. 42 (1989), 1, S. 7-18.
BZ 4634:42

Gray, C. S. : Maritime strategy: Europe and the world beyond. In: Naval forces. 5 (1988), 9, S. 28-40.
BZ 05382:5

Gretton, M. P. : The American maritime strategy: European perspectives and implications. In: RUSI journal. 134 (1989), 1, S. 19-26.
BZ 05161:134

Jordan, W. : Flank speed to eternity. In: Naval history. 2 (1988), 2/3, S. 12-17.
BZ 05544:2

Keithly, T. M. : Tomorrow's surface forces. In: United States Naval Institute. Proceedings. 114 (1988), 12, S. 50-61.
BZ 05163:114

Kinzey, B. : USS Lexington. blue Ridge Summit, Pa.: TAB Books 1988. 72 S.
Bc 02403

Leathernecks. The U. S. Marines. London: Orbis Publ. 1986. 96 S.
Bc 8737

Marsh, R. M. : Predicting retention in the US Navy: officers and enlisted. In: Journal of political and military sociology. 17 (1989), 1, S. 1-26.
BZ 4724:17

Mayer, C. W. : Looking backwards into the future of the maritime strategy, are we uncovering our center of gravity in the attempt to strike at our opponent's. In: Naval War College review. 42 (1989), 1, S. 33-46.
BZ 4634:42

Musicant, I. : The world's fastest warship. In: Naval history. 2 (1988), 2/3, S. 45-50.
BZ 05544:2

Owens, W. ; Moseman, J. A. : The maritime strategy: looking ahead. In: United States Naval Institute. Proceedings. 115 (1989), 2, S. 24-32.
BZ 05163:115

Peacock, L. T. : F-14 Tomcat squadrons of the US Navy. London: Ian Allen 1986. 112 S.
B 65220

Peterson, W. S. : Congressional politics: building the New Navy, 1876-1986. In: Armed forces and society. 14 (1988), 4, S. 489-509.
BZ 4418:14

Power at sea. A portrait of U. S. Naval Aviation. Alexandria, Va.: International Defense Images 1986. 96 S.
Bc 02328

Preston, A. : Power-projection in the 1990s. Replacing the US Navy's amphibious fleet. In: Defence. 19 (1988), 10, S. 743-748.
BZ 05381:19

Rausa, R. M. : L'aviation navale américaine de 1945 à nos jours. In: Revue historique des armées. (1988), 4, S. 54-60.
BZ 05443:1988

Reynolds, C. G. : Aviation navale américaine de 1919-1942: doctrine, matériels, réalisation. In: Revue historique des armées. (1988), 4, S. 40-45.
BZ 05443:1988

Schank, J. F. : Reserve Force Coast Research. Santa Monica, Calif.: Rand Corp. 1986. 13 S.
Bc 02418

Silverstone, P. H. : US warships since 1945. Annapolis, Ma.: Naval Inst. Pr. 1987. 240 S.
B 65383

Vo, C. la: The short life of the „Squalus". In: Naval history. 2 (1988), 2/3, S. 33-38.
BZ 05544:2

Voss, P. : Battle force ASW: M3. In: United States Naval Institute. Proceedings. 115 (1989), 1, S. 52-59.
BZ 05163:115

L 460 f 30 Luftwaffe

Bessi, F. ; Zacca, F. : Introduction to „stealth". Radar cross section and the design of reduced controlled RCS platform. In: Military technology. 13 (1989), 5, S. 68-78.
BZ 05107:13

Blunk, C. L. : „Every man a tiger". The 73lst USAF night intruders over Korea. Manhattan, Kansas: Sunflower Univ. Pr. 1987. XIV, 114 S.
Bc 8355

Bowman, M. W. : Home by Christmas? The story of US airmen at war. Wellingborough: Stephens 1987. 159 S.
B 64240

Campbell, D. : The unsinkable aircraft carrier. American military power in Britain. London: Paladin Grafton 1986. 368 S.
B 64430

Canan, J. W. : Always good – and often superb. In: Air force magazine. 71 (1988), 12, S. 46-54.
BZ 05349:71

Chain, J. T. : Strategic bombers in conventional warfare. In: Strategic review. 16 (1988), 2, S. 23-32.
BZ 05071:16

Correll, J. T. : Tradition and change in ATC. In: Air force magazine. 71 (1988), 12, S. 40-44.
BZ 05349:71

Dzwonchyk, W. M. : Aviation. Washington: Center of Military History 1986. XII, 155 S.
010203

Farnol, L. : To the limit of their endurance. A family story of the VIII Fighter Command. Manhatten, Kansas: Sunflower Univ. Pr. 1986. XI, 100 S.
Bc 8354

Jockel, J. T. : No boundaries upstairs. Canada, the United States, and the origins of North American Air Defence, 1945-1958. Vancouver: Univ. of British Columbia 1987. XIV, 160 S.
B 64205

O'Leary, M. : USA AF fighters of World War Two in action. Poole: blandford Press 1986. 478 S.
010235

Peacock, L. T. : Strategic Air Command. London: Arms and Armour Pr. 1988. 128 S.
010517

L 460 g Wirtschaft

Alcalde, J. G. : The idea of third world development. Emerging perspectives in the United States and Britain, 1900-1950. Lanham: Univ. Press of America 1987. XXII, 236 S.
B 64464

American priorities in a new world era. In: World policy journal. 6 (1989), 2, S. 203-237.
BZ 4822:6

Artaud, D. : L'Amérique en crise: Roosevelt et le New Deal. Paris: Colin 1987. 239 S.
B 65979

Bernstein, M. A. : The great depression. Delayed recovery and economic change in America, 1929-1939. Cambridge: Cambridge Univ. Pr. 1987. XVII, 269 S.
B 65102

Beyond oil. The threat to food and fuel in the coming decades. 3rd pf. Cambridge, Mass.: Ballinger Publ. 1987. XXXI, 306 S.
B 59237

Bowers, P. M. : Curtiss aircraft, 1907-1947. London: Putnam 1987. 363 S.
B 65028

Bull-Berg, H. J. : American international oil policy: causal factors and effects. New York: St. Martin's Press 1987. XVI, 209 S.
B 65739

Carter, L. J. : Nuclear imperatives and public trust: dealing with radioactive waste. Washington, D. C.: Resources forthe Future 1987. XII, 473 S.
B 65799

Francillon, R. J. : Lockheed aircraft since 1913. 2. ed. Annapolis, Ma.: Naval Inst. Pr. 1987. IX, 566 S.
B 66596

Godfried, N. : Bridging the gap between rich and poor: American economic development policy toward the Arab East, 1942-1949. Westport, Conn.: Greenwood Pr. 1987. XII, 225 S.
B 65497

Halal, W. E. : The new capitalism. New York, N. Y.: Wiley 1986. XI, 486 S.
B 65796

Johnson, J. W. : Insuring against disaster. The nuclear industry on trial. Macon, Ga.: Mercer Univ. Pr. 1986. XII, 284 S.
B 63227

Kulke-Fiedler, C. ; Zapf, H.-U. : Außenwirtschaftsbeziehungen der USA mit den RGW-Ländern in den 80er Jahren – politische und ökonomische Aspekte. In: IPW-Berichte. 18 (1988), 2, S. 1-7.
BZ 05326:18

MacNeil, W. C. : American money and the Weimar Republic: economics and politics on the eve of the great depression. New York: Columbia Univ. Pr. 1986. X, 352 S.
B 63361

Nadelmann, E. A. : The DEA in Latin America: Dealing with institutionalized corruption. In: Journal of Inter-American studies and world affairs. 29 (1987/88), 4, S. 1-39.
BZ 4608:29

Płowiec, U. : Polityka gospodarcza USA wobec krajów socjalistycznych. Warszawa: Ksiazka i Wiedza 1988. 302 S.
B 68955

Rohatyn, F. : America's economic dependence. In: Foreign affairs. 68 (1989), 1, S. 53-65.
BZ 05149:68

Rondinelli, D. A. : Development administration and U. S. foreign aid policy. Boulder, Colo.: Rienner 1987. XI, 188 S.
B 64521

Steele, K. D. : Hanford: America's nuclear graveyard. In: Bulletin of the atomic scientists. 45 (1989), 8, S. 15-23.
BZ 05542:45

Stevenson, A. E. ; Frye, A. : Trading with the communists. In: Foreign affairs. 68 (1989), 2, S. 53-71.
BZ 05149:68

Sugai, W. H. : Nuclear power and ratepayer protest. The Washington Public Power Supply System crisis. Boulder, Colo.: Westview Press 1987. XI, 475 S.
B 64174

The Three Mile Island accident: diagnosis and prognosis; developed from a symp. spons. by the Division of Nuclear Chemistry and Technology at the 189th Meeting of the American Chemical Soc., Washington, D. C.: Am. Chem. Soc. 1986. IX, 301 S.
B 65834

Tomain, J. P. : Nuclear power transformation. Bloomington, Ind.: Indiana University Press 1987. X, 212 S.
B 64019

L 460 h Gesellschaft

Bottomore, T. B. : Critics of society. Radical thought in North America. 2nd ed. Westport, Conn.: Greenwood Pr. 1987. XVIII, 143 S.
B 63248

Gottlieb, A. : Do you believe in magic? The second coming of the sixties generation. New York, N. Y.: Times Books 1987. XIII, 418 S.
B 62666

Harris, D. : Justifying state welfare. The new right versus the old left. Oxford: Blackwell 1987. VIII, 181 S.
B 63613

Oakley, J. R. : God's country. America in the fifties. 2nd pr. New York, N. Y.: Dembner 1986. XI, 416 S.
B 63245

Perl, R. F. : Congress, international narcotics, policy, and the anti-drug abuse act of 1988. In: Journal of Inter-American studies and world affairs. 30 (1988), /3, S. 10-51.
BZ 4608:30

Wert, J. M. van: The US State department's narcotics control policy in the Americas. New York: Garland 19. In: Journalof Inter-American studies and world affairs. 30 (1988), 2/3, S. 1-18.
BZ 4608:30

L 460 h 00 Allgemeines

‚Slaves of the Depression': workers' letters about life on the job. Ithaca, N. Y.: Cornell Univ. 1987. X, 229 S.
B 65856

Bouchier, D. : Radical citizenship: the new American activism. New York, N. Y.: Schocken Books 1987. XXVI, 255 S.
B 65464

Chisman, F. : Government for the people: the Federal social role; what it is, what it should be. New York: Norton 1987. 316 S.
B 64862

Goldfield, M. : The decline of organized labor in the United States. Chicago, Ill.: Univ. of Chicago Pr. 1987. XV, 294 S.
B 65801

Loescher, G. : Calculated kindness: refugees and America's half-open door, 1945 to the present. New York, N. Y.: Free Press 1986. XIII, 346 S.
B 64565

L 460 h 10 Bevölkerung und Familie

Andolsen, B. H. : „Daughters of Jefferson, daughters of Bootblacks". Racism and American feminism. Macon, Ga.: Mercer Univ. Pr. 1986. XIV, 130 S.
B 63234

Balsen, D. : Sisterhood & solidarity. Boston, Mass.: South End Pr. 1987. II, 247 S.
B 63358

Gatlin, R. : American women since 1945. Jackson, Miss.: Univ. Pr. of Mississippi 1987. XIII, 298 S.
B 64881

Gluck, S. B. : Rosie the riveter revisited. Women, the war, and social change. Boston, Mass.: Twayne Publ. 1987. XIII, 282 S.
B 64216

Klatch, R. E. : Women of the new right. Philadelphia, Pa.: Temple Univ. Pr. 1987. 247 S.
B 63306

Lunardini, C. A. : From equal suffrage to equal rights: Alice Paul and the National Woman's Party, 1910-1928. New York, N. Y.: New York Univ. Pr. 1986. XX, 230 S.
B 63335

Schwartz, G. : Beyond conformity or rebellion: youth and authority in America. Chicago, Ill.: Univ. of Chicago Pr. 1987. X, 307 S.
B 64579

Shukert, E. B. ; Scibetta, B. S. : War brides of World War II. Novato, Calif.: Presidio Pr. 1988. X, 302 S.
B 65782

Tiškov, V. A. : Izučenie istorii sem'i i statusa ženščii v SŠA. In: Voprosy istorii. (1988), 4, S. 54-67.
BZ 05317:1988

Women and American foreign policy. Lobbyists, critics, and insiders. Ed.: E. P. Crapol. Westport, Conn.: Greenwood Pr. 1987. XIII, 200 S.
B 63261

The women's movements in the United States and Western Europe: Consciousness, political opportunity, and public policy. Ed.: M. F. Katzenstein. Philadelphia, Pa.: Temple Univ. Pr. 1987. VII, 321 S.
B 63012

L 460 h 20 Stand und Arbeit

Bardacke, F. : Watsonville: a Mexican community on strike. In: The year left. 3 (1988), S. 149-182.
BZ 4857:3

Cartosio, B. : Die neue „labor history" in den USA. In:1999. 3 (1988), 4, S. 75-91.
BZ 4879:3

Conover, T. : Coyotes: a journey through the secret world of Ameria's illegal aliens. New York, N. Y.: Vintage Books 1987. XIX, 264 S.
B 65402

Denis, S. : Un syndicalisme pur et simple: mouvements ouvriers et pouvoir politique aux États-Unis, 1919-1939. Montréal: Boréal 1986. 512 S.
B 65342

Dobbs, F. : La révolte des camionneurs. Paris: C. E. R. M. T. R. I. 1988. 135 S.
Bc 02477

Fordinálová, E. : Karol Korenič a americkoslovenské robotnicke hnutie. Bratislava: Nakladateľstvo Pravda 1987. 253 S.
B 66791

Kwik, P. ; Moody, K. : Dare to struggle: lessons from P-9. In: The year left. 3 (1988), S. 133-148.
BZ 4857:3

Lane, A. T. : Solidarity or survival?: American labour and European immigrants, 1830-1924. New York, N. Y.: Greenwood Pr. 1987. 230 S.
B 64550

Listikov, S. V. : Profsojuznoe Dviženie SšA v gody pervoj mirovoj vojny. Moskva: Nauka 1987. 165 S.
Bc 7519

Mann, E. : Keeping GM Van Nuys open. In: The year left. 3 (1988), S. 183-209.
BZ 4857:3

Romero, F. : Gli Stati Uniti e la ricostruzione postbellica dell'Europa: il ruolo dei sindicati americani. In: Storia delle relazioni internazionali. 4 (1988), 2, S. 367-394.
BZ 4850:4

Sauer, R. L. : Labor relations: structure and process. Columbus, Ohio: Merrill 1987. X, 518 S.
B 65827

Shostak, A. B. : The air controllers' controversy: lessons from the PATCO strike. New York, NY.: Human Sciences Pr. 1986. 274 S.
B 62923

Tripp, A. H. : The I. W. W. and the Paterson silk strike of 1913. Urbana, Ill.: Univ. of Illinois 1987. XIV, 317 S.
B 64204

L 460 i Geistesleben

Christensen, T. : Real politics: American political movies from birth of a nation to Platoon. Oxford: Blackwell 1987. X, 244 S.
B 65127

Dorman, W. A. : The U. S. Press and Iran: foreign policy and the journalism of deference. Berkeley, Cal.: Univ. of California 1987. X, 272 S.
B 64830

Educational exchanges. Essays on the Sino-American experience. Ed.: J. K. Kallgren. Berkeley, Cal.: Univ. of California 1987. IX, 257 S.
B 64814

Gellhorn, M. : The view from the ground. New York, N. Y.: Atlantic Monthly Pr. 1988. XII, 419 S.
B 65717

Jorstad, E. : The New Christian Right, 1981-1988: prospects for the post-Reagan decade. Lewinston, N. Y.: Mellen 1987. 286 S.
B 62990

Koppes, C. R. : Hollywood goes to war: how politics, profits, and propaganda shaped World War II movies. New York, N. Y.: Free Press 1987. X, 374 S.
B 64542

Kuznick, P. J. : Beyond the laboratory. Scientists as political activists in 1930s America. Chicago, Ill.: Univ. of Chicago Pr. 1987. X, 363 S.
B 64736

London, H. I. : Armageddon in the classroom: an examination of nuclear education. Lanham: Univ. Press of America 1987. XVII, 127 S.
B 64788

Mélandri, P. : In god we trust! In: Vingtième siécle. (1988), 19, S. 3-15.
BZ 4941:1988

Parsons, P. : Cable television and the first amendment. Lexington: Lexington Books 1987. IV, 168 S.
B 62769

Shull, M. S. : Doing their bit: wartime American animated short films, 1939-1945. Jefferson, N. C.: McFarland 1987. X, 198 S.
B 64064

Stoler, P. : The war against the press: politics, pressure, and intimidation in the 80's. New York: Dodd, Mead & Co. 1986. VIII, 226 S.
B 64872

Weigel, G. : Tranquillitas ordinis: the present failure and future promise of American Catholic thought on war and peace. Oxford: Oxford Univ. Pr. 1987. XIII, 489 S.
B 64658

L 460 k Geschichte

Grantham, D. W. : Recent America. The United States since 1945. Arlington Heights, Ill.: Harlan Davidson 1987. XI, 451 S.
B 63333

Hart, J. : From this moment on. New York, N. Y.: Crown 1987. XII, 335 S.
B 64052

Haskins, J. : The 60s reader. New York, N. Y.: Viking Kestrel 1988. 244 S.
B 66543

Hoyt, E. P. : America's wars and military excursions. New York: McGraw-Hill 1987. XVI, 539 S.
B 64220

Irangate: Iran-Contra-Skandal u. Tower-Report. Hrsg.: K. Ege. Köln: Pahl-Rugenstein 1987. 253 S.
B 63202

Koerselman, G. H. : The lost decade. A story of America in the 1960's. Frankfurt: Lang 1987. VIII, 354 S.
B 65306

Morrison, J. : From Camelot to Kent State: the sixties experience in the words of those who lived it. New York, N. Y.: Time Books 1987. XXIV, 355 S.
B 65468

Painter, N. I. : Standing at Armageddon: the United States, 1877-1919. New York: Norton 1987. XLIV, 402 S.
B 64813

Rubenberg, C. A. : US policy toward Nicaragua and Iran and the Iran-Contra affair: reflections on the continuity of American foreign policy. In: Third world quarterly. 10 (1988), 4, S. 1467-1504.
BZ 4843:10

Scott, P. D. : Contragate: Reagan, foreign money, and the Contra deal. In: Crime and Social Justice. (1987), 27-28, S. 110-148.
BZ 4979:1987

Shank, G. : Contragate and counterterrorism: an overview. In: Crime and Social Justice. (1987), 27/28, S. I–XVII.
BZ 4979:1987

Unger, I. ; Unger, D. : Turning point 1968. New York: Scribner's 1988. VIII, 568 S.
B 68389

L 460 l Einzelne Länder/Gebiete/Orte

Bayor, R. H. : Neighbors in conflict. The Irish, Germans, Jews, and Italians of New York City, 1929-1941. 2. ed. Urbana, Ill.: Univ. of Illinois 1988. XVI, 232 S.
B 66689

Belknap, M. R. : Federal law and Southern Order. Racial violence and constitutional conflict in the Post-Brown-South. Athens, Ga.: Univ. of Georgia Pr. 1987. XV, 387 S.
B 64534

Headley, B. D. : The „Atlanta Tragedy" and the rule of official ideology. In: Journal of black studies. 18 (1987/88), 4, S. 452-470.
BZ 4607:18

Mojtabai, A. G. : blessèd assurance. At home with the bomb in Amarillo, Texas. London: Secker and Warburg 1986. XVI, 255 S.
B 64434

Smith, C. C. : War and wartime changes. The transformation of Arkansas, 1940-1945. Fayetteville, Ar.: The Univ. of Arkansas Pr. 1986. XII, 157 S.
B 62946

Thomas, M. M. : Riveting and rationing in Dixie. Alabama women and the second world war. Tuscaloosa, Ala.: Univ. of Alabama Pr. 1987. X, 145 S.
B 64209

L 490 Westindien/ Antillen/Karibik

L 491 Dominikanische Republik

Angeles Suárez, R. : República Dominicana: antesala de la crisis. Santo Domingo:1986. 295 S.
B 66520

Campesinas y políticos, 1986: lo que las campesinas creen de los políticos y lo que los políticos les ofrecen. Ed.: A. Hernándes. Santo Domingo: Mujeres en Desarrollo Dominicana (MUDE) 1986. 83 S.
Bc 7820

Jorge Blanco, S. : Batallas nacionales. Santo Domingo: Edita Libros 1986. 170 S.
B 66265

Rivera Cuesta, M. A. : Las fuerzas armadas y la política dominicana. Santo Domingo:1986. 529 S.
B 66458

Yates, L. A. : Mounting an intervention. The Dominican Republic, 1965. In: Military review. 69 (1989), 3, S. 50-62.
BZ 4468:69

L 492 Haiti

Fauriol, G. : The Duvaliers and Haiti. In: Orbis. 32 (1988), 4, S. 587-608.
BZ 4440:32

Ferguson, J. : Haiti: from dictatorship to dictatorship. In: Race and class. 30 (1988), 2, S. 23-40.
BZ 4811:30

Ferguson, J. : Papa Doc, Baby Doc. Haiti and the Duvaliers. London: Blackwell 1987. X, 171 S.
B 63612

Kuhlmann, U. : Haiti – von einer Diktatur zur anderen? In: Europa-Archiv. 43 (1988), 21, S. 625-632.
BZ 4452:43

Lundahl, M. : History as an obstacle to change: the case of Haiti. In: Journal of Interamerican studies and world affairs. 31 (1989), 1 & 2, 1-21.
BZ 4608:31

Rotberg, R. I. : Haiti's past mortgages its future. In: Foreign affairs. 67 (1988), 1, S. 93-109.
BZ 05149:67

L 494 Kuba

L 494 c Biographien

– Castro

Bourne, P. G. : Fidel Castro. Düsseldorf: Econ 1988. 392 S.
B 65133

Castro, F. ; Betto, F. : Fidel and religion. Castro talks on revolution and religion with Frei Betto. New York: Simon and Schuster 1987. 314 S.
B 65452

– Che Guevara

Saucedo Parada, A. : No disparen. soy el Che. Santa Cruz de la Sierra: Ed. Oriente 1987. 208 S.
B 63879

Vuskovic Bravo, P. : Che Guevara en el presente de la América Latina: los desafíos de la transición y el desarrollo. La Habana: Ed. Casa de las Américas 1987. 148 S.
Bc 7919

– **Frayde**
Frayde, M. : Ecoute, Fidel. Paris: Denoel 1987. 189 S.
B 64970

– **Marti**
José Martí, revolutionary democrat. Ed.: C. Abel. London: Athlone Pr. 1986. XVIII, 238 S.
B 62516

L 494 e Staat und Politik

Cuban prisons: a preliminary report. In: Social justice. 15 (1988), 2, S. 55-71.
BZ 4917:15

Lacinski, P. : Stosunki kubansko-amerykanskie. In: Sprawy międzynarodowe. 42 (1989), 5(426), S. 85-96.
BZ 4497:42

Liss, S. B. : Roots of revolution. Radical thought in Cuba. Lincoln, Neb.: Univ. of Nebraska Pr. 1987. XXV, 269 S.
B 63285

McCaughan, E. ; Platt, T. : Tropical Gulag: Media images of Cuba. In: Social justice. 15 (1988), 2, S. 72-104.
BZ 4917:15

Newsom, D. D. : The Soviet brigade in Cuba. Bloomington, Ind.: Indiana University Press 1987. XVI, 122 S.
B 64045

Platt, T. : Cuba and the politics of human rights. In: Social justice. 15 (1988), 2, S. 38-54.
BZ 4917:15

Purcell, S. Kaufman: Kuba auf neuen Wegen? In: Europäische Rundschau. 17 (1989), 2, S. 65-80.
BZ 4615:17

Wiarda, H. J. : Cuba and US foreign policy in Latin America: the changing realities. In: World affairs. 150 (1987/88), 3, S. 205-217.
BZ 05509:150

L 494 k Geschichte

Clerc, J.-P. : Cuba: trente ans de castrisme. In: Défense nationale. 45 (1989), 2, S. 119-131.
BZ 4460:45

The Cuban crisis of 1962: selected documents, chronology and bibliography. 2. ed. Lanham: Univ. Press of America 1986. XIX, 461S.
B 63346

Greiner, B. : Kuba-Krise. 13 Tage im Oktober: Analyse, Dokumente, Zeitzeugen. Nördlingen: Greno 1988. 436 S.
B 67156

Higgins, T. : The perfect failure: Kennedy, Eisenhower, and the CIA at the Bay of Pigs. New York: Norton 1987. 224 S.
B 65438

Landau, S. : Notes on the Cuban revolution. In: The Socialist register. 25 (1989), S. 278-306.
BZ 4824:25

Trachtenberg, M. : The influence of nuclear weapons in the Cuban missile crisis. In: International security. 10 (1985), 1, S. 137-163.
BZ 4433:10

White house tapes and minutes of the Cuban Missile Crisis. In: International security. 10 (1985), 1, S. 164-203.
BZ 4433:10

L 495 Puerto Rico

Fernandez, R. : Los Macheteros: the Wells Fargo robbery and the violent struggle for Puerto Rican independence. New York, N.Y.: Hall 1987. XIV, 272 S.
B 63001

Nelson, A. : Murder under two flags. The U. S. , Puerto Rico, and the Cerro Marravila cover-up. New York, N. Y.: Tichnor & Fields 1986. XV, 269 S.
B 63445

L 499 Kleine Antillen

L 499. 23 Grenada

Dujmoviè, N. : The Grenada documents: window on totalitarism. Washington: Pergamon-Brassey's 1988. XIV, 94 S.
Bc 8441

The Grenada documents. London: Sherwood 1987. X, 182 S.
B 65031

Lewis, G. K. : Grenada. The jewel despoiled. Baltimor, Ma.: The Johns Hopkins Univ. 1987. X, 239 S.
B 64206

Späth, H. : Grenada nach der Invasion. In: Blätter des iz3w. (1989), 156, S. 22-25.
BZ 05130:1989

L 500 Australien und Ozeanien

L 510 Australien

L 510 a Allgemeines

Buckley, J. P. : Australia's perilous year. In: Defence force journal. (1988), 72, S. 4-63.
BZ 4438:1988

Devanny, J. : Point of departure. Ed.: C. Ferrier. St. Lucia: Univ. of Queensland Pr. 1986. XXIX, 332 S.
B 63731

Harper, N. : A great and powerful friend. A study of Australian American relations between 1900 and 1975. St. Lucia: Univ. of Queensland Pr. 1987. X, 416 S.
B 63732

Hegarty, D. : South Pacific security issues: an Australian perspective. In: Conflict. 8 (1988), 4, S. 311-326.
BZ 4687:8

Maria, W. de: Combat and concern: the warfare-welfare nexus. In: War and society. 7 (1989), 1, S. 71-86.
BZ 4802:7

Moses, J. A. : The Great War as ideological conflict – an Australian perspecive. In: War and society. 7 (1989), 2, S. 56-76.
BZ 4802:7

Ormston, R. A. : Australia's reaction to the threat from Japan 1939-1943. In: Defence force journal. (1988), 70, S. 37-42.
BZ 4438:1988

Voigt, J. H. : Australien und Deutschland: 200 Jahre Begegnungen, Beziehungen u. Verbindungen; e. Veröffentl. d. Inst. f. Asienkunde. Hamburg. 1988, 190 S.
Bc 8532

L 510 f Wehrwesen

Bilton, M. ; Lawson, K. : Harnessing military expertise in defence decision analyses – a realisable goal. In: Defence force journal. (1988), 70, S. 15-25.
BZ 4438:1988

Bonsignore, E. : The ANZAC programme: frigates for „down under". In: Military technology. 13 (1989), 3, S. 17-38.
BZ 05107:13

Brown, G. : The management of Australia's defence. In: Defence force journal. (1988), 70, S. 5-14.
BZ 4438:1988

Frame, T. R. : A navy grown up and on its own. In: United States Naval Institute. Proceedings. 115 (1989), 3, S. 116-123.
BZ 05163:115

Hudson, M. : RAN achieving its ambitious goals. In: Pacific defence reporter. 15 (1988), 5, S. 11-16.
BZ 05133:15

Kenny, C. : Captives. Australian army nurses in Japanese prison camps. St. Lucia: Univ. of Queensland Pr. 1986. XIV, 173 S.
B 63937

McAllister, I. ; Smith, H. : Selecting the guardians: recruitment and military values in the Australien officer corps. In: Journal of political and military sociology. 17 (1989), 1, S. 27-42.
BZ 4724:17

Smith, M. G. : Conventional deterrence and Australien military strategy. In: Defence force journal. (1988), 71, S. 5-16.
BZ 4438:1988

L 520 Neuseeland

Alves, D. : The changing New Zealand defense posture. In: Asian survey. 29 (1989), 4, S. 363-381.
BZ 4437:29

Baker, W. D. : Dare to win. The story of New Zealand Special Air Service. Stevenage: Spa Books 1987. VIII, 107 S.
010721

L 531 Indonesien

Guterres, J. : It is better to die fighting than to be killed like chickens. In: Ampo. 20 (1989), 3, S. 30-35.
BZ 05355:20

Hein, G. R. : Indonesia in 1988. Another five years for Soeharto. In: Asian survey. 29 (1989), 2, S. 119-128.
BZ 4437:29

Helvoort, A. van: De verzwegen oorlog. Dagboek van een hosspik in Indie, 1947-1950. Groningen: Xeno 1988. 184 S.
Bc 8017

Silalahi, H. T. : The 1987 election in Indonesia. In: Southeast Asian affairs. (1988), S. 97-105.
BZ 05354:1988

Suharto's opvolging: permanent politiek debat. In: Internationale spectator. 42 (1988), 12, S. 770-777.
BZ 05223:42

Suryadinata, L. : Suharto's Indonesia. Two decades on. In: Southeast Asian affairs. (1987), S. 131-145.
BZ 05354:1987

Wolters, W. G. : Staat en militairen in Indonesie. In: Internationale spectator. 43 (1989), 2, S. 85-90.
BZ 05223:43

L 531. 2 Brunei

MacArthur, M. S. H. : Report on Brunei in 1904. Ohio: Ohio Univ. Center for Internat. Studies 1987. XIII, 283 S.
B 64811

Menon, K. U. : Brunei Darussalam in 1988. In: Asian survey. 29 (1989), 2, S. 140-144.
BZ 4437:29

Singh, R. : Brunei Darussalam in 1987. Coming to grips with economic and political realities. In: Southeast Asian affairs. (1988), S. 63-70.
BZ 05354:1988

L 532 Philippinen

L 532 a Allgemeines

Davis, L. : The Philippines. People, poverty and politics. London: Macmillan 1987. XX, 225 S.
B 63936

Gomane, J.-P. : Où en sont les Philippines. In: Défense nationale. 45 (1989), 7, S. 137-146.
BZ 4460:45

Kroef, J. M. van der: The Philippines. Day of the Vigilantes. In: Asian survey. 28 (1988), 6, S. 630-649.
BZ 4437:28

O'Ballance, E. : The Communist New People's Army. In: Military review. 68 (1988), 2, S. 11-21.
BZ 4468:68

Rebuilding a nation. Philippine challenges and American policy. Ed.: C. H. Landé. Washington, D. C.: The Washington Inst. Pr. 1987. XVI, 592 S.
B 64525

Robinson, G. : The Philippines. No 2-SOTs: a solution to the insurgency? In: Pacific defence reporter. 15 (1988), 5, S. 33-38.
BZ 05133:15

Schwarzacher, L. : Philippinen: d. unvollendete Revolution. Bornheim-Merten: Lamuv 1987. 281 S.
B 63475

L 532 c Biographien

– Aquino

Buss, C. A. : Cory Aquino and the people of the Philippines. Stanford, Calif.: Stanford Alumni Assoc. 1987. XIII, 199 S.
B 64861

Komisar, L. : Corazon Aquino. The story of a revolution. 2nd pr. New York, N. Y.: Braziller 1987. XI, 290 S.
B 63298

Komisar, L. : Corazon Aquino. Eine Frau kämpft für ihr Volk. Zürich: Benziger 1988. 277 S.
B 65945

– Marcos

MacDougald, C. C. : The Marcos file: was he a Philippine hero or corrupt tyrant? San Francisco: San Francisco Publ. 1987. X, 345 S.
B 65803

Pedrosa, C. N. : Imelda Marcos. New York: St. Martin's Press 1987. 230 S.
B 63340

Romulo, B. D. : Inside the palace: the rise and fall of Ferdinand and Imelda Marcos. New York, N. Y.: Putnam 1987. 271 S.
B 65816

L 532 e Staat und Politik

Aquino, B. A. : The Philippines in 1987. Beating back the challenge of August. In: Southeast Asian affairs. (1988), S. 191-215.
BZ 05354:1988

Bello, W. : U. S.-Philippine relations in the Aquino Era. In: World policy journal. 5 (1988), 4, S. 677-702.
BZ 4822:5

Chapman, W. : Inside the Philippine revolution. New York: Norton 1987. 288 S.
B 64891

Corpuz, A. G. : De-Maoization and nationalist trends in the CPP. In: Journal of contemporary Asia. 18 (1988), 4, S. 412- 429.
BZ 4671:18

Friend, T. : Marcos and the Philippines. In: Orbis. 32 (1988), 4, S. 569-586.
BZ 4440:32

Hawes, G. : The Philippine State and the Marcos regime. The politics of export. Ithaca, N. Y.: Cornell Univ. 1987. 196 S.
B 63796

Hernandez, C. G. : The Philippines in 1988. In: Asian survey. 29 (1989), 2, S. 154-164.
BZ 4437:29

Kroef, J. M. van der: Aquino's Philippines. The deepening security crisis. London: Institut for the study of conflict 1988. 32 S.
Bc 8133

Lyons, J. ; Wilson, K. : Marcos and beyond. The Philippines revolution. Kenthurst: Kangaroo Pr. 1987. 203 S.
Bc 8076

Molloy, I. : The decline of the Moro National Liberation Front in the Southern Philippines. In: Journal of contemporary Asia. 18 (1988), 1, S. 59-76.
BZ 4671:18

Putzel, J. : Die Zukunft der Philippinen - Corazón Aquino vor alten und neuen Herausforderungen. In: Europa-Archiv. 43 (1988), 16, S. 465-474.
BZ 4452:43

Siemers, G. : Die Philippinen: Sicherheitspolitische Lage und Optionen. In: S und F. 7 (1989), 1, S. 14-18.
BZ 05473:7

Simons, L. M. : Worth dying for. New York: Morrow 1987. 320 S.
B 64512

Timberman, D. G. : Unfinished revolution. The Philippines in 1986. In: Southeast Asian affairs. (1987), S. 239-263.
BZ 05354:1987

Vigilante terror. A report on CIA-inspired death squads in the Philippines. In: National reporter. 10/11 (1987/88), 4, S. 24-31.
BZ 05447:10/11

L 532 e 10 Innenpolitik

Goldman, R. M. ; Pascual, H. : NAMFREI: Spotlight for democracy. In: World affairs. 150 (1988), 4, S. 223-231.
BZ 05509:150

L 533 Melanesien

L 533. 2 Fidschi-Inseln

Politics in Fiji. Studies in contemporary history. Ed.: B. V. Lal. Sydney: Allen & Unwin 1986. XI, 161 S.
B 63571

L 533. 3 Papua Neuguinea

Dimanski, H.-M. ; Rosenfeldt, R. : Die Streitkräfte Guinea-Bissaus und ihre Rolle bei der Formierung eines unabhängigen Staates (1959-1974). In: Militärgeschichte. 28 (1989), 4, S. 328-332.
BZ 4527:28

Hegarty, D. : Papua New Guinea in 1988. Political crossroads? In: Asian survey. 29 (1989), 2, S. 181-188.
BZ 4437:29

MacQueen, N. : Beyond Tok Win: The Papua New Guinea intervention in Vanuatu, 1980. In: Pacific affairs. 61 (1988), 2, 235-252.
BZ 4450:61

MacQueen, N. : Papua New Guinea's relations with Indonesia and Australia. In: Asian survey. 29 (1989), 5, S. 530-541.
BZ 4437:29

L 533. 5 Neukaledonien

Christnacht, A. : La Nouvelle-Calédonie. Paris: La Documentation Française 1987. 143 S.
Bc 8289

Henningham, S. : A dialogue of the deaf: attitudes and issues in New Caledonian politics. In: Pacific affairs. 61 (1989), 4, S. 633-652.
BZ 4450:61

Seurin, J.-L. : Nouvelle-Calédonie: les antipode de la démocratie. Paris: Lieu Commun 1986. 222 S.
B 59824

L 600 Polargebiete

Antarctica. The next decade. Ed.: A. Parsons. Cambridge: Cambridge Univ. Pr. 1987. X, 164 S.
B 64421

Couteau-Béegarie, H. : Arctique: la guerre des glaces. In: Défense nationale. 45 (1989), 5, S. 39-52.
BZ 4460:45

Fogelson, N. : Greenland: strategic base on a northern defense line. In: The journal of military history. 53 (19879), 1, S. 51-63.
BZ 4980:53

Honderich, J. : Arctic imperative: is Canada losing the north? Toronto: Univ. of Toronto Pr. 1987. XI, 258 S.
B 65392

L 700 Weltmeere und Inseln

L 710 Europäische Randmeere

L 712 Ostsee

Jansson, C. N.-O. : The Baltic: A sea of contention. In: Naval War College review. 41 (1988), 3, S. 47-61.
BZ 4634:41

Jansson, N.-O. : Östersjöns strategiska betydelse. In: Tidsskrift for svaesen. 151 (1988), 2, S. 117-133.
BZ 4546:151

L 720 Mittelmeer

Fisas Armengol, V. : Paz en el Mediterráneo. Barcelona: Ed. Lerna 1987. 190 S.
Bc 7721

Pazarci, H. : L'évolution des événements en Egée et la politique égéenne de la Grèce (depuis la Traité de Lausanne jusqu'à 1974). In: Revue internationale d'histoire militaire. (1988), 67, S. 209-226.
BZ 4454:1988

Ravenel, B. : La France en Méditerranée: nouvel ordre économique ou nouvel ordre militaire? In: Cosmopolitiques. (1988), 8, S. 11-29.
BZ 05193:1988

L 730 Atlantik

Almeida, P. R. de: Geoestratégia do Atlântico: uma visao do Sul. In: Estrategía. (1987), 3, S. 117-128.
BZ 4898:1987

The Caribbean and world politics. Cross currents and cleavages. Ed.: J. Heine. New York: Holmes & Meier 1988. IX, 385 S.
B 65277

Crises in the Caribbean Basin. Ed.: R. Tardanico. Newbury Park: Sage 1987. 263 S.
B 63253

Farer, T. J. : The United States as guarantor of democracy in the Caribbean Basin: Is there a legal way? In: Human rights quarterly. 10 (1988), 2, S. 157-176.
BZ 4753:10

George, L. N. : Realism and internationalism in the Gulf of Venezuela. In: Journal of Interamerican studies and world affairs. 30 (1988-89), 4, S. 139-170.
BZ 4608:30

Pereira, A. C. : Segurança da áre estratégica do Atlântico Sul. Idéias sobre as formas de implementaçao e participaçao comum. In: Politica e estratégia. 6 (1988), 3, S. 374-390.
BZ 4921:6

Rodríguez Iturbe, J. : El Caribe: elementos para una reflexión política a fines de los „80". Caracas: Ed. Centauro1987. 157 S.
Bc 8153

L 739 Inseln im Atlantik

Hallerbach, R. : Nicht nur Wind, Salz und Steine. Kap Verde: ein Inselstaat mit strategischer Bedeutung. In: Europäische Wehrkunde-Wehrwissenschaftliche Rundschau. 37 (1988), 9, S. 520-524.
BZ 05144:37

L 739. 22 Falkland-Inseln

Chubrétovich A. , C. : Las Islas Falkland o Malvinas: su historia, la controversia Argentino – Británica y la guerraconsiguiente. 2. ed. Santiago de Chile: Ed. La Noria 1987. 325 S.
B 63854

L 740 Indischer Ozean

Decraene, P. : L'archipel des Comores face à la montée des périls. In: L'Afrique et l'Asie modernes. (1988/89), 159, S. 52-61.
BZ 4689:1988/89

Du Catel, A. : Invitation aux Maldives: L'Inde, puissance insulaire. In: L'Afrique et l'Asie modernes. (1989), 160, S. 68-77.
BZ 4689:1989

Mazeran, H. : L'Océan indien. Un enjeu pour l'Occident. Paris: Presses Univ. de France 1987. 225 S.
B 63103

Sachs, J. : Die Bemühungen afrikanischer Staaten zur Umwandlung des Indischen Ozeans in eine Zone des Friedens. In: Militärgeschichte. 27 (1988), 4, S. 335-344.
BZ 4527:27

Shepherd, G. W. : The trampled grass. Westport, Conn.: Greenwood Pr. 1987. X, 177 S.
B 64016

L 743 Persischer Golf

Entessar, N. : Superpowers and Persian Gulf security: The Iranian perspective. In: Third world quarterly. 10 (1988), 4, S. 1427-1451.
BZ 4843:10

The Gulf Cooperation Council: moderation and stability in an interdependent world. Ed.: J. A. Sandwick. Boulder, Colo.: Westview Press 1987. X, 289 S.
B 63017

Kupchan, C. A. : The Persian Gulf and the West. The dilemmas of security. Boston: Allen & Unwin 1987. XIV, 254 S.
B 63971

The Persian Gulf historical summaries, 1907-1953. Vol. 1-4. Gerrards Cross: Archive Ed. 1987. 170, 302, 262 S.
B 65255

L 750 Pazifischer Ozean

Bell, C. : The unquiet Pacific. London: Institut for the study of conflict 1987. 26 S.
Bc 8125

Blay, S. K. N. : Self-determination and the crisis in New Caledonia. The search for a legitimate self. In: Asian survey. 28 (1988), 8, S. 863-880.
BZ 4437:28

Boobbyer, P. C. : Soviet perceptions of the South Pacific in the 1980s. In: Asian survey. 28 (1988), 5, S. 573-593.
BZ 4437:28

Coker, C. : The myth of the Pacific century. In: The Washington quarterly. 11 (1988), 3, S. 5-16.
BZ 05351:11

Couteau-Bégarie, H. : Géostrategie du Pacifique. Paris: Ed. Economica 1987. 374 S.
B 63981

Feske, S. : Die USA im pazifischen Raum: Das Ende einer Ära. In: S und F. 7 (1989), 7, S. 2-6.
BZ 05473:7

Gutierrez Campos, J. ; Meza Larenas, R. ; Perez Labayru, J.: El papel de la potencias medianas en el Oceano Pacifico. In: Memorial del Ejército de Chile. 82 (1988), 430, S. 59-77.
BZ 4470:82

Lacour, P. : De l'Océanie au Pacifique: histoire et enjeux. Paris: Ed. France-Empire 1987. 186 S.
B 65014

MacIntosh, M. : Arms across the Pacific. Security and trade issues across the Pacific. London: Pinter 1987. X, 177 S.
B 65069

New tides in the Pacific: Pacific Basin cooperation and the Big Four (Japan, PRC, USA, USSR). Ed.: R. Kim. Westport, Conn.: Greenwood Pr. 1987. XIII, 216 S.
B 65425

The Pacific rim and the Western World. Strategic, economic, and cultural perspectives. Ed.: P. West. Boulder, Colo.: WestviewPress 1987. XIV, 330 S.
B 63198

Schier, P. : Die jüngsten militärischen Auseinandersetzungen zwischen China und Vietnam im Südchinesischen Meer und die gegenwärtigen Besitzverhältnisse im Spratly-Archipel. In: China aktuell. 17 (1988), 7, S. 569-586.
BZ 05327:17

Trofimenko, H. : Long-term trends in the Asia-Pacific region. A Soviet evaluation. In: Asian survey. 29 (1989), 3, S. 237-251.
4437:29

II
FORSCHUNGS-
UND LITERATURBERICHTE

Hagen Fleischer:	Griechenland im Zweiten Weltkrieg. Ein Literaturbericht	383
Martina Kessel:	Englische und französische Deutschlandpolitik von 1945 bis 1947. Bericht und Auswahlbibliographie	393
Heidi Synnatzschke-Cochran:	Berlin – unmißverständliche Widerspiegelungen Eine Auswahlbibliographie	425
Evelyn M. Cherpak:	The Naval Historical Collection of the Naval War College Report, Rhode Island	455
Mathias Bauermeister:	Die Stiftung Wissenschaft und Technik. Eine parteineutrale Institution politikbezogener Forschung, Beratung und Informationsvermittlung	461

Griechenland im Zweiten Weltkrieg

Ein Literaturbericht von Hagen Fleischer

Die griechische Geschichte im Zweiten Weltkrieg ist nur zu verstehen, wenn man dem gewaltsamen Einwirken des äußeren Faktors die Nachwirkungen der vier Jahre zuvor etablierten „inneren Okkupation" (Diktatur) gegenüberstellt. Ebenso wird man der heterogenen und lückenhaften Historiographie nur dann gerecht, sofern man sie im Kontext der nahezu permanenten innergriechischen Konfrontation begreift.

Bereits im Ersten Weltkrieg kommt es zur folgenschweren Spaltung zwischen den deutschfreundlichen „Neutralisten" um König Konstantin und der (mit anglo-französischer Unterstützung siegreichen) pro-Entente-Fraktion um Ministerpräsident Venizelos. Die wichtigsten Stationen im schon sprichwörtlichen Hin und Her der Zwischenkriegszeit sind die Ausrufung der Republik (1924) sowie die Rückkehr Königs Georg II. mittels eines gefälschten „Referendums" aus dem englischen Exil (1935). Nach kurzem demokratischem Zwischenspiel erweist sich der Monarch den ephemeren Schwierigkeiten einer parlamentarischen Pattsituation nicht gewachsen und installiert stattdessen ein diktatorisches Regime unter General Metaxas. Nach diesem Eid- und Verfassungsbruch gründen sich die ohnehin fragwürdigen königlichen „Hoheitsrechte" lediglich auf die blanke Gewalt. Sobald deren monopolistische Ausübung infolge einer Veränderung der Machtverhältnisse – in diesem Falle die fremde Okkupation (1941) ihr Ende findet, steht vor einer eventuellen Rückkehr auf den Thron die vorherige Unterwerfung unter einen freien Volksentscheid. Georgs Weigerung, diesen Sachverhalt anzuerkennen, wird zur schwersten Hypothek für die griechische Geschichte der folgenden Jahre.

Die zweite und offensichtlichere Komponente der „griechischen Tragödie" ist der in der Literatur oft dämonische Dimensionen annehmende „ausländische Faktor". Schon vor Ausbruch des Zweiten Weltkriegs und insbesondere nach Besetzung des albanischen Brückenkopfs (7. 4. 39) denkt Mussolini – nach Cianos Zeugnis – „immer mehr daran, [...] bei der ersten Gelegenheit über Griechenland herzufallen". Doch das vom Außenminister verfaßte Ultimatum wird von Metaxas am 28.10.40 abgelehnt [Bibliographie Nr. 11/13]; die italienischen Invasionstruppen werden nicht nur zurückgeworfen, sondern die Verteidiger dringen weit auf albanisches Gebiet vor. So müssen im April 1941 überlegene deutsche Verbände die abgekämpften Griechen sowie das eben erst angelandete britische Expeditionskorps niederzwingen. Ende Mai erobern deutsche Luftlandetruppen und Gebirgsjäger trotz schwerer Verluste den letzten freien Raum, Kreta [18/22]. König Georg und die – im Gegensatz zum Athener Kollaborationsregime – umgebildete „freie" Regierung flüchten nach Ägypten bzw. London, um von dort aus unter britischer Führung „den Kampf fortzusetzen" [45].

Widerstand geleistet hatten übrigens neben den relativen starken Commonwealth-Verbänden auch – getreu einer jahrhundertealten Tradition – große Teil der kretischen Zivilbevölkerung. Dieser Umstand verwirrt und erbittert die Angreifer; ihre wegen tatsächlicher oder angeblicher Verletzungen der Heereslandkriegsordnung verhängten „Sühnemaßnahmen" treiben zahlreiche Kreter „in die Berge", d. h. in die permanente Illegalität [49]. Auch ohne eigene operative Bedeutung erlangen diese Gruppen bald eine Signalwirkung für das Festland. Kleine nationalistische Organisationen, aber insbesondere die griechische kommunistische Partei sowie die

von ihr dominierte, im September 1941 konstituierte „Nationale Befreiungsfront" (EAM) appellieren an das griechische Volk, „dem kretischen Beispiel zu folgen" [5/6].
Bei der Organisierung und weiteren Entwicklung des Widerstandes zeigen sich bald regionale Unterschiede zwischen den Besatzungszonen, wobei die „Effizienz" der jeweiligen Okkupationsmacht eine wesentliche Rolle spielt. Bei der Verteilung der Beute hatte Hitler nämlich nur einige Gebiete von herausragender strategischer Bedeutung unter deutscher Kontrolle behalten, den Großteil des Landes hingegen – in Anerkennung der von Mussolini beanspruchten „preponderanza" – den Italienern überlassen; Ostmazedonien und Thrakien schließlich wurden von den Bulgaren besetzt (und de facto annektiert).
Nach brutaler Niederschlagung lokaler Erhebungen in deutschen und bulgarischen Machtbereich entwickelt sich die Partisanenbewegung („Andartiko") insbesondere in der italienischen Zone – ab Herbst 1942 – zu einem Faktor von Bedeutung. Ihre wichtigste Unternehmung ist die Sprengung des Gorgopotamos-Viadukts, eine der wenigen Aktionen, bei der ELAS (die Partisanenarmee der EAM), EDES (die „nationalistische" Konkurrenzorganisation) sowie die Angehörigen eines britischen Commando-Trupps erfolgreich kooperieren. Aus letzterem rekrutiert sich anschließend die Britische (später: Alliierte) Militärmission, die sich – unter Führung von Brigadier Myers [35] bzw. Oberst Woodhouse [47/48] – mit wechselndem Erfolg bemüht, auf die Entwicklung der anschwellenden Resistance Einfluß zu nehmen [25/26/37/44 u.a.].
Im Sommer 1943 gelingt es, die größten Organisationen im Rahmen des „National Bands Agreement" zu einer Kooperation unter Leitung des General Headquarter Middle East zu veranlassen. Doch bald nach der italienischen Kapitulation bricht in den Bergen der Bürgerkrieg zwischen EDES und EAM/ELAS aus, da vor allem letztere auch mit dem deutschen Abzug rechnen und sich günstige Ausgangspositionen für den dann anstehenden Machtkampf schaffen wollen. Aus dieser Fehlkalkulation zieht die voreilig abgeschriebene Wehrmacht Nutzen, zumal der schwächere Kontrahent (EDES-Chef Zervas) bald Anlehnung sucht, um sich den Rücken freizuhalten. Im Gegensatz zu seinem jugoslawischen Pendant Mihailovic, gelingt es jedoch Zervas, sich die Gunst der Briten zu bewahren. Allerdings sind jene (insbesondere die Militärs und die Special Operation Executive – SOE) – realistisch genug zu erkennen, daß nur die weitaus schlagkräftigere ELAS in der Lage ist, die Besatzer ernsthaft herauszufordern. So findet unter ihrer Vermittlung die viermonatige „erste Runde" des Bürgerkriegs ein Ende. Weitaus drastischer ist jedoch die britische Intervention, als sich auch in ihrem engeren Machtbereich der innergriechische Dissens ein weiteres Mal manifestiert und der Großteil der griechischen Nahost-Streitkräfte gegen Georg II. bzw. die Exilregierung meutert [21/36]. Die gewaltsame Entwaffnung der Meuterer offenbart Churchills Entschlossenheit, Griechenland (und den befreundeten König!) zu „halten" – im Gegensatz zum demonstrativen sowjetischen Desinteresse. Schon bevor diese Konstellation im Moskauer „Prozent-Abkommen" festgeschrieben wird, sieht sich die KKE gezwungen einzulenken, zumal ihre kleinen bürgerlichen Partner nicht bereit sind, das im „freien Berggriechenland" konstituierte „Politische Komitee" PEEA [9] zu einer Gegenregierung aufzuwerten. So wird im Sommer 1944 in Kairo aus nahezu allen politischen Kräften eine „Regierung der Nationalen Einheit" gebildet, die nach dem deutschen Abzug im Oktober die blutigen Konsequenzen des gefürchteten Machtvakuums auf einige lokale Massaker beschränkt.
Es liegt auch eher am beiderseitigen Mißtrauen und weniger an machiavellistischen Intentionen, wenn noch vor Kriegsende, im Dezember 1944, der Bürgerkrieg für 33 Tage in Athen

erneut aufflammt [28], bis er nach einer Phase halbherziger Befriedung schließlich zwischen 1946 und 1949 das ganze Land ergreift. Schon in der Periode zwischen zweiter und dritter Bürgerkriegs-„Runde", als der Konflikt weitgehend auf die publizistische Arena beschränkt war, hatten sich unter den Vorzeichen des weltweit einsetzenden Kalten Krieges die schematisierten Denkweisen jener Jahre verfestigt. Nur wenige Bücher behalten trotz der unvermeidlichen parteiischen Färbung ihren Informationswert bis heute, namentlich die Erinnerungen des militärischen Führers der ELAS, Sarafis [44], und die des einstigen Exilpremiers Tsouderos [45].

Nach dem militärischen Erfolg über die Linke behauptet sich im siegreichen Lager bald der royalistische Flügel, der einen engen Nationalismus von steriler Aggressivität verficht und diesen zur allein gültigen „Ideologie" erhebt. Schon während des Bürgerkriegs waren auch die ehemaligen Kollaborateure als Partner im „antikommunistischen Kreuzzug" akzeptiert worden, nach der endgültigen Niederlage der Linken wird Griechenland zum Paradebeispiel für das Monopol des Siegers auf die offizielle – im weitesten Sinne – Geschichtsschreibung. Diese offizielle Version verfemt EAM/ELAS als das Organ „finsterer Mächte" (Slawen, Anarcho-Kommunisten, Internationalisten), und somit gilt in einer grotesken Umkehrung aller Werte jegliche frühere Widerstandstätigkeit (außerhalb der „anerkannten" konservativen Organisationen) a priori als suspekt – bzw. als „anti-national" mit allen juristischen und praktischen Konsequenzen, sobald nur der geringste Hinweis auf eine Verbindung zur EAM vorliegt. Von diesem Grundsatz ausgehend, werden auf der anderen Seite des Spektrums schließlich selbst die Kollaborationsgruppen als Teile des Nationalen Widerstands deklariert, da sie zwar deutsche Waffen genommen, diese aber nur gegen die weit schlimmeren „graekophonen Feinde der Nation" (EAM) gerichtet hätten, was ipso facto ihre patriotische Gesinnung bezeuge...

Analog reagieren die Gegner auf der Linken: in den „sozialistischen Bruderländern", in denen Zehntausende griechischer Emigranten leben, aber auch im Inland, erscheinen ungezählte, sich in Stereotypen erschöpfende Schilderungen des „Volkskampfes" gegen Besatzer und deren „reaktionäre griechische Handlanger": eine Kategorie, in der alle der EAM/ELAS fernstehenden Kräfte zusammengefaßt werden. Somit versteht sich die Geschichtsschreibung ganz allgemein als parteiisch und interpretiert auch die Geschehnisse der Besatzungszeit unter dem teleologischen Aspekt der Verantwortung für den Bürgerkrieg, der natürlich jeweils der „im ausländischen Sold" stehenden Gegenseite aufs Schuldkonto geschrieben wird.

So gehört es zu den Ironien der Geschichte, daß die brillante, aber zweifellos konservative Analyse von Woodhouse – ehem. Chef der Alliierten Militärmission und von EA-Quellen zum Hauptgegner hochstilisiert – zu den fairsten Darstellungen jener Epoche gerechnet werden muß [47]. Ansonsten entstehen lediglich zu wenigen Teilaspekten (abseits der brisanten Widerstandsthematik) brauchbare Untersuchungen, namentlich jene von Molho [34] zur Verfolgung der griechischen Juden (annähernd 60.000 von 72.000 Juden wurden vernichtet) sowie der von einem Schweden verfaßte Schlußbericht über die (im Zweiten Weltkrieg in diesem Umfang einmalige) Hilfsaktion des IRK für die (ver)hungernde griechische Zivilbevölkerung [10].

Erst Anfang der sechziger Jahre mehren sich die „revisionistischen" Tendenzen, primär getragen von einer Handvoll ehemaliger Widerstandskämpfer, die ihre politischen Ansichten inzwischen modifiziert haben, ohne Renegaten zu werden. Die schreibfreudigsten Vertreter dieser Kategorie sind Pyromaglouk, der mittlerweile nach links abgedriftete Vizechef der EDES

[42, u.v.a.] sowie der ELAS-Veteran Grigoriadis, dessen Widerstandshistorie(n) über Jahre „fortgesetzt" in konservativen Tageszeitungen erscheinen und schließlich in Buchform zusammengefaßt werden [25] – bis in die Achtzigerjahre die effektivste Methode, „Zeit(ungs)geschichte" unter die Leute zu bringen.

Die Autoren dieser Gruppen scheinen dazu berufen, Schwarzweißmalerei und Monopolisierung der Widerstandsgeschichtsschreibung zu überwinden, und tatsächlich ist ihre Darstellung der (oft miterlebten) Geschehnisse relativ zuverlässig. Vorsicht ist jedoch bei ihrer (v.a. Pyromaglous) Interpretation der Zusammenhänge geboten, denn im Bestreben, eine Kontinuität der Glaubwürdigkeit zwischen ihren einstigen und ihren aktuellen Positionen zu konstruieren und zugleich die „progressiven" Kräfte im weiteren Sinne auszusöhnen, wird die Geschichte oft geschönt und simplifiziert; insbesondere werden die innergriechischen Konflikte vorzugsweise auf deutsche bzw. britische Intrigen zurückgeführt.

Die dennoch nicht zu übersehende Liberalisierung in der kulturellen wie auch – nach den Wahlsiegen der Zentrumsunion 1963/64 – der politischen Sphäre weckt jedoch Unruhe auf der extremen Rechten, und so intervenieren am 21. April 1967 die selbsternannten uniformierten Gralshüter eines „nationalen und christlichen Griechenlands". Doch eben die Pervertierung dieser usurpierten Werte während der siebenjährigen Diktatur einer geistlosen Brutalität und brutalen Geistlosigkeit fördert bei vielen Griechen den bereits eingeleiteten Lernprozeß zum Abbau der Polarisierung, was sich nach dem Bankrott des Militärregimes 1974 zeigen wird.

Im Ausland finden die Reaktionen auf die „innere Okkupation" seitens der Junta schon früher ihren Niederschlag. Historiker – Griechen oder „Philhellenen" – suchen Analogien in der Besatzungszeit, wobei die anspruchsvolleren Autoren die Archive einer oder – selten – mehrerer beteiligter Mächte benutzen. Mindestens zwei Dutzend Dissertationen nehmen damals ihren Anfang; einige erscheinen, z.T. nach Jahren in erweiterter Form, als Buchausgabe. Herauszuheben sind die Gesamtdarstellungen von Hondros, Fleischer und, mit Einschränkungen, von Richter[1], sowie eine Analyse der problematischen britischen Griechenlandpolitik von Papastratis [43/27/21/40]. Aus diesem Kreis kommen auch die Impulse für die ersten Symposien zur griechischen Zeitgeschichte, 1978 in London und Washington [23/24], für die erste annotierte Bibliographie [20], die ersten Vorlesungen an griechischen und ausländischen Hochschulen. Doch erst nachdem der Athener Gesetzgeber den jahrzehntelangen Bannfluch von der weitaus größten Widerstandsorganisation EAM/ELAS genommen hat, kann 1984 auch auf griechischem Boden ein internationaler Kongreß stattfinden [41]. Hierbei bereichern bereits Vertreter einer neuen Forschergeneration die Szene. In der Folge werden auch an griechischen Hochschulen erstmals zeitgeschichtliche Dissertationen in Angriff genommen.

Hingegen wird die seit 1974 ausufernde Memoirenliteratur von diesem Qualitätssprung nur oberflächlich beeinflußt. Zwar sind Haß und Fanatismus weitgehend aus der Diskussion verschwunden, doch werden die von der Forschung erschlossenen Primärquellen meistens selektiv und „passend" zur Untermauerung vorgefaßter Meinungen benutzt. Auch innerhalb der mehrfach gespaltenen Linken ist die Selbstgerechtigkeit der Selbstkritik gewichen, was aber – namentlich unter den Veteranen [16/26/29/36 u.v.a.] – auf die Erörterung der Gründe (und der „Schuldfrage") hinausläuft, warum die EAM 1944 die Macht aus den Händen verlor, obwohl sie bereits vor dem deutschen Abzug mindestens drei Viertel des Landes kontrollierte. Die Virulenz der alten Denkschemata wurde insbesondere deutlich, als noch in den achtziger Jahren die Wahlkämpfe mit Munition aus den Arsenalen von Krieg und Bürgerkrieg bestritten wurden, bis schließlich im Sommer 1989 sich Kommunisten und Konservative zum „historischen Kompromiß" einer befristeten parlamentarischen Zusammenarbeit bereitfanden. Damit wären nun eigentlich die Voraussetzungen für den Staat geschaffen, die Erforschung der Zeitgeschichte nicht nur zu tolerieren, sondern ausdrücklich zu fördern, zumal die individuelle Geschichtsschreibung mittlerweile an ihre Grenzen stößt.

So fehlt immer noch eine offizielle Quellenedition[2] aber auch ein offizielles Werk zur (diplomatischen oder militärischen) Kriegsgeschichte.[3] Ferner ist Griechenland wohl der einzige europäische Flächenstaat, der über kein Institut bzw. Zentrum für Zeitgeschichte verfügt. Und immer noch fehlt selbst den wissenschaftlichen Publikationen eine eigenständige kritische Dimension, da die Vorgänge primär aus der Perspektive der ausländischen Beobachter (Archive) reflektiert werden, wobei eine Synopse von komplementären Versionen der beteiligten Mächte (Deutschland, Großbritannien, USA, Neutrale etc.), ergänzt durch griechische Sekundärquellen und Privatarchive, bislang das erreichbare Optimum darstellt. Die griechischen Staatsarchive unterliegen nämlich weiterhin einer Sperrfrist von 50 Jahren, wozu oft noch ein „Bearbeitungsüberhang" kommt. Immerhin wird sich in absehbarer Zeit erweisen, inwieweit die erhaltenen Aktenbestände unser Bild jener turbulenten Epoche zwar nicht revidieren, aber doch modifizieren. Mit Sicherheit ungeklärt wird jedoch der Umfang jenes Quellenmaterials bleiben, das im Laufe der wechselvollen griechischen Nachkriegsgeschichte entfernt oder vernichtet wurde. Fest steht lediglich, daß interessierte bzw. belastet Politiker/Gruppen wiederholt Macht- und Schlüsselpositionen mißbrauchten, um auf diese Weise der Geschichtsschreibung und damit Klio selbst Gewalt anzutun.

ANMERKUNGEN

1) Zu warnen ist vor Richters Dissertation [43], die nur in den Kapiteln zur Besatzungsherrschaft wissenschaftlichen Ansprüchen einigermaßen genügt, hingegen beim zentralen Thema, der griechischen Resistance, das konspirative Geschichtsbild seines Mentors Pyromaglou und des französischen Filmautors Dominique Eudes (Les Kapetanios. La guerre civile grecque de 1943 à 1949. Paris: Fayard 1970. 493 S.) übernimmt und zudem Quellen etc. manipuliert, um seine Thesen abzustützen. Da noch (buchstäblich) Hunderte wohl unbeabsichtigter Fehler hinzukommen, bildet Richters Buch eine Quelle historiographischer Kontamination, da es insbesondere von Sachunkundigen gerne zitiert wird.

2) Die Editionen von Dokumenten des Außenministeriums [8/13] erfolgten mit privater Initiative; das gleiche gilt für die Berichte der britischen Verbindungsoffiziere bei den Partisanen [2], die Texte der PEEA [9] und des amerikanischen Botschafters [1]. Von den viel zu seltenen Tagebüchern legt jenes von Christidis beredtes Zeugnis über das Leben unter der Okkupation ab, während die Notizen des Ministerialbeamten (und späteren Literatur-Nobelpreisträgers) Sepheris und des Vizepremiers Kanellopoulos wertvolle Quellen zum griechischen Exilstaat in Nahost darstellen [3/12/4]. Hilfreich, obgleich fragmentarisch, sind die Kompilationen meist schon bekannter Texte der KKE und verwandter Organisationen seitens der Parteiführung [5/6/7].

3) Die vom griechischen Generalstab herausgegebene siebenbändige Geschichte [22] bricht nach der deutschen Eroberung Kretas ab.

BIBLIOGRAPHIE

1. Quelleneditionen und Tagebücher

1) Ambassador Macveagh Reports: Greece, 1933-1947. Edited by John O. Iatrides. Princeton, N.J.: Princeton University Press 1980. 759 S.

2) British Reports on Greece 1943-44. Edited by Lars Baerentzen. Kopenhagen: Museum Tusculanum Press 1982. 223 S. (Documents on Modern Greek History, 1).

3) Christidis, Chr[istophoros]: Chronia Katochis 1941-1944. Martyries Imerologiou. [Jahre der Okkupation 1941-1944. Bekundungen eines Tagebuchs]. Athen: Selbstverlag 1971. 640 S.

4) Kanellopoulos, Panagiotis: Imerologio 31 Martiou 1942-4 Ianouariou 1945. [Tagebuch 31. März 1942 – 4.Januar 1945]. Athen: Kedros 1977. 740 S.

5) Keimena tis Ethnikis Antistasis. EAM, EEAM, ELAS,EA,EPON, Kinima Mesis Anatolis. [Texte des Nationalen Widerstandes. EAM, EEAM, ELAS, EA, EPON, Bewegung im Nahen Osten]. Hrsg. v. KKE, Historische Sektion des ZK. Bd 1-2. Athen: Synchroni Epochi 1981. 574 + 446 S.

6) To Kommounistiko Komma tis Elladas. Episima Keimena. Tom. V. 1940-1945. [Die Kommunistische Partei Griechenlands. Offizielle Texte, Bd V, 1940-1945]. Hrsg. v. KKE, ZK. Athen: Synchroni Epochi 1981. 526 S.

7) „Kommounistiki Epitheorisi" tis epochis tis fasistikis katochis. [„Kommunistische Rundschau" der Zeit der faschistischen Besatzung]. Hrsg. v. KKE, ZK. Bd 1-2. Athen: Kazantzas 21976. 738 S.

8) Papadakis. V.P.: Diplomatiki Istoria tou Ellinikou polemou 1940-1945. [Diplomatische Geschichte des Griechischen Krieges 1940-1945]. Athen 1957. 510 S.

9) Politiki Epitropi Ethnikis Apelevtherosis, Deltio Praxeonkai Apophaseon. [Politisches Komitee der Nationalen Befreiung, Bulletin der Verordnungen und Beschlüsse]. Athen: Olkos 1976. 122 S.

10) Rapport final de la Commission de Gestion pour les Secoursen Grèce sous les auspices du Comité International de la Croix-Rouge: Ravitaillement de la Grèce pendant l'occupation 1941-1944 et pendant les premiers cinq mois après la libération. Edité par Bengt Helger. Athen 1949. 627 + 75 S.

11) Royal Greek Ministry for Foreign Affairs: The Greek White Book. Diplomatic Documents relating to Italy's Aggression against Greece. London/New York/Melbourne: Hutchinson & Co. [1942]. 121 S.

12) Sepheris, Giorgos: Politiko Imerologio. I, 1935-1944. [Politisches Tagebuch, Bd. 1, 1935-1944]. Athen: Ikaros 1979. 320 S.

13) Ypourgeio Exoterikon: 1940-41. Ellinika Diplomatika Engrapha. [Außenministerium: 1940-41. Griechische Diplomatische Akten]. Hrsg. v. K[ostas] Svolopoulos et al. Athen: Selbstverlag 1980. 245 S.

2. Memoiren und Sekundärliteratur

14) Barker, Elizabeth: British Policy in South East Europe in the Second World War. London: Macmillan 1976. 320 S.

15) British Policy towards Wartime Resistance in Yugoslavia and Greece. Edited by Phyllis Auty and Richard Clogg. London: Macmillan 1975. 308 S.

16) Chatzis, Thanasis: I nikiphora epanastasi pou chathike (1941-1945). [Die siegreiche Revolution, die verloren ging (1941-1945)]. Bd. 1-3. Athen: Papazisis 1977-1979. 473, 527 und 532 S.

17) Condit, D.M.: Case Study in Guerrilla War: Greece during the World War II. Washington D.C.: American University/Department of the Army 1961. 338 S.

18) Das Deutsche Reich und der Zweite Weltkrieg. Bd. 3: Der Mittelmeerraum und Südosteuropa. Von der „non belligeranza" Italiens bis zum Kriegseintritt der Vereinigten Staaten. Hrsg. v. Gerhard Schreiber, Bernd Stegemann, Detlef Vogel (Militärgeschichtliches Forschungsamt). Stuttgart: Deutsche Verlags-Anstalt 1984. 733 S. (u.a. S. 339-511).

19) Esche, Matthias: Die Kommunistische Partei Griechenlands 1941-1949. München/Wien: Oldenbourg 1982. 397 S.

20) Fleischer, Hagen: Greece under the Axis Occupation. A Bibliographical Survey. In: Greece in the 1940s. A Bibliographical Companion, S. 1-79. Erweiterte griechische Version: I Ellada ypo tin katochi ton dynameon tou Axona. Vivliographiki episkopisi. In: I Ellada sti dekaetia 1940-1950. Bd. 2. Athen: Themelio 1984. S. 13-181.

21) Fleischer, Hagen: Im Kreuzschatten der Mächte. Griechenland 1941-1944. (Okkupation – Resistance – Kollaboration) Bd. 1-2. Frankfurt/Bern/New York: Peter Lang 1986. 819 S. (Studien zur Geschichte Südosteuropas, 2).

22) Genikon Epiteleion Stratou [Generalstab des Heeres]: O Ellinikos Stratos kata ton B' pankosmion polemon. [Das griechische Heer im 2. Weltkrieg]. Bd. 1-7. Athen: GES 1956-1967.

23) Greece: From Resistance to Civil War. Edited by Marion Sarafis. Nottingham: Spokesman 1980. 142 S.

24) Greece in the 1940s. Bd. 1: A Nation in Crisis. Bd. 2: A Bibliographic Companion. Edited by John O. Iatrides. Hannover/ London: University Press of New England 1981. 444 + 95 S.

25) Grigoriadis, Phoivos N.: To Antartiko. [Die Partisanenbewegung]. Bd. 1-5. Athen: Kamarinopoulos 1964. 638, 638 und 319 S.

26) Grigoriadis, Solon: Synoptiki istoria tis Ethnikis Antistasis. (1941-45). [Synoptische Geschichte des Nationalen Widerstands, 1941-1945]. Athen: Kapopulos [1982]. 532 S.

27) Hondros, John L.: Occupation and Resistance. The Greek Agony, 1941-44. New York: Pella 1983. 340 S.

28) Iatrides, John O.: Revolt in Athens. The Greek Communist „Second Round", 1944-1945. Princeton N.J.: Princeton University Press 1972. 340 S.

29) Istoria tis Ethnikis Antistasis 1940-1945. [Geschichte des Nationalen Widerstandes, 1940-1945]. Hrsg. v. Giorigis Zoidis et al. Athen: Synchroni Epochi6 1983. 392 S.

30) 1940-1945. Istoria tis Antistasis. [Geschichte des Widerstandes]. Hrsg. v. Vasos Georgiou et al. Bd. 1-6. Athen: Avlos 1979.

31) Koliopoulos, John S.: Greece and the British Connection 1935-1941. Oxford: Oxford University Press 1977. 315 S.

32) Leeper, Reginald: When Greek meets Greek. London/Toronto: Chatto & Windus 1950. XXII, 244 S.

33) Loulis, John C.: The Greek Communist Party, 1940-1944. London: Croom Helm 1982. 224 S.

34) In Memoriam. Hommage aux victimes juives des Nazis en Grèce. Edité par Michael Mohlo. Bd. 1-3. Thessaloniki 1948-1949; Buenos Aires 1953.

35) Myers, E.C.W.: Greek Entanglement. London: Hart-Davies 1955. 290 S.

36) Nepheloudis, Vasilis: I Ethniki Antistasi sti Mesi Anatoli. [Der Nationale Widerstand im Nahen Osten]. Bd. 1-2. Athen: Themelio 1981. 350 u. 327 S.

37) Oikonomidis, Phoivos: Oi prostates. I alithini istoria tis antistasis. [Die Patrone. Die wahre Geschichte des Widerstandes]. 2. erw.Aufl. Athen: Orpheas 1985. 431 S.

38) Olshausen, Klaus: Zwischenspiel auf dem Balkan. [Die deutsche Politik gegenüber Jugoslawien und Griechenland von März bis Juli 1941]. Stuttgart 1973. (Beiträge zur Militär- und Kriegsgeschichte, 14).

39) Papagos, Alexandros: O polemos tis Ellados, 1940-1941. Athen: Oi philoi tou vivliou 1945. 341 S. a) La Grecia in guerra (1940-1941). Milano: Garzanti 21950. b) The Battle of Greece, 1940-1941. Athen 1949. c) La Grèce en guerre 1940-1941. Athen: Alpha/Scazikis. d) Griechenland im Kriege 1940-1941. Bonn: Schimmelbusch 1954. 182 + VIII S.

40) Papastratis, Procopis: British Policy towards Greece during the Second World War 1941-1944. Cambridge: Cambridge University Press 1984. 274 S.

41) Praktika A' Diethnous Synedriou Synchronis Istorias. I Ella da 1936-1944: Diktatoria – Katochi – Antistasi. [Akten des 1. Internationalen Kongresses zur Zeitgeschichte. Griechenland 1936-1944: Diktatur – Okkupation – Widerstand]. Hrsg. von Hagen Fleischer/ Nikos Svoronos. Athen: Kulturinstitut ATE 1989. XX, 651 S.

42) Pyromaglou, Komninos: O Doureios Ippos. I ethniki kai politi ki krisis kata tin katochi. [Das Trojanische Pferd. Die nationale und politische Krise während der Besatzungszeit]. 2. erw. Aufl. Athen: Dodoni 1978. 451 S.

43) Richter, Heinz: Griechenland zwischen Revolution und Konterrevolution (1936-1946). Frankfurt a.M.: Europäische Verlagsanstalt 1973. 623 S.

44) Sarafis, Stefanos: O ELAS: [Der ELAS]. Athen 1946. 477 S. a) a) In den Bergen von Hellas. [Ost]-Berlin: Deutscher Militärverlag 1964. 574 S. b) ELAS: Greek Resistance Army. Hrsg. v. Marion Sarafis. London: Merlin Press 1980. CI, 566 S.

45) Tsouderos, E.I. Ellinikes Anomalies sti Mesi Anatoli. [Griechische Anomalien in Nahost]. Athen: Aetos 1945. 190 S.

46) Venezis, Ilias: Emmanouil Tsouderos. O prothypourgos tis Machis tis Kritis kai i epochi tou. [Emmanuel Tsouderos. Der Premierminister der Schlacht um Kreta und seine Epoche]. Athen 1966. 524 S.

47) Woodhouse, C.M.: Apple of Discord. A Survey of Recent Greek Politics in their International Setting. London: Hutchinson 1948. 320 S.

48) Woodhouse, C.M.: The Struggle for Greece 1941-1949. London: Hart-Davis, MacGibbon 1976. 324 S.

49) Xylander, Marlen von: Die deutsche Besatzungsherrschaft auf Kreta 1941-1945. Freiburg i. Br.: Rombach 1989. ca. 153 S.

Englische und französische Deutschlandpolitik von 1945 bis 1947

Bericht und Auswahlbibliographie von Martina Kessel*

I. Problematik

Der Zusammenbruch des traditionellen Mächtesystems, die Entstehung der bipolaren Welt, der Kalte Krieg, die Teilung Deutschlands und Europas, der Marshall-Plan und der Beginn der westeuropäischen Integration – diese Schlagworte umreißen die unmittelbare Nachkriegszeit. Für England und Frankreich bedeutete sie zudem den Abstieg von überkommenen Großmachtpositionen auf das Niveau von wirtschaftlich durch den Krieg geschwächten und nun von den USA abhängigen Mittelmächten. Der Zweite Weltkrieg brachte für die internationalen Beziehungen aber noch eine andere qualitative Veränderung. Die nationalsozialistische Kriegsführung verdeutlichte zum einen die nicht mehr umkehrbare Verknüpfung von wirtschaftlicher, militärischer und damit auch politischer Macht; zum anderen beleuchtete sie die für das 20. Jahrhundert zentrale Problematik der Beziehungen zwischen Demokratien und jenen Staaten, deren innenpolitischer Begründungszusammenhang tatsächlich potentiell auch auf außenpolitische Expansion gerichtet ist. Das „Trauma von München", d.h. die Erfahrung, eine traditionelle und auf langfristigen Ausgleich gerichtete Verhandlungsstrategie von einer Verträge und Abkommen ignorierenden Politik ad absurdum geführt zu sehen, prägte die westeuropäische Nachkriegspolitik sowohl gegenüber Deutschland als auch der Sowjetunion. Für die Deutschlandpolitik mußte ein möglicher sowjetischer Expansionswillen über das durch den Krieg erreichte Einflußgebiet hinaus ebenso eingerechnet werden wie ein erneuter amerikanischer Isolationismus. Beide Länder hofften Deutschland zu demokratisieren, ohne ein totales Machtvakuum in der Mitte Europas entstehen zu lassen, seine wirtschaftliche Stärke zu brechen, ohne den Unterhalt der Zonen zur alliierten Last werden zu lassen, und eine alliierte Kontrolle der Entwicklung in Deutschland zu garantieren, ohne eine antidemokratische Gegenreaktion oder eine Wendung nach Osten zu provozieren.

2. Konferenzen über Deutschland

Die Siegermächte USA, Sowjetunion und England nahmen Frankreich auf der Konferenz von Jalta im Februar 1945 in den Kreis der Besatzungsmächte auf. Auf der Konferenz von Potsdam im Juli/August 1945, an der Frankreich noch nicht teilnahm, richteten die „Großen Drei" einen Außenministerrat der vier Besatzungsmächte ein, der, auf der Basis der „Potsdamer Vereinbarungen" eine Lösung für das Deutschlandproblem finden sollte. London und Paris

---

* Der Bericht stützt sich auf die Ergebnisse meiner Disseration: Westeuropa und die deutsche Teilung. Englische und französische Deutschlandpolitik auf den Außenministerkonferenzen von 1945 bis 1947. München: Oldenbourg 1989.

waren durch dieses Gremium ebenso wie durch die Besatzungszonen und den Kontrollrat, die gemeinsame alliierte Regierung in Deutschland, in die alliierten Beziehungen eingebunden und damit auf Kompromisse angewiesen. In insgesamt fünf Konferenzen gelang es den Außenministern nicht, eine einheitliche Lösung für „Deutschland als Ganzes" zu finden. In London (September 1945), Paris (April/Mai und Juni/Juli 1946), New York (Dezember 1946), Moskau (März/April 1947) und London (November/Dezember 1947) verhandelten James F. Byrnes bzw. George C. Marshall, Georges Bidault, Ernest Bevin und Wjatscheslaw Molotow die einzelnen Punkte der Potsdamer Richtlinien: Zentralverwaltungen, Reparationen und Güteraustausch, Grenzregelungen, die Saarfrage und die Kontrolle des Rhein-Ruhr-Gebiets. Dem Scheitern der letzten Konferenz folgten die ersten Schritte sowohl zur Errichtung zweier deutscher Staaten als auch der jeweiligen Bündnissysteme, bereits eingeleitet durch den Marshall-Plan. Die sowjetische Forderung nach 10 Mrd. Dollar Reparationen erschien im Licht der Öffentlichkeit als der entscheidende Konfliktpunkt. Die seit einigen Jahren zugänglichen englischen und französischen Quellen für die Nachkriegsjahre lassen die modifizierte Deutung zu, daß dem englischen Verhandlungskonzept, abgeleitet aus dem Scheitern der Appeasement Politik, ebensolche, wenn nicht entscheidendere Bedeutung zukommt.

3. England – Architekt der Nachkriegsordnung

Für England stellte sich der amerikanische Isolationismus als die entscheidende Schwäche der Zwischenkriegszeit dar, ebenso wie es in der gewachsenen Macht der Sowjetunion den zentralen Faktor der Nachkriegsordnung sah. Ziele der englischen waren daher die Verankerung amerikanischer Interessen auf dem europäischen Kontinent und die Festschreibung des sowjetischen Einflusses in den durch den Krieg gewonnenen Grenzen, d.h. vor allem in der sowjetisch besetzten Zone Deutschlands. Vor dem Hintergrund der „Lehren von München" boten die Deutschlandverhandlungen im Außenministerrat die Chance, diese Ziele zu realisieren. Im Gespräch mit Moskau mußten erst die jeweilig unverzichtbaren Ansprüche und Grenzen klar definiert werden, bevor konfliktlösungsorientierte Sachdiskussionen zugelassen werden durften. Gerade das Aufeinanderstoßen unterschiedlicher ordnungspolitischer Modelle in Deutschland erforderte die Trennung der Machtbereiche, um zumindest die Westzonen (mit dem Ruhrpotential) dem sowjetischen Zugriff zu entziehen. Unter der Maßgabe deutscher wie sowjetischer Unabwägbarkeit war eine einheitliche Lösung in Deutschland ein Risikofaktor für ganz Europa. Langfristig jedoch strebte London eine, wenn nicht harmonische, so doch konfliktfreie, weil ideologie-entladene Entspannungspolitik gegenüber der Sowjetunion an, ohne auszuformulieren, wie von einer kurzfristigen Konfliktorientierung auf eine langfristige Entspannungslinie umgebogen werden sollte.
England entschied bereits im Herbst 1945, statt einheitlicher Zentralverwaltungen für ganz Deutschland den Ausbau der eigenen Zone anzustreben. Dies geschah im vollen Bewußtsein der dann höheren Besatzungskosten, die bisher meist für den britischen Anschluß an die amerikanische Deutschlandpolitik verantwortlich gemacht wurden. London verbarg sich hinter der französischen Opposition gegen die Errichtung von Verwaltungen unter deutscher Leitung, und handelte damit analog zur Sowjetunion, die ihre Politik zunächst einseitig auf maximale Ausnutzung ihrer Zone ausrichtete. Auf allianzpolitischer Ebene arbeitete Außenminister Bevin auf eine gemeinsame Linie mit Washington hin, die er im Bizonenabkommen

vom Dezember 1946, der Fusion der beiden Zonen, verankern konnte.
In den Viermächteverhandlungen weigerte Bevin sich, Einzelprobleme aus dem Zusammenhang der politischen Ordnungsmodelle herausgelöst zu diskutieren. So gelang es den Briten beispielsweise eine Diskussion verschiedener Lösungsvorschläge für die Reparationsfrage geschickt abzublocken. Nach dem Bizonenabkommen postulierte Bevin außerdem, daß die Auflösung der Zonengrenzen eine Beteiligung aller Alliierten am britischen Zonendefizit voraussetze, darin sicherer sowjetischer Ablehnung gewiß. Das Scheitern der Moskauer Konferenz im Frühjahr 1947 bedeutete den Erfolg des britischen Konzepts; Bevins direkt dem Appeasement-Begriff des „general settlement" entlehnte Formel der „Lösung für ‚Germany as a whole'" durchzog die Diskussion aller Einzelpunkte. So konnte auch die sowjetische Konzessionsbereitschaft aufgefangen werden, die Molotow in Einzelpunkten in der Hoffnung demonstrierte, auf diese Weise zumindest die Mechanismen für eine gesamtdeutsche Lösung und die Chance für Einflußnahme über die eigene Zone hinaus offenzuhalten.
Die USA akzeptierten diese Verhandlungslinie für die Viermächterunde. Außenminister Marshall verwies jedoch bereits hier auf ein zentrales Problem der späteren atlantischen Bündnispolitik an, als er mit der Andeutung einer sowjetisch-amerikanischen Vereinbarung über die Köpfe der Alliierten hinweg westeuropäische Kontrollansprüche gegenüber Deutschland zurückdrängte, was in London ebenso wie in Paris mit Unbehagen vermerkt wurde. London ordnete jedoch die eigenen Reparations- wie Kontrollansprüche der Sicherung der „special relationship" unter und wies deshalb die ständigen Vorstöße des französischen Außenministers Bidault für eine, auch gegen amerikanische Hegemonieansprüche gerichtete, westeuropäische Allianz zurück. Die französisch-deutsche Prägung der westeuropäischen Integration hat ihren Ursprung nicht zuletzt in dieser Weigerung und begann nicht erst mit dem Schuman-Plan. England aber lieferte einen „blueprint" für die bis heute gültige europäische Nachkriegsregelung und formulierte darüber hinaus die Entspannungspolitik als notwendige Maxime für den langfristigen Umgang mit der Sowjetunion. Diese sollte sich allerdings erst 20 Jahre später, und dann nicht unter englischen Vorzeichen, zum erstenmal durchsetzen.

4. Die französische Entscheidung für Deutschland

Lange bestimmte der Topos der „harten Deutschlandpolitik" den Tenor bei der Beurteilung der französischen Haltung nach 1945, bezogen auf de Gaulles öffentliche Forderungen nach Abtrennung von Ruhrgebiet, Rheinland und Saargebiet sowie auf die wirtschaftliche Nutzung der französischen Zone durch die Besatzungsmacht. Diese Politik folgte auf die vier Jahre deutscher Besatzung in Frankreich und die Nutzung der französischen Wirtschaft für die deutsche Kriegspolitik. Ohne naiver Aufrechnung das Wort zu reden, ist dennoch wichtig zu sehen, daß die außenpolitischen Entscheidungsträger durch die Erfahrungen von Niederlage, Besetzung und Kollaboration entscheidend geprägt wurden.
Den Konferenzen maß Paris aufgrund des ideologischen Konflikts zwischen den Supermächten keine Chancen bei. Das Hauptziel aller mit der außenpolitischen Planung befaßten Gruppen war, das deutsch-französische Dependenzproblem durch eine Integration (West-)Deutschlands in Westeuropa aufzulösen. Frankreich schwenkte somit nicht erst nach dem Scheitern der Viermächteverhandlungen und unter dem Druck der westlichen Alliierten auf eine kooperative Linie um. Die (zumindest von Bidault geteilte) angelsächsische Abneigung

gegen eine sowjetische Beteiligung an der Ruhrkontrolle ließ allerdings eine Lösung erst nach Ende der Viererrunde realistisch werden. Bidault spielte auf den Konferenzen daher eine zurückgenommene Rolle, nicht ohne jedoch konsequent auf die notwendige Ruhrkontrolle hinzuweisen.

Im Bewußtsein der eigenen Schwäche galt die Abtrennungsforderung als taktisches Konzessionsmaterial in der Ruhrfrage. Entscheidend (und für das französische Selbstverständnis aufschlußreich) war der Wunsch, den Deutschen zu beweisen, daß eine Demokratie „digne et forte" zugleich sein könne. Gerade die Militärs, denen man häufig den nostalgischen Wunsch nach Erneuerung der harten Versailler Politik zum Vorwurf machte, betonten die Erkenntnis, daß nur eine eigene wirtschaftliche und politische Stabilität die angestrebte Politik der freien Hand realistisch sei. Nach außen hin trat dieser Faktor allerdings eher in der Form intransigent wirkender Forderungen zutage, da Frankreich nicht erneut einer wankelmütigen oder nachgiebigen Politik geziehen werden wollte. Die offene Forderung einer weitreichenden westeuropäischen Integration auf wirtschaftlicher Ebene konnte im Frankreich der Nachkriegszeit außerdem zu schnell in die Nähe der Kollaboration gedrängt werden.

Über die Form dieser Integration – internationale Organisation oder deutsch-französische Verflechtung – gingen die Meinungen auseinander. Alle Planer aber wollten eine zunächst dominante französische Leitung im Maße des deutschen Demokratiebeweises und fortschreitender Integration einer späteren Gleichberechtigung weichen lassen. Leitmotiv blieb aber auch hier, daß den Deutschen kein spezifisches System aufgezwungen werden dürfe: „Il ne peut s'agir, dans ce domaine, que de suggérer, non pas de prescrire, de convaincre, non contraindre."[1]

Die Westintegration prägte das Selbstverständnis der Bundesrepublik genauso wie die zweite Prämisse, die Paris mit London teilte: die Überzeugung, daß die formale Demokratie die Erweiterung zur sozialen und wirtschaftlichen Demokratie verlangte, um als lebendiges und überzeugendes Referenzmuster akzeptiert zu werden. Die neue deutsche Demokratie durfte um so weniger einer Weimarer Krisenanfälligkeit ausgesetzt werden, je dunkler der Schatten der Systemauseinandersetzung wurde. Gerade diese Überzeugung erschwerte eine ungebrochene Forderung nach Kontrolle des ehemaligen Gegners, obwohl Paris aus Sorge vor der Überfremdung der Deutschlandpolitik durch den Ost-West-Konflikt dezidierter als London darauf drängte. Grundsätzlich entschieden sich die Planer jedoch schon während des Krieges für die westeuropäische Integration, um eine erfolgreiche Demokratisierung Deutschlands mit einer Kontrolle der Wirtschaftsentwicklung zu verbinden.

Die Überzeugung, nur ein Ausgleich könne langfristigen Frieden sichern, verstand sich mit der Hoffnung, sich auch durch die „deutsche Karte" und trotz wirtschaftlich-finanzieller Abhängigkeit gegen die amerikanische Übermacht abzusetzen. Eine wirksame Allianz mit England scheiterte an der bekannten englischen Politik gegenüber den Großmächten wie an britischer Distanz zu den französischen Integrationskonzepten. Für die (west)deutsche Entwicklung steuerten aber die „kleineren" Alliierten die entscheidenden Grundmuster bei.

---

[1] Ministère des Affaires Etrangères, Y 1944/1949, 292-61-1, Commandeur en Chef, Cabinet Civil, Section Politique: Projet d'organisation fédérale de l'Allemagne, Anfang 1947.

BIBLIOGRAPHIE

Vorbemerkung

Die systematisch gegliederte Auswahlbibliographie versucht vor allem die neueren Arbeiten zu erfassen, die, entsprechend der 30 Jahr-Regelung der englischen und französischen Archivgesetzgebung, aus neu zugänglichen Materialien gearbeitet sind. Der Schwerpunkt liegt auf der Deutschlandpolitik im internationalen Kontext mit Blickpunkt Europapolitik. Die verschiedenen Aspekte der Zonen- und Besatzungspolitik sind allerdings so eng mit der Ebene alliierter und internationaler Politik verzahnt, daß auch hier die wichtigsten Arbeiten aufgeführt werden.

Gliederung
I. Allgemeines
  1. Periodika
  2. Bibliographien
  3. Biographien, biographische Skizzen
  4. Memoiren

II. Deutschland im alliierten Gefüge
  1. Allgemeine Darstellungen
  2. Alliierte Verhandlungen
  3. Alliierte Institutionen in Deutschland

III. Englische Außen- und Deutschlandpolitik 1945-1949
  1. Allgemeine Darstellungen
  2. Parteien und Außenpolitik
  3. Englische Deutschlandpolitik
  4. Ausgewählte Aspekte der Zonenpolitik
  5. England und die Ruhrfrage
  6. England und die Alliierten

IV. Französische Außen- und Deutschlandpolitik 1945-1949
  1. Allgemeine Darstellungen
  2. Innenpolitische Kräfte und Außenpolitik
  3. Französische Deutschlandpolitik
  4. Französische Zonenpolitik
  5. Französische Ruhrpolitik
  6. Die Grenzgebiete
  7. Frankreich und die Alliierten

I. Allgemeines

1. Periodika

Aus Politik und Zeitgeschichte, Beilage zu: Das Parlament. Hrsg. von der Bundeszentrale für Politische Bildung. Bonn: Bundeszentrale, 1953ff.

Central European History. Sponsored by the Conference Group for Central European History of the American Historical Association. Atlanta: Emory Univ. 1968ff.

European History Quarterly. (Vorg.: European Studies Review.) London: Sage 1984ff.

Journal of Contemporary History. Institut for Advanced Studies in Contemporary History. London: Sage 1966ff.

Journal of Modern History. Published in Cooperation with the Modern European History Section of the American Historical Association. Chicago: University of Chicago Press 1929ff.

Militärgeschichtliche Mitteilungen. Hrsg. vom Militärgeschichtlichen Forschungsamt, Freiburg. Karlsruhe: Braun 1967ff.

Revue d'Allemagne. Sociétés des Etudes Allemandes, Strasbourg. Paris 1969ff.

Revue d'Histoire de la Deuxième Guerre Mondiale et des Conflits Contemporains. Société de l'Histoire de la Guerre, Comité d'Histoire de la Deuxième Guerre Mondiale, Centre National de la Recherche Scientifique. Paris: PUF 1950ff.

Vierteljahrshefte für Zeitgeschichte. Im Auftrag des Instituts für Zeitgeschichte, München. München: Oldenbourg 1953ff.

2. Bibliographien

Bibliographie zur Deutschlandpolitik 1941-1975. Bearb. v. Marie Luise Goldbach u.a. Frankfurt/M.: Metzner 1977.

Bibliographie internationale sur Charles de Gaulle 1940-1981. Etablie par l'Institut Charles de Gaulle. Paris: Plon 1981.

Bibliographie zur Zeitgeschichte. Zusammengestellt v. Thilo Vogelsang. Beilage der Vierteljahrshefte für Zeitgeschichte. München: Oldenbourg 1953ff.

Bracher, Karl Dietrich; Hans-Adolf Jacobsen; Manfred Funke (Hrsg.): Bibliographie zur Politik in Theorie und Praxis. Aktualisierte Neuauflage. Düsseldorf: Droste 1976.

Britische Europaideen 1940-1970. Eine Bibliographie, hrsg. v. H. Böttcher. 2 Bde. Düsseldorf: Droste 1971.

Jahresbibliographie der Bibliothek für Zeitgeschichte Stuttgart. Frankfurt/M.: Bernard & Graefe 1961ff.

3. Biographien, biographische Skizzen

Barclay, Sir Roderick: Ernest Bevin and the Foreign Office 1932-1969. London 1975.

Bullock, Alan: The Life and Times of Ernest Bevin. Bd. 3: Foreign Secretary, 1945-51. London: Heinemann 1983.

Evans, Trevor, Bevin of Britain. New York: Horton 1946.

Fischer, Rudolf: Liebt Sekt und haßt de Gaulle. Der Steckbrief Georges Bidaults, der Widerstandschef war und OAS-Chef wurde. In: Die Zeit, Jg. 17, 1962, Nr. 29, S. 2.

Lacouture, Jean: De Gaulle. Bd.2: Le Politique, 1944-1958. Paris: Ed. du Seuil 1985.

Ott, Barthélemy: Georges Bidault. L'Indomptable. Annonay: Impr. du Vivarais 1975.

Reusch, Ulrich: John Byrns Hynd (1902-71). In: Geschichte im Westen, Jg. 1, 1986, S. 53-80.

Shlaim, Avi; Peter Jones; Keith Sainsbury: British Foreign Secretaries since 1945. Newton Abbot: David & Charles 1977.

Williams, Francis: A Prime Minister Remembers. The War and Post War Memoirs of the Rt. Hon. Earl Attlee. Based on Private Papers and on a Series of Recorded Conversations. London: Heinemann 1961.

Ders.: Twilight of Empire: Memoirs of Prime Minister Clement Attlee. New York: Barnes 1962.

Ders.: Ernest Bevin: Portrait of a Great Englishman. London: Hutchinson 1952.

4. Memoiren

Alphand, Hervé: L'étonnement d'être: journal (1939-73). Paris: Fayard 1977.

Attlee, Clement: As it happened. New York: Viking Press 1954.

Auriol, Vincent: Journal du Septennat 1947-54. Bd. I: 1947. Hrsg. v. Pierre Nora. Paris: Colin 1970.

Bérard, Armand: Un Ambassadeur se souvient. Washington et Bonn 1945-1955. Paris: Plon 1978.

Bidault, Georges: D'une résistance à l'autre. Paris: Presse du siècle 1965. [Dt.: Noch einmal Rebell. Von einer Resistance in die andere. Berlin: Propyläen 1966.]

Boislambert, Claude H. de: Les fers de l'espoir. Paris: Plon 1978.

Catroux, Georges: J'ai vu tomber le Rideau de Fer: Moscou 1945-1948. Paris: Hachette 1952.

Chauvel, Jean: Commentaires. Bd.II: D'Alger à Berne, 1944-1952. Paris: Fayard 1972.

Dalton, Hugh: High tide and after, Memoirs 1945-1960. London: Frederick Muller 1962.

Dixon, Piers: Double Diploma: The Life of Pierson Dixon, Don and Diplomat. London: Allen & Unwin 1968.

Eden, Anthony: Memoiren. Bd. 3: 1945-1957. Köln; Berlin: Kiepenheuer & Witsch 1960.

François-Poncet, André: Auf dem Weg nach Europa. Politisches Tagebuch 1942-1962. Berlin; Mainz: Kupferberg 1964.

De Gaulle, Charles: Discours et messages. Bd. II: Dans l'attente. Février 1946-Avril 1958. Paris: Plon 1970.

De Gaulle, Charles: Mémoires de guerre. Bd. III: Le Salut, 1944 1946. Paris: Plon 1972.

Juin, Alphonse: Mémoires. Bd. II: 1944-1958. Paris: Fayard 1960.

Kirkpatrick, Sir Ivone: The Inner Circle. London: Macmillan 1959. [Dt.: Im Inneren Kreis. Erinnerungen eines Diplomaten. Berlin: Propyläen 1964.]

Laloy, Jean: Entre guerres et paix. 1945-1965. Paris: Plon 1966.

Macmillan, Harold: Tides of Fortune 1945-1955. London: Macmillan 1969.

Massigli, René: Une comédie d'erreurs, 1943-1956. Souvenirs et réflexions sur une étape de la construction européenne. Paris: Plon 1978.

The Memoirs of Lord Gladwyn. London: Weidenfeld and Nicolson 1971.

Monnet, Jean: Mémoires. Paris: Fayard 1976. [Dt.: Erinnerungen eines Europäers. Baden-Baden: Nomos 1988.]

Old Men Forget: The Autobiography of Duff Cooper. London: Rupert Hart-Davis 1953.

Pakenham, Francis: Born to Believe. An Autobiography. London: Jonathan Cape 1953.

Seydoux de Clausonne, François: Mémoires d'outre-Rhin. Paris: Grasset 1975.

Strang, William: Home and abroad. London: Deutsch 1956.

II. Deutschland im alliierten Gefüge

1. Allgemeine Darstellungen

Badstübner, Rolf: Die Spaltung Deutschlands 1945-1949. Berlin: Dietz 1966.

Ders.; Siegfried Thomas: Restauration und Spaltung. Entstehung und Entwicklung der BRD 1945-1955. Köln: Pahl-Rugenstein 1975.

Becker, Josef; Franz Knipping (Hrsg.): Power in Europe? Great Britain, France: Italy and Germany in a Post-War World 1945-1950. Berlin/New York,:de Gruyter 1986.

Ders.; Theo Stammen; Peter Waldmann (Hrsg.): Vorgeschichte der Bundesrepublik Deutschland. Zwischen Kapitulation und Grundgesetz. München: Fink 1979.

Becker, Winfried; Heinrich Oberreuter (Hrsg.): Die Kapitulation von 1945 und der Neubeginn in Deutschland. Köln: Böhlau 1987.

Berezkov, Valentin: Die Anti-Hitler-Koalition und die Nachkriegsordnung in Europa. In: Blätter für deutsche und internationale Politik, Jg. 30, 1985, S. 465-479.

Die Deutschlandfrage und die Anfänge des Ost-West-Konflikts 1945-1949. Studien zur Deutschlandfrage. Bd.7, hrsg. v. Göttinger Arbeitskreis. Berlin: Duncker & Humblot 1984.

Epstein, Klaus: Die deutsche Frage 1945-1949. In: Ders.: Geschichte und Geschichtswissenschaft im 20. Jahrhundert. Frankfurt/M.; Berlin; Wien: Propyläen 1972, S. 389-418.

Eschenburg, Theodor: Jahre der Besatzung 1945-1949. Geschichte der Bundesrepublik, Bd.1. Stuttgart;Wiesbaden: Deutsche Verlags Anstalt 1983.

Freymond, Jacques: Western Europe since the War. A Short Political History. London: Pall Mall Press 1964.

Graml, Hermann: Die Alliierten und die Teilung Deutschlands. Konflikte und Entscheidungen 1941-1948. Frankfurt/M.: Fischer 1985.

Grosser, Alfred: Geschichte Deutschlands seit 1945. Eine Bilanz. München: Deutscher Taschenbuch Verlag 1985.

Ders.: Das Bündnis. Die westeuropäischen Länder und die USA seit dem Krieg. München: Hanser 1978.

Harder-Gersdorff, Elisabeth: Außen- und innenpolitische Aspekte der Gründung des Landes Nordrhein-Westfalen 1945/46. In: Geschichte in Wissenschaft und Unterricht, Jg. 23, 1972, S. 405-417.

Heinemann, Manfred (Hrsg.): Umerziehung und Wiederaufbau. Die Bildungspolitik der Besatzungsmächte in Deutschland und Österreich. Stuttgart: Deutsche Verlags-Anstalt 1981.

Hillgruber, Andreas: Alliierte Pläne für eine „Neutralisierung" Deutschlands 1945-1955. (RheinischWestfälische Akademie der Wissenschaften. Vorträge. Geisteswissenschaften. 286.) Opladen: Westdeutscher Verlag 1987.

Ders.: Deutsche Geschichte 1945-1972. Die „Deutsche Frage" in der Weltpolitik. Frankfurt/M.;Wien;Berlin: Oldenbourg 1978.

Ders.: Europa in der Weltpolitik der Nachkriegszeit 1945-1963. München; Wien: Oldenbourg 1979.

Huster, Ernst-Ulrich u.a.: Determinanten der westdeutschen Restauration 1945-1949. Frankfurt/M.: Suhrkamp 1972.

Jacobsen, Hans-Adolf: Zur Lage der Nation: Deutschland im Mai 1945. In: Aus Politik und Zeitgeschichte, Beilage zur Wochenzeitung Das Parlament. B 13, 1985, S. 3-22.

Jerchow, Friedrich: Deutschland in der Weltwirtschaft 1944-1947. Alliierte Deutschland- und Reparationspolitik und die Anfänge der westdeutschen Außenwirtschaft. Düsseldorf: Droste 1978.

Kalter Krieg und Deutsche Frage. Deutschland im Widerstreit der Mächte 1945-1952. Hrsg. v. Josef Foschepoth. Göttingen; Zürich: Vandenhoeck & Ruprecht 1985.

Lipgens, Walter: A History of the European Integration. 1:1945-1947. The Formation of the European Unity Movement. Oxford: University Press 1982.

Loth, Wilfried: Die deutsche Frage als europäisches Problem. In: Aus Politik und Zeitgeschichte. Beilage zu: Das Parlament. B 51/52, 1982, S. 3-13.

Lüders, Karsten: Das Ruhrkontrollsystem. Entstehung und Entwicklung im Rahmen der Westintegration Deutschlands 1947-1953. Frankfurt/M.: Campus 1988.

Maier, Charles: The Origins of the Cold War and Contemporary Europe. New York: New Viewpoints 1978.

Der Marshall-Plan und die europäische Linke. Hrsg. v. Othmar Nikola Haberl u. Lutz Niethammer. Frankfurt/M.: Europäische Verlagsanstalt 1986.

Meissner, Boris: Rußland: die Westmächte und Deutschland 1943-1953. Hamburg: Nölke 1954.

Milward, Alan: The Reconstruction of Western Europe 1945-1951: London: Methuen 1984.

Niclauß, Karl-Heinz: Demokratiegründung in Westdeutschland. Die Entstehung der Bundesrepublik 1945-1949. München: Piper 1974.

Ders.: Die Entstehung der Bundesrepublik als Demokratiegründung. In: Vierteljahrshefte für Zeitgeschichte, Jg. 22, 1974, S. 46-75.

Nolte, Ernst: Deutschland und der Kalte Krieg. Stuttgart: Klett Cotta 1985.

Pfetsch, Frank R.: Die Ursprünge der Zweiten Republik. Der Prozeß der Verfassungsgebung in den Westzonen. Opladen: Westdeutscher Verlag 1986.

Post, Oswald: Zwischen Sicherheit und Wiederaufbau. Die Ruhrfrage in der alliierten Diskussion 1945-1949. Gießen: Focus 1986.

Reifeld, Helmut: „Sieger sein verpflichtet?" Recht: Verwaltung und politische Neuorientierung im besetzten Deutschland 1945-1949. In: Neue Politische Literatur 32, 1987, S. 422-438.

Reynolds, David: Origins of the Cold War: the European Dimension: 1945-1951. In: Historical Journal, Jg.28, 1985, S. 497-515.

Scharf, Claus; Hans-Jürgen Schröder (Hrsg.): Politische und ökonomische Stabilisierung Westdeutschlands 1945-1949. Fünf Beiträge zur Deutschlandpolitik der westlichen Alliierten. Wiesbaden: Steiner 1977.

Schwarz, Hans-Peter: Vom Reich zur Bundesrepublik. Deutschland im Widerstreit der außenpolitischen Konzeptionen in den Jahren der Besatzungsherrschaft 1945-1949. Stuttgart: Klett-Cotta 1980.

Sharp, Tony: The Wartime Alliance and the Division of Germany. Oxford: Clarendon Press 1975.

Steininger, Rolf (Hrsg.): Deutsche Geschichte 1945-1961. Darstellung und Dokumente in zwei Bänden. Frankfurt/M.: Fischer 1983.

Vogelsang, Thilo: Das geteilte Deutschland. München: Deutscher Taschenbuch Verlag 1973.

Ders.: Bemühungen um eine deutsche Zentralverwaltung 1945/46. In: Vierteljahrshefte für Zeitgeschichte, Jg. 18, 1970, S. 510-528.

Ders.: Westdeutschland zwischen 1945 und 1949. Faktoren, Entwicklungen, Entscheidungen. Einführung in die Problematik. In: Vierteljahrshefte für Zeitgeschichte, Jg.21, 1973, S. 166-170.

Westdeutschland 1945-1955. Unterwerfung, Kontrolle, Integration, hrsg. v. Ludolf Herbst. München: Oldenbourg 1986.

Westdeutschlands Weg zur Bundesrepublik 1945-1949. Beiträge von Mitarbeitern des Instituts für Zeitgeschichte. München: Oldenbourg 1976.

Wiggershaus, Norbert (Hrsg.): Die westliche Sicherheitsgemeinschaft: 1948-1950; gemeinsame Probleme und gegensätzliche Nationalinteressen in der Gründungsphase der Nordatlantischen Allianz. Boppard: Boldt 1988.

Winkler, Heinrich August: Politische Weichenstellungen im Nachkriegsdeutschland 1945-1953. Göttingen: Vandenhoeck & Ruprecht 1979.

Wheeler-Bennett, John; Anthony Nicholls: The Semblance of Peace: The Political Settlement after the Second World War. London: Macmillan 1972.

2. Alliierte Verhandlungen

Antoni, Michael: Das Potsdamer Abkommen. Trauma oder Chance? Geltung, Inhalt und staatsrechtliche Bedeutung. Berlin: BerlinVerlag 1985.

Badstübner, Rolf: Code „Terminal". Die Potsdamer Konferenz. Berlin: Dietz 1988.

Ders.: Die Potsdamer (Berliner) Konferenz und Deutschland: Die Antihitlerkoalition zwischen verstärktem Konsens und zunehmender Divergenz. In: Zeitschrift für Geschichtswissenschaft, Jg. 33, 1985, S. 5-26.

Bosl, Karl: Die Aufteilungspläne der Alliierten in den Verhandlungen von Casablanca bis zur Potsdamer Konferenz und die Grundtatsachen der Teilung Deutschlands. In: Ders. (Hrsg.): Das Jahr 1945 in der Tschechoslowakei. Internationale, nationale und wirtschaftlich-soziale Probleme. München: Beck 1971, S. 23-36.

Caspar, Gustav-Adolf: Die Kriegslage vom Herbst 1943 bis zum Winter 1944/45 und das Entstehen der Vereinbarungen über die Grenzen der Besatzungszonen in Deutschland. In: Militärgeschichtliche Mitteilungen, Jg. 26, 1979, S. 173-183.

Clemens, Diane S. : Yalta. New York: Oxford University Press 1970.

Deuerlein, Ernst: Die Einheit Deutschlands. Erörterungen und Entscheidungen der Kriegs- und Nachkriegskonferenzen 1941-49. Darstellung und Dokumente. Frankfurt/M.; Berlin: Metzner 1961.

Ders.: Deklamation oder Ersatzfriede? Die Konferenz von Potsdam 1945. Stuttgart: Kohlhammer 1970.

Fontaine, André: Potsdam: A French View. In: International Affairs, Jg. 46, 1970, S. 466-474.

Foschepoth, Josef: Großbritannien und die Deutschlandfrage auf den Außenministerkonferenzen 1946/47. In: Die Deutschlandfrage und die Anfänge des Ost-West-Konflikts 1945-1949. Berlin: Duncker & Humblot 1984, S. 59-84.

Gormly, James L.: The Search of a Postwar Settlement. The London and Moscow Foreign Ministers' Conferences (Ph.D.) Univ. of Connecticut 1977.

Gottlieb, Manuel: The German Peace Settlement and the Berlin Crisis. New York: Paine Whitman 1960.

Gruner, Wolf D.: Die Londoner Sechsmächtekonferenz von 1948 und die Entstehung der Bundesrepublik Deutschland. In: Großbritannien und Deutschland. Europäische Aspekte der politischen und kulturellen Beziehungen beider Länder in Geschichte und Gegenwart. Festschrift für John P. W. Bourke. Hrsg. v. Ortwin Kuhn. München: Goldmann 1974, S. 139-165.

Hillgruber, Andreas: Jalta: Legende: Alibi oder Teilung Europas? Europa in der Weltpolitik der Nachkriegszeit. In: Liberal, Jg. 24, 1982, S. 404-417.

Kessel, Martina: Westeuropa und die deutsche Teilung. Englische und französische Deutschlandpolitik auf den Außenministerkonferenzen 1945-1947. München: Oldenbourg 1989.

King, Frank: Allied negotiations and the dismemberment of Germany. In: Journal of Contemporary History, Jg. 16, 1981, S. 585-595.

Ders.: British Policy, the European Advisory Commission and the German Settlement (1943-1945). (Phil. Diss.) Cambridge 1974.

Klein, Fritz; Boris Meissner (Hrsg.): Das Potsdamer Abkommen und die Deutschlandfrage. Teil 1. Geschichte und rechtliche Grundlage. Bearb v. Hans-Günther Parplies. Wien; Stuttgart: Braumüller 1977.

Körner, Klaus: Die alliierten Deutschlandkonferenzen. In: Schwarz, Hans-Peter (Hrsg.): Handbuch der deutschen Außenpolitik, München; Zürich: Piper 1975, S. 555-574.

Kowalski, Hans-Günter: Die 'European Advisory Commission' als Instrument alliierter Deutschlandplanung 1943-45. In: Vierteljahrshefte für Zeitgeschichte, Jg. 19, 1971, S. 261-293.

Laloy, Jean: Jalta – noch ein Mythos? Was ging dort vor? In: Dokumente, Jg. 38, 1982, S. 254-256.

Leurent-Piguet, Charlotte: Le Problème allemand de la Conférence de Yalta (février 1945) à la Conférence de Moscou (mars-avril 1947). Mémoire de Maîtrise, Univ. Paris 1984 (MS).

Marienfeld, Wolfgang: Konferenzen über Deutschland. Die alliierte Deutschlandplanung und -politik 1941-49. Hannover: Verlag für Literatur und Zeitgeschehen 1963.

Mee, Charles L.: Meeting at Potsdam. London: Deutsch 1975. [Dt.: Die Teilung der Beute. Die Potsdamer Konferenz 1945. München; Zürich; Innsbruck: Molden 1977.]

Meissner, Boris: Die Vereinbarungen der Europäischen Beratenden Kommission über Deutschland von 1944/45. In: Aus Politik und Zeitgeschichte. Beilage zur Wochenzeitung Das Parlament. B 46, 1970, S. 3-14.

Moseley, Philip E.: Die Friedenspläne der Alliierten und die Aufteilung Deutschlands. Die alliierten Verhandlungen von Jalta bis Potsdam. In: Europa-Archiv, Jg. 5, 1950, S. 3032-43.

Rothstein, Siegmar: Die Londoner Sechsmächtekonferenz 1948 und ihre Bedeutung für die Gründung der BRD. (Ph. Diss.) Freiburg 1968.

Seeber, Eva: Zur Nachkriegsregelung der Jahre 1944/45 und zu deren Bedeutung für den Frieden in Europa. In: Militärgeschichte, Jg. 22, 1983, S. 709-712.

Sipols, Vilnis J.; I.A. Tschelyschew; V.N. Belezki: Jalta – Potsdam: Basis der europäischen Nachkriegsordnung. Berlin: Staatsverlag der DDR 1985.

Snell, John L.: The Meaning of Yalta. Big Three Diplomacy and the Balance of Power. Baton Rouge: Louisiana State University Press 1958.

Thomas, Edward J.F.: The European Advisory Commission and Allied Planning for a Defeated Germany, 1943-1945. (Phil. Diss.) Washington, D.C. 1981.

Tyrell, Albrecht: Die deutschlandpolitischen Hauptziele der Siegermächte im Zweiten Weltkrieg. In: Aus Politik und Zeitgeschichte, Beilage zur Wochenzeitung Das Parlament. B 13, 1985, S. 23-39.

Vysockij, V.M.: Die deutsche Frage auf den Außenministerkonferenzen des Jahres 1946. In: Zeitschrift für Geschichtswissenschaften, Jg. 22, 1974, S. 385-393.

3. Alliierte Institutionen in Deutschland

Badstübner, Rolf: Zur Tätigkeit des alliierten Kontollrates in Deutschland 1945-1948. In: Zeitschrift für Geschichtswissenschaft, Jg. 34, 1986, S. 581-598.

Balfour, Michael: Vier-Mächte-Kontrolle in Deutschland 1945-1946. Düsseldorf: Droste 1959.

Mai, Gunther: Der Alliierte Kontrollrat in Deutschland 1945-1949. Von der geteilten Kontrolle zur kontrollierten Teilung. In: Aus Politik und Zeitgeschichte. Beilage zur Wochenzeitung Das Parlament. B 23, 1988, S. 3-14.

Reusch, Ulrich: Die Londoner Institutionen der britischen Deutschlandpolitik 1942-1948. In: Historisches Jahrbuch, Jg. 100, 1980, S. 318-443.

Staritz, Dietrich: Parteien für ganz Deutschland? Zu der Kontroverse um ein Parteiengesetz im Alliierten Kontrollrat 1945/46. In: Vierteljahrshefte für Zeitgeschichte, Jg. 32, 1984, S. 240-268.

III. Englische Außen- und Deutschlandpolitik 1945-1949

1. Allgemeine Darstellungen

Adamthwaite, Anthony: Britain and the World 1945-1949: the View from the Foreign Office. In: Becker, Josef; Franz Knipping (Hrsg.): Power in Europe? Great Britain, France, Italy and Germany in a Post-War World 1945-1950. Berlin: de Gruyter 1986, S. 9-25.

Barker, Elizabeth: The British between the Superpowers 1945-1950. London: Heinemann 1983.

Boyd, Francis: British Policy in Transition 1945-1963. A short political guide. London: Pall Mall Press 1964.

Britain and Soviet Communism. The Impact of a Revolution. Ed. by Frederick S. Northedge and Audrey Wells. London: Macmillan 1982.

Cairncross, Alec: Years of Recovery. British economic policy 194-1951. London: Methuen 1985.

Connell, John [i.e. John Henry Robertson]: The „Office": a Study of British Foreign Policy and its Makers, 1919-1951. London: Allan Wingate 1958.

Croft, Stuart: British Policy toward Western Europe: 1947-1949: the best of possible worlds? In: International Affairs, Jg. 64, 1988, S. 617-629.

Cromwell, William S. : The Marshall-Plan: Great Britain and the Cold War. In: Review of International Studies, Jg. 8, 1982, S. 233-244.

Dilks, David (Hrsg.): Retreat from Power. Studies in British Foreign Policy in the twentieth century. Vol. 2: After 1939. London: Macmillan 1981.

Documents on British Policy Overseas. Ed. by Rohan Butler and M.E. Pelley. London: Her Majesty's Stationary Office 1985. Ser.1: 1945-1950. 1. The Potsdam Conference.2. Conferences and Negotiations 1945: London, Washington and Moscow.3. Britain and America: Negotiations of the U.S. Loan.

Donnison, F.S. V.: Civil Affairs and Military Government in North-West Europe 1944-1946. History of World War II. United Kingdom Military Service. Ed. by Sir J. Butler. London: Her Majesty's Stationary Office 1961.

Douglas, Roy: From War to Cold War 1942-1948. London: Weidenfeld 1981.

Die Europäische Herausforderung. England und Deutschland in Europa. The European Challenge. Britain and Germany in Europe. Hrsg. v. Adolf M. Birke u. Kurt Kluxen unter Mitarbeit von Manfred Hanisch. München: Saur 1987.

Frankel, Joseph: British Foreign Policy: 1945-1972. London: University Press 1975.

Frazier, Robert: Did Britain start the Cold War? In: Historical Journal, Jg. 27, 1984, S. 715-727.

Henderson, Nicholas: The birth of NATO. London: Weidenfeld 1982.

Hogan, Michael: The Marshall Plan: America: Britain and the Reconstruction of Western Europe 1947-1951. Cambridge; New York: Cambridge University Press 1987.

Kölling, Mirjam: Führungsmacht in Westeuropa? Großbritanniens Anspruch und Scheitern, 1944-1950. Berlin: Akademie der Wissenschaften der DDR 1984.

Lewis, Julian: British Military Planning for Post-War Strategic Defense, 1942-1947. phil. Diss. Oxford 1981.

Mayhew, Christopher: British Foreign Policy since 1945. In: International Affairs, Jg. 26, 1950, S. 478ff.

Morgan, Roger; Caroline Bray (Hrsg.): Partners and Rivals in Western Europe: Britain, France and Germany. Aldershot, Hants: Gower 1986.

Newton, C.C.S. : Britain: the dollar shortage and European integration 1945-1950. (Phil.Diss.) University of Birmingham 1981.

Ders.: The Sterling crisis of 1947 and the British response to the Marshall-Plan. In: Economic History Review, Jg. 37, 1984, S. 391-408.

Northedge, Frederick S. : British Foreign Policy. The Process of Readjustment, 1945-1961. London: Allen and Unwin 1962.

Ders.: Descent From Power. British Foreign Policy, 1945-1973. London: Allen and Unwin 1974.

Parker, R.A.C.: British Perceptions of Power. Europe between the Superpowers. In: Becker, Josef; Franz Knipping (Hrsg.): Power in Europe? Great Britain, France, Italy and Germany in a Post-War World 1945-1950. Berlin: de Gruyter 1986, S. 447-459.

Pedens, George C.: Economic Aspects of British Perceptions of Power on the Eve of the Cold War. In: Becker, Josef; Franz Knipping (Hrsg.): Power in Europe? Great Britain, France, Italy and Germany in a Post-War World 1945-1950. Berlin: de Gruyter 1986, S. 237-261.

Robbins, Keith: Eclipse of a Great Power: Modern Britain: 1870-1975. London; New York: Longman 1983.

Rothwell, Victor: Britain and the Cold War. London: Cape 1982.

Ryan, Henry B.: A New Look at Churchill's ‚Iron Curtain' Speech. In: Historical Journal, Jg.22, 1979, S. 895-920.

Sked, Alan: Die weltpolitische Lage Großbritanniens nach dem Zweiten Weltkrieg. In: Hauser, Oswald (Hrsg.): Weltpolitik III 1945-1953. Göttingen: Vandenhoeck & Ruprecht 1978.

Wallace, William: Britain in Europe. London: Heinemann 1980.

Warner, Geoffrey: Britain and Europe in 1948: the view from the Cabinet. In: Bekker, Josef; Franz Knipping (Hrsg.): Power in Europe? Great Britain, France, Italy and Germany in a Post-War World 1945-1950. Berlin: de Gruyter 1986, S. 27-46.

2. Parteien und Außenpolitik

Fitzsimons, Matthew A.: The Foreign Policy of the British Labour Government 1945-1951. Notre Dame, Indiana: University Press 1953.

Gordon, Michael R.: Conflict and Consensus in Labour's Foreign Policy, 1945-1965. Stanford: University Press 1969.

Grantham, John T.: Hugh Dalton and the International Post-War Settlement: Labour Party Foreign Policy Formulation, 1943-44. In: Journal of Contemporary History, Jg. 14, 1979, S. 713-729.

Jansen, Jürgen: Britische Konservative und Europa. Debattenaussagen im Unterhaus zur westeuropäischen Integration von 1945-1972. Baden-Baden: Nomos Verl. Ges. 1978.

Jones, Bill: The Russia Complex. The British Labour Party and the Soviet Union. Manchester: University Press 1977.

Lipgens, Walter: Labour und Europa. In: Soziale Bewegung und politische Verfassung. Beiträge zur Geschichte der modernen Welt. Festschrift für Werner Conze. Hrsg. v. Ulrich Engelhardt; Volker Sellin; Horst Struke. Stuttgart: Klett 1976, S. 713-754.

May, J.P.; W.E. Paterson: Deutschlandkonzeptionen der britischen Labourpartei 1945-1949. In: Scharf, Claus; Hans-Jürgen Schröder (Hrsg.): Die Deutschlandpolitik Großbritanniens und die britische Zone. Wiesbaden: Steiner 1979, S. 72-92.

Meehan, Eugene J.: The British Left Wing and Foreign Policy: A Study on the influence of ideology. New Brunswick: University Press 1960.

Morgan, Kenneth O.: Labour in Power 1945-1951. Oxford: Clarendon Press 1984.

Ovendale, Ritchie (Hrsg.): The Foreign Policy of the British Labour Governments 1945-51. Leicester: Leicester University Press 1984.

Pelling, Henry: The Labour Governments. New York: St. Martin's Press 1984.

Wagenleitner, Richard: Kontinuität der britischen Außenpolitik nach dem Wahlsieg der Labour-Partei. In: Zeitgeschichte, Jg. 5, 1978, S. 273-291.

Warner, Geoffrey: Die britische Labour-Regierung und die Einheit Westeuropas 1948-51. In: Vierteljahrshefte für Zeitgeschichte, Jg. 28, 1980, S. 310-330.

Windrich, Elaine: British Labour's Foreign Policy. Stanford: University Press 1952.

Wurm, Clemens: Sozialisten und europäische Integration: Die britische Labour-Party 1945-1984. In: Geschichte in Wissenschaft und Unterricht, Jg. 38, 1987, S. 280-295.

Zementice, John; Raymond Smith: The Cold Warrior Reconsidered: Clement Attlee. In: International Affairs, Jg.61, 1985, S. 237-252.

3. Englische Deutschlandpolitik

Birke, Adolf M.: Warum Deutschlands Demokratie versagte. Geschichtsanalyse im britischen Außenministerium 1943/45. In: Historisches Jahrbuch, Jg. 103, 1983, S. 395-410.

Ders.: Geschichtsauffassung und Deutschlandbild im Foreign Office Research Department. In: Historisches Jahrbuch, Jg. 194, 1984, S. 372-391.

Braunthal, Gerald: The Anglo-Saxon model of democracy in the West German consciousness after World War II. In: Archiv für Sozialgeschichte, Jg. 18, 1978, S. 245-277.

Burridge, Trevor: Great Britain and the dismemberment of Germany at the end of the Second World War. In: International History Review, Jg. 3, 1981, S. 565-579.

Cairncross, Alec: The price of war. British policy on German reparations, 1941-1949. Oxford: Blackwell 1986.

Deighton, Anne: The „frozen front": the Labour government: the division of Germany and the origins of the Cold War, 19451947. In: International Affairs, Jg, 63, 1987, S. 449-465.

Dreitzel, Horst: England und Deutschland. Die britische Deutschlandpolitik im Zweiten Weltkrieg und nach 1945. In: Neue Politische Literatur, Jg. 12, 1967, S. 48-68.

Ebsworth, Raymond: Restoring Democracy in Germany. The British Contribution. London: Stevens 1960.

Faulk, Henry: Die deutschen Kriegsgefangenen in Großbritanniens Reeducation. Bielefeld: Gieseking 1970.

Foschepoth, Josef: Britische Deutschlandpolitik zwischen Jalta und Potsdam. In: Vierteljahrshefte für Zeitgeschichte, Jg. 30, 1982, S. 675-714.

Ders.: British Interest in the Division of Germany. In: Journal of Contemporary History, Jg. 21, 1986, S. 391-411.

Ders.: Konflikte in der Reparationspolitik der Alliierten. In: Ders. (Hrsg.): Kalter Krieg und deutsche Frage. Deutschland im Widerstreit der Mächte 1945-1952. Göttingen: Vandenhoeck & Ruprecht 1985, S. 175-197.

Ders.: Die Oder-Neiße-Frage im Kalkül der britischen Außenpolitik 1941-1947. In: Die beiden deutschen Staaten im Ost-West-Verhältnis, XV. Tagung zum Stand der DDR-Forschung in der Bundesrepublik. Köln: Ed. Deutschland Archiv 1982, S. 69-80.

Ders.: Zur deutschen Reaktion auf Niederlage und Besatzung. In: Herbst, Ludolf (Hrsg.): Westdeutschland 1945-55. Unterwerfung, Kontrolle, Integration. München: Oldenbourg 1986, S. 151-165.

Ders.: Rolf Steininger (Hrsg.): Die britische Deutschland- und Besatzungspolitik 1945-49. Paderborn: Schöningh 1985.

Hymans, Herbert H.E.: Anglo-American Policies in Occupied Germany 1945-1952. (Ph.D.) London School of Economics, London 1960 (MS).

Jürgensen, Kurt: British Occupation Policy after 1945 and problems of reeducating Germany. In: History, Jg. 68, 1983, S. 225-244.

Kettenacker, Lothar: Die alliierte Kontrolle Deutschlands als Exempel britischer Herrschaftsausübung. In: Herbst, Ludolf (Hrsg.): Westdeutschland 1945-55. Unterwerfung, Kontrolle, Integration. München: Oldenbourg 1986, S. 51-63.

Ders.: Die anglo-amerikanischen Planungen für die Kontrolle Deutschlands. In: Foschepoth, Josef (Hrsg.): Kalter Krieg und Deutsche Frage. Deutschland im Widerstreit der Mächte 1945-1952. Göttingen: Vandenhoeck & Ruprecht 1985, S. 66-87.

Ders.: Großbritannien und die zukünftige Kontrolle Deutschlands. In: Foschepoth, Josef; Rolf Steininger (Hrsg.): Die britische Deutschland- und Besatzungspolitik 1945-1949. Paderborn: Schöningh 1985, S. 27-46.

Ders.: Krieg zur Friedenssicherung. Die Deutschlandplanung der britischen Regierung während des Zweiten Weltkriegs. Göttingen: Vandenhoeck & Ruprecht 1988.

Ders.: Preußen in der alliierten Kriegszielplanung 1939-1949. In: Studien zur Geschichte Englands und der deutsch-britischen Beziehungen. Festschrift für Paul Kluke. Hrsg. v. Lothar Kettenacker, Manfred Schlenke u.a. München: Fink 1981, S. 312-340.

Pingel, Falk: Die Russen am Rhein? Zur Wende der britischen Deutschlandpolitik im Frühjahr 1946. In: Vierteljahrshefte für Zeitgeschichte, Jg. 30, 1982, S. 98-116.

Pommerin, Rainer: Die Zwangsvereinigung von KPD und SPD zur SED. Eine britische Analyse vom April 1946. In: Vierteljahrshefte zur Zeitgeschichte, Jg. 36, 1988, S. 319-338.

Rudzio, Wolfgang: Export englischer Demokratie? Zur Konzeption der britischen Besatzungspolitik in Deutschland. In: Vierteljahrshefte für Zeitgeschichte, Jg. 17, 1969, S. 219-236.

Sainsbury, Keith: British Policy and German Unity at the end of the Second World War. In: The English Historical Review, Jg. 94, 1979, S. 786-804.

Scharf, Claus; Hans-Jürgen Schröder (Hrsg.): Die Deutschlandpolitik Großbritanniens und die britische Zone 1945-1949, Wiesbaden: Steiner 1979.

Schneider, Ulrich: Grundzüge britischer Deutschland- und Besatzungspolitik. In: Zeitgeschichte, Jg. 9, 1981/82, S. 73-89.

Ders.: Zur Deutschland- und Besatzungspolitik Großbritanniens im Rahmen der Vier-Mächte-Kontrolle Deutschlands vom Kriegsende bis Herbst 1945. In: Militärgeschichtliche Mitteilungen, Jg. 31, 1982, S. 77-112.

Schulte, Heinz: Britische Militärpolitik im besetzten Deutschland 1945-49. In: Militärgeschichtliche Mitteilungen, Jg. 31, 1982, S. 51-75.

Shlaim, Avi: Britain: the Berlin blockade and the Cold War. In: International Affairs, Jg. 60, 1983/84, S. 1-14.

Smith, Arthur L.: Churchill's German Army. Wartime Strategy and Cold War Politics, 1943-47. Beverly Hills/Calif.: Sage Publ. 1977.

Steininger, Rolf: British Labour: Deutschland und die SPD 1945/46. In: Internationale Wissenschaftliche Korrespondenz zur Geschichte der deutschen Arbeiterbewegung, Jg. 15, 1979, S. 188-226.

Ders.: Britische Deutschlandpolitik in den Jahren 1945/46. In: Aus Politik und Zeitgeschichte, Nr. 1/2, Januar 1982, S. 28-47.

Ders.: England und die deutsche Gewerkschaftsbewegung 1945/46. In: Archiv für Sozialgeschichte, Jg. 18, 1978, S. 41-118.

Ders.: Westdeutschland ein „Bollwerk gegen den Kommunismus"? Großbritannien und die deutsche Frage im Frühjahr 1946. In: Militärgeschichtliche Mitteilungen, Jg. 38, 1985, S. 163-207.

Ders.: Wie die Teilung Deutschlands verhindert werden sollte. Der Robertson-Plan aus dem Jahre 1948 (Dokumentation). In: Militärgeschichtliche Mitteilungen, Jg. 33, 1983, S. 49-89.

Sullivan, M.B.: Thresholds of Peace. 400.000 German Prisoners and the People of Britain 1944-1948. London: Hamish Hamilton 1979.

Thies, Jochen: What is going on in Germany? Britische Militärverwaltung in Deutschland 1945/46. In: Scharf, Claus; Hans-Jürgen Schröder (Hrsg.): Die Deutschlandpolitik Großbritanniens und die britische Zone 1945-1949, Wiesbaden: Steiner 1979, S. 29-50.

Volle, Angelika: Deutsch-britische Beziehungen. Eine Untersuchung des bilateralen Verhältnisses auf der staatlichen und nichtstaatlichen Ebene seit dem Zweiten Weltkrieg. (Phil. Diss.) Bonn 1976.

Watt, Donald C.: Britain looks to Germany. British opinion and policy toward Germany since 1945. London: Wolff 1965. [Dt.: England blickt auf Deutschland. Deutschland in Politik und öffentlicher Meinung Englands seit 1945. Tübingen: Rainer Wunderlich Verlag 1965.]

Ders.: Hauptprobleme der britschen Deutschlandpolitik 1945-49. In: Scharf, Claus; Hans-Jürgen Schröder (Hrsg.): Die Deutschlandpolitik Großbritanniens und die britische Zone 1945-49, Wiesbaden: Steiner 1979, S. 15-28.

Webb, Robert G.: Britain and the Future of Germany: British Planning for German Dismemberment and Reparations 1942-45. (Phil. Diss) State Univ. of New York, Buffalo 1979.

Young, John W.: The Foreign Office: the French and the postwar division of Germany, 1945-1946. In: Review of International Studies, Jg. 12, 1986, S. 223-234.

4. Ausgewählte Aspekte der Zonenpolitik

Abelshauser, Werner, Wirtschaft in Westdeutschland 1945-1948. Rekonstruktion und Wachstumsbedingungen in der amerikanischen und britischen Zone. Stuttgart: Deutsche Verlags-Anstalt 1975.

Arnal, Pierre, Konrad Adenauer sous l'occupation britannique (1945-1947). In: Revue d'histoire diplomatique, Jg. 81, 1967, S. 57-85.

Balshaw, Hilary A.: The British Occupation of Germany, 1945-1949, with Special Reference to Hamburg. (Phil. Diss.) Oxford 1972.

Carden, Robert W.: Before Bizonia: Britain's Economic Dilemma in Germany, 1945-1946. In: Journal of Contemporary History, Jg. 14, 1979, S. 535-555.

Dorendorf, Annelies: Der Zonenbeirat der britisch besetzten Zone. Rückblick auf seine Tätigkeit, Göttingen: O. Schwartz 1953.

Girndt, Ilse: Zentralismus in der britischen Zone. Entwicklungen und Bestrebungen beim Wiederaufbau der staatlichen Verwaltungsorganisationen auf der Ebene oberhalb der Länder 1945/48. (Phil. Diss.) Bonn 1971.

Halbritter, Maria: Schulreformpolitik in der Britischen Zone 1945-1949. (Phil. Diss.) Karlsruhe 1977.

Hearndon, Arthur (Hrsg.): The British in Germany. Educational reconstruction after 1945. London: Hamilton 1978.

Hüttenberger, Peter: Die Anfänge der Gesellschaftspolitik in der britischen Zone. In: Vierteljahrshefte für Zeitgeschichte, Jg. 21, 1973, S. 171-176.

Ders.: Geschichtsbild und Geschichtsunterricht in der britischen Zone. In: Hauser, Oswald (Hrsg.): Geschichte und Geschichtsbewußtsein. Göttingen; Zürich: Muster-Schmidt 1981, S. 112-125.

Marshall, Barbara: German Attitudes to British Military Government 1945-47. In: Journal of Contemporary History, Jg. 15, 1980, S. 655-684.

Pakschies, Günter: Umerziehung in der britischen Zone 1945-1949. Untersuchungen zur britischen Re-education-Politik. Weinheim: Beltz 1979.

Petzina, Dietmar: Walter Euchner (Hrsg.): Wirtschaftspolitik im britischen Besatzungsgebiet 1945-49. Düsseldorf: Schwann 1984.

Reusch, Ulrich: Deutsches Berufsbeamtentum und deutsche Besatzung 1943-1947. Stuttgart: Klett-Cotta 1986.

Rudzio, Wolfgang: Die Neuordnung des Kommunalwesens in der britischen Zone. Zur Demokratisierung und Dezentralisierung der politischen Struktur. Eine politische Reform und ihr Ausgang. Stuttgart: Deutsche Verlags-Anstalt 1968.

Schneider, Ulrich: Britische Besatzungspolitik 1945. Besatzungsmacht, deutsche Exekutive und die Probleme der unmittelbaren Nachkriegszeit, dargestellt am Beispiel des späteren Landes Niedersachsen, April-Oktober 1945. (Phil. Diss.) Hannover 1980.

Stüber, Gabriele: Der Kampf gegen den Hunger 1945-50. Die Ernährungslage in der britischen Zone Deutschlands, insbesondere in Schleswig-Holstein und Hamburg. Neumünster: Wachholtz 1984.

Trittel, Günter J.: Bodenreform in der britischen Zone, 1945-1949. Stuttgart: Deutsche Verlags-Anstalt 1975.

Ders.: Von der „Verwaltung des Mangels" zur „Verhinderung der Neuordnung". Ein Überblick über die Hauptprobleme der Wirtschaftspolitik in der britischen Zone. In: Scharf, Claus; Hans-Jürgen Schröder (Hrsg.): Die Deutschlandpolitik Großbritanniens und die britische Zone 1945-1949. Wiesbaden: Steiner 1979, S. 129-149.

5. England und die Ruhrfrage

Greenwood, Sean: Bevin, the Ruhr and the division of Germany: August 1945 – December 1946. In: Historical Journal, Jg. 29, 1986, S. 203-213.

Lademacher, Horst: Die britische Sozialisierungspolitik im Rhein-Ruhr-Raum 1945-1948. In: Scharf, Claus; Hans-Jürgen Schröder (Hrsg.): Die Deutschlandpolitik Großbritanniens und die britische Zone 1945-1949, Wiesbaden: Steiner 1979, S. 51-92.

Rudzio, Wolfgang: Großbritannien als sozialistische Besatzungsmacht in Deutschland – Aspekte des deutschbritischen Verhältnisses 1945-1948. In: Studien zur Geschichte Englands und der deutsch-britischen Beziehungen. Festschrift für Paul Kluke, hrsg. v. Lothar Kettenacker, Manfred Schlenke u.a. München: Fink 1981, S. 339-352.

Ders.: Die ausgebliebene Sozialisierung an Rhein und Ruhr. Zur Sozialisierungspolitik von Labour-Regierung und SPD 1945-1948. In: Archiv für Sozialgeschichte, Jg. 18, 1978, S. 1-39.

Steininger, Rolf: Großbritannien und die Gründung Nordrhein-Westfalens. In: Düwell, Kurt; Wolfgang Köllmann (Hrsg.): Rheinland Westfalen im Industriezeitalter. Bd.3: Vom Ende der Weimarer Republik bis zum Land Nordrhein-Westfalen. Wuppertal: Hammer 1984, S. 214-231.

Ders.: Reform und Realität? Ruhrfrage und Sozialisierung in der anglo-amerikanischen Deutschlandpolitik 1947/48. In: Vierteljahrshefte für Zeitgeschichte, Jg. 27, 1979, S. 167-240.

Ders.: Die Rhein-Ruhr-Frage im Kontext britischer Deutschlandpolitik 1945/46. In: Politische Weichenstellungen im Nachkriegsdeutschland 1945-1953, hrsg. v. H.A. Winkler. Göttingen: Vandenhoeck & Ruprecht 1979, S. 111-166.

Ders. (Hrsg.): Die Ruhrfrage und die Entstehung des Landes Nordrhein-Westfalen. Britische, französische und amerikanische Akten. Düsseldorf: Droste 1988.

6. England und die Alliierten

Anderson, Terry H.: The U.S., Great Britain and the Cold War. Ann Arbor: University Microfilms 1981.

Anstey, Caroline: The projection of British Socialism: Foreign Office publicity and U.S. public opinion, 1945-50. In: Journal of Contemporary History, Jg. 19, 1984, S. 417-451.

Baylis, John: Anglo-American Defense relations 1939-1984. London: Macmillan 1981 (New York: St. Martin's Press 1984).

Ders.: Great Britain and the Dunkirk Treaty: The Origins of NATO. In: Journal of Strategic Studies, Jg. 5, 1982, S. 236-247.

Ders.: Britain, the Brussels Pact and the continental commitment. In: International Affairs, Jg. 60, 1984, S. 615-631.

Boyle, Peter G.: The British Foreign Office View of Soviet-American Relations, 1945-1946. In: Diplomatic History, Jg.3, 1979, S. 307-320.

Clarke, Richard: Anglo-American Economic Collaboration in War and Peace, 1942-49, Oxford: Clarendon Press 1982.

Colebrook, M.J.: Franco-British relations and European integration 1945-1950. (Phil. Diss.) Genf 1971.

Edmonds, Robin: Setting the mould: The United States and Britain, 1945-1950. Oxford: Clarendon Press 1986.

Foschepoth, Josef: Großbritannien, die Sowjetunion und die Westverschiebung Polens. In: Militärgeschichtliche Mitteilungen, Jg. 34, 1983, S. 61-90.

Greenwood, Sean: The Origins of the Treaty of Dunkirk; Anglo-French relations, 1944-47. (Phil. Diss.) University of London 1982.

Ders.: Bevin, France and Western Union: August 1945 – February 1946. In: European History Quarterly. Jg. 14, 1984, S. 318-338.

Harbutt, Fraser J.: The Iron Curtain. Churchill, America and the Origins of the Cold War. New York: Oxford University Press 1986.

Hathaway, Robert M.: Ambiguous Partnership: Britain and America 1944-1947. New York: Columbia University Press 1981.

Louis, Roger Wm.; Hedley Bull (Hrsg.): The „Special relationship". Anglo-American relations since 1945. Oxford: Clarendon Press 1986.

Manderson-Jones, Ronald B.: The Special Relationship. Anglo-American Relations and Western European Unity 1947-56. London: School of Economics and Political Science 1972.

Merrick, Roy: The Russia Committee of the British Foreign Office and the Cold War 1946-47. In: Journal of Contemporary History, Jg. 20, 1985, S. 453-468.

Ovendale, Ritchie: Britain, the USA and the European Cold War, 1945-48. In: History, Jg. 67, 1982, S. 217-236.

Petersen, Nicolaj: Who pulled whom and how much? Britain, the United States and the Making of the North Atlantic Treaty. In: Millennium: Journal of International Studies, Jg. 11, 1982/83, S. 93-113.

Schwabe, Klaus: Adenauer und England. In: Studien zur Geschichte Englands und der deutsch-britischen Beziehungen. Festschrift für Paul Kluke, hrsg. v. Lothar Kettenacker, Manfred Schlenke u.a. München: Fink 1981, S. 353-374.

Vaisse, Maurice: L'échec d'un Europe franco-britannique. In: Poi devin, Raymond (Hrsg.): Histoire des débuts de la construction de l'Europe (Mars 1948 – Mai 1950). Brüssel: Bruylant 1986, S. 369-389.

Watt, Donald C.: Die Sowjetunion im Urteil des britischen Foreign Office 1945-1949. In: Niedhart, Gottfried, Der Westen und die Sowjetunion. Paderborn: Schöningh 1983, S. 235-252.

Ders.: Succeeding John Bull: America in Britain's Place, 1900-1975. London: Oxford University Press 1984.

Young, John W.: Britain, France and the Unity of Europe, 1945-1951. Leicester: University of Leicester Press 1985.

Ders.: The Foreign Office and the departure of General de Gaulle, June 1945 – January 1946. In: Historical Journal, Jg. 25, 1982, S. 209-216.

Zeeman, Bert: Britain and Western Europe, 1945-51: Opportunities lost? In: International Affairs, Jg. 63, 1987, S. 81-95.

Ders.: Britain and the Cold War. An alternative approach. The Treaty of Dunkirk example. In: European History Quarterly, Jg. 16, 1986, S. 343-367.

IV. Französische Außen- und Deutschlandpolitik

1. Allgemeine Darstellungen

Astoux, A.: De Gaulle et l'Europe de 1946-58. In: Etudes gaulliennes, Jg. 3, 1975, S. 11-169.

Bjol, Erling: La France devant l'Europe. La politique européenne de la IVe République. Kopenhagen: Munksgaard 1966.

Bossnat, Gérard: Le poids de l'aide américain sur la politique économique et financière de la France en 1948. In: Relations Internationales, Jg. 37, 1984, S. 17-36.

Carmoy, Guy de: The Foreign Policies of France, 1944-66. Paris: La Table Ronde 1967.

De Gaulle et la Nation face aux Problèmes de Défense (1945-46), Colloque. Paris: Edition du CNRS 1982.

Deporte, Anton W.: De Gaulle's Foreign Policy 1944-46. Cambridge/Mass.: Harvard University Press 1968.

Frank, Robert: The French Dilemma: Modernization with Dependence or Independence and Decline. In: Becker, Josef; Franz Knipping (Hrsg.): Power in Europe? Great Britain, France, Italy and Germany in a Post War World 1945-1950. Berlin: de Gruyter 1986, S. 263-281.

Grosser, Alfred: Affaires Extérieures. La Politique de la France 1944/1984. Paris: Flammarion 1984.

Guillen, Pierre: La construction de deux Etats allemands 1945-1973. Paris: Fayard 1976.

Guiton, Jean: Die französische Außenpolitik nach dem Kriege. In: Europa-Archiv, Jg. 7, 1952, S. 4651ff.

Hänsch, Klaus: Frankreich zwischen Ost und West. Die Reaktion auf den Ausbruch des Ost-West-Konflikts 1946-1948. Berlin: de Gruyter 1972.

Jouve, Edmond: Le Général de Gaulle et la Construction de l'Europe. Paris: R. Pichon & R. Durand-Anzias 1967.

Kiersch, Gerhard: Französische Sicherheits- und Militärpolitik (Literaturbericht). In: Dokumente, Jg. 34, 1978, S. 81-85.

Lacroix-Riz, Annie: L'entrée de la France dans la guerre froide, 1944-47. In: Cahiers d'Histoire de l'Institut de Recherches Marxistes, 1983, S. 5-12.

Laloy, Jean: A Moscou. Entre de Gaulle et Stalin, Décembre 1944. In: Revue des Etudes Slaves, Jg. 54, 1982, S. 137-152.

Lipgens, Walter: Die Anfänge der europäischen Einigungspolitik, 1945-50. Stuttgart: Klett 1977ff.

Ders.: Bedingungen und Etappen der Außenpolitik de Gaulles 1944-46. In: Vierteljahrshefte für Zeitgeschichte, Jg. 21, 1973, S. 52-102.

Loth, Wilfried: Die europäische Integration nach dem Zweiten Weltkrieg in französischer Perspektive. In: Berding, Helmut (Hrsg.): Wirtschaftliche und politische Integration in Europa im 19. und 20. Jahrhundert. Göttingen: Vandenhoeck & Ruprecht 1984, S. 225-246.

Ders.: Frankreich und die europäische Einigung. In: Francia, Jg. 3, 1975, S. 699-705.

Lynch, Frances B.: The political and economic reconstruction of France 1944-47 in the international context. (Phill. Diss.) Univ. of Manchester 1981.

Mélandri, Pierre; Maurice Vaisse: France: From Powerlessness to the Search for Influence. In: Becker, Josef; Franz Knipping (Hrsg.): Power in Europe? Great Britain, France, Italy and Germany in a Post War World 1945-1950. Berlin: de Gruyter 1986, S. 461-473.

Mittendorfer, Rudolf: Robert Schuman – Architekt des neuen Europa. Hildesheim; Zürich: Olms 1983.

Moreau Defarges, Philippe: La France et l'Europe: le rêve ambigu ou la mesure du rang. In: Politique étrangère, Jg. 51, 1986, S. 199-218.

Picht, Robert (Hrsg.): Deutschland, Frankreich, Europa. Bilanz einer schwierigen Partnerschaft. München: Piper 1978.

Poidevin, Raymond: Histoire des débuts de la construction européenne: mars 1948 – mai 1950. Actes du colloque de Strasbourg, 28-30 novembre 1984. Brüssel: Bruylant 1986.

Weisenfeld, Ernst: Frankreichs Geschichte seit dem Krieg. München: Beck 1982.

2. Innenpolitische Kräfte und Außenpolitik

Ambler, John S.: The French Army in Politics, 1945-1962. Columbus/Ohio: Ohio State University Press 1966.

Brun, Henri: La politique du Mouvement Républicain Populaire à l'égard de l'Europe. Mémoire de Maîtrise, Genf 1974 (MS).

Capelle, Russell B.: The MRP and French Foreign Policy. New York: Praeger 1963.

Girault, René: French Decision Makers and their Perceiption of French Power in 1948. In: Becker, Josef; Franz Knipping (Hrsg.): Power in Europe? Britain, France, Italy and Germany in a Post-War World 1945-1950. Berlin: de Gruyter 1986, S. 647-665.

Kiersch, Gerhard: Parlament und Parlamentarier in der Außenpolitik der IV. Republik. Berlin: Universitätsdruckerei 1971.

Lipgens, Walter: Innerfranzösische Kritik an der Außenpolitik de Gaulles 1944-46. In: Vierteljahrshefte für Zeitgeschichte, Jg. 24, 1976, S. 136-198.

Loth, Wilfried: Frankreichs Kommunisten und der Beginn des Kalten Krieges: Die Entlassung der französischen Minister im Mai 1947. In: Vierteljahrshefte für Zeitgeschichte, Jg. 26, 1978, S. 9-65.

Ders.: Innenpolitische Voraussetzungen französischer Europapolitik. In: Frankfurter Hefte, Jg. 31, 1976, S. 7-17.

Ders.: Sozialismus und Internationalismus. Die französischen Sozialisten und die Nachkriegsordnung Europas 1940-1950. Saarbrücken: Deutsche Verlags-Anstalt 1977.

Lynch, Frances B.: Resolving the Paradox of the Monnet Plan: National and International Planning in French Reconstruction. In: The Economic History Review, Jg. 27, 2nd series, 1984, S. 229 243.

Margairez, M.: Autour des accords Blum-Byrnes: Jean Monnet entre le consensus national et le consensus atlantique. In: Histoire, économie, société. 1982, S. 439-470.

Martin, Michel Louis: Warriors to managers: the French military establishment since 1945. Chapel Hill: University of North Carolina Press 1981.

Newman, Michael: Blum, French Socialism and European Unity, 1940-1950. In: Historical Journal, Jg. 24, 1981, S. 189-200.

Ders.: Socialism and European Unity: the dilemma of the Left in Great Britain and France. London: Junction Books 1983.

Poidevin, Raymond: Der Faktor Europa in der Deutschlandpolitik Robert Schumans (Sommer 1948 bis Frühjahr 1949). In: Vierteljahrshefte für Zeitgeschichte, Jg. 33, 1985, S. 406-419.

Ders.: René Mayer et la politique extérieure de la France, 1943-53. In: Revue d'histoire de la deuxième guerre mondiale et des conflits contemporains, Jg. 134, 1984, S. 73-97.

Ders.: Robert Schumans Deutschland- und Europapolitik zwischen Tradition und Neuorientierung. München: Vögel 1976.

Ders.: Robert Schuman, l'homme d'Etat. Paris: Impr. Nat. 1986.

Ritsch, Frederick F.: The French Left and the European Idea, 1947-49. New York: Pageant Press 1966.

Wall, Irvin: Les accords Blum-Byrnes. La Modernisation de la France et la Guerre Froide. In: Vingtième Siècle, Jg. 13, 1987, S. 45-62.

3. Französische Deutschlandpolitik

Albertini, Rudolf von: Die französische Deutschlandpolitik 1945-1955. In: Schweizer Monatshefte, Jg. 35, 1955, S. 364-376.

Arens, Arnold: Deutschlandpolitik und Friedensvertrag: Die französischen Konzeptionen 1945-47. In: Dokumente, Jg. 36, 1980, S. 233-243.

Atkins, Stuart: Germany through French Eyes after the Liberation. In: German Quarterly, Jg. 20, 1947, S. 166-182.

Becker, Johannes M.: Die Remilitarisierung der Bundesrepublik Deutschland und das deutsch-französische Verhältnis. Die Haltung führender Offiziere beider Länder 1945-55. Marburg: Hitzeroth 1987.

Binoux, Paul: Les Pionniers de l'Europe. L'Europe et l'approchement Franco-Allemand. Joseph Cailloux, Aristide Briand, Robert Schuman, Konrad Adenauer, Jean Monnet. Paris: Klincksieck 1972.

Bloch, Charles: Vom 'Erbfeind' zum Partner: deutsch-französische Beziehungen vor und nach dem Zweiten Weltkrieg. In: Jahrbuch des Instituts für Deutsche Geschichte, Jg. 10, 1981, S. 363-398.

Cornides, Wilhelm: Die Illusion einer selbständigen französischen Deutschlandpolitik (1944-1947). In: Europa-Archiv, Jg.9, 1954, S. 6731-6736.

Cuttoli-Uhel, Cathérine: La politique allemande de la France (1945-1948): symbole de son impuissance? In: Girault, René (Hrsg.): La puissance française en question (1945-1948). Paris 1988, S. 93-111.

Deuerlein, Ernst: Frankreichs Obstruktion deutscher Zentralverwaltungen 1945. In: Deutschland-Archiv, Jg. 4, 1971, S. 446-469.

Durand, Pierre: La politique allemande de la France 1945-1955. In: Cahiers de l'Institut Maurice Thorez, Jg. 27, 1972, S. 38-46.

Duroselle, Jean-Baptiste: The Turning-Point in French Politics 1947. In: Review of Politics, Jg. 13, 1951, S. 302-328.

Farquharson, John; Stephen Holt: Europe from Below. An Assessment of Franco-German Popular Contacts. London: Allen & Unwin 1975.

Die Französische Deutschlandpolitik zwischen 1945 und 1949. Ergebnisse eines Kolloquiums des Institut Français de Stuttgart und des Deutsch-Französischen Instituts Ludwigsburg. Hrsg. v. Inst. Français. Tübingen: Attempto 1987.

Fritsch-Bournazel, Renata: Mourir pour Berlin? Wandlungen der französischen Deutschland- und Ostpolitik während der Blockade 1948/49. In: Vierteljahrshefte für Zeitgeschichte, Jg. 35, 1987, S. 171-192.

Dies.: Die Wende in der französischen Nachkriegspolitik 1945-1949: Die „deutsche Gefahr" verliert ihre Priorität. In: Die französische Deutschlandpolitik zwischen 1945 und 1949. Tübingen: Attempto 1987, S. 7-25.

Dies.: Frankreich und der deutsche Nachbar 1944-1984. In: Aussenpolitik, Jg. 35, 1984, S. 152-162.

Dies.: Frankreich und die deutsche Frage 1945-49. In: Die Deutschlandfrage und die Anfänge des Ost-West-Konflikts 1945-49. Berlin: Duncker & Humblot 1984, S. 85-95.

Girault, René (Hrsg.): La puissance française en question (19451948). Paris 1988.

Guillen, Pierre: La France et la question de la défense de l'Europe occidentale, du pacte de Bruxelles (mars 1948) au plan Pleven (octobre 1950). In: Revue d'histoire de la deuxième guerre mondiale et des conflits contemporains, Jg. 36, 1986, S. 79-98.

Ders.: Die französische Deutschlandpolitik. In: Scharf, Claus; Hans-Jürgen Schröder (Hrsg.): Politische und ökonomische Stabilisierung Westdeutschlands 1945-49. Wiesbaden: Steiner 1977, S. 61-76.

Hartmann, Peter Claus: Politische und wirtschaftliche Entwicklung Frankreichs im Zweiten Weltkrieg: Grundlage und Voraussetzung für die frühe französische Besatzungspolitik. In: Schwarzmaier, Hansmartin (Hrsg.): Landesgeschichte und Zeitgeschichte. Kriegsende und demokratischer Neubeginn am Oberrhein. Karlsruhe: Braun in Komm. 1980.

Houll-Commun, Patricia: La Politique d'Occupation Française en Allemagne et la Zone d'Occupation Française (1945-1949). Etat de recherches. In: Bulletin d'information de la Mission Historique Française, H. 10, Juni 1985, S. 40-56.

Hudemann, Rainer: Französische Besatzungszone 1945-1952. In: Scharf, Claus; Hans-Jürgen Schröder (Hrsg.): Die Deutschlandpolitik Frankreichs und die französische Zone 1945-49. Wiesbaden: Steiner 1983, S. 205-284.

Ders.: Zur Politik der französischen Besatzungsmacht. In: Heyen, Franz-Josef (Hrsg.): Rheinland-Pfalz entsteht. Boppard: Boldt 1984, S. 31-59.

Ders.: Wirkungen französischer Besatzungspolitik: Forschungsprobleme und Ansätze zu einer Bilanz. In: Herbst, Ludolf (Hrsg.): Westdeutschland 1945-55. Unterwerfung, Kontrolle, Integration. München: Oldenbourg 1986, S. 167-181.

Ders.: Zentralismus und Dezentralisierung in der französischen Deutschland- und Besatzungspolitik. In: Becker, Winfried (Hrsg.): Die Kapitulation von 1945 und der Neubeginn in Deutschland, hrsg. v. Peter Haungs. Mainz: Böhlau 1986, S. 65-92.

Kiersch, Gerhard: Die französische Deutschlandpolitik 1945-1949. In: Scharf, Claus; Hans-Jürgen Schröder (Hrsg.), Politische und ökonomische Stabilisierung Westdeutschlands 1945-1949. Wiesbaden: Steiner 1977, S. 61-76.

Knipping, Franz; Que faire de l'Allemagne? Die französische Deutschlandpolitik 1945-1955. In: Ders.; Ernst Weisenfeld (Hrsg.): Eine ungewöhnliche Geschichte. Deutschland-Frankreich seit 1870. Bonn: Europa Union Verlag 1988, S. 141-155.

Köhler, Henning: Das Ende Preußens in französischer Sicht. Berlin/New York: de Gruyter 1982.

Konstanzer, Eberhard: Weisungen der französischen Militärregierung, 1946-1949 (Dokumentation). In: Vierteljahrshefte für Zeitgeschichte, Jg. 18, 1970, S. 204-236.

Korff, Adalbert: Le revirement de la politique française à l'é gard de l'Allemagne entre 1945 et 1950. Ambilly-Annemasse: Impr. Franco-Suisse 1965.

Küsters, Hanns Jürgen: Deutsch-französische Wirtschaftsbeziehungen in den Anfangsjahren der europäischen Gemeinschaft. In: Revue de l'Allemagne, Jg. 20, 1988, S. 274-296.

Laloy, Jean: Der Wendepunkt in den deutsch-französischen Beziehungen: Von der Berlin-Krise zur Europäischen Gemeinschaft, 1948-50. In: Dokumente, Jg.40, 1984, S. 69-73. (Sonderheft 25 Jahre Deutsches Historisches Institut Paris.)

Loth, Wilfried: Die Franzosen und die deutsche Frage 1945-49. In: Scharf, Claus; Hans-Jürgen Schröder (Hrsg.): Die Deutschlandpolitik Frankreichs und die französische Zone 1945-49. Wiesbaden: Steiner 1983, S. 27-48.

Ders.: Die deutsche Frage in französischer Perspektive. In: Herbst, Ludolf (Hrsg.): Westdeutschland 1945-1955. Unterwerfung, Kontrolle, Integration. München: Oldenbourg 1986, S. 37-49.

Macie, Normann S.: French National Security and the Postwar Treatment of Germany 1944-48. (Phil. Diss.) Univ. of Columbia 1960.

Ménudier, Henri. L'Allemagne après 1945. Paris: Colin 1972.

Ders.: L'Allemagne après 1945. Chronique bibliographique. In: Revue de l'Allemagne, Jg.9, 1977, S. 97-155, u. Jg. 10, 1978, S. 458-480.

Ders.: Frankreich und das deutsche Problem. In: Deutschland-Archiv, Jg.10, 1977, S. 1034-1050.

Morin, Edgar: Das Jahr Null. Ein Franzose sieht Deutschland. Berlin: Verlag Volk und Welt 1948.

Picht, Robert: Das Bündnis im Bündnis. Deutsch-französische Beziehungen im internationalen Spannungsfeld. Stuttgart: Deutsche Verlags-Anstalt 1978.

Poidevin, Raymond: L'Allemagne et le monde au XXè siècle. Paris: Masson 1983. [Die unruhige Großmacht. Deutschland und die Welt im 20. Jahrhundert. Freiburg; Würzburg: Ploetz 1985.]

Ders.: Frankreich und die deutsche Frage 1943-1949. In: Becker, Josef; Andreas Hillgruber (Hrsg.): Die Deutsche Frage im 19. und 20. Jahrhundert. München: Vögel 1983, S. 405-420.

Ders.: Jacques Bariéty, Frankreich und Deutschland. Die Geschichte ihrer Beziehungen 1815-1975. München: Oldenbourg 1982.

Ders.: Die französische Deutschlandpolitik 1943-49. In: Scharf, Claus; Hans-Jürgen Schröder (Hrsg.): Die Deutschlandpolitik Frankreichs und die französische Zone 1945-49. Wiesbaden: Steiner 1983, S. 15-26.

Ders.: La France devant le danger allemand, 1944-52. In: Deutsche Frage und europäisches Gleichgewicht. Festschrift für Andreas Hillgruber. Hrsg. v. Klaus Hildebrand u. Reiner Pommerin. Düsseldorf: Droste 1985, S. 253-267.

Ders.: René Mayer et la politique extérieure de la France, 1943-1953. In: Revue d'histoire de la deuxième guerre mondiale et des conflits contemporains, Jg. 134, 1984, S. 73-97.

Ders.: Die Neuorientierung der französischen Deutschlandpolitik 1948/49. In: Kalter Krieg und Deutsche Frage. Hrsg. v. Josef Foschepoth. Göttingen; Zürich: Vandenhoeck & Ruprecht 1985, S. 129-144.

Ders.: La politique allemande de la France en 1945. In: Vaisse, Maurice (Hrsg.): 8. Mai 1945: La victoire en Europe. Actes du Colloque international de Reims 1985. Lyon: 1985, S. 229ff.

Rovan, Joseph: Hat Frankreich eine Deutschlandpolitik? In: Frankfurter Hefte, Jg. 6, 1951, S. 461-474.

Scharf, Claus; Hans-Jürgen Schröder (Hrsg.): Die Deutschlandpolitik Frankreichs und die französische Zone 1945-49. Wiesbaden: Steiner 1983.

Schreiner, Reinhold: Bidault, der MRP und die französische Deutschlandpolitik 1944-48. Frankfurt/M. usw.: Peter Lang 1985.

Schwarz, Jürgen: Die Deutschlandfrage in der französischen Politik. In: Deutschland-Archiv, Jg.2, 1969, S. 1241-1253.

Shaheen, Rafik O.: The Evolution of French Policy toward Germany 1945-50. (Ph.D.) Univ. of California 1952.

Smith, Arthur L.: Die deutschen Kriegsgefangenen und Frankreich 1945-49. In: Vierteljahrshefte für Zeitgeschichte, Jg.32, 1984, S. 103-121.

Vaillant, Jerôme: L'Occupation Française en Allemagne. In: De Gaulle, l'armée et la nation: 8.5.1945-20.1.1946. Colloque. Paris: CNRS 1982.

Weisenfeld, Ernst: Frankreich und die deutsche Einheit seit 1945. München: Beck 1986.

Willis, Frank R.: The French in Germany, 1945-49. Stanford: University Press 1966.

Ders.: France, Germany and the New Europe 1945-1967. London: Oxford University Press 1969.

Ziebura, Gilbert: Die deutsch-französischen Beziehungen seit 1945: Mythos und Realität. Pfullingen: Neske 1970.

4. Französische Zonenpolitik

Abelshauser, Werner: Wirtschaft und Besatzungspolitik in der französischen Zone, 1945-1949. In: Scharf, Claus; Hans-Jürgen Schröder (Hrsg.): Die Deutschlandpolitik Frankreichs und die französische Zone 1945-1949. Wiesbaden: Steiner 1983, S. 111-139.

Brommer, Peter: Die Konferenz der Ministerpräsidenten der französischen Zone vom 17.3.1948 in Baden-Baden. Versuch einer Rekonstruktion. In: Jahrbuch für westdeutsche Landesgeschichte, Jg. 9, 1983, S. 357-378.

Ders.: Quellen zur Geschichte von Rheinland-Pfalz während der französischen Besatzung. März 1945 – August 1949. (Veröffentlichungen der Kommission des Landtags für die Geschichte des Landes Rheinland-Pfalz, 6.) Mainz: v. Haase 1986.

Cousin, Robert: Le commerce extérieur de la zone française d'occupation en Allemagne, 1945-48. Thèse de doctorat, Fac. droit, Univ. de Paris 1952 (MS).

Gilmore, Richard: France's Postwar Cultural Policies and Activities in Germany 1945-56. (Phil. Diss.) Genf 1971 (Washington 1973).

Henke, Klaus-Dietmar: Aspekte französischer Besatzungspolitik in Deutschland. In: Benz, Wolfgang (Hrsg.): Miscellanea. Festschrift für Helmut Krausnick. Stuttgart: Deutsche Verlags-Anstalt 1980, S. 169-191.

Ders.: Politik der Widersprüche. Zur Charakteristik der französischen Militärregierung in Deutschland nach dem Zweiten Weltkrieg. In: Vierteljahrshefte für Zeitgeschichte, Jg. 30, 1982, S. 500-537.

Ders.: Politische Säuberung unter französischer Besatzung. Die Entnazifizierung in Württemberg-Hohenzollern. Stuttgart: Deutsche Verlags-Anstalt 1981.

Hillel, Marc: L'occupation française en Allemagne. Paris: Balland 1983.

Hudemann, Rainer: Sozialpolitik im deutschen Südwesten zwischen Tradition und Neuordnung 1945-53. Sozialversicherung und Kriegsopferversorgung im Rahmen französischer Besatzungspolitik. Veröfftlg. der Kommission des Landtages für die Geschichte des Landes Rheinland-Pfalz. Mainz: v. Haase 1988.

Ders.: Sozialstruktur und Sozialpolitik in der französischen Besatzungszone 1945-49. Materialien und Forschungsprobleme. In: Jahrbuch für westdeutsche Landesgeschichte, Jg. 5, 1979, S. 373-408.

Ders.: Anfänge der Wiedergutmachung. Französische Besatzungszone, 1945-50. In: Geschichte und Gesellschaft, Jg. 13, 1987, S. 181-216.

Ders.: La zone française sous le premier gouvernement du Général de Gaulle (mai 1945-janvier 1946). In: Etudes gaulliennes, Jg. 23/24, 1978, S. 23-37.

Keddigkeit, Jürgen: Die militärische Besetzung des südlichen Rheinland-Pfalz und des Saarlandes im März des Jahres 1945. In: Jahrbuch für westdeutsche Landesgeschichte, Jg. 10, 1984, S. 319-366.

Kluge, Ulrich: Südwestdeutschland in der Nachkriegszeit 1945-1949. Quellen zu den politischen, sozialen und wirtschaftlichen Voraussetzungen für die Neubegründung demokratischer Strukturen im späteren Land Baden-Württemberg. In: Schwarzmaier, Hans-Martin (Hrsg.): Landesgeschichte und Zeitgeschichte: Kriegsende 1945 und demokratischer Neubeginn am Oberrhein. (Oberrheinische Studien. 5.) Karlsruhe: Braun in Komm. 1980, S. 224-248.

Lattard, Alain: Gewerkschaften und Betriebsräte in Rheinland Pfalz 1945-1947. Zur französischen Gewerkschaftspolitik in Deutschland nach dem Zweiten Weltkrieg. In: Scharf, Claus; Hans-Jürgen Schröder (Hrsg.): Die Deutschlandpolitik Frankreichs und die französische Zone 1945-49. Wiesbaden: Steiner 1983, S. 155-184.

Laufer, Rudolf: Die südbadische Industrie unter französischer Besatzung 1945-49. In: Scharf, Claus; Hans-Jürgen Schröder (Hrsg.): Deutschlandpolitik Frankreichs und die französische Zone. Wiesbaden: Steiner 1983, S. 141-153.

Ders.: Industrie und Energiewirtschaft im Land Baden 1945-52. Südbaden unter französischer Besatzung. Freiburg usw.: Alber 1979.

Le Rider, Jacques; Franz Knipping (Hrsg.): Frankreichs Kulturpolitik in Deutschland 1948-50. Tübingen: Attempto 1986.

Manz, Mathias: Stagnation und Aufschwung in der französischen Besatzungszone von 1945 bis 1948. (Phil. Diss.) Mannheim 1968. (Neuausgabe hrsg. v. Werner Abelshauser, Ostfildern 1985.)

Rödel, Volker: Die Entnazifizierung im Nordteil der französischen Zone. In: Heyen, Franz-Josef (Hrsg.): Rheinland-Pfalz entsteht. Boppard: Boldt 1984, S. 261-282.

Rothenberger, Karl-Heinz: Ernährung und Landwirtschaft in der französischen Besatzungszone 1945-1950. In: Scharf, Claus; Hans-Jürgen Schröder (Hrsg.): Die Deutschlandpolitik Frankreichs und die französische Zone 1945-49. Wiesbaden: Steiner 1983, S. 185-203.

Rovan, Joseph: Les relations franco-allemandes dans le domaine de la jeunesse et de la culture populaire (1945-1947). In: Revue de l'Allemagne, Jg. 4, 1972, S. 675-704.

Ruge-Schatz, Angelika: Grundprobleme der Kulturpolitik in der französischen Besatzungszone. In: Scharf, Claus; Hans-Jürgen Schröder (Hrsg.): Die Deutschlandpolitik Frankreichs und die französische Zone 1945-49. Wiesbaden: Steiner 1983, S. 91-110.

Dies., Umerziehung und Schulpolitik in der französischen Besatzungszone. Frankfurt/M.: Peter Lang 1977.

Schölzel, Stephan: Pressepolitik in der französischen Besatzungszone 1945-49. (Phil. Diss.) Trier 1984.

Vaillant, Jerôme: La dénazification par les vainqueurs. La politique culturelle des occupants en Allemagne 1945-49, Lille 1981; [dt. Teilveröffentlichung: Französische Kulturpolitik in Deutschland 1945-49, Konstanz: Universitätsverlag 1984.]

Winkeler, Rolf: Schulpolitik in Württemberg-Hohenzollern 1945-1952. Eine Analyse der Auseinandersetzungen um die Schule zwischen Parteien, Verbänden und französischer Besatzungsmacht. Stuttgart: Deutsche Verlags-Anstalt 1971.

Wünschel, Hans-Jürgen: Ein Plan zur Verlegung der deutsch-französischen Grenze im Jahre 1946. In: Jahrbuch für westdeutsche Landesgeschichte, Jg. 2, 1976, S. 375-382.

5. Französische Ruhrpolitik

Gillingham, John: Die Europäisierung des Ruhrgebiets: Von Hitler zum Schuman-Plan. In: Düwell, Kurt; Wolfgang Köllmann (Hrsg.): Rheinland-Westfalen im Industriezeitalter, Bd. 3. Wuppertal: Hammer 1984, S. 179-189.

Ders.: Die französische Ruhrpolitik und die Vorgeschichte des Schuman-Plans. Eine Neubewertung. In: Vierteljahrshefte für Zeitgeschichte, Jg. 35, 1987, S. 1-24.

Ders.: Zur Vorgeschichte der Montan-Union. Westeuropas Kohle und Stahl in Depression und Krieg. In: Vierteljahrshefte für Zeitgeschichte, Jg. 34, 1986, S. 381-405.

Goschler, Constantin; Christoph Buchheim; Werner Bührer: Der Schumanplan als Instrument französischer Stahlpolitik. Zur historischen Wirkung eines falschen Kalküls. In: Vierteljahrshefte für Zeitgeschichte, Jg. 37, 1989, S. 171-206.

Holter, Darryl: Politique charbonnière et guerre froide, 1945-1950. In: Le Mouvement social, Nr. 130, 1985, S. 33-53.

King, Jere C.: France's Ruhr policy: the background of the Schuman plan. Paper at the third meeting of the Western Society for French History. Denver 1976.

Poidevin, Raymond: Frankreich und die Ruhrfrage 1945-51. In: Historische Zeitschrift, Jg. 228, 1979, S. 317-334.

6. Die Grenzgebiete

Barthel, Gilbert: Les relations économiques entre la France et la Sarre 1945-1962. Metz 1978.

Craddock, Walter R.: The Saar Problem in Franco-German Relations 1945-1957. Ann Arbor, Mich.: Univ. Microfilms 1961.

Fischer, Peer: Die Saar zwischen Deutschland und Frankreich. Politische Entwicklung von 1945-1959. Frankfurt/M.: Metzner 1959.

Freymond, Jacques: Die Saar 1945-55. München: Oldenbourg 1955.

Hoffmann, Johannes: Das Ziel war Europa. Der Weg der Saar von 1945-1955. München: Olzog 1963.

Kraus, Albert H.V.: Elsaß-Lothringen und die Saarfrage. In: Saarheimat, Jg. 10, 1980, S. 225-234.

Küppers, Heinrich: Wollte Frankreich das Saarland annektieren? In: Jahrbuch für westdeutsche Landesgeschichte, Jg. 9, 1980, S. 345-356.

Lahr, Alfons von der: Die Auswirkungen der französischen Besatzungspolitik auf die wirtschaftliche Entwicklung des Saarlandes in der Nachkriegszeit 1945-1949. Zulassungsarbeit Trier 1980.

Müller, Robert: Le rattachement de la Sarre à la France. Paris: 1950.

Schaeffer, Patrick J.: L'Alsace et l'Allemagne 1945-49. Metz: Public. du Centre de Recherches Relations Internationales 1976.

Schneider, Dieter Marc: Saarpolitik und Exil 1933-1955. In: Vier teljahrshefte für Zeitgeschichte, Jg. 25, 1977, S. 467-545.

Wünschel, Hans-Jürgen: Die Teilungspläne der Alliierten und die Forderung Frankreichs nach Abtrennung des linken Rheinufers 1943-47. In: Jahrbuch für westdeutsche Landesgeschichte, Jg. 5, 1979, S. 357-372.

7. Frankreich und die Alliierten

Albrecht-Carrié, René: Great Britain and France. Adaptation to a changing context of power. Garden City: Doubleday 1970.

Blumenson, Martin: La place de la France dans la stratégie et la politique des Alliés. In: La Libération de la France, Colloque. Paris: Edition du CNRS 1976, S. 191-208.

Frank, Robert: France – Grande Bretagne: La mésentente commercia le (1945-1958). In: Relations Internationales, Jg. 55, 1988, S. 323-339.

Gimbel, John: Die Vereinigten Staaten, Frankreich und der amerikanische Vertragsentwurf zur Entmilitarisierung Deutschlands. Eine Studie zur Legendenbildung im Kalten Krieg. In: Vierteljahrshefte für Zeitgeschichte, Jg. 22, 1974, S. 258-286.

Guiton, Raymond J.: Paris-Moskau. Die Sowjetunion in der auswärtigen Politik Frankreichs seit dem Zweiten Weltkrieg. Stuttgart: Vorwerk 1956.

Lacroix-Riz, Annie: Le choix de Marianne. Les relations francoaméricaines 1944-1948. Paris: Messidor – Ed. sociales 1986.

Rice-Maximin, Edward: The United States and the French Communists, 1945-49. In: Journal of Contemporary History, Jg. 29, 1982, S. 729-749.

Sapp, Steven P.; Jefferson Caffery: cold war diplomacy, American French relations, 1944-49. In: Louisiana History, Jg. 23, 1982, S. 179-192.

Ders.: The United States, France and the Cold War: Jefferson Caffery and US-French relations, 1944-49, (Phil. Diss.) Univ. of Louisiana 1978.

Schwarz, Jürgen: Charles de Gaulles und die Sowjetunion. In: Niedhard, Gottfried (Hrsg.): Der Westen und die Sowjetunion. Paderborn: Schöningh 1983, S. 263-277.

Tummers, Hans J.: L'Union Soviétique dans la politique allemande du Général de Gaulle, de 1940 à 1958. In: Etudes gaulliennes, Jg. 6, 1978, S. 91-100.

Volk, Richard: Die französischen Kommunisten und die Befreiung Frankreichs 1943-45. Ein Beitrag zur Geschichte der KPF und das Verhältnis zur sowjetischen Außenpolitik in der Endphase des Zweiten Weltkrieges. Frankfurt: Peter Lang 1984.

Waites, Neville (Hrsg.): Troubled neighbours. Franco-British relations in the Twentieth Century. London: Weidenfeld & Nicolson 1971.

Berlin – Unmißverständliche Widerspiegelungen

Eine Auswahlbibliographie,

zur Erinnerung
an die 30. Wiederkehr des Tages, an dem die Berliner Mauer errichtet wurde.

zusammengestellt von Heidi Synnatzschke-Cochran

Die Geschichte ist offen –
Ich vertraue der Zukunft wieder!

ZUM GELEIT

Die Berliner Mauer ist am 9. November 1989 endlich gefallen. Sie hatte keine 30 Jahre Bestand, auch wenn manche meinten, sie würde noch hundert Jahre und mehr existieren. An diesem Tag waren die Berliner die glücklichsten Menschen auf der Welt. Niemand hatte wie sie unter dem Bau der Mauer und deren Folgen gelitten.
Nun wächst Berlin schnell wieder zusammen. Aber Mauern aus Stein verschwinden schneller als die Mauer in den Köpfen. In den Jahren der Teilung sind unterschiedliche Haltungen und Mentalitäten entstanden, die nun langsam im Alltag der geeinten Stadt wieder zusammenfinden müssen. Wir müssen nun auch die Mauer in den Köpfen der Menschen einreißen. Erst dann kann wirklich wieder zusammenwachsen, was zusammengehört.
Eine Bibliographie der Schriften über die Mauer kann dem Vergessen entgegenwirken. Auch deshalb wünsche ich dieser Bibliographie Erfolg. Nie wieder darf es eine solche brutale Grenze in Europa geben. Wir müssen die Konfrontation und das Blockdenken ein für allemal überwinden.
Es ist schön zu sehen, wie schnell die Mauer aus dem Stadtbild verschwindet. Die offene Wunde im Stadtbild schließt sich bereits. Eine Narbe aber wird bleiben. Und ein kleiner Rest der Betonmauer wird als Mahnmal stehen bleiben, damit niemand vergißt, was hier geschehen ist.

Berlin-Schöneberg
im August 1990

Walter Momper
Regierender Bürgermeister
von West-Berlin

EINFÜHRUNG

Am 13. August 1961, einem Sonntag, wurde in Berlin eine Mauer errichtet, die sich bald durch ganz Deutschland ziehen sollte. Diese Mauer zerriß nicht nur eine Stadt, sie spaltete nicht nur die deutsche Nation, die Berliner Mauer sollte zum Symbol der bitteren Trennung unserer Welt in „Ost" und „West" werden". WARUM? Eine Frage, viele Antworten und ungezählte menschliche Schicksale haben die Geschichte der Mauer seitdem gefärbt.
Nachdem ich 1971 Ost-Berlin „illegal" verlassen und bald in den USA eine neue Heimat gefunden hatte, war mir Berlin keineswegs aus dem Sinn. Entfernt von „zuhause" wollte ich am Geschehen dieser Stadt teilnehmen. Ich versuchte, die Welt wissen zu lassen, daß das geteilte Deutschland mit seiner verkrüppelten Hauptstadt lebendig war. In der Alderman Library der University of Virginia in Charlottesville, wo ich als Bibliothekarin tätig bin, habe ich in den vergangenen Jahren unter anderem folgende Ausstellungen zeigen können: „Berlin – 750 years" (1987), „Germans remember the Berlin Airlift 1948/1949" (1988), „Two Germanys – one Nation!" (Juni-Oktober 1989), „Berlin, wie haste dir verändert!" (Zu Ehren des 9. 11.1989; November 1989 – Februar 1990), „1945 – The End" (Zum 45. Jahrestag der Beendigung des 2. Weltkrieges: April-September 1990).
Viel ist über die Mauer in Berlin geschrieben worden. Doch Michael Haupts Werk „Die Berliner Mauer", veröffentlicht zum 20. Jahrestag dieses Bauwerkes in der Schriftenreihe der Bibliothek für Zeitgeschichte (Band 21), scheint die einzige selbständige Bibliographie zu sein, die Literatur zum Thema der Mauer und der damit zusammenhängenden menschlichen und politischen Probleme zusammenfaßt.
Diese Berlin-Bibliographie präsentiert eine Auswahl von Titeln, die zwischen 1961 und 1981 erschienen sind. Da der Autor nicht beabsichtigte, weder seine Bibliographie weiterzuführen noch zu ergänzen, und auch andere ein solches Vorhaben nicht planten, sah ich es als eine Notwendigkeit und Verpflichtung an, diese Aufgabe zu übernehmen.
Unterstützt von einem großzügigen „Grant" des Library Research Committee der University of Virginia, fing ich im vergangenen September intensiv mit den Vorarbeiten für meine Bibliographie in Berliner Bibliotheken und Archiven an.
In der Nacht vom 9. zum 10. November 1989 begannen Menschenhände dieses von Händen gegen die Menschen errichtete Bauwerk in Berlin einzureißen. Die Zeit war reif geworden, und selbst die wie eine Phrase klingenden Worte des Staatsratsvorsitzenden der DDR, Erich Honecker, in einem im Januar letzten Jahres gegebenen Interviews über die „Staatssicherheitsmaßnahmen" seiner Regierung: „Die Mauer wird in 50 Jahre und auch in 100 Jahren noch stehen bleiben", konnten die Wirklichkeit nicht mehr aufhalten. Was in Berlin geschah, war völlig unerwartet, etwas, wovon nicht nur die Berliner nie zu träumen gewagt hätten!
Da der Lauf der Geschichte jetzt diktiert, daß es keinen eigentlichen 30. Jahrestag der Berliner Mauer 1991 geben wird, kann die vorliegende Bibliographie nun auch den Anspruch erheben, ein geschichtliches Dokument zu sein, eine Quelle, aus der Historiker, Studenten und all diejenigen, die am Thema interessiert sind, schöpfen können.
Die folgende unkommentierte Auswahl von Titeln von Monographien, Berichten von Pressekonferenzen und Artikeln aus Zeitungen und Zeitschriften zum Thema Berliner Mauer und den damit zusammenhängenden Problemen ist zwischen 1981 und Anfang 1990 erschienen. Sie kann als Fortsetzung von Haupts Berlin-Bibliographie betrachtet oder als selbständiges bibliographisches Hilfsmittel benutzt werden. Die vorsichtig getroffene Auswahl aus einem

Ozean von Literatur enthält hauptsächlich Material in deutscher, englischer und französischer Sprache, da Titel zum Thema in anderen Sprachen, besonders in denen der früheren sozialistischen Länder, nur spärlichst zu finden waren. Diese kleine Sammlung wird in unmißverständlicher Weise die Auswirkungen der Berliner Mauer widerspiegeln, wobei sie nicht die Rolle politischer Propaganda übernehmen soll. Das ausgewertete Titelmaterial kann in den Sammlungen der Alderman Library der University of Virginia und in anderen nordamerikanischen Bibliotheken, in der Deutschen Staatsbibliothek Berlin (meiner bibliothekarischen Alma mater), in der Berliner Stadtbibliothek, im Zentralinstitut für Sozialwissenschaftliche Forschung, im Arbeitsbereich Zeitgeschichtliche Forschung an der Freien Universität Berlin und in den Berliner Archiven der Arbeitsgemeinschaft 13. August und des „Tagesspiegel" gefunden werden. Der Hauptteil der Bibliographie ist in chronologischer Folge nach den Erscheinungsjahren der Veröffentlichungen angelegt, und innerhalb einer Jahresgruppe in alphabetischer Folge nach der Haupteintragung, d.h. unter dem Namen des Verfassers oder für verfasserlose Schriften unter dem ersten Wort im Titel bei Übergehung des beginnenden Artikels.

Bevor ich die nachfolgende Bibliographie meiner alten Heimatstadt Berlin und denjenigen, die sich Berliner nennen, mit Stolz und Respekt übergeben werde, möchte ich mich bei all denen bedanken, ohne deren tiefes Verständnis und uneigennützige Unterstützung in mancher Weise ich dieses, für mich sehr wichtige, Unternehmen nicht hätte vollenden können: meiner Mutti und meinen Geschwistern, meinem Mann und meinen Kindern, den Freunden und Kollegen, dem Library Faculty Research Committee der University of Virginia, Herrn Hans-Jürgen Dyck von der Arbeitsgemeinschaft 13. August, dem Regierenden Bürgermeister von West-Berlin, Herrn Walter Momper, meinen Assistenten Jena Gaines, Andrew Wood und Christian Lehmbeck und der Bibliothek für Zeitgeschichte in Stuttgart, die bereit war, diese Bibliographie in ihre Jahresbibliographie aufzunehmen.

Möge diese Bibliographie dazu beitragen, uns die Sinnlosigkeit und Tragik der Berliner Mauer vor Augen zu führen und uns veranlassen auch die übrigen Mauern zwischen uns Menschen niederzureißen!

BIBLIOGRAPHIE

1981

Abrasimov, Petr A.: Westberlin – gestern und heute. Berlin: Staatsverl. der DDR 1981. 195 S.

Albertz, Heinrich: Blumen für Stukenbrock. Stuttgart: Radius 1981. 295 S.

Bath, Matthias: Gefangen und freigetauscht. 1197 Tage als Fluchthelfer in DDR-Haft. München: G. Olzog 1981. 155 S. (Dokumente unserer Zeit. Bd.5)

Berlin, die Mauer seit 20 Jahren. Bonn: Gesamtdeutsches Institut 1981. 16 S.

Brodsky, J.: The Berlin Wall tune. In: New York Review of Books. 28, 1981. S. 12.

Delmas, Claude: Il y a vingt ans... le mur de Berlin. In: Défense Nationale. 37, 1981. S. 109-125.

13. August 1961. Seminarmaterial des Gesamtdeutschen Instituts. Bonn: Das Institut 1981. 55 S.

Der 13. August 1961 – ein Erfolg der Sicherheits- und Militärpolitik der SED. In: Militärgeschichte, Berlin. 20, 1981, 4. S. 389-398.

13. August 1961 – Was bedeutet die Mauer heute? R.V. Allen u. A. Springer antworten. In: Welt. 13.8.1981. S. 3.

Drewitz, Ingeborg; Grunwald, Walther: Quer über die Blösse. 20 Jahre Berliner Mauer, Berlin: Galerie Wannsee Verl. 1981. 16 S. (Wannseer Hefte zur Kunst, Politik und Geschichte. 10).

Fabreluce, A.: The Wall of shame is twenty years old. In: Historia. 1981. S. 80-84.

Fayard, Judy: The forbidden line: From Norway to Turkey, the iron curtain seals off the people of the Soviet Bloc. In: Life. August, 1981. S. 36-48.

Finn, Gerhard: Die Opfer der Mauer. In: Deutschland-Archiv. 14, 1981, 8. S. 790.

Geddes, John M.: Divided Germany: At its 20th anniversary, the Berlin Wall stands as an ugly monument to the resurgent Cold War. In: Wall Street Journal. 11.8.1981. S. 11.

Haeger, Robert A.: Why communists count Berlin Wall a success. In: U.S. News & World Report. 17.8.1981. S. 34-35.

Haupt, Michael: Die Berlin Mauer, Vorgeschichte, Bau, Folgen. Literaturbericht und Bibliographie zum 20. Jahrestag des 13. August 1961. Geleitwort: Willy Brandt. München: Bernard & Graefe 1981. IX, 230 S. (Schriften der Bibliothek für Zeitgeschichte. Bd. 21)

Hildebrandt, Rainer: Ist das „Unteilbare Deutschland" teilbar? Die Herausforderung der Mauer. In: Tagesspiegel. 13.1.1981. S. 3.

Horne, Jed: The great Wall of Europe: 1946-19? In: Life. August, 1981 S. 48-49.

Koenig, Helmut: The two Berlins. In: Travel Holiday. October, 1981. S. 58.

Krakau, K.: Review of Kennedy and the Berlin Wall crisis. A case study in US decision making, by Honoré M. Catudal. In: Amerikastudien. 26, 1981. S. 358-361.

Krolow, Wolfgang: Instandbesetzer Bilderbuch. Berlin: LitPol 1981. 299 S.

Das Mauerbuch. Texte und Bilder aus Deutschland von 1945 bis heute. Hrsg.: Manfred Hammer [u.a.] Berlin: Oberbaum-Verl. 1981. 299 S.

Mehls, Hartmut: 13. August. 2., verb. Aufl. Berlin: Deutscher Verl. der Wissenschaften 1981. 43 S. (Illustrierte historische Hefte. 17)

Petschull, Jürgen: Die Mauer, August 1961. Zwölf Tage zwischen Krieg und Frieden. Hamburg: Gruner & Jahr 1981. 273 S.

Philipp, Horst: Sicherung der Staatsgrenze der DDR. Zum 13. August 1961. In: Deutsche Außenpolitik, Berlin. 26, 1981, 88. S. 13-16.

Rühle, Jürgen; Holzweissig, Gunter: 13. August 1961, die Mauer von Berlin. Köln: Edition Deutschland-Archiv 1981. 176 S.

Schenk, Fritz: Zwanzig Jahre Berliner Mauer. In: Epoche. 5, 1981 8. S. 40-44.

Schweinfurth, Theodor: Berlin quo vaditur? 10 Jahre Viermächteabkommen über Berlin. In: Deutschland-Archiv. 14, 1981, 12 S. 1304-1309.

Sobran, Joseph: Writing on the Wall. In: National Review. 4.9.1981. S. 1034-1035.

Spittman, Ilse: Die Mauer ist eine häßliche Sache. In: Deutschland-Archiv. 14, 1981, 8. S. 785-789.

Sternfahrt Berliner Mauer 1981. Dokumentation. Hrsg.: Internationale Gesellschaft für Menschenrechte. Frankfurt a.M.: Die Gesellschaft 1981. 20 S.

Thies, W.J.: Review of Kennedy and the Berlin Wall crisis. A case-study in United States decision-making, by Honoré M. Catudal. In: American Historical Review. 86, 1981. S. 1174-1175.

Trivers, M.: The Berlin Wall: A memoir. In: Virginia Quarterly Review. 57, 1981 S. 692-706.

20th anniversary of the Berlin Wall. In: Department of State Bulletin. September, 1981. S. 41.

Twenty years. In: National Review. 4.9.1981. S. 1001-1002.

Vogel, Hans-Jochen: Richtlinien der Berliner Regierungspolitik. In: Städtetag. 34, 1981, 3. S. 144-151.

Weizsäcker, Richard von: Die Mauer hat keinen Bestand. Ansprache des Regierenden Bürgermeisters zum 13. August 1981. Berlin: Presse-und Informationsamt 1981. 18 S.

Wettig, Gerhard: Das Vier-Mächte-Abkommen in der Bewährungsprobe. Berlin im Spannungsfeld von Ost und West. Berlin: Berlin Verl. 1981. 279 S. (Politologische Studien. Bd. 22).

20 Jahre Mauer. 52. Pressekonferenz der Arbeitsgemeinschaft 13. August. Interviews und Zusammenstellung: Rainer Hildebrandt [u.a.] Berlin: Die Arbeitsgemeinschaft 1981. 47 S.

72 Tote an der Berliner Mauer seit dem Jahre 1961. In: Tagesspiegel. 11.8.1981. S. 2.

1982

Deinert, Wilhelm: Mauerschau. Ein Durchgang. München: Piper 1982. 365 S.

Fishman, Sterling: The Berlin Wall in the history of education. In: History of Education Quarterly. 22, 1982. S. 363-370.

Grenzen durch Berlin. 54. Pressekonferenz der Arbeitsgemeinschaft 13. August: Interviews und Zusammenstellung: Rainer Hildebrandt, Horst Schumm. Berlin: Die Arbeitsgemeinschaft 1982. 73 S.

Die Hälfte der Stadt. Ein Berliner Lesebuch. Hrsg.: Krista Maria Schädlich und Frank Werner. München: Verl. Autoren Edition im Athenäum Verl. 1982. 252 S.

„Ich war Grenzaufklärer". Bericht des Ex-NVA-Feldwebels Hans-Jürgen Henze. 54. Pressekonferenz der Arbeitsgemeinschaft 13. August. Interviews und Zusammenstellung: Rainer Hildebrandt [u.a.] Berlin: Die Arbeitsgemeinschaft 1982. 73 S.

Krueger, Merle Curtis: Authors and the opposition. West German writers and the Social Democratic Party from 1945 to 1969. Stuttgart: Akademischer Verl. 1982. XII, 817 S. (Stuttgarter Arbeiten zur Germanistik. Nr. 107)

Kuhn, Alois: Die Freiheit hat schon begonnen. Karikaturen des DDR-Karikaturisten. 3., überarb. Aufl. Berlin : Haus am Checkpoint Charlie 1982. 48 S.

Müller, Helmut L.: Die literarische Republik. Westdeutsche Schriftsteller und die Politik. Weinheim: Beltz 1982. 343 S.

Scheurenberg, Klaus: Ich will leben. Ein autobiographischer Bericht. Berlin: Oberbaumverl. 1982. 267 S.

Schlobinski, Peter: Divided city – Divided language? In: Sociolinguistics. 13, 1982. S. 13-15.

Small, M.: Review of Kennedy and the Berlin Wall crisis. A case study in US decision-making, by Honoré M. Catudal. In: Journal of American History. 68, 1982. S. 991-992.

1983

Bahr, Egon: Bearing responsibility for Germany. Twenty years of the Wall – ten years of the Four-Power Agreement. In: International Journal of Politics. 13, 1983. S. 69-82.

Berlin, contemporary writing from East and West Berlin. Editor: Mitch Cohen. Santa Barbara: Bandanna Books 1983, 388 S.

Berlin, Hauptstadt der DDR in Buch und Zeitschrift. Hrsg.: Peter P. Rohrlach [u.a.] Berlin: Berliner Stadtbibliothek 1983. 154 S.

Blumenwitz, Dieter: Die Grenzsicherungsanlage der DDR im Lichte des Staats- und Völkerrechts. In: Recht, Wirtschaft, Politik im geteilten Deutschland. 1983. S. 93-101.

Bolle, Michael: Kleiner Grenzverkehr bei Nacht. Mit Bolzenschneider gegen Todesschussautomaten und doppelte Moral. Kiel: Arndt 1983. 76 S.

Buckley, William F.: What does the Wall separate? In: National Review. 29.4.1983. S. 516-517.

Buckley, William F.: Waiting for Georgi. In: National Review. 29.4.1983. S. 516.

Deutschland, die geteilte Nation. Hrsg.: vom Ministerium für Kultus und Sport Baden-Württemberg. Mit einer einführenden Betrachtung von Golo Mann. Heidelberg: Deckers Verl. 1983. 232 S.

Dornberg, John: Daring high-wire ride to freedom. In: Popular Mechanics. November, 1983. S. 78-81.

Eisendle, Helmut: Vom Charlottenburger Ufer zur Monumentstrasse. Berliner Notizen 1983. Berlin: Rainer Verl. 1983. 99 S.

Germany: restlessness, East and West. In: Nation. Januar, 1983. S. 6.

Grenzen durch Berlin und durch Deutschland. Berichte eines ehemaligen Zöllners, eines EX-NVA-Offz. und von politischen Häftlingen. 57. Pressekonferenz der Arbeitsgemeinschaft 13. August. Interviews und Zusammenstellung: Rainer Hildebrandt [u.a.] Berlin: Die Arbeitsgemeinschaft 1983. 31 S.

Die Identität der Deutschen. Hrsg.: Werner Weidenfeld. München: C. Hanser 1983. 355 S.

Der innerdeutsche Transitverkehr. Leistungen, jüngste Ereignisse und menschliche Belange. 55. Pressekonferenz der Arbeitsgemeinschaft 13. August. Auswertung, Zusammenstellung und Texte: Rainer Hildebrandt [u.a.] Berlin: Die Arbeitsgemeinschaft 1983. 32 S.

Keller, Lorose: Deutsch-deutsches Verhör. Individueller Lehrgang in Grenzfragen. Berlin: K. Guhl 1983. 191 S.

Kessler, Horst-Günter; Miermeister, Jürgen: Vom „Grossen Knast" ins „Paradies"? DDR-Bürger in der Bundesrepublik. Lebensgeschichten. Reinbeck bei Hamburg: Rowohlt 1983. 219 S.

Lothringer, S.: Berlin or the Walls of history. Interview with Heiner Müller. In: Change International. 1, 1983. S. 27-33.

McAdams, A. James: Bridging the German divide. In: New Leader. 3.10.1983 S. 9.

McLaughlin, John: Germany reunified? In: National Review. 19.8.1983. S. 988.

Nicholson, Gregory: The Berlin crisis during the Kennedy administration. In: Towson State Journal of International Affairs. 17, 1983. S. 81-92.

Pastusiak, Longin: Wielkie mocarstwa wobec podzialu i zjednoczenia Niemiec. Wyd. 2., uzup. Warszawa: Wydawn. „Slask" 1983. 351 S.

Quarta, Hubert-Georg: Zwischen Ostsee und Fichtelgebirge. Die absurde Realität einer Grenze. Texte, Bilder, Meinungen, Buxheim/ Allgäu: Martin Verl. 1983. 125 S.

Riebschläger, Klaus: Vor Ort, Blicke in die Berlin Politik. Berlin: Berlin Verl. 1983. 239 S.

Schmid, Karin: Das Grenzgesetz der DDR. Köln: Bundesinstitut für Ostwissenschaftliche und Internationale Studien. 1983 (Berichte des Bundesinstituts für Ostwissenschaftliche und Internationale Studien. 37

Schübel, Theodor: Damals im August. München: Droemer Knaur 1983. 352 S.

Spiro, Peter: Berlin diarist, Steinstücken. In: New Republic. 31.12.1983. S. 42.

Suche nach Deutschland, nationale Identität und die Deutschlandpolitik. Hrsg.: Karl Lamers. Bonn: Europa Union Verl. 1983. 96 S.

Wie sie die Mauer sehen. Einführung: Rainer Hildebrandt. Berlin: Verl. Haus am Checkpoint Charlie. 1983. 72 S.

Wettbewerb „Überwindung der Mauer durch Bemalung der Mauer". 58. Pressekonferenz der Arbeitsgemeinschaft 13. August. Zusammenstellung: Rainer Hildebrandt [u.a.] Berlin: Die Arbeitsgemeinschaft 1983. 4 S.

1984

Banking on friendship. In: Time. 6.8.1984. S. 47.

Beese, Klaus: Fluchthilfe. Ein Report aus Deutschland. Kiel: Orion-Heimreiter-Verl. 1984. 254 S.

Bentz, Brenda: Fear of hope: hearing the people of Germany. In: Christian Century. 30.5.1984. S. 576.

Berichte eines ehemaligen [bis Mai 1983] Mitarbeiters des Kommissariats I der Kriminalpolizei der DDR, zweier Aussiedlungswilliger, die in der Prager Botschaft waren. 63. Pressekonferenz der Arbeitsgemeinschaft 13. August. Interviews und Auswertungen: Rainer Hildebrandt [u.a.] Berlin: Die Arbeitsgemeinschaft 1984. 22 S.

Bridge over an infamous Wall: despite the superpower chill, a Soviet satellite stays in touch with the West. In: Time. 23.4.1984. S. 54.

Brown, Michael: Across the Wall. In: Soldiers. 39, 1984. 7. S. 34-36.

Buchheim, Hans: Deutschlandspolitik 1949-1972. Der politisch-diplomatische Prozess. Stuttgart: Deutsche Verl.-Anstalt 1984. 179 S. (Schriftenreihe der Vierteljahrshefte für Zeitgeschichte. Nr. 49)

Buckley, William F.: Remembering JFK in the campaign. In: National Review. 20.4.1984. S. 60.

Die Entdeckung Berlins: 14 Cartoonisten sehen die Stadt. 80 Cartoons von F.W. Bernstein [u.a.] Berlin: Haude & Spener 1984. 112 S. (Edition Jule Hammer).

Feiler, Oswald: Moskau und die deutsche Frage. Krefeld.: Sinus-Verl. 1984. 199 S. (Edition D. 8)

Gelb, Norman: Berlin chronicle: on both sides of the Wall. In: New Leader. 24.10.1984. S. 3-5.

Gordon, Suzanne: Berlin's Mauerkrankheit. In: Harper's Magazine. February, 1984. 72-74.

Grenzen durch Berlin und durch Deutschland. 61. Pressekonferenz der Arbeitsgemeinschaft 13. August. Interviews: Hans-Jürgen Dyck [u.a.] Berlin: Die Arbeitsgemeinschaft 1984. 37 S.

Grüning, Uwe: Im Umkreis der Feuer. Gedichte, Berlin: Union Verl. 1984. 135 S.

Hildebrandt, Rainer; Fäthe, Peter: Berlin – von der Frontstadt zur Brücke Europas. Eine Dokumentation. Berlin: Verl. Haus am Checkpoint Charlie 1984. 100 S.

Hohenecker Protokolle. Aussagen zur Geschichte der politischen Verfolgung von Frauen in der DDR. Hrsg.: Ulrich Schacht. Zürich: Ammann 1984. 302 S.

Holmsten, Georg. Die Berlin-Chronik. Daten, Personen, Dokumente. Düsseldorf: Droste 1984. 506 S.

Kewenig, Wilhelm A.: Entwicklungslinien des völker- und staatsrechtlichen Status von Berlin. In: Europa-Archiv. 39, 1984. 9. S. 271-278.

Klönne, Arno: Zurück zur Nation? Kontroversen zu deutschen Fragen. Köln: E. Diederichs 1984. 158 S.

Knobloch, Heinz: Angehaltener Bahnhof. Fantasiestücke, Spaziergänge in Berlin. Berlin: Das Arsenal 1984. 144 S.

Laver, Ross: The Germanys move closer. In: Maclean's. 27.8.1984. S. 24-30.

Lewis, Peter: Chipping slowly into the Berlin Wall. In: Maclean's. 27. 8. 1984. S. 30.

Lewis, Peter: Taking down the Walls. In: Maclean's. 13.8.1984. S. 22-24.

Lowenthal, Richard: The German question transformed. In: Foreign Affairs. Winter, 1984. S. 303-316.

Mut zur Einheit. Festschrift für Johann Baptist Gradl. Beiträge von Egon Bahr [u.a.] Köln: Wissenschaft und Politik 1984. 226 S.

Oschilewski, Walther Georg: Auf den Flügeln der Freiheit. Ausgewählte Aufsätze zur Sozial-, Kunst- und Literaturgeschichte Berlins. Mit einem Vorwort von Willy Brandt. Berlin: Europäische Ideen 1984. 250 S.

Reaching out. The two Germanies nurture ties. In: Time. 12.3.1984. S. 46.

Richter, E.A.: Die Berliner Entscheidung. Roman. Salzburg: Residenz Verl. 1984. 149 S.

Schneider, Hans: Der Fall Tessnow. Berlin: Militärverl. der DDR 1984. 229 S.

Schneider, Peter: Jumping the Berlin Wall. In: Dissent. 31, 1984. S. 188-191.

Schulz, Eberhard; Danylow, Peter: Bewegungen in der deutschen Frage? Die ausländischen Besorgnisse über die Entwicklung in den beiden deutschen Staaten. Bonn: Forschungsinstitut der Deutschen Gesellschaft für Auswärtige Politik. IV, 166 S. (Arbeitspapiere zur internationalen Politik. 33)

Das Selbstbestimmungsrecht der Völker und die deutsche Frage. Hrsg.: Dieter Blumenwitz und Boris Meissner. Köln: Verl. Wissenschaft u. Politik 1984. 155 S. (Staatsund völkerrechtliche Abhandlungen der Studiengruppe für Politik und Völkerrecht. Bd. 2)

Stern, Herbert J.: Judgment in Berlin. New York: Universe Books 1984. 384 S.

Starrels, John: The two Germanies draw closer to each other. In: Journal of Commerce and Commercial. 6.4.1984. S. 4A.

Strauss, Wolfgang: Ist ein zweiter 17. Juni möglich? Wien: Wolf 1984. 40 S.

Striegler, Günter: Augustäpfel. Erzählung. Berlin: Verl. Tribüne 1984. 194 S.

Viotti, Paul R.: Berlin and conflict management with the USSR. In: Orbis. 28, 1984. S. 575-591.

1985

Auf der Schaukel. Hörspiele. Hrsg.: Staatliches Komitee für Rundfunk beim Ministerrat der Deutschen Demokratischen Republik. Verantwortlich: Christa Vetter. Berlin: Henschelverl. 1985 . 238 S.

Berlin, die deutsche deutsche Frau. Eine literarische Chronik der geteilten Stadt mit Texten und Bildern von Autoren aus Ost und West. Hrsg.: Ingrid Krüger, Eike Schmitz. Darmstadt: Luchterhand 1985. 223 S.

Berlinkrise und Mauerbau. Hrsg.: Hans-Peter Schwarz. Bonn: Bouvier 1985. 128 S. (Rhöndorfer Gespräche. Bd. 6)

Bischof Kruse: Teilung durch die Mauer führte zu verstärkter Gemeinsamkeit. In: Tagesspiegel. 12.4.1985. S. 9.

Borofsky, Jonathan: Reproductions. Running man. Painting on Berlin Wall. In: Art in America. October, 1985. S. 39.

Changes at the checkpoint. In: Newsweek. 29.4.1985. S. 9.

DDR verteidigt Mauerbau. In: Tagesspiegel. 14.8.1985. S. 6.

Durcan, Paul: The Berlin Wall Café. Belfast: Blackstaff Press 1985. 70 S.

Gray, Cleve: Report from Berlin: Wall painters. In: Art in America. October, 1985. S. 40-41.

Grenzen durch Berlin und durch Deutschland. Berichte ehemaliger NVA-ler, darunter Leutnant R. Molter. 66. Pressekonferenz der Arbeitsgemeinschaft 13. August. Interviews und Zusammenstellung: Rainer Hildebrandt [u.a.] Berlin: Die Arbeitsgemeinschaft 1985. 25 S.

Hildebrandt, Rainer; Schauer, Lucie: Maler interpretieren die Mauer. Berlin: Verl. Haus am Checkpoint Charlie 1985. 134 S.

Hildebrandt, Rainer: Die Mauer spricht. 4., erg. Aufl. Berlin: Verl. Haus am Checkpoint Charlie 1985. 64 S.

Hoffmann-Axthelm, Dieter: Zwei gegensätzliche Stadtidentitäten. In: Neue Gesellschaft. 32, 1985. 11. S. 970-981.

Ist die deutsche Frage aktuell? Hrsg.: Jean-Paul Picaper und Günter Oeltze von Lobenthal. Berlin: Colloquium 1985. 166 S.

Kantorowicz, Alfred: Etwas ist ausgeblieben. Zur geistigen Einheit der deutschen Literatur nach 1945. Hamburg: Christians Verl. 1985. 223 S.

Längert, Sabine: Berlin – eine Stadt des Friedens. In: Bildende Kunst, Dresden. 1985. 8. S. 340-341.

LeGloannec, Anne Marie: Un mur à Berlin. Bruxelles: Complexe 1985. 184 S. (La mémoire du siècle. 45)

Living with the Wall: West Berlin 1961-1985. Editors: Richard L. Merritt and Anna J. Merritt. Durham [N.C.]: Duke University Press 1985. XIV, 239 S.

McAdmas, A. James: East Germany and detente. Building authority after the Wall. Cambridge [Cambridgeshire], New York: Cambridge University Press 1985.

Noll, Hans: Der Abschied. Journal meiner Ausreise aus der DDR. Hamburg: Hoffmann & Campe 1985. 268 S.

Ostro, E.A.: Despite polarized ideologies, two Germany's thrives. In: American Banker. 18.12.1985. S. 2-5.

Prowe, Diethelm: Der Brief Kennedys an Brandt vom 18. August 1961. Eine zentrale Quelle zur Berliner Mauer und der Entstehung der Brandtschen Ostpolitik. In: Vierteljahreshefte für Zeitgeschichte. 33, 1985. S. 373-383.

Ronge, Volker: Von drüben nach drüben. DDR-Bürger im Westen. 2. Aufl. Wuppertal: Verl. 84 1985. 107 S.

Rot, O.W.: Berlin – 13. August 1996. Roman. Böblingen: Tykve 1985. 283 S.

750 years of Berlin, Manifesto. Berlin: Panorama DDR 1985. 77 S.

Symbol des Unfriedens: Stimmen zur „Mauer" in Berlin. Hrsg.: Heinz Gehle. 3. Aufl. Bonn: Wegener 1985. 44 S.

Three contemporary German poets, Wolf Biermann, Sarah Kirsch, Reiner Kunze. Editor. Peter J. Graves. Leicester: Leicester University Press 1985. 96 S.

Trean, Claire: The „new" Germans. The „strange and distant" idea of unification. In: World Press Review. Juli, 1985. S. 41.

Vogel, Werner: Führer durch die Geschichte Berlins. 3., überarb. u. erg. Aufl. Berlin: Arani 1985. 202 S.

Weinberger, Marie-Luise: Reise durch Berlin. In: Neue Gesellschaft. 32, 1985. 6. S. 530-543.

Winters, Peter J.: Wiederaufbau in Ost-Berlin. In: Deutschland-Archiv. 18, 1985. S. 1304-1319.

1986

Alberts, Ulvis: The Wall. In: Petersen's Photographic Magazine. Juli, 1986. S. 66-67.

Aschenbach, Joy: Border barriers. In: Soldiers. 8, 1986. S. 21.

Der Bau der Mauer durch Berlin. Faks.-Nachdruck der 2., durch ges. Aufl. der Gedenkschrift von 1961. Bonn: Bundesministerium für Innerdeutsche Beziehungen 1986. 159 S.

Bender, Peter: The superpower squeeze. In: Foreign Policy. Winter, 1986. S. 98.

Berlin between two worlds. Edited by Ronald A. Francisco and Richard L. Merritt. Boulder: Westview Press 1986. XIII 184 S.

Berlin, Hauptstadt der DDR in Buch und Zeitschrift 1986. Hrsg.: Peter P. Rohrlach [u.a.] Berlin: Berlin Stadtbibliothek 1986-87. 178 S.

Berlin und die Zukunft Europas. Hrsg.: Erich G. Pohl. Koblenz: Bernard & Graefe 1986. 240 S. (Bernard & Graefe aktuell. Bd. 44)

The Berlin Wall 25 years later. In: Variety. 20.8.1986. S. 66.

Berliner Bischöfe erinnern an Mauerbau vor 25 Jahre. Frankfurt/Main: Haus der Evangelischen Publizistik 1986. 21 S. (Dokumentation epd. Evangelischer Pressedienst. 1986, 33 a)

Berliner Geisterbahn. Westberlin: Ex Pose Verl. 1986. 16 S.

Berlin-Forschungen. Hrsg.: Wolfgang Ribbe. Berlin: Colloquium. Verl. 1986-(Einzelveröffentlichungen der Historischen Kommission zu Berlin. Bd. 54, etc.) (Publikation der Sektion für die Geschichte Berlin. Bd. 3)

Berlinisch. Geschichtliche Einführung in die Sprache einer Stadt. Hrsg.: Joachim Schildt und Hartmut Schmidt. Berlin: Akademie Verl. 1986. 444 S.

Beware of cardboard communists. In: Time. 3.3.1986. S. 51.

Bosetzky, Horst: Geh' doch wieder rüber! Jana weiß nicht, wohin sie gehört. Reinbek/Hamburg: Rowohlt 1986. 94 S.

Bundestag fordert Einhaltung der Menschenrechte in aller Welt. In der DDR stehen sie lediglich auf dem Papier – Kritik an der Mauer. In: Tagesspiegel. 12.12.1986. S. 2.

Burgess, John P.: Images of the Wall: a scar across Germany. In: Christian Century. 6.8.1986. S. 672-673.

Burgess, John P.: On the „other" side of the Berlin Wall: theology and church in today's East Germany. In: Christianity and Crisis. 46, 1986. S. 271-275.

Deutsche Frage und Westbindung. Mit Beiträgen von Dieter Blumenwitz [u.a.] Melle: Knoth 1986. 151 S. (Forschungsbericht der Konrad-Adenauer-Stiftung. 53.)

Deutschlandbild und deutsche Frage in den historischen, geographischen und sozialwissenschaftlichen Unterrichtswerken der Bundesrepublik Deutschland und der Deutschen Demokratischen Republik von 1949 bis in die 80er Jahre. Siegfried Bachmann [u.a.] Braunschweig: Georg-Eckert-Institut für internationale Schulbuchforschung 1986. XL, 607 S. (Studien zur internationalen Schulbuchforschung. Bd. 43)

Diepgen, Eberhard: Annäherung. In: Politik und Kultur. 4, 1986. S. 59.

Diepgen, Eberhard: Mauer gedanklich überwinden. In: Tagesspiegel. 15.3.1986. S. 6.

Diepgen appelliert an DDR-Grenzer: „Nicht auf Flüchtlinge schiessen!" In: Tagesspiegel. 24.12.1986. S. 1.

Diepgen dankt Reagan für Erklärung zum 25. Jahrestag der Mauer. In: Tagesspiegel. 16.8.1986. S. 2.

Dokumentation über den Bau der Mauer. In: Tagesspiegel. 12.8.1986. S. 13.

13. August 1961. 2., überarb. Aufl. Bonn: Gesamtdeutsches Institut 1986. 59 S.

13. August 1961 – Aus der Sicht des DDR-Historikers. In: Monitor-Dienst, RIAS Berlin. 7.8.1986.

Eldredge, Jim: The Wall. In: Soldiers. 41, 1986. S. 18-20.

Erger, Johannes: Alleinvertretungsanspruch auf die Geschichte Berlins. In: Eichholz-Briefe. 4, 1986. S. 89.

Fanhy, Jonathan: West Berlin: looking for a future. After 40 years as the symbol of the East-West division of Europe, West Berlin is trying to find a new role for itself. In: Economist. 10.5.1986. S. 49.

Flucht mit drei Sowjetoffizieren... als Puppen. 71. Pressekonferenz der Arbeitsgemeinschaft 13. August. Interviews und Zusammenstellung: Rainer Hildebrandt [u.a.] Berlin: Die Arbeitsgemeinschaft 1986. 5 S.

Froment-Maurice, Francois: Berlin – zwei Welten in einer Stadt. In: Eichholz-Briefe. 4, 1986. S. 79.

25 Jahre Berliner Mauer. In: Euro-Signal. Juli, 1986.

25 Jahre Mauer 72. Pressekonferenz der Arbeitsgemeinschaft 13. August. Interviews und Zusammenstellung: Rainer Hildebrandt [u.a.] Berlin: Die Arbeitsgemeinschaft 1986. 106 S.

Der 25. Jahrestag des Mauerbaus in Berlin. In: Politik und Kultur. 13, 1986. 4. S. 3-63.

Gelb, Norman: The Berlin Wall: Kennedy, Khrushchev, and a showdown in the heart of Europe. New York: Times Books, 1986. X, 321 S.

Gerig, Uwe: Barrieren aus Beton und Eisen in Berlin und quer durch Deutschland. Krefeld: Röhr 1986. 88 S.

The German Democratic Republic. Berlin: Panorama DDR 1986. 306 S.

Gill, Ernest: Foreigners in their own land. In: New York Times Magazine. 16.2.1986. S. 46.

Graves, P.: Review of Norman Gelb, The Berlin Wall. In: Times Literary Supplement. 4378, 1986. S. 210.

Greese, Karl; Hanisch, Wilfried: Der 13. August 1961 – eine Tat für die Sicherung des Friedens. In: Militärgeschichte, Berlin. 25, 1986. 4. S. 301-305.

Der Grenzdurchbruch am Checkpoint Charlie – Grenzdurchbruch mit LKW. 73. Pressekonferenz der Arbeitsgemeinschaft 13. August. Interviews und Zusammenstellung: Rainer Hildebrandt [u.a.] Berlin: Die Arbeitsgemeinschaft 1986. 9 S.

Haus, Cristina: Art against the Wall. In: Art News. 12, 1986. S. 11.

Henning, Ottfried: Der Viermächte-Status von Berlin. In: Eichholz-Briefe. 4, 1986. S. 43.

Hildebrandt, Rainer: Ein Experiment mit der Wahrheit. In: Tagesspiegel. 1.8.1986. S. 3.

Hofmann, M.: Review of the Berlin Wall Café, by P. Durcan. In: Times Literary Supplement. 4339, 1986. S. 585-586.

Holzweissig, Gunter: Der 13. August 1986. In: Deutschland-Archiv. 19,1986. 10. S. 1029-1032.

Ignatow, Assen: Das Individuum als Opferlamm auf dem Altar der Geschichte. In: Studies in Soviet Thought. 32, 1986. S. 1-22.

Keithly, David M.: Breakthrough in the Ostpolitik: the 1971 Quadripartite Agreement. Boulder: Westview Press 1986. XI, 247 S.

Knebel, Fletcher: Die doppelte Mauer. Roman. Frankfurt a. Main.: Ullstein 1986. 158 S.

Kossler, Thilo: 13. August und Mauerbau im RIAS Berlin: Rundfunkreportage als historische Quelle. In: Deutschland-Archiv. 19, 1986. 8. S. 856-873.

Kunst in Berlin von 1870 bis heute. Redaktion: Eckhart Gillen [u.a.] Berlin: Berlinische Galerie 1986. 269 S.

Langguth, Gerd: Innerdeutsche und internationale Aspekte der Berlin-Politik. In: Aus Politik und Zeitgeschichte. 33/34, 1986. S. 35-46.

Lehmann, Hans-Georg: Mit der Mauer leben? Die Einstellung zur Berliner Mauer im Wandel. In: Aus Politik und Zeitgeschichte. 33/34, 1986. S. 19-34.

Lewis, Peter: Commemorating the Wall. In: Maclean's. 25.8.1986. S. 26.

Löffler, Lothar: Keine Gründe für die Mauer. In: Politik und Kultur. 13, 1986. 4. S. 54.

Löser, Franz: Sag nie, du gehst den letzten Weg. Ein deutsches Leben. Köln: Bund-Verl. 1986. 235 S.

Many happy returns. In: National Review. 12.9.1986. S. 19.

Markham, James M.: Review of The Berlin Wall, by Norman Gelb. In: New York Times Book Review. 8.2.1986. S. 21.

Die Mauer als geschichtlicher Unfall. Ein Rückblick auf die Situation vor 25 Jahren. In: Tagesspiegel. 13.8.1986. S. 3.

Das Mauerbuch. Texte und Bilder aus Deutschland von 1945 bis heute. Hrsg.: Manfried Hammer [u.a.]. Erw. Aufl. Berlin: Oberbaumverlag 1986. 309 S.

McAdams, A. James: Inter-German detente. A new balance. In: Foreign Affairs. Herbst, 1986. S. 136-152.

Menschenkette zum 13. August: Vorstellung des geplanten Vorhabens. Offener Brief an Honecker. 70. Pressekonferenz der Arbeitsgemeinschaft 13. August. Zusammenstellung: Rainer Hildebrandt [u.a.] Berlin: Die Arbeitsgemeinschaft 1986. 7 S.

Die Metropole. Industriekultur in Berlin im 20. Jahrhundert. Hrsg.: Jochen Boberg [u.a.] München: Beck 1986. 400 S. (Industriekultur deutscher Städte und Regionen. Berlin. 2)

Mole, J.: Review of The Berlin Wall Café, by P. Durcan. In: Encounter. 67, 1986. S. 61-62.

Moltmann, Jürgen: Religion and state in Germany: West and East. In: Annals of the American Academy of Political and Social Science. 1, 1986. S. 110-118.

Morgan, Roger: Das geteilte Berlin – aus der Sicht eines Briten. In: Eichholz-Briefe. 4, 1986. S. 85.

Müller, Werner: Die DDR und der Bau der Berliner Mauer im August 1961. In: Aus Politik und Zeitgeschichte. 33/34, 1986. S. 3-18.

Nawrocki, Joachim: Die Beziehungen zwischen den beiden Staaten in Deutschland: Entwicklungen, Möglichkeiten und Grenzen. Berlin: Holzapfel 1986. 128 S.

O'Neill, M.: Review of the Berlin Wall Café, by P. Durcan. In: Poetry Review. 76, 1986. S. 110-112.

Paterson, Tony: a quarter-century divided. In: New Statesman. 8.9.1986. S. 17-19.

Pope, Virginia: The Wall at 25: symbol of unending confrontation. In: U.S. News & World Report. 18.9.1986. S. 28-29.

Prell, Uwe: Grenzüberschreitungen in Berlin. Berlin: Quorum 1986. V, 143 S. (Forschungsberichte internationale Politik. 3)

Protestplakate gegen Mauerbau. In: Tagesspiegel. 14.8.1986. S. 12.

Reinfrank, Arno: Berlin, zwei Städte unter sieben Flaggen, oder warum die Berliner immer Recht haben. Bremen: Donat & Temmen 1986. 254 S.

Reuter, Monika: Ihr da drüben. Briefe in die DDR. Eine Chronik des Einlebens. Bergisch-Gladbach: Bastei-Luebbe 1986. 145 S. (Bastei-Luebbe-Taschenbuch. Bd. 6)

Ryback, Timothy W.: Why the Wall still stands. In: Atlantic. August, 1986. S. 20.

Scholz, Rupert: Die unteilbare Stadt Berlin – Mahnmal und Hoffnung Deutschlands. In: Politische Meinung. 31, 1986. 225. S. 37-46.

Schott, Susan: Berlin ein Ort voller Kontraste und Widersprüche. In: Eicholz-Briefe. 4, 1986. S. 83.

Seiffert, Wolfgang: Das ganze Deutschland. Perspektiven der Wiedervereinigung. München: Piper 1986. 376 S. (Serie Piper. Bd. 683)

Seiffert, Wolfgang: Zur Rolle Berlins in der politischen Strategie der DDR. In: Deutschland-Archiv. 19, 1986, 12. S. 1273.

Seward, Debbie: The Berlin Wall, 25 years on. In: Newsweek. 5.8.1986. S. 108.

Skall, Terry: Both sides of the Wall. In: Travel Holiday, April, 1986. S. 6.

Smolowe, Jill: Tale of a sundered city. In: Time. 18.8.1986. S. 32-34.

Sommer, Theo: A symbol of abnormality. In: Newsweek. 25.8.1986. S. 8.

Staar, Winfried: Berlin als „Kultur-Stadt-Europas 1988". Chance oder neue Spannung im Umgang zwischen beiden Stadthälften? In: Deutschland-Archiv. 19, 1986. 4. S. 370-372.

Steffahn, Harold: Die gespaltene Stadt. In: Damals. 18, 1986. 8. S. 700-713.

Twins semi-fraternel. In: National Review. 20.6.1986. S. 42.

US-Delegation sprach mit Honecker – Abbau der Mauer verlangt. In: Tagesspiegel. 11.1.1986. S. 1.

Vogel, Hans-Jochen: 13. August 1961 13. August 1986. In: Politik und Kultur. 13, 1986. 4. S. 7.

Windelen, Heinrich: Der 13. August 1961 aus innerdeutscher Sicht. In: Politik und Kultur. 13, 1986. 5. S. 3.

Wettig, Gerhard: Die Freizügigkeitsprobleme im geteilten Deutschland 1945-1986. Köln: Bundesinstitut für Ostwissenschaftliche und Internationale Studien 1986. 40 S. (Berichte des Bundesinstituts für Ostwissenschaftliche und Internationale Studien. 1986. 31)

1987

Ardagh, John: Life in the other Germany: faces and facades in the East. In: Encounter. 68, 1987. S. 3-17.

As sparks fly upward. In: Economist. 6.6.1987. S. 48-49.

Back to the Wall: Reagan rallies with a strong speec. In: Time. 22.6.1987. S. 18-20.

Bader, Frido: Berlin – geteilte Stadt, doppelte Stadt? In: Erde. 118, 1987. 4. S. 253.

Barowsky, Ella: Il destino della Germania dipende da Berlino. In: Revista di Studi Politici Internazionale. 54, 1987. 1. S. 57.

Berlin! Berlin! Eine Großstadt im Gedicht. Hrsg.: Hans-Michael Speier. Stuttgart: P. Reclam 1987. 264 S.

Berlin dem gesamten Europa weit öffnen. Reagans Appell an Gorbatschow. In: Tagesspiegel. 13.6.1987. S. 1.

Berlin im Gedicht. Hrsg.: Barbara und Walter Laufenberg. Frankfurt a.M.: Insel Verl. 1987. 173 S.

Berlin in Bewegung. Literarischer Spaziergang. Hrsg.: Klaus Strohmeyer in Zusammenarbeit mit Marianne Strohmeyer. Reinbek bei Hamburg: Rowohlt 1987. 2 Bde.

Berlin art 1961-1987. Editor: Kynaston McShine. New York: Museum of Modern Art 1987. 282 S.

Berliner Demokratie 1919-1985. Hrsg.: Otto Büsch [u.a.] Berlin, New York: W. de Gruyter 1987. (Veröffentlichungen der Historischen Kommission zu Berlin. Bd. 70.)

Conradt, Sylvia; Heckmann-Janz, Kirsten: Reichstrümmerstadt. Leben in Berlin 1945-1961 in Berichten und Bildern. Darmstadt: Luchterhand 1987. 222 S.

DDR, Bau der Mauer beschwor kein Kriegsrisiko. In: Tagesspiegel. 13.8.1987. S. 3.

Davey, Thomas A.: A generation divided: German children and the Berlin Wall. Durham [N.C.]: Duke University Press 1987. XII, 155 S.

Diepgen, Eberhard: Die Bedeutung Berlins. In: Politik und Kultur. 14, 1987. 4. S. 8.

Diepgen, Eberhard: Berlin im Kräftefeld der Ost-West-Beziehungen. In: Europa-Archiv. 42, 1987. 3. S. 67.

Doerner, William R.: Homecoming for a serious boy. A divided Germany's two leaders prepare for a historic meeting. In: Time. 7.6.1987. S. 31.

Dokumente zur Berlin-Frage 1944-1966. Mit einem Vorwort des Regierenden Bürgermeisters von Berlin. Hrsg.: Forschungsinstitut der Deutschen Gesellschaft für Auswärtige Politik e.V., Bonn, in Zusammenarbeit mit dem Senat von Berlin. 4. Aufl. München: R. Oldenbourg 1987. XXXIV, 684 S. (Schriften des Forschungsinstituts der Deutschen Gesellschaft für Auswärtige Politik e.V., Bonn. Reihe Internationale Politik und Wirtschaft. Bd. 52/1)

Eagleton, T.: Review of the Berlin Wall Café, by P. Durcan. In: Stand Magazine. 28, 1987. S. 68-72.

Einheit, Freiheit, Selbstbestimmung. Die deutsche Frage im historisch-politischen Bewußtsein. Hrsg.: Karl Ernst Jeismann. Bonn: Bundeszentrale für Politische Bildung 1987. 232 S. (Studien zur Geschichte und Politik. Schriftenreihe der Bundeszentrale für Politische Bildung. Bd. 255)

Falin: Westmächte sind Architekten der Berliner Mauer: In: Tagesspiegel. 6.11.1987. S. 8.

Fishman, Sterling; Martin, Lothar: Estranged twins: education and society in the two Germanies. New York: Praeger 1987. IX, 218 S.

Flucht im Inneren eines Beifahrersitzes. 81. Pressekonferenz der Arbeitsgemeinschaft 13. August. Interviews und Zusammenstellung: Rainer Hildebrandt [u.a.] Berlin: Die Arbeitsgemeinschaft 1987. 2 S.

Gaus, Günter: Berlin in Germany – Foundation of Europe's peace? In: International Affairs. 63, 1987. 3. S. 439.

Geschichte Berlins. Hrsg.: Wolfgang Ribbe. München: C.H. Beck 1987. 1228 S.

Gewaltfreiheit an der Mauer und mehr Kontakte für Menschen verlangt. Appell Diepgens an Gorbatshow. In: Tagesspiegel. 28.5.1987. S. 1.

Gresse, Karl: Zu den Grenzsicherungsmaßnahmen vom 13. August 1961: In: Militärgeschichte, Berlin. 26, 1987. 4. S. 341-343.

Grenzen durch Berlin und durch Deutschland. Berichte ehemaliger NVA-ler zum veränderten Schießbefehl. 78. Pressekonferenz der Arbeitsgemeinschaft 13. August. Interviews und Zusammenstellung: Rainer Hildebrandt [u.a.] Berlin: Die Arbeitsgemeinschaft 1987. 29 S.

Grundmann, Vera-Kristin: Das geteilte Deutschland. Eine literarische Thematik im Wandel der politischen Verhältnisse, dargestellt an ausgewählten Beispielen der Prosa der DDR 1949-1984. [Dissertation.] Buffalo: University of New York 1987. II, 327 Bl.

Hamisch, Wilfried: Zur friedensstabilisierenden Wirkung gesicherter Staatsgrenzen zu Westberlin. In: Militärgeschichte, Berlin. 26, 1987. 4. S. 346-348.

Hauck, Gerswith S.: Der Berlin-Status aus der Sicht der Sowjetunion und der DDR. In: Recht in Ost und West. 31, 1987. 3. S. 139.

Hermlin, Stephan: Eines Tages ist die Mauer nicht mehr da. In: Tagesspiegel. 8.5.1987. S. 4.

Herrmann, Hanno: Deutsche Einheit und geteilte Freiheit. Regensburg: Almanach-Verl. 1987. 265 S.

Hildebrandt, Reinhard: Kampf um Weltmacht: Berlin als Brennpunkt des Ost-West-Konflikts. Opladen: Westdeutscher Verl. 1987. XII, 494 S.

Hoerning, Erika M.: Memories of the Berlin Wall: history and the impact of critical life events. In: International Journal of Oral History. 8, 1987. S.95-111.

Hoey, Brian P.: Checkpoint Berlin. In: Airman. 31, 1987. 4. S. 21-45.

Hoffmann-Axthelm, Dieter; Scarpa, Ludovica: Berliner Mauern und Durchbrüche. Berlin: Verl. Ästhetik u. Kommunikation 1987. 95 S. (Berliner Topographien. Nr. 7)

Hoppe, Hans-Günther: Berlins Bedeutung für Spannung und Entspannung. In: Politik und Kultur. 14, 1987. 4. S. 89.

Huges, Robert: Out of the Wall's shadow. In: Time. 24.8.1987. S. 64-65.

In Ost-Berlin erneut nach Abriss der Mauer gerufen. In: Tagesspiegel. 16.6.1987. S. 2.

It's only rock'n'roll. In Economist. 13.6.1987. S. 62.

Jung, Cläre: Paradiesvögel. Erinnerungen. Hamburg: Nautilus/Nemo Press 1987. 225 S.

Keiderling, Gerhard: Berlin 1945-1986. Geschichte der Hauptstadt der DDR. Berlin: Dietz 1987. 903 S.

Kemp, Anthony: Escape from Berlin. London: Boxtree 1987. IX, 173 S.

Kewenig, Wilhelm A.: Deutschlandpolitik im Dreieck Berlin Bonn Berlin. In: Deutschland-Archiv. 20, 1987. 11. S. 1148.

Eine Kulturmetropole wird geteilt. Literarisches Leben in Berlin (West) 1945 bis 1961. Hrsg.: Berliner Kulturrat anläßlich der Ausstellung des Realismusstudios der Neuen Gesellschaft für Bildende Kunst. Berlin: Kunstamt Schöneberg 1987. 251 S.

Landmann, Otto: Der 13. August – eine Tat für den Frieden. In: Berliner Zeitung. 13. 8.1987. S. 3.

Langguth, Gerd: Die Berlin-Politik der DDR. Melle: Knoth 1987. 48 S. (Deutschland-Report. 3)

Langguth, Gerd: Der Status Berlins aus der Sicht der DDR. In: Aus Politik und Zeitgeschichte. Dezember, 1987. S. 37.

Laver, Ross: Bridging two Germanies. In: Maclean's. 21.9.1987. S. 30.

Layne, Christopher: Deutschland über allies: The case for reunifying Germany. In: New Republic. 28.9.1987. S. 12.

Loesdau, Alfred: Berlin – Stadt des Friedens. In: Zeitschrift für Geschichtswissenschaft, Berlin. 35, 1987. 6. S. 537-541.

Materna, Ingo: Berlin in Geschichte und Gegenwart. In: Zeitschrift für Geschichtswissenschaft, Berlin. 35, 1987. 6. S. 483-494.

Mattenklott, Gert; Mattenclott, Grundel; Melzian, J.F.: Berlin Transit. Eine Stadt als Station. Reinbek bei Hamburg: Rowohlt 1987. 317 S.

Die Mauer ist Bühne. In: Tagesspiegel. 16.8.1987. S. 5.

Mehrere Festnahmen bei Protesten gegen die Mauer in Ost-Berlin. In: Tagesspiegel. 15.8.1987. S. 2.

Miller, Frederic A.: German „togetherness" could cause trouble for East and West. In: Business Week. 20.4.1987. S. 41.

O'Boyle, Thomas F.: Fading barrier. Germans are debating an unthinkable idea: Removing Berlin Wall. With travel already eased, glasnost and pragmatism could lead to next step. In: Wall Street Journal. 25.9.1987. S. 1.

Oesterreich, Tina: Luftwurzeln. Ein „Umzug" von Deutschland nach Deutschland. Böblingen: Tykve 1987. 247 S.

Paris, Henri: L'enjeu de Berlin – Berlin, symbole et enjeu stratégique. In: Défense Nationale. 43, 1987. November. S. 33.

Perl, Jed: Art up against the Wall. In: Vogue, Juli. 1987. S. 50.

Politiker gedachten des Mauerbaus. In: Tagesspiegel. 14.8.1987. S. 2.

Proteste gegen die Mauer in Ost-Berlin. In: Tagesspiegel. 14.8.1987. S. 1.

Rathenow, Lutz; Hauswald, Harald: Ostberlin die andere Seite einer Stadt in Texten und Bildern. München: Piper Verl. 1987. 164 S.

Reinfrank-Clark, Karin; Reinfrank, Arno: Berlin two cities under seven flags. Leamington Spa, UK, New York: Berg Publ. 1987. 254 S.

Runge, Erika: Berliner Liebesgeschichten. Köln: Kiepenheuer & Witsch 1987. 219 S.

Schäfer, Ute; Stromeyer, Rainald: Berlin-Bibliographie (1978 bis 1984) in der Senatsbibliothek Berlin. Berlin, New York: W. de Gruyter 1987. XX, 1121 S. (Veröffentlichungen der Historischen Kommission zu Berlin. Bd. 69. Bibliographien. Bd. 6)

Schießbefehl als praktischer Fehler des DDR-Regimes. In: Tagesspiegel. 5.9.1987. S. 3.

Schlobinski, Peter: Le Vernaculaire urbain de Berlin (VUB): 25 ans après l'érection du mur peut-on distinguer deux communautés linguistiques? In: Revue Langues et Linguistique. 13, 1987. S. 255-271.

Scholz, Rupert. Berlin – Status und nationale Aufgabe. In: Öffentliche Verwaltung. 9, 1987. S. 358.

Schwan, Alexander: Berlin und die deutsche Identität. In: Schweizer Monatsschrift für Politik, Wirtschaft und Kultur. 67, 1987. 10. S. 787.

750 Jahre Berlin. Anmerkungen, Erinnerungen, Betrachtungen. Hrsg.: Eberhard Diepgen. Berlin: Nicolai 1987. 369 S.

Stacheldraht und Mauer. In: Christen drüben. 4, 1987. 2. S. 4-17.

Stanglin, Douglas; Pope, Victoria: Two Germanys – edging closer? In: U.S. News & World Report. 12.1.1987. S. 33.

TASS weist Forderung Reagans zum Abbau der Mauer zurück. In: Tagesspiegel. 11.8.1987. S. 3.

TASS weist Kritik an der Mauer zurück. In: Tagesspiegel. 22.12.1987. S. 4.

Turner, Henry Ashby: The two Germanies since 1945. New Haven: Yale University Press 1987. VIII, 228 S.

US-Repräsentantenhaus fordert Beseitigung der Mauer In: Tagesspiegel. 20.11.1987. S. 7.

Walker, Ian: Zoo station. Adventure in East and West Berlin. London: Secker & Warburg. 329 S.

Wallace, Ian: East Germany, the German Democratic Republic. Oxford, England; Santa Barbara, Calif.: Clio Press. XII, 293 S. (World bibliographical series. V. 77)

Weidenfeld, Werner: Die Mauer trennt und verbindet zugleich. In: Geschichtsbewußtsein der Deutschen. 1987. S. 130-135.

Wengler, Wilhelm: Schriften zur deutschen Frage 1948-1986. Berlin, New York: De Gruyter 1987. XIV, 607 S.

Whitehead nennt die Mauer eine „hässliche Narbe". In: Tagesspiegel. 13.1.1987. S. 2.

Why they're sulking as well as celebrating in Berlin. In: Economist. 25.4.1987. S. 43-45.

Zwischen Alex und Marzahn. Studie zur Lebensweise in Berlin. Autorenkollektiv unter der Leitung von Georg Assmann und Gunnar Winkler. Berlin: Dietz 1987. 199 S.

1988

Der Bau der Mauer durch Berlin. Die Flucht aus der Sowjetzone und die Sperrmaßnahmen des kommunistischen Regimes vom 13. August 1961 in Berlin. 1., erg. Aufl. Bonn: Bundesministerium für Innerdeutsche Beziehungen 1988. 159 S.

Berlin als Faktor nationaler und internationaler Politik. Hrsg.: Hannelore Horn [u.a.] Berlin: Colloquium Verl. 1988. XII, 162 S. (Wissenschaft und Stadt. Bd. 7)

Borrillo, Theodore A.: Review of Escape from Berlin, by Anthony Kemp. In: Denver Journal of International Law and Policy. 17, 1988. S . 239-243.

Bundy, McGeorge: Danger and survival: Choices about the bomb in the first fifty years. New York: Random Hause 1988. 735 S.

Chirac fordert gegenüber Honecker Abriss der Mauer in Berlin. In: Tagesspiegel. 9.1.1988. S. 1.

Collier, Irwin L.; Papell, David H.: About two marks: refugees and the exchange rate before the Berlin Wall. In: American Economic Review. 78, 1988. S. 531-542.

Coulson, Crocker: Platzkrieg. In: New Republic. 12.9. 1988. S. 11-12.

DDR heute, Wandlungstendenzen und Widersprüche einer sozialistischen Industriegesellschaft. Hrsg.: Gerd Meyer und Jürgen Schröder. Tübingen: G. Narr 1988. 188 S.

Die deutsche Literatur der Gegenwart in Ost und West oder Neuer Nationalismus in der Literatur beider deutscher Staaten? In: Neue Deutsche Hefte. 35, 1988. S. 772-787.

Elkins, Thomas Henry; Hofmeister, B.: Berlin, the spatial structure of a divided city. London, New York: Methuen 1988. XVI, 274 S.

„Freiheit ist immer Freiheit...". Das Andersdenken in der DDR. Hrsg.: Ferdinand Koch. Frankfurt/Main: Ullstein 1988. 272 S. (Ullstein-Buch. Nr. 34489)

Gräf, Dieter: Im Namen der Republik. Rechtsalltag in der DDR. München: Herbig 1988. 253 S.

Grenz, Stanley: Beyond the Wall. In: Christianity Today. 32, 1988. S. 21-22.

Grenzen durch Berlin und durch Deutschland. 83. Pressekonferenz der Arbeitsgemeinschaft 13. August. Interviews und Zusammenstellung: Rainer Hildebrandt [u.a.] Berlin: Die Arbeitsgemeinschaft 1988. 22 S.

Hildebrandt, Rainer: Es geschah an der Mauer. Eine Bilddokumentation. 16., erw. Aufl. Berlin: Verl. Haus am Checkpoint Charlie 1988. 128 S.

Hildebrandt, Rainer: Die Mauer spricht. 5., erg. Aufl. Berlin: Verl. Haus am Checkpoint Charlie 1988. 58 S.

Hoppe, Hans-Günther: Neue Aspekte der Berlinpolitik aus der Sicht der Bundesregierung. In: Politik und Kultur. 15, 1988. 3. S. 62.

Joffe, Josef: Working the Wall in a divided city. In: U.S. News & World Report. 26. 9.1988. S. 36.

Klare Worte der Franzosen an Honecker. Der DDR-Staatsbesuch in Paris – Beseitigung der Mauer gefordert. In: Tagesspiegel. 10.1.1988. S. 3.

Klessmann, Christoph: Zwei Staaten, eine Nation. Göttingen: Vandenhoeck & Ruprecht. 1988. 648 S.

Klier, Freya: Abreisskalender. Versuch eines Tagebuchs. München: Kindler 1988. 301 S.

Langguth, Gerd: Die politischen Möglichkeiten Berlins. In: Deutsche Frage und die internationale Sicherheit. 1988. S. 15-20.

Die Mauer, 13. August 1961-1988. Redaktion: Goetz von Coburg. 3., erw. Aufl. Berlin: Presseu. Informationsamt 1988. 43 S.

Miller, Clark: East Germany is allowing its scholars to travel more freely to West Germany. In: Chronicle of Higher Education. 7.9.1988. S. A1.

Möller, Wulf-Hinrich: Die Bundesrepublik aus DDR-Perspektive. Das Erscheinungsbild der Bundesrepublik Deutschland in der politischen Erziehung, in Schule und Publizistik der Deutschen Demokratischen Republik nach dem Grundlagenvertrag vom 21. Dezember 1972. Frankfurt a. M., New York: P. Lang 1988. 262 S. (Europäische Hochschulschriften. Reihe XXXI, Politikwissenschaft. Bd. 121)

No, you can't. In: Economist. 29.10.1988. S. 50.

Pole gewann Fotowettbewerb zur Berliner Mauer In: Tagesspiegel. 2.10.1988. S. 16.

Reagan sprach vor Studenten über die Berliner Mauer. In: Tagesspiegel. 1.7.1988. S. 1.

Rhode, E.: Review of a generation divided: German children and the Berlin Wall by T. Davey. In: New Society. 83, 1988. S. 34.

Ribbe, Wolfgang; Schmädeke, Jürgen: Kleine Berlin-Geschichte. Berlin: Landeszentrale für Politische Bildungsarbeit 1988. 270 S.

Rühle, Jürgen: Holzweissig, Gunter: 13. August 1961. Erw. Aufl. Köln: Edition Deutschland-Archiv im Verl. Wissenschaft und Politik 1988. 192 S.

Russell, Peter: The divided mind: a portrait of modern German culture. Essen: Die Blaue Eule 1988. 203 S.

Schäuble, Wolfgang: Relations between the two states in Germany: problems and prospects. In: International Affairs. 64, 1988. 2. S. 209-216.

Schneider, Peter: Der Mauerspringer. 5. Aufl. Darmstadt: Luchterhand 1988. 117 S. (Sammlung Luchterhand. 472)

Schneider, Peter: Up against it: the Berlin Wall, concrete symbol of the divided self. In: Harper's Magazine. August, 1988. S. 47-54.

Scholz, Rupert: Berlin, Unterpfand der Einheit der deutschen Nation. In: Eichholz-Briefe. 1, 1988. S. 29.

Sharing an uncommon house. Relations between the two Germanies. In: Economist. 23.4.1988. S. 49-50.

Winters, Peter J.: Vor 30 Jahren: Chruschtschows Berlin-Ultimatum. In: Deutschland-Archiv. 21, 1988. 10. S. 1058-1067.

1989

9. November 1989, der Tag der Deutschen. Hamburg: Carlsen Verl. 1989. 80 S. (Jahr im Bild. Sonderbd. 1989)

Aeppel, Timothy: Kohl and Modrow take more whacks at the Wall; Leaders of two Germanies agree to increase ties; open Brandenburg Gate. In: Wall Street Journal. 20.12.1989. S. A10.

Alterman, Eric: Wrong on the Wall, and most else. In: New York Times. 12.11.1989. S. E23.

Altman, Jack: Turmoil behind the Wall: even those who stayed fight for change in dreary East Germany. In: U.S. News & World Report. 16.10.1989. S. 38-39.

Americans are as surprised by demise of the Wall as they were by its rise. In: Wall Street Journal. 10.11.1989. S. A5.

Anderson, Harry: One people still divided: what now for the East? In: Newsweek. 25.9.1989. S. 27.

Anderson, Harry: When will the Wall fall? A new rights accord Includes freedom of travel. In: Newsweek. 30.1.1989. S. 43.

Apple, R.W.: Possibility of a reunited Germany is no cause for alarm, Bush says. In: New York Times. 25.10.1989. S. A1.

At long last, doors open on [East Berlin's] ghost subway. In: New York Times. 12.11.1989. S. A1.

Auf den Strassen ist Berlin vereint. DDR bricht die Mauer für neue Übergänge auf. In: Tagesspiegel. 11.11.1989. S. 1.

Berlin border guards stunned by the news. In: New York Times. 10.11.1989. S. A15.

Berlin im November. Texte: Anke Schwartau [u.a.] 3. Aufl. Berlin: Nicolai 1989. 128 S.

Berlin, literary images of a city. Hrsg.: Derek Glass, Dietmar Rösler und John J. White. Berlin: E. Schmidt 1989. 219 S.

Berlinpolitik. Rechtsgrundlagen. Risiken und Chancen. Hrsg.: Eberhard Diepgen. Berlin: Berliner Verl. 1989. 164 S. (Völkerrecht und Politik. Bd.17)

Berlin's mayors meet at crumbling Berlin Wall. In: Reuters. 13.11.1989.

Berlin's tumbling Wall. In: Christian Science Monitor. 13.11.1989. S. 20.

Bernstein, Richard: For a Berlin novelist, the plot has changed. In: New York Times. 14.11.1989. S. A8.

Binder, David: East Berlin communists fear „the end is coming". In: New York Times. 14.11.1989. S. 18A.

Binder, David: The old Berlin: a culture of spies and symphonies: In: New York Times. 13.11.1989. S. 11A.

Birke, Adolf M.: Nation ohne Haus. Deutschland 1945-1961. Berlin: W.S. Siedler 1989. 540 S.

Brandenburg Gate open before Christmas. In: Reuters. 19.12.1989.

Bringt Glasnost nach Ost-Berlin. Wortlautauszüge der Rede Präsident Bushs in Mainz. In: Tagesspiegel. 1.6.1989. S. 7.

Broder, David S.: After the Wall, „the state of nature". In: Washington Post. 17.12.1989. S. B7.

Brokaw, Tom: Freedom danced before my eyes. In: New York Times. 19.11.1989. S. 23E.

Brzezinski, Zbigniew: The Wall falls; if Gorbachev keeps moving, America should help out. In: Washington Post. 12.11.1989. S. D1.

Buchwald, Art: Losers come up against the Wall, In: Los Angeles Times. 16.11.1989. S. E2.

Buchwald, Art: An unnerving march on the dark side of the Wall. In: Los Angeles Times. 21.11.1989. S. E2.

Buchwald, Art: Whomped by the Wall. In: Washington Post. 16.11.1989. S. C1.

Burley, Anne Marie: High-stakes poker at the Berlin Wall. New York Times. 13.11.1989. S. A19.

Bush fordert ein freies und ungeteiltes Europa. Programmatische Rede des Präsidenten in Mainz – „Die Mauer in Berlin muß fallen". In: Tagesspiegel. 1.6.1989. S. 1.

Bush ruft zur Überwindung der Teilung Europas und Berlins auf. US-Präsident nennt Mauer „Relikt einer vergangenen Zeit". In: Tagesspiegel. 15.8. 1989. S. 5.

Cairns, E.: Review of a generation divided: German children and the Berlin Wall, by T. Davey. In: Contemporary Sociology. 18, 1989. S. 285.

Charlesworth, W.: Review of a generation divided: German Children and the Berlin Wall, by T. Davey. In: Contemporary Psychology. 34, 1989. S. 370-371.

Cohen, Richard: An empire in its dotage. In: Washington Post. 14.11.1989. S. A25.

The Crumbling of the Wall. In: Los Angeles Times. 17.12.1989. S. Q10.

DDR öffnet ihre Grenzen zum Westen, die Mauer verliert ihre Funktion. In: Tagesspiegel. 10.11.1989. S. 1.

DDR will deutsch-deutsche Grenze „menschlicher gestalten". In: Tagesspiegel. 13.6.1989. S. 1.

DDR-Journal zur Novemberrevolution. Chronik, Dokumente, Reportagen, Analysen, Interviews u. Beiträge von Christa Wolf [u.a.] 2., erw. Aufl. Frankfurt a. M.: SoVa 1989. 176 S.

Daumer, Michael: Freedom to leave is not freedom to vote. In: Los Angeles Times. 13.10.1989. S. B7.

Diehl, Jackson: Berlin: it's beginning to fell „like a real capital again". In: Washington Post. 10.12.1989. S. A31

Diepgen, Eberhard: Mauer steht gegen den Geist der Zeit. In: Tagesspiegel. 21.1.1989. S. 2.

Dobbs, Michael: Kremlin frets about speed of changes. In: Washington Post. 12.11.1989. S. A23.

Doerner, William R.: Breaching the Wall. As a flood of refugees flees Honecker's hardline state, new questions emerge about the eventual reunification of divided German. In: Time. 11.9.1989. S. 32-35.

Doerner, William R.: Freedom train. As thousands of its citizens flee to the West, East Germany celebrates a bitter 40th birthday. In: Times. 16.10.1989. S. 38-44.

Drozdiak, William: Kohl, Krenz agree to hold summit. In: Washington Post. 12.11.1989. S. A1.

East German guards seen dismanteling section of Wall. In: Reuters. 10.11.1989.

East Germans start demolishing Wall at Brandenburg Gate: In: Reuters. 21.12.1989.

East Germany opens the gate. In: Washington Post 10.11.1989. S. A26.

East Germany to open Brandenburg Gate by Christmas. In: Japan Economic Newswire. 20.12.1989.

East Germany's great awakening. In: New York Times. 10.11.1989. S. A36.

Elkins, Thomas H.: The Wall – a way of life. In: Geographical Magazine. 61, 1989. S. 26-30.

The End of the War to end wars. In: New York Times. 11.11.1989. S. 16.

Fein, Esther B.: The Kremlin reacts calmly, but says border must stay. In: New York Times. 11.11.1989. S. A9.

Fein, Esther B.: Moscow praises German changes. In: New York Times. 10.11.1989. S. A16.

Fish, Steven: Don't raze the Berlin Wall: Mikhail Gorbachev is right. In: New York Times. 16.6.1989. S. A15.

Fisher, Marc: Berliners pour through open Brandenburg gate; crowd cheers as Modrow speaks. In: Washington Post 23.12.1989. S.A1.

Fisher, Marc: Flow of East Germans begins to strain West. In: Washington Post 14.11.1989. S. A35.

Fisher, Marc: Kohl holds emergency meeting of his cabinet. In: Washington Post 12.11.1989. S. A27.

Fisher, Marc: Suddenly, Germans can discuss unification: newspapers, disc jockeys, politicians hail the opening of the Berlin Wall. In: Washington Post. 11.11.1989. S. A27.

Friedman, Thomas L.: US enthusiastic, but has concerns. In: New York Times. 11.11.1989. S. A1.

Friedman, Thomas L.: US worry rises over Europe's stability. In: New York Times. 10.11.1989. S. A16.

Friedman, Thomas L.: West German official gives Bush piece of Berlin Wall. In: New York Times. 22.11.1989. S. A6.

Gerig, Uwe: Morde an der Mauer. Böblingen: Tykve 1989. 275 S.

German reunification. In: Washington Post 12.11.1989. S. D6.

Gerstenzang, James: Bush hails E. Berlin's action as „Liberation". In: Los Angeles Times. 10.11.1989. S. A1.

Goodbye to Berlin. In: Economist. 16.9.1989. S. 49-50.

Goodman, Walter: A sorry chapter for Smiley's kind: What's a spy story without a Wall? In: New York Times. 11.11.1989. S. A9.

Goshko, John M.; Devroy, Ann: Soviets warned on use of force. In: Washington Post 11.11.1989. S. A23.

Gotz-Richter, Stephen: Overloading Noah's ark. In: Washington Post 14.11.1989. S. A25.

Grenzen durch Berlin und durch Deutschland. 90. Pressekonferenz der Arbeitsgemeinschaft 13. August. Dokumentation, Interviews und Zusammenstellung: Rainer Hildebrandt. Berlin: Die Arbeitsgemeinschaft 1989. 27 S.

Gumbel, Peter: East Germany's 40th birthday isn't particularly happy. In: Wall Street Journal. 6.10.1989. S. A7 & A9.

Haltzel, Michael H.: After the Wall; new concerns in East and West. In: Los Angeles Times. 19.11 1989. S. M2.

Hamilton, Daniel: Can an open Wall lead to a political miracle? In: Los Angeles Times. 20.22.1989. S. B7.

Hamilton, Daniel: Dateline East Germany: The Wall behind the Wall. In: Foreign Policy. Herbst, 1989. S. 176-197.

Harvie, Chris: United they fall. In: Statesman & Society. 15.9.1989. S. 16-17.

Henrich, Rolf: Der vormundschaftliche Staat. Reinbek bei Hamburg: Rowohlt 1989. 316 S.

Hildebrandt, Rainer: Die Mauer – Faszination der Fotokunst. Katalog des gleichnamigen Fotowettbewerbs veranstaltet vom Museum, Haus am Checkpoint Charlie. Berlin: Das Museum 1989. 52 S.

Hoagland, Jim: Leaders worry how German events might affect EC Integration plans. In: Washington Post 11.11.1989 . S. A23.

Honecker, Erich: Die Mauer wird in 50 Jahren und auch in 100 Jahren noch bestehen bleiben. In: Tagesspiegel. 20.1.1989. S. 1.

Honecker will an bisherigem Weg des Sozialismus in der DDR festhalten. Erneut Bau der Mauer als wirtschaftliche Maßnahme verteidigt. In: Tagesspiegel. 9.2.1989. S. 8.

Hopes raised on Berlin Brandenburg Gate opening. In: Reuters. 14.11.1989.

How to bleed a red nation white. In: U.S. News & World Report. 25.9.1989. S. 14.

How to slow the East German exodus. In: New York Times. 6.10.1989. S. A 18.

Hunter, Robert E.: Berlin: forty years on. In: Foreign Affairs. Sommer, 1989. S. 41-53.

If two Germanies become one. In: Economist. 2.9.1989. S. 45-46.

James, Harold: A German identity 1770-1990. New York: Routledge. 1989. XII, 240 S.

Kaiser, Karl: Unity, not reunification for Germany. In: New York Times. 6.10.1989. S. A19.

Kamm, Henry: East Berliners march for democracy. In: New York Times. 22.20.1989. S. A6.

Kamm, Henry: In East Berlin, satire conquers fear. In: New York Times. 17.10.1989. S. A6.

Kamm, Henry: On Marx-Engels-Platz, the bitter words fly. In: New York Times. 25.10.1989. S. A7.

Kandell, Jonathan: Marketing the Wall. In: Wall Street Journal. 28.12.1989. S. A4.

Kennan, George F.: This is not time for talk of German reunification. In: Washington Post. 12.11.1989. S. D1.

Kiefer, Francine S.: Berliners rejoice at open gate; German leaders emphasize peace, as crowds cheer the breaching of the 28year-old Wall. In: Christian Science Monitor. 26.12.1989. S. 3.

Kissinger, Henry A.: Living with the inevitable: In: Newsweek. 4.1.2.1989. S. 51-58.

Krauthammer, Charles: The Berlin Wall came down too soon; The German revival. In: New Republic. 13.11.1989. S. 18.

Krauthammer, Charles: Return of the German question. In: Time. 25.9.1989. S. 88.

Krenz ging auf alle Fragen von Journalisten ein. Ein Novum in Ost-Berlin – Antworten zur Opposition und Mauer. In: Tagesspiegel. 26.10.1989. S. 6.

Kunstaktion „Wallpaper". „6. Pressekonferenz der Arbeitsgemeinschaft 13. August. Interviews und Zusammenstellung: Rainer Hildebrandt [u.a.] Berlin: Die Arbeitsgemeinschaft 1989. 1 S.

Larrabee, F. S.: The unavoidable „German question". In: New York Times. 21.9.1989. S. A27.

Lewis, Flora: East Berlin must move. In: New York Times. 19.10.1989. A26.

Lewis, Flora: Hypocrisy ist not free. In: New York Times. 8.10.1989. S. E21.

Lewis, Flora: The meaning of B. In: New York Time. 26.11.1989. S. E13.

Livingston, Robert G.: There's little to fear in a unified Germany. In: New York Times. 15.5.1989. S. A15 & A19.

Loewenstern, Enno von: German unification issue bobs up in refugee flood. In: Wall Street Journal. 18.9.1989. S. A19.

Marriott, Michael: For sale! Cheap! Cold War! A chunk or a chip. In: New York Times. 22.11.1989. S. B1.

Marshall, Tyler: Euphoric notion in Europe: almost anything possible. In: Los Angeles Times. 10.11.1989. S. A1.

Mathewson, William: Greening the Berlin Wall. In: Wall Street Journal. 26.12.1989. S. A6.

Die Mauer – Schicksale aus den vergangenen 28 Jahren. 91. Pressekonferenz der Arbeitsgemeinschaft 13. August. Interviews und Zusammenstellung: Rainer Hildebrandt [u.a.] Berlin: Die Arbeitsgemeinschaft 1989. 10 S.

McCartney, Robert J.: East German party presents plan for „more democracy". In: Washington Post. 11.11.1989. S. A 26

McCartney, Robert J.: East Germany opens Berlin Wall, borders to allow citizens to travel to the West. In: Washington Post. 10.11.1989. S. A1.

McCartney, Robert J.: 100,000 flood West Berlin to test new freedom: East Germans punch new holes in Wall. In: Washington Post. 11.11.1989. S. A1.

McFadden, Robert D.: Berlin Wall still stands, but its symbolic importance is starting to crumble. In: New York Times. 10.11.1989. S. A15.

McGrory, Mary: Berlin and Bush's emotional Wall. In: Washington Post. 14.11 1989. S. A2.

Meyer, Karl E.: What cracked the Wall; the tedium of being in East Germany! In: New York Times. 12.11.1989. S. E22.

Miller, Richard: Germans watch in awe as hated symbol falls. In: Daily Progress. 11.1989. S. A1.

Mitten in Europa, die DDR und Berlin. Mitarb.: Beate Assig [u.a.], Vorwort: Willy Brandt. Gütersloh: Lexikon-Verlag 1989. 480 S.

Moehringer, J.R.: The ugliest landmark; writer Peter Wyden on the Berlin Wall. In: New York Times. Book Review. 16.11.1989. S. A18.

Momper und Diepgen: Mauer trennt nicht mehr. In: Tagesspiegel. 10.11.1989. S. 1.

Mortimer, Edward: Bringing down the Wall. In: World Press Review. Mai, 1989. S. 31.

Mossberg, Walter S.: Delicate of German reunification is gaining visibility as an issue for U.S. In: Wall Street Journal. 9.10.1989. S. A11.

Die Nacht der offenen Grenzen in Berlin. In: Tagesspiegel. 10.11.1989. Extrablatt.

Near the Wall, Bernstein leads an ode to freedom. In: New York Times. 26.12.1989. S. A11.

„Offense against history, offense against humanity! (Excerpts from John F. Kennedy's speech on the Berlin Wall.) In: Wall Street Journal. 10.11.1989. S. A4.

Opposition in Ost-Berlin fordert Honekkers Verzicht auf Mauer. In: Tagesspiegel. 28.1.1989. S. 2.

Ottaway, David B.: Gorbachev undermined Honecker, West German says. In: Washington Post. 11.11.1989. S. A1.

Pace, Eric: Joy for Germans, with a few caveat. In: New York Times. 12.11.1989. S. A21.

Peretz, Martin: The Gorbachev tease: haven't we seen this act before? In: New Republic. 10.7.1989. S. 14.

Pfluger, Friedbert: The answer to the German question is freedom. In: Wall Street Journal. 11.9.1989. S. A 23.

Politics, society, and government in the German Democratic Republic. Basic documents. Editor: J.K.A. Thomaneck and James Mellis.

Oxford, OX, UK. New York: Berg XVI, 357 S.

Porteus, Tom: Divided they stand. In: Statesman & Society. 15.9.1989. S. 18-19.

Protzman, Ferdinand: Broken heart of Berlin is coming back to life. In: New York Times. 13.11.1989. S. A10.

Protzman, Ferdinand: A day of joy and a day of memories. In: New York Times. 11.11.1989. S. A6.

Protzman, Ferdinand: East Berliners explore land long forbidden. In: New York Times. 10.11.1989. S. A1.

Protzman, Ferdinand: Family says of the West: „It's a dream". In: New York Times. 12.11.1989. S. A1.

Protzman, Ferdinand: Tales emigrés tell. Why life in East Germany finally proved intolerable. In: New York Time. 9.10.1989. S. A4.

Protzman, Ferdinand: A wanderlust born of frustration. In: New York Times. 16.9.1989. S. A4.

Protzman, Ferdinand: Where brutality reigned, the police turn mellow. In: New York Times. 11.11.1989. S. A6.

Remnick, David: Muscovites welcome German unity. In: Washington Post. 10.11.1989. S. A25.

Remnick, David. Soviets accept Wall's fall, not reunification. In: Washington Post. 11.11.1989. S. A23.

Remnick, David : Soviets clear shift in Berlin regime. In: Washington Post. 10.11.1989. S. A1.

Riding, Alan: Hoping for fall of less known barrier [Zicherie Wall]. In: New York Times. 14.11.1989. S. A18.

Riding, Alan: A search for work and new homes as the influx of emigrés slows down. In: New York Times. 12.11.1989. S. A19.

Riding, Alan: A turning point is hailed, but the people look inward. In: New York Times . 11.11.1989. S. A7.

Roth, Terence; O'Boyle, Thomas F.: Crossing over: East German refugees face the reality of life as familiar strangers. In: Wall Street Journal. 4.10.1989. S. A1.

Roth, Terence: East German exodus sparks discussion on the possibility of reuniting Germany. In: Wall Street Journal. 22.9.1989. S. A7.

Roth, Terence; Mayer, Jane: Fallen symbol. Berlin Wall no longer will hold Germans behind iron curtain. In: Wall Street Journal. 10.11.1989. S. A1.

Rule, Sheila: A sense of delight, tempered by pleas for caution. In: New York Times. 11.11.1989. S. 6.

Rule, Sheila: Spreading ecstasy tempered by calls for caution. In: New York Times. 11.11.1989. S. A8.

Schmemann, Serge: Beyond the Wall; not just on German question but many. In: New York Times. 12.11.1989. S. E1.

Schmemann, Serge: Despite new stirrings dream of „One Germany" fades. In: New York Times. 14.5.1989. S. E3 & E5.

Schmemann, Serge: Dissident movement in spite of itself. In: New York Times. 16.10.1989. S. A4.

Schmemann, Serge: The earliest marchers see a long road yet to travel. In: New York Times. 14.11.1989. S. A6.

Schmemann, Serge: [East German] Opposition sees blessing and threat. In: New York Times. 13.11.1989. S. A12.

Schmemann, Serge: East Germans flood the West. Most go to visit and return home. Kohl and Krenz agree to meet. In: New York Times. 12.11.1989. S. A1.

Schmemann, Serge: East Germany opens frontier to the West for migration or travel. Thousands cross. In: New York Times. 10.11.1989. S. A1.

Schmemann, Serge: Exodus galls East Berlin. Nation's sovereignty seems to be mokked. In: New York Times. 14.9.1989. S. A8.

Schmemann, Serge: For all, East and West, a day like not other. In: New York Times. 12.11.1989. S. 18.

Schmemann, Serge: In festive East Berlin, the portesters also love a parade. In: New York Times. 8.10.1989. S. A8.

Schmemann, Serge: Gorbachev speaks of Berlin's Wall: Says it would be removed if changes occur in Europe. In: New York Times. 16.6.1989. S.A1

Schmemann, Serge: In symbolic act, they'll reopen Berlin gate. In: New York Times. 20.12.1989. S.A1.

Schmemann, Serge: Joyous East Germans pour through Wall. Party pledges freedoms, and West exults. In: New York Times. 11.11.1989. S. A1.

Schmemann, Serge: Krenz gives Bonn reason to wait for reunification. In: New York Times. 22.10.1989. S. E2.

Schmemann, Serge: Legacies by the Wall; rabbits and graffiti bits. In: New York Times. 24.11.1989. S. A11.

Schmemann, Serge: More than 6000 East Germans swell tide of emigrés to the West. In: New York Times. 2.10.1989. S. A1.

Schmemann, Serge: A sympathy card on East Germany's birthday. In: New York Times. 8.10.1989. S. E3.

Schmemann, Serge: Wall opened at old center of Berlin, and mayors meet. Communists call congress. In: New York Times. 13.11.1989. S. A1.

Schmidt, Andreas: Alarm in Ost Berlin. Interflug 203 entführt. Tatsachenroman über die erste Flugzeugentführung in der DDR. Böblingen: Tykve 1989. 329 S.

Schrift an der Mauer – Kunstaktion Deborah Kennedy. 87. Pressekonferenz der Arbeitsgemeinschaft 13. August. Interviews und Zusammenstellung Rainer Hildebrandt [u.a.] Berlin: Die Arbeitsgemeinschaft 1989. 3 S.

Schwarz, Ethan: Berlin Wall becomes tool of capitalists. Hawkers sell relics of cold war barrier. In: Washington Post 22.11.1989. S. A18.

Shales, Tom: The day the Wall cracked; Brokaw's live broadcast tops networks' Berlin coverage. In: Washington Post 10.11.1989. S. D1.

Sheehan, Mark M.: Berliners celebrate with song. In: Christian Science Monitor. 14.11.1989. S. 4.

Sheehan, Mark M.: Euphoric East Berliners streampast open Wall; as celebration goes on, Krenz announces radical reforms. In: Christian Science Monitor. 13.11.1989. S.1.

Shlaes, Amity: Socialist meets socialist at the Wall. In: Wall Street Journal. 13.11.1989. S. A12.

Smolowe, Jill: Lending an ear. East Berlin's leaders finally seem willing to listen to the country's dissenters, whose fledgling movement lacks an agenda and a Walesa. In: Time. 23.10.1989. S. 44-45.

Soviets protest about the Wall. In: New York Times. 16.11.1989. S. A19.

Stone, Tim: What follows the fall of the Wall? In: New York Times. 24.12.1989. S. F3.

Stunning unfolding of events. In: Los Angeles Times. 10.11.1989. S. B6.

Sundquist, Eric: Pictures were too much for one who fled in '73. In: Richmond Time-Dispatch. 10.11.1989. S. 1.

Tagliabue, John: Leaving land of want, but also their friends. In: New York Times. 4.10..1989. S. A7.

Thurow, Roger: Burden of history with Wall's collapse, Germans see a chance to recast their image. In: Wall Street Journal. 19.12.1989. S. A1.

Together again? In: Economist. 17.6.1989. S. 13-14.

Trimborn, Harry: Berlin Wall: great divide of East-West. In: Los Angeles Times. 10.11.1989. S. A16.

Tuohy, William: Berlin's Wall is being cut away chip by chip. In: Los Angeles Times. 20.11.1989. S. A8.

Tuohy, William: East Germany opens borders; Wall has „nor more meaning". In: Los Angeles Time. 10.11.1989. S. A1.

Tuohy, William: Reunification of two Germanies not a topic, Krenz says. In: Los Angeles Time. 12.11.1989. S. A1.

The Two German states and European security. Editor: F. Stephen Larrabee. Basingstoke: Macmillan in association with the Institute for East-West Security Studies 1989. XVIII, 350 S.

US-Verteidigungsminister fordert Abriss der Mauer. In: Tagesspiegel 29.10.1989. S. 2.

Über alles? In: National Review. 13.10.1989. S. 16-18.

Views of Berlin. From a Boston symposium. Editor: Gerhard Kirchhoff. Boston: Berkhäuser 1989. XV, 297 S.

Voices from different times and both sides of the Wall. In: New York Times. 12.11.1989. S. E2.

The Wall at 28. In: Wall Street Journal. 11.8.1989. S. A12.

„The Wall is history" – and so is Honecker. In: Los Angeles Times. 17.12.1989. S. Q9.

The Wall's message to Mr. Cheney. In: New York Times. 14.11.1989. S. A22.

Walters, Vernon M.: U.S. envoy forsees an early German unity. In: New York Times. 4.9.1989. S. A3.

A Way round the Wall. In: Economist. 29.7.1989. S. 42.

„When I stood in front of the Wall that night, I cried like a baby". In: Los Angeles Times. 17.12.1989. S. Q1.

Whitney, Craig R.: A city where everyone is away for the holiday. In: New York Times. 12.11.1989. S. A18.

Whitney, Craig R.: The dream of reunion. Idea of one German gains new validity. In: New York Times. 12.9.1989. S. A1.

Whitney, Craig R.: Huge protests go on in Leipzig. Many still crossing to West. In: New York Times. 14.11.1989. S. A1.

Whitney, Craig R.: Redifining Europe. As the revelry goes on, politicians ponder the ramifications of changes in Germany. In: New York Times. 11.11.1989. S. A1.

Whitney, Craig R.: The twain meets. Unease for Bonn. In: New York Times. 10.11.1989. S. A16.

Whitney, Craig R.: Two East Germans back home because „Our life is here". In: New York Times. 13.11.1989. S. A1.

Wicker, Tom: Decline of the East. New York Times. 14.11.1989. S. A23.

Wiesel, Elie: I fear what lies beyond the Wall. In: New York Times. 17.11.1989. S. A19.

WuDunn, Sheryl: Disgust with the West is reported, but Bejing ignores the Wall's end. In: New York Times. 11.11.1989. S. A8.

Wyden, Peter: Wall, the inside story of divided Berlin. New York: Simon and Schuster 1989. 762 S.

Zimmerman, Peter D.: 23 mini-powers spell chaos if superpowers step aside; the Wall mandated cohesive alliances, without them, the thin scabs over unhealed territorial wounds will begin to itch. In: Los Angeles Times. 22.11.1989. S. B7.

Zuckerman, Mortimer B.: The German question – again. In: U.S. News & World Report. 23.10.1989. S. E2.

1990

Einladung der Presse zur Neuen Beweglichkeit. 92. Pressekonferenz der Arbeitsgemeinschaft 13. August. Berlin: Die Arbeitsgemeinschaft 1990. 6 S.

Mauern sind nicht für ewig gebaut: zur Geschichte der Berliner Mauer. Hrsg. von Peter Möbius und Helmut Trotnow mit Unterstützung des Deutschen Historischen Museums. Frankfurt a.M., Berlin: Propyläen 1990. 87 S.

Oktober 1990.: Wider den Schlaf der Vernunft. Texte: Ulrike Bresch [u.a.] Berlin: Verl. Neues Leben. 1990. 206 S.

Parlaments-Szenen einer deutschen Revolution. Hrsg.: Helmut Herles u. Ewald Rose. Bonn: Bouvier Verl. 1990. 223 S. (Bouvier-Forum. Bd. 2)

Vier Tage im November. Mit Beiträgen von Walter Momper u. Helfried Schreiter. Hamburg: Gruner + Jahr 1990. 160 S.

The Naval Historical Collection of the Naval War College, Newport, Rhode Island

by Evelyn M. Cherpak

Scholars who are interested in researching materials dealing with the United States Navy and American military, political, and diplomatic history will find the United States Naval War College's Naval Historical Collection in Newport, Rhode Island, an archive worth investigating. Founded in 1969 as a division of the Naval War College Library and located in historic Mahan Hall on the shores of Narragansett Bay, its collection of institutional records, manuscripts, oral histories and special collections imprints will appeal to historians seeking new sources and fresh topics.

The Naval Historical Collection consists of four divisions: archives, manuscripts, oral histories, and special collections, all dealing with the history of naval warfare and the history of the navy in Narragansett Bay. Finding aids, including a comprehensive guide to collections and numerous manuscript registers, have been compiled by this author and published. Inventories to archival record groups, manuscript collections, pamphlets, and cruise books also exist. Several record groups have extensive card catalogues, with identification at the item level. All of the finding aids are available to researchers and may be obtained by writing to the Curator, Naval Historical Collection, Naval War College, Newport, RI 02841-5010, U.S.A.

The Naval Historical Collection, in conjunction with the Naval War College Press, publishes the Naval War College Historical Monograph Series, based wholly or in part, on college archival and manuscript sources. The series was established in 1975 and seven volumes have been published to date. Titles include *The Writings of Stephen B. Luce* edited by John B. Hattendorf and John D. Hayes, *Professors of War* by Ronald Spector and *The Blue Sword* by Michael Vlahos.

ARCHIVES

The Naval War College archives contain over 1200 feet of non-current administrative and academic records which date from 1884, the year the College was founded by Commodore Stephen B. Luce, prominent naval educator and reformer. Files on student, college presidents, staff members and on naval topics have been assembled to complete the historical record. Most of the archival material prior to 1968 is unclassified. Some student-theses, lectures, and faculty and staff presentations, however, still remain classified and are only open to researchers with a security clearance.

While the College archives, perforce, contain information on the institution's development and curricula, several record groups go beyond that and contain materials relating to developments in naval war gaming, war planning, naval intelligence, international cooperation, World War II battles in the Pacific and strategic and tactical problems of interest to the navy at large. Record Group 8, Intelligence and Technical Records, the largest body of pertinent materials, is one such collection. It is divided into three series. The first series contain a vast array of military and technical intelligence source materials treating with such topics as battleship design, war gaming, fleet exercises, war planning against Japan, Germany, Spain and England, mine warfare and naval aviation. Further series contain naval attache reports on the military capability and preparedness of allied and non-allied European nations during the First World War. Allied Series include copies of translations of war diaries from the Operations Division, German Naval Staff as well as war diaries of U-boat commanders in Italy and Norway during the Second World War.

Analyses of the battles of Leyte Gulf, Midway, Coral Sea, Savo Island, and Cape Engaño which were fought in the South Pacific during World War II are contained in the records of the Battle Evaluation Group, which was established at the College in 1946 and headed by Rear Admiral Richard W. Bates until its dissolution in 1958. Research source materials in support of the studies, including copies of deck logs, war diaries, dispatches, action reports of ships, task force, group and unit commander's reports, captured enemy documents, and transcripts containing the interrogation of prisoners of war, are kept here. The Richard W. Bates manuscript collection, which has volumes of correspondence on the work of the Battle Evaluation Group, is a fine complement to this record group as are the 2000 reels of COMINCH microfilm housed in the College's classified library.

For those interested in exploring efforts at naval cooperation on the international level, the conference records of the International Seapower Symposium, a forum for chiefs of allied navies held at the College biennially, and the proceedings of the directors of the Naval War Colleges of the Americas, held both in Newport and in various Latin American capitals, are a fine source. International naval education, with the goal of fostering common bonds between the navies of the free world, has been an agenda for the College since 1894 when two Swedish officers first attended the institution. The records of the Naval Command College, the senior foreign officer course established in 1956, and the Naval Staff Course, the junior foreign officer course founded in 1972, contain curriculum materials, student records, administrative files and photographs of these two important schools.

Naval war gamers will also find the College archives a rich source for research. Naval war gaming charts, maneuver rules, fire effect tables, pamphlets, lectures and syllabi, mainly from the twentieth century, are available. The papers of William McCarthy Little, father of war gaming, who introduced the subject into the College curriculum in 1887 and lectured on it for many years, yield information on early College war gaming history. Guest lectures and faculty and staff presentations encompass the years 1892-1976 and are important for the insights they shed on issues of concern to the United States Navy over the years. Student theses cover a wide range of topics from Latin America to the Soviet Union; the collection contains the student papers of famous naval leaders, including Chester W. Nimitz, Raymond A. Spruance and Richmond K. Turner of World War II fame.

MANUSCRIPTS

The second major component of the Naval Historical Collection is manuscripts, which are divided into collections of personal and corporate papers and single manuscript items, both dealing with naval warfare themes. A large portion of the collection contains the papers of College presidents, faculty, staff, students and associates. A small collection of family papers of College founder and first president Stephen B. Luce and second president Alfred Thayer Mahan is housed here. The Mahan collection is supplemented by Robert Seager's research notes and copies of documents published in his edited work *The Letters and Papers of Alfred*

Thayer Mahan, as well as by copies of correspondence with John Knox Laughton from the Greenwich Maritime Museum. The papers of other College presidents, Charles H. Stockton, expert in international law and later president of George Washington University, William Veazie Pratt, commanding officer of the US Battle Fleet and Chief of Naval Operations, 1930-1933, and Richard G. Colbert, first director of the Naval Command College in 1956 and Commander in Chief, US Naval Forces, Southern Europe, are also here.

A concerted effort has been made over the years to collect the manuscripts of faculty members and associates who have had an impact on the College's development. Important collections include those of Frederick H. Hartmann, Alfred Thayer Mahan professor of maritime strategy and advisor to Naval War College presidents for twenty years. His manuscripts shed light on academic and administrative developments from 1966 to 1986. The holders of the Charles H. Stockton Chair of International Law are well represented in the College's manuscript collections. Manley O. Hudson taught international law at the College from 1946-1952. His papers cover these years and contain information on the international law cases which he argued before the Supreme Court as well. The speeches, writings, and correspondence files of the more recent chair holders, George Bunn, W. Parks Hay and Hamilton DeSaussure, have also been deposited.

Henry E. Eccles, 1898-1986, was a long-time friend and associate of the College. A 1943 graduate of the NWC Command Course, he went on to become chairman of the College's first Logistics Department, 1947-1951. For the next thirty-five years, he maintained an informal connection with the institution as lecturer and as a member of the George Washington University Logistics Research Project located at the College. Author of *Military Power in a Free Society* and *Military Concepts and Philosophy,* his manuscript collection of correspondence, speeches, writings, biographical formation, and working papers contains a wealth of information on military and naval logistics, international affairs, military strategy and tactics, military theory, nuclear disarmament, and national security.

The papers of Herbert F. Rosinski, a refugee from wartime Germany, who lectured at the Naval War College in the 1950's and published the seminal work on the German Army, were deposited in the Naval Historical Collection through the good offices of the late Henry Eccles. The collection consists of Rosinski's correspondence with civilian academics and military leaders, drafts of his published and unpublished works, lectures and speeches, notes, outlines and personal papers. Scholars interested in seapower, Soviet strategy, German naval thought, Clausewitz, Mahan and the nature and evolution of warfare will find this collection most fascinating. Notes and descriptions of his conversations with Jawaharlal Nehru in 1950 in India are particularly insightful.

Several manuscript collections pertaining to aspects of the Civil War, the Spanish-American War, and World War I and II will be of interest to military and naval historians. The sea journals of Commodore John Marchand, which he kept while serving on the South Atlantic Blockading Squadron in 1861-1862, give a first hand account of both the dangers and frustrations of this kind of assignment. Cameron McRae Winslow's papers tell of a little known heroic incident of cable cutting Spanish lines at Cienfuegos, Cuba in 1898. The papers of Roy Campbell Smith, who served in the USS-INDIANA during the Spanish-American War at the Battle of Santiago, contain wartime observations made by a young junior officer.

The perils of convoying U.S. ships during World War I are recorded in the diaries of Captain Joseph K. Taussig, commanding officer of the USS LITTLE and USS WADSWORTH off

Queenstown, Ireland in 1916-1917. The same experience, from an enlisted man's point of view, can be found in the 1917 diary of Boatswain's mate James H. Dolan. A small collection of letters of Petty Officer Fred Leith, who served with the Sanitary Commission on the western front, are also of value for this period.

Admiral H. Kent Hewitt was one of the principal leaders of the invasions of North Africa, Italy and Southern France during 1942-1944. A small collection of his letters and photographs from this period are located in the Naval Historical Collection. Admiral Raymond A. Spruance, victor of the Battle of Midway, and commander of numerous invasions in the South Pacific, was also a president of the War College, 1946-1948. A collection of his personal manuscripts and photographs, as well as the research source materials used by Thomas Buell for *The Quiet Warrior*, the biography of Spruance, reveal both the character and career of the man. Fleet Admiral and wartime Chief of Naval Operations, Ernest J. King attended the College in 1933 and Buell's research source materials for his biography of King, *Master of Seapower*, along with Walter M. Whitehill's for *Fleet Admiral King: A Naval Record* reside here also.

Rear Admiral Joseph H. Wellings, naval attaché and observer in England in 1940, eyewitnessed the sinking of the BISMARCK in May 1941 and his manuscript collection contains journals, letters and unpublished articles treating with this important World War II naval incident. Wellings was commanding officer of USS STRONG in the South Pacific in 1942-1943. The ship was torpedoed in the Solomon Islands and sank off New Georgia. Reminiscences of this event are contained in the collection, too, as well as wartime correspondence with his wife.

Sources on naval intelligence and codebreaking can be found in the Edwin T. Layton papers. Layton was Pacific Intelligence Officer in Pearl Harbor from 1941 until the Japanese surrendered and the research materials that he donated to the College were used in writing his recent book *And I was There*. The book chronicles U.S. intelligence failures at Pearl Harbor, the dramatic recovery that led to the 1942 victory at Midway and the infighting among navy intelligence organizations. Japanese war histories, CINCPAC messages, maps, tapes and radio intelligence unit summaries, as well as the secret memorandum regarding Captain Joseph Rochefort, will be of interest to intelligence buffs and cryptologists.

The College has recently been designated the repository for the archives of the Peter Tare Association, an organization of retired WW II PT boat officers. Several small collections of scrapbooks, imprints, photographs and histories of squadrons have been donated.

Over two hundred and twenty historically valuable and unique single manuscript items have been either donated or purchased to augment the collection. These include a 1783 paymaster's ledger book from the USS ALLIANCE, homeported in Providence; a journal of the privateer YANKEE which sailed from Bristol, RI in 1812-1813; commissions, letters, certificates and honorary degrees of noted naval historian Alfred Thayer Mahan; letters of Admirals Chester W. Nimitz, Elmo Zumwalt, Winfield Schley, William S. Sims, George Dewey and David Farragut; and manuscript biographies of Harold Stark, George Remey and William Veazie Pratt. Taken together, these materials contain a wealth of information on the navy in the region and famous American naval officers.

ORAL HISTORIES

The Naval War College Oral History Collection consists of select flag rank officer biographies published by the United States Naval Institute and the Columbia University Oral History

Programs. Included among these are the reminiscences of Admiral Chester W. Nimitz by officers who served under him, Chief of Naval Operations Admiral Arleigh Burke, Admiral H.K. Hewitt, Admiral Edwin T. Layton, Admiral David McDonald and Admiral Thomas Moorer. Interviews with prisoners of war from the Vietnam War, navy wives, and former military editor of *The New York Times* Hanson Baldwin are included in this group.

The staff of the Naval Historical Collection also conducts an oral history program, interviewing officers and civilians who have been associated with the College or with naval activities in the region. Interviews with naval war gaming employees, with logistician Rear Admiral Henry E. Eccles, navy wife Mary Smith, Rear Admiral Joseph C. Wylie and Rear Admiral John Wadleigh, and retired College president Vice Admiral John T. Hayward have been completed and transcribed.

SPECIAL COLLECTIONS

Newspapers, pamphlets, cruise books, command histories, and yearbooks constitute special collections. There are two collections of clippings treating with the Spanish-American War from newspapers published in the United States as well as clippings from the English language press on the Russo-Japanese War, 1904-1905, and the Boxer Rebellion, 1900. Information about the destruction of the navy dirigible SHENANDOAH in 1925 can be gleaned from a volume of clippings, too. The only extant copies of the Newport NAVALOG, the newspaper of the Naval Education and Training Center, are housed in the Naval Historical Collection along with collections of articles relating to the Naval War College and several editions of *Soundings*, the newspaper of the Newport Naval Supply Depot.

Over the years, the archives has accumulated a rather large and diverse collection of printed pamphlets covering a wide range of subjects from amphibious warfare in Britain during WW II, the treatment of World War I prisoners of war in Germany, the Spanish-American War, the Chilean Revolution of 1891 to the Panama Canal, the Russo-Japanese War and the U.S. Naval War College. The U.S. Office of Naval Intelligence Bulletins, 1882-1902 and 1919-1939, contain a wealth of information on tactical, strategic and operational strengths of U.S. and foreign navies along with political and international events.

Other segments of special collections materials are cruise books, detailing deployments of U.S. navy ships; command histories of both U.S. navy vessels and shore installations; and copies of the yearbook (Lucky Bag) of the United States Naval Academy.

Since the Naval Historical Collection was organized in 1969, some twenty years ago, its holdings have grown significantly and it has gained a reputation as a major depository for research in naval warfare studies and allied topics. Newport, long known as a mecca for yachting, as a playground for the American aristocracy, and as a thriving seaport, is now also recognized as a citadel of scholarship in naval history, due to the rich collection of archives and manuscript located at the Naval War College.

Die Stiftung Wissenschaft und Politik: Eine parteineutrale Institution politikbezogener Forschung, Beratung und Informationsvermittlung

von Mathias Bauermeister

Gründung und Ausstattung

Die Anregung zur Gründung einer politikbezogenen Forschungseinrichtung in der Bundesrepublik Deutschland kam 1959/60 aus den USA: "Vor allem Arnold Wolfers und Henry Kissinger bedrängten mich, es sei Zeit, in der Bundesrepublik mit den Nachkriegstraumata auch traditionsbedingte Abstinenz der Wissenschaft vom Geschäft der Politik zu überwinden. Es fehlt an politikbezogener praxisrelevanter Forschung als Gesprächspartner – und dies insbesondere in Gestaltungsfragen der internationalen Politik"[1], so der langjährige Direktor Professor Klaus Ritter in seiner Festansprache anläßlich des 25jährigen Bestehens der Stiftung Wissenschaft und Politik (SWP) im Jahre 1987.
Die Rahmenbedingungen für die Gründung der SWP waren aufgrund der forcierten Integration der Bundesrepublik in die westliche Staatengemeinschaft vor dem Hintergrund des sich zuspitzenden OstWest-Konflikts und der Entkolonialisierung in den 60er Jahren sehr günstig. Für Klaus Ritter läßt sich die Genese des Instituts auf drei Entwicklungslinien zurückführen[2]:

– Als einer der Begründer der deutschen Politikwissenschaft in der Nachkriegszeit maß Arnold Bergstraesser auf dem Hintergrund von positiven Erfahrungen in den USA der außeruniversitären institutionalisierten Forschung und Politikberatung eine große Bedeutung zu.
– Die Bundesregierung hatte einen wachsenden Bedarf an wissenschaftlich fundierten und konzeptionell verwertbaren Analysen, der nicht durch die Bürokratie allein abgedeckt werden konnte.
– Der Bundestag erkannte die Notwendigkeit nach mehr konzeptioneller Entscheidungsvorbereitung auf dem Hintergrund sich verändernder internationaler Beziehungen.

Eine Gruppe von Wissenschaftlern und Persönlichkeiten des öffentlichen Lebens gründete 1961 unter dem Vorsitz von Arnold Bergstraesser die „Arbeitsgemeinschaft Wissenschaft und Politik e.V."(AWP). Die AWP machte es sich zur Aufgabe, die „... Einsicht und die Voraussetzungen für den Aufbau einer interdisziplinären, praxisorientierten Forschungseinrichtung im freien Zwischenfeld zwischen der Universität und den zentralen politischen Institutionen zu schaffen"[3]. Im Jahr 1962 gründete die AWP die „Stiftung Wissenschaft und Politik" in der Rechtsform einer öffentlichen Stiftung des bürgerlichen Rechts.
Der 5. Deutsche Bundestag griff die Initiative auf und beschloß im Januar 1965 einstimmig die Einrichtung und Förderung eines unabhängigen Forschungsinstituts mit dem Schwerpunkt der Analyse von Fragen der Sicherheits- und Rüstungskontrollpolitik im Rahmen der internationalen Beziehungen[4].

Als Aufsichtsgremium fungiert ein aus 19 Mitgliedern bestehendes Kuratorium. In ihm sind die Fraktionen des Deutschen Bundestages, das Bundeskanzleramt, das Auswärtige Amt und die Bundesministerien der Finanzen, der Wirtschaft, für Verteidigung, Forschung und Technologie sowie in gleicher Anzahl Persönlichkeiten aus Wissenschaft und Wirtschaft vertreten.
Der Stiftungsrat benennt zur Erledigung der laufenden Geschäfte einen Vorstand, dessen Vorsitzender zugleich Direktor des Forschungsinstituts ist.
Finanziert wird das Forschungsinstitut überwiegend aus nicht projektgebundenen Bundesmitteln. Der Jahresetat beträgt derzeit ca. 12 Millionen Mark. Hinzu kommen Drittmittel (Bosch-Stiftung, Volkswagen-Stiftung, Thyssen-Stiftung).
Es arbeiten zur Zeit ungefähr 120 festangestellte Mitarbeiter/innen am Institut, von denen etwa 50 Wissenschaftler sind. Forschungsprofessoren, Stipendiaten und weitere externe Mitarbeiter, die sich am Institut zum Teil für kürzere oder längere Zeiträume aufhalten, ergänzen und erweitern den Personalbestand.

Forschungsaufgabe, Arbeitsweise und Struktur

Das „Forschungsinstitut für internationale Politik und Sicherheit" führt wissenschaftliche Untersuchungen auf dem Gebiet der internationalen Politik durch.
Die durch Grundlagenforschung gewonnenen Erkenntnisse müssen auf ihre Bedeutung für die politische Praxis geprüft werden. Das Institut erstellt zu diesem Zweck einen Forschungsrahmenplan, der vom Stiftungsrat für jeweils zwei Jahre beschlossen wird. In diesen Rahmenplan fließen Forschungsanliegen der Regierung und des Deutschen Bundestages unter Berücksichtigung des Prinzips unabhängiger Forschung und vorhandener fachlicher und personeller Kapazitäten ein. Das Prinzip parteineutraler politikbezogener Forschung hat Klaus Ritter zum Stiftungsjubiläum in die folgende, oft zitierte Formel gebracht: „Rechts oder links ist mir egal, das wichtigste ist, daß eine Sache Niveau hat"[5].
Ziel der Forschungsplanung ist es, Rahmenvorgaben zu erstellen, die es erlauben, politisch konzeptionelle Fragestellungen in Bezug auf absehbare Problem- und Lageentwicklungen zu bearbeiten. Auf diese Weise sollen Forschungsbeiträge sozusagen als wissenschaftlich fundiertes Unterfutter in die operative Politik frühzeitig eingebracht werden.
Der hervorragende Arbeitsschwerpunkt des Forschungsinstituts ist die internationale Sicherheitspolitik. Hieraus leitet sich das große nationale und noch mehr internationale Ansehen der SWP her. Von Anfang an hat das Forschungsinstitut einen interdisziplinären Forschungsansatz verfolgt, der ihm sein heutiges Profil verleiht und es flexibel macht, auf die unterschiedlichsten Facetten in den internationalen Beziehungen mit Problem- und Lageanalyse zu reagieren.
Das Forschungsinstitut besteht heute im wesentlichen aus den zwei großen Bereichen: „Forschung" und „Bibliothek und Dokumentation". Beide Abteilungen arbeiten in größtmöglicher Abstimmung, was sich auch in ihrer identischen formalen Struktur wiederspiegelt:

– Internationale Politik (transatlantische Beziehungen, politische Prozesse West- und Osteuropas)
– Internationale Sicherheitspolitik (Verteidigung, Rüstungskontrolle, technologische Entwicklungen) – Internationale Wirtschaftsbeziehungen
– Außereuropäische internationale Beziehungen (Asien, Naher und Mittlerer Osten, Afrika, Lateinamerika).

Der Forschungsbereich gliedert sich innerhalb der vier oben genannten Arbeitsbereiche in mehrere Fachgruppen, die im Rahmen der interdisziplinären Zusammenarbeit projektbezogen kooperieren. Forschungsaufträge an externe Wissenschaftler werden in begrenztem Umfang ergänzend zu den Arbeitsschwerpunkten der festangestellten Wissenschaftler vergeben. Seit kurzem besteht auch die Möglichkeit, Gastprofessoren auf Zeit ins Haus einzuladen, um so den Austausch mit der universitären Forschung zu intensivieren.

Darüber hinaus übernehmen die Fachgruppen Ausbildungsaufgaben gegenüber jungen Wissenschaftlern, die in der Regel im Rahmen eines Stipendiums ihre Dissertation im Institut anfertigen.

Die Arbeitsergebnisse des Instituts werden in Form von Studien, Arbeitspapieren, Stellungnahmen ad personam oder mit individuellem Verteiler dem Deutschen Bundestag und seinen Ausschüssen sowie den Bundesministerien als Arbeitsmaterialien zur Verfügung gestellt. Die schriftlichen Produkte haben in erster Linie die Funktion, den Dialog zwischen den wissenschaftlich-konzeptionell arbeitenden Wissenschaftlern der SWP und den mehr operativ tätigen Praktikern der Politik zu fördern. Diesem Ziel dienen auch die vom Forschungsinstitut veranstalteten Kolloquien, Workshops, Vortragsveranstaltungen, nationalen und internationalen Konferenzen, seit zwei Jahren auch in dem neu errichteten Konferenzgebäude der SWP in Ebenhausen. Mit zunehmender Tendenz erhalten Wissenschaftler des Instituts die Möglichkeit, in Ministerien und Planungsstäben in Bonn oder als Experten in den Delegationen der Bundesrepublik bei internationalen Verhandlungen für begrenzte Zeit mitzuarbeiten.

Die Publikation der Forschungsergebnisse erfolgt überwiegend in Form von Einzelveröffentlichungen in Fachzeitschriften, Beiträgen zu Sammelwerken, Büchern etc. Seit 1978 gibt die SWP eine Publikationsreihe „Internationale Politik und Sicherheit" und seit 1983 eine zweite Reihe, „Aktuelle Materialien zur Internationalen Politik", bei der Nomos Verlagsanstalt, Baden-Baden, heraus.

Bibliothek und Dokumentation

Als notwendiges Komplement zum Forschungsbereich besitzt das Forschungsinstitut integriert in einer Abteilung eine Fachbibliothek, ein Pressearchiv und eine EDV-gestützte Fachdokumentation. Nach Aussage ihres Abteilungsleiters Dietrich Seydel hat die Abteilung heute im wesentlichen folgende Aufgaben[6]:

- dokumentarische und bibliothekarische Dienstleistungen gegenüber dem Forschungsbereich zu erbringen;
- mit eigenen fachlichen Informationsprodukten in Form von gegliederten Literaturzusammenstellungen, ggf. unter Beigabe von vollständigen Texte aufbereiteten Dokumentationen die Arbeit des Bundestages und der Bundesministerien zu unterstützen;
- federführende Teilnahme am Aufbau eines bundesweiten Fachinformations- und Dokumentationsverbundes für „Internationale Politik und Länderkunde" und seiner Fachdatenbasis.

Die Informationsvermittlung erfolgt auf der Grundlage einer hauseigenen Fachbibliothek mit einem Bestand von ca. 80.000 Bänden und einem jährlichen Zugang von ca. 3.000 Bänden, ungefähr 600 Zeitschriften, 400 Jahrbüchern und 100 Zeitungen und laufenden Pressediensten.

Die Zeitungsausschnittdokumentation besteht aus ca. 6.000 Zeitungsausschnittmappen mit einem Neuzugang von ca. 40.000 Ausschnitten pro Jahr.
Seit 1974 besitzt die SWP eine EDV-gestützte Literaturdatenbasis, in der Buch- und Zeitschriftenaufsätze mit ca. 65% Monographien und Reports mit ca. 25% und Amtsdruckschriften mit ca. 15% (40% in Englisch, 30% in Deutsch und in weiteren Sprachen) formal nachgewiesen und inhaltlich erschlossen werden. Die zunächst hausinterne Literaturdatenbasis ist in den letzten Jahren im Rahmen des Aufbaus eines bundesweiten „Fachinformationsverbundes Internationale Beziehungen und Länderkunde" schrittweise durch die Teilnahme inhaltlich zum Fachgebiet gehörender Institutionen erweitert worden:

– Deutsches Übersee-Institut (DÜI) in Hamburg (seit 1984) mit dem Fachteilgebiet Länderkunde/Regionalkunde Dritte Welt;
– Bundesinstitut für ostwissenschaftliche und internationale Studien in Köln (seit 1978) mit den Fachteilgebieten Länderkunde Osteuropas und Weltkommunismus;
– Freie Universität Berlin/Fachbereich Politische Wissenschaft (seit 1983) mit dem Fachteilgebiet Länderkunde Westeuropas;
– Deutsch-Französisches Institut in Ludwigsburg (seit 1983) mit den Fachteilgebieten Länderkunde Frankreichs und deutsch-französische Beziehungen;
– Deuschte Gesellschaft für Auwärtige Politik (seit 1987) mit dem Fachgebiet Forschungs- und Wissenschaftspolitik der DDR, Polens und Ungarns.

Im Fachinformationsverbund finden die „Regel für die alphabetische Katalogisierung an wissenschaftlichen Bibliotheken" (RAK-WB) für die Formalerschließung Anwendung. Die inhaltliche Erschließung erfolgt mit Theasauri, seit 1989 mit einem neuen Fachthesaurus des Verbundes[7], der im Fachinformationsverbund gemeinsam aus zwei früher angewendeten Thesauri erarbeitet wurde. Er besteht aus ca. 7.500 Thesaurusdeskriptoren. Darüberhinaus findet eine gleichermaßen selbst entwickelte Grobklassifikation Anwendung. Sie dient u.a. der sachlich und regionalen Gliederung von Neuzugangslisten, Gesamtbibliographien und der Retrievalunterstützung. Die Datenbasis besteht derzeit aus ca. 250.000 Literaturnachweiseinheiten bei einem jährlichen Zugang von ungefähr 10.000 durch die SWP und 15.000 durch die Verbundinstitute.
Da die Datenbank im Realzeitdialog betrieben wird, besteht einer ihrer großen Vorteile in der Aktualität der ausgewerteten Literatur. Im Regelfall ist die beschaffte Literatur wenige Tage nach dem Eingang formal mit ihren bibliographischen Daten und grob inhaltlich mit den vergebenen Sach- und -Regionalklassen nachgewiesen und recherchierbar. Nach ca. zwei Wochen ist die inhaltliche Erschließung mit Vergabe der Deskriptoren und Eingabe der Abstrakts abgeschlossen.
Als erste größere bibliographische Arbeit auf Grundlage der Datenbasis ist 1989 in der Nomos Verlagsgesellschaft Baden-Baden ein „Informationshandbuch Internationale Beziehungen und Länderkunde" erschienen[8].
Im Jahr 1990 wird die Fachdatenbasis über ein Servicerechenzentrum und einen *Host* der nationalen und internationalen Fachöffentlichkeit zugänglich gemacht. Danach wird es auch möglich sein, weitere zum Fachgebiet gehörende Institutionen in den Fachinformationsverbund aufzunehmen, um im Rahmen einer nationalen, vielleicht auch internationalen Arbeitsteilung seine qualitative und quantitative Basis zu erweitern.

Anmerkungen

1) Ritter, Klaus: 25 Jahre Stiftung Wissenschaft und Politik: Zum Stand einer Entwicklungsaufgabe. In: Reden zum 25-jährigen Bestehen der SWP und zur Eröffnung ihres Konferenzgebäudes. Ebenhausen/Isar: Stiftung Wissenschaft und Politik, 1987, S.11.
2) Vgl. Ritter, Klaus: Politikbezogene Forschung als Aufgabe: Anmerkungen zu Entstehung, Organisation und Tätigkeit der Stiftung Wissenschaft und Politik. Polarität und Interdependenz. Stiftung Wissenschaft und Politik(Hrsg.) Baden-Baden: Nomos Verlagsgesellschaft 1978. (Internationale Politik und Sicherheit; Bd.1), S. 448 ff.
3) Ebenda. S. 448.
4) Vgl. Verhandlungen des Deutschen Bundestages: Drucksache, 4 (13.Januar 1965) 2936.
5) Ritter, Klaus in: Theo Sommer: Politikberatung in Deutschland. Die Zeit vom 02.10.1987. S. 2.
6) Vgl. Seydel, Dietrich: Aufgaben und Leistungen von Bibliothek und Dokumentation: Ein Überblick aus Anlaß des Wechsels im Amt des Institutsdirektors. Ebenhausen/Isar: Stiftung Wissenschaft und Politik, April 1988 (Unveröffentl. Manuskript).
7) Thesaurus Internationale Beziehungen und Länderkunde: Alphabetischer und systematischer Teil. Fachinformationsverbund Internationale Beziehungen und Länderkunde (Hrsg.) Ebenhausen/Isar: Stiftung Wissenschaft und Politik, 1989, VIII, 340 S.
8) Informationshandbuch Internationale Beziehungen und Länderkunde. Seydel, Dietrich (Hrsg.); Huck, Burkhard (Bearb.): Baden-Baden. Nomos Verlagsgesellschaft, 1989. (Internationale Politik und Sicherheit; Bd. 26), 752 S.

III
ALPHABETISCHES
VERFASSER-REGISTER

A

Aardal, B. *216.*
Abdel-Kader, S. *303.*
Abelshauser, W. *160.*
Abendroth, H. -H. *79.*
Abente, D. *332.*
Abourezk, J. G. *354.*
Abrams, H. L. *38.*
Abramson, P. R. *345.*
Abu-Zayed, Z. *4.*
Abyzov, V. I. *82.*
Abzac-Epezy, C. *191.*
Acevedo, C. *323.*
Achilles, O. *157.*
Achtamzjan, A. A. *160.*
Ackermann, P. *169.*
Aczél, G. *269.*
Adam, H. *311.*
Adamovský, L. *346, 347.*
Adams, G. *204.*
Adams, J. *46.*
Adamthwaite, A. *198.*
Adenauer, K. *130.*
Adeney, M. *203.*
Adibekov, G. M. *250.*
Adler, E. *317.*
Adler, H. *151.*
Adler, J. *6.*
Adragna, S. P. *244.*
Adshead, S. A. *282.*
Aeschbacher, M. *180.*
Afanasev, J. N. *252.*
Aganbegjan, A. G. *250.*
Aganbegyan, A. *248.*
Aganon, V. *359.*
Agee, P. *360.*
Agstner, R. *24.*
Ahluwalia, H. *286.*
Ahmann, R. *19.*
Ahmed, A. *303.*
Ahmed, I. *297.*
Ahmed, M. *284.*
Ahmed, M. D. *297.*
Ahn, S. *295.*
Ajami, F. *287.*
Akbar, M. *273.*
Akhavi, S. *287.*
Aktar, Y. *74.*
Al-Tajir, M. A. *274.*
Alagappa, M. *299.*

Alape, A. *327.*
Albers, D. *15.*
Albert Ferrero, J. *47.*
Alberti Rovira, E. *142.*
Albinski, H. S. *36.*
Albrecht, D. *176.*
Albrecht, L. G. *311.*
Albrecht, R. *135.*
Albrich, T. *6.*
Albright, D. *51.*
Alcalde Cruchaga, F. J. *132.*
Alcalde, J. G. *365.*
Alciato, A. *89.*
Alder, K. *50.*
Aldrich, J. H. *345.*
Alekseev, V. *313.*
Aleksievič, S. *246.*
Alex, J. *144.*
Alexander, H. E. *345.*
Alexander, J. B. *50.*
Alexander, P. *61.*
Alexander, S. *212.*
Alexandrescu, I. *227.*
Alff, R. *159.*
Alfonsín, R. *317.*
Ali, S. R. *115, 302.*
Aliboni, R. *32.*
Allemand, J. *190.*
Allen, C. R. *85.*
Allen, C. S. *155.*
Allen, E. *319.*
Allen, F. J. *363.*
Allen, T. B. *358.*
Allison, G. T. *238.*
Allison, R. *126.*
Allsebrook, M. *24.*
Allum, P. *207.*
Almdal, P. *125.*
Almeida, P. R. de *378.*
Almeyda Medina, C. *321.*
Aloysio, F. de *132.*
Alterman, E. *341.*
Altmann, F.-L. *121.*
Altshuler, M. *232.*
Altvater, E. *11, 61, 160.*
Alvarez Beran, R. F. *263.*
Alves, D. *374.*
Ambroise-Rendu, M. *185.*
Ambrose, S. E. *337.*
Ambrosius, L. E. *348.*

Amdam, R. P. *215.*
Ames, B. *315.*
Ames, R. *333.*
Amin, S. *126.*
Amorim Ferreira, A. *40.*
Amort, Č. *265.*
Amstutz, J. B. *108.*
Anan'ev, I. M. *246.*
Anders, G. *103.*
Andersen, A. *147.*
Andersen, J. P. *129.*
Andersen, R. R. *115.*
Anderson, J. W. *93.*
Anderson, R. C. *191.*
Andolsen, B. H. *367.*
André, É. *186.*
Andrén, N. *257.*
Andrews, E. M. *119.*
Andrews, J. A. *1.*
Andriamirado, S. *307.*
Andriole, S. *44.*
Angel, A. *329.*
Angeles Suárez, R. *371.*
Anger, J. *79.*
Anker, I. *69.*
Ankeren, S. van *299.*
Annati, M. *27, 47, 247.*
Ansari, H. *303.*
Ansbach, T. *6.*
Antezana Ergueta, L. *319.*
Antier, J.-J. *293.*
Antonellis, G. de *210.*
Antosjak, A. V. *227.*
Anweiler, K. *54.*
Appelbaum, R. P. *134.*
Appunn, D. von *332.*
Aquarone, A. *211.*
Aquarone, M.-C. *302.*
Aquino, B. A. *376.*
Arad, Y. *7.*
Arblaster, A. *10.*
Arborelius, A. *215.*
Arcangelis, M. de *44.*
Archer, C. *358.*
Arcidiacono, B. *94.*
Arday, L. *268.*
Areitio, J. *125.*
Arend, I. *22.*
Arendt, H.-J. *172.*
Arias-Salgado, R. *262.*

Ariff, M. *296.*
Ariño Ortiz, G. *261.*
Ariztimuño, J. *264.*
Arkin, W. M. *30, 51.*
Arkin, W.M. *32.*
Armaoglu, F. *109.*
Armstrong, A. *360.*
Armstrong, H. C. *77.*
Arndt, C. E. *136.*
Arnold, J. R. *106.*
Arnold, S. R. *88.*
Arnold, W. *298.*
Arnollet, M. *75.*
Arnon, P. *186.*
Arntz, H.-D. *147.*
Arroyo Talavera, E. *334.*
Artaud, D. *32, 365.*
Arteaga, A. M. *1.*
Arter, D. *184.*
Arterton, F. C. *341.*
Arthur, A. *101.*
Artieri, G. *211.*
Artraud, D. *106.*
Arvidsson, H. *257.*
Arzakanjan, M. C. *185.*
Aschoff, H.-G. *178.*
Ascione, L. *192.*
Ashe, V. H. *294.*
Åsheden, A.-M. *257.*
Ashurst, G. *200.*
Ashwood, T. M. *13.*
Asmus, R. D. *155.*
Assetto, V. J. *64.*
Atkinson, D. *203.*
Atwood, W. *103.*
Au, H. -E. *43.*
Auberlen, R. *136.*
Audouin-Le Marec, M. *96.*
Auerbach, H. *51, 136.*
Aufderheide, P. *64.*
Augsburger, M. S. *51.*
Augstein, R. *132.*
Auls, W. *32.*
Aung-Thwein, M. *274.*
Aurélio, D. P. *226.*
Austin, D. *275.*
Austvik, O. G. *215.*
Autin, J. *185.*
Avakian, B. *10.*
Avilés Carranza, M. A. *331.*

Awwad, E. *116.*
Ayoub, M. M. *305.*
Aziz, A. *273.*

B

Baba Kaké, I. *304.*
Bacalhau, M. *35.*
Baccard, A. *302.*
Bach, H. *296.*
Bächler, G. *21.*
Bachmann, P. *157.*
Bacho, P. *355.*
Backer, C. D. *356.*
Backes, U. *140.*
Baeuerle, D. *158.*
Bagley, B. *350.*
Bagley, B. M. *326, 348.*
Bagnasco, E. *86.*
Bagnato, B. *209.*
Bahr, E. *103, 151, 152.*
Bahr, G. *180.*
Bahry, D. *234.*
Bailer-Galanda, B. *218.*
Bailey, G. *231.*
Bailey, S. D. *13.*
Bajusz, W. D. *358.*
Baker, P. H. *310.*
Baker, W. D. *374.*
Bakiw, M. D. *100.*
Bakr, M. *3.*
Bald, D. *144.*
Balducci, A. *210.*
Balducci, E. *206.*
Balfour, M. L. G. *173.*
Baliccy, J. *9.*
Ball, A. M. *248.*
Ball, D. *245.*
Bally, J. J. *190.*
Balsen, D. *367.*
Bamberg, H.-D. *131.*
Bankowicz, M. *272.*
Banks, O. *203.*
Bar-Illan, D. *114.*
Bar-Joseph, U. *109.*
Bar-Siman Tov, Y. *290.*
Bar-Siman-Tov, Y. *116.*
Bar-Zohar, M. *288.*
Barany, Z. D. *268.*
Barbagallo, F. *211.*
Barbati, V. *32, 35, 41, 42.*

Barbier, C. *308.*
Barbieri, F. *207.*
Barco, V. *327.*
Bardacke, F. *368.*
Bardaji, R. *28, 34.*
Bardají, R. L. *26.*
Bardehle, P. *34.*
Bardelle, F. *123.*
Bardes, B. M. *342.*
Bargoni, F. *209.*
Barke, R. *64.*
Barker, J. H. *11.*
Barker, R. *87.*
Barman, G. *276.*
Barnaby, F. *50.*
Barner-Barry, C. *250.*
Barnes, R. C. *39.*
Barran, J. P. *334.*
Barratta, J. P. *1.*
Barré, H. *273.*
Barrett, J. *326.*
Barrett, J. W. *314.*
Barrett, S. R. *325.*
Barrett, T. *107.*
Barrios, H. *316.*
Barron, J. *46.*
Barry, D. D. *250.*
Barry, T. *348.*
Barstad, T. A. *216.*
Barthel, R. *190.*
Bartke, M. *34.*
Barzel, R. *130.*
Basbous, A. *112.*
Basiński, E. *224.*
Basov, A. V. *93.*
Bassnett, S. *67.*
Bästlein, K. *141.*
Batchelor, J. *57.*
Bates, C. C. *6.*
Bäther, U. *254.*
Batowski, H. *79.*
Battesti, M. *190.*
Bauder, I. *110.*
Bauer, F. J. *176.*
Bauer, I. *148.*
Bauer, R. *218.*
Baumann, E. *53.*
Baumann, M. *130.*
Baumgartner, L. *219.*
Bayor, R. H. *370.*

Beal, J. *95.*
Beavan, D. *164.*
Beaver, P. *58, 201.*
Bebler, A. *120, 213.*
Bechdolf, U. *141.*
Bechter, J.-P. *185.*
Beck, D. *169.*
Becker, F. *177.*
Becker, J. M. *155.*
Becker, W. *98, 172.*
Bedot, P. *89.*
Bedot, R. *89.*
Beer, S. *360.*
Behar, O. *327.*
Behbehani, H. S. *239.*
Behrend, M. *145.*
Behrend-Rosenfeld, E. R. *130.*
Behrens, D. *152.*
Behrens, G. *159.*
Behrstock, J. *24.*
Beilharz, P. *17.*
Beinin, J. *303.*
Beisel, D. *303.*
Beissinger, M. *256.*
Beit-Hallahmi, B. *290.*
Beiwinkel, K. *159.*
Béki, E. *15.*
Belan, P. S. *93.*
Bélanger, R. *325.*
Belknap, M. R. *370.*
Bell, C. *379.*
Bell, D. S. *187.*
Bell, T. H. *335.*
Bellis, P. *61.*
Bello, W. *61, 376.*
Belloin, G. *265.*
Bellows, T. J. *298.*
Belmonte-Hernandez, V. *54.*
Belz, W. *83.*
Ben Salem, H. *301.*
Ben-Eliezer, U. *7.*
Ben-Moshe, T. *76.*
Ben-Zvi, A. *84, 354.*
Bender, G. J. *302.*
Bender, P. *152, 180.*
Bendiner, B. *68.*
Bendlin, H. *131.*
Bengio, O. *286.*
Benítez, R. *329.*
Benjowski, K. *22, 124.*

Benn Wedgwood, D. *234.*
Benn, T. *193, 196.*
Bennett, Y. *194.*
Bennigsen, A. *229.*
Benoit, J.-M. *187.*
Benoit, P. *187.*
Benson, M. *309.*
Bent, D. *346.*
Bentley, M. *197.*
Benvenisti, M. *4.*
Benz, U. *169.*
Benz, W. *86, 92, 137, 167.*
Benze, J. G. *344.*
Benziman, U. *288.*
Beres, L. R. *348.*
Berežnoj, S. S. *247.*
Berezovskij, N. *247.*
Berg, G. P. van den *234.*
Berge, A. *258.*
Berger, P. L. *61.*
Bergère, M.-C. *282, 298.*
Bergeron, F. *252.*
Berghahn, V. *5.*
Berglar, P. *135.*
Bergmann, T. *234, 277, 282.*
Bergot, E. *105.*
Bergstresser, H. *307.*
Bering, B. *216.*
Berkowitz, B. D. *28.*
Berlin, R. H. *4.*
Berloznik, R. *40.*
Berman, L. *344.*
Bermann, K. *354.*
Bernacconi, S. *87.*
Bernales Ballesteros, E. *333.*
Bernaš, F. *84.*
Berner, O. *239.*
Berner, W. *273.*
Bernheim, N. *340.*
Bernier, J. -P. *96.*
Bernov, J. V. *230.*
Bernstam, M. S. *234.*
Bernstein, M. A. *365.*
Berntsen, H. *216.*
Berreby, É. G. *329.*
Berreby, G. *329.*
Berridge, G. R. *308, 310.*
Berroeta, P. *334.*
Berry, J. P. *336.*
Berry, W. D. *344.*

Berthold, D. *266.*
Bertin, F. *362.*
Bertrand, M. *98.*
Besançon, A. *232.*
Bessi, F. *364.*
Bessis, J. *305.*
Besson, R. *210.*
Best, W. *94.*
Besymenski, L. *199.*
Bethmann, U. *183.*
Bettez, D. J. *73.*
Betti, D. *208.*
Betto, F. *371.*
Bettolli, J. *205.*
Betts, R. K. *33, 41.*
Betz, J. *284.*
Beuys, B. *173.*
Beyme, K. von *175, 238.*
Bhargava, M. L. *285.*
Bialer, S. *238.*
Bianchi, F. *54.*
Bibby, J. F. *347.*
Bibó, I. *268.*
Biddick, T. V. *298.*
Bieganski, W. *100.*
Biello, D. di *361.*
Bielski, J. *224.*
Biering, S. G. *348.*
Bikar, A. *95.*
Bilenko, S. V. *246.*
Bill, J. A. *348.*
Bilton, M. *374.*
Bin Talal, H. *116.*
Bingen, D. *223.*
Binne, H. *67.*
Binnendijk, H. *31.*
Birand, M. A. *267.*
Bird, J. C. *196.*
Birnbaum, N. *341.*
Bischoff, J. *15, 250.*
Bisgaard, N. *129.*
Bishop, P. *204.*
Bitar, S. *321.*
Bitterlin, L. *298.*
Bitzinger, R. *30.*
Bjl, E. *234.*
Blachman, M. J. *323.*
Blackbourn, D. *170.*
Blackwill, R. D. *28.*
Blaich, F. *160.*

Blair, C. *106.*
Blair, D. *247.*
Blake, R. *196.*
Bland, D. L. *325.*
Bland, L. I. *337.*
Blank, A. *82.*
Blank, R. *54.*
Blaut, J. M. *15.*
Blay, S. K. N. *379.*
Błazynski, Z. *223.*
Bleistein, M. *168.*
Bloch, G. *46.*
Bloch-Lainé, F. *191.*
Bloed, A. *104, 124.*
Blüdnikow, B. *129.*
Blum, R. *74.*
Blum, Y. Z. *290.*
Blumenfeld, E. *131.*
Blumenthal, S. *341.*
Blumenwitz, D. *154.*
Blundy, D. *305.*
Blunk, C. L. *364.*
Boahen, A. A. *301.*
Bobba, F. *123.*
Bobbio, N. *10.*
Bock, J. G. *344.*
Bock, W. de *110.*
Boeckh, A. *334.*
Boelcke, W. A. *37.*
Boenau, A. B. *144.*
Boene, B. *348, 358.*
Boertmann, D. *315.*
Böhm, U. P. *176.*
Bohrt Irahola, C. *319.*
Bolaffi, A. *207.*
Bolívar Pedreschi, C. *332.*
Bonime-Blanc, A. *262.*
Bonner, A. *108.*
Bonner, R. *355.*
Bonsignore, E. *374.*
Boobbyer, P. C. *379.*
Boog, H. *159.*
Bookbinder, H. *354.*
Bookchin, M. *66.*
Boosere, P. de *40.*
Borawski, J. *105.*
Borch, C. *27.*
Borck, N. C. *129.*
Bordonajte, M. *231.*
Borioli, D. *101.*

Boris, M. *256.*
Boris, P. *182.*
Borman, W. *284.*
Bornstein, S. *17.*
Borovička, V. P. *59.*
Borowsky, P. *175.*
Borsányi, G. *270.*
Borth, F. *148.*
Böss, B. *206.*
Bothwell, R. *325.*
Botnen, I. *59.*
Botta, R. *101.*
Botti, F. *47.*
Botti, T. J. *52.*
Bottomore, T. B. *366.*
Botz, G. *220.*
Bouchier, D. *367.*
Bouraoui, M.-N. *153.*
Bourdé, G. *317.*
Bourg, W. van der *160.*
Bourne, P. G. *371.*
Bouvier, J. *191.*
Bovin, A. *41.*
Bower, T. *167.*
Bowers, P. M. *365.*
Bowles, N. *345.*
Bowman, M. W. *364.*
Bowyer, C. *56.*
Boyce, R. W. D. *203.*
Boyd, A. *4.*
Boyd, C. *59, 102.*
Boyer, C. *185.*
Boyes, W. *59.*
Boyle, F. A. *116.*
Boyle, F.A. *12.*
Boza de Lora, J. *46.*
Božoki, A. *269.*
Brabant, M. *164.*
Braber, B. *96.*
Bracher, K. D. *175.*
Bracken, P. *272.*
Brackman, A. C. *103.*
Bradford, E. *55.*
Bradford, H. A. *310.*
Bradford, R. *82.*
Bradley, M. *38.*
Braillard, P. *20.*
Braim, P. F. *78.*
Bramke, W. *172.*
Brancato, J. R. *13.*

Brand, S. *92.*
Brandon, R. *52.*
Brandt, P. *154.*
Brathwaite, E. *96.*
Bratzel, J. F. *45.*
Braun, E. *93.*
Braun, G. *302.*
Braun, U. *110.*
Brauneis, H. *24.*
Braunschweig, P. T. *45.*
Brauzzi, A. *285.*
Braybon, G. *193.*
Brebeck, W. E. *141.*
Brecher, F. W. *356.*
Brecher, M. *73.*
Bredow, W. von *123, 126, 151.*
Bredthauer, K. D. *150.*
Breemer, J. S. *95, 247.*
Breguet, E. *88.*
Bremer, S. *164.*
Brendon, P. *335.*
Brennan, M. *106.*
Brenner, J. *67.*
Brès, E. *96.*
Brès, Y. *96.*
Breslauer, S. D. *336.*
Bretscher, W. *259.*
Breuer, W. B. *45.*
Breyer, S. *159, 212.*
Briant, J. *320.*
Brickhill, P. *89.*
Bridge, C. *197.*
Brie, A. *33, 124.*
Brien, K. M. *15.*
Brieskorn, N. *14.*
Brill, H. *131.*
Brimelow, P. *325.*
Bring, O. *13.*
Bristow, C. *200.*
Brito, D. L. *38.*
Broby-Johansen, R. *128.*
Broder, H. M. *138.*
Brodowski, L. *222.*
Brogi, A. *79.*
Brooks, L. F. *359.*
Brooks, S. *97.*
Broué, P. *232.*
Brown, G. *374.*
Brown, R. J. *196.*

Brown, S. *20.*
Browning, G. K. *250.*
Brucan, S. *120.*
Bruce, J. M. *56.*
Bruckmann, W. *53.*
Brühl, R. *36, 75, 183.*
Brundtland, A. O. *215.*
Brunkert, P. *93.*
Brunner, G. *154, 268.*
Bry, K. C. *173.*
Brzezinski, B. *221.*
Brzeziński, Z. *348.*
Bucciante, G. *209.*
Bucharin, N. I. *225, 228.*
Bucher, L. M. *105.*
Bucher, P. *132.*
Buchheim, C. *162.*
Buchheim, L. -G. *87.*
Buchner, A. *93.*
Buck, J. *261.*
Buck, T. *250.*
Buckley, J. P. *373.*
Budura, A. *283.*
Bugajski, J. *264.*
Bühl, A. *79.*
Bührer, W. *160.*
Bukovskij, V. K. *232.*
Bull Hansen, F. *232.*
Bull, G. V. *50.*
Bull, H. *28.*
Bull-Berg, H. J. *365.*
Bulla, M. *182.*
Bullier, A. J. *311.*
Bulmer, S. *123, 124.*
Bunbongkarn, S. *299.*
Bundy, M. *52.*
Bunge, W. *38.*
Bunin, V. N. *43.*
Bunting, B. *310.*
Burbach, R. *314.*
Burchard, F. von *156.*
Burgess, W. H. *110.*
Burgos Madroñero, M. *79.*
Burk, J. *362.*
Burk, R. F. *335.*
Burkett, T. *145.*
Burki, S. J. *297.*
Burleigh, M. *131.*
Burma Watcher (Pseud.) *274.*
Burns, B. E. *354.*

Burns, J. *112.*
Burrin, P. *187.*
Burstall, T. *106.*
Burt, R. A. *201.*
Burt, R. R. *33.*
Burton, J. *194.*
Busch, W. *131.*
Bush, G. *335.*
Busquets i Vilanova, C. *74, 263.*
Buss, C. A. *375.*
Buss, G. *251.*
Buszynski, L. *239.*
Butler, D. *108, 196.*
Butowski, P. *57.*
Butterwegge, C. *149.*
Button, J. *4.*
Buzan, B. *21, 292.*
Byczkowski, J. *170.*
Byrne, P. *22.*

C

Caballero Jurado, C. *86, 100, 180, 316.*
Caballero, M. *17.*
Cable, J. *110, 196.*
Čacda, V. *264.*
Caciagli, M. *262.*
Cacucci, P. *206.*
Cada, V. *265.*
Cahen, M. *306.*
Caine, B. *195.*
Calamida, L. *208.*
Calandra, G. *205.*
Calandri, E. *306.*
Caldwell, L. T. *356.*
Calice, N. *208.*
Callaghan, J. *194.*
Calleo, D. P. *33.*
Callesen, G. *5.*
Calloni, S. *331.*
Calvert, J. R. *325.*
Calvert, P. *315.*
Calvocoressi, P. *22.*
Cameron, D. *202.*
Caminha, J. C. G. *112.*
Campanera i Rovira, A. *51, 263.*
Campanile, M. *210.*
Campbell, B. *203.*

Campbell, D. *365.*
Campbell, J. *194.*
Campbell, K. *302.*
Campbell, K. M. *52, 312.*
Campeanu, P. *17.*
Campion, J. *266.*
Camporesi, V. *203.*
Canan, J. W. *365.*
Cannon, M. *106.*
Cannon, M. W. *51.*
Cantori, L. J. *116.*
Cantzen, R. *145.*
Carafóli, D. *205.*
Carchedi, G. *66.*
Cárdenas, J. P. *320, 321.*
Carelli, M. *189.*
Caretto, E. *335.*
Cargile, S. D. *340.*
Carhart, T. *106.*
Carlsen, E. *129.*
Carotti, C. *1.*
Carpenter, W. M. *363.*
Carr, J. *311.*
Carr-Gregg, C. *108.*
Carrara Marrón, D. J. *47.*
Carrillo, S. *262.*
Carrión Mena, F. *322.*
Cars, H. C. *258.*
Carter, A. *15.*
Carter, L. J. *365.*
Cartosio, B. *368.*
Cartwright, J. *69.*
Carver, M. *46, 100.*
Casaldáliga, P. *329.*
Casalini, M. *206.*
Casas Aguilar, J. *327.*
Casas, U. *314.*
Casper, W. *83.*
Castañeda, J. G. *328.*
Castellina, L. *124.*
Castello, A. E. *318.*
Castermans-Hollenman, M. *11.*
Castillo, H. *328.*
Castoldi, L. *205.*
Castro Sauritain, C. *18.*
Castro, F. *371.*
Cattan, H. *116.*
Catudal, H. M. *30.*
Caula, N. *334.*

Cauley, J. *18.*
Caute, D. *17, 102.*
Cavaterra, E. *211.*
Cavefors, B. *136.*
Ceadel, M. *22, 197.*
Ceaușescu, N. *227.*
Čejka, E. *82, 93.*
Celmer, M. A. *18.*
Čemaloviw, E. *99.*
Ceresole, N. *333.*
Černobaev, A. A. *231.*
Cervoni, F. *209.*
Četvertnoj, L. M. *248.*
Ceyhun, F. *267.*
Chačaturo, K. A. *316.*
Chace, J. *348.*
Chadžinikolov, V. *254.*
Chagoll, L. *292.*
Chain, J. T. *365.*
Chaitanya, K. *284.*
Chaliand, G. *18.*
Chalmers, D. M. *347.*
Chalmers, M. *34.*
Chamard, M. *185.*
Chamberlin, W. H. *254.*
Chambers, J. W. *362.*
Chambon, A. *192.*
Chang-Rodríguez, E. *333.*
Chanoff, D. *106.*
Chant-Sempill, S. *86.*
Chapman, W. *376.*
Chappell, M. *110, 191.*
Charbonnel, J. *186.*
Charlton, P. *78.*
Charmley, J. *194.*
Chartres, J. *56.*
Charzat, G. *40.*
Chatterji, N. C. *115.*
Chaunu, P. *187.*
Chauy, G. *97.*
Chen, K. C. *109.*
Cheneux, P. *271.*
Cheng, J. Y. S. *277, 280, 283.*
Cheng, N. *277.*
Cheon, S. W. *26.*
Chernik, M. W. *326.*
Chesnais, J.-C. *118.*
Chesneau, J. *226.*
Cheung, T. M. *280.*
Chevallaz, G. -A. *85.*

Chiang, H. *351.*
Chichester, M. *200.*
Chikulo, B. C. *313.*
Childs, D. *181.*
Chisman, F. *367.*
Chiu Chor-Wing, T. *282.*
Chlebowczyk, J. *75.*
Cholewinski, R. *339.*
Chombart de Lauwe, M.-J. *187.*
Chomsky, N. *291, 316, 353.*
Chor'kov, A. G. *93.*
Christens, R. *76.*
Christensen, K. *129.*
Christensen, M. *44.*
Christensen, T. *369.*
Christnacht, A. *377.*
Chubin, S. *110, 287.*
Chubrétovich A. C. *379.*
Chung, B. K. *294.*
Chung, K. *295.*
Churchill, C. *201.*
Churchward, L. G. *250.*
Čikovani, A.J. *252.*
Cieślak, K. *57.*
Cigar, N. *110.*
Cimbala, S. J. *33, 38, 40, 41, 244.*
Cioc, M. *156.*
Cisneros Lavaller, A. *315.*
Citino, R. M. *155.*
Citterich, V. *206.*
Clark, D. *356.*
Clark, M. T. *233.*
Clark, P. *275.*
Clark, R. W. *230.*
Clark, S. L. *34.*
Clarke, J. D. *307.*
Clarke, J. J. *108.*
Clarke, P. *9.*
Clary, D. *363.*
Claude, I. L. *348.*
Claussen, D. *7.*
Clawson, P. *286.*
Claxton, B. D. *361.*
Clemens, C. *30.*
Clements, K. P. *52.*
Clemmesen, M. H. *44.*
Clerc, J.-P. *372.*
Clercq, K. de *76.*

Cliff, T. *230.*
Clifford, C. M. *350.*
Clogg, R. *193.*
Clough, R. N. *294.*
Clutterbuck, R. *18.*
Coates, J. *347.*
Cobban, H. *29, 52.*
Cochran, T. B. *30, 32.*
Cockburn, L. *354.*
Cockburn, P. *234.*
Cockett, R. B. *204.*
Codevilla, A. *27.*
Coello Lillo, J. L. *80.*
Coffman, E. M. *81.*
Cohen, A. *96.*
Cohen, M. J. *116.*
Cohen, R. *21.*
Cohen, R. I. *7.*
Cohen, T. *292.*
Cohen, Y. *199.*
Coilliot, A. *96.*
Cointet-Labrousse, M. *192.*
Coker, C. *105, 380.*
Colard, D. *24.*
Colarizi, S. di *207.*
Colas, D. *230.*
Cole, J. *112, 250.*
Cole, J. P. *195.*
Cole, P. M. *257.*
Coletta, P. E. *1, 363.*
Coli, D. *210.*
Coll, A. R. *343.*
Collier, G. A. *264.*
Collins, J. M. *362.*
Collins, S. D. *346.*
Collister, P. *199.*
Collotti, E. *218.*
Collovald, A. *188.*
Collyer C. , P. *320.*
Colombani, J.-M. *186.*
Colquhoun, R. *184.*
Colson, B. *350.*
Colson, D. *188.*
Colton, T. J. *234.*
Colvin, R. *108.*
Coma, M. *123.*
Combs, J. A. *348.*
Condell, D. *203.*
Condon-Rall, M. E. *362.*
Congdon, J. *338.*

Conkin, P. K. *336.*
Conley, D. *48.*
Connors, L. *292.*
Conover, T. *368.*
Conrad, J. P. *24.*
Conroy, J. *204.*
Conte, A. *78.*
Conybeare, J.A. *12.*
Cook, C. *4.*
Cook, R. *346.*
Cooksley, P. G. *56.*
Coolsaet, R. *127.*
Cooper, A. F. *2.*
Cooper, J. *250.*
Coote, A. *203.*
Copp, T. *97.*
Copper, J. F. *298.*
Coquery-Vidrovitch, C. *301, 313.*
Corbach, D. *138.*
Corbett, R. *40.*
Corbridge, S. *61.*
Cordesman, A. H. *110.*
Cordier, P. *191.*
Corlett, R. *247.*
Corneli, A. *283.*
Corni, G. *170.*
Corning, G. P. *352.*
Corpuz, A. G. *376.*
Correll, J. T. *365.*
Corsi, H. *211.*
Cosentino, M. *48, 247, 357, 363.*
Costa Bona, E. *126.*
Costa, A. *46.*
Cotic, M. *265.*
Cott, N. F. *67.*
Cotton, J. *283.*
Coudert, V. *324.*
Coudray, H. *75.*
Couteau-Béegarie, H. *377.*
Couteau-Bégarie, H. *35, 380.*
Coutouvidis, J. *84.*
Couyoumdjian, J. R. *320.*
Covelli, L. *99.*
Covington, S. R. *242.*
Coward, B. R. *201.*
Cox, D. *325.*
Crampton, R. J. *128.*
Cranshow, B. C. *248.*

Cranz, M. *131.*
Crassweller, R. D. *317.*
Crawford, J. B. *201.*
Creagh, R. *347.*
Crenzien, B. J. *1.*
Creusat, R. *78.*
Crick, B. *15.*
Crick, M. *198.*
Criddle, B. *187.*
Critchley, J. *194.*
Črnugelj-Zorko, F. *99.*
Croci, P. *9.*
Croft, S. *42, 199.*
Cronin, R. P. *273.*
Croos, N. H. *248.*
Crosnier, A. *56.*
Cross, N. H. *248.*
Crouch, S. C. *312.*
Crowe, W. J. *242.*
Crowley, B. L. *14.*
Crozier, B. *15, 242.*
Csaba, L. *249.*
Cubbage, T. L. *107.*
Cubrilovic, V. *212.*
Cuenca Toribio, J. M. *80.*
Cuff, R. D. *362.*
Čugunov, A. I. *246.*
Culbert, D. *107.*
Cull, B. *99.*
Cumings, B. *106.*
Cunha, D. da *248.*
Curami, A. *210.*
Currey, C. B. *107.*
Curtiss, R. H. *115.*
Cuthbertson, I. M. *52.*
Cutting, P. *114.*
Cygański, M. *35, 150.*
Cynkin, T. M. *223.*
Cyr, A. *350.*
Cyrus, H. *133.*
Czapski, J. *222.*
Czarski, A. *93.*
Czech, D. *90.*
Czege, A. Wass von *269.*
Czempiel, E.-O. *22.*
Czerep, S. *224.*
Cziomer, E. *150, 153.*
Czubiński, A. *226.*

D

Da Ponte, F. *119.*
Daag, N. *35.*
Daalder, I. H. *42.*
Daguzan, J.-F. *119.*
Dahlerup, D. *119.*
Dahlmanns, M. *81.*
Dahm, H. *233.*
Dal Miglio, G. *291.*
Dalby, S. *232.*
Daley, T. *108.*
Damböck, M. *301.*
Dančenkov, F. S. *246.*
Dancke, T. M. *216.*
Dangl, V. *76, 78.*
Daniel, J. *189.*
Danielsen, D. *215.*
Däniker, G. *259.*
Danilov, V. D. *246.*
Darby, P. *20.*
Darden, J. T. *340.*
Dascalu, N. *228.*
Daschitschew, W. *153.*
Dauderstädt, M. *226.*
Daumann, D. *201.*
Davenport, R. M. *102.*
Dâver, B. *81.*
David, C. -P. *41.*
David, C.-P. *359.*
David, I. *336.*
David, L. *336.*
Davidson, P. B. *299.*
Davies, R. W. *249.*
Davis, B. L. *158.*
Davis, J. W. *345.*
Davis, L. *375.*
Davis, L. E. *199.*
Davis, S. M. *310.*
Dawidowicz, L. S. *138.*
Dawisha, A. I. *114.*
De Salas Lopez, F. *263.*
De'Medici, G. *208.*
Deac, A. *228.*
Deacon, R. *45.*
Deakin, N. *203.*
Dealy, G. C. *317.*
Dean, J. *31, 182.*
Deane, M. J. *244.*
DeBlasio Wilhelm, M. *101.*
Decraene, P. *304, 379.*

Degrelle, L. *73, 86.*
Dejean de La Bâtie, B. *33.*
Delal Baer, M. *328.*
Delaporte, M. *331.*
Delauney, M. *189.*
DeLeon, P. *38.*
Deliusin, L. P. *282.*
Della Porta, D. *208.*
Della Rocca, F. *72.*
Dellinger, D. *107.*
Delporte, C. *190.*
Delzell, C. F. *96.*
Démerin, P. *137.*
Deniau, J. -C. *110.*
Denis, S. *368.*
Denk, H. *332.*
Dennis, M. *182.*
Dennis, P. *201.*
Denscher, B. *220.*
Deppe, F. *147.*
Deqi, K. *280.*
Der Derian, J. *21.*
Derleth, J. W. *108.*
Derogy, J. *79.*
Derou, J. *226.*
Desai, P. *250.*
Deschner, K. *271.*
Deschouwer, K. *127.*
Désouches, O. *308.*
Detter de Lupis, I. *13.*
Devanny, J. *373.*
Devés Valdes, E. *321.*
Dewey, G. *363.*
Diamant, A. *144.*
Diamanti, E. *210.*
Diarrah, C. O. *306.*
Díaz Müller, L. *315.*
Diaz Polanco, H. *329.*
Dick, L. van *7.*
Dickey, C. *330.*
Dickhut, L. *171.*
Didriksen, J. *216.*
Dieckmann, G. *230.*
Diehl, P. F. *115, 155.*
Dienes, L. *256.*
Dienstfrey, S. J. *362.*
Diepgen, E. *180.*
Diesbach, R. de *260.*
Diestelkamp, B. *142.*
Dietrich, D. V. *244.*

Dietz, B. *232.*
Dietz, E. *138.*
Dietzel, H. *149.*
Dietzel, P. *151.*
Dijk, A. *214.*
Dillon, G. M. *112.*
Dillon, M. *82.*
Dima, N. *227.*
Dimanski, H.-M. *300, 377.*
Dimitrov, B. *128.*
Diner, D. *291.*
Ding, X. *277.*
Dingake, M. *309.*
Dingman, R. *106.*
Dinkelaker, U. *44.*
Dirlik, A. *277.*
Ditfurth, J. *139.*
Dittmer, L. *277.*
Dixon, N. F. *70.*
Djekovič, Ł. *212.*
Djilas, M. *212.*
Dmitričev, T. F. *104.*
Dmitriev, B. *27.*
Doan van, T. *106.*
Dobbs, F. *368.*
Dobriansky, P. J. *348.*
Dobson, A. P. *348.*
Dobson, C. *18.*
Dockrill, M. L. *103.*
Dockrill, S. *126.*
Dodenhoeft, M. *166.*
Doehler, E. *147, 183.*
Doenecke, J. D. *1.*
Domes, J. *278.*
Donnart, R. *95.*
Donnelly, C. *246.*
Donnelly, J. *11.*
Donno, A. *291.*
Donoughue, B. *196.*
Doostdar, N. *23.*
Doppelbauer, W. *75.*
Dorfey, B. *98.*
Dorman, W. A. *369.*
Dorr, R. F. *56.*
Dörre, K. *144.*
Dos Santos, N. B. *317.*
Döscher, H.-J. *138.*
Dosman, E. J. *326.*
Dossa, S. *288.*
Douceret, S. *185.*

Dougherty, J. E. *349.*
Douwes, D. *298.*
Doxey, M. P. *12.*
Drabek, J. *332.*
Dragadze, T. *256.*
Dräger, K. *146.*
Dragoni, U. *90.*
Draper, H. *10.*
Dreisziger, N. F. *269.*
Dressel, J. *56, 58.*
Dressen, W. *7.*
Drewniak, B. *168.*
Drexler, M. *220.*
Dreyfus, M. *5, 189.*
Driessler, W. *324.*
Drizul, A. A. *254.*
Drosdov, G. *93.*
Drummond, I. *325.*
Dryzek, J. S. *66.*
Du Catel, A. *379.*
Duarte, J. N. *323.*
Dubofsky, M. *336.*
DuBois, W. E. B. *340.*
Duclos, L.-J. *289.*
Dufourcq *41.*
Duggan, C. *14.*
Dugrand, A. *232.*
Duijnhouwer, I. D. C. *44.*
Dujmovič, N. *373.*
Duke, D. C. *338.*
Dulioust, N. *276.*
Dumas, M. *312.*
Dunér, B. *239.*
Dunin-Wasowicz, K. *91.*
Dünki, M. *61.*
Dunn, L. A. *30.*
Dünne, L. *46.*
Dunnigan, J. F. *37.*
Dunstan, S. *58.*
Dupuy, T. N. *37.*
Durand, M. *54.*
Duras, M. *185.*
Durch, W. J. *31.*
Durden, K. *77.*
Dürr, K. *131.*
Durr, M. *63.*
Durth, W. *85.*
Dutailly, H. *191.*
Dutourd, J. *186.*
Duval, M. *52.*

Duverger, M. *186.*
Düwell, K. *141.*
Dwyer, T. R. *194.*
Dyba, J. *124.*
Dyker, D. *250.*
Dzintars, J. *256.*
Dzwonchyk, W. M. *365.*

E

Ebon, M. *251.*
Echeverría, S. *323.*
Eckert, R. *62, 193.*
Eckstein, E. *97.*
Edds, M. *340.*
Ede, J. C. *194.*
Edelman, M. *239.*
Edelman, R. *252.*
Edmonds, J. E. *176.*
Edwards, A. *338.*
Edwards, B. *86.*
Edwards, E. W. *199.*
Edwards, R. *18.*
Eenoo, R. van *2.*
Efinger, M. *32, 103.*
Ege, K. *335.*
Egendorf, A. *107.*
Egerö, B. *306.*
Eggers, W. *250.*
Eguchi, M. *292.*
Ehrhart, H. -G. *52.*
Ehrhart, H.-G. *190.*
Ehrhart, W. D. *299.*
Ehrke, M. *328.*
Eibl-Eibesfeldt, I. *70.*
Eichelberg, I. *192.*
Eichler, J. *188.*
Einhorn, R. *357.*
Eisenstein, Z. R. *67.*
Elder, N. *120.*
Ellacuría, I. *323.*
Ellacuríia, I. *323.*
Ellemann-Jensen, U. *129.*
Elliff, J. T. *344.*
Elliot, I. *251.*
Elloy Bonninghen de, A. *48.*
Ellsworth, R. F. *357.*
Ellwein, T. *144.*
Ellwood, S. M. *262.*
Elton, C. *332.*
Embacher, H. *163.*

Emmerling, M. *56.*
Enders, G. *86.*
Enders, T. *31.*
Engel, D. *84.*
Engel, R. *54.*
Engelhardt, A. *139, 145, 147.*
Engelmann, B. *148.*
Englebert, P. *307.*
English, A. *315.*
English, J. *325.*
English, R. *232.*
Entessar, N. *379.*
Epkenhans, M. *159.*
Eppler, E. *103.*
Epstein, B. *342.*
Epstein, J. M. *40.*
Erhart, K. *54.*
Erickson, J. *232.*
Erickson, R. J. *12.*
Černeckij, S. A. *198.*
Ernould, R. *229, 243.*
Ernst, U. *178.*
Errigo, G. *208.*
Ertel, H. *86.*
Eschke, D. *123.*
Esherick, J. *283.*
Esposito, J. L. *72.*
Este, C. d' *99.*
Etienne, B. *72.*
Ettinger, E. *134.*
Evans, E. H. *39.*
Evans, J. *279.*
Evans, R. J. *122.*
Evren, K. *267.*
Ewald, W. B. *347.*
Ewing, S. *86.*
Exner, P. *188.*
Eyal, J. *227.*
Ezell, E. C. *229.*

F

Faber, B. *164.*
Facon, P. *77.*
Fagiolo, S. *234.*
Fairbank, J. K. *283.*
Fairbanks, C. H. *349.*
Fairclough, A. *340.*
Falcke, H. *72.*
Faligot, R. *276, 277.*
Falk, R. *63, 118.*

Falk, R. A. *20.*
Falkenheim, P. L. *352.*
Faltin, B. *156.*
Fan, F. *277.*
Farago, B. *270.*
Farer, T. J. *329, 378.*
Farias, V. *132.*
Farndale, M. *44.*
Farnol, L. *365.*
Farnsworth, E. *333.*
Farouk-Sluglett, M. *286.*
Farrell, J. T. *232.*
Fast, N. *160.*
Fatutta, F. *99.*
Fauriol, G. *371.*
Favez, J.-C. *260.*
Favorite, M. *98.*
Fay, B. *66.*
Feaver, P. *29.*
Federlein, A. *68.*
Fehér, I. *268.*
Fein, E. *141.*
Feintuch, Y. *352.*
Feis, H. *85.*
Fejtö, F. *185.*
Felber, R. *254.*
Feld, W. J. *28.*
Felfe, E. *120.*
Feller, B. *301.*
Fellner, G. *138.*
Feltrin, P. *207.*
Feo, M. de *28.*
Feretti, V. *293.*
Ferguson, J. *371.*
Fernandes Mendes, H. *333.*
Fernandez Mateos, F. *54.*
Fernandez, R. *373.*
Fernández, W. N. *334.*
Ferrante, E. *209.*
Ferrard, S. *51.*
Ferrari, S. *271.*
Ferris, J. *200.*
Ferro, M. *74, 186.*
Feske, S. *380.*
Fessler, P. *219.*
Fetscher, I. *16.*
Feyerabend, J. *131.*
Fidelius, P. *11.*
Fiedler, H. *16.*
Fieldhouse, R. *363.*

Fieschi, R. *40.*
Figueroa Salazar, A. *322.*
Filtzer, D. *251.*
Findlay, M. *282.*
Findling, J. E. *353.*
Finger, S. M. *24.*
Finker, K. *181.*
Finn, G. *141.*
Finnegan, W. *308.*
Finotti, S. *208.*
Fiorentino, F. *101.*
Fiorenza, N. *26.*
First, R. *310.*
Fisas Armengol, V. *263, 378.*
Fisch, H. *146.*
Fischer, D. *67, 195.*
Fischer, D. A. V. *29.*
Fischer, E. *217.*
Fischer, H. J. *52.*
Fisher, D. E. *59.*
Fistié, P. *274.*
Fitz Gerald, M. C. *231.*
Fitz Simmons, M. *69.*
Flack, J. *202.*
Flanagan, S. *28.*
Flank, H. *159.*
Flanner, K. *141.*
Flapan, S. *291.*
Flayhart, W. H. *77.*
Fleck, C. *217.*
Fleet, D. D. van *44.*
Fleischer, H. *171.*
Fleischhauer, I. *93.*
Fleury, A. *137.*
Flick, H. *340.*
Flisowski, Z. *102.*
Florentin, E. *82.*
Flores Magón, R. *329.*
Flores, A. *291.*
Florini, A. M. *59.*
Flörken, N. *178.*
Flournoy, M. *52.*
Flower, K. *313.*
Fock, H. *48.*
Fogel, J. A. *276.*
Fogelson, N. *377.*
Foot, R. J. *106.*
Foote, G. *196.*
Footitt, H. *97.*
Fordinálová, E. *368.*

Forest, A. *313.*
Forstner, M. *303.*
Forsythe, D. P. *349.*
Forti, M. *97.*
Forty, G. *54.*
Foster, D. *311.*
Foster, J. B. *68.*
Foster, N. *201.*
Foucher, M. *6.*
Fougier, G. *189.*
Fowler, C. *41.*
Fowler, M. R. *11.*
Fraga Iribarne, M. *262.*
Fraga, M. *125.*
Frame, T. R. *374.*
Francillon, R. J. *365.*
Frank, A. *214.*
Frank, A. G. *61, 62, 66.*
Frank, J. *131.*
Franke, B. *66.*
Frankel, N. *114.*
Frankena, F. *2.*
Frankland, E. G. *146.*
Frankland, M. *233.*
Franko-Jones, P. *320.*
Franks, C. E. *325.*
Franks, N. *49.*
Franks, N. L. R. *86.*
Franquesa, A. R. *213.*
Franz, U. *277.*
Franzina, E. *211.*
Fraser, N. M. *26.*
Fraser, R. *80.*
Frayde, M. *372.*
Frazaó, E. M. R. *319.*
Fredericks, M. *342.*
Freeburg, R. W. *91.*
Freeden, M. *198.*
Freedman, L. *341.*
Freeman, S. *46.*
Freeman, W. *351.*
Frei, A. G. *138.*
Freiberg, P. *162.*
French, D. *75.*
Frescobaldi, D. di *212.*
Fresia, G. J. *347.*
Freudenstein, R. *221.*
Freund, F. *90.*
Freyberg, T. von *166.*
Frick, K. *220.*

Fricke, D. *165.*
Fridling, B. E. *54.*
Friedlander, R. A. *173.*
Friedman, N. *48, 55.*
Friedman, R. M. *288.*
Friedman, S. P. *338.*
Friedmann, G. *83.*
Friedrich, I. *227.*
Friend, T. *376.*
Friese, H. *141.*
Friesen, O. *276.*
Frieson, K. *294.*
Fritsch-Bournazel, R. *154.*
Fritsche, K. *239, 240.*
Fritsche, E. *165.*
Fritzsche, H. *166.*
Fritzsche, P. *207.*
Fröhlich, S. *83.*
Frundt, H. J. *324.*
Frye, A. *366.*
Fuchs, H. J. *164.*
Fuenmayor, J. B. *334.*
Fuentes, J. *105.*
Fuentes, M. *66.*
Fuertes Rocanin, J. C. *70.*
Fuller, J. F. *6.*
Funke, H. *149.*
Funke, M. *79.*
Furgurson, E. B. *336.*
Furler, B. *232.*
Furley, O. *313.*
Furlong, P. *207.*
Fusi Aizpurúa, J. P. *261.*
Fynbo, L. *32.*

G

Gabanyi, A. *228.*
Gabanyi, A. U. *227, 228.*
Gabbert, H. *176.*
Gäbel, H.-J. *150.*
Gabler, U. *55.*
Gabriel, J. M. *123, 260, 342, 345.*
Gabriele, M. *98.*
Gadd, C. *107.*
Gaddis, J. L. *103.*
Gaffney, J. *188.*
Gail, M. *286.*
Galán Medellín, R. *326.*
Galántai, J. *74.*

Galantin, I. J. *102.*
Galasso, N. *318.*
Galbraith, J. K. *335.*
Galdorisi, G. V. *280.*
Gall, S. *108.*
Gallagher, T. *204.*
Gallant, K. S. *28.*
Gallicchio, M. S. *355.*
Gallissot, R. *304.*
Gallmeister, P. *5.*
Gallo, M. A. *327.*
Galster, S. R. *273.*
Galtung, J. *11, 104.*
Galvin, J. R. *27, 33.*
Galvis, S. *45.*
Gama, J. *226.*
Gamba, V. *112.*
Gamonal Torres, M. A. *80.*
Gamreckij, J. M. *254.*
Ganapini, L. *211.*
Gander, T. *201.*
Gander, T. J. *39.*
Gandhi, I. *284.*
Gandy, A. *191.*
Gangloff, R. *95.*
Ganssmüller, C. *70.*
Garang, J. *308.*
Garano, M. *209.*
Garay Vera, C. *262.*
Garbus, M. *344.*
García Márquez, G. *320.*
Garcia Sole, F. *362.*
García, A. J. *332.*
Gardner, G. *342.*
Gardner, H. *10.*
Gardner, J. *278.*
Gareev, M. *359.*
Gareev, M. A. *229.*
Gareis, S. *141.*
Garejew, M. *244.*
Garelow, M. A *244.*
Garfinkle, A. *116.*
Garland, B. *2.*
Garnier, C. von *306.*
Garrett, B. N. *279.*
Garrett, S. A. *120.*
Garrido, L. J. *328.*
Garscha, W. R. *218.*
Gartenschlaeger, U. *148.*
Garthoff, R. L. *244, 247.*

Garver, J. W. *279.*
Garvey, M. *340.*
Gasparinetti, A. *209.*
Gasser, A. *260.*
Gat, M. *286.*
Gates, D. *42.*
Gates, P. J. *55.*
Gates, R. M. *360.*
Gati, C. *121.*
Gati, T. T. *240.*
Gatlin, R. *367.*
Gatter, P. *146.*
Gavrilov, B. I. *252.*
Gawrych, W. *57.*
Gay, A. *363.*
Gay, F. *209.*
Gazit, M. *290.*
Gazit, S. *112.*
Gazzini, M. *89.*
Geary, D. *149.*
Gebhardt, J. F. *95.*
Gehmert, M. *183.*
Geigbeder, Y. *24.*
Geisler, L. *17.*
Gelber, Y. *7.*
Gellhorn, M. *369.*
Gemignani, M. *106.*
Geneste, M. *43.*
Genkel, I. *180.*
Genri, E. *140.*
Genscher, H.-D. *152.*
Gensicke, K.-H. *144.*
Gentile, E. *2.*
Geoghegan, V. *16.*
George, B. *198.*
George, L. N. *378.*
Georgens, B. *166.*
Georgi, F. *135.*
Geras, N. *16.*
Géré, F. *32.*
Geréb, S. *270.*
Gerig, U. *295.*
Gerke, W. *176.*
Gerlach, W. *170.*
Germenčuk, V. V. *252, 256.*
Gershman, C. *349.*
Gerson, J. *361.*
Gesensway, D. *89.*
Gessner, K. *172.*
Gething, M. J. *201.*

Geyelin, P. *350.*
Ghartey, J. B. *300.*
Ghaus, A. S. *273.*
Ghebali, V. -Y. *27.*
Gheorghiu, C. V. *227.*
Ghilardi, F. *209.*
Gibbs, C. C. S. *83.*
Gibson, C. *87.*
Gibson, C. D. *13.*
Gibson, N. *311.*
Giełzynski, W. *221.*
Giertz, H. *252.*
Gies, M. *214.*
Giesbert, F.-O. *185.*
Giesler, H. *132.*
Giessmann, H. -J. *30.*
Gilbert, A. *47.*
Gilbert, B. B. *337.*
Gillespie, C. G. *316.*
Gillon, S. M. *347.*
Gimmel'rajch, K. *256.*
Gincberg, L. I. *146.*
Ginesta, J. *334.*
Giniewski, P. *288.*
Giorgerini, G. *48.*
Girard, C. *126.*
Girenko, J. S. *240.*
Girling, J. L. *16.*
Girodet, J. *54.*
Giscard d'Estaing, V. *121, 185.*
Gitlin, T. *343.*
Gladkov, T. *83.*
Glantz, D. M. *93, 242, 244, 245.*
Glaser, B. S. *279.*
Glaser, G. *147, 181.*
Glass, A. *57.*
Gleditsch, N.P. *59.*
Gleiss, H. G. W. *178.*
Glensk, E. *178.*
Glišiw, V. *99.*
Glossop, R. J. *37.*
Glotz, P. *166.*
Gluck, S. B. *367.*
Gmitruk, J. *92.*
Goda, Y. *49.*
Godballe, M. *37.*
Godfried, N. *366.*
Godio, J. *317.*

Godson, R. *360.*
Goetze, B. A. *27.*
Goglia, L. *209.*
Golan, G. *242.*
Gold, A. L. *214.*
Goldberg, A. C. *244.*
Goldberg, J. H. *48.*
Goldberg, M. D. *245.*
Goldberg, S. *138.*
Goldfield, M. *367.*
Goldman, A. *33.*
Goldman, M. I. *252.*
Goldman, R. M. *376.*
Goldstein, W. *242.*
Goldstein, Y. *291.*
Golley, J. *88.*
Gollobin, I. *70.*
Golubev, V. M. *290.*
Gomane, J.-P. *375.*
Gombár, E. *115.*
Gómez Cerda, J. *18.*
Gómez Hinojosa, J. F. *205.*
González Casanova, P. *11.*
Gonzalez-Pola de la Granja, P. *37.*
Goodwin, J. *108, 109.*
Gooneratne, Y. *275.*
Góoralski, W. *224.*
Gootnick, A. *335.*
Goralski, R. *91.*
Gorbačev, M. S. *229, 233, 234.*
Gordenker, L. *69.*
Gordon, F. J. *170.*
Gordon, G. A. H. *201.*
Gordon, J. *101.*
Gordon, L. *121.*
Gordon, P. *190.*
Gormly, J. L. *20.*
Gorny, Y. *7.*
Górski, G. *92.*
Gosse, V. *349.*
Gössner, R. *142.*
Gosztonyi, P. *93.*
Gottberg, B. *193.*
Göttert, W. *23.*
Gottlieb, A. *367.*
Gottlieb, R. *69.*
Gottlieb, R. S. *16.*
Gough, B. M. *48.*

Gouré, L. *244.*
Gourmen, P. *83.*
Graaf, H. de *214.*
Grabendorf, W. *123.*
Grabowsky, V. *183.*
Graebner, W. *343.*
Graham, B. *200.*
Graham, D. *9, 233.*
Graham-Brown, S. *114.*
Grall, J. *96.*
Grantham, D. W. *369.*
Grass, B. *251.*
Grass, M. *216.*
Grassey, T. B. *48.*
Graves, T. *77.*
Gray, C. S. *41, 363.*
Gray, E. *55.*
Green, D. *341.*
Green, J. *4.*
Green, W. C. *243.*
Greengrass, P. *196.*
Greenwald, D. S. *38.*
Greenwood, T. *79.*
Greenya, J. *339.*
Greer, A. *204.*
Greese, K. *147.*
Greger, R. *219.*
Gregor, A. J. *359.*
Gregory, P. R. *250.*
Greiffenhagen, M. *132.*
Greilsammer, I. *289.*
Greiner, B. *372.*
Grenander, G. *50.*
Grenville, J. A. S. *102.*
Gresh, A. *291.*
Gretton, M. P. *363.*
Grevemeyer, J. H. *273.*
Grewe, H. *166.*
Grezet, J. J. *260.*
Griehl, M. *58.*
Grieves, K. *195, 201.*
Griewel, H. *178.*
Griffith, R. *337.*
Griffiths, I. *308.*
Griggs, R. A. *42.*
Grigor'eva, V. Z. *140.*
Grimm, D. *142.*
Grimm, T. *277.*
Grimnes, O. K. *217.*
Grimstvedt, B. *215.*

Grin, J. *42.*
Grispigni, M. *211.*
Grivnina, I. *234.*
Grobe, E. *120.*
Grobelnỳ, A. *266.*
Gromyko, A. *229.*
Gromyko, A. A. *229.*
Groocock, V. *223.*
Gross, F. *235.*
Gross, J. T. *91.*
Grosscup, B. *18.*
Grosser, A. *139.*
Grosul, V. Ja. *128.*
Groth, A. J. *349.*
Grover, D. H. *88.*
Gruber, R. *303.*
Grünberg, K. *133.*
Grundbacher, W. *259.*
Grunfeld, A. T. *299.*
Grünzweig, W. *168.*
Grupe, F. *83.*
Grzybowski, K. *249.*
Guadagni, A. A. *282.*
Guarneri, E. *134.*
Guérin, D. *18.*
Guertner, G. L. *28, 243.*
Gugai, N. *252.*
Guhl, J. -M. *56.*
Guibal, F. *333.*
Guida, F. di *209.*
Guillaume, A. *204.*
Guldner, E. *189.*
Gulevič, V. N. *165.*
Gülsoy, T. *23.*
Gummett, P. *203.*
Gunn, G. C. *296.*
Gunston, B. *58.*
Gunter, M. M. *267.*
Gupta, A. *275.*
Gürkan, C. *81.*
Gutermuth, R. *127.*
Guterres, J. *374.*
Gutic, M. *99.*
Gutiérrez, P. R. *330.*
Gutman, R. *354.*
Gutsche, W. *74, 150.*
Gutschow, N. *85.*
Gutteridge, W. *22.*
Gyurkó, L. *270.*
Gyurkovits, G. *183.*

H

Haag, E. van den *24.*
Haakmat, A. *333.*
Haas, S. C. *31.*
Haase, J. *144.*
Habegger, H. *50.*
Häckel, E. *52.*
Hacker, B. C. *49.*
Hacker, J. *294.*
Hadzi Vasilev, K. *212.*
Haffa, A. I. *318.*
Haftendorn, H. *349.*
Hagard, J. H. *26.*
Hagelin, B. *358.*
Hagemann, G. *216.*
Hagemeyer, B. *146.*
Hägg, C. *48.*
Haggerty, B. A. *345.*
Hahn, B. *280.*
Hahn, W. G. *223.*
Haigh, R. H. *173.*
Hain, P. *194.*
Hajdú, P. *270.*
Hájek, M. *265.*
Halal, W. E. *366.*
Halbach, U. *232.*
Halberstam, D. *355.*
Halfbrodt, D. *179.*
Haližak, E. *321.*
Halle, L. J. *349.*
Hallerbach, R. *379.*
Halliday, F. *20, 343.*
Halliday, J. *106.*
Hallwirth, U. *169.*
Halperin, J. J. *232.*
Halpern, B. *7.*
Halsaa, B. *215.*
Halter, G. *178.*
Ham, P. van *63.*
Hamann, P. *330.*
Hamilton, A. *28.*
Hamilton, G. *312.*
Hamilton, M. B. *66.*
Hamilton, W. M. *202.*
Hamilton-Smith, M. *107.*
Hamm, M. R. *42, 359.*
Hammel, E. *102.*
Hammer, A. *336.*
Hampf, E. *183.*
Hampson, F. *13.*

Hancock, I. *138.*
Handel, M. I. *45.*
Handley, R. E. *201.*
Hane, M. *292.*
Hanisch, R. *115.*
Hannah, J. P. *114.*
Hannah, N. B. *107.*
Hannover, H. *141.*
Hannum, H. *294.*
Hänsch, K. *122.*
Hansen, B. *93.*
Hansen, C. *52.*
Hansen, G. *215, 216.*
Hansen, J. H. *243.*
Harding, H. *278.*
Hardy, G. *107.*
Harik, I. *116.*
Harkabi, Y. *116.*
Harman, W. *24.*
Harnecker, M. *66, 314, 323.*
Harnisch, E. *146.*
Harper, J. L. *211.*
Harper, N. *373.*
Harr, K. G. *189.*
Harrigan, J. J. *341.*
Harris, D. *367.*
Harris, N. *102.*
Harrison, B. *203.*
Harrison, N. *309.*
Hart, J. *370.*
Hart, J. M. *329.*
Hart, T. G. *280.*
Hart-Davis, D. *69.*
Hartcup, G. *77.*
Hartmann, F. H. *351.*
Hartmann, G. *183.*
Hartmann, J. *148.*
Hartwig, U. *332.*
Harvey, J. R. *54.*
Harwood, R. *309.*
Hasegawa, T. *272.*
Hasenbalg, R. J. *281.*
Haskins, J. *370.*
Hasquenoph, M. *187.*
Hass, G. *156.*
Hassell, U. von *148.*
Hassner, P. *240.*
Hastings, M. *106.*
Hastings, P. *70.*

Haswell, J. *45.*
Hatschikjan, M. *128.*
Hattendorf, J. B. *48.*
Hauch, G. *80.*
Hauge, J. C. *217.*
Haungs, P. *144.*
Haupt, G. *15.*
Haupt, H. *169.*
Hauswedell, C. *23.*
Havrehed, H. *129.*
Hawes, G. *376.*
Hayer, T. *89.*
Hayes, M. D. *353.*
Hayes, P. *359.*
Haynes, J. E. *2.*
Hayrs, S. *355.*
Hays, S. P. *69.*
Hayward, N. F. *173.*
Head, B. *50.*
Head, I. L. *102.*
Headley, B. D. *370.*
Healy, K. *319.*
Heath, E. *125.*
Hebert, G. *156.*
Hébert, J. -P. *37.*
Hecht, R. *259.*
Heck, B. *132.*
Heenan, L. E. *254.*
Hegarty, D. *373, 377.*
Hegedüs, A. *266.*
Hehl, U. von *134.*
Heider, P. *147.*
Heigl, P. *142.*
Heilig, A. *146.*
Heimbrecht, J. *162.*
Hein, G. R. *374.*
Heinacher, P. *148.*
Heinemann, G. W. *132.*
Heininger, H. *16, 23.*
Heinrich, L. A. *267.*
Heintze, H.-J. *6.*
Heinzerling, H. *178.*
Heinzig, D. *240, 280.*
Heiser, A. *141.*
Heiss, K. P. *361.*
Heitmann, H. *354.*
Helbig, K. *78, 272.*
Helfer, H.-U. *267.*
Hellberg, L. *341.*
Heller, M. *252.*

Hellmann-Rajanayagam, D. *275.*
Hellmold, W. *54.*
Helmer, A. *27.*
Hélou, C. *296.*
Helvoort, A. van *374.*
Hemond, H. C. *358.*
Hemsley, J. *39.*
Henderson, C. *11.*
Henderson, M. *193.*
Hendrichs, I. *212.*
Hendrickson, D. C. *359.*
Hendrickx, J. P. *128.*
Hendrikse, H. *240.*
Hennayake, S. K. *275.*
Hennig, E. *171.*
Hennig, O. *154.*
Henningham, S. *377.*
Herbst, J. *313.*
Herbst, L. *175.*
Herde, G. *266.*
Heresch, E. *254.*
Herfurth, D. *247.*
Herman, E. S. *347.*
Hermansson, H. *257.*
Hernández Andréu, J. *264.*
Hernández Esteves, L. *79.*
Hernandez, C. G. *376.*
Herre, F. *176.*
Herrmann, H. *89.*
Herrnleben, H.-G. *175.*
Hershatter, G. *275.*
Hertel, G. *150.*
Herz, R. *179.*
Herzberg, W. *165.*
Herzog, U. *167.*
Heseltine, M. *194.*
Hess, U. *172.*
Heumann, H.-D. *124.*
Heumayer, E. *183.*
Heurlin, T. *52.*
Heuvel, M. van den *119.*
Hevener Kaufman, N. *344.*
Hewison, R. *204.*
Hewitt, C. *19.*
Heydte, A. Frhr. von der *88.*
Heyne, D. *24.*
Heyse, M. *2.*
Hickey, D. van Vranken *351, 356.*

Hiery, H. *176.*
Higgins, T. *372.*
Hilkes, P. *232.*
Hill, K. L. *349.*
Hillebrand, E. *183, 307.*
Hillebrand, H. L. *57.*
Hillel, S. *289.*
Hindess, B. *66.*
Hindley, B. *125.*
Hines, K. L. *244.*
Hines, W. D. *1.*
Hinkelammert, F. J. *314.*
Hinnenberg, U. *138.*
Hinton, J. *203.*
Hippler, J. *109, 116.*
Hiro, D. *287.*
Hirsch, P. *299.*
Hirschfeld, G. *96, 140.*
Hirszowicz, M. *66.*
Hischier, G. *117.*
Hitchens, R. M. *244.*
Hitzer, F. *132.*
Hixson, J. A. *101.*
Hlavik, G. *268.*
Hobsbawm, E. J. *73.*
Hochman, J. *252.*
Hodges, G. *78.*
Hodgkin, T. *194.*
Hodos, G. H. *121.*
Hoe, A. *19.*
Hoekema, J. Th. *52.*
Hoemsnes, O. N. *215.*
Hoering, U. *284.*
Hoffmann, H. *43.*
Hoffmann, P. *174.*
Hoffmann, R. J. *265.*
Hofmann, G. *131.*
Hofmann, H.-K. *310.*
Hofmann, Jürgen *154.*
Hofrichter, R. *344.*
Hogenkamp, B. *204.*
Hohmann, H. *69.*
Holcomb, J. F. *244.*
Holeindre, R. *188.*
Holenstein, R. *259.*
Holland, M. *123.*
Hollander, P. *232.*
Holley, I. B. *44.*
Holloway, D. *229.*
Holmes, L. *121.*

Holst, J. *321.*
Holst, J. J. *215.*
Holtmann, E. *175.*
Holz, H. H. *18.*
Holzhauser, B. *179.*
Holzman, F. D. *121.*
Homan, C. *349.*
Homburg, G. *149.*
Honderich, J. *377.*
Honecker, E. *182, 184.*
Honig, E. *275.*
Honnen, U. *144.*
Honolka, H. *139.*
Hoobler, D. *276.*
Hoobler, T. *276.*
Hook, G. D. *293.*
Hook, H. *194.*
Hook, S. *232.*
Hooper, R. W. *243.*
Hope, C. *309.*
Höpflinger, F. *260.*
Höpken, W. *128.*
Hoppe, H.-G. *152.*
Hoppe, T. *41.*
Horak, J. *266.*
Horak, S. M. *2.*
Horan, D. *82.*
Horensma, P. T. G. *238.*
Hörmann *219.*
Hormann, J. M. *158.*
Horn, K. *70.*
Horne, A. *195.*
Horne, G. *344.*
Horst, K. van der *249.*
Horvat, B. *62.*
Horx, M. *139.*
Houg, R. *87.*
Houndjahoue, M. *304.*
Hourton Poisson, J. *320.*
Hove, P. *88.*
Hoveyda, F. *287.*
Howlett, G. *42.*
Hoxha, E. *127.*
Hoyer, S. H. *355.*
Hoyt, E. P. *87, 370.*
Hrnko, A. *266.*
Hronský, M. *266.*
Hsu, R. C. *282.*
Hu, K. *278.*
Huan, C. *95.*

Hubáček, M. *102.*
Huber, R. K. *28.*
Hübner, K. *61, 160.*
Hudemann, R. *98.*
Hudson, B. *339.*
Hudson, M. *374.*
Huffschmid, J. *16, 160.*
Hügen, L. *176.*
Hughes, D. J. *157.*
Hughes, H. S. *127.*
Huijts, J. *252.*
Hülsberg, W. *146.*
Humana, C. *11.*
Hunácek, Z. *94.*
Huneeus, C. *321.*
Hunt, K. *293.*
Hunt, R. C. *101.*
Hunter, J. *290.*
Hunter, R. E. *31, 180.*
Huntingdon, E. *92.*
Huppert, H. *138.*
Hurwitz, B. A. *13.*
Husák, G. *265.*
Hüser, K. *141.*
Hussini, M. M. el *240.*
Hutchings, R. *249.*
Huxley, T. *294.*
Huysman, P. *44.*
Hwang, B. -M. *106.*
Hwang, I. K. *295.*
Hyatt, A. M. J. *325.*
Hyde, H. M. *46.*
Hyde, M. O. *19.*
Hyland, W. G. *356.*
Hyman, A. *287.*
Hyndman, P. *275.*
Hyrkkänen, M. *131.*

I

Ibarra Gúell, P. *262.*
Ibisate, F. J. *235.*
Ifestos, P. *125.*
Ifversen, J. *73.*
Illeš, A. V. *249.*
Imbusch, P. *328.*
Inbar, E. *290.*
Inder Singh, A. *2.*
Indyck, M. *114.*
Ingham, K. *309.*
Ingle, S. *198.*

Intriligator M.D. *38.*
Ioffe, O. S. *249.*
Iovonen, J. *240.*
Ipsen, K. *13.*
Iral, H. *233.*
Iriye, A. *292.*
Isaac, J. C. *16.*
Isaev, S. I. *94.*
Isberg, A. *256.*
Ishida, T. *292.*
Isnenghi, M. *211.*
Istjagin, L. G. *140.*
Italo Pesce, E. *209.*
Itani, J. *87.*
Itoh, M. *62.*
Ivanickij, G. M. *357.*
Ivanov, A. G. *199.*
Ivanova, I. M. *72.*
Iversen, H. C. *213.*

J

Jablonsky, D. *133, 173.*
Jachowicz, L. *223.*
Jäckle, R. *167.*
Jackson, A. J. *57.*
Jackson, D. *286.*
Jackson, M. P. *203.*
Jackson, R. *180.*
Jackson, T. J. *51.*
Jackson, W. *37.*
Jackson, W. D. *10.*
Jackson, W. G. *119.*
Jacobeit, S. *142.*
Jacobs, G. *248.*
Jacobsen, H.-D. *162.*
Jacobsen, K. *129.*
Jacoby, L. *86.*
Jacquard, R. *189.*
Jaenecke, H. *52.*
Jaffe, H. *301.*
Jäger, T. *126.*
Jäger, W. *144.*
Jägerstätter, F. *217.*
Jäggi, C. J. *23.*
Jahn, H. E. *130.*
Jakuševskij, A. S. *357.*
James, A. *36, 109.*
James, H. *139.*
James, K. *296.*
James, R. R. *194.*

James, T. *292.*
Jamieson, A. *207.*
Jankovič, B. M. *122.*
Janos, L. *339.*
Jans, K. *291.*
Jansson, C. N.-O. *378.*
Jansson, N.-O. *378.*
Januzzi, G. *125.*
Jaramillo, J. *326.*
Jarausch, D. *144.*
Jarausch, K. H. *171.*
Jaroch, R. M. *48.*
Jarowinsky, W. *182.*
Jaruzelski, J. *221.*
Jasow, D. *243.*
Jawaid, S. *285.*
Jaxtheimer, B. W. *133.*
Jažborovskaja, I. S. *225, 254.*
Jeanclos, Y. *27.*
Jedrezejewicz, W. *222.*
Jefferson, A. *202.*
Jeismann, M. *77.*
Jekiełek, W. *92.*
Jelavich, B. *220.*
Jelič-Butiw, F. *99.*
Jenerette, V. E. *295.*
Jenke, M. *139.*
Jenkin, T. *309.*
Jenkins, P. *197, 258.*
Jenkins, R. *193.*
Jenner, H. *180.*
Jens, W. *171.*
Jensen, B. *242.*
Jensen, J. O. *217.*
Jensen, K. B. *35.*
Jensen, L. -A. *68.*
Jernsson, F. *226.*
Jerome, C. *287.*
Jerusalimskij, W. *254.*
Jervas, G. *342.*
Jervis, R. *52.*
Jespersen, K. *129.*
Jesse, E. *140, 173, 175.*
Jetly, N. *275, 285.*
Jicinsky, P. *266.*
Jinadu, L. A. *304.*
Jindra, Z. *74.*
Jinks, H. *338.*
Jobert, B. *11.*
Jobert, M. *342.*

Jobet, J. C. *321.*
Jockel, J. T. *365.*
Joenniemi, P. *10.*
Joffe, E. *281.*
Joffe, J. *33.*
Johannsen, M. *22, 23.*
John, R. *195.*
Johns, M. C. *347.*
Johnson, J. W. *366.*
Johnson, Lyndon B. *336.*
Johnson, N. L. *59.*
Johnson, P. *352.*
Johnson, R. W. *64.*
Johnston, C. B. *52.*
Johnstone, S. *95.*
Jokisalo, J. *148.*
Joll, J. *75.*
Jones, A. P. *199.*
Jones, C. E. *339.*
Jones, D. T. *39.*
Jones, G. P. *88.*
Jones, K. B. *68.*
Jones, N. *202.*
Jones, N. H. *156.*
Jones, S. M. *75.*
Jonge, A. de *231.*
Jonge, J. A. de *176.*
Jonge, K. de *214.*
Jordán Astaburuaga, G. *113.*
Jordan, A. G. *197.*
Jordan, B. V. *309.*
Jordan, John *202.*
Jordan, W. *363.*
Jore, J. *329.*
Jorge blanco, S. *371.*
Jorstad, E. *369.*
Joseph, H. *309.*
Joseph, P. *107.*
Jouve, P. *185.*
Jrgensen, C. *80.*
Juan y Ferragut, M. *263.*
Juhász, G. *269, 270.*
Jung, L. *249.*
Jung, O. *140.*
Jung, P. *77.*
Jung, S. *142.*
Jungkurth, H. *160.*
Junker, D. *351.*
Jurga, T. *92.*
Jürgens, J. *23.*

Juul-Heider, E. *105.*

K

Käbel, I. *153.*
Kacman, G. V. *147.*
Kaczkowski, R. *58.*
Kadach, H. *174.*
Kádár, J. *268.*
Kahane, M. *288.*
Kahn, A. E. *337.*
Kaiser, D. E. *194.*
Kaiser, J. *133, 174, 179.*
Kaiser, K. *41.*
Kaiser, R. h. *235.*
Kaizik, J. *176.*
Kalckreuth, J. von *168.*
Kalex, K. *149.*
Kalmar, S. S. *217.*
Kaltefleiter, W. *33.*
Kaltenegger, R. *156.*
Kamil, L. *112.*
Kamiński, M. K. *224.*
Kaminsky, C. *240, 298.*
Kamp, K. -H. *28.*
Kampe, N. *169.*
Kampen, T. *277.*
Kamphausen, R. E. *142.*
Kan, T. *292.*
Kang, W. J. *295.*
Kanger, T. *258.*
Kania, S. *103.*
Kanin, D. B. *295.*
Kaniyalil, J. *285.*
Kannapin, N. *162.*
Kanth, R. *61.*
Kaps, J. *170.*
Kapur, A. *52, 285.*
Karasijevič, D. *99.*
Kardos, J. *270.*
Kargalova, M. V. *67.*
Karl, T. *324.*
Karlsson, H. *243.*
Karnicki, B. *222.*
Kars *111.*
Karsh, E. *110.*
Karvonen, L. *258.*
Karzowitsch, E. *90.*
Kasimila, B. J. *301.*
Katsiaficas, G. *102.*
Katz, S. M. *104.*

Katzenstein, P. J. *140.*
Katzikides, S. A. *300.*
Kauffer, R. *276.*
Kaufman, R. F. *243.*
Kaufmann, A. *130.*
Kaufmann, H.-P. *157.*
Kaufmann, J. E. *190.*
Kaul, K. *288.*
Kaulbach, H. M. *71.*
Kavanagh, D. *196.*
Kavtaradze, A. G. *4.*
Kawalun, H.-J. *151.*
Kebir, S. *304.*
Kedourie, E. *199.*
Kee, R. *98.*
Keegan, J. *41.*
Keenan, B. M. *107.*
Kegley, C. W. *349.*
Keiderling, G. *175.*
Keiding, H. *250.*
Keithly, T. M. *55, 363.*
Keller, E. *133.*
Kelley, D. R. *233.*
Kelly, I. *283.*
Kelly, W. J. *249.*
Kemp Genefke, I. *14.*
Kemp, A. *180.*
Kemp, G. *354.*
Kemp, P. *77.*
Kemp, P. J. *202.*
Kempski, B. *58.*
Kendall, F. *310.*
Kennedy, J. *90.*
Kennedy, K. D. *169.*
Kennedy, M. *352.*
Kennedy, P. M. *73.*
Kennedy, R. F. *336.*
Kenny, A. *199.*
Kenny, C. *374.*
Kent, G. A. *361.*
Kent, P. C. *271.*
Kent, R. C. *69.*
Kenworthy, E. *354.*
Keren, M. *289.*
Kerner, L. *249.*
Kersebaum, A. *2.*
Kershaw, I. *138.*
Kessler, L. *83.*
Kessler, M. *235.*
Keyserlingk, R. H. *220.*

Khalidi, R. I. *116.*
Khalidi, W. *116.*
Khalil, M. *115.*
Khan, A. Q. *52.*
Khan, K. M. *297.*
Khavari, A. *110.*
Khurshid, S. *284.*
Kielmansegg, P. Graf *171.*
Kiernan, B. *294.*
Kiernan, V. G. *197.*
Kiessling, G. *150.*
Kiffer, M. *81.*
Kim Ik Hyon *295.*
Kim Il Sung *295.*
Kim, D.-j. *295.*
Kim, H. *154.*
Kim, H. N. *295.*
Kim, J. *355.*
Kim, R. *240.*
Kim, R. U. T. *240.*
Kimathi, D. *305.*
Kime, S. F. *248.*
Kindleberger, C. P. *126.*
King, D. S. *14.*
King, M. *344.*
King, P. *194.*
Kinnock, N. *203.*
Kinzey, B. *57, 363.*
Kipp, J. *244.*
Kipp, W. J. *244.*
Kirby, S. *295.*
Kirchhoff, H. *94.*
Kirchner, K. *2.*
Kirchner, K. H. *157.*
Kirschke, D. *34.*
Kiselev, V. I. *288.*
Kiss, L. *124.*
Kissinger, H. A. *121.*
Kitching, G. *134.*
Kitson, F. *200.*
Kitterman, D. H. *174.*
Kiyohara, M. *279.*
Kiyoshi, I. *292.*
Klare, M. T. *37.*
Klatch, R. E. *367.*
Klausch, H. P. *174.*
Klee, E. *7, 168, 170.*
Klein, D. *16.*
Klein, M. *147.*
Kleinpenning, J. M. G. *332.*

Kleppner, P. *346.*
Kleut, P. *99.*
Klewitz, B. *161.*
Klim *326.*
Klimko, J. *265.*
Klingaman, W. K. *79.*
Klingemann, C. *163.*
Kłoczeski, Z. *221.*
Klokov, V. I. *99.*
Kloppe, E. *177.*
Knaack, R. *249.*
Knabe, G. *168.*
Knauer, S. *339.*
Knickrehm, K. M. *346.*
Knightley, P. *45.*
Knill, M. *40.*
Knoch, P. *70.*
Knogler, M. *270.*
Knorr, L. *154.*
Knorr, L. *70.*
Knox, W. *195.*
Knudsen, O. F. *20.*
Knütter, H.-H. *149.*
Kobe, G. *134.*
Kobler-Edamatsu, S. *293.*
Koch, B. *16.*
Koch, E. R. *66.*
Koch, G. *148.*
Koch, J. *332.*
Kochański, S. *50.*
Kocka, J. *171.*
Koelble, T. A. *203.*
Koenen, G. *71.*
Koenig, C. *13.*
Koerfer, D. *160.*
Koerselman, G. H. *370.*
Kogelfranz, S. *281.*
Kohlert, S. *162.*
Kohn, S. M. *362.*
Kohn, W. *141.*
Kohno, M. *293.*
Koko, E. *223.*
Kol'cov, N. N. *240.*
Kolesnik, A. D. *246.*
Kolev, S. *253.*
Kollek, T. *289.*
Kołomejczyk, N. *224, 265.*
Kolomijcev, V. F. *192.*
Kolstrup, S. *130.*
Komer, R. W. *53.*

Komisar, L. *375.*
Kondo, J. *222.*
Konecki, T. *94.*
Köni, H. *267.*
Konieczkowski, R. *92.*
König, W. *161.*
Könnemann, E. *173.*
Konrat, M. *188.*
Konzelmann, G. *72.*
Kopenhagen, W. *50.*
Koppel, E. *207.*
Koppes, C. R. *369.*
Korač, M. *62.*
Korčev, M. S. *94.*
Korczewski, W. *225.*
Kordan, B. S. *256.*
Korell, P. *57.*
Korittke, P. *55.*
Korkisch, F. *359.*
Kornder, H.-J. *133.*
Körner, P. *305.*
Korom, M. *270.*
Korsmo, F. L. *120.*
Kosiarz, E. *94.*
Kostko, Y. A. *37.*
Kosyk, W. *153.*
Koszel, B. *152.*
Koszinowski, T. *298.*
Kosztyła, Z. *222.*
Kothari, R. *23.*
Kotłowski, T. *165.*
Kotov, A. I. *238.*
Kotsch, D. *144, 157, 158.*
Koulakssis, A. *115.*
Kovacic, A. *143.*
Kovács, A. *268.*
Koval'skij, N. A. *72.*
Kovály, H. M. *266.*
Kowalski, T. J. *225.*
Košciuk, L. *243.*
Koza, I. *127.*
Kozar, P. M. *243.*
Kozeński, J. *174.*
Koziej, S. *73.*
Kraft, H. D. *160.*
Kraft, L. *171.*
Krag, E. A. *157.*
Králová, B. *266.*
Kramish, A. *135.*
Krasil'ščikov, V. *231.*

Krassin, J. *127, 235.*
Krassine, V. *230.*
Kratochvil, J. *266.*
Kratzenberg, V. *165.*
Kraus, J. *159.*
Krause, C. *38.*
Krause, J. *29.*
Krebs, G. *153.*
Krejči, O. *347.*
Krell, G. *156, 240.*
Kremmel, P. *170.*
Krempin, M. *319.*
Kreuter, S. *101.*
Krickus, R. J. *356.*
Krieger, V. *143.*
Krink, A. *163.*
Kristiansson, S. *109.*
Kroef, J. M. van der *375, 376.*
Kroh, F. *174.*
Król, W. *225.*
Kromer, R. A. *33.*
Kronenberg, P. S. *44.*
Kronlund, J. *184.*
Kropat, W. A. *138.*
Krücken, W. *159.*
Kruijer, G. J. *118.*
Kruijt, D. *118.*
Kruk, H. *223.*
Kruk, S. *240, 298.*
Krumwiede, H. W. *321.*
Kruzel, J. *258.*
Krysmanski, H. J. *62.*
Krzemień, L. *225.*
Kubaldin, O. *248.*
Kubbig, B. W. *43, 361.*
Kube, J. K. *46.*
Kuchmann, D. *254.*
Kuciński, J. *224.*
Kücklich, E. *136.*
Kuckuk, P. *179.*
Kugler, A. *161.*
Kugler, R. L. *357.*
Kuhlbrodt, P. *172.*
Kuhlmann, U. *371.*
Kuhn, E. *167.*
Kuhne, W. *89.*
Kühnhardt, L. *12.*
Kühnl, R. *145.*
Kühnrich, H. *147.*
Kukovenko, S. E. *247.*

Kulešov, G. P. *83.*
Kulikov, V. G. *36.*
Kulikow, V. *244.*
Kulke-Fiedler, C. *366.*
Kumaniecki, J. *240.*
Kun, M. *229.*
Kunc, J. *320.*
Kunert, D. *84.*
Kupchan, C. A. *379.*
Kuper, J. *7.*
Kupferman, F. *185.*
Kurisu, H. *293.*
Kurowski, F. *87.*
Kürschner-Pelkmann, F. *311.*
Kurtenbach, S. *317.*
Kurz, T. *180.*
Kusnezow, W. *134.*
Kusumi, T. *293.*
Kutsch, A. *177.*
Kuttner, R. *347.*
Kuzm'in, V. J. *240.*
Kuznecov, I. I. *247.*
Kuznick, P. J. *369.*
Kvaček, R. *84, 85.*
Kwik, P. *368.*
Kwitny, J. *360.*
Kwong, J. *275.*

L

La Granja Sainz, J. L. de *264.*
La Lama Cereceda, J. A. *263.*
La Serre, F. de *123.*
Laarabee, E. *338.*
Labin, S. *19.*
Lachs, M. *217.*
Lacinski, P. *372.*
Lacour, P. *380.*
Lacouture, J. *185.*
Ladner, A. *260.*
Lael, R. L. *352.*
Laffin, J. *76, 110.*
Lafontaine, O. *140.*
Lagerberg, K. *333.*
Lagos Andino, R. *324.*
Laguerre, B. *187.*
Lahodynsky, O. *218.*
Lähteemäki, M. *184.*
Laidlaw, C. E. *318.*
Lajous, A. *328.*
Lakey, G. *23.*

Lakhdar, C. *313.*
Lakos, A. A. *2.*
Laloy, J. *85.*
Lamb, R. *85.*
Lambert, A. *55.*
Lambert, J. *314.*
Lamin, E. *54.*
Lammers, K. C. *148, 175.*
Lammers, W. *86.*
Lammich, S. *224.*
Lampert, N. *251.*
Lampton, C. *361.*
Lan Shuchen *283.*
Landau, S. *372.*
Landauer, H. *80.*
Landefeld, B. *146.*
Landis, M. *337.*
Landmann, K. *116.*
Lane, A. T. *368.*
Lane, D. *251.*
Lane, P. *102.*
Lang, B. *27.*
Lang, G. *85.*
Langan, J. *41.*
Langdon, F. *326.*
Langdon, F. C. *356.*
Lange, A. *180.*
Lange, D. *3.*
Lange, H.-J. *64.*
Lange, I. *182.*
Lange, W. *87.*
Langer, H. *169.*
Langston, B. *110.*
LaPalombara, J. *207.*
Lapp, P.-J. *183.*
Laqueur, W. *19, 136, 238, 251, 253.*
Largo, E. *1.*
Larkin, B. D. *281.*
Larrabee, F. S. *121.*
Larson, G. D. *214.*
Lasater, M. L. *352.*
Laschitza, A. *217.*
Łątka, J. S. *217.*
Latorre Rueda, M. *327.*
Latter, R. *354.*
Lattmann, D. *171.*
Latzel, K. *70.*
Lau, T. *163.*
Lauenstein, H.-J. *359.*

Launay, M. *192.*
Laurance, E. J. *37.*
Laurent, A. *112.*
Laurent, J. *243.*
Laursen, J. N. *165.*
Lauwers, B. *97.*
Lawren, W. *336.*
Lawson, K. *374.*
Layne, C. *343.*
Lazar, M. *123.*
Lázár, O. *269.*
Le Baut, Y. *30.*
Le Berd, J. *87.*
Le Chêne, E. *200.*
Le Peillet, P. *37.*
Leach, D. E. *87.*
Leaf, D. P. *49.*
Leahy, M. E. *68.*
Lear, A. *307.*
Lech, J.-M. *187.*
Lechowski, A. *225.*
Leckie, R. *84.*
Leclerc-Gayrau, G. *186.*
Leclercq, J. *63.*
Lecomte, C. *188.*
Leddy, E. F. *344.*
Ledeen, M. A. *123.*
Lee, R. W. *316.*
Lee, S. J. *127.*
Lee, W. *281.*
Leggett, J. K. *357.*
Leggewie, C. *145, 149.*
Legrand, H.-J. *23.*
Legro, J. W. *246.*
Legvold, R. *238.*
Leh, R. G. *26.*
Lehmann, J. *156.*
Lehmann, L. *233.*
Lehmann, N. *121.*
Lehmann, R. *36.*
Leif, T. *151.*
Leighton, F. S. *338.*
Leighton, M. *304.*
Leistner, E. *311.*
Leitenberg, M. *248.*
Leivesley, S. *249.*
Leiwig, H. *173, 179.*
Lekovič, M. *99.*
Lellouche, P. *31.*
Lemke-Müller, S. *132.*

Lemon, A. *313.*
LeMoyne, J. *322.*
Lempen, B. *105.*
Łempinski, Z. *149.*
Lempke, D. A. *358.*
Lenain, P. *187.*
Lendvai, P. *213.*
Lengerer, H. *87, 293.*
Lens, S. *342.*
Lenz, M. *68.*
Leo, R. *218.*
León Alvarez, V. *333.*
Leon, A. *233.*
Léonard, J. F. *325.*
Leoncini, F. *266.*
Lepecki, M. *222.*
Lesage, M. *186.*
Leski, C. *41.*
Letz, M. *317, 331.*
Leurdij, D. A. *24.*
Levant, V. *107.*
Levčenko, V. N. *94.*
Léveillée, J. *325.*
Levie, H. S. *13.*
Lévy, C. *96.*
Levy, R. *198.*
Lewan, K. M. *110.*
Lewin, C. *90.*
Lewin, M. *235.*
Lewis, B. *7.*
Lewis, D. L. *74.*
Lewis, D. S. *198.*
Lewis, F. *122.*
Lewis, G. *310.*
Lewis, G. K. *373.*
Lewis, I. M. *308.*
Lewis, J. S. *59.*
Lewis, J. W. *281.*
Lewis, P. M. *357.*
Lewis, R. D. *101.*
Lewis, S. J. *91.*
Lia, S. z. *109.*
Liang, H. *276.*
Liauzu, C. *62.*
Libby, R. T. *302.*
Lichotal, A. A. *33.*
Lichtenstein, H. *157.*
Liddiard, J. *203.*
Liddle, P. H. *76.*
Lider, J. *26.*

Lidschun, R. *50.*
Liebenow, J. G. *305.*
Lieber, C. *15.*
Liebermann, J. *166.*
Liebmann, M. *219.*
Liehr, W. *319.*
Lienker, H. *164.*
Liese, H.-J. *145.*
Lieser-Triebnigg, E. *183.*
Lieven, D. *233.*
Lievens, K. *322.*
Lifka, T. E. *349.*
Light, M. *238.*
Liminski, J. *45.*
Lin, R. *151.*
Lindahl, I. *30.*
Linden, R. H. *102.*
Linder, J. B. *272.*
Lines, T. *313.*
Lingens, E. *90.*
Linn, R. *289.*
Linowitz, S. M. *353.*
Lipman, B. *288.*
Lippit, V. D. *282.*
Lisette, Y. *312.*
Lisiewicz, P. M. *225.*
Liska, G. *242.*
Liss, S. B. *372.*
Lister, T. *198.*
Listhaug, O. *216.*
Listikov, S. V. *368.*
Liszewski, K. *91.*
Litten, F. *131.*
Littwin, L. *72.*
Liu, A. P. *282.*
Liu, A. P. L. *278.*
Liu, J. K. *276.*
Livezey, L. W. *12.*
Livingstone, K. *195.*
Livingstone, N. C. *19.*
Ljaščenko, N. G. *246.*
Ljutov, I. S. *75.*
Llosa, M. V. *333.*
Lo, R. E. *278.*
Loasby, G. *54.*
Lobato, O. *264.*
Löbel, U. *181.*
Lockhart, P. D. *129.*
Loescher, G. *367.*
Loftsson, E. *352.*

Lohmann, C. *138.*
Lohmann, D. *138.*
Lohmann, H.-M. *168.*
Lohmann, L. *299.*
Lohmar, U. *140.*
London, H. I. *369.*
Longerich, P. *150.*
Looney, R. *26.*
Looney, R. E. *118.*
Lopes, C. *305.*
López Caballero, J. M. *327.*
Lopez de Arenosa, F. *263.*
López de la Torre, S. *126.*
López Rodó, L. *262.*
López Tirone, H. *332.*
Lorenz, E. *179.*
Lošak, V. G. *230.*
Loth, W. *154.*
Lottman, H. R. *187.*
Lotz, T. *134.*
Louis, Wm. R. *291.*
Louscher, D. J. *358.*
Loustau, H. -J. *105.*
Louzeau, B. *42.*
Loveland, A. C. *338.*
Lowe, J. *20.*
Lowenkron, B. E. *243.*
Lowenthal, A. F. *353.*
Lowi, T. J. *347.*
Lowry, M. J. *78.*
Löwy, M. *16, 314.*
Lozano Bartolozzi, P. *20.*
Luard, E. *39.*
Lübben, I. *291.*
Lübben-Pistofidis, I. *304.*
Lubitz, W. *2.*
Lübkemeier, E. *42.*
Lucas, M. *31.*
Lucena Quevedo, E. *327.*
Luchterhandt, O. *36.*
Luciak, I. A. *330.*
Lucignano, A. di *111.*
Luciuk, L. Y. *256.*
Luck, E. C. *240.*
Łuczak, C. *153.*
Ludwikowski, R. R. *19.*
Luebke, F. C. *319.*
Lueg, A. *116.*
Luff, D. *57.*
Lugan, B. *78.*

Lugani, E. *97.*
Luna Vegas, R. *333.*
Luna, G.de *5.*
Lunardini, C. A. *367.*
Lunch, W. M. *347.*
Lundahl, M. *371.*
Lunde, J. *129.*
Luostarinen, H. *184.*
Lüscher, R. M. *259.*
Lusenti, G. *76.*
Lustiget, A. *80.*
Luther, C. W. *157.*
Lutz, D. S. *22.*
Luxenberg, A. H. *353.*
Lycett, A. *305.*
Lydall, H. F. *213.*
Lynch, A. *38, 238.*
Lyndon, N. *336.*
Lyons, J. *376.*
Lysuchin, I. F *247.*

M

Maaß, C. *275, 297.*
Maaß, C. D. *109.*
Mabey, J. *23.*
Mabire, J. *157.*
Mabry, D. *316.*
MacAdam, D. *339.*
MacArthur, M. S. H. *375.*
MacCann, J. *303.*
MacCarthy, E. J. *337.*
MacConville, M. *100.*
MacCudden, J. B. *77.*
MacDaniel, T. L. *254.*
MacDermott, A. *303.*
Macdonald, L. *76.*
MacDonald, R. *300.*
MacDonald, S. B. *334.*
MacDougald, C. C. *375.*
Macé-Scaron, J. *185.*
Macedo Borges de, J. *226.*
Macedo, U. de *318.*
MacElvaine, R. S. *343.*
MacForan, D. *19.*
MacGregor, C. *280.*
MacGregor, D. A. *36.*
MacGregor, M. *47.*
MacGuirk, D. *100.*
Machetzki, R. *278, 279.*
Machowski, H. *162.*

Macintosh, F. *329.*
MacIntosh, M. *380.*
MacJimsey, G. T. *336.*
Mack, A. *31, 351.*
MacKenzie, D. *51.*
MacKeown, K. *16.*
MacKinnon, J. R. *338.*
MacKinnon, S. R. *276.*
Mackness, R. *96.*
Macksey, K. *46, 87.*
MacLachlan, K. *2.*
MacLellan, D. *16.*
MacMillan, S. *354.*
MacNeal, R. H. *231.*
MacNeil, W. C. *366.*
MacQueen, N. *377.*
Madelin, P. *19.*
Mader, J. *360.*
Madloch, N. *146.*
Madsen, K. T. *113, 129.*
Mafai, M. *210.*
Magalhaes Calvet de, J. *227.*
Magalhaes Clavet de, J. *227.*
Mage, T. *185.*
Magnusson, M.-L. *249, 253.*
Magoudi, A. *185.*
Mahapatra, C. *281.*
Mahler, G. *184.*
Mahler, G. S. *325.*
Mahmood, C. K. *285.*
Mahncke, D. *125.*
Maier, F. K. *103.*
Maier, L. *61.*
Mainwaring, S. *319.*
Mairgünther, W. *138.*
Majstrova, Z. E. *283.*
Makowski, T. *58.*
Malanowski, A. *111.*
Malanowski, W. *175.*
Malefakis, E. *80.*
Maler, J. *19.*
Malet, M. *230.*
Malherbe, M. *50.*
Malhotra, R. *71.*
Malik, Y. K. *285.*
Malinowski, K. *92.*
Malizia, N. *99.*
Maljukovič, R. A. *239.*
Mallie, E. *204.*
Maloire, A. *96.*

Maltor, I. *281.*
Malunat, B. M. *11.*
Mammarella, G. *342.*
Mandel, D. *250.*
Mandel, E. *16, 82.*
Mandel, R. *20.*
Mandela, N. *309.*
Mandelbaum, M. *104, 290.*
Maneval, H. *33.*
Mangan, B. *122.*
Mangione, R. *209.*
Manglapus, R. S. *10.*
Mangold, T. *108.*
Manicacci, R. *27.*
Maniruzzaman, T. *47.*
Manis, A. M. *344.*
Mann, E. *368.*
Mannetti, L. *111.*
Manning, A. F. *84.*
Manor, J. *284.*
Mansfield, M. *352.*
Mansoor, P. R. *95.*
Mantel, F. *222, 223.*
Manthorpe, W. *243.*
Mantilla Escobar, D. *327.*
Manusevič, A. J. *230.*
Manz, B. *324.*
Mao Tse-tung *277.*
Mara, H. *127.*
Marable, M. *304, 340.*
Marazzotti, G. *210.*
Marchais, G. *188.*
Marchand, A. *95.*
Marcinkowski, J. *92.*
Marcou, L. *104.*
Marcum, J. A. *301.*
Marcus, J. *290.*
Marcus, M. *129.*
Maré, G. *312.*
Marec, B. le *97.*
Margedant, U. *181.*
Maria, W. de *373.*
Mariñas Romero, G. *263.*
Marinelli, A. *280.*
Markmann, S. *3.*
Markovits, A. S. *346.*
Marks, F. W. *349.*
Marks, S. *160.*
Mármora, L. *118.*
Marolda, E. J. *107.*

Marolz, J. *95.*
Maron, M. *182.*
Maroney, T. A. *324.*
Marples, D. R. *249.*
Marquina Barrio, A. *84.*
Marrin, A. *76.*
Marriott, J. *55.*
Marsalek, H. *90.*
Marsh, R. M. *364.*
Marshall, B. *140.*
Marshall, G. C. *337.*
Marshall, K. *108.*
Marshall, P. *287.*
Marshall, R. *200.*
Martel, A. *83.*
Martel, W. *37.*
Martin, B. *75.*
Martin, J. R. *359.*
Martin, M. L. *358.*
Martin, P. *128.*
Martinelli, R. *206.*
Martínez Bande, J. M. *80.*
Martinez de Banos Carrillo, A. *361.*
Martínez, E. *323.*
Martino, E. *297.*
Martynenko, B. A. *103, 325.*
Martz, J. D. *322, 326.*
Mary, R. *106.*
Masannat, G. S. *116.*
Mason, R. A. *49.*
Massot, J. *187.*
Mastny, V. *104.*
Mateo, R. de *330.*
Materski, W. *85.*
Mathabane, M. *309.*
Mathews, A. S. *310.*
Mathews, J. T. *22.*
Mathiopoulos, M. *241, 351.*
Mathy, H. *136.*
Matouk, J. *188.*
Matschke, W. *98.*
Mattera, D. *309.*
Mattes, H. *357.*
Mattesini, F. *99.*
Matthews, B. *275.*
Matthies, V. *117.*
Mattina, E. *126.*
Matysek, O. *217.*
Matzerath, H. *179.*

Matzke, G. *27, 126.*
Maull, H. W. *111.*
Mauriat, J.-P. *19.*
Maurin, F. *35.*
Mawdsley, E. *255.*
May, B. *125, 292.*
May, F. *7.*
Mayer, A. *85.*
Mayer, C. W. *364.*
Mayer, H. -G. *55.*
Mayer, T. *154.*
Mazarr, M. J. *32.*
Mazeran, H. *379.*
Mazurowa-Château, C. *127.*
McAllister, I. *374.*
McCain, J. *30, 243.*
McCaughan, E. *372.*
McClintock, C. *333.*
McCord, E. A. *281.*
McCormick, J. M. *12.*
McDowell, J. D. *39.*
McFarlane, R. C. *359.*
McGwire, M. *124.*
McInnes, C. J. *201.*
McLennan, G. *197.*
McMahon *43.*
McSweeney, B. *123.*
Mead, P. *196.*
Mead, W. R. *63.*
Mearsheimer, J. J. *40.*
Medeiros, A. C. de *320.*
Medenica, G. *100.*
Meer-Leyh, C. *166.*
Megnin, P. *78.*
Meier, C. *171.*
Meier, M. *50, 260.*
Meinardus, R. *300.*
Meire, R. *128.*
Meissner, B. *235.*
Meister, R. *147.*
Melakopides. C. *193.*
Mélandri, P. *369.*
Melber, H. *306.*
Melchiori, P. *186.*
Mellenthin, F. W. *134.*
Mellor, R. E. H. *41.*
Memmi, A. *6.*
Mendez de Valdivia, M. *47.*
Meneguzii Rostagni, C. *271.*
Menemenicioglu, N. *81.*

Meney, P. *112.*
Meng, N. S. *296.*
Mennecke, F. *135.*
Menning, B. W. *243.*
Menon, K. U. *375.*
Mensing, H. P. *130.*
Meny, Y. *10.*
Menyesch, D. *152.*
Menzel, J. *83.*
Mercalov, A. N. *82.*
Mergui, R. *289.*
Merkel, W. *179.*
Merle, M. *20.*
Mero, R. *321.*
Messerschmidt, M. *76, 84, 86.*
Messick, F. M. *3.*
Messina, N. *211.*
Messner, D. *118.*
Mészáros, I. *66.*
Meyenfeldt, M. H. von *215.*
Meyer, B. *298.*
Meyer, E. C. *35.*
Meyer, G. *233.*
Meyer, S. M. *239.*
Meyer-Höper, H.-J. *159.*
Meyer-Krahmer, M. *174.*
Meyer-Stamer, J. *295.*
Meynen, D. *50.*
Meynier, G. *115.*
Meyns, P. *117.*
Mialet, J. *190.*
Mickiewicz, E. *251.*
Middlemas, K. *196.*
Mietelski, M. M. *57.*
Mifsud, M. *191.*
Mignone, E. F. *317.*
Mikesell, R. F. *62.*
Mikiw, V. *101.*
Mikulín, A. *3.*
Milbank, S. *315.*
Milčev, G. G. *128.*
Miles, R. *62.*
Miles, W. *307.*
Milhollin, G. *29.*
Milivovjevic, M. *109.*
Miller, A. D. *116.*
Miller, D. *48.*
Miller, J. *101.*
Miller, J. W. *217.*

Miller, M. *335.*
Miller, P. *66.*
Miller, R. L. *53, 339.*
Miller, W. E. *347.*
Millett, R. L. *357.*
Mills, W. de B. *241.*
Milne, A.J.M. *12.*
Milner, M. *87.*
Miloševa, L. *91.*
Milza, P. *188.*
Minderovič, C. *100.*
Minerbi, S. I. *290.*
Miners, N. *283.*
Minkner, M. *355.*
Minrath, A. *155.*
Mintz, A. *290.*
Miquel, P. *191.*
Mirčetiw, D. D. *100.*
Mironenko, V. M. *255.*
Misefari, E. *210.*
Misgeld, K. *120.*
Miskiewicz, S. M. *120.*
Misztal, Z. *226.*
Mitchell, B. *192.*
Mitchell, N. J. *12.*
Mitrovič, Ă. *212.*
Mller, B. *38.*
Moberley, F. J. *78.*
Moccetti, R. *261.*
Modafferi, F. *208.*
Mogami, T. *30.*
Mogensen, H. *128.*
Moghadam, B. *287.*
Moghadam, V. *287.*
Mohr, R. *169.*
Moi, D. T. A. *305.*
Moisi, D. *189.*
Moissejew, M. *245.*
Mojtabai, A. G. *370.*
Moleah, A. T. *311, 312.*
Molho, R. *193.*
Molinaro, T. *206.*
Möller, J.T. *12.*
Molloy, I. *376.*
Molnár, J. *270.*
Molnár, M. *270.*
Molt, A. *47.*
Mölzer, A. *220.*
Mommsen, M. *251.*
Monatañez, P. *334.*

Monckeberg P.M.O. *322.*
Monnet, J. *186.*
Monnier, P. *188.*
Montagnon, P. *112.*
Montero, O. *332.*
Montes Mozo, S. *324.*
Montes, S. *323.*
Montgomery, M. *297.*
Montoya, A. *323.*
Montvalon, D. de *185.*
Moodley, K. *311.*
Moody, K. *368.*
Moody, P. R. *276.*
Moore, B. *9.*
Moore, J. E. *48.*
Moore, J. N. *228, 330.*
Moore, J. W. *34.*
Moore, W. *97.*
Moorehead, C. *23.*
Moossen, I. *214.*
Morales Padrón, F. *353.*
Morales, A. *330.*
Morbach, H. *258.*
Moreau Defarges, P. *20.*
Morel, G. *130.*
Morelli, V. *207.*
Moreno Barbera, A. *48.*
Morgan, A. *195.*
Morgan, K. O. *198.*
Morgan, P. M. *21.*
Morgenstern, M. *212.*
Morin, E. *127.*
Moritz, E. *85, 160.*
Morley, M. H. *353.*
Moro, R. *211.*
Morokvašiw, M. *213.*
Morote Solari, F. *333.*
Morris, D. S. *173.*
Morris, E. *19, 201.*
Morris, M. A. *118.*
Morrison, J. *370.*
Morrison, M. *340.*
Morsch, G. *166.*
Morsey, R. *135.*
Mortimer, E. *9.*
Morton, D. *326.*
Moseman, A. *364.*
Moser, C.-A. *140.*
Moser, S. *73.*
Moses, J. A. *373.*

Moss, A. *344.*
Mosse, G. L. *148.*
Moszkiewiez, H. *97.*
Motaghed, E. *72.*
Mou, D. *47.*
Mount, F. *196.*
Mountbatten, L. M. *195.*
Mourousi, Y. *135.*
Mower, A. G. *349.*
Moxon-Browne, E. *262.*
Mozaffari, M. *19.*
Mtewa, M. *305.*
Mueller, J. *53.*
Mühle, K.-D. *124.*
Muirhead, C. *202.*
Muirhead, J. *88.*
Mujal-Leon, E. *150.*
Mukhametshin, B. *230.*
Müllenmeister, U. *153.*
Müller, E. *69.*
Müller, G. *177.*
Müller, H. *137.*
Müller, K.-F. *177.*
Müller, L. A. *14.*
Müller, M. *124.*
Muller, P. *11, 135.*
Müller, R. -D. *93.*
Müller, W. *165.*
Müller-Wlossak *213.*
Multhaupt, W. F. *205.*
Munck, R. *318.*
Munier, B. *245.*
Münkler, H. *171.*
Muñoz Dálbora, A. *321.*
Munoz, H. *105, 322.*
Munro, D. *105.*
Munson, K. *54, 58.*
Murarka, D. *229.*
Murphy, B. *46.*
Murphy, C. H. *50.*
Murray, M. *311.*
Murray, P. *134.*
Murty, B. S. *284.*
Murty, T. S. *284.*
Muschiol, S. *160.*
Mushaben, J. M. *35.*
Musicant, I. *364.*
Muskie, E. *343.*
Mustin, H. C. *54.*
Mutawi, S. A. *110.*

Mutz, R. *175.*
Myers, G. E. *40.*
Mylroie, L. *286.*
Mysliwiec, E. *294.*
Mysyrowicz, L. *260.*

N

Nachmani, A. *290.*
Nadelmann, E. A. *366.*
Näf, B. *260.*
Nagan, W. P. *311.*
Nagore Yárnoz, J. *80.*
Nagyváradi, S. *268.*
Nair, K. *360.*
Nakamura, Y. *293.*
Nakasone, Y. *121.*
Nakdimon, S. *286.*
Nałęcz, D. *222.*
Nałęcz, T. *222.*
Nalty, B. C. *362.*
Napuch, Y. *239.*
Narayanan, S. *297.*
Narr, W.-D. *143.*
Nascetti, D. *210.*
Nasplèzes, D. *189.*
Naszkowski, M. *222.*
Nathan, J. A. *350.*
Nathan, K. S. *296.*
Nathanson, C. E. *104.*
Naumann, K. *149.*
Nauntofte, J. *354.*
Navas Zepeda, M. *331.*
Navias, M. S. *37.*
Naylor, T. H. *233.*
Nazar, E. *200.*
Nazarevič, R. *89.*
Neckárov, L. *264.*
Nedbal, J. *117.*
Needler, M. C. *314.*
Neely, T. A. *248.*
Neher, C. D. *273.*
Neier, A. *323.*
Neillands, R. *202.*
Nekrich, A. *252.*
Nelissen, F. A. *307.*
Nello, P. *206.*
Nelson, A. *323, 373.*
Nelson, D. J. *359.*
Nelson, D. N. *36.*
Nelson, R. R. *247.*

Németh, G. *99.*
Nenni, P. *210.*
Neplechovitsj, V. *234.*
Nesham, F. *75.*
Nesvadba, F. *265, 359.*
Neterowicz, E. M. *299.*
Nettler, R. L. *7.*
Neuber, H. *159.*
Neubert, H. *68.*
Neuhaus, R. J. *312.*
Neukirchen, H. *87.*
Neuman, H. J. *111.*
Neuman, S. G. *26.*
Neumann, A. *18.*
Neumann, I. B. *241.*
Neuneck, G. *29.*
Nevakivi, J. *104.*
Newby, E. *83.*
Newby, L. *279.*
Newcomb, R. F. *108.*
Newman, A. S. *358.*
Newman, J. *273.*
Newman, R. *340.*
Newsinger, J. *109.*
Newsom, D. D. *21, 372.*
Nežinskij, L. N. *271.*
Ngor, H. S. *294.*
Nichols, J. A. *172.*
Nichols, J. B. *107.*
Nichols, K. D. *337.*
Nickel, E. *175.*
Nickel, H. W. *311.*
Nickel, J. W. *12.*
Nicosia, F. R. *291.*
Niedenhoff, H.-U. *166.*
Niedhart, G. *134.*
Niess, F. *332.*
Niethammer, L. *181.*
Nigoul, C. *189.*
Nigudkar, A. *286.*
Nihei, Y. *64.*
Nikolov, V. A. *347.*
Niksch, L. A. *299.*
Nilges *157.*
Nincic, M. *356.*
Nixon, R. *350.*
Nixon-Eisenhower, J. *337.*
Nobécourt, R. G. *97.*
Noblen, D. *262.*
Nodjonmi, M. *287.*

Noetzel, T. *196.*
Noffsinger, J. P. *3.*
Nohlen, D. *316.*
Noiret, S. *209.*
Nolfo, E. di *271.*
Nolte, E. *171.*
Nölting, C. *135.*
Noman, O. *297.*
Norbu, D. *281.*
Nord, K. *143.*
Norling, B. *101.*
Norman, D. *284.*
Norris, R. S. *30, 32.*
Norton, A. R. *296.*
Noskov, A. M. *120.*
Noskova, A. F. *92.*
Nossiter, B. *118.*
Nossov, M. G. *241.*
Nötzold, J. *63.*
Nouri Pasha, I. *267.*
Novák, O. *266.*
Novák, V. *23.*
Nove, A. *250.*
Novelli, E. *207.*
Nowak, J. M. *121.*
Nowak, K. *189.*
Nrgaard, O. *249, 253.*
Nrlund, I. *128.*
Nullmeier, F. *163.*
Núñez Téllez, C. *332.*
Núñez, O. *313.*
Nuñuez Villaverde, J. *33.*

O

O'Ballance, E. *375.*
O'Brien, T. *101.*
O'Donnell, G. *320.*
O'Halloran, C. *198.*
O'Halpin, E. *204.*
O'Kane, R. H. *9, 87.*
O'Leary, M. *88, 365.*
O'Malley, I. V. *328.*
O'Maoláin, C. *14.*
O'Neill, R. *21.*
O'Rourke, R. *111.*
Oakley, J. R. *367.*
Obdeijn, H. L. M. *304.*
Oberkofler, G. *220.*
Obermeyer, U. *156.*
Ochmanek, D. A. *43.*

Ochoa A. , N. *322.*
Ochoa Antich, N. *322.*
Oded, A. *117.*
Odom, W. E. *245.*
Oelrich, I. *29.*
Offner, A. A. *350.*
Ojeda, J. de *35.*
Ojha, G. P. *285.*
Okazaki, H. *293.*
Okita, S. *292.*
Oladimeji, O. A. *307.*
Oldigs, B. *179.*
Olesen, T. B. *208.*
Oliner, S. P. *223.*
Oliveira, C. *227.*
Oliver, J. K. *350.*
Ollivier, J.-P. *185.*
Olsen, E. A. *353.*
Olson, W. J. *39.*
Olstad, F. *216.*
Omara-Otunnu, A. *313.*
Opawski, K. *164.*
Opfermann, B. *170.*
Opitz, P. J. *141, 280.*
Opitz, R. *137.*
Oplatka, A. *233, 271.*
Opp de Hipt, M. *145.*
Opsahl, T. *12.*
Orel, S. *267.*
Orlov, A. S. *357.*
Orlow, D. *171.*
Orman, J. *342.*
Ormston, R. A. *373.*
Ornstein, N. J. *346.*
Orr, P. *75.*
Orr, R. M. *352.*
Ortega Saavedra, D. *330.*
Ortona, E. *206.*
Osgood, R. E. *359.*
Osipov, G. O. *231.*
Ossendorf, I. *113.*
Ost, D. J. *225.*
Ost, E. *142.*
Osta, A. P. J. van *207.*
Ostellino, P. di *235.*
Ostrowsky, J. *311.*
Otto, A. *15.*
Otto, I. *3, 241.*
Oudin, B. *185.*
Ougaard, M. *11, 342.*

Oulton, W. E. *53.*
Outwin, D. *198.*
Overlach, H. *135.*
Owen, D. *195.*
Owen, H. *35.*
Owens, E. *118.*
Owens, W. *364.*
Ozinga, J. R. *16.*

P

Paastela, J. *184.*
Pacca *353.*
Padgett, S. *145.*
Padiglione, G. *205.*
Padilla Bolívar, A. *264.*
Padilla Vela, R. *323.*
Pae, S. M. *295.*
Pagot, *190.*
Painter, D. S. *62, 350.*
Painter, J. *324.*
Painter, N. I. *370.*
Pallotta, G. *211.*
Pallud, J. P. *98.*
Palmer, J. *123.*
Palmer, N. D. *355.*
Palmer, R. D. *273.*
Pålsson, R. *23.*
Pałyga, E. J. *271.*
Pan, L. *278.*
Pangerl, I. *77.*
Panitch, L. *16.*
Pankhurst, E. S. *78.*
Pantcheff, T. X. H. *103.*
Panunzio, S. *207.*
Papageorge-Limberes, Y. *193.*
Paparela, I. *248.*
Papeleux, L. *315.*
Pappé, I. *110.*
Pappi, F. U. *163.*
Paret, P. *26.*
Paris, E. *130.*
Paris, H. *243.*
Parker, P. *78.*
Parker, R. *249.*
Parker, R. B. *302.*
Parlato, G. *210.*
Parlow, A. *339.*
Parry, D. *59.*
Parry, F. F. *337.*
Parsons, P. *369.*

Parzymies, S. *189.*
Pascual, H. *376.*
Pasteau, M. *186.*
Pastor, M. *64.*
Pastor, R. A. *354.*
Pástor, Z. *265.*
Pastora, E. *329.*
Pastorelli, P. *209.*
Patch, W. *145.*
Patrušev, A.I. *171.*
Pätzold, K. *139.*
Patzwall, K. D. *159.*
Paulsen, J. *148.*
Pawlik, G. *219.*
Paxton, J. *4.*
Paya Arregui, M. *54.*
Payne, R. *18.*
Payne, S. G. *264.*
Paz Barnica, E. *324.*
Paz, A. *80.*
Pazarci, H. *378.*
Peacock, L. T. *364, 365.*
Péan, P. *190.*
Pearce, B. *255.*
Pearce, E. *197.*
Pearson, D. E. *64.*
Pearson, F. S. *37.*
Pécaut, D. *327.*
Pedersen, C. *356.*
Pedersen, O. K. *310.*
Pedraza, L. D. *320.*
Pedriali, F. *80.*
Pedrosa, C. N. *376.*
Peet, J. *214.*
Peillard, L. *95.*
Peleg, I. *290.*
Pelinka, A. *218.*
Pellizzoni, G. *210.*
Pellus, D. *97.*
Pelz, W. A. *165.*
Peng, Z. *281.*
Penrose, B. *46.*
Perazic, G. *78.*
Perečnev, Ju. G. *246.*
Peregubov, S. P. *196.*
Pereira, A. C. *378.*
Perelman, M. *62.*
Perels, J. *143.*
Pérez Escolar, R. *316.*
Pérez Sánchez, A. *64.*

Perez Sanchez, F. J. *305.*
Pérez, G. *333.*
Pérez, L. C. *327.*
Perkins, J. B. *111.*
Perkovich, G. *233.*
Perl, R. F. *367.*
Perlmutter, A. *288.*
Perrett, B. *157.*
Perry, W. J. *357.*
Perthes, V. *298.*
Perz, , B. *91.*
Peschek, J. G. *342.*
Pesotta, R. *337.*
Petacco, A. *101.*
Peter, H. *44.*
Peter, L. *66.*
Peters, A. R. *173.*
Peters, I. *27, 105.*
Petersen, J. *211.*
Petersen, N. *35.*
Petersen, P. A. *245.*
Petersen, T. *251.*
Peterson, W. S. *364.*
Petit, E. *56.*
Petit, M. *112.*
Petran, T. *112.*
Petras, J. *318, 322.*
Petrocik, J. R. *347.*
Pevny, W. *220.*
Pfaltzgraff, R. L. *349.*
Pfau, T. *16.*
Pfefferle-Chauvet, C. *76.*
Pfeiffer, H. *220.*
Pfeiffer, I. *184.*
Pfister, T. *187.*
Pfisterer, R. *171.*
Pfliegendörfer, D. *173.*
Pfliegensdörfer, D. *161.*
Pfost, D. R. *354.*
Philip, G. *328.*
Phillips, R. H. *245.*
Philpin, C. H. E. *205.*
Pi Sunyer, C. *80.*
Piaggi, I. A. *113.*
Picard, L. A. *312.*
Pichler, M. *94.*
Pick, O. *241.*
Pickersgill, J. W. *325.*
Pieck, W. *304.*
Piekalkiewicz, J. *74.*

Piel, G. *337.*
Pierre-Brossolette, S. *185.*
Piétri, N. *175.*
Piilonen, J. *184.*
Pike, D. E. *299.*
Pike, F. B. *333.*
Pike, S. R. *17.*
Pimlott, J. *47, 74.*
Pincher, C. *45.*
Pinkney, A. *340.*
Pinkus, B. *233.*
Pinto, M. *322.*
Pion-Berlin, D. *315.*
Piotrowski, B. *223.*
Pious, R. M. *342.*
Pipes, R. *255.*
Piques, J. -P. *64.*
Pirityi, S. *239.*
Pistoso, G. *206.*
Pithon, R. *192, 259.*
Piwowoński, J. *64.*
Pizani Pardi, A. *327.*
Plachetta, B. *145.*
Plasser, F. *218.*
Platt, T. *353, 372.*
Płowiec, U. *366.*
Plumpe, W. *161.*
Pockrass, R. M. *14.*
Podet, A. H. *289.*
Podkowiński, M. *175.*
Podljaščuk, P. *228.*
Poerksen, T. *67.*
Pogany, I. S. *115.*
Pohl, M. *295.*
Polanska-Palmer, Z. *91.*
Poli, A. *51.*
Pollack, B. *262.*
Pollak, M. *91.*
Pollnac, R. *302.*
Polmar, N. *48, 360.*
Półtawska, W. *142.*
Polvinen, T. *184.*
Polycarpe, G. *63.*
Pommerin, R. *154, 179.*
Poneman, D. *318.*
Poniatowska, A. *137.*
Poolman, K. *87.*
Popo, Ž *128.*
Popov, V. I. *113.*
Porch, D. *190.*

Porpora, D. V. *66.*
Porte, J. *76.*
Porteau, A. *227.*
Porter, C. *231.*
Porter, G. *294.*
Portero, F. *154.*
Posadas, J. *253.*
Posner, S. *290.*
Pospielovsky, D. V. *251.*
Posselt, A. M. *86, 97.*
Post, E. *67.*
Postiglioni, U. *112.*
Postma, T. *214.*
Pott, A. *124.*
Potter, D. C. *285.*
Potter, F. E. *100.*
Potter, J. *19.*
Potter, W. C. *249.*
Potthoff, H. *165.*
Poulsen, J. *258.*
Powaski, R. E. *357.*
Powell, L. *340.*
Powers, R. G. *336.*
Prado Salmón, G. *319.*
Pral'nikov, A. E. *249.*
Prange, G. W. *102.*
Prats González, C. *321.*
Pratt, C. *326.*
Praval, K. C. *286.*
Pravda, A. *239.*
Prazmowska, A. *84.*
Prell, U. *180.*
Preradovich, N. von *139, 217, 220.*
Prescott, J.R.V. *12.*
Pressler, L. *361.*
Preston, A. *48, 190, 364.*
Preston, J. *329.*
Preston, P. *264.*
Pretterebner, H. *218.*
Preve, C. *17.*
Pritchard, R. J. *200.*
Prus, E. *156, 257.*
Prvulovich, Z. R. *212.*
Prybyla, J. S. *121.*
Prystrom, J. *36.*
Puddu, F. M. *290, 326.*
Pugh, G. *4.*
Pugh, P. G. *56.*
Puhe, H. *308.*

Punnett, R. M. *197.*
Purcell, S. Kaufman *372.*
Pusch, H. *28.*
Püschel, M. *41, 191.*
Puskás, J. *271.*
Putensen, D. *135.*
Putterman, L. *282.*
Putzel, J. *376.*
Pyle, C. H. *343.*
Pynn, R. E. *342.*

Q

Quah, J. S. T. *298.*
Quang, B. X. *299.*
Quaranta, P. *58.*
Queval, A. *200.*
Quigley, J. *19.*
Quiirosa-Cheyrouze y Muños, R. *80.*
Qvortrup, J. *253.*

R

Rabinovich, A. *110.*
Rabofsky, E. *220.*
Rachagan, S. S. *296.*
Rachmanova, I. P. *15.*
Racine, M. *260.*
Radandt, H. *161.*
Radice, L. *197.*
Radt, K. *148.*
Radvanyi, J. *233.*
Radwański, R. *140.*
Rafael, G. *290.*
Raffay, E. *227.*
Rafizadeh, M. *287.*
Rahimi, F. *3.*
Rahman, S. *274.*
Raikov, A. V. *84.*
Rais, R. B. *297.*
Rajah, A. *299.*
Rajewsky, C. *170.*
Rakov, V. I. *83.*
Ramadier, P. *192.*
Ramati, Y. *293.*
Ramirez Lafita, M. J. *261.*
Ramírez Necochea, H. *321.*
Ramírez, C. *328.*
Ramirez, S. *330.*
Ramos Rau, D. *333.*

Randall, V. *68.*
Randle, R. F. *21.*
Randonjic̀, R. *213.*
Ránki, G. *271.*
Ransch, K. *150.*
Ranzato, G. *81.*
Rapone, L. di *207.*
Rapp, J. P. *307.*
Rapp, M. *204.*
Rashid, A. *109.*
Rasoul, F. *286.*
Raspin, A. *210.*
Ratenhof, U. *279.*
Rath, J. *179.*
Rattinger, H. *151.*
Rau, H. *284.*
Rauchensteiner, M. *218.*
Raudzens, G. *38.*
Rauh, M. *76.*
Raun, T. U. *253.*
Rausa, R. M. *364.*
Rauscher, H. *217.*
Rautenberg, H.-W. *223.*
Ravenel, B. *378.*
Rawcliffe, M. *230.*
Ray, H. *242.*
Rayski, A. *186.*
Razi, G. H. *111.*
Rea, R. R. *88.*
Ready, J. L. *84.*
Reagan, R. *338, 351.*
Rebeaud, L. *260.*
Rechtziegler, E. *33, 357.*
Recke, A. von der *71.*
Reddaway, P. *252.*
Reddy, L. *30.*
Redeman, H. *57, 58.*
Redemann, H. *57.*
Reding, A. *328.*
Reed, C. *261.*
Reedy, G. *345.*
Rees, E. A. *235.*
Regnier, G. *95.*
Rehák, L. *213.*
Rehm-Takahara *293.*
Rehm-Takahara, T. *87.*
Reichel, H. *71.*
Reid, P. D. *55.*
Reifeld, H. *98.*
Reijn, J. A. van *48.*

493

Reiman, M. *253.*
Reimann, E. *130, 331.*
Reinharz, J. *339.*
Reiss, M. *29.*
Reiter, R. *168.*
Remiro Brotóns, A. *263.*
Remmer, A. *93.*
Resendes, M. B. *19.*
Resnick, S. A. *17.*
Restrepo, L. *326.*
Rettallack, J. *139.*
Reusch, J. *17.*
Reuter, J. *212, 213.*
Reuter, L.-R. *166.*
Revel, J.-F. *121.*
Revelos, T. *35.*
Reyes, C. *318.*
Reynolds, C. G. *364.*
Reynolds, D. *200.*
Reynolds, J. *84.*
Rhades, J. *77.*
Rhoades, W. E. *88.*
Riaboff, A. *255.*
Ricardo Piñeros, V. G. *327.*
Rich, B. *64.*
Richard, G. *85.*
Richard, P. *317.*
Richardson, A. *17.*
Richardson, D. *58.*
Richardson, J. J. *197.*
Richardson, R. C. *33, 361.*
Richarz, B. *148.*
Richmond, A. H. *6.*
Richter, H. A. *109.*
Richter, H.-E. *140.*
Richter, K. *266.*
Richter, R. *104.*
Richtsteiger, H. *144.*
Riddell, R. C. *62.*
Rideau, B. *187.*
Riding, A. *328.*
Riedel, N. K. *143.*
Riemenschneider, M. *162.*
Riess, V. *7.*
Rieul, R. *45.*
Rigby, S. H. *134.*
Riley, W. H. *26.*
Rilling, R. *71.*
Rimbaud, C. *186.*
Rincon, F. *327.*

Ringdal, N. J. *216.*
Rioux, J.-P. *187.*
Rippon, P. M. *202.*
Risio, C. de *87.*
Riske, R. A. *341.*
Ristaino, M. R. *278.*
Riste, O. *84.*
Ristič, R. *100.*
Riveles, S. *312.*
Rivera Cuesta, M. A. *371.*
Rizvi, H.-A. *297.*
Rizzo, A. *42, 111.*
Rjabcev, V. P. *230.*
Roach, C. *25.*
Robbe, M. *117.*
Robbins, C. *105.*
Robbins, K. *199.*
Roberts, C. *233.*
Roberts, D. *298.*
Roberts, W. K. *44.*
Robertson, J. *85.*
Robin, J. *133.*
Robins, P. *204.*
Robinson, G. *375.*
Rocca, G. *210.*
Rochat, G. *89.*
Rochefort-Turquin, A. *189.*
Rocolle, P. *134.*
Rodrigo, F. *261.*
Rodríguez Iturbe, J. *378.*
Rodzinski, W. *283.*
Roepke, W. *64.*
Roett, R. *112, 332.*
Rogalla von Bieberstein, H. *135.*
Rogers, J. *91.*
Rogers, J. G. *338.*
Rogin, P. M. *343.*
Rohatyn, F. *366.*
Rohde, D. W. *345.*
Rohdich, W. *177.*
Rohkohl, E. G. *303.*
Röhl, J. C. *137.*
Röhrich, W. *175.*
Rohwer, G. *161.*
Rojas Bolaños, M. *322.*
Roland, C. G. *89.*
Rolon Anaya, M. *319.*
Romanones, A. *46.*
Rombeck-Jaschinski, U. *179.*

Romer, J.-C. *245.*
Romero, F. *368.*
Romero, P. W. *195.*
Romerstein, H. *45.*
Romkes, J. *215.*
Romsics, I. *268.*
Romulo, B. D. *376.*
Rondinelli, D. A. *366.*
Rondot, P. *111, 289.*
Rone, J. *323.*
Rony, J. *208.*
Ropponen, R. *152.*
Rørholt, B. *45.*
Rosa, S. *5.*
Rosati, J. A. *350.*
Roschlau, W. *42.*
Rose, F. de *190.*
Rosefielde, S. *246.*
Roseman, M. *89.*
Rosen, S. *25.*
Rosen, S. P. *38.*
Rosenberg, M. B. *325.*
Rosenfeldt, R. *331, 377.*
Rosenthal, G. *172.*
Rosenthal, M. M. *276.*
Rosentreter, R. *172.*
Rosh, L. *97.*
Rosolowsky, D. *150.*
Ross, D. *326.*
Ross, J. I. *325.*
Ross, R. S. *280.*
Ross, S. *74.*
Rossi, S. A. *31, 59.*
Rossiter, M. L. *97, 192.*
Rost, L. *169.*
Rost, S. E. *91.*
Rotberg, R. I. *371.*
Roth, J. *47.*
Roth, K. H. *161.*
Roth, M. *9.*
Roth, M. P. *344.*
Rothe, S. *309.*
Rothenberg, G. E. *78.*
Rothstein, B. *258.*
Rotter, A. J. *107.*
Rouquié, A. *314.*
Rousset, D. *39.*
Rousso, H. *192.*
Rout, L. B. *45.*
Rowe, P. *13.*

Roy, O. *273.*
Rozanov, A. A. *18.*
Rubenberg, C. A. *370.*
Rubin, B. *10, 111.*
Rubin, B. R. *273.*
Rubin, L. B. *335.*
Rubinstein, A. Z. *241.*
Rubinstein, D. *4.*
Rubio Cabeza, M. *4.*
Rubio, M. *316.*
Ruchwarger, G. *330.*
Rücker, B. *151.*
Rudavsky, J. *223.*
Ruddy, T. M. *335.*
Rudnik, S. *146.*
Rudnytsky, I. L. *257.*
Ruehe, V. *152.*
Ruehl, L. *158.*
Ruffmann, K.-H. *253.*
Ruiz de Azcarate y Varela, J. *263.*
Ruiz del Castillo, P. *53.*
Ruiz García *316.*
Rumpf, C. *267.*
Runge, I. *139.*
Rupérez, J. *35.*
Rupesinghe, K. *3, 275.*
Rürup, R. *150.*
Rus, T. *227.*
Ruscio, A. *106.*
Russell, S. *148.*
Rutowska, M. *221.*
Ryabko, E. *93.*
Ryan, H. *14.*
Ryan, H. B. *352.*
Ryan, M. *251.*
Rybecky, V. *68.*
Ryder, R. *75.*
Rykowski, Z. *226.*

S

Saage, R. *68.*
Sabato, M. di *90.*
Sabbagh, A. *72.*
Sacaluga, J. A. *264.*
Sacchi, F. *206.*
Sachs, J. *379.*
Sachse, C. *163.*
Sacristán Luzón, M. *261.*
Sadat, J. *303.*

Sadykiewicz, M. *36.*
Sáenz Carbonell, J. F. *322.*
Safronov, V. G. *91.*
Sagi, N. *103.*
Sahebjam, F. *111.*
Sainclivier, J. *97.*
Saint John, R. B. *305.*
Saint, C. E. *42, 47.*
Sakell, A. N. *338.*
Sakson, A. *164.*
Salame, G. *289.*
Šalamov, V. *231.*
Salaün, H. *77.*
Salin, M. *207.*
Salinas de Gortari, C. *328.*
Salkin, Y. *324, 358.*
Samayoa, S. *324.*
Samii, K. A. *352.*
Samojlov, A. D. *253.*
Samour, H. *10.*
Sampson, A. *312.*
Samson, J. *335.*
Samsonov, A. M. *94.*
Samsons, V. *247.*
Sana, H. *137.*
Sanabria Centeno, O. *330.*
Sánchez Salazar, G. *130.*
Sanchez, J. J. *343.*
Sanders, J. W. *358.*
Sanders, R. *7.*
Sandkühler, J. *17.*
Sandler, T. *18.*
Sandrart, H. -H. von *35.*
Sands, J. I. *245.*
Sandschneider, E. *281.*
Sanger, C. *13.*
Santis, H. de *31, 126.*
Santoni, A. *49.*
Saperstein, A. M. *41.*
Sapir, J. *249.*
Sarazin, M. *186.*
Sarbadhikari, P. *12.*
Sardo, M. *32.*
Sardoni, C. *134.*
Sarides, E. *193.*
Sartori, G. *10.*
Sassoon, D. *207, 208.*
Saucedo Parada, A. *371.*
Sauer, R. L. *368.*
Sauerberg, S. *129.*

Saul, J. S. *311.*
Savickij, E. J. *231.*
Saw, D. *299.*
Sawicki, C. *224.*
Sawicki, T. *93.*
Sayigh, R. *114.*
Sayigh, Y. *114.*
Scala, D. *56.*
Scalabrino, C. *294.*
Scattigno, A. *186.*
Schäfer, P. *156.*
Schafranek, H. *81.*
Schalbroeck, I. *128.*
Schank, J. F. *364.*
Schäuble, W. *152.*
Schechla, J. *291.*
Scheffler, T. *152.*
Scheiben, O. *260.*
Scheibert, H. *55.*
Scheina, R. L. *315.*
Scheinman, L. *29.*
Schell, J. *346.*
Schelling, G. *94.*
Schenck, E. G. *133.*
Schendel, W. van *274.*
Schenke, W. *136.*
Scherb, A. *143.*
Scherer, W. *159.*
Scherzer, L. *306.*
Scheuer, S. L. *325.*
Scheurig, B. *73.*
Schewitza, H. *89.*
Schiavi, G. G. *210.*
Schier, P. *106, 276, 281, 380.*
Schifter Sikora, J. *322.*
Schilde, K. *180.*
Schildt, A. *163, 175.*
Schissler, J. *9, 351.*
Schleher, D. C. *59.*
Schlemmer, L. *311.*
Schlesinger, J. R. *43.*
Schlewecke, G. *164.*
Schley, C. *164.*
Schlicht, H. *177.*
Schlichting, D. *174.*
Schlomann, F.-W. *272.*
Schloming, G. C. *350.*
Schlumberger, J. *190.*
Schmähling, E. *49, 151.*
Schmidhuber, P. M. *125.*

Schmidl, H. *218.*
Schmidt, H. *136, 190.*
Schmidt, M. *23, 124, 183.*
Schmidt, S. W. *342.*
Schmidt, U. *145.*
Schmidt-Dumont, M. *241.*
Schmidt-Eenboom, E. *158.*
Schmidt-Neke, M. *127.*
Schmitt, H. *145.*
Schmitt, M. *346.*
Schmitt, R. *17.*
Schmitz, A. *170.*
Schmoll, H. *220.*
Schnall, D. J. *340.*
Schneider, B. R. *328.*
Schneider, F. *71.*
Schneider, J. *142.*
Schneider, J. W. *148.*
Schneider, N. F. *67.*
Schneider, U. *161.*
Schneider, W. *55.*
Schneidermann, D. *187.*
Schoenfeld, M. *95.*
Schoenmaker, W. *214.*
Schofield, R. N. *2.*
Scholder, K. *170.*
Scholtens, B. *334.*
Scholze, C. *272.*
Schönfeld, R. *213.*
Schöpflin, G. *121, 269.*
Schöppner, K. P. *308.*
Schoser, F. *126.*
Schou, A. *183.*
Schram, S. R. *278.*
Schramm, G. W. *179.*
Schreiber, F. *117.*
Schreiber, W. *34, 59.*
Schreiber-Kellermann, M. *177.*
Schreyer, W. *181.*
Schröder, E. *59.*
Schröder, K. *63.*
Schröder, S. *19.*
Schroeder, G. *122.*
Schuback, B. *258.*
Schucher, G. *241.*
Schüler, K. A. F. *91.*
Schulte, T. J. *94.*
Schulten, C. M. *215.*
Schultz, D. *335.*

Schulz, G. *142.*
Schulz, S. *157.*
Schulz-Torge, U.-J. *248.*
Schulze, H. *172, 184.*
Schulze, H. *72.*
Schulze-Kossens, R. *86.*
Schulze-Marmeling, D. *26.*
Schum, D. A. *71.*
Schumacher, K. *127.*
Schuman, R. *186.*
Schumann, R. *74.*
Schurr, P. P. *122.*
Schuschnigg, K. *221.*
Schustereit, H. *94.*
Schütz, R. *261.*
Schütze, W. *304.*
Schwan, G. *180.*
Schwarb, M. *260.*
Schwarberg, G. *97.*
Schwartz, G. *368.*
Schwarz, H. *133.*
Schwarz, H. -P. *104.*
Schwarz, H.-P. *144.*
Schwarz, K. *57, 58, 59.*
Schwarz, S. *126.*
Schwarz, W. *34, 63, 124, 183.*
Schwarzacher, L. *375.*
Schweiger, H. *8.*
Schweizer, P. *247.*
Schwendter, R. *62.*
Schwerter, H. *136.*
Scibetta, B. S. *368.*
Sclafani, A. di *210.*
Scocroft, B. *343.*
Scott, P. D. *370.*
Ščus', O. I. *254.*
Scutts, J. *107.*
Searle, G. R. *196.*
Seaton, A. *246.*
Sebald, P. *312.*
Sebesta, L. *358.*
Sebestyén, G. *269.*
Segal, G. *281.*
Segal, M. W. *34.*
Segre, D. *291.*
Seibert, R. F. *115.*
Seidel, H.-C. *148.*
Seiden, C. *64.*
Seidl, A. *132.*

Seifert, J. *143.*
Seiffert, W. *126.*
Seince, P. *78.*
Seitz, J. L. *21.*
Seitz, N. *168.*
Seitz, R. *358.*
Seizelet, E. *293.*
Šejnis, Z. S. *230.*
Sekelj, L. *213.*
Seliger, K. *259.*
Semennikova, L. I. *255.*
Semenov, N. S. *93.*
Semi-Bi, Z. *190.*
Semirjaga, M. I. *82.*
Sempf, T. *11.*
Senatorov, A. I. *293.*
Senghaas, D. *9.*
Senghaas-Knobloch, E. *21, 23.*
Senje, S. *216.*
Seoane, M. *318.*
Servaǹski, E. *221.*
Sester, H. *136.*
Seth, S. P. *53.*
Seurin, J.-L. *377.*
Seyd, P. *198.*
Seywald, W. *278.*
Sgarlato, N. *112.*
Shaffer, H. L. *249.*
Shafruddin, B. H. *296.*
Shahak, I. *289.*
Shainberg, M. *222.*
Shaker, S. M. *55.*
Shamsul, A. B. *296.*
Shank, G. *350, 370.*
Shapira, S. *114.*
Shapiro, J. *276.*
Sharnik, J. *104.*
Sharpe, K. E. *323.*
Shaumian, T. L. *285.*
Shavit, J. *289.*
Shaw, J. *83.*
Shaw, M. *24.*
Sheehan, M. *4, 29.*
Sheehand, J. W. *57.*
Sheffield, G. D. *195.*
Sheikh, A. T. *241.*
Shelley, M. C. *342.*
Shephard, E. A. *75.*
Shepherd, G. W. *379.*

Shepherd, N. 288.
Sherr, J. 243.
Shetreet, S. 290.
Shirvastava, R. 286.
Shores, C. 99.
Shostak, A. B. 369.
Showell, J. P. 159.
Shrader, C. R. 101.
Shreffler, R. 42.
Shrivastava, P. 286.
Shubert, A. 264.
Shuckburgh, E. 195.
Shukert, E. B. 368.
Shull, M. S. 369.
Sicular, T. 282.
Siegerist, J. 130, 267.
Siemens, G. 274.
Siemers, G. 274, 376.
Siepmann, H. 75.
Sigal, L. V. 102.
Sigal, S. 318.
Sigel, R. 142.
Sihanouk, N. 294.
Silalahi, H. T. 374.
Silgailis, A. 157.
Silkin, J. 198.
Silva, P. 321, 332.
Silverstone, P. H. 364.
Simard, M. 192.
Simatupang, B. 225.
Simmonds, J. 97.
Simmons, E. H. 107.
Simmons, J. 343.
Simon, D. 313.
Simon, K. 163.
Simon, S. 273.
Simon, W. B. 221.
Simon-Pelanda, H. 168.
Simonnaes, B. 94.
Simonnot, P. 289.
Simons, L. M. 376.
Simonton, D. K. 345.
Simpkin, R. 232.
Sinclair, A. 45.
Singh, B. 273.
Singh, H. 297.
Singh, K. 286.
Singh, K. R. 287.
Singh, R. 375.
Sinn, N. 219.

Sirota, N. M. 347.
Sitte, F. 293.
Sitzler, K. 269, 270.
Siuru, W. D. 58.
Sivanandan, A. 17.
Škvaril, J. 265.
Skåum, A. 216.
Skjelsbæk, K. 25.
Skoglund, C. 258.
Sládek, O. 144.
Šladkowski, W. 185.
Sláma, J. 265.
Slapnicka, H. 221.
Slowe, P. 76.
Sluglett, P. 286.
Sluka, V. 266.
Smelser, R. 133.
Smiley, D. V. 326.
Smirnov, N. N. 255.
Smith, A. 292.
Smith, A. M. 49.
Smith, B. C. 14.
Smith, B. F. 96.
Smith, C. 50.
Smith, C. C. 370.
Smith, D. 289.
Smith, E. D. 360.
Smith, G. 85, 338, 341.
Smith, G. B. 234.
Smith, G. C. 29.
Smith, H. 374.
Smith, M. G. 374.
Smith, P. C. 98, 102.
Smith, R. 199.
Smith, R. T. 88.
Smith, T. 235.
Smoke, R. 24, 356.
Smolen, R. 121.
Smyser, W. R. 69.
Smyth, C. 205.
Smyth, F. 112, 324.
Šnejdárek, A. 127.
Snitwongse, K. 299.
Snook, D. 81.
Snow, D. M. 42, 351.
Sobczak, K. 226.
Sochaczewski, J. 34.
Socknat, T. 24.
Soetendorp, R. B. 117.
Sofri, G. 284.

Soggot, D. 307.
Sokolov, B. V. 85.
Sokolsky, J. J. 359.
Sola, R. 274.
Solomon, M. 335.
Somai, G. 205.
Sommer, J. 359.
Sommer, T. 151.
Sood, P. 284.
Sorenson, D. S. 357.
Sorrentino, F. M. 235.
Sotelo, I. 262.
Soto Tamayo, C. 334.
Souter, D. 300.
Sovokin, A. M. 255.
Spataro, C. 210.
Späth, H. 373.
Specht, H. 120.
Spector, L. S. 29.
Speier, H. 166.
Sperling, V. 241.
Spick, M. 3, 58.
Spiers, E. M. 39.
Spillmann, K. R. 24, 260.
Spinelli, A. 206.
Spooner, T. 88.
Sporck-Pfitzer, J. 177.
Sprague, J. 67.
Spraul, G. 74.
Spring, D. 253.
Spröte, W. 24.
Sprung, K. 219.
Spurk, J. 163.
Srensen, N. A. 211.
Srensen, S. 184.
Staack, M. 342.
Staar, R. F. 239.
Stacey, C. P. 86.
Stacey, R. 88.
Stachowiak, A. 83.
Stadler, A. 310.
Stadtmüller, A. 179.
Stafford, D. 200.
Stafford, P. 149.
Stamm, T. 136.
Stanaway, J. C. 57.
Stanculescu, V. 228.
Stanford, P. 202.
Stankovich, M. 102.
Stanley, S. C. 34.

Stanojevič, B. 212.
Stares, P. B. 60.
Stark, J. 184.
Starr, J. B. 280.
Statz, A. 152.
Staudinger, K. 218.
Steel R. 126.
Steele, K. D. 366.
Stefani, F. 81.
Steigerwald, R. 146.
Stein, G. 114.
Stein, J. G. 355.
Stein, K. W. 115, 354.
Stein, P. 29.
Steinbach, U. 267.
Steinberg, A. 164.
Steinborn, N. 179.
Steinbuch, K. 140.
Steindorff, K. -J. 43.
Steinecke, V. 133.
Steiner, H. 134.
Steinert, H. 221.
Steinert, J. D. 177.
Steiniger, K. 347.
Steininger, R. 177, 212.
Steinkühler, M. 151.
Stella, J.-P. 191.
Stepan, A. 320.
Stepanova, N. M. 198.
Stern, F. 172.
Stern, L. M. 300.
Sternheim-Peters, E. 164.
Stevenson, A. E. 366.
Stevenson, D. 76.
Stewart, C. T. 64.
Stewart, K. 105.
Stillmann, G. 182.
Stock, E. 8.
Stockman, D. A. 342.
Stockman, J. 201.
Stockmann, R. 327.
Stoeckli, F. 245.
Stöger, B. 220.
Stojanovič, Š. 213.
Stokke, O. 216.
Stoler, P. 369.
Stolker, J. 249.
Stoll, A. 53.
Stölting, S. 163.
Stolz, R. 154.

Stone, W. 51.
Stora, B. 304.
Storch, W. 171.
Storz-Schumm, H. 138.
Strasheim, R. 55.
Strasser, C. 89.
Strasser, J. 176.
Straube, H. 167.
Strawson, J. 101.
Strecker, G. 68.
Stresemann, W. 173.
Strieter, T. W. 191.
Striewe, J. 248.
Strübel, M. 22.
Stuart, R. C. 250.
Stubenvoll, K. 221.
Stübing, E. 32.
Stuby, G. 79.
Stüllein, W. 158.
Stumpf, E. 219.
Stürmer, M. 154, 155, 172.
Stützle, W. 26.
Su, S. 278.
Suárez, L. 328.
Subrahmanyam, K. 285.
Sugai, W. H. 366.
Suhr, E. 168.
Sukup, V. 316.
Sullivan, J. 262.
Sullivan, L. 357.
Sullivan, L. R. 278.
Sulzberger, C. L. 337.
Summerfield, P. 193.
Sunic, T. 14.
Suryadinata, L. 374.
Sutton, A. C. 358.
Suvorov, V. 46, 232.
Svatos, S. 265.
Svec, M. 239.
Švejcer, V. J. 218.
Swahn, J. 60.
Sweeney, J. B. 88.
Sweets, J. F. 192.
Swidlicki, A. 224.
Syben, T. 167.
Sylves, R. T. 63.
Syrbe, H. 173.
Sywottek, A. 163.
Szabó, M. M. 268.
Szakály, S. 268.

Szarek, H. 339.
Szarka, L. 267.
Szarski, K. 27.
Szczepanik, K. 209.
Székely, G. 17.
Szekfü, G. 271.
Szentesi, G. 56.
Sziklai, L. 269.
Szubański, R. 89.
Szüröes, M. 269.

T

Tachau, F. 267.
Taggar, Y. 288.
Taishoff, M. N. 71.
Talbott, S. 32.
Talón, V. 81, 225, 257, 297.
Tambo, O. 309.
Tammer, H. 161.
Tan, C. P. 279.
Tangredi, S. J. 49.
Tankha, B. 293.
Tanty, M. 255.
Taoka, S. 363.
Tarantino, F. A. 43.
Tarrant, V. E. 87.
Tarrés, P. 81.
Taulbee, J. L. 47.
Taylor, E. 95.
Taylor, J. 3, 283.
Taylor, J. W. R. 58.
Taylor, M. 4, 14, 19.
Taylor, M. J. 3.
Taylor, P. 197.
Taylor, R. H. 39, 274.
Tchidimbo, R.-M. 305.
Teague, E. 224, 251.
Teixeira, R. A. 346.
Tekiner, R. 289.
Temko, N. 288.
Tempel, K. G. 145.
Teng, H. 277.
Tenzer, N. 35.
Terraine, J. 38, 202.
Tessler, M. 306.
Testrake, J. 14.
Teyssier, A. 191.
Thackrah, J. R. 4.
Than, T. M. M. 274.
The, A. D. 300.

Thernstrom, A. M. *346.*
Théry, H. *189.*
Thies, J. *167.*
Thies, W. J. *32.*
Thoemmes, E. H. *43.*
Thomas, A. *200.*
Thomas, H. *104.*
Thomas, M. M. *370.*
Thompson, J. K. *249.*
Thompson, R. J. *231.*
Thoms-Heinrich, L. *142.*
Thomson, J. A. *29.*
Thornborough, A. M. *57.*
Thornton, T. P. *355.*
Thoß, B. *155.*
Thostrup, S. S. *129.*
Thraenert, O. *53.*
Thränert, O. *34.*
Throup, D. *112.*
Thullberg, P. *258, 259.*
Thunner, E. *165.*
Tiangming, J. *276.*
Tichvinskij, S. L. *283.*
Tickler, P. *47.*
Ticktin, H. *229.*
Tidrenczel, S. *268.*
Tilkovszky, L. *270.*
Till, G. *36, 49.*
Tillema, H. K. *105.*
Tillotson, H. M. *109.*
Timberman, D. G. *376.*
Timčenko, Z. P. *254.*
Timmermann, H. *229.*
Tinbergen, J. *67.*
Tinker, H. *73.*
Tironi, E. *322.*
Tiškov, V. A. *368.*
Titarenko, M. L. *239.*
Tivnan, E. *340.*
Tjuškevic, S. A. *82.*
Tlaba, G. M. *130.*
Tmyama, S. *74.*
Tobe, R. *293.*
Todd, G. *44.*
Toinet, M.-F. *343.*
Tokatlián, J. G. *351.*
Tolley, H. *25.*
Tomain, J. P. *366.*
Tombs, I. *228.*
Tomczak, M. *150.*

Tomuschat, C. *25.*
Topete de Grasa, J. *263.*
Topik, S. *320.*
Topliss, D. *319.*
Torcellan, N. *3.*
Torgomian, H. *308.*
Tornetta, V. *362.*
Torrelli, M. *189.*
Torres, R. M. *330.*
Toscano, M. *207.*
Tosstorff, R. *261.*
Tower, J. *343.*
Townsend, P. *95.*
Trachtenberg, M. *359, 373.*
Tran, V. D. *119.*
Trauffler, R. *86.*
Trautmann, H. *177.*
Travers, T. *76.*
Trehub, A. *251.*
Treverton, G. F. *360.*
Trevino Ruiz, J. M. *263.*
Tri, V. N. *300.*
Trigub, P. N. *255.*
Trinkl, J. *24.*
Tripp, A. H. *369.*
Tripp, L. S. *341.*
Tristan, A. *188.*
Trofaier, M. *32, 357.*
Trofimenko, H. *380.*
Trost, C. A. H. *358.*
Trotsenburg, E. A. van *67.*
Trotzki, L. *232.*
Trumpp, T. *157.*
Truttmann, P. *96.*
Truver, S. C. *56.*
Tsao, J. T. H. *282.*
Tsardanidis, C. *109.*
Tschäni, H. *260.*
Tschopp, P. *260.*
Tsipis, K. *339.*
Tsonis, I. G. *193.*
Tucker, A. R. *111.*
Tucker, R. W. *350.*
Tulchin, J. S. *353.*
Turan, S. *268.*
Turbiville, G. *245.*
Turbiville, G. H. *245.*
Turgel, G. *223.*
Turk, R. W. *338.*
Turner, H. A. *133, 176.*

Turner, R. F. *228, 330, 344.*
Turok, B. *301.*
Turrini, A. *56.*
Tursunbaev, A. B. *257.*
Tursunov, R. M. *298.*
Tusa, F. *39.*
Tuschhoff, C. *9, 351.*
Tushnet, M. V. *341.*
Tuszyński, W. *226.*
Tutino, J. *329.*
Tzanos, C. P. *39.*
Tzermias, P. *193.*

U

Ucrain, C. *228.*
Ud Din, S. *287.*
Ude, U. *161.*
Ueberholz, H. *180.*
Ueberschär, G. R. *174.*
Ueckert-Hilbert, C. *180.*
Uehlinger, C. *114.*
Uesseler, R. *207.*
Uffelmann, U. *163.*
Uhlich, W. *86.*
Uhlmann, M. *254.*
Uibopu, H.-J. *257.*
Ulshöfer, H. *180.*
Unger, D. *370.*
Unger, I. *370.*
Unterseher, L. *34.*
Urban, J. *27, 28, 29.*
Urban, M. L. *109.*
Uribe Vargas, D. *12.*
Urrisk, R. M. *55.*
Uterwedde, H. *152.*

V

Vack, K. *143.*
Vaidik, V. P. *275.*
Vailati, V. *211.*
Vajpeyi, D. K. *285.*
Vallauri, C. *208.*
Vanden Berghe, Y. *104.*
Varadi, M. *117.*
Varga, J. *271.*
Varkonyi, P. *224.*
Varo Arjona, J. *109.*
Varsori, A. *35.*
Vasil'ev, N. I. *228.*

Vatikiotis, P. J. *115.*
Vatikiotis, P. J. *72.*
Vaupel, D. *161.*
Vávra, V. *76, 265.*
Vázquez Carrizosa, A. *327.*
Vega, E. M. Umpierrez *334.*
Vego, M. *248.*
Vehvilänien, O. *95.*
Veiter, T. *3.*
Vekov, A. *255.*
Velebit, V. *100.*
Venter, A. J. *300.*
Ventura, C. *227.*
Venturi, A. *253.*
Ver Elst, A. *132.*
Vercken, R. *191.*
Verdugo A.P. *322.*
Vermaat, J. A. E. *247.*
Vernant, J. *21.*
Verstappen, B. *3.*
Veslemy, K. *216.*
Vestring, S. *142.*
Vetschera, H. *32, 219.*
Vialiani, L. *208.*
Vicentini, C. *210.*
Vida, I. *267.*
Vidal, D. *291.*
Vidal-Grégoire, P. *36.*
Vigilant *77.*
Vignaux, P. *264.*
Vilas, C. M. *314, 331, 332.*
Vilby, K. *62.*
Villalobos, J. *324.*
Vilmar, F. *151.*
Vilsmeier, G. *139.*
Vincent, A. *11.*
Vinogorov, N. A. *81.*
Vivas Díaz, A. *317.*
Vivekamanda, F. *286.*
Vivekananda, F. *47.*
Vivekanandan, B. *120.*
Vivier, T. *191.*
Vlabos, M. *111.*
Vo, C. la *364.*
Vobruba, G. *67.*
Voeltz, R. A. *155.*
Vogel, H. *63.*
Vogel, R. *97, 133.*
Vohra, R. *312.*
Voigt, E. *155.*

Voigt, J. H. *373.*
Voigt, K. D. *104.*
Vojstrov, D. F. *93.*
Volger, H. *25.*
Volgyes, I. *239.*
Volk, L. *170.*
Voll, K. *307.*
Volle, A. *125.*
Volmerg, B. *23.*
Volmerg, U. *158.*
Volobuev, P. V. *184.*
Voorhes, M. *13.*
Voren, R. van *234.*
Vorländer, H. *143, 167.*
Voss, J. H. *69.*
Voss, P. *364.*
Vrcan, S. *213.*
Vujosevič, J. *100.*
Vultejus, M. von *141.*
Vuskovic Bravo, P. *372.*
Vytiska, J. *265.*

W

Wachenfeld, S. *136.*
Wachtel, D. *187.*
Wade, N. *39.*
Wade, R. A. *256.*
Wagenlehner, G. *18.*
Wagner, J. G. *115.*
Wahl, D. *317.*
Wahl, J. *36.*
Wahl, J. -B. *96.*
Wahls, H. *133.*
Wainwright, H. *198.*
Waisman, C. H. *318.*
Waiss, O. *34.*
Waites, B. *203.*
Wajnryb, A. *223.*
Walden, H. *162.*
Waldman, H. *3.*
Waldmann, P. *262.*
Walesa, L. *222.*
Walker, J. *43.*
Walker, W. *203.*
Walker, W. *203.*
Wallace, S. *204.*
Waller, D. C. *362.*
Waller, M. *24, 121.*
Walliser-Klunge, M.-P. *261.*
Wallraf, W. *293.*

Wallraff, G. *137.*
Walsh, R. *318.*
Walt, S. M. *10.*
Walters, R. *341.*
Walters, R. W. *341.*
Wandrow, M. *63.*
Wannall, W. R. *345.*
Wanner, G. *221.*
Warchoł, S. *92.*
Ward, M. D. *290.*
Wariavwall, B. *285.*
Warner, E. L. *244.*
Warnke, H. *137.*
Warren, H. *215.*
Wartenberg, T. E. *68.*
Washietl, E. *219.*
Wasiak, K. *129, 153.*
Wasmuht, U. C. *24.*
Wassermann, R. *143.*
Wasserstein, B. *102.*
Waterman, P. *21.*
Watt, D. C. *200.*
Watton, R. *202.*
Wayand, J. *63.*
Webb, S. *198.*
Weber, E. *123.*
Weber, H. *187.*
Weck, H. de *261.*
Wedeman, A. H. *279.*
Wedemeyer, A. C. *38.*
Wedemeyer, F. L. *170.*
Weeks, A. L. *4.*
Weeks, J. *332.*
Weenendaal, L. W. *31.*
Wegemund, R. *306, 308.*
Weggel, O. *279, 283, 294.*
Wehner, G. *85.*
Wehrmann, V. *177.*
Wei, D. *277.*
Weidemann, J. *139.*
Weidenbaum, M. *351.*
Weidner, H. *69.*
Weigall, D. *3.*
Weigel, G. *369.*
Weinand, R. *137.*
Weinbaum, M. G. *274.*
Weinberg, G. L. *79.*
Weinberg, M. *8.*
Weiner, K.-P. *125.*
Weir, B. *296.*

Weir, C. *296.*
Weiss, H. *218, 313.*
Weiss, J. *279, 283.*
Weissbrodt, D. *25.*
Weisser, U. *43, 49.*
Weizsäcker, R. von *137.*
Welch, C. E. *315.*
Welck, S. von *60.*
Welfens, H. *177.*
Wells, A. *302.*
Wells, J. *202.*
Wells, M. K. *49.*
Wells, S. F. *190.*
Weming, R. *275.*
Wendzel, R. L. *351.*
Wenger, A. *271.*
Wengst, U. *166.*
Went, V. *88.*
Werblan, A. *222.*
Werkentin, F. *143.*
Werlan, A. *224.*
Werle, R. *286.*
Werrell, K. *107.*
Wert, J. M. van *367.*
West, N. *200.*
Westberg, R. *53.*
Westelaken, G. van de *142.*
Westheider, R. *77.*
Westlake, R. *201.*
Weston, C. *32.*
Westphalen, J. von *182.*
Westwood, J. T. *245, 248.*
Wetrow, *49.*
Wette, W. *164.*
Wetzlaugk, U. *181.*
Weydenthal, J. B. de *224.*
Wheaton, E. *343.*
Wheeler, B. C. *49.*
Wheeler, H. A. *59.*
Wheelock Román, J. *331.*
Whinney, B. *202.*
White, R. W. *205.*
White, S. *122, 235.*
Whitehorn, J. W. A. *363.*
Whiteman, D. *344.*
Whiting, C. *86.*
Whitley, M. J. *88.*
Whitting, C. *337.*
Wiarda, H. J. *329, 372.*
Wichterich, C. *284.*

Więcek, W. *172.*
Wiedmer-Zingg, L. *260.*
Wieler, J. *135.*
Wiener, A. *329.*
Wierig, V. *159.*
Wiesel, E. *8.*
Wieseneder, A. *219.*
Wiesenthal, S. *139.*
Wieviorka, A. *97.*
Wiggins, W. H. *341.*
Wiktorin, O. *259.*
Wilk, G. H. *181.*
Wilk, M. *253.*
Wilke, M. *164, 166.*
Wilke, W. *34.*
Wilkenfeld, J. *73.*
Wilker, L. *180.*
Wilkes, O. *59.*
Wilkinson, J. *200.*
Will, G. *300.*
Will, G. F. *339, 346.*
Willenson, K. *108.*
Willequet, J. *97.*
Williams, C. *358.*
Williams, G. *118.*
Williams, L. E. *341.*
Williams, P. *34, 356.*
Willis, L. *201.*
Willke, H. *44.*
Wills, G. *338.*
Wilms, D. *141, 152.*
Wilson, H. *196.*
Wilson, K. *376.*
Wilson, M. *202.*
Wilson, M. C. *294.*
Wilson, R. H. *79.*
Wilz, J. E. *3.*
Wimbish, D. J. *14.*
Wimmer, E. *3.*
Winchester, B. *351.*
Windmüller, B. *141.*
Windrow, M. *191.*
Winkler, L. *268.*
Winks, R. W. *361.*
Winter, F. F. *88.*
Winter, J. M. *74.*
Winton, J. *45.*
Wippermann, W. *133.*
Wirtgen, R. *51.*
Wise, A. R. *55.*

Wise, J. E. *77.*
Wishnevsky, J. *252.*
Wishnick, E. *239.*
Wissa, C. *303.*
Wistrich, R. *4.*
Wittmann, K. *29.*
Witzel, R. *343.*
Wixler, K. E. *318.*
Władyka, W. *226.*
Wöhlcke, M. *320.*
Wojciechowski, I. J. *51.*
Wolf, D. *120.*
Wolf, F. O. *17.*
Wolf, F.O. *9.*
Wolf, M. *162.*
Wolff, B. *143, 273.*
Wolff, R. D. *17.*
Wolff-Poweska, A. *224.*
Wolffsohn, M. *103, 117, 152, 171.*
Wolkogonow, D. *231.*
Wollert, G. *50.*
Wolowicz, E. *149.*
Wolpe, H. *308.*
Wolters, W. G. *375.*
Woods, D. *308.*
Woods, J. E. *340.*
Woods, R. *83.*
Woodward, B. *361.*
Woodward, P. *302.*
Woolsey, R. J. *360.*
Woon, E. Y. *281.*
Worcester, K. *196.*
Wörlund, I. *258.*
Worobjow, J. *245.*
Wortzel, L. M. *276.*
Woywod, G. *183.*
Wozniuk, V. *9, 239.*
Wragg, D. *49.*
Wrangel, A. *232.*
Wright, F. *205.*
Wright, J. *149.*
Wright, P. *196.*
Wróbel, P. *226.*
Wu, Y.-S. *299.*
Wubneh, M. *303.*
Wulf, H. *25.*
Wulf, H. A. *166.*
Wulff, B. *180.*
Wunder, M. *180.*

Wünsche, W. *76.*
Wyllie, J. H. *4.*
Wyszczelski, L. *225.*

X
Xiang, H. *31.*
Xu, X. *281.*

Y
Y'Blood, W. T. *102.*
Yang, C. *281.*
Yankelovich, D. *356.*
Yankey, G. S. *65.*
Yao, J. *283.*
Yates, L. A. *371.*
Yates, W. H. *47.*
Yeager, C. *339.*
Yishai, Y. *291.*
Yitri, M. *275.*
Yoder, A. *73.*
Yopo, H. B. *242.*
Yost, D. S. *152.*
Young, J. D. *325.*
Young, J. R. *282.*
Young, P. L. *297.*
Young, T.-D. *355.*
Yousuf, H. S. *301.*
Yu, W. *245.*
Yuca, S. *267.*
Yukl, G. A. *44.*

Z
Zaagman, R. *241.*
Zacca, F. *364.*
Zacharias, M. J. *224.*
Zagoria, D. S. *241.*
Zalewska, G. *223.*
Zaloga, S. J. *55.*
Zamascikov, S. *244.*
Zámecník, S. *142.*
Zamora, R. *324.*
Zamora, T. *51.*
Zänker, C. *208.*
Zantman, A. *189.*
Zapf, H.-U. *162, 366.*
Žarickij, B. E. *352.*
Žarkov, M. G. *256.*
Zaroń, P. *89, 222.*
Zartman, W. *311.*
Zav'jalov, N. I. *99.*
Zayas, A. de *12.*
Zegveld, W. *44.*
Zeidler, M. *247.*
Zeisler, K. *157.*
Želicki, V. J. *269.*
Zelinka, F. F. *69.*
Zellner, W. *105.*
Zentner, C. *221.*
Zerosławski, C. *221.*
Zervakis, P. *193.*
Zetkin, C. *137.*
Zetterberg, K. *258.*
Zeuner, B. *166.*
Zgórniak, M. *75, 225.*
Zięba, A. *199.*
Zieba, R. *224.*
Ziegler, C. E. *69.*
Ziegler, D. W. *9.*
Ziegler, J. *307.*
Ziegler, P. *261.*
Ziegler, U. *183.*
Zielinski, Z. *76.*
Zielonka, J. *121, 214, 235.*
Ziemer, K. *226.*
Žignja, K. L. *351.*
Zimbalist, A. *332.*
Zimmer, M. *144.*
Zinov'ev, A. *250.*
Zinoviev, A. *153.*
Zinser, A. A. *329.*
Ziolkowski, T. *76.*
Zionic, G. A. *362.*
Zipko, A. *18.*
Ziring, L. *297.*
Zirker, D. *320.*
Zisk, B. H. *346.*
Zlatkov, K. *314.*
Zlatkovic̀, Đ. *100.*
Zloch-Christy, I. *122.*
Zoohri, W. H. *298.*
Zoratto, B. *168, 299.*
Zorgbibe, C. *312.*
Zotschew, T. *128.*
Zuckermann, M. *139.*
Zueva, K. P. *242.*
Zuñiga, M. *332.*
Žukov, V. V. *282.*
Zunino, G. *206.*
Zürn, M. *10.*
Zwass, A. *235.*

Klartext

Jahresbibliographie
Bibliothek für Zeitgeschichte

Stuttgart

Jahrgang 62 - 1990

Die Deutsche Bibliothek – CIP-Einheitsaufnahme

Bibliothek für Zeitgeschichte (Stuttgart)
Jahresbibliographie / Bibliothek für Zeitgeschichte. – Essen: Klartext-Verl.
erscheint jährlich. – Früher im Verl. Bernhard und Graefe, München. –
Aufnahme nach Jg. 61. 1989 (1991)

Jg. 61. 1989 (1991) –
Verl. – Wechsel

Umfang XX, 530 Seiten

Alle Rechte der Vervielfältigung sowie der fotomechanischen Wiedergabe,
auch auszugsweise, vorbehalten.

© Klartext Verlag, Essen 1992

Satzherstellung: Klartext Verlag, Essen

Druck: Fuck, Koblenz

Printed in Germany

ISBN 3-88474-011-3
ISSN 0081-8992

INHALT

Vorwort VII

Inhaltsübersicht IX

Hinweise zur Benutzung. XX

I. Neuerwerbungen der Bibliothek

Systematisches Verzeichnis der Neuerwerbungen
mit einer Auswahl von Zeitschriftenaufsätzen 1

II. Forschungs- und Literaturberichte

Michael Marek
Sprache und Politik im Nationalsozialismus.
Tendenzen und Probleme der Forschung.
Mit einem bibliographischen Überblick der seit 1945 erschienenen Literatur. 405

Gerd R. Ueberschär
Die deutsche Militäropposition zwischen Kritik und Würdigung.
Zur neueren Geschichtsschreibung über die „Offiziere gegen Hitler". 428

Wolfgang Mallmann
Die Strategische Verteidigungsinitiative (SDI).
Einführung, Chronologie, Literaturübersicht und Auswahlbibliographie 1983-1990. 443

Ulrike Reupke und Heidrun Wurm
Die Bibliothek für Zeitgeschichte und die armenische Frage im 20. Jahrhundert.
Mit einem chronologischen Verzeichnis des deutschen Schrifttums
zur armenischen Frage von 1970 bis 1990 467

Thomas Trumpp:
Bildüberlieferungen des Bundesarchivs (in Koblenz und Freiburg)
zur Militär- und Kriegsgeschichte bis 1939. 486

III. Verfasser- und Herausgeber-Register 491

VORWORT

Jahrgang 62 (1990) der Jahresbibliographie der Bibliothek für Zeitgeschichte in Stuttgart hat etwas länger auf sich warten lassen als Herausgeber und Verleger dies vorhersehen konnten. Wir sind jedoch zuversichtlich, daß die Fülle der bibliographischen Angaben und Informationen sowie die wissenschaftliche Qualität der Forschungs- und Literaturberichte die Mühe des Wartens mehr als entschädigen werden. Die Benutzer des bibliographischen Teils, in dem bekanntlich die im Berichtszeitraum katalogisierten Neuerwerbungen der Bibliothek ebenso aufgeführt sind wie die von den Mitarbeitern ausgewerteten Zeitschriftenaufsätze, werden die vorgenommenen Verbesserungen in dem vorliegenden Band sicherlich begrüßen: Lebende Kolumnen garantieren künftig eine größere Übersichtlichkeit, und zusätzlich zu den Autoren wurden nun auch die Herausgeber in das alphabetische Register aufgenommen.
Mit den Forschungs- und Literaturberichten der Jahresbibliographie möchten wir wichtige und interessante Themen aus Zeitgeschichte und Politik aufgreifen und diese im Spiegel der einschlägigen Literatur analysieren und kommentieren. Dabei erscheint es insbesondere nützlich, auf bestehende Forschungsdesiderata hinzuweisen. Daneben werden wir auch weiterhin unsere Leser auf bedeutende wissenschaftliche Institute und Bibliotheken sowie auf zentrale Sammlungen zur Zeitgeschichte hinweisen und diese ausführlich vorstellen.
Unter den in diesem Band aufgenommenen Literaturberichten beschäftigen sich zwei Beiträge mit wichtigen Aspekten der Epoche des Nationalsozialismus: mit dem Verhältnis von Sprache und Politik sowie mit der neueren Geschichtsschreibung über den militärischen Widerstand im Dritten Reich. Der Hamburger Linguist Dr. Michael Marek zeichnet die Entwicklungslinien der wissenschaftlichen Beschäftigung mit „Sprache im Nationalsozialismus" ebenso nach wie er die Bedeutung der Sprachanalyse unter den Vorgaben einer umfassenden Interpretation der Lebenswirklichkeit des deutschen Radikalfaschismus herausstellt. Die angeschlossene systematische Bibliographie umfaßt vorrangig deutschsprachige Titel im Zeitraum zwischen 1945-1990. Der Zeithistoriker Dr. Gerd R. Ueberschär aus Freiburg setzt sich in seinem Beitrag zunächst mit den Defiziten einer eher traditionell orientierten Geschichtsschreibung über die „Offiziere gegen Hitler" auseinander, bevor er sich eingehend mit der jüngeren, die Forschungen zum Nationalsozialismus weithin einbeziehenden und kritisch argumentierenden Historiographie zur Rolle der Militäropposition im Dritten Reich beschäftigt. Hierbei werden auch die in jüngster Zeit in der Öffentlichkeit stark beachteten und diskutierten Themen wie die Einschätzung und Bewertung der sogenannten antifaschistischen Organisationen „hinter Stacheldraht" oder die Vielfalt individueller Verweigerungsformen bis hin zur Desertion im Licht der neueren historischen Arbeiten analysiert und gewichtet.
Trotz des Zusammenbruchs der Sowjetunion und der dramatischen Veränderungen der politischen und wirtschaftlichen Lage in Osteuropa besteht das strategische Vernichtungspotential der beiden ehemaligen Supermächte nahezu unverändert fort – Anlaß für den Ham-

burger Wissenschaftsjournalisten Wolfgang Mallmann (Spezialgebiete u.a.: Sicherheitspolitik, internationale Abrüstungsfragen), die wichtigsten Etappen eines der aufwendigsten Rüstungsprogramme der 80er Jahre, der Strategic Defense Initiative (SDI) der USA, Revue passieren zu lassen. Die detaillierte Chronologie der Ereignisse und die ausführliche Literaturübersicht zeigen die wichtigsten Etappen der strategischen Verteidigungsinitiative auf und skizzieren die inhaltlichen Schwerpunkte der internationalen Diskussion.

Die Bibliothek für Zeitgeschichte ist sicherlich die bedeutendste wissenschaftliche Spezialbibliothek Deutschlands zur Geschichte der Kriege und anderer gewalttätiger Konflikte des 20. Jahrhunderts. Bereits die frühen Sammlungen der ehemaligen „Weltkriegsbücherei" räumten diesem Sammelschwerpunkt großen Raum ein, auch wenn im Laufe der inzwischen über 75jährigen Geschichte dieser Bibliothek einige verwandte Themen dabei stärker wieder in den Hintergrund rückten. Hierzu gehört auch die sogenannte „armenische Frage", eine eher euphemistische Umschreibung der massenhaften Deportationen und Tötungen der armenischen Bevölkerung durch die Türken in der Zeit des Ersten Weltkriegs. In ihrem Beitrag „Die Bibliothek für Zeitgeschichte und die armenische Frage im 20. Jahrhundert" weisen die Autorinnen Dr. Heidrun Wurm und Ulrike Reupke (beide Bibliothekarinnen in Hamburg) auf die wechselnde Intensität bei der wissenschaftlichen Beschäftigung wie auch den bibliothekarischen Erwerbungen über einen der ersten Genozide dieses Jahrhunderts hin.

Den Reigen der Forschungsbeiträge beschließt wiederum ein Bericht von Dr. Thomas Trumpp (Archivdirektor am Bundesarchiv in Koblenz) über die Bildüberlieferungen des Bundesarchivs in Koblenz und Freiburg zur Militär- und Kriegsgeschichte bis 1939 [siehe auch seine Berichte in Jahresbibliographie 58 (1986) und 60 (1988)].

Wir hoffen, daß auch von dieser Ausgabe der Jahresbibliographie wertvolle Anregungen für die zeitgeschichtliche und politikwissenschaftliche Forschung ausgehen. Für kritische Anmerkungen und Hinweise sind Herausgeber und Bearbeiter den Benutzern der Bibliographie und den Lesern der wissenschaftlichen Beiträge dankbar.

Die Erstellung der Jahresbibliographie 62 war wiederum das Ergebnis einer gemeinschaftlichen Leistung. Die bibliographischen Arbeiten wurden in bewährter Weise von den Bibliothekarinnen Birgit Dietrich, Helen Holm, Eva Läpple, Walburga Mück, Angelika Treiber und Andrea Weis durchgeführt; die Eingabe der umfangreichen Titel sowie der Forschungs- und Literaturberichte besorgten zuverlässig Barbara Brohmeyer, Anna Schreiner und Sabine Skriepek; Jochen Rohwer betreute die EDV; die Gesamtredaktion lag in den Händen von Frau Dr. Angelika Hohenstein. Ihnen allen sei an dieser Stelle sehr herzlich gedankt.

Stuttgart, im Juli 1992

Dr. Gerhard Hirschfeld
Direktor der Bibliothek
für Zeitgeschichte

Inhaltsübersicht

A Hilfsmittel 1

B Buch- und Bibliothekswesen
200 Bibliothekswesen 1
300 Archiv- und Museumswesen 1
500 Institute und Gesellschaften 1

C Biographien und Memoiren 2

D Land und Volk
000 Länderkunde,
  Geographie, Geopolitik 2
100 Völkerkunde, Volkstum,
  Minoritäten 2
200 Einzelne Völker und Volksgruppen . 3
280 Juden, Judentum 3

E Staat und Politik
000 Allgemeines 6
005 Politikwissenschaft 6
010 Politische Theorie 6
011 Politische Ideen und Philosophie . . 7
100 Innenpolitik 7
103 Befreiungsbewegungen 7
110 Verfassung und Recht 7
113 Staatsrecht/Öffentliches Recht . . . 7
  .40 Menschenrechte 8
114 Internationales Recht 8
  .00 Allgemeines 8
  .10 Kriegsrecht 9
  .30 Luftrecht 9
116 Strafrecht 9
130 Parlaments- und Wahlwesen 10
140 Parteiwesen 10
142 Allgemeine politische Richtungen . . 10
  .1 Konservatismus 10
  .2 Liberalismus 10
  .3 Nationalismus 10
  .6 Sozialismus/Sozialdemokratie . . 11
  .7 Marxismus 12
  .8 Kommunismus/Bolschewismus . 13
  .9 Terrorismus/Anarchismus 14

200 Außenpolitik 15
210 Diplomatie 17
230 Sicherheitspolitik 18
235 Friedensbewegungen 18
250 Internationale Organisationen . . 20
253 Vereinte Nationen 20
300 Kolonialpolitik 22

F Wehrwesen
000 Wehr- und Rüstungspolitik . . . 23
005 Allgemeines 23
010 Abrüstung und Rüstungskontrolle 24
011 Abrüstung 24
012 Rüstungskontrolle 26
  .1 Allgemeines 26
  .3 ABC-waffenfreie Zone 29
  .4 Einzelne Rüstungs-
    Kontrollverhandlungen 29
020 Militärbündnisse 30
021 NATO 30
  .1 Allgemeines 30
  .2 NATO-Streitkräfte 33
  .3 NATO-Regionen 34
022 Warschauer Pakt 35
030 Internationale Streitkräfte 35
040 Waffenhandel 35
050 Krieg und Kriegführung 35
051 Allgemeines 35
052 Arten des Krieges 36
053 Strategie 38
  .1 Allgemeines 38
  .2 Nuklearstrategie 39
  .3 Einzelne strategische Konzepte . 39
  .4 Operative Konzepte 40
054 Taktik/Truppenführung/Manöver 40
055 Geheimer Nachrichtendienst/
  Spionage/Abwehr 41
  .9 Einzelne Spione/Fälle 42
100 Landmacht/Heer/Landstreitkräfte 42
200 Seemacht/Marine/Seestreitkräfte . 42
300 Luftmacht/Luftwaffe/Luftstreitkräfte 43

400 Zivilverteidigung/Zivilschutz/
Sanitätswesen 43
500 Wehrtechnik/Kriegstechnik 44
501 Allgemeines 44
510 Waffentechnik 44
511 Heereswaffen 45
512 Marinewaffen/Seekriegswaffen . . . 46
513 Luftkriegswaffen 46
515 ABC-Waffen 46
518 Raketen/Raketenabwehr/
Lenkwaffen 50
520 Fahrzeugtechnik/Militärfahrzeuge . 51
521 Landfahrzeuge/
gepanzerte Fahrzeuge 51
522 Seefahrzeuge/Schiffstechnik 52
523 Luftfahrzeuge/Luftfahrttechnik . . 53
550 Nachrichtentechnik/Elektronik . . 55
560 Raumfahrttechnik 55

G Wirtschaft
000 Grundfragen der Wirtschaft/
Weltwirtschaft 57
100 Volkswirtschaft 57
200 Landwirtschaft 58
300 Industrie 58
380 Rüstungsindustrie 58
390 Energiewirtschaft 58
400 Handel 58
500 Verkehr 59
600 Finanzen/Geld-und Bankwesen . . 59
700 Technik/Technologie 59

H Gesellschaft
100 Bevölkerung und Familie 60
130 Frauenfrage/Frauenbewegung . . . 60
200 Stand und Arbeit 61
214 Arbeiterbewegung/Gewerkschaft . . 61
220 Arbeit und Arbeitsprobleme 61
300 Wohlfahrt und Fürsorge 61
500 Gesundheitswesen 62
510 Umweltschutz 62
600 Sport und Spiel 63

J Geistesleben
100 Wissenschaft 64
400 Presse/Publizistik/Massenmedien . 64
600 Kirche und Religion 64
610 Christentum 64
620 Islam 65

K Geschichte
0 Allgemeine Geschichte/
Geschichtswissenschaft 66
2 Geschichte 1815-1914 67
e Politische Geschichte 67
f Kriegsgeschichte 67
3 Geschichte 1914-1918 67
a Gesamtdarstellungen 67
c Biographien/Kriegserlebnisse 68
e Politische Geschichte 69
f Militärische Geschichte 70
10 Allgemeines und Landkrieg . . . 70
20 Seekrieg 71
25 Seeschlachten/Seegefechte 71
30 Luftkrieg 71
i Geistesgeschichte 71
k Kriegsschauplätze 72
4 Geschichte 1919-1939 72
e Politische Geschichte 72
f Kriegsgeschichte 73
465 Chaco-Krieg 73
473 Spanischer Bürgerkrieg 74
490 Sonstige Kriege 75
5 Geschichte 1939-1945 76
a Allgemeine Werke 76
c Biographien und Kriegserlebnisse . . 78
10 Biographien militärischer Führer . 78
20 Kriegserlebnisse 78
e Politische Geschichte 80
10 Vorgeschichte des Krieges 80
20 Politischer Verlauf des Krieges . 81
22 Kriegskonferenzen 82
f Militärische Geschichte 83
10 Landkrieg und Allgemeines . . . 83
16 Truppengeschichte 83
20 Seekrieg 83
.2 Seestreitkräfte/Flotten 83
26 Einzelne Schiffe 83

30 Luftkrieg 84
64 Kriegsgefangene/Internierte/
    Deportierte 85
    .1 Kriegsgefangene 85
    .2 Internierte 86
    .3 Deportierte 86
    .4 Konzentrationslager 87
i Geistesgeschichte 88
k Kriegsschauplätze 89
11 Polenfeldzug 1939-1944 89
    .40 Besatzungszeit und
        Widerstand 91
12 Ostfeldzug 1941-1945 92
    .00 Allgemeine Werke 92
    .02 Kampfhandlungen in
        einzelnen Gebieten/Orten . . 93
    .04 Besetzte Gebiete/ Widerstand/
        Partisanen 1941-1945 94
20 Nordeuropa/Nordsee/Nordmeer . 94
    .3 Luftkrieg im Westen 94
21 Finnisch-russicher Winterkrieg
    1939/40 94
22 Nordfeldzug 1940 95
30 Westeuropa/Atlantik 95
    .2 Seekrieg im Westen 95
    .3 Luftkrieg im Westen 95
32 Westfeldzug 1940 95
33 Besetzter Westen/Widerstand
    1940-1944 96
34 Invasion im Westen 1944 97
35 Endkampf um Westdeutschland/
    Kapitulation 97
36 Besetztes Deutschland 98
40 Mittelmeerraum 98
    .2 Seekrieg im Mittelmeer 98
41 Südosteuropa/
    Balkanfeldzug 1941 98
    .7 Besetzter Balkan/
        Widerstand 1941-1944 . . . 98
42 Afrika 100
43 Naher und Mittlerer Osten . . . 101
44 Südeuropa 1943-45 101
    .7 Besatzungszeit und
        Widerstand 101
50 Ostasien/Pazifik 101
    .1 Landkrieg 101
    .2 Seekrieg 102
    .3 Luftkrieg 102
55 Japan 102
6 Geschichte seit 1945 103
e Politische Geschichte 103
    10 Internationale Beziehungen
        seit 1945 103
    20 Internationale Probleme
        seit 1945 103
    22 Nachkriegsprozesse/
        Wiedergutmachung 103
    26 Ost-West-Konflikt/ Kalter
        Krieg/Entspannungspolitik . . 104
    27 Nord-Süd-Konflikt 105
    30 Ereignisse/Konferenzen 105
    35 KSZE/Folgetreffen 106
f Kriegsgeschichte 106
    00 Allgemeines 106
    10 Kriege in Asien 106
    11 Indochina 1946-1954 106
    12 Korea 1950-1953 107
    13 Vietnam 1957-1975 108
    14 Afghanistan 1979-1989 . . . 109
    19 Sonstige Kriege in Asien . . . 110
    20 Kriege im Nahen und
        Mittleren Osten 110
    21 Arabisch/israelische Kriege
        seit 1948 110
    22 Suezkrise 1956 111
    23 Golfkrieg Iran-Irak 1980-1989 111
    .2 Golfkrieg 1990/91 112
    24 Libanonkrieg 1975- 112
    30 Kriege in Afrika 112
    31 Algerienkrieg 1954-1962 . . . 112
    32 Sonstige Kriege in Afrika . . 113
    40 Kriege in Amerika 113
    44 Falkland-Krieg 1982 113
    46 Grenada-Invasion 1983 . . . 114

L 000 Länder
020 Naher undMittlerer Osten . . . 115
    d Land und Volk 115
        10 Palästinenser/PLO 115
        20 Kurden 116

30 Araber	116
e Staat und Politik	117
10 Innenpolitik	117
20 Außenpolitik	117
f Wehrwesen	118
g Wirtschaft	118
h Gesellschaft	118
i Geistesleben	118
k Geschichte	118
1 Nah-Ost-Konflikt	118
030 Entwicklungsländer/ 3. Welt	119
e Staat und Politik	119
f Wehrwesen	120
g Wirtschaft	120
040 Neutrale und nichtgebundene Staaten	121
058 Islamische Staaten	121
060 Commonwealth-Staaten	121
100 Europa	122
100 e Staat und Politik	123
101 Nordeuropa	124
103 Osteuropa	124
e Staat und Politik	124
f Wehrwesen	126
g Wirtschaft	126
h Gesellschaft	126
i Geistesleben	127
k Geschichte	127
104 Südosteuropa/Balkan	127
107 Westeuropa	127
e Staat und Politik	127
10 Innenpolitik	127
13 Parlamente und Wahlen	128
14 Parteien	128
20 Außenpolitik	129
21 Sicherheitspolitik	130
30 EG	131
40 Europäische Integration	131
f Wehrwesen	132
g Wirtschaft	133
h Gesellschaft	133
110 Einzelne Staaten Europas	133
111 Albanien	133
119 Belgien	134
c Biographien	134
d Land und Volk	134
e Staat und Politik	134
f Wehrwesen	134
i Geistesleben	134
k Geschichte	135
123 Bulgarien	135
c Biographien	135
d Land und Volk	135
e Staat und Politik	135
k Geschichte	136
125 Dänemark	136
e Staat und Politik	136
f Wehrwesen	137
k Geschichte	137
130 Deutschland/Bundesrepublik Deutschland	138
c Biographien	138
d Land und Volk	146
10 Minoritäten	146
20 Juden	146
e Staat und Politik	148
10 Innenpolitik	149
11 Verfassung und Recht	150
12 Regierung und Verwaltung	150
13 Parlamente und Wahlen	150
14 Parteien	151
20 Außenpolitik	154
23 Sicherheitspolitik	154
.1 Friedensbewegung	155
29 Außenpolitische Beziehungen	155
.1 Deutsche Frage	156
f Wehrwesen	159
00 Wehr- und Rüstungspolitik	159
01 Rüstungspolitik/Abrüstung/ Rüstungskontrolle	160
04 Militärhilfe/Waffenexport	160
05 Kriegswesen	160
10 Heer	160
13 Waffengattungen/ Truppengattungen	161
14 Militärwesen	162
20 Marine	162
30 Luftwaffe	163
40 Zivilverteidigung/Zivilschutz	163
50 Wehrrecht	164

g Wirtschaft 164	k Geschichte 196
10 Volkswirtschaft 164	135 Finnland 198
30 Industrie 164	137 Frankreich 198
39 Energiewirtschaft/	c Biographien 198
Energiepolitik 165	d Land und Volk 200
40 Handel 165	e Staat und Politik 200
h Gesellschaft 165	10 Innenpolitik 200
10 Bevölkerung und Familie . . 165	12 Regierung und Verwaltung . 201
12 Jugend 166	14 Parteien 201
13 Frauen 166	20 Außenpolitik 202
14 Ausländer 166	f Wehrwesen 203
20 Stand und Arbeit 167	00 Wehrpolitik 203
21 Arbeiterbewegung 167	10 Heer 203
22 Arbeit und Arbeitsprobleme . 167	20 Marine 204
i Geistesleben 167	g Wirtschaft 204
10 Wissenschaft 168	h Gesellschaft 204
20 Kunst 168	i Geistesleben 204
30 Literatur 168	k Geschichte 205
40 Presse/Publizistik/Medien . . 169	l Einzelne Länder/Gebiete/Orte . 206
50 Schule und Erziehung 169	139 Griechenland 206
60 Kirche und Religion 169	141 Großbritannien 207
k Geschichte 170	c Biographien 207
00 Allgemeines 170	d Land und Volk 209
30 Kaiserreich 1871-1918 . . . 172	e Staat und Politik 209
40 Weimarer Republik	10 Innenpolitik 209
1919-1933 173	12 Regierung und Verwaltung . 210
50 Drittes Reich 1933-1945 . . 176	13 Parlamente und Wahlen . . . 210
51 Widerstandsbewegung	14 Parteien 210
1933-1945 182	20 Außenpolitik 211
60 Geschichte seit 1945 182	29 Außenpolitische Beziehungen 211
l Einzelne Länder/Gebiete/Orte . . 186	30 Kolonialpolitik 212
10 Länder/Gebiete 186	f Wehrwesen 212
20 Städte/Orte 187	00 Wehrpolitik 213
0 Berlin 188	05 Kriegswesen 214
1 Deutsche Demokratische	10 Heer 214
Republik 189	20 Marine 215
c Biographien 189	30 Luftwaffe 215
d Land und Volk 190	g Wirtschaft 216
e Staat und Politik 190	h Gesellschaft 216
.10 Innenpolitik 190	i Geistesleben 217
.14 Parteien 192	k Geschichte 217
.20 Außenpolitik 193	l Einzelne Länder/Gebiete/Orte . . 218
f Wehrwesen 194	143 Irland 218
h Gesellschaft 196	c Biographien 218
i Geistesleben 196	e Staat und Politik 218

f Wehrwesen	219
k Geschichte	219
145 Italien	219
c Biographien	219
d Land und Volk	221
e Staat und Politik	221
10 Innenpolitik	221
14 Parteien	222
20 Außenpolitik	223
f Wehrwesen	223
g Wirtschaft	224
h Gesellschaft	224
i Geistesleben	225
k Geschichte	225
l Einzelne Länder/Gebiete/Orte	226
147 Jugoslawien	227
c Biographien	227
d Land und Volk	227
e Staat und Politik	227
10 Innenpolitik	227
20 Außenpolitik	228
f Wehrwesen	229
i Geistesleben	229
k Geschichte	229
l Einzelne Länder/Gebiete	229
153 Liechtenstein	231
163 Niederlande	231
c Biographien	231
d Land und Volk	231
e Staat und Politik	232
10 Innenpolitik	232
f Wehrwesen	232
i Geistesleben	232
k Geschichte	232
165 Norwegen	232
c Biographien	232
e Staat und Politik	233
f Wehrwesen	233
k Geschichte	233
171 Österreich	234
c Biographien	234
d Land und Volk	235
e Staat und Politik	236
10 Innenpolitik	236
20 Außenpolitik	236
f Wehrwesen	237
h Gesellschaft	237
i Geistesleben	238
k Geschichte	238
l Einzelne Länder/Gebiete/Orte	240
174 Polen	240
c Biographien	240
d Land und Volk	241
e Staat und Politik	242
10 Innenpolitik	242
20 Außenpolitik	243
f Wehrwesen	244
g Wirtschaft	245
h Gesellschaft	245
k Geschichte	245
175 Portugal	247
177 Rumänien	248
c Biographien	248
d Land und Volk	248
e Staat und Politik	248
f Wehrwesen	249
g Wirtschaft	249
h Geschichte	249
l Einzelne Länder/Gebiete/Orte	250
179 Rußland/Sowjetunion	250
c Biographien	250
d Land und Volk	255
e Staat und Politik	256
10 Innenpolitik	257
11 Verfassung	260
12 Regierung und Verwaltung	260
14 Parteien	260
20 Außenpolitik	261
23 Sicherheitspolitik	263
29 Außenpolitische Beziehungen	263
f Wehrwesen	267
00 Wehrpolitik	268
05 Kriegswesen	269
10 Heer	269
13 Waffengattungen und Dienste	270
20 Marine	270
30 Luftwaffe	272
g Wirtschaft	272
i Geistesleben	274
k Geschichte	274

l Einzelne Länder/Gebiete/Orte . . 277	f Wehrwesen 296
183 Schweden 279	g Wirtschaft 297
c Biographien 279	h Gesellschaft 297
e Staat und Politik 279	k Geschichte 297
f Wehrwesen 280	199 Vatikan 298
g Wirtschaft 280	200 Asien 298
k Geschichte 280	202 Nordostasien/Ostasien 299
185 Schweiz 280	204 Südostasien/Südasien 299
c Biographien 280	210 Einzelne Staaten Asiens 300
e Staat und Politik 280	211 Afghanistan 300
f Wehrwesen 281	215 Bangladesh 301
h Gesellschaft 282	218 Burma 301
k Geschichte 282	219 Sri Lanka/Ceylon 301
l Einzelne Gebiete/Orte 283	221 China 302
193 Spanien 283	c Biographien 302
c Biographien 283	d Land und Volk 303
d Land und Volk 284	e Staat und Politik 303
e Staat und Politik 284	10 Innenpolitik 303
14 Parteien 285	20 Außenpolitik 305
f Wehrwesen 286	29 Außenpolitische Beziehungen 305
h Gesellschaft 287	f Wehrwesen 306
i Geistesleben 287	g Wirtschaft 307
k Geschichte 287	h Gesellschaft 307
l Einzelne Länder/Gebiete/Orte . . 288	i Geistesleben 307
195 Tschechoslowakei 289	k Geschichte 308
c Biographien 289	l Einzelne Länder/Gebiete/Orte . . 308
d Land und Volk 289	.5 Hongkong 309
e Staat und Politik 289	225 Indien 309
f Wehrwesen 290	c Biographien 309
g Wirtschaft 290	d Land und Volk 310
h Gesellschaft 291	e Staat und Politik 310
k Geschichte 291	10 Innenpolitik 310
l Einzelne Länder/Gebiete/Orte . . 291	20 Außenpolitik 311
197 Türkei 292	f Wehrwesen 311
c Biographien 292	g Wirtschaft 312
d Land und Volk 292	h Gesellschaft 312
e Staat und Politik 293	k Geschichte 312
f Wehrwesen 293	l Einzelne Länder/Gebiete/Orte . . 313
k Geschichte 293	227 Indochina 313
l Länderteil 294	231 Irak 313
198 Ungarn 294	233 Iran 313
c Biographien 294	c Biographien 313
d Land und Volk 295	d Land und Volk 314
e Staat und Politik 295	e Staat und Politik 314
10 Innenpolitik 296	10 Innenpolitik 314

20 Außenpolitik	314
f Wehrwesen	315
g Wirtschaft	315
k Geschichte	315
235 Israel/Palästina	315
c Biographien	315
d Land und Volk	316
e Staat und Politik	316
10 Innenpolitik	316
20 Außenpolitik	317
f Wehrwesen	317
g Wirtschaft	318
h Gesellschaft	318
k Geschichte	318
l Einzelne Länder/Gebiete/Orte	319
10 Besetzte arabische Gebiete	319
237 Japan	319
c Biographien	319
e Staat und Politik	320
10 Innenpolitik	320
20 Außenpolitik	320
f Wehrwesen	321
g Wirtschaft	321
h Gesellschaft	322
i Geistesleben	322
k Geschichte	322
239 Jemen	322
241 Jordanien	322
243 Kambodscha	322
245 Korea	323
.1 Nordkorea	323
.2 Südkorea	323
246 Kuweit	324
247 Laos	324
249 Libanon	325
251 Malaysia	325
.30 Singapur	325
255 Mongolei	326
257 Nepal	326
259 Pakistan	326
265 Saudi-Arabien	327
267 Syrien	327
268 Taiwan	328
269 Thailand	329
271 Tibet	329
277 Vietnam	329
279 Zypern	330
300 Afrika	330
e Staat und Politik	330
20 Außenpolitik	331
g Wirtschaft	331
k Geschichte	331
l Regionen/Gebiete	332
310 Einzelne Staaten Afrikas	333
311 Abessinien/Äthiopien	333
313 Ägypten	333
c Biographien	333
e Staat und Politik	333
i Geistesleben	334
k Geschichte	334
315 Algerien	334
317 Angola	334
329 Ghana	335
331 Guinea	335
337 Kenia	335
340 Kongo/Volksrepublik Kongo	335
341 Liberia	335
343 Libyen	335
349 Marokko	336
353 Mocambique	336
354 Namibia	336
357 Nigeria	336
364 Rio de Oro/Demokratische Arabische Republik Sahara	337
367 Senegal	337
373 Sudan	337
375 Südafrikanische Republik	338
c Biographien	338
d Land und Volk	338
e Staat und Politik	339
f Wehrwesen	340
g Wirtschaft	341
h Gesellschaft	341
i Geistesleben	341
377 Südafrikanische Gebiete	341
.30 Botswana	341
381 Tansania	341
383 Togo	342
387 Tunesien	342
389 Uganda	342

391 Zaire	342
392 Zambia	342
398 Zimbabwe	342
400 Amerika	343
402 Lateinamerika	343
c Biographien	343
e Staat und Politik	343
10 Innenpolitik	343
20 Außenpolitik	344
f Wehrwesen	344
g Wirtschaft	345
h Gesellschaft	345
i Geistesleben	345
k Geschichte	345
409 Mittelamerika	345
d Land und Volk	345
e Staat und Politik	346
f Wehrwesen	346
g Wirtschaft	346
k Geschichte	346
410 Einzelne Staaten Amerikas	346
421 Argentinien	346
c Biographien	347
d Land und Volk	347
e Staat und Politik	347
10 Innenpolitik	347
20 Außenpolitik	348
f Wehrwesen	348
h Gesellschaft	348
i Geistesleben	348
k Geschichte	348
425 Brasilien	349
c Biographien	349
d Land und Volk	349
e Staat und Politik	349
f Wehrwesen	350
g Wirtschaft	350
h Gesellschaft	350
k Geschichte	351
427 Chile	351
c Biographien	351
e Staat und Politik	351
10 Innenpolitik	351
20 Außenpolitik	352
f Wehrwesen	353
g Wirtschaft	353
h Gesellschaft	353
i Geistesleben	353
k Geschichte	353
429 Costa Rica	353
431 Ecuador	354
433 El Salvador	354
435 Guatemala	354
437 Guayana	354
439 Honduras	355
441 Kanada	355
c Biographien	355
d Land und Volk	355
e Staat und Politik	355
f Wehrwesen	356
g Wirtschaft	356
443 Kolumbien	356
f Wehrwesen	357
g Wirtschaft	357
h Gesellschaft	357
445 Mexico	357
c Biographien	357
d Land und Volk	358
e Staat und Politik	358
f Wehrwesen	358
g Wirtschaft	358
h Gesellschaft	358
i Geistesleben	358
k Geschichte	358
447 Nicaragua	359
c Biographien	359
d Land und Volk	359
e Staat und Politik	359
f Wehrwesen	360
h Gesellschaft	360
i Geistesleben	360
k Geschichte	360
l Regionen/Städte	360
449 Panama	360
451 Paraguay	361
453 Peru	361
c Biographien	361
e Staat und Politik	361
f Wehrwesen	362
i Geistesleben	362

454 Surinam	362
455 Uruguay	362
457 Venezuela	363
460 USA	363
c Biographien	363
d Land und Volk	367
e Staat und Politik	369
10 Innenpolitik	370
11 Verfassung und Recht	371
12 Regierung und Verwaltung	371
13 Parlamente und Wahlen	371
14 Parteien	372
20 Außenpolitik	373
23 Sicherheitspolitik	376
29 Außenpolitische Beziehungen	377
f Wehrwesen	382
00 Wehr- und Rüstungspolitik	383
01 Wehrpolitik	383
02 Wehrorganisation	384
03 Militärhilfe/Waffenhandel	384
05 Kriegswesen	384
10 Heer	386
13 Waffengattungen und Dienste	387
20 Marine	387
30 Luftwaffe	387
g Wirtschaft	388
h Gesellschaft	389
10 Bevölkerung und Familie	389
20 Stand und Arbeit	390
i Geistesleben	391
k Geschichte	392
l Einzelne Länder/Gebiete/Orte	392
490 Westindien/Antillen/Karibik	393
491 Dominikanische Republik	394
492 Haiti	394
493 Jamaica	394
494 Kuba	394
c Biographien	394
e Staat und Politik	395
f Wehrwesen	395
g Wirtschaft	395
i Geistesleben	396
k Geschichte	396
495 Puerto Rico	396
499 Kleine Antillen	396
23 Grenada	396
40 Trinidad	396
500 Australien und Ozeanien	397
510 Australien	397
e Staat und Politik	397
f Wehrwesen	397
520 Neuseeland	398
530 Ozeanien	398
531 Indonesien	398
.2 Brunei	398
.8 Timor	398
532 Philippinen	399
c Biographien	399
e Staat und Politik	399
533 Melanesien	399
.2 Fidschi-Inseln	399
.3 Papua Neuguinea	400
.4 Vanuata	400
.5 Neukaledonien	400
534 Mikronesien	400
600 Polargebiete	400
700 Weltmeere und Inseln	400
710 Europäische Randmeere	400
712 Ostsee	400
720 Mittelmeer	400
730 Atlantik	401
739 Inseln im Atlantik	401
.18 Bermuda/Inseln	401
.22 Falkland-Inseln	401
.28 Cape Verde	401
740 Indischer Ozean	401
743 Persischer Golf	401
749 Inseln im Indischen Ozean	402
.34 Mauritius	402
750 Pazifischer Ozean	402

Hinweise zur Benutzung

Die Jahresbibliographie der Bibliothek für Zeitgeschichte verzeichnet die im Berichtsjahr katalogisierten Neuerwerbungen der Bibliothek in systematischer Gliederung. Dabei werden durchschnittlich circa 6.000 selbständig und etwa ebenso viele unselbständig erschienene Veröffentlichungen aus ca. 300 laufend ausgewerteten Zeitschriften aufgenommen.

Die systematische Verzeichnung der Titel erfolgt entsprechend der für den Sachkatalog der Bibliothek für Zeitgeschichte verwendeten Klassifikation[1], die sich in drei Hauptteile gliedert:

- einen allgemeinen Sachteil (Gruppen A-J) zur Verzeichnung der primär weder räumlich noch zeitlich gebundenen Literatur

- einen chronologischen Teil (Gruppe K, Geschichte) zur Verzeichnung der primär zeitlich gebundenen Literatur

- einen geographischen Teil (Gruppe L, Länder) zur Verzeichnung der primär räumlich gebundenen Literatur.

Die systematischen Gruppen A-L dienen darüber hinaus bei den unter L aufgeführten Staaten zur weiteren Gliederung der dort verzeichneten Titel. Während das Problem der Verzeichnung der sowohl zeitlich und räumlich als auch sachlich gebundenen Titel im Katalog der Bibliothek für Zeitgeschichte gegebenenfalls durch Mehrfacheinlegungen gelöst wird, kann in der vorliegenden Jahresbibliographie aus Raumgründen jeweils nur eine Eintragung erfolgen. Bei der Titelsuche sollten dabei im Zweifelsfall mehrere Sucheinstiege in den drei Teilen der Klassifikation gewählt werden. So sind z. B. bei einer Recherche nach Literatur zum Themenkomplex „Palästinenser/PLO/Palästina" (Länder-Sucheinstiege „Nah-Ost-Kriege" (Chronologischer Teil, K f 20) „Palästinenser" (Länderteil, L 020 d10) und Israel/Besetzte Gebiete (Länderteil, L 235 l 10) zu berücksichtigen. Die Wahl der verschiedenen Sucheinstiege wird durch die jedem Band vorangestellte Inhaltsübersicht erleichtert. Zur formalen Suche steht am Schluß des Bandes jeweils ein alphabetisches Verfasser- und Herausgeber-Register zur Verfügung.

---

[1] Eine ausführliche Übersicht der Klassifikation des Systematischen Kataloges findet sich in der Jahresbibliographie 1969, Jahrgang 41, Seite IX-LXXX

I
NEUERWERBUNGEN

A Hilfsmittel

Hilfsmittel, z.B. Nachschlagewerke, Wörterbücher, Bibliographien sowie Bestandsübersichten, wurden nicht formal, sondern sachlich zugeordnet und sind bei den betreffenden Sachgruppen zu finden.

B Buch- und Bibliothekswesen

B 200 Bibliothekswesen

Aus der Arbeit der landeskundlichen Abteilung. Maria Günther zum 65. Geburtstag. Würzburg: Universitätsbibl. Würzburg 1989. XXXVII, 74 S.
Bc 9337

Weimann, Heinz: 25 Jahre Militärbibliothek der DDR. In: Militärgeschichte. 29 (1990),1, S. 82 – 88.
BZ 4527:1990

B 300 Archiv- und Museumswesen

Aus der Arbeit der Archive. Beitr. z. Archivwesen, zur Quellenkunde... Festschr. f. Hans Booms. Hrsg.: Friedrich P. Kahlenberg. Boppard a. Rh.: Boldt 1989. XXII, 988 S.
B 68898

Kavanagh, Gaynor: Museum as memorial: the origins of the Imperial War Museum. In: Journal of contemporary history. 23 (1988),1, S. 77 – 98
BZ 4552:1988

B 500 Institute und Gesellschaften

Bovio, Oreste: L'Ufficio Storico dell'Esercito. Un secolo di storiografia militare. Roma: Ufficio Storico SME 1987. 123, 16 S.
B 66365

C Biographien und Memoiren

Sammel- bzw. Einzelbiographien eines Landes siehe bei dem betreffenden Land.

D Land und Volk

D 000 Länderkunde, Geographie, Geopolitik

Gray, Colin S.: The Geopolitics of super power. Lexington, Ky.: Univ. Pr. of Kentucky 1988. 274 S.
B 66840

Touscoz, J.: Atlas géostratégique: crises, tensions et convergences. Paris: Larousse 1988. 319 S.
B 67582   2-03-521702-4

D 100 Völkerkunde, Volkstum, Minoritäten

Bierzanek, Remigiusz: Prawa narodów i prawa mniiejszośći narodowych: Okres do pierwszej wojny światowej. In: Sprawy międzynarodowe. 43 (1990),10, 29 – 50.
BZ 4497:1990

Brown, David: Ethnic revival: perspectives on state and society. In: Third world quarterly. 11 (1989),4, S. 1 – 17.
BZ 4843:1989

Clay, Jason W.: Epilogue: the ethnic future of nations. In: Third world quarterly. 11 (1989),4, S. 223 – 233.
BZ 4843:1989

Ermacora, F.: Der Minderheitenschutz im Rahmen der Vereinten Nationen. Wien: Braumüller 1988. 124 S.
Bc 8772

Poliakov, Léon: Le Mythe aryen. Essa sur les sources du racisme et des nationalismes. Bruxelles: Ed. Complexe 1987. 377 S.
B 65974

Sibony, Daniel: Ecrits sur le racisme. Paris: Courgois 1988. 238 S.
B 66371

D 200 Einzelne Völker und Volksgruppen

Kostelancik, David J.: The Gypsies of Czechoslovakia: political and ideological considerations in the development of policy. In: Studies in comparative communism. 22 (1989),4, S. 307 – 322.
BZ 4946:1989

Stojka, Ceija: Wir leben im Verborgenen. Erinnerungen einer Rom-Zigeunerin. Hrsg.: Karin Berger. 2. Aufl. Wien: Picus Verl. 1989. 154 S.
B 68081

D 280 Juden, Judentum

Allali, Jean Pierre; Musicant, Haim: Des hommes libres. Histoires extraordinaires de l'histoire de la L.I.C.R.A. Paris: Ed. Bibliophane 1987. 273 S.
B 65142

Amishai-Maisels, Ziva: Faith, ethics and the Holocaust. Christological symbolism of the Holocaust. In: Holocaust and genocide studies. 3 (1988),4, S. 457 – 481.
BZ 4870:1988

Bauman, Zygmunt: Modernity and the Holocaust. Cambridge: Polity Pr. 1989. XIV, 224 S.
B 72586

Burrin, Philippe: Hitler et les juifs: genèse d'un génocide. Paris: Ed. du Seuil 1989. 200 S.
B 70664   2-02-010884-4

Cohn-Sherbok, Dan: Holocaust Theology. London: Lamp Pr. 1989. 131 S.
Bc 9125   0-7456-06857

Dieckhoff, Alain: Les espaces d'Israel. Essai sur la stratégie territoriale israélienne. Paris: Fondation pour les Études de Défense Nationale 1987. 214 S.
B 67439

Diner, Dan: Austreibung ohne Einwanderung. Zum historischen Ort des „9. November". In: Babylon. (1989),5, S. 22 – 28.
BZ 4884:1989

Die Ermordung der europäischen Juden: e. umfassende Dokumentation d. Holocaust 1941-1945. Hrsg.: P. Longerich. München: Piper 1989. 479 S.
B 70686   3-492-11060-6

Fackenheim, Emil L.: Raul Hilberg and the uniqueness of the Holocaust. In: Holocaust and genocide studies. 3 (1988),4, S. 491 – 494.
BZ 4870:1988

Finkelstein, Norman G.: Zionist orientations. In: Scandinavian journal of development alternatives. 9 (1990),1, S. 41 – 69.
BZ 4960:1990

Funkenstein, Amos: Die Passivität als Kennzeichen des Diaspora-Judentums: Mythos und Realität. In: Babylon. (1989),5, S. 47 – 64.
BZ 4884:1989

Genese, Cecil: The Holocaust: who are the guilty? Lewes: The Book Guild 1988. XVII, 343 S.
B 73389

Gershon, K.: Die fünfte Generation. Frankfurt: Alibaba-Verl. 1988. 224 S.
B 67155

Gringauz, Samuel: Das Jahr der großen Enttäuschungen. 5706 in der Geschichte des jüdischen Volkes. In: Babylon. (1989),5, S. 73 – 81.
BZ 4884:1989

Jakobovits, Immanuel: Faith, ethics and the Holocaust. Some personal, theological and religious responses to the Holocaust. In: Holocaust and genocide studies. 3 (1988),4, S. 371 – 381.
BZ 4870:1988

Katz, Josef: Erinnerungen e. Überlebenden. Kiel: Neuer Malik Verl. 1988. 264 S.
B 67234

Krag, Helen L.: „Man hat nicht gebraucht eine Reisegesellschaft...". Wien: Böhlau 1988. 180 S.
B 68225   3-205-05146-7

Kranzler, David: Thy brother's blood. The orthodox Jewish response during the Holocaust. Brooklyn, NY: Mesorah Publ. 1987. XII, 337 S.
B 67856

Kugelmann, Cilly: Identität und Ideologie der displaced persons. Zwei historische Texte aus den DP-Lagern. In: Babylon. (1989),5, S. 65 – 72.
BZ 4884:1989

Lazarev, Michail Semenovič: Imperializm i kurdskij vopros 1917-1923. Moskva: Nauka Glavn. red. vost. lit. 1989. 327 S.
B 70170

Lustigman, Michael M.: Kindness of truth and the art of reading ashes. New York, NY: Lang 1988. X, 146 S.
B 68235

Maier, Charles S.: The unmasterable past. History, holocaust, and German national identity. Cambridge, Mass.: Harvard Univ. Pr. 1988. XI, 227 S.
B 67682

Marcus, Paul; Rosenberg, Alan: Faith, ethics and the Holocaust. The Holocaust survivor's faith and religious behavior and some implications for treatment. In: Holocaust and genocide studies. 3 (1988),4, S. 413 – 430.
BZ 4870:1988

Marrus, Michael R.: The holocaust in history. Hanover, NH: Univ. Pr. of New England 1987. XV, 267 S.
0-87451-425-8
B 67103

Mayer, Arno J.: Der Krieg als Kreuzzug. Das Deutsche Reich, Hitlers Wehrmacht und die „Endlösung". Reinbek: Rowohlt 1989. 701 S.
B 69465

Mayer, Arno J.: Why did the heavens not darken?: the „Final Solution" in history. New York, NY: Pantheon Books 1988. XV, 492 S.
B 69711   0-394-57154-1

Ofer, Dalia: Personal letters in research and education on the Holocaust. In: Holocaust and genocide studies. 4 (1989),3, S. 341 – 355.
BZ 4870:1989

Oliner, Samuel P.: The altruistic personality: rescuers of Jews in Nazi Europa. New York, NY: Free Pr. 1988. XXV, 419 S.
B 67798   0-02-923830-7

Pawlikowski, John T.: Faith, ethics and the holocaust. The SHOAH: its challenges for religious and secular ethics. In: Holocaust and genocide studies. 3 (1988),4, S. 443 – 455.
BZ 4870:1988

Pinson, Koppel S.: Die Persönlichkeit der displaced persons (DP's). In: Babylon. (1989),5, S. 82 – 87.
BZ 4884:1989

Rose, Norman: Weizmann, Ben-Gurion, and the 1946 crisis in the Zionist movement. In: Studies in zionism. 11 (1990),1, S. 25 – 44.
BZ 4955:1990

Rosh, Lea: „Der Tod ist ein Meister aus Deutschland": Deportation und Ermordung der Juden: Kollaboration und Verweigerung in Europa. Hamburg: Hoffmann u. Campe 1990. 313 S.
B 71673   3-455-08358-7

Rubenstein, Richard L.: Approaches to Auschwitz: the legacy of the Holocaust. London: SCM 1987. IX, 422 S.
B 65600   0-334-01875-7

Schatzker, Chaim: Die Bedeutung des Holocaust für das Selbstverständnis der israelischen Gesellschaft. In: Aus Politik und Zeitgeschichte. (1990),B 15/90, S. 19 – 23.
BZ 05159:1990

Schweid, Eliezer: Faith, ethics and the Holocaust. The justification of religion in the crisis of the Holocaust. In: Holocaust and genocide studies. 3 (1988),4, S. 395 – 412.
BZ 4870:1988

Shavit, Yaacov: Jabotinsky and the revisionist movement 1925-1948. London: Cass 1988. XX, 444 S.
B 67150

Vital, David: Zionism: the crucial phase. Oxford: Clarendon Pr. 1987. XVI, 392 S.
B 66051   0-19-821932-6

Wells, Leon W.: Und sie machten Politik: die amerikanischen Zionisten und der Holocaust. München: Knesebeck & Schuler 1989. 392 S.
B 68441   3-926901-18-7

Wiesenthal, Simon: Jeder Tag ein Gedenktag. Chronik jüdischen Leidens. Gerlingen: Bleicher 1988. 328 S.
010936

Wir kamen als Kinder. Hrsg.: Karen Gershon. Frankfurt: Alibaba-Verl. 1988. 222 S.
B 67787

Young, James Edward: Writing and rewriting the holocaust. Narrative and the consequences of interpretation. Bloomington, Ind.: Indiana University Pr. 1988. VIII, 243 S.
B 68726

Zertal, Idith: Verlorene Seelen. Die jüdischen DP's und die israelische Staatsgründung. In: Babylon. (1989),5, S. 88 – 103.
BZ 4884:1989

E Staat und Politik

E 000 Allgemeines

E 005 Politikwissenschaft

Dietze, Gottfried: Politik, Wissenschaft. Berlin: Duncker u. Humblot 1989. 111 S.
Bc 9173

O'Brien, Conor C.: Passion and cunning and other essays. London: Weidenfeld and Nicolson 1988. 293 S.
B 66757   0-297-79280-6

Sovremennaja ideologičeskaja Bor'ba Slovar. Red.: S. I. Beglov. Moskva: Politizdat 1988. 431 S.
B 72124

E 010 Politische Theorie

Abedin, Najmul: The politics of separatism. Some reflections and questions. In: The round table. (1989),310, S. 223 – 236.
BZ 4796:1989

Anderson, Benedict: Die Erfindung der Nation. Zur Karriere eines erfolgreichen Konzepts. Frankfurt: Campus Verl. 1988. 216 S.
B 66274

Freund, Norman C.: Nonviolent national defense. A philosophical inquiry into applied nonviolence. Lanham: Univ. Pr. of America 1987. V, 75 S.
B 67655

Guha, Amalendu: Revolution, counter-revolution and re-revolution. Theory and practice. In: Scandinavian journal of development alternatives. 9 (1990),1, S. 81 – 95.
BZ 4960:1990

Information, freedom and censorship. The Art. 19 in world report 1988. Harlow: Longman 1988. XII, 340 S.
B 66624

Kamrava, Mehran: Causes and leaders of revolutions. In: The journal of social, political and economic studies. 15 (1990),1, S. 79 – 90.
BZ 4670:1990

Maoz, Zeev, Abdolali, Nasrin: Regime types and international conflict, 1816-1976. In: The journal of conflict resolution. 33 (1989),1, S. 3 – 35.
BZ 4394:1989

Matsubara, Nozomu: Conflict and limits of power. In: The journal of conflict resolution. 33 (1989),1, S. 113 – 141.
BZ 4394:1989

Mészáros, István: The power of ideology. New York: Harvester Wheatsheaf 1989. VII, 557 S.
B 69452   0-7450-0102-5

Moore, Barrington: Ungerechtigkeit. Die sozialen Ursachen von Unterordnung u. Widerstand. Frankfurt: Suhrkamp 1987. 702 S.
B 65291

Neumann, Davrid: L'Ideologia della rivoluzione mondiale. Milano: Ed. Nuovi Autori 1988. 53 S.
Bc 8925

Niemeyer, Gerhart: Reorientation required. In: Comparative strategy. 7 (1988),4, S. 361 – 367.
BZ 4686:1988

Patchen, Martin: Resolving disputes between nations. Coercion or conciliation? Durham, NC.: Duke Univ. Pr. 1988. XIII, 365 S.
B 66822

Plädoyers für die Humanität. Zum Gedenken an Eugen Kogon. Hrsg.: Walter Jens. München: Kindler 1988. 238 S.
B 67176

Poliakov, Léon: Les totalitarismes au XXe siècle: un phénomène historique dépassé? Paris: Fayard 1987. 377 S.
B 67580   2-213-02068-X

Die Rolle zentraleuropäischer Staaten in der Entspannungspolitik – aufgezeigt am Beispiel der Bundesrepublik Deutschland und der Volksrepublik Polen. Mülheim: Evangelische Akademie 1988. 108 S.
Bc 02573

Rules, James B.: Theories of civil violence. Berkeley, Calif.: Univ. of California 1988. XV, 345 S.
B 68685

Rupesinghe, Kumar: Early warnings: some conceptual problems. In: Bulletin of peace proposals. 20 (1989),2, S. 183 – 191.
BZ 4873:1989

E 011 Politische Ideen und Philosophie

Pirsch, Hans: Existenzkrise und bürgerlicher Humanismus. In: IPW-Berichte. 19 (1990),4, S. 27 – 32.
BZ 05326:1990

Política mundial hacia el siglo XXI. Obra bajo la dirección de Walter Sánchez G. Santiago de Chile: Ed. Universitaria 1987. 211 S.
B 67266

Zsifkovits, Valentin: Politik ohne Moral? Linz: Veritas-Verl. 1989. 134 S.
Bc 9205

E 100 Innenpolitik

E 103 Befreiungsbewegungen

Horlemann, Jürgen: Die Grenzen der Befreiung. In: Blätter des iz3w. (1989-90),162, S. 16 – 20.
BZ 05130:1989-90

Laudowicz, Edith: Befreites Land – befreites Leben. Frauen in Befreiungsbewegungen. In: Blätter des iz3w. (1989-90),162, S. 21 – 26.
BZ 05130:1989-90

E 110 Verfassung und Recht

E 113 Staatsrecht/Öffentliches Recht

Staatsrecht junger Nationalstaaten. Grundriß. Hrsg.: Herbert Graf. Berlin: Staatsverl. der DDR 1988. 299 S.

E 113.40 Menschenrechte

Drinan, Robert F.: Cry of the oppressed: the history and hope of the human rights revolution. San Francisco, Calif.: Harper & Row 1987. VIII, 210 S.
B 66564　　　　　　　　0-06-250261-1

Farer, Tom J.: Elections, democracy, and human rights: toward union. In: Human rights quarterly. 11 (1989),4, S. 504 – 521.
BZ 4753:1989

Fenton, Thomas P.; *Heffron, Mary J.:* Human rights. A directory of resources. Maryknoll, NY: Orbis Books 1989. XVIII, 156 S.
Bc 9176

Féron, José: Les Droits de l'homme. Paris: Hachette 1987. 221 S.
B 65321

Flach, Werner: Zerbrechlich wie Glas. Menschenrechte in Ost und West. Leipzig: Urania-Verl. 1988. 143 S.
Bc 7151

Freeman, Charles: Human rights. London: Batsford 1988. 72 S.
B 67870

Frowein, Jochen A.: Experiences with the European Convention on human Rights. In: South African journal on human rights. 5 (1989),2, S. 196 – 208.
BZ 4988:1989

Holleman, Warren Lee: The human rights movement. Western values and theological perspectives. New York: Praeger 1987. VIII, 245 S.
B 66867

Human rights in the world community: issues and action. Ed.: Richard Pierre Claude. Philadelphia: Univ. of Pennsylvania Pr. 1989. XIV, 376 S.
010969　　　　　　　　0-8122-8163-2

Roberts, Brad: Human rights and international security. In: The Washington quarterly. 13 (1990),2, S. 65 – 75.
BZ 05351:1990

Sommermann, Karl-Peter: Die Fortentwicklung der Menschenrechte seit der allgemeinen Erklärung von 1948. In: Zeitschrift für Politik. 37 (1990),1, S. 37 – 51.
BZ 4473:1990

World directory of human rights teaching and research institutions = répertoire mondial de recherche et de formation sur les droits de l'homme = repertorio mundial de instituciones de investigacíon y de formación en materia de derechos humanos. Oxford: Berg 1988. XXIV, 216 S.
B 66738

E 114 Internationales Recht

E 114.00 Allgemeines

De l'Arme économique. Paris: Fondation pour les Études de Défense Nationale 1987. 406 S.
B 67438

Dinstein, Yoram: War, aggression and self-defence. Cambridge: Grotius 1987. XXX, 292 S.
B 66767　　　　　　　　0-949009-15-6

Doeker, Günther: Friedensvölkerrecht und internationale Beziehungen. Zum Verhältnis von Völkerrecht und internationaler Politik. In: Aus Politik und Zeitgeschichte. (1990),B/4-5, S. 41 – 53.
BZ 05159:1990

International incidents: the law that counts in world politics. Ed.: W. Michael Reisman. Princeton, NJ: Princeton Univ. Press 1988. XII, 278 S.
B 66762   0-691-02280-1

Littell, Franklin H.: Early warning. In: Holocaust and genocide studies. 3 (1989),4, S. 483 – 490.
BZ 4870:1989

Perforated sovereignties and international relations. Trans-sovereign contacts of subnational governments. Ed.: Ivo D. Duchacek. Westport, Conn.: Greenwood Pr. 1988. XXII, 234 S.
B 68663

Tolley, Howard: Popular sovereignty and international law: ICJ strategies for human rights standard setting. In: Human rights quarterly. 11 (1989),4, S. 561 – 585.
BZ 4753:1989

E 114.10 Kriegsrecht

Anad, R.P.: Recent developments in the law of the Sea. In: International studies. 26 (1989),3, S. 247 – 255.
BZ 4909:1989

Gröh, Walter: Freiheit der Meere: d. Ausbeutung d. „Gemeinsamen Erbes d. Menschheit". Bremen: Ed. Con 1988. 216 S.
B 67131   3-88526-147-2

Kalshoven, Frits: Der gegenwärtige Stand der Repressalienfrage. In: Humanitäres Völkerrecht. 2 (1989),4, S. 4 – 17.
BZ 05313:1989

Maritime Boundaries and Ocean resources. Ed.: Gerald Blake. Totowa, NJ: Barnes & Noble Books 1987. 284 S.
B 68127

Wilson, Heather Ann: International law and the use of force by national liberation movements. Oxford: Clarendon Pr. 1988. XI, 209 S.
B 68503

Wulff, Torgil: Handbok i militär folkrätt: regler om gränsskydd, krigföring och humanitet. Stockholm: Allmänna Förl. 1987. 288 S.
B 65605   91-38-90810-7

E 114.30 Luftrecht

Bhatt, S.: Space law in the 1990s. In: International studies. 26 (1989),4, S. 323 – 335.
BZ 4909:1989

E 116 Strafrecht

Hudson, Rex A.: Dealing with international hostage-taking: alternatives to reactive counterterrorist assaults. In: Terrorism. 12 (1989),5, S. 321 – 378.
BZ 4688:1989

Kaiser, Peter: Schüsse in Dallas: polit. Morde 1948-1984. Berlin: Dietz 1988. 534 S.
B 66953   3-320-01051-4

Lentz, Harris M.: Assassinations and executions: an encyclopedia of political violence, 1865-1986. Jefferson, NC: McFarland 1988. XVIII, 275 S.
B 67790　　　　　　　　0-89950-312-8

E 130 Parlaments- und Wahlwesen

Ardito-Barletta, Nicolás: Democracy and development. In: The Washington quarterly. 13 (1990),3, S. 165 – 175.
BZ 05351:1990

DiNunzio, Mario R.: American democracy and the authoritarian tradition of the West. Lanham: Univ. Pr. of America 1987. VIII, 181 S.
B 65841　　　　　　　　0-8191-6112-8

Henningsen, Manfred: Democracy: The future of a Western political formation. In: Alternatives. 14 (1989),3, S. 327 – 342.
BZ 4842:1989

Linz, Juan J.: Transitions to democracy. In: The Washington quarterly. 13 (1990),3, S. 143 – 164.
BZ 05351:1990

Promoting democracy. Opportunities and issues. Ed.: Ralph M. Goldman. Westport, Conn.: Praeger 1988. XV, 285 S.
B 66732

E 140 Parteiwesen

E 142 Allgemeine politische Richtungen

Boj evropskÿch národu proti fašismus v letech 1933-1945. Red.: Miroslav Kroplák. Praha: Academia 1988. 292 S.
B 68938

Dalton, Russel J.: Citizen politics in western democracies: public opinion and political parties in the United States, Great Britain, West Germany and France. Chatham, NJ: Chatham House Publ. 1988. XVI, 270 S.
B 67068　　　　　　　　0-934540-44-6

Ware, Alan: Citizens, parties and the state: a reappraisal. Cambridge: Polity Pr. 1987. XII, 282 S.
B 66088　　　　　　　　0-7456-0499-4

E 142.1 Konservatismus

Viskovic, Nikola: The sources and prospects of neo-conservatism. In: Socialism in the world. 13 (1989),70, S. 145 – 156.
BZ 4699:1989

E 142.2 Liberalismus

Benoist, Jean-Marie: Die Werkzeuge der Freiheit. Von der Möglichkeit einer liberalen Politik. München: Herbig 1988. 327 S.
B 66280

Bolkestein, Frits: The liberal international: a liberal commitment to internationalism. In: The Washington quarterly. 12 (1989),3, S. 101 – 110.
BZ 05351:1989

Gardner, Richard N.: The comeback of liberal internationalism. In: The Washington quarterly. 13 (1990),3, S. 23 – 39.
BZ 05351:1990

E 142.3 Nationalismus

Gandolfi, Alain: Les mouvements de libération nationale. Paris: Pr. Univ. de France 1989. 125 S.
Bc 9210

Mayall, James: Nationalism and international society. Cambridge: Cambridge Univ. Pr. 1990. VI, 175 S.
B 72353 0-521-37312-3

Sella, Piero: Attualità e centralità dell'odea nazionalista. In: L'uomo libero. 11 (1990),30, S. 15 – 26.
BZ 5003:1990

Taguieff, Pierre-André: Nationalisme et réactions fondamentalistes en France. Mythologies identitaires et ressentiment antimoderne. In: Vingtième siécle. (1990),25, S. 49 – 73.
BZ 4941:1990

E 142.6 Sozialismus/Sozialdemokratie

Deppe, Frank: Neuorientierung? Die Gewerkschaften und der Zusammenbruch des „realen Sozialismus". In: Sozialismus. 16 (1990),122, S. 30 – 39.
BZ 05393:1990

Dlubek, Rolf: Die programmatische Begründung des Friedenskampfes der Arbeiterklasse durch Karl Marx in der Inauguraladresse und in den Statuten der IAA. In: Beiträge zur Geschichte der Arbeiterbewegung. 31 (1989),4, S. 435 – 446.
BZ 4507:1989

Gorbatschow, Michail: Die sozialistische Idee und die revolutionäre Umgestaltung. Berlin/DDR. In: Sozialismus. 16 (1990),1, S. 29 – 43.
BZ 05393:1990

Gorz, André: Eine Neudefinition des Sozialismus. In: Die neue Gesellschaft – Frankfurter Hefte. 37 (1990),6, S. 519 – 527.
BZ 4572:1990

Guerra, Alfonso: Der alte und der neue Sozialismus. In: Die neue Gesellschaft – Frankfurter Hefte. 37 (1990),1, S. 24 – 34.
BZ 4572:1990

Hansel, Detlef: Sozialdemokratische Positionen zur Remilitarisierung der BRD 1950-1954/55. Grundtendenzen und Differenzen. In: Militärgeschichte. 29 (1990),1, S. 55 – 63.
BZ 4527:1990

Huszár, István: Ideal, reality, socialism. In: Socialism in the world. 13 (1989),71, S. 36 – 45.
BZ 4699:1989

Kaminsky, Thomas; Koth, Harald: Die II. Internationale (1889-1914). Thesen zu Grundfragen ihrer Entwicklung. In: Beiträge zur Geschichte der Arbeiterbewegung. 32 (1990),2, S. 184 – 194.
BZ 4507:1990

Mandel, Ernest: Zur Lage und Zukunft des Sozialismus. In: Die neue Gesellschaft – Frankfurter Hefte. 37 (1990),1, S. 76 – 96.
BZ 4572:1990

Mschwieradse, Wladimir W.: Perestroika und die Politikwissenschaft. In: Beiträge zur Konfliktforschung. 19 (1989),3, S. 83 – 100.
BZ 4594:1989

Murphey, Dwight D.: Worker-controlled enterprises – the fantasy of „decentralized socialism". In: The journal of social, political and economic studies. 15 (1990),1, S. 59 – 78.
BZ 4670:1990

Pérez Ledesma, Manuel: El obrero consciente: dirigentes, partidos y sindicatos en la II Internacional. Madrid: Alianza Ed. 1987. 269 S.
B 68385 84-206-2501-9

Peters, Hans-Rudolf: Sozialismus – was ist oder was war das? In: Beiträge zur Konfliktforschung. 20 (1990),1, S. 5 – 26.
BZ 4594:1990

Ruben, Peter: Was ist Sozialismus? In: Marxistische Blätter. (1990),2, S. 29 – 40.
BZ 4548:1990

Schwengel, Hermann: Das zweite Leben des Sozialismus. In: Die neue Gesellschaft – Frankfurter Hefte. 37 (1990),6, S. 541 – 550.
BZ 4572:1990

Seidel, Jutta: Akteure der II. Internationale zur Zeit der Gründung und im ersten Jahrzehnt ihres Wirkens – ihr Weg zur Arbeiterbewegung im Vergleich. In: Beiträge zur Geschichte der Arbeiterbewegung. 31 (1989),4, S. 460 – 470.
BZ 4507:1989

Seidelmann, Reimund: Die Sozialistische Internationale und Osteuropa. In: Europa-Archiv. 45 (1990),13/14, S. 428 – 440.
BZ 4452:1990

Strasser, Johano: Sozialismus 2000 oder: die Kunst des Möglichen. In: Die neue Gesellschaft – Frankfurter Hefte. 37 (1990),6, S. 528 – 540.
BZ 4572:1990

Šutov, A.D.: Kommunisty social-demokraty: istorija i sovremennost. In: Novaja i novejšaja istorija. (1990),2, S. 3 – 19.
BZ 05334:1990

Wollenberg, Jörg: „Sozialismus bleibt das Ziel". In: Sozialismus. 16 (1990),122, S. 68 – 75.
BZ 05393:1990

E 142.7 Marxismus

An anthology of Western Marxism: from Lukács and Gramsci to socialist-feminism. Ed.: Roger S. Gottlieb. New York, NY: Oxford Univ. Pr. 1989. X, 380 S.
B 70020   0-19-505568-3

The asiatic mode of production in China. Ed.: Timothy Brook. Armonk, NY: Sharpe 1989. XI, 204 S.
B 71998   0-87332-542-7

Cammack, Paul: Statism, new institutionalism and marxism. In: The socialist register. 26 (1990), S. 147 – 170.
BZ 4824:1990

Eymar Alonso, Carlos: Karl Marx, crítico de los dere chos humanos. Madrid: Tecnos 1987. 197 S.
Bc 9268   84-309-1369-6

Geras, Norman: Seven types of obloquy: travesties of marxism. In: The socialist register. 26 (1990), S. 1 – 34.
BZ 4824:1990

MacCarney, Joseph: Social theory and the crisis of Marxism. London: Verso 1990. X, 217 S.
B 72299   0-86091-231-0

MacEwan, Arthur: Why are we still socialists and marxists after all this? In: The socialist register. 26 (1990), S. 311 – 327.
BZ 4824:1990

Marx refuted: the verdict of history. Ed.: Ronald Duncan. Bath: Ashgrove 1987. 284 S.
B 66179   0-906798-71-X

Marxism: essential writings. Ed.: David McLellan. Oxford: Oxford Univ. Pr. 1988. VIII, 419 S.
B 67033　　　　　　　0-19-827518-8

Miliband, Ralph: Counter-hegemonic struggles. In: The socialist register. 26 (1990), S. 346 – 365.
BZ 4824:1990

Montiel, Francisco-Félix: El tercer ejército de la USRR. Miami, Fla.: Ed.Uniersal 1988. 113 S.
Bc 9561　　　　　　　0-89729-497-1

Schaff, Adam: Perspektiven des modernen Sozialismus. Wien: Europaverl. 1988. 435 S.
B 67317　　　　　　　3-203-50960-1

Sweezy, Paul M.; *Magdoff, Harry:* The meaning of revolutionary change. In: Socialism in the world. 13 (1989),71, S. 94 – 99.
BZ 4699:1989

Verbeeck, Georgi: Marxism, anti-semitism, and the Holocaust. In: German history. 7 (1989),3, S. 319 – 331.
BZ 4989:1989

Wagner, Hilde: Aktualität der Klassenanalyse. In: Sozialismus. 16 (1990),10, S. 49 – 55.
BZ 05393:1990

Wallerstein, Immanuel: Marx, der Marxismus-Leninismus und sozialistische Erfahrungen im modernen Weltsystem. In: Prokla. 20 (1990),1, S. 126 – 137.
BZ 4613:1990

Weichold, Jochen: Zwischen Götterdämmerung und Wiederauferstehung. Linksradikalismus im Wandel. Berlin: Verl. Neues Leben 1989. 256 S.
Bc 8971

E 142.8 Kommunismus/Bolschewismus

Caballero, Manuel: La Internacional Comunista y la revolución latinoamericana. 1919-1943. Caracas: Ed. Nueva Sociedad 1987. 271 S.
B 67273

Groth, Alexander J.: Communist (surprise) parties. In: Orbis. 34 (1990),1, S. 17 – 32.
BZ 4440:1990

Hobson, Christopher Z.: Trotskyism and the dilemma of socialism. New York: Greenwood Pr. 1988. XVII, 551 S.
B 69955　　　　　　　0-313-26237-3

Kormanowa, Zanna: „Kommunisticzeskij Internacyonał" 1919-1943. In: Z pola walki. 32 (1989),1, S. 65 – 82.
BZ 4559:1989

Krivoguz, I.M.: Sud'ba i nasledie Kominterna. In: Novaja i novejšaja istorija. (1990),6, S. 3 – 20.
BZ 05334:1990

Lo stalinismo nella sinistra italiana: Atti del convegno organizzato da Mondoperaio, Roma 16-17 Marzo 1988. Roma: Argomenti Socciolisti 1988. 303 S.
B 70290

Sabarko, Boris: Das Kominformbüro – ein Rückblick. In: Beiträge zur Geschichte der Arbeiterbewegung. 32 (1990),4, S. 446 – 455.
BZ 4507:1990

Schöpflin, George: Das Ende des Kommunismus. In: Europa-Archiv. 45 (1990),2, S. 51 – 60.
BZ 4452:1990

W. I. Lenin und die KPdSU über sozialistische Gesetzlichkeit und Rechtsordnung. Moskau: Progress-Verlag 1987. 671 S.
B 66225

Weber, Hermann: Kommunistische Bewegung und realsozialistischer Staat. Beitr. zum deutschen u. internationalen Kommunismus. Köln: Bund-Verl. 1988. 354 S.
B 68112

Westoby, Adam: The evolution of communism. Cambridge: Polity Pr. 1989. 333 S.
B 69344   0-7456-0221-5

E 142.9 Terrorismus/Anarchismus

The Anarchist papers. Ed.: Dimitrios I. Roussopoulos. Montréal: Black Rose Books 1986-89. 175, 183 S.
B 71052

Angriff auf das Herz des Staates. Soziale Entwicklung und Terrorismus. Frankfurt: Suhrkamp 1988. 428, 342 S.
B 66279

Avrich, Paul: Anarchist portraits. Princeton, NJ: Princeton Univ. Press 1988. XIII, 316 S.
B 71008   0-691-04753-7

Crenshaw, Martha: Terrorism and international cooperation. New York: Inst. for East-West Security Studies 1989. III, 91 S.
Bc 9139

Current perspectives on international terrorism. Ed.: Robert O. Slater. Basingstoke: Macmillan 1988. XII, 270 S.
B 65865   0-333-42850-1

Falkner, Thomas: Terrorismus-Report. Rom, Stockholm, Beirut und andere Schauplätze. Leipzig: Urania Verl. 1989. 142 S.
Bc 9111

Fontaine, Roger W.: Terrorism: the Cuban connection. New York: Crane Russak 1988. 199 S.
B 67883

Fox, William, F.: Conference report. Legal aspects of terrorism. In: Terrorism. 12 (1989),4, S. 297 – 315.
BZ 4688:1989

Hunter, Shireen T.: Terrorism: a balance sheet. In: The Washington quarterly. 12 (1989),3, S. 17 – 29.
BZ 05351:1989

Jenkins, Philip: Under two flags: provocation and deception in European terrorism. In: Terrorism. 11 (1988),4, S. 275 – 287.
BZ 4688:1988

The legal aspects of international terrorism = les aspects juridiques du terrorisme international. The Hague: Center for Studies and Research of The Hague Academy of Internat. Law 1988. 90 Bl.
010813

Levitt, Geoffrey M.: Democracies against terror. The western response to state-supported terrorism. New York: Praeger 1988. XIV, 142 S.
B 68022

Mickolus, Edward F.; Sandler, Todd; Murdock, Jean Marie: International terrorism in the 1980s. A chronology of events. Vol. 1. 2. Ames, Iowa: Iowa State Univ. Pr. 1989. XXVI, 541 S; XVIII, 776 S.
B 69854

Multidimensional terrorism. Ed.: Martin Slann. Boulder, Colo.: Rienner 1987. XI, 138 S.
B 66551   1-55587-030-9

Nacos, Brigitte; Fan, David P.; Young, John T.: Terrorism and the print media: the 1985 TWA hostage crisis. In: Terrorism. 12 (1989),2, S. 107- 115.
BZ 4688:1989

Pande, M. C.: Mechanics of international terrorism. In: Strategic analysis. 13 (1990),10, S. 1079 – 1105.
BZ 4800:1990

Perdue, William D.: Terrorism and the state: a critique of domination through fear. New York: Praeger 1989. XI, 229 S.
B 70761   0-275-93140-4

The politics of terrorism. Ed.: Michael Stohl. 3. ed. New York, NY: Dekker 1988. XVIII, 622 S.
B 67547   0-8247-7814-6

Ross, Jeffrey Ian; Gurr, Ted Robert: Why terrorism subsides. A comparative study of Canada and the United States. In: Comparative politics. 21 (1989),4, S. 405 – 426.
BZ 4606:1989

Schassen, Brukhard von; Kalden, Christof: Terrorismus. Eine Auswahlbibliographie. Koblenz: Bernard u. Graefe 1989. VIII, 144 S.
B 68741

Sentse, R.: Terrorisme en zijn bestrijding. In: Militaire spectator. 158 (1989),6, S. 268 – 278.
BZ 05134:1989

Taylor, Maxwell: The terrorist. London: Brassey's 1988. IX, 205 S.
B 68355   0-08-033603-5

Terrible beyond endurance? The foreign policy of state terrorism. Ed.: Michael Stohl. Westport, Conn.: Greenwood Pr. 1988. XII, 360 S.
B 66877

Terrorism and national liberation: proceedings of the Internat. Conference on the Question of Terrorism. Ed.: Hans Köchler. Frankfurt: Lang 1988. 318 S.
B 68236   3-8204-1217-4

Viola, Natale: Terrorismo. Dalle idee all'azione. Sintomatologia e lotta. Roma: Ed. Piazza Navona 1988. 61 S.
Bc 9092

Wajnsztejn, Jacques: Individu. Révolte et terrorisme. Paris: Nautilus 1987. 138 S.
B 65992

Weimann, Gabriel; Brosius, Hans-Bernd: The predictability of international terrorism: a time-series analysis. In: Terrorism. 11 (1988),6, S. 491 – 502.
BZ 4688:1988

Weinberg, Leonard; Davis, Paul: Introduction to political terrorism. New York: McGraw-Hill 1989. XIV, 234 S.
Bc 9120

Wieviorka, Michel: Terrorisme à la une: média, terrorisme et démocratie. Paris: Gallimard 1987. 259 S.
B 67587   2-07-071135-8

E 200 Außenpolitik

Braillard, Philippe; Djalili, Mohammad-Reza: Les relations internationales. Paris: Pr. Univ. de France 1988. 125 S.
Bc 9209

Brecher, Michael; Wilkenfeld, Jonathan: Crisis, conflict and instability. Oxford: Pergamon Pr. 1989. XIV, 275 S.
011034

Coate, Roger A.; *Puchala, Donald J.:* Global policies and the United Nations system: a current assessment. In: Journal of peace research. 27 (1990),2, S. 127 – 140.
BZ 4372:1990

Del Arenal, Celestino teorìa de las relaciones internacionales hoy: debates y paradigmas. In: Estudios internacionales. 22 (1989),86, S. 153 – 182.
BZ 4936:1989

*Desch, Michael C.*e keys that lock up the world. Identifying American interests in the periphery. In: International security. 14 (1989),1, S. 86 – 121.
BZ 4433:1989

*Domke, William Kinkade*r and the changing global system. New Haven: Yale Univ. Pr. 1988. IX, 209 S.
B 66821

George, Alexander L.; *Smoke, Richard:* Deterrence and foreign policy. In: World politics. 41 (1989),2, S. 170 – 182.
BZ 4464:1989

Gurtov, Mel: Global politics in the human interest. Boulder, Colo.: Rienner 1988. XIII, 253 S.
B 66841

Habeeb, William Mark: Power and tactics in international negotiation. How weak nations bargain with strong nations. Baltimor, Mass.: Johns Hopkins Univ. Pr. 1988. XII, 168 S.
B 67877

Headrick, Daniel R.: The tentacles of progress. Technology transfer in the age of imperialism, 1850-1940. Oxford: Oxford Univ. Pr. 1988. X, 405 S.
B 66730   0-19-505115-7

Interdependence and conflict in world politics. Ed.: James N. Rosenau. Aldershot: Avebury 1989. XIII, 239 S.
B 69277

International conflict resolution. Ed.: Ramesh Thakur. Boulder, Colo.: Westview Pr. 1988. XIV, 309 S.
B 66587   0-8133-7567-3

James, Patrick: Crisis and war. Kingston: McGill-Queen's Univ. Pr. 1988. X, 192 S.
B 67063

Joenniemi, Pertti: The peace potential of neutrality: a discursive approach. In: Bulletin of peace proposals. 20 (1989),2, S. 175 – 182.
BZ 4873:1989

Karsh, Efraim: Neutrality and small states. London: Routledge 1988. 225 S.
B 69393

Lieber, Robert J.: No common power: understanding international relations. Glenview, Ill.: Scott, Foresman 1988. XV, 359 S.
B 66714   0-673-39737-8

Luard, Evan: Conflict and peace in modern international system: a study of the principles of international order. Basingstoke: Macmillan 1988. XII, 318 S.
B 67032   0-333-44836-7

Minod, Walter: Una forma de interpretar las relaciones internacionales. In: Revista de la Escuela Superior de Guerra. (1989),493, S. 125 – 142.
BZ 4631:1989

Niedhart, Gottfried: Internationale Beziehungen 1917-1947. Paderborn: Schöningh 1989. 272 S.
Bc 9286   3-506-99399-2

Perestroika. Global challenge. Ed.: Ken Coates. Our common future. Nottingham: Spokesman 1988. 174 S.
B 68420

Political changes and foreign policies. Ed.: Gavin Boyd. London: Pinter 1987. VIII, 278 S.
B 68023

Pozdnyakov, Elgiz: Foreign and home policy. Paradoxes of interconnection. In: International affairs <Moscow>. (1989),11, S. 38 – 48.
BZ 05208:1989

Reiss, Mitchell: Crisis management mechanisms: how much is enough? In: Arms control. 10 (1989),2, S. 105 – 119.
BZ 4716:1989

Roberts, Jonathan M.: Decision-making during international crises. Basingstoke: Macmillan 1988. XX, 331 S.
B 67769   0-333-46171-1

Rochester, J. Martin: Global policies and the future of the United Nations system. In: Journal of peace research. 27 (1990),2, S. 141 – 154.
BZ 4372:1990

Ruloff, Dieter: Weltstaat oder Staatenwelt? Über d. Chancen globaler Zusammenarbeit. München: Beck 1988. 237 S.
B 67308   3-406-33127-0

Sahagún, Felipe: Política internacional en los años ochenta. In: Política exterior. 3 (1989),13, S. 135 – 147.
BZ 4911:1989

Shephard, K.: International relations 1919-39. Oxford: Blackwell 1988. 48 S.
Bc 02640

Thee, Marek: The quest for the demilitarization of international relations. In: Current research on peace and violence. 12 (1989),4, S. 165 – 175.
BZ 05123:1989

Thesaurus Internationale Beziehungen und Länderkunde. Alphabet. u. systemat. Teil. Ebenhausen/Isar: Stiftg. Wissenschaft u. Politik 1989. VIII, 340 S.
011027

Thiago Cintra, José: Conflictos regionales: tendencias en un periodo de transicion. In: Estudios internacionales. 22 (1989),85, S. 21 – 41.
BZ 4936:1989

Thompson, Kenneth W.: Moral and political discourse. Theory and practice in international relations. Lanham: Univ. Pr. of America 1987. X, 110 S.
B 66325

Thorne, Christopher: Border Crossings. Studies in international history. Oxford: Blackwell 1988. X, 313 S.
B 67123

Tomassini, Luciano: El analisis de la politica exterior. In: Estudios internacionales. 21 (1988),4, S. 498 – 559.
BZ 4936:1988

E 210 Diplomatie

Barston, Ronald P.: Modern diplomacy. London: Longman 1988. XIII, 260 S. 0-582-01403-4
B 66059

Dinh, Tran van: Communication and diplomacy in a changing world. Norwood, NJ: Ablex Publ. 1987. XIV, 185 S.
B 66594

E 230 Sicherheitspolitik

América Latina y Europa en el debate estratégico mundial. Ed.: Legasa. Buenos Aires: EURAl 1987. 385 S.
B 70385 950-600-102-2

Brams, Steven John; Kilgour, D. Marc: Game Theory and national security. Oxford: Blackwell 1988. IX, 199 S.
B 67616

Breakthroug/ Proryv. Emerging new thinking. Ed.: Anatoly Gromyko. New York, NY.: Walker 1988. XX, 281 S.
B 67979

Fischer, S.: Militärdoktrinen und internationale Sicherheit. In: Militärwesen. (1990),5, S. 9 – 15.
BZ 4485:1990

Frieden ohne Rüstung? Herford: Mittler 1989. 232 S.
B 70395

Global security. A review of strategic and economic issues. Ed.: Barry M. Blechman. Boulder, Colo.: Westview Pr. 1987. XIV, 258 S.
B 66557

Heisenberg, Wolfgang: Stretegic Stability and nuclear deterrence in East-West relations. New York: Inst. for East-West Security Studies 1989. 59 S.
Bc 8886

Kammler, Hans: Ökonomische Probleme der Sicherheitspolitik: von der Forschung vernachlässigt? In: Zeitschrift für Politik. 36 (1989),3, S. 286 – 295.
BZ 4473:1989

Magenheimer, Heinz: Konventionelle Stabilität und Sicherheit in Europa. In: Aus Politik und Zeitgeschichte. (1990),B 36/90, S. 3 – 12.
BZ 05159:1990

Reusch, Jürgen: Neue Sicherheitspolitik im Nuklearzeitalter. Köln: Pahl-Rugenstein 1988. 348 S.
B 66359

Rüstung für den Frieden? Ottobrunn: Forum Zukunft 1989. 36 S.
Bc 9113

Walker, R.B.: Security, sovereignty and the challenge of world politics. In: Alternatives. 15 (1990),1, S. 3 – 27.
BZ 4842:1990

Westing, Arthur H.: Towards eliminating war as an instrument of foreign policy. In: Bulletin of peace proposals. 21 (1990),1, S. 29 – 35.
BZ 4873:1990

E 235 Friedensbewegungen

Bock, Helmut: Pazifistische und marxistische Frühwarnungen vor dem ersten Weltkrieg. In: Zeitschrift für Geschichtswissenschaft. 37 (1989),1, S. 35 – 49.
BZ 4510:1989

Boj za mír v letech 1979-1985. Red.: Ján Zvada. Praha: Nakladatelství Svoboda 1987. 339 S.
B 64094

Brown, Sue; Mallen: Break new ground. Practical ways forward to peace groups. Plymouth: South West Ploughshares 1987. 32 S.
Bc 8908

Díaz del Corral, Eulogio: Historia del pensamiento pacifista y no-violento contemporáneo. Barcelona: Hogar del Libro 198. 155 S.
Bc 9003   84-7279-289-7

Fannig, Richard W.: Peace groups and the campaign for naval disarmament, 1927-1936. In: Peace & change. 15 (1990),1, S. 26 – 45.
BZ 4994:1990

Foster, Catherine: Women for all seasons: the story of the Women's International League for Peace and Freedom. Athens, Ga.: Univ. of Georgia Pr. 1989. XII, 230 S.
B 70898   0-8203-1147-2

Frieden, Freiheit, Sicherheit. Texte u. Materialien. Red.: Dietmar Storch. Kiel: Niedersächsische Landeszentrale für politische Bildung 1988. 189 S.
010891

Der Friedensgedanke in Politik und Traditionsverständnis der DDR. Hrsg.: Angelika Klein. Halle/Saale: Martin-Luther-Univ. 1987. 142 S.
Bc 8879

Friedensgedanke und Friedensbewahrung am Beginn der Neuzeit. Beitr. e. wiss. Konf. vom 6. u. 7. Mai 1986 an d. Karl-Marx-Univ. Leipzig. Leipzig: Selbstverlag 1987. 147 S.
B 67781

Garrison, J.; Phipps, John-Francis: The new diplomats. Citizens as ambassadors for peace. Bideford: Green Books 1989. XIII, 89 S.
Bc 8909

Gorbačev, Michail Sergeevič: Realität und Garantien für eine sichere Welt. Moskau: APN-Verl. 1987. 15 S.
Bc 7584

Gurinovič, Anatolij Emel'janovič: Strategija mira. Minsk: Belarus' 1987. 64 S.
Bc 7900

Harle, Vilho: Towards a comparative study of peace ideas: goals, approaches and problems. In: Journal of peace research. 26 (1989),4, S. 341 – 351.
BZ 4372:1989

Krieg und Frieden. Pazifismus und Militarismus im 20. Jahrhundert. Schriesheim: Albrecht 1988. 117 S.
B 68739

Lokshin, Grigori: Pacifism yesterday and today. In: International affairs <Moscow>. (1990),2, S. 89 – 98.
BZ 05208:1990

Mattausch, John: A commitment to campaign: a sociological study of CND. Manchester: Manchester Univ. Pr. 1989. VII, 192 S.
B 70162   0-7190-2908-2

Meyer, Robert S.: Peace organizations, past and present: a study and directory. Jefferson, NC: McFarland 1988. XIV, 266 S.
B 68031   0-89950-340-3

Naturwissenschaftler im Friedenskampf: e. Dokumentation. Hrsg.: Karl Friedrich Wessel. Berlin: Deutscher Verl. d. Wissenschaften 1987. 256 S.
B 65924   3-326-00304-8

Neuman, H. J.: Pax Christi en haar Oosteuropese bondgenoten. In: Internationale spectator. 44 (1990),4, S. 229 – 235.
BZ 05223:1990

Nye, Joseph S.: Peace in parts: Integration and conflict in regional organization. Lanham: Univ. Pr. of America 1987. XVI, 210 S.
B 66206

Overby, L. Marvin: West European peace movements: an application of Kitschelt's political opportunity structures thesis. In: West European politics. 13 (1990),1, S. 1 – 11.
BZ 4668:1990

Peace movements and political cultures. Ed.: Charles Chatfield. Knoxville, Tenn.: Univ. of Tennessee 1988. XX, 317 S.
B 69788   0-87049-576-3

Saether, Wera: Vi overlever ikke alt. Kbenhavn: Gyldendal 1987. 147 S.
B 66237   82-05-17333-8

Ein schwieriges Bündnis. Das Verhältnis der sozialistischen Parteien zur Friedensbewegung in Europa. Hrsg.: Gert Weisskirchen. Bonn: Forum Europa Verl. 1988. 142 S.
Bc 9315

Sovremennoe antivoennoe Diženie. Red.: P. N. Fedoseev. Moskva: Nauka 1987. 126 S.
Bc 7212

The Spies for Peace and after. In: The raven. 2 (1988),1, S. 61 – 96.
BZ 5019:1988

Voigt, Karsten D.: Eine europäische Friedensordnung ohne den Ungeist des Nationalismus. In: Europäische Wehrkunde – Wehrwissenschaftliche Rundschau. 39 (1990),3, S. 146 – 154.
BZ 05144:1990

Waginska-Marzec, Maria: Ruch pacyfistyczny a pieśń protestu w Republice Federalnej Niemiec. In: Przeglad zachodni. 45 (1989),3, S. 21 – 47.
BZ 4487:1989

Walker, R. B. J.: One World, many worlds. Struggles for a just world peace. Boulder, Colo.: Rienner 1988. XIII, 175 S.
B 67800

E 250 Internationale Organisationen

E 253 Vereinte Nationen

Baehrs, P. R.: Nederland en de Verenigde Naties: toekomstperspectieven. In: Internationale spectator. 44 (1990),6, S. 366 – 373.
BZ 05223:1990

Bailey, Sydney Dawson: The procedure of th UN Security Council. Oxford: Clarendon Pr. 1988. XII, 499 S.
B 68518

Balbin, Szymon: Trzecia Dekada Rozwoju ONZ i perspektywy Czwartej. In: Sprawy międzynarodowe. 43 (1990),4, S. 53 – 66.
BZ 4497:1990

Beker, Avi: The United Nations and Israel. From Recognition to reprehension. Lexington: Lexington Books 1988. VIII, 201 S.
B 67651

Belonogov, Aleksandr M.: Soviet peace-keeping proposals. In: Survival. 32 (1990),3, S. 206 – 211.
BZ 4499:1990

Boulesbaa, Ahcene: The nature of the obligations incurred by states under article 2 of the UN convention against torture. In: Human rights quarterly. 12 (1990),1, S. 53 – 93.
BZ 4753:1990

Ciechánski Jerzy; Wyciechowska, Iwona: Teoria pokoju a Organizacja Narodów Zjednoczonych. In: Sprawy międzynarodowe. 43 (1990),6, S. 41 – 58.
BZ 4497:1990

Crocker, Chester A.: Southern African peacemaking. In: Survival. 32 (1990),3, S. 221 – 232.
BZ 4499:1990

Dmitričev, Timur Fedorovič: ženevskie Forumy peregovorov po razoruženiju. 1945-1987. Moskva: Meždunar. otnošenija 1988. 192 S.
Bc 9375

Dülffer, Jost: De l'internationalisme a l'expansionnisme: la Ligue allemande pour la Société des Nations. In: Guerres mondiales et conflits contemporains. (1989),154, S. 23 – 40.
BZ 4455:1989

Dunne, Michael: The United States and the World Court, 1920-1935. London: Pinter 1988. VIII, 306 S.
B 68340

Global issues in the United Nations' framework. Ed.: Paul Taylor. Basingstoke: Macmillan 1989. X, 371 S.
B 69435

Haslam, Jonathan: The UN and the Soviet Union: new thinking? In: International affairs <London>. 65 (1989),4, S. 677 – 684.
BZ 4447:1989

John, Jürgen; Köhler, Jürgen: Der Völkerbund und Deutschland zwischen den Weltkriegen. In: Zeitschrift für Geschichtswissenschaft. 38 (1990),5, S. 389 – 404.
BZ 4510:1990

Kosyrev, Andrei V.: The new Soviet attitude toward the United Nations. In: The Washington quarterly. 13 (1990),3, S. 41 – 53.
BZ 05351:1990

Macht und Ohnmacht der Vereinten Nationen: zur Rolle d. Weltorganisation in Drittwelt-Konflikten. München: Weltforum-Verl. 1987. III, 243 S.
B 67464   3-8039-0353-X

Martínez Sotomayor, Carlos: Reflexiones y testimonios políticos. Santiago: Alfabeta 1987. 332 S.
B 67269

Mogami, Toshiki: The United Nations system as an unfinished revolution. In: Alternatives. 15 (1990),2, S. 177 – 197.
BZ 4842:1990

Norton, Augustus R.; Weiss, Thomas G.: Superpowers and peace-keepers.
In: Survival. 32 (1990),3, S. 212 – 220.
BZ 4499:1990

Ortega Saavedra, Daniel: Discurso pronunciado por el presidente de la República de Nicaragua, Comandante de la Revolución Daniel Ortega Saavedra, en la cuadragesima segunda sesion de la Asamblea General de Naciones Unidas. Managua: Dir. de Información y Prensa de la Presidencia de la República des la Rep. de Nicaragua 1987 1987. 38 S.
Bc 8578

Petrovsky, Vladimir: A dialogue on comprehensive security. In: International affairs <Moscow>. (1989),11, S. 3 – 13.
BZ 05208:1989

Plettenberg, Ingeborg: Die Sowjetunion im Völkerbund 1934 bis 1939: Bündnispolitik zwischen Staaten unterschiedlicher Gesellschaftsordnung in der internationalen Organisation der Friedenssicherung: Ziele, Voraussetzungen, Möglichkeiten, Wirkungen. Köln: Pahl-Rugenstein 1987. 729 S.
B 66136   3-7609-5230-5

Politics in the United Nations system. Ed.: Lawrence S. Finkelstein. Durham, NC.: Duke Univ. Pr. 1988. XVI, 503 S.
B 67802

Sanders, Ron: An assessment of UNCTAD's effectiveness as an instrument to promote the interests of the third world. In: The round table. (1989),311, S. 272 – 287.
BZ 4796:1989

Sovetskij sojuz i Organizacija obedinennych Nacij 1976-1980. Red.: A. L. Naročnickij. Moskva: Nauka 1989. 363 S.
B 71450

Stjernfelt, Bertil: Fredsskådeplats Sinai: FN:s fredsbevarande operation i Mellanöstern 1973-1980 – särskilt den svenska insatsen. Stockholm: Allmänna Förl. 1987. 360 S.
B 65604   91-38-09891-1

The UN under Attack. Ed.: Jeffrey Harrod. Aldershot: Gower 1988. XVII, 156 S.
B 68494

Urquhart, Brian: Beyond the 'sheriff's posse'. In: Survival. 32 (1990),3, S. 196 – 205.
BZ 4499:1990

Weiss, Thomas, G.; Campbell, Kurt, M.: The United Nations and Eastern Europe. In: World policy journal. 7 (1990),3, S. 575 – 592.
BZ 4822:1990

Zenščiny v sovremennom mire. K itogam X-letija ženščiny OON. Red.: V. V. Ljubimoa. Moskva: Nauka 1989. 358 S.
B 72420

E 300 Kolonialpolitik

Hafner, Annemarie: Sklave, Kuli, Lohnarbeiter: Formierung u. Kampf d. Arbeiterklasse in Kolonien u. national befreiten Ländern; e. histor. Abriss. Berlin: Dietz 1988. 392 S.
B 66952   3-320-01110-3

Die Liga gegen Imperialismus und für nationale Unabhängigkeit. 1927-1937. Protokoll... a. 9. u. 10. Febr. 1987 a. d. Karl-Marx-Univ. Leipzig. Leipzig: Selbstverlag 1987. 166 S.
B 67779

F Wehrwesen

F 000 Wehr- und Rüstungspolitik

F 005 Allgemeines

The anthropology of war and peace: perspectives on the nuclear age. Granby, Mass.: Bergn & Garvey 1989. XVI, 208 S.
B 68458   0-89789-142-2

British-German defence co-operation: partners within the alliance. Ed.: Karl Kaiser. London: Jane's 1988. XII, 308 S.
B 66769

Dejiny vojen a vojenského umenia. Red.: Pavol Kollár. Praha: Nase Vojsko 1989. 469 S.
B 71490

Farrar-Hockley, Anthony: Opening Rounds. Lessons of military history 1918-1988. London: Deutsch 1988. XIII, 188 S.
B 68369

Gibson, Michael: Warfare. Hove: Wayland 1989. 48 S.
010908

Gleichgewicht und Stabilität. Hrsg.: Rudolf Avenhaus. München: Univ. der Bundeswehr 1987. 356 S.
B 66718

Harkavy, Robert E.: Bases abroad. The global foreign military presence. Oxford: Oxford Univ. Pr. 1989. XVII, 389 S.
B 69219

Jaeger, Charles de: Das Führermuseum. Sonderauftrag Linz. Esslingen: Bechtle 1988. 280 S.
B 67210

Kupchan, Charles A.: Defence spending and economic performance. In: Survival. 31 (1989),5, S. 447 – 461.
BZ 4499:1989

Maoz, Zeev: Paradoxes of war: on the art of national self-entrapment. Boston, Mass.: Unwin Hyman 1990. 320 S.
B 72352   0-04-445113-X

Militarizm i sovremennoe obščestvo. Red.: Georgij Arkad'evič Arbatov. Moskva: Meždunar. otnošenija 1987. 240 S.
Bc 7896

Military disengagement from politics. Ed.: Constantine P. Danopoulos. London: Routledge 1988. 295 S.
B 67617

Miller, A. J.: Towards Armageddon: the proliferation of unconventional weapons and ballistic missiles in the Middle East. In: The journal of strategic studies. 12 (1989),4, S. 387 – 404.
BZ 4669:1989

Rottman, Gordon L.: World special forces insignia. Not including British, United States, Warsaw Pact, Israeli or Lebanese units. London: Osprey 1989. 64 S.
Bc 02621

Schmidt, Christian: Analyse économique et défense. In: Défense nationale. 46 (1990),4, S. 119 – 131.
BZ 4460:1990

Science and mythology in the making of defence policy. Ed.: Margaret Blunden. London: Brassey's 1989. VI, 253 S.
Blunden, Margaret
B 68351   0-08-033621-3

Sunzi: Die Kunst des Krieges. München: Droemer Knaur 1988. 160 S.
B 67084

Valcarcel Sancho, Felix; Sonia Olmeda Garcia, A.: Los perros en el Ejército. In: Ejército. 50 (1989),597, S. 118 – 123.
BZ 05173:1989

F 010 Abrüstung und Rüstungskontrolle

F 011 Abrüstung

After the INF-Treaty: conventional forces and arms control in European security. Lanham: Univ. Pr. of America 1988. XXXI, 52 S.
B 67857

Akashi, Yasushi: Problems, trends, and prospects for global disarmament. In: Japan review of international affairs. 3 (1989),2, S. 145 – 160.
BZ 4926:1989

Albrechtsen, Keld; Hjarvard, Stig; Vad, Otto: Efter raketaftalerne: Farvel til våbene? Frederiksberg: VS-forlaget 1987. 77 S.
Bc 9590

Atkins, Stephen E.: Arms control and disarmament, defense and militarty, international security, and peace. An annot. guide to sources 1980-1987. Santa Barbara, Calif.: ABC-Clio 1989. VII, 411 S.
B 68330

Barbé, Esther: El „equilibrio del poder" en la teoría de las relaciones internacionales. In: Revista CIDOB d'afers internacionals. (1987),11, S. 5 – 18.
BZ 4928:1987

Bor'ba SSSR protiv jadernoj opasnosti, gonki vooruženij, za razoruženie: Dokumenty i materialy. Red.: A. A. Gromyko. Moskva: Politizdat 1987. 559 S.
B 64919

Calvo-Goller, Norburga K.; *Calvo, Michel A.:* The SALT Agreements. Dordrecht: Nijhoff 1987. XXVI, 428 S.
B 67593

Codevilla, Angelo: The cure that may kill. Unintended consequences of the INF treaty. London: Inst. f. European Defence and Strategic Studies 1988. 57 S.
Bc 8816

Dahlitz, Julie: The case in support of a treaty on the restriction of technologies relevant to space weapons employing directed energy and their support systems. (Directed energy space technology treaty).In: Arms control. 10 (1989),1, S. 43 – 67.
BZ 4716:1989

Dean, Jonathan: Defining long-term Western objectives in CFE. In: The Washington quarterly. 13 (1990),1, S. 169 – 184.
BZ 05351:1990

Dregger, Alfred: Nuclear disarmament: consequences for the alliance perspectives for Germany in Europe. In: Comparative strategy. 7 (1988),4, S. 335 – 343.
BZ 4686:1988

Ekéus, Rolf: Militärförhandlingarna i Wien – en överblick. In: Kungl. Krigsvetenskapsakademiens tidskrift. 193 (1989),6, S. 265 – 275.
BZ 4718:1989

En politik för nedrustning och utveckling. Stockholm: Allmänna Förl. 1988. 82 S.
Bc 9170

The future of conventional arms control in Europe. Ed.: Blaney, Harry C. Washington, DC: Foreign Service Inst. 1988. 71 S.
Bc 02716

Géré, François: La vérification. In: Stratégique. 44 (1989),4, S. 41 – 74.
BZ 4694:1989

Ghebali, Victor-Yves: La négociation sur les forces conventionelles en Europe. In: Défense nationale. 46 (1990),4, S. 89 – 100.
BZ 4460:1990

Jensen, Lloyd: Bargaining for national security: the postwar disarmament negotiations. Columbia, SC: Univ. of South Carolina Pr. 1988. IX, 311 S.
B 66696   0-87249-529-9

Jones, Philip: The costs of disarmament treaties: a research note. In: Arms control. 9 (1988),3, S. 280 – 291.
BZ 4716:1988

Kireyev, Alexei: Conversion in the Soviet dimension. In: International affairs <Moscow>. (1990),5, S. 92 – 102.
BZ 05208:1990

König, Ernest: Abrüstungseuphorie – Bedrohungsbewußtsein. In: Österreichische militärische Zeitschrift. 27 (1989),5, S. 361 – 368.
BZ 05214:1989

Krakau, Anton; Diehl, Ole: Die einseitigen konventionellen Rüstungsreduzierungen der UdSSR. In: Außenpolitik. 40 (1989),2, S. 126 – 136.
BZ 4457:1989

Lamb, Christopher J.: How to think about arms control, disarmament and defense. Englewood Cliffs.: Prentice-Hall 1988. XVII, 300 S.
B 67064   0-13-435462-1

Mason, R.A.: Airpower in conventional arms control. In: Survival. 31 (1989),5, S. 397 – 413.
BZ 4499:1989

Michowicz, Waldemar: Genewska Konferencja Rozbrojeniowa 1932-1937 a dyplomacja polska. Łodz: Wydawn. Łodzkie 1989. 511 S.
B 72642

Müller, Erwin: Konventionelle Stabilität durch strukturelle Angriffsunfähigkeit. In: S und F. 7 (1989),3, S. 139 – 144.
BZ 05473:1989

Rittberger, Volker; Efinger, Manfred; Mendler, Martin: Toward an East-West security regime: the case of confidence- and security-building measures. In: Journal of peace research. 27 (1990),1, S. 55 – 74.
BZ 4372:1990

Rühl, Lothar: Konventionelle Abrüstung im Sturmwind der Ereignisse. In: Europa-Archiv. 45 (1990),8, S. 264 – 274.
BZ 4452:1990

Rupesinghe, Kumar: Building peace after military withdrawal. In: Bulletin of peace proposals. 20 (1989),3, S. 243 – 251.
BZ 4873:1989

Sardo, Mario: Il negoziato sulle forze armate convenzionali in Europa. In: Rivista militare. (1989),4, S. 26 – 35.
BZ 05151:1989

Schirmeister, Helga: Zur Entwicklung der sowjetisch-amerikanischen militärisch vertrauensbildenden Maßnahmen. In: Militärgeschichte. 28 (1989),6, S. 576 – 589.
BZ 4527:1989

Schütze, Walter: La réduction des forces conventionelles en Europe. In: Défense nationale. 45 (1989),12, S. 19 – 31.
BZ 4460:1989

SIPRI-Jahrbuch 1989. Die jüngsten Entwicklungen in Rüstung und Abrüstung. In: Beiträge zur Konfliktforschung. 19 (1989),3, S. 133 – 168.
BZ 4594:1989

Trampe, Gustav: Dem Frieden eine Chance. Neue Wege in die Sicherheitspolitik. Bergisch Gladbach: Bastei-Lübbe 1988. 287 S.
B 67365

Trofimenko, Henry: The end of the Cold War, not history. In: The Washington quarterly. 13 (1990),2, S. 21 – 35.
BZ 05351:1990

Völkerrecht und nukleare Abschreckung. Frankfurt: Haag u. Herchen 1989. 147 S.
Bc 7753

F 012 Rüstungskontrolle

F 012.1 Allgemeines

Adelman, Kenneth L.: Why verification is more difficult (and less important). In: International security. 14 (1990),4, S. 141 – 146.
BZ 4433:1990

Altmann, Jürgen; Gonsior, Bernhard: Nahsensoren für die kooperative Verifikation der Abrüstung von konventionellen Waffen. In: S und F. 7 (1989),2, S. 77 – 82.
BZ 05473:1989

Anderton, Charles H.: Arms race modeling. Problems and prospects. In: The journal of conflict resolution. 33 (1989),2, S. 346 – 367.
BZ 4394:1989

Arms control and national security. Washington, DC: Arms Control Assoc. 1989.
Bc 02643

The arms race in the era of star wars. Ed.: David Carlton. Basingstoke: Macmillan 1988. XX, 299 S.
B 66256   0-333-36203-9

Beck, Herbert: Überwachung und Kosten einer zukünftigen C-Waffen-Konvention. In: S und F. 7 (1989),2, S. 88 – 93.
BZ 05473:1989

Bhatia, Shyam: Nuclear rivals in the Middle East. London: Routledge 1988. 119 S.
B 66905   0-415-00479-9

Biermann, Rafael: Verifikation durch Kooperation: Probleme und Perspektiven der Verifikation nuklearer Rüstungskontrollverträge. Hrsg.: Forschungsinst. d. Dt. Ges. f. Auswärtige Politik e.V. Bonn: Europa-Union-Verl. 1990. 141 S.
Bc 9385

Blechman, Barry M.; Gutmann, Ethan: A $100 billion understanding. In: SAIS review. 9 (1989),2, S. 73 – 100.
BZ 05503:1989

Brie, André: Intelligente Waffen oder intelligente Politik. Abrüstung – die Chance der Vernunft. Berlin: Verl. Neues Leben 1988. 171 S.
Bc 8590

Comliance and the future of arms control. Cambridge, Mass.: Ballinger 1988. XII, 258 S.
B 67875

Croft, Stuart: Britain and the nuclear arms control process in the 1990s. In: Arms control. 9 (1988),3, S. 265 – 279.
BZ 4716:1988

Douglass, Joseph D.: Why the Soviets violate arms control treaties. Washington: Pergamon-Brassey's 1988. XIII, 203 S.
B 66054   0-08-035960-4

Drell, Sydney David: ...On arms control. Lanham: Univ. Pr. of America 1988. VIII, 219 S.
B 69002

Efinger, Manfred: Die Verifikationspolitik der Sowjetunion. In: Außenpolitik. 40 (1989),4, S. 342 – 358.
BZ 4457:1989

Erickson, John: Arms negotiations in Europe. In: Current history. 88 (1989),541, S. 369 – 372; 398 – 399.
BZ 05166:1989

Evangelista, Matthew: Innovation and the arms race. How the United States and the Soviet Union develop new military technologies. Ithaca, NY: Cornell Univ. 1988. XVI, 300 S.
B 66866

Flowerree, Charles C.: On tending arms control agreements. In: The Washington quarterly. 13 (1990),1, S. 199 – 214.
BZ 05351:1990

Freedman, Lawrence: The politics of conventional arms control. In: Survival. 31 (1989),5, S. 387 – 396.
BZ 4499:1989

Gaertner, Heinz: Challenges of verification: smaller states and arms control. Boulder, Colo.: Westview Pr. 1989. IV, 83 S.
Bc 9138

Hamm, Manfred R.; Pohlmann, Hartmut: Militärdoktrin und Strategien – die fehlenden Schlüssel zu erfolgreicher konventioneller Rüstungskontrolle? In: Außenpolitik. 41 (1990),1, S. 52 – 72.
BZ 4457:1990

Hamm, Manfred R.: Military doctrine – the missing link of conventional arms control. In: Defense analysis. 6 (1990),2, S. 147 – 165.
BZ 4888:1990

Hampson, Fen Osler: Headed for the table: United States approaches to arms control prenegotiation. In: International journal. 44 (1989),2, S. 365 – 409.
BZ 4458:1989

Hill, John Richard: Arms control at sea.
London: Routledge 1989. VII, 229 S.
B 68607

Hubatschek, Gerhard: Wandel der sicherheitspolitischen und strategischen Bedingungen in Europa. Werden Vorneverteidigung und NATO-Integration überflüssig?
In: Soldat und Technik. 33 (1990),3,
S. 160 – 168.
BZ 05175:1990

Interrelationship of bilateral and multilateral disarmament negotiations = les relations entre les négotiations bilatérales multilatérales sur le désarmement. New York: UN 1988. VIII, 258 S.
010939

Jazov, Dmitrij Timofeecič: On the military balance of forces and nuclear missile parity.
Moscow: Novosti Pr. Agency Publ. 1988. 15 S.
Bc 7843

Jones, Peter: New conventional technologies and their possible impact on conventional arms control verification in Europe. In: Arms control. 10 (1989),2, S. 152 – 167.
BZ 4716:1989

Kubbig, Bernd W.: Amerikanische Rüstungskontrollpolitik: d. innergesellschaftl. Kräfteverhältnisse in d. 1. Amtszeit Reagans (1981-1985). Frankfurt: Campus Verl. 1988. 254 S.
B 65293   3-593-33688-X

Kunzendorf, Volker: Verification in conventional arms control. London: Internat. Inst. for Strategic Studies 1989. 80 S.
Bc 9165

Kunzendorff, Volker: Verfahren für die Verifikation der Abrüstung konventioneller Streitkräfte in Europa durch Vor-Ort-Inspektionen. In: S und F. 7 (1989),2, S. 72 – 76.
BZ 05473:1989

Lavieille, Jean Marc: Construire la paix.
Lyon: Chronique Sociale 1988. 234, 236 S.
B 67561

Lefaudeux, François: La complication des armements et la spirale des coûts. In: Défense nationale. 46 (1990),Août.-Sept., S. 83 – 94.
BZ 4460:1990

Lutz, Dieter S.: „Alles, was fliegt, muß weg"? Luftstreitkräfte, strukturelle Angriffsunfähigkeit und Abrüstung. In: S und F. 7 (1989),3, S. 145 – 149.
BZ 05473:1989

Lutz, Dieter S.: SIA and defensive zones. In: Bulletin of peace proposals. 20 (1989),1, S. 71 – 80.
BZ 4873:1989

Military technology, armaments dynamics and disarmament. ABC weapons, military use of nuclear energy. Ed.: Hans Günter Brauch. Basingstoke: Macmillan 1989. LX, 569 S.
B 67868

Möller-Gulland, Niels: Der mühselige Versuch multilateraler Rüstungskontrolle. In: Europäische Wehrkunde – Wehrwissenschaftliche Rundschau. 38 (1989),11, S. 657 – 664.
BZ 05144:1989

Morris, Charles R.: Iron Destinies, lost opportunities. The arms race between the U.S.A. and the U.S.S.R., 1945-1987. New York: Harper & Row 1988. XIII, 544 S.
B 67878

Navias, Martin S.: The Soviet Union and multilateral arms control. In: Arms control. 10 (1989),2, S. 137 – 151.
BZ 4716:1989

Nye, Joseph S.: Arms control after the Cold War. In: Foreign affairs. 68 (1989),5, S. 42 – 64.
BZ 05149:1989

Payne, James L.: Why nations arm. Oxford: Blackwell 1989. 247 S.
B 69290

Ranger, Robin; Zakheim, S.: Arms control demands compliance. In: Orbis. 34 (1990),2, S. 211 – 225.
BZ 4440:1990

Sherr, Alan B.: The other side of arms control: soviet objectives in the Gorbachev era. London: Allen & Unwin 1988. XVIII, 325 S.
B 68451   0-04-445061-3

Siegel, Adam B.: „Just say no!" The U.S. navy and arms control: a misguided policy? In: Naval War College review. 43 (1990),1, S. 73 – 86.
BZ 4634:1990

The silent partner: West Germany and arms control. Cambridge, Mass.: Ballinger 1988. XII, 266 S.
B 68017   0-88730-316-1

Spitzer, Hartwig: Überwachung der Abrüstung konventioneller Streitkräfte in Europa aus der Luft und aus dem Weltraum. In: S und F. 7 (1989),2, S. 82 – 87.
BZ 05473:1989

U.S.-Soviet security cooperation. Achivements, failures, lessons. Ed.: Alexander L. George. Oxford: Oxford Univ. Pr. 1988. XI, 746 S.
B 66819

Verification and compliance. A problem solving aproach. Ed.: Michael Krepon. Basingstoke: Macmillan 1988. XVII, 308 S.
B 67619

Yost, David S.: Controlling sea-launched cruise missiles. The most difficult question. In: United States Naval Institute. Proceedings. 115 (1989),9, S. 60 – 70.
BZ 05163:1989

F 012.3 ABC-waffenfreie Zone

Karem, Mahmoud: A nuclear-weapon-free zone in the Middle East. Problems and prospects. Westport, Conn.: Greenwood Pr. 1988. IX, 186 S.
B 66817

F 012.4 Einzelne Rüstungs-Kontrollverhandlungen

ABM-Vertrag

Kraemer, Sven F.: The Krasnoyarsk saga. In: Strategic review. 18 (1990),1, S. 25 – 38.
BZ 05071:1990

CFE

Carlsson, I. F.: CFE-forhandlingerne – anakronisme eller ndvendighed? In: Militært tidsskrift. 119 (1990),5, S. 137 – 149.
BZ 4385:1990

INF-Verhandlungen

Jones, David T.: Post-INF Treaty attitudes in East Asia. In: Asian survey. 30 (1990),5, S. 481 – 492.
BZ 4437:1990

Leighton, Marian: Asia and the INF. In: Global affairs. 4 (1989),3, S. 30 – 51.
BZ 05553:1989

Lellouche, Pierre: The post-Washington era. In: Australian outlook. 43 (1989),2, S. 53 – 63.
BZ 05446:1989

Planells Boned, Francisco: Tratado INF, perestroika... La nueva distensón. In: Ejército. 50 (1990),600, S. 14 – 23.
BZ 05173:1990

Simmers, Robert A.: Erfahrungen mit der Verifikation des INF-Vertrages und Aussicht für eine wirksame Verifikation bei der Reduzierung strategischer Waffen. In: S und F. 7 (1989),2, S. 66 – 72.
BZ 05473:1989

Vogele, William B.: Tough bargaining and arms control: lessons from the INF treaty. In: The journal of strategic studies. 12 (1989),3, S. 257 – 272.
BZ 4669:1989

SALT/START

Boyer, Yves: La conclusion prochaine des START: Triomphe de la raison, ou essoufflement des champions? In: Défense nationale. 45 (1989),12, S. 11 – 18.
BZ 4460:1989

Feiveson, Harold, A.; Hippel, Frank, N.: Beyond START. How to make much deeper cuts. In: International security. 15 (1990),1, S. 154 – 180.
BZ 4433:1990

Kampelman, Max M.: START: completing the task. In: The Washington quarterly. 12 (1989),3, S. 5 – 16.
BZ 05351:1989

Kartchner, Kerry M.: Soviet compliance with a start agreement: prospects under Gorbachev. In: Strategic review. 17 (1989),4, S. 47 – 57.
BZ 05071:1989

Kinahan, G.: Ratification of START: lessons from the INF treaty. In: The journal of social, political and economic studies. 14 (1989),4, S. 387 – 414.
BZ 4670:1989

Troyano, Thomas S.: U.S. Strategic forces under a START agreement. In: Comparative strategy. 8 (1989),2, S. 221 – 239.
BZ 4686:1989

F 020 Militärbündnisse

F 021 NATO

F 021.1 Allgemeines

Abshire, David M.; Moodie, Michael: Competitive strategies. In: The Washington quarterly. 13 (1990),1, S. 29 – 42.
BZ 05351:1990

Amme, Carl H.: NATO strategy and nuclear defense. Westport, Conn.: Greenwood Pr. 1988. XIV, 188 S.
B 66878

Argumosa Pila, Jesús: Otan años 90. Entre la amenaza del cambio y el cambio de la amenaza. In: Ejército. (1990),606, S. 18 – 26.
BZ 05173:1990

Armitage, Michael: NATO: beyond present horizons. In: Global affairs. 4 (1989),4, S. 1 – 11.
BZ 05553:1989

Arndt, Dieter: Zwischen Alarmismus und Argumentation: d. sicherheitspolitische Öffentlichkeitsarbeit d. Bundesregierungen zur innenpolitischen Durchsetzung d. NATO-Doppelbeschlusses. München: Tuduv Verlagsges. 1988. III, 230 S.
B 67446   3-88073-284-1

The Atlantic Alliance and the Middle East. Ed.: Joseph I. Coffey. Basingstoke: Macmillan 1989. XII, 316 S.
B 68754

Das atlantische Schild. 40 Jahre NATO. Washington, DC: United States Information Agency 1989. 31 S.
Bc 02579

Barbati, Vittorio: La NATO oggi. Problemi e prospettive. In: Rivista marittima. 122 (1989),12, S. 53 – 69.
BZ 4453:1989

Cahen, Alfred: The Western European Union and NATO. Building a European defence identity. London: Brassey's 1989. XI, 114 S.
Bc 8889

Christie, G.: Defence planning at NATO. In: Canadian defence quarterly. 18 (1989),6, S. 29 – 33.
BZ 05001:1989

Coffey, Joseph I.: Sicherheit im Nahen Osten: kann das Bündnis mehr tun? In: NATO-Brief. 37 (1989),5, S. 22 – 27.
BZ 05187:1989

Cordesman, Anthony H.: NATO's central region forces. Capabilities, challenges, concepts. London: Jane's 1988. XXIV, 278 S.
B 66720

Corterier, Peter: Quo vadis NATO? In: Survival. 32 (1990),2, S. 141 – 156.
BZ 4499:1990

Covington, Stephen R.: NATO and Soviet military doctrine. In: The Washington quarterly. 12 (1989),4, S. 73 – 81.
BZ 05351:1989

Czempiel, Ernst-Otto: Die Modernisierung der atlantischen Gemeinschaft. In: Europa-Archiv. 45 (1990),8, S. 275 – 286.
BZ 4452:1990

Dokumente zur Sicherheitspolitik des Westens. In: Europa-Archiv. 45 (1990),6, S. D137 – D138.
BZ 4452:1990

Farwick, Dieter: Die strategische Antwort. Herford: Busse Seewald 1989. 279 S.
B 70500

Franke, Klaus: Wie sicher ist Sicherheit durch militärische Abschreckung? In: Militärwesen. (1990),3, S. 40 – 44.
BZ 4485:1990

Fuchs, Katrin; Zellner, Wolfgang: Neue Strategie statt neuer Atomraketen. In: S und F. 7 (1989),2, S. 101 – 105.
BZ 05473:1989

Gosudarstva NATO i voennye konflikty. Red.: P. A. Žilin. Moskva: Nauka 1987. 310 S.
B 64924

Hurley, Shannon Marie Leslie: Arms for the Alliance: armaments cooperation in NATO. In: Comparative strategy. 7 (1988),4, S. 377 – 398.
BZ 4686:1988

Kammler, Hans: Effizienz der Sicherheitspolitik: Eine Achillesferse des Westens? In: Beiträge zur Konfliktforschung. 19 (1989),3, S. 65 – 81.
BZ 4594:1989

Loch, Walter; Sommer, Dirk: Das Bündnis. Chancen für den Frieden. Herford: Mittler 1989. 128 S.
Bc 9001

Moodie, Michael: Burden-sharing in NATO: a new debate with an old label. In: The Washington quarterly. 12 (1989),4, S. 61 – 71.
BZ 05351:1989

NATO-Staaten und militärische Konflikte. Red.: P. A. Shilin. Berlin: Militärverlag der DDR 1988. 407 S.
B 66218

Nunn, Sam: Challenges to NATO in the 1990s. In: Survival. 32 (1990),1, S. 3 – 13.
BZ 4499:1990

Ojeda, Jaime de: El futor de la OTAN. In: Política exterior. 4 (1990),15, S. 45 – 67.
BZ 4911:1990

Partner für Frieden und Freiheit. Der Brüsseler NATO-Gipfel. George Bush in der Bundesrepublik Deutschland. Bonn: Presse- u. Informationsamt d. Bundesregierung 1989. 134 S.
Bc 9080

Peter, Hans; Roschlau, Wolfgang: NATO-Konzepte und Rüstungen kontra Sicherheit in Europa. Berlin: Militärverlag der DDR 1988. 46 S.
Bc 8670

Rethinking the nuclear weapons dilemma in Europe. Ed.: P. Terrence Hopmann. Basingstoke: Macmillan 1988. XVII, 374 S.
B 66755   0-333-43135-9

Schweigerl, Gebhard: Western security in the context of political change: the Federal Republic of Germany. In: Politics and society in Germany, Austria and Switzerland. 1 (1989),3, S. 1 – 35.
BZ 4999:1989

Shapiro, Sherry B.: NATO at 40: bibliographic resources. o.O.: Congressional Research Service 1989. 219 S.
010832

Sloan, Stanley R.: NATO's future in a new Europe: an American perspective. In: International affairs <London>. 66 (1990),3, S. 495 – 511.
BZ 4447:1990

Stoltenberg, Gerhard: Die transatlantische Allianz: Lebenswichtiger Faktor der Zukunft. In: Europäische Wehrkunde – Wehrwissenschaftliche Rundschau. 39 (1990),3, S. 136 – 144.
BZ 05144:1990

Stromseth, Jane E.: The origins of flexible response: NATO's debate over strategy in the 1960s. Basingstoke: Macmillan 1988. XIV, 274 S.
B 65538   0-333-40777-6

Stuart, Douglas: NATO in the 1980s: between European pillar and European home. In: Armed forces and society. 16 (1990),3, S. 421 – 436.
BZ 4418:1990

Vasconcelos, Alvaro de: Südeuropa, die Vereinigten Staaten und die NATO. In: NATO-Brief. 37 (1989),5, S. 28 – 33.
BZ 05187:1989

Vohra, A. M.: Changing concept of military power. In: Strategic analysis. 12 (1989),5, S. 523 – 532.
BZ 4800:1989

Weber, Wolfgang: Militärdoktrinen der NATO und ihrer Mitgliedstaaten. Berlin: Militärverlag der DDR 1988. 93 S.
Bc 8783

Wells, Samuel F.: A new transatlantic bargain. In: The Washington quarterly. 12 (1989),4, S. 53 – 60.
BZ 05351:1989

Wiebes, Cess; Zeeman, Bert: „I don't need your handkerchiefs": Holland's experience of crisis consultation in NATO. In: International affairs <London>. 66 (1990),1, S. 91 – 113.
BZ 4447:1990

Żukrowska, Katarzyna: Nowe trendy rozwojowe przemysłu zbrojeniowego w krajach NATO. In: Sprawy międzynarodowe. 42 (1989),12, S. 101 – 116.
BZ 4497:1989

Żukrowska, Katarzyna: Zmiany polityki finansowania sbrojeń NATO. In: Sprawy międzynarodowe. 43 (1990),2, S. 57 – 72.
BZ 4497:1990

F 021.2 NATO-Streitkräfte

Bardehle, Peter: Bundesdeutsche Blauhelme? Chancen und Grenzen des UN-Peacekeeping. In: Außenpolitik. 40 (1989),4, S. 382 – 394.
BZ 4457:1989

Blackwill, Robert D.; Legro, Jeffrey W.: Constraining ground force exercises of NATO and the Warsaw Pact. In: International security. 14 (1989/90),3, S. 68 – 97.
BZ 4433:1989/90

Daniel, Donald C.: Naval power and European security. In: Defense analysis. 5 (1989),4, S. 305 – 325.
BZ 4888:1989

Davis, Brian L.: NATO forces: an illustrated reference to their organization and insignia. London: Blandford 1988. 208 S.
010805   0-7137-1737-8

Diehl, Paul F.: A permanent UN peacekeeping force: an evaluation. In: Bulletin of peace proposals. 20 (1989),1, S. 27 – 36.
BZ 4873:1989

Flanagan, Stephen J.: NATO's conventional defences: options for the central region. Basingstoke: Macmillan 1988. X, 161 S.
B 67296   0-333-46367-6

Gates, David: Light divisions in Europe. London: Alliance Publ. in Komm. 1989. 60 S.
Bc 8974

Posen, Barry R.: NATO's reinforcement capability. In: Defense analysis. 5 (1989),4, S. 327 – 339.
BZ 4888:1989

Skjelsbaek, Kjell: United Nations peacekeeping and the facilitation of withdrawals. In: Bulletin of peace proposals. 20 (1989),3, S. 253 – 264.
BZ 4873:1989

Stubing, Eva: „Herbstschmiede 89": NATO erprobte neue Manöverkonzepte. In: Militärwesen. (1990),6, S. 60 – 67.
BZ 4485:1990

Terrill, W. Andrew: The lessons of UNTSO and the future of UN truce supervision. In: Conflict. 9 (1989),2, S. 197 – 208.
BZ 4687:1989

F 021.3 NATO-Regionen

Becher, Klaus: La RFA et l'avenir de l'alliance occidentale. In: Politique étrangère. 54 (1989),3, S. 449 – 451.
BZ 4449:1989

Britain and NATO's northern flank. Basingstoke: Macmillan 1988. XVI, 187 S.
B 65539   0-333-43931-7

Dodd, Norman L.: Iberlant, el flanco portugués de la OTAN. In: Defensa. 12 (1989),136/137, S. 134 – 139.
BZ 05344:1989

Fröhlich, Stefan: Umbruch in Europa. In: Aus Politik und Zeitgeschichte. (1990),B 29/90, S. 35 – 45.
BZ 05159:1990

Fursdon, Edward: UNFICYP . In: Defense & diplomacy. 7 (1989),12, S. 46 – 51.
BZ 05545:1989

Guillen, Pierre: La France et l'intégration de la RFA dans l'OTAN. In: Guerres mondiales et conflits contemporains. 40 (1990),159, S. 73 – 91.
BZ 4455:1990

Hahn, Walter F.: NATO and Germany. In: Global affairs. 5 (1990),1, S. 1 – 18.
BZ 05553:1990

Huyser, G. L. J.: De NAVO en de Nederlandse krijgsmacht. In: Militaire spectator. 158 (1989),4, S. 156 – 164.
BZ 05134:1989

Lacroix-Riz, Annie: L'entrée de la Scandinavie dans le Pacte atlantique (1943-1949): une indispensable „révision déchirante". In: Guerres mondiales et conflits contemporains. (1987),149, S. 55 – 92.
BZ 4455:1987

NATO's defence of the North. Ed.: Eric Grove. London: Brassey's 1989. XVI, 104 S.
Bc 8812

NATO's southern allies: internal and external challenges. London: Routledge 1988. XII, 399 S.
B 66078   0-415-00485-3

Politics and security in the southern region of the Atlantic Alliance. Ed.: Douglas T. Stuart. London: Macmillan 1988. IX, 209 S.
B 65889

Sokolsky, Joel J.: A seat at the table: Canada and its alliances. In: Armed forces and society. 16 (1989),1, S. 11 – 35.
BZ 4418:1989

Thiede, S. E.: Dansk forsvars rolle og muligheder inden for rammerne af NATO. In: Tidsskrift for svæsen. 160 (1989),5, S. 291 – 301.
BZ 4546:1989

Vasconcelos, Alvaro: Europa do Sul: relaçoes com os EUA e factores de integraçao. In: Estrategía. (1988),5, S. 9 – 24.
BZ 4898:1988

Villaume, Poul: Neither appeasement nor servility: Denmark and the Atlantic Alliance, 1949-55. In: Scandinavian journal of history. 14 (1989),2, S. 155 – 180.
BZ 4643:1989

Wieczorek, Paweł: Udział Europy Zachodniej w NATO. In: Sprawy międzynarodowe. 43 (1990),5, S. 59 – 72.
BZ 4497:1990

F 022 Warschauer Pakt

Bebler, Anton: I militari di carriera nei paesi „socialisti" dell'est europeo. Situazione e prospettive all luce di studi sociologici statunitensi. In: Rivista marittima. 123 (1990),3, S. 13 – 26.
BZ 4453:1990

Camilleri, Joseph A.: ANZUS: Australia's predicament in the nuclear age. Melbourne: Macmillan 1987. XII, 284 S.
B 67028   0-333-45052-3

Mackintosch, Malcolm The evolution of the Warsaw Pact. In: RUSI journal. 134 (1989),4, S. 16 – 22.
BZ 05161:1989

Moraczewski, Marian: Układ Warszawski w nowych uwarunkowaniach. In: Sprawy międzynarodowe. 43 (1990),2, S. 39 – 56.
BZ 4497:1990

Nelson, Daniel N.: Power at what price? the high cost of security in the WTO. In: The journal of Soviet military studies. 2 (1989),3, S. 317 – 345.
BZ 4943:1989

Rottman, Gordon L.: Warsaw Pact Ground Forces. London: Osprey 1987. 64 S.
Bc 02583

Wolf, D.; Geiling, K.: Wesen des neuen Sicherheitsdenkens der Teilnehmerstaaten des Warschauer Vertrages. In: Militärwesen. (1990),3, S. 18 – 22.
BZ 4485:1990

F 030 Internationale Streitkräfte

Segal, David R.; Furukawa, Theodore P.; Lindh, Jerry C.: Light infantry as peacekeepers in the Sinai. In: Armed forces and society. 16 (1990),3, S. 385 – 403.
BZ 4418:1990

F 040 Waffenhandel

Blunden, Margaret: Collaboration and competition in European weapons procurement: the issue of democratic accountability. In: Defense analysis. 5 (1989),4, S. 291 – 304.
BZ 4888:1989

Husbands, Jo L.: A buyer's market for arms. In: Bulletin of the atomic scientists. 46 (1990),4, S. 14 – 19.
BZ 05542:1990

Moll, Hermann: Broker of death: an insider's story of the Iranian arms deals. London: Macmillan 1988. XI, 198 S.
B 67620   0-333-45942-3

Sanjian, Gregory S.: Arms transfers to the Third World. Probability models of superpower decisionmaking. Boulder, Colo.: Rienner 1988. VII, 111 S.
B 67838

Singh, Jasjit: Controlling the arms trade as a contribution to conflict prevention. In: Strategic analysis. 14 (1990),1, S. 3 – 14.
BZ 4800:1990

F 050 Krieg und Kriegführung

F 051 Allgemeines

Eggers, Michael: Körperliche und seelische Belastung auf dem Gefechtsfeld. Düsseldorf: Barett-Verl. 1989. 20 S..
Bc 9079

Heller, Agnes: Beyond justice. Oxford: Blackwell 1987. VI, 346 S.
B 66097   0-631-15206-7

LaCroix, Wilfred Lawrence: War and international ethics. Tradition and today. Lanham: Univ. Pr. of America 1988. X, 305 S.
B 66590

Midlarsky, Manus I.: The onset of world war. Boston, Mass.: Hyman 1988. XVI, 268 S.
B 67122

Sailer, Michael: Die Bedeutung des kerntechnischen Risikopotentials für die Kriegsfähigkeit einer Industriegesellschaft. In: S und F. 7 (1989),4, S. 211 – 219.
BZ 05473:1989

F 052 Arten des Krieges

– Atomkrieg

Ecological and demographic Consequences of a nuclear war. Berlin: Akademie-Verl. 1987. 112 S.
B 66795

Ending a nuclear war: are the superpowers prepared? Ed.: Stephen J. Cimbala. Washington: Pergamon-Brassey's 1988. X, 198 S.
B 68353   0-08-035959-0

Gay, William: The nuclear arms race. Chicago: American Library Assoc. 1987. XI, 289 S.
B 65404

Haig, Brian D.: Why we must accept nuclear winter theory. In: Bulletin of peace proposals. 20 (1989),1, S. 81 – 98.
BZ 4873:1989

Hampsch, George H.: Preventing nuclear genocide. New York, NY: Lang 1988. 170 S.
B 68237

Martin, Laurence: The changing face of nuclear warfare. London: Daily Telegraph 1987. 155 S.
B 66665   0-86367-103-9

The nuclear weapons world: who, how & where. Ed.: Patrick Burke. London: Pinter 1988. XV, 383 S.
010795   0-86187-705-5

Weinberger, David: Nuclear dialogues. New York, NY: Lang 1987. XIII, 226 S.
B 67512   0-8204-0454-3

– Begrenzter Krieg

Hippler, Jochen: Low intensity warfare – Der unerklärte Krieg. In: Blätter des iz3w. (1989),161, S. 24 – 27.
BZ 05130:1989

MacFarlane, Neil; Nel, Philip: The changing Soviet approach to regional conflicts. In: Journal of communist studies. 5 (1989),2, S. 148 – 172.
BZ 4862:1989

McMahon, Bernard F.: Low-intensity conflict: the Pentagon's foible. In: Orbis. 34 (1990),1, S. 3 – 16.
BZ 4440:1990

Metz, Steven: An American strategy for low-intensity conflict. In: Strategic review. 17 (1989),4, S. 9 – 17.
BZ 05071:1989

Wehrstedt. U.: Militärische Handlungen unterhalb der Kriegsschwelle? In: Militärwesen. (1990),7, S. 50 – 55.
BZ 4485:1990

– Bürgerkrieg

Anderson, Jon Lee; Anderson, Scott: War zones. New York: Dodd, Mead & Co. 1988. XVIII, 309 S.
B 67747

– Chemisch-biologischer Krieg

Chemical weapons and Western security policy. Lanham: Univ. Pr. of America 1987. XXIV, 53 S.
B 66202

Piller, Charles; Yamamoto, Keith R.: Der Krieg der Gene. Hamburg: Rasch u. Röhring 1989. 394 S.
B 71645

Spiers, Edward M.: Chemical weaponary. A continuing challenge. Basingstoke: Macmillan 1989. IX, 218 S.
B 68759

– Guerillakrieg/Counterinsurgency

Beaumont, Roger: Special operations and elite units, 1939-1988. Westport, Conn.: Greenwood Pr. 1988. XV, 243 S.
B 68400

Cross, John P.: Jungle warfare. Experiences and encounters. London: Arms and Armour Pr. 1989. 222 S.
B 69274

Dempsey, Thomas A.: Desert guerrillas: combat multipliers for US Central Command. In: Defense analysis. 5 (1989),4, S. 341 – 352.
BZ 4888:1989

Gander, Terry: Guerilla warfare weapons. Wellingborough: Stephens 1989. 135 S.
Bc 9283   1-85260-101-9

Hampel, Frank: Zwischen Guerilla und proletarischer Selbstverteidigung. Frankfurt: Lang 1989. 320 S.
B 69311

Sheehan, Michael A.: Comparative counterinsurgency strategies: Guatemala and El Salvador. In: Conflict. 9 (1989),2, S. 127 – 154.
BZ 4687:1989

Las UOE's en apoyo de operaciones conven. Cionales de guerrillas. In: Ejército. (1990),607, S. 68 – 76.
BZ 05173:1990

– Konventioneller Krieg

*Fitzgerald, Mary C.:*Advanced conventional munitions and Moscow's defensive force posture. In: Defense analysis. 6 (1990),2, S. 167 – 191.
BZ 4888:1990

McLoughlin, Chris: US army's future fighting rifle. The four competitors in detail. In: International defense review. 22 (1989),6, S. 817 – 824.
BZ 05569:1989

Møller, Bjørn: Ist Krieg in Europa unmöglich geworden? Eine Kritik der Hypothese vom totalverheerenden konventionellen Krieg. In: S und F. 7 (1989),4, S. 232 – 237.
BZ 05473:1989

Wyatt, J. R.: Land minewarfare. Recent lessons and future trends. In: International defense review. 22 (1989),11, S. 1499 – 1506.
BZ 05569:1989

– **Krieg im Weltraum**

Collins, John M.: Military space forces: the next 50 years. Washington: Pergamon-Brassey's 1989. XXIII, 236 S.
010986

Minčev, Emil: Der Kosmos – Ein neues Feld der Konfrontation oder friedlichen Zusammenarbeit. Sofia: Sofia Press 1987. 57 S.
Bc 9776

Rhea, John: SDI – what could happen. 8 possible star wars scenarios. Harrisburg, Pa.: Stackpole Books 1988. VIII, 136 S.
Bc 8865

F 053 Strategie

F 053.1 Allgemeines

Ball, Desmond; Toth, Robert C.: Revising the SIOP. Taking war-fighting to dangerous extremes. In: International security. 14 (1990),4, S. 65 – 92.
BZ 4433:1990

Defending peace and freedom: toward strategie stability in the year 2000. Ed.: Brent Scowcroft. Lanham: Univ. Pr. of America 1988. IX, 216 S.
B 66923   0-8191-6695-2

A dictionary of military quotations. London: Routledge 1990. XII, 210 S.
B 72293   0-415-04138-4

Foster, Gregory D.: A conceptual foundation for a theory of strategy. In: The Washington quarterly. 13 (1990),1, S. 43 – 59.
BZ 05351:1990

Garfinkle, Adam M.: The attack on deterrence: reflections on morality and strategic praxis. In: The journal of strategic studies. 12 (1989),2, S. 166 – 199.
BZ 4669:1989

Guillermo Nieto, Alberto: La evolución del pensamiento estratégico. In: Revista de la Escuela Superior de Guerra. (1988),491, S. 47 – 66.
BZ 4631:1988

Hamm, Manfred R.; Pohlman, Hartmut: Military strategy and doctrine: why they matter to conventional arms control. In: The Washington quarterly. 13 (1990),1, S. 185 – 198.
BZ 05351:1990

Helmer, Andé: Nukleare Abschreckung im Widerstreit. In: IPW-Berichte. 19 (1990),2, S. 29 – 33.
BZ 05326:1990

Heredia, Michael D.: Preparing for war. Peacetime campaign planning. In: Military review. 69 (1989),8, S. 50 – 63.
BZ 4468:1989

Kolodziej, Edward A.: NATO in a new strategic environment. In: Arms control. 10 (1989),1, S. 3 – 20.
BZ 4716:1989

Langlois, Jean-Pierre P.: Modeling deterrence and international crisis. In: The journal of conflict resolution. 33 (1989),1, S. 67 – 83.
BZ 4394:1989

López Videla, Winsor: Doctrina militar y la geopolítica: ensayo. La Paz: Ed. Burgos 1987. 104 S.
Bc 8794

Luke, Timothy: On post-war: The significance of symbolic action in war and deterrence. In: Alternatives. 14 (1989),3, S. 343-362.
BZ 4842:1989

Ortiz, Roman D.: FOFA: Nuevas tecnologias para un nuevo concepto. In: Ejército. 50 (1989),598, S. 102 – 107.
BZ 05173:1989

Pearson, David E.: Organizational problems in worldwide command and control. In: Defense analysis. 5 (1989),3, S. 221 – 243.
BZ 4888:1989

Robertson, David: A Dictionary of modern defence and strategy. London: Europa-Verlag 1987. XII, 324 S.
B 66192

Siebel, Gunter: Sicherheit im Atomzeitalter. Politik, Strategie, Rüstungskontrolle. Frankfurt: Haag u. Herchen 1988. 456 S.
B 67452

Sorenson, David S.: Stealth bombers, advanced cruise missiles, and superpower deterrence stability. In: Armed forces and society. 16 (1990),3, S. 405 – 420.
BZ 4418:1990

Tunander, Ola: The logic of deterrence. In: Journal of peace research. 26 (1989),4, S. 353 – 365.
BZ 4372:1989

Yost, David S.: The delegitimization of nuclear deterrence? In: Armed forces and society. 16 (1990),4, S. 487 – 508.
BZ 4418:1990

F 053.2 Nuklearstrategie

Bobbitt, Philip: Democracy and deterrence: the history and future of nuclear strategy. Basingstoke: Macmillan 1988. XII, 350 S.
B 66110   0-333-43537-0

Cimbala, Stephen J.: Rethinking nuclear strategy. Wilmington, Del.: SR Books 1988. XXXI, 278 S.
B 68028

Dauber, Cori: Validity standards and the debate over nuclear strategic doctrine. In: Defense analysis. 5 (1989),2, S. 115 – 128.
BZ 4888:1989

Eichler, Jan: Bilance strategie jaderného odstrašováni. In: Historie a vojenství. 38 (1989),6, S. 119 – 135.
BZ 4526:1989

Finnis, John: Nuclear deterrence, morality and realism. Oxford: Clarendon Pr. 1988. XV, 429 S.
B 66927   0-19-824792-3

Wilzewski, Jürgen: Das gefährdete Gleichgewicht: strateg. Rüstungskontrolle u. d. Ambivalenz d. Abschreckung. Frankfurt: Campus Verl. 1988. 196 S.
B 67088   3-593-33967-6

Yost, David S.: La dissuasion nucléaire en question? In: Politique étrangère. 55 (1990),2, S. 389 – 407.
BZ 4449:1990

F 053.3 Einzelne strategische Konzepte

– SDI/BMD

Brown, Neville: New strategy through space. Leicester: Leicester Univ. Pr. 1990. XI, 295 S.
B 72356   0-7185-1279-0

Charzat, Giselle: La Guerre nouvelle. Paris: Stock 1988. 233 S.
B 68301

Codevilla, Angelo M.: While others build. The common sence approach to the Strategic defense initiative. New York, NY: The Free Pr. 1988. XII, 256 S.
B 66876

Cohen, Christopher: Zur Ökonomie der „Strategischen Verteidigungsinitiative" (SDI). Marburg: Interdisziplinäre Arbeitsgruppe Friedens- u. Abrüstungsforschung a. d. Univ. Marburg 1988. III, 134 S.
Bc 9878

Daadler, Ivo H.: Evaluating SDI deployment options. The case of silo defences. In: Survival. 32 (1990),1, S. 29 – 46.
BZ 4499:1990

Lost in space. The domestic politics of the Strategic Defense Initiative. Ed.: Gerald M. Steinberg. Lexington: Lexington Books 1988. VIII, 170 S.
B 67650

Schroeer, Dietrich: Technological progress in the SDI programme. In: Survival. 32 (1990),1, S. 47 – 64.
BZ 4499:1990

Studenten gegen Weltraumrüstung. Jena: Friedrich-Schiller-Univ. 1989. 121 S.
Bc 9230

F 053.4 Operative Konzepte

Bardaji, Rafael L.: Las promesas del FOFA y del „Airland Battle". In: Ejército. 50 (1989),598, S. 49 – 55.
BZ 05173:1989

Kam, Ephraim: Surprise attack: the victim's perspective. Cambridge, Mass.: Harvard Univ. Pr. 1988. XV, 266 S.
B 68386   0-674-85745-3

Metz, Steven: Airland battle and counterinsurgency. In: Military review. 70 (1990),1, S. 32 – 41.
BZ 4468:1990

F 054 Taktik/Truppenführung/Manöver

Bahle, Holger: Vertrauen und Gewissen als Elemente einer Ethik des Führens. E. Beitr. z. systemat. Erschließung d. Problemfelder militärischen Führens. Stetten a. k. Markt: Selbstverlag 1989. 133 S.
010808

Grabau, Rudolf: Die elektronische Aufklärung und ihre Betriebsverfahren. In: Soldat und Technik. (1989),12, S. 883 – 889.
BZ 05175:1989

Hallada, Raphael J.: Fire support modernization. A major step toward deterrence. In: Military review. 69 (1989),8, S. 4 – 14.
BZ 4468:1989

Högberg, Kjell: Ledningssystem inom NATO. In: Kungl. Krigsvetenskapsakademiens handlingar. 193 (1989),6, S. 379 – 401.
BZ 4384:1989

Ledesma Mendez, Angel: Temas tacticos. In: Revista de la Escuela Superior de Guerra. (1989),493, S. 9 – 439.
BZ 4631:1989

Der militärische Nahkampf. 2. Aufl. Düsseldorf: Dissberger 1988. 111 S.
Bc 9054

Militärpädagogik. Hrsg.: Edmund A. van Trotsenburg. Frankfurt: Lang 1989. 211 S.
Bc 9951

Taktik. Hrsg.: W. G. Resnitschenko. Berlin: Militärverlag der DDR 1987. 422 S.
B 69535

F 055 Geheimer Nachrichtendienst/Spionage/Abwehr

Alem, Jean P.: L'espionnage: histoires, methodes. Paris: Lavauzelle 1987. 466 S.
B 66601   2-7025-0175-3

Ball, Desmond: Soviet Signals Intelligence (SIGINT). Canberra: Australian National Univ. 1989. 159 S.
Bc 8878

Ball, Desmond: Soviet Signals Intelligence (SIGINT): intercepting satellite communications. Canberra: Australian National Univ. 1989. 140 S.
Bc 9064

Ben-Israel, Isaac: Philosophy and methodology of Intelligence: the logic of estimate process. In: Intelligence and national security. 4 (1989),4, S. 660 – 718.
BZ 4849:1989

Bennett, Ralph: Fortitude, Ultra and the „Need to Know". In: Intelligence and national security. 4 (1989),3, S. 482 – 502.
BZ 4849:1989

Campbell, Duncan: Secret service. London: Watts 1988. 32 S.
010806   0-86313-725-3

Comparing foreign intelligence. The U.S., the USSR, the U.K. & the Third World. Ed.: Roy Godson. London: Pergamon-Brassey's 1988. X, 157 S.
B 66812

Deacon, Richard: Spyclopaedia: an encyclopedia of spies, secret services, operations, jargon and all subjects related to the world of espionage. London: MacDonald 1988. 416 S.
B 66127   0-356-14600-6

Ferris, John: Before 'Room 40': the British Empire and signals intelligence, 1898-1914. In: The journal of strategic studies. 12 (1989),4, S. 431 – 457.
BZ 4669:1989

Heuser, Beatrice: Subversive Operationen im Dienste der „Roll-Back"-Politik 1948-1953. In: Vierteljahrshefte für Zeitgeschichte. 37 (1989),2, S. 279 – 297.
BZ 4456:1989

Hinsley, F. H.: British intelligence in the Second World War: an overview. In: Cryptologia. 14 (1990),1, S. 1 – 10.
BZ 05403:1990

Jones, Reginald Victor: Reflections on intelligence. London: Heinemann 1989. 376 S.
B 70827

Lleigh, David: The Wilson plot: the intelligence services and the discrediting of a Prime Minister. London: Pantheon Books 1988. XV, 271 S.
B 68450   0-434-41340-2

Nodinot, Laurent: Il nous faut des éspions! le renseignement occidental en crise. Paris: Laffont 1988. 275 S.
B 67601   2-221-05367-2

Parry, Don: Übermittlungsverbindungen für Sondereinheiten. In: Armada international. 14 (1990),1, S. 44 – 54.
BZ 05577:1990

Richelson, Jeffrey T.: Foreign Intelligence Organisations. Cambridge, Mass.: Ballinger 1988. XVII, 330 S.
B 67879

Slowikowski, M.Z. Rygor: In the Secret Service. The lightning of the torch. London: Windrush Press 1988. XVIII, 285 S.
B 67635

Thraves, Stephen; Gower, Teri: Spy Files.
London: Armada Publ. 1988. o.Pag.
Bc 8888

F 055.9 Einzelne Spione/Fälle

Blum, Howard: I pledge allegiance. The true story of the Walkers: an American spy family. New York: Simon and Schuster 1987. 438 S.
B 66584

Wasserstein, Bernard: The secret lives of Trebitsch. New Haven: Yale Univ. Pr. 1988. VIII, 327 S.
B 67092   0-300-04076-8

Wise, David: Flucht nach Moskau. München: Droemer Knaur 1988. 319 S.
B 66945

F 100 Landmacht/Heer/ Landstreitkräfte

Dęga, Czesław: Srodki walki wojsk ladowych. Warszawa: Wydawn. Min. Obrony 1986. 312 S.
B 71477

F 200 Seemacht/ Marine/Seestreitkräfte

Albion, Robert Greenhalg; Laberee, Benjamin W.: Naval and maritime History. A suppl. (1971-1986.). Mystic, Conn.: Mystic Seaport Museum 1988. VIII, 232 S.
010747

Bjerg, Hans Chr.: Washington-Traktaten 1922 – et eksempel på maritim nedrustning. In: Tidsskrift for svæsen. 161 (1990),1, S. 1 – 11.
BZ 4546:1990

Borck, N.C.: Redegrelse for smilitaer rustningskontrol – et historisk tilbageblik og de aktuelle bestraebelser. In: Tidsskrift for svæsen. 161 (1990),1, S. 12 – 46.
BZ 4546:1990

Brauzzi, Alfredo; Giorgerini, Giorgio: Lo scenario strategico-navale all'inizio degli anni novanta. In: Rivista marittima. 123 (1990),5, S. 33 – 61.
BZ 4453:1990

Cable, James: Navies in violent peace. Basingstoke: Macmillan 1989. XII, 155 S.
B 69375

Campanera, Albert; Busquets, Camil: Las fragatas FFG-7, eficaces hasta el siglo XXI. In: Defensa. 12 (1989),136/137, S. 88 – 95.
BZ 05344:1989

Martinez-Valverde, Carlos: Grupos de combate navales. In: Ejército. 50 (1989),596, S. 92 – 101.
BZ 05173:1989

Modelski, George; Thompson, William R.: Seapower in global politics, 1949-1993. Seattle: Univ. of Washington Pr. 1988. XII, 380 S.
B 68657

V'junenko, Nikolaj Petrovič; Makeev, Boris Nikolaevič; Sugarev, Valentin Dmitrievič: Voenno-morskoj Flot: Rol', perspektivy razvitija, ispol'zovanie. Moskva: Voenizdat 1988. 272 S.
B 68760

Welham, Michael G.: Combat Frogmen. Military diving from the nineteenth century of the present day. Wellingborough: Stephens 1989. 218 S.
010984

F 300 Luftmacht/ Luftwaffe/Luftstreitkräfte

Chant, Christopher: Encyclopaedia of modern aircraft armament. Wellingborough: Stephens 1988. 304 S.
B 66096   0-85059-862-1

Gerathewohl, Siegfried: Leitfaden der militärischen Flugpsychologie. München: Verl. f. Wehrwissenschaften 1987. XIV, 442 S.
B 65890

Hagena, Hermann: Tiefflug in Mitteleuropa: Chancen und Risiken offensiver Luftkriegsoperationen. Baden-Baden: Nomos-Verlagsges. 1990. 99 S.
Bc 9456   3-7890-1914-3

Królikiewicz, T.: Wojskowe Samoloty szkolne 1918-1939. Warszawa: Wydawn. Komunikacji i Łacznod'sci 1988. 24 S.
Bc 02600

Pisano, Dominick A.: Air and space history: an annotted bibliography. New York: Garland 1988. XIX, 571 S.
B 65853   0-8240-8543-4

Spick, Mike: The ace factor: air combat and the role of situational awareness. Shrewsbury: Airlife 1988. 208 S.
B 67292   1-85310-013-7

F 400 Zivilverteidigung/ Zivilschutz/Sanitätswesen

Beßlich, Wolfgang: Rechtsgrundlagen des Gesundheitswesens im Zivilschutz. In: Zivilverteidigung. 20 (1990),1, S. 31 – 37.
BZ 05269:1990

Edmonds, Martin: Armed services and society. Leicester: Leicester Univ. Pr. 1988. XI, 226 S.
B 69276

Finer, Samuel E.: The man on horseback: the role of the military in politics. 2. ed. Boulder, Colo.: Westview Pr. 1988. 342 S.
B 66549   0-86187-967-8

Forsythe, David P.: Human rights and the International Committee of the Red Cross. In: Human rights quarterly. 12 (1990),2, S. 265 – 289.
BZ 4753:1990

Joinet, Louis: The universal dimension of humanitarian law in armed conflicts: an arena for action by non-governmental organizations? In: Social justice. 16 (1989),1, S. 26 – 33.
BZ 4917:1989

Meyrowitz, Henri: Die Ratifizierung der Genfer Zusatzprotokolle durch die Sowjetunion. In: Europa-Archiv. 44 (1989),23, S. 685 – 692.
BZ 4452:1989

Reed, John: Militärische Schutzbauten im Untergrund. In: Armada international. 14 (1990),1, S. 56 – 60.
BZ 05577:1990

Vogelbusch, Friedhelm: Der Selbstschutz der Bevölkerung. In: Zivilverteidigung. 20 (1990),1, S. 17 – 22.
BZ 05269:1990

Zum Beispiel Kinder im Krieg. Red.: Uwe Britten. Göttingen: Lamuv 1989. 128 S.
Britten, Uwe
Bc 8789

F 500 Wehrtechnik/ Kriegstechnik

F 501 Allgemeines

Entwicklung, Planung und Durchführung operativer Ideen im Ersten und Zweiten Weltkrieg. Herford: Mittler 1989. 143 S.
Bc 9171

Kambrod, Matthew R.: Army simulation. Bargain combat readiness. In: Defense & diplomacy. 7 (1989),9, S. 20 – 27.
BZ 05545:1989

Lippoldt, Bernd: Mensch und Technik in den sozialistischen Streitkräften. Berlin: Militärverlag der DDR 1988. 95 S.
Bc 8860

Loščilov, Igor Nikolaevič: Vyčislitel'naja Technika v voennom dele. Moskva: DOSAAF 1987. 158 S.
Bc 7895

Pilat, Joseph F.; White, Paul C.: Technology and strategy in a changing world. In: The Washington quarterly. 13 (1990),2, S. 79 – 91.
BZ 05351:1990

Powell, R.F.; Forrest, M.R.: Noise in the military environment. London: Brassey's Defence Publ. 1988. X, 126 S.
B 67854

Ssesé Ceresuela, José: El material fue noticia. Durante medio siglo. In: Ejército. 51 (1990),601, S. 66 – 77.
BZ 05173:1990

F 510 Waffentechnik

ABC des Schießens. Schützenwaffen. 3. Aufl. Berlin: Militärverlag der DDR 1988. 144 S.
Bc 8592

Altmann, Jürgen: Space laser weapons: problems of strategic stability. In: Bulletin of peace proposals. 19 (1988),3-4, S. 343 – 356.
BZ 4873:1988

Bardaji, Rafael L.: Armas exoticas. Láseres y haces de partículas. In: Ejército. 50 (1989),598, S. 67 – 71.
BZ 05173:1989

Collet, André: Armements. Mutation, réglementation, production, commerce. Paris: Ed. Economica 1989. 137 S.
Bc 9187

Computers in battle – will they work? Ed.: David Bellin. San Diego, Calif.: Harcourt Brace Jovanovich 1987. XIV, 362 S.
B 67519   0-15-121232-5

Geisenheyner, Stefan: Gefahren durch Fehler in militärischer Software. Viren, Trojanische Pferde, Falltüren und logische Bomben. In: Armada international. 13 (1989),5, S. 22 – 26.
BZ 05577:1989

Hogg, Ian V.: Military pistols and revolvers. Poole: Arms and Armour Pr. 1987. 128 S.
B 66933   0-85368-807-9

Kochański, Stanisław: Pistolet maszynowy Thompson. Warszawa: Min. Obrony Narodowej 1989. 15 S.
Bc 9216

Mootz, Werner: Geschichte und Technik der Selbstladepistole. Von den Anfängen bis zur Gegenwart. Herford: Mittler 1989. 136 S.
010948

Skennerton, Ian D.: British small arms of World War 2. The compl. reference guide to weapons, makers' codes & 1936-1939 contracts. Margate: Selbstverlag 1988. 109 S.
B 66661

Walter, John; Batchelor, John: Handgun. Newton Abbott: David & Charles Publ. 1988. 160 S.
010804

F 511 Heereswaffen

Buchmann, Frank: Panzerabwehr. Berlin: Militärverlag der DDR 1989. 32 S.
Bc 8923

Dettmann, Hans: Taktik der Artillerie. Batterie-Abteilung. Berlin: Militärverlag der DDR 1988. 235 S.
B 67497

Ezell, Edward C.; Ezell, Virginia H.: Unterstützungswaffen für die Infanterie. In: Armada international. 14 (1990),2, S. 61 – 67.
BZ 05577:1990

Furlong, Robert D. M.: Der Entwicklungsstand bei Flugkörpern zur Panzerabwehr. In: Armada international. 14 (1990),2, S. 22 – 34.
BZ 05577:1990

Furlong, Robert D. M.: Feuerunterstützung für Kampftruppen. In: Armada international. 14 (1990),2, S. 8 – 18.
BZ 05577:1990

Furlong, Robert D. M.: Flugkörper zur Panzerabwehr aus den Vereinigten Staaten. In: Armada international. 14 (1990),1, S. 8 – 26.
BZ 05577:1990

Garcia Parra, Francisco: El sistema A. A. Toledo (Skyguard/35 mm/ASPIDE). In: Ejército. 50 (1989),597, S. 37 – 41.
BZ 05173:1989

Hewish, Mark: Sonobuoys and dipping sonars. Technology improves ASW assets. In: International defense review. 22 (1989),6, S. 770 – 780.
BZ 05569:1989

Ramirez Verdun, Pedro: Las unidades de montaña y la II Guerra Mundial. In: Ejército. 50 (1989),596, S. 60 – 67.
BZ 05173:1989

Shermann, Janann: „They either need these women or they do not": Margaret Chase Smith and the fight for regular status for women in the military. In: The journal of military history. 54 (1990),1, S. 47 – 78.
BZ 4980:1990

Stone, Walter: Simulation in der Ausbildung mit Infanteriewaffen. Senkung von Kosten, Zeitaufwand und Platzbedarf. In: Armada international. 13 (1989-90),6, S. 36 – 45.
BZ 05577:1989-90

The United States naval Railway Batteries in France. Washington, DC: Naval Historical Centre 1988. XIII, 97 S.
Bc 8073

1000 Słów o dawnej broni palnej. Red.: Włodzimierz Kwaśniewicz. Warszawa: Wydawn. Min. Obrony 1987. 206 S.
B 66961

F 512 Marinewaffen/Seekriegswaffen

Busquets, Camil: Catamaranes y otras tecnologías avanzadas. In: Defensa. 12 (1989),140, S. 52 – 57.
BZ 05344:1989

Kiely, David G.: Naval electronic warfare. London: Brassey's 1988. XIII, 122 S.
B 66928

Treviño Ruiz, José.: Torpedos mirando al año 2000. In: Defensa. 13 (1990),143, S. 14 – 19.
BZ 05344:1990

Tritten, James John: Is naval warfare unique? In: The journal of strategic studies. 12 (1989),4, S. 494 – 507.
BZ 4669:1989

Walters, Brian: ASW Helicopters. In: Navy international. 94 (1989),11, S. 437 – 442.
BZ 05105:1989

F 513 Luftkriegswaffen

Alder, Konrad: Eine Übersicht westlicher Lufttransportgeräte. Ein logistischer Faktor im Umbruch. In: Armada international. 13 (1989),3, S. 40 – 50.
BZ 05577:1989

Alder, Konrad: Waffensysteme für den Luftangriff bei Nacht. Nachtsichtfähige Systeme für Navigation und Waffenleitung. In: Armada international. 13 (1989-90),6, S. 22 – 34.
BZ 05577:1989-90

Braybrook, Roy: Elektronische Kampfführung in der Luft. Von der Schwierigkeit, sich in der Luft zu „verstecken". In: Armada international. 13 (1989),3, S. 26 – 38.
BZ 05577:1989

Braybrook, Roy: Waffen und Zielgeräte für Luftfahrzeuge. In: Armada international. 14 (1990),2, S. 39 – 48.
BZ 05577:1990

Dressel, Joachim: Natter. Bachem Ba 349 und andere deutsche Kleinstraketenjäger. Friedberg: Podzun-Pallas-Verl. 1989. 48 S.
Bc 02610

Fighter Missions. London: Salamander Books 1988. 192 S.
011080

Gunston, Bill: Die illustrierte Enzyklopädie der Flugzeugbewaffnung. Dietikon: Stocker-Schmidt 1988. 207 S.
011188

Kreis, John F.: Air warfare and air base defense 1914-1973. Washington, DC: Office of Air Force History 1988. XIX, 407 S.
B 68735

F 515 ABC-Waffen

Ahmed, Hisham H.: Israel's nuclear option: domestic regional and global implications. In: American Arab affairs. (1989-90),31, S. 70 – 86.
BZ 05520:1989-90

Arnold, Lorna: A very special relationship: British atomic weapon trials in Australia. London: HMSO 1987. XVII, 323 S.
B 65271 0-11-772412-2

Beck, Herbert: Verifying the projected chemical weapons convention. A cost analysis. Mosbach: AFES-Pr.-Verl. 1989. II, 107 S.
Bc 02608

Bernstein, Barton J.: Crossing the Rubicon. A missed opportunity to stop the H-bomb? In: International security. 14 (1989),2, S. 132 – 160.
BZ 4433:1989

Bunn, George; Payne, Rodger A.: Tit-for-tat and the negotiation of nuclear arms control. In: Arms control. 9 (1988),3, S. 207 – 233.
BZ 4716:1988

Clarke, Magnus: Ballistic missiles in the third world and the proliferation of strategic defence technology. In: Arms control. 10 (1989),2, S. 120 – 136.
BZ 4716:1989

Danielsson, Bengt: Poisoned Pacific: the legacy of French nuclear testing. In: Bulletin of the atomic scientists. 46 (1990),2, S. 22 – 31.
BZ 05542:1990

Deep cuts and the future of nuclear deterrence. Lanham, Md.: Aspen Instiitute 1989. XV, 75 S.
Bc 9207

Defence industries of the Middle East. Chemical weapons proliferation in the Middle East. In: Middle East strategic studies quarterly. 1 (1988),1, S. 91 – 102.
BZ 4863:1988

Del Tredici, Robert: Unsere Bombe. Frankfurt: Zweitausendeins Verl. 1988. 198 S.
010736

Delobeau, Francis; Lastours, Sophie de: Evolution de la prolifération nucléaire dans le monde. In: Stratégique. 43 (1989),3, S. 69 – 92.
BZ 4694:1989

DelTredici, Robert: At work in the fields of the bomb. London: Harrap 1987. XI, 192 S.
Bc 02515

Dibblin, Jane: Day of two suns: US nuclear testing and the Pacific Islanders. London: Virago 1988. 299 S.
B 67623 0-86068-973-5

Dumoulin, André: La fascination française pour la bombe à neutrons. In: Cosmopolitiques. (1989),12, S. 33 – 42.
BZ 05193:1989

Dunn, Lewis A.: Four decades of nuclear nonproliferation: some lessons from wins, losses, and draws. In: The Washington quarterly. 13 (1990),3, S. 5 – 18.
BZ 05351:1990

Ehteshami, Anoushiravan: Nonconventional defence postures. Nuclear establishments of the Middle East. In: Middle East strategic studies quarterly. 1 (1988),1, S. 74 – 90.
BZ 4863:1988

Fleisher, Paul: Understanding the vocabulary of the nuclear arms race. Minneapolis, Minn.: Dillon 1988. 192 S.
B 66825

Fuellgraf, Frederico: A bomba pacífica: o Brasil e outros cenários da corrida nuclear. Sao Paulo: Ed. Brasiliense 1988. 248 S.
B 70933 85-11-14065-4

Goldblat, Jozef: Nuclear non-proliferation: a balance sheet of conflicting trends. In: Bulletin of peace proposals. 44 (1989),23, S. 369 – 387.
BZ 4873:1989

Gregory, Shaun: French nuclear command and control. In: Defense analysis. 6 (1990),1, S. 49 – 68.
BZ 4888:1990

Gregory, Shaun; Edwards, Alistair: The hidden cost of deterrence: nuclear weapons accidents 1950-1988. In: Bulletin of peace proposals. 20 (1989),1, S. 3 – 26.
BZ 4873:1989

Grudziński, Przemysław: Teologia bomby. Narodziny systemu nuklearnego dostraszania 1939-1953. Bd. 1-3. Warszawa: Państwowe Wydawn. Naukowe 1988. 290, 312, 305 S.
B 68695

Hansen, Friedrich: Zur Geschichte der deutschen biologischen Waffen. In: 1999. 5 (1990),1, S. 53 – 81.
BZ 4879:1990

Harbor, Bernard; Smith, Chris: Nuclear Weapons. Hove: Wayland 1989. 47 S.
010662

Hirsch, Daniel; Mathews, William G.: The H-Bomb: who really gave away the secret? In: Bulletin of the atomic scientists. 46 (1990),1, S. 22 – 30.
BZ 05542:1990

Hoffmann, Manfred: Kernwaffen und Karnwaffenschutz. Lehrbuch. 4. Aufl. Berlin: Militärverlag der DDR 1987. 557 S.
B 66224

Jacewicz, Andrzej; Markowski, Jerzy: Kosmos a zbrojenia. Aspekty polityczne, militarne, prawne. Warszawa: Ksiazka i Wiedza 1988. 463 S.
B 68960

Kießlich-Köcher, H.: Entwicklungstendenzen auf dem Gebiet der Massenvernichtungswaffen. In: Militärwesen. (1990),7, S. 38 – 44.
BZ 4485:1990

Lanius, Karl; Uschner, Manfred: Weg mit dem Teufelszeug! Für ein atomwaffenfreies Europa. Berlin: Dietz 1988. 346 S.
B 66603

Larsson, Tor: Kärnvapen – en parentes i historien? In: Kungl. Krigsvetenskapsakademiens handlingar. 193 (1989),6, S. 403 – 413.
BZ 4384:1989

Molander, Johan: Negotiating chemical disarmament. In: Kungl. Krigsvetenskapsakademiens tidskrift. 194 (1990),1, S. 19 – 34.
BZ 4718:1990

Moore, J. D.: South Africa and nuclear proliferation: South Africa's nuclear capabilities and intentions in the context of international non-proliferation policies. Basingstoke: Macmillan 1987. XVII, 227 S.
B 66098   0-333-38751-1

Mostajo, Carlos: Vientos de muerte: el arma quimica. In: Ejército. 50 (1989),598, S. 84 – 93.
BZ 05173:1989

Neues Denken im Nuklearzeitalter. Frieden und gesellschaftlicher Fortschritt. Frankfurt: Zentrum f. Marxistische Friedensforschung 1988. 127 S.
Bc 8551

Neuneck, Götz: Die neuen taktischen Nuklearwaffen der NATO in Europa. In: S und F. 7 (1989),3, S. 153 – 160.
BZ 05473:1989

Nuclear war and nuclear peace. Basingstoke: Macmillan 1988. XIV, 173 S.
B 68496

Nuñez, Jesus A.: El futuro del armamento nuclear tactico. In: Ejército. 50 (1989),598, S. 72 – 80.
BZ 05173:1989

Ogunbadejo, Oye: Nuclear nonproliferation in Africa: the challenges ahead. In: Arms control. 10 (1989),1, S. 68 – 86.
BZ 4716:1989

Owens, Mackubin Thomas: A nuclear test ban as arms control. In: Comparative strategy. 8 (1989),2, S. 205 – 220.
BZ 4686:1989

Paranjpe, Shrikant: US nonproliferation policy in action: South Asia. New York, NY: Envoy Pr. 1987. 142 S.
B 68478

Rose, Stephen: The coming explosion of silent weapons. In: Naval War College review. 42 (1989),3, S. 6 – 29.
BZ 4634:1989

Scheffer, David J.: Die Verhinderung der Weiterverbreitung von chemisch-biologischen Waffen sowie von Trägerraketen. In: Europa-Archiv. 44 (1989),19, S. 577 – 586.
BZ 4452:1989

Schrag, Philip G.: Listening for the bomb. A study in nuclear arms control verification policy. Boulder, Colo.: Westview Pr. 1989. XI, 139 S.
Bc 9137

Sims, Nicholas, A.: The diplomacy of biological disarmament. Basingstoke: Macmillan 1988. XIV, 356 S.
B 68502

Sittkus, Albert; Hehn, Gerfried; Moenig, Hans: Beiträge zur Wirkung von Kernwaffen. Bonn: Osang 1989. 179 S.
Bc 8826

Standing by and making do. Women of wartime Los Alamos. Ed.: Jane S. Wilson. Los Alamos, NM: Los Alamos Historical Society 1988. XI, 130 S.
Bc 9140

Streich, Jürgen: Zum Beispiel Atomwaffen. Göttingen: Lamuv 1989. 96 S.
Bc 9505

Szilard, Leo: Toward a livable world. Ed.: Helen S. Hawkins. Cambridge, Mass.: The MIT Pr. 1987. 499 S.
B 66234

Thränert, Oliver: Zur Verifikationsproblematik der Bio-/Toxin-Waffen Konvention. In: S und F. 7 (1989),2, S. 94 – 98.
BZ 05473:1989

Die Unsichtbaren. Krieg mit Genen u. Mikroben. Hrsg.: Manuel Kiper. Köln: Kölner Volksblatt-Verl. 1988. 108 S.
Bc 8754

Vanaik, Achin: Nuclear insecurity in the Indian subcontinent: an uneasy truce. In: Bulletin of peace proposals. 20 (1989),4, S. 389 – 398.
BZ 4873:1989

Walker, Mark: Legenden um die deutsche Atombombe. In: Vierteljahrshefte für Zeitgeschichte. 38 (1990),1, S. 45 – 74.
BZ 4456:1990

Webster, Alexander F.: Evaluating the neutron bomb. In: Global affairs. 4 (1989),2, S. 19 – 35.
BZ 05553:1989

Weeramantry, C. G.: Nuclear weapons and scientific responsibility. Wolfeboro: Longwood Academic 1987. VI, 188 S.
B 68034

F 518 Raketen/Raketenabwehr/ Lenkwaffen

ATBMs and western security. Missile Defenses for Europa. Ed.: Donald L. Hafner. Cambridge, Mass.: Ballinger 1988. XVIII, 325 S.
B 67649

Braybrook, Roy: Land- und seegestützte Fliegerabwehrsysteme. In: Armada international. 13 (1989),5, S. 60 – 70.
BZ 05577:1989

Brower, Michael: Targeting Soviet mobile missiles. Prospects and implications. In: Survival. 31 (1989),5, S. 433 – 446.
BZ 4499:1989

Cain, Frank: Missiles and mistrust: US intelligence response to British and Australian missile research. In: Intelligence and national security. 3 (1989),4, S. 5 – 22.
BZ 4849:1989

Chant, Christopher: Air defence systems and weapons: world AAA and SAM systems in the 1980s. London: Brassey's 1989. XVI, 407 S.
010821   0-08-036246-X

Curtis, Willie: The midgetman and strategic stability. In: Global affairs. 4 (1989),4, S. 106 – 121.
BZ 05553:1989

Estival, Bernard; Guillot, J.: L'extraordinaire aventure de l'Exocet. Brest: Ed. de la Cité 1988. 158 S.
B 68312

Gray, Robert C.: The Bush administration and mobile ICBM. A framework for evaluation. In: Survival. 31 (1989),5, S. 415 – 431.
BZ 4499:1989

Guided Weapons. London: Brassey's 1988. XV, 286 S.
B 68213

Hackett, James T.: The ballistic missile epidemic. In: Global affairs. 5 (1990),1, S. 38 – 57.
BZ 05553:1990

Hansen, F.: Landbaserede smålsmissiler. In: Tidsskrift for svæsen. 161 (1990),4, S. 233 – 249.
BZ 4546:1990

Homan, C.: Proliferatie van ballistische raketten en massavernietigingswapens: een mondiaal probleem geconcentreerd in de Derde Wereld. In: Internationale spectator. 44 (1990),9, S. 545 – 550.
BZ 05223:1990

Die militärische Eroberung des Weltraums. Hrsg.: Bernd W. Kubbig. Frankfurt: Suhrkamp
B 71302

Pascual Adrian, Jesus R.: La automatizacion del campo de batalla. In: Ejército. 50 (1989),598, S. 58 – 65.
BZ 05173:1989

Payne, Keith: ICBM, arms control and the SDI. In: Comparative strategy. 8 (1989),1, S. 55 – 71.
BZ 4686:1989

Pochoy, Michel: La prolifération des missiles balistiques. In: Stratégique. (1990),1, S. 5 – 30.
BZ 4694:1990

Risse-Kappen, Thomas: Null-Lösung: Entscheidungsprozesse zu d. Mittelstreckenwaffen 1970-1987. Frankfurt: Campus Verl. 1988. 223 S.
B 66314   3-593-33900-5

Rogers, Paul: Guide to nuclear weapons. Oxford: Berg 1988. XII, 123 S.
B 66123   0-85496-150-X

Stache, Peter: Sowjetische Raketen im Dienst von Wissenschaft und Verteidigung. Berlin: Militärverlag der DDR o. J. 286 S.
B 66232

Tactical Ballistic Missile Defence in Europe. Ed.: Marlies ter Borg. Amsterdam: Free Univ.Pr. 1987. X, 174 S.
B 67500

Welch, Jasper: Assessing the value of stealthy aircraft and cruise missiles. In: International security. 14 (1989),2, S. 47 – 63.
BZ 4433:1989

Werrell, Kenneth P.: The weapon the military did not want: the modern strategic cruise missile. In: The journal of military history. 53 (1989),4, S. 419 – 438.
BZ 4980:1989

F 520 Fahrzeugtechnik/Militärfahrzeuge

Baxter, Brian S.: Breakdown. A history of recovery vehicles in the British Army. London: Her Majesty's Stat. Off. 1989. VI, 101 S.
Bc 2585

Bertin, François; Touraine, Jean Michel: Les Véhicules américains de la libération. Rennes: Ouest-France 1989. 125 S.
011000

Müsch, Adolf: Verbrennungsmotoren für Militärfahrzeuge: Energieumsetzung in Verbrennungsmotoren. Berlin: Militärverlag der DDR 1988. 248 S.
B 66951   3-327-00533-8

Reed, John: Leichte Transportfahrzeuge für den taktischen Einsatz. Eine neue Generation steht vor der Einführung. In: Armada international. 14 (1990),1, S. 28 – 42.
BZ 05577:1990

Sawodny, Wolfgang: Panzerzüge im Einsatz auf deutscher Seite 1939-1945. Friedberg: Podzun-Pallas-Verl. 1989. 52 S.
Bc 02687

Theorie des Militärkraftzeugs. Berlin: Militärverlag der DDR 1988. 372 S.
B 67496

Wiedmer, Jo: Motorisierung der Schweizer Armee. Goldach: Fachpr. Goldach 1989. 146 S.
010941

F 521 Landfahrzeuge/gepanzerte Fahrzeuge

Benito Secades, Javier de: Los futuros desarrollos de la artillería. Las Piezas ATP. In: Defensa. 13 (1990),146, S. 14 – 23.
BZ 05344:1990

*Diez, José Manuel; Diaz, Gerardo*I*Diaz, Gerardo:* La transformacion de los AMX-30. In: Defensa. 13 (1990),143, S. 6 – 13.
BZ 05344:1990

Fernandez Mateos, Francisco: El renacimiento de los carros ligeros. In: Defensa. 13 (1990),142, S. 46 – 54.
BZ 05344:1990

Foss, Christopher F.: AFV Recognition Handbook. London: Jane's Publ. 1987. XVII, 554 S.
B 66072

Haupt, Werner: Panzerabwehrgeschütze, 3,7-cm – 5,0-cm – 7,5-cm – 8,8-cam- Pak. 1939-1945. Friedberg: Podzun-Pallas-Verl. 1989. 48 S.
Bc 02593

Konstruktor boevych mašin. Red.: N.S. Popov. Leningrad: Lenizdat 1988. 381 S.
B 69013

Krapke, Paul-Werner: Heutige und zukünftige Kampfpanzer-Entwicklungen. Die Frage: offensiv oder defensiv? besteht weiter. In: Armada international. 13 (1989),5, S. 32 – 44.
BZ 05577:1989

Mas sobre el carro de combate „Abrams" M-1. In: Defensa. 13 (1990),144, S. 8 – 14.
BZ 05344:1990

Militärische Dieselmotoren: mehr Leistung pro Hubraum. In: Armada international. 14 (1990),2, S. 52 – 60.
BZ 05577:1990

Pankowski, Zygmunt: Uzbrojenie Wozów bojowych. Warszawa: Wydawn. Min. Obrony 1987. 256 S.
B 63775

Die Panzerfahrzeuge des Österreichischen Bundesheeres 1918 – 1988. Graz: Weishaupt 1989. 191 S.
010856   3-900310-51-3

Pengelley, Rupert: Main armament systems for wheeled gun-vehicles. In: International defense review. 22 (1989),10, S. 1355 – 1362.
BZ 05569:1989

Pengelley, Rupert: A new era in tank main armament. The options multiply. In: International defense review. 22 (1989),11, S. 1521 – 1531.
BZ 05569:1989

Reed, John: Militärische Lkw für die kommenden Jahre. Die Geburtswehen einer neuen Generation. In: Armada international. 13 (1989),5, S. 72 – 80.
BZ 05577:1989

Regenberg, Werner; Scheibert, Horst: Beutepanzer unterm Balkenkreuz – russische Kampfpanzer. Friedberg: Podzun-Pallas-Verl. 1989. 46 S.
Bc 02582

Román Jiménez, Obdulio: El T-62 con cañoñ de ánima lisa y la última generación. In: Ejército. 51 (1990),608, S. 52 – 57.
BZ 05173:1990

Los sustitutos: T-52/T-55. In: Ejército. 51 (1990),608, S. 60 – 65.
BZ 05173:1990

Voznjuk, Vladimir Sidoroovič; Šapov, Petr Nikolaevič: Bronetankovaja Technika. Moskva: Izd. DOSAAF 1987. 120 S.
Bc 6843

Waldburg-Zeil, Rafael: T-80, la punta de lanza acorazada soviética. In: Defensa. 13 (1990),148/149, S. 25 – 32.
BZ 05344:1990

Whitmore, Mark Graham: Mephisto. A7V Sturmpanzerwagen 506. South Brisbane: Queensland Museum 1989. 82 S.
Bc 02690

F 522 Seefahrzeuge/Schiffstechnik

Beck, Reinhard: Anforderungen an U-Jagdschiffe. In: Marine-Rundschau. 86 (1989),3, S. 130 – 136.
BZ 05138:1989

Compton-Hall, Richard: Submarine versus submarine: the tactics and technology of underwater confrontation. Newton Abbot: David & Charles 1988. 191 S.
010775 0-7153-9178-X

Eames, Michael C.: The impact of future surface ships and aircraft on anti-submarine warfare. In: Canadian defence quarterly. 19 (1989),3, S. 7 – 16.
BZ 05001:1989

Kiely, David G.: Naval electronic Warfare. London: Brassey's 1988. XIII, 122 S.
B 66298

Kiely, David G.: Naval Surface Weapons. London: Brassey's Defence Publ. 1988. XV, 116 S.
B 67855

Koehl, Fritz; Niestlé, Axel: Vom Original zum Modell. Uboottyp VII C. Koblenz: Bernard u. Graefe 1989. 64 S.
Bc 02780

Miller, David: Conventional submarines 1990. In: Defense & diplomacy. 8 (1990),4, S. 10 – 21.
BZ 05545:1990

Moeller, Eberhard: Die Entwicklung der Antriebe von Unterwasserfahrzeugen vom 17. Jahrhundert bis zur Gegenwart. Berlin: Selbstverlag 1989. 467 S.
010845

Preston, Antony: Tendenzen und Entwicklungen im Kriegsschiffbau. Kampfschiffe und ihre Waffensysteme in den 90er Jahren. In: Armada international. 13 (1989-90),6, S. 46 – 53.
BZ 05577:1989-90

Razumnyj, Igor, Andreevič: Raketonosnyj Flot. Moskva: Izd. DOSAAF 1987. 140 S.
Bc 6853

Sumrall, Robert F.; Walkowiak, Tom: Iowa Class Battleships. Their design, weapons and equipment. Annapolis, Mass.: Naval Inst. Pr. 1989. 192 S.
011030

Turrini, Alessandro: Nuovi concetti costruttivi per il sommergibile convenzionale. In: Rivista marittima. 127 (1990),2, S. 27 – 40.
BZ 4453:1990

Wettern, Desmond: Fast attack craft. Competitions heats up. In: Defense & diplomacy. 7 (1989),12, S. 15 – 21.
BZ 05545:1989

Wolf Packs. Alexandria, Va.: Time Life 1989. 192 S.
011031

F 523 Luftfahrzeuge/Luftfahrttechnik

Perez, Carlos: Hace un cuarto de siglo: los „mirage" de despegue vertical. In: Defensa. 12 (1989),140, S. 58 – 62.
BZ 05344:1989

Salvy, Robert; Willis, Guy: In-flight refuelling. Greater flexibility for air power. In: International defense review. 22 (1989),11, S. 1509 – 1516.
BZ 05569:1989

– Einzelne Typen

Braybrook, Roy: Demonstrating technologies for enhanced fighter manoeuvrability. The Rockwell/MBB X-31. In: Air international. 38 (1990),6, S. 287 – 294.
BZ 05091:1990

Brown, Michael, E.: The case against the B-2. In: International security. 15 (1990),1, S. 129 – 153.
BZ 4433:1990

Creed, Roscoe: PBY. The catalina flying boat. 2. ed. Annapolis, Ma.: Naval Inst. Pr. 1987. XVII, 351 S.
B 66285

Dabrowski, Hans-Peter: Jagdeinsitzer Heinkel He 100. Weltrekord-Maschine und Propagandavogel. Friedberg: Podzun-Pallas-Verl. 1989. 48 S.
Bc 02675

Donald, David: Spyplane. Osceola, Wis.: Motorbooks international 1987. 127 S.
010822   0-87938-258-9

Flugzeuge von A bis Z. Hrsg.: Peter Alles-Fernandez. Koblenz: Bernard u. Graefe 1987-89. 432, 432, 432 S.
011042

Gunston,, Bill: Bomber im Zweiten Weltkrieg. Friedberg: Podzun-Pallas-Verl. 1989. 155 S.
B 73255

Hendrie, Andrew: Flying cats: the Catalina aircraft in World War II. Shrewsbury: Airlife 1988. 240 S.
B 66668   1-85310-028-5

Jackson, Robert: Sea-Harrier and AV-88. London: Blandford 1989. 159 S.
010767

Klaauw, Bart van der: Het Jachtvliegtuig. Alkmaar: Uitgev. De Alk 1988. 128 S.
B 67012

Kłosiński, Paweł: Samolot myśliwski P 38 Lightning. Warszawa: Wydawn. MON 1989. 16 S.
Bc 8934

LeMay, Curtis E.; Yenne, Bill: Superfortress. The story of the B-29 and American air power. New York: McGraw-Hill 1988. XIV, 222 S.
B 67709

Lloyd, Alwyn T.: B-29 Superfortress. Fallbrook, Calif.: Aero Publ. 1987. 72, 72 S.
Bc 01193

Nowarra, Heinz J.: Focke-Wulf Fw 200 „Condor". Koblenz: Bernard u. Graefe 1988. 159 S.
010763

Spick, Mike: An illustr. guide to modern fighter combat. New York, NY: Prentice-Hall Press 1987. 153 S.
B 66546   0-13-451055-0

Stridsberg, Sven: Flygplan 37 Viggen. Malmö: Stenvall 1987. 128 S.
010974   91-7266-102-X

Sturtivant, Ray: De Havilland's Sea Venom... a naval twin-boomer. In: Air international. 39 (1990),2, S. 81 – 97.
BZ 05091:1990

– **Flugzeuge**

Baczkowski, Wiesław: Lekki Samolot bombowy. Fairey Battle. Warszawa: Wydawn. MON 1989. 16 S.
Bc 8933

Bally, J. J.: Kurzstart und vertikale Landung. Ein Blick auf einen historischen technologischen Durchbruch. In: Armada international. 13 (1989),5, S. 46 – 56.
BZ 05577:1989

Biass, Eric H.: Konventionelle kurzstartfähige Transportflugzeuge. Ist diese Gattung am Aussterben? In: Armada international. 13 (1989),5, S. 10 – 18.
BZ 05577:1989

Donald, David: Die Militärflugzeuge der Welt. Das Handbuch der Kampfflugzeuge und Luftwaffen der Nationen. Friedberg: Podzun-Pallas-Verl. 1988. 192 S.
B 67758

Dorr, Robert F.: US jet fighters since 1945. London: Blandford 1988. 128 S.
010593   0-7137-1948-6

Freudenstein, Roland: Die FSX-Kontroverse zwischen den USA und Japan. In: Europa-Archiv. 44 (1989),18, S. 553 – 560.
BZ 4452:1989

Gunston, Bill: An illustr. Guide to modern fighters and attack aircraft. London: Salamander Books 1987. 151 S.
B 66258

Jackson, Paul: Mirage 2000. A French success that is no illusion. In: Air international. 38 (1990),3, S. 111 – 121.
BZ 05091:1990

Karras, Rainer: Bunte Vögel der Bundeswehr. Martinsried/München: Nara-Verl. 1988. 50 S.
Bc 9446

Ribeiro, Alejandro: Aviones de combate: renovación o modernización? In: Defensa. 13 (1990),142, S. 6 – 12.
BZ 05344:1990

Schenk von Stauffenberg, Graf: Gedanken zur Abwehr feindlicher Fallschirmeinheiten im Heimatgebiet. Düsseldorf: Barett-Verl. 1989. 16 S.
Bc 8422

Sweetman, Bill: Western combat aircraft. The next generation. In: International defense review. 22 (1989),9, S. 1190 – 1200.
BZ 05569:1989

Valant, Gary: Vintage Aircraft Nose Art. Osceola, Wis.: Motorbooks Internat. 1989. 208 S.
010823

– Hubschrauber

Biass, Eric H.: Moderne Entwicklungen in der Hubschraubertechnik. In: Armada international. 13 (1989),3, S. 8 – 20.
BZ 05577:1989

Fricker, John: Recent Soviet rotary-wing revelations. In: Air international. 38 (1990),1, S. 7 – 19; 48 – 50.
BZ 05091:1990

Lynx in battledress. In: Air international. 38 (1990),4, S. 165 – 172.
BZ 05091:1990

F 550 Nachrichtentechnik/Elektronik

Koch, Lothar: Kampf auf allen Frequenzen. Berlin: Militärverlag der DDR 1988. 198 S.
B 67495   3-327-00641-5

Nachrichtenverbindungen mit Kampfschiffen. Berlin: Militärverlag der DDR 1988. 492 S.
B 66950

F 560 Raumfahrttechnik

Ball, Desmond: Australia's secret Space Programs. Canberra: Australian National Univ. 1988. 102 S.
Bc 8682

Cooper, Henry S.: Before lift off: the making of a Space Shuttle crew. Baltimor, Mass.: Johns Hopkins Univ. Pr. 1987. XIV, 270 S.
B 66527   0-8018-3524-0

De Santis, Hugh: Commercial observation satellites and their military implications: a speculative assessment. In: The Washington quarterly. 12 (1989),3, S. 185 – 200.
BZ 05351:1989

Europe's Future in space. A joint policy report. London: Routledge & Kegan Paul 1988. XC, 224 S.
B 65682

Hurt, Harry: For all mankind. New York, NY: Atlantic Monthly Pr. 1988. XIV, 352 S.
B 68361

Jaudenes Agacino, Ramòn: Aplicaciones militares de los satélites de observacion. In: Revista general de marina. (1990),218, S. 305 – 325.
BZ 4619:1990

Jáudenes Agacino, Ramón: Satélites de observación sobre el eje estratégico. In: Revista general de marina. 217 (1989),11, S. 553 – 572.
BZ 4619:1989

Smith, Howard E.: Daring the unknown: a history of NASA. San Diego, Calif.: Harcourt Brace Jovanovich 1987. XI, 178 S.
B 66545   0-15-200435-1

Stache, Peter: Raumfahrer von A bis Z. Berlin: Militärverlag der DDR 1988. 251 S.
B 66997   3-327-00527-3

G Wirtschaft

G 000 Grundfragen der Wirtschaft/Weltwirtschaft

Brzoska, Michael; Lock, Peter: The effects of military research and development on North-South relations: widening the gap. In: Bulletin of peace proposals. 19 (1988),3-4, S. 385 – 397.
BZ 4873:1988

Capitalism and the 'evil empire'. Reducing superpower conflict through American economic reform. New York, NY: New Horizons Pr. 1988. IX, 195 S.
Bc 9070

Catephores, George: An introduction to Marxist economics. New York, NY: New York Univ.Pr. 1989. XV, 251 S.
B 70295   0-8147-1425-0

Elson, Diane: Markt-Sozialismus oder Sozialisierung des Markts?In: Prokla. 20 (1990),1, S. 60 – 107.
BZ 4613:1990

Hormats, Robert D.: The economic consequences of the peace – 1989. In: Survival. 31 (1989),6, S. 484 – 499.
BZ 4499:1989

Kampffmeyer, Thomas: Der Brady-Plan: Durchbruch an der Schuldenfront?In: Europa-Archiv. 45 (1990),3, S. 105 – 114.
BZ 4452:1990

Mann, Michael: States, war and capitalism: studies in political sociology. Oxford: Blackwell 1988. XIII, 240 S.
0-631-15973-8
B 66659

Oppermann, Thomas; Beise, Marc: Auf dem Wege zur Weltmarktwirtschaft? In: Europa-Archiv. 45 (1990),16, S. 493 – 498.
BZ 4452:1990

Prybyla, Jan S.: Socialist economic reform, political freedom, and democracy. In: Comparative strategy. 7 (1988),4, S. 351 – 360.
BZ 4686:1988

Riese, Hajo: Geld im Sozialismus. In: Prokla. 20 (1990),1, S. 108 – 125.
BZ 4613:1990

Werner, Horst: Ökonomische Probleme der deutschen Einheit und europäischen Einigung. In: Aus Politik und Zeitgeschichte. (1990),B 28/90, S. 16 – 27.
BZ 05159:1990

G 100 Volkswirtschaft

Jimenez Rioja, Miguel: La economia, vinculo entre las dos GM,s. In: Ejército. 50 (1989),596, S. 76 – 81.
BZ 05173:1989

G 200 Landwirtschaft

Warnock, John W.: The politics of hunger: the global food system. Toronto: Methuen 1987. XV, 334 S.
B 65551   0-458-80630-7

G 300 Industrie

Albrecht, Ulrich: The aborted United Nations study on the military use of research and development: an editorial essay. In: Bulletin of peace proposals. 19 (1988),3/4, S. 245 – 259.
BZ 4873:1988

Dumas, Lloyd J.: Military research and development, and economic progress: of burdens and opportunities. In: Bulletin of peace proposals. 19 (1988),3/4, S. 293 – 303.
BZ 4873:1988

Saperstein, Alvin M.: Research & development, and applications in the arms race: exercising judgement on lines of research. In: Bulletin of peace proposals. 19 (1988),3/4, S. 305 – 316.
BZ 4873:1988

Thee, Marek: Science and technology for war and peace. The quest for disarmament and development. In: Bulletin of peace proposals. 19 (1988),3, S. 261 – 292.
BZ 4873:1988

G 380 Rüstungsindustrie

Engelhardt, Klaus; Rechtziegler, Emil: Rüstungskonversion – neue Dimension und Herausforderung. In: IPW-Berichte. 19 (1990),3, S. 11 – 17.
BZ 05326:1990

Köllner, Lutz: Ökonomische Aspekte der Rüstungskonversion. In: Aus Politik und Zeitgeschichte. (1990),B 36/90, S. 23 – 31.
BZ 05159:1990

Schubik, Martin; Verkerke, J. Hoult: Open questions in defense economics and economic warfare. In: The journal of conflict resolution. 33 (1989),3, S. 480 – 499.
BZ 4394:1989

G 390 Energiewirtschaft

Blix, Hans: Nuclear power and the environment. In: Kungl. Krigsvetenskapsakademiens handlingar. 193 (1989),6, S. 233 – 243.
BZ 4384:1989

Maull, Hanns W.: Energy and resources: the strategic dimensions. In: Survival. 31 (1989),6, S. 500 – 518.
BZ 4499:1989

Scheinman, Lawrence: The International atomic energy agency and world nuclear order. Washington, DC: Resources for the Future 1987. XVI, 320 S.
B 66921   0-915707-35-7

Tarankanov, Nikolaj Dmitrievič: Černobyl'skie Zapiski, ili razdum'ja o nravstvennosti. Moskva: Voenizdat 1989. 208 S.
B 71448

G 400 Handel

Malmgren, Harald B.: Die Sowjetunion und das GATT. Vorteile und Pflichten der Mitgliedschaft. In: Europa-Archiv. 44 (1989),21, S. 655 – 664.
BZ 4452:1989

Mastanduno, Michael: Le COCOM a-t-il un avenir?In: Cosmopolitiques. (1989),12, S. 44 – 50.
BZ 05193:1989

G 500 Verkehr

Lanir, Zvi: The reasonable choice of disaster – the shooting down of the Libyan airliner on 21 February 1973. In: The journal of strategic studies. 12 (1989),4, S. 479 – 493.
BZ 4669:1989

Sochor, Eugene: Icao and armed attacks against civil aviation. In: International journal. 44 (1988-89),1, S. 134 – 170.
BZ 4458:1988-89

Weihs, Joachim: Seeunfälle. Berlin: Militärverlag der DDR 1989. 87 S.
Bc 8861

G 600 Finanzen/Geld- und Bankwesen

Leslie, Winsome J.: The World Bank and structural transformation in developing countries. The case of Zaire. Boulder, Colo.: Rienner 1987. XI, 208 S.
B 68001

Rich, Bruce: The emperor's new clothes: the world bank and environmental reform. In: World policy journal. 7 (1990),2, S. 305 – 329.
BZ 4822:1990

G 700 Technik/ Technologie

Cosentino, Michele: I sistemi di propulsione navale. Caratteristiche attuali e prospettive. In: Rivista marittima. 123 (1990),1, S. 47 – 68.
BZ 4453:1990

Labbé, Marie-Hélène: Science et défense – Les transferts de technologie dans les pays de l'Est. In: Défense nationale. 46 (1990),Août.-Sept., S. 131 – 147.
BZ 4460:1990

Welch, Thomas J.: Technology change and security. In: The Washington quarterly. 13 (1990),2, S. 111 – 120.
BZ 05351:1990

H Gesellschaft

H 100 Bevölkerung und Familie

Caforio, Giuseppe: Sociologia e forze armate: sviluppo storico della sociologica della istituzione militare. Lucca: Pacini Fazzi 1987. 203 S.
B 65163

Global crises and social movements: artisians, peasants, populists, and the world economy. Ed.: Edmund Burke. Boulder, Colo.: Westview Pr. 1988. XI, 276 S.
B 66574   0-8133-0609-4

Military Families, the military in Mediterranean democracies, conscientous objection. München: SOWI 1987. 334 S.
B 64996

Schulte, Axel: Multikulturelle Gesellschaft: Chance, Ideologie oder Bedrohung? In: Aus Politik und Zeitgeschichte. (1990),B 23-24, S. 3 – 15.
BZ 05159:1990

H 130 Frauenfrage/Frauenbewegung

Ayers, Pat: Women at war. Liverpool women 1939-45. Birkenhead: Liver Pr. 1988. 58 S.
Bc 9453

Daniel, Ute: Frauen in der Kriegsgesellschaft 1914-1918. In: Archiv für die Geschichte des Widerstandes und der Arbeit. (1989),6, S. 6776.
BZ 4698:1989

Feminism and equality. Ed.: Anne Phillips. Oxford: Blackwell 1987. 202 S.
B 65644   0-631-15541-4

Kannonier, Waltraud: Zwischen Flucht und Selbstbehauptung. Frauen-Leben im Exil. Linz: Universitätsverl. Trauner 1989. 150 S.
Bc 9005

Oldfield, Sybil: Women against the iron fist. Oxford: Blackwell 1989. 244 S.
B 72030

Promissory notes: women in the transition to socialism. Ed.: Sonia Kruks. New York: Monthly Review Pr. 1989. 395 S.
B 71850   0-85345-770-0

Somjee, Geeta: Narrowing the gender gap. Basingstoke: Macmillan 1989. 155 S.
B 69405

Taylor, Eric: Women who went to war 1938-46. London: Hale 1988. 254 S.
B 68723

Thomas, Gill: Life on all front. Women in the First World War. Cambridge: Cambridge Univ. Pr. 1989. 48 S.
Bc 02624

Wedborn, Helena: Women in the First and Second World War. A checklist of the Holdings of the Hoover Inst. on war, revolution and peace. Stanford, Calif.: Hoover Inst. 1988. 73 S.
Bc 02638

Women and peace: theoretical, historical and practical perspectives. Ed.: Ruth Roach Pierson. London: Croom Helm 1987. XVI, 249 S.
B 66685 0-7099-4068-8

Women and political conflict: portraits of struggle in times of crisis. Ed.: Rosemary Ridd. New York, NY: New York Univ. Press 1987. XI, 246 S.
B 66688 0-8147-7398-2

H 200 Stand und Arbeit

H 214 Arbeiterbewegung/ Gewerkschaften

Bebel, August: Über Gewerkschaften. Berlin: Verl. Tribüne 1988. 129 S.
B 67279

Friedenskonzeptionen und Antikriegskampf der internationalen Arbeiterbewegung vor 1914 und während des ersten Weltkrieges. Red.: Jutta Seidel. Leipzig: Karl-Marx-Univ. 1988. 141 S.
Bc 9198

Kelly, John E.: Trade unions and socialist politics. London: Verso 1988. IX, 333 S.
B 70119 0-86091-206-X

Opitz, Waldtraut: Engel's Kampf um die Einheit der internationalen revolutionären Arbeiterbewegung. Die Gründung der II. Internationale. In: Beiträge zur Geschichte der Arbeiterbewegung. 31 (1989),4, S. 447 – 459.
BZ 4507:1989

Strikes, wars and revolutions in an international perspective: strike waves in the late nineteenth and early twentieth centuries. Ed.: Leopold H. Haimson. Cambridge: Cambridge Univ. Pr. 1989. XIV, 536 S.
B 69903 0-521-35285-1

Trudjaščiesja Massy i antivoennoe dviženie: O novych massovych demokr. dviženijach v razvitych kapitalist. Red.: S. V. Patrušev. Moskva: Nauka 1988. 224 S.
Bc 8720

Valenzuela, J. Samuel: Labor movements in transitions to democracy. A framework for analysis. In: Comparative politics. 21 (1989),4, S. 445 – 472.
BZ 4606:1989

H 220 Arbeit und Arbeitsprobleme

Yershov, Stal: Strikes: „over here" and „over there". In: International affairs <Moscow>. (1990),2, S. 99 – 108.
BZ 05208:1990

H 300 Wohlfahrt und Fürsorge

Baitenmann, Helga: NGOs and the Afghan war: the politicisation of humanitarian aid. In: Third world quarterly. 12 (1990),1, S. 62 – 85.
BZ 4843:1990

Bierzanek, Remigiusz: Regulowanie międzynarodowej migracji ekonomicznej. In: Sprawy międzynarodowe. 43 (1990),2, S. 73 – 92.
BZ 4497:1990

Bloch, Czesław: Losy Polaków poza granicami kraju w latach II wojny światowej. In: Wojskowy przegląd historyczny. 35 (1990),1-2, S. 79 – 109.
BZ 4490:1990

Entzinger, H. B.: Internationale migratie in een Nederlandse context. In: Internationale spectator. 44 (1990),9, S. 509 – 521.
BZ 05223:1990

Refugees – the trauma of exil. The humanitarian role of Red Cross and Red Crescent. Ed.: Diana Miserez. Dordrecht: Nijhoff 1988. XX, 340 S.
010937

Refugees and international relations. Ed.: Gil Loescher. Oxford: Oxford Univ. Pr. 1989. XII, 430 S.
B 69379

Refugees in the age of total war. Ed.: Anna C. Bramwell. London: Unwin Hyman 1988. XV, 359 S.
B 68338

Refugees, evacuees. Ed.: Charles Hannam. Basingstoke: Macmillan 1989. 88 S.
B 68510

Weiner, Myron.: Immigration: perspectives from receiving countries. In: Third world quarterly. 12 (1990),1, S. 140 – 166.
BZ 4843:1990

Das Weltflüchtlingsproblem: Ursachen u. Folgen. Hrsg.: Peter J. Opitz. München: Beck 1988. 237 S.
B 67306   3-406-33123-8

H 500 Gesundheitswesen

H 510 Umweltschutz

Brown, Neville: Climate, ecology and international security. In: Survival. 31 (1989),6, S. 519 – 52.
BZ 4499:1989

Grubb, Michael: The greenhouse effect: negotiating targets. In: International affairs <London>. 66 (1990),1, S. 67 – 89.
BZ 4447:1990

Hayes, Denis: Earth day 1990: threshold of the green decade. In: World policy journal. 7 (1990),2, S. 289 – 304.
BZ 4822:1990

Helmbold, Martin: Probleme und Resultate des Umweltschutzes in der Elektrizitätswirtschaft der BRD. In: IPW-Berichte. 19 (1990),4, S. 1 – 6.
BZ 05326:1990

Hofrichter, Jürgen; Reif, Karlheinz: Evolution of environmental attitudes in the European Community. In: Scandinavian political studies. 13 (1990),2, S. 119 – 146.
BZ 4659:1990

Jancar, Barbara W.: Environmental management in the Soviet Union and Yugoslavia: structure and regulation in federal communist states. Durham, NC: Duke Univ. Pr. 1987. XI, 481 S.
B 66197   0-8223-0719-7

Krivka, Pavel; Van der Horst, Paul: Milieu in Tsjechoslowakije: van papier prikken tot saneren. In: Internationale spectator. 44 (1990),4, S. 218 – 224.
BZ 05223:1990

Militär und Umwelt. Ökologische, landschaftsplanerische u. rechtliche Fragen militärischer Landnutzung am Beispiel der Stadt Münster. Berlin: Technische Universität 1989. VII, 101 S.
Bc 9038

Reiß, Jochen: Greenpeace: der Umweltmulti – sein Apparat, seine Aktionen. Rheda-Wiedenbrück: Daedalus-Verl. 1988. 238 S.
B 67490   3-89126-027-X
Umweltgeschichte: das Beispiel Hamburg. Hrsg.: Arne Andersen. In: Ergebnisse. (1990), 243 S.
BZ 4700:1990

Uschkalov, I. G.: Die gesamteuropäischen ökologischen Probleme. Die Notwendigkeit einer gemeinsamen Lösung. In: Perspektiven des demokratischen Sozialismus. 7 (1990),2, S. 134 – 143.
BZ 4871:1990

Die Zukunft der Bundesrepublik: Szenarien und Prognosen; eine Publikation des Öko-Instituts Freiburg/Br. Hrsg.: Gerd Michelsen. Hamburg: Rasch u. Röhring 1988. 237 S.
B 67330   3-89136-175-0

H 600 Sport und Spiel

Cordts, G.: Junge Adler. Vom Luftsport zum Flugdienst 1920-1945. Esslingen: Bechtle 1988. 280 S.
B 67135

J Geistesleben

J 100 Wissenschaft

Coate, Roger A.: Unilateralism, ideology, and U.S. foreign policy: the United States in and out of UNESCO. Boulder, Colo.: Rienner 1988.
B 66752   1-555-87088-0

Collotti-Pischel, Enrica: Nel'68: quando l'Oriente era rosso. In: Rivista di storia contemporanea. 19 (1990),1, S. 134 – 161.
BZ 4812:1990

Piller, Charles: Gene wars: military control over the new genetic technologies. New York, NY: Beech Tree Books 1988. 302 S.
B 68573   0-688-07050-7

Schwartz, Charles: Scientists: villains and victims in the arms race: an appraisal and a plan of action. In: Bulletin of peace proposals. 19 (1988),3-4, S. 399 – 410.
BZ 4873:1988

Yudken, Joel S.; Black, Michael: Targeting national needs: a new direction for science and technology policy. In: World policy journal. 7 (1990),2, S. 251 – 288.
BZ 4822:1990

Zimmerman, Roy R.: Military medicine: medical subject index of current progress with research bibliiography. Washington, DC: ABBE Publ. 1987. 165 S.
010779   0-88164-493-5

J 400 Presse/ Publizistik/Massenmedien

Buitenhuis, Peter: The great war of words. British, American, and Canadian propaganda and fiction, 1914-1933. Vancouver: Univ. of British Columbia 1987. XVIII, 199 S.
B 66809

Taufic, Camilo: Periodismo y lucha de clases: la información como forma del poder político. Quito: Pro Dep 1987. 226 S.
Bc 9347

J 600 Kirche und Religion

J 610 Christentum

Angelozzi Gariboldi, Giorgio: Pio XII, Hitler e Mussolini. Il Vaticano fra le dittature. Milano: Mursia 1988. 366 S.
B 67933

Swartley, Willard M.; Dyck, Cornelius: Annotated Bibliography of Mennonite writings on war and peace: 1930-1980. Scottdale, Pa.: Herald Pr. 1987. 740 S.
B 67835

Weigel, George: Catholicism and democracy: the other twentieth-century revolution. In: The Washington quarterly. 12 (1989),4, S. 5 – 25.
BZ 05351:1989

J 620 Islam

Khoury, Adel Theodor: Religion und Politik im Islam. In: Aus Politik und Zeitgeschichte. (1990),B 22/90, S. 3 – 10.
BZ 05159:1990

Munson, Henry: Islam and revolution in the Middle East. New Haven: Yale Univ. Pr. 1988. XI, 180 S.
B 67099   0-300-04127-6

Rieck, Andreas: Die Schiiten und der Kampf um den Libanon. Politische Chronik 1958-1988. Hamburg: Deutsche Orient Inst. 1989. XXII, 837 S.
B 69826

Robbe, Martin: Dschihad – heiliger Krieg. Der Islam in Konfliktsituationen der Gegenwart. Berlin: Militärverlag der DDR 1989. 205 S.
Bc 8972

Zafrullah Khan, Muhammad: Islam and human rights. Tilford: Islam International Publ. 1989. 147 S.
Bc 8958

K Geschichte

K 0 Allgemeine Geschichte/Geschichtswissenschaft

Asendorf, Manfred: Was weiter wirkt. Die „Ranke-Gesellschaft – Vereinigung für Geschichte im öffentlichen Leben". In: 1999. 4 (1989),4, S. 29 – 61.
BZ 4879:1989

Campe, Hilmar von: Feigheit und Anpassung: Politik im Zwielicht. München: Universitas 1989. 369 S.
B 70431   3-8004-1207-1

Heitzer, Heinz: Für eine radikale Erneuerung der Geschichtsschreibung über die DDR. In: Zeitschrift für Geschichtswissenschaft. 38 (1990),6, S. 498 – 509.
BZ 4510:1990

Koval, Boris Iosifovič: Revoljucionnyj Opyt XX veka. Moskva: Mysl' 1987. 542 S.
B 72115

Landkammer, Joachim: Nazionalsocialismo e bolscevismo tra universalismo e particolarismo. „Guerre civile" e „sistema liberale": riflessioni preliminari sulla „storiografia filosofica" di Ernst Nolte. In: Storia contemporanea. 21 (1990),3, S. 511 – 539.
BZ 4590:1990

Lummis, Trevor: Listening to history: the authenticity of oral evidence. London: Hutchinson 1987. 175 S.
B 66658   0-09-173238-7

The Past meets the present: essays on oral history. Ed.: David Stricklin. Lanham: Univ. Pr. of America 1988. 151 S.
B 66576   0-8191-6770-3

Der VIII. Historikerkongreß der DDR. In: Zeitschrift für Geschichtswissenschaft. 37 (1989),8, S. 732 – 747.
BZ 4510:1989

Wege in die Zeitgeschichte. Festschrift zum 65.Geburtstag von Gerhard Schulz. Berlin: Gruyter 1989. X, 539 S.
B 73707

Ziebura, Gilbert: Die Rolle der Sozialwissenschaften in der westdeutschen Historiographie der internationalen Beziehungen. In: Geschichte und Gesellschaft. 16 (1990),1, S. 79 – 103.
BZ 4636:1990

K 2 Geschichte 1815-1914

K 2 e Politische Geschichte

Hobsbawn, Eric J.: Das imperiale Zeitalter 1875-1914. Frankfurt: Campus 1989. 459 S.
B 69850

K 2 f Kriegsgeschichte

Aguirre Lavayéen, Jaoquín: 1884, Pacto de Tregua, Guerra del Pacífico: documentos reservados ineditos; actas Junta Constitutiva de 1884. La Paz: Ed. Los Amigos del Libro 1987. 330 S.
B 67751   84-8370-129-4

Brauzzi, Alfredo: La marina italiana e la rivolta dei Boxers. In: Rivista marittima. 122 (1989),11, S. 83 – 103.
BZ 4453:1989

Brauzzi, Alfredo: Rileggendo la storia. La marina italiana e la rivolta dei Boxers. In: Rivista marittima. 122 (1989),12, S. 73 – 93.
BZ 4453:1989

Connoughton, Richard Michael: The War of the rising sun and tumbling bear. A military history of the Russo-Japanese war 1904-5. London: Routledge 1988. XI, 300 S.
B 69391

Esthus, Raymond A.: Double eagle and rising sun. The Russians and Japanese at Portsmouth in 1905. Durham, NC: Duke Univ. Pr. 1988. X, 265 S.
B 66827

Franco, Hermenegildo: La marina española en los sucesos de Casablanca de agosto de 1907. In: Revista general de marina. (1990),218, S. 33 – 48.
BZ 4619:1990

Kuegler, Dietmar: General Robert E. Lee: militär. Biographie. Wyk auf Föhr: Verl. für Ammerikanistik 1988. 62 S.
B 67469   3-924696-23-3

Recent Chinese studies of the Boxer movement. Ed.: David D. Buck. Armonk, NY: Sharpe 1987. 223 S.
B 66702

Stone, Jay: The boer war and military reforms. Erwin A. Schmidl: From Paardeberg to Przemyśl. Lanham: Univ. Pr. of America 1988. XI, 345 S.
B 66591

Uribe y Orrego, Luis: Los combates navales: 1879-1881. Santiago: Ed. La Noria 1987. 197 S.
B 68219

K 3 Geschichte 1914-1918

K 3 a Gesamtdarstellungen

Bourne, John M.: Britain and the Great War 1914-1918. London: Arnold 1989. XI, 257 S.
B 70934   0-7131-6592-8

Bruce, Anthony: An illustrated companion to the First World War. London: Joseph 1989. VIII, 424 S.
010964   0-7181-2781-1

Brühl, Reinhard: Die Entfesselung des ersten und des zweiten Weltkrieges durch den Imperialismus. In: Zeitschrift für Geschichtswissenschaft. 37 (1989),6, S. 517 – 524.
BZ 4510:1989

Conrad, Philippe; Laspeyres, Arnaud: La Grande Guerre 1914-1918. De la tourmente à la victoire. Paris: Ed. Presse Audiovisuel 1989. 303 S.
011047

Dorst, Klaus: Der erste Weltkrieg: Erscheinung und Wesen. Berlin: Militärverlag der DDR 1989. 303 S.
011017   3-327-00730-6

Fyfe, Albert J.: Understanding the First World War: illusions and realities. Frankfurt: Lang 1988. X, 391 S.
B 67844   0-8204-0642-2

Heydecker, Joe J.: Der Grosse Krieg, 1914-1918: von Sarajewo bis Versailles. Frankfurt: Ullstein 1988. 478 S.
B 68087   3-550-07643-6

Hills, Ken; Phillipps, W. Francis: World War I. Bath: Cherrytree Books 1988. 31 S.
B 67683

Kleindel, Walter: Der Erste Weltkrieg: Daten – Zahlen – Fakten. Wien: Österreichischer Bundesverl. 1989. 295 S.
B 69109   3-215-06595-9

Magenschab, Hans: Der Krieg der Großväter 1914-1918. Die Vergessenen einer großen Armee. Wien: Editions S 1989. 224 S.
010841

Marshall, D. E.: The Great War: myth and reality. o.O.: W. T. Pr. 1988. 105 S.
Bc 02632

The Upheaval of war. Family, work and welfare in Europe, 1914-18. Ed.: Richard Wall. Cambridge: Cambridge Univ. Pr. 1988. 497 S.
B 72692

K 3 c Biographien/Kriegserlebnisse

Hoop, Jean-Marie de: Les prisonniers français et la communauté rurale allemande.(1940-1945). In: Guerres mondiales et conflits contemporains. (1987),147, S. 31 – 48.
BZ 4455:1987

Huxtable, Charles: From the Somme to Singapore: a medical officer in two world wars. Tunbridge Wells: Costello 1988. 168 S.
B 67107   0-7104-2055-2

Kirchmayr, Hans: Aus den Erinnerungen eines österreichischen Offiziers: Herbst 1918. In: Zeitgeschichte. 17 (1990),6, S. 275 – 288.
BZ 4617:1990

Nauroth, Holger: Stukageschwader 2 Immelmann. Eine Dokumentation. Preussisch Oldendorf: Schütz 1988. 366 S.
011103

Norfolk roll of honour 1914-18. List of men from Norfolk parishes who fell in the Great War. Norwich: Gliddon Books 1988. 126 S.
Bc 8870

Philpott, Bryan: Famous Fighter Aces. Wellingborough: Stephens 1989. 160 S.
B 69341

Philpott, William J.: The strategic ideas of Sir John French. In: The journal of strategic studies. 12 (1989),4, S. 458 – 478.
BZ 4669:1989

Richert, Dominik: Beste Gelegenheit zum Sterben. Meine Erlebnisse im Kriege 1914-1918. Hrsg.: Angelika Tramitz. München: Knesebeck & Schuler 1989. 410 S.
B 68439

Rosenthal, Gabriele: Leben mit der soldatischen Vergangenheit in zwei Weltkriegen. Ein Mann blendet seine Kriegserlebnisse aus. In: BIOS. (1988),2, S. 27 – 38.
BZ 4961:1988

Shacbolt, Maurice: Voices of Gallipoli. Auckland: Hodder and Stoughton 1988. 123 S.
B 70135	0-340-43136-9

Simkins, Peter: Kitchener's Army. The raising of the new armies, 1914-16. Manchester: Manchester Univ. Pr. 1988. XVI, 359 S.
B 67706

K 3 e Politische Geschichte

Demm, Eberhard: Une initiative de paix avortée: Lord Lansdowne et le prince Max de Bade. In: Guerres mondiales et conflits contemporains. 40 (1990),159, S. 5 – 19.
BZ 4455:1990

Fronius, Hans: Das Attentat von Sarajevo. Essay von Johann-Christoph Allmayer-Beck. Graz: Styria 1989. 123 S.
010765

Griesser-Pečar, Tamara: Die Mission Sixtus: Österreichs Friedensversuch im Ersten Weltkrieg. Wien: Amalthea 1988. 414 S.
B 67353	3-85002-245-5

Henig, Ruth: The Origins of the First World War. London: Routledge 1989. 49 S.
Bc 9098

Horak, Stephan M.: The first treaty of World War I. Ukraine's treaty with the central powers of february 9, 1918. Boulder: East European Monographs 1988. VII, 202 S.
B 66848

Jung, Otmar: Plebiszitärer Durchbruch 1929? Zur Bedeutung von Volksbegehren und Volksentscheid gegen den Youngplan für die NSDAP. In: Geschichte und Gesellschaft. 15 (1989),4, S. 489 – 510.
BZ 4636:1989

Kettle, Michael: The Road to intervention. March – November 1918. London: Routledge 1988. 401 S.
B 42850:2

Martel, Gordon: The origins of the First World War. London: Longman 1987. VI, 113 S.
Bc 9467	0-582-22382-2

Pancov, Aleksandr Vadimovič: Brestskij mir. In: Voprosy istorii. (1989),2, S. 60 – 79.
BZ 05317:1989

Pisarev, Jurij Alekseevič: Balkany i Evropa na poroge pervoj mirovoj vojny. In: Novaja i novejšaja istorija. (1989),3, S. 72 – 81.
BZ 05334:1989

Renzi, William A.: In the shadow of the sword: Italy's neutrality and entrance into the great war, 1914-1915. Frankfurt: Lang 1987. XVI, 359 S.
B 67514	0-8204-0410-1

Rusconi, Gian Enrico: Rischio 1914: come si decide una guerra. Bologna: Il Mulino 1987. 278 S.
B 67585	88-15-01514-0

Soutou, Georges-Henri: L'Or et le sang. Paris: Fayard 1989. V, 963 S.
B 71634

K 3 f Militärische Geschichte

Abbal, O.: Les prisonniers de la Grande Guerre. In: Guerres mondiales et conflits contemporains. (1987),147, S. 5 – 30.
BZ 4455:1987

Blüdnikow, Bent: Krigsfanger: et billeddrama om krigsfanger i Danmark under 1. verdenskrig. Odense: Odense Universitetsforl. 1988. 143 S.
B 68738   87-7492-670-5

Ferris, John: The British army and signals intelligence in the field during the First World War. In: Intelligence and national security. 3 (1989),4, S. 23 – 48.
BZ 4849:1989

Frodyma, Roman: Cmentarze wojskowe z okresu i wojny światowej w rejonie Beskidu Niskiego i Pogórza. Warszawa: Studenckie Kolo Przewodników Beskidzkich 1989. 155 S.
Bc 9822

Gagnon, Jean-Pierre: Les soldats francophones du premier contingent expéditionnaire du Canada en Europe. In: Guerres mondiales et conflits contemporains. 40 (1990),157, S. 83 – 102.
BZ 4455:1990

Pieropan, Gianni: 1914-1918: storia della Grande Guerra sul fronte italiano. Milano: Mursia 1988. 869 S.
B 68631

K 3 f 10 Allgemeines und Landkrieg

Carnois, Marcel; Hallade, Jean: Les Batailles de la Somme. Paris: Tallandier 1988. 127 S.
Bc 8855

Dangl, Vojtech: Bitka pri Krasniku 1914. In: Historie a vojenství. 39 (1990),3, S. 57 – 73.
BZ 4526:1990

Durišič, Mitar: Bitka na Drini 1914 godine. In: Vojnoistorijski glasnik. 40 (1989),2, S. 167 – 200.
BZ 4531:1989

Hildebrandt, Karl-Heinz: Die Schutztruppe von Deutsch-Ostafrika im Ersten Weltkrieg. In: Europäische Wehrkunde – Wehrwissenschaftliche Rundschau. Militärgeschichtliches Beiheft. 4 (1989),4 (Beil.), S. 1 – 16.
BZ 4895:1989

Joksimovič, Miodrag S.: Vasojevičke brigade u prvom svjetskom ratu (1914-1918). In: Vojnoistorijski glasnik. 40 (1989),2, S. 201 – 243.
BZ 4531:1989

Korotkov, A. V.: Georgievskie Kavalery. In: Voenno-istoričeskij žurnal. (1989),11, S. 20 – 30.
BZ 05196:1989

Lewis, Peter: Italian battlefields: May 1917. In: The Army quarterly and defence journal. 119 (1989),3, S. 312 – 322.
BZ 4770:1989

Melikjan, Genrich Sasunikovič: Oktjabr'skaja Revoljucija i Kavkazkaja armija. Erevan: Ajastan 1989. 422 S.
B 73918

Paschall, Rod: The defeat of imperial Germany, 1917-1918. Chapel Hill, NC: Algonquin 1989. XVII, 247 S.
B 72557   0-945575-05-X

Porch, Douglas: The Marne and after: a reappraisal of French strategy in the First World War. In: The journal of military history. 53 (1989),4, S. 363 – 385.
BZ 4980:1989

Ratkovič, Borislav: Uzroci rata izmedu Austro-Ugarske i Srbije 1914-1918. i Cerska bitka. In: Vojnoistorijski glasnik. 40 (1989),1, S. 219 – 249.
BZ 4531:1989

Travers, Timothy H. E.: Allies in conflict: the British and Canadian official historians and the real story of Second Ypres.(1915). In: Journal of contemporary history. 24 (1989),2, S. 301 – 325.
BZ 4552:1989

K 3 f 20 Seekrieg

British Vessels lost at sea 1914-18 and 1945-49. Facsimile repr. of ... official publ. Wellingborough: Stephens 1988. Getr. Pag.
B 67940

Gross, Gerhard Paul: Die Seekriegführung der Kaiserlichen Marine im Jahre 1918. Frankfurt: Lang 1989. 574 S.
B 69310

Parker de Bassi, María T.: Tras la estela del Dresden. Santiago: Ed. Tusitala 1987. 211 S.
B 67268

K 3 f 25 Seeschlachten/Seegefechte

Ferrante Ezio: La grande guerra in Adriatico: nel LXX anniversario della vittoria. Roma: Ufficio storico della marina militare 1987. 228 S.
B 71614

Halpern, Paul G.: The naval war in the Mediterranean, 1914-1918. London: Allen & Unwin 1987. XIX, 631 S.
B 66884   0-04-940088-6

Wilson, Michael: Destination Dardanelles. London: Cooper 1988. XIII, 193 S.
B 69218

K 3 f 30 Luftkrieg

Bickers, Richard Townshend: The first great Air War. London: Hodder and Stoughton 1988. XV, 277 S.
B 68492

Histoire de la guerre aérienne. Colloque international. Hommage su Capitaine. Paris: Service hist. de l'Armée de l'Air 1988. 395 S.
B 67003

K 3 i Geistesgeschichte

Chenault, Libby: Battlelines: World War I posters from the Bowman Gray Collection. Chapel Hill, NC: Univ. of North Carolina Pr. 1988. 210 S.
010773   0-8078-4215-X

Crook, Paul: War as genetic disaster? The First World War debate over the eugenics of warfare. In: War and society. 8 (1990),1, S. 47 – 70.
BZ 4802:1990

Demm, Eberhard: Les thèmes de la propagande allemande en 1914. In: Guerres mondiales et conflits contemporains. (1989),150, S. 3 – 16.
BZ 4455:1989

The lost voices of World War One: an international anthology of writers, poets and playwrights. Ed.: Tim Cross. London: Bloomsbury 1989. 406 S.
B 72357 0-7475-0276-5

Österreich und der Grosse Krieg 1914-1918. Die andere Seite der Geschichte. Wien: Brandstätter 1989. 272 S.
010851

K 3 k Kriegsschauplätze

Mills, Chris P.: A strange War. Gloucester: Sutton 1988. XIV, 133 S.
B 66094

Popplewell, Richard: British intelligence in Mesopotamia 1914-1916. In: Intelligence and national security. 5 (1990),2, S. 139 – 172.
BZ 4849:1990

Sheffy, Yigal: Institutionalized deception and perception reinforcement: Allenby's campaigns in Palestine. In: Intelligence and national security. 5 (1990),2, S. 173 – 236.
BZ 4849:1990

Tunstall, Graydon; Tunstall, George C.: Die Karpatenschlachten 1915. In: Truppendienst. 29 (1990),2, S. 226 – 232.
BZ 05209:1990

K 4 Geschichte 1919-1939

K 4 e Politische Geschichte

Beck, Robert J.: Munich's lessons reconsidered. In: International security. 14 (1989),2, S. 161 – 191.
BZ 4433:1989

Denikin, Anton Ivanovič: Pochod na Moskvu. Moskva: Voenizdat 1989. 288 S.
B 71451

Deutsch-tschechische Geschichte von „München" bis „Potsdam". Eine folgenschwere Zäsur. München: Institutum Bohemicum 1989. 96 S.
Bc 9357

Ferrante, Ezio: Un rischio calcolato? Mussolini e gli ammiragli nella gestione della crisi di Corfù. In: Storia delle relazioni internazionali. 5 (1989),2, S. 221 – 244.
BZ 4850:1989

Fleischhauer, Ingeborg: Der Pakt: Hitler, Stalin und die Initiative der deutschen Diplomatie 1938-1939. Frankfurt: Ullstein 1990. 552 S.
B 72231 3-550-07655-X

Foitzik, Jan: Die kommunistische Partei Deutschlands und der Hitler-Stalin-Pakt. In: Vierteljahrshefte für Zeitgeschichte. 37 (1989),3, S. 499 – 514.
BZ 4456:1989

Hass, Gerhart: Münchner Diktat 1938 – Komplott zum Krieg. Berlin: Dietz 1988. 303 S.
B 67867

Hillgruber, Andreas: Die Zerstörung Europas: Beiträge zur Weltkriegsepoche 1914 bis 1945. Berlin: Propyläen 1988. 380 S.
B 66393 3-549-05770-9

Hitler-Stalin-Pakt 1939. Das Ende Ostmitteleuropas? Hrsg.: Erwin Oberländer. Frankfurt: Fischer 1989. 149 S.
Bc 9277

Kee, Robert: Munich: the eleventh hour. London: Hamilton 1988. XII, 242 S.
B 67628

Kikuoka, Michael T.: The Changkufeng Incident. A study in Soviet-Japanese conflict, 1938. Lanham: Univ. Pr. of America 1988. VII, 185 S.
B 67864

Leonhard, Wolfgang: Der Schock des Hitler-Stalin-Paktes. München: Knesebeck & Schuler 1989. 278 S.
B 69464   3-451-08280-2

Lincoln, William Bruce: Red victory: a history of the Russian Civil War. New York: Simon and Schuster 1989. 637 S.
B 72209   0-671-63166-7

Matichescu, Olimpiu: The Logic of history against the Vienna diktat. Bucuresti: Ed. Academiei Rupublicii Socialista România 1988. 255 S.
Bc 7957

Petrogradskij sovet rabočich i soldatskich daputatov v aprele 1917 goda. In: Voprosy istorii. (1990),4, S. 3 – 19.
BZ 05317:1990

Read, Anthony; Fisher, David: The deadly embrace. Hitler, Stalin and the Nazi-Soviet pact, 1939-1941. London: Joseph 1988. XVI, 687 S.
B 67680

Richter, Karel: Setkáni dvou revolucí. In: Historie a vojenství. 39 (1990),1, S. 119 – 134.
BZ 4526:1990

Roberts, Geoffrey: The unholy alliance: Stalin's pact with Hitler. London: Tauris 1989. XV, 296 S.
B 70637   1-85043-127-2

Rothschild, Robert: Peace for our time. London: Brassey's 1988. XVI, 366 S.
B 68366

Sharp, Alan: 'Quelqu'un nous écoute': French interception of German telegrahic and telephonic communications during the Paris Peace Conference, 1919: a note. In: Intelligence and national security. 3 (1989),4, S. 124 – 127.
BZ 4849:1989

Stancev, Vitalij I.: Pobeda Okktjabr'skogo vooružennogo vosstanija v Petrograde i Moskve. In: Voprosy istorii. (1989),12, S. 30 – 53.
BZ 05317:1989

Stefanowicz, Janusz: Les Traités de Paix conclus après les guerres mondiales. Étude comparée. In: Guerres mondiales et conflits contemporains. (1988),152, S. 25 – 38.
BZ 4455:1988

Tomes, Jason H.: Austen Chamberlain and the Kellogg Pact. In: Millenium. 18 (1989),1, S. 1 – 28.
BZ 4779:1989

Weinberg, Gerhard L.: The Nazi-Soviet Pacts: a half-century later. In: Foreign affairs. 68 (1989),4, S. 175 – 189.
BZ 05149:1989

The world atlas of warfare: military innovations that changed the course of history. Ed.: Richard Holmes. New York, NY: Viking Studio Books 1988. 304 S.
010976   0-670-81967-0

K 4 f Kriegsgeschichte

K 4 f 465 Chaco-Krieg

Canelas, Demetrio: La Guerra del Chaco: documentos. Cochabamba: Ed. Canelas 1987. 409 S.
B 67741

Tufari Recalde, Pablo E.: La Guerra del Chaco: antecedentes históricos y conducción político; estratégia del conflicto. Asunción: Fuerzas Armadas, Dir. de Publ. 1987. 200 S.
Bc 9376

Vargas Peña, Benjamin: La guerra y la paz del Chaco: entrevista Gerónimo Zubizarreta; José Felix Estigarribia. Asunción: Archivo del Liberalismo 1988. 62 S.
Bc 9468

K 4 f 473 Spanischer Bürgerkrieg

Alpert, Michael: La Guerra Civil Española en el mar. Madrid: Siglo XXI 1987. 400 S.
B 67417   84-323-0609-6

Bada, Juan: Guerra Civil i església catalana: la „recepció" de la Guerra Civil per l'Església de Catalunya; (1928-1953). Montserrat: Publ.de l'Abadia de Montserrat 1987. 125 S.
Bc 7882   84-7202-838-0

Bayo y Giroud, Alberto: Mi desembarco en Mallorca: (de la Guerra Civil Española. Palma de Mallorca: Font 1987. 260 S.
B 67418   84-86366-31-3

Cervera Pery, José: La guerra naval española: (1936-1939). Madrid: Ed. San Martin 1988. 180 S.
B 70547   84-7140-258-0

Chonigsman, Jakov Samojlovič: Bratskaja Pomoš trudjaščichsja Zapadnoj Ukrainy ispanskomu narodu bor'be s fašizmom 1936-1939 gg. L'vov: Izd-vo pri L'vov.unte 1989. 208 S.
B 71452

Escolar Sobrino, Hipólito: La cultura durante la guerra civil. Madrid: Alhambra 1987. 407 S.
B 68593   84-205-1594-9

L'Espagne au coeur. Réd.: Roger Bourderon. Paris: Inst. de Recherches Marxistes 1987. 163 S.
B 65285

Gárate Córdoba, José, M.: Sobre los „Viriatos" portugueses. In: Ejército. 51 (1990),608, S. 30 – 37.
BZ 05173:1990

Gonzalez Portilla, Manuel: La Guerra Civil en el País Vasco: política y economia. Madrid: Siglo 1988. 154 S.
Bc 8432   84-323-0621-5

Historia y memoria de la Guerra Civil. Encuentro en Castilla y Leon. Salamanca, 24-27 de septiembre de 1986. 1-3. Julio Arostegui. Junta de Castilla y Leon
B 68970

Kogelfranz, Siegfried; Plate, Eckart: Sterben für die Freiheit. Die Tragödie des Spanischen Bürgerkrieges. München: Bertelsmann 1989. 510 S.
B 68546

Koprivica-Oštrič, Stanislava: Jugoslavenski dobrovoljci u jedinicama španjoske republikanske vojske 1936-1939. In: Časopis za suvremenu povijest. 19 (1987),2, S. 1 – 26.
BZ 4582:1987

Landis, Arthur H.: Death in the olive groves: American volunteers in the Spanish Civil War, 1936-1939. New York, NY: Paragon House 1989. XXV, 254 S.
B 70008   1-55778-051-X

A las barricades: Triumph u. Scheitern d. Anarchismus im Span. Bürgerkrieg. Grafenau-Döffingen: Trotzdem-Verl. 1987. 211 S.
B 66141 3-922209-23-8

Márquez Espada, Crispulo: Desde Sierra Morena a el Maestrazgo con los Internacionales: (recuerdos de la Guerra Civil Española). Madrid: Ed. San Martín 1988. 236 S.
B 72039 84-7140-260-2

Massot i Muntaner, Josep: El desembarcament de Bayo a Mallorca: agostsettembre de 1936. Montserrat: Publ. de l'Abadia de Montserrat 1987. 458 S.
B 68384 84-7202-835-6

Oliveira, César: Salazar e a Guerra Civil de Espanha. Lisboa: O Jornal 1987. 442 S.
B 68925

Our fight: Spain 1936-1939; writings by veterans of the Abraham Lincoln Brigade. Ed.: Alvah Bessie. New York: Monthly Review Pr. 1987. 360 S.
B 66534 0-85345-725-5

Periodismo y periodistas en la Guerra Civil. Hrsg.: Jesús Manuel Martínez. Madrid: Fundación Banco Exterior 1987. 156 S. 84-505-6168-X
B 68413

Purga de maestros de la Guerra Civil: la depuración del magisterio nacional de la provincia de Burgos. Valladolid: Ambito Ed. 1987. 220 S.
B 68968 84-86770-02-5

Safrian, Hans: Sozialgeschichtliche Hintergründe und Motive österreichischer Spanienkämpfer. In: Dokumentationsarchiv des österreichischen Widerstandes. Jahrbuch. (1990), S. 89 – 107.
BZC17:1990

Sánchez Catalén, Antonio: Yo luche en la batalla del Ebro: diario de un soldado. Madridejos: Sanchez Catalan 1988. 146 S.
Bc 9114

Sanchez, José Mariano: The Spanish Civil War as a religious tragedy. Notre Dame, Ind.: Univ. of Notre Dame Pr. 1987. XVI, 241 S.
B 67050 0-268-01726-3

Whealey, Robert H.: Hitler and Spain: the Nazi role in the Spanish Civil War; 1936 – 1939. Lexington, Ky.: Univ. Pr. of Kentucky 1989. IX, 269 S.
B 70627 0-8131-1621-X

K 4 f 490 Sonstige Kriege

Baryšnikov, Nikola Ivanovič: Sovetsko-finljandskaja vojna 1939-1940 gg. In: Novaja i novejšaja istorija. (1989),4, S. 28 – 41.
BZ 05334:1989

Borkowski, Jan: Wojna polsko-radziecka 1919-1920 w świetle materiałow kolokwium paryskiego. In: Wojskowy przegląd historyczny. 35 (1990),1-2, S. 124 – 138.
BZ 4490:1990

Kopański, Tomasz: Lotnictwo polskie w kampanii polsko-ukraińskiej 1918-1919. In: Wojskowy przegląd historyczny. 35 (1990),1-2, S. 133 – 158.
BZ 4490:1990

Majewski, Wiesław: Kukiel a kwestia autorstwa planu bitwy warszawskiej 1920 r. In: Wojskowy przegląd historyczny. 35 (1990),1-2, S. 41 – 49.
BZ 4490:1990

Musialik, Zdzisław: General Weygand and the battle of the battle of the Vistula. London: Józef Piłsudski Inst. of Research 1987. 146 S.
Bc 8866

Po Dorogam Kitaja. 1937-1945. Red.: Ju. V. Čudodeev. Moskva: Nauka 1989. 363 S.
B 68952

Strychalski, Jerzy: Spór o autorstwo planu bitwy warszawskiej 1920 r. In: Wojskowy przeglad historyczny. 35 (1990),1-2, S. 3 – 40.
BZ 4490:1990

Tarkowski, Krzysztof, A.: Działania lotnictwa polskiego w bitwie warszawskiej w sierpniu 1920r. In: Wojskowy przeglad historyczny. 35 (1990),1-2, S. 50 – 59.
BZ 4490:1990

K 5 Geschichte 1939-1945

K 5 a Allgemeine Werke

Alonso Baquer, Miguel: La estrategia en la Segunda Guerra mundial. In: Ejército. 50 (1989),596, S. 42 – 50.
BZ 05173:1989

Bell, Ken: The way we were. Toronto: Univ. of Toronto Pr. 1988. 255 S.
010793   0-8020-3990-1

Čalič, Eduard: Uzroci i posljedice drugog svjetskog rata. In: Vojnoistorijski glasnik. 40 (1989),3, S. 11 – 29.
BZ 4531:1989

The Daily Telegraph Record of the Second World War. Month by month from 1939 to 1945. Ed.: Hugh Montgomery-Massinberg. London: Sidgwick & Jackson 1989. 207 S.
011001

Dziewanowski, Marian K.: War at any price: World War II in Europe, 1939-1945. Englewood Cliffs.: Prentice-Hall 1987. XIV, 386 S.
B 65772   0-13-944331-2

Fincham, Paul: The Home Front in the Second World War. Harlow: Longman 1988. 64 S.
Bc 8587

Die Französische Revolution und der Beginn des Zweiten Weltkrieges aus deutscher und französischer Sicht. Herford: Mittler 1989. 103 S.
Bc 9341

Gilbert, Martin: Second World War. London: Weidenfeld and Nicolson 1989. XIX, 846 S.
010968   0-297-79616-X

Giordano, Ralf: Wenn Hitler den Krieg gewonnen hätte. Hamburg: Rasch u. Röhring 1989. 383 S.
B 69648

Gourdon, Joël; Guerout-Jesset, Anne-Marie; Peretti, Henri: Le Choc des mondes 1929 à nos jours. Paris: SEDES 1988. 192 S.
Bc 9008

Heukenkamp, Ursula: Die ganze Wahrheit. Kriegsdeutung als gesellschaftliche Konvention und ihre Kritik. In: Krieg und Literatur. 2 (1990),3, S. 83 – 98.
BZ 5000:1990

Keegan, John: The Second World War. London: Hutchinson 1989. 608 S.
010918   0-09-174011-8

Kohl, Helmut: Regierungserklärung vom 1. September 1989 zum 50. Jahrestag des Beginns des Zweiten Weltkriegs. Erinnerung, Trauer, Mahnung, Verantwortung. Bonn: Presse- u. Informationsamt d. Bundesregierung 1989. 50 S.
Bc 9022

Kriegsausbruch 1939. Beteiligte, Betroffene, Neutrale. Hrsg.: Helmut Altrichter. München: Beck 1989. 290 S.
B 69772

Kul'Ko, Evgenij Nikolaevič; Rzeševskij, Oleg Aleksandrovic; Čelyšev, Igor Alekseevič: Pravda i lož o vtoroj mirovoj vojne. Moskva: Voenizdat 1988. 296 S.
B 71821

Lebedeva, Natal'ja Sergeevna: Bezogovoročnaja Kapituljacija agressorov. Iz ist. vyroj mir. vojny. Moskva: Nauka 1989. 384 S.
B 70154

Lee, Lloyd Ervin: The War Years. A global history of the Second World War. Boston, Mass.: Unwin Hyman 1989. XXII, 328 S.
B 69224

Matanle, Ivor: World War II. New York, NY: Military Pr. 1989. 400 S.
02449

Messenger, Charles: World War Two: chronological atlas; when, where, how and why. London: Bloomsbury 1989. 255 S.
010898   0-7475-0229-3

Nesvadba, František: Materiální náklady a ztráty v druhe svetové válce. In: Historie a vojenství. (1989),5, S. 61 – 73.
BZ 4526:1989

Parker, Robert Alexander Clarke: Struggle for survival: the history of the Second World War. Oxford: Oxford Univ. Pr. 1989. X, 328 S.
B 71062   0-19-219126-8

Perrett, Bryan: Encyclopedia of the Second World War. Burnt Mill: Longman 1989. 447 S.
010987   0-582-89328-3

Pitt, Barrie; Pitt, Frances: The month by month atlas of World War II. New York, NY: Summit Books 1989. XI, 178 S.
011060

Sawicki, Tadeusz: Straty osobowe Wehrmachtu i Armii Czerwonej w II wojnie światowej na tle porównawczym. In: Wojskowy przegląd historyczny. 35 (1990),1-2, S. 110 – 123.
BZ 4490:1990

Sawuschkin, Robert: Zur Darstellung des bewaffneten Kampfes in einer künftigen Geschichte des Großen Vaterländischen Krieges des Sowjetvolkes. In: Militärgeschichte. 29 (1990),2, S. 131 – 140.
BZ 4527:1990

Smirnov, Vladislav Pavlovič: O charaktere vtoroj mirovoj vojny. In: Novaja i novejšaja istorija. (1989),3, S. 101 – 110.
BZ 05334:1989

So war der Zweite Weltkrieg. Hrsg.: Gert Sudholt. Berg am Starnberger See: Druffel 1989. 256 S.
B 70970

Sobczak, Kazimierz: Przyczyny wojny niemiecko-polskiej 1939 roku. In: Wojskowy przegląd historyczny. 34 (1989),3, S. 3 – 41.
BZ 4490:1989

The Times Atlas of the Second World War. Ed.: John Keegan. London: Times Books 1989. 254 S.
02446

World War II. An 50th anniversary history... of Associated Press. London: Hale 1989. 318 S.
011004

Der Zweite Weltkrieg. Analysen, Grundzüge, Forschungsbilanz. Hrsg.: Wolfgang Michalka. München: Piper 1989. XVI, 878 S.
B 69458

K 5 c Biographien und Kriegserlebnisse

K 5 c 10 Biographien militärischer Führer

Bücheler, Heinrich: Carl-Heinrich von Stülpnagel: Soldat – Philosoph Verschwörer; Biographie. Frankfurt: Ullstein 1989. 367 S.
B 68544   3-550-07300-3

Burdick, Charles: Hubert Lanz: General d. Gebirgstruppe; 1896-1982. Osnabrück: Biblio Verl. 1988. XIII, 266 S.
B 66926   3-7648-1736-4

Hayes, Thomas: Bilibib diary: the secret notebooks of Commander Thomas Hayes; POW, the Phlippines, 1942-45. Ed.: A. B. Feuer. Hamden, Conn.: Archon Books 1987. XXII, 248 S.
B 65659   0-208-02169-8

Krautkrämer, Elmar: Frankreichs Kriegswende 1942: die Rückwirkungen der alliierten Landung in Nordafrika; Darlan, De Gaulle, Giraud und die royalistische Utopie. Bern: Lang 1989. 441 S.
B 69151   3-261-03902-7

Sperker, Karl Heinrich: Generaloberst Erhard Raus. E. Truppenführer im Ostfeldzug. Osnabrück: Biblio Verl. 1988. X, 337 S.
B 67994

Stehle, Hansjakob: Bischof Hudal und SS-Führer Meyer. In: Vierteljahrshefte für Zeitgeschichte. 37 (1989),2, S.299 – 322.
BZ 4456:1989

K 5 c 20 Kriegserlebnisse

Boel, Geoff: The Normandy Nobodies. The unit that wheeled and dealed its way through the Normandy invasion. London: Blandford Pr. 1988.
B 67942

Breckner, Roswitha: „Ob es einen Wert hat in Kriegserinnerungen herumzukramen (...) und sie gleich schriftlich niederzulegen". In: Geschichtswerkstatt. (1990),23, S. 43 – 55.
BZ 4937:1990

Children in war: reminiscences of the Second World War. Ed.: David Childs. Nottingham: Inst. of German, Austrian and Swiss Affairs 1989. V, 182 S.
B 72570

Dykes, Vivian: Establishing the Alliance: the Second World War diaries of Brigadier Vivian Dykes. London: Brassey's 1990. 241 S.
B 72292   0-08-036260-5

Franks, Norman L.: Scramble to victory: five fighter pilots 1939-1945. London: Kimber 1987. 222 S.
B 66650   0-7183-0652-X

Freeman, Roger Anthony: The Hub. Fighter leader. The story of Hub Zemka, America's great World War II fighter commander. Shrewsbury: Airlife 1988. 256 S.
B 68509

Freitag, Walter W.: Panzer Rhapsodie. Depesche für Rommel. München: Ehrenwirth 1989. 278 S.
B 68545

Gall, Vladimir: Mein Weg nach Halle. Berlin: Militärverlag der DDR 1988. 202 S.
B 67778   3-327-00625-3

Hall, William W.: Flyer's Tale. Memoirs of a bomber pilot and prisoner of war. Braunton: Merlin Books 1989. 32 S.
Bc 9266

Hoyt, Edwin Palmer: The GI's War. The story of American soldiers in Europe in World War II. New York: McGraw-Hill 1988. XVIII, 620 S.
B 67863

Huebner, Klaus H.: Long Walk through war. A combat doctor's diary. College Station, Tex.: Univ. of Texas Pr. 1987. XV, 207 S.
B 66612

Kunert, Andrzej Krzysztof: Słownik biograficzny konspiracji warszawskiej 1939-1944. Warszawa: Inst. Wydawn. Pax 1987. 196, 246 S.
B 68673

Loubet, Roland: Le bon Combat. Journal d'un soldat du 15e R.I.A. 1939-1945. Balman: Loubet 1987. 372 S.
B 66156

Luck, Hans von: Panzer commander: the memoirs of Colonel Hans von Luck. New York: Praeger 1989. XXIV, 282 S.
B 71170   0-275-93115-3

Lusseyran, Jacques: Das wiedergefundene Licht. Die Lebensgeschichte eines Blinden im französischen Widerstand. München: Deutscher Taschenbuchverl. 1989. 241 S.
Bc 9280

Makoveev, Vasilij Filimonovič: Tam, gde russkaja slava prošla. Vasilij Nikolaevič Fedotov: V plameni boev. Moskva: Voenizdat 1989. 208 S.
B 71474

Mizin, Vasilij Michajlovič: Snajper Petrova. Leningrad: Lenizdat 1988. 120 S.
Bc 7915

Neil, Tom: Gun-button to „Fire". London: Kimber 1987. 237 S.
B 66057   0-7183-0658-9

Packe, Michael: Winged stallion: fighting and training with the First Airborne. London: Blandford 1988. 252 S.
B 66117   0-7137-2037-9

Penna, Cyril: Escape and evasion. Penzance: United Writers 1987. 105 S.
B 66642   1-85200-008-2

Phibbs, Brendan: The other Side of time. A combat surgeon in World War II. London: Hale 1989. IX, 341 S.
B 68513

Rasmussen, Detlef: Jahrgang 1921. Mein Weg von Bajohren nach Bajohren 1941-1945/46. Bonn-Bad Godesberg: Selbstverlag 1989. 104 S.
Bc 8781

Rolls, Bill: Spitfire attack. London: Kimber 1987. 232 S.
B 66723

Schröder, Hans Joachim: Das Kriegserlebnis als individuell-biographische und kollektivhistorische Erfahrung. Ehemalige Mannschaftssoldaten erzählen vom Zweiten Weltkrieg. In: BIOS. (1988),2, S. 39 – 48.
BZ 4961:1988

Schütze, Fritz: Kollektive Verlaufskurve oder kollektiver Wandlungsprozeß. In: BIOS. (1989),1, S. 31 – 110.
BZ 4961:1989

So erlebten wir das Ende: als Deutschland den 2. Weltkrieg verlor; Erinnerungen. Hrsg.: Udo Haltermann. Nettetal: Steyler-Verl. 1988. 189 S.
B 67481   3-8050-0203-3

Stafford, Edward P.: Subchaser. Annapolis, Mass.: Naval Inst. Pr. 1988. IX, 251 S.
B 67711

Tayloe, Roberta Love: Combat Nurse. A journal of World War II. Santa Barbara, Calif.: Fithian Pr. 1988. 110 S.
Bc 9535

Ward, Alwyn: Dunkirk inspiration: a soldier's story. Sheffield: A. Ward 1990. 140 S.
Bc 9344   0-9509606-3-2

Wette, Wolfram: „Es roch nach Ungeheuerlichem". Zeitzeugenbericht eines Panzerschützen über die Stimmung in einer Einheit des deutschen Ostheeres am Vorabend des Überfalls auf die Sowjetunion 1941. In: 1999. 4 (1989),4, S. 62 – 73.
BZ 4879:1989

Williamson, Len: Six wasted Years. Braunton: Merlin Books 1988. 52 S.
Bc 8979

Würdemann, Hermann: Schwere Jahre: als Soldat an Ost- u. Westfront u. als Sträfling in Dartmoor. Oldenburg: Holzberg 1987. 159 S.
B 67453   3-87358-289-9

K 5 e Politische Geschichte

K 5 e 10 Vorgeschichte des Krieges

Brooman, Josh: Roads to war. The origins of the Second World War 1929/41. Harlow: Longman 1989. 32 S.
Bc 02639

Gross, Jan T.: Und wehe, du hoffst. Freiburg i. Br.: Herder 1988. 222 S.
B 67320

Guerrero Roiz dela Parra, Juan: Un inmenso esfuerzo inutil. In: Ejército. 50 (1989),596, S. 82 – 89.
BZ 05173:1989

K istorii zaključenija sovetsko-germanskogo dogovora o nenapadenii 23 avgusta 1939 g. In: Novaja i novejšaja istorija. (1989),6, S. 3 – 21.
BZ 05334:1989

Lukacs, John: The coming of the Second World War. In: Foreign affairs. 68 (1989),4, S. 165 – 174.
BZ 05149:1989

Političeskie peregovory SSSR, Velikobritanii i Francii 1939 g. v svete francuzskich diplomatičeskich dokumentov. In: Novaja i novejšaja istorija. (1989),6, S. 89 – 116.
BZ 05334:1989

Preda, Eugen: 1939: the road towards the war. Historiography and reality. A contribution to reappraisal – 50 years on. In: Revue roumaine d'histoire. 28 (1989),3, S. 165 – 188.
BZ 4577:1989

Pribylov, V. I.: Trinadcat' dnej v avguste 1939-go. In: Voenno-istoričeskij žurnal. (1989),8, S. 32 – 40.
BZ 05196:1989

Vislov, Oleg v.: Beschwichtigung der Aggressoren: Das Wesen und die Lehren. In: Zeitschrift für Geschichtswissenschaft. 38 (1990),1, S. 21 – 31.
BZ 4510:1990

Volkogonov, Dimitrij Antonovič: Drama rešenij 1939 goda. In: Novaja i novejšaja istorija. (1989),4, S. 3 – 27.
BZ 05334:1989

Watt, Donald Cameron: How war came. The immediate origins of Second World War, 1938-1939. London: Heinemann 1989. XIV, 736 S.
B 70929

Watt, Donald Cameron: 1939 revisited: on theories of the origins of wars. In: International affairs <London>. 65 (1989),4, S. 685 – 692.
BZ 4447:1989

K 5 e 20 Politischer Verlauf des Krieges

„Kruglyj stol": Vtoraja mirovaja vojna i stoki i pričiny. In: Voprosy istorii. (1989),6, S. 3 – 32.
BZ 05317:1989

Diéguez M., Maria Isabel: La neutralidad de Argentina durante la Segunda Guerra Mundial. In: Estudios internacionales. 22 (1989),85, S. 53 – 77.
BZ 4936:1989

Dinan, Desmond: The Politics of persuasion. British policy and French African neutrality 1940-1942. Lanham: Univ. Pr. of America 1988. XII, 307 S.
B 68463

Dwyer, Thomas R.: Strained relations: Ireland at peace and the USA at war, 1941-45. Dublin: Gill and Macmillan 1988. 193 S.
B 65875   0-7171-1580-1

Gordon, Sheila: 3rd September, 1939. London: Dryad Pr. 1988. 64 S.
B 67871

Groth, Alexander J.: Totalitarians and democrats: aspects of political-military relations 1939-1945. In: Comparative strategy. 8 (1989),1, S. 73 – 97.
BZ 4686:1989

Haack, Johannes F.: Die Antihitlerkoalition, der Status quo und die Zukunft Europas. In: Militärwesen. (1990),4, S. 15 – 21.
BZ 4485:1990

Irving, David: Churchill's War. Bullsbrook: Veritas Publ. 1987. XX, 666 S.
B 72515

James, Dorris C.: A time for giants: politcs of the American High Command in World War II. New York, NY: Watts 1987. XVI, 317 S.
B 67297   0-531-15046-1

Jimenez Rioja, Miguel: La economia en la Guerra Mundial. In: Ejército. 50 (1989),596, S. 52 – 59.
BZ 05173:1989

Kowalski, Włodzimierz T.: Zachodni sojusznicy Polski wobec niemieckiej agresji na Polskę. In: Wojskowy przeglad historyczny. 34 (1989),3, S. 42 – 59.
BZ 4490:1989

Larrazabal, Ramón Salas: La division „AZUL". In: Guerres mondiales et conflits contemporains. (1990),158, S. 41 – 64.
BZ 4455:1990

Magenheimer, Heinz: Die Sowjetunion und der Ausbruch des Zweiten Weltkrieges. In: Österreichische militärische Zeitschrift. 27 (1989),5, S. 385 – 396.
BZ 05214:1989

Mar'ina, Valentina Vladimirovna: Češskoe obščestvo o sovetsko-germanskom pakte 1939 g. i načale vtoroj mirovoj vojny. In: Voprosy istorii. (1990),7, S. 18 – 31.
BZ 05317:1990

Menger, Manfred: Deutschland und Finnland im Zweiten Weltkrieg. Berlin: Militärverlag der DDR 1988. 276 S.
B 69293

Miner, Steven Marritt: Between Churchill and Stalin. The Soviet Union, Great Britain, and the origins of the grand alliance. Chapel Hill, NC: Univ. of North Carolina Pr. 1988. 319 S.
B 69874

Na rokovom poroge (iz archivnych materialov 1939 goda). In: Voprosy istorii. (1990),3, S. 18 – 39.
BZ 05317:1990

Papeleux, Léon: Le Saint-Siège et les belligérants en 1942. In: Guerres mondiales et conflits contemporains. (1988),150, S. 61 – 76.
BZ 4455:1988

Pelagalli, Sergio: Le relazioni militari italogermaniche nelle carte del generale Marras addetto militare a Berlino (giugno 1940 – settembre 1943). In: Storia contemporanea. 21 (1990),1, S. 5 – 94.
BZ 4590:1990

Sadkovich, James J.: Understanding defeat: reappraising Italy's role in World War II. In: Journal of contemporary history. 24 (1989),1, S. 27 – 61.
BZ 4552:1989

Schaufelberger, Walter: Italien und die bewaffnete Neutralität der Schweiz. In: Allgemeine schweizerische Militärzeitschrift. 155 (1989),9, S. 550 – 559.
BZ 05139:1989

Schaufelberger, Walter: La mobilitazione del 1939 dal punto di vista storico-militare. In: Rivista militare della Svizzera Italiana. 61 (1989),4, S. 234 – 250.
BZ 4502:1989

Topitsch, Ernst: Stalins Krieg: die sowjetische Langzeitstrategie gegen den Westen als rationale Machtpolitik. Herford: Busse Seewald 1990. 263 S.
B 71619   3-512-00966-2

Volkov, Fedov Dmitrievič: Tajnoe Stanovitsja javnym. Dejatel'nost' diplomatii i razvedki zapadnych deržav v gody vtoroj mirovoj vojny. Moskva: Politizdat 1989. 363 S.
B 69502

K 5 e 22 Kriegskonferenzen

Ahmann, Rolf: Soviet foreign policy and the molotov-Ribbentrop pact of 1939: an enigma reassessed. In: Storia delle relazioni internazionali. 5 (1989),2, S. 349 – 370.
BZ 4850:1989

Arcidiacono, Bruno: Dei rapporti tra diplomazia e aritmetica: lo „Strano Accordo" Churchill-Stalin sui Balcani. In: Storia delle relazioni internazionali. 5 (1989),2, S. 225 – 277.
BZ 4850:1989

Laloy, Jean: Wie Stalin Europa spaltete: die Wahrhet über Jalta. Wien: Zsolnay 1990. 199 S.
B 72132   3-552-04215-6

K 5 f Militärische Geschichte

K 5 f 10 Landkrieg und Allgemeines

Die operative Idee und ihre Grundlagen. Ausgew. Operationen d. Zweiten Weltkrieges. Herford: Mittler 1989. 223 S.
B 69015

K 5 f 16 Truppengeschichte

Basistov, Yuri: Un punto de vista sovietico sobre la División Azul. In: Defensa. 13 (1990),142, S. 57 – 61.
BZ 05344:1990

Kurowski, Franz: Der Panzerkrieg. Rastatt: Pabel 1989. 475 S.
B 70218

Wernik, Romuald: Z chamsinu w mgle. Londyn: Polska fundacja kulturalna 1988. 167 S.
Bc 8985

Witzel, Dietrich F.: Kommandoverbände der Abwehr II im Zweiten Weltkrieg. In: Europäische Wehrkunde – Wehrwissenschaftliche Rundschau.. 5 (1990), S. 117.
BZ 4895:1990

K 5 f 20 Seekrieg

Goulter, Christina: The role of intelligence in coastal command's anti-shipping campaign, 1940-1945. In: Intelligence and national security. 5 (1990),1, S. 84 – 109.
BZ 4849:1990

Kosiarz, Edmund: Wojna na Bałtyku 1939. Gdańsk: Krajowa agencja wydawn 1988. 414 S.
B 66971

Kosiarz, Edmund: Wojna na morzach i oceanach 1939-1945. Charakterystyka i kronika wydarzeń. Gdańsk: Wydawn.Morskie 1988. 384 S.
B 69507

Lopes da Cruz, Augusto: Início das hostilidades: salvamento do Comandante Lira. In: Revista maritima brasileira. 110 (1990),1/3, S. 43 – 52.
BZ 4630:1990

Rastelli, Achille: Il „TOTI" affondo il „Triad", non il „Rainbow". In: Rivista marittima. 123 (1990),5, S. 103 – 117.
BZ 4453:1990

K 5 f 20.2 Seestreitkräfte/Flotten

Herzog, Bodo: Die gefallenen U-Boot-Ärzte der deutschen U-Boot-Waffe. In: Marine-Rundschau. 86 (1989),3, S. 171 – 174.
BZ 05138:1989

Lund, Paul; Ludlam, Harry: Nightmare Convoy. The story of the lost Wrens. London: Foulsham 1987. 128 S.
B 68025

Milner, Marc: The battle of the Atlantic. In: The journal of strategic studies. 13 (1990),1, S. 45 – 66.
BZ 4669:1990

K 5 f 26 Einzelne Schiffe

Bludau, Dietrich: Der Kommandant. Panzerschiff Admiral Graf Spee aus der Sicht neuer Quellen. In: Marine-Forum. 65 (1990),1/2, S. 20 -23.
BZ 05170:1990

Breyer, Siegfried: Panzerschiff „Admiral Graf Spee". Friedberg: Podzun-Pallas-Verl. 1989. 48 S.
Bc 02625

Kähler, Wolfgang: Schlachtschiff Gneisenau. Herford: Koehler 1988. 172 S.
3-7822-0419-0
B 67347

Lanitzki, Günter: Kreuzer Edinburgh. Goldtresor und Seemannsgrab. Berlin: Transpress 1988. 152 S.
B 68716

Mason, F.A.: The last destroyer. HMS Aldenham, 1942-44. London: Hale 1988. 206 S.
B 66645

Petsch, Kurt: Nachtjagdleitschiff TOGO: [1943-1945; d. Geschichte d. Schiffes u. seiner Besatzung, nach dienstl. u. privaten Tagebüchern, Erinnerungen u. Fotografien]. Reutlingen: Preuss. Militär-Verl. 1988. 211 S.
B 68251   3-927292-00-1

Stockfisch, Dieter: Panzerschiff „Admiral Graf Spee". Seegefecht am Rio de la Plata. Technik, Taktik, Führung. In: Soldat und Technik. (1989),12, S. 926 – 929.
BZ 05175:1989

K 5 f 30 Luftkrieg

Angelucci, Enzo; Matricardi, Paolo: Complete Book of World War II combat aircraft 1933-1945. New York, NY: Military Pr. 1988. 414 S.
02450

Boog, Horst: German air intelligence in the Second World War. In: Intelligence and national security. 5 (1990),2, S. 350 – 424.
BZ 4849:1990

Brown, Eric M.: Duels in the sky: World War II naval aircraft combat. Annapolis, Ma.: Naval Inst. Pr. 1988. VIII, 222 S.
010977   0-87021-063-7

Brunner, Walter: Bomben auf Graz. Die Dok. Graz: Leykam 1989. 405 S.
B 69335

Brütting, Georg: Das waren die deutschen Kampfflieger 1939-1945. Stuttgart: Motorbuch Verl. 1988. 308 S.
3-87943-345-3
B 72240

Cox, Sebastian: A comparative analysis of RAF and Luftwaffe intelligence in the Battle of Britain, 1940. In: Intelligence and national security. 5 (1990),2, S. 425 – 443.
BZ 4849:1990

Currie, Jack: The Augsburg Raid. The story of one of the most dramatic and dangerous raids. London: Goodall Publ. 1987. 140 S.
B 67943

Cynk, Jerz B.: Siły lotnicze polski i niemiec. Wrzesień 1939. Warszawa: Wydawn. Komunikacji i Łacznod'sci 1989. 284 S.
B 71472

Czmur, Stefan: Wałka o panowanie w powietrzu. Warszawa: Wydawn.MON 1988. 429 S.
B 67985

Fegert, Hans: Luftangriffe auf Ingolstadt. Geheime historische Dokumente, Fotos und Zeitzeugenberichte aus den Jahren 1939 bis 1945. Kösching: 3K-Verl. 1989. 373 S.
011053

Hynes, Samuel Lynn: Flights of passage.
New York, NY: Beil 1988. VIII, 270 S.
B 66701

Kriegsschauplatz Kiel: Luftbilder der
Stadtzerstörung 1944/45. Hrsg.: Jürgen
Jensen. Neumünster: Wachholtz 1989.
88 S.
010929   3-529-02697-2

Kurowski, Franz: Luftwaffe am Feind 1939
– 1945: als Kampfflieger u. Fallschirmjäger
an d. Brennpunkten d. Fronten. Dülmen:
Laumann 1988. 405 S.
B 68252   3-87466-102-4

Leal, H.J.T.: Battle in the skies over the Isle
of Wight. Newport: Isle of Wight County
Pr. 1988. 96 S.
Bc 9599

Lembach, Kurt: Als im Lambrechter Tal die
Kinder starben. Lambrecht: Edeldruck
1989. 47 S.
Bc 8977

Matheny, Ray T.: Die Feuerreiter. München: Knaus 1988. 286 S.
B 67376

Merrick, Ken: By day & night. The bomber
war in Europe 1939/45. London: Allan
1989. 127 S.
011155

Middlebrook, Martin: The Berlin raids:
RAF bomber command winter 1943-44.
London: Viking 1988. 407 S.
B 66924   0-670-80697-8

Smith, Malcolm: The allied air offensive. In:
The journal of strategic studies. 13
(1990),1, S. 67 – 83.
BZ 4669:1990

Trench, Richard: London before the Blitz.
London: Weidenfeld and Nicolson 1989.
190 S.
010916

Ward, Arthur: A Nation alone. The battle
of Britain – 1940. London: Osprey 1989.
208 S.
010967

K 5 f 64 Kriegsgefangene/Internierte/Deportierte

K 5 f 64.1 Kriegsgefangene

Arct, Bohdan: Prisoner of war: my secret
journal; Stalag Luft 1, Germany 1944-45.
Devon: Webb & Bower 1988. IX, 151 S.
B 67290   0-86350-229-6

Bacque, James: Der geplante Tod. Deutsche
Kriegsgefangene in amerikanischen und
französischen Lagern 1945-1946. Frankfurt: Ullstein 1989. 302 S.
B 69645

Badigin, Konstantin: Vom Eismeer zum Pazifik. Berlin: Militärverlag der DDR 1988.
319 S.
B 67777

Cherubin, Dariusz: Ludność polska w więzieniach i obozach radzieckich w latach 1939-1941. Warszawa: Wydawn. Rytm 1989.
132 S.
Bc 9249

Dedijer, Vladimir; Miletič, Anton: Proterivanje Srba sa ognjišta 1941-1944. Svedočanstva. Beograd: Prosveta 1989. 935 S.
B 73584

Durand, Arthur A.: Stalag Luft III. The secret story. Baton Rouge, La.: Louisiana State Univ. Pr. 1988. XIII, 412 S.
B 67714

Galickij, V.P.: Vražeskie voennoplennye v SSSR (1941-1945 gg). In: Voenno-istoričeskij žurnal. (1990),9, S. 39 – 46.
BZ 05196:1990

Hoop, Jean-Marie de: Prisonniers de guerre français témoins de la défaite allemande (1945). In: Guerres mondiales et conflits contemporains. (1988),150, S. 77 – 98.
BZ 4455:1988

Jacobsen, Tor: Slaveanlegget: fangene som bygde Nordlandsbanen. Oslo: Gyldendal Norsk Forl. 1987. 146 S.
B 66247 82-05-17384-2

Letulle, Claude J.: Nightmare memoir: four years as a prisoner of the Nazis. Baton Rouge: Louisiana State Univ. Pr. 1987. X, 132 S.
B 66538 0-8071-1333-6

Lewin, Ch.: Le retour des prisonniers de guerre français (1945). In: Guerres mondiales et conflits contemporains. (1987),147, S. 49 – 80.
BZ 4455:1987

Nimmo, William F.: Behind a curtain of silence: Japanese in Soviet custody, 1945-1956. New York: Greenwood Pr. 1988. X, 149 S.
B 68397 0-313-25762-0

Parrish, Michael: Soviet generals in German captivity: a biographical inquiry. In: Survey. 30 (1989),4, S. 66 – 86.
BZ 4515:1989

Sani, Massimo: Prigionieri. I soldati italiani nei campi di concentramento 1940-1947. Torino: Ed. RAI 1987. 168 S.
Bc 02519

Schwabe, Helmut: Verworrene Heimkehr. Schicksalsbericht eines Rußlandheimkehrers. Tuningen: Günter Albert Ulmer 1988. 276 S.
B 67219

Steinbach, Peter: Zur Sozialgeschichte der deutschen Kriegsgefangenschaft in der Sowjetunion im 2. WK. und in der Frühgeschichte der BRD. In: Zeitgeschichte. 17 (1989),1, S. 1 – 18.
BZ 4617:1989

Taylor, Frank: Barbed Wire and footlights. Seven stalags to freedom. Braunton: Merlin Books 1988. 124 S.
Bc 8810

K 5 f 64.2 Internierte

Burdick, Charles: An American Island in Hitler's Reich. The Bad Nauheim internment. Menlo Park, Calif.: Markgraf 1987. 120 S.
B 66554

Dubois, Colette: Internés et prisonniers de guerre italiens dans les camps de l'Empire français de 1940 à 1945. In: Guerres mondiales et conflits contemporains. 39 (1989),156, S. 53 – 72.
BZ 4455:1989

K 5 f 64.3 Deportierte

Mantelli, Brunello: Aprile 1944. Il grande rastrellamento della Benedicta. Una rilettura attraverso le fonti tedesche. In: Italia contemporanea. (1990),178, S. 83 – 99.
BZ 4489:1990

Parsadanova, Valentina Sergeevna: Deportacija naselenija iz zapodnoj Ukrainy i zapadnoj Belorussii v 1939-1941 gg. In: Novaja i novejšaja istorija. (1989),2, S. 26 – 44.
BZ 05334:1989

K 5 f 64.4 Konzentrationslager

Améry, Jean: Die Tortur. In: Dachauer Hefte. 5 (1989),5, S. 125 – 140.
BZ 4855:1989

Bar-On, Dan: Moral und unterschwelliges Streben nach Macht. Interviews mit einem KZ-Arzt und seinem Sohn. In: BIOS. (1988),2, S. 59 – 71.
BZ 4961:1988

Berghe, Gie van den: Met de dood voor ogen: begrip en onbegrip tussen overlevenden van nazi-kampen en buitenstanders. Berchem: Uitgev. EPO 1987. 534 S.
90-6445-694-1
B 67503

Brousek, Karl: „...wir werden verlieren, aber ihr kommt auch dran!". Zur Befreiung Mauthausens Häftlingswiderstand – Liquidierungspläne – Rettermythos. In: Zeitgeschichte. 17 (1989),2, S. 114 – 125.
BZ 4617:1989

Glazar, Richard: Treblinka – Die Falle mit dem grünen Zaun. In: Dachauer Hefte. 5 (1989),5, S. 253 – 276.
BZ 4855:1989

Haas, Peter J.: Faith, Ethics and the Holocaust. Essay: The morality of Auschwitz: moral language and the Nazi ethic. In: Holocaust and genocide studies. 3 (1988),4, S. 383 – 393.
BZ 4870:1988

Hoch, Gerhard: Von Auschwitz nach Holstein: der Leidensweg der 1200 jüdischen Häftlinge von Fürstengrube. Hamburg: VSA-Verl. 1990. 197 S.
Bc 9240   3-87975-513-2

Kandulkov, Karl; Dičkov, Dimitr': Pút prez Buchenvald. Sofija: Partizdat 1988. 251 S.
B 67939

Konieczny, Alfred: Das Konzentrationslager Groß-Rosen. In: Dachauer Hefte. 5 (1989),5, S. 15 – 27.
BZ 4855:1989

Kornaros, Themos: Vor den Toren Athens: Chaidari. In: Dachauer Hefte. 5 (1989),5, S. 214 – 222.
BZ 4855:1989

Lasik, Aleksander: Ewolucja kadrowa formacji SS „Totenkopf" a udział Volksdeutschów polskich w załodze obozu koncentracyjnego w Oświęcimiu. In: Przegląd zachodni. 45 (1989),4, S. 105 – 124.
BZ 4487:1989

LeChêne, Evelyn: Mauthausen: the history of the death camp. Bath: Chivers 1987. 302 S.
B 66934   0-86220-572-7

Levy, Paul M.G.: Das „Auffang-Lager" Breendonk. In: Dachauer Hefte. 5 (1989),5, S. 115 – 124.
BZ 4855:1989

Matt, Alphons: Einer aus dem Dunkel: d. Befreiung d. Konzentrationslagers Mauthausen durch d. Bankbeamten H. Zürich: SV international Schweizer Verl.-Haus 1988. 182 S.
B 67349   3-7263-6574-5

Mattogno, Carlo: Auschwitz: le „confessioni" di Höss. Parma: Ed. La Sfinge 1987. 41 S.
Bc 8629

Pressac, Jean Claude: Auschwitz: technique and operation of the Gas Chambers. New York, NY: The Beate Klarsfeld Found 1989. 564 S.
010958

Rosenstock, Wolf: Die Chronik von Dschurin. Aufzeichnungen aus einem rumänisch-deutschen Lager. In: Dachauer Hefte. 5 (1989),5, S. 40 – 86.
BZ 4855:1989

Rotbart, Vladislav: Jugosloveni u madarskim natvorima i logorima 1941-1945. Novi Sad: Dnevnik 1988. 457 S.
B 72406

Roth, Karl Heinz: I.G. Auschwitz. Normalität oder Anomalie eines kapitalistischen Entwicklungssprungs?In: 1999. 4 (1989),4, S. 11 – 28.
BZ 4879:1989

Safronov, Vancetti Georgievič: Antifašistskaja bor'ba v nacistskich konclagerjach i učastie v nej sovetskich ljudej. In: Novaja i novejšaja istorija. (1989),1, S. 45 – 62.
BZ 05334:1989

Streim, Alfred: Konzentrationslager auf dem Gebiet der Sowjetunion. In: Dachauer Hefte. 5 (1989),5, S. 174 – 187.
BZ 4855:1989

Stuldreher, Coenraad J. F.: Deutsche Konzentrationslager in den Niederlanden. Amersfoort, Westerbork, Herzogenbusch. In: Dachauer Hefte. 5 (1989),5, S. 141 – 173.
BZ 4855:1989

Stutthof hitlerowski obóz koncentracyjny. Red.: Konrad Ciechanowski. Warszawa: Wydawn.Interpress 1988. 335 S.
B 67408

Ciechanowski, Konrad
Wetzel, Juliane: Das Polizeidurchgangslager Bozen. In: Dachauer Hefte. 5 (1989),5, S. 28 – 39.
BZ 4855:1989

Willenberg, Samuel: Surviving Treblinka. Ed.: Władysław T. Bartoszewski. Oxford: Blackwell 1989. 210 S.
B 69362

Women of Theresienstadt: voices from a concentration camp. Oxford: Berg 1988. 152 S.
0-85496-192-5
B 67621

Zonik, Zygmund: Anus belli. Ewakuacja i wyzwolenie hitlerowskich obozów koncentracyinych. Warszawa: Państwowe Wydawn. Naukowe 423 S.
B 68672

Zonik, Zygmunt: Alert trwał 5 lat. Harcerze i harcerki w KL Auschwitz. Warszawa: Młodziezowa Agencja Wydawnicza 1989. 341 S.
B 70180

K 5 i Geistesgeschichte

Bartov, Omer: Daily life and motivation in war: the Wehrmacht in the Soviet Union. In: The journal of strategic studies. 12 (1989),2, S. 200 – 214.
BZ 4669:1989

Fussell, Paul: Wartime: understanding and behavior in the Second World War. Oxford: Oxford Univ. Pr. 1989. X, 330 S.
B 70750   0-19-503797-9

Kirchner, Klaus: Flugblätter aus England, aus den USA. Nachrichten für die Truppe. 1944. Erlangen: Verl. D & C 1989. XLVI-II, 741 S.
011106

Kirchner, Klaus: Flugblätter aus England, aus den USA. Nachrichten für die Truppe. 1945. Erlangen: Verl. D & C 1989. XXXII, 684 S.
011107

Union Jack. A scrapbook. British forces' newspapers 1939-1945. London: Her Majesty's Stat. Off. 1989. 256 S.
010926

Woltersdorf, Hans Werner: Picknick zwischen Biarritz und Shitomir. Remagen: Alverl. 1988. 246 S.
B 70426

K 5 k Kriegsschauplätze

K 5 k 11 Polenfeldzug 1939-1944

Akulichev, Alexadr.; Pamiatnij, Alexandr: El genocidio de Katin: en busca de la verdad definitiva. In: Defensa. 13 (1990),145, S. 60 – 63.
BZ 05344:1990

Böhm, Tadeusz: 1 pułk kawalerii KOP w wojnie obronnej 1939 r. In: Wojskowy przegląd historyczny. 34 (1989),2, S. 92 – 113.
BZ 4490:1989

Buchner, Alex: Der Polenfeldzug 1939. Leoni am Starnberger See: Druffel 1989. 224 S.
B 73506

Cieplewicz, Mieczsław: Obrona Warszawy w 1939 r. In: Wojskowy przegląd historyczny. 34 (1989),3, S. 160 – 176.
BZ 4490:1989

Cygan, Wiktor Krzysztof: Działania wojenne na Nowogródczyźnie, Wileńszczyźnie i Groadzieńszczyńie po 17.9.1939r. In: Wojskowy przegląd historyczny. 35 (1990),1-2, S. 60 – 78.
BZ 4490:1990

Jurga, Tadeusz: Bitwa o zachodnie regiony Polski. In: Wojskowy przegląd historyczny. 34 (1989),3, S. 108 – 122.
BZ 4490:1989

Kania, Stanisław: Zbrodnie Wehrmachtu we wrześniu-pazdzierniku 1939 roku. In: Wojskowy przegląd historyczny. 34 (1989),3, S. 222 – 233.
BZ 4490:1989

Komorowski, Krzysztof: Wykorzystanie doświadczeń kampanii wrześniowej na europejskim teatrze II wojny światowej. In: Wojskowy przegląd historyczny. 35 (1990),1-2, S. 159 – 167.
BZ 4490:1990

Kozłowski, Eugeniusz: Końcowy okres wojny obronnej Poslki. In: Wojskowy przegląd historyczny. 34 (1989),3, S. 191 – 221.
BZ 4490:1989

Krzemiński, Czesław: Lotnictwo polskie w wojnie 1939 roku. In: Wojskowy przegląd historyczny. 34 (1989),3, S. 234 – 255.
BZ 4490:1989

Kupliński, Jerzy: Udział armii słowackiej w agresji niemieckiej przeciwko Polsce we wrześniu 1939 roku. In: Wojskowy przegląd historyczny. 34 (1989),4, S. 62 – 78.
BZ 4490:1989

Lista Katyńska. Jeńcy obozov Kozielsk-Ostaszków-Starobiels zaginieni w Rosji Sowieckiej. Red.: Adam Moszyński.
Warszawa: Agencja Omnipress 1989. 336 S.
B 71255

Lojek, Jerzy: Dzieje sprawy Katynia. Białystok: Versus 1989. 74 S.
Bc 9152

Madajczyk, Czesław: Dramat Katyński. Warszawa: Ksiazka i Wiedza 1989. 188 S.
Bc 9040

Mond, Georges: La fin de la deuxième guerre mondiale en Pologne. In: Guerres mondiales et conflits contemporains. (1988),149, S. 15 – 28.
BZ 4455:1988

Odziemkowski, Janusz: Warszawa w wojnie obronnej 1939 roku. Warszawa: Państwowe Wydawn. Naukowe 1989. 217 S.
B 71464   83-01-07927-4

Okęcki, Staniś aw aw: Cudzoziemscy ochotnicy w wojnie niemieckopolskiej 1939 r Katyńskim. In: Wojskowy przeglad historyczny. 34 (1989),4, S. 55 – 61.
BZ 4490:1989

Parsadanova, V.S.: K istorii katynskogo dela. In: Novaja i novejšaja istorija. (1990),3, S. 19 – 36.
BZ 05334:1990

Pater, Stanisław: Nad Ujściem Dłubni do Wisły. Walka i męczenstwo podzas okupacji niemieckiej na terenie obecnej Nowej Huty w latach 1939 do 1945. Kraków: Cywilna Spólkka Wydawn. 1989. 130 S.
Bc 9833

Pawłowski, Edward: Kawaleria polska w wojnie obronnej 1939 r. In: Wojskowy przeglad historyczny. 34 (1989),3, S. 256 – 273.
BZ 4490:1989

Pieńkowski, Tadeusz: Doły śmierci i cmentarze polskich oficerów w Lesie Katyńskim. In: Wojskowy przeglad historyczny. 34 (1989),4, S. 214 – 233.
BZ 4490:1989

Rezmer, Waldemar: Bitwa nad Bzura we wrześniu 1939 r Katyńskim. In: Wojskowy przeglad historyczny. 34 (1989),3, S. 139 – 159.
BZ 4490:1989

Schustereit, Hartmut: Vor fünfzig Jahren: Heeresrüstung und „Blitzkriegskonzept". Fakten zur Materiallage im Herbst 1939. In: Soldat und Technik. 33 (1990),2, S. 126 – 132.
BZ 05175:1990

September 1939. Krieg, Besatzung, Widerstand in Polen. Hrsg.: Christoph Kleßmann. Göttingen: Vandenhoeck u. Ruprecht 1989. 180 S.
Bc 8957

Stanisławski, Ładysław: Cmentarz żołnierzy 1 armii Wojska Polskiego w Siekierkach. In: Wojskowy przeglad historyczny. 34 (1989),4, S. 3 – 24.
BZ 4490:1989

Szcześniak, Andrzej Leszek: Katyń. Tło historyczne, fakty, dokumenty. Warszawa: Alfa 1989. 186 S.
Bc 9850

Winogrodzki, Marian: Podolska BK w działaniach wojennych 1939 r. In: Wojskowy przeglad historyczny. 34 (1989),3, S. 326 – 342.
BZ 4490:1989

Witkowski, Rafał: Obrona Wybrezeza i działania okrętów. In: Wojskowy przeglad historyczny. 34 (1989),3, S. 177 – 190.
BZ 4490:1989

Zgórniak, Marian: Mozliwości wojenne Niemiec i Polski w 1939 r. In: Wojskowy przeglad historyczny. 34 (1989),3, S. 94 – 107.
BZ 4490:1989

K 5 k 11.40 Besatzungszeit und Widerstand

Benamou, Jean-Pierre: Bataille de Caen. 6 juin au 15 août 1944. Bayeux: Heimdal 1988. 440 S.
010998

Bereznjak, Evgenij Stepanovič: Parol' „Dum spiro". Kiev: Politizdat Ukrainy 1987. 238 S.
B 64938

Dmitrów, Edmund: Niemcy i okupacja hitlerowska w oczach Polaków: poglady i opinie z lat 1945-1948. Warszawa: Czytelnik 1987. 398 S.
B 66958   83-07-01458-1

Gorzkowski, Kazimierz: Kroniki Andrzeja. Zapiski z podziemia 1939-1941. Warszawa: Państwowe Wydawn.Naukowe 1989. 528 S.
B 70166

Kasperek, Józef: Konspiracyjny Ruch ludowy na Lubelszczyznie 1939-1944. Warszawa: Ludowa Spółdzielnia Wydawn 1988. 464 S.
B 68687

Konieczny, Alfred: Polska Grupa konspiracyjna „Olimp" w wojennym Wrocławiu. Wrocław: Wydawn.Dolnošlaskie 1989. 84 S.
Bc 9011

Kuczmierowska, Hanna; Piekarski, Maciej: Niemiecka broń pancerna w powstaniu warszawskim. In: Wojskowy przeglad historyczny. 34 (1989),2, S. 48 – 69.
BZ 4490:1989

Łuczak, Czesław: Dzień po dniu w okupowanym Poznaniu. 10 wrz.1939-23 lutego 1945. Poznań: Wydawn.Poznańskie 1989. 702 S.
B 72640

Mazur, Grzegorz: Biuro Informacji i Propagandy SZP- ZWZ- AK 1939-1945. Warszawa: Inst. Wydawn. Pax 1987. 477 S.
B 66963

Nakielski, Henryk: Jako i my odpuszczamy. Warszawa: Iskry 1989. 175 S.
Bc 9221

Nawrocki, Stanisław: Hitlerowski aparat do zwalczania ruchu oporu na ziemiach wcielonych do Rzeszy (na przykładzie kraju Warty). In: Przeglad zachodni. 44 (1988),3, S. 75 – 97.
BZ 4487:1988

Podlewski, Stanisław: Wolnośč krzyzami się znaczy. Warszawa: Ośrodek Dokument i Studiów Społecznych 1989. 591 S.
B 73360

Sadowski, Jan: Działania GO „Slask" 4-7 września 1939 r. In: Wojskowy przeglad historyczny. 34 (1989),1,2, S. 98 – 123; 172 – 1; 93.
BZ 4490:1989

Schwarberg, Günther: Das Getto. Göttingen: Steidl 1989. 216 S.
010835   3-88243-108-3

Słownik uczestniczek walki o niepodległość Polski 1939-1945. Red.: Hanna Michalska. Warszawa: Państw. Inst. Wydawn. 1988. 614 S.
B 73519

Urbanek, Bozena: Pielęgniarki i sanitariuszki w Powstaniu Warszawskim 1944 r. Państwowe Wydawn. naukowe 1988. 533 S.
B 69496

Węgierski, Jerzy: W lwowskiej Armii Krajowej. Warszawa: Inst. Wydawn. Pax 1989. 314 S.
B 70559

K 5 k 12 Ostfeldzug 1941-1945

K 5 k 12.00 Allgemeine Werke

„Gott mit uns" d. deutsche Vernichtungskrieg im Osten 1939-1945. Hrsg.: Ernst Klee. Frankfurt: Fischer 1989. 260 S.
B 71262   3-10-039305-8

Dabkowski, Tadeusz: Historyczne Przesłanki i znaczenie zwycięstwa Związku Radzieckiego w Wielkiej Wojnie Narodowej 1941-1945. Wrocław: Zakład narodowy im. Ossolinskich 1987. 130 S.
Bc 7893

Gorodetsky, Gabriel: Stalin und Hitlers Angriff auf die Sowjetunion. In: Vierteljahrshefte für Zeitgeschichte. 37 (1989),4, S. 645 – 672.
BZ 4456:1989

Karpov, Vladimir V.: The commander. London: Brassey's 1987. XII, 243 S.
B 66070   0-08-036261-3

Medvedev, Roj Aleksandrovič: Diplomatičeskie i voennye prosčety Stalina v 1939-1941 gg. In: Novaja i novejšaja istorija. (1989),4, S. 140 – 164.
BZ 05334:1989

Müller, Rolf-Dieter: Ostwall und Wehrbauern. Zur historischen Hypothek der deutschen Ostgrenze. In: Die neue Gesellschaft – Frankfurter Hefte. 37 (1990),2, S. 126 – 132.
BZ 4572:1990

O načale korennogo pereloma vo vtoroj mirovoj vojne. In: Voprosy istorii. (1988),5, S. 57 – 74.
BZ 05317:1988

Osobennosti podgotovki vermachta k napadeniju na SSSR. Sejčas, kogda u nas pojavilas' vozmožnost' svobodno obsuždat' problemy istorii našej strany, vo mnogom ponovomu raskryvajutcja i voprosy podgottovki fašistskoj Germanii napadeniju na SSSR. In: Voenno-istoričeskij žurnal. (1989),5, S. 63 – 75.
BZ 05196:1989

Pervye dni vojny v dokumentach. Prikas narodnogo komissara oborony SSSR. In: Voenno-istoričeskij žurnal. (1989),5 – 9, S. 43 – 56; 22 – 33;; 22 – 34; 30 – 40; 15; – 21.
BZ 05196:1989

Rotundo, Louis: Stalin and the outbreak of war in 1941. In: Journal of contemporary history. 24 (1989),2, S. 277 – 299.
BZ 4552:1989

Rusco, Pierre; Randa, Philippe: Stoi! Quarante mois de combat sur le front russe. Paris: Ed. Avalon 1988. 287 S.
B 68285

Schneider, Michael: Das „Unternehmen Barbarossa". Die verdrängte Erblast von 1941 und die Folgen für das deutsch-sowjetische Verhältnis. Darmstadt: Luchterhand 1989. 165 S.
Bc 8895

K 5 k 12.02 Kampfhandlungen in einzelnen Gebieten/Orten

Anfilov, Viktor Aleksandrovič: Krušenie pochoda Gitlera na Moskvu 1941. Moskva: Nauka 1989. 350 S.
B 72660

Bartosek, Karel: L'insurrection/Libération de Prague Problèmes d'interprétation dans l'historiographie tchécoslovaque). In: Guerres mondiales et conflits contemporains. (1988),149, S. 41 – 54.
BZ 4455:1988

Battle for Moscow. The 1942 Soviet General Staff study. Ed.: Michael Parrish. Washington: Pergamon-Brassey's 1989. XI, 210 S.
B 69732

Battle for Stalingrad. The 1943 Soviet General Staff study. Ed.: Louis C. Rotundo. Washington: Pergamon-Brassey's 1989. VII, 340 S.
B 69342

Begunov, S.F.: Vot gde pravda, Nikita Sergeevič!In: Voenno-istoričeskij žurnal. (1989/90),12, 1989 – 2, 1990, S. 12 – 21; 918; 35 – 46.
BZ 05196:1989/90

Gebhardt, James F.: Soviet naval special purpose forces: origins and operations in the Second World War. In: The journal of Soviet military studies. 2 (1989),4, S. 536 – 578.
BZ 4943:1989

Glantz, David M.: Soviet operational intelligence in the Kursk operation, July 1943. In: Intelligence and national security. 5 (1990),1, S. 5 – 49.
BZ 4849:1990

Henderson, Margaret: Dear Allies. A story of women in Monklands & besieged Leningrad. Coatbridge: Monklands District Libraries 1988. 136 S.
Bc 9143

Heydorn, Volker Detlef: Der sowjetische Aufmarsch in Bialystoker Balkon bis zum 22. Juni 1941 und der Kessel von Wolkowysk. München: Verl. f. Wehrwissenschaften 1989. 387 S.
B 72666

Ključarev, Georgij V.: Novyj vzgljad na chod Stalingradskoj bitvy. In: Voprosy istorii. (1989),12, S. 54 – 67.
BZ 05317:1989

Lipiński, Wacław: Dziennik: Wrześniowa obrona Warszawy 1939 r. Warszawa: Inst. Wydawn. Pax 1989. 256 S.
B 70411   83-211-1061-4

Mišeje František: Revolučnou Cestou. Spomienky na roky 1938-1948. Bratislava: Nakladatelstvo Pravda 1989. 229 S.
B 69564

Petrov, Boris Fedorovič: V Bojach i pochodach. Iz vospominanij voennogo morjaka. Leningrad: Lenizdat 1988. 268 S.
Bc 8333

Puntigam, Josef-Paul: Ortskampf – am Beispiel der Stadt Feldbach im Jahr 1945. In: Truppendienst. 28 (1989),1, S. 27 – 37.
BZ 05209:1989

Turonek, Jerzy: Białoruś pod okupacja niemiecka. Warszawa: WERS 1989. 184 S.
BLB = Bc 9816

Wegner, Bernd: The road to defeat: the German campaigns in Russia 1941-43. In: The journal of strategic studies. 13 (1990),1, S. 105 – 127.
BZ 4669:1990

K 5 k 12.04 Besetzte Gebiete/ Widerstand/Partisanen 1941-1945

Borovskij, Aleksandr Ivanovič: Ispytanie mužestva. Minsk: Belarus' 1989. 141 S.
Bc 9761

Cséfalvay, František: Medzi dvoma frontmi. In: Historie a vojenství. (1989),4, S. 34 – 48.
BZ 4526:1989

Mulligan, Timothy P.: The politics of illusion and empire: German occupation policy in the Soviet Union, 1942-1943. New York: Praeger 1988. XIV, 206 S.
B 67818   0-275-92837-3

Plevza, Viliam: O Povstaní. Bratislava: Smena 1989. 119 S.
B 73547

K 5 k 20 Nordeuropa/Nordsee/Nordmeer

Beesly, Patrick: Convoy PQ 17: a study of intelligence and decision-making. In: Intelligence and national security. 5 (1990),2, S. 255 – 291.
BZ 4849:1990

Blohm, E.: Zum Einsatz ziviler Handelsschiffe in der Operation „Weserübung". In: Militärwesen. (1990),5, S. 58 – 62.
BZ 4485:1990

Schwab, Erwin: Marineartillerie im Raum Narvik. In: Marine-Rundschau. 86 (1989),5, S. 291 – 296.
BZ 05138:1989

K 5 k 20.3 Luftkrieg im Westen

Da Esbjerg blev bombet, 4.9.1939 – og de flger det ikke fik! In: Militært tidsskrift. 119 (1990),1, S. 9 – 23.
BZ 4385:1990

Hove, Peder: En dag i marts: Shellhusbombardementet. Kbenhavn: Gyldendal 1988. 159 S.
B 70374   87-00-23984-4

Schofield, Ernest; Nesbit, Roy Conyers: Arctic Airmen. The RAF in Spitsbergen and North Russia in 1942. London: Kimber 1987. 253 S.
B 67903

K 5 k 21 Finnisch-russischer Winterkrieg 1939/40

Costa Bona, Enrica: Helsinki – Ginevra. Dicembre 1939 – Marzo 1940. Milano: Giuffrè 1987. 260 S.
B 66455

Doepfner, Andreas: Finnlands Winterkrieg 1939/40: Dokumentation aus neutraler Sicht; Drei Akte eines Freiheitskampfes; Neurose und Glasnost. Zürich: Verl. NZZ 1990. 175 S.
B 72280   3-85823-274-2

Spring, Derek: Stalin and the Winter War. In: Yearbook of Finnish foreign policy. (1990),17, S. 37 – 42.
BZ 4413:1990

The Winter War. In: International affairs <Moscow>. 240 (1990),1, S. 202 – 215.
BZ 05208:1990

K 5 k 22 Nordfeldzug 1940

Brauteset, Steinar: I kamp om Narvik 1940: Heinz, Peter, Cyril, Alain, Pierre, Ksawery, Nick, Rolf. Oslo: Cappelen 1987. 154 S.
B 66498   82-02-11183-8

Desarzens, Olivier: Nachrichtendienstliche Aspekte der „Weserübung" 1940. Osnabrück: Biblio Verl. 1988. XII, 258 S.
3-7648-1753-4
B 68259

Hauges, Jens Chr.: Forsvaret av Norge i 1940 – hva betydde det? – 50 år etter. In: Norsk militært tidsskrift. 160 (1990),5, S. 1 – 12.
BZ 05232:1990

Kersaudy, François: 1940. La guerre du fer. Paris: Tallandier 1987. 379 S.
B 65148

Odziemkowski, Janusz: Narwik 1940. Warszawa: Wydawn. MON 1988. 189 S.
Bc 8707

K 5 k 30 Westeuropa/Atlantik

K 5 k 30.2 Seekrieg im Westen

Vat, Dan van der; Vat, Christine van der: The Atlantic Campaign. The great struggle at sea 1939-1945. London: Hodder and Stoughton 1988. XVI, 424 S.
B 67850

K 5 k 30.3 Luftkrieg im Westen

Baaren, Henk van: Bommen vielen op Hengelo. Oktober 1942 – Oktober 1944. Hengelo: Uiitgeverij Broekhuis 1989. 104 S.
Bc 8965

Kaplan, Philip: The few: summer 1940, the Battle of Britain. London: Blandford 1989. 224 S.
010966   0-7137-1837-4

K 5 k 32 Westfeldzug 1940

Alexander, Martin S.: The fall of France, 1940. In: The journal of strategic studies. 13 (1990),1, S. 10 – 44.
BZ 4669:1990

Bikar, A.: La campagne de mai 1940 en Belgique: la 5e division légère de cavalerie française en Ardenne, du 10 au 12 mai. In: Revue belge d'histoire militaire. 28 (1990),6, S. 467 – 508.
BZ 4562:1990

Kamphuis, P. H.: Der Kampf auf niederländischem Territorium im Mai 1940. In: Österreichische militärische Zeitschrift. 28 (1990),3, S. 210 – 218.
BZ 05214:1990

Macnab, Toy: For honour alone. The cadets of Saumur in the defence of the cavalry school, France, June 1940. London: Hale 1988. 192 S.
B 67872

K 5 k 33 Besetzter Westen/ Widerstand 1940-1944

Baskenland

Sallaberry, Francis: Quand Hitler bétonnait la côte basque. Bayonne: Curutchet 1988. 157 S.
010924

Belgien

Istas, Marie: Le „Faux" Soir. 9 novembre 1943. Bruxelles: Collet 1987. 159 S.
B 69609

Frankreich

Amouroux, Henri: Kollabos, Helden und Verräter. Die Franzosen unter deutscher Besetzung. In: Der Spiegel. Nr. 21, S. 136 – 157; Nr. 22, S. 126 – 146; Nr. 23, S. 128 – 146.
BZ 05140:1990

Čerkasov, P.P.: Vozniknovenie soprotivlenija vo Francii i FKP. In: Novaja i novejšaja istorija. (1990),4, S. 23 – 36.
BZ 05334:1990

Cévenner. Terre de refuge. 1940-1944. Montpellier: Pr. de Languedoc 1987. 358 S.
B 67570

Collaboration in France: politics and culture during the Nazi occupation, 1940-1944. Ed.: Gerhard Hirschfeld. Oxford: Berg 1989. IX, 313 S.
B 69883   0-85496-237-9

Eychenne, Emilienne: Les fougères de la liberté 1939-1945: le franchissement clandestin de la frontière espagnole dans les Pyrénées-Atlantiques pendant la Second Guerre mondiale. Toulouse: Milan 1987. 339 S.
B 66378   2-86726-152-X

Frankreich und Deutschland im Krieg. Sept. 1939 – November 1942. XXV. Deutsch-französische Historiker-Kolloquium. Wiesbaden: Selbstverlag 1988. o.Pag.
B 66386

Guillon, Jean-Marie: Les étrangers dans la résistance provençale. In: Revue d' histoire moderne et contemporaine. 36 (1989),4, S. 658 – 671.
BZ 4586:1989

Lecouturier, Yves: Au service de la Gestapo en Normandie. In: Guerres mondiales et conflits contemporains. 39 (1989),156, S. 37 – 44.
BZ 4455:1989

Lecouturier, Yves: La Collaboration 40-44 dans le Calvados. Le Coteau: Horvath 1988. 149 S.
B 68536

Leo, Gerhard: Frühzug nach Toulouse. Berlin: Verlag d. Nation 1988. 342 S.
B 68718

Pech, Karlheinz: An der Seite der Résistance. Die Bewegung „Freies Deutschland" für den Westen in Frankreich. Berlin: Militärverlag der DDR 1987. 318 S.
B 66219

Pike, David Wingeate: Les forces allemandes dans le sud-ouest de la France, mai-juillet 1944. In: Guerres mondiales et conflits contemporains. (1988),152, S. 3 – 24.
BZ 4455:1988

Rousso, Henry: La collaboration. Paris: MA Ed. 1987. 203 S.
B 67603 2-86-676301-7

Sainclivier, Jacqueline: La Résistance en France. Rennes: Ouest-France 1988. 30 S.
Bc 8949

Sentis, Georges: La Libération des détenus de la prison de Gaillac (nuit du 12 au 13 juin 44). o.O.: Ed. Marcisme/Regions 1987. 28 S.
Bc 9334

Luxemburg

Delcourt, Victor: Luxemburg unter dem Hakenkreuz. Erinnerungen an die Kriegsjahre 1940-1944. Christnach: Borschette 1988. 299 S.
B 67815

Niederlande

Bolleboom, Leo: „Op 5 mei 1945 bin ik opnieuw geboren". 1989. 224 S.
B 71327

Friedhoff, Herman: Requiem for the resistance. The civilian struggle against nazism in Holland and Germany. London: Bloomsbury 1988. XXI, 281 S.
B 67718

Roy, Louis an: Het taboe van de kollaboratie. Kapellen: DNB/Pelckmans 1987. 222 S.
B 67607 90-289-1271-1

Schimmelpenningh, H. G. L.: De twee Gezichten van de bezetting. Foto's van den Haag 1940-1945. Rijswijk: Sijthoff Pers 1989. 112 S.
Bc 8963

K 5 k 34 Invasion im Westen 1944

Balkoski, Josef: Beyond the beachhead: the 29th Infantry Division in Normandy. Harrisburg, Pa.: Stackpole 1989. XVI, 304 S.
B 71525 0-8117-0221-9

Bédarida, François: La rupture Franco-Britannique de 1940. Le conceil suprême interallié, de l'invasion a la défaite de la France. In: Vingtième siécle. (1990),25, S. 37–48.
BZ 4941:1990

Ford, Ken: Assault crossing: the River Seine 1944. Newton Abbot: David & Charles 1988. 192 S.
B 66129 0-7153-9173-9

German, Paul: La Bataille de Falaise. Condé-sur-Noireau: Corlet 1988. 62 S.
Bc 8808

Le Jour „J". 6 juin 1944. Avant-propos par François Bédarida. Paris: La Documentation Française 1988. 64 S.
Bc 8821

Launay, Jacques de: Bastogne 44. La bataille des Ardennes. Bruxelles: Collet 1987. 173 S.
B 69610

Lummis, E. T.: D-Day, 6 June 1944: the truth about 3 British division. In: The Army quarterly and defence journal. 119 (1989),4, S. 393–407.
BZ 4770:1989

K 5 k 35 Endkampf um Westdeutschland/Kapitulation

Boyd, Carl: Anguish under siege: high-grade Japanese signal intelligence and the fall of Berlin. In: Cryptologia. 13 (1989),3, S. 193–209.
BZ 05403:1989

Kruh, Louis: British-American cryptanalytic cooperation and an unprecedented admission by Winston Churchill. In: Cryptologia. 13 (1989),2, S. 123 – 134.
BZ 05403:1989

LeTissier, Tony: The Battle of Berlin 1945. London: Cape 1988. XIII, 290 S.
B 66662   0-224-02528-7

Slowe, Peter: Battlefield Berlin: siege, surrender and occupation, 1945. London: Hale 1988. 221 S.
B 67630   0-7090-3293-5

K 5 k 36 Besetztes Deutschland

Bloch, Jacqueline: L'Europe déchirée: le problème allemand. Paris: Éd. Buchet/Chastel 1988. 249 S.
2-7020-1290-6
B 65964

Krause, Rudolf: Noch vierzig Kilometer bis Stettin. Kampf eines Panzerjagdkommandos. Lübeck: Pojkart Verl. 1989. 71 S.
Bc 02603

Sawicki, Tadeusz: Pierwsza bitwa o Prusy Wschodnie (pazdziernik 1944 r.). In: Wojskowy przeglad historyczny. 34 (1989),2, S. 24 – 47.
BZ 4490:1989

K 5 k 40 Mittelmeerraum

K 5 k 40.2 Seekrieg im Mittelmeer

Bennett, Ralph: Intelligence and strategy: some observations on the war in the Mediterranean 1941-1945. In: Intelligence and national security. 5 (1990),2, S. 444 – 464.
BZ 4849:1990

Kemp, Paul J.: Malty Convoys 1940-1943. London: Arms and Armour Pr. 1988. 64 S.
Bc 02615

K 5 k 41 Südosteuropa/ Balkanfeldzug 1941

K 5 k 41.7 Besetzter Balkan/ Widerstand 1941-1944

Bulgarien im Krieg gegen Hitlerdeutschland. Red.: Jako Molchow. Sofia: Verl. d. Agentur Sofia Press 1988. 272 S.
B 72407

Vogel, Detlef: Probleme sanitätsdienstlicher Versorgung in der Endphase deutscher Blitzkriege (Balkanfeldzug und Eroberung von Kreta). In: Militärgeschichtliche Mitteilungen. (1989),45, S. 93 – 109.
BZ 05241:1989

Zapantis, Andrew L.: Hitler's Balkan Campaign and the invasion of the USSR. Boulder: East European Monographs 1987. VI, 250 S.
B 64798

Griechenland/Kreta

Britton, James: Record and recall. A Cretan memoir. London: Lightfood Publ. 1988. 46 S.
Bc 8868

Richter, Heinz: General Lanz, Napoleon Zervas und die britischen Verbindungsoffiziere. In: Militärgeschichtliche Mitteilungen. (1989),45, S. 111 – 138.
BZ 05241:1989

Smith, Eric D.: Victory of a sort: the British in Greece, 1941-46. London: Hale 1988. 271 S.
B 67108   0-7090-3290-0

Xylander, Marlen von: Die deutsche Besatzungsherrschaft auf Kreta 1941-1945. Freiburg: Rombach 1989. 150 S.
B 71264

Jugoslawien

Antonič, Zdravko: Jedinstvo narodnooslobodilačkog pokreta u istočnoj Bosni i zapadnoj Srbiji 1941-1945. godine. In: Vojnoistorijski glasnik. 40 (1989),1, S. 79 – 99.
BZ 4531:1989

Bokan, Branko J.: Prvi krajiški narodnooslobodilački Odred. Beograd: Vojnoizdavački novinski centar 1988. 491 S.
B 72416

Četrnaesta hercegovačka omladinska NOU Brigada. Red.: Mirko Ignjatič. Beograd: Vojnoizdavački novinski centar 1988. 290 S.
B 73515

Deroc, M.: British special Operations explored. Yugoslavia in turmoil 1941-1943 and the British response. Boulder, Colo.: East European Monographs 1988. XV, 349 S.
B 67643

Djukovič, Isidor: Trideset prva srpska NOU Brigada. Beograd: Vojnoizdavački novinski centar 1987. 474 S.
B 73546

Druga krajiška Brigada. Ratna sjećanja. Red.: Radomir Dondovič. Beograd: Vojnoizdavački novinski centar 1988. 864 S.
B 73600

Dželebdžič, Milovan: Druga jugoslovenska Armija. Beograd: Vojnoizdavački novinski centar 1989. 455 S.
B 73571

Dželetovič Ivanov, Pavle: 21. SS-divizija Skenderbeg. Beograd: Nova Knjiga 1987. 276 S.
B 70164

Jedanaesta krajiška (kozaračka) Brigada. Zbornik sjećanja. Red.: Rahmija Kadenič. Beograd: Vojnoizdavački novinski centar 1987. 562 S.
B 70421

Joksimovič, Sekula: Narodnooslobodilački Rat i revolucija u Jugoslaviji 1941-1945. In: Vojnoistorijski glasnik. 40 (1989),3, S. 31 – 46.
BZ 4531:1989

Kokot, Jovan: Dvanaesta proleterskka slavonska Brigada. Beograd: Vojnoizdavački novinski centar 1987. 497 S.
B 70420

Korelc, Lleo: Vesnici novog doba. Četvrta slovenačka narodnooslobodilačka udarna brigada Matija Gubec. Beograd: Vojnoizdavački novinski centar 1986. 200 S.
B 73544

Krulic, Joseph: La fin de la deuxième guerre mondiale en Yougoslavie (25 mai 1944 – 15 mai 1945). In: Guerres mondiales et conflits contemporains. (1988),149, S. 29 – 40.
BZ 4455:1988

Lazič, Blagoje: Od Beograda do Dravograda. Sečanja borace Šeste vojvočanske NO udarne brigade. Beograd: Odbor za negovanje i rev.tradicije 1988. 282 S.
B 73511

Markovič Moma: Rat i revoljucija u Srbiji. Secanja 1941-1945. Beograd: Beogradski Izdavačko-grafički zavod 1987. 329 S.
B 66960

Milutinovič, Milovan: Narodni heroj Ranko Šipka. Beograd: Vojnoizdavački novinski centar 1988. 112 S.
Bc 9777

Mirčetič, Dragoljub Ž.: Četrdeset peta divizija 2.Jugoslovenske armije u borbama za oslobod'enje Sunje, Siska i Zagreba. In: Vojnoistorijski glasnik. 40 (1989),3, S. 103 – 138.
BZ 4531:1989

Poovič, Jovo: Prva ličke proleterska NOU Brigada „Marko Oreškovič". Beograd: Vojnoizdavački novinski centar 1988. 927 S.
B 71471

Prateči Bataljon Vrohonog štaba narodnooslobodilačka vojske Jugoslavije. Zbornik sečanja. Beograd: Vojnoizdavački novinski centar 1987. 927 S.
B 71470

Pribilovič, Kažimir: Četvrti pomorski obalni Sektor mornarice narodnooslobodilačka vojske Jugosl. 1943-1945. Beograd: Vojnoizdavački novinski centar 1988. 547 S.
B 72408

Trikič, Savo O.: Treča krajiška proleterska Brigada. Beograd: Vojnoizdavački novinski centar 1987. 549 S.
B 65953

Vresnik, Drago: Druga Brigada vojske državne varnosti narodne obrambe. Prispevek k zgodovini VDV Slovenija). Ljubljana: RK ZRSV Slovenije 1987. 363 S.
B 72409

Vukčevič, Slavko: Zajedničke karakteristike i specifičnosti otpora u okupiranim gradovima Jugoslavije 1941-1945. In: Vojnoistorijski glasnik. 40 (1989),1, S. 59 – 78.
BZ 4531:1989

Živkovič, Aleksandar: Retkocerski Brigadni Stroj. Petnaesta srpska narodnooslobodilačka brigada. Beograd: Vojnoizdavački novinski centar 1987. 200 S.
B 73516

32. Divizija NOV Jugoslavije. Red.: Bulat Rade. Zagreb: Globus 1988. 689 S.
B 72415

K 5 k 42 Afrika

Ceva, Lucio: The North African campaign 1940-43: a reconsideration. In: The journal of strategic studies. 13 (1990),1, S. 84 – 104.
BZ 4669:1990

Erskine, Ralph: From the archives: a Bletchley Park assessment of German intelligence on torch. In: Cryptologia. 13 (1989),2, S. 135 – 142.
BZ 05403:1989

Ferris, John: The British Army, signals and security in the desert campaign, 1940-1942. In: Intelligence and national security. 5 (1990),2, S. 255 – 291.
BZ 4849:1990

Juin, A.: Un mémoire inédit du Général d'armée juin sur les événements du 8 au 13 novembre 1942 à Alger. In: Guerres mondiales et conflits contemporains. 40 (1990),159, S. 93 – 104.
BZ 4455:1990

Piekalkiewicz, Janusz: Der Wüstenkrieg in Afrika 1940-1943. Eltville/Rhein: Bechtermünz 1989. 288 S.
011026

Smith, Peter Charles: Massacre at Tobruk. The story of operation agreement. London: Kimber 1987. 214 S.
B 67723

K 5 k 43 Naher und Mittlerer Osten

Kohlhaas, Wilhelm: Hitler-Abenteuer im Irak. Ein Erlebnisbericht. Freiburg: Herder 1989. 124 S.
Bc 8757

Messenger, Charles; Young, George; Rose, Stephen: The Middle East Commandos. Wellingborough: Kimber 1988. 176 S.
B 68516

Valette, Jacques: Nationalistes irakiens et guerre de Syrie, 1940-1941. In: Guerres mondiales et conflits contemporains. (1989),153, S. 61 – 76.
BZ 4455:1989

K 5 k 44 Südeuropa 1943-45

K 5 k 44.7 Besatzungszeit und Widerstand

Boschmann, Rüdiger: Die grünen Teufel von Monte Cassino. Herford: Mittler 1988. 123 S.
B 68326   3-8132-0284-4

De Luna, G.: Torino in guerra: la ricerca di un'esistenza collettiva. In: Rivista di storia contemporanea. 19 (1990),1, S. 57 – 99.
BZ 4812:1990

McAndrew, Bill: Les maladies causées par le stress: les canadiens en Italie, 1943-1945. In: Guerres mondiales et conflits contemporains. 40 (1990),157, S. 67 – 81.
BZ 4455:1990

Mitchell, Raymond: Marine Commando. Sicily and Salerno, 1943 with 41 Royal Marines Commando. London: Hale 1988. 224 S.
B 67831

Reid, Brian H.: The Italian campaign, 1943-45: a reappraisal of allied generalship. In: The journal of strategic studies. 13 (1990),1, S. 128 – 161.
BZ 4669:1990

Trizio, Pasquale B.: Il bombardamento del porto di Bari del 2 dicembre 1943. In: Rivista marittima. 123 (1990),1, S. 85 – 94.
BZ 4453:1990

K 5 k 50 Ostasien/Pazifik

K 5 k 50.1 Landkrieg

Allen, Louis: Burmese puzzles: two deaths that never were. In: Intelligence and national security. 5 (1990),1, S. 193 – 198.
BZ 4849:1990

Drea, Edward J.: Ultra intelligence and general Douglas MacArthur's leap to Hollandia, January – April 1944. In: Intelligence and national security. 5 (1990),2, S. 323 – 349.
BZ 4849:1990

Prange, Gordon W.: Miracle at Midway. Harmondsworth: Penguin 1987. XVII, 469 S.
B 65780   0-14-006814-7

Stewart, Adrian: The underrated Enemy. London: Kimber 1987. 234 S.
B 68335

K 5 k 50.2 Seekrieg

Albright, Harry: Pearl Harbor. Japan's fatal blunder. The true story behind Japan's attack on December 7, 1941. New York: Hippocrene Books 1988. 378 S.
B 67759

Allen, Louis: The campaigns in Asia and the Pacific. In: The journal of strategic studies. 13 (1990),1, S. 162 – 192.
BZ 4669:1990

Hérubel, Michel: La bataille de Guadalcanal. Paris: Pr. de la Cité 1988. 287 S.
B 66375   2-258-02100-6

Jakovlev, Nikolaj Nikolaevič: Perl-Charbor, 7 dekabrja 1941 goda. Byl' i nebyl'. Moskva: Politizdat 1988. 286 S.
B 68708

Perras, Galen Roger: Eyes on the Northern route to Japan: plans for Canadian participation in an invasion of the Kurile Islands. A study in coalition warfare and civil-military relationships. In: War and society. 8 (1990),1, S. 100 – 117.
BZ 4802:1990

Ruhe, William J.: Blowing the Japanese out of shallow water. In: United States Naval Institute. Proceedings. 115 (1989),10, S. 60 – 64.
BZ 05163:1989

K 5 k 50.3 Luftkrieg

Edoin, Hoito: The night Tokyo burned. New York: St. Martin's Press 1987. VI, 248 S.
B 65842   0-312-01072-9

Hillman, Rolfe L.: Grim Peleliu: the aircraft. In: Naval history. 3 (1989),2, S. 12 – 18.
BZ 05544:1989

K 5 k 55 Japan

Boyd, Carl: Significance of MAGIC and the Japanese ambassador to Berlin: The months of growing certainty. In: Intelligence and national security. 3 (1989),4, S. 83 – 102.
BZ 4849:1989

Courtland Monn, John Ellis van: Project Sphinx: the question of the use of gas in the planned invasion of Japan. In: The journal of strategic studies. 12 (1989),3, S. 303 – 323.
BZ 4669:1989

Friend, Theodor: The blue-eyed Enemy. Japan against the west in Java and Luzon, 1942-1945. Princeton, NJ: Princeton Univ. Press 1988. XX, 325 S.
B 68029

Glines, Carroll V.: The Dolittle Raid. America's daring first strike against Japan. New York, NY: Orion Books 1988. XII, 258 S.
B 70380

Klar, John W.: World War II operational history of USS Stewart (DD-224). In: Warship international. 26 (1989),2, S. 139 – 167.
BZ 05221:1989

K 6 Geschichte seit 1945

K 6 e Politische Geschichte

Gitlin, Todd: Kopfsprung in die Geschichte. In: Blätter für deutsche und internationale Politik. 35 (1990),6, S. 717 – 721.
BZ 4551:1990

MacWilliams, Wayne C.: The world since 1945: politics, war and revolution in the nuclear age. Boulder, Colo.: Rienner 1988. VII, 389 S.
B 66698   1-55587-079-1

Vadney, T.E.: The world since 1945. New York, NY: Facts on File 1987. 570 S.
B 66654   0-8160-1815-4

Winock, Michel: Chronique des années soixante. Paris: Ed. du Seuil 1987. 379 S.
B 65914

K 6 e 10 Internationale Beziehungen seit 1945

Alexandrov, Valentin: At the Mediterranean crossroads. In: International affairs <Moscow>. (1990),2, S. 68 – 77.
BZ 05208:1990

Booth, Ken: Steps towards stable peace in Europe: a theory and practice of coexistence. In: International affairs <London>. 66 (1990),1, S. 17 – 45.
BZ 4447:1990

Buchovsky, Vladimir: Malta in retrospect. In: Global affairs. 5 (1990),2, S. 71 – 82.
BZ 05553:1990

Gipfeltreffen. Moskau, 29. Mai – 2. Juni 1988. Dokumente und Materialien. Moskau: APN-Verl. 1988. 142 S.
Bc 7838

Gipfeltreffen. Washington, 7. – 10. Dezember 1987. Dokumente u. Materialien. Moskau: APN-Verl. 1987. 159 S.
Bc 7432

Goldberg, Andrew C.: Soviet imperial decline and the emerging balance of power. In: The Washington quarterly. 13 (1990),1, S. 157 – 167.
BZ 05351:1990

Jones, Greta: Science, politics and the Cold War. London: Routledge 1988. 150 S.
B 66722   0-415-00356-3

Kortunov, Sergei: Stability in the nuclear world. In: International affairs <Moscow>. (1990),3, S. 3 – 12.
BZ 05208:1990

Stinnes, Manfred: Die amerikanische Europa-Politik und die Ost-West-Beziehungen. In: Aus Politik und Zeitgeschichte. (1989),B 45, S. 14 – 24.
BZ 05159:1989

Teltschik, Horst: Die Reformpolitik Gorbatschows und die Perspektiven der West-Ost-Beziehungen. In: Außenpolitik. 40 (1989),3, S. 211 – 225.
BZ 4457:1989

Well, Günther van: Wandel in Europa und die beiden deutschen Staaten. In: Europa-Archiv. 44 (1989),19, S. 569 – 576.
BZ 4452:1989

K 6 e 20 Internationale Probleme seit 1945

K 6 e 22 Nachkriegsprozesse/ Wiedergutmachung

Buscher, Frank M.: The US war crimes trial program in Germany, 1946-1955. New York: Greenwood Pr. 1989. 197 S.
B 70893   0-313-26471-6

Chronique du procès Barbie: pour servir la mémoire. Paris: Cerf 1988. 504 S.
010770   2-2040-2927-0

Friedrich, Jörg: Militärische Notwendigkeit und totaler Krieg. Deutsche Generäle in Nürnberg. In: Die neue Gesellschaft – Frankfurter Hefte. 37 (1990),2, S. 133 – 138.
BZ 4572:1990

Jelinek, Yeshayahu A.: Die Krise der Shilumim/Wiedergutmachungs-Verhandlungen im Sommer 1952. In: Vierteljahrshefte für Zeitgeschichte. 38 (1990),1, S. 113 – 139.
BZ 4456:1990

Löw, Helène: Swedish policy towards suspected war criminals, 1945-87. In: Scandinavian journal of history. 14 (1989),2, S. 135 – 153.
BZ 4643:1989

Wieviorka, Annette: Le Procès Eichmann. Bruxelles: Ed. Complexe 1989. 201 S.
Bc 8956

Zweig, Ronald W.: German reparations and the Jewish world: a history of the Claims Conference. Boulder, Colo.: Westview Pr. 1987. XI, 198 S.
B 65505   0-8133-7521-5

K 6 e 26 Ost-West-Konflikt/ Kalter Krieg/Entspannungspolitik

Bergquist, Mats: Det kalla krigets – och historiens – ändalykt: kommentarer till en debatt. In: Kungl. Krigsvetenskapsakademiens tidskrift. 194 (1990),1, S. 71 – 82.
BZ 4718:1990

Boniface, Pascal: La guerre (froide) est-elle finie?In: Cosmopolitiques. (1989),12, S. 27 – 32.
BZ 05193:1989

Bowker, Mike: Superpower detente: a reappraisal. London: Sage 1988. IX, 277 S.
B 68596   0-8039-8041-8

Bredow, Wilfried von: Befriedete Ost-West-Beziehungen? Zur künftigen Gestalt des Ost-West-Verhältnisses im internationalen System. In: S und F. 7 (1989),4, S. 243 – 247.
BZ 05473:1989

Brzezinski, Zbigniew: Ending of the Cold War. In: The Washington quarterly. 12 (1989),4, S. 29 – 34.
BZ 05351:1989

Cox, Michael: From the Truman doctrine to the second superpower detente: the rise and fall of the Cold War. In: Journal of peace research. 27 (1990),1, S. 25 – 41.
BZ 4372:1990

Heater, Derek: The Cold War. Hove: Wayland 1989. 63 S.
010909   1-85210-656-5

Hunter, Robert E.: Beyond the Cold War: the European agenda. In: The Washington quarterly. 12 (1989),4, S. 35 – 49.
BZ 05351:1989

Levering, Ralph B.: The cold war, 1945-1972. Arlington Heights, Ill.: Davidson 1988. XII, 219 S.
B 66530   0-88295-858-5

Loth, Wilfried: Ost-West-Konflikt und deutsche Frage. Historische Ortsbestimmungen. München: Deutscher Taschenbuchverl. 1989. 215 S.
Bc 8758

The New detente: rethinking East-West relations. Ed.: Mary Kaldor. London: Verso 1989. 420 S.
B 70776   0-86091-247-7

Senghaas, Dieter: Frieden in einem Europa demokratischer Rechtsstaaten. Ausgangslage, Perspektiven, Probleme. In: Aus Politik und Zeitgeschichte. (1990),B/4-5, S. 31 – 39.
BZ 05159:1990

Smith, Joseph: The Cold War 1945-1965. Oxford: Blackwell 1989. VI, 90 S.
Bc 8787

Walker, Richard L.: An end to the East-West conflict? In: Comparative strategy. 7 (1988),4, S. 369 – 375.
BZ 4686:1988

Der West-Ost-Konflikt: Geschichte, Positionen, Perspektiven. Hrsg.: Jörg Calließ. Paderborn: Schöningh 1988. 208 S.
B 66912   3-506-74122-5

K 6 e 27 Nord-Süd-Konflikt

Chomsky, Noam: Barmherzigkeit ist nicht zu erwarten. Der Süden in der neuen Weltordnung. In: Blätter für deutsche und internationale Politik. 35 (1990),11, S. 1319-1326.
BZ 4551:1990

Falk, Rainer: Schlechte Zeiten oder neue Chancen? Der Umbruch in Europa und die Dritte Welt. In: Blätter für deutsche und internationale Politik. 35 (1990),3, S. 292 – 301.
BZ 4551:1990

Hoven, Ingrid; Peltzer, Roger; Zattler, Jürgen: Entwicklungspolitik muß in der Ersten Welt beginnen. Umrisse einer alternativen Dritte-Welt-Politik. In: Blätter für deutsche und internationale Politik. 35 (1990),11, S. 1327-1340.
BZ 4551:1990

Positive sum: imroving North-South negotiations. Ed.: I. William Zartman. New Brunswick: Transaction Books 1987. 314 S.
B 66540   0-88738-650-4

K 6 e 30 Ereignisse/Konferenzen

Césari, Laurent: La menace d'intervention militaire américaine pendant la conférence de Genève et la stratégie des Etats-Unis (1954). In: Vingtième siècle. (1989),23, 3 – 20.
BZ 4941:1989

Cronin, Audrey Kurth: East-West negotiations over Austria in 1949: turning-point in the Cold War. In: Journal of contemporary history. 24 (1989),1, S. 125 – 146.
BZ 4552:1989

Gipfeldiplomatie. Ausgewählte Dokumente und Chronik zu den sowjetisch-amerikanischen Verhandlungen u. Gipfeltreffen Januar 1985 – Juni 1988. T. 1. 2. Berlin: Staatsverl. der DDR 1989. 169, 176-356 S.
Bc 8973

Lache, Stefan; Tuţ, Gheorghe: La Roumanie et la Conférence de la paix de Paris 1946. Bucuresti: Ed. Academiei Rupublicii Socialista România 1987. 245 S.
Bc 02099

Varsori, Antonio: Il Congresso dell' Europa dell' Aja (7-10 maggio 1948). In: Storia contemporanea. 21 (1990),3, S. 463 – 493.
BZ 4590:1990

Weggel, Oskar: Indochina-Konferenzen in Genf und Paris. In: Südostasien aktuell. 8 (1989),5, S. 436 – 444.
BZ 05498:1989

K 6 e 35 KSZE/Folgetreffen

Abschließendes Dokument des Wiener Treffens 1986 der Vertreter der Teilnehmerstaaten der Konferenz über Sicherheit und Zusammenarbeit in Europa, welches auf der Grundlage der Bestimmungen der Schlußakte betreffend die Folgen der Konferenz abgehalten wurde. Hrsg.: Hubert Isak. Wien: VWGÖ 1989. 101 S.
Bc 8790

Bonabello, Piero: La Conferenza su la Sicurezzama e la Cooperazione in Europa. In: Rivista militare. (1989),4, S. 38 – 46.
BZ 05151:1989

Ghebali, Victor-Yves: La conférence sur la dimension humaine de la CSCE. In: Défense nationale. 45 (1989),11, S. 103 – 116.
BZ 4460:1989

Das KSZE-Treffen in Kopenhagen im Juni 1990. In: Europa-Archiv. 45 (1990),15, S. D 380 – 394.
BZ 4452:1990

Lehne, Stefan: Vom Prozeß zur Institution. Zur aktuellen Debatte über die Weiterentwicklung des KSZE-Prozesses. In: Europa-Archiv. 45 (1990),16, S. 499 – 506.
BZ 4452:1990

Novak, Michael: Taking Glasnost seriously. Toward an open Soviet Union. Washington, DC: American Enterprise Inst. f. Publ. Policy Research 1988. XVI, 206 S.
B 67891

Reichel, Hans-Christian: Die Bonner Wirtschaftskonferenz und die Zukunft der KSZE. In: Europa-Archiv. 45 (1990),15, S. 461 – 470.
BZ 4452:1990

Reimaa, Markku: The significance of the CSCE yesterday and now. In: Yearbook of Finnish foreign policy. (1990),17, S. 20 – 29.
BZ 4413:1990

Staack, Michael: Fortschritte in der Menschenrechtspolitik. In: Europa-Archiv. 44 (1989),17, S. 533 – 542.
BZ 4452:1989

K 6 f Kriegsgeschichte

K 6 f 00 Allgemeines

Adamitza, P.: Einsatz von SSK bei der Küstenverteidigung in lokalen Kriegen und militärischen Konflikten nach 1945. In: Militärwesen. (1990),1, S. 54 – 60.
BZ 4485:1990

Pióro, Tadeusz: Wojny czasu pokoju (1945-1990). In: Sprawy międzynarodowe. 43 (1990),11, S. 71 – 90.
BZ 4497:1990

K 6 f 10 Kriege in Asien

K 6 f 11 Indochina 1946-1954

Bergot, Erwan: Diên Biên Phu. Paris: Pr. de la Cité 1989.
010938

Billings-Yun, Melanie: Decision against war. Eisenhower and Dien Bien Phu, 1954. New York: Columbia Univ. Pr. 1988. XIV, 198 S.
B 67713

Bodin, Michel: Les troupes africaines en Indochine. In: Revue historique des armées. (1989),177, S. 17 – 26.
BZ 05443:1989

Boissau, Raymond: Le bataillon 303. In: Revue historique des armées. (1989),177, S. 36 – 57.
BZ 05443:1989

Bonnafous, R.: Les prisonniers du Corps expéditionnaire français dans les camps Viêt-Minh (1945-1954). In: Guerres mondiales et conflits contemporains. (1987),47, S. 81 – 104.
BZ 4455:1987

Devillers, Philippe: D'un modus vivendi à la guerre: de la prise de Haiphong au coup du 19 décembre 1946. In: Guerres mondiales et conflits contemporains. (1987),148, S. 5 – 22.
BZ 4455:1987

Franchini, Philippe: Les Guerres d'Indochine. T. 1. 2. Paris: Pygmalion/Watelet 1988. 437, 452 S.
B 66350

Longeaux, L.A.: L'amiral Thierry d'Argenlieu, haut-commissaire de France en Indochine au printemps 1946. In: Guerres mondiales et conflits contemporains. (1987),148, S. 23 – 44.
BZ 4455:1987

Rorissier, Régis: Le Service de Santé en Indochine. In: Revue historique des armées. (1989),177, S. 3 – 16.
BZ 05443:1989

Tnneson, Stein: 1946: déclenchement de la Guerre d'Indochine. Les vêres tonkinoises du 19 décembre. Paris: Harmattan 1987. 275 S.
B 65264

Valette, Jacques: Les ambiguités d'une politique: Emile Bollaert et Bao-Dai. In: Guerres mondiales et conflits contemporains. (1987),148, S. 45 – 78.
BZ 4455:1987

Wrainwricht, William H.: Les accords du 6 mars 1946. In: Guerres mondiales et conflits contemporains. (1988),150, S. 99 – 114.
BZ 4455:1988

K 6 f 12 Korea 1950-1953

Appleman, Roy Edgar: Disaster in Korea: the Chinese confront MacArthur. Austin, Tex.: Univ. of Texas Pr. 1989. XVI, 456 S.
B 71858   0-89096-344-4

Cohen, Eliot A.: „Only half the battle": American intelligence and the Chinese intervention in Korea, 1950. In: Intelligence and national security. 5 (1990),1, S. 129 – 149.
BZ 4849:1990

Gemignani, Marco: Guerra anfibia in Corea. Lo sbarco a Inchon. In: Rivista marittima. 122 (1989),11, S. 109 – 118.
BZ 4453:1989

Grey, Jeffrey: The Commonwealth armies and the Korean war: an alliance study. Manchester: Manchester Univ. Pr. 1988. XII, 244 S.
B 68333   0-7190-2611-3

Hao, Yufan; Zhai, Zhihai: China's decision to enter the Korean War: history revisisted. In: China quarterly. (1990),121, S. 94 – 115.
BZ 4436:1990

Knox, Donald: The Korean War. An oral history. Vol.1.2. San Diego, Cal.: Harcourt Brace Jovanovich 1985-88. XIV, 697, 516 S.
B 58020

Marshall, Samuel Lyman Atwood: Infantry Operations & weapons usage in Korea. London: Greenhill 1988. XIX, 151 S.
B 66092

Merrill, John: Korea: the peninsular origins of the war. Newark, Del.: Univ.of Delaware Press 1989. 237 S.
0-87413-300-9
B 69697

Spurr, Russell: Enter the Dragon. China's undeclared war against the U.S. in Korea 1950-51. New York, NY: Newmarket Pr. 1988. XXIII, 335 S.
B 67884

K 6 f 13 Vietnam 1957-1975

Barnes, Scott Tracy; Libb, Melva: Bohica. Canton, Ohio: Bohica Corp. 1987. Getr. Pag.
B 66566

Chinnery, Phil: Air War in Vietnam. London: Hamlyn 1987. 192 S.
010932

Cutler, Thomas J.: Brown Water, black berets. Coastal and riverine warfare in Vietnam. Annapolis, Mass.: Naval Inst. Pr. 1988. XIV, 426 S.
B 67708

Dictionary of the Vietnam War. Ed.: James S. Olson. Westport, Conn.: Greenwood Pr. 1988. VIII, 585 S.
B 67089   0-313-24943-1

Dorr, Robert F.: Vietnam: combat from the cockpit. Shrewsbury: Airlife 1989. 128 S.
010946   1-85310-099-4

Elwood-Akers, Virginia: Women war correspondents in the Vietnam War, 1961-1975. Metuchen, NJ: Scarecrow Pr. 1988. IX, 274 S.
B 67098   0-8108-2033-1

Francillon, René J.: Tonkin Gulf Yacht Club: US carrier operations of Vietnam. London: Conway 1988. IX, 214 S.
010776   0-85177-484-9

Frost, Frank: Australia's war in Vietnam. Sydney: Allen & Unwin 1987. XII, 211 S.
B 66667   0-04-355024-X

Hammond, William M.: Public Affairs: the military and the media, 1962-1968. Washington: Center of Military History 1988. XV, 413 S.
010855

Mrozek, Donald J.: Air Power and the ground war in Vietnam. Washington: Pergamon-Brassey's 1989. XX, 196 S.
B 70540

Myer, Charles R.: Viet Cong SIGINT and U.S. army COMSEC in Vietnam. In: Cryptologia. 13 (1989),2, S. 143 – 150.
BZ 05403:1989

Newman, John: Vietnam war literature: an annotated bibliography of imaginative works about Americans fighting in Vietnam. Metuchen, NJ: Scarecrow Pr. 1988. XIII, 285 S.
B 69900   0-8108-2155-9

Palmer, Laura: Shrapnel in the heart. Letters and remembrances from the Vietnam veterans memorial. New York: Random House 1987. XX, 243 S.
B 66585

Rowe, James G.: Love to all, Jin. A young man's letters from vietnam. San Francisco, Calif.: Strawberry Hill Pr. 1989.
Bc 9136

Schlight, John: The War in South Vietnam. The years of the offensive 1965-1968. Washington: United States Air Force 1988. XIII, 410 S.
B 68736

Short, Anthony: The origins of the Vietnam War. London: Longman 1989. XVI, 347 S.
B 70197   0-582-49080-4

Starink, D.: Militaire aspecten van de Amerikaanse luchtoperaties in Vietnam. In: Militaire spectator. 159 (1990),7 u.8, S. 300 – 308; 351 – 363.
BZ 05134:1990

Stretch, Robert H.: Effects of service in Vietnam on Canadian forces military personnel. In: Armed forces and society. 16 (1990),4, S. 571 – 585.
BZ 4418:1990

Vietnam and the antiwar movement: an international perspective. Ed.: John Dumbrell. Aldershot: Avebury 1989. X, 182 S.
B 69572   0-566-05684-4

War in the shadows. Ed.: Robert Manning. Boston, Mass.: Boston Publ. Comp. 1988. 192 S.
010897

K 6 f 14 Afghanistan 1979-1989

Chrzanowski, Maciej: Zołnierz niepotrzebnej wojny. Warszawa: ORBITA 1989. 113 S.
Bc 9832

Davison, Kenneth L.: The geopolitics of the Soviet withdrawal from Afghanistan. In: Strategic review. 18 (1990),1, S. 39 – 48.
BZ 05071:1990

Dutt, Sanjay: The Afghan civil war. In: Strategic analysis. 12 (1989),3, S. 277 – 289.
BZ 4800:1989

Gerig, Uwe: Afghanistan: Krieg gegen Kinder. Böblingen: Tykve 1988. 136 S.
B 66145   3-925434-17-8

Ghaussy, A. Ghante: The economic effects of the Soviet war in Afghanistan. In: Internationales Asien-Forum. 20 (1989),1-2, S. 117 – 136.
BZ 4583:1989

Krakowski, Elie D.: Red star over Afghanistan. In: Global affairs. 5 (1990),2, S. 109 – 132.
BZ 05553:1990

Kulesza, Ewa: Les leçons afghanes, l'URSS au lendemain du retrait. In: Cosmopolitiques. (1989),12, S. 57 – 67.
BZ 05193:1989

Laber, Jeri: „A nation is dying": Afghanistan under the Soviets 1979-87. Evanston, Ill.: Northestern Univ. Pr. 1988. XVI, 179 S.
B 68135   0-8101-0771-6

Mitchell, Peter: Herat now in mujihadeen sights. In: Pacific defence reporter. 16 (1989),3, S. 9 – 12.
BZ 05133:1989

Roy, Olivier: Afghanistan: Vom Ost-West-Konflikt zum Bürgerkrieg. In: Europa-Archiv. 44 (1989),20, S. 619 – 626.
BZ 4452:1989

Roy, Olivier: La soviétisation de l'Afghanistan. In: Stratégique. (1990),2, S. 5 – 23.
BZ 4694:1990

Saikal, Amin: The Afghanistan conflict: Gorbachev's options. Canberra: Strategic defence studies centre 1987. VI, 78 S.
Bc 8683

Singh Yadav, Sanjay: Failed great power war and the Soviet retreat from Afghanistan. In: Comparative strategy. 8 (1989),3, S- 353 – 368.
BZ 4686:1989

Vo Imja vysokoj celi: Rasskazyvajut vojny s čest'ju vypolnivšie svoj international'nyj dolg na zemle Afganistana. Red.: I. A. Ponomarev. Leningrad: Lenizdat 1988. 160 S.
Bc 7913

Westad, Odd Arne: Afghanistan: perspectives on the Soviet War. In: Bulletin of peace proposals. 20 (1989),3, S. 281 – 293.
BZ 4873:1989

Ziem, Karlernst: Ein Zwischenbericht: Zur Lage in Afghanistan. In: Außenpolitik. 40 (1989),1, S. 43 – 58.
BZ 4457:1989

K 6 f 19 Sonstige Kriege in Asien

Devernois, Henri: Cambodge: rompre l'échec et pat. In: L'Afrique et l'Asie modernes. (1990),165, S. 25 – 42.
BZ 4689:1990

Kuroyanagi, Yoneji: The Kampuchean conflict and ASEAN: A view from the final stage. In: Japan review of international affairs. 3 (1989),1, S. 57 – 81.
BZ 4926:1989

Muniver, Bruno: L'offensive chinoise de février-mars 1979 contre le Vietnam. In: Guerres mondiales et conflits contemporains. (1988),152, S. 63 – 78.
BZ 4455:1988

Pike, Douglas: The Cambodian peace process. In: Defence force journal. 29 (1989),90, S. 842 – 852.
BZ 4438:1989

Schier, Peter: Kambodscha zwischen Krieg und Frieden. In: Aus Politik und Zeitgeschichte. (1990),B 32/90, S. 23 – 35.
BZ 05159:1990

Singh, Jagdev: Dismemberment of Pakistan. 1971 Indo-Pak War. New Delhi: Lancer 1988. 244 S.
B 69566

K 6 f 20 Kriege im Nahen und Mittleren Osten

K 6 f 21 Arabisch/israelische Kriege seit 1948

Albert Ferrero, Julio C.: Campañas de Israel. In: Revista general de marina. 217 (1989),10, S. 423 – 433.
BZ 4619:1989

An alle Frauen aus allen Kriegen. Hamburg: Verl. a. Galgenberg 1988. 287 S.
B 67783

Campañas de Israel. In: Revista general de marina. 217 (1989),11, S. 611 – 622.
BZ 4619:1989

Ferrero, Albert: Themas profesionales. La guerra electrónica en las incursiones de Israel. In: Revista general de marina. (1990),218, S. 49 – 58.
BZ 4619:1990

Hassan, Omar al-: A political assessment of the impact of wars in the Middle-East. In: Middle East strategic studies quarterly. 1 (1989),3, S. 32 – 57.
BZ 4863:1989

The Impact of the Six-day war: a twenty year assessment. Ed.: Stephen J. Roth. Basingstoke: Macmillan 1988. XIX, 316 S.
B 67624   0-333-47106-7

Neff, Donald: Warriors against Israel. Brattleboro, Vt.: Amana Books 1988. 371 S.
B 68003   0-915597-59-4

Oren, Michael: Escalation to Suez: the Egypt-Israel border war, 1949-1956. In: Journal of contemporary history. 24 (1989),2, S. 347 – 374.
BZ 4552:1989

Pappé, Ilan: Britain and the Arab-Israeli conflict 1948-51. Basingstoke: Macmillan 1988. XXI, 273 S.
B 66935   0-333-40888-8

Rabnovich, Abraham: The Boats of Cherbourg. New York, NY: Seaver Books 1988. XII, 322 S.
B 66844

K 6 f 22 Suezkrise 1956

Carlton, David: Britain and the Suez crisis. Oxford: Blackwell 1989. IX, 174 S.
0-631-16089-2
B 68466

The Suez-Sinai crisis 1956: retrospective and reappraisal. Ed.: Selwyn Ilan Troen. London: Cass 1990. XIV, 395 S.
B 72385   0-7146-3356-9

K 6 f 23 Golfkrieg Iran-Irak 1980-89

Ari, Mostafa: Iran-Irak: acht Jahre Krieg im Nahen Osten. Berlin: Verl. für Wiss. u. Bildung 1989. 277 S.
B 69088   3-927408-10-7

Chubin, Sharam; Tripp, Charles: Iran and Iraq at war. London: Tauris 1988. V, 318 S.
B 66907

Le conflict Irak-Iran 1979-1989. Paris: La Documentation Française 1989. 142 S.
Bc 9394

Ferdowsi, Mir A.: Die Genfer „Friedensgespräche" zwischen Iran und Irak – Chance für eine Beilegung des Konflikts am Golf?In: Zeitschrift für Politik. 36 (1989),1, S. 63 – 74.
BZ 4473:1989

Gardner, J.A.: The Iraq-Iran war: a bibliography. London: Mansell 1988. XVI, 124 S.
0-7201-1879-4
B 66898

Irak – Iran. Internationale Dimensionen eines regionalen Konfliktes. Berlin: AStA der FU Berlin 1988. 166 S.
Bc 8773

The Iran-Iraq War. Impact and implications. Ed.: Efraim Karsh. Basingstoke: Macmillan 1989. XIII, 303 S.
B 70201

Kaul, Kapil: The Iran-Irak war: linkages and lessons. In: Strategic analysis. 12 (1989),12, S. 1429 – 1443.
BZ 4800:1989

Looney Robert E.: The relative impact of the Gulf War on human capital development in Iraq. In: Middle East strategic studies quarterly. 1 (1989),3, S. 58 – 73.
BZ 4863:1989

Mac-Anigboro, E. J.: The Gulf War and superpower politics – prospects for a lasting peace. In: Strategic analysis. 12 (1989),6, S. 615 – 634.
BZ 4800:1989

O'Ballance, Edgar: The Gulf war. London: Brassey's Defence 1988. XX, 231 S.
B 66677   0-08-034747-9

Politi, Alessandro: Iran-Iraq. Otto anni di contraddizioni. In: Difesa oggi. 13 (1989),7-8, S. 328 – 335.
BZ 05119:1989

Sick, Gary: Trial by error: reflections on the Iran Iraq War. In: The Middle East journal. 43 (1989),2, S. 230 – 246.
BZ 4463:1989

Souresrafil, Behrouz: The Iran-Iraq War. London: C. C. Press 1989.
Bc 9463

Szymbiorski, Wojciech: Zwrot w konflikcie iracko-irańskim. In: Sprawy międzynarodowe. 42 (1989),6, S. 7 – 24.
BZ 4497:1989

Tucker, Anthony: The strategic implications of the Iran-Iraq War. In: Middle East strategic studies quarterly. 1 (1989),2, S. 58 – 74.
BZ 4863:1989

K 6 f 23.2 Golfkrieg 1990/1991

Desert shield, getting there. In: United States Naval Institute. Proceedings. 116 (1990),10, S. 99 – 107.
BZ 05163:1990

Hottinger, Arnold: Der Auftakt zur Golf-Krise. In: Europa-Archiv. 45 (1990),17, S. 507 – 514.
BZ 4452:1990

Rondot, Philippe: La logique de Saddam Hussein. In: Défense nationale. 46 (1990),11, S. 45 – 59.
BZ 4460:1990

Spanik, Stefan: Die OPEC und der Irak. Der Golfkrieg als Kampf um Macht auf dem Ölmarkt. In: Europäische Wehrkunde – Wehrwissenschaftliche Rundschau. 39 (1990),10, S. 583 – 588.
BZ 05144:1990

K 6 f 24 Libanonkrieg 1975-

Gilmour, David: Lebanon : the fractured country. London: Sphere 1987. XX, 242 S.
B 66651   0-7474-0074-1

Hamizrachi, Beate: The emergence of the South Lebanon security belt: Major Saad Haddad and the ties with Israel 1975-1978. New York: Praeger 1988. X, 211 S.
B 67796   0-275-92854-3

Labaki, Boutros: Structurations communautaires. Rapports de force entre minorités et guerres au Liban. In: Guerres mondiales et conflits contemporains. (1988),151, S. 43 – 70.
BZ 4455:1988

Schou, Arild: The breakdown of conflict management in Lebanon. In: Bulletin of peace proposals. 20 (1989),2, S. 193 – 204.
BZ 4873:1989

Sirriyeh, Hussein: Lebanon: dimensions of conflict. London: Internat. Inst. for Strategic Studies 1989. 84 S.
Bc 8901

Woerlee, M.G.: Het Nederlandse VN-contingent in Libanon 1979-1985. In: Militaire spectator. 158 (1989),9, S. 407 – 414.
BZ 05134:1989

K 6 f 30 Kriege in Afrika

K 6 f 31 Algerienkrieg 1954-62

Yacono, Xavier: De Gaulle et le F.L.N. 1958-1962. L'échec d'une politique et ses prolongements. Versailles: Ed. de l'Atlanthrope 1989. 127 S.
Bc 9195

K 6 f 32 Sonstige Kriege in Afrika

Buijtenhijs, Robert: Le Frolinat et les guerres civiles du Tchad (1977-1984): le révolution introuvable. Paris: Ed. Karthala 1987. 479 S.
B 66454   2-86537-196-4

Eriksen, Tore Linné: Namibia: South African withdrawal and preparations for destabilization. In: Bulletin of peace proposals. 20 (1989),3, S. 295 – 307.
BZ 4873:1989

Etschman, Wolfgang: Guerillakrieg n. 45 – Theorie und Praxis. In: Truppendienst. 29 (1990),1, S. 23 – 28.
BZ 05209:1990

Hall, David L.: The constitution and presidential war making against Libya. In: Naval War College review. 42 (1989),3, S. 30 – 45.
BZ 4634:1989

Herbst, Jeffrey: War and the state in Africa. In: International security. 14 (1990),4, S. 117 – 139.
BZ 4433:1990

Martin, Guy: Security and conflict management in Chad. In: Bulletin of peace proposals. 21 (1990),1, S. 37 – 47.
BZ 4873:1990

Oliver López-Guarch, Paula: La guerra del Sahara Occidental: el muro defensivo marroquí. In: Ejército. 51 (1990),608, S. 96 – 101.
BZ 05173:1990

Ropp, Klaus Frhr. von der: Friedensinitiativen im Südwesten Afrikas. In: Außenpolitik. 40 (1989),2, S. 193 – 205.
BZ 4457:1989

Sesay, Amadu: The OAU peace-keeping force in Chad: some lessons for future operations. In: Current research on peace and violence. 12 (1989),4, S. 191 – 200.
BZ 05123:1989

Vohra, Ruchita: Going beyond Gbadolite: war or peace? In: Strategic analysis. 13 (1990),10, S. 1071 – 1078.
BZ 4800:1990

K 6 f 40 Kriege in Amerika

Cole, Jeffrey U.: Assisting El Salvador. In: United States Naval Institute. Proceedings. 115 (1989),11, S. 60 – 69.
BZ 05163:1989

Fish, Joe: El Salvador: testament of terror. London: Zed Books 1988. 147 S.
B 66103   0-86232-740-7

K 6 f 44 Falkland-Krieg 1982

Baker, C. Ashford: The ultimate Dilemma. Obligation conflicts in wartime. Lanham: Univ. Pr. of America 1988. 150 S.
B 68004

Buesser, Carlos Alberto: Malvinas, la guerra inconclusa. Buenos Aires: Ed. Reguera 1987. 462 S.
B 70966   950-9791-01-6

Dillon, G. M.: The Falklands, politics and war. Basingstoke: Macmillan 1989. XII, 284 S.
B 67869

Falcoff, Mark: The Falklands conflict revisited. In: Global affairs. 5 (1990),1, S. 144 – 160.
BZ 05553:1990

Freedman, Lawrence: Britain and the Falklands War. Oxford: Blackwell 1988. 188 S.
B 67685   0-631-16142-2

Frost, John: 30 Tage im Gefecht. Die Geschichte eines britischen Parabataillons in Falklandkonflikt. Brugg: Verl. Effingerhof 1988. 254 S.
B 69172

Jofre, Oscar L.: Malvinas: la defensa de Puerto Argentino. Buenos Aires: Ed. Sudamericana 1987. 325 S.
B 67746   950-07-0455-2

Lawrence, John: When the fighting is over: a personal story of the battle for Tumbledown Mountain and its aftermath. London: Bloomsbury 1988. XII, 196 S.
0-7475-0174-2
B 66684

Manzilla, José A.: Malvinas, hambre y coraje. Buenos Aires: Ed. Abril 1987. 93 S.
Bc 8691   950-10-0208-X

Middlebrook, Martin: The fight for the „Malvinas": the Argentine forces in the Falklands war. London: Viking 1989. XIII, 321 S.
B 68181   0-670-82106-3

Morrison, David E.: Journalists at war: th dynamics of news reporting during the Falklands conflict. London: Sage 1988. XIV, 370 S.
B 66660   0-8039-8057-4

K 6 f 46 Grenada-Invasion 1983

Burrowes, Reynold A.: Revolution and rescue in Grenada: an account of the U.S.-Caribbean invasion. New York, NY: Greenwood Pr. 1988. XIV, 180 S.
B 67095   0-313-26066-4

L Länder

L 020 Naher und Mittlerer Osten

L 020 d Land und Volk

Yacoub, Joseph: La question assyro-chaldéenne, les puissances européennes et la Société des Nations. In: Guerres mondiales et conflits contemporains. (1988),151, S. 103 – 120.
BZ 4455:1988

L 020 d 10 Palästinenser/PLO

Abed, George T.: The economic viability of a Palestinian state. In: Journal of Palestine studies. 19 (1990),74, S. 3 – 28.
BZ 4602:1990

Abraham, Nabeel: The conversion of chairman Arafat. In: American Arab affairs. (1989-1990),31, S. 53 – 69.
BZ 05520:1989-1990

Avnery, Uri: Mein Freund, der Feind. Berlin: Dietz 1988. 416 S.
B 66172

Baum, Phil; Danziger, Raphael: The fifth Fatah general congress: triumph of moderation or return to radicalism? In: Terrorism. 12 (1989),2, S. 97 – 105.
BZ 4688:1989

Brynen, Rex: PLO policy in Lebanon: legacies and lessons. In: Journal of Palestine studies. 18 (1989),2, S. 48 – 70.
BZ 4602:1989

Cassese, Antonio: Il Caso „Achille Lauro". Terrorismo, politica e diritto nella comunita internazionale. Roma: Ed. Riuniti 1987. 231 S.
B 65918

Fuller, Graham E.: The Palestinians: the decisive year? In: Current history. 89 (1990),544, S. 53 – 56; 80 – 82.
BZ 05166:1990

Ghabra, Shafeeq G.: Palestinians in Kuwait. The family and the politics of survival. Boulder, Colo.: Westview Pr. 1987. XV, 195 S.
B 67384

Gonuła, Joanna; Stańczyk, Janusz: Konflikt wokół misji OWP przy ONZ. In: Sprawy międzynarodowe. 43 (1990),7-8, S. 149 – 160.
BZ 4497:1990

Graham-Brown, Sarah: The Palestinian situation. Geneva: World Alliance of Young Men's Christian Ass. 1988. IV, 116 S.
Bc 02598

Hiltermann, Joost R.: Worker's rights during the uprising. In: Journal of Palestine studies. 1 (1989),73, S. 83 – 91.
BZ 4602:1989

Khalidi, Rashid: The resolutions of the 19th Palestine National Council. In: Journal of Palestine studies. 19 (1990),74, S. 29 – 42.
BZ 4602:1990

Levran, Aharon: The military dangers of a Palestinian state. In: Global affairs. 4 (1989),4, S. 133 – 150.
BZ 05553:1989

Morris, Benny: The birth of the Palestinian refugee problem, 1947-1949. Cambridge: Cambridge Univ. Pr. 1987. XX, 380 S.
B 66663   0-521-33028-9

Moshel, Aharon: In einer Hand den Ölzweig: Jassir Arafat und die PLO. Hamburg: Facta 1988. 287 S.
B 67159   3-926827-10-6

Musallam, Sami: The Palestine Liberation Organization: its function and structure. Brattleboro, Vt.: Amana Books 1988. 68 S.
Bc 9275

Muslih, Muhammad Y.: The origins of Palestinian nationalism. New York: Columbia Univ. Pr. 1988. XIII, 277 S.
B 66198   0-231-06508-6

Nakhleh, Emile A.: The Palestinians and the future: peace through realism. In: Journal of Palestine studies. 18 (1989),2, S. 3 – 15.
BZ 4602:1989

Roy, Sara: Changing political attitudes among Gaza refugees. In: Journal of Palestine studies. 1 (1989),73, S. 72 – 82.
BZ 4602:1989

Schenker, Hillel: The quest for peace: an Israeli perspective. In: American Arab affairs. (1989),30, S. 85 – 88.
BZ 05520:1989

Segal, Jerome M.: A foreign policy for the State of Palestine. In: Journal of Palestine studies. 18 (1989),2, S. 16 – 28.
BZ 4602:1989

Segal, Jerome: Does the state of Palestine exist? In: Journal of Palestine studies. 1 (1989),73, S. 14 – 31.
BZ 4602:1989

Steinberg, Matti: The pragmatic stream of thought within the PLO according to Khalid al-Hasan. In: The Jerusalem journal of international relations. 11 (1989),1, S. 37 – 57.
BZ 4756:1989

Tessler, Mark: The intifada and political discourse in Israel. In: Journal of Palestine studies. 19 (1990),74, S. 43 – 61.
BZ 4602:1990

L 020 d 20 Kurden

Deschner, Günther: Die Kurden – das betrogene Volk. Erlangen: Straube 1989. 352 S.
B 68183   3-927491-02-0

L 020 d 30 Araber

Hottinger, Arnold: Die Araber vor ihrer Zukunft: Geschichte u. Problematik d. Verwestlichung. Paderborn: Schöningh 1989. 283 S.
B 69036   3-506-73942-5

Raouf, Wafik: Mouvement du nationalisme arabe et influence des minorités à l'est de la Méditerranée dans l'entre-deux-guerres. In: Guerres mondiales et conflits contemporains. (1989),153, S. 105 – 116.
BZ 4455:1989

L 020 e Staat und Politik

The Foundations of the Arab state. Ed.: Ghassan Salamé. London: Croom Helm 1987. 260 S.
B 66066

Ideology and power in the Middle East. Ed.: Peter J. Chelkowski. Durham, NC.: Duke Univ. Pr. 1988. XII, 530 S.
B 67801

Political dictionary of the Arab world. Ed.: Yaacov Shimoni. New York: Macmillan 1987. 520 S.
B 67727

Ramati, Yohanan: Iraq and Arab security. In: Global affairs. 5 (1990),1, S. 116 .- 129.
BZ 05553:1990

Vogt, Judith: Billedet som politisk våben. København: Reitzel 1988. 235 S.
B 68655   87-7421-587-6

L 020 e 10 Innenpolitik

Pipes, Daniel: Why Asad's terror works and Quadhdhafi's does not. In: Orbis. 33 (1989),4, S. 501 – 508.
BZ 4440:1989

State and ideology in the Middle East and Pakistan. Ed.: Fred Halliday. Basingstoke: Macmillan 1988. IX, 267 S.
B 66736   0-333-38307-9

L 020 e 20 Außenpolitik

Chronololgy: Arab-Israeli conflict. In: The Middle East journal. 43 (1989),4, S. 655 – 688.
BZ 4463:1989

Hewedy, Amin: Militarization and security in the Middle East: its impact on development and democracy. London: Pinter 1989. 144 S.
B 70314   0-86187-778-0

Salamé, Ghassan: Est/Ouest/(Proche) Orient. In: Politique étrangère. 55 (1990),2, S. 253 – 273.
BZ 4449:1990

Sayed, Mustapha K. el-: Egyptian popular attitudes toward the Palestinians since 1977. In: Journal of Palestine studies. 18 (1989),4, S. 37 – 51.
BZ 4602:1989

Steinberg, Matti: The demographic dimension of the struggle with Israel – as seen by the PLO. In: The Jerusalem journal of international relations. 11 (1989),4, S. 27 – 51.
BZ 4756:1989

Tarso Fleixa Lima, Paulo de: Perspectives de las relaciones entre America Latina y los paises de la Liga de los Estados Arabes. In: Estudios internacionales. 21 (1988),84, S. 439 – 450.
BZ 4936:1988

Yorke, Valerie: Domestic politics and regional security: Jordan, Syria and Israel; the end of an era? Aldershot: Gower 1988. XVII, 400 S.
B 68349   0-566-05652-6

Zak, Moshe: The ambivalent diplomacy of King Hussein. In: Global affairs. 4 (1989),2, S. 111 – 128.
BZ 05553:1989

L 020 f Wehrwesen

Ehteshami, Anoushiravan: Strategic survey of the Near East 1988-1989. In: Middle East strategic studies quarterly. 1 (1989),2, S. 1 – 30.
BZ 4863:1989

Laffin, John; Katz, Samuel: Arab armies of the Middle East wars. Vol. 1. 2. London: Osprey 1982-88. 40, 47 S.
Bc 02301

O'Ballance, Edgar: The military balance in the Middle-East and the Maghreb. In: Middle East strategic studies quarterly. 1 (1989),3, S. 74 – 117.
BZ 4863:1989

L 020 g Wirtschaft

Defence industries of the Middle East. In: Middle East strategic studies quarterly. 1 (1988),1, S. 1 – 73.
BZ 4863:1988

L 020 h Gesellschaft

Hijab, Nadia: Womanpower: the Arab debate on women at work. Cambridge: Cambridge Univ. Pr. 1988. XIV, 176 S.
B 66676   0-521-26443-X

L 020 i Geistesleben

Steinbach, Udo: Der Islam im „Thermidor". Zur Lage des Islams im Nahen Osten. In: Aus Politik und Zeitgeschichte. (1990),B 22/90, S. 11 – 19.
BZ 05159:1990

L 020 k Geschichte

Goldschmidt, Arthur: A concise history of the Middle East. Boulder, Colo.: Westview Pr. 1988. XVI, 448 S.
B 66550   0-8133-0471-7

Nicolle, David: Lawrence and the Arab revolts. Warfare and soldiers of the Middle East 1914-18. London: Osprey 1989. 48 S.
Bc 02613

L 020 k 1 Nah-Ost-Konflikt

Bard, Mitchell G.: How fares the Camp David trio? In: Orbis. 34 (1990),2, S. 227 – 240.
BZ 4440:1990

Bathke, Peter; Kulow, Karin: Naher und Mittler Osten. Hoffnung auf Frieden. Berlin: Dietz 1989. 80 S.
Bc 9033

Benedict, Hans: Kirschen aus Sidon: d. Nahostkonflikt in d. Darstellung e. Augenzeugen. Wien: Jugend und Volk 1989. 447 S.
B 71205   3-224-16572-3

Bishop, Donald H.: The Israeli-Palestinian conflict, past, present, and future. In: Scandinavian journal of development alternatives. 9 (1990),1, S. 5 – 38.
BZ 4960:1990

Christison, Kathleen: The Arab-Israeli policy of George Shultz. In: Journal of Palestine studies. 18 (1989),2, S. 29 – 47.
BZ 4602:1989

Gottstein, Peter: Israel und die Palästinenser-Frage. Probleme und Perspektiven. In: Aus Politik und Zeitgeschichte. (1990),B 15/90, S. 25 – 37.
BZ 05159:1990

Gross Stein, Janice: Prenegotiation in the Arab-Israeli conflict: the paradoxes of success and failure. In: International journal. 44 (1989),2, S. 410 – 441.
BZ 4458:1989

Harkabi, Yehoshafat: Israel's fateful decisions. London: Tauris 1988. XVI, 246 S.
B 66711

Mackinlay, John: The peacekeepers. An assessment of peacekeeping operations at the Arab-Israel interface. London: Hyman 1989. XVIII, 239 S.
B 69225

The Middle East. Ten years after Camp David. Washington, DC: Brookings Inst. 1988. XIII, 517 S.
B 68459

Neumann, Osha: Victim of the victim: echoes of the past in the Palestinian/Israeli conflict. In: Social justice. 17 (1990),1, S. 25 – 54.
BZ 4917:1990

Nisan, Mordecahi.: The Camp David legacy. In: Global affairs. 5 (1990),1, S. 96 – 115.
BZ 05553:1990

Sack, Ralf: Die USA im Nahost-Konflikt: von der Intervention zur Partizipation. Trier: WVT 1988. 492 S.
B 69028

Shemesh, Moshe: The Palestinian entity 1959-1974. Arab politics and the PLO. London: Cass 1988. XX, 402 S.
B 67681

Yorke, Valerie: Imagining a Palestinian state: an international security plan. In: International affairs <London>. 66 (1990),1, S. 115 – 136.
BZ 4447:1990

Zucconi, Mario: Il conflitto Arabo-Israeliano e il sistema internazionale del secondo dopoguerra. Napoli: Editoriale Scientifica 1987. 158 S.
B 65525

L 030 Entwicklungsländer / 3. Welt

Cammack, Paul A.: Third world politics. Basingstoke: Macmillan 1988. XI, 308 S.
B 66906   0-333-39640-5

Robbe, Martin: Entwicklungsländer: historische Dimension, Gegenwartsprobleme, Zukunftsaussichten. In: Zeitschrift für Geschichtswissenschaft. 37 (1989),6, S. 502 – 516.
BZ 4510:1989

L 030 e Staat und Politik

Andrain, Charles F.: Political change in the Third World. London: Hyman 1988. VIII, 296 S.
B 68508

Decolonsation & after. The future of the Third World. Ed.: Bruno Kreisky. London: South Publ. 1987. 137 S.
B 66038

Democracy in developing countries. Ed.: Larry Diamond. Boulder, Colo.: Rienner 1988/89. XXIX, 314; XXIX, 489; XXIX, 515 S.
B 67110

Duncan, Raymond: Ideology and nationalism in attracting Third World leaders to Communism: trends and issues in the late Twentieth Century. In: World affairs. 151 (1988-89),3, S. 105 – 116.
BZ 05509:1988-89

Garcia, Peter: Nach dem Niedergang des realen Sozialismus in Osteuropa. Dritte Welt ohne Sozialismus? In: Dritte-Welt. 21 (1990),4, S. 25 – 31.
BZ 05283:1990

Kisiel, Bogusław: Przemiany globalne „trzeci świat" i Polska. In: Sprawy międzynarodowe. 42 (1989),10, S. 7 – 32.
BZ 4497:1989

Wolpin, Miles D.: Third World non-alignment: does it make a difference? In: Bulletin of peace proposals. 20 (1989),1, S. 99 – 112.
BZ 4873:1989

L 030 f Wehrwesen

Balencie, Jean-Marc: Le développement des forces navales dans les pays du Tiers-Monde. In: Stratégique. 43 (1989),3, S. 93 – 122.
BZ 4694:1989

Grobar, Lisa M.; Porter, Richard C.: Benoit revisited: Defense spending and economic growth in LDCs. In: The journal of conflict resolution. 33 (1989),2, S. 318 – 345.
BZ 4394:1989

Klare, Michael: Wars in the 1990s. Growing firepower in the Third World. In: Bulletin of the atomic scientists. 46 (1990),4, S. 9 – 13.
BZ 05542:1990

Looney, Robert E.: Third-World military expenditure and arms production. London: Macmillan 1988. XXXI, 242 S.
B 67678

Looney, Robert; Frederiksen, P. C.: Recent research on defense spending and growth and implications for Third World disarmament. In: The Jerusalem journal of international relations. 11 (1989),1, S. 1 – 11.
BZ 4756:1989

Rice, Edward Earl: Wars of the third kind. Conflict in underdeveloped countries. Berkeley, Calif.: Univ. of California 1988. 186 S.
B 67757

L 030 g Wirtschaft

Gál, Peter: Some features of research and development activity and military R & D in developing countries. In: Bulletin of peace proposals. 19 (1988),3-4, S. 357 – 369.
BZ 4873:1988

Harbor, Bernard: Assessing the scale and impact of Third World military R & D. In: Bulletin of peace proposals. 19 (1988),3-4, S. 371 – 383.
BZ 4873:1988

Hubel, Helmut: Neue Waffen in der Dritten Welt und ihre Folgen. In: Europa-Archiv. 45 (1990),15, S. 453 – 460.
BZ 4452:1990

Montgomery, John Dickey: Bureaucrats and people. Grassroots participation in Third World development. Baltimore, Mass.: Johns Hopkins Univ. Pr. 1988. XVIII, 140 S.
B 66828

Zur Lage der Entwicklungsländer in der Weltwirtschaft. In: IPW-Berichte. 19 (1990),6, S. 9 – 16.
BZ 05326:1990

L 030 h Gesellschaft

Refugees. A Third World dilemma. Ed.: John R. Rogge. Totowa, NJ: Rowman & Littlefield 1987. XI, 370 S.
B 66615

L 040 Neutrale und nichtgebundene Staaten

Bello, Walden; Rosenfeld, Stephanie: Dragons in distress: the crisis of the NICs. In: World policy journal. 7 (1990),3, S. 431 – 468.
BZ 4822:1990

Colard, Daniel: Le sommet des non-alignés et la sécurité internationale. In: Défense nationale. 46 (1990),2, S. 73 – 83.
BZ 4460:1990

Kruzel, Joseph: The European neutrals, national defense, and international security. In: Comparative strategy. 8 (1989),3, S. 297 – 315.
BZ 4686:1989

Mates, Leo: Security through non-alignment. In: Bulletin of peace proposals. 20 (1989),2, S. 167 – 173.
BZ 4873:1989

Rajan, M. S.: The nonaligned world in the 1990s. In: International studies. 26 (1989),3, S. 209 – 232.
BZ 4909:1989

L 058 Islamische Staaten

Arzt, Donna E.: The application of international human rights law in Islamic states. In: Human rights quarterly. 12 (1990),2, S. 202 – 230.
BZ 4753:1990

Balic, Smail: Der Islam im europäischen Umfeld. In: Aus Politik und Zeitgeschichte. (1990),B 22/90, S. 30 – 39.
BZ 05159:1990

Bouteiller, Georges de: Tiers-monde islamique tiers du monde? Paris: Ed. Economica 1987. V, 220 S.
B 65932   2-7178-1315-2

Sheriff, Sarah: Women's rights in Islam. London: Ta-Ha Publ. 1989. 15 S.
Bc 9145

Taylor, Alan R.: The Islamic question in Middle East politics. Boulder, Colo.: Westview Pr. 1988. IX, 150 S.
B 66699   0-8133-7500-2

L 060 Commonwealth-Staaten

Chan, Stephen: The Commonwealth as an international organization. Constitutionalism, Britain and South Africa. In: The round table. (1989),312, S. 393 – 412.
BZ 4796:1989

Chan, Stephen: The Commonwealth in world politics. A study in international action 1965-1985. London: Crook 1988. 117 S.
B 68487

Ingram, Derek: Commonwealth for a new world. In: The round table. (1989),312, S. 383 – 392.
BZ 4796:1989

Islam, politics, and social movements. Ed.: Edmund Burke. Berkeley, Calif.: Univ. of California 1988. XVII, 332 S.
B 68795

Moore, Robin J.: Making the new Commonwealth. Oxford: Clarendon 1987. XI, 218 S.
B 66073   0-19-820112-5

Perry, F. W.: The Commonwealth Armies. Manpower and organisation in two world wars. Manchester: Manchester Univ. Pr. 1988. 250 S.
B 67873

Young, Thomas-Durell: The „Old Dominions" and their policies of defense independence: implications for Allied and United States security. In: Defense analysis. 6 (1990),1, S. 69 – 84.
BZ 4888:1990

L 100 Europa

Adám, Magda: Richtung Selbstvernichtung: die Kleine Entente 1920-1938. Wien: Österreichischer Bundesverl. 1989. 202 S.
B 71497   3-215-06381-6

Arnold, Hans: Das gemeinsame europäische Haus: die westliche Doppelhaushälfte. In: Blätter für deutsche und internationale Politik. 35 (1990),1, S. 44 – 54.
BZ 4551:1990

Cohen, Asher: La politique antijuive en Europe (Allemagne exclue), 1938-1941. In: Guerres mondiales et conflits contemporains. (1989),150, S. 45 – 60.
BZ 4455:1989

Deryabin, Yuri: Milestones of the „Year of Europe". In: International affairs <Moscow>. (1990),2, S. 56 – 67.
BZ 05208:1990

European Unity in context. The interwar period. Ed.: Peter M. R. Stirk. London: Pinter 1989. 225 S.
B 69278

Glotz, Peter: Gesamteuropa – Skizze für einen schwierigen Weg. In: Europa-Archiv. 45 (1990),2, S. 41 – 50.
BZ 4452:1990

Hassner, Pierre: Europe beyond partition and unity: disintegration or reconstitution? In: International affairs <London>. 66 (1990),3, S. 461 – 475.
BZ 4447:1990

Jankowitsch, Peter: Die neue politische Landkarte Europas. In: Die neue Gesellschaft – Frankfurter Hefte. 37 (1990),2, S. 110 – 116.
BZ 4572:1990

Kitchen, Martin: Europe between the wars: a political history. London: Longman 1988. VII, 350 S.
B 66182   0-582-01741-6

Kulke-Fiedler, Christine: Wirtschaftliche Realitäten im heutigen Europa. In: IPW-Berichte. 19 (1990),6, S. 17 – 22.
BZ 05326:1990

Mead, Walter Russell: The United States and the New Europe. In: World policy journal. 7 (1989-90),1, S. 35 – 70.
BZ 4822:1989-90

Mearsheimer, John J.: Back to the future. Instability in Euroe after the Cold War. In: International security. 15 (1990),1, S. 5 – 56.
BZ 4433:1990

Momper, Walter: Europa im Wandel. Ansprache vor dem Bundesrat. o.O. 1989. 11 S.
Bc 8988

Nerlich, Uwe: Europa zwischen alten Ängsten und neuen Hoffnungen. In: Europa-Archiv. 45 (1990),16, S. 481 – 492.
BZ 4452:1990

Scheffer, Paul: Identité nationale et intégration européenne. In: Cosmopolitiques. (1989),12, S. 10 – 26.
BZ 05193:1989

Snyder, Jack: Averting anarchy in the New Europe. In: International security. 14 (1990),4, S. 5 – 41.
BZ 4433:1990

Späth, Lothar: Europe is both East and West. In: International affairs <Moscow>. (1990),5, S. 43 – 50.
BZ 05208:1990

Wagner, Wolfgang: Auf der Suche nach einer neuen Ordnung in Europa. In: Europa-Archiv. 44 (1989),23, S. 693 – 702.
BZ 4452:1989

L 100 e Staat und Politik

Bitzinger, Richard A.: The threat, the conventional balance and „Common Security": the emerging „Alternative View" in Europa. In: Defense analysis. 6 (1990),1, S. 35 – 48.
BZ 4888:1990

Borkenhagen, Franz H. U.: Eine neue Sicherheitspolitik – Chance für Europa. In: Aus Politik und Zeitgeschichte. (1990),B 36/90, S. 13 – 22.
BZ 05159:1990

European security beyond the year 2000. Ed.: Robert Rudney. New York: Praeger 1988. 317 S.
B 68358   0-275-92625-7

Genscher, Hans-Dietrich: Kooperative Strukturen der Sicherheit – eine Perspektive für die Friedensordnung in Europa. In: S und F. 7 (1989),3, S. 132 – 134.
BZ 05473:1989

Lutz, Dieter S.: Gemeinsamer Frieden und europäische Sicherheit. Axel Krohn: Gesamteuropäische Perspektiven der Sicherheit. Hamburg: Inst. f. Friedensforschung u. Sicherheitspolitik 1989. 79 S.
Bc 8905

Lutz, Dieter S.: Towards a European peace order and a system of collective security. In: Bulletin of peace proposals. 21 (1990),1, S. 71 – 76.
BZ 4873:1990

Modelle europäischer Sicherheit: eine Dokumentation. Hamburg: Inst. f. Friedensforschung u. Sicherheitspolitik 1990. 80 S.
Bc 9314

Opel, D. M.: Für das neue Europa taugen die alten Sicherheitskonzepte nicht mehr. In: Militärwesen. (1990),6, S. 17 – 23.
BZ 4485:1990

Političeskie sdvigi v stranach Zapada (koneč 70-ch – 80-e gody.). Red.: S. P. Peregudov. Moskva: Nauka 1989. 247 S.
B 70417

Senghaas, Dieter: Europa 2000: e. Friedensplan. Frankfurt: Suhrkamp 1990. 124 S.
Bc 9381   3-518-11632-0

Staden, Bernd von: Das ganze Europa muß es sein ... In: Außenpolitik. 41 (1990),1, S. 24 – 37.
BZ 4457:1990

Wæver, Ole: Three competing Europes: German, French, Russian. In: International affairs <London>. 66 (1990),3, S. 477 – 493.
BZ 4447:1990

L 101 Nordeuropa

Andrén, Nils: Norden and a changing Europe. In: Kungl. Krigsvetenskapsakademiens tidskrift. 194 (1990),3, S. 133 – 143.
BZ 4718:1990

Fitzmaurice, John: Security and politics in the nordic area. Aldershot: Avebury 1987.
XI, 191 S.
B 69451

Flådestrategier og nordisk sikkerhedspolitik. T. 2. København: Det Sikkerheds og Nedrustningspolitiske Udvalg 1987. 264 S.
B 66295

Lodgaard, Sverre: Naval arms control in the North – some specific proposals. In: Bulletin of peace proposals. 20 (1989),2, S. 147 – 165.
BZ 4873:1989

L 103 Osteuropa

Brown, James F.: Eastern Europe and communist rule. Durham, NC.: Duke Univ. Pr. 1988. XII, 562 S.
B 67795   0-8223-0841-X

Schulz-Vobach, Klaus-Dieter: Die Deutschen im Osten. Vom Balkan bis Sibirien. Hamburg: Hoffmann u. Campe 1989. 319 S.
B 68548

L 103 e Staat und Politik

Adám, Antal; Heinrich, Hans-Georg: Society, politics and constitutions. Western and East European views. Wien: Böhlau 1987. 212 S.
B 66254

Anczewski, Ignacy: Francuska idea konfederacji ogólnoeuropejskiej. In: Sprawy międzynarodowe. 43 (1990),9, S. 31 – 42.
BZ 4497:1990

Are, Giuseppe: La crisi dell'Europa dell'Est. In: Affari esteri. 22 (1989),82, S. 280 – 294.
BZ 4373:1989

Brown, Michael E.: Understanding change in the socialist countries. In: Socialism and democracy. (1989),9, S. 11 – 26.
BZ 4929:1989

Buchała Rudolf: Szanse międzynarodowego zblizenia w Europie Srodkowej. In: Sprawy międzynarodowe. 43 (1990),2, S. 93 – 104.
BZ 4497:1990

Bunce, Valerie: The struggle for liberal democracy in Eastern Europe. In: World policy journal. 7 (1990),3, S. 395 – 430.
BZ 4822:1990

Deák, István: Uncovering Eastern Europe's dark history. In: Orbis. 34 (1990),1, S. 51 – 65.
BZ 4440:1990

Djilas, Milovan: Eastern Europe: the revolution and its future. In: Global affairs. 5 (1990),2, S. 83 – 94.
BZ 05553:1990

Djilas, Milovan: Eine revolutionäre demokratische Vision von Europa. In: Europa-Archiv. 45 (1990),7, S. 225 – 232.
BZ 4452:1990

Featherstone, Kevin: Socialist Parties and European integration. A comparative history. Manchester: Manchester Univ. Pr. 1988. 366 S.
B 66180

Halimarski, Andrzej: Normalizacja stosunków między ChRL a krajami Europy Wschodniej. In: Sprawy międzynarodowe. 42 (1989),7-8, S. 33 – 52.
BZ 4497:1989

Henrich, Rolf: Der vormundschaftliche Staat: vom Versagen des real existierenden Sozialismus. Reinbek: Rowohlt 1989. 316 S.
B 65840   3-499-12536-6

Hodos, Georg Hermann: Schauprozesse. Stalinistische Säuberungen in Osteuropa 1948-54. Frankfurt: Campus Verl. 1988. 303 S.
B 66604

Katz, Mark N.: The decline of Soviet power. Implications for international relations. In: Survival. 32 (1990),1, S. 15 – 28.
BZ 4499:1990

Kobrynskaja-Frumkina, Irina: Stanowisko Zwiazku Radzieckiego wobec „Europy 1992" europejskiego. In: Sprawy międzynarodowe. 43 (1990),6, S. 59 – 78.
BZ 4497:1990

Malcolm, Neil: Soviet Policy Perspectives on Western Europe. London: Routledge 1989. VIII, 117 S.
Bc 8811

Maull, Hanns W.; Heynitz von, Achim: Osteuropa: Durchbruch in die Postmoderne? Umrisse einer Strategie des Westens. In: Europa-Archiv. 45 (1990),15, S. 441 – 452.
BZ 4452:1990

Min, Chen: China and Eastern Europe: a new relationship based on realisitic needs. In: The Jerusalem journal of international relations. 11 (1989),1, S. 12 – 36.
BZ 4756:1989

Muszyński, Jerzy: Międzynarodowe następstwa upadku „realnego socjalizmu" w Europie. In: Sprawy międzynarodowe. 42 (1989),10, S. 7 – 32.
BZ 4497:1989

Nagorski, Andrew: The intellecutal roots of Eastern Europe's upheavals. In: SAIS review. 10 (1990),2, S. 89 – 100.
BZ 05503:1990

Nelson, Daniel N.: Elite-mass relations in communist systems. Basingstoke: Macmillan 1988. X, 217 S.
B 66756   0-333-42821-8

Rotfeld, Adam Daniel: Zarys nowych struktur bezpieczeństwa w Europie. In: Sprawy międzynarodowe. 43 (1990),11, S. 51 – 70.
BZ 4497:1990

Schöpflin, George: The end of communism in Eastern Europe. In: International affairs <London>. 66 (1990),1, S. 3 – 16.
BZ 4447:1990

Tismaneanu, Vladimir: The crisis of Marxist ideology in Eastern Europe: the poverty of Utopia. London: Routledge 1988. 232 S.
B 67832   0-415-00494-2

V Boj za mier a povojnovú spoluprácu 1917-1945. Poltika kom. strán v strednej a juhovýchodnej Európe v boji proti imper. vojne za porážku fašist. agresorov a povojnovú spoluprácu. Red.: Štefan Zelenák. Bratislava: Vydav.Slovenskej Akad.vied 1989. 155 S.
Bc 8935

Volkov, Vladimir Konstantinovič: Revoljucionnye preobrazovanija v stranach central'noj i jugo-vostočnoj Evropy. In: Voprosy istorii. (1990),6, S. 21 – 35.
BZ 05317:1990

Wallraf, Wolfram: Japanische Positionen in den Ost-West-Beziehungen. In: IPW-Berichte. 19 (1990),2, S. 16 – 28.
BZ 05326:1990

Werblan, Andrzej: Was folgt auf den Stalinismus? In: Die neue Gesellschaft – Frankfurter Hefte. 37 (1990),1, S. 129 – 143.
BZ 4572:1990

Wettig, Gerhard: Der politische Wandel in Osteuropa und seine Auswirkungen auf die Europa-Politik. In: Außenpolitik. 41 (1990),2, S. 107 – 119.
BZ 4457:1990

Wistrich, Ernest: Droga Europy do zjednoczenia. In: Sprawy międzynarodowe. 43 (1990),10, S. 7 – 28.
BZ 4497:1990

L 103 f Wehrwesen

Bebler, Anton: Wehrdienstverweigerung in sozialistischen Staaten. In: Europäische Rundschau. 18 (1990),3, S. 107 – 137.
BZ 4615:1990

Fritz, Friedrich: Computer im Ostblock. Technische und militärische Aspekte. In: Österreichische militärische Zeitschrift. 28 (1990),4, S. 307 – 312.
BZ 05214:1990

Lutz, Dieter S.: Koncepcja systemu zbiorowego bezpieczeństwa Europy. In: Sprawy międzynarodowe. 43 (1990),7-8, S. 21 – 34.
BZ 4497:1990

Magenheimer, H.: Truppenabzüge und Streitkräftepotentiale in Ostmitteleuropa. In: Österreichische militärische Zeitschrift. 28 (1990),4, S. 296 – 300.
BZ 05214:1990

Multan, Wojciech: Nowe koncepcje obronne a perspektywy rozbrojenia europejskiego. In: Sprawy międzynarodowe. 43 (1990),5, S. 23 – 38.
BZ 4497:1990

Rotfeld, Adam Daniel: Zmiany w systemie bezpieczeństwa europejskiego europejskiego. In: Sprawy międzynarodowe. 43 (1990),7-8, S. 7 – 20.
BZ 4497:1990

L 103 g Wirtschaft

Bukowski, Sławomir: Reformy gospodarcze a współpraca międzynarodowa w Europie Wschodniej. In: Sprawy międzynarodowe. 42 (1989),9, S. 19 – 34.
BZ 4497:1989

Klepacki, Zbigniew M.: 40 lat Rady Wzajemnej Pomocy Gospodarczej. In: Kraje socjalistyczne. 4 (1988),3, S. 5 – 34.
BZ 4956:1988

Perczyński, Maciej: Bezpieczeństwo międzynarodowe a współpraca gospodarcza między Wsólnota Europejska a krajami Europy Srodkowej i Wschodniej. In: Sprawy międzynarodowe. 43 (1990),11, S. 21 – 32.
BZ 4497:1990

L 103 h Gesellschaft

Waller, Michael: The ecology issue in Eastern Europe: protest and movements. In: Journal of communist studies. 5 (1989),3, S. 303 – 328.
BZ 4862:1989

L 103 i Geistesleben

Ramet, Pedro: Cross and commissar: the politics of religion in Eastern Europe and the USSR. Bloomington, Ind.: Indiana University Pr. 1987. X, 244 S.
B 66213 0-253-31575-1

L 103 k Geschichte

Bowers, Stephen R.: East Europe: why the cheering stopped. In: The journal of social, political and economic studies. 15 (1990),1, S. 25 – 42.
BZ 4670:1990

Eberstadt, Nick: The poverty of communism. New Brunswick: Transaction Books 1988. IX, 317 S.
B 67057 0-88738-188-X

Hajdu, Tibor: Közép-Európa forradalma 1917-1921. Budapest: Gondolat 1989. 187 S.
B 71499 963-282-233-1

Naarden, Bruno: De Oosteuropese revolutie en het Europese despotisme. In: Internationale spectator. 44 (1990),4, S. 199 – 206.
BZ 05223:1990

Pumberger, Klaus: Massenprotest und Reform in Osteuropa. In: Die neue Gesellschaft – Frankfurter Hefte. 37 (1990),2, S. 224 – 234.
BZ 4572:1990

L 104 Südosteuropa/Balkan

Axt, Heinz-Jürgen: Der Balkan: Herausforderung für Europäische Gemeinschaft und politische Zusammenarbeit. In: Südosteuropa. 39 (1990),7/8, S. 458 – 483.
BZ 4762:1990

Grothusen, Klaus-Detlev: Zwischen Selbstbestimmung und Patronage. In: Südosteuropa-Mitteilungen. 29 (1989),4, S. 271 – 284.
BZ 4725:1989

Haberl, Othmar N.: Südosteuropa und das Deutsche Reich vor dem Zweiten Weltkrieg. Chancen und Probleme nachbarschaftlicher Beziehungen. In: Südosteuropa. 39 (1990),9, S. 501 – 526.
BZ 4762:1990

Jensen, J.H.: The impact of war on Southeastern Europe, 1912-1923. In: War and society. 8 (1990),1, S. 29 – 46.
BZ 4802:1990

L 107 Westeuropa

L 107 e Staat und Politik

Rosna, Walter: Neuordnung in Mitteleuropa. Frankfurt: Fischer 1989. 67 S.
Bc 9072

Viotti, Paul R.: Comparative neutrality in Europe. In: Defense analysis. 6 (1990),1, S. 3 – 15.
BZ 4888:1990

L 107 e 10 Innenpolitik

Oreja Aguirre, Marcelino: Europa, para qué?: respuestas europeas a problemas actuales. Esplugues de Llobregat: Plaza & Janes 1987. 216 S.
B 70550

Tensions in the territorial politics of Western Europe. Ed.: R. A. W. Rhodes. London: Cass 1987. VII, 176 S.
B 66915 0-7146-3329-1

Wege zur europäischen Rechtsgemeinschaft. 2. Fachkonferenz d. Konrad-Adenauer-Stiftung z. Fragen europäisch. Rechtspolitik. Hrsg.: Meinhard Knoche. Koblenz: Görres 1988. 244 S.
B 64230

L 107 e 13 Parlamente und Wahlen

Binns, Joe: Anyway who cares about democracy? How to lose European elections in 1989. Aldridge: Roona Books 1989. XI, 140 S.
Bc 9144

Colard, Daniel: Le Parlement Européen et la sécurité communautaire. In: Défense nationale. 45 (1989),12, S. 81 – 96.
BZ 4460:1989

Garthe, Michael: Weichenstellung zur europäischen Union. Der Verfassungsentwurf des Europäischen Parlaments. Bonn: Europa-Union-Verl. 1989. 121 S.
Bc 9025

Gluchowski, Peter; Staudt, Wolfgang; Wilamowitz-Moellendorff, Urlich von*:* Die dritten Direktwahlen zum Europäischen Parlament in der Bundesrepublik Deutschland. In: Aus Politik und Zeitgeschichte. (1989),B 43, S. 25 – 38.
BZ 05159:1989

Habert, Philippe: Les élections europénnes de 1989. Le temps des mutations. In: Commentaire. 13 (1990),49, S. 18 – 30.
BZ 05436:1990

Hoffman,, Hans-Jürgen; Feist, Ursula: Die Europawahl 1989 – eine klassische Nebenwahl? Ergebnisse und Analysen der dritten Direktwahl der Europäischen Parlaments. In: Aus Politik und Zeitgeschichte. (1989),B 43, S. 15 – 24.
BZ 05159:1989

Niedermayer, Oskar: Die Europawahlen 1989: Eine international vergleichende Analyse. In: Zeitschrift für Parlamentsfragen. 20 (1989),4, S. 469 – 487.
BZ 4589:1989

Schmitt, Hermann: The European elections of June 1989. In: West European politics. 13 (1990),1, S. 116 – 123.
BZ 4668:1990

Tussen Straatsburg en Den Haag. Het democratisch gat van Europa. 's-Gravenhage: SDU 1989. 108 S.
Bc 9194

L 107 e 14 Parteien

Backes, Uwe; Jesse, Eckhard: Politischer Extremismus in europäischen Demokratien – Rechtsextremismus, Linksextremismus und Terrorismus im Vergleich. In: Jahrbuch Extremismus & Demokratie. (1989),1, S. 7 – 44.
BZ 4998:1989

Backes, Uwe; Jesse, Eckahrd: Politischer Extremismus in europäischen Demokratien. Rechts- und Linksextremismus im Vergleich. In: Aus Politik und Zeitgeschichte. (1989),B 41-42, S. 40 – 53.
BZ 05159:1989

Communist parties in Western Europe: decline or adaptation? Ed.: Michael Waller. Oxford: Blackwell 1988. XII, 284 S.
B 66125   0-631-15617-8

Del Castillo, Pilar: La financiación de los partidos políticos en Europa. In: Política exterior. 4 (1990),16, S. 5 – 17.
BZ 4911:1990

An der Seite der Bürger. Aktionsprogramm der Europäischen Volkspartei. Melle: Knoth 1989. 110 S.
Bc 9199

Europa 1992. Il congresso ELDR. Lussemburgo, 8-9 dicembre 1988. Roma: Instituto di studi „Hugo La Malfa" 1989. S. 344-355.
Bc 9026

Lücker, Hans August; Hahn, Karl Josef: Christliche Demokraten bauen Europa. Bonn: Europa-Union-Verl. 1987. 295 S.
B 65997

New Politics in Western Europe. The rise and success of Green Parties and Alternative Lists. Ed.: Ferdinand Müller-Rommel. San Francisco, Calif.: Westview Press 1989. 230 S.
B 71024

The West European party system. Ed.: Peter Mair. Oxford: Oxford Univ. Pr. 1990. XI, 364 S.
B 72351   0-19-827584-6

L 107 e 20 Außenpolitik

Bossak, Jan; Kawecka-Wyrzykowska, Elzbieta; Tomala, Mieczysław: Stany Zjednoczone. EWG Janonia współpraca i rywalizacja. Warszawa: Państw. Wydawn. Ekonomiczne 1988. 207 S.
B 68702

Brunot, Patrick: Le Maghreb et la Communauté européenne. In: L'Afrique et l'Asie modernes. (1989),162, S. 52 – 65.
BZ 4689:1989

Cavalcanti, G. Holanda: A CEE e o Brasil: um balanço. In: Estrategía. (1988),5, S. 79 – 102.
BZ 4898:1988

Hacke, Christian: Braucht der Westen eine neue China-Politik? In: Außenpolitik. 41 (1990),2, S. 156 – 167.
BZ 4457:1990

Jaguaribe, Hélio: Portugal e Brasil ante a integração européia. In: Política e estratégia. 6 (1989),4, S. 648 – 655.
BZ 4921:1989

Kebaili, Mohand Akli: Die Mittelmeerpolitik der EG und der Nord-Süd-Konflikt am Beispiel der Beziehungen Algeriens zur EG. Frankfurt: Lang 1988. XI, 322 S.
B 67845   3-8204-9955-5

Klaveren, Alberto van: Las relaciones entre Europa Occidental y America Latina: una profundizacion esquiva. In: Estudios internacionales. 22 (1989),87, S. 342 – 364.
BZ 4936:1989

Knall, Bruno; Veit, Wolfgang: Indo-European Cooperation in an interdependent world: an overview and analysis. In: Internationales Asien-Forum. 19 (1988),3-4, S. 295 – 315.
BZ 4583:1988

Nossa, Kim Richard: Knowing when to fold: Western sanctions against the USSR 1980-1983. In: International journal. 44 (1989),3, S. 698 – 724.
BZ 4458:1989

Stürmer, Michael: Die Deutschen in Europa. Auf dem Weg zu einer zwischenstaatlichen Innenpolitik. In: Europa-Archiv. 44 (1989),24, S. 721 – 732.
BZ 4452:1989

Tanaky, Toshiro: The European Community and Japan: countdown to 1992. In: Japan review of international affairs. 3 (1989),2, S. 213 – 227.
BZ 4926:1989

Wiarda, Howard J.: Europe's ambiguoius relations with Latin America: blowing hot and cold in the Western hemisphere. In: The Washington quarterly. 13 (1990),2, S. 153 – 167.
BZ 05351:1990

L 107 e 21 Sicherheitspolitik

Alternatives in Euroean security. Ed.: Michael Randle. Aldershot: Dartmouth 1990. XIII, 175 S.
B 72300   1-855-21050-9

Chalmers, Malcolm: Beyond the alliance system. In: World policy journal. 7 (1990),2, S. 215 – 250.
BZ 4822:1990

Ehrhart, Hans-Georg; Bauer, Harald; Teicht, Arnold Peter: Sicherheitspartner im Werden? Frankreich u. d. europäische Sicherheit. Hamburg: Inst. f. Friedensforschung u. Sicherheitspolitik 1989. 108 S.
Bc 8904

Europäische Sicherheit: Prinzipien, Perspektiven, Konzepte. Wien: Braumüller 1987. 267 S.
3-7003-0734-9
B 65341

Fuentes, Jorge: Hacia un nuevo concepto de la seguridad europea. In: Política exterior. 3 (1989),13, S. 122 – 134.
BZ 4911:1989

Gambles, Ian: Prospects for West-European security co-operation. London: Internat. Inst. for Strategic Studies 1989. 83 S.
Bc 8986

Houweling, Henk W.; Siccama, Jan G.: European security and the decline of American hegemony: implications for arms acquisition and arms control. In: Arms control. 9 (1988),3, S. 234 – 264.
BZ 4716:1988

Ifestos, Panayiotis: Nuclear strategy and European security dilemmas: towards an autonomous European defence system? Aldershot: Avebury 1988. XVII, 430 S.
B 68575   0-566-05641-0

Kohlmetz, Hartmut: Von Null-Lösung zu Null-Lösung. Atomwaffenfreie Zonen und Korridore als eine Alternatve zur „nuklearen Abschreckung". Berlin: Dietz 1988. 79 S.
Bc 8653

Oliveira, Joao Paulo de: Segurança europeia. In: Estrategía. (1988),5, S. 31 – 44.
BZ 4898:1988

Ponte, Fuzeta da: Novos desafios nas relaçoes Europa-América. In: Estrategía. (1988),5, S. 51 – 64.
BZ 4898:1988

Rummel, Reinhardt R.: Modernizing transatlantic relations: West European security co-operation and the reaction in the United States. In: The Washington quarterly. 12 (1989),4, S. 83 – 92.
BZ 05351:1989

Sicherheit für Europa. Koblenz: Bernard u. Graefe 1988. 226 S.
3-7637-5841-0
B 66939

Western European Security in a changing world. La sécurité de l'Europe occedentale dans un mode en mutation. Ed.: Panos Tsakaloyannis. Maastricht: Europ. Inst. of Publ. Administ. 1989. 159 S.
010991

Windass, Stan: The crucible of peace: common securiti in Europe. London: Brassey's Defence Publ. 1988. XI, 156 S.
B 66674   0-08-036252-4

L 107 e 30 EG

Greilsammer, Ilan: European political cooperation: a European foreign policy? In: The Jerusalem journal of international relations. 11 (1989),4, S. 52 – 78.
BZ 4756:1989

Jean, Carlo: Unione politica dell'Europa e difesa. In: Rivista militare. (1989),4, S. 12 – 24.
BZ 05151:1989

Krenzler, Horst G.: Die Europäische Gemeinschaft und der Wandel in Mittel- und Osteuropa. In: Europa-Archiv. 45 (1990),5, S. 89 – 96.
BZ 4452:1990

Pöttering, Hans-Gert: Perspektiven für eine gemeinschaftliche Außen- und Sicherheitspolitik der EG. In: Europa-Archiv. 45 (1990),11, S. 341 – 350.
BZ 4452:1990

Sá, Luís: Soberania e integraçao na CEE: contribuçao para o estudo das limitaçoes de soberania e independência decorrentes da adesao á CEE. Lisboa: Caminho 1987. 282 S.
B 68923

Späth, Wilhelm: Die Arbeit des EPZ-Sekretariats. In: Europa-Archiv. 45 (1990),6, S. 213 – 220.
BZ 4452:1990

L 107 e 40 Europäische Integration

Agnelli, Giovanni: The Europe of 1992. In: Foreign affairs. 68 (1989),4, S. 61 – 70.
BZ 05149:1989

Chopra, H. S.: „European Union" in 1992: a regional integrative process for peace and development. In: Strategic analysis. 13 (1990),10, S. 1047 – 1058.
BZ 4800:1990

Delors, Jacques: Europe on the way to 1992. In: International affairs <Moscow>. (1989),11, S. 14 – 21.
BZ 05208:1989

Der EG-Binnenmarkt und seine Folgen. In: IPW-Berichte. 19 (1990),2, S. 1 – 9.
BZ 05326:1990

Europa. Gemeinschaft – Partner – Ziele. Bonn: Presse- u. Informationsamt d. Bundesregierung 1989. 142 S.
Bc 9085

Europa 1992. Durchbruch zur europäischen Union. Koblenz: Görres-Verl. 1989. 216 S.
Bc 9086

Hoffmann, Stanley: The European Community and 1992. In: Foreign affairs. 68 (1989),4, S. 27 – 47.
BZ 05149:1989

Lees, Martinonald S.: The impact of Europe 1992 on the Atlantic partnership. In: The Washington quarterly. 12 (1989),4, S. 171 – 182.
BZ 05351:1989

Neuss, Beate: Europa mit der linken Hand? Die deutschen Personalentscheidungen für d. Kommission d. Europäischen Gemeinschaften. München: Minerva-Publ. 1988. 470 S.
B 66348   3-597-10548-3

Poltzin-Walter, Jutta: Liberalisierung des Kapitalverkehrs – Element des gemeinsamen Binnenmarktes der EG. In: IPW-Berichte. 19 (1990),3, S. 26 – 31.
BZ 05326:1990

Sandholtz, Wayne; Zysman, John: 1992: recasting the European bargain. In: World politics. 42 (1990),1, S. 95 – 128.
BZ 4464:1990

Schäuble, Wolfgang: Europa ohne Grenzen – eine sichere Gemeinschaft. In: Europa-Archiv. 45 (1990),6, S. 203 – 212.
BZ 4452:1990

Schwartz, Richard: U.S. interests in Europe's 1992 process: an analytic survey. In: The Washington quarterly. 12 (1989),3, S. 205 – 213.
BZ 05351:1989

Schwarz, Siegfried: „Vereinigte Staaten von Europa" – Idee und Wirklichkeit. In: Zeitschrift für Geschichtswissenschaft. 37 (1989),2, S. 99 – 113.
BZ 4510:1989

Stock, Bradley W.: Gorbachev and Western European disunity: new thinking in action. In: Comparative strategy. 7 (1988),4, S. 411 – 426.
BZ 4686:1988

Willms, Bernard: Erneuerung aus der Mitte: Prag – Wien – Berlin; diesseits von Ost und West. Herford: Busse Seewald 1988. 415 S.
B 66562   3-512-00825-9

L 107 f Wehrwesen

Aben, Jacques; Maruy, Jean-Pierre: Une stratégie navale pour l'Europe. In: Stratégique. 43 (1989),3, S. 37 – 67.
BZ 4694:1989

Benito Secades, Javier de: La reducciones de armamento convencional en Europa: su influencia en los programas española. In: Defensa. 13 (1990),145, S. 28 – 32.
BZ 05344:1990

La Défense de l'Europe. Bruxelles: Ed. Complexe 1987. 175 S.
Bc 8969

Europe in the Western Alliance. Toward a European defence enntity? Ed.: Jonathan Alford. Basingstoke: Macmillan 1988. X, 246 S.
B 67614

The European armaments market and procurement cooperation. Ed.: Pauline Creasy. Houndsmill: MacMillan 1988. X, 201 S.
B 66061   0-333-45905-9

Flores, Mário Céesar: Europa e Brasil no contexto estratégico mundial. In: Estrategía. (1988),5, S. 103 – 114.
BZ 4898:1988

Kamp, Karl-Heinz: Akzeptanzprobleme nuklearer Abschreckung in Europa. In: Beiträge zur Konfliktforschung. 20 (1990),1, S. 27 – 41.
BZ 4594:1990

Kortner, D.: Stand und Perspektiven des militärischen Integrationsprozesses in Westeuropa. In: Militärwesen. (1990),3, S. 69 – 75.
BZ 4485:1990

Sullivan, Leonard; LeCuyer, Jack A.: Comprehensive security and western prosperity. A background report. Lanham: Univ. Pr. of America 1988. XVIII, 227 S.
B 66592

L 107 g Wirtschaft

Armingeon, Klaus: Arbeitsbeziehungen und Gewerkschaftsentwicklung in den achtziger Jahren: Ein Verlgeich der OECD-Länder. In: Politische Vierteljahresschrift. 30 (1989),4, S. 603 – 628.
BZ 4501:1989

Goschler, Constantin; Buchheim, Christoph; Bührer, Werner: Der Schumanplan als Instrument französischer Stahlpolitik. In: Vierteljahrshefte für Zeitgeschichte. 37 (1989),2, S. 171 – 206.
BZ 4456:1989

Hesse, Helmut: Außenwirtschaftliches Gleichgewicht: Ursachen und Bewertung von Leistungsbilanzsalden. In: Aus Politik und Zeitgeschichte. (1990),B 18, S. 39 – 46.
BZ 05159:1990

Hoebink, Paul: Tussen militair, domineee en koopman: hulpbeleid van Westerse landen. In: Internationale spectator. 44 (1990),3, S. 126 – 139.
BZ 05223:1990

Hogan, Michael J.: The Marshall Plan. America, Britain, and the reconstruction of Western Europe. Cambridge: Cambridge Univ. Pr. 1987. XIV, 482 S.
B 66829

Moravcsik, Andrew: The European armaments industry at the corssroads. In: Survival. 32 (1990),1, S. 65 – 85.
BZ 4499:1990

Vom Schumanplan zur Montanunion. Parlamentarische Auseinandersetzungen in Frankreich, in der BRD und in Großbritannien. Leipzig: Karl-Marx-Univ. 1988. 88 S.
Bc 8673

L 107 h Gesellschaft

Winter, Lothar: Entwicklungstendenzen der Arbeiterklasse in den EG-Staaten. In: Beiträge zur Geschichte der Arbeiterbewegung. 32 (1990),3, S. 291 – 301.
BZ 4507:1990

Zariski, Raphael: Ethnic extremism among ethnoterritorial minorities in Western Europe. Dimensions, causes, and institutional responses. In: Comparative politics. 21 (1989),3, S. 253 – 272.
BZ 4606:1989

L 110 Einzelne Staaten Europas

L 111 Albanien

Myrdal, Jan: Den albanska utmanngen 1968-1986. Stockholm: Norstedts Faktapocket 1987. 194 S.
B 70968   91-1-873171-6

Schmidt-Neke, Michael: Macht und Legitimation in Albanien. In: Südosteuropa. 38 (1989),7/8, S. 414 – 432.
BZ 4762:1989

Schreiber, Thomas: L'Albanie: pas de changements, mais. In: Politique étrangère. (1990),1, S. 79 – 82.
BZ 4449:1990

Stoppel, Wolfgang: Bewegung in Albaniens Religionspolitik? In: Südosteuropa. 38 (1989),11-12, S. 729 – 738.
BZ 4762:1989

L 119 Belgien

L 119 c Biographien

– Leopold III

Koninckx, Christian: Koning Leopold III: diplomaat voor de vrede. Sinkt-Niklass: Uitgev. Agora 1987. 275 S.
B 67010   90-72201-02-7

Vanwelkenhuyzen, Jean: Léopold III et ses ministres. L'entrevue du 20 mai 1940. Bruxelles: Centre de Recherches et d'Études Historiques de la Seconde Guerre Mondiale 1987. 24 S.
Bc 02349

– Villiers

Villiers, Jose Marie: Granny was a spy. London: Quartet Books 1988. 140 S.
B 68332   0-7043-2683-3

L 119 d Land und Volk

Namazova, A. S.: Mežnacional'nye otnošenija Bel'gii. In: Novaja i novejšaja istorija. (1990),4, S. 14 – 22.
BZ 05334:1990

Vandenbroeke, Chris: Uit de Schemerzone. De toekomst van de vlaamse beweging. Tielt: Lannoo 1987. 271 S.
B 65986

L 119 e Staat und Politik

Vanhulle, Patrick: Belgien auf dem Weg zum föderalen Staat. In: Europa-Archiv. 44 (1989),14, S. 457 – 464.
BZ 4452:1989

Vermeersch, Jens: Het buitenlands beleid van Belgie tegenover China, 1919-1949. In: Revue belge d'histoire contemporaine. 20 (1989),3-4, S. 317 – 398.
BZ 4431:1989

Vluchten voor de Groote Oorlog. Belgen in Nederland 1914-1918. Amsterdam: De Bataafsche Leeuw 1988. 80 S.
Bc 02611

L 119 f Wehrwesen

Barbieux, Jean: Die belgische Marine. In: Marine-Rundschau. 86 (1989),3, S. 158 – 162.
BZ 05138:1989

Temmermann, Jean: Les Paras belges dans l'action. Bruxelles: Collet 1987. 230 S.
B 69613

L 119 i Geistesleben

Helaers, M.: De Albertijnse mythe voor de soldaat aan de Ijzer: een beeldvorming door De Legerbode (1914-1918). In: Revue belge d'histoire militaire. 28 (1990),6, S. 441 – 466.
BZ 4562:1990

L 119 k Geschichte

Griffiths, Richard T.; Lynch, Frances M. B.: L'échec de la „Petite Europe": le Conseil Tripartite 1944-1948. In: Guerres mondiales et conflits contemporains. (1988),152, S. 39 – 62.
BZ 4455:1988

Stephany, Pierre: Nos Années cinquante. Une histoire (belge) de l'après-guerre. Paris: Duclot 1987. 361 S.
B 65938

L 123 Bulgarien

L 123 c Biographien

– Petkov

Poppetrov, Nikolaj: Nikola Petkov – nach erzwungener Vergessenheit erneut aktuell. In: Südosteuropa. 39 (1990),6, S. 368 – 380.
BZ 4762:1990

– Radojnov

Valeva, E. L.: Geroj bolgarskogo soprotivlenija Cvjatko Radijnov. In: Novaja i novejšaja istorija. (1990),2, S. 107 – 122.
BZ 05334:1990

– Rakovski

Panajotov, Filip: Doktor Krústju Rakovski. Sofija: Partizdat 1988. 403 S.
B 70155

– Stambolijski

Krapivin, Aleksandr Vasil'evič: Aleksandr Stambolijskij: žizn'vzgljady dejatel'nost. Moskva: Vysšaja škola 1988. 183 S.
Bc 9027

Petrova, P.; Duparinov, M.: Aleksandúr Stambolijski. Sofija: Izd-vo na BZNS 1989. o. Pag.
Bc 02759

– Zivkov

Zivkov, Todor: Für Frieden und Zusammenarbeit in Europa. Köln: Pahl-Rugenstein 1987. 482 S.
B 66161

L 123 d Land und Volk

Höpken, Wolfgang: Die Emigration von Türken aus Bulgarien. Historisches und Gegenwärtiges. In: Südosteuropa. 38 (1989),10, S. 608 – 637.
BZ 4762:1989

Memisoglu, Hüseyin: Bulgarien Oppression in historical perspective. Ankara: Hacettepe Üniv. 1989. 128 S.
Bc 8689

L 123 e Staat/ Politik

Búlgaro-anglijski Otnošenija v novo i najnovo vreme. Red.: V. A. Vasilev. Sofija: Izdvo na bulg. akad. na nauk 1987. 175 S.
B 70418
Vasilev, V. A.

Dokumenti i materiali za sutrudničestvoto meždu BKP i GESP 1977-1984. Sofija: Partizdat 1988. 286 S.
B 68195

Hatschikjan, Margaditsch A.: Tradition und Neuorientierung in der bulgarischen Außenpolitik 1944-1948. München: Oldenbourg 1988. 483 S.
B 68180

Höpken, Wolfgang: Die Wahlen in Bulgarien – ein Pyrrhus-Sieg für die Kommunisten? In: Südosteuropa. 39 (1990),7/8, S. 429 – 457.
BZ 4762:1990

Troebst, Stefan: Fluchtpunkt San Stefano. Nationalismus in Bulgarien. In: Die neue Gesellschaft – Frankfurter Hefte. 37 (1990),5, S. 405 – 414.
BZ 4572:1990

World Press on the plight of Turkish minority in Bulgaria = Weltpresse zur Notlage der türkischen Minderheit in Bulgarien. Ankara: The General Directorate of Press and Information of the Turkish Republic 1989. 182 S.
Bc 8892

L 123 k Geschichte

Höpken, Wolfgang: Das Ende der Ära Zivkov – der Beginn einer neuen Politik? In: Südosteuropa. 39 (1990),1, S. 1 – 35.
BZ 4762:1990

Problemy istorii stran Jugovostočnoj Evropy. Red.: I. L. Levit. Kišinev: Štiinca 1989. 256 S.
B 70171

Silianoff, Eugène: Bulgarie: le dernier satellite? In: Politique étrangère. (1990),1, S. 71 – 78.
BZ 4449:1990

Tomaszewski, Jerzy: Bułgaria 1944-1970. Trudna droga do socjalizmu. Warszawa: Państwowe Wydawn. Naukowe 1989. 411 S.
B 70165

Znamierowska-Rakk, Elzbieta: Rewizjonizm bułgarski w przededniu I w poczatkowym okresie II wojny światowej. In: Dzieje najnowsze. 21 (1989),3, 4, S. 68; 25-51.
BZ 4685:1989

L 125 Dänemark

L 125 e Staat und Politik

Eskildsen, Arly; Kjærgaard, Lars: Vejledning til Socialistisk Folkepartis princip- og handlingsprgram. Århus: SP Forl. 1987. 63 S.
Bc 9276

Faurby, Ib; Petersen, Nikolaj: The far North in Danish security policy. Aarhus: Institute for Political Science 1988. 53 S.
Bc 8987

Goul Andersen, Jrgen: Denmark: environmental conflict and the 'greening' of the labour movement. In: Scandinavian political studies. 13 (1990),2, S. 185 – 210.
BZ 4659:1990

Holtermann, Henrik: Danish foreign Policy. Literature in languages other than Danish 1979-1986. Copenhagen: The Danish Inst. of Internat. Studies 1988. 109 S.
Bc 8764

Putensen, Dörte: Veränderungen in der Haltung der dänischen Sozialdemokratie zur Landesverteidigung in den dreißiger Jahren. In: Militärgeschichte. 29 (1990),1, S. 48 – 54.
BZ 4527:1990

L 125 f Wehrwesen

Busted, P.: Sværnets nye inspektionsskibe (IS 86) Thetis-Klassen. In: Tidsskrift for svæsen. 161 (1990),3, S. 165 – 187.
BZ 4546:1990

Clemmesen, M. H.: Forsvaret af Danmark i det nye Europa og grænsen for nedbygning – præmisserne og krigsstrukturen. In: Militært tidsskrift. 119 (1990),5, S. 157 – 164.
BZ 4385:1990

Larsen, G.: Standard Flex 300 minerydningssystemet. In: Tidsskrift for svæsen. 161 (1990),4, S. 207 – 232.
BZ 4546:1990

Morbach, H.: Standard Flex 300- das neue Kampfschiff der dänischen Flotte. In: Militärwesen. (1990),7, S. 61 – 67.
BZ 4485:1990

Sådan skal Danmark forsvares! samfundsforskeres syn på „Hvordan skal Danmark forsvares?" efterfulgt af oponentindlaeg fra officerer. København: Nyt fra Samfundsvidenskaberne 1987. 288 S.
B 70377

Soerensen, Flemming: I demokratiets greanseland: enbog om de danske efterretningstjenester. Århus: SP Forl. 1987. 84 S.
87-88291-52-9
Bc 9263

Sørensen, Henning af: Den forsvarspolitiske menu i 1990-erne. In: Tidsskrift for svæsen. 161 (1990),3, S. 149 – 164.
BZ 4546:1990

L 125 k Geschichte

Bøjrnvad, Anders: Hjemmehaeren: hovedtraek af det illegale arbejde på Sjaelland of Lolland-Falster under den tyske besaettelse 1940-1945. Odense: Odense Univ.-Forl. 1988. 605 S.
B 68746   87-7492-646-2

Dalgas Jensen, Leon: Denmark and the Marshall Plan, 1947-1948: the decision to participate. In: Scandinavian journal of history. 14 (1989),1, S. 57 – 84.
BZ 4643:1989

Faarhus 1945-1949. Straflager für die deutsche Minderheit in Dänemark. Hrsg.: Hanns Christian Jessen. Husum: Husum Druck- u. Verlagsges. 1987. 216 S.
B 66364

Jensen, Fredy; Rosenkilde, William: Interneringslejren på Store Grundet ved Vejle. Interveiws omkring besættelsen VII og VIII. Vejle: Humilitas 1987. 79 S.
Bc 9589

Møller Jensen, Ole: Den lange vej til glaeden: Herning-egnen under besaettelsen 1940-1945. Herning: Kristensens Forl. 1987. 223 S.
010543   87-7468-195-8

L 130 Deutschland/Bundesrepublik Deutschland

L 130 c Biographien

Schilde, Kurt: Gedenkbuch für die Opfer des Nationalsozialismus aus den Bezirk Tempelhof. Berlin: Bezirksamt Tempelhof 1988. o. Pag.
B 67949

Segev, Tom: Soldiers of evil. The commandants of the Nazi concentration camps. New York: McGraw-Hill 1987. VII, 240 S.
B 71033

Simpson, Christopher: Blowback. America's recruitment of nazis and its effecs on the cold war. New York, NY: Weidenfeld and Nicolson 1988. XV, 398 S.
B 67646

– Adenauer

Cudlipp, Edythe: Konrad Adenauer. London: Burke 1988. 112 S.
B 68467

Kohns, Jürgen: Konrad Adenauer und der Förderalismus. Würzburg: Creator-Verl. 1987. 208 S.
B 67459   3-89247-023-5

Naruszewicz, Stanisław: Konrad Adenauer jako konclerz i przywódca chadecji w RFN. Przyczynki do biografii politycznej. In: Przeglad stosunków międzynarodowych. (1989),4, S. 31 – 50.
BZ 4777:1989

– Barbie

Valmont, Frédéric: Un criminel nommé Klaus Barbie. Paris: Éd. Justine 1987. 190 S.
B 66373   2-86996-016-6

– Barschel

Pötzl, Norbert F.: Der Fall Barschel: Anatomie e. deutschen Karriere. Reinbek: Rowohlt 1988. 255 S.
B 66142   3-498-05267-5

Tatort Staatskanzelei. Der Fall Barschel zwei Jahre danach. Hrsg.: Michael Schmid-Ospach. Wuppertal: Hammer 1989. 254 S.
B 70526

Wessels, Herbert: Ein politischer Fall: Uwe Barschel – d. Hintergründe d. Affäre. Weinheim: Dt. Studien-Verl. 1988. 222 S.
B 66170   3-89271-076-7

– Bebel

Müller, Eckhard: August Bebel – Kämpfer gegen Militarismus, Chauvinismus und Kriege. In: Militärgeschichte. 29 (1990),1, S. 8 – 22.
BZ 4527:1990

– Becher

Becher, Walter: Zeitzeuge: ein Lebensbericht. München: Langen Müller 1990. 495 S.
B 72141   3-7844-2296-9

– Bonhoeffer

Mancini, Italo: Dietrich Bonhoeffer. Un resistente che ha continuato a credere. Urbino: Ed. Quattro Venti 1988. 37 S.
Bc 8858

– Brandt

Brandt, Willy: Erinnerungen. Frankfurt: Propyläen 1989. 512 S.
B 69621

Koch, Peter: Willy Brandt: eine politische Biographie. Frankfurt: Ullstein 1988. 512 S.
B 67302   3-550-07493-X

Lorenz, Einhart: Willy Brandt in Norwegen: die Jahre des Exils 1933-1940. Kiel: Neuer Malik Verl. 1989. 377 S.
B 68377   3-89029-955-5

– Budich

Pastor, Werner: Willy Budich. Der Besten einer, treu, aufrecht, fest! In: Beiträge zur Geschichte der Arbeiterbewegung. 32 (1990),2, S. 260 – 267.
BZ 4507:1990

– Carlebach

Carlebach, Emil: Am Anfang stand ein Doppelmord. Kommunist in Deutschland. Köln: Röderberg-Programm bei Pahl-Rugenstein 1988. 183 S.
B 68539

– Christel

Christel, Albert: Apokalypse unserer Tage: Erinnerungen an d. KZ Sachsenhausen. Frankfurt: Materialis Verl. 1987. 213 S.
B 65147   3-88535-113-7

– Curtius

Ratliff, William G.: Julius Curtius, the minorities question of 1930-1931, and the Primat der Innenpolitik. In: German studies review. 12 (1989),2, S. 271 – 288.
BZ 4816:1989

– Dietrich

Messenger, Charles: Hitler's gladiator: the life and times of Oberstgruppenführer and Panzergeneral-Oberst der Waffen-SS Sepp Dietrich. London: Brassey's Defence Publ. 1988. XVI, 245 S.
B 65878   0-08-031207-1

– Ebert

Meissner, Hans-Otto: Junge Jahre im Reichspräsidentenpalais: Erinnerungen an Ebert und Hindenburg; 1919-1934. Esslingen: Bechtle 1988. 424 S.
B 65814   3-7628-0469-9

Programm und Reden zur Eröffnung am 11. Februar 1989, dem 70. Jahrestag der Wahl Friedrich Eberts zum ersten deutschen Reichspräsidenten. Heidelberg: Reichspräsident-Friedrich-Ebert-Gedenkstätte 1989. 84 S.
Bc 02597

– Erhard

Erhard, Ludwig: Gedanken aus fünf Jahrzehnten. Reden und Schriften. Düsseldorf: Econ Verl. 1988. 1104 S.
B 66606

– Faulhaber

Faulhaber, Max: „Aufgegeben haben wir nie..." Erinnerungen aus e. Leben in der Arbeiterbewegung. Marburg: Verl. Arbeiterbewegung u. Gesellschaftswissenschaften 1988. 390 S.
B 67115

– Foerster

Foerster, Friedrich Wilhelm: Ein Manifest für den Frieden. Paderborn: Schöningh 1988. 201 S.
B 67355

– Frank

Schudnagies, Christian: Hans Frank. Aufstieg und Fall des NS-Juristen und Generalgouverneurs. Frankfurt: Lang 1989. 168 S.
Bc 8827

– Gasch

Gasch, Edel: Langer Brief an meine Kinder: e. Leben in unruhiger Zeit. Frankfurt: Lang 1987. 264 S.
3-925940-07-3
B 65642

– Goebbels

Die Tagebücher des Doktor Joseph Goebbels: Geschichte & Vermarktung. Hrsg.: Peter-Ferdinand Koch. Hamburg: Facta 1988. 332 S.
B 67488   3-926827-12-2

– Goetzendorff

Goetzendorff, Günter: „Das Wort hat der Abgeordnete ...". Erinnerungen eines Parlamentariers der ersten Stunde. München: Herbig 1989. 392 S.
B 68728

– Graf

Graf, Willi: Briefe und Aufzeichnungen. Hrsg.: Anneliese Knoop-Graf. Frankfurt: Fischer 1988. 348 S.
B 66275

– Heinemann

Heinemann, Gustav: Unser Grundgesetz ist ein großes Angebot. München: Kaiser 1989. 264 S.
B 68373

– Heinze

Weiß, Wolfgang: Vom Tagebuch bis zum Todesurteil: Erinnerungsbericht. Berlin: Dietz 1988. 291 S.
B 66772   3-320-01056-5

– Hess

Gabel, Charles A.: Verbotene Gespräche. Als Militärgeistlicher bei Rudolf Heß in Spandau 1977-1986. München: Langen Müller 1988. 319 S.
B 67362

Geiß, Edgar W.: Rudolf Hess – Märtyrer für den Frieden. Hechthausen: Geiss 1988. 166 S.
B 66389   3-87725-121-8

Hess, Wolf Rüdiger: Mord an Rudolf Heß? Der geheimnisvolle Tod meines Vaters in Spandau. Leoni am Starnberger See: Druffel 1989. 254 S.
B 69060

– Hitler

Borejsza, Jerzy W.: Antyslawizm Adolfa Hitlera. Warszawa: Czytelnik 1988. 150 S.
Bc 8619   83-07-01725-4

Funke, Manfred: Starker oder schwacher Diktator? Hitlers Herrschaft und die Deutschen. Düsseldorf: Droste 1989. 236 S.
B 68901

Gordon, Helmut: Es spricht: Der Führer. Leoni am Starnberger See: Druffel 1989. 276 S.
B 70971

Harris, Nathaniel: Hitler. London: Batsford 1989. 64 S.
011005

Irving, David: Führer und Reichskanzler. Adolf Hitler 1933-1945. München: Herbig 1989. 816 S.
B 70393

Löw, Konrad: Hätten sie doch nur „Mein Kampf" gelesen? – Vor 100 Jahren wurde Adolf Hitler geboren, vor 50 Jahren begann der Zweite Weltkrieg. In: Jahrbuch Extremismus & Demokratie. (1989),1, S. 99 – 121.
BZ 4998:1989

Preradovich, Nikolaus von: Die sieben Todsünden Adolf Hitlers. Berg: Türmer-Verl. 1989. 236 S.
B 68854

Schimmelpfennig, Anton F.: Hitler, eine Biografie nach zeitgenössischer Presse 1889-1945. Pullach: Sketec-Verl. 1989. 112 S.
010972

Schreiber, Gerhard: Hitler-Interpretationen 1923-1983. Ergebnisse, Methoden und Probleme der Forschung. Darmstadt: Wiss. Buchges. 1988. XII, 404 S.
B 68069

– Hugenberg

Corni, Gustavo: Alfred Hugenberg as minister of agriculture: interlude or continuity. In: German history. 7 (1989),2, S. 204 – 225.
BZ 4989:1989

– Johannesson

Johannesson, Rolf: Offizier in kritischer Zeit. Herford: Mittler 1989. 154 S.
B 69040   3-8132-0301-8

– Kaiser

Kaiser, Jakob: Wir haben Brücke zu sein. Köln: Verl. Wissenschaft u. Politik 1988. 660 S.
B 67337

– Katzer

Hans Katzer. Partnerschaft statt Klassenkampf. Hrsg.: Ulf Fink. Köln: Styria 1989. 87 S.
B 68045

– Koch

Durand, Pierre: Die Bestie von Buchenwald. Berlin: Militärverlag der DDR 1989. 191 S.
B 68837

– Kocka

Henkel, Martin: Jürgen Kocka – ein Historiker der Nationalen Identitäts-Stiftung. In: Archiv für die Geschichte des Widerstandes und der Arbeit. (1989),6, S. 115 – 129.
BZ 4698:1989

– Köppler

Geraedts, Friedhelm: Die vergessenen Jahre. Heinrich Köppler und zehn Jahre Oppositionspolitik in Nordrhein-Westfalen. Köln: Tiberius Verl. 1987. 111 S.
B 65899

– Kuffner

Kuffner, Else: Wer jeden Tag nur Kuchen ißt. Lebenserinnerungen. München: Ehrenwirth 1989. 199 S.
B 69428

– Landauer

Wolf, Siegbert: Gustav Landauer zur Einführung. Hamburg: Ed. SOAK im Junius Verl. 1988. 137 S.
B 66171   3-88506-839-7

– Lenz

Lenz, Otto: Im Zentrum der Macht. D. Tagebuch von Staatssekretär ... 1951-1953. Düsseldorf: Droste 1989. LXIV, 757 S.
B 71414

– Ley

Smelser, Ronald M.: Robert Ley: Hitler's labor front leader. Oxford: Berg 1988. VIII, 330 S.
B 70115   0-85496-161-5

– Lindemann

Welkerling, Wolfgang: Ein Wehrmachtsgeneral auf dem Weg zum Antifaschisten. In: Zeitschrift für Geschichtswissenschaft. 37 (1989),9, S. 796 – 811.
BZ 4510:1989

– Maier

Reinhold Maier 1889-1971. Ausstellung des Hauptstaatsarchivs Stuttgart z. 100. Geburtstag des ersten Ministerpräsidenten v. Baden-Württemberg. Stuttgart: Hauptstaatsarchiv 1989. 189 S.
Bc 02645

– Marahrens

Schmidt-Clausen, Kurt: August Marahrens, Landesbischof in Hannover. Wirklichkeit und Legende. Hannover: Lutherisches Verlagshaus 1989. 135 S.
Bc 8768

– Marx

Henderson, William O.: Marx and Engels and the English workers: and other essays. London: Cass 1989. 194 S.
B 69696   0-7146-3334-8

Konder, Leandro: A derrota da dialética: a recepçao das ideias de Marx no Brasil, até o começo dos anos trinta. Rio de Janeiro: Ed. Campus 1989. 222 S.
B 71241   85-7001-489-9

Lovell, David W.: Marx's proletariat: the making of a myth. London: Routledge 1988. 261 S.
B 66190   0-415-00116-1

Marx, Karl: Marx-Lexikon: zentrale Begriffe d. politischen Philosophie von Karl Marx. Darmstadt: Wiss. Buchges. 1988. XV, 715 S.
B 67370   3-534-05950-6

Szporluk, Roman: Communism and nationalism: Karl Marx versus Friedrich List. Oxford: Oxford Univ. Pr. 1988. IX, 307 S.
B 66735   0-19-505102-5

– **Meinhof**

Krebs, Mario: Ulrike Meinhof: e. Leben im Widerspruch. Reinbek: Rowohlt 1988. 286 S.
B 67183   3-499-15642-3

– **Meixner-Wülker**

Meixner-Wülker, Emmy: Zwiespalt. Jugend zwischen NS-Erziehung und -Verfolgung. Hamburg: VSA-Verl. 1988. 173 S.
Bc 8759

– **Memming**

Memming, Johann: Ein Jahrhundert wird unterrichtet. Hrsg.: Gerd Schröder. In: Ergebnisse. (1989), 294 S.
BZ 4700:1989

– **Mirkes**

Wolf, Gottfried: Adolf Mirkes: Stationen e. engagierten Gewerkschafters; e. Beitr. zur Geschichte d. Gewerkschaft Leder. Köln: Bund-Verl. 1988. 221 S.
B 66798   3-7663-3098-5

– **Moltke**

Moltke, Helmuth J. von: Briefe an Freya: 1939-1945. München: Beck 1988. 632 S.
B 67018   3-406-33032-0

– **Most**

Becker, Heiner: Johann Most in Europe. In: The raven. 1 (1988),4, S. 291 – 321.
BZ 5019:1988

– **Münzenberg**

Uka, Walter: Willi Münzenberg – Probleme einer linken Publizistik im Exil. In: Exilforschung. 7 (1989), S. 40 – 50.
BZ 4810:1989

Wessel, Harald: Willi Münzenberg im Jahre 1934. In: Beiträge zur Geschichte der Arbeiterbewegung. 32 (1990),3, S. 312 – 325.
BZ 4507:1990

– **Neumann**

Intelmann, Peter: Zur Biographie von Franz L. Neumann. In: 1999. 5 (1990),1, S. 14 – 52.
BZ 4879:1990

– **Nütt**

Nütt, Hans; Harris, Larry; Taylor, Brian: Escape to honour. The gripping true story of Hans Nütt, a young German. London: Grafton Books 1987. 320 S.
B 66176

– **Oelfken**

Oelfken, Tami: Briefe. Noch ist es Zeit. Briefe nach Bremen 1945 bis 1955. Hrsg.: Ursel Habermann. Dülmen-Hiddingsel: Tende 1988. 215 S.
B 66278

– **Ossietzky, von**

Wessling, Berndt, W.: Carl von Ossietzky: Märtyrer für den Frieden. München: Knesebeck & Schuler 1989. 319 S.
B 68442   3-926901-17-9

– **Paasche**

Naumann, Horst: Pazifist – Revolutionär – Kommunist. Hans Paasche. In: Beiträge zur Geschichte der Arbeiterbewegung. 32 (1990),2, S. 250 – 260.
BZ 4507:1990

– **Peter**

Peter, Karl: Acht Glas: (Ende der Wache); Erinnerungen eines Seeoffiziers der Crew 38. Reutlingen: Preuss. Militär-Verl. 1989. 367 S.
B 70551   3-927292-03-6

– **Schade**

Schade, Margot von: Gerettetes Leben. Erinnerungen an eine Jugend in Deutschland. München: Langen Müller 1988. 192 S.
B 68080

– **Schafft-von Loesch**

Schafft von Loesch, Ursula: Mit vorher nie gekanntem Mut. Die Geschichte eines erkenntnisreichen Lebens. Reinbek: Rowohlt 1989. 187 S.
Bc 8726

– **Scheel**

Franz-Willing, Georg: „Bin ich schuldig?" Leben und Wirken des Reichsstudentenführers und Gauleiters ... Gustav Adolf Scheel 1907-1979. Leoni am Starnberger See: Druffel 1987. 152 S.
B 67414

– **Schmitt**

Ruethers, Bernd: Carl Schmitt im Dritten Reich: Wissenschaft als Zeitgeist-Verstärkung? München: Beck 1989. 107 S.
B 70315   3-406-34242-6

Schieder, Wolfgang: Carl Schmitt und Italien. In: Vierteljahrshefte für Zeitgeschichte. 37 (1989),1, S. 1 – 21.
BZ 4456:1989

– **Scholten**

Scholten, Gerhard: Zwischen allen Lagern. Leben in einer Zeit des Wahnsinns. München: Universitas Verl. 1988. 221 S.
B 68084

– **Schönhuber**

Düsterberg, Rolf: Ich war dabei. Franz Schönhuber und die Waffen-SS. In: Krieg und Literatur. 1 (1989),2, S. 9 – 46.
BZ 5000:1989

– Schulenburg, von der

Heinemann, Ulrich: Ein konservativer Rebell: Fritz Dietlof Graf von der Schulenburg und der 20. Juli. Berlin: Siedler 1990. XXI, 352 S.
B 72143   3-88680-373-2

– Schumacher

Scholz, Günther: Kurt Schumacher. Düsseldorf: Econ 1988. 350 S.
B 65664   3-430-18036-8

– Strauß

Strauß in Moskau ... und im südlichen Afrika. Bericht, Bilanz, Bewertung. Hrsg.: Wilfried Scharnagel. Percha a. Starnberger See: Schulz 1988. 228 S.
B 67318

Strauß, Franz Josef: Die Erinnerungen. Berlin: Siedler 1989. 575 S.
B 69652

– Tirpitz

Kaulisch, Baldur: Alfred von Tirpitz und die imperialistische deutsche Flottenrüstung: e. polit. Biographie. Berlin: Militärverlag der DDR 1988. 246 S.
B 66775   3-327-00651-2

– Wallraff

Wallraff, Günter: Wallraff war da. Ein Lesebuch. Göttingen: Steidl 1989. 316 S.
B 65843

– Weitling

Wilhelm Weitling, ein deutscher Arbeiterkommunist. Hrsg.: Lothar Knatz. In: Ergebnisse. (1989), 252 S.
BZ 4700:1989

– Weizsäcker, von

Grix, Rolf: Die Rede vom 8. Mai 1945: Texte zum Erinnern, Verstehen u. Weiterdenken. Hrsg.: Lothar Knatz. Oldenburg: Atelea 1987. XXII, 245 S.
B 67463   3-926723-09-2

– Wilhelm I.

Parisot, Jacques; Parisot, Nelly: La Descendance de Guillaume Ier, empereur allemand, roi de Prusse. Paris: Ed. Christian 1987. 326 S.
B 65936

– Wilhelm II.

Gutsche, Willibald: Zur Beurteilung der Rolle Wilhelms II. in der deutschen Geschichte. In: Zeitschrift für Geschichtswissenschaft. 38 (1990),4, S. 291 – 302.
BZ 4510:1990

– Wörner-Waetzmann

Wörner-Waetzmann, Inge: Vierzig Jahre danach. Tagebuchaufzeichnungen a. d. Schicksalsjahr 1945. Nürnberg: Preußler 1987. 190 S.
B 65139

L 130 d Land und Volk

Glaeßner, Gert-Joachim: Don't trust the Germans? Anmerkungen zum Deutschland-Bild in der britischen Presse. In: Deutschland-Archiv. 22 (1989),9, S. 1027 – 1034.
BZ 4567:1989

Was Russen über Deutsche denken. Hrsg.: Julia Wosnessenskaja. München: Roitman 1988. 172 S.
B 70407

L 130 d 10 Minoritäten

– bis 1945

Kozłowski, Jerzy: Wychodźstwo polskie w Niemczech i jego udział w Powstaniu Wielkopolskim 1918-1919. In: Przeglad zachodni. 44 (1988),5-6, S. 201 – 218.
BZ 4487:1988

Zimmermann, Michael: Von der Diskriminierung zum „Familienlager" Auschwitz. Die nationalsozialistische Zigeunerverfolgung. In: Dachauer Hefte. 5 (1989),5, S. 87 – 114.
BZ 4855:1989

– nach 1945

Martins-Heuß, Kirsten: Reflections on the collective identity of German Roma and Sinti (Gypsies) after national socialism. In: Holocaust and genocide studies. 4 (1989),2, S. 161 – 174.
BZ 4870:1989

L 130 d 20 Juden

Chałupczak, Henryk: Deklaracja z 5 listopada 1937 r. a problem mniejszości polskiej w Niemczech. In: Przeglad zachodni. 45 (1989),1, S. 103 – 126.
BZ 4487:1989

– bis 1945

Berghahn, Marion: Continental Britons: German-Jewish refugees fron Nazi Germany. Oxford: Berg 1988. IX, 294 S.
B 67734   0-85496-12-3

Favez, Jean-Claude: Das Internationale Rote Kreuz und das dritte Reich. War der Holocaust aufzuhalten? München: Bertelsmann 1989. 592 S.
B 70029

Feuchtwanger, Martin: Zukunft ist ein blindes Spiel. Erinnerungen. München: Langen Müller 1989. 352 S.
B 68010

Gedenken und Denkmal. Entwürfe zur Erinnerung a. d. Deportation und Vernichtung d. jüdischen Bevölkerung Berlins. Berlin: Berlinische Galerie 1989. 124 S.
B 65449

Gilbert, Jane E.: Ich musste mich vom Hass befreien: eine Jüdin emigriert nach Deutschland. Bern: Scherz 1989. 222 S.
B 65769   3-502-18267-1

Gruner, Wolf: Der Beginn der Zwangsarbeit für arbeitslose Juden in Deutschland 1938/39. In: Zeitschrift für Geschichtswissenschaft. 37 (1989),2, S. 135 – 151.
BZ 4510:1989

Headland, Ronald: The 'Einsatzgruppen': the question of their initial operations. In: Holocaust and genocide studies. 4 (1989),4, S. 401 – 412.
BZ 4870:1989

Jakob, Volker; Van Der Voort, Annet: Anne Frank war nicht allein. Lebensgeschichten deutscher Juden in den Niederlanden. Berlin: Dietz 1988. 253 S.
B 67157

Die Juden in Deutschland 1933-1945. Leben unter nationalsozialistischer Herrschaft. Hrsg.: Wolfgang Benz. München: Beck 1988. 779 S.
B 67211

Das Judenprogramm 1938. Von der „Reichskristallnacht" zum Völkermord. Hrsg.: Walter H. Pehle. Frankfurt: Fischer 1988. 246 S.
B 67351

Krochmalnik, Daniel: 9. November 1938, 14. Mai 1948. Zur Entmythologisierung von zwei historischen Ereignissen. In: Babylon. (1989),5, S. 7 – 21.
BZ 4884:1989

Lerntag über Gewalt gegen Juden: die Novemberpogrome von 1938 in historischer Perspektive. Hrsg.: Herbert A. Strauss. o.O.: 107 S.
Bc 8633

Lorenz, Ina: Die Juden in Hamburg zur Zeit der Weimarer Republik. Eine Dokumentation. Bd. 1. 2. Hamburg: Christians 1987. CXCVIII, 1550 S.
B 68116

The Nazi-Holocaust. Ed.: Michael R. Marrus. Westport, Conn.: Meckler 1989.
B 70265

Nicosia, Francis R.: Ein nützlicher Feind. In: Vierteljahrshefte für Zeitgeschichte. 37 (1989),3, S. 367 – 400.
BZ 4456:1989

Niethammer, Lutz: Jenninger. Vorzeitiges Exposé zur Erforschung eines ungewöhnlich schnellen Rücktritts. In: Babylon. (1989),5, S. 40 – 46.
BZ 4884:1989

Orfali, Stephanie: A Jewish Girl in the Weimar Republic. Berkeley, Calif.: Ronon Publ. 1987. XII, 240 S.
B 67171

Reichspogromnacht. Vergangenheitsbewältigung aus jüdischer Sicht. Hrsg.: Micha Brumlik. Frankfurt: Brandes & Apsel 1988. 123 S.
B 67699

Samuel, Anna; Samuel, Salomon: Briefe. Durch unsere Herzen ziehen die Jahrtausende. Briefe von 1933-1942. Düsseldorf: Patmos Verl. 1988. 245 S.
B 69048

Schmidt, Walter: Jüdisches Erbe deutscher Geschichte im Erbe- und Traditionsverständnis der DDR. In: Zeitschrift für Geschichtswissenschaft. 37 (1989),8, S. 692 – 714.
BZ 4510:1989

Schreckenberg, Wilhelm: Das Judentum in Geschichte und Gegenwart. Literaturbericht. In: Geschichte in Wissenschaft und Unterricht. 41(1990), 5, S. 312-320..
BZ 4475:1990

Tausk, Walter: Breslauer Tagebuch 1933-1940. Berlin: Siedler 1988. 268 S.
B 67128

Waterford, Helen: Commitment to the dead. One woman's journey toward understanding. Frederick, Colo.: Renaissance House Publ. 1987. 180 S.
B 66874

Wertheimer, Jack: Unwelcome strangers: East European Jews in Imperial Germany. New York, NY: Oxford Univ. Pr. 1987. IX, 275 S.
B 65826   0-19-504893-8

Wilhelmus, Wolfgang: Das Schicksal der jüdischen Kommunistin Adele Schiffmann. In: Beiträge zur Geschichte der Arbeiterbewegung. 32 (1990),2, S. 220 – 229.
BZ 4507:1990

Wisskirchen, Josef: Reichspogromnacht an Rhein und Erft 9./10. November 1938. Pulheim: Verlag f. Gesch. u. Heimatkunde 1988. 192 S.
010833

Women of exile: German-Jewish autobiographies since 1933. Hrsg.: Andreas Lixl-Purcell. New York: Greenwood Pr. 1988. X, 231 S.
B 67836   0-313-25921-6

– nach 1945

Henningsen, Manfred: After the Holocaust: national attitudes to Jews. The politics of memory: holocaust and legitimacy in post-nazi German. In: Holocaust and genocide studies. 4 (1989),1, S. 15 – 26.
BZ 4870:1989

Jüdisches Leben heute. Dorsten: Volkshochschule 1988. 51 S..
Bc 02277

Jüdisches Leben in Deutschland seit 1945. Hrsg.: Micha Brumlik. Frankfurt: Athenäum 1988. 278 S.
B 67358   3-610-04704-6

Runge, Irene: Die Grauzone des Wartens. Zur jüdischen Selbstfindung auf deutschen Boden. In: Blätter für deutsche und internationale Politik. (1990),8, S. 942 – 951.
BZ 4551:1990

Stern, Frank: Im Anfang war Auschwitz. Besatzer, Deutsche und Juden in der Nachkriegszeit. In: Dachauer Hefte. 6 (1990),6, S. 25 – 42.
BZ 4855:1990

Stern, Frank: Philosemitism's – the whitewashing of the yellow badge in West Germany 1945-1952. In: Holocaust and genocide studies. 4 (1989),4, S. 463 – 477.
BZ 4870:1989

L 130 e Staat und Politik

Auf dem Weg zur Nation? Über deutsche Identität nach Auschwitz. Hrsg.: Hajo Funke. Frankfurt: Haag u. Herchen 1989. 139 S.
Bc 8775

Halfmann, Jost: Do political scandals matter in West Germany? Social movements, party democracy and political culture in the seventies and eighties. In: Praxis international. 9 (1989),3, S. 335 – 344.
BZ 4783:1989

Hornung, Klaus: Der Sozialkonservatismus im deutschen Staats- und Gesellschaftsdenken. In: Aus Politik und Zeitgeschichte. (1990),B 9-10/90, S. 3 – 13.
BZ 05159:1990

L 130 e 10 Innenpolitik

Berg-Schlosser, Dirk: Entwicklung der politischen Kultur in der Bundesrepublik Deutschland. In: Aus Politik und Zeitgeschichte. (1990),B 7/90, S. 30 – 46.
BZ 05159:1990

Burgmer, Inge Maria: Städtepartnerschaften als neues Element der innerdeutschen Beziehungen. Bonn: Europa-Union-Verl. 1989. XI, 174 S.
Bc 9060

Gutachten zur Lage der Demokratie in der Bundesrepublik Deutschland 1989. Hrsg.: Horst Bethge. Frankfurt: Haag u. Herchen 1989. 162 S.
Bc 9056

Hahn, Roland: Die Idee der Nation und die Lösung der deutschen Frage. In: Aus Politik und Zeitgeschichte. (1990),B 29/90, S. 3 – 12.
BZ 05159:1990

Inowlocki, Lena: Ein schlagendes Argument. Geschichtliche Rechtfertigung und biographische Konstruktionen von Jugendlichen in rechtsextremistischen Gruppen. In: BIOS. (1988),2, S. 49 – 58.
BZ 4961:1988

Jansen, Silke: Zwei deutsche Staaten – zwei deutsche Nationen? Meinungsbilder zur deutschen Frage im Zeitablauf. In: Deutschland-Archiv. 22 (1989),10, S. 1132 – 1143.
BZ 4567:1989

Merz, Kai-Uwe: Kalter Krieg als antikommunistischer Widerstand: d. Kampfgruppe gegen Unmenschlichkeit 1948-1959. München: Oldenbourg 1987. 264 S.
B 65948   3-486-54371-7

Die neue Sicherheit: vom Notstand zur sozialen Kontrolle. Hrsg.: Roland Appel. Köln: Kölner Volksblatt-Verl. 1988. 229 S.
B 67322   3-923243-34-0

Petersen, Traute: Nationales Fest oder Trauertag? Über den schwierigen Umgang der Deutschen mit ihren nationalen Feiertagen. In: Geschichte in Wissenschaft und Unterricht. 41 (1990),8, S. 499 – 506.
BZ 4475:1990

Pulzer, Peter: The rise of political anti-semitism in Germany and Austria. London: Halban 1988. XVI, 357 S.
B 67634   1-87001-517-7

Renzsch, Wolfgang: Deutsche Länder und europäische Integration. In: Aus Politik und Zeitgeschichte. (1990),B 28/1990, S. 28 – 39.
BZ 05159:1990

Siegerist, Joachim: Verbrecher und andere Deutsche. Bremen: Deter 1989. 486 S.
B 71776

Vom Verlust der Scham und dem allmählichen Verschwinden der Demokratie: [über politische Kultur u. Moral in d. Bundesrepublik Deutschland]. Hrsg.: Heinz Ludwig Arnold. Göttingen: Steidl 1988. 223 S.
B 67324   3-88243-091-5

L 130 e 11 Verfassung und Recht

Entschädigungsverfahren und sondergesetzliche Entschädigungsregelungen. München: Beck 1987. XVII, 405 S.
B 67968

Fuchs, Jochen; Schlagenhauf, Petra. I.: Grundgesetz und Vereinigung. Zur Bedeutung und zum Verhältnis von Art. 23 und Art. 146 GG. In: Die Friedenswarte. 68 (1988),1-2, S. 22 – 52.
BZ 4693:1988

Lutz, Dieter S.: Basic Law, securty and peace, armament and disarmament. Hamburg: Inst. f. Friedensforschung u. Sicherheitspolitik 1989. 33 S.
Bc 8903

Republik in der Bewährung. Hrsg.: Titus Häussermann. Stuttgart: Radius-Verl. 1989. 119 S.
Bc 8990

Weidenhammer, Karl-Heinz: Selbstmord oder Mord? Das Todesermittlungsverfahren: Baader/Ensslin/Raspe. Kiel: Neuer Malik Verl. 1988. 504 S.
B 67280

L 130 e 12 Regierung und Verwaltung

Bundesrat und europäische Gemeinschaften. Bonn: Bundesrat 1988. 456 S.
B 67203

Miterlebt – mitgestaltet. Der Bundesrat im Rückblick. Hrsg.: Rudolf Hrbek. Stuttgart: Bonn aktuell 1989. 437 S.
B 68504

L 130 e 13 Parlamente und Wahlen

Alex, Jürgen: Wählerverhalten in der BRD unter dem Aspekt der Wirkungen des wissenschaftlich-technischen Fortschritts. In: IPW-Berichte. 19 (1990),4, S. 21 – 26.
BZ 05326:1990

Bald, Detlef; Sahner, Wilhelm; Zimmer, Matthias: Parlamentarische Kontrolle, Bundeswehr und öffentliche Meinung dargest. a. Beisp. d. Großen u. Kleinen Anfragen d. Deutschen Bundestages 1953-1987. München: Sowi 1988. VI, 313 S.
B 67771

Baratta-Dragono, Mario von: 30 Jahre Wehrbeauftragter des Deutschen Bundestages 1959-1989. Eine Chronik in Zitaten. Bonn: Deutsche Bundestag 1989. 136 S.
Bc 9359

Busch, Eckart: Der Wehrbeauftragte: Organ der parlamentarischen Kontrolle. Heidelberg: Decker u. Müller 1989. 200 S.
Bc 9356   3-8226-2989-8

Jesse, Eckard: Wahlen 1988. In: Jahrbuch Extremismus & Demokratie. (1989),1, S. 125 – 134.
BZ 4998:1989

Reuter, Konrad: Bundesrat und Bundesstaat. Bonn: Bundesrat 1989. 64 S.
Bc 9078

Schmollinger, Horst W.: Dokumentation und Kurzanalysen. Die Wahl zum Abgeordnetenhaus von Berlin am 29. Januar 1989. Ein überraschender Wandel im Parteiensystem. In: Zeitschrift für Parlamentsfragen. 20 (1989),3, S. 309 – 321.
BZ 4589:1989

Wolf, Peter: Wehrbeauftragter. Der verlängerte Arm des Parlaments. Bonn: Deutsche Bundestag 1988. 22 S.
Bc 9362

L 130 e 14 Parteien

Richter, Michael: Parteien für ganz Deutschland? In: Deutschland-Archiv. 22 (1989),10, S. 1144 – 1153.
BZ 4567:1989

– CDU/CSU

Clay, Clemens: The CSU and West German foreign policy: the Strauss era and beyond. In: Politics and society in Germany, Austria and Switzerland. 2 (1990),1/2, S. 17 – 38.
BZ 4999:1990

– DKP

Kellmann, Klaus: Die DKP und der Eurokommunismus – Die moskautreue Partei vor ihrer größten und letzten Herausforderung? In: Jahrbuch Extremismus & Demokratie. (1989),1, S. 45 – 66.
BZ 4998:1989

Wilke, Manfred: Die DKP und die Gewerkschaften – ein symbiotisches Verhältnis? In: Jahrbuch Extremismus & Demokratie. (1989),1, S. 185 – 195.
BZ 4998:1989

– FDP

Węc, Józef Janusz: Polityka w stosunku do ZSRR w programie i praktyce olitycznej FDP w latach 1969-1982. In: Przeglad stosunków międzynarodowych. (1989),1-2, S. 85 – 120.
BZ 4777:1989

– Grüne und Alternative

Betz, Hans-Georg: Strange love? How the Greens began to love NATO. In: German studies review. 12 (1989),3, S. 487 – 505.
BZ 4816:1989

Bollinger, Stefan; Maleck, Bernhard: Denken zwischen Utopie und Realität. Weltanschauliche Positionen der Alternativ- Ökologiebewegung in der BRD. Berlin: Dietz 1987. 391 S.
B 66221

Czarny, Marek: Budowa i funkcjonowanie zachodnioniemieckiej partii Zielonych. In: Przeglad stosunków międzynarodowych. (1989),1-2, S. 5 – 18.
BZ 4777:1989

Dittmers, Manuel: The Green Party in West Germany: Who are they? And what do they really want? St. Peter Port: Dimen Corporation 1988. 94 S.
B 67636   1-870900-00-6

Greifen nach Sternen und Steinen. Zum Lernprozeß u. zur Selbstreflexion der neuen sozialen Bewegungen. Hrsg.: Anne Dudeck. Frankfurt: Materialis Verl. 1989. 144 S.
Bc 8997

Die Grünen auf dem Prüfstand: Analyse e. Partei. Hrsg.: Manfred Langner. Bergisch-Gladbach: Lübbe 1987. 495 S.
B 65951   3-404-60186-6

Heidger, Ralf: Die Grünen: Basisdemokratie und Parteiorganisation: e. empir. Unters. d. Landesverb. d. Grünen in Rheinland-Pfalz. Berlin: Ed. Sigma Bohn 1987. 277 S.
B 67470   3-924859-60-4

Hüllen, Rudolf van: Ideologie und Machtkampf bei den Grünen: Untersuchung zur programmatischen und innerorganisatorischen Entwicklung einer deutschen „Bewegungspartei". Bonn: Bouvier 1990. XVI, 639 S.
B 72403   3-416-02222-X

Kretschmar, Ute: Demokratische Bewegungen in der BRD – ihre Wirkungen auf das Bewußtsein und das politische Verhalten. In: Beiträge zur Geschichte der Arbeiterbewegung. 32 (1990),4, S. 435 – 445.
BZ 4507:1990

Lyons, Matthew Nemiroff: The „Grassroots" Network. Radical nonviolence in the Federal Republic of Germany 1972-1985. Ithaca, NY.: Cornell Univ. 1988. VIII, 123 S.
Bc 8885

– **Linksparteien**

Deppe, Frank: Die neue Linke. In: Marxistische Blätter. (1990),3, S. 13 – 20.
BZ 4548:1990

Keithly, David M.: The German fatherland – of the left. In: Orbis. 34 (1990),1, S. 67 – 82.
BZ 4440:1990

Wie weiter? Hrsg.: Eckard Spoo. Hamburg: Verl. a. Galgenberg 1988. 200 S.
B 66400

– **Rechtsparteien**

Castner, Hartmut; Castner, Thilo: Rechtsextremismus und Jugend. Erscheinungsformen – Ursachen – Gegenstrategien. In: Aus Politik und Zeitgeschichte. (1989),B 41-42, S. 32 – 39.
BZ 05159:1989

Fischer, Thomas: Die „Neue Rechte": e. Herausforderung für die westdeutsche Linke. Darmstadt: Neues Forum 1989. 76 S.
Bc 9151   3-927682-03-9

Funke, Hajo: „Republikaner": Rassismus, Judenfeindschaft, nationaler Größenwahn; zu den Potentionalen der Rechtsextremen am Beispiel der „Republikaner". Berlin: Aktion Sühnezeichen/ Friedensdienste 1989. 163 S.
B 70671

Hirsch, Kurt: Rechts von der Union: Personen, Organisationen, Parteien seit 1945; e. Lexikon. München: Knesebeck & Schuler 1989. 478 S.
B 70482   3-926901-22-5

Hirsch, Kurt: Rechts, REPs, rechts. Aktuelles Handbuch zur rechtsextremen Szene. Berlin: Elefanten Pr. 1990. 103 S.
Bc 9285

Hofmann-Göttig, Joachim: Die neue Rechte: die Männerparteien. In: Aus Politik und Zeitgeschichte. (1989),B 41-42, S. 21 – 31.
BZ 05159:1989

Höpel, Stefan: Das demokratische Gewissen der Bundesrepublik. Die Politik der VVN-Bund der Antifaschisten. o.O.: 197 S.
Bc 9082

Krzyzaniak, Wojciech: Zorganizowana skrajna prawica w RFN 1949-1980. Poznań: Wydawn.Nauk. Uniw. im Adama Mickiewicza 1986. 327 S.
B 72639

Lenk, Kurt: Großdeutschland im Programm – Die „Republikaner" nach Rosenheim. In: Die neue Gesellschaft – Frankfurter Hefte. 37 (1990),4, S. 327 – 331.
BZ 4572:1990

Lepszy, Norbert: Die Republikaner. Ideologie – Programm – Organisation. In: Aus Politik und Zeitgeschichte. (1989),B 41-42, S. 3 – 9.
BZ 05159:1989

Müller, Leo A.: Republikaner, NPD, DVU, Liste D. Göttingen: Lamuv 1989. 96 S.
Bc 9934

Pappi, Franz Urban: Die Republikaner im Parteiensystem der Bundesrepublik. Protesterscheinung oder politische Alternative? In: Aus Politik und Zeitgeschichte. (1990),B 21/90, S. 37 – 44.
BZ 05159:1990

Roth, Dieter: Sind die Republikaner die fünfte Partei? Sozial- und Meinungsstruktur der Wähler der Republikaner. In: Aus Politik und Zeitgeschichte. (1989),B 41-42, S. 10 – 20.
BZ 05159:1989

Sippel, Heinrich: NPD und DVU – Bilanz einer schwierigen Beziehung. In: Jahrbuch Extremismus & Demokratie. (1989),1, S. 174 – 184.
BZ 4998:1989

– SPD

Birckenbach, Hanne-Margret: Die SPD-SED-Vereinbarungen über den „Streit der Ideologien und die gemeinsame Sicherheit". Hamburg: Inst. f. Friedensforschung u. Sicherheitspolitik 1989. 86 S.
Bc 8626

Enders, Thomas: Die SPD und die äußere Sicherheit. Melle: Knoth 1987. 306 S.
B 66629

Eppler, Erhard: Plattform für eine neue Mehrheit: ein Kommentar zum Berliner Programm der SPD. Berlin: Dietz 1990. 123 S.
Bc 9488   3-8012-0158-9

Lafontaine, Oskar: Weichenstellung für die Zukunft. In: Perspektiven des demokratischen Sozialismus. 7 (1990),1, S. 11 – 17.
BZ 4871:1990

Leonhard, Elke: Die Genossen – wie sie sind und wie sie waren. Köln: Bund-Verl. 1989. 178 S.
Bc 8756

Müller, Michael: Mehr Umweltschutz reicht nicht. Umrisse eines sozialökologischen Umbaukonzepts für die Bundesrepublik. In: Blätter für deutsche und internationale Politik. 35 (1990),3, S. 346 – 357.
BZ 4551:1990

Schlauch, Wolfgang T.: The German Social Demokrats and the Greens. A challenge to the Western Alliance? In: Peace & change. 15 (1990),1, S. 70 – 92.
BZ 4994:1990

– **Terroristen**

Ende der Bleiernen Zeit? Versuch eines Dialogs zwischen Gesellschaft und RAF. Bonn: Die Grünen 1989. 148 S.
Bc 8734

Langer-Stein, Rose: Legitimation und Interpretation der strafrechtlichen Verbote krimineller und terroristischer Vereinigungen (Paragr. 129, 129a StGB). München: Florentz 1987. XXXIV, 243 S.
B 67486   3-88259-480-2

L 130 e 20 Außenpolitik

Dobrowolski, Piotr: RFN a polityka odbrężenia w latach osiemdziesiatych. Katowice: Uniwersytet Slaski 1989. 107 S.
Bc 9844

Hanrieder, Wolfram F.: The foreign policies of the Federal Republic of Germany, 1949-1989. In: German studies review. 12 (1989),2, S. 311 – 332.
BZ 4816:1989

Hanrieder, Wolfram F.: Germany, America, Europe: forty years of German foreign policy. New Haven: Yale Univ. Pr. 1989. XVIII, 509 S.
B 70863   0-300-04022-9

Kirchner, Emil, J.: Genscher and what lies behind 'Genscherism'. In: West European politics. 13 (1990),2, S. 159 – 177.
BZ 4668:1990

Pavlov, Nikolaj Valentinovič: Vnešnjaja Politika FRG: koncepcii i realii 80-ch godov. Moskva: Meždunar. otnošenija 1989. 256 S.
B 70179

Rittberger, Volker: Die Bundesrepublik Deutschland – eine Weltmacht? Außenpolitik nach vierzig Jahren. In: Aus Politik und Zeitgeschichte. (1990),B/4-5, S. 3 – 19.
BZ 05159:1990

Staack, Michael: Die Außenpolitik der Bundesrepublik auf dem Weg in ein neues Europa. Westintegration und Ostpolitik unter veränderten Bedingungen. In: Aus Politik und Zeitgeschichte. (1990),B/4-5, S. 20 – 30.
BZ 05159:1990

Tomala, Mieczysław: Charakter polityki zagranicznej Republiki Federalnej Niemiec. In: Sprawy międzynarodowe. 43 (1990),3, S. 39 – 54.
BZ 4497:1990

Trzcielińska-Polus, Aleksandra: Problematyka narodowościowa w polityce RFN wobec państw socjalistycznych (ze szczególnym uwzględniieniem lat 1949-1966). In: Przeglad stosunków międzynarodowych. (1989),4, S. 83 – 96.
BZ 4777:1989

L 130 e 23 Sicherheitspolitik

Anfänge westdeutscher Sicherheitspolitik: 1945-1956. Hrsg. vom Militärgeschichtl. Forschungsamt. München: Oldenbourg 1982-90. XXV, 940 S; XXVI, 914 S.
B 45696   3-486-50881-4

Der Freiheit zuliebe. Grundlagen unserer Sicherheitspolitik. Bonn: Presse- u. Informationsamt d. Bundesregierung 1989. 101 S.
Bc 8954

Joswig, Uwe: Die Legitimitätskrise der bundesdeutschen Sicherheitspolitik. Ursachen – Rückwirkungen d. dt. Frage. Frankfurt: Lang 1989. 123 S.
Bc 9039

Morio, H.: Plädoyer für eine neue Qualität deutscher Außen- und Sicherheitspolitik. In: Militärwesen. (1990),7, S. 32 – 37.
BZ 4485:1990

L 130 e 23.1 Friedensbewegung

Holl, Karl: Pazifismus in Deutschland. Frankfurt: Suhrkamp 1988. 274 S.
B 66277   3-518-11533-2

L 130 e 29 Außenpolitische Beziehungen

– Europa

Van Well, Günther: Zur Europa-Politik eines vereinigten Deutschland. In: Europa-Archiv. 45 (1990),9, S. 293 – 300.
BZ 4452:1990

– Frankreich

Schmidt, Peter: Der Deutsch-Französische Rat für Verteidigung und Sicherheit. In: Außenpolitik. 40 (989),4, S. 371 – 381.
BZ 4457:989

– Großbritannien

Großbritannien und Deutschland. Nachbarn in Europa. Hannover: Niedersächsische Landeszentrale für politische Bildung 1988. 176 S.
Bc 8995

– Israel

Hansen, Niels: Verbindungen in die Zukunft. 25 Jahre diplomatische Beziehungen zwischen Deutschland und Israel. In: Aus Politik und Zeitgeschichte. (1990),B 15/90, S. 8 – 18.
BZ 05159:1990

Neustadt, Amnon: Der deutsch-israelische Dialog im Schatten der „Intifada". In: Europa-Archiv. 44 (1989),14, S. 447 – 456.
BZ 4452:1989

– Namibia

Brenke, Gabriele: Die Rolle der Bundesrepublik Deutschland im Namibia-Konflikt. In: Aus Politik und Zeitgeschichte. (1990),B 8/89, S. 17 – 24.
BZ 05159:1990

– Niederlande

Brands, Maarten C.: The Federal Republic of Germany and the Netherlands: contrasts and complementary. In: Internationale spectator. 43 (1989),11, S. 690 – 696.
BZ 05223:1989

– Polen

Hoensch, Jörg K.: Der Normalisierungsprozeß zwischen der Bundesrepublik Deutschland und Polen. Hintergründe und Belastungen. In: Aus Politik und Zeitgeschichte. (1990),B 12-13/90, S. 39 – 51.
BZ 05159:1990

Krasuski, Jerzy: Polska i Niemcy. Dzieje wzajemnych stosunków politycznych do 1932 roku. Warszawa: Państw. Inst. Wydawn. 1989. 467 S.
B 70176

Teltschik, Horst: Die Bundesrepublik Deutschland und Polen – eine schwierige Partnerschaft im Herzen Europas. In: Außenpolitik. 41 (1990),1, S. 3 – 14.
BZ 4457:1990

Tomala, Mieczysław: Warszawa-Berlin-Bonn. 1944-1980. Szczecin: Wydawn. Glob 1987. 399 S.
B 68683

– UdSSR

Cziomer, Erhard: Miejsce ZSRR w polityce zagraniicznej RFN. Poznań: Institut Zachodni 1988. 254 S.
B 67963

Frieden mit der Sowjetunion – eine unerledigte Aufgabe. Hrsg.: Dietrich Goldschmidt. Gütersloh: Mohn 1989. 572 S.
B 68886

Laird, Robin: Bonn and Moscow. A partnership in progress. London: Inst. f. European Defence and Strategic Studies 1988. 55 S.
Bc 9219

Larrabee, F. Stephen: Soviet policy toward Germany: new thinking and old realities. In: The Washington quarterly. 12 (1989),3, S. 33 – 51.
BZ 05351:1989

Seiffert, Wolfgang: Die Deutschen und Gorbatschow: Chancen für einen Interessenausgleich. Erlangen: Straube 1989. 270 S.
B 68188   3-927491-03-9

– USA

Smyser, William R.: Partner im Widerstreit. Die Bundesrepublik und die Vereinigten Staaten vor dem Beginn einer neuen Ära. In: Europa-Archiv. 44 (1989),21, S. 645 – 654.
BZ 4452:1989

L 130 e 29.1 Deutsche Frage

Ammer, Thomas: Politische Kontakte Bundesrepublik-DDR im ersten Halbjahr 1989. In: Deutschland-Archiv. 22 (1989),9, S. 1019 – 1026.
BZ 4567:1989

Antworten zu Deutschland-Fragen. Bonn: Kulturstiftung der deutschen Vertriebenen 1989. 80, 24 S.
Bc 9191

Auf dem Weg zur Einheit. Dokumente zu den deutsch-deutschen Beziehungen. In: Europa-Archiv. 45 (1990),8, S. D189 – D190.
BZ 4452:1990

Baumann, Michael: Die wirtschaftliche Vereinigung Deutschlands. Europäische und deutsche Aspekte. In: Deutschland-Archiv. 23 (1990),6, S. 890 – 906.
BZ 4567:1990

Blumenwitz, Dieter: Europäische Integration und deutsche Wiedervereinigung. In: Zeitschrift für Politik. 37 (1990),1, S. 1 – 19.
BZ 4473:1990

Brühl, Reinhardt: Die deutsche Frage und die europäische Sicherheit. In: Militärwesen. (1990),3, S. 23 – 27.
BZ 4485:1990

Cordell, K.: The basic treaty between the two German states in retrospect. In: Political quarterly. 61 (1990),1, S. 36 – 50.
BZ 4611:1990

Die deutsche Frage im Spiegel der Parteien. Hrsg.: Dieter Blumenwitz. Köln: Verl. Wissenschaft u. Politik 1989. 191 S.
B 68967

Die deutsche Frage und die internationale Sicherheit. Hrsg.: Günther Wagenlehner. Koblenz: Bernard u. Graefe 1988. 227 S.
B 65923

Erdmann, Karl Dietrich: Vierzig Jahre Bundesrepublik – geteilte Nation im geteilten Europa. In: Geschichte in Wissenschaft und Unterricht. 41 (1990),5, S. 257 – 271.
BZ 4475:1990

Friedmann, Bernhard: Einheit statt Raketen: Thesen zur Wiedervereinigung als Sicherheitskonzept. Herford: Busse Seewald 1987. 180 S.
B 66137   3-512-00826-7

Gaus, Günter: Deutschland im Juni. Köln: Kiepenheuer & Witsch 1988. 167 S.
B 67445   3-462-01889-2

Gehle, Heinz: Eine Chance für Deutschland. Anwendung des Selbstbestimmungsrechts der Völker. Bonn: Wegener 1989. 50 S.
Bc 9055

Graml, Hermann: Die Märznote von 1952. Legende und Wirklichkeit. Melle: Knoth 1988. 63 S.
Bc 8496

Holshek, Christopher: The West German grand strategy. In: Global affairs. 4 (1989),3, S. 83 – 94.
BZ 05553:1989

Jiménez Rioja, Miguel: La economía Alemana. In: Ejército. (1990),605, S. 22 – 31.
BZ 05173:1990

Kessel, Martina: Westeuropa und die deutsche Teilung: englische und französische Deutschlandpolitik auf den Außenministerkonferenzen von 1945 bis 1947. München: Oldenbourg 1989. VII, 324 S.
B 72401   3-486-55241-4

Kisielewski, Tadeusz: Zakres i zasady jedności Niemiec. In: Sprawy międzynarodowe. 43 (1990),3, S. 19 – 38.
BZ 4497:1990

Kleßmann, Christoph: Zwei Staaten, eine Nation: deutsche Geschichte 1955-1970. Göttingen: Vandenhoeck u. Ruprecht 1988. 648 S.
B 67487   3-525-36219-6

Knorr, Lorenz: Die Einheit und die kollektive Sicherheit. In: Sozialismus. 16 (1990),10, S. 23 – 29.
BZ 05393:1990

Kohl, Helmut: Zur Lage der Nation im geteilten Deutschland. Bonn: Presse- u. Informationsamt d. Bundesregierung 1989. 32 S.
Bc 9116

Krell, Gert: Die Ostpolitik der Bundesrepublik Deutschland und die deutsche Frage. In: Aus Politik und Zeitgeschichte. (1990),B 29/90, S. 24 – 34.
BZ 05159:1990

Kremp, Herbert: Wir brauchen unsere Geschichte: Nachdenken über Deutschland. Frankfurt: Ullstein 1988. 212 S.
B 65813   3-550-07984-2

Kuby, Erich: Deutsche Schattenspiele. Dazu Interviews zur nationalen Frage. München: Knesebeck & Schuler 1988. 368 S.
B 67181

Lammers, Karl Christian: Det tyske nationale sprgsmål. In: Den jyske historiker. (1990),53, S. 130 – 136.
BZ 4656:1990

Langguth, Gerd: Die deutsche Frage und die Europäische Gemeinschaft. In: Aus Politik und Zeitgeschichte. (1990),B 29/90, S. 13 – 23.
BZ 05159:1990

Laun, Kurt v.: Wiedervereinigung. Kiel: Verl. Annilise Schepke Königsberg 1989. 34 S.
Bc 9112

Loth, Wilfried: Welche Einheit soll es sein? Beobachtungen zur Lage der Nation. In: Blätter für deutsche und internationale Politik. 35 (1990),3, S. 301 – 309.
BZ 4551:1990

Lucas, Michael; Edgar, Adrienne: Germany after the wall. In: World policy journal. 7 (1989-90),1, S. 189 – 214.
BZ 4822:1989-90

Manfrass-Sirjacques, Francoise: Die französische Europapolitik und die Deutsche Frage. In: Die neue Gesellschaft – Frankfurter Hefte. 37 (1990),2, S. 116 – 125.
BZ 4572:1990

Meinhardt, Uwe: Hoppla – jetzt kommen wir! Währungsunion: das große Versprechen. In: Sozialismus. 16 (1990),3, S. 5 – 10.
BZ 05393:1990

Meyer-Landrut, Nikolaus: Frankreich und die deutsche Einheit: d. Haltung d. franz. Regierung u. Öffentlichkeit zu d. Stalin-Noten 1952. München: Oldenbourg 1988. 162 S.
B 67377   3-486-64556-0

Ninkovich, Frank A.: Germany and the United States. The transformation of the German question since 1945. Boston, Mass.: Twayne Publ. 1988. XV, 201 S.
B 68658

Die offene deutsche Frage: Gespräche mit unseren Nachbarn. Hrsg.: Jean-Paul Picaper. Berlin: Colloquium Verl. 1987. 199 S.
B 66169   3-7678-0706-8

Portero, Florentino: El nuevo orden europeo y la cuestion alemana. In: Política exterior. 4 (1990),14, S. 115 – 124.
BZ 4911:1990

Reese-Schäfer, Walter: Universalismus, negativer Nationalismus und die neue Einheit der Deutschen. In: Perspektiven des demokratischen Sozialismus. 7 (1990),2, S. 95 – 102.
BZ 4871:1990

Richter, Dagmar: Deutschland vor der staatlichen Einheit. In: Die Friedenswarte. 68 (1988),1-2, S. 53 – 109.
BZ 4693:1988

Schmidt, Max; Schwarz, Wolfgang: Die deutsche Einheit und die Sicherheit Europas. In: IPW-Berichte. 19 (1990),6, S. 19 – 25.
BZ 05326:1990

Schütze, Walter: La réunification allemande: la RFA face au Défi national. In: Défense nationale. 46 (1990),2, S. 25 – 34.
BZ 4460:1990

Steininger, Rolf: Germany after 1945: divided and integrated or united and neutral? In: German history. 7 (1989),1, S. 5 – 18.
BZ 4989:1989

Stolarczyk, Mieczysław: Stanowisko Polski wobec zagadnienia jedności i podziału Niemiec w latach 1944-1949. Katowice: Uniwersytet Slaski 1989. 145 S.
Bc 9847

Szabo, Stephen F.: The German answer. In: SAIS review. 10 (1990),2, S. 41 – 56.
BZ 05503:1990

Das Umbaupapier (DDR): Argumente gegen die Wiedervereinigung. Hrsg.: Rainer Land. Berlin: Rotbuch Verl. 1990. 189 S.
Bc 9208   3-88022-030-1

Vogel, Walter: Vertane Chancen? In: Geschichte und Gesellschaft. 16 (1990),2, S. 65 – 80.
BZ 4636:1990

Voigt, Karsten D.: Deutsche Einheit und gesamteuropäische Ordnung des Friedens und der Freiheit. In: Perspektiven des demokratischen Sozialismus. 7 (1990),2, S. 103 – 108.
BZ 4871:1990

Wagner, Wolfgang: Die Dynamik der deutschen Wiedervereinigung. In: Europa-Archiv. 45 (1990),3, S. 79 – 88.
BZ 4452:1990

Weilemann, Peter R.: Der deutsche Beitrag zur Überwindung der europäischen Teilung – Die zehn Punkte von Bundeskanzler Helmut Kohl. In: Außenpolitik. 41 (1990),1, S. 15 – 23.
BZ 4457:1990

Wrangel, Olaf von: Sicherheit in Europa und die deutsche Frage. Nienburg: Stadtarchiv 1988. 17 S.
Bc 02591

Zieger, Gottfried: Die Haltung von SED und DDR zur Einheit Deutschlands 1949 1987. Köln: Verl. Wissenschaft u. Politik 1988. 252 S.
B 67700   3-8046-8708-3

Zu den Perspektiven deutsch-deutscher Beziehungen. In: IPW-Berichte. 19 (1990),3, S. 1 – 10.
BZ 05326:1990

Zur Öffnung der Mauer. Debatte im Bundesrat am 10. November 1989. Bonn: Bundesrat 1989. 25 S.
Bc 9020

L 130 f Wehrwesen

L 130 f 00 Wehr- und Rüstungspolitik

Die Bundeswehr im beigetretenen Teil Deutschlands. In: Soldat und Technik. 33 (1990),11, S. 773 – 780.
BZ 05175:1990

Bundeswehr und Gesellschaft. Hamburg: Welt am Sonntag 1989. o.Pag.
Bc 02584

Byczkowskie, Józef: Problem bezpieczeństwa i rozbrojenia w polityce rządów RFN lat osiemdziesiątych. In: Przegląd stosunków międzynarodowych. (1989),3, S. 21 – 39.
BZ 4777:1989

Cygański, Mirosław: Wkład RFN w strategię i potencjał NATO (1960-1988). In: Przegląd stosunków międzynarodowych. (1989),3, S. 41 – 70.
BZ 4777:1989

Dobias, Tibor; Roschlau, Wolfgang: Grundzüge der Militärpolitik der BRD in Vergangenheit und Gegenwart. In: Militärgeschichte. 28 (1989),5, S. 493 – 500.
BZ 4527:1989

Jiménez Rioja, Miguel: La defensa alemana. La unificacion de Alemanie. In: Ejército. (1990),606, S. 7 – 17.
BZ 05173:1990

Macgregor, Douglas A.: Demilitarizing East-West conflict: US and Soviet military disengagement from Germany. In: Comparative strategy. 8 (1989),4, S. 411 – 424.
BZ 4686:1989

Naumann, Klaus: The restructured Bundeswehr. In: NATO's sixteen nations. 34 (1989),6, S. 31 – 35.
BZ 05457:1989

Peters, Susanne: The Germans and the INF Treaty: ostrich policy towards an unresolvable strategic dilemma. In: Arms control. 10 (1989),1, S. 21 – 42.
BZ 4716:1989

Schulz, Wolfgang: Zur Geschichte des in der Bundeswehr vermittelten NVA-Bildes. In: Militärgeschichte. 28 (1989),5, S. 483 – 492.
BZ 4527:1989

Steinbach, Peter: Traditionsbruch? Von der Neurose zur versuchten Traditionsbildung. In: Die neue Gesellschaft – Frankfurter Hefte. 37 (1990),2, S. 139 – 145.
BZ 4572:1990

Thompson, Wayne C.; Peltier, Marc D.: The education of military officers in the Federal Republic of Germany. In: Armed forces and society. 16 (1990),4, S. 587 – 606.
BZ 4418:1990

L 130 f 01 Rüstungspolitik/Abrüstung/Rüstungskontrolle

Lutz, Dieter S.: Deutsche Einheit – Europäische Sicherheit oder brauchen wir noch deutsche Streitkräfte? Hamburg: Inst. f. Friedensforschung u. Sicherheitspolitik 1990. 60 S.
Bc 9317

Wenn Soldaten Frieden sagen. Aus der Arbeit der Gemeinschaft katholischer Soldaten. Köln: Bachem 1988. 373 S.
B 66304

L 130 f 04 Militärhilfe/Waffenexport

Lorscheid, Helmut: Waffenhändler am Kabinettstisch. Göttingen: Lamuv 1989. 96 S.
Bc 8917

Militärhilfe der Bundesrepublik Deutschland in Afrika. München: Univ. der Bundeswehr 1988. 219 S.
010769

Wulf, Herbert: Waffenexport aus Deutschland. Geschäfte mit dem fernen Tod. Reinbek: Rowohlt 1989. 174 S.
Bc 8960

L 130 f 05 Kriegswesen

Grein-Funk, Eberhard: Soldat und Ethik. St. Ottilien: EOS Verl. 1988. 115 S.
Bc 8770

L 130 f 10 Heer

Abenheim, Donald: Bundeswehr und Tradition. München: Oldenbourg 1989. 260 S.
B 71002

Ertl, Harald; Zelinka, Fritz Felix; Anker, Ingrid: Bundeswehr und Umweltschutz. Analyse e. vermeintl. Widerspruchs. München: Sowi 1988. IV, 260 S.
B 67773

Kolb, Rudolf; Endres, Thaddäus; Ehrt, Siegfried: Da lachte der Jäger. München: Kameradenkr. d. Gebirgstruppe 1987. 207 S.
B 66911

Kugler, Randolf: Das Landungswesen in Deutschland seit 1900. Berlin: Oberbaum Verl. 1989. 743 S.
B 71906   3-926409-52-5

Lytle, Michael A.; Cockman, Terry L.: An institutional evolution: the Bundeswehr – a new German army. In: Defense analysis. 5 (1989),3, S. 207 – 220.
BZ 4888:1989

Mohr, Eike: Heeres- und Truppengeschichte des Deutschen Reiches und seiner Länder: 1806-1918; e. Bibliographie. Osnabrück: Biblio Verl. 1989. XXV, 780 S.
B 68973   3-7648-1770-4

Rahne, Hermann; Knoll, Werner: Die materielle Rüstung der deutschen Landstreitkräfte vor beiden Weltkriegen. In: Militärgeschichte. 29 (1990),3, S. 254 – 265.
BZ 4527:1990

Schiers, Ulrich: Kopfbedeckungen. T. 1. Freiburg/Br.: Militärgeschichtliches Forschungsamt 1988. 132 S.
Bc 9071

Schweinitz, Kurt Graf von: Die Sprache des deutschen Heeres. Osnabrück: Biblio Verl. 1989. 236 S.
B 68995   3-7648-1757-7

Volz, Heinz: Bundeswehr. Ein Wörterbuch für alle die beim „Bund" mehr oder weniger freiwillig Dienst tun. München: Tomus 1988. 96 S.
B 67389

L 130 f 13 Waffengattungen/ Truppengattungen

Die bittere Pflicht. Kampf u. Untergang der 76. Berlin-Brandenburgischen Infanterie-Division. Osnabrück: Biblio Verl. 1988. XVIII, 598 S.
010837

Buchner, Alex: Vom Eismeer bis zum Kaukasus. Friedberg: Podzun-Pallas-Verl. 1988. 207 S.
B 68278

Fössinger, Josef: Die 334. Infanterie-Division (neu) im etruskischen Apennin (Italien) von September 1944 bis Kriegsende Mai 1945. Pyras: Kameradschaft der 334. ID 1989. 104 S.
Bc 8798

Heyd, Manfred: Chronik des Panzergrenadierbataillons 242 1959-1989. Osnabrück: Biblio Verl. 1989. 158 S.
010919

Hinze, Rolf: 19. Infanterie- und Panzer-Division. Düsseldorf: Selbstverlag 1988. 833 S.
B 71419

Hormann, Joerg M.: Uniformen der Infanterie. 1919 bis heute. Friedberg: Podzun-Pallas-Verl. 1989. 127 S.
B 70372

Hormann, Jörg M.: Uniformen der Panzertruppe 1917 – heute. Friedberg: Podzun-Pallas-Verl. 1989. 126 S.
B 72460

Kaufmann, Friedrich: Die vergessene Division. Bd. 1-4. Völklingen: Kameradschaft ehemal. Angehöriger d. 282 Inf.-Div. 1985. 1464 S.
B 68654

Kurowski, Franz: Die Heeresgruppe Mitte 1942/43. Friedberg: Podzun-Pallas-Verl. 1989. 535 S.
B 70962

Miegel, Hartmut: Bei der Kavallerie 1942-1945. Herford: Mittler 1988. 136 S.
B 68328

Riemann, Horst: Deutsche Panzergrenadiere. Herford: Mittler 1989. 197 S.
010952   3-8132-0326-3

120 Jahre Garnison Weingarten. Koblenz: Mönch 1988. 48 S.
Bc 8740

L 130 f 14 Militärwesen

Frieden statt Sicherheit. Von der Militärseelsorge zum Dienst der Kirche unter den Soldaten. Hrsg.: Karl Martin. Gütersloh: Mohn 1989. 95 S.
Bc 9074

L 130 f 20 Marine

Baum, Karl-Josef: Fünf Schiffe Cöln/Köln: Fahrten u. Erlebnisse in Krieg und Frieden. Herford: Koehler 1988. 132 S.
010771   3-7822-0449-2

Breyer, Siegfried; Koop, Gerhard: Die U-Bootwaffe, Marine. Kleinkampfverbände, Landkampf-Marineverbände, Seefliegerkräfte, Häfen u. Bauwerften, d. Angehörigen d. Kriegsmarine m. d. höchsten Tapferkeitsauszeichnungen. Friedberg: Podzun-Pallas-Verl. 1987. 188 S.
B 64086:3

Breyer, Siegried: Schlachtschiff „Tirpitz". Friedberg: Podzun-Pallas-Verl. 1989. o.Pag.
Bc 02661

Breyer, Siegfried; Koop, Gerhard: Schlachtschiffe, Panzerschiffe, Kreuzer. Entstehung, Einsatz u. Ende d. Dickschiffe. Bd. 5. Friedberg: Podzun-Pallas-Verl. 1989. 192 S.
B 64086:5

Herwig, Holger H.: Luxury fleet: the Imperial German Navy 1888 – 1918. London: Ashfield Press 1987. 316 S.
B 66105

Imrie, Alex: German naval Air Service. London: Arms and Armour Pr. 1989. o.Pag.
Bc 02636

Kugler, Rolf: Chronik der amphibischen Verbände der Marine und Luftwaffe 1940-1945. Speyer: Kameradschaft d. ehem. Landungspioniere 1987. 255 S.
010789

Kurowski, Franz: Die Träger des Ritterkreuzes des Eisernen Kreuzes der U-Bootwaffe 1939-1945. Friedberg: Podzun-Pallas-Verl. 1987. 80 S.
B 63044

Marine-Flieger. Von der Marineluftschifabteilung zur Marinefliegerdivision. Hrsg.: Jörg Duppler. Herford: Mittler 1988. 151 S.
B 68071

Matthei, Dieter: Russisch-deutsche Marinekontakte. In: Marine-Forum. 65 (1990),6, S. 204 – 209.
BZ 05170:1990

Santoni, Alberto: L'odissea dell'incrociatore tedesco „Königsberg" (1914-1915). In: Rivista marittima. 123 (1990),4, S. 97 – 111.
BZ 4453:1990

Wallner, R.: Developments in West German submarine construction since 1956. In: Naval forces. 6 (1989),10, S. 21 – 32.
BZ 05382:1989

Whitley, Michael J.: German Capital Ships of World War Two. London: Arms and Armour Pr. 1989. 224 S.
011227

Wichmann, Ulrich: Der ewige Tirpitz. Weltmachtstreben, Ressortegoismus, Egoismus? Velbert: Selbstverlag 1988. 53 S.
Bc 9123

L 130 f 30 Luftwaffe

Aufklärungsgeschwader 51 „Immelmann". 30 Jahre Garnison Eschbach – Fliegerhorst Bremgarten. Koblenz: Mönch 1989. 72 S.
Bc 8739

Boog, Horst: „Baedeker-Angriffe" und Fernstflugzeugprojekte 1942. Die strategische Ohnmacht der Luftwaffe. In: Europäische Wehrkunde – Wehrwissenschaftliche Rundschau. 5 (1990),4, S. 1 17.
BZ 4895:1990

Cescotti, Roderich: Kampfflugzeuge und Aufklärer: Entwicklung, Produktion, Einsatz u. zeitgeschichtliche Rahmenbedingungen von 1935 bis heute. Koblenz: Bernard u. Graefe 1989. 311 S.
010820   3-7637-5293-5

Flugabwehrraketenbataillon 34. Informationsschrift. Koblenz: Mönch-Verl. 1989. 52 S.
Bc 9374

Held, Werner: Reichsverteidigung: die deutsche Tagjagd 1943/45. Friedberg: Podzun-Pallas-Verl. 1988. 184 S.
010749

Kurowski, Franz: Deutsche Fallschirmjäger 1939-1945. Menden: Ed. Aktuell 1988. o. Pag.
010970

Luftwaffenversorgungsregiment 8. Waldesch: Mönch-Verl. 1989. 48 S.
Bc 9373

Nielsen, Andreas L.: The Collection and evaluation of intelligence for the German Air Force High Command. Manhattan, Kan.: MA/AH Publ. o. J. 224 S.
010812

The Radio Intercept Service of the German Air Force. Vol. 1. 2. Manhattan, Kan.: MA/AH Publ. o. J. XXI, 286, X, 288 S.
011015

Roon, Arnold von: Zwischen Freiheit und Pflicht: Geschichten aus der Fallschirmtruppe. Friedberg: Podzun-Pallas-Verl. 1989. 199 S.
B 71267   3-7909-0378-7

Technische Schule der Luftwaffe I Kaufbeuren. Koblenz: Mönch 1988. 52 S.
Bc 8741

L 130 f 40 Zivilverteidigung/Zivilschutz

Brauns, Jan: Handbuch für Zivildienstleistende. Köln: Pahl-Rugenstein 1989. 186 S.
B 67671   3-7609-1246-X

Herz, Christian: Totalverweigerung. Eine Streitschrift für die totale Kriegsdienstverweigerung. Sensbachtal: Komitee f. Grundrechte u. Demokratie 1989. 155 S.
Bc 9073

Mucke, Peter: Kriegsdienstverweigerung – Zivildienst – Friedensdienst. Ein Handbuch. Göttingen: Lamuv 1989. 111 S.
Bc 8910

Sozialer Friedensdienst im Zivildienst. Bremen: Evang. Arbeitsgemein. z. Betreuung d. Kriegsdienstverweigerer 1989. 192 S.
Bc 9014

L 130 f 50 Wehrrecht

Beschorner, Herward: Centralino – 3mal klingeln. Ein Deserteur erzählt. Köln: Röderberg 1989. 107 S.
Bc 8678

Johlen, Heribert: Wehrpflichtrecht in der Praxis. München: Beck 1989. XVIII, 173 S.
Bc 9175

Schölz, Joachim: Wehrstrafgesetz. München: Beck 1988. XVI, 349 S.
B 67491   3-406-33464-4

L 130 g Wirtschaft

L 130 g 10 Volkswirtschaft

Angerer, Jo; Schmidt-Eenboom, Erich: Rüstung in Weiß-Blau – Politik und Waffenwirtschaft in Bayern. Starnberg: ibf 1988. 294 S.
B 65532

Brücker, Herbert: Neudeutsches Wirtschaftswunder oder „Eigernordwand im Winter". Einige Überlegungen zur Wirtschafts- und Währungsunion. In: Perspektiven des demokratischen Sozialismus. 7 (1990),2, S. 108 – 116.
BZ 4871:1990

Kuhlmann, Uta; Brand, Richard: Bondsrepubliek en ontwikkelingssamenwerking. In: Internationale spectator. 44 (1990),3, S. 140 – 146.
BZ 05223:1990

Sperling, James C.: West German foreign economy policy during the Reagan administration. In: German studies review. 18 (1990),1, S. 85 – 109.
BZ 4816:1990

L 130 g 30 Industrie

Blohm & Voss. Portrait einer Schiffswerft. In: Marine-Forum. 65 (1990),6, S. 192 – 203.
BZ 05170:1990

Conrad, Markus: Industriepolitik als wirtschaftspolitische Option in der sozialen Marktwirtschaft. Ein ordnungskonformes industriepolitisches Konzept für die Bundesrepublik Deutschland. Hamburg: Kovač 1987. X, 262 S.
B 66027

Dube, Norbert: Die öffentliche Meinung zur Kernenergie in der Bundesrepublik Deutschland 1955-1986. Berlin: Wissenschaftszentrum Berlin für Sozialforschung 1987. 91 S.
Bc 02543

Rilling, Rainer: Military R & D in the Federal Republic of Germany. In: Bulletin of peace proposals. 19 (1988),3/4, S. 317 – 342.
BZ 4873:1988

Rüstungsindustrie und Rüstungskonversion in der Region München. Firmen, Produkte, Beschäftigte. Frankfurt: Campus Verl. 1989. 180 S.
Bc 8675

L 130 g 39 Energiewirtschaft/ Energiepolitik

Eckert, Michael: Die Anfänge der Atompolitik in der Bundesrepublik Deutschland. In: Vierteljahrshefte für Zeitgeschichte. 37 (1989),1, S. 115 – 143.
BZ 4456:1989

Haug, Hans-Jürgen: Zu Fuß aus der Atomrepublik: Wackersdorf – Gorleben und zurück. München: Knesebeck & Schuler 1988. 237 S.
B 67175   3-926901-10-1

Joppke, Christian: Nuclear power struggles after Chernobyl: the case of West Germany. In: West European politics. 13 (1990),2, S. 178 – 191.
BZ 4668:1990

WAA – nein! Bilder, Texte, Dokumente aus Frankenberg 1981/82. Hrsg.: Richard Battenfeld. Frankenberg: Battenfeld 1987. 223 S.
B 67462

Zierer, Dietmar: Radioaktiver Zerfall der Freiheit. „WAA Wackersdorf". Burglengenfeld: Lokal Verl. 1988. 318 S.
B 68653

L 130 g 40 Handel

Bellers, Jürgen: Aussenwirtschaftspolitik und politisches System der Weimarer Republik und der Bundesrepublik. Münster: Lit.-Verl. 1988. V, 806 S.
B 68108

L 130 h Gesellschaft

L 130 h 10 Bevölkerung und Familie

Aussiedler. Bonn: Bundeszentrale f. politische Bildung 1989. 48 S.
Bc 02602

Brutscher, Peter: Dokumentation über Heimatvertriebene im Landkreis Unterallgäu. Mindelheim: Memminger Zeitung 1987. 144 S.
B 66024

Flucht und Asyl: Berichte über Flüchtlingsgruppen. Hrsg.: Andreas Germershausen. Berlin: Verlagsabt. d. Berliner Inst. für Vergleichende Sozialforschung 1988. 162 S.
B 66397   3-88402-003-X

Im Schwabenland eine neue Heimat gefunden. Die Eingliederung der Heimatvertriebenen... Nürtingen: Stadt Nürtingen 1989. 166 S.
Bc 02648

Krallert-Sattler, Gertrud: Kommentierte Bibliographie zum Flüchtlings- und Vertriebenenproblem in der Bundesrepublik Deutschland, in Österreich und in der Schweiz. Wien: Braumüller 1989. XXIII, 927 S.
010825   3-7003-0804-3

Leciejewski, Klaus: Zur wirtschaftlichen Eingliederung der Aussiedler. In: Aus Politik und Zeitgeschichte. (1990),B 3, S. 52 – 62.
BZ 05159:1990

Lehmann, Albrecht: Flüchtlingserinnerungen im Erzählen zwischen den Generationen. In: BIOS. (1989),2, S. 183 – 206.
BZ 4961:1989

Reichling, Gerhard: Die deutschen Vertriebenen in Zahlen. Bd. 1. 2. Bonn: Kulturstiftung der deutschen Vertriebenen 1986/89. 72, 119 S.
Bc 5709

Ronge, Volker: Die soziale Integration von DDR-Übersiedlern in der Bundesrepublik Deutschland. In: Aus Politik und Zeitgeschichte. (1990),B 1-2, S. 39 – 47.
BZ 05159:1990

Sterben wir aus? Die Bevölkerungsentwicklung in der Bundesrepublik Deutschland. Hrsg.: Bruno Heck. Freiburg: Herder 1988. 185 S.
B 67732

Sywottek, Arnold: Flüchtlingseingliederung in Westdeutschland. Stand und Probleme der Forschung. In: Aus Politik und Zeitgeschichte. (1989),B 51, S. 38 – 46.
BZ 05159:1989

Vertreibung und Vertreibungsverbrechen: 1945-1948; Bericht d. Bundesarchivs vom 28. Mai 1974, Archivalien u. ausgew. Erlebnisberichte. Bonn: Kulturstiftung der deutschen Vertriebenen 1989. 335 S.
B 71416   3-88557-067-X

40 Jahre Arbeit für Deutschland – die Vertriebenen und Flüchtlinge. Hrsg.: Marion Franzioch. Frankfurt: Ullstein 1989. 302 S.
010913

L 130 h 12 Jugend

Zinnecker, Jürgen: Jugendkultur 1940-1985. Opladen: Leske u. Budrich 1987. 380 S.
B 65640   3-8100-0580-0

L 130 h 13 Frauen

Höcker, Beate: Barriers to and chances for women in West German politics. In: Politics and society in Germany, Austria and Switzerland. 1 (1988),1, S. 33 - 42.
BZ 4999:1988

Kuhn, Annette: Power and powerlessness: women after 1945, or the continuity of the ideology of feminity. In: German history. 7 (1989),1, S. 35 – 46.
BZ 4989:1989

L 130 h 14 Ausländer

Alle Menschen sind Ausländer, fast überall: e. Aktionshandbuch. Hrsg.: Manfred Budzinski. Göttingen: Lamuv-Verl. 1988. 188 S.
B 67334   3-88977-144-0

Boos-Nünning, Ursula: Einwanderung ohne Einwanderungsentscheidung: Ausländische Familien in der Bundesrepublik Deutschland. In: Aus Politik und Zeitgeschichte. (1990),B 23-24, S. 16 -25.
BZ 05159:1990

Leggewie, Claus: Vielvölkerrepublik. Deutschland in den united colors of Benetton. In: Blätter für deutsche und internationale Politik. (1990),8, S. 931 – 941.
BZ 4551:1990

Tichy, Roland: Ausländer rein!: warum es kein „Ausländerproblem" gibt. München: Piper 1990. 165 S.
Bc 9380   3-492-10908-X

L 130 h 20 Stand und Arbeit

"... denn was uns fehlt, ist Zeit": Geschichte d. arbeitsfreien Wochenendes. Köln: Bund-Verl. 1988. 317 S.
B 66452   3-7663-3064-0

Gawrzyał, Agenor: Współdecydowanie jako element walki politycznej w RFN w latach csiemdziesiatych. In: Przeglad zachodni. 45 (1989),1, S. 81 – 101.
BZ 4487:1989

Die Gewerkschaften und die Angestelltenfrage 1945-1949. Köln: Bund-Verl. 1989. 484 S.
B 68743

Harasimiuk, Stanisław: My, gastarbeiterzy. Lublin: Krajowa agencja wydawn 1987. 183 S.
Bc 7922

L 130 h 21 Arbeiterbewegung

– bis 1945

Buschak, Willy: Die Geschichte der Maggi-Arbeiterschaft 1887-1950. Hamburg: Ergebnisse Verl. 1989. 194 S.
BZ 4700:1989

Petzold, Joachim: Die Arbeiterschachbewegung in Deutschland. In: Beiträge zur Geschichte der Arbeiterbewegung. 32 (1990),4, S. 458 – 471.
BZ 4507:1990

– nach 1945

Mielke, Siegfried: Gewerkschaften in der Gründungsphase der Bundesrepublik Deutschland (1945-1949). In: Aus Politik und Zeitgeschichte. (1989),B 51, S. 22 – 37.
BZ 05159:1989

Schmid, Josef; Tiemann, Heinrich: Die Reform des DGB: Exekution finanzieller Zwänge oder innovative Reorganisation. In: Perspektiven des demokratischen Sozialismus. 7 (1990),1, S. 31 – 44.
BZ 4871:1990

Schumacher, Kurt: Entwicklungstendenzen gewerkschaftlicher Mitbestimmung in der BRD. In: IPW-Berichte. 19 (1990),4, S. 14 – 20.
BZ 05326:1990

L 130 h 22 Arbeit und Arbeitsprobleme

Ehrenberg, Herbert: Überlegungen zur Zukunft der Arbeit. In: Aus Politik und Zeitgeschichte. (1990),B 3, S. 3 – 13.
BZ 05159:1990

Wilke, Manfred: Es geht um „die Herrschaft" über unsere Köpfe. In: Beiträge zur Konfliktforschung. 19 (1989),3, S. 45 – 63.
BZ 4594:1989

L 130 i Geistesleben

Bieling, Rainer: Die Tränen der Revolution. Die 68er zwanzig Jahre danach. Berlin: Siedler 1988. 119 S.
B 67660

Juchler, Ingo: Rebellische Subjektivität und Internationalismus. Der Einfluß Herbert Marcuses u. d. nationalen Befreiungsbewegungen ... auf die Studentenbewegung in der BRD. Marburg: Verl. Arbeiterbewegung u. Gesellschaftswissenschaften 1989. 119 S.
Bc 8703

Korte, Karl-Rudolf: Die Folgen der Einheit. Zur politisch-kulturellen Lage der Nation. In: Aus Politik und Zeitgeschichte. (1990),B 27/90, S. 29 – 38.
BZ 05159:1990

Mündemann, Tobias: Die 68er ... und was aus ihnen geworden ist. München: Heyne 1988. 243 S.
B 67328

Die 68er. Das Fest der Rebellion. Hrsg.: Carsten Seibold. München: Knaur 1988. 350 S.
B 67472

L 130 i 10 Wissenschaft

Beucker, Pascal: Die Karten werden neu gemischt. Die „Neue Studentinnenbewegung" und die organisierte Hochschullinke. In: Blätter für deutsche und internationale Politik. 35 (1990),1, S. 74 – 87.
BZ 4551:1990

Vajda, Mihály: Mitteleuropa: Nostalgie oder Projekt? In: Osteuropa-Forum. (1989),77, S. 50 – 62.
BZ 4778:1989

L 130 i 20 Kunst

Dussel, Konrad: Provinztheater in der NS-Zeit. In: Vierteljahrshefte für Zeitgeschichte. 38 (1990),1, S. 75 – 111.
BZ 4456:1990

Kupffer, Heinrich: Swingtime: Chronik e. Jugend in Deutschland 1937-1951. Berlin: Frieling 1987. 143 S.
B 67483   3-89009-025-7

Rave, Paul Ortwin: Kunstdiktatur im Dritten Reich. Berlin: Argon-Verl. 1987. 176 S.
B 67346   3-87024-112-8

Welch, David A.: Cinema and society in Imperial Germany 1905-1918. In: German history. 8 (1990),1, S. 28 – 45.
BZ 4989:1990

L 130 i 30 Literatur

Albrecht, Richard: Erich Maria Remarques im „Westen nichts Neues". Kleine Hinweise auf große Wirkung 1930 bis 1932 oder Noch einmal über Aspekte des Abwehrkampfes gegen den Nationalsozialismus und die Rolle einiger Intellektueller. In: Krieg und Literatur. 1 (1989),2, S. 65 – 78.
BZ 5000:1989

Autour du „Front Populaire Allemand" Einheitsfront – Volksfront. Hrsg.: Michel Grunewald. Frankfurt: Lang 1990. 363 S.
B 72542   3-261-04221-4

Hippen, Reinhard: Es liegt in der Luft. Kabarett im Dritten Reich. Zürich: pendo-Verl. 1988. 192 S.
B 67213

Koopmann, Helmut: Der Krieg als Höllensturz. Zu Thomas Manns Kriegsberichterstattung und seinem Doktor Faustus. In: Krieg und Literatur. 2 (1990),3, S. 13 – 32.
BZ 5000:1990

Löw-Beer, Martin: Verbrechen als Gesetz. Zu Hannah Arendts Essays: „Nach Auschwitz". In: Babylon. (1989),6, S. 63 – 74.
BZ 4884:1989

Mecklenburg, Norbert: Hilfloser Antimilitarismus? Deserteure in der Literatur. In: Krieg und Literatur. 2 (1990),3, S. 135 – 158.
BZ 5000:1990

Das Nilpferd und .. Hrsg.: Erich Dederichs. Langenfeld: Ed. Hippopotamus 1989. 96 S.
Bc 9397

Plaste und Elaste. Ein deutsch-deutsches Wörterbuch. Berlin: Haude & Spener 1988. 98 S.
Bc 9046

Tauscher, Rolf: Satire gegen Weltkriegsgefahr. In: Krieg und Literatur. 2 (1990),3, S. 99 – 115.
BZ 5000:1990

Trapp, Frithjof; Bergmann, Knut; Herre, Bettina: Carl von Ossietzky und das politische Exil. Die Arbeit des 'Freudeskreises Carl von Ossietzky'. Hamburg: Hamburger Arbeitsstelle für Exilliteratur 1988. XXIX, 271 S.
B 66173

L 130 i 40 Presse/Publizistik/Medien

Köhler, Otto: Wir Schreibmaschinentäter: Journalisten unter Hitler – und danach. Köln: Pahl-Rugenstein 1989. 331 S.
B 70244 3-7609-1267-2

Mauersberger, Erhardt: Das Wort – Halle 1923-1925. Bibliographie einer Zeitung. Halle/Saale: Univ.- u. Landesbibliothek-Sachsen Anhalt 1979. 208 S.
Bc 9331

taz hoch 10. 10 Jahre Pressefreiheit. Berlin: taz 1989. 102 S.
Bc 02594

Tolmein, Oliver; Zum Winkel, Detlef: Tazsachen. Krallen zeigen, Pfötchen geben. Hamburg: Konkret Lit. Verl. 1989. 254 S.
B 68009

Das waren Zeiten: 18 Karikaturisten sehen 40 Jahre Bundesrepublik. Hrsg.: Hans Dollinger. München: Süddt. Verl. 1989. 187 S.
011022 3-7991-6425-1

Westphal, Uwe: Werbung im Dritten Reich. Berlin: Transit 1989. 188 S.
Bc 8991

1948-1988. Stern-Bilder. Hrsg.: Thomas Höpker. 40 Jahre Zeitgeschehen – 40 Jahre Fotojournalismus. Hamburg: Gruner u. Jahr 1988. 320 S.
010838

L 130 i 50 Schule und Erziehung

Kim, Song-il: Politische Bildung in Deutschland und Korea. Würzburg: Königshausen u. Neumann 1988. 191 S.
B 65634 3-88479-349-7

Unsere Schulzeit 1937/38- 1944/45. Hrsg.: Rudolf Beier. Küssaberg: Eigenverl. 1988. 144 S.
Bc 02628

L 130 i 60 Kirche und Religion

„Zum politischen Weg unseres Volkes". Politische Leitbilder und Vorstellungen im deutschen Protestantismus 1945-1952. E. Dokumentation. Düsseldorf: Droste 1989. 180 S.
B 68141

Die Aufgabe der Christen für den Frieden – Max Josef Metzger und die christliche Friedensarbeit zwischen den Weltkriegen. Hrsg.: Walter Dirks. München: Schnell & Steiner 1987. 144 S.
B 66020

Dietrich, Donald J.: Catholic Citizens in the Third Reich. Psycho-social principles and moral reasoning. New Brunswick: Transaction Books 1988. XII, 356 S.
B 66810

Galen, Klemens August Graf von: Akten, Briefe und Predigten 1933-1946. Bd. 1. 2. Mainz: Matthias-Grünewald-Verl. 1988. CXI, 1417 S.
B 68015

Der Holocaust und die Protestanten: Analysen e. Verstrickung. Hrsg.: Jochen-Christoph Kaiser. Frankfurt: Athenäum 1988. XIII, 282 S.
B 67236   3-610-08503-7

Hoover, Arlie J.: German Christian nationalism: its contribution to the Holocaust. In: Holocaust and genocide studies. 4 (1989),3, S. 311 – 322.
BZ 4870:1989

Huerten, Heinz: Die katholische Kirche zwischen Nationalsozialismus und Widerstand. Berlin: Gedenkstätte Deutscher Widerstand 1989. 30 S.
Bc 8951

Liberalismus, Christentum und Kirche. Dokumentation. Königswinter: Friedrich-Naumann-Stiftung 1988. 196 S.
Bc 02609

Nelson, F. Burton: „Christian confrontations with the Holocaust". 1934: pivotal year of the church struggle. In: Holocaust and genocide studies. 4 (1989),3, S. 283 – 297.
BZ 4870:1989

Tügel, Franz: Wer bist du? Fragen der Kirche an den Nationalsozialismus. Hamburg: Agentur des Rauhen Hauses 1932. 68 S.
Bc 9880

Vollnhals, Clemens: Evangelische Kirche und Entnazifizierung 1945-1949: d. Last d. nationalsozialistischen Vergangenheit. München: Oldenbourg 1989. 308 S.
B 69095   3-486-54941-3

L 130 k Geschichte

L 130 k 00 Allgemeines

Asperger, Thomas: Auschwitz, Gulag und Rumpfdeutschland. In: Osteuropa-Forum. (1989),77, S. 19 – 27.
BZ 4778:1989

Borodziej, Wlodzimierz; Cegielski, Tadeusz: „Weiße Flecke" in der Geschichte des Dritten Reiches? Professorenstreit um die Verbrechen des Nationalsozialismus. In: Osteuropa-Forum. (1989),77, S. 11 – 18.
BZ 4778:1989

Broszat, Martin: Nach Hitler: der schwierige Umgang mit unserer Geschichte. München: Deutscher Taschenbuchverl. 1988. 343 S.
B 65672   3-423-04474-8

Engelmann, Bernd: Die unsichtbare Tradition. Bd. 1. 2. Köln: Pahl-Rugenstein 1988/89. 384, 399 S.
B 70102

Evans, Richard J.: Rethinking German history: nineteenth-century Germany and the origins of the Third Reich. London: Allen & Unwin 1987. 298 S.
B 65867   0-04-943051-3

Fragen und Antworten zur deutschen Identität. Hrsg.: Helmut Wagner. Berlin: FU 1987. XVII, 138 S.
Bc 02629

Gebhardt, Dieter: Militär und Krieg im Geschichtsunterricht nach 1945. In: Geschichte und Gesellschaft. 16 (1990),2, S. 81 – 100.
BZ 4636:1990

Goschen, Seev: Betrachtungen eines Außenstehenden zum Streit im Teutoburger Blätterwald. In: Geschichte in Wissenschaft und Unterricht. 40 (1989),10, S. 583 – 596.
BZ 4475:1989

Hein, Christoph: Die Zeit, die nicht vergehen kann oder das Dilemma des Chronisten. In: Blätter für deutsche und internationale Politik. 35 (1990),1, S. 25 – 43.
BZ 4551:1990

Kotsch, Detlef: Zur Entwicklung der militärgeschichtlichen Forschung in der Bundesrepublik Deutschland. In: Militärgeschichte. 29 (1990),2, S. 150 – 161.
BZ 4527:1990

Kren, Jan; Kural, Václav: Der „Historikerstreit" aus tschechischer Sicht. In: Osteuropa-Forum. (1989),77, S. 63 – 72.
bZ4778:1989

Krockow, Christian Graf von: Die Deutschen in ihrem Jahrhundert 1890-1990. Reinbek: Rowohlt 1990. 543 S.
B 70495

Loewenstein, Bedřich: Zum Streit um den deutschen Sonderweg. In: Osteuropa-Forum. (1989),77, S. 73 – 82.
BZ 4778:1989

Messerschmidt, Manfred: Militärgeschichtliche Aspekte der Entwicklung des deutschen Nationalstaates. Düsseldorf: Droste 1988. 260 S.
B 68142

Meyer, H.: Berlin Document Center. Das Geschäft mit der Vergangenheit. Frankfurt: Ullstein 1988. 160 S.
B 67132

Nave-Herz, Rosemarie: Die Geschichte der Frauenbewegung in Deutschland. Bonn: Bundeszentrale f. politische Bildung 1988. 112 S.
Bc 9100

Die neue deutsche Ideologie: Einsprüche gegen die Entsorgung der Vergangenheit. Hrsg.: Wieland Eschenhagen. Darmstadt: Luchterhand 1988. 235 S.
B 66392   3-630-61748-4

Peitsch, Helmut: Autobiographical writing as „Vergangenheitsbewältigung" (mastering the past). In: German history. 7 (1989),1, S. 46 – 70.
BZ 4989:1989

Rosenthal, Gabriele: Geschichte in der Lebensgeschichte. In: BIOS. (1988),2, S. 3 – 16.
BZ 4961:1988

Senfft, Heinrich: Kein Abschied von Hitler: ein Blick hinter die Fassaden des „Historikerstreits". Hamburg: Inter-Abo-Betreuungs-GmbH 1989. 145 S.
BZ 4982-2   3-927106-01-1

Tausend Jahre Nachbarschaft: Russland und die Deutschen. München: Bruckmann 1989. 368 S.
010792   3-7654-2065-4

Wahls, Hans: Die Drachensaat. Das kollektive Unbewußtsein der Deutschen. München: Universitas Verl. 1989. 248 S.
B 71181

Wehler, Hans-Ulrich: Entsorgung der deutschen Vergangenheit?: e. polemischer Essay zum „Historikerstreit". München: Beck 1988. 248 S.
B 64345   3-406-33027-4

L 130 k 30 Kaiserreich 1871-1918

August 1914: Ein Volk zieht in den Krieg. Hrsg.: Monika Bönisch. Berlin: Nishen 1989. 287 S.
B 69542

Ausländische Arbeiter unter dem deutschen Imperialismus: 1900 bis 1985. Berlin: Dietz 1988. 411 S.
B 66996   3-320-01053-0

Berghahn, Volker R.; Deist, Wilhelm: Rüstung im Zeichen der wilhelminischen Weltpolitik. Grundlegende Dok. 1890-1914. Düsseldorf: Droste 1988. 425 S.
B 68223

Carden, Ron M.: German policy toward neutral Spain, 1914-1918. New York: Garland 1987. 303 S.
B 66567   0-8240-8047-5

Doehler, Edgar: Die Entlarvung der geheimen Rüstung in der Weimarer Republik als Teil des Antikriegskampfes der KPD. In: Militärgeschichte. 29 (1990),1, S. 41 – 47.
BZ 4527:1990

Gutsche, Willibald: Die Außenpolitik des kaiserlichen Deutschlands und der Ausbruch des ersten Weltkrieges in der Geschichtsschreibung der DDR. In: Zeitschrift für Geschichtswissenschaft. 37 (1989),9, S. 782 – 795.
BZ 4510:1989

Hughes, Michael: Nationalism and society: Germany 1800-1945. London: Arnold 1988. 237 S.
B 66091   0-7131-6522-7

Kuczynski, Jürgen: 1903: e. normales Jahr im imperialistischen Deutschland. Köln: Pahl-Rugenstein 1988. 287 S.
B 67489   3-7609-1225-7

Lampe, Jürgen: Zur weiteren Erforschung der Militärpolitik der deutschen Arbeiterbewegung zwischen 1871 und 1914. In: Militärgeschichte. 29 (1990),1, S. 23 – 29.
BZ 4527:1990

Mai, Gunter: Das Ende des Kaiserreiches. Politik und Kriegführung im Ersten Weltkrieg. München: Deutscher Taschenbuchverl. 1987. 237 S.
B 66040

Nicolai, Britta: Die Lebensmittelversorgung in Flensburg 1914-1918. Zur Mangelwirtschaft während des Ersten Weltkrieges. Flensburg: Ges. f. Flensburger Stadtgeschichte 1988. 235 S.
B 69538

Nieder mit der Disziplin! Hoch die Rebellion! Anarchistische Soldaten-Agitation im Deutschen Kaiserreich. Hrsg.: Ulrich Bröckling. Berlin: Kater 1988. 91 S.
Bc 8751

Ribhegge, Wilhelm: Frieden für Europa. Die Politik der deutschen Reichstagsmehrheit 1917/18. Essen: Hobbing 1988. IX, 414 S.
B 68086

Ulrich, Bernd: Die Perspektive 'von unten' und ihre Instrumentalisierung am Beispiel des Ersten Weltkrieges. In: Krieg und Literatur. 1 (1989),2, S. 47 – 64.
BZ 5000:1989

L 130 k 40 Weimarer Republik 1919-1933

Anti-Kriegsliteratur zwischen den Kriegen (1919 – 1939) in Deutschland und Schweden. Hrsg.: Helmut Müssener. Stockholm: Almqvist & Wiksell 1987. 201 S.
B 65612   91-22-00874-8

Best, Heinrich: Elite structure and regime (dis)continuity in Germany 1867-1933: the case of parliamentary leadership groups. In: German history. 8 (1990),1, S. 1 – 27.
BZ 4989:1990

Bucher, Peter: Die Wochenschau als Propagandainstrument in der Weimarer Republik. In: Geschichte in Wissenschaft und Unterricht. 41 (1990),6, S. 329 – 336.
BZ 4475:1990

Burley, Anne-Marie: The once and future German question. In: Foreign affairs. 68 (1989),5, S. 65 – 83.
BZ 05149:1989

Büttner, Ursula: Politische Alternativen zum Brüningschen Deflationskurs. In: Vierteljahrshefte für Zeitgeschichte. 37 (1989),2, S. 209 – 251.
BZ 4456:1989

Deist, Wilhelm: Die Reichswehr und der Krieg der Zukunft. In: Militärgeschichtliche Mitteilungen. (1989),45, S. 81 – 92.
BZ 05241:1989

Demokratie, Antifaschismus und Sozialismus in der deutschen Geschichte. Hrsg.: Helmut Bleiber. Berlin: Akademie-Verl. 1988. 364 S.
B 67705

German history and society. 1918-1945. Ed.: J. C. B. Gordon. Bd. 2. Oxford: Berg Publ. 1988. 177 S.
B 66899

Geschichte der Militärpolitik der KPD (1918-1945). Berlin: Militärverlag der DDR 1987. 450 S.
B 66288

Die Gewerkschaften in der Endphase der Republik 1930-1933. Köln: Bund-Verl. 1988. 1023 S.
B 67153

Gincberg, L. I.: Stalin i KPG v preddverii gitlerovskoj diktatury (1929-1933 gg). In: Novaja i novejšaja istorija. (1990),6, S. 21 – 40.
BZ 05334:1990

Grupp, Peter: Deutsche Außenpolitik im Schatten von Versailles 1918 – 1920: zur Politik des Auswärtigen Amts vom Ende des Ersten Weltkriegs und der Novemberrevolution bis zum Inkrafttreten des Versailler Vertrags. Paderborn: Schöningh 1988. 320 S.
B 67174   3-506-77479-4

Heider, Paul: Streitkräfte – Faschismus – Kriegsvorbereitung. In: Militärgeschichte. 29 (1990),1, S. 67 – 77.
BZ 4527:1990

Heineman, Elizabeth: Gender identity in the wandervogel movement. In: German studies review. 12 (1989),2, S. 249 – 270.
BZ 4816:1989

Jones, Larry Eugene: Die Tage vor Hitlers Machtübernahme. In: Vierteljahrshefte für Zeitgeschichte. 37 (1989),4, S. 759 – 774.
BZ 4456:1989

Jung, Otmar: „Da gelten Paragraphen nichts, sondern da gilt lediglich der Erfolg ...". Noskes Erschießungsbefehl während des Märzaufstandes in Berlin 1919 rechtshistorisch betrachtet. In: Militärgeschichtliche Mitteilungen. (1989),45, S. 51 – 79.
BZ 05241:1989

Klenke, Dietmar: Die SPD-Linke in der Weimarer Republik. Bd. 1. 2. Münster: Lit.- Verl. 1987. XII, 1219 S.
B 66193

Knipping, Franz; Mayer, Karl J.: Le problème de la sécurité nationale dans la politique allemande après la première guerre mondiale. In: Guerres mondiales et conflits contemporains. (1989),154, S. 7 – 22.
BZ 4455:1989

Könnemann, Erwin: Umsturzpläne der Alldeutschen im Jahre 1919 und ihre Haltung zum Kapp-Putsch im März 1920. In: Zeitschrift für Geschichtswissenschaft. 38 (1990),5, S. 438 – 447.
BZ 4510:1990

Križek, Jaroslav: Nemecko-sovetské vztahy po vystoupení čs. legií v Rusku na jare 1918. In: Historie a vojenství. 39 (1990),2, S. 46 – 62.
BZ 4526:1990

Kruppa, Bernd: Rechtsradikalismus in Berlin 1918-1928. Berlin: Overall Verlag 1988. X, 467 S.
B 66608   3-925961-00-3

Lösche, Peter; Walter, Franz: Zur Organisationskultur der sozialdemokratischen Arbeiterbewegung in der Weimarer Republik. In: Geschichte und Gesellschaft. 15 (1989),4, S. 511 – 536.
BZ 4636:1989

Luxemburg, Rosa: Der preußische Wahlrechtskampf und seine Lehren. Militarismus, Krieg und Arbeiterklasse. Frankfurt: Union-Dr. u. Verl. 1988. Getr. Pag.
B 67535

MacKay, Maria: Germany 1919-1945. Harlow: Longman 1989. 112 S.
Bc 02637

Manstein, Peter: Die Mitglieder und Wähler der NSDAP 1919-1933: Untersuchungen zu ihrer schichtmäßigen Zusammensetzung. Frankfurt: Lang 1988. 233, 33 S.
3-8204-1001-5
B 66367

Moench, Walter: Weimar: Gesellschaft – Politik – Kultur in d. Ersten Dt. Republik. Frankfurt: Lang 1988. 242 S.
B 68306   3-8204-9939-3

Molderings, Herbert: Fotografie in der Weimarer Republik. Berlin: Nishen 1988. 32 S.
Bc 8806

Neumann, Klaus: Politischer Regionalismus und staatliche Neugliederung in den Anfangsjahren der Weimarer Republik in Nordwestdeutschland. Münster: Lit.- Verl. 1988. XXV, 756 S.
B 68124

Patch, William L.: Adolf Hitler und der christlich-soziale Volksdienst. Ein Gespräch aus dem Frühjahr 1932. In: Vierteljahrshefte für Zeitgeschichte. 37 (1989),1, S. 145 – 155.
BZ 4456:1989

Peukert, Detlev: Die Weimarer Republik: Krisenjahre d. klass. Moderne. Frankfurt: Suhrkamp 1987. 312 S.
B 65955   3-518-11282-1

Roberts, Frank,: The Berlin crises: 1948-9 and 1959-61. In: Politics and Society in Germany, Austria and Switzerland. 1 (1988),2, S. 1 – 11.
BZ 4999:1988

Schmidt-Waldherr, Hiltraud: Emanzipation durch Professionalisierung? Politische Strategien und Konflikte innerhalb der bürgerlichen Frauenbewegung während der Weimarer Republik ... und d. Nationalsozialismus. Frankfurt: Materialis Verl. 1987. XII, 266 S.
B 66361

Schneider, Ernst: The Wilhelmshaven revolt. In: The raven. 2 (1989),4, S. 356 – 380.
BZ 5019:1989

Schöneburg, Volkmar: Kriminalwissenschaftliches Erbe der KPD. Berlin: Staatsverl. der DDR 1989. 141 S.
Bc 8792

Schüle, A.: Trotzkismus in Deutschland bis 1933. Pierre Broué: Die deutsche Linke und die russische Opposition 1926-1928. Köln: Selbstverlag 1989. 167 S.
Bc 8784

Schumacher, Martin: Weimar-Index: Deutscher Reichsanzeiger und Preussische Staatsanzeiger; Register 1918-1933. Düsseldorf: Droste 1988. 901 S.
B 65627   3-7700-5148-3

Sewell, Rob: Germany. From revolution to counterrevolution. London: Fortress Books 1988. 93 S.
Bc 9096

Sorge, Richard: Der neue deutsche Imperialismus. Hamburg: Hoym 1988. XXIII, 191 S.
B 67776   3-320-01113-8

Stachura, Peter D.: The Weimar Republic and the younger proletariat: an economic and social analysis. New York: St. Martin's Press 1989. XII, 236 S.
B 72323   0-312-03147-5

Storming to power. Ed.: George Constable. Alexandria, Va.: Time Life Books 1989. 192 S.
010803

Ulrich, Axel: Freiheit! Das Reichsbanner Schwarz Rot Gold und der Kampf von Sozialdemokraten in Hessen gegen den Nationalsozialismus. Frankfurt: Union-Druckerei u. Verlagsanstalt 1988. 190 S.
B 68123

Umsturz in München. Schriftsteller erzählen die Räterepublik. Hrsg.: Herbert Kapfer. München: Weismann 1988. 259 S.
B 67663

Vier Dokumente der frühen Nachkriegs-KPD. In: Marxistische Blätter. (1990),3, S. 46 – 61.
BZ 4548:1990

Weimar: why did German democracy fail? Ed.: Ian Kershaw. London: Weidenfeld and Nicolson 1990. VIII, 226 S.
B 72588   0-297-82012-5

Wendt, Bernd-Jürgen: Aspects économiques d'une politique de sécurité nationale entre le révisionnisme et l'expansionnisme. In: Guerres mondiales et conflits contemporains. (1989),154, S. 41 – 62.
BZ 4455:1989

Zur Entwicklung der Staatsauffassung der KPD von 1919 bis 1945. Wissenschaftl. Kolloquium. Hrsg.: Arthur Bethge. Greifswald: Ernst-Moritz-Arnd-Univ. 1988. 115 S.
Bc 8702

L 130 K 50 Drittes Reich 1933-1945

Antelme, Robert: Das Menschengeschlecht. München: Hanser 1987. 409 S.
B 65998

Bartov, Omer: The missing years: German workers, German soldiers. In: German history. 8 (1990),1, S. 46 – 65.
BZ 4989:1990

Bauer, Gerhard: Sprache und Sprachlosigkeit im „Dritten Reich". Köln: Bund-Verl. 1988. 360 S.
B 66396   3-7663-3097-7

Bernauer, James: Nazi Ethik. Über Heinrich Himmler und die Karriere der Neuen Moral. In: Babylon. (1989),6, S. 46 – 62.
BZ 4884:1989

Bibó. István: Die deutsche Hysterie – Ursache und Geschichte. In: Osteuropa-Forum. (1989),77, S. 91 – 102.
BZ 4778:1989

Blasius, Dirk: „Bürgerlicher Tod": Der NS-Unrechtsstaat und die deutschen Juden. In: Geschichte in Wissenschaft und Unterricht. 41 (1990),3, S. 129 – 144.
BZ 4475:1990

Boak, Helen L.: „Our last hope"; women's votes for Hitler – a reappraisal. In: German studies review. 12 (1989),2, S. 289 – 310.
BZ 4816:1989

Bower, Tom: Verschwörung Paperclip. NS-Wissenschaftler im Dienst der Siegermächte. München: List 1988. 399 S.
B 67209

Brackmann, Karl-Heinz; Birkenhauer, Renate: NS-Deutsch. „Selbstverständliche" Begriffe und Schlagwörter aus der Zeit des Nationalsozialismus. Straelen: Straelener Manuskript Verl. 1988. 223 S.
B 66018

Busse, Horst; Krause, Udo: Lebenslänglich für NS-Verbrechen. Der Fall Schmidt. Pfaffenweiler: Centaurus-Verlagsges. 1989. 108 S.
Bc 8964

Catella, Francis: Le N.S.D.A.P. Uniformologie & organigrammes. Strasbourg: Selbstverlag 1987. 231 S.
B 74266

Čobanjan, Sergej Samsonovič: Prestuplenija Tret-ego rejcha i sovremennost. Erevan: Ajastan 1988. 271 S.
B 70167

Die deutschen Eliten und der Weg in den Zweiten Weltkrieg. Hrsg.: Martin Broszat. München: Beck 1989. 443 S.
B 70242   3-406-33993-X

Diner, Dan: Rassistisches Völkerrecht. In: Vierteljahrshefte für Zeitgeschichte. 37 (1989),1, S. 23 – 56.
BZ 4456:1989

Doerfel, Marianne: Der Griff des NS-Regimes nach Elite-Schulen. In: Vierteljahrshefte für Zeitgeschichte. 37 (1989),3, S. 401 – 455.
BZ 4456:1989

Die Erfahrung der Fremde. Koll. d. Schwerpunktprogr. „Exilforschung" d. Dt. Forschungsgem. Hrsg.: Manfred Briegel. Weinheim: VCH 1988. 293 S.
B 67261

Ewald, Thomas: Ausländische Zwangsarbeiter in Kassel 1940-1945. Kassel: Gesamthochschulbibliothek 1988. 227 S.
B 67521   3-88122-389-4

Fischer-Defoy, Christine: Kunst macht Politik. Die Nazifizierung der Kunst- und Musikhochschule in Berlin. Berlin: Elefanten Pr. 1987. 348 S.
010928

Form, Wolfgang; Roth, Jürgen: „... so günstige Produktionsziffern und Arbeitslöhne...". Strafgefangene in der Allendorfer Rüstungsindustrie. In: Geschichtswerkstatt. (1989),19, S. 42 – 50.
BZ 4937:1989

Franke, Volker: Der Aufstieg der NSDAP in Düsseldorf: d. nationalsozialist. Basis in e. kath. Grosstadt. Essen: Die Blaue Eule 1987. 350 S.
B 65328   3-89206-147-5

Frei, Norbert: Der Führerstaat: nationalsozialist. Herrschaft 1933 bis 1945. München: Deutscher Taschenbuchverl. 1987. 266 S.
B 66041   3-423-04517-5

Fuhrmann, Marliese: Zeit der Brennessel. Geschichte einer Kindheit. Frankfurt: Fischer 1988. 142 S.
Bc 8766

Gelber, Yo'av: Vertreibung und Emigration deutschsprachiger Ingenieure nach Palästina 1933-1945. Düsseldorf: VDI-Verl. 1988. X, 133 S.
B 67364   3-18-400833-9

Gellermann, Günther W.: Moskau ruft Heeresgruppe Mitte...: was nicht im Wehrmachtsbericht stand – die Einsätze des geheimen Kampfgeschwaders 200 im Zweiten Weltkrieg. Koblenz: Bernard u. Graefe 1988. 326 S.
B 72003   3-7637-5851-8

Gill, Anton: The Journey back from hell. Conversations with concentration camp survivors. London: Grafton Books 1988. XVI, 494 S.
B 68493

Glaess, Michaela: Das Deutschlandbild. Dargest. in einigen amerikan. Zeitschriften 1941-46. Frankfurt: Fischer 1987. 114 S.
B 66023

Graf: NS-Aufzüge in Lauterbach 1933-1934. Eine Doumentation. Lauterbach: Fotoclub Lauterbach 1987. 167 S.
B 69326

Greiselis, W.: Die Rolle des Militärs vor und nach der Machtergreifung 1933. In: Militaire spectator. 158 (1989),5, S. 214 – 225.
BZ 05134:1989

Gruhn, Klaus; Hartmann, Rolf; Pfannnenstein, Dittmar: Aus der Schule in den Krieg. Eine Dokumentation. Warendorf: Selbstverlag Gymnasium Laurentianum Warendorf 1989. 128 S.
B 66228

Habel, Rainer: Außenlager Farge. Erinnerungen ehemaliger Häftlinge des KZ-Neuengamme. In: Geschichtswerkstatt. (1989),19, S. 9 – 17.
BZ 4937:1989

Hachtmann, Rüdiger: Industriearbeit im „Dritten Reich". Untersuchungen zu den Lohn- u. Arbeitsbedingungen. Göttingen: Vandenhoeck u. Ruprecht 1989. 464 S.
B 68745

Happel, Hans-Gerd: Das wissenschaftliche Bibliothekswesen im Nationalsozialismus. Unter bes. Berücksichtigung d. Uni.-Bibliotheken. München: Saur 1989. 190 S.
B 70435

Hentschel, Georg: Die geheimen Konferenzen der Generalluftzeugmeister. Ausgew. u. komm. Dokumente zur Geschichte d. deutschen Luftrüstung u. d. Luftkrieges 1942-1944. Koblenz: Bernard u. Graefe 1989. 240 S.
B 72386

Hermand, Jost: Der alte Traum vom neuen Reich. Völkische Utopien und Nationalsozialismus. Frankfurt: Athenäum 1988. 387 S.
B 65925

Herrschaftsalltag im Dritten Reich. Studien und Texte. Hrsg.: Hans Mommsen. Düsseldorf: Schwann 1988. 492 S.
B 68228

Hesse, Alexander: „Bildungsinflation" und „Nachwuchsmangel". Zur deutschen Bildungspolitik zwischen Weltwirtschaftskrise und Zweitem Weltkrieg. Hamburg: Hamburger Buchwerkstatt 1986. 321 S.
B 66028

Der historische Ort des Nationalsozialismus. Annäherungen. Hrsg.: Walter H. Pehle. Frankfurt: Fischer Taschenbuchverl. 1990. 182 S.
Bc 9155

Irving, David: Das Reich hört mit. Görings „Forschungsamt": Der geheimste Nachrichtendienst des Dritten Reiches. Kiel: Arndt 1989. 323 S.
B 70805

Janssen, Heinz: Erinnerungen an eine Schreckenszeit. Rheinberg 1933-1945-1948. Rheinberg: Stadt Rheinberg 1989. 536 S.
010810

Jenner, Harald: Konzentrationslager Kuhlen 1933. Rickling: Landesverein für Innere Mission in Schleswig-Holstein 1988. 128 S.
B 69166

Jonca, Karol: Pogram z „nocy kristzałowej" na tle olityki antyżydowskiej Trzeciej Rzeszy. In: Przeglad zachodni. 45 (1989),4, S. 43 – 74.
BZ 4487:1989

Kaiser, Jochen-Christoph: Protestantismus, Diakonie und „Judenfrage" 1933-1941. In: Vierteljahrshefte für Zeitgeschichte. 37 (1989),4, S. 673 – 714.
BZ 4456:1989

Kershaw, Ian: Der NS-Staat. Reinbek: Rowohlt 1988. 351 S.
B 67354

Klewitz, Bernd: Kirchhain: Alltag im Dritten Reich. Marburg: SP-Verl. Schüren 1990. 140 S.
Bc 9457   3-924800-52-9

Klüver, Max: Vom Klassenkampf zur Volksgemeinschaft: Sozialpolitik im Dritten Reich. Leoni am Starnberger See: Druffel 1988. 336 S.
B 68374   3-8061-1059-X

Korte, Detlef: Vorstufe zum KZ: Das „Arbeitserziehungslager Nordmark" in Kiel (1944-1945). In: Dachauer Hefte. 5 (1989),5, S. 3 – 14.
BZ 4855:1989

Kugler, Randolf: Chronik der Landungspioniere 1939-1945. München: Zentralarchiv d. Pioniere 1987. 263 S.
010788

Kuhnt, Werner: In Pflicht und Freude. D. Erlebnis Hitlerjugend. Leoni am Starnberger See: Druffel 1989. 351 S.
B 70266

Lang, Jochen von: Die Partei. Mit Hitler an die Macht und in den Untergang. Hamburg: Rasch u. Röhring 1989. 415 S.
B 68541

Lehmann, Rudolf: Die Leibstandarte im Bild. Bd. 5. Osnabrück: Munin 1988. 320 S.
011072

Longerich, Peter: Die braunen Bataillone: Geschichte der SA. München: Beck 1989. 285 S.
B 68376   3-406-33624-8

Lundholm, Anja: Das Höllentor. Bericht einer Überlebenden. Reinbek: Rowohlt 1988. 312 S.
B 68051

Mack, Maria Imma: Josefa, Maria Imma Mack. Warum ich Azaleen liebe. Erinnerungen an meine Fahrten zur Plantage des Konzentrationslagers Dachau. St. Ottilien: EOS Verl. 1989. 154 S.
Bc 8769

Mantelli, B.: I lavoratori italiani in Germania 1938-1943. In: Rivista di storia contemporanea. 18 (1989),4, S. 560 – 575.
BZ 4812:1989

Mendlewitsch, Doris: Volk und Heil. Vordenker des Nationalsozialismus im 19. Jahrhundert. Rheda-Wiedenbrück: Daedalus Verl. 1988. 287 S.
B 67158

Meysels, Lucian O.: Nationalsozialismus. hpt-Verlagsges. 1988. 123 S.
B 67477

Mirkes, Adolf: Zeugnisse: Offenbach 1933-1945 : Verfolgung Widerstand in Stadt und Landkreis Offenbach. Köln: Röderberg im Pahl-Rugenstein Verl. 1988. 228 S.
B 66799   3-87682-842-2

Mitchell, Otis C.: Hitler's Nazi State. The years of dictatorial rule (1934-1945). Frankfurt: Lang 1988. 271 S.
B 66613

Mollin, Gerhard T.: Montankonzerne und „Drittes Reich": d. Gegensatz zwischen Monopolindustrie u. Befehlswirtschaft in d. dt. Rüstung u. Expansion 1936-1944. Göttingen: Vandenhoeck u. Ruprecht 1988. 394 S.
B 66941   3-525-35740-0

Mosse, George L.: Fascism and the French Revolution. In: Journal of contemporary history. 24 (1989),1, S. 5 – 26.
BZ 4552:1989

Müller, Hartmut: Die Frauen von Obernheide: Jüdische Zwangsarbeiterinnen in Bremen 1944/45. Bremen: Donat-Verl. 1988. 146 S.
B 68250   3-924444-37-4

Müller, Klaus-Jürgen: Le réarmement allemand et le problème de la sécurité nationale face à la politique du révisionnisme (1933-1937). In: Guerres mondiales et conflits contemporains. (1989),154, S. 63 – 78.
BZ 4455:1989

Müller, Manfred: Neuss unterm Hakenkreuz. Essen: Heitz & Höffkes 1988. 216 S.
B 73209

Muth, Heinrich: Das „Jugendschutzlager" Moringen. In: Dachauer Hefte. 5 (1989),5, S. 223 – 252.
BZ 4855:1989

Nemec, Petr: Český národ a nacistcká teorie germanizace prostoru. In: Český časopis historický. 88 (1990),4, S. 535 – 558.
BZ 5025:1990

Normalität und Normalisierung. Geschichtswerkstätten u. Faschismusanalyse. Hrsg.: Heide Gerstenberger. Münster: Verl. Westfälisches Dampfboot 1987. 222 S.
B 66168

Opfer und Täterinnen. Frauenbiographien des Nationalsozialismus. Hrsg.: Angelika Ebinghaus. Nördlingen: Greno 1987. 347 S.
B 68075

Pahl-Weber, Elke; Schubert, Dirk: Zum Mythos nationalsozialistischer Stadtplanung und Architektur. In: 1999. 5 (1990),1, S. 82 – 106.
BZ 4879:1990

Patzwall, Klaus D.: Die Hitlerjugend im Spiegel ihrer Dokumente 1932-1945. Norderstedt: Militair-Verl. 1988. 94 S.
Bc 8776

Pietrow-Ennker, Bianka: Das Feindbild im Wandel: Die Sowjetunion in den nationalsozialistischen Wochenschauen 1935-1941. In: Geschichte in Wissenschaft und Unterricht. 41 (1990),6, S. 337 – 351.
BZ 4475:1990

Posset, Anton: Das Ende des Holocaust in Bayern. Rüstungsprojekt „Ringeltaube" KZ-Außenkommando Kaufering-Landsberg 1944-1945. In: Geschichtswerkstatt. (1989),19, S. 29 – 40.
BZ 4937:1989

Proctor, Robert N.: Racial hygiene: medicine under the Nazis. Cambridge, Mass.: Harvard Univ. Pr. 1988. VIII, 414 S.
B 67971   0-674-74580-9

Quellen des Hasses. Aus dem Archiv des „Stürmer" 1933-45. Nürnberg: Stadtarchiv 1988. 117 S.
Bc 02607

Raim, Edith: „Unternehmen Ringeltaube". Dachaus Außenlagerkomplex Kaufering. In: Dachauer Hefte. 5 (1989),5, S. 193 – 213.
BZ 4855:1989

Rothmaler, Christiane: Gutachten und Dokumentation über das anatomische Institut des Universitäts-Krankenhauses Eppendorf der Universität Hamburg. 1933-1945. In: 1999. 5 (1990),2, S. 78 – 95.
BZ 4879:1990

Ruck, Michael: Bollwerk gegen Hitler?: Arbeiterschaft, Arbeiterbewegung und d. Anfänge d. Nationalsozialismus. Köln: Bund-Verl. 1988. 229 S.
B 67352   3-7663-3082-9

Sachse, Carola: Industrial Housewives: women's social work in the factories of Nazi German. London: Haworth Pr. 1987. 97 S.
B 67134

Scherffig, Wolfgang: Junge Theologen im „Dritten Reich": Dokumente, Briefe, Erfahrungen. Neukirchen-Vluyn: Neukirchener Verl. 1989. XVI, 224 S.
B 69540

Schröder, Wulf: Luftwaffenhelfer 1943/44. Erlebnisse einer Gruppe Flensburger Schüler. Flensburg: Gesellschaft für Flensburger Stadtgeschichte 1988. 141 S.
Bc 9172

Schuker, Stephen A.: American „Reparations" to Germany, 1919-33. Implications for the Third-World dept crisis. Princeton, NJ: Princeton Univ. Press 1988. 170 S.
Bc 9135

Seidelman, William E.: Medical selection: Auschwitz antecedents and effluent. In: Holocaust and genocide studies. 4 (1989),4, S. 435 – 448.
BZ 4870:1989

Seidler, Franz W.: „Deutscher Volkssturm". Das letzte Aufgebot 1944/45. München: Herbig 1989. 415 S.
B 69848

Serra, Maurizio: Viaggio, esilio e destino tedesco. L' emigrazione degli intellettuali negli anni trenta. In: Storia contemporanea. 21 (1990),3, S. 497 – 509.
BZ 4590:1990

Siebenborn, Kerstin: Der Volkssturm im Süden Hamburgs 1944/45. Hamburg: Verein für Hamburgische Geschichte 1988. 147 S.
Bc 9193

Snyder, Louis L.: The Third Reich, 1933-1945. A bibliographical guide to German national socialism. New York: Garland 1987. 284 S.
B 67205

Soziale Arbeit und Faschismus: Volkspflege u. Pädagogik im Nationalsozialismus. Hrsg.: Hans-Uwe Otto. Bielefeld: Böllert 1986. XXXVI, 537 S.
B 67507   3-925515-01-1

Steffensen, Steffen: På flugt fra nazismen: tysksprogede emigranter i Danmark efter 1933. København: Reitzel 1987. XIV, 650 S.
B 65608   87-7421-561-2

Thomas, Charles S.: The German navy in the Nazi era. Boston, Mass.: Unwin Hyman 1990. XVII, 284 S.
B 72348   0-04-445493-7

Die Universitätsbibliotheken Heidelberg, Jena und Köln unter dem Nationalsozialismus. Hrsg.: Ingo Toussaint. München: Saur 1989. 406 S.
B 71385

Wagner, Hans: Taschenwörterbuch des Nationalsozialismus. Bremen: Faksimile-Verl. 1988. 378, 294 S.
B 67612

Walker, Mark: National Socialism and German physics. In: Journal of contemporary history. 24 (1989),1, S. 63 – 89.
BZ 4552:1989

Wegner, Bernd: Hitlers Politische Soldaten: die Waffen-SS 1933-1945: Leitbild, Struktur u. Funktion e. nationalsozialistischen Elite. Paderborn: Schöningh 1988. 390 S.
B 69034   3-506-77480-8

Wieland, Günther: Das war der Volksgerichtshof. Ermittlungen, Fakten, Dokumente. Pfaffenweiler: Centaurus-Verlagsges. 1989. 217 S.
Bc 9047

Wiener, Ralph: Als das Lachen tödlich war. Erinnerungen und Fakten 1933-1945. Rudolstadt: Greifenverlag 1988. 254 S.
B 68717

Winter, Detlef: „Die Lektion der Geschichte ist noch nicht gelernt". In: Geschichtswerkstatt. (1989),19, S. 22 – 28.
BZ 4937:1989

ZurMühlen, Patrik von: Fluchtziel Lateinamerika: d. deutsche Emigration 1933-1945; politische Aktivitäten u. soziokulturelle Integration. Bonn: Verl. Neue Gesellschaft 1988. 335 S.
B 67182   3-87831-472-8

1933 bis 1945. Widerstand u. Verfolgung in Mühlheim an der Ruhr. Hrsg.: Doris Doetsch. Mühlheim/ Ruhr: Selbstverlag 1987. IV, 378 S.
010933

L 130 k 51 Widerstandsbewegung 1933-1945

Bauriedl, Thea: Käthe Leichter und Sophie Scholl – Frauen im Widerstand. In: Dokumentationsarchiv des österreichischen Widerstandes.. (1990), S. 4 – 12.
BZC17:1990

Billstein, Aurel: Gewerkschafter im Widerstand. Gewerkschafter als Gegner, als Verfolgte, als Opfer. Mönchengladbach: Juni-Verl. 1989. 100 S.
Bc 9196

Herlemann, Beatrix: Der deutsche kommunistische Widerstand während des Krieges. Berlin: Gedenkstätte Deutscher Widerstand 1989. 32 S.
Bc 8818

Hoffmann, Peter: German Resistance to Hitler. Cambridge, Mass.: Harvard Univ. Pr. 1988. 169 S.
B 67096

Jacobsen, Ludwig A.: So hat es angefangen...: e. Bericht aus d. Tagen d. „nationalen Erhebung" in Köln. Köln: Kölner Volksblatt-Verl. 1987. 176 S.
B 67372   3-923243-82-0

Keval, Susanna: Widerstand und Selbstbehauptung in Frankfurt am Main 1933-1945. Spuren und Materialien. Frankfurt: Campus Verl. 1988. 267 S.
B 67717

Linse, Ulrich: Die „Schwarzen Scharen" – eine antifaschistische Kampforganisation deutscher Anarchisten. In: Archiv für die Geschichte des Widerstandes und der Arbeit. (1989),6, S. 47 – 66.
BZ 4698:1989

Mammach, Klaus: Widerstand 1939-1945. Geschichte der deutschen antifaschistischen Widerstandsbewegung im Inland u. in der Emigration. Köln: Pahl-Rugenstein 1987. 444 S.
B 66778

Paucker, Arnold: Jüdischer Widerstand in Deutschland. Berlin: Gedenkstätte Deutscher Widerstand 1989. 22 S.
Bc 9420

Steinbach, Peter: Wem gehört der Widerstand gegen Hitler? In: Dachauer Hefte. 6 (1990),6, S. 56 – 72.
BZ 4855:1990

Widerstand und Verfolgung in Bochum und Wattenscheid. Ein alternativer Stadtführer zur Geschichte in den Jahren 1933-1945. Münster: Wurf-Verl. 1988. 64 S.
Bc 02604

L 130 k 60 Geschichte seit 1945

Abelshauser, Werner: Hilfe und Selbsthilfe. Zur Funktion des Marshallplans beim westdeutschen Wiederaufbau. In: Vierteljahrshefte für Zeitgeschichte. 37 (1989),1, S. 85 – 113.
BZ 4456:1989

Badstübner, Rolf: The allied four-power administration and sociopolitical development in Germany. In: German history. 7 (1989),1, S. 19 – 34.
BZ 4989:1989

Benz, Wolfgang: Nachkriegsgesellschaft und Nationalsozialismus. Erinnerung, Amnesie, Abwehr. In: Dachauer Hefte. 6 (1990),6, S. 12 – 24.
BZ 4855:1990

Billstein, Reinhold: Das entscheidende Jahr. Sozialdemokratie u. Kommunistische Partei in Köln 1945/46. Köln: dme-Verl. 1988. VII, 322 S.
B 70533

Brandes, Volkhard: Wie der Stein ins Rollen kam: vom Aufbruch in die Revolte d. sechziger Jahre. Frankfurt: Brandes u. Apsel 1988. 197 S.
B 65292   3-925798-90-0

Die CDU/CSU im Frankfurter Wirtschaftsrat. Protokolle der Unionsfraktion 1947-1949. Düsseldorf: Droste 1988. 481 S.
B 68139

Ellwein, Thomas: Krisen und Reformen. D. Bundesrepublik seit den sechziger Jahren. München: Deutscher Taschenbuchverl. 1989. 246 S.
Bc 9000

Entscheidung für den Westen: vom Besetzungsstatut zur Souveränität d. Bundesrepublik 1949-1955. Hrsg.: Manfred Funke. Bonn: Bouvier 1988. 113 S.
B 66135   3-416-04007-4

Ewald, Hans-Gerd: Die gescheiterte Republik. Idee und Programm einer „Zweiten Republik" in den Frankfurter Heften (1946-1950). Frankfurt: Lang 1988. 259 S.
B 67510

Farquharson, John E.: Hilfe für den Feind. In: Vierteljahrshefte für Zeitgeschichte. 37 (1989),2, S. 253 – 278.
BZ 4456:1989

Frauen in der Nachkriegszeit: 1945-1963. Hrsg.: Klaus-Jörg Ruhl. München: Deutscher Taschenbuchverl. 1988. 325 S.
B 66162   3-423-02952-8

Frazier, Robert: The Berlin airlift, U.S. perspective. The Berlin Crisis 1948 and Berlin today, held under the auspices of the Institute of German, Austrian and Swiss Affairs. In: Politics and society in Germany, Austria and Switzerland. 1 (1988),1, S. 12 – 23.
BZ 4999:1988

Le Gloannec, Anne-Marie: L'Allemagne de l'après-Yalta ou les hauts et les bas d'un double anniversaire. In: Politique étrangère. 54 (1989),3, S. 411 – 421.
BZ 4449:1989

Gloeckner, Eduard: Das Ende des Kalten Krieges und des Eisernen Vorhangs. In: Europäische Wehrkunde – Wehrwissenschaftliche Rundschau. 39 (1990),2, S. 93 – 97.
BZ 05144:1990

Die Gründung der Bundesrepublik Deutschland. Jahre der Entscheidung 1945-1949. Hannover: Buchdruckstätten Hannover 1989. 233 S.
010954

Haug, Wolfgang F.: Vom hilflosen Antifaschismus zur Gnade der späten Geburt. Berlin: Argument Verl. 1987. 336 S.
B 66165　　　　　　　　3-88619-308-X

Heitzer, Horstwalter: Die CDU in der britischen Zone 1945-1949. Gründung, Organisation, Programm und Politik. Düsseldorf: Droste 1988. 814 S.
B 68138

Henke, Josef: Archivfachliche Bemerkungen zur Kontroverse um den Reichstagsbrand. In: World politics. 42 (1990),1, S. 212 – 232.
BZ 4464:1990

Jones, Jill: Eradicating nazism from the British Zone of Germany: Early policy and practice. In: German history. 8 (1990),2, S. 145 – 162.
BZ 4989:1990

Kinderjahre der Bundesrepublik. Von der Trümmerzeit zum Wirtschaftswunder. Hrsg.: Rudolf Pörtner. Düsseldorf: Econ 1989. 511 S.
B 68143

Kistler, Helmut; Lampert, Heinz; Merk, Hans-Joachim: Die Bundesrepublik Deutschland 1955-1966. München: Franzis Verl. 1988. 40 S.
Bc 02533

Kleinert, Uwe: Flüchtlinge und Wirtschaft in Nordrhein-Westfalen, 1945-1961: Arbeitsmarkt – Gewerbe – Staat. Düsseldorf: Schwann 1988. 331 S.
3-491-33200-1
B 67471

Lattard, Alain: Gewerkschaften und Arbeitgeber in Rheinland-Pfalz unter französischer Besatzung 1945-1949. Mainz: Hase u. Koehler 1988. XXIII, 335 S.
B 68212

Lemke, Michael: BRD und Montanunion im historischen Umfeld. In: Zeitschrift für Geschichtswissenschaft. 37 (1989),3, S. 195 – 210.
BZ 4510:1989

Lüders, Carsten: Das Ruhrkontrollsystem. Entstehung u. Entwicklung im Rahmen der Westintegration Westdeutschlands 1947-1953. Frankfurt: Campus Verl. 1988. 364 S.
B 65332

Müller-Hohagen, J.: Verleugnet, verdrängt, verschwiegen. Die seelischen Auswirkungen der Nazizeit. München: Kösel 1988. 239 S.
B 67126

Nachdenken über Deutschland. München: Bertelsmann 1988. 510 S.
B 68068

NS-Verfolgte. 40 Jahre ausgegrenzt und vergessen. Münster: Die Grünen 1989. 97 S.
Bc 9050

Roesler, Jörg: The black market in post-war Berlin and the methods used to counteract it. In: German history. 7 (1989),1, S. 92 – 107.
BZ 4989:1989

Die Ruhrfrage 1945/46 und die Entstehung des Landes Nordrhein-Westfalen: brit., franz., u. amerikan. Akten. Düsseldorf: Droste 1988. 1036 S.
B 67224　　　　　　　　3-7700-5144-0

Schröder, Hans-Jürgen: Die Anfangsjahre der Bundesrepublik Deutschland. Eine amerikanische Bilanz 1954. In: Vierteljahrshefte für Zeitgeschichte. 37 (1989),2, S. 323 – 351.
BZ 4456:1989

Schulze, Rainer: Reprensentation of interests and recruitment of elites. The role of the „Industrie- und Handelskammer" in German politics after the end of the Second World War. In: German history. 7 (1989),1, S. 71 – 91.
BZ 4989:1989

Schwarz, Hans-Peter: Adenauer und die Kernwaffen. In: Vierteljahrshefte für Zeitgeschichte. 37 (1989),4, S. 567 – 593.
BZ 4456:1989

Simpson, Christopher: Die internationalen Wirtschaftseliten und das Wiedererstarken des deutschen Kapitalismus 1945-1948. In: 1999. 5 (1990),2, S. 11 – 35.
BZ 4879:1990

Der Staatsvertrag zwischen der Bundesrepublik Deutschland und der Deutschen Demokratischen Republik vom 18. Mai 1990. In: Europa-Archiv. 45 (1990),13/14, S. D323 – D374.
BZ 4452:1990

Steininger, Rolf: Wiederbewaffnung: die Entscheidung für einen westdeutschen Verteidigungsbeitrag; Adenauer und die Westmächte 1950. Erlangen: Straube 1989. 429 S.
B 69410   3-927491-10-1

Strache, Wolf: Ich kam aus den zerbombten Städten. Berichte aus Deutschland 1945. Düsseldorf: Droste 1988. 188 S.
B 67698

Torgau, Dieter: Tempelbau zu Bonn: zur Verklärung d. westdeutschen Geschichte. Frankfurt: dipa-Verl. 1988. 199 S.
B 66394   3-7638-0472-2

Turner, Henry Ashby: Geschichte der beiden deutschen Staaten seit 1945. München: Piper 1989. 246 S.
B 68220

Tusa, Ann; Tusa, John: The Berlin Blockade. London: Hodder and Stoughton 1988. XIV, 445 S.
B 67689

Uffelmann, Uwe: Der Weg zur Bundesrepublik. Düsseldorf: Schwann 1988. 193 S.
B 66779

Vaupel, Dieter: Wiedergutmacht? Zur Entschädigung ehemaliger Zwangsarbeiterinnen der Dynamit AG in Hessisch Lichtenau. In: Geschichtswerkstatt. (1989),19, S. 51 – 60.
BZ 4937:1989

Vierzig Jahre Bundesrepublik Deutschland. Alles in Butter? Neuss: UZ 1989. 50 S.
Bc 02580

Vierzig Jahre Bundesrepublik Deutschland. Staatsakt, 24. Mai 1989. Bonn: Presse u. Informationsamt d. Bundesregierung 1989. 93 S.
Bc 9462

Von Weimar nach Bonn. Freiheit und Einheit als Aufgabe. Köln: Verl. Wissenschaft u. Politik 1989. 111 S.
Bc 9271

Wehner, Gerd: Die Deutschlandpolitik der Westalliierten von 1945 bis 1955. In: Aus Politik und Zeitgeschichte. (1989),B 51, S. 3 – 12.
BZ 05159:1989

4.Geschichtsfest '88. 2.-5. Juni 1988 Hannover. Hannover: Geschichtswerkstatt 1988. 84 S.
Bc 02345

40 Jahre Bundesrepublik. Eine Chronik in Bildern. Hrsg.: Heiner Bremer. Hamburg: Gruner u. Jahr 1989. 120 S.
010930

L 130 l Einzelne Länder/Gebiete/Orte

L 130 l 10 Länder/Gebiete

Beyer, Hans: Die Revolution in Bayern 1918-1919. Berlin: Deutsche Verl. d. Wissenschaften 1988. 212 S.
B 67447   3-326-00328-5

Beyer, Helmut; Müller, Klaus: Der niedersächsische Landtag in den fünfziger Jahren. Düsseldorf: Droste 1988. 733 S.
B 66363

Brebeck, Wulff-Eberhard; Ruppert, Andreas: Deutsche im östlichen Mitteleuropa. Kultur – Vertreibung – Integration. Wewelsburg: Kreismuseum 1987. 162 S.
010754

Die Britten in Schleswig-Holstein, 1945-1949. Neumünster: Wacholtz 1989. 167 S.
010955

Dönhoff, Marion Gräfin: Kindheit in Ostpreussen. Berlin: Siedler 1989. 221 S.
B 68248   3-88680-332-5

Küppers, Heinrich: Zwischen Koblenz und Bonn. Rheinland-Pfalz und die Gründung der Bundesrepublik. In: Geschichte im Westen. 4 (1989),2, S. 160 – 180.
BZ 4865:1989

Langemarck, Helene: Ich kann das Licht noch sehen. Ein Erlebnisbericht aus der Neumark 1945/46. Husum: Husum Druck- u. Verlagsges. 1987. 196 S.
B 65298

Leudesdorff, René: Wir befreien Helgoland. Die friedliche Invasion 1950/51. Husum: Cobra-Verl. 1987. 319 S.
B 67808

Möding, Nori; Plato, Alexander v.: Journalisten in Nordrhein-Westfalen nach 1945. Skizzen aus einem lebensgeschichtlichen Forschungsprojekt. In: BIOS. (1988),2, S. 73 – 81.
BZ 4961:1988

Niemcy wobec konfliktu narodowościowego na Górnym Slasku po i wojnie światowej. Poznań: Institut Zachodni 1989. 225 S.
B 72635

Nordrhein-Westfalen – deutsche Quellen zur Entstehungsgeschichte des Landes 1945/46. Düsseldorf: Droste 1988. 550 S.
B 67222   3-7700-5145-9

Paetau, Rainer: Konfrontation oder Kooperation: Arbeiterbewegung u. bürgerl. Gesellschaft im ländl. Schleswig-Holstein u. in d. Industriestadt Kiel zwischen 1900 u. 1925. Neumünster: Wachholtz 1988. 592 S.
B 67468   3-529-02914-9

Polozenie ludności polskiej w Kraju Warty 1939-1945. Poznań: Wydawn.Poznańskie 1987. 345 S.
B 71467

Rechtsextremismus in Schleswig-Holstein: [1945-1990]. Hrsg.: Landeszentr. f. polit. Bildung. Kiel: o.V. 1990. 131 S.
Bc 9292   3-88312-039-1

Romeyk, Horst: Weder Vergrösserung noch Teilung. In: Geschichte im Westen. 4 (1989),2, S. 216 – 232.
BZ 4865:1989

Schulze, Rainer: Growing discontent: relations between native and refugee populations in a rural district in Western Germany after the Second World War. In: German history. 7 (1989),3, S. 332 – 349.
BZ 4989:1989

Tieke, Wilhelm: Nach der Stunde null. Gummersbach: Gronenberg 1987. 352 S.
B 67348

Über Leben im Krieg. Kriegserfahrungen in e. Industrieregion 1939-1945. Hrsg.: Ulrich Borsdorf. Reinbek: Rowohlt 1989. 207 S.
B 70208

Wehrmann, Volker: Zusammenbruch und Wiederaufbau. Lippe zwischen 1945 u. 1949. Detmold: Kreis Lippe 1987. 320 S.
011105

Ziegler, Armin: Posen Januar 1945. Evakuierung und Flucht der deutschen Zivilbevölkerung der Stadt Posen im Januar 1945. Schönaich: Selbstverlag 1989. 102 S.
010816

L 130 l 20 Städte/Orte

„Wir sind die Kraft": Arbeiterbewegung in Hamburg von den Anfängen bis 1945; Katalogbuch z. Ausstellg. d. Museums f. Hamburgische Geschichte. Hrsg.: Ulrich Bauche. Hamburg: VSA-Verl. 1988. 322 S.
010839   3-87975-355-5

Bitzel, Uwe: Damit kein Gras darüber wächst: Ereignisse um die Pogromnacht 1938 in Dortmunnd. Dortmund: Krüger 1988. III, 180 S.
010846

Entweder – oder! Arbeiterbewegung in Landshut; Dokumente zu ihrer Geschichte. Hrsg.: Verwaltungsstelle Landshut d. Industr.-Gew. Metall. Bd. 1. 2. Kösching: 3-K-Verl. 1987. LVI, 299; 302-556 S.
B 65641

Fangmann, Helmut; Reifner, Udo; Steinborn, Norbert: „Parteisoldaten". Die Hamburger Polizei im „3.Reich". Hamburg: VSA-Verl. 1987. 145 S.
Bc 9303

Heinemann, Erich: Für Kaiser und Vaterland: Hildesheim im Ersten Weltkrieg. Hildesheim: Gerstenberg 1989. 220 S.
B 72073

John, Antonius: Patrioten, Gauner und andere. Bonner Randgeschichten 1949/53. Bonn-Duisdorf: Rheinischer Landwirtschafts-Verl. 1989. 136 S.
Bc 9197

Klaus, Kurt: Rinteln unterm Hakenkreuz: ... zog ein Regiment von Hitler in ein kleines Städtchen ein. Rinteln: Bösendahl 1989. 163 S.
Bc 9051

Mikasch, Horst: Neuenkirchen 1930-1945. Geschehnisse unter dem Einfluß nationalsozialistischer Politik. Neukirchen: Selbstverlag 1988. 136 S.
Bc 9351

Die nationalsozialistische Zeit (1933-1945) in Neuss. Zeitzeugenberichte. Neuss: Stadtarchiv 1988. XV, 374 S.
010842

Nöldeke: Emden wird brandenburgischer Hafen. Herford: Koehler 1989. 15, 25 S.
Bc 02627

Otto, Bertram: Ausgerechnet Bonn. Geschichten und Geschichtliches aus den frühen Jahren der Republik. Bonn: Latka 1989. 251 S.
B 68543

Perker, Brigitte: Viernheim zwischen Weimar und Bonn: Demokratie u. Diktatur in e. dt. Kleinstadt 1918-1949. Viernheim: Magistrat 1988. 192 S.
010752

Ruhnau, Rüdiger: Die Freie Stadt Danzig: 1919-1939. Berg a. See: Vowinckel-Verl. 1988. 276 S.
B 68007

Ruinen-Jahre: Bilder aus dem zerstörten München 1945-1949. München: Hugendubel 1988. 211 S.
010840   3-88034-202-4

Schwerte unterm Hakenkreuz. Eine Studie zur Erforschung des nationalsozialistischen Alltags. o.O., 303 S.
010761

Somplatzki, Herbert; Dreher, Bernd: Essen. Stadtansichten 1889-1947. Essen: Hobbing 1989. 108 S.
010953

Steinweg, Wolfgang: 1939. Hannovers Weg in den Zweiten Weltkrieg. Hannover: Madsack 1989. 96 S.
011006

Stuttgart im Zweiten Weltkrieg. Katalog. Hrsg.: Marlene P. Hiller. Gerlingen: Bleicher 1989. 558 S.
B 69367

Tmej, Zdenek: „Totaleinsatz" – Breslau 1942-44. Berlin: Nishen 1989. 31 S.
Bc 9081

Trümmerjahre: Nürnberg 1945-1955. München: Hugendubel 1989. 216 S.
010857   3-88034-420-5

Wilhelmshaven. E. Gedenkkblatt a. d. Einweihung d. ersten dt. Kriegshafens a. d. Jade... König Wilhelm I. am 17. Juni 1869. Oldenburg: Schulz 1869. 42 S.
B 68426

Winkel, Udo: Kontinuität oder Neubeginn? Nürnberg 1945-1949. Eine Ausstellung des Stadtarchivs. Nürnberg: Stadtarchiv Nürnberg 1989. 115 S.
Bc 02606

Zeichen der Not. Als der Stahlhelm zum Kochtopf wurde. Detmold: Westfäl. Freilichtmuseum 207 S.
011018

Zilm, Franz-Rudolf: Geschichte der Festung und Garnison Stettin. Osnabrück: Biblio Verl. 1988. XII, 306 S.
B 67992   3-7648-1743-7

L 130.0 Berlin

Beiträge zur Geschichte der Berliner Demokratie. 1919-1933/ 1945-1985. Hrsg.: Otto Büsch. Berlin: Colloquium Verl. 1988. 405 S.
B 68222

Berlin als Faktor nationaler und internationaler Politik. Hrsg.: Hannelore Horn. Berlin: Colloquium Verl. 1988. XII, 162 S.
B 66451   3-7678-0726-2

Berlin im November. Berlin: Nicolaische Verlagsbuchhandlung 1989. 128 S.
Bc 9069

Berlino Ovest tra continuità e refondazione. Roma: Officina Ed. 1987. 164 S.
010942

Blockade und Luftbrücke. Legende oder Lehrstück? Die Berlin-Krise von 1948/49 und ihre Folgen. Berlin: EXPO-Seh-Verl. 1988. 96 S.
Bc 02626

Freiheit – schöner Götterfunken: die glücklichen Tage von Berlin. Frankfurt: Ullstein 1990. 120 S.
010989   3-550-07999-0

Gedenkbuch für die Opfer des Nationalsozialismus aus dem Bezirk Tempelhof. Berlin: Bezirksamt Tempelhof 1987. o. Pag.
B 67237

McAdams, A. James: An obituary for the Berlin wall. In: World policy journal. 7 (1990),2, S. 357 – 375.
BZ 4822:1990

Revolution und Fotografie. Berlin 1918/19. Eine Ausstellung d. Neuen Gesellschaft f. Bildende Kunst. Berlin: Nishen 1989. 302 S.
010852

Sandvoß, Rainer: Stätten des Widerstandes in Berlin 1933-1945. Berlin: Gedenkstätte Deutscher Widerstand 1988. 58 S.
Bc 9019

Schilde, Kurt: Vom Columbia-Haus zum Schulenburgring. Berlin: Hentrich 1987. 335 S.
B 65892

Vier Tage im November. Hrsg.: Klaus Liedtke. Hamburg: Gruner u. Jahr 1990. 160 S.
010988   3-570-00876-2

Wetzlaugk, Udo: Berlin. München: Franzis-Verl. 1988. 40 S.
Bc 02536

L 130.1 Deutsche Demokratische Republik

Die DDR. Bonn: Bundeszentrale f. politische Bildung 1988. 64 S.
Bc 02539

Hanke, Erich: Ins nächste Jahrhundert. Was steht uns bevor. Leipzig: Urania-Verl. 1987. 323 S.
B 66222

Merseburger, Peter: Grenzgänger: Innenansichten d. anderen deutschen Republik. München: Bertelsmann 1988. 319 S.
B 67598   3-570-04746-6

Smith, Duncan: Walls and mirrors: western representations of really existing German socialism in the German Democratic Republic. Lanham: Univ. Pr. of America 1988. 214 S.
B 66857   0-8191-6709-6

L 130.1 c Biographien

– Bunke

Rojas, Marta; Rodríguez Calderon, Mirta: Tania la guerrillera. Berlin: Militärverlag der DDR 1989. 187 S.
B 70804

– Grünbaum

Grünbaum, Isi: Da mit hår blev grnt. København: Tiden 1988. 101 S.
Bc 8635   87-579-0395-6

– Krolikowski

Krolikowski, Werner: Je stärker der Sozialismus – desto sicherer der Frieden. Ausgewählte Reden und Aufsätze. Berlin: Dietz 1988. 632 S.
B 66289

– Merher

Maas, Liselotte: Paul Merker und die Exildiskussion um Deutschlands Schuld, Verantwortung und Zukunft. In: Beiträge zur Geschichte der Arbeiterbewegung. 32 (1990),2, S. 153 – 160.
BZ 4507:1990

– Mielke

Mielke, Erich: Sozialismus und Frieden – Sinn unseres Kämpfens. Ausgewählte Reden und Aufsätze. Berlin: Dietz 1987. 488 S.
B 66290

– Wolf

Wolf, Markus: Die Troika. Düsseldorf: Claassen 1989. 256 S.
B 68444   3-546-49839-9

L 130.1 d Land und Volk

Ostow, Robin: Jüdisches Leben in der DDR. Frankfurt: Jüd. Verl. bei Athenäum 1988. 224 S.
B 67567   3-610-00420-7

Schreiter, Helfried; Pragal, Peter; Bender, Peter: 40 Jahre DDR. Eine Chronik in Bildern. Hamburg: Gruner u. Jahr 1989. 136 S.
010912

L 130.1 e Staat und Politik

Blaschke, Karlheinz: Alte Länder – Neue Länder. Zur territorialien Neugliederung der DDR. In: Aus Politik und Zeitgeschichte. (1990),B 27/90, S. 39 – 54.
BZ 05159:1990

Childs, David: East Germany: coping with Gorbachev. In: Current history. 88 (1989),541, S. 385 – 388; 400 – 401.
BZ 05166:1989

Glaeßner, Gert-Joachim: Vom „realen Sozialismus" zur Selbstbestimmung. Ursachen und Konsequenzen der Systemkrise in der DDR. In: Aus Politik und Zeitgeschichte. (1990),B 1-2, S. 3 – 20.
BZ 05159:1990

Lapp, Peter Joachim: Anspruch und Alltag der Volkskammer vor dem Umbruch 1989-1990. In: Zeitschrift für Parlamentsfragen. 21 (1990),1, S. 115 – 125.
BZ 4589:1990

Mantzke, Martin: Eine Republik auf Abruf. Die DDR nach den Wahlen vom 18. März 1990. In: Europa-Archiv. 45 (1990),8, S. 287 – 292.
BZ 4452:1990

Thaysen, Uwe: Der Runde Tisch. Oder: wer war das Volk? In: Zeitschrift für Parlamentsfragen. 21 (1990),1, S. 71 – 100.
BZ 4589:1990

L 130.1 e 10 Innenpolitik

Als die Mauer durchbrochen wurde. In: Beiträge zur Konfliktforschung. 20 (1990),1, S. 87 – 118.
BZ 4594:1990

Bahrmann, Hannes: Wir sind das Volk: die DDR im Aufbruch; e. Chronik. Berlin: Aufbau-Verl. 1990. 226 S.
B 71420   3-87294-429-0

Childs, David: The revolution in the GDR. In: Politics and society in Germany, Austria and Switzerland. 2 (1990),1/2, S. 87 – 100.
BZ 4999:1990

Fischer, Benno: DDR-Rechtsextremismus als Vorbote der Systemkrise. In: Die neue Gesellschaft – Frankfurter Hefte. 37 (1990),4, S. 332 – 339.
BZ 4572:1990

Fricke, Karl Wilhelm: Zwischen Stagnation und Veränderung. In: Beiträge zur Konfliktforschung. 19 (1989),3, S. 5 – 21.
BZ 4594:1989

Le Gloannec, Anne-Marie: La nation retrouvée. De la RDA à l'Allemagne. In: Politique étrangère. (1990),1, S. 45 – 52.
BZ 4449:1990

Gräf, Dieter: Im Namen der Republik: Rechtsalltag in d. DDR. München: Herbig 1988. 253 S.
B 65663   3-7766-1491-9

Jong, Ben de: DDR-naweeën: eind van Ministerium für Staatssicherheit. In: Internationale spectator. 44 (1990),2, S. 81 – 86.
BZ 05223:1990

Knabe, Hubertus Joachim: Politische Opposition in der DDR. Ursprünge, Programmatik, Perspektiven. In: Aus Politik und Zeitgeschichte. (1990),B 1-2, S. 21 – 32.
BZ 05159:1990

Lindner, Bernd: Die politische Kultur der Straße als Medium der Veränderung. In: Aus Politik und Zeitgeschichte. (1990),B 27/90, S. 16 – 28.
BZ 05159:1990

Mechtenberg, Theo: Von den informellen Gruppen zur Formierung einer neuen Linken. Anmerkungen zum revolutionären Prozeß in der DDR. In: Deutsche Studien. 27 (1990),108, S. 334 – 340.
BZ 4535:1990

Österreich, Tina: Ich war RF: e. Bericht. Berlin: Verl. Haus am Checkpoint Charlie 1988. 352 S.
B 67402   3-922484-21-2

Staritz, Dietrich: Die Wende in der DDR. Ursachen, Anlässe, Perspektiven. In: Deutsche Studien. 27 (1990),108, S. 316 – 333.
BZ 4535:1990

Süß, Walter: Revolution und Öffentlichkeit in der DDR. In: Deutschland-Archiv. 23 (1990),6, S. 907 – 920.
BZ 4567:1990

Träumen verboten: aktuelle Stellungnahmen aus der DDR. Hrsg.: Wolfgang Berghofer. Göttingen: Lamuv-Verl. 1990. 126 S.
Bc 9332   3-88977-234-X

Der Umbruch in der DDR. Dokumente zum politischen Wandel in Ost-Berlin. In: Europa-Archiv. 45 (1990),4, S. D73 – D96.
BZ 4452:1990

Volkskammertagungen im November und Dezember 1989. In: Deutschland-Archiv. 23 (1990),1, S. 120 – 144.
BZ 4567:1990

Weber, Christian: Alltag einer friedlichen Revolution: Notizen aus der DDR. Stuttgart: Quell Verl. 1990. 120 S.
Bc 9489　　　　　　　3-7918-2214-4

100 Tage, die die DDR erschütterten. Hrsg.: Frank Schumann. Berlin: Verl. Neues Leben 1990. 191 S.
Bc 9202　　　　　　　3-88520-347-2

L 130.1 e 14 Parteien

Auskünfte zur Zeit: von Mitgliedern der NDPD aus vier Jahrzehnten; [Aus Anlaß d. 40. Jahrestag d. Gründung der National-Demokratischen Partei Deutschlands]. Hrsg.: Günter Hartmann. Berlin: Verlag d. Nation 1988. 375 S.
B 67484　　　　　　　3-373-00226-5

Der Außerordentliche Parteitag der SED im Dezember 1989. In: Deutschland-Archiv. 23 (1990),2, S. 288 – 316.
BZ 4567:1990

De Jong, Ben: Honeckers val: de teloorgang van de SED. In: Internationale spectator. 44 (1990),1, S. 2 – 8.
BZ 05223:1990

Dokumente und Materialien der Zusammenarbeit zwischen der Sozialistischen Einheitspartei Deutschlands und der Polnischen Vereinigten Arbeiterpartei 1981 bis 1986. Hrsg.: Olaf Horlacher. Berlin: Dietz 1988. 372 S.
B 66770

Elm, Ludwig: Konservatismus im „realen Sozialismus". In: Deutschland-Archiv. 23 (1990),5, S. 673 – 682.
BZ 4567:1990

Gatow, Hanns-Heinz: Vertuschte SED-Verbrechen: e. Spur von Blut und Tränen. Berg: Türmer-Verl. 1990. 280 S.
B 72010

Gerlach, Manfred: Standortbestimmung. Berlin: Liberal-Demokratische Partei 1989. 31 S.
Bc 8968

Gibowski, Wolfgang G.: Demokratischer (Neu-)Beginn in der DDR. Dokumentation und Analyse der Wahl vom 18. März 1990. In: Zeitschrift für Parlamentsfragen. 21 (1990),1, S. 5 – 22.
BZ 4589:1990

Jung, Matthias: Parteiensystem und Wahlen in der DDR. In: Aus Politik und Zeitgeschichte. (1990),B 27/90, S. 3 – 15.
BZ 05159:1990

Kühnel, Wolfgang; Wielgohs, Jan; Schulz, Marianne: Die neuen politischen Gruppierungen auf dem Wege vom politischen Protest zur parlamentarischen Interessenvertretung. Soziale Bewegungen im Umbruch der DDR-Gesellschaft. In: Zeitschrift für Parlamentsfragen. 21 (1990),1, S. 22 – 37.
BZ 4589:1990

Kuppe, Johannes L.: Der Außerordentliche Parteitag der SED. In: Deutschland-Archiv. 23 (1990),1, S. 52 – 58.
BZ 4567:1990

Lapp, Peter J.: Die „befreundeten Parteien" der SED: DDR-Blockparteien heute. Köln: Wissenschaft und Politik 1988. 224 S.
B 66017　　　　　　　3-8046-8699-0

Lapp, Peter Joachim: Ehemalige DDR-Blockparteien auf der Suche nach Profil und Glaubwürdigkeit. In: Deutschland-Archiv. 23 (1990),1, S. 62 – 68.
BZ 4567:1990

Nrager, Povl E.: Kan det ske igen? rbaek: Tommeliden 1988. 103 S.
Bc 9592   87-89024-21-4

Parteien im Aufbruch: nichtkommunistische Parteien und politische Vereinigungen in der DDR. Melle: Knoth 1990. 77 S.
3-88368-192-X
Bc 9264

Sawczuk, Janusz: Ozywienie kontaktów SPD-SED w pierwszej połowie lat oosiemdziesiatych. In: Przeglad stosunków międzynarodowych. (1989),3, S. 87 – 94.
BZ 4777:1989

Schnibben, Cordt: Wie Erich Honecker und sein Politbüro die Konterrevolution erlebten. T.1-3. In: Der Spiegel. Nr. 17, S. 78 – 98; Nr. 18, S. 196 – 209.
BZ 05140:1990

Die SED in Geschichte und Gegenwart. Hrsg.: Ilse Spittmann. Köln: Ed. Deutschland Archiv 1987. 255 S.
B 67260   3-8046-0327-0

Die SED von A bis Z. Kleines Lexikon zur herrschenden Partei in der DDR. Bonn: Friedrich-Ebert-Stiftung 1988. 55 S.
Bc 9537

L 130.1 e 20 Außenpolitik

Beise, Marc: Die DDR und die Europäische Gemeinschaft. In: Europa-Archiv. 45 (1990),4, S. 149 – 158.
BZ 4452:1990

Bruns, Wilhelm: Zur sicherheitspolitischen Rolle der beiden deutschen Staaten. Bonn: Friedrich-Ebert-Stiftung 1987. 7 Bl.
Bc 02337

Fischer, S.: Friedensgestaltung, Sozialismuserneuerung und Militärreform in der DDR. In: Militärwesen. (1990),1, S. 26 – 31.
BZ 4485:1990

Giessmann, Hans-Joachim: Entmilitarisierung und blocküberwindende Kooperation Wagnis oder Chance einer demokratischen Sicherheitspolitik der DDR. In: Militärwesen. (1990),3, S. 11 – 17.
BZ 4485:1990

Jacobsen, Bo: Krigen, freden og danskerne: en undersgelse af voksne danskeres opfattelse af internationale forhold. København: Ejlers' Forl. 1988. 92 S.
Bc 8877   87-7241-564-9

Schmidt, Max; Schwarz, Wolfgang: Sicherheitsinteressen und -probleme der DDR Offene Fragen und Denkanstöße. In: IPW-Berichte. 19 (1990),2, S. 34 – 39.
BZ 05326:1990

Spanger, Hans-Joachim: The GDR in east-west relations. London: Internat. Inst. for Strategic Studies 1989. 88 S.
Bc 8736

Steffens, Mechthild: Der Beitritt der DDR zu multilateralen Verträgen und seine Auswirkungen auf die innerdeutschen Beziehungen und den Status Gesamtdeutschlands. Bonn: Kulturstiftung der deutschen Vertriebenen 1989. 141 S.
Bc 9160

Weggel, Oskar: Kein himmlischer Friede in der DDR. In: China aktuell. 18 (1989),11, S. 863 – 869.
BZ 05327:1989

Wehrschütz, Christian: La révolution en République Démocratique Allemande et l'équilibre européen. In: Défense nationale. 46 (1990),1, S. 35 – 43.
BZ 4460:1990

Winrow, Gareth M.: The GDR in Africa – a gradual disengagement? In: Afrika-Spectrum. 24 (1989),3, S. 303 – 314.
BZ 4614:1989

L 130.1 f Wehrwesen

„Ein Trümmerhaufen der Gefühle". Die Nationale Volksarmee der DDR: aufsässige Soldaten und verängstigte Offiziere. In: Der Spiegel. 44 (1990),10, S. 34 – 48.
BZ 05140:1990

Bauer, U.: Betrachtungen zur Effektivität der Truppenführung und den Kriterien ihrer Bewertung. In: Militärwesen. (1990),2, S. 33 – 45.
BZ 4485:1990

Entwurf der Militärdoktrin der Deutschen Demokratischen Republik. In: Militärwesen. (1990),1, S. 18 – 21.
BZ 4485:1990

Feder, Klaus; Wagner, Jürgen; Swoboda, Ralf: Militärische Abzeichen der Deutschen Demokratischen Republik. Berlin: Militärverlag der DDR 1988. 84 S.
B 67394

Feil, A.: Abrüsten und verteidigen. In: Militärwesen. (1990),7, S. 9 – 17.
BZ 4485:1990

Fischer, Siegfried: Notwendigkeiten, Möglichkeiten, Bedingungen und Folgen einer Entmilitarisierung der DDR. In: IPW-Berichte. 19 (1990),6, S. 34 – 38.
BZ 05326:1990

Gabert, Josef; Nicolaus, Herbert: Die Kampfgruppen der Arbeiterklasse der DDR. Entstehung und Entwicklung. In: Militärgeschichte. 28 (1989),5, S. 473 – 482.
BZ 4527:1989

Glasner, Günther; Meissner, Klaus-Peter: Von der Entmilitarisierung zum militärischen Schutz des sozialistischen Vaterlandes und des Friedens. In: Militärgeschichte. 28 (1989),5, S. 434 – 441.
BZ 4527:1989

Hanisch, Wilfried: Zur Aufarbeitung der Geschichte der NVA und der Geschichte der Militärpolitik der DDR. In: Militärgeschichte. 29 (1990),3, S. 229 – 234.
BZ 4527:1990

Hiemann, Günter: Militärische Flugsicherung. Berlin: Militärverlag der DDR 1987. 258 S.
B 66220

Lohfelden, Ferdinand: Die „bewaffneten Organe" der DDR. Zweifel an der Treue zum Regime der SED. In: Europäische Wehrkunde – Wehrwissenschaftliche Rundschau. 38 (1989),12, S. 720 – 724.
BZ 05144:1989

McCausland, Jeffrey: East German army – spear point or weakness? In: Military review. 70 (1990),2, S. 12 – 26.
BZ 4468:1990

Meyer, Georg-Maria: Vom Klassenfeind zum Kameraden? In: Aus Politik und Zeitgeschichte. (1990),B 36/90, S. 32 – 39.
BZ 05159:1990

Naumann, Gerhard; Teresiak, Manfred: Der Beitrag der SED im Kampf für Frieden und Abrüstung 1981 bis 1983. In: Zeitschrift für Geschichtswissenschaft. 37 (1989),1, S. 20 – 34.
BZ 4510:1989

Pröll, Bernd: Hat die NVA ein tragfähiges Fundament? In: Beiträge zur Konfliktforschung. 20 (1990),1, S. 53 – 66.
BZ 4594:1990

Rahne, Hermann: Zur Geschichte der Wehrkommandos der NVA. In: Militärgeschichte. 28 (1989),5, S. 442 – 449.
BZ 4527:1989

Schulte, Heinz: The East German armed forces. In: Jane's Soviet intelligence review. 3 (1990),4, S. 146 – 151.
BZ 05573:1990

Standpunkte von Parteien und demokratischen Bewegungen zur Militärpolitik der DDR. (Versch. Beitr.). 1. In: Militärwesen. (1990),2, S. 10 – 14.
BZ 4485:1990

Standpunkte von Parteien und demokratischen Bewegungen zur Militärpolitik der DDR. (Versch. Beitr.). 2. In: Militärwesen. (1990),3, S. 45 – 51.
BZ 4485:1990

Vierzig Jahre erfolgreiche Sicherung des Friedens: Gedanken zur sozialistischen Militärpolitik der Deutschen Demokratische Republik. In: Militärgeschichte. 28 (1989),5, S. 419 – 433.
BZ 4527:1989

Walther, Siegfried: Auf Ketten und Rädern: die Landstreitkräfte der NVA. Berlin: Militärverlag der DDR 1988. 145 S.
010818   3-327-00525-7

L 130.1 g Wirtschaft
Cornelsen, Doris: DDR-Wirtschaft: Ende oder Wende? In: Aus Politik und Zeitgeschichte. (1990),B 1-2, S. 33 – 38.
BZ 05159:1990

Hickel, Rudolf: „Wirtschaftswunder" durch Ausverkauf oder sozial-ökologische Wirtschaftsdemokratie? Denkanstöße zum DDR-Umbau. In: Blätter für deutsche und internationale Politik. 35 (1990),3, S. 331 – 341.
BZ 4551:1990

Hübner, Kurt: „Von der BRD lernen, heißt siegen lernen". Anmerkungen zur marktwirtschaftlichen Transformation der DDR. In: Blätter für deutsche und internationale Politik. 35 (1990),3, S. 318 – 331.
BZ 4551:1990

Lörler, Sighart: Sozialistischer Rechtsstaat – sozialistische Wirtschaftsordnung. In: Deutschland-Archiv. 23 (1990),1, S. 77 – 85.
BZ 4567:1990

Marz, Lutz: Zu einer modernen Ökonomie der DDR. Leitlinien für eine öffentliche Strategiediskussion. In: Prokla. 20 (1990),1, S. 13 – 32.
BZ 4613:1990

Volze, Armin: Geld und Politik in den innerdeutschen Beziehungen 1970-1989. In: Deutschland-Archiv. 23 (1990),3, S. 382 – 387.
BZ 4567:1990

Warnruf der ökonomischen Vernunft. Eine schnelle Anhebung des Wohlstandes der DDR-BürgerInnen und ein hastiger Anschluß der DDR an die BRD schließen sich aus. In: Blätter für deutsche und internationale Politik. 35 (1990),3, S. 341 – 345.
BZ 4551:1990

L 130.1 h Gesellschaft

Geschichte des FDGB: Chronik; 1945-1986. Hrsg.: Gewerkschaftshochschule „Fritz Heckert" beim Bundesvorstand d. FDGB. Berlin: Verl. Tribüne 1987. 406 S.
B 67775   3-7303-0153-5

L 130.1 i Geistesleben

Badstübner, Rolf: Die Geschichtsschreibung über die DDR zwischen Krise und Erneuerung. In: Beiträge zur Geschichte der Arbeiterbewegung. 32 (1990),4, S. 481 – 491.
BZ 4507:1990

Beutelschmidt, Thomas: Neue Medien in der DDR – Eine Bestandsaufnahme. In: Deutsche Studien. 27 (1989),105, S. 3 – 13.
BZ 4535:1989

Forschung in der DDR: Institute der Akademie der Wissenschaften, Universitäten und Hochschulen, Industrie. Stuttgart: Raabe 1990. XVI, 222 S.
B 72686   3-88649-156-0

Gerber, Margy: „Glasnost ohne Glasnost": Cultural policy and practice in the GDR. In: Politics and society in Germany, Austria and Switzerland. 1 (1988),2, S. 31 – 47.
BZ 4999:1988

Die Geschichte ist offen: DDR 1990: Hoffnung auf eine neue Republik; Schriftsteller aus d. DDR über d. Zukunftschancen ihres Landes. Hrsg.: Michael Naumann. Reinbek: Rowohlt 1990. 189 S.
Bc 9087   3-499-12814-4

Heukenkamp, Rudolf: Dichter im Dienste der Nuklearrüstung? In: Krieg und Literatur. 2 (1990),3, S. 117 – 133.
BZ 5000:1990

Recht ströme wie Wasser. Christen in der DDR. Hrsg.: Stephan Bickhardt. Berlin: Wichern-Verl. 1988. 127 S.
Bc 8779

Ruether, Günther: Zwischen Anpassung und Kritik. Literatur im real existierenden Sozialismus in d. DDR. Melle: Knoth 1989. 65 S.
Bc 8999

Scharf, Wilfried: Paradigmenwechsel im journalistischen System der DDR? In: Deutsche Studien. 27 (1989),105, S. 14 – 26.
BZ 4535:1989

L 130.1 k Geschichte

Badstübner, Rolf: Zur Nationalgeschichte der DDR 1945-1949. In: Zeitschrift für Geschichtswissenschaft. 37 (1989),8, S. 675 – 684.
BZ 4510:1989

Benser, Günter: Das Jahr 1945 und das Heute. Brüche – Rückgriffe – Übergänge. In: Beiträge zur Geschichte der Arbeiterbewegung. 32 (1990),4, S. 472 – 480.
BZ 4507:1990

Foitzik, Jan: Die sowjetische Militäradministration in Deutschland. Organisation und Wirkungsfelder in der SBZ 1945-1949. In: Aus Politik und Zeitgeschichte. (1990),B 11/90, S. 43 – 51.
BZ 05159:1990

Glaeßner, Gert-Joachim: Staatsverständnis, Verfassungs- und Rechtsgeschichte der DDR 1949-1989. In: Zeitschrift für Parlamentsfragen. 21 (1990),1, S. 101 – 114.
BZ 4589:1990

Hagen, Manfred: Filme und Tonaufnahmen als Überrestquellen. Versuch einer thematisch-kritischen Bild- und Tonquellenedition zum 17. Juni 1953. In: Geschichte in Wissenschaft und Unterricht. 41 (1990),6, S. 352 – 369.
BZ 4475:1990

Heise, Joachim; Hofmann, Jürgen: Fragen an die Geschichte der DDR. Berlin: Verlag Junge Welt 1988. 221 S.
Bc 8955

Heitzer, Heinz: DDR: geschichtlicher Überblick. Berlin: Dietz 1987. 335 S.
B 67442   3-320-00426-3

Hoffmann, Ernst: Über die Geschichte der Fehlentwicklungen der sozialistischen Demokratie. In: Beiträge zur Geschichte der Arbeiterbewegung. 32 (1990),2, S. 195 – 203.
BZ 4507:1990

Kuhrt, Eberhard; Löwis, Henning von: Griff nach der deutschen Geschichte. Paderborn: Schöningh 1988. 275 S.
B 68006

Malycha, Andreas: Sozialdemokratische Vorstellungen in der SED in den Jahren 1946-1948. In: Beiträge zur Geschichte der Arbeiterbewegung. 32 (1990),3, S. 339 – 349.
BZ 4507:1990

Müller, Kurt: Ein historisches Dokument aus dem Jahre 1956. Brief an den DDR-Ministerpräsidenten Otto Grotewohl. In: Aus Politik und Zeitgeschichte. (1990),B 11/90, S. 16 – 29.
BZ 05159:1990

Pfeiffer, I.: Die Volkspolizei-See während der Juni-Ereignisse 1953 in der DDR. In: Militärwesen. (1990),6, S. 82 – 88.
BZ 4485:1990

Pike, David: Cultural politics in Soviet-occupied Germany 1945-1946. In: Journal of contemporary history. 24 (1989),1, S. 91 – 123.
BZ 4552:1989

Sas, Grazyna; Gowin, Jarosław: Międzynarodowe implikacje przemian w NRD. In: Sprawy międzynarodowe. 43 (1990),7-8, S. 35 – 48.
BZ 4497:1990

Schmidt, Walter: Zum Begriff „deutsche Geschichte" in der Gegenwart. In: Zeitschrift für Geschichtswissenschaft. 37 (1989),1, S. 5 – 19.
BZ 4510:1989

Schneider, Dieter Marc: Renaissance und Zerstörung der kommunalen Selbstverwaltung in der sowjetischen Besatzungszone. In: Vierteljahrshefte für Zeitgeschichte. 37 (1989),3, S. 457 – 497.
BZ 4456:1989

Timmermann, Heiner: Die SED und die deutschlandpolitischen Konferenzen der Alliierten (1947-1949). In: Aus Politik und Zeitgeschichte. (1989),B 51, S. 13 – 21.
BZ 05159:1989

Venohr, Wolfgang: Die roten Preußen: vom wundersamen Aufstieg der DDR in Deutschland. Erlangen: Straube 1989. 358 S.
B 68189   3-927491-00-4

Weber, Hermann: „Weiße Flecken" in der DDR-Geschichtsschreibung. In: Aus Politik und Zeitgeschichte. (1990),B 11/90, S. 3 – 15.
BZ 05159:1990

Zank, Wolfgang: Die Gesellschaftspolitik der KPD/SED 1945-1949. In: Aus Politik und Zeitgeschichte. (1990),B 11/90, S. 52 – 62.
BZ 05159:1990

L 135 Finnland

Alapuro, Risto: State and revolution in Finland. Berkeley, Calif.: Univ. of California 1988. XIV, 315 S.
B 67756   0-520-05813-5

Berry, R. Michael: American foreign Policy and the Finnish exception. Ideological preferences and wartime realities. Helsinki: Finska Historiska Samfundet 1987. 492 S.
B 66305

Buchała, Rudolf: Czynnik niemiecki w polityce fińskiej. In: Przeglad stosunków międzynarodowych. (1989),3, S. 5 – 20.
BZ 4777:1989

Class and social organisation in Finland, Sweden and Norway. Ed.: Göran Ahrne. Uppsala: Universitet 1988. 154 S.
Bc 8950   91-554-2196-2

Jakobson, Max: Paasikivi. In: International affairs <Moscow>. 240 (1990),1, S. 223 – 233.
BZ 05208:1990

Moe, Odd: Finland – historiske laerdommer. In: Norsk militært tidsskrift. 160 (1990),2, S. 9 – 19.
BZ 05232:1990

Nevakivi, Jukka: Communists as a foreign policy problem – Aspects of the postwar Finnish Soviet relations. In: Yearbook of Finnish foreign policy. 15 (1987), S. 26 – 35.
BZ 4413:1987

Ries, Tomas: Cold will: the defence of Finland. London: Brassey's 1988. XIII, 394 S.
B 68350   0-08-033592-6

L 137 Frankreich

Imbert, Claude: The end of French exceptionalism. In: Foreign affairs. 68 (1989),4, S. 48 – 60.
BZ 05149:1989

L 137 c Biographien

– Barbusse

Barbusse, Henri: Briefe von der Front. An seine Frau 1914-1917. Leipzig: Reclam 1987. 357 S.
B 66774

– Barre

Amouroux, Henri: Monsieur Barre. Paris: Laffont 1988. 633 S.
B 67578   2-01-014003-6

Barre, Raymond; Colombani, Jean-Marie:
Questions de confiance. Paris: Flammarion
1988. 345 S.
B 67124

– **Barthou**

Malafeev, K. A.: Lui Bartu politik i diplomat. Moskva: Meždunar. otnošenija 1988. 176 S.
Bc 9377

– **Dardaud**

Dardaud, Gabriel: Trente ans au bord du Nil: un journaliste dans l'Égypte des derniers rois. Paris: Lieu Commun 1987. 215 S.
B 67575   2-86705-092-8

– **De Gaulle**

De Gaulle et Malraux. Coll. par l'Institut Charles-de-Gaulle les 13, 14 et 15 nov. 1986. Paris: Plon 1987. 323 S.
B 65315

Lefranc, Pierre: De Gaulle – un portrait. Paris: Flammarion 1989. 255 S.
Bc 011054

– **Jobert**

Jobert, Michel: Journal immédiat ... et pour une petite éternité. Paris: Michel 1987. 246 S.
B 65968

– **Lattre de Tassigny**

Barré, Jean-Luc: De Lattre et la Ière armée. Paris: Tallandier 1989. 110 S.
Bc 9355

– **Melnik**

Melnik, Constantin: Mille jours á Matignon: raisons d'état sous de Gaulle guerre d'Algérie 1959-1962. Paris: Grasset 1988. 310 S.
B 66377   2-246-39891-6

– **Mitterand**

Nay, Catherine: Les sept Mitterand ou les métamorphoses d'un septennat. Paris: Grasset 1988. 286 S.
B 66376   2-246-36291-1

Singer, Daniel: Is socialism doomed?: the meaning of Mitterrand. Oxford: Oxford Univ. Pr. 1988. VI, 324 S.
B 67100   0-19-504925-X

– **Mollet**

Guy Mollet. Un camarade en république. Lille: Pr. Univ. de Lille 1987. XIV, 632 S.
B 65625

– **Monnet**

Mioche, Philippe: Le plan Monnet. Genèse et élaboration 1941-1947. Paris: Publ. de la Sorbonne 1987. 323 S.
B 65985

– **Pasqua**

Pellissier, Pierre: Charles Pasqua. Paris: Lattès 1987. 311 S.
B 65478

– **Le Pen**

Jouve, Pierre: Les dits et les non-dits de Jean-Marie Le Pen: enquêtes et psychoanalyse. Paris: La Découverte 1988. 178 S.
B 67571   2-7071-1743-9

– **Rocard**

Schneider, Robert: Michel Rocard. Paris: Stock 1987. 309 S.
B 66784   2-234-01922-2

– **Sanguedolce**

Sanguedolce, Joseph: Le sang de l'alouette. Saint-Etienne: Pr. Publ. Loire 1987. 238 S.
B 65903   2-907026-10-0

– **Schumann**

Robert Schuman – christlicher Demokrat und Europäer. Aktualität eines Vorbilds. Melle: Knoth 1988. 159 S.
Bc 8785

– **Teitgen**

Teitgen, Pierre Henri: „Faites entrer le témoin suivant". 1940-1958 de la Résistance á la Ve République. Rennes: Ouest-France 1988. 583 S.
B 67604

– **Viguier**

Viguier, Raymond: Nous n'irons plus au bois. Dugny 1933-1944. Paris: Messidor 1988. 119 S.
Bc 8809

L 137 d Land und Volk

Pisano, Vittorfranco S.: Terrorist ethnic sperratism in France and Italy. In: Conflict. 8 (1988),2/3, S. 83 – 95.
BZ 4687:1988

L 137 e Staat und Politik

Portelli, Hugues: La politique en France sous la Ve République. Paris: Grasset 1987. 345 S.
B 65481   2-246-38861-9

L 137 e 10 Innenpolitik

Avril, Pierre: La Ve [cinquième] République: histoire politique et constitutionnelle. Paris: Pr. Univ. de France 1987. 325 S.
B 65971   2-13-040189-9

Baumgartner, Frank R.; Walker, Jack L.: Educational policymaking and the interest group structure in France and the United States. In: Comparative politics. 21 (1989),3, S. 273 – 288.
BZ 4606:1989

Boogerman, Eric: Frankrijk 1981-1986. Amsterdam: Rap 1986. 234 S.
B 66518

Brechon, Pierre; Derville, Jacques; Lecomte, Patrick: Le Cadres du R.P.R. Paris: Ed. Economica 1987. III, 205 S.
B 65909

Daniel, Jean: Les religions d'un président: regards sur les aventures du mitterandisme. Paris: Grasset 1988. 352 S.
B 66374   2-246-39991-2

L 137 e 12 Regierung und Verwaltung

Dagnaud, Monique; Mehl, Dominique: L'Elite rose. Nouvelle édition, revue et augmentée. Paris: Ed. Ramsay 1988. 442 S.
B 65942

Maurice Barrès et le Parlement de la Belle Époque: le projet de „Livre du Parlement" et la Chambre des Députés de 1906 à 1914 d' après Mes cahiers. Paris: Plon 1987. 217 S.
B 65993   2-259-01710-X

Wilson, Frank L.: Interest-group politics in France. Cambridge: Cambridge Univ. Pr. 1987. IX, 324 S.
B 66064   0-521-33530-2

L 137 e 14 Parteien

Brunet, Jean-Paul: Histoire du socialisme en France (de 1871 à nos jours). Paris: Pr. Univ. de France 1989. 127 S.
Bc 8970

Bunin, Igor Michajlovič: Socialisty i obščestvenno-političeskaja bor'ba vo Francii v 80-e gody. Moskva: Nauka 1989. 213 S.
Bc 8936

Demirovic, Alex: Kulturelle Hegemonie von rechts. Antonio Gramsci – gesehen von der nouvelle droite. In: Die neue Gesellschaft – Frankfurter Hefte. 37 (1990),4, S. 352 – 357.
BZ 4572:1990

Documents sur la Ligue communiste française (bolchevicks-léninistes) (1932-1936). Paris: C.E.R.M.T.R.I. 1989. 88 S.
Bc 92589

Fields, A. B.: Trotskyism and Maoism: theory and practice in France and the United States. New York: Praeger 1988. XV, 363 S.
B 69683   0-275-92035-6

Gaffney, John: The French Left and the Fifth Republic. The discourses of communism and socialism in contemporary France. Basingstoke: Macmillan 1989. IX, 299 S.
B 68146

Hazareesingh, Sudhir: From being to nothingness: the extinction of the communist intellectual in France. In: West European politics. 13 (1990),2, S. 216 – 233.
BZ 4668:1990

Höhne, Roland: Die Renaissance des Rechtsextremismus in Frankreich. In: Politische Vierteljahresschrift. 31 (1990),1, S. 79 – 96.
BZ 4501:1990

Inventaire des documents sur les organisations révolutionnaires françaises (1926-1939). Paris: C.E.R.M.T.R.I. 1989. 85 S.
Bc 02562

Jaschke, Hans-Gerd: Renaissance des Rechtsextremismus in Europa? – Das französische Beispiel. In: Jahrbuch Extremismus & Demokratie. (1989),1, S. 67 – 97.
BZ 4998:1989

Kimmel, Adolf: Das französische Parteiensystem. Von der Bipolarisierung zum Konsens? In: Aus Politik und Zeitgeschichte. (1989),B 39, S. 14 – 25.
BZ 05159:1989

Lafon, François: Structures idéologiques et nécessités pratiques au congrès de la S.F.I.O. en 1946. In: Revue d' histoire moderne et contemporaine. 36 (1989),4, S. 672 – 694.
BZ 4586:1989

Pisano, Vittorfranco S.: A case study in terrorism of the left: action directe. In: Conflict. 9 (1989),2, S. 127 – 154.
BZ 4687:1989

Schmidt, Vivien, A.: Engineering a critical realignment of the electorate: the case of the socialists in France. In: West European politics. 13 (1990),2, S. 192 – 215.
BZ 4668:1990

Smirnov, V. P.: General de Goll' v gody vtoroj mirovoj vojny: stanovlenie ideologii gollizma. In: Novaja i novejšaja istorija. (1990),6, S. 53 – 60.
BZ 05334:1990

Vasseur, Philippe: La droite la plus bête du monde? Paris: Belfond 1988. 195 S.
B 67577   2-7144-2111-3

L 137 e 20 Außenpolitik

Barzel, Rainer: 25 Ans de coopération franco-allemande = 25 Jahre deutsch-französische Zusammenarbeit. Bonn: Presse- u. Informationsamt d. Bundesregierung 1988. 171 S.
Bc 8714

Clayton, Anthony: France, soldiers and Africa. London: Brassey's 1988. XXV, 444 S.
B 66126   0-08-034748-7

Cohen, Samy: La politique étrangère entre l'Elysée et Matignon. In: Politique étrangère. 54 (1989),3, S. 487 – 510.
BZ 4449:1989

Domergue-Cloarec, D.: La mission et le rapport Revers. In: Guerres mondiales et conflits contemporains. (1987),148, S. 97 – 114.
BZ 4455:1987

Eichler, Jan: Zahraniční a vojenská politika Francie 1958-1988. In: Historie a vojenství. (1989),4, S. 127 – 144.
BZ 4526:1989

Helmriech. J. E.: Convention politique ou accord militaire? La négociation de l'accord franco-belge de 1920. In: Guerres mondiales et conflits contemporains. 40 (1990),159, S. 21 – 36.
BZ 4455:1990

Krosigk, Friedrich von: Französische Außenpolitik im Spannungsfeld von Mondialismus und Europäischer Integration. In: Aus Politik und Zeitgeschichte. (1989),B 39, S. 35 – 45.
BZ 05159:1989

Kukułka, Jan: Polityka Francji wobec Związku Radzieckiego w dobie „pierestrojki". In: Sprawy międzynarodowe. 42 (1989),11, S. 89 – 100.
BZ 4497:1989

Mac-Anigboro, E. J.; Aja, Aja Akpuru: France's military policy in Sub-Sahara francophone states: a treat to Nigeria's national security. In: Strategic analysis. 12 (1989),1, S. 107 – 120.
BZ 4800:1989

Neise, Volker: Wandel und Stabilität in Europa – zur Haltung Frankreichs. In: IPW-Berichte. 19 (1990),6, S. 28 – 33.
BZ 05326:1990

Parzymies, Stanisław: Francja wobec jedności Niemiec. In: Sprawy międzynarodowe. 43 (1990),7-8, S. 63 – 84.
BZ 4497:1990

Parzymies, Stanisław: Współpraca wojskowa Francja-RFN. In: Sprawy międzynarodowe. 42 (1989),7-8, S. 71 – 86.
BZ 4497:1989

Schutze, Walter: Frankreich angesichts der deutschen Einheit. In: Europa-Archiv. 45 (1990),4, S. 133 – 138.
BZ 4452:1990

Shorrock, William I.: From ally to enemy: the enigma of fascist Italy in French diplomacy, 1920-1940. Kent, Ohio: Kent State Univ. Pr. 1988. XII, 355 S.
B 68388   0-87338-350-8

Vatin, Philippe: Du pacifisme des artistes pendant la Grande Guerre. In: Guerres mondiales et conflits contemporains. (1989),150, S. 17 – 44.
BZ 4455:1989

Wandycz, Piotr S.: The twilight of French eastern alliances: 1926-1936; French-Czechoslovak-Polish relations from Locarno to the remilitarization of the Rhineland. Princeton, NJ.: Princeton Univ. Press 1988. XVII, 537 S.
B 68585   0-691-05528-9

L 137 f Wehrwesen

L 137 f 00 Wehrpolitik

Ehrhart, Hans-Georg: Frankreichs Politik der „Europäisierung der Verteidigung" aus amerikanischer und westeuropäischer Sicht. Bonn: Friedr.-Ebert-Stiftung 1988. 21 Bl.
Bc 02338

Hernu, Charles: Lettre ouverte à ceux qui ne veulent pas savoir. Paris: Michel 1987. 181 S.
B 65963

Kolodziej, Edward A.: Making and marketing arms. The French experience and its implications for the international systems. Princeton, NJ: Princeton Univ. Press 1987. XXV, 518 S.
B 66102

Rocard, Michel: Les orientations de la politique de défense de la France. In: Défense nationale. 45 (1989),11, S. 13 – 30.
BZ 4460:1989

Saulnier, Jean: La stratégie de dissuasion nucléaire française, son passé et son avenir. In: Défense nationale. 46 (1990),Oct., S. 35 – 43.
BZ 4460:1990

Soutou, Georges-Henri: Die Nuklearpolitik der vierten Republik. In: Vierteljahrshefte für Zeitgeschichte. 37 (1989),4, S. 610 – 625.
BZ 4456:1989

Wiffen, Drusilla; Edmonds, Martin: La Gendarmerie Nationale: a blueprint for the future of international security provision in the West? In: Defense analysis. 5 (1989),2, S. 139 – 151.
BZ 4888:1989

L 137 f 10 Heer

Cabiro, Bernard: Sous le vert. Paris: Plon 1987. 380 S.
B 65316   2-259-01703-7

Corvisier, André: Le Paris militaire du milieu du XVIIc siècle. Strasbourg: Les Ed. d'Alsace 1988. S. 89 – 97.
Bc 8067

Worden, James William: Wayward legionnaire. A life in the French Foreign Legion. London: Hale 1988. 207 S.
B 67874

L 137 f 20 Marine

Fornaciari, Micheline: Les Femmes dans la marine nationale française de 1942 à 1956. Toulon: AGPM Ed. 1989. 65 S.
Bc 9361

L 137 g Wirtschaft

Davis, Mary D.: The military-civilian nuclear link: a guide to the French nuclear industry. Boulder, Colo.: Westview Pr. 1988. 173 S.
B 66548   0-8133-7501-0

Delhombre, Jean: Exportation française d'armement et commerce extérieur. In: Défense nationale. 46 (1990),1, S. 57 – 71.
BZ 4460:1990

L 137 h Gesellschaft

Documents sur la grève générale d'août 1953. Paris: C.E.R.M.T.R.I. 1988. 86 S.
Bc 02371

Dray, Julien: SOS génération: histoire de l'intérieur du mouvement des jeunes de novembre-décembre 1986. Paris: Ramsay 1987. 273 S.
B 65861   2-85956-585-X

Jenson, Jane: Le Féminisme en France depuis mai 1968. In: Vingtième siècle. (1989),24, S. 55 – 67.
BZ 4941:1989

LeBricquir, Danielle: La Paix, les femmes! Grenoble: Presse Universitaire de Grenoble 1987. 176 S.
B 65898

Yagil, Limore: „Jeunesse de France et d'autre-mer" et la vision de l'"homme nouveau" dans la France de 1940-1944. In: Guerres mondiales et conflits contemporains. (1990),158, S. 93 – 104.
BZ 4455:1990

L 137 i Geistesleben

Buchsbaum, Jonathan S.: Cinema Engagé: film in the Popular Front. Urbana, Ill.: Univ. of Illinois 1988. XIV, 308 S.
B 71005   0-252-01485-5

Lochon, Christian: Vers la création d'instances supérieures de l'Islam en France. In: L'Afrique et l'Asie modernes. (1990),165, S. 43 – 67.
BZ 4689:1990

Peut-on parler de „théâtre résistant"? In: Revue d' histoire moderne et contemporaine. (1990),37, S. 128 – 147.
BZ 4586:1990

Prost, Antoine: 1968: mort et naissance de l'Université française. In: Vingtième siècle. (1989),23, S. 59 – 70.
BZ 4941:1989

Rioux, Jean-Pierre: A propos des célébrations décennales du mai francais. In: Vingtième siècle. (1989),23, S. 49 – 58.
BZ 4941:1989

Ross, George: Intellectuals against the left: the case of France. In: The socialist register. 26 (1990), S. 201 – 227.
BZ 4824:1990

Roussel, Hélène; Winckler, Lutz: Pariser Tageblatt/Pariser Tageszeitung: Gescheitertes Projekt oder Experiment publizistischer Akkulturation? In: Exilforschung. 7 (1989), S. 119 – 135.
BZ 4810:1989

L 137 k Geschichte

Bourdrel, Philippe: L'Épuration sauvage. 1944-1945. Paris: Perrin 1988. 439 S.
B 70224

Cailleteau, François: Le commandement des armées françaises pendant la Grande Guerre: histoire d'une élite. In: Guerres mondiales et conflits contemporains. (1989),155, S. 3 – 24.
BZ 4455:1989

Capdevielle, Jacques: Mai 68, l'entredeux de la modernité: histoire de trente ans. Paris: Pr. de la Fondation Nationale des Sciences Politiques 2099. 317 S.
B 69553   2-7246-0555-1

Doise, Jean; Vaisse, Maurice: Diplomatie et outil militaire. 1871-1969. Paris: IN 1987. 566 S.
B 67594

La France et l'Allemagne entre les deux Guerres Mondiales. Actes ... 15-16-17 Janv. 1987. Nancy: Pr. Univ. de Nancy 1987. 244 S.
B 67522

The French and Spanish popular fronts: comparative perspectives. Ed.: Martin S. Alexander. Cambridge: Cambridge Univ. Pr. 1989. XIV, 277 S.
B 69638   0-521-35081-6

Gacon, Jean: 1944-1958. Quatrième République. Paris: Messidor 1987. 260 S.
B 67583

Images de la France de Vichy 1940-1944. Images asservies et images rebelles. Paris: La Documentation Française 1988. 257 S.
010870

Issautier, S.: La presse clandestine en Vaucluse pendant la Seconde Guerre Mondiale. In: Guerres mondiales et conflits contemporains. 39 (1989),156, S. 45 – 52.
BZ 4455:1989

Jackson, Julian: The Popular Front in France: defending democracy, 1934-1938. Cambridge: Cambridge Univ. Pr. 1988. XV, 353 S.
B 68334   0-521-32088-7

Krivine, Alain: Mai si!: 1968-1988; rebelles et repentis. Montreuil: PEC 1988. 221 S.
B 67574   2-902524-54-4

Lazarescu, Dan A.: „La Revue des deux Mondes" et l'entrée de la Roumanie dans la Guerre (1916). In: Revue roumaine d'histoire. 28 (1989),3, S. 285 – 301.
BZ 4577:1989

Lebovics, Herman: The Alliance of iron an wheat in the Third French Republic 1860-1914. Baton Rouge: Louisiana State Univ. Pr. 1988. 219 S.
B 66843

Mai 68, par eux-mêmes: le mouvement de Floréal, an 176. Paris: Ed.du Monde Libertaire 1989. 239 S.
B 70423   2-903013-13-6

Marseille, Jacques: La Gauche, la Droite et le fait colonial en France des années 1880 aux années 1960. In: Vingtième siècle. (1989),24, S. 17 – 28.
BZ 4941:1989

Martelli, Roger: Mai 68. Paris: Messidor-Ed. Sociales 1988. 256 S.
B 67584   2-209-06037-0

Novikov, G. N.: De Goll', Gollisty i Gollizm. In: Novaja i novejšaja istorija. (1990),3, S. 37 – 52.
BZ 05334:1990

Oddone, Patrick: La longue nuit des francs-macons du nord: 1940-1944. Dunkerque: E. des Beffrois 1988. 159 S.
B 67207   2-903077-73-8

Raimond-Dityvon, Claude: Mai 68. Paris: Carrere/Kian 1988. 110 S.
B 68435   2-86804-518-9

Rondeau, Daniel: In Flammen. Ein Leben für die Revolution. Paris, 1968. Reinbek: Rowohlt 1989. 118 S.
Bc 9487

Thalmann, Rita: Die Flüchtlinge des Dritten Reiches: ein Sonderfall der Immigration im Frankreich der dreißiger Jahre. „9. November". In: Babylon. (1989),5, S. 29 – 39.
BZ 4884:1989

Zamojski, Jan E.: Ludnoṡċ Francji w przededniu wyzwolenia (Jesień 1943 – wiosna 1944). In: Dzieje najnowsze. 21 (1989),2, S. 43 – 82.
BZ 4685:1989

L 137 l Einzelne Länder/Gebiete/Orte

Koerner, Francis: Le Puy-de-Dôme et la 17e région économique durant la Deuxième Guerre Mondiale. In: Guerres mondiales et conflits contemporains. 40 (1990),159, S. 37 – 51.
BZ 4455:1990

L 139 Griechenland

Cassimatis, Louis P.: The American Influence in Greece 1917-1929. Kent, Ohio: Kent State Univ. Pr. 1988. XIII, 300 S.
B 68473

Danopoulos, Constantine P.; Gerston, Larry N.: Democratic currents in authoritarian seas: the military in Greece and the Philippines. In: Armed forces and society. 16 (1990),4, S. 529 – 545.
BZ 4418:1990

Danopoulos, Constantine P.: Democratic undercurrents in Praetorian regimes: the Greek military and the 1973 plebiscite. In: The journal of strategic studies. 12 (1989),3, S. 349 – 368.
BZ 4669:1989

Featherstone, Kevin: The 'party-state' in Greece and the fall of Papandreou. In: West European politics. 13 (1990),1, S. 101 – 115.
BZ 4668:1990

Ganslandt, Herbert R.: Politische Kultur und politisches System in Griechenland. In: Aus Politik und Zeitgeschichte. (1990),B 51/90, S. 29 – 38.
BZ 05159:1990

Giakoumis, Pantelis: Zwischen den Fronten. Die Sicherheitspolitik Griechenlands 1945-1986. Münster: Lit.- Verl. 1987. XI, 541 S.
B 68109

Gołembski, Jan: Uwarunkowania i założenia polityki zagranicznej Grecji. In: Sprawy międzynarodowe. 42 (1989),11, S. 101 – 112.
BZ 4497:1989

Keeley, Edmund: The Salonika Bay murder: cold war politics and the Polk affair. Princeton, NJ: Princeton Univ. Press 1989. XVII, 395 S.
B 71031   0-691-05565-3

Merkel, Wolfgang: Vom Ende der Diktaturen zum Binnenmarkt 1993. In: Aus Politik und Zeitgeschichte. (1990),B 51/90, S. 3 – 14.
BZ 05159:1990

Rainero, Romain H.: Le coup d'état de Metaxas et ses échos dans l'Italie fasciste. In: Revue d' histoire moderne et contemporaine. (1989),36, S. 438 – 449.
BZ 4586:1989

Spourdalakis, Michalis: The rise of the Greek socialist party. London: Routledge 1988. 331 S.
B 66679   0-7099-5444-1

12. Parteitag der Kommunistischen Partei Griechenlands. 12. bis 16. Mai 1987. Berlin: Dietz 1987. 158 S.
Bc 7808

L 141 Großbritannien

L 141 c Biographien

The Blackwell biographical dictionary of British political life in the twentieth century. Ed.: Keith Robbins. Oxford: Blackwell Reference 1990. XII, 449 S.
B 72551   0-631-15768-9

The Prime ministers: stories, and anecdotes from Number 10. Ed.: William Douglas. London: W. H. Allen 1987. 287 S.
B 65537   0-491-03067-3

– **Behenna**

Ward, Sheila: Mother for peace: Lucy Behenna. London: Mothers for Peace 1989. 139 S.
Bc 9596

– **Benn**

Benn, Tony: Office without power. Diaries 1968-72. London: Hutchinson 1988. XIII, 562 S.
B 68498

– **Billington-Greig**

Billington-Greig, Teresa: The non-violent Militant. Ed.: Carol McPhee. London: Routledge & Kegan Paul 1987. 312 S.
B 66648

– **Dutt**

Callaghan, John: Rajani Palme Dutt, British communism, and the Communist Party of India. In: Journal of communist studies. 6 (1990),1, S. 49 – 70.
BZ 4862:1990

– **Hart**

O'Neill, Robert: Liddell Hart unveiled. In: The Army quarterly and defence journal. 120 (1990),1, S. 7 – 19.
BZ 4770:1990

– **Harvey**

Fitzgeorge-Parker, Tim: Roscoe: the bright shimer. London: Severn House 1987. VIII, 280 S.
B 66104

– **Howard of Penrith**

MacKercher, B. J. C.: Esme Howard. A diplomatic biography. Cambridge: Cambridge Univ. Pr. 1989. XIV, 482 S.
B 69359

– **Lawrence**

Tabachnick, Stephen; Matheson, Christopher: Wahrheit und Legende. Bilanz eines Heldenlebens. München: List 1988. 250 S.
B 67127

– **Menzies**

Brown, Anthony Cave: „C". The secret life of Stewart Graham Menzies, spymaster to Winston Churchill. London: Macmillan 1987. 830 S.
B 66547

– **Perkins**

Perkins, Ken: A fortunate Soldier. London: Brassey's Defence Publ. 1988. XIII, 198 S.
B 67843

– **Rushdie**

Mazrui, Ali A.: The Satanic Verses or a satanic novel? Moral dilemmas of the Rushdie affair. In: Alternatives. 15 (1990),1, S. 97 – 121.
BZ 4842:1990

– **Sandys**

Rees, Wyn: The 1957 Sandys white paper: new priorities in British defence policy? In: The journal of strategic studies. 12 (1989),2, S. 215 – 229.
BZ 4669:1989

– **Thatcher**

Dalyell, Tam: Misrule: how Mrs. Thatcher has misled parliament from the sinking of the Belgrano to the Wright affair. London: Hamilton 1987. XXIV, 152 S.
0-241-12170-1
B 66095

Harris, Kenneth: Thatcher. Boston, Mass.: Little, Brown 1988. 248 S.
B 67259   0-316-34837-6

– **Urquhart**

Urquhart, Brian: A life in peace and war. London: Weidenfeld and Nicolson 1987. VIII, 390 S.
B 65871

– **Wade**

Wade, Ashton: A Life on the line. Turnbridge Wells: Costello 1988. 217 S.
B 67833

– **Wellock**

Rigby, Andrew: A life in peace: a biography of Wilfrid Wellock. Bridport: Prism Pr. 1988. 139 S.
B 68600   1-85327-005-9

– **Woodcock**

Walter, Nicolas: Woodcock reconsidered. In: The raven. 1 (1987),2, S. 173 – 184.
BZ 5019:1987

L 141 d Land und Volk

Lewis, Russell: Anti-racism: a mania exposed. London: Quartet Books 1988. 173 S.
B 66888   0-7043-0070-2

The Persistence of prejudice. Antsemitism in British society during the Second World War. Manchester: Manchester Univ. Pr. 1989. 257 S.
B 72297

L 141 e Staat und Politik

Garrison, Terry: Mrs. Thatcher's casebook: non-partisan studies in Conservative policy in the Eighties. Kings Ripton: Elm 1987. VIII, 439 S.
B 66109   0-946139-86-5

Hartley, Anthony: After the Thatcher decade. In: Foreign affairs. 68 (1989),5, S. 102 – 118.
BZ 05149:1989

L 141 e 10 Innenpolitik

Alderman, Geoffrey: Britain: a one party state? London: Cristopher Helm 1989. IX, 165 S.
Bc 9319   0-7470-0004-2

Beetham, David: Civil liberties, Thatcherism and charter '88. In: Political quarterly. 60 (1989),3, S. 273 – 279.
BZ 4611:1989

Crick, Bernard: The state of our civil liberties. In: Political quarterly. 60 (1989),3, S. 262 – 272.
BZ 4611:1989

Fishman, Nina: Extending the scope of representative democracy. In: Political quarterly. 60 (1989),4, S. 442 – 455.
BZ 4611:1989

Greenleaf, W. H.: The British political Tradition. Vol. 1. 2. London: Routledge 1988. XIII, 336 S.; XII, 579 S.
B 66916

Keane, John: Citizenship and the freedom of the media. In: Political quarterly. 60 (1989),3, S. 285 – 296.
BZ 4611:1989

Kühnert, Uwe: Soziale Aspekte des Thatcherismus in Großbritannien. In: IPW-Berichte. 19 (1990),5, S. 19 – 25.
BZ 05326:1990

Lacey, Nicola: Are rights best left unwritten? In: Political quarterly. 60 (1989),4, S. 433 – 441.
BZ 4611:1989

Thornton, Peter: Decade of decline: civil liberties in the Thatcher years. London: National Council for Civil Liberties 1989. 104 S.
Bc 9153   0-946088-30-6

L 141 e 12 Regierung und Verwaltung

Dickens, Peter: One nation?: Social change and the politics of locality. London: Pluto 1988. XI, 228 S.
B 67295   0-7453-0261-0

Mount, Ferdinand: La décennie Thatcher. In: Commentaire. 12 (1989),46, S. 283 – 292.
BZ 05436:1989

Senker, Peter: Ten years of Thatcherism: triumph of ideology over economics. In: Political quarterly. 60 (1989),2, S. 179 – 189.
BZ 4611:1989

Stallworthy, Marks: Central government and local government: the uses and abuses of a constitutional hegemony. In: Political quarterly. 60 (1989),1, S. 22 – 37.
BZ 4611:1989

L 141 e 13 Parlamente und Wahlen

Judge, David: Parliament in the 1980s. In: Political quarterly. 60 (1989),4, S. 400 – 412.
BZ 4611:1989

Miller, Charles: Lobbying: understanding and influencing the corridors of power. Oxford: Blackwell 1990. XV, 250 S.
B 72260   0-631-17212-2

MPs and defence. A survey of parliamentary knowledge and opinion. London: Inst. f. European Defence and Strategic Studies 1988. 35 S.
Bc 8817

Tyler, Rodney: Campaign!: the selling of the Prime Minister. London: Grafton 1987. XI, 251 S.
B 66101   0-246-13257-4

L 141 e 14 Parteien

Coker, Christopher: Less important than opulence. The Conservatives and defence. London: Inst. f. European Defence and Strategic Studies 1988. 53 S.
Bc 9146

Collette, Christine: For labour and for women: the Women's Labour League, 1906-1918. Manchester: Manchester Univ. Pr. 1989. 225 S.
B 70159   0-7190-2591-5

Hattersley, Roy: Economic priorities for a labour government. Basingstoke: Macmillan 1987. X, 198 S.
B 66683   0-333-44727-1

Irvine, Sandy: A green manifesto: policies for a green future. London: Macdonald 1988. XI, 178 S.
0-356-15200-6
B 68608

Jones, R. W.: Anti-parliamentarism and communism in Britain 1917-1921. In: The raven. 3 (1990),3, S. 245 – 262.
BZ 5019:1990

Lloyd, John: A rational Advance for the Labour Party. London: Chatto & Windus 1989. 57 S.
Bc 9601

Moorhouse, John: A historical glossary of British marxism. West Bridgford: Paupers' Press 1987. 48 S.
Bc 8800

Out of apathy: voices of the New Left thirty years on; papers based on a conference organized by the Oxford Univ. Socialist Discussion Group. Ed.: Robin Archer. London: Verso 1989. IX, 172 S.
B 70928   0-86091-232-9

The resurgence of conservatism in Anglo-American democracies. Ed.: Barry Cooper. Durham, NC.: Duke Univ. Pr. 1988. VI, 464 S.
B 66763   0-8223-0709-X

Schneer, Jonathan: Labour's conscience: the Labour Left, 1945-51. Boston, Mass.: Unwin Hyman 1988. XIII, 249 S.
B 66099   0-04-942193-X

L 141 e 20 Außenpolitik

British foreign policy under Thatcher. Ed.: Peter Byrd. Oxford: Allan 1988. VII, 211 S.
B 68753

British security policy and the Atlantic Alliance: prospects for the 1990s. Special report. Washington: Pergamon-Brassey's 1987. XV, 140 S.
B 67074

Ferris, John Robert: The Evolution of British strategic policy, 1919-26. Basingstoke: Macmillan 1989. XIII, 235 S.
B 67946

The Foreign policy of Churchill's peacetime administration 1951-1955. Ed.: John W. Young. Leicester: Leicester Univ. Pr. 1988. X, 273 S.
B 66112   0-7185-1264-2

Laird, Robbin F.; Clark, Susan: Britain's Security Policy. The modern Soviet view. London: Inst. f. European Defence and Strategic Studies 1987. 74 S.
Bc 8814

Shepherd, Robert: A class divided. Appeasement and the road to Munich, 1938. London: Macmillan 1988. X, 323 S.
B 69272

Taylor, Richard: Against the bomb: the British peace movement, 1958-1965. Oxford: Clarendon Pr. 1988. 368 S.
B 67707   0-19-827537-4

L 141 e 29 Außenpolitische Beziehungen

Beer, Siegfried: Der „unmoralische" Anschluß: Britische Österreichpolitik zwischen „Containment" und „Appeasement" 1913-1934. Köln: Böhlau 1988. XVI, 521 S.
B 65643   3-205-08748-8

British-German Defence Co-operation. Partners within the alliance. Ed.: Karl Kaiser. London: Jane's Publ. 1988. XII, 308 S.
B 68511

Davis, Clarence Baldwin: Partners and rivals. Britain's imperial diplomacy concerning the United States and Japan in China. New York: Garland 1987. 716 S.
B 68507

Davy, Richard: Großbritannien und die Deutsche Frage. In: Europa-Archiv. 45 (1990),4, S. 139 – 148.
BZ 4452:1990

Devereux, David R.: Britain, the Commonwealth and the defence of the Middle East 1948-1956. In: Journal of contemporary history. 12 (1989),2, S. 327 – 345.
BZ 4552:1989

Dimbleby, David: An ocean apart: the relationship between Britain and America in the 20. century. London: BBC Books 1988. XVII, 408 S.
B 66116   0-563-20591-1

Gorodeckij, Gabriel': Čerčill' i Sovetskij Sojuz posle 22 ijunja 1941 g. In: Novaja i novejšaja istorija. (1990),6, S. 61 – 78.
BZ 05334:1990

Grayling, Christopher; Langdon, Christopher: Just another Star? Anglo-American relations since 1945. London: Harrap 1988. XIV, 234 S.
B 69392

Keeble, Curtis: Britain and the Soviet Union, 1917-89. Basingstoke: Macmillan 1990. XIV, 387 S.
B 72244   0-333-43919-8

Knudsen, Erik L.: Great Britain, Constantinople, and the Turkish peace treaty: 1919-1922. New York: Garland 1987. IX, 345 S.
B 66568   0-8240-7821-7

Pelipas', Miichail Jakovlevič: Ekspansionistskaja Politka SŠA i Anglii na Bližnem i Srednе Vostoke v 1947-1952 gg. Tomsk: Izd.-vo Tomskogo Univ. 1989. 192 S.
Bc 9762

L 141 e 30 Kolonialpolitik

Darwin, John: Britain and decolonisation. The retreat from empire in the post-war world. Basingstoke: Macmillan 1988. XIII, 383 S.
B 67848

Furedi, Frank: Britain's colonial wars: playing the ethnic card. In: The journal of Commonwealth & comparative politics. 28 (1990),1, S. 70 – 89.
BZ 4408:1990

Killingray, David: Labour exploitation for military campaigns in British colonial Africa 1870-1945. In: Journal of contemporary history. 24 (1989),3, S. 483 – 502.
BZ 4552:1989

L 141 f Wehrwesen

Dewar, Michael: Brush fire wars: minor campaigns of the British army since 1945. London: Hale 1987. 208 S.
B 67291   0-7091-9624-5

James, Lawrence: Imperial rearguard: wars of empire, 1919-85. London: Brassey's Defence Publ. 1988. XI, 242 S.
B 66131   0-08-031215-2

Kasper, Hans-Hendrik: Nukleare Abschreckung in Großbritannien. In: IPW-Berichte. 19 (1990),3, S. 32 – 38.
BZ 05326:1990

Navias, Martin S.: Terminating conscription? The British national service controversy 1955-1956. In: Journal of contemporary history. 24 (1989),2, S. 195 – 208.
BZ 4552:1989

O'Neill, Robert: Großbritannien und die atomare Abschreckung. In: Vierteljahrshefte für Zeitgeschichte. 37 (1989),4, S. 595 – 604.
BZ 4456:1989

L 141 f 00 Wehrpolitik

Adams, R. J. Q.; Poirier, Philip P.: The conscription controversy in Great Britain, 1900-18. Basingstoke: Macmillan 1987. XVIII, 295 S.
B 66719

Aldrich, Richard; Coleman, Michael: The Cold War, the JIC and British signals Intelligence, 1948. In: Intelligence and national security. 4 (1989),3, S. 535 – 549.
BZ 4849:1989

Boyd, Carl: Significance of MAGIC and the Japanese ambassador to Berlin: (V) news of Hitler's defense preparations for allied invasion of Western Europe. In: Intelligence and national security. 4 (1989),3, S. 461 – 481.
BZ 4849:1989

Broadbent, Ewen: The military and government: from Macmillan to Heseltine. Basingstoke: Macmillan 1988. XIII, 238 S.
B 67045   0-333-43442-0

Choices: nuclear and non-nuclear defence options. London: Brassey's Defence Publ. 1987. XIV, 473 S.
B 66936   0-08-034763-0

Donini, Luigi: The cryptographic services of the Royal and Italian navies. In: Cryptologia. 14 (1990),2, S. 97 – 127.
BZ 05403:1990

Ferris, John: From Broadway house to Bletchley Park: The diary of Captain Malcolm D. Kennedy, 1934-1946. In: Intelligence and national security. 4 (1989),3, S. 421 – 450.
BZ 4849:1989

Kelso, Nicholas: Errors of judgement: SOE's disaster in the Netherlands, 1941-44. London: Hale 1988. 266 S.
B 68341   0-7090-3345-1

Ladd, James D.; Melton, Keith; Mason, Peter: Clandestine Warfare. Weapons and equipment of SOE and OSS. London: Blandford 1988. 156 S.
B 66150

Lustgarten, Laurence: Learning from Peter Wright: a response to D. C. Watt. In: Political quarterly. 60 (1989),2, S. 222 – 236.
BZ 4611:1989

Miller, Davina: Planning programming budgeting system and the case of rational decision-making in Britain's Ministry of Defence. In: Defense analysis. 6 (1990),2, S. 131 – 145.
BZ 4888:1990

Occleshaw, Michael: Armour against fate. British military intelligence in the First World Wjar. London: Columbus Books 1989. XVI, 423 S.
B 68756

Porter, Ivor: Operation Autonomous. With S.O.E. in wartime Romania. London: Chatto & Windus 1989. XVII, 268 S.
B 69217

Rubin, Gerry R.: War, law and labour: the Munitions Acts, state regulation and the unions, 1915-1921. Oxford: Clarendon Pr. 1987. 275 S.
B 65864   0-19-825538-1

Schmitt, Anton: Großbritanniens Bevölkerungsschutz 1989. Civil defence-civil protection in peacetime-Ein Überblick. In: Zivilverteidigung. 20 (1990),1, S. 43 – 49.
BZ 05269:1990

Thomas, Andy: British signals intelligence after the Second World War. In: Intelligence and national security. 3 (1989),4, S. 103 – 110.
BZ 4849:1989

L 141 f 05 Kriegswesen

Chalfont, Alun: Defence of the realm. London: Collins 1987. 192 S.
B 65649   0-00-217980-6

Lewis, Julian: Changing direction: British military planning for post-war strategic defence, 1942-1947. London: Sherwood Pr. 1988. XVIII, 475 S.
B 66121   0-907671-19-5

Meads, R. J.: A reservist's War and the 252. Written from the war diaries of RAMC reservist. Braunton: Merlin Books 1988. 74 S.
Bc 8636

Rutherford, Evan: Nuclear Weakness: a conservative case for conventional defence. London: Conservatives for Conventional Defence 1988. 73 S.
Bc 9318

Summers, Anne: Angels and citizens: British women as military nurses, 1854-1914. London: Routledge & Kegan Paul 1988. XII, 371 S.
B 66068   0-7102-1338-7

L 141 f 10 Heer

Chant, Christopher: The handbook of British regiments. London: Routledge 1988. 313 S.
B 66114   0-415-00241-9

Cliff, Norman D.: To hell and back with the guards. Braunton: Merlin Books 1988. 111 S.
Bc 8871

Forty, George: The Royal Tank Regiment. A pictorial history 1916-1987. Tunbridge Wells: Spellmount 1988. 256 S.
010753

Gander, Terry J.: Infantry on the line. London: Allan 1988. 128 S.
B 69432

Langley, Mike: Anders Lassen, VC, MC, of the SAS. London: New English Library 1988. 253 S.
B 67736

Reader, William Joseph: At duty's Call. A study in obsolete patriotism. Manchester: Manchester Univ. Pr. 1988. VIII, 152 S.
B 67721

Terry, Roy: Women in Khaki: the story of the British women soldiers. London: Columbus 1988. 258 S.
010797   0-86287-321-5

Turpin, Patrick G.: The turn of the wheel: the history of the RASC 1919-1939. Buckingham: Barracuda 1988. 256 S.
010905   0-86023-428-2

Winton, Harold R.: To change an army. General Sir John Burnett – Stuart and British armoured doctrine, 1927-1938. Lawrence, Kan.: Univ. Pr. of Kansas 1988. XVIII, 284 S.
B 67715

Zugbach, R. G. von: Power and prestige in the British army. Aldershot: Avebury 1988. IX, 193 S.
B 66152   0-566-05561-9

L 141 f 20 Marine

Akermann, Paul: The encyclopaedia of British submarines, 1901-1955. Liskeard: Maritime 1989. XXII, 522 S.
010847   0-907771-42-4

The British naval defence industry and its biennial showcase. The Royal Navy equipment exhibition. In: Maritime defence. 14 (1989),9, S. 260-267.
BZ 05094:1989

Connell, G. G.: Mediterranean Maelstrom. HMS Jervis and the 14th Flotilla. London: Kimber 1987. 272 S.
B 70325

Edmonds, M.: Sea power and the royal navy's surface fleet. In: Naval forces. 10 (1989),4, S. 40 – 49.
BZ 05382:1989

Fryer, Charles E. J.: The Royal Navy on the Danube. Boulder: East European Monographs 1988. VII, 228 S.
B 66846

Heal, Veryan: Britain's maritime heritage. London: Conway 1988. 127 S.
B 65852   0-85177-474-1

Jordan, John: La flotte de surface britannique menacée d'asphyxie. In: Nouvelle revue maritime. (1989),415, S. 43 – 52.
BZ 4479:1989

Law, Derek G.: The Royal Navy in World War II. An annotated bibliography. London: Greenhill Books 1988. 305 S.
B 69270

Murfett, Malcolm: The perils of negotiating from an exposed position: John Simon Kerans and the Yangtse talks of 1949. In: Conflict. 9 (1989),3, S. 271 – 300.
BZ 4687:1989

Preston, Antony: Naval helicopter operations. In: Defence. 10 (1989),6, S. 399 – 407.
BZ 05381:1989

Samain, Bryan: Commando Men. The story of a Royal Marine Commando in World War Two. London: Greenhill 1988. XIII, 190 S.
B 66653

Sumida, Jon: British naval administration and policy in the age of Fisher. In: The journal of military history. 54 (1990),1, S. 1 – 26.
BZ 4980:1990

Treviño Ruiz, José M.: El componente submarino de la Royal Navy. In: Defensa. 13 (1990),142, S. 16 – 20.
BZ 05344:1990

Wichmann, Ulrich: Der „Invincible"-Sprung. Velbert: Selbstverlag 1989. 60 S.
Bc 9066

L 141 f 30 Luftwaffe

Allan, Chris: The Royal Air Force in colour. London: Allan 1988. 92 S.
Bc 02612

Beck, Pip: A WAAF in bomber command. London: Goodall 1989. 171 S.
Bc 9147

Bridson, Amy M.: From needles-sewing to irons-soldering. Braunton: Merlin Books 1989. VIII, 42 S.
Bc 9220

Brooks, Robin J.: From Moths to merlins. The story of West Malling Airfield. Rainham: Meresborough Books 1987. 118 S.
Bc 9274

Currie, Jack: Wings over Georgia. St. Albans: Goodall 1989. 154 S.
Bc 9149   0-907579-11-6

Ford-Jones, Martyn R.: Bomber squadron: men who flew with XV. London: Kimber 1987. 256 S.
B 67765   0-7183-0659-7

Jefford, C. G.: RAF-Squadrons ... since 1912. Shrewsbury: Airlife Publ. 1988. 270 S.
010777

Paris, Michael: Air power and imperial defence 1880-1919. In: Journal of contemporary history. 24 (989),2, S. 209 – 225.
BZ 4552:989

L 141 g Wirtschaft

Coutts, Ken; Godley, Wynne: The British economy under Mrs. Thatcher. In: Political quarterly. 60 (1989),2, S. 137 – 151.
BZ 4611:1989

Dewey, Peter, E.: British agriculture in the First World War. London: Routledge 1989. 262 S.
B 69640   0-415-02637-7

London, Peter M.: Saunders and Saro Aircraft since 1917. London: Putnam 1988. IX, 350 S.
B 66106   0-85177-814-3

MacInnes, John: Thatcherism at work: industrial relations and economic change. Milton Keynes: Open Univ. Pr. 1987. 182 S.
B 65651   0-335-15517-0

Peebles, Hugh B.: Warshipbuilding on the Clyde: naval orders and prosperity of the Cliyde shipbuilding industry, 1889-1939. Edinburgh: Donald 1987. V, 205 S.
B 69271   0-85976-193-2

Slader, John: The Red Duster at war. London: Kimber 1988. 352 S.
B 68331

VSEL: master shipbuilders and masters of technology. In: RUSI journal. 134 (1989),3, S. 53 – 60.
BZ 05161:1989

L 141 h Gesellschaft

Carter, April: The politics of women's rights. London: Longman 1988. VIII, 240 S.
B 66071   0-582-29519-X

Frow, Ruth; Frow, Edmund; Katanka, Michael: Strikes – a documentary history. London: Knight o. J. XXX, 227 S.
B 67263

Holford, John: Reshaping labour: organisation, work and politics – Edinburgh in the Great War and after. London: Croom Helm 1988. 276 S.
B 66747   0-7099-4755-0

Kramer, Ann: A Suffragette. Hove: Wayland 1988. 31 S.
B 67901

Lowther, William Walton: Wish you were here...? An account of Sunderland's wartime evacuation. Wallsend-on-Tyne: Walton Publ. 1989. o. Pag.
Bc 9597

MacCabe, Sarah: The police, public order and civil liverties: legacies of the miners' strike. London: Routledge 1988. XI, 209 S.
B 66191　　　　　　　　0-415-00724-0

Paulmann, Johannes: Arbeitslogiskeit in Großbritannien 1931-1939. Sozial- u. Wirtschaftspolitik. Bochum: Brockmeyer 1989. 164 S.
Bc 9371

Shipway, Mark: Anti-parliamentary communism: the movement for workers' councils in Britain, 1917-45. Basingstoke: Macmillan 1988. XIV, 239 S.
B 66643　　　　　　　　0-333-43613-X

Sorgin, V. V.: Rabočee dviženie Velikobritanii v retrospektive: diskussii vritanskich istorikov. In: Novaja i novejšaja istorija. (1989),6, S. 46 – 60.
BZ 05334:1989

Swindells, Julia: What's left? women in culture and the Labour Movement. London: Routledge 1990. XII, 179 S.
B 72202　　　　　　　　0-415-01006-3

Teague, Paul: The British TUC and the European Community. In: Millenium. 18 (1989),1, S. 29 – 46.
BZ 4779:1989

Weiler, Peter: British Labour and the Cold War. Stanford, Calif.: Stanford Univ. Pr. 1988. IX, 431 S.
B 67166　　　　　　　　0-8047-1464-9

Winterton, Jonathan: Coal, crisis and conflict: the 1984-85 miners' strike in Yorkshire. Manchester: Manchester Univ. Pr. 1989. 360 S.
B 69438　　　　　　　　0-7190-2548-6

L 141 i Geistesleben

Britain and the cinema in the Second World War. Ed.: Philip M. Taylor. Basingstoke: Macmillan 1988. X, 210 S.
B 66902

Havighurst, Alfred F.: Modern England 1901-1984. Cambridge: Cambridge Univ. Pr. 1987.
B 66922

Mazrui, Ali A.: Satanic verses or a satanic novel? Moral dilemmas of the Rushdie affair. In: Third world quarterly. 12 (1990),1, S. 116 – 139.
BZ 4843:1990

Saville, John: Marxism Today: an anatomy. In: The socialist register. 26 (1990), S. 35 – 59.
BZ 4824:1990

L 141 k Geschichte

Brandes, Detlef: Großbritannien und seine osteuropäischen Alliierten; 1939-1943: die Regierungen Polens, der Tschechoslowakei und Jugoslawiens im Londoner Exil vom Kriegsausbruch bis zur Konferenz von Teheran. München: Oldenbourg 1988. 607 S.
B 67731　　　　　　　　3-486-54531-0

Britain and the First World War. Ed.: John Turner. Boston, Mass.: Unwin Hyman 1988. 165 S.
B 68336　　　　　　　　0-04-445108-3

Croall, Jonathan: Don't you know there's a war on?: the people's voice 1939-45. London: Hutchinson 1989. VIII, 232 S.
B 72242　　　　　　　　0-09-174258-7

Haining, Peter: The Day war broke out. 3. September 1939. London: Allen 1989. 206 S.
010915

MacCullough Thew, Linda: From store to war. London: Pluto Press 1987. 253 S.
B 65886

Mougel, François-Charles: La Grande-Bretagne au XXe siècle. Paris: Pr. Univ. de France 1989. 127 S.
Bc 9211

Panayi, Panikos: Anti-German riots in London during the First World War. In: German history. 7 (1989),2, S. 184 – 203.
BZ 4989:1989

Rigby, Andrew: Pacifist communities in Britain in the Second World War. In: Peace & change. 15 (1990),2, S. 107 – 122.
BZ 4994:1990

Wark, Wesley K.: Something very stern: British political intelligence, moralism and grand strategy in 1939. In: Intelligence and national security. 5 (1990),1, S. 150 – 170.
BZ 4849:1990

L 141 l Einzelne Länder/Gebiete/Orte

Barton, Brian: The Blitz: Belfast in the war years. Belfast: Blackstaff Press 1989. VI, 329 S.
B 71549   0-85640-426-8

García Cabezas, Manuel: Irlanda del Norte: La guerra interminable. In: Ejército. (1990),605, S. 32 – 41.
BZ 05173:1990

Penninger, Reinhard: (Nord-)Irland. Wien: hpt-Verl.Ges. 1989. 124 S.
B 69108

Schulze-Marmeling, Dietrich: Der lange Krieg: Macht und Menschen in Nordirland. Göttingen: Verl. Die Werkstatt 1989. 380 S.
B 68900   3-923478-34-8

Smyth, Jim: Stretching the boundaries: the control of dissent in Northern Ireland. In: Terrorism. 11 (1988),4, S. 289 – 308.
BZ 4688:1988

Soule, John W.: Problems in applying counterterrorism to prevent terrorism: two decades of violence in Northern Ireland reconsidered. In: Terrorism. 12 (1989),1, S. 31 – 46.
BZ 4688:1989

Thompson, J. L. P.: Deprivation and political violence in Northern Ireland, 1922-1985. In: The journal of conflict resolution. 33 (1989),4, S. 676 – 699.
BZ 4394:1989

L 143 Irland

L 143 c Biographien

Paisley, Rhonda: Ian Paisley my father. Basingstoke: Marshall Pickering 1988. 147 S.
B 69387

L 143 e Staat und Politik

Boland, Kevin: Under Contract with the enemy. Cork: The Mercier Pr. 1988. 89 S.
Bc 8799

Keogh, Dermot: Ireland and europe 1919-1948. Dublin: Gill and Macmillan 1988. 256 S.
B 67719

MacKee, Grant; Franey, Ros: Time Bomb. London: Bloomsburry Publ. 1988. 495 S.
B 67173

O'Leary, Brendan; Peterson, John: Further Europeanisation? The Irish general election of June 1989. In: West European politics. 13 (1990),1, S. 124 – 136.
BZ 4668:1990

L 143 f Wehrwesen

Bredin, Alexander Edward Craven: A history of the Irish soldier. Belfast: Century Books 1987. XXVI, 566 S.
B 68517

Geldard, I.; Craig, Keith: IRA, INLA: foreign support and international connections. London: Inst. for the Study of Terrorism 1988. 97 S.
Bc 8921

L 143 k Geschichte

Boyce, David George: The Irish Question and British politics 1868-1986. Basingstoke: Macmillan 1988. X, 157 S.
B 68499

Foot, Paul: Ireland: Why Britain must get out. London: Chatto & Windus 1989. 73 S.
Bc 8975

Garvin, Tom: Nationalist revolutionaries in Ireland, 1858-1928. Oxford: Clarendon Pr. 1987. XI, 180 S.
B 66130   0-19-820134-6

Hopkinson, Michael: Green against green: [a history of] the Irish Civil War. Dublin: Gill and Macmillan 1988. XVI, 336 S.
B 68449   0-7171-1202-0

Ireland and the First World War. Ed.: David Fitzpatrick. Dublin: Trinity History Workshop 1988. XIII, 120 S.
Bc 8421

O'Halpin, Eunan: Intelligence and security in Ireland, 1922-1945. In: Intelligence and national security. 5 (1990),1, S. 50 – 83.
BZ 4849:1990

Poljakova, E. Ju.: Severnaja Irlandija: istoki konflikta. In: Novaja i novejšaja istorija. (1990),6, S. 41 – 52.
BZ 05334:1990

L 145 Italien

Capogreco, Carlo S.: Ferramonti: la vite e gli uomini del più grande campo d'internamento fascista (1940-1945). Firenze: Giunita 1987. 194 S.
B 65521

L 145 c Biographien

– D'Annunzio

Ledda, Elena: Fiume d'Annunzio. Pagine di storia. Chieti: Solfanelli 1988. 76 S.
Bc 8932

– Balbo

Alegi, Gregory: Italo Balbo, stato della ricerca e ipotesi di lavoro. In: Storia contemporanea. 20 (1989),6, S. 1059 – 1104.
BZ 4590:1989

Segrè, Claudio G.: Italo Balbo. A fascist life. Berkeley, Calif.: Univ. of California 1987. XVI, 466 S.
B 66837

– Cattaneo

Armani, Giuseppe: Notizie su Carlo Cattaneo. Roma: Ed. Archivio Trimestr. 1987. VII, 276 S.
B 65145

– Gàzzera

Pelagalli, Sergio: Il generale Pietro Gàzzera al ministero della guerra (1928-1933). In: Storia contemporanea. 20 (1989),6, S. 1007 – 1058.
BZ 4590:1989

– Gramsci

Finocchiaro, Maurice A.: Gramsci and the history of dialectical thought. Cambridge: Cambridge Univ. Pr. 1988. XI, 313 S.
B 69970   0-521-36096-X

Gramsci raccontato. Testimonianze raccolte da Cesare Bermani, Gianni Bosio. Roma: Ed. Associate 1987. 187 S.
Bc 8418

Gramsci, Antonio: Briefe. Forse rimarrai Lontana. Roma: Ed. Riuniti 1987. 258 S.
B 65919

Sassoon, Anne S.: Gramsci's politics. Menneapolis, Minn.: Univ. of Minnesota Pr. 1987. XXI, 297 S.
B 66919   0-8166-1647-7

Somai, Giovanni: Gramsci al Terzo Esecutivo Allargato (1923): i contrasti con l'Internazionale e una relazione inedita sul fascismo. In: Storia contemporanea. 20 (1989),5, S. 805 – 824.
BZ 4590:1989

– Levi

Sodi, Risa: The memory of justice: Primo Levi and Auschwitz. In: Holocaust and genocide studies. 4 (1989),1, S. 89 – 104.
BZ 4870:1989

– Modotti

Barckhausen, Christiane: Auf den Spuren von Tina Modotti. Köln: Pahl-Rugenstein 1988. 447 S.
B 69419

– Moro

Bo, Carlo: Aldo Moro. Delitto di abbandono. Urbino: Ed. Quattro Venti 1988. 47 S.
Bc 9068

Mita, Ciriaco de: Aldo Moro. La Politica come dovere. Roma: Ed. Ebe 1988. 106 S.
Bc 8591

Mita, Ciriaco de: La Lezione di Aldo Moro. Discorso commemorativo del... nel decimo anniversario della morte di Aldo Moro. Roma: Ed. Cinque Lune 1988. 39 S.
Bc 8805

– Mussolini

Kis, Aladár: A duce. Budapest: Zrinyi Katonai Kiadó 1989. 468 S.
963-326-938-5
B 71503

– Nenni

Santarelli, Enzo: Pietro Nenni. Torino: UTET 1988. XV, 552 S.
88-02-04183-0
B 67608

– Prezzolini

Guiseppe Prezzolini nella formazione della coscienza critica degli Italiani a cura di Marina Campanile. Atti di Convegno Nazionale di Studi, Caserta 25-26-27 ottobre 1985. Loffredo: Banca di Napoli 1987. 291 S.
B 65982

– Togliatti

Canfora, Luciano: Togliatti e i dilemmi della politica. Roma: Laterza 1989. 164 S.
Bc 8928

Guarini, Ruggero: Compagni, ancora uno sforzo: dimenticare Togliatti. Milano: Rizzoli 1989. 208 S.
B 70059   88-17-53361-0

Spriano, Paolo: Togliatti: segretario dell'Internazionale. Milano: Mondadori 1988. XIV, 236 S.
B 67693   88-04-31578-4

Togliatti, Palmiro: Il Memoriale di Yalta. Introduzione di Giorgio Frasca Polara. Palermo: Sellerio 1988. 47, 27 S.
Bc 8859

L 145 d Land und Volk

Caccavale, Romolo: La speranza Stalin: tragedia dell'antifascismo italiano nell' URSS. Roma: Valerio Levi Ed. 1989. XX, 353 S.
B 69371

Jesurum, Stefano: Essere ebrei in Italia. Milano: Longanesi 1987. 156 S.
B 64964   88-304-0728-3

L 145 e Staat und Politik

LaPalombara, Joseph: Die Italiener oder Demokratie als Lebenskunst. Wien: Zsolnay 1988. 302 S.
B 72157

L 145 e 10 Innenpolitik

Indrio, Ugo: Dieci Anni. La lotta politica in Italia dal 1978 al 1988. Roma: Ed. Lavoro 1989. 171 S.
Bc 8927

Jamieson, Alison: The modern Mafia: its role and record. London: Inst. for the study of conflict 1989. 37 S.
Bc 8833

Lumley, Robert: States of emergency: cultures of revolt in Italy from 1968 to 1978. London: Verso 1990. XII, 377 S.
B 72216   0-86091-254-X

Mastropaolo, Alfio: Il consolidamento della democrazia italiana. Una lettura della realtà piemontese 1946-1952. In: Italia contemporanea. (1989),176, S. 5 – 9.
BZ 4489:1989

Rimanelli, Marco: Italian terrorism and society, 1940s-1980s: roots, ideologies, evolution, and international connections. In: Terrorism. 12 (1989),4, S. 249 – 296.
BZ 4688:1989

Walston, James: The Mafia and clientelism. Roads to Rome in post-war Calabria. London: Routledge 1988. XXI, 265 S.
B 68027

L 145 e 14 Parteien

Bobbio, Luigi: Storia di Lotta sontinua. Milano: Feltrinelli 1988. 199 S.
Bc 8959

Chiarini, Roberto: „Sacro egoismo" e „missione civilizzatrice". La politica estera del MSI dalla fondazione alla metà degli anni cinquanta. In: Storia contemporanea. 21 (1990),3, S. 541 – 560.
BZ 4590:1990

Chiarini, Roberto: Profilo storico-critico del MSI. In: Il politico. 54 (1989),151, S. 369 – 390.
BZ 4541:1989

DeGrand, Alexander: The Italian left in the twentieth century: a history of the socialist and communist parties. Bloomington, Ind.: Indiana University Pr. 1989. XIV, 182 S.
B 69753   0-253-33107-2

Galante, Severino: Il Partito comunista italiano e l'integrazione europea. Il decennio del rifiuto: 1947-1957. Padova: Liviana Ed. 1988. 159 S.
Bc 8646

Giacomo, Enzo di: Il marxismo italiano: analisi e critica; con particolare riferimento ai problemi dell'organizzazione e della strategia ai fini della trasformazione in Gramsci, Togliatti e Berlinguer. Poggibonsi: Lalli 1988.
B 70501

Guarasci, Roberto: La lampada e il fascio: archivio e storia di un movimento neofascista: il „Movimento Italiano Femminile". Reggio Calabria: Laruffa 1987. LXI, 436 S.
B 66369

Hellman, Stephen: Italian communism in transition: the rise and fall of the historic compromise in Turin, 1975 – 1980. Oxford: Oxford Univ. Pr. 1988. X, 274 S.
B 68640   0-19-505335-4

Mazzatosta, Teresa M.: I communisti si raccontano: 1946-1956. Roma: Armando 1988. 311 S.
B 67691

Mita, Ciriaco de: Tre Generazioni per un grande partito di popolo. Roma: Ed. Ebe 1989. 137 S.
Bc 9270

Morini, Franco; Casoli, Vincenzo: Parma in camicia nera. Storia dello squadrismo parmense. Parma: Zara 1987. 207 S.
010934

Moss, David: The politics of left-wing violence in Italy, 1969-1985. Basingstoke: Macmillan 1989. XV, 317 S.
B 70631   0-333-48199-2

Pridham, Geoffrey: Political Parties and coalitional behaviour in Italy. London: Routledge 1988. 443 S.
B 66737

Raith, Werner: Italiens Rechte macht mobil – Die nuova destra fischt auch in linken Gewässern. In: Die neue Gesellschaft – Frankfurter Hefte. 37 (1990),4, S. 348 – 352.
BZ 4572:1990

Ridolfi, M.: Suffragio e rappresentanza politica nel PSI fino alla riforma elettorale del 1912. In: Rivista di storia contemporanea. 18 (1989),3, S. 336 – 379.
BZ 4812:1989

Rony, Jean: Congrès du PCI:"le nouveau cours". In: Cosmopolitiques. (1989),6, S. 39 – 52.
BZ 05193:1989

Scala, Spencer M. di: Renewing Italian socialism. Nenni to craxi. Oxford: Oxford Univ. Pr. 1988. XX, 336 S.
B 68021

Schoch, Bruno: Die internationale Politik der italienischen Kommunisten. Frankfurt: Campus Verl. 1988. 586 S.
B 65351   3-593-33886-6

Securing democracy: political parties and democratic consolidation in Southern Europe. Ed.: Geoffrey Pridham. London: Routledge 1990. XI, 227 S.
B 72358   0-415-02326-2

La sinistra e il '56 in Italia e Francia. Padova: Liviana 1987. 428 S.
B 67694

Storia della Democrazia Cristiana. A cura di Francesco Malgeri. Bd. 1. 2. Roma: Cinque Lune 1987. 561, 601 S.
B 66148

Trincia, Luciano: La città, la fabbrica, il partito. La riorganizzazione del Pci a Milano dopo la liberazione. In: Italia contemporanea. (1990),178, S. 101 – 116.
BZ 4489:1990

L 145 e 20 Außenpolitik

Canavero, Alfredo: La politica estera di un ministro degli interni Scelba, Pissioni, Martino e la politica estera italiana. In: Storia delle relazioni internazionali. 6 (1990),1, S. 63 – 97.
BZ 4850:1990

Decleva, Enrico: L'incerto alleato: ricerche sugli orientamenti internazionali dell' Italia unita. Milano: Angeli 1987. 331 S.
B 65514

Di Nolfo, Ennio: Italia e Stati Uniti: un'alleanza diseguale. In: Storia delle relazioni internazionali. 6 (1990),1, S. 3 – 28.
BZ 4850:1990

Ferraris, Luigi Vittorio: Italien: eine Außenpolitik im neuen Gewand. In: Europa-Archiv. 45 (1990),9, S. 301 – 310.
BZ 4452:1990

Negash, Tekeste: Italian colonialism in Eritrea, 1882-1941: policies, praxis and impact. Stockholm: Almqvist & Wiksell 1987. XI, 217 S.
B 65609   91-554-2111-3

Pastorelli, Pietro: Le carte di gabinetto del Ministero degli Affari Esteri, 1923-1943. In: Storia delle relazioni internazionali. 5 (1989),2, S. 313 – 348.
BZ 4850:1989

Schmitz, David F.: The United States and fascist Italy: 1922-1940. Chapel Hill, NC: Univ. of North Carolina Pr. 1988. X, 273 S.
B 67998   0-8078-1766-X

Valli, Gianantonio: La coscienza dell' impero. In: L' Uomo libero. 11 (1990),30, S. 57 – 89.
BZ 5003:1990

L 145 f Wehrwesen

Brauzzi, Alfredo: Sommergibili italiani. Un secolo di storia. In: Rivista marittima. 123 (1990),1, S. 33 – 45.
BZ 4453:1990

Fašisti brez krinke. Dokumenti 1941-1942. Red.: Tone Ferenc. Maribor: Založba Obzorja 1987. 478 S.
B 70734

Ferrante, Ezio: Il Pensiero strategico navale in Italia. Roma: Rivista Marittima 1988. 151 S.
Bc 8665

Lista delle navi e delle stazioni costiere italiane con i nominativi internazionali loro assegnati. Roma: Instituto Poligrafico e Zecca dello Stato 1988 1988. XX, 837 S.
010951

Matera, Fabio; Serra, Cosimo: Il servizio navale della guardia di finanza. In: Rivista marittima. 123 (1990),3, S. 53 – 76.
BZ 4453:1990

Nativi, Andrea: The Italian air force: heading for the 21st century. In: Military technology. 135 (1989),9, S. 50 – 62.
BZ 05107:1989

Osta, A. P. J.: Transformeren of capituleren: de overlevingsstrijd van de Italiaanse Communistische Partij. In: Internationale spectator. 43 (1989),12, S. 763 – 771.
BZ 05223:1989

Rizza, Mario: „I nostri battaglioni" Alpini. Calliano: Manfrini 1987. 190 S.
B 65528

Rosignoli, Guido: Alpini: uniformi, distintivi, equipaggiamento ed armi dalla costituzione ai giorni nostri. Parma: Albertelli 1989. 143 S.
011023   88-85909-06-X

Storia delle forze armate italiane dalla ricostruzione postbellica alla „Ristrutturazione" del 1975. Milano: Giuffré 1989. 389 S.
B 70103

L 145 g Wirtschaft

Della Rocca Morozzo, Roberto: Le relazioni economiche italo-sovietiche nel dopoguerra (1945-1948). In: Storia delle relazioni internazionali. 5 (1989),1, S. 79 – 95.
BZ 4850:1989

Pisa, Beatrice: Una azienda di stato a domicilio: la confezione di indumenti militari durante la grande guerra. In: Storia contemporanea. 20 (1989),6, S. 953 – 1006.
BZ 4590:1989

Salamone, Francesca: L'Italia e la crisi del '29. Catania: Marino 1987. 120 S.
Bc 9091

L 145 h Gesellschaft

Bologna, Sergio: Theorie und Geschichte des Massenarbeiters in Italien. T. 2. In: 1999. 5 (1990),1, S. 107 – 125.
BZ 4879:1990

Bologna, Sergio: Theorie und Geschichte des Massenarbeiters in Italien. T. 3. In: 1999. 5 (1990),2, S. 60 – 77.
BZ 4879:1990

Golden, Miriam: Labor divided: austerity and working class politics in contemporary Italy. Ithaca, NY: Cornell Univ. 1988. XII, 270 S.
B 69701   0-8014-2200-0

Martini, M.: Giugno 1914. Folle romagnole in azione. In: Rivista di storia contemporanea. 18 (1989),4, S. 517 – 559.
BZ 4812:1989

Mershon, Carol A.: Between workers and union. Factory councils in Italy. In: Comparative politics. 21 (1989),2, S. 215 – 236.
BZ 4606:1989

Seminara, Gaetano: Una Vita – un'idea. Autobiografia di un operaio comunista. Catania: Cooperativa Univ. Catanese di Magistero 1988. 92 S.
Bc 9109

L 145 i Geistesleben

Belardelli, Giovanni: „L' Azione" e il movimento nazionale liberale. In: Storia contemporanea. 21 (1990),1, S. 121 – 146.
BZ 4590:1990

Bibliografia dei giornali lombardi della Resistenza. 25 luglio 1943 – 25 aprile 1945. Milano: Ed. Bibliografica 1989. XIV, 191 S.
B 72429

Dogliani, Patrizia: Fotografia ed antifascismo negli anni trenta. In: Passato e presente. (1989),19, S. 127 – 154.
BZ 4794:1989

I cattolici italiani e la Guerra di Spagna: studi e ricerche. Brescia: Morcelliana 1987. 232 S.
B 65515   88-372-1319-0

Luna, Giovanni de: Il '68 a Torino. Intermezzo: l'uscita dall'Universita. In: Rivista di storia contemporanea. 18 (1989),2, S. 189 – 208.
BZ 4812:1989

Revelli, Marco: Il '68 a Torino. Gli escordi: la communita studentesca di Palazzo Campana. In: Rivista di storia contemporanea. 18 (1989),2, S. 139 – 188.
BZ 4812:1989

L 145 k Geschichte

Alessandrini Luca; Politi Angela Maria: Nuove fonti sui processi contro i partigiani 1948-1953. In: Italia contemporanea. (1990),178, S. 41 – 62.
BZ 4489:1990

Belousov, Lev Sergeevič: Italija: Molodež protiv fašizma 1919-1945. Moskva: Izd. Universiteta 1987. 155 S.
Bc 6833

Brustein, William; Markovsky, Barry: The rational Fascist: interwar fascist party membership in Italy and Germany. In: Journal of political and military sociology. 17 (1989),2, S. 177 – 202.
BZ 4724:1989

Casali, Luciano: Fra guerra civile e lotta di classe. Il 'farsi' della Resistenza modenese nel fabbraio-marzo '44. In: Italia contemporanea. (1990),178, S. 63 – 81.
BZ 4489:1990

Cecconi, Aldo: Il Gran Consiglio del Fascismo. In: Passato e presente. (1989),19, S. 53 – 81.
BZ 4794:1989

Fraddosio, Maria: La donna e la guerra. Aspetti della militanza femminile nel fascismo: dalla mobilitazione civile alle origini del Saf nella repubblica sociale italiana. In: Storia contemporanea. 20 (1989),6, S. 1105 – 1181.
BZ 4590:1989

Lauro, Pietro: Classe dirigente, mafia e fascismo 1920-1924. Palermo: Sellerio 1988. 136 S.
Bc 8919

Leonarduzzi, Andrea: Storiografia e fascismo in Friuli. In: Italia contemporanea. (1989),177, S. 27 – 47.
BZ 4489:1989

Lyttelton, Adrian: The Seizure of power. Fascism in Italy 1919-1929. Princeton, NJ: Princeton Univ. Press 1987. VIII, 556 S.
B 68090

Magno, Michele: La Puglia tra lotte e repressioni: (1944-1963). Bari: Levante Ed. 1988. 296 S.
B 69519

Mignemi, Adolfo di: La Resistenza fotografata. Censimento dei materiali e spunti di ricerca. In: Italia contemporanea. (1990),178, S. 19 – 40.
BZ 4489:1990

Palla, Marcotrizia: Italia 1943-45: guerra civile o collaborazionismo? In: Passato e presente. (1989),19, S. 165 – 172.
BZ 4794:1989

Quazza, Guido: L' antifascismo nella storia italiana del Novecento. In: Italia contemporanea. (1990),178, S. 5 – 18.
BZ 4489:1990

Rosen, Edgar R.: Königreich des Südens – Italien 1943/44. Göttingen: Goltze 1988. 109 S.
Bc 8750

Sema, A.: Il Friuli nella grande guerra: appunti per una storiografia militare. In: Rivista di storia contemporanea. 18 (1989),3, S. 409 – 431.
BZ 4812:1989

Stefani, Filippo: La Storia della dottrina e degli ordinamenti dell' esercito italiano. Vol. 1-3. Roma: Stato Magg. dell'Esercito 1984-89. 722, 684, 998, 1221, 1343 S.
B 63556

Turi, Gabriele: Ruolo e destino degli intellettuali nella politica razziale del Fascismo. In: Passato e presente. (1989),19, S. 31 – 51.
BZ 4794:1989

Visintin A.: La prima guerra mondiale e la Venezia Giulia: lineamenti stroriografici. In: Rivista di storia contemporanea. 18 (1989),3, S. 432 – 459.
BZ 4812:1989

Woller, Hans: Die Anfänge der politischen Säuberung in Italien 1943-1945. In: Vierteljahrshefte für Zeitgeschichte. 38 (1990),1, S. 141 – 155.
BZ 4456:1990

L 145 l Einzelne Länder/Gebiete/Orte

Corni, G.: L'occupazione austro-germanica del Veneto nel 1917-1918: sindaci, preti, austriacanti e patrioti. In: Rivista di storia contemporanea. 18 (1989),3, S. 380 – 408.
BZ 4812:1989

Gli Alleati e la ricostruzione in Toscana (1944-1945). Documenti anglo-americani. Firenze: Olschki 1988. X, 658 S.
B 67532

Mana, Emma: Governo locale e rappresentanza femminile. Il caso Piemonte 1946-1951. In: Italia contemporanea. (1989),176, S. 123 – 140.
BZ 4489:1989

Rabel, Robert Giorgio: Trieste, the United States, and the Cold War, 1941-1954. Durham, NC: Duke Univ. Pr. 1988. XVII, 222 S.
B 67820

Revelli, Marco: Profilo dei consigliero comunali in Piemonte nel 1946. In: Italia contemporanea. (1989),176, S. 93 – 122.
BZ 4489:1989

L 147 Jugoslawien

L 147 c Biographien

Alexander, Stella: The triple myth. A life of Archbishop Alojzije Stepinac. Boulder: East European Monographs 1987. IX, 257 S.
B 64732

Haberl, Othmar Nikola: Jugoslawiens Spitzenpolitiker in posthum veröffentlichten Werken. In: Südosteuropa-Mitteilungen. 29 (1989),3, S. 229 – 237.
BZ 4725:1989

Sulzberger, Cyrus L.: Paradise regained: memoirs of a rebel. New York: Praeger 1989. 157 S.
B 70891   0-275-93076-9

L 147 d Land und Volk

Allcock, John B.: In praise of chauvinism: rhetorics of nationalism in Yugoslav politics. In: Third world quarterly. 11 (1989),4, S. 208 – 222.
BZ 4843:1989

Antiċ, Ljubomir: Prilog istraživanju odnosa naših iseljenika u Jučnoj Americi prema NOB-u s posebnim osvrtom na JNO na Pacifiku. In: ČCasopis za suvremenu povijest. 18 (1986),1, S. 43 – 80.
BZ 4582:1986

Cviic, Christopher: Ein geplagtes Land, nüchtern gesehen. In: Europäische Rundschau. 18 (1990),3, S. 3 – 17.
BZ 4615:1990

Reuter, Jens: Die albanische Intelligenz in Kosovo. In: Südosteuropa. 39 (1990),5, S. 309 – 317.
BZ 4762:1990

Reuter-Hendrichs, Irena: Jugoslawiens Muslime. In: Südosteuropa-Mitteilungen. 29 (1989),2, S. 105 – 115.
BZ 4725:1989

L 147 e Staat und Politik

L 147 e 10 Innenpolitik

Banac, Ivo: With Stalin against Tito: cominformist splits in Yugoslav communism. Ithaca, NY: Cornell Univ. 1988. XVI, 294 S.
B 69665   0-8014-2186-1

Biberaj, Elez: Yugoslavia: a continuing crisis? London: Research Inst. for the Study of Conflict and Terrorism 1989. 22 S.
Bc 8900

Čepulo, Dalibor: Razvoj političkog i pravnog sistema Jugoslavije u poslijeratnom periodu (1945-1968). Pristup istraživanju i literatura. In: Povijesni prilozi. 7 (1988),1, S. 203 – 248.
BZ 4861:1988

Cvetkoviċ, Slavoljub: Sedamdeset godina od osnivanja SKJ – stvaranje Komunističke partije Jugoslavije. In: Vojnoistorijski glasnik. 40 (1989),1, S. 11 – 25.
BZ 4531:1989

Denitch, Bogdan: Yugoslavia: The present limits of Communist reformation. In: Praxis international. 9 (1989),1/2, S. 164 – 192.
BZ 4783:1989

Jandrič, Berislav: Obrazovanje kadrova KPH 1945-1949. godine. In: Povijesni prilozi. 9 (1990),1, S. 195 – 259.
BZ 4861:1990

Kašič, Biljana: Marksizam-lenjinizam iKPJ 1945-1950. In: Povijesni prilozi. 6 (1987),1, S. 139 – 215.
BZ 4861:1987

Ramet, Pedro: Yugoslavia's troubled times. In: Global affairs. 5 (1990),1, S. 78 – 95.
BZ 05553:1990

Šimič, Petar: Sedamdesetogodišnjica osnivanja Komunističke Ppartije Jugoslavije. In: Vojnoistorijski glasnik. 40 (1989),2, S. 11 – 20.
BZ 4531:1989

Stojanovic, Svetozar: Die Kluft zwischen politischer Macht und schwindender Legitimation im Jugokommunismus. In: Südosteuropa. 38 (1989),9, S. 11 – 495.
BZ 4762:1989

Woodward, Susan L.: Reforming a socialist state: ideology and public finance in Yugoslavia. In: World politics. 41 (1989),2, S. 267 – 305.
BZ 4464:1989

Yugoslavia: the failure of „democratic" communism. Lanham, Md.: Freedom House 1987. VIII, 88 S.
B 66577   0-932088-18-X

Zaninovich, M. George: A prognosis for Yugoslavia. In: Current history. 88 (1989),541, S. 393 – 396; 404 – 405.
BZ 05166:1989

L 147 e 20 Außenpolitik

Bebler, Anton: Soviet policies under Gorbachev and Yugoslavia's security. In: Defense analysis. 6 (1990),2, S. 193 – 206.
BZ 4888:1990

Boban, Ljubo: Položaj Jugoslavenskog poslanstva u Vatikanu u vrijeme drugoga svjetskog rata. In: Časopis za suvremenu povijest. 20 (1988),1-2, S. 197 – 213.
BZ 4582:1988

Heuser, Beatrice: Western containment policies in the Cold War: the Yugoslav case, 1948-53. London: Routledge 1989. XX, 304 S.
B 68606   0-415-01303-8

Kolar-Dimitrijevič, Mira: Češko jugoslaenske veze na privredno-racionalizatorskom i socijalnom području od prvoga svjetskog rata do velike svjetske krize. In: Časopis za suvremenu povijest. 18 (1986),2, S. 1 – 23.
BZ 4582:1986

Nešovič, Slobodan: Prilog razmatranju problema revandikacija prema Italiji u drugom svtskom ratu. In: Časopis za suvremenu povijest. 18 (1986),2, S. 41 – 56.
BZ 4582:1986

Petkovič, Ranko: Die Haltung der Großmächte, der europäischen und insbesondere der Nachbarstaaten zur Wahrung der politischen Unabhängigkeit der territorialen Integrität Jugoslawiens. In: Südosteuropa. 39 (1990),7/8, S. 484 – 495.
BZ 4762:1990

Reuter, Jens: Jugoslawiens Stellung in Europa. Außenpolitische Kurskorrektur zu Beginn der 90er Jahre. In: Südosteuropa. 39 (1990),6, S. 351 – 367.
BZ 4762:1990

Suppan, Arnold: Jugoslavija i Austrija od 1919. do 1938. Susjedstvo između kooperacije i konfrontacije. In: Časopis za suvremenu povijest. 20 (1988),3, S. 1 – 14.
BZ 4582:1988

Suppan, Arnold: Jugoslawien – Österreich 1918-1938. In: Österreichische Osthefte. 31 (1989),3, S. 244 – 565.
BZ 4492:1989

L 147 f Wehrwesen

Bebler, Anton: Yugoslavia's positions and policies on arms control and disarmament. In: Arms control. 10 (1989),2, S. 168 – 183.
BZ 4716:1989

Paparela, Ivo: Die Jugoslawische Volksarmee als ein politischer Faktor. In: Südosteuropa. 39 (1990),2, S. 98 – 109.
BZ 4762:1990

Szuchanek, Friedrich: Die Luftstreitkräfte in der Sozialistischen Föderativen Republik Jugoslawien. In: Truppendienst. 29 (1990),2, S. 116 – 131.
BZ 05209:1990

Yugoslavia's security dilemmas: armed forces, national defence and foreign policy; [papers from a conference... at the Univ. of Bradford on Dec. 13, 1986]. Ed.: Marko Milivojevič. Oxford: Berg 1988. VIII, 324 S.
B 66901   0-85496-149-6

L 147 i Geistesleben

Matijević, Zlatko: Katolička crkva u hrvatskoj i stvaranje jugoslavenske države 1918-1921. godine. In: Povijesni prilozi. 5 (1986),1, S. 1 – 93.
BZ 4861:1986

L 147 k Geschichte

Boban, Ljubo: Kontroverze iz povijesti Jugoslavije. 1-2. Zagreb: Školska knjiga 1987/89. 451, 442 S.
B 73485

Branković, Slobodan: Ideali i stvarnost Jugoslavij3 u vreme Drugog zasedanja AVNOJ-a (novembar 1943). In: Vojnoistorijski glasnik. 40 (1989),3, S. 77 – 102.
BZ 4531:1989

Gutić, Mirko: Kvislinštvo i kolaboracionizam u Jugoslaviji 1941-1945. In: Vojnoistorijski glasnik. 40 (1989),3, S. 46 – 76.
BZ 4531:1989

Hrabak, Bogumil: Koncepcije federativne i konfederativne Jugoslavije medu Jugoslovenima u Rusiji (od aprila 1916. do aprila 1918. godine). In: Časopis za suvremenu povijest. 21 (1989),1-3, S. 1 – 28.
BZ 4582:1989

L 147 l Einzelne Länder/ Gebiete

Cerovac, Ivan: Hrvatski politički Leksikon. London: Worldwide 1988. 197 S.
010935

Dizdar, Zdravko: Logor Kerestinec. In: Povijesni prilozi. 8 (1989),1, S. 143 – 192.
BZ 4861:1989

Jandrič, Berislav: Komunistička partija Hrvatske – Savez komunista Hrvatske 1945-1987. In: Povijesni prilozi. 6 (1987),1, S. 217 – 364.
BZ 4861:1987

Jandrič, Berislav: Prilog proučavanju organizacionog stanja i strukture organizacija Komunisticke partije Hrvatske u Slavoniji od oslobodenja do Prve konferencije KPH za Osječku oblast (1945-1949). In: Časopis za suvremenu povijest. 20 (1988),3, S. 77 – 105.
BZ 4582:1988

Jelič, Ivan: Komunistički pokret u Hrvatskoj i aspekti ideje federativne Jugoslavije 1935-1941. In: Časopis za suvremenu povijest. 19 (1987),1, S. 1 – 18.
BZ 4582:1987

Katardžiev, Ivan: Makedonski radnički i nacionalrevolucionarni pokret u vreme Treče zemaljske konferencije KPJ i Kosta Novakovič. In: Časopis za suvremenu povijest. 18 (1986),2, S. 25 – 40.
BZ 4582:1986

Kazimirovič, Vasa: NDH u svetlu nemačkih dokumenata i dnevnika Gleza fon Horstenau 1941-1944. Beograd: Nova Knjiga 1987. 355 S.
B 71447

Kisič-Kolanovič, Nada: Neki aspekti razvoja prava na oslobodenom teritoriju Hrvatske 1943-1945. godine. U povodu 45. Godšnjice ZAVNOH-a. In: Časopis za suvremenu povijest. 19 (1987),3, S. 1 – 24.
BZ 4582:1987

Kisič-Kolanovič, Nada: Začeci društvenovlasničkih odnosa na oslobodenom području SR Hrvatske u toku narodnooslobodilačke borbe. In: Časopis za suvremenu povijest. 18 (1986),3, S. 1 – 17.
BZ 4582:1986

Lengel-Krizman, Narcisa: Prilog proučavanju terora u tzv. NDH: Sudbina Roma 1941-1945. In: Časopis za suvremenu povijest. 18 (1986),1, S. 29 – 42.
BZ 4582:1986

Markovic, Mihailo: Tragedy of national conflicts in „real socialism". The case of the Yugoslav autonomous province of Kosovo. In: Praxis international. 9 (1990),4, S. 408 – 424.
BZ 4783:1990

Perazič, Gavro D.: Nestanak crnogorske države u prvom svetskom ratu. Beograd: Vojnoistorijski inst. 1988. 356 S.
B 71489

Radelič, Zdenko: Prvi kongres Jedinstvenih sindikata Hrvatske. In: Časopis za suvremenu povijest. 20 (1988),1-2, S. 115 – 135.
BZ 4582:1988

Sadkovich, James J.: Italian Support for Croatian separatism, 1927-1937. New York: Garland 1987. XVII, 485 S.
B 68661

Shelah, Menachem: The Catholic Church in Croatia, The Vatican and the murder of the Croatian Jews. In: Holocaust and genocide studies. 4 (1989),3, S. 323 – 339.
BZ 4870:1989

Šimončič-Bobetko, Zdenka: Agrarna reforma na području hrvatsog zagorja, medimurja i podravine u meduratnom razdoblju (1918-1941). In: Povijesni prilozi. 7 (1988),1, S. 31 – 76.
BZ 4861:1988

Šimončič-Bobetko, Zdenka: Agrarno pitanje u Dalmaciji izmedu dva rata (1918-1941). In: Povijesni prilozi. 8 (1989),1, S. 91 – 141.
BZ 4861:1989

Šimončič-Bobetko, Zdenka: Kolonizacija u Hrvatskoj 1919-1941. godine. In: Povijesni prilozi. 9 (1990),1, S. 87 – 164.
BZ 4861:1990

Spehnjak, Katarina: Organizaciono-politički aspekti djelovanja Narodnog fronta u Slavoniji 1945-1951. In: Časopis za suvremenu povijest. 20 (1988),1-2, S. 183 – 193.
BZ 4582:1988

Spehnjak, Katarina: Organiziranost i oblici djelovanja narodnog fronta hrvatske 1945-1953 godine. In: Povijesni prilozi. 6 (1987),1, S. 1 – 57.
BZ 4861:1987

Vavič, Milorad: Kontrarevolucionarne organizacije na Kosovu i Metohiji 1941-1945. godine. In: Časopis za suvremenu povijest. 19 (1987),3, S. 49 – 68.
BZ 4582:1987

L 153 Liechtenstein

Die Aussenpolitik des Fürstentums Liechtenstein. Standort und Zielsetzungen. Vaduz: Regierung des Fürstentums Liechtenstein 1988. 84 S.
Bc 9451

L 163 Niederlande

L 163 c Biographien

– Haighton

Gier, G. J. G. de: Alfred Haighton. Financier van het fascisme. Amsterdam: Sijthoff 1988. 142 S.
Bc 8967

– Stikker

Westers, Marnix F.: Mr. D. U. Stikker en de na-oorlogse reconstructie van het liberalisme in Nederland. Amsterdam: De Bataafsche Leeuw 1988. 312 S.
B 67013

– Uyl

Herinneringen aan Joop den Uyl. Artikelen en interviews. Amsterdam: Van Gennep 1988. 176 S.
B 66786

L 163 d Land und Volk

Citroen, Sophie: Duet pathétique: belevenissen van een joods gezin in oorlogstijd 1940-1945. Utrecht: Veen 1988. 260 S.
B 67007   90-204-1849-1

Leydesdorff, Selma: Das gebrochene Schweigen. Lebensgeschichten von Überlebenden des jüdischen Proletariats in Amsterdam. In: BIOS. (1988),2, S. 17 – 26.
BZ 4961:1988

L 163 e Staat und Politik

L 163 e 10 Innenpolitik

Aalders, W.: De Overlevingskansen van een protestantse natie. Nederland in een verenigd Europa. Den Haag: Voorhoeve 1987.
B 66368

Cohen, Robert: The Netherlands and European integration. In: Internationale spectator. 43 (1989),11, S. 706 – 713.
BZ 05223:1989

Dekkers, C. A.; Kasbergen, J.M. vanasbergen, J.M. van: Oranje Marechaussee „Zonder vrees en zonder blaam". Naarden: Lunet 1987. 235 S.
B 67011

Wehry, G. A. M.: The Netherlands and the Caribbean region. In: Internationale spectator. 43 (1989),11, S. 696 – 674.
BZ 05223:1989

Wolinetz, Steven, P.: The Dutch election of 1989: return to the centre-left. In: West European politics. 13 (1990),2, S. 280 – 286.
BZ 4668:1990

L 163 f Wehrwesen

Verbeek, J. R.: Kustversteringen 1900-1940. Haarlem: Schuyt 1989. 352 S.
010997

40 jaar Korps Nationale Reserve. Natrea: Eisma in Komm. 1988. 128 S.
B 67502

L 163 i Geistesleben

Lieshout, Jan van: De Aal van Oranje. Venlo: van Spijk 1988. 671 S.
B 67014

Nortier, J. J.: De Japanese Aanval op Nederlands-Indië. Rotterdam: Donker 1988. 215 S.
B 68273

Pam, M.: De Onderzoekers van de oorlog. Het Rijksinstituut voor Oorlogsdocumentatie. 's-Gravenhage: SDU 1989. 136 S.
Bc 8962

Pauw, J. L. van der: De Actualisten. De kinderjaren van het georganiseerde fascisme in Nederland 1923-1924. Amsterdam: Sijthoff 1987. 140 S.
Bc 8765

L 163 k Geschichte

Schulten, C. M.: Die Niederlande am Vorabend des Zweiten Weltkrieges. In: Österreichische militärische Zeitschrift. 27 (1989),5, S. 404 – 409.
BZ 05214:1989

L 165 Norwegen

L 165 c Biographien

– Bye

Bye, Ronald: Sersjanten: makt og miljø på Youngstorget. Oslo: Gyldendal Norsk Forl. 1987. 191 S.
B 66509   82-05-17385-0

– Falk

Bull, Trygve: Mot Dag of Erling Falk. Oslo: Cappelen 1987. 334 S.
B 66502   82-02-11194-3

– **Faremo**

Faremo, Osmund: Takk for livet, Emil. Oslo: Det Norske Samlaget 1987. 118 S.
B 68800   82-521-2994-3

– **Moe**

Moen, Jan: John Moe, double agent. Sevenoaks: Hodder and Stoughton 1987. 327 S.
B 66055

– **Quisling**

Hoidal, Oddvar K.: Quisling: a study in treason. Oslo: Norwegian Univ. Pr. 1989. 913 S.
B 69595   82-00—18400-5

– **Ryen**

Ulateig, Egil: Dagbok frå ein rotnorsk nazist. Oslo: Det Norske Samlaget 1987. 236 S.
B 66512   82-521-3046-1

L 165 e Staat und Politik

Aardal, Bernt: Green politics: a Norwegian Experience. In: Scandinavian political studies. 13 (1990),2, S. 147 – 164.
BZ 4659:1990

Brox, Ottar: Ta vare på Norge! Sosialdemokratiet under høyrebølgen. Oslo: Gyldendal Norsk Forl. 1988. 145 S.
B 66245   82-05-17395-8

Bucher-Johannessen, Olav: Norway and the Soviet Union. In: International affairs <Moscow>. (1990),4, S. 56 – 68.
BZ 05208:1990

Grimstvedt, Bjarne: Sjøforsvaret mot år 2000. In: Norsk militært tidsskrift. 160 (1990),1, S. 1 – 8.
BZ 05232:1990

Lafferty, William M.: The political transformation of a social democratic state: as the world moves in, Norway moves right. In: West European politics. 13 (1990),1, S. 79 – 100.
BZ 4668:1990

Madeley, John: Norway's 1989 election: the path of polarised pluralism? In: West European politics. 13 (1990),2, S. 287 – 292.
BZ 4668:1990

L 165 f Wehrwesen

Ditlev-Simonsen, Per: Aktuelle forsvars- og sikkerhetspolitiske utfordringer. In: Norsk militært tidsskrift. 160 (1990),2, S. 1 – 7.
BZ 05232:1990

Kristiansen, Tom: Også da det gjaldt. Otto Ruge, generalstaben og forsvarspolitikken før 1940. In: Norsk militært tidsskrift. 160 (1990),4, S. 6 – 14.
BZ 05232:1990

Olstad, A.: Om mobiliseringen i 1940. Hva gikk galt? In: Norsk militært tidsskrift. 160 (1990),4, S. 15 – 25.
BZ 05232:1990

Solli, Arne: Hæren – status og utvikling. In: Norsk militært tidsskrift. 160 (1990),6, S. 1 – 8.
BZ 05232:1990

L 165 k Geschichte

Grimnes, Ole K.: Norge under okkupasjonen. Oslo: Aschehoug 1989. 64 S.
Bc 8998   82-03-12565-4

Haga, Arnfinn: Da Stein-organisasjonen ble sprengt. Oslo: Cappelen 1987. 173 S.
82-02-10749-0
B 66503

L 171 Österreich

L 171 c Biographien

– Bauer

Klein, Horst: Parteiauffassung und Konzepte des „Integralen Sozialismus" der sozialdemokratischen Theoretikers Otto Bauer. In: Beiträge zur Geschichte der Arbeiterbewegung. 32 (1990),3, S. 302 – 311.
BZ 4507:1990

– Koudelka, von

Koudelka, Alfred v.: Denn Österreich lag einst am Meer. Das Leben des Admirals Alfred v. Koudelka. Hrsg.: Lothar Baumgartner. Graz: Weishaupt 1987. 304 S.
B 67809   *Baumgartner, Lothar*

– Kraus

Kraus, Herbert: „Untragbare Objektivität": polit. Erinnerungen 1917 bis 1987. Wien: Amalthea 1988. 349 S.
B 67331   3-85002-254-4

– Kreisky

Kreisky, Bruno: Im Strom der Politik: Erfahrungen e. Europäers. Berlin: Siedler 1988. 426 S.
B 67307   3-88680-188-8

– Landau

Schafranek, Hans: Das kurze Leben des Kurt Landau. Wien: Verl. f. Gesellschaftskritik 1988. VII, 609 S.
B 68174

– Marsalek

Marsalek, Hans: Der Weg eines Wiener Tschechen ins KZ. In: Zeitgeschichte. 17 (1989),2, S. 90 – 112.
BZ 4617:1989

– Massiczek

Massiczek, Albert: Ein Lebensbericht. T. 1. 2. Wien: Junius 1988/89. 190, 214 S.
B 68486

– Sarkotic von Lovcen

Bauer, Ernest: Der letzte Paladin des Reiches. Generaloberst Stefan Freiherr Sarkotic von Lovcen. Graz: Styria 1988. 159 S.
B 67666

– Waldheim

Bassett, Richard: Waldheim and Austria. New York: Viking 1988. 235 S.
B 68519

Herzstein, Robert Edwin: Waldheim. The missing years. London: Grafton Books 1988. 303 S.
B 67735

Kaiser, Joseph H.: Im Streit um ein Staatsoberhaupt: zur Causa Bundespräsident Waldheim; gravierende Grenzüberschreitungen u. Fehler d. Historiker-Komm. Berlin: Duncker u. Humblot 1988. 51 S.
Bc 9174   3-428-06439-9

Rubenstein, Richard L.: After the Holocaust: national attitudes to Jews. Waldheim, the pope and the holocaust. In: Holocaust and genocide studies. 4 (1989),1, S. 1 – 13.
BZ 4870:1989

Saltmann, Jack: Kurt Waldheim: a case to answer? London: Robson 1988. 370 S.
B 67722   0-86051-516-8

L 171 d Land und Volk

Dokumentation zur Verfolgung der Zigeuner im Gau „Niederdonau". In: Dokumentationsarchiv des österreichischen Widerstandes. Jahrbuch. (1990), S. 34 – 39.
BZC 17:1990

Gehler, Michael: Vom Rassenwahn zum Judenmord. Am Beispiel des studentischen Antisemitismus an der Universität Innsbruck von den Anfängen bis in das „Anschluß"-Jahr 1938. In: Zeitgeschichte. 16 (1989),8, S. 263 – 288.
BZ 4617:1989

John, Michael: Angst, Kooperation und Widerstand. Die autochtonen Minderheiten Österreichs. 1938-1945. In: Zeitgeschichte. 17 (1989),2, S. 66 – 89.
BZ 4617:1989

Landauer, Hans: Wien-Moskau-Madrid. Die Odyssee österreichischer Schutzbündler 1934-1945. In: Dokumentationsarchiv des österreichischen Widerstandes. Jahrbuch. (1990), S. 76 – 88.
BZC 17:1990

Potocnik, Christiana: Der österreichische Nationalfeiertag. Nur mehr ein Tag der Fitnessmärsche? In: Zeitgeschichte. 17 (1989),1, S. 19 – 32.
BZ 4617:1989

Radax-Ziegler, Senta: Sie kamen durch: d. Schicksal 10 jüd. Kinder u. Jugendlicher, die 1938/39 aus Österreich flüchten mussten. Wien: Ueberreuter 1988. 214 S.
B 67374   3-8000-1440-8

Rathkolb, Oliver: Zur Kontinuität antisemitischer und rassistischer Vorurteile in Österreich 1945-1950. In: Zeitgeschichte. 16 (1989),5, S. 167 – 179.
BZ 4617:1989

Rozenblit, Marsha L.: Die Juden Wiens, 1867-1914. Köln: Böhlau 1989. 254 S.
B 68041

Walzl, August: Die Juden in Kärnten und das Dritte Reich. Klagenfurt: Univ.-Verl. Carinthia 1987. 375 S.
B 66347

Weinzierl, Erika: Österreichische Nation und österreichisches Nationalbewußtsein. In: Zeitgeschichte. 17 (1989),1, S. 44 – 62.
BZ 4617:1989

L 171 e Staat und Politik

L 171 e 10 Innenpolitik

„Ich bin dafür, die Sache in die Länge zu ziehen": Wortprotokolle d. österr. Bundesregierung von 1945-52 über d. Entschädigung d. Juden. Hrsg.: Robert Knight. Frankfurt: Athenäum 1988. 287 S.
B 67333   3-610-08499-5

Knight Robert
Auf dem Weg zur Staatspartei. Zu Geschichte und Politik der SPÖ seit 1945. Hrsg.: Peter Pelinka. Wien: Verl. f. Gesellschaftskritik 1988. 643 S.
B 67454

Autengruber, Peter: Die demokratische Union 1945-1957. In: Zeitgeschichte. 17 (1990),6, S. 249 – 265.
BZ 4617:1990

Die Bewegung lebt. 100 Jahre Linzer Sozialdemokratie. Wien: Verl. d. SPÖ 1989. 355 S.
B 69247

Ermacora, Felix: Rechtsquellen zu den Grundfreiheiten und Menschenrechten in Österreich. Begleitband zu Grundriß der Menschenrechte in Österreich (1988). Manzsche Verl.- u. Univ.-buchhandlung 1988. 177 S.
Bc 8791

Markovits, Andrei S.; Pelinka, Anton: Social democracy in Austria and West Germany in the 1970s and 1980s: a comparative assessment. In: German studies review. 12 (1989),2, S. 333 – 352.
BZ 4816:1989

Mitten, Richard: Die Kampagne mit „Der Kampagne": Waldheim, der jüdische Weltkongreß und „Das Ausland". In: Zeitgeschichte. 17 (1990),4, S. 175 – 195.
BZ 4617:1990

Owerdieck, Reinhard: Parteien und Verfassungsfrage in Österreich. Die Entstehung d. Verfassungsprovisoriums d. Ersten Republik 1918-1920. München: Oldenbourg 1987. 222 S.
B 61054

Waffengesetz 1986. Hrsg.: Karl Czeppan. Wien: Juridica-Verl. 1987. 220 S.
Bc 8767

Wirtitsch, Manfred: Zur Geschichte der ÖVP-Wehrpolitik von 1945 bis 1971. In: Zeitgeschichte. 16 (1989),8, S. 289 – 305.
BZ 4617:1989

L 171 e 20 Außenpolitik

Arnold, Hans: Österreich und die Europäische Gemeinschaft. In: Außenpolitik. 40 (1989),4, S. 395 – 417.
BZ 4457:1989

Grundsatzfragen der Außenpolitik Österreichs und Jugoslawiens. Hrsg.: Hanspeter Neuhold. Wien: Braumüller 1988. 122 S.
Bc 8771

Nenning, Günther: Grenzenlos deutsch. Österreichs Heimkehr ins falsche Reich. München: Knesebeck & Schuler 1988. 237 S.
B 67177

Schlachtfeld Europa. E. Beitr. zum Verständnis d. sicherheitspol. Situation Österreichs. Hrsg.: Erich Reiter. Wien: Gesellschaft zur Förderung politischer Grundlagenforschung 1988. 96 S.
Bc 8762

L 171 f Wehrwesen

Banny, Leopold: Dröhnender Himmel, brennendes Land: d. Einsatz d. Luftwaffenhelfer in Österreich 1943-1945. Wien: ÖBV 1988. 429 S.
B 67563   3-215-06272-0

Bebler, Anton: Berufsmilitär, gesellschaftlicher Wandel und politischer Pluralismus in den mittel- und südosteuropäischen Staaten. In: Österreichische militärische Zeitschrift. 28 (1990),4, S. 300 – 306.
BZ 05214:1990

Danzmayr, Heinz: Österreichs Landesverteidigungsplan. In: Allgemeine schweizerische Militärzeitschrift. 156 (1989),156, S. 6 – 13.
BZ 05139:1989

König, Ernest: Auftrag und Reform: unser Heer zwischen Doktrinismus, Bürokratismus und Ökonomie. In: Österreichische militärische Zeitschrift. 28 (1990),4, S. 280 – 289.
BZ 05214:1990

Oberkofler, Gerhard; Rabofsky, Eduard: Kelsen im Kriegseinsatz der k. u. k. Wehrmacht. E. kritische Würdigung seiner militärtheoretischen Angebote. Frankfurt: Lang 1988. 201 S.
B 69179

Pleiner, Horst: Aktuelle militärstrategische Entwicklung und Landesverteidigungsplan. In: Österreichische militärische Zeitschrift. 28 (1990),1, S. 11 – 19.
BZ 05214:1990

Pleiner, Horst: Aktuelle militärstrategische Entwicklung und mögliche Auswirkungen auf das Bundesheer der neunziger Jahre. In: Österreichische militärische Zeitschrift. 28 (1990),5, S. 369 – 379.
BZ 05214:1990

Pleiner, Horst: Der sicherheitspolitische Beitrag der militärischen Landesverteidigung – Militärstrategie und Raumverteidigung. In: Truppendienst. 28 (1989),6, S. 486 – 498.
BZ 05209:1989

Schnitzer, Helmut: Die zivile Landesverteidigung im Blickwinkel aktueller Entwicklungen. In: Österreichische militärische Zeitschrift. 27 (1989),5, S. 361 – 368.
BZ 05214:1989

Vego, Milan Nikola: The Anatomy of Austrian sea power 1904-1914. Vol. 1. 2. Ann Arbor, Mich.: UMI 1988. XXIX, 726 S.
B 67170

L 171 h Gesellschaft

„Wir haben die Zeit erlebt!". Murauer Sozialisten berichten über die Geschichte der Arbeiterbewegung in der Zwischenkriegszeit. Hrsg.: Wolfgang Hager. Stolzalpe: Hager 1988. 72 S.
Bc 02298

Kernic, Franz: The participation of soldiers in Austrian politics: possibilities and conditions. In: Politics and society in Germany, Austria and Switzerland. 2 (1990),1/2, S. 59 – 69.
BZ 4999:1990

Klenner, Fritz: Die österreichische Gewerkschaftsbewegung. Entstehung, Entwicklung, Zukunft. Verl. d. ÖGB 1987. XVI, 696 S.
B 66383

Die Roten im Land. Arbeitsleben und Arbeiterbewegung im westlichen Österreich. Hrsg.: Kurt Greussing. Steyr: Museum Industrielle Arbeitswelt 1989.
011123

Stockinger, Josef: Zeit die prägt. Arbeiterbewegung in Steyr. Linz: Z & K Verl. 1988. 221 S.
Bc 8926

L 171 i Geistesleben

Maximiliana. Zeichen des Widerstandes 1922-1987. Hrsg.: Gerhard Fritz. Wien: Amalthea 1987. 157 S.
B 67523

Rill, Robert: CV und Nationalsozialismus in Österreich. Wien: Geyer 1987. 185 S.
B 66164

Weinzierl, Erika: Prüfstand. Österreichs Katholiken und der Nationalsozialismus. Mödling: Verl. St. Gabriel 1988. 335 S.
B 69414

L 171 k Geschichte

„Anschluß" 1938. Eine Dokumentation. Wien: Österreichischer Bundesverl. 1988. XIV, 685 S.
B 68118

Achtamzjan, A. A.: Anneksija Avstrii rejchom. In: Voprosy istorii. (1988),9, S. 72 – 84.
BZ 05317:1988

Androsch, Hannes: Auf der Suche nach Identität. Österreich. Wien: Brandstätter 1988. 95 S.
B 68011

Bailer-Galanda, Brigitte: Zur Rolle der Frauen im Widerstand oder die im Dunkeln sieht man nicht. In: Dokumentationsarchiv des österreichischen Widerstandes. Jahrbuch. (1990), S. 13 – 22.
BZC 17:1990

Biron, Georg: Die letzte Beichte. Geschichte eines Verrats. Wien: Ed. S 1988. 149 S.
B 69617

Breuer, Robert: Nacht über Wien. Ein Erlebnisbericht aus den Tagen des Anschlusses im März 1938. Wien: Löcker 1988. 130 S.
Bc 8778

Drimmel, Heinrich: Österreich. 1918-1938. Bd. 1-3. Amalthea 1985-87. 430; 414; 511 S.
B 66516

Hannl, Margarete: Mit den „Russen" leben. Besatzungszeit im Mühlviertel 1945-1955. In: Zeitgeschichte. 16 (1989),5, S. 147 – 166.
BZ 4617:1989

Hautmann, Hans: Geschichte der Rätebewegung in Österreich, 1918-1924. Wien: Europaverl. 1987. 815 S.
B 68315

Hirt, Herbert: Die historische Entwicklung der Sanitätsschulen Österreichs. Wien: Bundesministerium f. Landesverteidigung 1986. 64 S.
Bc 02514

Kleindel, Walter: „Gott schütze Österreich!": d. Anschluß 1938. Wien: Österreichischer Bundesverl. 1988. 283 S.
B 67325 3-215-06546-0

Lein, Hermann: Als „Innitzergardist" in Dachau und Mauthausen. Ein Rückblick z. 50. Jahrestag. Wien: Herder 1988. 107 S.
Bc 8777

Luza, Radomir: The resistance in Austria, 1938-1945. In: Politics and society in Germany, Austria and Switzerland. 1 (1988),2, S. 21 – 30.
BZ 4999:1988

Mähr, Wilfried: Der Marshallplan in Österreich. Graz: Styria 1989. 270 S.
B 68729

Michel, Bernard: L'Autriche en 1944-1945. In: Guerres mondiales et conflits contemporains. (1988),149, S. 5 – 14.
BZ 4455:1988

Molden, Fritz: Die Feuer in der Nacht: Ofer u. Sinn d. österreichischen Widerstandes 1938-1945. Wien: Amalthea 1988. 239 S.
B 67359 3-85002-262-5

NS-Herrschaft in Österreich 1938-1945. Hrsg.: Emmerich Talos. Wien: Verl. f. Gesellschaftskritik 1988. XXII, 632 S.
B 67456

Pawlowsky, Verena: Werksoldaten, graue Mandln, 50-Groschen-Dragoner. Der freiwillige Arbeitsdienst in Österreich. In: Zeitgeschichte. 17 (1990),5, S. 226 – 235.
BZ 4617:1990

Rathkolb, Oliver R.: The Austrian foreign service and the Anschluß in 1938. In: German studies review. 18 (1990),1, S. 55 – 84.
BZ 4816:1990

Rebhann, Fritz M.: Bis in den Tod: Rot-Weiß-Rot: Österreichs Untergang im März 1938. Wien: Herold 1988. 216 S.
B 67357 3-7008-0363-X

Rok 1938 – aneksja Austrii i Monachium=Annus 1938, que Austria imperio Germanoest. Materiały międzynarodowej sesji naukowej na Uniwersytecie Jagiellonskim w dniach 7 i 8 grudnia 1983. Kraków: Nakładem Uniw. Jagiellonsk 1987. 121 S.
Bc 8428

Schafranek, Hans: Hakenkreuz und rote Fahne. Die verdrängte Kooperation von Nationalsozialisten und Linken im illegalen Kampf gegen die Diktatur des „Austrofaschismus.". In: Archiv für die Geschichte des Widerstandes und der Arbeit. (1989),6, S. 7 – 34.
BZ 4698:1989

Steger, Gerhard: Rote Fahne, schwarzes Kreuz; d. Haltung d. Sozialdemokrat. Arbeiterpartei Österreichs zu Religion, Christentum u. Kirchen; von Hainfeld bis 1934. Köln: Böhlau 1987. 329 S.
B 65893 3-205-08815-8

Strohal, Eberhard: Die Erste Republik: d. Rest heisst Österreich: d. Kernland d. ehemaligen Vielvölkerstaates gab man von Anfang an nur wenig Überlebenschancen. Wien: hpt-Verl.Ges. 1988. 124 S.
B 67479 3-85128-009-1

Sweeney, Jim: Austria: a study in modern achievement. Aldershot: Avebury 1988. XIV, 327 S.
B 67066 0-566-05252-0

Vetschera, Heinz: Das „deutsche Kriegsmaterial" im Österreichischen Staatsvertrag. In: Österreichische militärische Zeitschrift. 27 (1989),3, S. 193 – 198.
BZ 05214:1989

Zöllner, Erich: Vierzig Jahre Österreichische Geschichtswissenschaft (1945-1955). Ein Überblick. In: Zeitgeschichte. 16 (1989),6, S. 203 – 214.
BZ 4617:1989

1938. Ursachen, Fakten, Folgen. Ergebnisse des Symposiums... Wien: Verl. für Geschichte u. Politik 1989. 109 S.
Bc 8788

L 171 l Einzelne Länder/Gebiete/Orte

Kerschbaumer, Gert: Faszination Drittes Reich: Kunst u. Alltag d. Kulturmetropole Salzburg. Salzburg: Müller 1988. 326 S.
B 67321   3-7013-0732-6

Lauber, Wolfgang: Wien. Ein Stadtführer durch den Widerstand 1934-1945. Wien: Böhlau 1987. 229 S.
B 66139

Ottomeyer, Klaus: Ein Brief an Sieglinde Tschabuschnig. Kriegsfolgen, Vergangenheitsbewältigung und Minderheitenkonflikt am Beisp. Kärnten. Klagenfurt: Drava 1988. 141 S.
B 8786

Stromberger, Helge: Die Ärzte, die Schwestern, die SS und der Tod. Die Region Kärnten und das produzierte Sterben in der NS-Periode. Klagenfurt: Drava 1989. 108 S.
Bc 8801

Tirol und der Anschluß: Voraussetzungen, Entwicklungen, Rahmenbedingungen 1918-1938. Innsbruck: Haymon-Verl. 1988. 589 S.
B 67467   3-85218-034-1

Tirol 1938. Voraussetzungen und Folgen. Innsbruck: Tiroler Landesmuseum Ferdinandeum 1988. 194 S.
B 67669

Wien 1938. Histor. Museum d. Stadt Wien. Wien: Österreichischer Bundesverl. 1988. 452 S.
010765

Wimmer, Kurt: Damals, 1938: Grazer Zeitgenossen erinnern sich. Graz: Verl. für Sammler 1988. 164 S.
B 68170   3-85365-068-6

L 174 Polen

L 174 c Biographien

– Bierut

Łukasiewicz, Stanisław: Byłem sekretarzem Bieruta: Wspomnienia z pracy w Belwederze w latach 1945-1946. Krakow: Krajowa agencja wydawn 1987. 149 S.
Bc 7911   83-03-01927-9

– Dabek

Olszewski, Edward: Paweł Dabek „Paweł" (1908-1987). In: Z pola walki. 32 (1989),1, S. 136 – 144.
BZ 4559:1989

– Gomułka

Domány, András: Władysław Gomułka. Budapest: Kossuth Könyvkiadó 1988. 259 S.
B 70185

– Haller

Aksamitek, Stefan: General Józef Haller. Zarys biografii politycznej. Katowice: Slask 1989. 274 S.
B 70175

– Kolbe

Frossard, André: „N'oubliez pas l'amour". La passion de Maximillien Kolbe. Paris: Laffont 1987. 258 S.
B 65962

– Rapacki

Liczmański, Ryszard: Działalnośc Adama Rapackiego w latach 1945-1948. In: Z pola walki. 32 (1989),2-3, S. 114 – 128.
BZ 4559:1989

– Rowecki

Rowecki, Stefan: ...Wspomnienia i notatki autobiograficzne 1906-1939. Warszawa: Czytelnik 1988. 218 S.
Bc 8346

– Rózanski

Rózański, Henryk: Sladem wspomnień i dokumentów 1943-1948. Państwowe Wydawn. Naukowe 1987. 560 S.
B 64092

– Walesa

Szilágyi, Szabolcs: Wałęsa a Nobel-dijas villanyszerelö. Budapest: Népszava 1989. 153 S.
Bc 8940

– Warynski

Notkowski, Andrzej: Ludwik Waryński. Wrocław: Ossolineum 1989. 295 S.
B 71465   83-04-02790-9

L 174 d Land und Volk

Bachmann, Klaus: Kriegsgrund Galizien. In: Österreichische Osthefte. 32 (1990),1, S. 40 – 68.
BZ 4492:1990

Bauman, Janina: A dream of belonging: my years in postwar Poland. London: Pirago Pr. 1988. 202 S.
B 65874   0-86068-975-1

Bednarz, Klaus; Hirth, Peter: Polen. München: Bucher 1989. 232 S.
010931

Czerniakiewicz, Jan: Repatriacja ludności polskiej z ZSRR 1944-1948. Państwowe Wydawn. Naukowe 1987. 263 S.
B 68665

Huberband, Shimon: Kiddush Hashem. Jewish religious and cultural life in Poland during the Holocaust. Hoboken, NJ: KTAV 1987. XXXVII, 474 S.
B 66529

Irwin-Zarecka, Iwona: After the holocaust: national attitudes to Jews. Catholics and Jews in Poland today. In: Holocaust and genocide studies. 4 (1989),1, S. 27 – 40.
BZ 4870:1989

Kobylińska, Ewa: Unter der Last der Nation. Der polnische Nationalismus – seine Stärke und Schwäche. In: Die neue Gesellschaft – Frankfurter Hefte. 37 (1990),5, S. 414 – 424.
BZ 4572:1990

Lewin, Abraham: A cup of tears. Oxford: Blackwell 1989. VI, 310 S.
B 68576

Nordmann, Ingeborg: „Die Eroberung des Staates durch die Nation ist stets die dem Nationalstaat spezifische Gefahr gewesen". In: Die neue Gesellschaft – Frankfurter Hefte. 37 (1990),5, S. 425 – 434.
BZ 4572:1990

Oschilies, Wolf: Polnischer „Drang nach Westen". Dynamik und Motive der jüngsten Emigrationswelle aus Polen. In: Beiträge zur Konfliktforschung. 19 (1989),3, S. 23 – 44.
BZ 4594:1989

Out of the inferno: Poles remember the holocaust. Ed.: Richard C. Lukas. Lexington, Ky.: Univ. Pr. of Kentucky 1989. 201 S.
0-8131-1692-9
B 70949

Ringelblum, Emanuel: Stosunki polsko-zydowskie w czasie drugiej wojny swiatowej. Warszawa: Czytelnik 1988. 191 S.
B 67142

Rubin, Henryk: Zydzi w Łodzi pod niemiecka okupacja 1939-1945. Londyn: Kontra 1988. 579 S.
B 69578

L 174 e Staat und Politik

L 174 e 10 Innenpolitik

Borkowski, Jan: Polscy komuniści we Francji 1919-1946. In: Z pola walki. 32 (1989),1, S. 92 – 101.
BZ 4559:1989

Dobroczynski, Michał: Przemiany w Europie Wschodniej a specyfika polska. In: Sprawy międzynarodowe. 43 (1990),1, S. 27 – 42.
BZ 4497:1990

Geremek, Bronislaw: Postcommunism and democracy in Poland. In: The Washington quarterly. 13 (1990),3, S. 125 – 131.
BZ 05351:1990

Grell, Janusz: Wyłanianie elity władzy w Polsce Ludowej a kultura polityczna. Poznań: Wydawn. Nauk. Uniw. 1989. 188 S.
Bc 9845

Holzer, Jerzy: Polens Weg aus dem Kommunismus. In: Aus Politik und Zeitgeschichte. (1990),B 12-13/90, S. 17 – 28.
BZ 05159:1990

Jagóra, Maciej L.: Front Morges a Stronnictwo Narodowe – animozje czy współpraca? In: Dzieje najnowsze. 21 (1989),3, S. 17 – 39.
BZ 4685:1989

Janowski, Karol B.: Sejm i Rady Narodowe oraz system ich wyłaniania w myśli politycznej PZPR (1948-1981). In: Z pola walki. 32 (1989),2-3, S. 65 – 82.
BZ 4559:1989

Kawalec, Krzysztof: Narodowa Demokracja wobec faszyzmu 1922-1939. Warszawa: Państw. Inst. Wydawn. 1989. 289 S.
B 70169

Kołomejczyk, Norbert: Mechanizmy działania PPR i PPS (1944-1948). In: Z pola walki. 32 (1989),2-3, S. 33 – 55.
BZ 4559:1989

Krzeminski, Adam: „Polen den Polen" – Zur latenten Gefahr eines polnischen Rechtsextremismus. In: Die neue Gesellschaft – Frankfurter Hefte. 37 (1990),4, S. 345 – 347.
BZ 4572:1990

Lewis, Paul, G.: The long goodbye: party rule and political change in Poland since martial law. In: Journal of communist studies. 6 (1990),1, S. 24 – 48.
BZ 4862:1990

Ludwikowski, Rett R.: State-sponsored domestic terrorism – the case of Poland. In: Terrorism. 12 (1989),2, S. 89 – 96.
BZ 4688:1989

Macków, Jerzy: Polen im Umbruch: Die Wahlen 1989. Politische Hintergründe, Verlauf, Analyse. In: Zeitschrift für Parlamentsfragen. 20 (1989),4, S. 561 – 580.
BZ 4589:1989

Mehrotra, O.N.: Poland: retreat from communism. In: Strategic analysis. 13 (1990),11, S. 1191 – 1200.
BZ 4800:1990

Millard, Frances: Emergent pluralism in Poland: a short guide. In: Journal of communist studies. 6 (1990),1, S. 99 – 109.
BZ 4862:1990

Mink, Georges: Le modèle polonais. Gestion du temps dans les changements polonais. In: Politique étrangère. (1990),1, S. 25 – 33.
BZ 4449:1990

Rensenbrink, John C.: Poland challenges a divided world. Baton Rouge: Louisiana State Univ. Pr. 1988. X, 246 S.
B 68457   0-8071-1446-4

Staar, Richard F.: Poland: renewal or stagnation? In: Current history. 88 (1989),541, S. 373 – 376; 405 – 407; 409.
BZ 05166:1989

Strobel, Georg W.: Politisches System und Pluralismus in Polen. In: Aus Politik und Zeitgeschichte. (1990),B 12-13/90, S. 3 – 16.
BZ 05159:1990

Suleja, Włodzimierz: Polska Partia Socjalistyczna 1892-1948. Warszawa: Wydaw. szkolne i pedagogiczne 1988. 287 S.
B 68691

Zubek, Voytek: Poland's party self-destructs. In: Orbis. 34 (1990),2, S. 179 – 193.
BZ 4440:1990

L 174 e 20 Außenpolitik

Bernatowicz, Grazyna: Polsko-włoskie stosunki polityczne. In: Sprawy międzynarodowe. 43 (1990),1, S. 43 – 56.
BZ 4497:1990

Czubiński, Antoni: Stanowisko społeczeństwa polskiego wobec Rewolucji i Wojny Domowej w Rosji (1917-1921). In: Przegląd zachodni. 43 (1987),5-6, S. 1 – 16.
BZ 4487:1987

Hajnicz, Artur: Polen in seinem geopolitischen Dreieck. In: Außenpolitik. 40 (1989),1, S. 31 – 42.
BZ 4457:1989

Hauser, Przemysław: Polska polityka zagraniczna na przełomie 1918/1919. In: Przegląd zachodni. 44 (1988),5-6, S. 17 – 32.
BZ 4487:1988

Moraczewski, Marian: Narodowe bezpieczeństwo Polski a perspektywa zjednoczenia Niemiec. In: Sprawy międzynarodowe. 43 (1990),3, S. 7 – 18.
BZ 4497:1990

Nowak, Edward K.: Europa we wspólnej perspektywie Niemiec i Polski. In: Sprawy międzynarodowe. 43 (1990),11, S. 33 – 42.
BZ 4497:1990

Parzymies, Stanisław: Perspektywy stosunków polsko-francuskich. In: Sprawy międzynarodowe. 42 (1989),5, S. 33 – 46.
BZ 4497:1989

PRL-RFN. Blaski i cienie procesu normalizacji wzajemnych stosunków 1972-1987. Red.: Antoni Czubiński. Poznań: Institut Zachodni 1988. 282 S.
B 70924

Pusykewitsch, Teresa: Die Aufarbeitung der seit dem Zweiten Weltkrieg offenen Fragen in den polnisch-sowjetischen Beziehungen. In: Die Friedenswarte. 68 (1988),1-2, S. 110-124.
BZ 4693:1988

Wandycz, Piotr: Polish Diplomacy 1914-1945: aims and achievements. London: Orbis Books 1988. 139 S.
Bc 9218

Wisner, Henryk: Unia sceny z przeszlości Polski i Litwy. Warszawa: Ludowa Spółdzielnia Wydawn 1988. 327 S.
B 66957

Wojna, Ryszard: Wrzesień 1939 roku a polityka zagraniczna Polski. In: Sprawy międzynarodowe. 42 (1989),9, S. 7 – 18.
BZ 4497:1989

L 174 f Wehrwesen

Drzyzga, Bernard: Kedyw. Okręgu AK Łodz i 60 Pulk AK. London: Veritas Foundation Publ. Centre 1988. 140 S.
Bc 9723

Gondek, Leszek: Na Tropach tajemnic III Rzeszy. Wydawn. Min. Obrony 1987. 204 S.
Bc 7920

Jarecki, Jan: Walki kawalerii polskiej września 1939. Towarzystwo Miłosników Ziemi. 1989. 159 S.
Bc 9825

Kusiak, Franciszek: Oficerowie l armii Wojska Polskiego w latach 1944-1945. Wrocław: Wydawn. Polskiej Akad. Nauk. 1987. 214 S.
B 63887

Marcinkowski, Adam; Palski, Zbigniew: Ofiary stalinowskich represji w wojsku polskim. In: Wojskowy przegląd historyczny. 35 (1990),1-2, S. 168 – 184.
BZ 4490:1990

Piwowoński, Jan: Flota spod biało-czerwonej. Warszawa: Nasza Księgarnia 1989. 358 S.
010843

Pribylov, V.I.: Počemu ušla Armija Andersa. In: Voenno-istoričeskij žurnal. (1990),3, S. 29 – 37.
BZ 05196:1990

Rozmus, Włodzimierz: W Oddziałach partizanckich i baonie „Skała". Krakow: Krajowa agencja wydawn 1987. 162 S.
B 67186

Walendowski, Edmund: Combat Motivation of the Polish forces. Basingstoke: Macmillan 1988. XII, 154 S.
B 66108

Wiatr, Jerzy J.: The Soldier and the nation. The role of military in Polish politics, 1918-1985. Boulder, Colo.: Westview Pr. 1988. XX, 204 S.
B 68773

Wieczorek, Paweł: Ekonomiczne aspekty polityki wojskowej Związku Radzieckiego i Polski. In: Sprawy międzynarodowe. 43 (1990),11, S. 91 – 104.
BZ 4497:1990

L 174 g Wirtschaft

Machowski, Heinrich: Polens schwieriger Weg in die Martkwirtschaft. In: Aus Politik und Zeitgeschichte. (1990),B 12-13/90, S. 29 – 38.
BZ 05159:1990

Misała, Józef; Morag, Jacek: Handel wolnodewizowy Polski z krajami RWPG. In: Sprawy miedzynarodowe. 42 (1989),11, S. 65 – 76.
BZ 4497:1989

Prybyla, Jan: The Polish economy: a case study in the structure and strategy of disaster. In: Comparative strategy. 8 (1989),2, S. 191 – 203.
BZ 4686:1989

L 174 h Gesellschaft

Hemmerling, Zygmunt: Ruch ludowy w Polsce Bulgarii i Czechosłowacji 1893-1930. Warszawa: Ludowa Spółdzielnia Wydawn 1987. 451 S.
B 63777

Zwiazek Młodziezy Polskiej na wsi. Wybor dokumentów 1948-1956. Warszawa: Ludowa Spółdzielnia Wydawn 1987. 225 S.
B 66967

L 174 k Geschichte

Ash, Timothy Garton: Polska Rewolucja. Solidarnośc. London: Polonia 1987. 224 S.
B 63853

Batowski, Henryk: Listopad 1918 roku: Polska i jej sasiedzi. In: Przeglad zachodni. 44 (1988),5-6, S. 33 – 46.
BZ 4487:1988

Bernov, Yuri: Poland in the 1950s. In: International affairs <Moscow>. (1990),2, S. 122 – 132.
BZ 05208:1990

Bibliografia katyńska. Materiały do bibliografii zbrodni katyńskiej za okres kwiecień 1943 – wrzesień 1989. In: Wojskowy przeglad historyczny. 34 (1989),4, S. 234 – 263.
BZ 4490:1989

Bobrik, M. N.: Revoljucionnyj 1917 god i nezavisimost' ol'ši. In: Voprosy istorii. (1988),11, S. 17 – 27.
BZ 05317:1988

Chałupczak, Henryk: II Rzeczpospolita a mniejszośc polska w Niemczech. Zasady i formy finansowania mniejszości polskiej w Niemczech w latach 1919-1939. In: Przeglad zachodni. 44 (1988),1, S. 109 – 130.
BZ 4487:1988

Chrobaczyński, Jacek: Z problematyki postaw i zachowań spółeczeńst wa okupowanej Polski (1939-1945). In: Dzieje najnowsze. 21 (1989),2, S. 143 – 167.
BZ 4685:1989

Cimek, Henryk: Legalne chłopskie Partie rewolucyjne w drugiej Rzeczypostolitej. Krakow: Krajowa agencja wydawn 1988. 157 S.
Bc 8713

Czubiński, Antoni: Wewnętrzne i zewnętrzne przesłanki odbudowy niepodległego państwa polskiego (1918-1921). In: Przeglad zachodni. 44 (1988),5-6, S. 1 – 16.
BZ 4487:1988

Dunin-Wasowicz, Krzysztof: Warszawa w latach 1939-1945. Państwowe Wydawn. Naukowe 1984. 407 S.
B 72417

Hauser, Przemysław: Niemcy wobec sprawy polskiej. Pazdziernik 1918- czerwiec 1919. Wydawn. Nauk. Uniw. im. A. Mickiewicza 1984. 264 S.
B 72645

Hermon, Elly: Le désarmement moral, facteur dans les relations internationales pendant l'entre-deux-guerres. In: Guerres mondiales et conflits contemporains. 39 (1989),156, S. 23 – 36.
BZ 4455:1989

Hills, Denis: Return to Poland. London: Bodley Head 1988. XXI, 278 S.
B 66768   0-370-31154-X

Leczyk, Marian: Oblicze społeczno-polityczne Drugiej Rzeczypospolitej. Warszawa: Ksiazka i Wiedza 1988. 505 S.
B 68707

Mazowiecki, Wojciech: Wydarzenia 3 maja 1946. Paris: Libella 1989. 151 S.
Bc 9178

Metselaar, M. V.: Gebruik van strijdkrachten bij crisismanagement. De Sovjet-Unie en de Poolse crisis in 1980/81. In: Militaire spectator. 158 (1989),6, S. 260 – 267.
BZ 05134:1989

Papierzyńska-Turek, Mirosława: Miedzy Tradycja a rzeczywistoxcia. Panstwo wobec prawoslawia 1918-1939. Warszawa: Państwowe Wydawn. Naukowe 1989. 472 S.
B 69493

Parsadanova, V. S.: Tragedija Pol'ši v 1939 g. In: Novaja i novejšaja istorija. (1989),5, S. 11 – 27.
BZ 05334:1989

Pierwsze tygodnie Polski Ludowej. In: Z pola walki. 32 (1989),2-3, S. 83 – 113.
BZ 4559:1989

Problemy gospodarcze Drugiej Rzeczypospolitej. Hrsg.: Krzysztof Kozłowski. Warszawa: Państwowe Wydawn. Ekonomiczne
B 70181

Schwarberg, Günther: Die Mörderwaschmaschine. Göttingen: Steidl 1990. 143 S.
Bc 9278   3-88243-150-4

Simpson, Christopher: Der amerikanische Bumerang. Wien: Überreuther 1988. 456 S.
B 67319

Szaflik, Józef Ryszard: Historia Polski 1939-1947. Wydawn. Szkolne i Pedagogiczne 1987. 214 S.
B 66956

Szczygielski, Zbigniew: Członkowie KPP 1918-1938 w świetle badań ankietowych. Warszawa: Ksiazka i Wiedza 1989. 165 S.
Bc 8944

Torzecki, Ryszard: Kwestia ukraińska w Polsce w latach 1923-1929. Kraków: Wydawn. Literackie 1989. 465 S.
B 70561

Wróblewski, Jan: Samodzielna Grupa Operacyjna „Polesie" 1939. Wydawn. Min. Obrony 1989. 245 S.
B 72412

L 175 Portugal

Alves, José Lopes: Geopolítica e geoestratégia de Portugal: „sonsiderçaes sobre elementos históricos e actuais". Lisboa: 1987. 219 S.
Bc 9150

Cardoso, Fernando Jorge: Relaçoes Portugal/Moçambique: que vantagens? In: Estrategía. (1988),5, S. 25 – 30.
BZ 4898:1988

Castro Villalobos, José Humberto: Política exterior portuguesa (1974-1988). In: Relaciones internacionales. 10 (1989),44, S. 36 – 44.
BZ 05566:1989

Chilcote, Ronald H.: The Portuguese Revolution of 25 april 1974. A Revoluçao Portuguesa de abril de 1974. Coimbra: Centro de Documentaçao 25 de Abril, Univ. de Coimbra 1987. 329 S.
B 68591

Downs, Charles: Revolution at the grassroots: communisty organizations in the Portuguese revolution. Albany, NY: State Univ. of New York 1989. X, 215 S.
B 69893   0-7914-0066-2

Freire, António de Siqueira: Portugal e as relaçoes CEE-Brasil. In: Política e estratégia. 6 (1989),4, S. 640 – 647.
BZ 4921:1989

Jesus, Quirino, A. de: Cartas e relatórios de Quirino de Jesus a Oliveira Salazar. Lisboa: Comissao do Livro Negro sobre o Regimes Fascista 1987. 220 S.
Bc 8996

Luria, René: Portugal's armed forces facing the 1990s. In: International defense review. 23 (1990),3, S. 275 – 279.
BZ 05569:1990

Raby, D. L.: Fascism and resistance in Portugal: communists, liberals and military dissidents in the opposition to Salazar, 1941-1974. Manchester: Manchester Univ. Pr. 1988. IX, 288 S.
B 67679   0-7190-2514-1

Rosas, Fernando: O salazarismo e a aliança luso-britânica: estudos sobre a política externa do Estado Novo nos anos 30 e 40. Lisboa: Fragmentos 1988. 147 S.
Bc 9339

L 177 Rumänien

L 177 c Biographien

Gabanyi, Anneli Ute: Am Vorabend der Revolution: Ceausescu unter Druck. In: Südosteuropa. 39 (1990),2, S. 89 – 97.
BZ 4762:1990

Potapov, V.I.: Sud'ba diktatora Čaušesku. In: Novaja i novejšaja istorija. (1990),4, S. 96 – 120.
BZ 05334:1990

L 177 d Land und Volk

Mihok, Brigitte: Die rumänische Nationalitätenpolitik seit 1945. In: Südosteuropa. 39 (1990),3-4, S. 204 – 221.
BZ 4762:1990

Mikó, Imre: Huszonkét Év. Az erdélyi magyarság politikai története 1918. december l-töl aug. 30-ig. Budapest: Optimum 1989. 326, VIII S.
B 70491

Oschlies, Wolf: Rumäniendeutsches Schicksal 1918-1988. Wo Deutsch zur Sprache der Grabsteine wird. Köln: Böhlau 1988. VI, 200 S.
Bc 9028

Report on the situation of the hungarian minority in Rumania. Red.: Rudolf Joó. Budapest: Hungarian Democratic Forum 1988. 205 S.
B 68820

L 177 e Staat und Politik

Crowther, William E.: The political economy of Romanian socialism. New York: Praeger 1988. VII, 205 S.
B 68396   0-275-92840-3

Durandin, Catherine: Le système Ceausescu. Utopie totalitaire et nationalisme insulaire. In: Vingtième siécle. (1990),25, S. 85 – 96.
BZ 4941:1990

Gabanyi, Anneli U.: Die Wahlen in Rumänien. In: Südosteuropa. 39 (1990),7/8, S. 405 – 428.
BZ 4762:1990

Gabanyi, Anneli Ute: Ideologiedebatte am Vorabend des 14. Parteitags. Ceausescu verteidigte den Sozialismus. In: Südosteuropa. 38 (1989),11-12, S. 647 – 662.
BZ 4762:1989

Gabanyi, Anneli Ute: Rumänien: Einmal Demokratie – und zurück. In: Südosteuropa. 39 (1990),5, S. 277 – 300.
BZ 4762:1990

Gabanyi, Anneli Ute: Rumäniens unvollendete Revolution. In: Europa-Archiv. 45 (1990),12, S. 371 – 380.
BZ 4452:1990

Reed, John: Romania: twilight of the Ceausescu era. In: Global affairs. 4 (1989),4, S. 151 – 163.
BZ 05553:1989

L 177 f Wehrwesen

Nelson, Daniel N.: Ceausescu and the Romanian army. In: International defense review. 22 (1989),6, S. 737 – 741.
BZ 05569:1989

L 177 g Wirtschaft

Schubert, Michael: Umbruch in Rumänien: Volkswirtschaftliche Reformansätze und außenwirtschaftliche Orientierungen – Möglichkeiten und Grenzen. In: Südosteuropa. 39 (1990),5, S. 301 – 308.
BZ 4762:1990

L 177 k Geschichte

Alexandrescu, Sorin: Macht en politieke klasse in Roemenië: van oligarchie tot monocratie. In: Internationale spectator. 44 (1990),1, S. 9 – 16.
BZ 05223:1990

Ayache, Georges: Enigmes roumaines. In: Politique étrangère. (1990),1, S. 63 – 70.
BZ 4449:1990

Baciu, Nicolae: Agonia României 1944-1948. Dosarele secrete acuzâ. München: Jon Dumitru Verl. 1988. 344 S.
B 68693

Constantinu, Florin; Schipor, Ilie: La Faillite d'une stratégie: Hitler face à la révolution roumaine d'août 1944. In: Revue roumaine d'histoire. 28 (1989),3, S. 155 – 164.
BZ 4577:1989

Gabanyi, Anneli Ute: Die Intelligenz und die rumänische Revolution. In: Südosteuropa-Mitteilungen. 30 (1990),2, S. 99 – 107.
BZ 4725:1990

Gabanyi, Anneli Ute: Rumäniens unvollendete Revolution. In: Südosteuropa. 39 (1990),3-4, S. 165 – 203.
BZ 4762:1990

Oprescu, Paul: Pourquoi la Roumanie est entrée dans la Première Guerre Mondiale. In: Revue roumaine d'histoire. 28 (1989),3, S. 265 – 284.
BZ 4577:1989

România în anii celui de-al doilea război mondial. Red.: Stefan Pascu. Bd. 1-3. Bucuresti: Ed. Militarâ 1989. 661, 478, 646 S.
B 70735

Die rumänische Revolution: eine Foto-Dokumentation – Revolutia românâ. Weinheim: Beltz 1990. 80 S.
Bc 02705   3-407-85099-9

Uscatescu, Jorge: Rumania, grandeza y tragedia. In: Política exterior. 4 (1990),14, S. 150 – 168.
BZ 4911:1990

Verona, Sergiu: Historical note: explaining the 1958 Soviet troop withdrawal from Romania. In: SAIS review. 10 (1990),2, S. 231 – 246.
BZ 05503:1990

L 177 l Einzelne Länder/Gebiete/Orte

Kuzmanova, Antonina: Ot N'oj do Krajova. Vúproút za Južna Dobrudža v meždunarodnite otn. 1919-1940. Sofija: Dúržavno izd.-vo Nauka i Izkustvo 1989. 306 S.
B 71449

L 179 Rußland/Sowjetunion

Die Sowjetunion. Von der Oktoberrevolution bis zu Stalins Tod. Hrsg.: Helmut Altrichter. München: Deutscher Taschenbuchverl. 1986-87. 359, 555 S.
B 67398

L 179 c Biographien

Dynin, Ivan Michajlovič: Tvorcy sovetskogo oružija. Moskva: Voenizdat 1989. 206 S.
Bc 8943

Geroi Sovetskogo Sojuza. Kratkij biograf. slovar'. Moskva: Voenizdat 1987-88. 911, 864 S.
010963

Gomółka, Krystyna: Białoruska elita polityczna w latach 1917-1921. In: Dzieje najnowsze. 31 (1989),2, S. 35 – 41.
BZ 4685:1989

– Abrasimov

Abrasimov, Petr Andreevič: Na diplomatičeskom Posty. Moskva: Meždunar. otnošenija 1987. 256 S.
Bc 7914

– Bakunin

Kelly, Aileen: Mikhail Bakunin: a study in the psychology and politics of utopianism. New Haven: Yale Univ. Pr. 1987. 320 S.
B 65694   0-300-03874-7

– Berzin

Sokolov, V. V.: Ja. A. Berzin – revoljucioner, diplomat, gosudarstvennyj dejatel. In: Novaja i novejšaja istorija. (1990),2, S. 140 – 159.
BZ 05334:1990

– Bucharin

„Liebling" der Partei. Beitr. z. internat. Bucharin-Symposium Wuppertal 1988. Hrsg.: Theodor Bergmann. Hamburg: VSA-Verl. 1989. 423 S.
B 70721

Bucharin, Nikolaj Ivanovič: Problemy teorii i praktiki socializma. Moskva: Politizdat 1989. 512 S.
B 72662

Buharin a sztálinizmus alternatívája? Kerekasztal-konferencia Nyikolaj Buharin születésenek 100. és halálának 50. évfordulója alkalmából 1988. szept. 26-27. Red.: Jenö Horváth. Budapest: Kossuth Könyvkiadó 1989. 181 S.
Bc 9023

Emeljanov, Jurij Vasil'evic: Zametki o Bucharine. Revoljucija, istorija, ličnost. Moskva: Molodaja gvardija 1989. 318 S.
B 72663

Ferretti, Maria: La réhabilitation de Boukharine: les enjeux de l'histoire en Union Soviétique. In: Cosmopolitiques. (1989),9, S. 80 – 95.
BZ 05193:1989

*Kozlov, Nicholas N.; Weitz, Eric D.*IWeitz, Eric D.: Reflections on the origins of the 'Third Period': Bukharin, the Comintern, and the political economy of Weimar Germany. In: Journal of contemporary history. 24 (1989),3, S. 387 – 410.
BZ 4552:1989

Škarenkov, L. K.: Nikolaj Ivanovič Bucharin. In: Voprosy istorii. (1988),7, S. 59 – 78.
BZ 05317:1988

– **Bucharina**

Bucharina, Anna L.: Nun bin ich schon weit über zwanzig: Erinnerungen. Göttingen: Steidl 1989. 431 S.
B 70529   3-88243-131-8

– **Burcev**

Burcev, Vladimir L'vovič: V Pogone za provokatorami. Moskva: Sovremennik 1989. 271 S.
B 72114

– **Chruscev**

Burlazki, Fjodor: Porträt eines Politikers – N. S. Chruschtschow. In: Beiträge zur Geschichte der Arbeiterbewegung. 32 (1990),2, S. 161 – 171.
BZ 4507:1990

Nikita Sergeevič Chruščev: Materialy k biografii. Moskva: Politizdat 1989. 367 S.
B 71468

Novikov, V. N.: V gody rukovodstva N. S. Chruščeva. In: Voprosy istorii.
BZ 05317

– **Cicerin**

O'Connor, Timothy Edward: Diplomacy and revolution: G. V. Chicherin and Soviet foreign affairs; 1918-1930. Ames, Iowa: Iowa State Univ. Pr. 1988. XX, 250 S.
B 68659   0-8138-0367-5

– **Figner**

Figner, Vera N.: Nacht über Rußland. Lebenserinnerungen einer russischen Revolutionärin. Reinbek: Rowohlt 1988. 508 S.
B 66032

– **Gorbacev**

Gorbacev, Michail Sergeevic: The Speech in Murmansk. Moscow: Novosti Pr. Agency Publ. 1987. 31 S.
Bc 7949

Hill, Ronald J.; Iivonen, Jyrki: Gorbachev at the top. In: Journal of communist studies. 5 (1989),3, S. 329 – 339.
BZ 4862:1989

Hough, Jerry F.: Russia and the West: Gorbachev and the politics of reform. New York: Simon and Schuster 1988. 301 S.
B 66849   0-671-61839-3

Michail Gorbatschow. Hrsg.: Donald Morrison. Rastatt: Moewig 1988. 320 S.
B 67180

Tatu, Michel: Gorbatchev: l'URSS va-t-elle changer? Paris: Centurion 1987. 269 S.
B 67586   2-227-00702-8

Traxler, Hans: Der grosse Gorbi. Zürich: Diogenes Verl. 1990. 66 S.
Bc 02708   3-257-02032-5

Urban, George: Gorbachev. Can the revolution be remade? London: Inst. f. European Defence and Strategic Studies 1988. 38 S.
Bc 8815

– Grigor'evna

Efremova, Nata Pavovna: Doč' revoljucionnoj Rossii. Moskva: Moskovskij rabočij 1987. 256 S.
Bc 7909

– Kaganovic

Kahan, Stuart: The wolf of the Kremlin. New York: Morrow 1987. 331 S.
B 66189   0-688-07529-0

– Kirov

King, Richard D.: Sergei Kirov and the struggle for Soviet power in the Terek region, 1917-1918. New York: Garland 1987. V, 415 S.
B 66708   0-8240-8056-4

– Kollontai

Kollontai, Alexandra: „Seven shots" in the Winter of 1939. In: International affairs <Moscow>. 240 (1990),1, S. 180 – 201.
BZ 05208:1990

– Konstantinovic

Sejranjan, Fridrich Gajkovič: „... Nadežnejšij voennyj Rabotnik". Očerk o voenno-organizatorskoj dejatel'n. Moskva: Voenizdat 1989. 174 S.
Bc 9223

– Kopelev

Orlova-Kopeleva, Raissa; Koplev, Lev: Zeitgenossen, Meister, Freunde. München: Knaus 1989. 253 S.
B 68549

– Kosarev

Truščenko, Nikolaj Vladimirovič: Kosarev. Moskva: Molodaja gvardija 1988. 399 S.
B 73854

– Krestinskij

Sokolov, V. V.: N. N. Krestinskij – revoljucioner, diplomat. In: Novaja i novejšaja istorija. (1989),5, S. 120 – 142.
BZ 05334:1989

– Lenin

LeBlanc, Paul: Lenin and the revolutionary party. Atlantic Highlands, NJ: Humanities Pr. Internat. 1990. XXXIV, 399 S.
B 71298   0-391-03604-1

Nation, Robert C.: War on war: Lenin, the Zimmerwald Left, and the origins of communist internationalism. Durham, NC.: Duke Univ. Pr. 1989. XVIII, 313 S.
B 71710   0-8223-0944-0

Sochor, Zenovia A.: Revolution and culture: the Bogdanov-Lenin controversy. Ithaca, NY: Cornell Univ. 1988. X, 258 S.
B 67983　　　　　　　　0-8014-2088-1

Ul'janova, Marija Il'inična: O Vladimire Il'iče Lenine i sem'e Uljanovych: Vospominanija. Očerki pis'ma. Moskva: Politizdat 1989. 384 S.
B 69494

Usyskin, G.S.: V. I. Lenin v Petersburgskom sovete rabočnik deputatov. In: Voprosy istorii. (1989),4, S. 20 – 36.
BZ 05317:1989

– **Makhno**

Skirda, Alexander: The rehabilitation of Makhno. In: The raven. 2 (1989),4, S. 338 – 352.
BZ 5019:1989

– **Marinesko**

Aleksandr Ivanovič Marinesko. Štricki k biografii. In: Morskoj sbornik. (1990),4, S. 33 – 47.
BZ 05252:1990

– **Novikov**

Chorobrych, Anatolij Michajlovič: Glavnyj maršal aviacii A. A.Novikov. Moskva: Voenizdat 1989. 286 S.
B 70560

Novikov, Nikolaj Vasil'evič: Vospominanija diplomata. Zapiski 1938-1947. Moskva: Politizdat 1989. 395 S.
B 68951

– **Odinzov**

Odinzov, Michail: Zeit über den Wolken. Aufzeichnungen eines Militärfliegers. Berlin: Militärverlag der DDR 1987. 204 S.
B 66312

– **Radek**

Tuck, Jim: Engine of mischief: an analytical biography of Karl Radek. New York: Greenwood 1988. XI, 207 S.
B 70842　　　　　　　　0-313-26258-6

– **Rakovskij**

Černjavskij, G. I.: Ch. G. Rakovskij na sudebnom farse 1938 g. In: Novaja i novejšaja istorija. (1990),4, S. 76 – 95.
BZ 05334:1990

– **Sacharov**

Barou, Jean Pierre: Sakharov! Sakharov! Paris: Grasset 1987. 221 S.
B 65475

– **Solzenicyn**

Geller, Michail: Aleksandr Solženicyn. K 70-letiju so dnja roždenija. London: Oversea Publ. Interchange Ltd. 1989. 115 S.
Bc 9009

– **Stalin**

Antonov-Ovseenko, A. V.: Stalin i ego vremja. In: Voprosy istorii. (1989),4, S. 85 – 96.
BZ 05317:1989

Béládi, László; Krausz, Tamás: Sztálin. Történelmi vázlat. Budapest: Láng Kiadó 1988. 291 S.
B 68816

Cameron, Kenneth Neill: Stalin: man of contradiction. Toronto: NC Press 1987. 190 S.
B 73966   0-920053-97-1

Conquest, Robert: Stalin and the Kirov murder. Oxford: Oxford Univ. Pr. 1989. XIV, 164 S.
B 68395   0-19-505579-9

Deutscher, Isaac: Stalin. Eine politische Biographie. Berlin: Argon 1989. 859 S.
B 70288

Firsov, F. I.: Stalin i Komintern.
In: Voprosy istorii. (1989),8, S. 3 – 23.
BZ 05317:1989

Firsov, F. I.: Stalin i Komintern.
In: Voprosy istorii. (1989),9, S. 3 – 19.
BZ 05317:1989

Heller, Michel: Mr. Stalin, I presume?
In: Survey. 30 (1989),4, S. 155 – 163.
BZ 4515:1989

Lemańczyk, Tadeusz: Walka Józefa Stalina z opozycja w WKP. In: Z pola walki. 32 (1989),1, S. 22 – 41.
BZ 4559:1989

Medvedev, Roj A.: Let history judge: the origins and consequences of Stalinism. New York: Columbia Univ. Pr. 1989. XXI, 903 S.
B 71379   0-231-06350-4

Rocca, Gianni: Stalin: quel „meraviglioso georgiano". Milano: Mondadori 1988. 457 S.
B 70051

Slusser, Robert M.: Stalin in October: the man who missed the revolution. Baltimor, Mass.: Johns Hopkins Univ. Pr. 1987. XI, 281 S.
B 66233   0-8018-3457-0

Ulam, Adam B.: Stalin: the man and his era. Boston, Mass.: Beacon Pr. 1989. XXV, 760 S.
B 72441   0-8070-7005-X

Volkogonov, Dmitrij Antonovič: Stalin. Triumph und Tragödie. E. polit. Porträt. Düsseldorf: Claassen 1989. 831 S.
B 70846

Volkogonov, Dmitrij: Triumf i tragedija. Polit. portr. I. V. Stalina. V 2-ch knigach. Moskva: Izd. Agenstva pečati Novosti 1989. 301, 331, 424, 266 S.
B 70354

– **Stolypin**

Zyrjanov, Pavel Nikolaevič: Petr Arkad'evič Stolypin. In: Voprosy istorii. (1990),6, S. 54 – 75.
BZ 05317:1990

– **Tomskij**

Kulikova, I.S.; Chazanov, B. Ja.: Michail Pavlovič Tomskij. In: Voprosy istorii. (1988),8, S. 64 – 81.
BZ 05317:1988

– **Trockij**

Bergmann, Theodor: Trotzkis Erbe ist nicht der Trotzkismus. Symposium: L. Trotzki – Kritiker und Verteidiger der Sowjetgesellschaft. In: Sozialismus. 16 (1990),7, S. 58 – 62.
BZ 05393:1990

Broué, Pierre: Trotsky. Paris: Fayard 1988. 1105 S.
B 71631

Lustig, Michael M.: Trotsky and Djilas: critics of communist bureaucracy. New York, N.Y.: Greenwood Pr. 1989. X, 165 S.
B 71084　　　　　　　0-313-24777-3

Nelson, Harold W.: Leon Trotsky and the art of insurrection: 1905-1917. London: Frank Cass 1988. VIII, 158 S.
B 67148　　　　　　　0-7146-3272-4

Pancov, Aleksandr Vadimovič: Lev Davidovič Trockij. In: Voprosy istorii. (1990),5, S. 65 – 87.
BZ 05317:1990

Sinclair, Louis: Trotsky: a bibliography. Aldershot: Scolar 1989. XIX, 680; S.681-1350.
B 71571

Vaseckij, Nikolaj Aleksandrovič: L. D. Trockij: Političeskij portret. In: Novaja i novejšaja istorija. (1989),3, S. 136 – 165.
BZ 05334:1989

Wolkogonow, D.: Der Dämon Trotzki. In: Militärwesen. (1990),7, S. 76 – 82.
BZ 4485:1990

– **Tuchacevskij**

Dajnes, Vladimir Ottovič: Michail Nikolaevič Tuchačevskij. In: Voprosy istorii. (1989),10, S. 38 – 60.
BZ 05317:1989

– **Voronov**

Voronov, V.N.: Rjadom s otcom. In: Voenno-istoričeskij žurnal. (1989),11, S. 49 – 57.
BZ 05196:1989

L 179 d Land und Volk

Alexeyeva, Ludmilla: Unrest in the Soviet Union. In: The Washington quarterly. 13 (1990),1, S. 63 – 77.
BZ 05351:1990

Axelrad, Albert S.: Refusenik. Voices of struggle and hope. Bristol: Wyndham Hall Press 1987. 71 S.
Bc 8637

Besançon, Alain: The nationalities issue in the USSR. In: Survey. 30 (1989),4, S. 113 – 130.
BZ 4515:1989

Bosch, Anton: The Germans in Russia between assimilation and emigration. In: Politics and society in Germany, Austria and Switzerland. 1 (1988),2, S. 12 – 20.
BZ 4999:1988

Bromlej, Ju. V.: Nacional'nye problemy v uslovijach perestrojki. In: Voprosy istorii. (1989),1, S. 24 – 41.
BZ 05317:1989

Brzezinski, Zbigniew: Post-communist nationalism. In: Foreign affairs. 68 (1989),5, S. 1 – 25.
BZ 05149:1989

Burg, Steven L.: The Soviet Union's nationalities question. In: Current history. 88 (1989),540, S. 341 – 344;; S. 359 – 362.
BZ 05166:1989

Gitelman, Zvi: Soviet jewry in transition. In: Soviet Jewish affairs. 19 (1989),2, S. 3 – 13.
BZ 5029:1989

Heitman, Sidney: Soviet emigration under Gorbachev. In: Soviet Jewish affairs. 19 (1989),2, S. 15 – 24.
BZ 5029:1989

Jędrusiak, Stanisław: Stodunki narodowlściowe w doktrynie i praktyce ZSRR. In: Sprawy międzynarodowe. 42 (1989),7-8, S. 53 – 70.
BZ 4497:1989

Lapidus, Gail W.: Gorbachev's nationalities problem. In: Foreign affairs. 68 (1989),4, S. 92 – 108.
BZ 05149:1989

Levin, Nora: The Jews in the Soviet Union since 1917: paradox of survival. New York, NY: New York Univ.Press 1988. XXXIV, 525; S. 528-1013.
B 67633   0-8147-5018-4

Lewis, W. H.: Gorbachev and ethnic coexistence. In: Comparative strategy. 8 (1989),4, S. 399 – 410.
BZ 4686:1989

Petro, Nicolai N.: Rediscovering Russia. In: Orbis. 34 (1990),1, S. 33 – 49.
BZ 4440:1990

Pinkus, Benjamin: The Jews of the Soviet Union: the history of a national minority. Cambridge: Cambridge Univ. Pr. 1988. XVIII, 397 S.
B 67637   0-521-34078-0

Pork, Andrus: Global security and Soviet nationalities. In: The Washington quarterly. 13 (1990),2, S. 37 – 47.
BZ 05351:1990

Steenberg, Sven: Die Rußland-Deutschen: Schicksal u. Erleben. München: Langen Müller 1989. 207 S.
B 68014   3-7844-2143-1

Suny, Ronald: Nationalist and ethnic unrest in the Soviet Union. In: World policy journal. 6 (1989),3, S. 503 – 527.
BZ 4822:1989

Tabory, Mala: Cultural rights of the Jewish minority in the USSR under the Vienna CSCE concluding document. In: Soviet Jewish affairs. 19 (1989),2, S. 26 – 40.
BZ 5029:1989

Tishkov, Valerii: Glasnost and the nationalities within the Soviet Union. In: Third world quarterly. 11 (1989),4, S. 191 – 207.
BZ 4843:1989

L 179 e Staat und Politik

Atta, Don van: The USSR as a „weak state": agrarian origins of resistance to Perestroika. In: World politics. 42 (1990),1, S. 129 – 149.
BZ 4464:1990

Battle, John M.; Sherlock, Thomas D.: Gorbachev's Reforms. An annotated Bibliography of Soviet writings. Gulf Breeze, Fla.: Academic International Pr. 1988. 83 S.
Bc 9214

Bernstam, Mikhail S.: The enduring Gorbachev era. In: Global affairs. 4 (1989),3, S. 52 – 67.
BZ 05553:1989

Chirac, Jacques: Soviet change and Western security. In: Strategic review. 17 (1989),1, S. 9 – 15.
BZ 05071:1989

The future of the Soviet empire. Ed.: Henry S. Rowen. New York: St. Martin's Press 1987. XX, 368 S.
B 69194

Gray, Colin S.: The Soviet threat in the 1990s. In: Global affairs. 5 (1990),2, S. 25 – 44.
BZ 05553:1990

Holloway, David: State, society and the military under Gorbachev. In: International security. 14 (1989/90),3, S. 5 – 24.
BZ 4433:1989/90

Houghk, Jerry F.: Gorbachevs's politics. In: Foreign affairs. 68 (1989),5, S. 26 – 41.
BZ 05149:1989

Nordquist, Joan: Glasnost: the Soviet Union today: a bibliography. Santa Cruz, Calif.: Reference and Research Services 1989. 60 S.
Bc 8897

Parrott, Bruce: Gorbachev's gamble: political, economic, and ethnic challenges to Soviet reform. In: SAIS review. 10 (1990),2, S. 57 – 73.
BZ 05503:1990

Sakwa, Richard: Soviet politics: an introduction. London: Routledge 1989. XVI, 356 S.
B 69457   0-415-00505-1

The Soviet Union and the challenge of the future. Ed.: Alexander Shtromas. Vol. 1-4. New York: Paragon House 1987-89. XX, 555; XXXIX, 776; XIV, 384 S.
B 67112

Sowjetunion 1987 bis 1989. In: Weltgeschehen. (1989), 203 S.
BZ 4555:1989

L 179 e 10 Innenpolitik

Aron, Leon: The Soviet Union on the brink: An Introductory essay. In: World affairs. 152 (1989),1, S. 3 – 7.
BZ 05509:1989

Ball, Desmond; Windrem, Robert: Soviet signals intelligence (Sigint): organization and management. In: Intelligence and national security. 4 (1989),4, S. 621 – 659.
BZ 4849:1989

Baruab, Sanjib: Turmoil on the Left: The Soviet reforms and Indian Communists. In: Socialism and democracy. (1989),8, S. 11 – 43.
BZ 4929:1989

Beyme, Klaus von: Reform and regional policies in the Soviet Union. In: Journal of communist studies. 5 (1989),3, S.267 – 284.
BZ 4862:1989

Brown, Archie: Political change in the Soviet Union. In: World policy journal. 6 (1989),3, S. 469 – 501.
BZ 4822:1989

Câmpeanu, Pavel: The Genesis of the Stalinist social order. Armonk, NY: Sharpe 1988. 165 S.
B 69670

Can the Soviet System survive reform? Ed.: G. R. Urban. London: Pinter 1989. XIX, 383 S.
B 69364

Claudín, Fernando: La Perestroika. In: Revista CIDOB d'afers internacionals. (1989),11, S. 19 – 27.
BZ 4928:1989

Conert, Hansgeorg: Perestroika unter Druck. Gorbatschows Reformpolitik nach fünf Jahren. In: Blätter für deutsche und internationale Politik. 35 (1990),3, S. 285 – 292.
BZ 4551:1990

Daniels, Robert Vincent: Is Russia reformable? Change and resistance from Stalin to Gorbachev. Boulder, Colo.: Westview Pr. 1988. X, 141 S.
B 68790

Geiges, Adrian: Revolution ohne Schüsse: meine Erlebnisse mit der Perestroika am Fließband und im Klassenzimmer. Köln: Weltkreis 1988. 331 S.
B 65960   3-88142-429-6

Glasnost – how open? Freedom House. Boston, Md.: Selbstverlag 1987. VIII, 130 S.
B 66582

Glasnost': Nasuščnye voprosy i neobchodimye otvety. Red.: V. A. Starkov. Moskva: Politizdat 1989. 431 S.
B 73460

Starkov, V. A.
Gorbachev's reforms: US and Japanese assessments; [3. U.S.- Japan Sapporo Summer Slavic Studies Seminar (S-5'87) meeting. July 27-28, 1987 in Sapporo, Hokkaido Island in Japan]. Ed.: Peter Juviler. New York, NY: Gruyter 1988. XXI, 178 S.
B 67341   0-202-24168-8

Haambote, Obino Richard: Echo of perestroika in the Third World. In: International affairs <Moscow>. (1990),3, S. 80 – 87.
BZ 05208:1990

Hahn, Jeffrey W.: Soviet grassroots: citizen participation in local Soviet government. Princeton, NJ: Princeton Univ. Press 1988. XIII, 320 S.
B 66815   0-691-07767-3

Hewett, Ed A.: Is Soviet socialism reformable? In: SAIS review. 10 (1990),2, S. 75 – 87.
BZ 05503:1990

Huyn, Hans Graf: Die Doppelfalle. Glasnost für Perestroika. Das Risiko Gorbatschow. München: Universitas Verl. 1989. 464 S.
B 70148

Hyde-Price, A. G. V.: Perestroika or Umgestaltung? East Germany and the Gorbachev revolution. In: Journal of communist studies. 5 (1989),2, S. 185 – 210.
BZ 4862:1989

Jacobsen, Kurt: Bag om perestrojka. København: Tiden 1988. 211 S.
B 68803   87-579-0388-3

Joly, Elena: La troisième mort de Staline: entretiens avec des intellectuels gorbatchéviens. Arles: Actes Sud 1988. 206 S.
B 69319   2-86869-254-0

Kerblay, Basile: Gorbachev's Russia. New York, NY: Pantheon Books 1989. XII, 175 S.
Bc 9101

Knight, A. W.: The KGB. Police and politics in the Soviet Union. Boston, Mass.: Unwin Hyman 1988. XX, 348 S.
B 66894

Magenheimer, Heinz: Sowjetunion Heute. Die Transformation eines Imperiums. In: Österreichische militärische Zeitschrift. 28 (1990),5, S. 389 – 389.
BZ 05214:1990

Mandel, Ernest: Das Gorbatschow Experiment. Ziele u. Widersprüche. Frankfurt: Athenäum 1989. 286 S.
B 68730

Meissner, Boris: Gorbatschow im Zwiespalt: Reformdruck und Machtkonstellation. In: Außenpolitik. 41 (1990),2, S. 120 – 135.
BZ 4457:1990

Mendras, Marie: The Soviet Union and its rival self. In: Journal of communist studies. 6 (1990),1, S. 1 – 23.
BZ 4862:1990

Novazio, Emanuele: La Russia di Gorbaciov. Milano: Bompiani 1988. 166 S.
B 68534

Nybrud i Sovjetunionen: baggrund – perspektiver – konsekvenser. Århus: SP Forl. 1988. 39 S.
Bc 02653   87-88291-76-6

Saslawskaja, Tatjana: Die Gorbatschow-Strategie: Wirtschafts- und Sozialpolitik in der UdSSR. Wien: Orac 1989. 320 S.
B 69055   3-7015-0172-6

Semirjaga, Michail Ivanovič: Sovetskij Sojuz i predvoennyj političeskij krizis. In: Voprosy istorii. (1990),9, S. 49 – 64.
BZ 05317:1990

Simon, Gerhard: Der Umbruch des politischen Systems in der Sowjetunion. In: Aus Politik und Zeitgeschichte. (1990),B 19-20, S. 3 – 15.
BZ 05159:1990

The Soviet revolution: Perestroika and the remaking of socialism. Ed.: Jon Bloomfield. London: Lawrence & Wishart 1989. 285 S.
B 72491   0-85315-713-8

Soviet Union: party and society; [sel. papers from the Third World Congress for Soviet and East European Studies, Washington, DC; 30 oct. – 4 nov. 1985]. Ed.: Peter J. Potichnyj. Cambridge: Cambridge Univ. Pr. 1988. XVII, 253 S.
B 67036   0-521-34460-3

Surovaja Drama naroda: Učenye i publicisty o prirode stalinizma. Red.: Ju. P. Senokosov. Moskva: Politizdat 1989. 512 S.
B 71824

Thomas, Paul: Le K.G.B. en Belgique. Bruxelles: Ed. Collet 1987. 207 S.
B 67668

Wallander, Celeste A.: Third-world conflict in Soviet military thought: Does the „new thinking" grow prematurely grey? In: World politics. 42 (1990),1, S. 31 – 63.
BZ 4464:1990

Weeks, Albert L.: Gorbachev and the KGB. In: Global affairs. 5 (1990),1, S. 58 – 77.
BZ 05553:1990

Weeks, Albert L.: The KGB: a key player in Kremlin politics? In: Defense & diplomacy. 7 (1989),10, S. 68 – 74.
BZ 05545:1989

Wettig, Gerhard: Gorbatschow auf Lenin-Kurs? Dokumente zur neuen sowjetischen Politik. Köln: Rhenau-Verl. 1988. 155 S.
Bc 8752

Woodard, Joseph K.: Perestroika and grand strategy. In: Global affairs. 5 (1990),1, S. 19 – 37.
BZ 05553:1990

Z (Pseud.): Über das Stalinmausoleum. In: Europäische Rundschau. 18 (1990),2, S. 31 – 72.
BZ 4615:1990

L 179 e 11 Verfassung

Berg, Ger P. van den: Kansen voor eerbiediging menschenrechten in Sovjetunie. In: Internationale spectator. 44 (1990),7, S. 404 – 414.
BZ 05223:1990

Briefe über die Liebe. Hrsg.: Julia Wosnessenskaja. München: Roitman 1987. 156 S.
B 67390

Human Rights Internet-Directory: Eastern Europe & the USSR. Ed.: Laurie S. Wiseberg. Cambridge, Mass.: Human Rights Internet 1987. 304 S.
010751

Kosyk, Wolodymyr: Entwicklungsphasen des Konzentrationslagersystem in der UdSSR. München: Ukrainische Freie Univ. 1981. 31 S.
Bc 8842

Rapoport, Iakov: Souvenirs du procès des blouses blanches. Aix-en-Provence: Alinea 1988. 115 S.
Bc 9363

L 179 e 12 Regierung und Verwaltung

Bureaucrats on public trial. Moscow: Novosti Pr. Agency Publ. 1988. 46 S.
Bc 7840

Hahn, Jeffrey W.: Boss Gorbachev confronts his new congress. In: Orbis. 34 (1990),2, S. 163 – 178.
BZ 4440:1990

Mann, Dawn; Monyak, Robert; Teague, Elizabeth: The Supreme Soviet. A biographical directory. Washington, DC: Center for Strategic and International Studies 1989. XIV, 168 S.
B 73746

Portnov, Viktor Petrovič; Slavin, Mark Moiseevič: Stanovlenie i razvitie konstitucionnogo zakonodatel'nostva Sovetskoj Rossii 1917-1920 gg. Moskva: Nauka 1987. 251 S.
B 72122

L 179 e 14 Parteien

Crowley, Joan F.: Lenin to Gorbachev: three generations of Soviet communists. Arlington Heights, Ill.: Harlan Davidson 1989. XV, 212 S.
B 70022   0-88295-863-1

Gill, Graeme: Ideology, organization and the patrimonial regime. In: Journal of communist studies. 5 (1989),3, S. 285 – 302.
BZ 4862:1989

Heimann, Gerhard: Die Auflösung der Blöcke und die Europäisierung Deutschlands. In: Europa-Archiv. 45 (1990),5, S. 167 – 172.
BZ 4452:1990

Jansen, Marc: Ruslands tweede experiment met politiek pluraslisme. De unvoering van een meerpartijensysteem in de Sovjetunie. In: Internationale spectator. 44 (1990),7, S. 395 – 403.
BZ 05223:1990

Kołomejczyk, Norbert: Droga Lenina. Komunistyczna partia zwiazku radzieckiego. Warszawa: Mlodziezowa Agencja Wydawnicza 1988. 163 S.
Bc 8820

Korionov, Vitalij Germanovič: Istoričeskoe Prizvanie socializma: XXVII s-ezd KPSS ob akktual'nych problemach sovremennosti. Moskva: Politizdat 1987. 159 S.
Bc 6842

KPdSU und SED – internationale Zusammenarbeit in Geschichte und Gegenwart. Berlin: Dietz 1987. 376 S.
B 66771

Mann, Dawn: Paradoxes of Soviet reform: the nineteenth Communist Party conference. Washington, DC: Center for Strategic and International Studies 1988. X, 99 S.
Bc 8906

Partijnaja Etika. Dokumenty i materialy diskussii 20-ch godov. Red.: A. A. Gusejnov. Moskva: Politizdat 1989. 509 S.
B 72120

Protokoly CK kadetskoj partii perioda pervoj rossijskoj revoljucii. In: Voprosy istorii. (1990),5, S. 88 – 106.
BZ 05317:1990

Symbols of power: the esthetics of political legitimation in the Soviet Union and Eastern Europe. Ed.: Claes Arvidsson. Stockholm: Almqvist & Wiksell Internat. 1987. 185 S.
B 65616   91-22-00843-8

Thorniley, Daniel: The rise and fall of the Soviet rural Communist Party, 1927-39. Basingstoke: Macmillan 1988. XIII, 246 S.
B 66100

Timmermann, Heinz: The Communist Party of the Soviet Union's reassessment of international social democracy: dimensions and trends. In: Journal of communist studies. 5 (1989),2, S. 173 – 184.
BZ 4862:1989

Timmermann, Heinz: The CPSU and the international communist party system: a change of paradigms in Moscow. In: Studies in comparative communism. 22 (1989),2-3, S. 265 – 278.
BZ 4946:1989

Tirado, Isabel A.: Young guard! the Communist Youth League, Petrograd 1917-1920. Westport, Conn.: Greenwood 1988. 264 S.
B 68581   0-313-25922-4

L 179 e 20 Außenpolitik

Baranowsky, Wladimir: Außenpolitische Neubewertungen in der Sowjetunion. In: Europa-Archiv. 44 (1989),21, S. 635 – 644.
BZ 4452:1989

Blank, Stephen: Gorbachev's agenda and the next administration. In: Comparative strategy. 8 (1989),4, S. 381 – 397.
BZ 4686:1989

Clemens, Walter C.: Soviet foreign policy since 1917: achievements and failures. In: Survey. 30 (1989),4, S. 87 – 112.
BZ 4515:1989

The foreign policy and diplomatic activity of the UdSSR. (April 1985 – October 1989). In: International affairs <Moscow>. 240 (1990),1, S. 5 – 111.
BZ 05208:1990

Golovko, Nikolai: The hard road to change. In: International affairs <Moscow>. (1990),5, S. 60 – 70.
BZ 05208:1990

Gupta, Arvind: An overview of the Soviet foreign policy. In: Strategic analysis. 14 (1990),1, S. 69 – 82.
BZ 4800:1990

Hacker, Jens: Die Berlin-Politik der UdSSR unter Gorbatschow. In: Außenpolitik. 40 (1989),3, S. 243 – 260.
BZ 4457:1989

Implications of Soviet new thinking. New York: Inst. for East-West Security Studies 1987. 93 S.
Bc 8915

Jędrusiak, Stanisław: „Doktryna Brezniewa" a pojęcie państwa. In: Sprawy międzynarodowe. 43 (1990),1, S. 57 – 70.
BZ 4497:1990

Jones, Robert A.: The Soviet concept of 'limited sovereignty' from Lenin to Gorbachev: the Brezhnew Doctrine. Basingstoke: Macmillan 1990. IX, 337 S.
B 71836   0-333-43326-2

Lynch, Allen: Gorbachev's international outlook: intellectual origins and political consequences. New York: Inst. for East-West Security Studies 1989. II, 72 S.
Bc 8887

Mallmann, Wolfgang: De Weltraumpolitik der Sowjetunion in den 80er Jahren. Köln: Bundesinst. f. ostwiss. u. internat. Studien 1989. 145 S.
010750

Meissner, Boris: „Neues Denken" und sowjetische Außenpolitik. In: Außenpolitik. 40 (1989),2, S. 107 – 125.
BZ 4457:1989

Miller, Richard Lawrence: Heritage of fear: illusion and reality in the Cold War. New York, NY: Walker 1988. XI, 424 S.
B 69855   0-8027-1021-2

Mroz, John Edwin: Soviet foreign policy and new thinking. In: International affairs <Moscow>. (1990),5, S. 23 – 33.
BZ 05208:1990

Nežinskij, L. N.: Istorija vnešnej politiki SSSR: poiski novych podchodov. In: Novaja i novejšaja istorija. (1990),4, S. 3 – 13.
BZ 05334:1990

Nogee, Joesph L.: Soviet foreign policy since World War II. New York, NY: Pergamon Press 1988. VIII, 378 S.
B 67046   0-08-035885-3

Otkryvaja novye stranicy.. Meždunarodnye voprosy: sobyrija i ljudi. Red.: N. V. Popov. Moskva: Politizdat 1989. 432 S.
B 73354

Sicker, Martin: The Strategy of Soviet imperialism. Expansion in Eurasia. New York: Praeger 1988. 172 S.
B 67793

Simian, Guo: „New political thinking" and the Soviet union's readjustment of its Asian-Pacific policy. In: Comparative strategy. 8 (1989),2, S. 139 – 148.
BZ 4686:1989

Sipols, Vilnis Janovič: Vnešnaja Politika Sovetskogo Sojuza. 1936-1939. Moskva: Nauka 1987. 332 S.
B 64925

Smolansky, Oles M.: Soviet foreign policy under Gorbachev. In: Estrategía. (1988),5, S. 31 – 44.
BZ 4898:1988

Snyder, Jack: International leverage on Soviet domestic change. In: World politics. 42 (1990),1, S. 1 – 30.
BZ 4464:1990

Soviet foreign policy: new dynamics, new themes. Ed.: Carl G. Jacobsen. Basingstoke: Macmillan 1989. XV, 214 S.
B 70783   0-333-51847-0

Stolarczyk, Mieczysław: Prooblemy globalne w radzieckiej koncepcji nowego sposobu myślenia politycznego. In: Przegląd stosunków międzynarodowych. (1989),4, S. 65 – 81.
BZ 4777:1989

L 179 e 23 Sicherheitspolitik

Bagley, Worth H.: Toward a Sino-Soviet compact. In: Global affairs. 4 (1989),3, S. 1 – 11.
BZ 05553:1989

Byung, Kyu Kan: Korea and sea lane security. In: Global affairs. 4 (1989),3, S. 148 – 162.
BZ 05553:1989

Goure, Daniel: A new Soviet national security policy for the 21st century. In: Strategic review. 17 (1989),4, S. 36 – 46.
BZ 05071:1989

Gupta, Arvind: Soviet perspectives on security and military doctrine. In: Strategic analysis. 13 (1990),11, S. 1147 – 1162.
BZ 4800:1990

Mason, David T.: Non-military dimensions of Soviet security policy in Asia. In: Bulletin of peace proposals. 20 (1989),4, S. 405 – 419.
BZ 4873:1989

L 179 e 29 Außenpolitische Beziehungen

Albright, David E.: Soviet policy toward Africa revisited. Washington, DC: Center for Strategic and International Studies 1987. VIII, 68 S.
Bc 9251

Allison, Roy: The Soviet Union and the strategy of nonalignment in the Third World. Cambridge: Cambridge Univ. Pr. 1988. VI, 298 S.
B 68497

Atkinson, Scott: The USSR and the Pacific century. In: Asian survey. 30 (1990),7, S. 629 – 645.
BZ 4437:1990

Bechtoldt, Heinrich: Zeitenwende im Sozialismus: Die Gorbatschow-Reformen bedrängen Osteuropa. In: Außenpolitik. 40 (1989),3, S. 226 – 242.
BZ 4457:1989

Blacker, Coit D.: The USSR and Asia in 1989. In: Asian survey. 30 (1990),1, S. 1 – 12.
BZ 4437:1990

Ellison, Herbert J.: The Soviet Union and Northeast Asia. Lanham: Univ. Pr. of America 1989. X, 64 S.
Bc 9094

Ghafouri, Mahmoud: The Soviet strategy toward the Persian Gulf 1968-75. In: Strategic analysis. 12 (1989),11, S. 1335 – 1346.
BZ 4800:1989

Goodman, Melvin A.; Ekedahl, Carolyn McGiffert: Gorbachev's „new directions" in the Middle East. In: The Middle East journal. 42 (1988),4, S. 571 – 586.
BZ 4463:1988

Gregor, James A.: The balance of power conflicts of Eurasia. In: Global affairs. 5 (1990),2, S. 45 – 70.
BZ 05553:1990

Kolosov, Andrei: Reappraisal of USSR Third World policy. In: International affairs <Moscow>. (1990),5, S. 34 – 42.
BZ 05208:1990

Kramer, Mark: Beyond the Brezhnev Doctrine. In: International security. 14 (1989/90),3, S. 25 -67.
BZ 4433:1989/90

Kumar, L. C.: The Soviet Union and European security. London: Sangam Books 1987. IX, 329 S.
B 67826

Leighton, Marian: Moscow's Third World empire. In: Global affairs. 5 (1990),2, S. 133 – 156.
BZ 05553:1990

The limits of Soviet power in the developing world: thermidor in the revolutionary struggle. Ed.: Edward A. Kolodziej. Basingstoke: Macmillan 1989. XX, 531 S.
B 68206   0-333-46207-6

Mackinlay, John: Powerful peace-keepers. In: Survival. 32 (1990),3, S. 241 – 250.
BZ 4499:1990

Malcolm, Neil: The 'Common European Home' and Soviet European policy. In: International affairs <London>. 65 (1989),4, S. 659 – 676.
BZ 4447:1989

Mikoyan, Sergo A.: Soviet foreign policy and Latin America. In: The Washington quarterly. 13 (1990),3, S. 179 – 191.
BZ 05351:1990

Rachwald, Arthur R.: Soviet-East European relations. In: Current history. 88 (1989),541, S. 377 – 380; 408 – 409.
BZ 05166:1989

Reisky de Dubnic, Vladimir: Gorbachev's policy toward Europe. In: Global affairs. 4 (1989),3, S. 68 – 82.
BZ 05553:1989

Saeter, Martin: New thinking, Perestroika, and the process of Europeanization. In: Bulletin of peace proposals. 20 (1989),1, S. 47 – 57.
BZ 4873:1989

Saivetz, Carol R.: The Soviet Union and the Gulf in the 1980s. Boulder, Colo.: Westview Pr. 1989. XI, 139 S.
Bc 8864

The Soviet Union, Eastern Europe and the Third World: [selected papers from the Third Wold Congress for Soviet and East European Studies, Washington, DC, 30 oct. – 4. nov. 1986]. Ed.: Roger E. Kanet. Cambridge: Cambridge Univ. Pr. 1987. XVI, 233 S.
B 66893   0-521-34459-X

Stanchenko, Vladimir I.: The Soviet role in Central America. In: The Washington quarterly. 13 (1990),3, S. 193 – 202.
BZ 05351:1990

Valenta, Jiri: „New Thinking" and Soviet policy in Latin America. In: The Washington quarterly. 13 (1990),2, S. 135 – 151.
BZ 05351:1990

– Afghanistan

Gupta, Arvind: Soviet military intervention in Afghanistan in perspective. In: Strategic analysis. 13 (1990),12, S. 1233 – 1248.
BZ 4800:1990

Yadav, Sanjay Singh: Soviet withdrawal from Afghanistan: a perspective. In: Strategic analysis. 12 (1989),7, S. 709 – 730.
BZ 4800:1989

– Baltikum

Documents on the USSR's relations with the Baltic countries in 1939-1940. In: International affairs <Moscow>. (1990),3, S. 135 – 141.
BZ 05208:1990

– Bundesrepublik Deutschland

Besuch des Generalsekretärs des ZK der KPdSU und Vorsitzenden des Obersten Sowjets, Michail Gorbatschow, in der BRD. 12.-15. Juni 1989. Moskau: APN-Verl. 1989. 63 S.
Bc 8744

Brandstetter, Karl J.: Allianz des Mißtrauens: Sicherheitspolitik und deutsch-amerikanische Beziehungen in der Nachkriegszeit. Köln: Pahl-Rugenstein 1989.
B 67670   3-7609-1213-3

Dawydow, Jurij P.; Trenin, Dmitrij W.: Die Haltung der Sowjetunion gegenüber der Deutschen Frage. In: Europa-Archiv. 45 (1990),9, S. 251 – 263.
BZ 4452:1990

Riese, Hans-Peter: Die Geschichte hat sich ans Werk gemacht. Der Wandel der sowjetischen Position zur Deutschen Frage. In: Europa-Archiv. 45 (1990),4, S. 117 – 126.
BZ 4452:1990

Wettig, Gerhard: Die Deutsche Frage in der sowjetischen Politik. In: Außenpolitik. 41 (1990),1, S. 38 – 51.
BZ 4457:1990

– China

Bažanov, Evgenij Petrovič: Sovetsko-Kitajskie otnošenija: uroki prošlogo i sovremennost'. In: Novaja i novejšaja istorija. (1989),2, S. 3 – 25.
BZ 05334:1989

Besuch des Generalsekretärs des ZK der KPdSU und Vorsitzenden des Obersten Sowjets, Michail Gorbatschow, in der Volksrepublik China. 15.-18. Mai 1989. Moskau: APN-Verl. 1989. 79 S.
Bc 8742

Dittmer, Lowell: Soviet reform and the prospect of Sino-soviet convergence. In: Studies in comparative communism. 22 (1989),2-3, S. 125 – 138.
BZ 4946:1989

Ellison, Herbert J.: Sino-Soviet rapprochement. In: Global affairs. 4 (1989),3, S. 12 – 29.
BZ 05553:1989

Hasiotis, Arthur C.: Soviet political, economic, and military involvement in Sinkiang from 1928-1949. New York: Garland 1987. VIII, 257 S.
B 66707   0-8240-8055-6

Jacobsen, Carl Gustav: Sino-Soviet relations: new perspectives. In: Bulletin of peace proposals. 20 (1989),1, S. 37 – 46.
BZ 4873:1989

Opitz, Peter J.: Vom „proletarischen Internationalismus" zur „friedlichen Koexistenz". In: China-Report. (1989),105-106, S. 5 – 28.
BZ 05321:1989

– DDR

Cordell, Karl: Soviet attitudes toward the German Democratic Republic. In: Political quarterly. 61 (1990),3, S. 285 – 298.
BZ 4611:1990

Oldenburg, Fred: Sowjetische Deutschland-Politik nach der Oktober-Revolution in der DDR. In: Deutschland-Archiv. 23 (1990),1, S. 68 – 76.
BZ 4567:1990

– Frankreich

Desjardins, Robert: The Soviet Union through French eyes: 1945-85. Basingstoke: Macmillan 1988. XIII, 188 S.
B 67294   0-333-42813-7

– Großbritannien

Besuch des Generalsekretärs des ZK der KPdSU und Vorsitzenden des Obersten Sowjets, Michail Gorbatschow, in Großbritannien. 5.-7.April 1989. Moskau: APN-Verl. 1989. 30 S.
Bc 8743

– Indien

Gupta, Surendra K.: Stalin's policy towards India: 1946-1953. New Delhi: South Asian Publ. 1988. VIII, 293 S.
B 71564   81-7003-093-5

– Japan

Glaubitz, Joachim: Die Sowjetunion und Japan. In: Europa-Archiv. 44 (1989),20, S. 611 – 618.
BZ 4452:1989

Mack, Andrew; O'Hare, Martin: Moscow-Tokyo and the Northern territories dispute. In: Asian survey. 30 (1990),4, S. 380 – 394.
BZ 4437:1990

Robertson, Myles L.: Soviet Policy towards Japan. An analysis of trends in the 1970's and 1980's. Cambridge: Cambridge Univ. Pr. 1988. XVII, 234 S.
B 67688

Tichvinskij, Sergej Leonidovič: K istorii vosstanovlenija poslevoennych sovetsko-japonskich otnošenij. In: Voprosy istorii. (1990),9, S. 3 – 28.
BZ 05317:1990

– Jugoslawien

Gibianskij, Leonid Janovič: Sovetskij Sojuz i novaja Jugoslavija 1941-1947 gg. Moskva: Nauka 1987. 201 S.
Bc 6847

Volkov, V. K.; Gibianskij, L. Ja.: Otnošenija meždu Sovetskim sojuzom i socialističeskoj Jugoslaviej: opyt istorii i sovremennost'. In: Voprosy istorii. (1988),7, S. 3 – 22.
BZ 05317:1988

– Kuba

Shearman, Peter: Gorbachev and the restructuring of Soviet-Cuban relations. In: Journal of communist studies. 5 (1989),4, S. 63 – 83.
BZ 4862:1989

– Syrien

Karsh, Efraim: A marriage of convenience: the Soviet Union and Asad's Syria. In: The Jerusalem journal of international relations. 11 (1989),4, S. 1 – 26.
BZ 4756:1989

– Uruguay

SSSR – Urugvaj. 60. let diplomatičeskich otnošenij 1926-1986. Dok. i mat. Moskva: Meždunar. otnošenija 1988. 152 S.
B 72123

– USA

Bogaturov, Alexei; Nosov, Mikhail: The Asia-Pacific region and Soviet-American relations. In: International affairs <Moscow>. (1990),2, S. 109 – 121.
BZ 05208:1990

Caballero Jurado, Carlos: EE.UU./URSS: ?vuelve de nuevo Yalta? In: Defensa. 12 (1989),136/137, S. 16 – 22.
BZ 05344:1989

Mogilevkin, Il'ja Moiseevič: Nevidimye Vojny XX veka. Moskva: Ekonomika 1989. 207 S.
Bc 9102

Wassmund, Hans: Die Supermächte und die Weltpolitik. USA und UdSSR seit 1945. München: Beck 1989. 122 S.
Bc 8891

L 179 f Wehrwesen

Andren, Nils: Between cold war and warm peace. In: Kungl. Krigsvetenskapsakademiens handlingar. 194 (1990),1, S. 1 – 17.
BZ 4384:1990

Fane, Daria: After Afghanistan: the decline of Soviet military prestige. In: The Washington quarterly. 13 (1990),2, S. 5 – 16.
BZ 05351:1990

Fink, Lawrence R.: The Soviet view of war and military-technical progress: implications for ICBMS. In: Comparative strategy. 8 (1989),3, S. 317 – 333.
BZ 4686:1989

Fish, Steven M.: Reform and Demilitarization in Soviet Society from Brezhnev to Gorbachev. In: Peace & change. 15 (1990),2, S. 150 – 172.
BZ 4994:1990

Glantz, David M.: Soviet force structure in an era of reform. In: The journal of Soviet military studies. 2 (1989),3, S. 361 – 393.
BZ 4943:1989

Kaw, Marita: Predicting Soviet military intervention. In: The journal of conflict resolution. 33 (1989),3, S. 402 – 429.
BZ 4394:1989

Klein, Yitzhak: The sources of Soviet strategic culture. In: The journal of Soviet military studies. 2 (1989),4, S. 453 – 490.
BZ 4943:1989

Schneider, James J.: The origins of Soviet military science. In: The journal of Soviet military studies. 2 (1989),4, S. 491 – 519.
BZ 4943:1989

Shenfield, Stephen D.: Soviet historiography and the operational art: historical coverage of the great patriotic war by period as an indicator of the orientation of Soviet military art 1959-88. In: The journal of Soviet military studies. 2 (1989),3, S. 346 – 360.
BZ 4943:1989

L 179 f 00 Wehrpolitik

Evangelista, Matthew: La nueva orientación de la URSS en materia de seguridad. In: Revista CIDOB d'afers internacionals. (1989),11, S. 63 – 102.
BZ 4928:1989

Gormley, Dennis M.: Double Zero and Soviet military strategy. London: Jane 1988. XX, 229 S.
B 67766

Griffiths, Franklyn: The Soviet experience of arms control. In: International journal. 44 (1989),2, S. 304 – 364.
BZ 4458:1989

Gupta, Rakesh: Changes in the Soviet military doctrine. In: Strategic analysis. 14 (1990),1, S. 69 – 82.
BZ 4800:1990

Kass, Ilana: Gorbachev's strategy: is our perspective in need of restructuring? In: Comparative strategy. 8 (1989),2, S. 181 – 190.
BZ 4686:1989

Klein, Jean: Réduction des forces et changements soviétiques. In: Défense nationale. 45 (1989),12, S. 33 – 48.
BZ 4460:1989

Koizumi, Naomi: Gorbachev and Soviet arms control policy. In: Japan review of international affairs. 3 (1989),1, S. 82 – 109.
BZ 4926:1989

Kolst, Pål: Farvel til partiet? Frontlinjer i sovjetisk forsvarsdebatt. In: Norsk militært tidsskrift. 160 (1990),7, S. 1 – 9.
BZ 05232:1990

Kramer, Mark: Soviet military policy. In: Current history. 88 (1989),540, S. 337 – 340.
BZ 05166:1989

Kuściuk, Lech: Przemiany radzieckiej polityki wojskowej. In: Sprawy międzynarodowe. 43 (1990),2, S. 21 – 38.
BZ 4497:1990

Maddock, Roland T.: The political ecenomy of Soviet defence spending. Basingstoke: Macmillan 1988. IX, 224 S.
B 67298   0-333-39886-6

Odom, William E.: Gorbachev's strategy and Western security: illusions versus reality. In: The Washington quarterly. 13 (1990),1, S. 145 – 155.
BZ 05351:1990

Orlov, Boris Markovič: V poiskach sojuznikov: komandovanie Krasnoj Armii i problemy vnešnej politiki SSSR v 30-ch godach. In: Voprosy istorii. (1990),4, S. 40 – 53.
BZ 05317:1990

Rush, Myron: The war danger in Soviet policy and propaganda. In: Comparative strategy. 8 (1989),1, S. 1 – 19.
BZ 4686:1989

The USSR and the Western alliance. Ed.: Robbin F. Laird. Boston, Mass.: Unwin Hyman 1990. XI, 269 S.
B 72217   0-04-445392-2

Wettig, Gerhard: Abschreckung, Raketen und NATO in der Sowjetischen Politik. In: Außenpolitik. 40 (1989),4, S. 331 – 341.
BZ 4457:1989

L 179 f 05 Kriegswesen

Asia in Soviet global strategy. Ed.: Ray S. Cline. Boulder, Colo.: Westview Pr. 1987. VIII, 193 S.
B 66614

Catudal, Honoré M.: Soviet nuclear strategy from Stalin to Gorbachev: a revolution in Soviet military and political thinking. Berlin: Spitz 1988. 413 S.
B 66805   3-87061-272-X

Garthoff, Raymond L.: Estimating Soviet military force levels. Some light from the past. In: International security. 14 (1990),4, S. 93 – 109.
BZ 4433:1990

Kintner, William R.: Soviet global strategy. Fairfax, Va.: Hero Books 1987. XV, 273 S.
B 68767

Lebow, Richard Ned: Malign analysts or evil empire? Western images of Soviet nuclear strategy. In: International journal. 44 (1988-89),1, S. 1 – 40.
BZ 4458:1988-89

Moe, Odd: Sovjetunionens militære doktrine. In: Norsk militært tidsskrift. 160 (1990),9, S. 1 – 9.
BZ 05232:1990

Poirier, Robert G.; Conner, Albert Z.: Soviet strike or shock formations: Wartime significance and current relevance. In: The journal of Soviet military studies. 2 (1989),4, S. 520 – 535.
BZ 4943:1989

Sapir, Jacques: Les système militaire soviétique. Paris: Découverte 1988. 343 S.
B 66381   2-7071-1730-7

– Geheimer Nachrichtendienst/ Spionage/ Abwehr

Allen, Thomas B.; Polmar, Norman: Merchants of treason. America's secrets for sale. New York, NY: Delacorte Pr. 1988. 378 S.
B 66724

Cameron, Watt: Francis Herbert King: A Soviet source in the foreign office. In: Intelligence and national security. 3 (1989),4, S. 62 – 82.
BZ 4849:1989

L 179 f 10 Heer

Eshel, David: Soviet ground forces in Eastern Europe. In: Defense & diplomacy. 7 (1989),5, S. 24 – 31.
BZ 05545:1989

Isby, David C.: Ten million bayonets. Inside the armies of the Soviet Union. London: Arms and Armour Pr. 1988. 126 S.
B 68554

Razvitie Tyla Sovetskich Vooružennych Sil 1918-1988. Red.: V. N. Rodin. Moskva: Voenizdat 1989. 310 S.
B 69567

Red army motorization an mechanization program 1930-34. In: The journal of Soviet military studies. 2 (1989),4, S. 596 – 619.
BZ 4943:1989

Sorokin, Alekseg Ivanovič: Armija sovetskogo naroda. Moskva: Voenizdat 1987. 191 S.
B 66955

Sovetskie Vooružennye sily. Voprosy i otvety. Red.: P. N. Bobylev. Moskva: Politizdat 1987. 416 S.
B 64929

Vaščenko, P. F.; Runov, V. A.: Voennaja reforma v SSSR. In: Voenno-istoričeskij žurnal. (1989),12, S. 33 – 40.
BZ 05196:1989

Welham, Michael G.; Quarrie, Bruce: Operation Spetsnaz. The aims, tactics and techniques of Soviet Special Forces. Wellingborough: Stephens 1989. 159 S.
B 69255

Zaloga, Steven J.: Soviet mechanized firepower today. London: Arms and Armour Pr. 1989. o. Pag.
Bc 02635

L 179 f 13 Waffengattungen und Dienste

Demin, Veniamin Arkadevič; Portugal'skij, Ričard Michajlovič: Tanki vchodjat v proryv. Beovoj put' 25-go tankogovo korpusa. Moskva: Voenizdat 1988. 207 S.
B 66965

Kleines Lexikon Sowjetstreitkräfte. Hrsg.: Klaus Dorst. Berlin: Militärverlag der DDR 1987. 324 S.
B 66311

Komarov, F.I.: Soveršenstvovanie voenno-sanitarnoi služby v gody Velikoj Otečestvennoj vojny. In: Voenno-istoričeskij žurnal. (1988),8, S. 43 – 50.
BZ 05196:1988

Kuz'mičev, Anatolij Petrovič: God roždenija – sorok pervyj: Povest-o tom, kak, gde i kogda rodilas' sovetskaja gvardija. Moskva: Mol. gvardija 1989. 206 S.
Bc 8616

McLoughlin, Chris: The USAS-12 automatic shotgun. In: International defense review. 23 (1990),5, S. 529 – 531.
BZ 05569:1990

Zacharov, Matvej Vasil'evič: General'nyj Štab v predvoennye gody. Moskva: Voenizdat 318 S.
B 70172

L 179 f 20 Marine

Annati, Massimo: Il rinnovamento della marina sovietica. In: Rivista marittima. 123 (1990),4, S. 37 – 51.
BZ 4453:1990

Baker, A. D. Michael: The Ivanovs keep up. In: United States Naval Institute. Proceedings. 115 (1989),115, S. 53 – 57.
BZ 05163:1989

Belavin, Nikolaj Ivanovič: Boevye Katera. Moskva: Izd. DOSAAF 1987. 110 S.
Bc 6844

Cigar, Norman: Perché affondo la „Novorossiisk"? La misteriosa fine della Nave da battaglia „Giulio Cesare". In: Rivista marittima. 123 (1990),1, S. 25 – 32.
BZ 4453:1990

Conley, D.: Soviet maritime strategy. In: United States Naval Institute. Proceedings. 115 (1989),8, S. 48 – 56.
BZ 05163:1989

Cosentino, Michele: Le unità subacquee a propulsione convenzionale della marina sovietica. In: Rivista marittima. 123 (1990),3, S. 29 – 52.
BZ 4453:1990

Daniel, Donald C. P.: Les deux stratégies de la marine soviétique. In: Nouvelle revue maritime. (1989),415, S. 23 – 41.
BZ 4479:1989

Dick, Richard: The loss of the komsomolets. In: United States Naval Institute. Proceedings. 116 (1990),10, S. 111 – 113.
BZ 05163:1990

Gomm, Bernhard: Die russischen Kriegsschiffe 1856-1917. Wiesbaden: Selbstverlag 1989. 114 S.
Bc 9483

Gosudarstvennye Gerby SSSR, emblemy i ukrašenija otečestvennych korablej i sudov. Red.: A. M. Alešin. Leningrad: Centr. voenno-morskoj ord. Krasnoj Zvezddy muz. 1987. 151 S.
B 67948

Greger, René: Wie ging die „Novorossijsk" verloren? In: Marine-Rundschau. 86 (1989),6, S. 369 – 373.
BZ 05138:1989

Guillemin, René: La Russie tzariste, puis soviétique et la Méditerranée. Paris: La Pensée Universelle 1988. 185 S.
Bc 9204

Herrick, Robert Waring: The influence on the USSR's naval roles and missions of the Soviet Union's limited sea-control capabilities: an historical summation, 1946-1960. o.O.: Selbstverlag 1987. 29 Bl.
Bc 02437

Iwanow, Vitali: Die Flotte nur zur Verteidigung. In: Marine-Rundschau. 86 (1989),4, S. 194 – 204.
BZ 05138:1989

Jacobs, G.: Soviet pacific fleet – increased firepower, less growth. In: Jane's Soviet intelligence review. 1 (1989),12, S. 530 – 536.
BZ 05573:1989

Krjukov, V.; Kožebnikov, M.: Operativnye organy v russkom i sovetskom flote (1905-1941 gg.). In: Morskoj sbornik. (1989),12, S. 15 – 19.
BZ 05252:1989

MccGwire, Michael: Gorshkov's navy. Part I. In: United States Naval Institute. Proceedings. 115 (1989),8, S. 44 – 51.
BZ 05163:1989

MccGwire, Michael: Gorshkov's navy. Part II. In: United States Naval Institute. Proceedings. 115 (1989),9, S. 42 – 47.
BZ 05163:1989

Rasdolgin, Anatoliy A.: Zentrales Kriegsmarine-Museum der UdSSR. Die Schatzkammer der Marine. In: Marine-Forum. 64 (1989),10, S. 363 – 366.
BZ 05170:1989

Till, G.: The Soviet Navy under Gorbachev: future conditional. In: Naval forces. 11 (1990), S. 42 – 46.
BZ 05382:1990

Vego, Milan N.: Soviet ship classification and nomenclature. In: Jane's Soviet intelligence review. 1 (1989),12, S. 562 – 568.
BZ 05573:1989

Vego, Milan: Il potere marittimo sovietico nel Baltico. In: Rivista marittima. 122 (1989),11, S. 39 – 58.
BZ 4453:1989

Vego, Milan: Osa class missile craft. In: Jane's Soviet intelligence review. 3 (1990),4, S. 152 – 157.
BZ 05573:1990

Vtoroe Roždenie „Avrory". Red.: L. A. Polenov. Leningrad: Lenizdat 1987. 128 S.
Bc 7319

Woodward, Joseph K.: The Soviet navy and command of the seas. In: Global affairs. 4 (1989),2, S. 36 – 48.
BZ 05553:1989

L 179 f 30 Luftwaffe

Baklan, Andrej Jakovlevič: Nabo, prošitoe trassami. Zapiski voennogo letčika. Leningrad: Lenizdat 1987. 128 S.
Bc 6768

Lepingwell, John W. R.: Soviet strategic air defense and the stealth challenge. In: International security. 14 (1989),2, S. 64 – 100.
BZ 4433:1989

Myagkow, Aleksei; Borer, Ernst R.: Spezielle Streitkräfte der UdSSR. Zürich: Presdok 1989. 64 S.
Bc 8774

L 179 g Wirtschaft

Avenarius, Helene von: In Sibirien schmückten wir uns mit Blumen. Erlebnisbericht... Hameln: Sponholtz 1988. 173 S.
B 68052

Bergesen, Helge Ole; Moe, Arild; Østreng, Willy: Soviet oil and security interests in the Barents Sea. London: Pinter 1987. XV, 144 S.
B 68092

Bokarev, Jurij P.: Socialističeskaja promyšlennost i melkoe krestjanskoe chozjajstvo v SSSR v 20-e gody. Moskva: Nauka 1989. 310 S.
B 71466   5-02-008456-5

Buldakov, Vladimir Prochorovič; Kabanov, vladimir Vasil'evič: „Voennyj kommunizm": ideologija i obščestvennoe razvitie. In: Voprosy istorii. (1990),3, S. 40 – 58.
BZ 05317:1990

Chopra, H. S.: „European Union" in 1992: a regional integrative process for peace and development. In: Strategic analysis. 13 (1990),10, S. 1025 – 1036.
BZ 4800:1990

Engert, Steffi; Gartenschläger, Uwe: Der Aufbruch: alternative Bewegungen in der Sowjetunion. Reinbek: Rowohlt 1989. 158 S.
Bc 9016

Figes, Orlando: Peasant Russia, civil war: the Volga countryside in revolution (1917-1921). Oxford: Clarendon
B 70160

Flavin, Christopher: Reassessing nuclear power: the fallout from Chernobyl. Washington, DC: Worldwatch Inst. 1987. 91 S.
Bc 7716

Funigiello, Philip J.: American-Soviet trade in the Cold War. Chapel Hill, NC: Univ. of North Carolina Pr. 1988. XII, 289 S.
B 68636   0-8078-1784-8

Grancelli, Bruno: Soviet management and labor relations. Boston, Mass.: Allen & Unwin 1988. XVI, 248 S.
B 66561 0-04-497040-4

Gupta, Arvind: Similarities between the Soviet Union's present efforts at socio-economic reforms and the Czechoslovak reforms of the sixties. In: Strategic analysis. 13 (1990),10, S. 1025 – 1036.
BZ 4800:1990

Haynes, Viktor: The Chernobyl disaster. London: Hogarth 1988. X, 233 S.
B 66149 0-7012-0816-3

Hewett, Edward A.: Reforming the Soviet economy: equality versus efficiency. Washington, DC: Brookings Inst. 1988. XI, 404 S.
B 67789 0-8157-3603-7

Kir'janov, Jurij Il-ič: Perechod k massovoj političeskoj bor'be. Rabočij klass nakanune pervoj rossijskoj revoljucii. Moskva: Nauka 1987. 238 S.
B 64921

Lecerf, Yves: L'affaire Tchernobyl: la guerre des rumeurs. Paris: Pr. Univ. de France 1987. VIII, 392 S.
B 65972 2-13-041372-2

Lewin, Moshe: The Gorbachev Phenomenom. A historical interpretation. London: Radius Ed. 1988. 176 S.
B 66657

Litvin, Valentin: The Soviet agro-industrial complex structure and performance. Boulder, Colo.: Westview Pr. 1987. XIII, 161 S.
B 67017 0-8133-7237-2

Oberg, James E.: Uncovering Soviet disasters: exploring the limits of glasnost. New York: Random
B 67772 0-394-56095-7

Politics, work, and daily life in the USSR. A survey of former Soviet citizens. Ed.: James R. Millar. Cambridge: Cambridge Univ. Pr. 1987. XIV, 423 S.
B 67830

Puškareva, Irina M.: Rabočee dviženie v Rossii v period reakcii 1907-1910 gg. Moskva: Nauka 1989. 269 S.
B 71469 5-02-008459-X

Rigby, Thomas H.: Political elites in the USSR: central leaders and local cadres from Lenin to Gorbachev. Aldershot: Elgar 1990. VII, 301 S.
B 72103 1-85278-303-6

Rosefielde, Steven: Assessing Soviet reforms in the defense industry. In: Global affairs. 4 (1989),4, S. 57 – 73.
BZ 05553:1989

Roßmüller, Heinrich: Die Umspurung russischer Eisenbahnfahrzeuge zur Verwendung in Regelspurgleisnetz im Zweiten Weltkrieg. Fürstenfeldbruck: Selbstverlag 1989. 16 Bl.
Bc 02596

Salomoni, Antonella: Inflation et révolution. Le modèle des assignats dans la politique monétaire bolchévique. In: Cosmopolitiques. (1989),13, S. 36 – 45.
BZ 05193:1989

Saslawskaja, Tatjana I.: Soziale Aspekte der „Perestrojka". In: Europa-Archiv. 44 (1989),17, S. 513 – 524.
BZ 4452:1989

Shinn, William T.: The decline of the Russian peasant household. New York: Praeger 1987. XVII, 122 S.
B 66930 0-275-92767-9

Siegelbaum, Lewis H.: Stakhanovism and the politics of productivity in the USSR, 1935-1941. Cambridge: Cambridge Univ. Pr. 1988. XV, 325 S.
B 66118　　　　　　　0-521-34548-0

Soviet society and culture: essays in honor of Vera S. Dunham. Ed.: Terry L. Thompson. Boulder, Colo.: Westview Pr. 1988. XIII, 290 S.
B 66694　　　　　　　0-8133-0500-4

Vogel, Heinrich: Die Vereinigung Deutschlands und die Wirtschaftsinteressen der Sowjetunion. In: Europa-Archiv. 45 (1990),13/14, S. 408 – 420.
BZ 4452:1990

Winiecki, Jan: The distorted world of Soviet-type economies. London: Routledge 1988. XI, 230 S.
B 66717　　　　　　　0-415-00390-3

L 179 i Geistesleben

Befejezetlen Forradalom 1917-1987. Red.: Akos Szilágyi. Budapest: Szabadteri Szinpadok Igazgatósága 1987. 301 S.
B 68198

Gellner, Ernest: State and society in Soviet thought. Oxford: Blackwell 1988. IX, 193 S.
B 66892　　　　　　　0-631-15787-5

Glasnost, Christen und Genossen. Realität und Hoffnung. Berichte u. Analysen zum christl. Leben in der Sowjetunion. Hrsg.: Norbert Sommer. Berlin: Wichern-Verl. 1988. 187 S.
Bc 8755

Heller, Leonid: Restructuring literary memory in the USSR. In: Survey. 30 (1989),4, S. 44 – 65.
BZ 4515:1989

The new Image-Makers. Soviet propaganda & disinformation today. Ed.: Ladislav Bittman. Washington: Pergamon-Brassey's 1988. VII, 262 S.
B 67841

Pospielovsky, Dimitry V.: The Russian church under the Soviet regime, 1917-1982. Bd. 1. 2. Crestwood, NY: St. Vladimir's Seminary Pr. 1984. 248, S. 253-535.
B 67161　　　　　　　0-88141-033-0

Zacharov, Vasilij Georgievič: Ohne Kultur keine Demokratie. Moskau: Presseagentur Nowosti 1989. 31 S.
Bc 8745

L 179 k Geschichte

Achtamzjan, A. A.: Voennoe sotrudničestvo SSSR i Germanii. In: Novaja i novejšaja istorija. (1990),5, S. 3 – 24.
BZ 05334:1990

Arans, David: How we lost the Civil War. Bibliography of Russian emigre memoirs on the Russian Revolution. Newtonville, Mann.: Oriental Research Partners 1988. 200 S.
010923

Ascher, Abraham: The revolution of 1905. Stanford, Calif.: Stanford Univ. Pr. 1988. XII, 412 S.
B 67090

Attaché assessments of the impact of the 1930s purges on the Red Army. In: The journal of Soviet military studies. 2 (1989),3, S. 417 – 448.
BZ 4943:1989

Burdzhalov, Eduard Nikolaevic: Russia's second Revolution. The February 1917 uprising in Petrograd. Bloomington, Ind.: Indiana University Pr. 1987. XXII, 388 S.
B 67101

Dekabristy. Biografičeskij spravočnik. Red.: M. V. Nečkina. Moskva: Nauka 1988. 445 S.
B 67410

Dictionary of the Russian Revolution. New York, NY: Greenwood 1989. XVIII, 704 S.
B 70015   0-313-21131-0

Domich Ruiz, Marcos: La insurrección de octubre: [la experiencia militar de los bolcheviques]. La Paz: Ed. Unidad 1987. 163 S.
Bc 8376

Ferenčuhová, Bohumila: Sovietske Rusko a Malá dohoda. (K problematike medzinárodných vztahov v strednej Európe v rokoch 1917-1924.). Bratislava: Veda vyd. Slov. Akad. vied 1988. 153.
Bc 8408

Ferretti, Maria: Fête et révolution dans la Russie soviétique. In: Cosmopolitiques. (1989),13, S. 25 – 35.
BZ 05193:1989

Galili, Ziva: The Menshevik leaders in the Russian Revolution: social realities and political strategies. Princeton, NJ: Princeton Univ. Press 1989. XVIII, 452 S.
B 71737   0-691-05567-X

Haimson, Leopold H.: The making of three Russian revolutionaries: voices from the Menshevik past. Cambridge: Cambridge Univ. Pr. 1987. IX, 515 S.
B 66090   0-521-26325-5

Hildermeier, Manfred: Neue westliche Literatur zur osteuropäischen Geschichte: das russische Reich. Literaturbericht. In: Geschichte in Wissenschaft und Unterricht. 41 (1990),3, S. 167 – 192.
BZ 4475:1990

Ivašov, L. G.; Emelin, A. S.: Po leninskomu dekretu. In: Voenno-istoričeskij žurnal. (1990),2, S. 11 – 20.
BZ 05196:1990

Jažborovskaja, Inessa Sergeevna: Velikaja oktjabr'skaja socialističeskaja revoljucija i polša. In: Novaja i novejšaja istorija. (1989),1, S. 31 – 44.
BZ 05334:1989

Koenker, Diane: Strikes and revolution in Russia, 1917. Princeton, NJ: Princeton Univ. Press 1989. XIX, 393 S.
B 71739   0-691-05578-5

Ledovskij, A. M.: SSSR i Kitaj v 1937-1949 gg. In: Novaja i novejšaja istorija. (1990),5, S. 82 – 108.
BZ 05334:1990

Levits, Egil: Lettland unter sowjetischer Herrschaft. Die politische Entwicklung 1940-1989. In: Beiträge zur Konfliktforschung. 19 (1989),3, S. 101 – 130.
BZ 4594:1989

Mazur, Zbigniew: Niemiecko-radzieckie porozumienia z sierpnia i września 1939 r. In: Przeglad zachodni. 45 (1989),4, S. 123 – 161.
BZ 4487:1989

Nekatorye Voprosy otečestvennoj istorii v sovetskoj istoriografii. Tomsk: Izd.-vo Tomskogo Univ. 1989. 128 S.
Bc 9771

Nekrich, Aleksander: Perestroika in history: the first stage. In: Survey. 30 (1989),4, S. 22 – 43.
BZ 4515:1989

Nenarokov, Albert: Geschichte der Großen Sozialistischen Oktoberrevolution in Wort und Bild. 1917 – Monat für Monat. Köln: Pahl-Rugenstein 1987. 393 S.
B 67847

Nesterenko, Elena Ivanovna; Osmolovskij, Vladimir Petrovič: Sovety Belorussii, okt. 1917-jan. 1919 g. Moskva: Nauka i technika 1989. 232 S.
B 70173

Petracchi, Giorgio: L'Urss senza miti: la visione diplomatica. In: Storia delle relazioni internazionali. 5 (1989),2, S. 181 – 220.
BZ 4850:1989

Piterskie Rabočie i Velikij Oktjabr". Red.: O. N. Znamenskij. Moskva: Nauka 1987. 486 S.
B 64920

Protokoly CK kadetskoj partii perioda pervoj rossijskoj revoljucii. In: Voprosy istorii. (1989),2, S. 33 – 48.
BZ 05317:1989

Pushkarev, Sergei: Self-Government and freedom in Russia. Boulder, Colo.: Westview Pr. 1988. XIII, 158 S.
Bc 9131

Raeff, Marc: Historians and history in emigration. In: Survey. 30 (1989),4, S. 7 – 21.
BZ 4515:1989

Rhodes, Benjamin D.: The Anglo-American winter war with Russia, 1918-1919: a diplomatic and military tragicomedy. New York: Greenwood Pr. 1988. XII, 156 S.
B 66754   0-313-26132-6

Rice, Christopher: Russian workers and the Socialist-Revolutionary Party through the revolution of 1905-07. Basingstoke: Macmillan 1988. XIV, 272 S.
B 66715   0-333-40915-9

Ross, Stewart: The Russian revolution. Hove: Wayland 1988. 64 S.
010886   1-85210-322-1

Russia at war: 1941-45. Ed.: Carey Schofield. New York, NY: Vendome 1987. 256 S.
011039

Russia 1917: the unpublished revolution. New York: Abbeville Pr. 1989.
010995   0-89659-775-X

Sakwa, Richard: Soviet communists in power: a study of Moscow during the Civil War, 1918-21. Basingstoke: Macmillan 1988. XXI, 342 S.
B 66889   0-333-39847-5

Sedov, Lev: Rotbuch über den Moskauer Prozeß 1936. Frankfurt: isp-Verl. 1988. XIII, 117 S.
B 66944

Selivanov, Pentelejmon Alekseevič: Ukreplenie Tyla Krasnoj Armii: dejatel'nost sovetov i revkomov Belorussii 1918-1920 gg. Moskva: Nauka i technika 1987. 237 S.
B 64011

Šiškin, Valerij Aleksandrovič: Antisovetskaja Blokada i ee krušenie. Leningrad: Nauka 1989. 206 S.
B 69503

Socialističeskie Revoljucii v Estonii 1917-1940 i ee vchoždenie v sostav SSSR. Dok. i. mat. Red.: Ju. Kachka. Tallin: Periodika 1987. 172 S.
B 64928

Solis Castro, José: Testimonios ecuatorianos sobre la URSS. Guayaquil: Ed. de la Univ. de la Guayaquil 1988. 171 S.
Bc 9037

Sozialistische Revolution: Triebkräfte, Macht und Bündnis. Leipzig: Karl-Marx-Univ. 1987. 80 S.
Bc 8672

Spirin, Leonid Michajlovič: Rossija 1917 god: iz istorii bor'by polit. partij. Moskva: Mysl' 1987. 330 S.
B 64926

Starcev, Vitalij Ivanovič: Šturm Zimnego: Dok. očerk. Leningrad: Lenizdat 1987. 136 S.
Bc 6763

Tichvinskij, S. L.: Zaključenie sovetsko-jaonskogo pakta o nejtralitete 1941 g. In: Novaja i novejšaja istorija. (1990),1, S. 21 – 34.
BZ 05334:1990

Transparenz, Demokratie, Verantwortung. Sowjetische Wissenschaftler u. Journalisten über die Beseitigung „weißer Flecken" d. sowjetischen Geschichtsschreibung. Moskau: APN-Verl. 1987. 39 S.
Bc 7906

Velikij Oktjabr' i istoričeskij Progress. Red.: A. O. Čurbar'jan. Moskva: Nauka 1987. 301 S.
B 64918

Velikij Oktjäär'i žäščita ego navoevanij. Bd. 1. 2.. Moskva: Nauka 1987. 470, 407 S.
B 63766

Volkogonov, Dmitrij Antonovič: Stalinizm: suščnosť, genezis, evoljucija. In: Voprosy istorii. (1990),3, S. 3 – 17.
BZ 05317:1990

Wir brauchen die Wahrheit: Geschichtsdiskussion in der Sowjetunion. Hrsg.: Gert Meyer. Köln: Pahl-Rugenstein 1988. 303 S.
B 66609   3-7609-1201-X

Wir waren dabei: Veteranen berichten über ihre Teilnahme an der großen sozialistischen Oktoberrevolution. Hrsg.: Bernd Grabowski. Berlin: Dietz 1989. 143 S.
B 68834   3-320-01323-8

Zaorskaja, Irina Jur'evna; Običkin, Oleg Gennad'evič: Ot Podpol'ja do pobedy Oktjabrja: Očerki istorii stroitel'stva RSDRP (b) Fevral' – okt. 1917 g. Moskva: Politizdat 1987. 272 S.
Bc 7929

L 179 l Einzelne Länder/Gebiete/Orte

Annannepesov, Murad A.: Prisoedinenie Turkmenistana k Rossii: pravda istorii. In: Voprosy istorii. (1989),11, S. 70 – 86.
BZ 05317:1989

Antosjak, A. V.: Osvoboždenie Zapadnoj Ukrainy i Zapadnoj Belorussii. In: Voenno-istoričeskij žurnal. (1989),9, S. 51 – 60.
BZ 05196:1989

Baško, Petr Kuzmič: Sovety rabočich, soldatskich i krest'janskich deputatov Belorussii. mart-oktj. 1917 g. Minsk: Nauka i technika 1987. 253 S.
B 64922

Bielenstein-Bosse, Barbara; Bosse, Peter Jochen: Auch wir verließen das Land. D. Umsiedlung der Deutschbalten 1939-1941. Michelstadt: Neuthor- Verl. 1989. 111 S.
Bc 8937

Čchartišvili, Sandro Dement'evič: Sovety Gruzii v trech revoljucijach (1905-1907, 1917 gg). Tbilisi: Mecniereba 1987. 173 S.
Bc 7213

Conquest, Robert: Die Ernte des Todes. Stalins Holocaust in der Ukraine 1929-1933. München: Langen Müller 1988. 464 S.
B 66391

Dokumente zu den Unabhängigkeitsbestrebungen der baltischen Staaten in der Sowjetunion. In: Europa-Archiv. 45 (1990),15, S. D 375 – 379.
BZ 4452:1990

Goldmanis, Juris: Leninskaja nacional'naja Politika v dejstvii. Iz opyta Kompartii Latvii po osuščestvleniju leninsk. nac. pol. v period postr. soc. v resp. Riga: Avost 1986. 195 S.
B 72444

Hoveyda, Fereydoun: The Khomeini revolution. In: Global affairs. 4 (1989),2, S. 129 – 139.
BZ 05553:1989

Katolicizm v Belorussii: tradicionalizm i prisposoblenie. Red.: Ekaterina Sergeevna Prokošina. Minsk: Nauka i technika 1987. 240 S.
Bc 6848

Lubin, Nancy: Uzbekistan: the challenges ahead. In: The Middle East journal. 43 (1989),4, S. 619 – 634.
BZ 4463:1989

Mal'kov, V. L.: Pribaltika glazami amerikanskich diplomatov. 1939-1940 gg. In: Novaja i novejšaja istorija. (1990),5, S. 41 – 52.
BZ 05334:1990

Mishell, William W.: Kaddish for Kovno: life and death in a Lithunian ghetto, 1941-1945. Chicago, Ill.: Chicago Review Press 1988. VIII, 398 S.
B 70653   1-55652-033-6

Pruun Katk. Saksa fašistlik okupatsioon Eestis 1941-1944. Red.: Anni Matsulevitš. Dok. ja materjale. Tallinn: Eesti raamat 1988. 263 S.
B 68040

Eine Rückkehr in die Vergangenheit wird es nicht geben. Von den nationalistischen Aktivitäten in Riga, Tallinn und Vilnius im August 1987. Moskau: APN-Verl. 1988. 64 S.
Bc 7839

Saaremaa Ülestous 1919. Red.: Endel Kukk. Tallinn: Eesti raamat 1988. 221 S.
Bc 9248

Turkestan als historischer Faktor und politische Idee. Festschrift Baymirza Hayit. Hrsg.: Erling v. Mende. Köln: Studienverl. 1988. 213 S.
B 67846

Urjewicz, Charles: L'axe nord-sud traverse l'URSS. In: Cosmopolitiques. (1989),6, S. 53 – 67.
BZ 05193:1989

Varslavan, Al'bert Janovič; Zunda, Antonij Leonardovič: Britanskij Imperializm i buržuaznaja Latvija v gody mirovogo ekonomičeskogo krizisa. Ekonom. i polit. diplo. vzaimootnošenija 1929-1933. Riga: Zinatne 1981. 195 S.
B 72443

Ziemelis, Sigurds Vol'demarovič: Pobeda leninizma v rabočem dviženii Latvii v period trech rossijskich revoljucij. Riga: Avots 1980. 279 S.
B 72442

L 183 Schweden

L 183 c Biographien

– Langlet

Langlet, Nina: A svéd Mentöakcio, 1944. Budapest: Kossuth 1988. 179 S.
Bc 8644

– Palme

Pochlebkin, Vil'jam Vasil'evič: Olof Palme. In: Voprosy istorii. (1990),7, S. 45 – 74.
BZ 05317:1990

– Wallenberg

Nicholson, Michael; Winner, David: Raoul Wallenberg. The Swedish diplomat who saved 100.000 jews. Watford: Exley 1989. 64 S.
B 68755

L 183 e Staat und Politik

Anér, Sven: Polisspåret: mordet på Olof Palme. Göteborg: Bokskogen 1988. 256 S.
B 68525   91-7776-045-X

Bennulf, Martin; Holmberg, Sören: The green breakthrough in Sweden. In: Scandinavian political studies. 13 (1990),2, S. 165 – 184.
BZ 4659:1990

Birgersson, Bengt O.: Den svenska folkstyrelsen. Stockholm: Liber 1987. 215 S.
B 65603   91-38-90740-2

Hamilton, Malcolm B.: Democratic Socialism in Britain and Sweden. Basingstoke: Macmillan 1989. XIII, 270 S.
B 67947

Pontusson, Jonas: Swedish social Democracy and British labour: essays on the nature and condition of social democratic hegemony. Ithaca, NY: Cornell Univ. 1988. IV, 67 S.
Bc 8884

Schwenke, Rainer: Das Streben der schwedischen Sozialdemokratie nach Bündnisfreiheit und internationaler Verständigung in den Jahren 1945-1947. In: Zeitschrift für Geschichtswissenschaft. 37 (1989),3, S. 243 – 248.
BZ 4510:1989

Ternryd, Carl-Olof: Den svenska försvarsindustrin har stor betydelse för neutralitets- och säkerhetspolitiken. In: Kungl. Krigsvetenskapsakademiens tidskrift. 193 (1989),6, S. 245 – 263.
BZ 4718:1989

L 183 f Wehrwesen

Borell, Klas: Disciplinära strategier: en historiesociologisk studie av det professionella militärdisciplinära tänkesättet, 1901-1978. Uppsala: Almqvist & Wiksell Internat. 1989. 217 S.
B 69135   91-554-2322-1

Gustafsson, Bengt: Svenskt försvar vid skiljevägen. In: Norsk militært tidsskrift. 159 (1989),12, S. 1 – 6.
BZ 05232:1989

Hirdman, Sven: Sweden's policy on arms exports. In: Kungl. Krigsvetenskapsakademiens handlingar. 193 (1989),5, S. 171 – 195.
BZ 4384:1989

Kustbevakningens roll i den framtida sjöövervakningen: betänkande av kustbevakningskommittén. Stockholm: Allmänna Förl. 1989. 185 S.
Bc 9118   91-38-10311-7

Ries, Tomas: Sweden's defense at the crossroads. In: International defense review. 22 (1989),12, S. 1617 – 1621.
BZ 05569:1989

Wickbom, Jan: Armens framtida uppbyggnad mot bakgrund av operativa krav. In: Kungl. Krigsvetenskapsakademiens tidskrift. 194 (1990),1, S. 35 – 70.
BZ 4718:1990

L 183 g Wirtschaft

Goldsmith, Catharine: The Swedish defense industry. A question of survival. In: Defense & diplomacy. 7 (1989),11, S. 15 – 27.
BZ 05545:1989

Ripamonti, Enrico: Il servizio rompighiaccio svedese. Precedenti, situazione attuale, attività e prospettive. In: Rivista marittima. 123 (1990),1, S. 69 – 83.
BZ 4453:1990

L 183 k Geschichte

Hadenius, Stig: Sverige efter 1900: en modern polit. historia. Stockholm: Bonniers 1988. 383 S.
B 70964   91-34-50955-0

L 185 Schweiz

L 185 c Biographien

– ImHof-Piguet

ImHof-Piguet, Anne-Marie: Fluchtweg durch die Hintertür. Eine Rotkreuz-Helferin im besetzten Frankreich 1942-1944. Frauenfeld: Im Waldgut 1987. 156 S.
B 66134

– Weis

Futterknecht, Willy: Der Fall Jürg Weis. Eine abenteuerliche Meinungs-Manipulation. Frankfurt: Haag u. Herchen 1989. 123 S.
Bc 9015

L 185 e Staat und Politik

De Hiroshima à Tchernobyl. Mouvement socialiste et mouvements sociaux (Suisse, 1945-1989). Genève: Ed. College du Travail 1989. 89 S.
Bc 9262

Dreyer, Dietrich: Schweizer Kreuz und Sowjetstern. Die Beziehungen zweier ungleicher Partner seit 1917. Zürich: Neue Zürcher Zeitung 1989. 255 S.
B 69238

Hug, Peter: Vom Ende der Sicherheitspolitik – zu einer neuen Friedensordnung. In: Widerspruch. 9 (1989),17, S. 55 – 82.
BZ 4868:1989

Information en cas de crise. Berne: DIPRA 1989. 40 S.
Bc 02586

Kästli, Tobias: Das rote Beil. 1919-1939. Probleme sozialdemokratischer Gemeindepolitik. Bern: Fagus 1988. 174 S.
B 68522

Künzli, Arnold: Es ist an der Zeit, radikal zu denken! politisches Tagebuch mit Karikaturen. Basel: Z-Verl. 1988. 174 S.
B 66398   3-85990-081-1

Muheim, Franz: Zum 26. November 1989: eine Gewissensprüfung. In: Allgemeine schweizerische Militärzeitschrift. 155 (1989),11, S. 715 – 722.
BZ 05139:1989

Neutrals in Europe: Switzerland. Ed.: Bo Huldt. Stockholm: Swedish Institute of International Affairs 1988. III, 67 S.
Bc 8872

Roodbeen, Hendrik: Oost-Westbeleid van Zwitserland: blijvend neutraal? In: Internationale spectator. 44 (1990),4, S. 236 – 242.
BZ 05223:1990

Spillmann, Kurt R.: Schweizer Sicherheitspolitik heute und morgen. In: Allgemeine schweizerische Militärzeitschrift. 156 (1989),156, S. 14 – 19.
BZ 05139:1989

Stein, Geroge J.: Total defense: a comparative overview of the security policies of Switzerland and Austria. In: Defense analysis. 6 (1990),1, S. 17 – 33.
BZ 4888:1990

Widmer, Albert: Nach dem 26. November: Eine Standortbestimmung. In: Allgemeine schweizerische Militärzeitschrift. 155 (1989),12, S. 798 – 800.
BZ 05139:1989

L 185 f Wehrwesen

Armee bleibt unentbehrlich. Zürich: Institut für politologische Zeitfragen 1988. 43 S.
Bc 02616

Beeler, Urs: Gegen Militär- und ZS-Zwang. Zürich: Inpuls Verl. 1989. 52 S.
Bc 9183

Brassel-Moser, Ruedi: Der Feind als Waffe und Wahn. In: Widerspruch. 8 (1989),17, S. 5 – 16.
BZ 4868:1989

Däniker, Gustav: Vielfältige Zukunftsaufgaben unserer Armee. Sechs Voraussetzungen zu ihrer Bewältigung. In: Allgemeine schweizerische Militärzeitschrift. 155 (1989),9, S. 539 – 548.
BZ 05139:1989

Eichler, Jan: Milični armáda neutrálního Švỳcarska. In: Historie a vojenství. 39 (1990),1, S. 145 – 162.
BZ 4526:1990

Feldmann, Josef: Lohnt sich der Einsatz für unsere Landesverteidigung? In: Allgemeine schweizerische Militärzeitschrift. 155 (1989),3, S. 133 – 138.
BZ 05139:1989

Gysler-Schöni, Rosy: Die Dienststelle MFD. In: Allgemeine schweizerische Militärzeitschrift. (1990),9, S. 6 – 7.
BZ 05139:1990

Lüem, Walter: Die Kriegsmobilmachungen von 1856, 1870 und 1914. In: Allgemeine schweizerische Militärzeitschrift. 155 (1989),7/8, S. 421 – 431.
BZ 05139:1989

Militärverweigerer zwischen Knast und Berufsverbot. Zur Situation der Militärverweigerer in der Schweiz: Texte und Materialien. Zürich: Beratungsstelle für Militärverweigerer 1987. 57 S.
Bc 8763

Rutschmann, Werner: Die Schweizer Flieger- und Fliegerabwehr-Truppen. 1939-1945. Thun: Ott 1989. 396 S.
011008

Schaufelberger, Walter: Die Schweizer Armee in der Armeestellung 1939/40. In: Österreichische militärische Zeitschrift. 28 (1990),4, S. 316 – 326.
BZ 05214:1990

Schweiz ohne Armee? In: Allgemeine schweizerische Militärzeitschrift. 155 (1989),10, Beil., S. 2 – 31.
BZ 05139:1989

Sonderegger, Ronald; Preisig, Dölf: Au Ciel de la Suisse. Lausanne: Ed. 24 heures 1989. 239 S.
011068

L 185 h Gesellschaft

Kobelt, Eduard J.: Die Wirtschaftspolitik der Gewerkschaften 1920-1950: d. Einfluss einzelner Gewerkschaftsverbände u. Persönlichkeiten auf d. Wirtschaftspolitik d. Schweizerischen Gewerkschaftsbundes. Zürich: Chronos 1987. 257 S.
B 65940   3-905278-21-9

Pavillon, Monique: Les Immobilisées. Les femmes suisses durant la seconde guerre mondiale. Ed. d'en bas 1989. 110 S.
Bc 9316

Streitfall Friede. Bern: Christlicher Friedensdienst 1988. 176 S.
010858

L 185 k Geschichte

Collomb, Jean Daniel: Les Remparts. Souvenirs de la mobilisation 1939-1945. Genève: Slatkine 1989. 224 S.
011009

Lang, Josef: Mythos Armee und die „Bürgersoldaten". Die bundesrätliche Botschaft gegen die Armeeabschaffungs-Initiative – ein Dokument helvetischen Geschichts-Revisionismus. In: Widerspruch. 9 (1989),17, S. 16 – 32.
BZ 4868:1989

Schaufelberger, Walter: Die „Dreizehn Gründe" des Markus Heiniger. Eine kritische Entgegnung. In: Allgemeine schweizerische Militärzeitschrift. 155 (1989),11, S. 723 – 727.
BZ 05139:1989

Schaufelberger, Walter: Die militärische Landesverteidigung der Schweizerischen Eidgenossenschaft 1939. In: Österreichische militärische Zeitschrift. 27 (1989),5, S. 398 – 404.
BZ 05214:1989

Schaufelberger, Walter: Mobilmachung 1939 aus militärhistorischer Sicht. In: Allgemeine schweizerische Militärzeitschrift. 155 (1989),7/8, S. 439 – 449.
BZ 05139:1989

Wehrli, Edmund: Persönliche Erinnerungen an die Mobilmachung von 1939. In: Allgemeine schweizerische Militärzeitschrift. 155 (1989),7/8, S. 432 – 436.
BZ 05139:1989

L 185 l Einzelne Gebiete/ Orte

Aux Frontières de la Suisse, 1939-1945. Du Lomont à la trouée de Belfort. Herimoncourt: Clubs Histoire et Photographie 1987. 114 S.
Bc 02557

Grenzbesetzung in Graubünden 1939-1945. Hrsg.: Hanruedi Berger. Chur: Verl. M & T Helvetica 1989. 142 S.
Bc 9186

Schmezer, Guido: Bern 1939. Ein Jahr Stadtgeschichte im Schatten des Weltgeschehens. Bern: Haupt 1989. 101 S.
Bc 9213

Tobler, Max: Wie Romanshorn den 2. Weltkrieg erlebte. Romanshorn: Schweizerische Bodensee-Zeitung 1989. 128 S.
Bc 9325

L 193 Spanien

Castello, José Emilio; Paniagua, Javier: España: siglo XX. 1939-1978. 1988. 95 S.
Bc 8151　　　　　　　84-7525-467-5

Díaz-Plaja, Fernando: La España que sobrevive: cincuenta años después de la guerra. Madrid: Espasa-Calpe 1987. 184 S.
B 68592　　　　　　　84-239-2428-9

Garcia Fuentes, Antonio: 25 años de lucha en España: 1939-1963. Jaen: A Garcia Fuentes 1988. 270 S.
84-404-2379-9
B 71259

L 193 c Biographien

– **Azaña**

Marco, José Maria: La inteligencia reublicana: Manuel Azaña, 1897-1930. Madrid: Ed. Biblioteca Nueva 1988. 289 S.
B 71927　　　　　　　84-7030-309-0

– **Bacaría**

Elorza, Antonio: Luis Bagaría: el humor y la política. Barcelona: Anthropos 1988. 477 S.
B 71249　　　　　　　84-7658-077-0

– **Bahamonde**

Franco Bahamonde, Francisco: „Apuntes" personales del generalísimo sobre la república y la Geurra Civil. Madrid: Fundacion Nacional Francisco Franco 1987. 46 S.
Bc 8221　　　　　　　84-85993-14-4

– **Bastardas i Sampere**

Pérez-Bastardas, Alfred: Els Republicans nacionalistes i el catalanisme polític. 1871-1944. Vol. 1. 2. Barcelona: Ed. 62 1987. 417, 542 S.
B 67200

– **Besteiro**

Besteiro, Julián: Cartas desde la prisión. Madrid: Alianza Ed. 1988. 205 S.
B 68926　　　　　　　84-206-9564-5

– **De Lequerica**

Farré, Juan Avilès: L'ambassade de Lequerica et les relations hispano-françaises 1939-1944. In: Guerres mondiales et conflits contemporains. (1990),158, S. 65 – 78.
BZ 4455:1990

– **Gomez**

Tusell, Javier: L'Espagne et la Deuxiéme Guerre Mondiale: L'étape Jordana. In: Guerres mondiales et conflits contemporains. (1990),158, S. 23 – 39.
BZ 4455:1990

– **Robles Piquer**

Robles Piquer, Carlos: La botica del mamut. Barcelona: Ed. Planeta 1987. 251 S.
B 71250   84-320-0662-9

– **Suárez**

Navalón, Antonio: Objetivo Adolfo Suárez: 1980, el año de la agonía. Madrid: Espasa-Calpe 1987. 338 S.
B 68782   84-239-1741-X

– **Suñer**

Marquina, Antonio: L'Espagne et la Deuxième Guerre Mondiale: L'étape de Ramón Serrano Suñer au Ministère des affaires étrangères. In: Guerres mondiales et conflits contemporains. (1990),158, S. 5 – 22.
BZ 4455:1990

– **Tarradellas**

Arbós, Albert: Tarradellas: la consciència d'un poble. Barcelona: Grijalbo 1988. 257 S.
B 71248   84-253-2013-5

L 193 d Land und Volk

Marquina Barrio, Antonio: España y los judíos en el siglo XX: la acción exterior. Madrid: Espasa Calpe 1987. 343 S.
B 68781   84-239-6533-3

L 193 e Staat und Politik

Amodia, José: Personalities and slogans: the Spanish election of October 1989. In: West European politics. 13 (1990),2, S. 293 – 298.
BZ 4668:1990

Botti, Alfonso: Quarant'anni di opposizione antifranchista. In: Italia contemporanea. (1989),177, S. 93 – 111.
BZ 4489:1989

Cruz, Rafael: El Partido Comunista de España en la Segunda República. Madrid: Alianza Universidad 1987. 314 S.
B 67198   84-206-2506-X

Espadas Burgos, Manuel: Franquismo y política exterior. Madrid: Ed. Rialp 1988. 278 S.
B 71145   84-321-2398-6

Esteban, Jorge de: Por la senda constitucional. Madrid: Ed. El País 1987. 232 S.
B 70548   84-86459-21-4

García Escudero, José M.: Historia política de la época de Franco. Madrid: Ed. Rialp 1987. 240 S.
010741   84-321-2373-0

Gonzalez Seara, Luis: La decada del cambio. Esplugues de Llobregat (Barcelona): Plaza & Janes 1987. 250 S.
B 67420   84-01-33332-6

Hermida Anca, Carlos: La Corrupción de los poderes fácticos: decepcionante realidad actual. Madrid: Hermida Anca 1986. 211 S.
B 71144   84-398-7258-5

Jáuregui Campuzano, Fernando: La derecha después Fraga. Madrid: Ed. El País 1987. 219 S.
B 68594   84-86459-18-4

Krasikov, Anatolij: Ispanija i mirovaja politika: Polveka diplomatičeskoj istorii. Moskva: Meždunar. otnošenija 1989. 358 S.
B 72117   5-7133-0091-9

Lomana, Gloria: El ciclon socialista: (1982-1986: primera legislatura socialista). Barcelona: Plaza y Janes 1987. 296 S.
B 68712   84-01-33338-5

López Garrido, Diego: El aparato policial en España: historia, sociología e ideología. Barcelona: Ariel 1987. 174 S.
B 67015   84-344-1069-9

López Garrido, Diego: Terrorismo, política y derecho: la legislación antiterrorista en España, Reino Unido, República Federal de Alemania, Italia y Francia. Madrid: Alinaza Ed. 1987. II, 225 S.
B 67432   84-206-9554-8

Naranjo Orovio, Consuelo: Cuba, otro escenario de lucha: la Guerra Civil y el exilio republicano español. Madrid: Consejo Superior de Investigaciones Cientificas, Centro de Estudios Cient 1988. XXIII, 336 S.
B 69253   84-00-06872-6

Oneto, José: Comando Madrid. Barcelona: Ed. B., Grupo Zeta 1987. 208 S.
B 66487

Pons Prades, Eduardo: Crónica negra de la transición española: (1976-1985). Esplugues de Llobregat: Plaza y Janes 1987. 84-01-33330-X.
B 66272

Robles Piquer, Carlos: En Europa, desde Europa. Madrid: Ed. Política Exterior 1987. XII, 212 S.
84-398-9539-9
B 68217

Romeu Alfaro, Fernanda: Más allá de la utopía: perfil histórico de la Agrupación Guerrillera de Levante. Valencia: Ed. Alfons el Magnànim, Inst. 1987. 219 S.
B 70100   84-7579-287-1

Sánchez-Terán, Salvador: De Franco a la generalitat. Barcelona: Ed. Planeta 1988. 331 S.
B 68785   84-320-5865-3

Serrano Secundino: La guerrilla antifranquista en León: (1936-1951). Madrid: Siglo XXI Ed. 1988. 385 S.
B 72316   84-323-0627-4

Tusell, Javier: La dictadura de Franco. Madrid: Alianza Ed. 1988. 374 S.
B 68929   84-206-0310-4

Tusell, Javier: Radiografia de un golpe de Estado: el ascenso al poder del general Primo de Rivera. Madrid: Alianza Ed. 1987. 282 S.
B 68930   84-206-9551-3

L 193 e 14 Parteien

Alba, Victor: Spanish marxism versus Soviet communism: a history of the P.O.U.M. New Brunswick: Transaction 1988. XI, 323 S.
B 67056   0-88738-198-7

Gillespie, Richard: The break-up of the 'Socialist family': party-union relations in Spain, 1982-1989. In: West European politics. 13 (1990),1, S. 47 – 62.
BZ 4668:1990

Martín Najera, Aurelio: Catálogo de los archivos de Guerra Civil de las Comisiones Ejecutivas del Partido Socialista Obrero Español y de la Unión General de Trabajadores. Madrid: Ed. Pablo Iglesias 1988. 430 S.
B 66992

Merkel, Wolfgang: Sozialdemokratische Politik in einer post-keynesianischen Ära? Das Beispiel der sozialistischen Regierung Spaniens (1982-1988). In: Politische Vierteljahresschrift. 30 (1989),4, S. 629 – 654.
BZ 4501:1989

L 193 f Wehrwesen

Alonso Baquer, Miguel: El Ejército to de Tierra. In: Ejército. 51 (1990),601, S. 26 – 34.
BZ 05173:1990

Argumosa Pila, Jesus: Hacia el modelo estrategico español. In: Ejército. 50 (1989),598, S. 22 – 29.
BZ 05173:1989

Blanco Ande, Joaquin: Defensa nacional y fuerzas armadas. Madrid: Ed. Dykinson 1987. 301 S.
B 67958   84-86133-27-0

Coello Lillo, Juan Luis: Un submarino para el recuerdo: el Almirante García de Los Reyes. In: Revista general de marina. (1990),218, S. 201 – 218.
BZ 4619:1990

Gonzáles-Betes Fierro, Antonio: Franco y el Dragón Rápide. Madrid: Ed. Rialp 1987. 199 S.
B 68927   84-321-2396-X

Guerrero Roiz de la Parra, Juan: Lo aéreo en 50 años de „Ejército". In: Ejército. 51 (1990),601, S. 103 – 110.
BZ 05173:1990

Gurrea Gracia, Eusebio: El batallón de pontoneros. In: Ejército. 50 (1989),599, 64 – 74.
BZ 05173:1989

Jeménez Manzaneque, Antonio: Adaptación del sale a una organización logística de campaña. In: Ejército. (1990),607, S. 20 – 32.
BZ 05173:1990

Jubrias Berlanga, Vicente; Fernández Temprano, Antonio: Batallón de caminos del R.E.I.N. 11. In: Ejército. 50 (1989),599, S. 86 – 91.
BZ 05173:1989

López de la Torre, Francisco: Los ingenieros del ejército y el ferrocarril. In: Ejército. 50 (1989),599, S. 76 – 84.
BZ 05173:1989

López Ramón, Fernando: La caracterización juridica de las Fuerzas Armadas. Madrid: Centro de Estudios Constitucionales 1987. XXV, 440 S.
B 68780   84-259-0762-4

Narro Romero, Juan: 50 años de ingenieros. En las Páginas de „Ejército". In: Ejército. 51 (1990),601, S. 81 – 89.
BZ 05173:1990

Ortega Martín, Jose: Del Caballo al Rotor. (50 años de Caballería española a través de „Ejército"). In: Ejército. 51 (1990),601, S. 57 – 66.
BZ 05173:1990

Quero Rodiles, Felipe: Medio siglo de la Infantería Española. In: Ejército. 51 (1990),601, S. 46 – 55.
BZ 05173:1990

Ramos-Izquierdo Zamorano, Antonio: El ejército de tierra y la defensa aérea. Artillería antiaérea. In: Ejército. 50 (1990),600, S. 70 – 77.
BZ 05173:1990

Villarroya Chueca, Jose: El mando de artilleria antiaérea (MAAA). In: Ejército. 50 (1990),600, S. 50 – 57.
BZ 05173:1990

L 193 h Gesellschaft

Dominguez, Javier: La lucha obrera durante el franquismo en sus documentos clandestinos: (1939-1975). Bilbao: Desclée de Brouwer 1987. 489 S.
B 68778   84-330-0715-7

Gómez Casas, Juan: El relanzamiento de la C.N.T.: 1975 – 1979; (con un epílogo hasta la primavera de 1984). Móstoles: Fed. Loc. de Móstoles CNT-AIT 1984. 262 S.
B 71582   84-398-2555-2

Shaw, Duncan: Fútbol y franquismo. Madrid: Alianza Ed. 1987. 234 S.
B 69630   84-206-9550-5

L 193 i Geistesleben

Garitaonandia, Carmeio: La radio en España: (1923-1939); de altavoz musical a arma de propaganda. Bilbao: Serv. Ed. Univ. del País Vasco 1988. 252 S.
B 72315   84-7585-109-6

Moncada, Alberto: Historia oral del Opus Dei. Esplugues de Llobregat: Plaza & Janes Ed. 1987. 175 S.
B 68713   84-01-33337-7

Rodriguez Ibañez, José E.: Despues de una dictadura: cultura autoritaria y transición política en España. Madrid: Centro de Estudios Constitucionales 1987. 165 S.
B 68414   84-259-0652-0

Tello Lazaro, José Angel: Ideología y política: la Iglesia Católica Española; 1936-1959. Zaragoza: Libros Portico 1984. 238 S.
B 69966   84-85264-69-X

Uxó Palasí, José: Biografía de una revista. „Ejército" Febrero 1940 – Febrero 1990. In: Ejército. 51 (1990),601, S. 14 – 24.
BZ 05173:1990

L 193 k Geschichte

Andrés Gallego, José: Historia contemporanea de España: unidad didáctica. Madrid: Univ. Nac. de Educación a Distancia 1988. 474 S.
B 71961   84-362-2015-3

Castello, José Emilio; Paniagua, Javier: España: siglo XX. 1898-1931. 1987. 95 S.
Bc 8149   84-7525-448-9

Castello, José Emilio; Paniagua, Javier: España: siglo XX. 1931-1939. 1988. 96 S.
Bc 8150   84-7525-460-8

Gómez de las Heras Hernández; Sacristan, E.: L'Espagne et le Portugal pendant la Deuxième Guerre Mondiale. In: Guerres mondiales et conflits contemporains. (1990),158, S. 79 – 92.
BZ 4455:1990

Ruiz, David: Insurrección defensiva y revolución obrera: el octubre español de 1934. Barcelona: Ed. Labor 1988. 161 S.
B 68714 84-335-9406-0

La Segunda República española: el primer bienio; III coloquio de Sogovia sobre Historia Contemporánea de España. Ed.: Jose Luis García Delgado. Madrid: Siglo XXI Ed. 1987. 432 S.
B 67424

*Delgado, Jose Luis García
Tarín-Iglesias, José:* La rebelión de la generalidad: el alzamiento de octubre de 1934 y sus principales protagonistas. Esplugues de Llobregat: Plaza y Janes 1988. 240 S.
B 68715 84-01-33349-0

Uxo Palasi, Jose: 1939. España entre dos guerras. In: Ejército. 50 (1989),596, S. 32 – 40.
BZ 05173:1989

L 193 l Einzelne Länder/Gebiete/Orte

Abelló i Güell, Teresa: Les relacions internacionals de l'anarquisme català: (1881-1914). Barcelona: Ed. 62 1987. 267 S.
B 67957 84-297-2575-X

Alcaraz i Gonzàlez, Ricard: La unió Socialista de Catalunya: (1923-1936). Ed. de la Magrana 1987. 307 S.
B 69747 84-7410-309-6

Alvarez Rey, Leandro: Sevilla durante la dictadura de Primo de Rivera: la Unión Patriótica; (1923-1930). Sevilla: Diputación Provincial de Sevilla 1987. 302 S.
B 70542 84-505-5132-3

Anarquisme i alliberament nacional. Barcelona: El Llamp 1987. 157 S.
B 70471 84-86066-75-1

Carrasco i Formiguera, Mmanuel: Cartes de la presó. Barcelona: Publ. de l'Abadia de Montserrat 1988. 219 S.
B 71218 84-7202-925-5

Comortamiento electoral y nacionalismo en Cataluña, Galicia y País Vasco. Univ. de Santiago de Compostela 1987. 305 S.
B 67537 84-600-5053-X

Gibernau, J. A.: Catalunya i la política exterior americana de Roosevelt a Reagan. Barcelona: El Llamp 1987. 234 S.
B 68595 84-86066-94-8

Lorenzo Somonte, Bonifacio: Disparad sobre nosotros...! (los cuarteles de Gijón y otros sucesos). Gijón: 1986. 298 S.
B 71252 84-398-8439-7

Matthée, Ulrich: Katalanische Frage und spanische Autonomien. Paderborn: Schöningh 1988. 322 S.
B 67335 3-506-75420-3

Miralles Palencia, Ricardo: El socialismo vasco durante la II Republica: organización, ideología, política y elecciones, 1931-1936. Bilbao: Servicio Ed. Univ. del País Vasco 1988. 365 S.
B 70549 84-7585-114-2

Moreno Gómez, Francisco: Córdoba en la posguerra: (la represión y la guerrilla, 1939-1950). Córdoba: F. Baena 1987. XVI, 579 S.
B 67961 84-86137-13-6

Pérez-Agote, Alfonso: El nacionalismo vasco a la salida del franquismo. Madrid: Centro de Investigaciones Sociologicas 1987. 205 S.
B 70355 84-7476-108-5

Reinares, Fernando: Nationalism and violence in Basque politics. In: Conflict. 8 (1988),2/3, S. 141 – 155.
BZ 4687:1988

Romaña Arteaga, José Miguel: La Segunda Guerra Mundial y los vascos. Bilbao: Mensajero 1988. 355 S.
B 70188   84-271-1529-6

Sanz Díaz, Benito: Los socialistas en el País Valenciano: (1939-1978). València: Ed. Alfons el Magrànim, Inst. Valenciana d'Estudis i Investigació 1988. 404 S.
B 71251   84-505-7546-X

Unzueta, Patxo: Sociedad vasca y política nacionalista. Madrid: Ed. El País 1987. 303 S.
B 68851   84-86459-22-2

Vega Masana, Eulàlia: Anarquistas y sindicalistas durante la Segunda Republica: la CNT y los sindicatos de oposición en el País Valenciano. Valencia: Alfons el Magnànim 1987. 290 S.
B 69631   84-505-5967-7

L 195 Tschechoslowakei

L 195 c Biographien

Pejskar, Jožka: Pronásledovaní vlastenci. o.O.: Vydalo Ustredí čs. strany národnê sociálni v exilu 1987. 278 S.
B 64235

– Havel

Havel, Václav: Versuch, in der Wahrheit zu leben. Reinbek: Rowohlt 1989. 95 S.
Bc 9075

– Masaryk

Gantar Godina, Irena: T. G. Masaryk in Masarykovstvo na Slovenskem 1895-1914. Ljubljana: Slovenska Matica 1987. 172 S.
B 70416

– Svehla

Dostál, Vladimír: Antonín Švehla. Profil českkosloenského státníka. New York, NY: Vykonnỳ ỳbor Republikánské strany v exilu 1989. 223 S.
B 70358

– Svoboda

Richter, Karel; Kožnar, Vlastimil: Vysadek S-1. Praha: Naše Vojsko 1988. 330 S.
B 68761

L 195 d Land und Volk

Janics, Kálmán: A hontalanság évei: A szlovákiai magyar kisebbség a második világháború után 1945-1948. Budapest: Hunnia Kiadó 1989. 358 S.
B 71502   963-01-9430-9

Rychlík, Jan: K postavení slovenského obyvatelstva v Čechách a na Moravê letech 1938-1945. In: Českỳ časopis historickỳ. 88 (1990),5, S. 683 – 704.
BZ 5025:1990

L 195 e Staat und Politik

Batt, Judy: Economic reform and political change in Eastern Europe: a comparison of the Czechoslovak and Hungarian experiences. Basingstoke: MacMillan 1988. X, 353 S.
B 66666   0-333-44456-6

Bergmann, Theodor: Das Ende des Stalinismus. Perspektiven in Prag und Berlin/DDR. In: Sozialismus. 16 (1990),2, S. 11 – 15.
BZ 05393:1990

Dienstbier, Jiri: Die Außenpolitik der Tschechoslowakei in einer neuen Zeit. In: Europa-Archiv. 45 (1990),13/14, S. 397 – 407.
BZ 4452:1990

Drehscheibe Prag, deutsche Emigranten. Staging point Prague, German exiles. 1933- 1939. 27.1.- 15.3.1989 München, Sudetendt. Haus. E. Ausst. d. Adalbert-Stifter-Vereins. München: Selbstverlag 1989. 256 S.
010894

Rupnik, Jacques: Tchécoslovaquie: la révolution douce. In: Politique étrangère. (1990),1, S. 53 – 62.
BZ 4449:1990

L 195 f Wehrwesen

Anger, Jan: Čs. armáda v zári 1938. In: Historie a vojenství. 38 (1989),5, S. 43 – 60.
BZ 4526:1989

Anger, Jan: Vojenská situace Československa v dobê mnichovské kapitulace. In: Historie a vojenství. 38 (1989),6, S. 26 – 50.
BZ 4526:1989

Čejka, Eduard: Počáteční nezdary čs. vojenské akce v Polsku a ve Francii. In: Historie a vojenství. 38 (1989),5, S. 20 – 42.
BZ 4526:1989

Čejka, Eduard: Vznik čs. zahraničních odbojových center a jejich počáteční kroky. In: Historie a vojenství. 38 (1989),4, S. 49 – 67.
BZ 4526:1989

Gebhart, Jan; Koutek, Jaroslav; Kuklik, Jan: Na Frontách tajné války. Kapitoly z boje československého zpravodajství proti nacismu v letech 1938-1941. Praha: Panorama 1989. 380 S.
B 70178

Kokoška-Malír, Jaroslav: Organizace československého vojenského ofenzívního zpraodajství v letech 1934-1939. In: Historie a vojenství. 38 (1989),6, S. 51 – 81.
BZ 4526:1989

Sander, Rudolf: Kompetence generálniho inspektora a náčelníka hlavního štábu čs. branné moci v letech 1938-1939. In: Historie a vojenství. 39 (1989),1, S. 63 – 83.
BZ 4526:1989

Šmoldas, Zdenêk: Českoslovenští Letci v boji proti fašismu. Praha: Naše Vojsko 1987. 492 S.
B 59113

Szuchanek, Friedrich: Die Luftstreitkräfte in der Tschechoslowakei. In: Truppendienst. 29 (1990),1, S. 6 – 11.
BZ 05209:1990

Vojenské Dějiny Československa. Praha: Naše Vojsko 1989. 590 S.
010154

L 195 g Wirtschaft

Sládek, Zdenêk: Príspêvek Škodových závodu k rozvoji zbrojního prùmyslu Sovêtského svazu. In: Historie a vojenství. 39 (1990),2, S. 63 – 77.
BZ 4526:1990

Vohryzka-Konopa, Frantisek Josef: Venov v temnu. Násilná sicuakuzace čs. zemêdêlství. München: Mezinárodni rolnická unie 1987. 207 S.
Bc 7258

L 195 h Gesellschaft

MacDermott, Kevin: The Czech Red Unions, 1918-1929. A study of their relationship with the Communist Party. Boulder: East European Monographs 1988. XIII, 350 S.
B 66851

L 195 k Geschichte

Čada, Václav: 28. Rijen 1918. Skutečnost, sny a iluze. Praha: Mladá fronta 1988. 300 S.
B 68666

Čejka, Eduard: Čs. zahraniční odboj na Západě (brezenčervenec 1939). In: Historie a vojenství. 39 (1989),1, S. 17 – 33.
BZ 4526:1989

Gebhart, Jan; Šimovček Ján: Partisanen in der Tschechoslowakei 1941 bis 1945. Berlin: Militärverlag der DDR 1989. 467 S.
B 68719

Hríbek, Bruno; Mejsnar, Josef; Chuchmák, Miroslav: Tschechoslowakei 1968. Prager Frühling? Düsseldorf: Ed. Marxistische Blätter 1988. 253 S.
B 67812

Kvaček, Robert; Chalupa, Ales; Heyduk, Miloš: Československnský Rok 1938. Praha: Panorama 1988. 301 S.
B 69010

Leff, Carol S.: National conflict in Czechoslovakia: the making and remaking of a state, 1918-1987. Princeton, NJ: Princeton Univ. Press 1988. VIII, 304 S.
B 66697   0-691-07768-1

Mlynár, Zdeněk: Nachtfrost: d. Ende d. Prager Frühlings. Frankfurt: Athenäum 1988. 368 S.
B 67082   3-610-08483-9

Olivová, Věra: Československá demokracie 1918-1938.
In: Český časopis historický. 88 (1990),3, S. 304 – 316.
BZ 5025:1990

Pamät' l'udu. Bd. 1-3. Bratislava: Pravda 1989. 242, 218, 211 S.
B 70419

The Prague Spring: a mixed legacy. Ed.: Jiri Pehe. New York, NY: Freedom House 1988. 223 S.
B 68462

Ulc, Otto David: Czechoslovakia: realistic socialism? In: Current history. 88 (1989),541, S. 389 – 392; 401 – 404.
BZ 05166:1989

Wenzke, R.; Zöbisch, R.: Die tschechoslowakischen Ereignisse 1968 und die NAV. In: Militärwesen. (1990),5, S. 71 – 76.
BZ 4485:1990

L 195 l Einzelne Länder/ Gebiete/ Orte

Erlebte Geschichte. Vom Umsturz 1918 zum Umbruch 1938/39. Eine Rückschau auf ein Menschenalter Karpatendeutschtum. Wien: Karpatendeutsche Landsmannschaft 1989. 187 S.
Bc 9177

Hrnko, Anton: Politický Vývin a protifašisticky odboj na Slovensku 1939-1941. Bratislava: Veda 1988. 134 S.
Bc 8338

Kreuter, Siegbert: Die Slowakei 1919-1944. Zur Geschichte des Nationalaufstandes 1944. In: Österreichische militärische Zeitschrift. 27 (1989),6, S. 483 – 491.
BZ 05214:1989

Letzte Tage im Sudetenland. Hrsg.: Walli Richter. München: Langen Müller 1989. 472 S.
B 68775

Pauliak, Ervin: Základní prelom vo vojne a jeho odraz na Slovensku. In: Historie a vojenství. 38 (1989),4, S. 3 – 20.
BZ 4526:1989

Raschhofer, Hermann: Die Sudetenfrage: Ihre völkerrechtl. Entwicklung vom Ersten Weltkrieg bis zur Gegenwart. München: Olzog 1988. 352 S.
B 67541   3-7892-8120-4

Schicksal der Vertreibung. Gedenkbuch zur Patenschaft der Gemeinde Höchst im Odenwald m. d. Gemeinden Bölten, Daub... Höchst im Odw.: Gemeinde Höchst 1988. 290 S.
B 66605

Wanka, Willi: Opfer des Friedens: d. Sudetensiedlungen in Kanada. München: Langen Müller 1988. 349 S.
B 67085   3-7844-2221-7

L 197 Türkei

Lähnemann, Johannes: Die Türkei als Partner? Zu Geschichte, Religion, Kultur und Politik... Erlangen-Nürnberg: Friedrich-Alexander-Univ. 1989. 27 S.
Bc 9132

Rüstow, Dankwart A.: Die Türkei – Brücke zwischen Orient und Okzident. Hrsg.: Zentrum für Türkeistudien, Bonn. Göttingen: Vandenhoeck u. Ruprecht 1990. 186 S.
Bc 9401   3-525-33563-6

L 197 c Biographien

– Mehmet Keçeciler

Freitag, Rainer Mehmet Keçeciler. In: Orient. 30 (1989),1, S. 21 – 28.
BZ 4663:1989

– Mustafa Kemal

Sonyel, Salahi R.: Mustafa Kemal and Enver in conflict, 1919-22. In: Middle Eastern studies. 25 (1989),4, S. 506 – 515.
BZ 4624:1989

L 197 d Land und Volk

Bozarslan, Hamit: Les révoltes kurdes en Turquie kémaliste (quelques aspects). In: Guerres mondiales et conflits contemporains. (1988),151, S. 121 – 136.
BZ 4455:1988

Falk, Dieter: Erkundungen vor Ort. Das „Glück" der Kurden, Türken sein zu müssen. In: AIB-Dritte-Welt-Zeitschrift. 20 (1989),12, S. 21 – 25.
BZ 05283:1989

Heinrich, Lothar A.: Die kurdische Nationalbewegung in der Türkei. Hamburg: Deutsche Orient Inst. 1989. 90 S.
Bc 9308   3-89173-012-8

Olson, Robert W.: The emergence of Kurdish nationalism and the Sheikh Said Rebellion 1880-1925. Austin, Texas: Univ. of Texas Pr. 1989. XIX, 229 S.
B 71855   0-292-77619-5

Schönhuber, Franz: Die Türken. Geschichte und Gegenwart. München: Langen Müller 1989. 216 S.
B 71258

L 197 e Staat und Politik

Axt, Heinz-Jürgen; Kramer, Heinz: Vom Konflikt zur Verständigung in der Ägäis? Die griechisch-türkischen Beziehungen nach Davos. In: Südosteuropa. 38 (1989),10, S. 551 – 564.
BZ 4762:1989

Gumrukçu, Harun: EG-Türkei-Beziehungen unter dem Aspekt von Bevölkerungswachstum, Beschäftigung und Auswanderung. Hamburg: Deutsche Orient Inst. 1989. 142 S.
Bc 9309   3-89173-010-1

Meyer-Ranke, Peter: Zwieträchtige Nachbarn an der Ägäis. Der Dauerkonflikt an der NATO-Flanke. In: Europäische Wehrkunde – Wehrwissenschaftliche Rundschau. 38 (1989),5, S. 300 – 308.
BZ 05144:1989

Missir di Lusignano, Livio: Réflexions sur l'adhésion de la Turquie aux Communautés Européennes. In: Rivista di studi politici internazionali. 56 (1989),2, S. 230 – 244.
BZ 4451:1989

Sezer, Duygu Bazogu: Turkey's security policy: challenges of adaptation to the post-INF era. In: RUSI journal. 134 (1989),4, S. 47 – 54.
BZ 05161:1989

Turkey's international relations. In: Turkish review quarterly digest. 3 (1989),18, S. 5 – 16.
BZ 4856:1989

L 197 f Wehrwesen

Brown, James: The military and society: the Turkish case.
In: Middle Eastern studies. 25 (1989),3, S. 387 – 404.
BZ 4624:1989

L 197 k Geschichte

Deringil, Selim: Turkish foreign policy during the Second World War: an 'active' neutrality. Cambridge: Cambridge Univ. Pr. 1989. 238 S.
B 68093

Talon, Vicente: Hace diez años, golpe militar en Turquia. In: Defensa. 13 (1990),148/149, S. 136 – 141.
BZ 05344:1990

Yérasimos, Stéphane: La question du Pont-Euxin, 1912-1923. In: Guerres mondiales et conflits contemporains. (1989),153, S. 9 – 34.
BZ 4455:1989

L 197 l Länderteil

Melson, Robert: Revolutionary genocide: on the causes of the Armenian genocide of 1915 and the Holocaust. In: Holocaust and genocide studies. 4 (1989),2, S. 161 – 174.
BZ 4870:1989

Meyer, Enno; Berkian, Ara J.: Zwischen Rhein und Arax. Neunhundert Jahre deutsch-armenische Beziehungen. Oldenburg: Holzberg 1988. 216 S.
B 68079

Minassian, Anahide Ter: Van 1915. In: Guerres mondiales et conflits contemporains. (1989),153, S. 35 – 60.
BZ 4455:1989

Sanasarian, Eliz: Gender distinction in the genocidal process: a preliminary study of the Armenian case. In: Holocaust and genocide studies. 4 (1989),4, S. 449 – 461.
BZ 4870:1989

L 198 Ungarn

Volgyes, Ivan: Hungary: dancing in the shackles of the past. In: Current history. 88 (1989),541, S. 381 – 384; 399 – 400.
BZ 05166:1989

L 198 c Biographien

– Lajtos

Lajtos, Arpád: Emlékezés a 2. magyar hadseregre 1942-1943. Budapest: Zrinyi Katonai Kiadó 1989. 275 S.
Bc 8918

– Lukács

Georg Lukacs: Theory, culture and politics. Ed.: Judith Marcus. New Brunswick: Transaction Books 1988. VII, 224 S.
B 69688   0-88738-244-4

Lukács, György: Forradalomban. Cikkek, tanulmányok 1918-1919. Budapest: Magvetö Kiadò 1987. 639 S.
B 63906

– Marosán

Marosán, György: Nincs visszaút. Emlékeim az 1948-1956-os évekböl. Budapest: Eötvös Loránd Tud. Egyetem 1988. 339 S.
B 69486

– Mindszenty

Mindszenty, József: Emlékirataim. Budapest: Apostoli Szentszék Könyvkiadó 1989. 497 S.
B 70492

– Nagy

Méray, Tibor: Nagy Imre élete és halála. Budapest: Bibliotéka Kiadó 1989. 308 S.
B 70182

– Náray

Náray, Antal: ...Visszaemlékezése 1945. Red.: Sándor Szakály. Budapest: Zrinyi Katonai Kiadó 1988. 150 S.
Bc 8284

– Nyers

Baló, György; Domány, András: A Reformhoz kötöttem sorsomat. Budapest: Mozgó Világ 1988. 75 S.
B 71723

– Pozsgay

Pozsgay, Imre: Esélyünk a reform. Györ: Hazafias Népfront Györ-Sopron megyei Bizottsága 1988. 161 S.
Bc 8715

– Rajk

Fejtö, François: L' affaire Rajk quarante ans plus tard. In: Vingtième siécle. (1990),25, S. 75 – 83.
BZ 4941:1990

– Rákosi

Nemes, János: Rákosi Mátyás Születésnapja. Budapest: Láng Kiadó 1988. 147 S.
Bc 8835

L 198 d Land und Volk

Die Deutschen in Ungarn. In: Südosteuropa-Mitteilungen. 29 (1989),3, S. 244 – 251.
BZ 4725:1989

Fischer, Rolf: Entwicklungsstufen des Antisemitismus in Ungarn 1867-1939. Die Zerstörung der magyarisch-jüdischen Symbiose. München: Oldenbourg 1988. 206 S.
B 66619

Reuveni, Sári: After the holocaust: national attitudes to Jews. Antisemitismus in Hungary 1945-1946. In: Holocaust and genocide studies. 4 (1989),1, S. 41 – 62.
BZ 4870:1989

Takács, Imre: Die gegenwärtige Nationalitätenpolitik in Ungarn. In: Südosteuropa-Mitteilungen. 29 (1989),2, S. 76 – 81.
BZ 4725:1989

Zielbauer, György: Adatok és tények a magyarországi németség történetéböl. 1945-1949. Budapest: Akadémiai Kiadó 1989. 142 S.
Bc 8941

L 198 e Staat und Politik

Balázs, Peter: Vertragsbeziehungen zwischen Ungarn und der Europäischen Gemeinschaft: Aktuelle Lage und Perspektiven. In: Südosteuropa. 39 (1990),6, S. 341 – 349.
BZ 4762:1990

Bécsi Magyar Munkás Egyesület 1899-1989. Red.: Ferenc Szebényi. Budapest: Magyarok Világszövetsége 1989. 28 S.
Bc 8939

Békétlen Évtizedek 1918-1938. Tanulmányok és dokumentumok a magyarcsehszlovák kapcsolatok történetéböl a két világháború között. Red.: László Szarka. Budapest: Magyar-Csehszl. Töténész Vegyesbiz. 1988. 169 S.
B 68821

Magyar Hétköznapok. Rákosi Mátyás két emigrációja között 1945-1956. Red.: János Botos. Budapest: Minerva 1988. 448 S.
B 69483

Makkai, László: Magyar-román közös múlt. Budapest: Hét torony könyvkiadó 1989. 290 S.
B 71958   963-02-6243 f

L 198 e 10 Innenpolitik

Bence, György: Politische Justiz in postkommunistischen Gesellschaften: der Fall Ungarn. In: Europäische Rundschau. 18 (1990),3, S. 95 – 105.
BZ 4615:1990

Bossányi, Katalin: Szólampróba. Beszélgetések az alternativ mozgalmakról. Budapest: Láng Kiadó 1989. 319 S.
B 69488

Brunner, Georg: Verfassungsreform und politische Entwicklung in Ungarn. In: Südosteuropa-Mitteilungen. 29 (1989),3, S. 175 – 185.
BZ 4725:1989

Democratic transformation in Hungary. In: World affairs. 151 (1989),4, S. 155 – 232.
BZ 05509:1989

Fél Evszázad múltán a Márciusi Frontról. Red.: István Pintér. Budapest: Reform Lapés Könyvkiadó Részvénytárs 1989. 257 S.
B 70183

Gonzalez Enríquez, Carmen: Crisis y cambio en Hungría. In: Política exterior. 4 (1990),15, S. 86 – 99.
BZ 4911:1990

Kende, Pierre: Hongrie: de la réforme à la transformation. In: Politique étrangère. (1990),1, S. 35 – 44.
BZ 4449:1990

Konrád, György: Stimmungsbericht. Frankfurt: Suhrkamp 1988. 313 S.
B 66401

A Magyar Szocialista Munkáspárt országos értckezletének Jegyzökönyve. 1988. máj. 20-22. Budapest: Kossuth Könyvkiadó 1988. 320 S.
Bc 8365

MSZMP-határozatok és pártdokumentumok. 1985-1986. Red.: Henrik Vass. Budapest: Kossuth Könyvkiadó 1987. 334 S.
B 69061

A rendszerváltás Programja. Nyiregyháza: Szabad Demokraták Szövetsége 1989. 159 S.
Bc 9021

Sitzler, Kathrin: Die Anfänge eines politischen Pluralismus in Ungarn. In: Südosteuropa. 38 (1989),11-12, S. 678 – 694.
BZ 4762:1989

Szabó, Miklós: Der Zigeuner schleppt den Mörtel. Rechtsextreme Strömungen im neuen Ungarn. In: Die neue Gesellschaft – Frankfurter Hefte. 37 (1990),4, S. 340 – 344.
BZ 4572:1990

Toma, Peter A.: Socialist authority: the Hungarian experience. New York: Praeger 1988. XXVII, 288 S.
B 66215   0-275-92602-8

L 198 f Wehrwesen

Bencze, Laszló: Die Ungarische Volksarmee 1947-1955. In: Truppendienst. 29 (1990),4, S. 325 – 329.
BZ 05209:1990

Eyal, Jonathan: The Hungarian armed forces in a period of transition. In: Jane's Soviet intelligence review. 1 (1989),11, S. 482 – 487.
BZ 05573:1989

Sára, Sándor: Pergötüz: A 2. magyar hadsereg pusztulása a Donnál. Budapest: Tinódi Könyvkiadó 1988. 230 S.
B 69481   963-026-009-3

40 év képeKøben. 1948-1988. Red.: István Sterl. Budapest: Magyar Honvédelmi Szövetség 1988. o. Pag.
Bc 8340

L 198 g Wirtschaft

Biró, Gerd: Die Neuorientierung der ungarischen Außenwirtschaft. In: Südosteuropa. 38 (1989),11-12, S. 695 – 715.
BZ 4762:1989

L 198 h Gesellschaft

Ferge, Zsuzsa: Arbeitslosigkeit in Ungarn. In: Prokla. 19 (1989),4, S. 92 – 108.
BZ 4613:1989

Gergely, Ferenc: A magyar cserkészet Története. 1910-1948. Budapest: Göncöl Kiadó 1989. 396 S.
B 69490

Lomax, Bill: The rise and fall of the Hungarian working class. In: Journal of communist studies. 6 (1990),2, S. 45 – 60.
BZ 4862:1990

Sipos, Péter: Legális és illegális Munkásmozgalom 1919-1944. Budapest: Gondolat 1988. 340 S.
B 68944

L198 k Geschichte

A budapesti német Fökonzulátus jelenti.. Az 1918-1919-es forradalmak német diplomáciai iratok tükrében. Red.: Gy. Tokody. Budapest: Kossuth Könyvkiadó 1989. 220 S.
B 70184

Egy népfelkelés Dokumentumaiból. 1956. Red.: G. Tamás Korányi. Budapest: Tudósitások Kiadó 1989. 235 S.
B 70186

A felszabadulás utáni Történetünkröl. Red.: Margit Földesi. Bd. 1. 2. Budapest: Kossuth 1987. 332, 422 S.
B 63867

Gosztonyi, Péter: Légiveszély, Budapest! Szemelvények Magyarorszag második világháborús történetéböl 1939-1945. Budapest: Népszava 1989. 202 S.
B 69484

Gosztonyj, Péter: Föltámadott a tenger...1956. A Magyar Október története. München: Herp 1988. 242 S.
B 69500

Hronský, Marián: K vojenskej intervencii čs. armady proti Mad' arskej republike rád. In: Historie a vojenství. (1989),5, S. 74 – 91.
BZ 4526:1989

Laščenko, P. N.: Vengrija, 1956 god. In: Voenno-istoričeskij žurnal. (1989),9, S. 42 – 50.
BZ 05196:1989

Lendvai, Paul: Das eigenwillige Ungarn. Von Kádár zu Grósz. Zürich: Ed. Interfrom 1988. 193 S.
B 67697

Lett, Miklós: A Magyar Tanácsköztársaság sajtó- és könyvanyagának Adattára. Budapest: MSZMP KB Párttört. Int. 1988. 187 S.
010830

Nežinskij, Leonid Nikolaevič: 133 dnja 1939 goda: Rossija i Vengerskaja Sovetskaja respublika. Moskva: Politizdat 1989. 303 S.
B 71476

Revolutions and interventions in Hungary and its neighbor states, 1918-1919. Ed.: Peter Pastor. New York: Columbia Univ. Pr. 1988. X, 530 S.
B 67641

Szenti, Tibor: Vér és pezsgö. Harctéri naplók, visszaemlékezések, frontversek, tábori és családi levelek az elsö világháboruból. Budapest: Magvetö Könyvkiadò 1988. 390 S.
B 67733

Szinai, Miklos: Das ungarische Horthy-System. In: Zeitgeschichte. 16 (1989),6, S. 189 – 202.
BZ 4617:1989

Szinai, Miklós: Der ungarische konservative nationale Widerstand während des Zweiten Weltkrieges. In: Österreichische Osthefte. 31 (1989),31, S. 262 – 275.
BZ 4492:1989

Titkos Jelentések. 1956 okt. 23-nov. Red.: Sándor Geréb. Budapest: Hirlapkiadó Vállalat 1989. 149 S.
Bc 8938

1956 a sajtó tükrében. 1956. okt. 22.nov. 5. Red.: Lajos Izsák. Budapest: Kossuth Könyvkiadó 1989. 415 S.
010890

L 199 Vatikan

Chan, Gerald: Sino-Vatican diplomatic relations: problems and prospects. In: China quarterly. (1989),120, S. 814 – 836.
BZ 4436:1989

Choma, Ivan: Apostol's'kij Prestil i Ukraina 1919-1922. Relationes diplomaticae inter S. Sedem et Rempublican Popularem Ucrainae annis 1919-1922. Rim: Selbstverlag 1987. 132 S.
Bc 9004

Dedijer, Vladimir: Vatikan i Jasenovac. Dokumenti. Beograd: RAD 1987. 787 S.
B 67991

Martino, Renato R.: The Holy See and the Middle East. In: American Arab affairs. (1989),29, S. 75 – 85.
BZ 05520:1989

Mianowicz, Tomasz: Polish pope, Polish church and Polish state. In: Survey. 30 (1989),4, S. 131 – 154.
BZ 4515:1989

Stehle, Hansjakob: Vatikanische Ostpolitik und religiöse Perestrojka. In: Europa-Archiv. 44 (1989),24, S. 747 – 756.
BZ 4452:1989

L 200 Asien

Asia, militarization and regional conflict. Ed.: Yoshikazu Sakamoto. London: Zed Books 1988. XV, 252 S.
B 67902

Baumann, Herbert: Revolutionäre Demokratie in Asien und Afrika. Ein Beitr. zur Theorie des revolutionär-demokratischen Staates. Berlin: Akademie-Verl. 1989. 135 S.
Bc 8898

Fenton, Thomas P.; Heffron, Mary J.: Asia and Pacific. A directory of resources. Maryknoll: Orbis Books 1986. 137 S.
B 66721

Libertäre Tendenzen in Asien. Mühlheim: Peterson-Trafik-Verl. 1988. 63 S.
Bc 8782

L 202 Nordostasien/ Ostasien

Eberstadt, Nicholas: Democracy and development in East Asia. In: Global affairs. 4 (1989),4, S. 74 – 86.
BZ 05553:1989

Macdonald, Donald S.: Security in Northeast Asia: two Koreas or one? In: The Washington quarterly. 12 (1989),4, S. 139 – 153.
BZ 05351:1989

Mazarr, Michael J.: Missile Defences and Asian-Pacific security. Basingstoke: Macmillan 1989. XII, 226 S.
B 69207

Security in Northeast Asia. Approaching the Pacific security. Ed.: Stephen P. Gilbert. Boulder, Colo.: Westview Pr. 1988. 193 S.
B 67754

L 204 Südostasien/Südasien

Banerjee, D.: Insurgencies in Southeast Asia – implications for India. In: Strategic analysis. 14 (1990),1, S. 45 – 58.
BZ 4800:1990

Berg, Hans W.: Das Erbe der Grossmoguln: Völkerschicksale zwischen Hindukusch u. Golf von Bengalen. Hamburg: Hoffmann u. Campe 1988. 335 S.
B 67338   3-455-08285-8

Bogomolov, Alekksandr Olegovič: Tichookeanskaja Strategija SŠA i ASEAN. Moskva: Nauka Glavn. red. vostočn. lit. 1989. 171 S.
Bc 9455

Burton, Charles: The role fo the NICS in Southeast Asia's political and economic development. In: International journal. 44 (1989),3, S. 660 – 675.
BZ 4458:1989

Chee, Stephen: Southeast Asia in 1988. Portents for the future. In: Southeast Asian affairs. (1989), S. 3 – 36.
BZ 05354:1989

Dauth, Jürgen: Armut hat kein Stimmrecht. Die Entwicklung Südostasiens. Göttingen: Lamuv 1989. 191 S.
B 70028

Kihl, Young Whan: Intra-regional conflict and the ASEAN peace process. In: International journal. 44 (1989),3, S. 598 – 615.
BZ 4458:1989

Ławacz, Małgorzata: Państwa Azji Południowo-Wschodniej wobec bezpieczeństwa regionalnego. In: Sprawy międzynarodowe. 42 (1989),10, S. 71 – 82.
BZ 4497:1989

Leifer, Michael: ASEAN and the security of South-East Asia. London: Routledge 1989. X, 198 S.
B 67829

McDowell, Mark A.: Development and the environment in ASEAN. In: Pacific affairs. 62 (1989),3, S. 307 – 329.
BZ 4450:1989

Saeed, Amera: Law of the sea and South Asia. In: Regional studies. 7 (1988/89),1, S. 3 – 28.
BZ 4890:1988/89

Sheth, D. L.: Nation-building in multi-ethnic societies: the experience of South Asia. In: Alternatives. 14 (1989),4, S. 379 – 388.
BZ 4842:1989

Singh, Bilveer: ASEAN's arms industries: potential and limits. In: Comparative strategy. 8 (1989),2, S. 249 – 264.
BZ 4686:1989

Singh, K. R.: International terrorism and South Asia. In: Strategic analysis. 12 (1989),10, S. 1165 – 1182.
BZ 4800:1989

South Asia in transition: conflicts and tensions. Ed.: Kalim Bahadur. New Delhi: Patriot Publ. 1986. 320 S.
B 67030   81-7050-023-0

Stubbs, Richard: Geopolitics and the political economy of Southeast Asia. In: International journal. 44 (1989),3, S. 517 – 540.
BZ 4458:1989

Suryanarayan, V.: Developments in Cambodia, evolving relationships in Southeast Asia and India's role in the region. In: Strategic analysis. 12 (1989),8, S. 853 – 864.
BZ 4800:1989

L 210 Einzelne Staaten Asiens

L 211 Afghanistan

Afghanistan and the Soviet Union – collision and transformation. Ed.: Milan Hauner. Boulder, Colo.: Westview Pr. 1989. XI, 219 S.
B 69917   0-8133-7575-4

Canfield, Robert L.: Afghanistan: the trajectory of internal alignments. In: The Middle East journal. 43 (1989),4, S. 635 – 648.
BZ 4463:1989

Grevemeyer, Jan-Heeren: Afghanistan nach über zehn Jahren Krieg. Perspektiven gesellschaftlichen Wandels. Berlin: Ed. Parabolis 1989. 59 S.
Bc 9769

Mina, Nima: Nationaler Kompromiß oder Gewaltpolitik? In: Blätter des iz3w. (1989),161, S. 11 – 15.
BZ 05130:1989

Newell, Richard S.: Post-Soviet Afghanistan. In: Asian survey. 29 (1989),11, S. 1090 – 1108.
BZ 4437:1989

Pyadyshev, Boris: Najibullah, the president of the Republic of Afghanistan. In: International affairs <Moscow>. (1990),2, S. 18 – 26.
BZ 05208:1990

Rahimi, Fahima: Women in Afghanistan. Liestal: Grauweiler 1986. 111 S.
Bc 7047

Rubin, Barnett R.: The fragmentation of Afghanistan. In: Foreign affairs. 68 (1989),5, S. 150 – 168.
BZ 05149:1989

Wakil, Abdul: Afghanistan solution, „the first track". In: Orient. 30 (1989),3, S. 359 – 378.
BZ 4663:1989

Wakman, Mohammad Amin: Afghanistan, non-alignment and the super powers. New Delhi: Radiant Publ. 1985. XIV, 169 S.
B 67827

Yadav, Sanjay: Prospects of a non-aligned Afghanistan. In: Strategic analysis. 12 (1989),12, S. 1445 – 1455.
BZ 4800:1989

L 215 Bangladesh

Baxter, Craig: The struggle for development in Bangladesh. In: Current history. 88 (1989),542, S. 437 – 440; 442 – 444.
BZ 05166:1989

Khan, Mohammad Mohabbat: The electoral process in Bangladesh. In: Regional studies. 7 (1989),3, S. 95 – 111.
BZ 4890:1989

L 218 Burma

Guyot, James F.: Burma in 1988. Perestroika with a military face. In: Southeast Asian affairs. (1989), S. 107 – 133.
BZ 05354:1989

Nassif, Ramses: U Thant in New York 1961-1971. A portrait of the third UN secretary-general. London: Hurst 1988. X, 140 S.
B 67629

Siemers, Günter: Myanmar (Birma) auf dem Wege zur Demokratie? In: Aus Politik und Zeitgeschichte. (1990),B 32/90, S. 36 – 44.
BZ 05159:1990

Siemers, Günter: Regierungswechsel in Rangun. Ein birmanischer Weg zur Demokratie?
In: Asien. (1989),30, S. 60 – 88.
BZ 4760:1989

L 219 Sri Lanka/Ceylon

Abeysinghe, Ariya; Vivekananda, Franklin: The aftermath of the Indo-Sri Lanka Peace Accord and the role of the Indian peace keeping force in Sri Lanka. In: Scandinavian journal of development alternatives. 8 (1989),3, S. 123 – 138.
BZ 4960:1989

Alles, A. C.: The assassination of a prime minister. New York: Vantage Pr. 1986. X, 237 S.
B 65835　　　　　　　　0-533-06636-0

Althumudali, Lalith: Conflict in Sri Lanka and perceptions of the U.S. role. In: Scandinavian journal of development alternatives. 8 (1989),3, S. 79 – 93.
BZ 4960:1989

Aziz, A.: Ethnic conflict in Sri Lanka; an analysis. In: Scandinavian journal of development alternatives. 8 (1989),3, S. 111 – 121.
BZ 4960:1989

Hawkes, Mirabel: Pearls, palms and riots. London: Regency Pr. 1986. 104 S.
B 66639

Manogaran, Cheladurai: Ethnic conflict and reconciliation in Sri Lanka. Honolulu: Univ. of Hawaii Pr. 1987. XIV, 232 S.
B 66531　　　　　　　　0-8248-1116-X

Matthews, Bruce: The Janatha Vimukthi Peramuna and the politics of the politics of the underground in Sri Lanka. In: The round table. (1989),312, S. 425 – 439.
BZ 4796:1989

Oberst, Robert C.: Sri Lanka's Tamil Tigers. In: Conflict. 8 (1988),2/3, S. 185 – 202.
BZ 4687:1988

Otis, Pauletta; Carr, Christopher D.: Sri Lanka and the ethnic challenge. In: Conflict. 8 (1988),2/3, S. 203 – 216.
BZ 4687:1988

Singer, Marshall R.: New realities in Sri Lankan politics. In: Asian survey. 30 (1990),4, S. 409 – 425.
BZ 4437:1990

Sprang, Udo: Achtergronden van het geweld in Sri Lanka. In: Internationale spectator. 44 (1990),3, S. 170 – 176.
BZ 05223:1990

Suriyakumaran, C.: The anatomy of national identity in Sri Lanka. In: Scandinavian journal of development alternatives. 8 (1989),3, S. 95 – 109.
BZ 4960:1989

Tremayne, Penelope: Terrorism in Sri Lana. Tamil terrorism: nationalist or marxist? London: Inst. for the Study of Terrorism 1986. 48 S.
Bc 8867

Wagner, Christian: Zurück in die Zukunft: Sri Lanka nach dem Indo-Srilankischen Beistandsvertrag von 1987. In: Asien. (1990),34, S. 22 – 36.
BZ 4760:1990

Wilson, Alfred J.: The break-up of Sri Lanka: the Sinhalese-Tamil conflict. London: Hurst 1988. XIII, 240 S.
B 66896　　　　　　　　1-85065-033-0

L 221 China

Reforming the revolution. China in transition. Ed.: Robert Benewick. Basingstoke: Macmillan 1988. VII, 255 S.
B 68346

L 221 c Biographien

– Chiang Kai-Shek

Dolan, Sean: Chiang Kai-Shek. New York: Chelsea House Publ. 1988. 111 S.
B 68158

– **Hua Xuelan**

Hua Xuelan: Gengzi Riji. D. Tagebuch d. Hua Xuelan aus d. Beijing d. Boxeraufstandes. Hamburg: Ges. f. Natur- u. Völkerkunde Ostasiens 1987. II, 289 S.
B 66029

– **Mao Tse-tung**

Mjasnikov, Vladimir S.: Mao Czedun. In: Voprosy istorii. (1990),1, S. 73 – 96.
BZ 05317:1990

– **Peng Pai**

Peng, Pai: Das rote Haifeng. Peng Pais Bericht über die Bauernbewegung in Südchina. Hrsg.: Werner Meißner. München: Minerva-Publ. 1987. 250 S.
B 65284

– **Yüeh Tai-yün**

Yüeh, Tai-yün: To the storm: the odyssey of a revolutionary Chinese woman. Berkeley, Calif.: Univ. of California 1985. XXV, 405 S.
B 67104   0-520-05580-2

– **Zhou Enlai**

Keith, Ronald C.: The Diplomacy of Zhou Enlai. Basingstoke: Macmillan 1989. XII, 268 S.
B 69576   0-333-45429-4

L 221 d Land und Volk

China. A photohistory 1937-1987. Ed.: William J. F. Jenner. London: Thames and Hudson 1988. 200 S.
011003

L 221 e Staat und Politik

Gelber, Harry, G.: China's new economic and strategic uncertainties and the security prospects. In: Asian survey. 30 (1990),7, S. 646 – 668.
BZ 4437:1990

Halpern, Nina P.: Economic reform and democratization in communist systems: the case of China. In: Studies in comparative communism. 22 (1989),2-3, S. 139 – 152.
BZ 4946:1989

Jordan, Amos A.; Grant, Richard L.: Explosive change in China and the Soviet Union: implications for the West. In: The Washington quarterly. 12 (1989),4, S. 97 – 111.
BZ 05351:1989

Tanino, Sakutaro: The recent situation in China and Sino-Japanese relations. In: Japan review of international affairs. 4 (1990),1, S. 20 – 41.
BZ 4926:1990

L 221 e 10 Innenpolitik

Bachman, David: China's politics: conservatism prevails. In: Current history. 88 (1989),539, S. 257 – 260; 296.
BZ 05166:1989

Belousov, Sergej Romanovič: Kitajskaja Versija „gosudarstvennogo socializma" 20-40-e XX v. Moskva: Nauka 1989. 221 S.
B 68701

Bögeholz, H.: „Gebt uns Demokratie oder gebt uns den Tod". China: Das Massaker und die Folgen. Reinbek: Rowohlt 1989. 187 S.
Bc 8839

Burns, John P.: China's governance: political reform in a turbulent environment. In: China quarterly. (1989),119, S. 481 – 518.
BZ 4436:1989

Chang, David Wen-Wei: China under Deng Xiaoping: political and economic reform. Basingstoke: Macmillan 1988. XXIII, 304 S.
B 69384   0-333-45129-5

Changes and continuities in Chinese communism. Ed.: Yu-ming Shaw. Boulder, Colo.: Westview Pr. 1989. VI, 414 S.
B 67950

China's Crisis: the international implications. Ed.: Gary Klintworth. Canberra: Australian National Univ. 1989. 128 S.
Bc 9313

Dickes, Ursula; Reinbacher, Nina; Streit, Andrea: Die Losungen der Studentenbewegung in China 1989. In: Asien. (1990),35, S. 54 – 65.
BZ 4760:1990

Dirlik, Arif: Postsocialism? Reflections on „Socialism with Chinese characteristics". In: Bulletin of concerned Asian scholars. 21 (1989),1, S. 33 – 44.
BZ 05386:1989

Dittmer, Lowell: China in 1989. In: Asian survey. 30 (1990),1, S. 25 – 41.
BZ 4437:1990

Documents sur le mouvement révolutionnaire en Chine. Pt. 1. 2. Paris: C.E.R.M.T.R.I. 1989. 79, 80 S.
Bc 02623

Dutta, Sujit: Structural crisis in China. In: Strategic analysis. 12 (1989),9, S. 881 – 898.
BZ 4800:1989

Feinerman, James V.: Human rights in China. In: Current history. 88 (1989),539, S. 273 – 276;293-295.
BZ 05166:1989

Fischer, Per: Chinas Führung: Verlust der Glaubwürdigkeit. In: Außenpolitik. 40 (1989),4, S. 319 – 330.
BZ 4457:1989

Francis, Barbara-Corinna: The progress of protest in China. In: Defence force journal. 29 (1989),9, S. 898 – 915.
BZ 4438:1989

Friedman, Edward: Modernization and democratization in Leninist states: the case of China. In: Studies in comparative communism. 22 (1989),2-3, S. 251 – 264.
BZ 4946:1989

Guocang, Huan: The roots of the political crisis. In: World policy journal. 6 (1989),4, S. 609 – 620.
BZ 4822:1989

Hsia Chang, Maria: The meaning of the Tiananmen incident. In: Global affairs. 4 (1989),4, S. 12 – 35.
BZ 05553:1989

Hui, Duanmu: China's decade of enlightenment. In: Asien. (1990),35, S. 40 – 53.
BZ 4760:1990

Maier, John. H.: Tienanmen: the view from Shanghai. In: Asian perspective. 14 (1990),1, S. 43 – 67.
BZ 4889:1990

Misra, G. S.: Chinese policy in the Asia-Pacific region. In: Strategic analysis. 12 (1989),9, S. 909 – 915.
BZ 4800:1989

Murray, Brian: Tiananmen. The view from Taipei. In: Asian survey. 30 (1990),4, S. 348 – 359.
BZ 4437:1990

Načal'naja stadija socializma v Kitae: voprosy teorii i praktiki. In: Problemy dal'nego vostoka. (1989),1, S. 19 – 55.
BZ 05458:1989

Namatame, Osamu: Crisis in China and the security of East Asia. In: Global affairs. 4 (1989),4, S. 87 – 105.
BZ 05553:1989

Pye, Lucian W.: Tiananmen and Chinese political culture. In: Asian survey. 30 (1990),4, S. 331 – 347.
BZ 4437:1990

Schell, Orville: Discos and democracy. China in the throes of reform. New York: Pantheon Books 1988. X, 384 S.
B 67892

Shue, Vivienne: The reach of the state: sketches of the Chinese body politic. Stanford, Calif.: Stanford Univ. Pr. 1988. IX, 175 S.
B 66830   0-8047-1458-4

Stavis, Benedict: China's political reforms: an interim report. New York: Praeger 1988. IX, 158 S.
B 66882   0-275-92905-1

L 221 e 20 Außenpolitik

Kim, Samuel S.: Thinking globally in post-Mao China. In: Journal of peace research. 27 (1990),2, S. 191 – 209.
BZ 4372:1990

Yahuda, Michael B.: The People's Republic of China at 40: foreign relations. In: China quarterly. (1989),119, S. 519 – 539.
BZ 4436:1989

L 221 e 29 Außenpolitische Beziehungen

Filippowski, Adam: Europa w polityce zagranicznej Chin. In: Sprawy międzynarodowe. 43 (1990),7-8, S. 93 – 108.
BZ 4497:1990

Goldfiem, Jacques de: Sous l'oeil du dragon. Paris: Fondation pour les Études de Défense Nationale 1988. 317 S.
B 67440

Harding, Harry: China and Northeast Asia. The political dimension. Lanham: Univ. Pr. of America 1988. XVIII, 82 S.
B 67860

Kim, Samuel S.: The Third World in Chinese world policy. Princeton, NJ: Princeton Univ. Press 1989. 67 S.
Bc 02642

Levine, Steven I.: China and South Asia. In: Strategic analysis. 12 (1989),10, S. 1107 – 1126.
BZ 4800:1989

Misra, G. S.: Chinese Policy in the Asia-Pacific Region. In: Strategic analysis. 12 (1989),9, S. 909 – 915.
BZ 4800:1989

Ray, Hemen: China and Eastern Europe. London: Sangam 1988. VIII, 203 S.
B 69402   0-86132-191-X

– Indien

Sandhu, Bhim: Unresolved conflict China and India. London: Sangam 1988. VII, 274 S.
B 69403   0-86132-188-X

– **Israel**

Halimarski, Andrzej: Ewolucja stosunków chińsko-izraelskich. In: Sprawy międzynarodowe. 43 (1990),10, S. 137 – 150.
BZ 4497:1990

– **Nepal**

Ghoble, Trimbak Ramrao: China-Nepal relations and India. New Delhi: Deep & Deep 1986. 206 S.
B 65862

– **Nord-Korea**

Halimarski, Andrzej: Stosunki Chin z Republika Koreańska. In: Sprawy międzynarodowe. 43 (1990),5, S. 73 – 88.
BZ 4497:1990

– **Pakistan**

Dixit, Aabha: Enduring Sino-Pak relations: the military dimension. In: Strategic analysis. 12 (1989),9, S. 981 – 990.
BZ 4800:1989

– **UdSSR**

Adam, Rudolf Georg: Das sowjetisch-chinesische Gipfeltreffen in Peking. In: Europa-Archiv. 44 (1989),18, S. 561 – 568.
BZ 4452:1989

Low, Alfred D.: The Sino-Soviet confrontation since Mao Zedong: dispute, detente, or conflict? New York: Columbia Univ. Pr. 1987. XII, 322 S.
B 66205   0-88033-958-6

Mehrotra, O. N.: Sino-Soviet rapprochement. In: Strategic analysis. 12 (1989),8, S. 511 – 522.
BZ 4800:1989

Segal, Gerald: Taking Sino-Soviet détente seriously. In: The Washington quarterly. 12 (1989),3, S. 53 – 63.
BZ 05351:1989

– **USA**

Sino-American Relations 1945-1955. A joint reassessment of a critical debate. Ed.: Harry Harding. Wilmington, Del.: SR Books 1989. XXIV, 343 S.
011043

– **Vietnam**

McGregor, Charles: China, Vietnam, and the Cambodian conflict. Beijing's end game strategy. In: Asian survey. 30 (1990),3, S. 266 – 281.
BZ 4437:1990

L 221 f Wehrwesen

Banerjee, D.: Modernisation of China's military doctrine. In: Strategic analysis. 12 (1989),9, S. 948 – 966.
BZ 4800:1989

Banerjee, D.: PLA's growing internal role in China. In: Strategic analysis. 13 (1990),12, S. 1219 – 1232.
BZ 4800:1990

Bhaskar, C. Uday: Chinese maritime resurgence: imperatives and constraints. In: Strategic analysis. 12 (1989),9, S. 967 – 980.
BZ 4800:1989

Jencks, Harlan W.: The military in China. In: Current history. 88 (1989),539, S. 265 – 268;291-293.
BZ 05166:1989

Tracey, Gene D.: China's navy in the 1990s. In: Asian defence journal. (1989),10, S. 40 – 46.
BZ 05568:1989

L 221 g Wirtschaft

China's aircraft industry ... an enigma resolved. In: Air international. 38 (1990),1, S. 34 – 41; 51 – 52.
BZ 05091:1990

Howard, Patricia M.: Breaking the iron rice bowl: prospects for socialism in China's countryside. Armonk, NY: Sharpe 1988. XVI, 264 S.
B 66782   0-87332-454-4

Lardy, Nicholas R.: China's entry into the world economy: implications for Northeast Asia and the United States. Lanham: Univ. Pr. of America 1987. XXVIII, 57 S.
B 66758   0-8191-6371-6

Rabushka, Alvin A.: The new China: comparative economic development in Mainland China, Taiwan, and Hong Kong. San Francisco: Pacific Research Inst. for Public Policy 1987. XII, 254 S.
B 66050   0-8133-0519-5

The re-emergence of the Chinese peasantry: aspects of rural decollectivisation. Ed.: Ashwani Saith. London: Croom Helm 1987. IX, 277 S.
B 66686   0-7099-4409-8

Solinger, Dorothy J.: Chinese business under socialism: the politics of domestic commerce, 1949-1980. Berkeley, Calif.: Univ. of California 1984. XIV, 368 S.
B 66539   0-520-04975-6

Tan, Qingshan: U.S.-China nuclear cooperation agreement. China's non-proliferation policy. In: Defence force journal. 29 (1989),9, S. 870 – 882.
BZ 4438:1989

L 221 h Gesellschaft

Beike, Mechtild: Die Frauen der chinesischen Revolution: Wege zur Selbstbestimmung. Münster: Westfäl. Dampfboot 1987. 172 S.
B 66144   3-924550-22-0

Chow, Nelson W. S.: Modernization and social security reforms in China. In: Asian perspective. 13 (1989),2, S. 55 – 68.
BZ 4889:1989

L 221 i Geistesleben

Education and socialist modernization: a documentary history of education in the People's Republic of China, 1977-1986. Ed.: Shi Ming Hu. New York, NY: AMS Pr. 1987. XVII, 229 S.
B 67047   0-404-63603-9

Shi Ming Hu
Kwong, Julia: Cultural revolution in China's schools, may 1966 – april 1969. Stanford, Calif.: Hoover Inst. 1988. XIX, 200 S.
B 68480

Weggel, Oskar: Die Volksrepublik China in der Krise. Gesellschaftliche und politische Hintergründe der Studentenunruhen. In: Aus Politik und Zeitgeschichte. (1989),B 44, S. 25 – 36.
BZ 05159:1989

L 221 k Geschichte

Adolphi, Wolfram: Das faschistische Deutschland als „Freund". Archivalien in der VR China zu den Erfahrungen der Guomindangregierung 1935-1941. In: Zeitschrift für Geschichtswissenschaft. 37 (1989),3, S. 211 – 227.
BZ 4510:1989

Deron, Francis; Bonnin, Michel: Chine – la révolution inachevée. Paris: Denoël 1989. 117 S.
011067

Enseñat, Amador y Berea: La crisis en China: génesis, desarrollo y consecuencias. In: Ejército. 50 (1990),600, S. 24 – 29.
BZ 05173:1990

Für den Sieg der politischen Revolution in China. Drei Resolutionen der Vierten Internationale. Essen: Arbeiterpresse Verl. 1989. 62 S.
Bc 9182

Gong, Gerrit W.: Tiananmen: causes and consequences. In: The Washington quarterly. 13 (1990),1, S. 79 – 95.
BZ 05351:1990

Guocang, Huan: The events of Tiananmen Square. In: Orbis. 33 (1989),4, S. 487 – 500.
BZ 4440:1989

Jur'ev, Michail Filippovič: God pobedy. In: Problemy dal'nego vostoka. (1989),5, S. 41 – 50.
BZ 05458:1989

Leys, Simon: Les habits neufs du président Mao: chronique de la „Révolution culturelle". Paris: Lebovici 1987. 319 S.
B 66372   2-85184-043-6

Liu, Alan P. L.: Aspects of Beijing's crisis management. The Tiananmen square demonstration. In: Asian survey. 30 (1990),5, S. 505 – 521.
BZ 4437:1990

Meliksetov, Arlen Vaagovič: Pobeda kitajskoj revoljucii 1945-1949. Moskva: Nauka Glavn. red. vostočn. lit. 1989. 179 S.
Bc 9369

Tracey, Gene D.: The people's liberation army as „Bad Iron". In: Asian defence journal. (1989),9, S. 30 – 34; 38 -42.
BZ 05568:1989

Waldron, Arthur: Warlordism versus federalism: the revival of a debate? In: China quarterly. (1990),121, S. 116 – 128.
BZ 4436:1990

Wilbur, Clarence M.: Missionaries of revolution: Soviet advisers and Nationalist China; 1920-1927. Cambridge, Mass.: Harvard Univ. Pr. 1989. XII, 904 S.
0-674-57652-7
010999

L 221 l Einzelne Länder/Gebiete/Orte

Cremer, Rolf D.: „Macau, China". Kritische Anmerkungen zur politisch-wirtschaftlichen Entwicklung in Macau im Hinblick auf 1999. In: Asien. (1989),31, S. 32 – 47.
BZ 4760:1989

Hong Kong. A Chinese and international concern. Ed.: Jürgen Domes. Boulder, Colo.: Westview Pr. 1988. VII, 279 S.
B 67752

Huang, Shu-min: The spiral road: change in a Chinese village through the eyes of a Communist Party leader. Boulder, Colo.: Westview Pr. 1989. XIV, 222 S.
B 70600　　　　　　　0-8133-7637-8

L 221.5 Hongkong

The basic law of the Hong Kong special administrative region of the People's Republic of China. In: China aktuell. 15 (1990),4, S. 293 – 306.
BZ 05327:1990

Tsang, Steve Yui-Sang: Democracy shelved: Great Britain, China, and attempts at constitutional reform in Hong Kong, 1945-1952. Oxford: Oxford Univ. Pr. 1988. XXXIV, 254 S.
B 67152

L 225 Indien

Moorthy, Shyamala; Bhat, Manju: India and world affairs: an annual bibliography, 1985. In: International studies. 26 (1989),4, S. 365 – 512.
BZ 4909:1989

L 225 c Biographien

– Chaudhuri

Chaudhuri, Nirad Chandra: Thy hand, great anarch!: India, 1921-1952. London: Chatto & Windus 1988. XXVIII, 979 S.
B 66670　　　　　　　0-7011-2476-8

– Gandhi, I.

Addy, Premen: Indira Gandhi. India's woman of destiny. Calcutta: Sangam Books 1986. 104 S.
B 66744

Birla, Krishna Kumar: Indira Gandhi: reminiscences. London: Sangam Books 1987. XIV, 213 S.
B 67825

Gandhi, Indira: Dt. Reden, Schriften, Interviews. Hrsg.: Bianca Schorr. Köln: Pahl-Rugenstein 1988. XII, 383 S.
B 67366

– Gandhi, M.

Collotti Pischel, Enrica: Gandhi e la non violenza. Roma: Ed. Riuniti 1989. 106 S.
Bc 8920

Gandhi, Mohandas Karamcand: Gandhi in India, in his own words. Hanover, NH: Univ. Pr. of New England 1987. XXII, 358 S.
B 67102　　　　　　　0-87451-390-1

Mall, Ram Adhar: Die Herausforderung. Essays zu Mahatma Gandhi. Hildesheim: Ed. Collage 1989. 85 S.
Bc 9396

Rothermund, Dietmar: Mahatma Gandhi: d. Revolution d. Gewaltlosigkeit; e. polit. Biographie. München: Piper 1989. 454 S.
B 68379　　　　　　　3-492-02882-9

– Muhammad Ali Sircar

Rahman, Lutfor: Muhammad Ali Sircar. The world's firstever officially recognized student-author... Dhaka: Internat. Publ. 1989. VI, 73 S.
Bc 8893

– **Nehru**

Edwardes, Michael: Nehru. Eine politische Biographie. München: Heyne 1988. 457 S.
B 67361

Nehru, Jawaharlal: Briefe. Letters to chief ministers, 1947-64. Ed.: G. Parthasarathi. Oxford: Oxford Univ. Pr. 1985-88.
B 65872

Parthasarathi, G.
Studies on Nehru. Ed.: V. T. Patil. New Delhi: Steinling Publ. 1987. IX, 412 S.
B 67393

L 225 d Land und Volk

Hussain, Monirul: The Muslim question in India. In: Journal of contemporary Asia. 19 (1989),3, S. 279 – 296.
BZ 4671:1989

Wheelock, Wade: The Sikhs: religious militancy, government oppression, or politics as usual? In: Conflict. 8 (1988),2/3, S. 97 – 109.
BZ 4687:1988

L 225 e Staat und Politik

L 225 e 10 Innenpolitik

Andersen, Walter K.: Election 1989 in India. The dawn of coalition politics? In: Asian survey. 30 (1990),6, S. 527 – 540.
BZ 4437:1990

India's democracy: an analysis of changing state-society relations. Ed.: Atul Kohli. Princeton, NJ: Princeton Univ. Press 1988. 334 S.
B 66761   0-691-07760-6

Kühnhardt, Ludger: Indien auf dem Weg zu einer regionalen Führungsmacht? In: Aus Politik und Zeitgeschichte. (1990),B 32/90, S. 3 – 12.
BZ 05159:1990

Limaye, Madhu: Contemporary Indian Politics. London: Sangam Books 1987. VIII, 467 S.
B 67677

Mahmood, Khalid: CPI (Marxist) – Dynamics of political growth. In: Regional studies. 7 (1988/89),1, S. 29 – 79.
BZ 4890:1988/89

Manor, James: India: state and society diverge. In: Current history. 88 (1989),542, S. 429 – 432; 447.
BZ 05166:1989

Meyer, Ralph C.: How do Indians vote? In: Asian survey. 29 (1989),12, S. 111 – 1122.
BZ 4437:1989

Morris-Jones, Wyndraeth H.: The government and politics of India. Huntingdon: Eothen Press 1987. 296 S.
B 66122   0-906719-12-7

Nandy, Ashis: The discreet charms of Indian terrorism. In: The journal of Commonwealth & comparative politics. 28 (1990),1, S. 25 – 43.
BZ 4408:1990

Omvedt, Gail: India's movements for democracy: peasants, 'greens', women and people's power. In: Race and class. 31 (1989),2, S. 37 – 46.
BZ 4811:1989

Struggling and ruling. The Indian National Congress 1885-1985. Ed.: Jim Masselos. New Delhi: Sterlin Publ. 1987. VII, 224 S.
B 66552

Violation of democratic rights in India. Ed.: A. R. Desai. Bombay: Popular Prakashan 1986. XXXI, 624 S.
B 65349

L 225 e 20 Außenpolitik

Baral, J. K.; Mohapatra, J. K.; Mishra, S. P.: Rajiv Gandhi's China diplomacy: dynamics and problems. In: International studies. 26 (1989),3, S. 257 – 270.
BZ 4909:1989

Bhambhri, Chander Prakash: The foreign policy of India. New Delhi: Sterlin Publ. 1987. VI, 165 S.
B 68476

Braun, Dieter: Indien als Machtfaktor in Asien: neue Gewichtung. In: Außenpolitik. 41 (1990),2, S. 168 – 181.
BZ 4457:1990

Choudhury, Dilara: India-Bangladesh ties: from euphoria to pragmatism. In: Regional studies. 7 (1989),2, S. 38 – 66.
BZ 4890:1989

Ganguly, Sumit: The Sino-Indian border talks, 1981-1989. In: Asian survey. 29 (1989),12, S. 1123 – 1135.
BZ 4437:1989

Houbert, Jean: India betwixt land and sea. In: Current research on peace and violence. 12 (1989),4, S. 201 – 212.
BZ 05123:1989

Jah, Nalini Kant: Cultural and philosophical roots of India's foreign policy. In: International studies. 26 (1989),1, S. 45 – 68.
BZ 4909:1989

Jain, Bakhatawar Mal: India and the United States, 1961-1963. New Delhi: Radiant Publ. 1987. XII, 302 S.
B 66196   81-7027-110-X

Noorani, Abdul Gafoor Abdul Majeed: India, the superpowers and the neighbours: essays in foreign policy. New Delhi: South Asian Publ. 1985. VIII, 273 S.
B 65207   81-7003-059-5

Parmanand: Whither Indo-Nepal relations? In: Strategic analysis. 12 (1989),8, S. 841 – 852.
BZ 4800:1989

Studies in Indo-Soviet relations. Ed.: V. D. Chopra. New Delhi: Patriot Publ. 1986. 288 S.
B 66195

Vohra, Sahdev: The North-Eastern frontier of India and China's claim. In: Strategic analysis. 12 (1989),9, S. 931 – 948.
BZ 4800:1989

Vohra, Sahdev: Parameters of a border settlement with China. In: Strategic analysis. 13 (1990),12, S. 1249 – 1256.
BZ 4800:1990

L 225 f Wehrwesen

The cutting edge of Indian air power. In: Air international. 38 (1990),6, S. 295 – 301.
BZ 05091:1990

Ghosh, A.: History of the Armed Forces Medical Services India. London: Sangam Books 1988. 333 S.
B 69577

Hastings, D. J.: The Royal Indian Navy: 1612-1950. Jefferson, NC: McFarland 1988. X, 371 S..
B 67780   0-89950-276-8

Malik, V. P.: Defence planning system in India. In: Strategic analysis. 14 (1990),1, S. 29 – 44.
BZ 4800:1990

Mohan, C. Raja: India's strategic environment in the 1990s. In: Strategic analysis. 14 (1990),1, S. 15 – 28.
BZ 4800:1990

Nuri, Maqsudul Hasan: Indian navy in the 1980s. In: Regional studies. 7 (1989),3, S. 3 – 43.
BZ 4890:1989

Singh, Jasjit: National security management: the case for reforms in India. In: Strategic analysis. 13 (1990),11, S. 1113 – 1134.
BZ 4800:1990

Subrahmanyam, K.: Naval security doctrine for India. In: Strategic analysis. 13 (1990),11, S. 1135 – 1146.
BZ 4800:1990

Sudarshan, Chitra: Continuity and change: the story of integration in the Indian army. In: Strategic analysis. 12 (1989),12, S. 1379 – 1396.
BZ 4800:1989

Trench, Charles Chenevix: The Indian Army and the king's enemies 1900-1947. London: Thames and Hudson 1988. 312 S.
B 69209

L 225 g Wirtschaft

Malik, Yogendra K.: Political finance in India. In: Political quarterly. 60 (1989),1, S. 75 – 94.
BZ 4611:1989

L 225 h Gesellschaft

Calman, Leslie J.: Women and movement politics in India. In: Defence force journal. 29 (1989),10, S. 940 – 958.
BZ 4438:1989

L 225 k Geschichte

Brass, Paul R.: The politics of India since Independence. Cambridge: Cambridge Univ. Pr. 1990. XV, 357 S.
B 72343   0-521-26613-0

Kanitkar, V. P.: The partition of India. Hove: Wayland 1987. 78 S.
B 66656

Rothermund, Dietmar: Indien 1990: Bestandsaufnahme und Zukunftsperspektive. In: Asien. (1990),35, S. 5 – 12.
BZ 4760:1990

Singh, Anita Inder: The origins of the partition of India; 1936-1947. Oxford: Oxford Univ. Pr. 1987. XIV, 271 S..
B 67625   0-19-561955-2

Trench, Charles C.: Viceroy's agent. London: Cape 1987. XII, 371 S.
B 66058   0-224-02478-7

Tully, Mark; Masani, Zareer: From Raj to Rajiv. 40 years of Indian independence. London: BBC Books 1988. 174 S.
B 69210

Voigt, Johannes H.: India in the Second World War. Liverpool: Lucas 1988. 403 S.
B 68156

L 225 l Einzelne Länder/ Gebiete/ Orte

Duyker, Edward: Tribal Guerillas. The Santals of West Bengal and the Naxalite movement. Oxford: Oxford Univ. Pr. 1987. XVII, 201 S.
B 67724

Murthy, C. S. R.: Britain and the Kashmir question, 1947-1953: assessing British policy in the United States. In: International studies. 26 (1989),2, S. 141 – 163.
BZ 4909:1989

Raina, Niranjan Nath: Kashmir Politics and imperialist manoeuvres 1846-1980. New Delhi: Patriot Publ. 1988. 276 S.
B 69527

Shirodkar, P.P.: Goa's struggle for freedom. Delhi: Ajanta Publ. 1988. XVIII, 329 S.
B 69526

L 227 Indochina

Giesenfeld, Günter: Land der Reisfelder. Vietnam, Laos, Kampuchea – Geschichte und Gegenwart. Köln: Pahl-Rugenstein 1988. 303 S.
B 66607

Tnnesson, Stein: Proposals for a lasting peace in Indochina. In: Bulletin of peace proposals. 20 (1989),3, S. 265 – 280.
BZ 4873:1989

L 231 Irak

Axelgard, Frederick W.: A new Iraq? The Gulf war and implications for U.S. policy. New York: Praeger 1988. XVII, 122 S.
B 67749

Khalil, Samir al: Republic of fear. The politics of modern Iraq. Berkeley, Calif.: Univ. of California 1989. XVII, 310 S.
B 69664

Mofid, Kamran: Economic reconstruction of Iraq: financing the peace. In: Third world quarterly. 12 (1990),1, S. 48 – 61.
BZ 4843:1990

Vohra, Ruchita: Iraq joins the missile club: impact and implications. In: Strategic analysis. 14 (1990),1, S. 59 – 68.
BZ 4800:1990

L 233 Iran

Limbert, John W.: Iran: at war with history. Boulder, Colo.: Westview Pr. 1987. XVIII, 186 S.
B 66211   0-7099-4107-2

L 233 c Biographien

Agaev, S. L.: Rucholla Musavi Chomejni. In: Voprosy istorii. (1989),6, S. 79 – 100.
BZ 05317:1989

Azadi, Sousan: Flucht aus Iran. Eine Frau entrinnt den Klauen des Ayatollahs. Zürich: SV International 1989. 315 S.
B 70528

Shawcross, William: The Shah's Last Ride. The story of the exile, misadventures and death of the emperor. London: Chatto & Windus 1988. 463 S.
B 69208

L 233 d Land und Volk

Entessar, Nader: The Kurdish mosaic of discord. In: Third world quarterly. 11 (1989),4, S. 83 – 100.
BZ 4843:1989

Žigalina, Ol'ga Ivanovna: Nacional'noe Dviženie kurdev v Irane (1918-1947 gg).
Moskva: Nauka 1988. 166 S.
Bc 8028

L 233 e Staat und Politik

Ehteshami, Anoushiravan: Iran's revolution: fewer ploughshares, more swords. In: The Army quarterly and defence journal. 120 (1990),1, S. 41 – 52.
BZ 4770:1990

Iran after Khomeini. In: Orbis. 34 (1990),2, S. 241 – 251.
BZ 4440:1990

Milani, Mohsen M.: The making of Iran's islamic revolution: from monrachy to islamic republic. Boulder, Colo.: Westview Pr. 1988. XIV, 361 S.
B 67206

Musaddiq, Iranian nationalism and oil. Ed.: James A. Bill. London: Tauris 1988. X, 358 S.
B 66672   1-85043-072-1

Schahgaldian, Nikola B.: Iran after Khomeini. In: Current history. 89 (1990),544, S. 61 – 64; 82 – 84.
BZ 05166:1990

L 233 e 10 Innenpolitik

Arjomand, Said A.: The turban for the crown: the Islamic revolution in Iran. Oxford: Oxford Univ. Pr. 1988. XII, 283 S.
B 68639   0-19-504257-3

Post-revolutionary Iran. Ed.: Hooshang Amirahmadi. Boulder, Colo.: Westview Pr. 1988. VII, 262 S.
B 67753

Roehn, Peter; Negash, Girma: Iranian emigres and non-returnees: political exiles or economic migrants? In: Scandinavian journal of development alternatives. 8 (1989),2, S. 79 – 110.
BZ 4960:1989

L 233 e 20 Außenpolitik

Alibejli, Gasan Džangir-ogly: Iran i sopredel'nye strany Vostoka 1946-1978.
Moskva: Nauka Glavn. red. vostočn. lit. 1989. 255 S.
B 72413

Homayoun, Assad; Ostrich, Ralph: Post-Khomeini Iran. In: Global affairs. 4 (1989),4, S. 122 – 132.
BZ 05553:1989

Parsons, Anthony: Iran and Western Europe. In: The Middle East journal. 43 (1989),2, S. 218 – 229.
BZ 4463:1989

Ramazani, R.K.: Iran's foreign policy: contending orientations. In: The Middle East journal. 43 (1989),2, S. 202 – 217.
BZ 4463:1989

Weinrauch, James: Iran's response to U.N. resolution 598: the role of factionalism in the negotiation process. In: American Arab affairs. (1989-90),31, S. 15 – 28.
BZ 05520:1989-90

L 233 f Wehrwesen

Abrahamian, Ervand: Radical Islam: the Iranian Mojahedin. London: Tauris 1989. VIII, 307 S.
B 68329 1-85043-077-2

Zabih, Sepehr: The Iranian Military in revolution and war. London: Routledge 1988. 279 S.
B 67626

L 233 g Wirtschaft

Amirahmadi, Hooshang: Economic reconstruction of Iran: costing the war damage. In: Third world quarterly. 12 (1990),1, S. 26- 47.
BZ 4843:1990

L 233 k Geschichte

Cottam, Richard: Inside revolutionary Iran. In: The Middle East journal. 43 (1989),2, S. 168 – 185.
BZ 4463:1989

Fansa, Nazir: Téhéran: destin de l-Occident. Paris: Saurat 1987. 199 S.
B 67531 9-782906-3371 f

Fuller, Graham F.: War and revolution in Iran. In: Current history. 88 (1989),535, S. 81 – 84;99- 100.
BZ 05166:1989

Hunter, Shireen: Post-Khomeini Iran. In: Foreign affairs. 68 (1989),5, S. 132 – 149.
BZ 05149:1989

Simpson, John: Behind Iranian lines. London: Robson 1988. 367 S.
B 66067 0-86051-478-1

Simpson, John: Inside Iran: life under Khomeini's regime. New York: St. Martin's Press 1988. 368 S.
B 67710 0-312-01448-1

L 235 Israel/Palästina

L 235 c Biographien

Sichrovsky, Peter: Die Kinder Abrahams: Israels junge Generation. Köln: Kiepenheuer & Witsch 1990. 206 S.
Bc 9400 3-462-02029-3

– Begin

Sofer, Sasson: Begin. An anatomy of leadership. Oxford: Blackwell 1988. X, 305 S.
B 68348

– Ben-Gurion

Teveth, Shabtai: Ben-Gurion: the burning ground; 1886-1948. Boston, Mass.: Houghton Mifflin 1987. XIX, 967 S.
B 65820 0-395-35409-9

– Katznelson

Shapira, Anita: Berl Katznelson. Ein sozialist. Zionist. Frankfurt: Jüdischer Verl. 1988. 451 S.
B 67006

– **Soffer**

Soffer, Ovadia: Le diamant noir: comment on devient ambassadeur d'Israël. Paris: Laffont 1987. 283 S.
B 67600   2-221-05020-7

– **Tamir**

Tamir, Avraham: A soldier in search of peace: an inside look at Israel's strategy. London: Weidenfeld and Nicolson 1988. VIII, 259 S.
B 65866   0-297-79211-3

– **Vanunu**

Israel's bomb: the first victim; the case of Mordechai Vanunu. Nottingham: Spokesman 1988. 79 S.
Bc 8819   0-85124-500-5 f

L 235 d Land und Volk

Awwad, Emad: La question de l'immigration des Juifs soviétiques en Israël. In: Défense nationale. 46 (1990),11, S. 93 – 107.
BZ 4460:1990

Grossman, David: The yellow Wind. New York: Farrar, Straus & Giroux 1988. 216 S.
B 67876

Haddad, Simon: Les Planteurs d'oliviers. Histoire des Paléstiniens arabes, citoyens d'Israel. Paris: Ed. du Témoignage Chrétien 1989. 188 S.
B 70094

Leuwen, M. van: Palesijns Labyrint. Achtergronden van de volksopstand. 's-Gravenhage: Nederlands Instituut voor Internationale Betrekkingen „Clingendael" 1989. 126 S.
Bc 9335

Servan-Schreiber, Jean-Jacques: Die Herausforderung der Juden. Wien: Zsolnay 1988. 223 S.
B 67130

L 235 e Staat und Politik

Perlmutter, Amos: Israel's dilemma. In: Foreign affairs. 68 (1989),5, S. 119 – 132.
BZ 05149:1989

L 235 e 10 Innenpolitik

Freedman, Robert O.: Religion, politics, and the Israeli elections of 1988. In: The Middle East journal. 43 (1989),3, S. 406 – 422.
BZ 4463:1989

Landau, Jacob M.: Aspects linguistiques des relations entre majorité et minorité en Israel. In: Guerres mondiales et conflits contemporains. (1988),151, S. 35 – 42.
BZ 4455:1988

Peretz, Don; Smooha, Sammy: Israel's twelfth Knesset Election: an all-loser game. In: The Middle East journal. 43 (1989),3, S. 388 – 405.
BZ 4463:1989

Segre, Dan: Israël: la crise politique et morale. In: Politique étrangère. 55 (1990),2, S. 275 – 282.
BZ 4449:1990

Sprinzak, Ehud: The emergence of the Israeli radical right. In: Comparative politics. 21 (1989),2, S. 171 – 192.
BZ 4606:1989

L 235 e 20 Außenpolitik

Arian, Asher; Talmud, Ilan; Hermann, Tamar: National security and public opinion in Israel. Boulder, Colo.: Westview Pr. 1988. 133 S.
Bc 9129

Arian, Asher: A people apart. Coping with national security problems in Israel. In: The journal of conflict resolution. 33 (1989),4, S. 605 – 631.
BZ 4394:1989

Ben-Ari, Jitzhak: Israel und die Bundesrepublik. Eine Bilanz besonderer Beziehungen. In: Aus Politik und Zeitgeschichte. (1990),B 15/90, S. 3 – 7.
BZ 05159:1990

Israeli national security policy. Political actors and perspectives. Ed.: Bernard Reich. Westport, Conn.: Greenwood Pr. 1988. VI, 240 S.
B 68662

Joseph, Benjamin Manashe: Besieged Bedfellows. Israel and the land of apartheid. Westport, Conn.: Greenwood Pr. 1988. IX, 174 S.
B 66816

Klieman, Aharon: Statecraft in the dark. Israel's practice of quiet diplomacy. Boulder, Colo.: Boulder 1988. 155 S.
Bc 9141

Neustadt, Ammon: Israelische Reaktionen auf die Entwicklung in Deutschland. In: Europa-Archiv. 45 (1990),11, S. 351 – 358.
BZ 4452:1990

Segev, Samuel: The Irania Triangle. The untold story of Israel's role in the Iran-Contra Affair. New York, NY: Free Pr. 1988. X, 340 S.
B 69929

Shlaim, Avi: Collusion across the Jordan: King Abdullah, the Zionist movement, and the partition of Palestine. Oxford: Clarendon Pr. 1988. X, 676 S.
B 66687   0-19-827831-4

Souresrafil, Behrouz: Khomeini and Israel. London: C.C. Press 1989. 138 S.
Bc 9418

Toraldo-Serra, Nicola Maria: Diplomazia dell'imperialismo e questione orientale. La spartizione dell'impero ottomano e la nascita del problema palestinense 1914-22. Roma: Bulzoni 1988. 361 S.
B 70104

L 235 f Wehrwesen

Beit-Hallahmi, Benjamin: Schmutzige Allianzen. Die geheimen Geschäfte Israels. München: Kindler 1988. 321 S.
B 65319

Borovik, Yehuda: Israeli Air Force. 1948 to the present. London: Arms and Armour Pr. 1984. 69 S.
Bc 02601

Crist, Rodney: L'Armée de l'Air israelienne: la superiorité aerienne au Proche-Orient de 1967 à 1973. Montellier: Univ. Paul Valéry 1982. 181 S.
09675

Shimshoni, Jonathan: Israel and conventional deterrence: border warfare from 1953 to 1970. Ithaca, NY: Cornell Univ. 1988. XII, 247 S.
B 67982   0-8014-2120-9

L 235 g Wirtschaft

Mittelberg, David: Strangers in paradise. The Israeli Kibbutz experience. New Brunswick: Transaction Books 1988. XX, 223 S.
B 67168

Sharkansky, Ira: The political economy of Israel. New Brunswick: Transaction Books 1987. XI, 157 S.
B 66544   0-88738-117-0

L 235 h Gesellschaft

Strum, Philippa: Women and the politics of religion in Israel. In: Human rights quarterly. 11 (1989),4, S. 483 – 503.
BZ 4753:1989

L 235 k Geschichte

Coen, Fausto: Israele: quarant'anni di storia. Genova: Marietti 1987. XII, 213 S.
B 65527

Cohen, Naomi Wiener: The year after the riot. American responses to the Palestine crisis of 1929/30. Detroit, Mich.: Wayne State Univ. Pr. 1988. 210 S.
B 66853

Derogy, Jacques: Histoire de l'Exodus: la loi du retour. Paris: Fayard 1987. 426 S.
B 66034   2-213-02000-0

Dobrosky, Nanette: Palestine. United Nations activities, 1945-1949. Ed.: Paul L. Kesaris. Univ. Publ. of America 1987. XII, 87 S.
Bc 9044

Flapan, Simcha: Die Geburt Israels. Mythos und Wirklichkeit. München: Knesebeck & Schuler 1988. 399 S.
B 76179

Haddawi, Sami: Palestinian rights and losses in 1948: a comprehensive study. London: Saqi Books 1988. XVIII, 330 S.
B 66671   0-86356-157-8

Kvam, Ragnar: Helvetestransporten. Oslo: Cappelen 1986. 195 S.
B 66339   82-02-10650-8

O'Brien, Connor Cruise: Belagerungszustand. Die Geschichte d. Staates Israel und des Zionismus. Wien: Hannibal 1988. 436 S.
B 67528

Schwarberg, Günther: Die letzte Fahrt der Exodus: das Schiff, das nicht ankommen sollte. Göttingen: Steidl 1988. 168 S.
B 67310   3-88243-097-4

Zweig, Ronald W.: Britain and Palestine during the Second World War. Woodbridge: Boydell Pr. 1986. IX, 198 S.
B 66890   0-86193-200-5

40 Jahre Israel. Bilanz einer Utopie. Hrsg.: Rainer Albertz. Bochum: Brockmeyer 1989. 188 S.
Bc 9460

L 235 | Einzelne Länder/Gebiete/Orte

L 235 | 10 Besetzte arabische Gebiete

Chomsky, Noam: Scenes from the Palestine Uprising in West Bank and Gaza. In: Scandinavian journal of development alternatives. 8 (1989),1, S. 5 – 40.
BZ 4960:1989

Darweish, Marwan: The intifada: social change. In: Race and class. 31 (1989),2, S. 47 – 62.
BZ 4811:1989

Efrat, Elisha: Geography and politics in Israel since 1967. London: Cass 1988. XIII, 225 S.
B 67764   0-7146-3303-8

Eytan, Walter: Israele e i Palestinesi. Che cosa accadra ora? In: Affari esteri. 22 (1989),82, S. 244 – 266.
BZ 4373:1989

Gottlieb, Gidon: Israel and the Palestinians. In: Foreign affairs. 68 (1989),4, S. 109 – 126.
BZ 05149:1989

Heimrich, Birgit; Huntley, Audrey; Rohrssen, Katja: „Es gibt kein zurück mehr". Erzählungen aus dem Alltag des palästinensischen Volksaufstandes. Giesen: Focus 1989. 141 S.
Bc 9115

Hiltermann, Joost R.: Israel's strategy to break the uprising. In: Journal of Palestine studies. 19 (1990),74, S. 87 – 98.
BZ 4602:1990

The Israeli settlements in the occupied Arab territories. o.O.: The Laegue of Arab States 1985. 436 S.
B 66217

Peretz, Don: Intifada: the Palestinian uprising. Boulder, Colo.: Westview Pr. 1990. IX, 246 S.
B 72821   0-8133-0859-3

Sahliyeh, Emile F.: In search of leadership: West Bank politics since 1967. Washington, DC: Brookings Inst. 1988. XII, 201 S.
B 67792   0-8157-7698-5

Savioli, Arminio: I Giorni delle pietre. Viaggio nei territori occupati da Israele. Chieti: Faggio 1988. 142 S.
Bc 9052

Timm, Angelika; Timm, Klaus: Westbank und Gaza. Fakten, Zusammenhänge und Hintergründe israelischer Okkupationspolitik. Berlin: Dietz 1988. 80 S.
Bc 8674

L 237 Japan

Japón hoy. México: Siglo XXI 1987. 149 S.
Bc 8882   968-23-1435-6

L 237 c Biographien

Crome, Peter: Der Tenno: Japan hinter d. Chrysanthemenvorhang. Köln: Kiepenheuer & Witsch 1988. 375 S.
B 67178   3-462-01931-7

Japan and the world: essays on Japanese history and politics in honour of Ishida Takeshi. Ed.: Gail Lee Bernstein. Basingstoke: Macmillan 1988. XXII, 294 S.
B 66904   0-333-41565-5

L 237 e Staat und Politik

Nester, William Raymond: Japan's governing triad: models of development and policy-making. In: Asian perspective. 14 (1990),1, S. 145 – 169.
BZ 4889:1990

Sueo Sudo: Japan's role in the context of the ermeging Asia-Pacific world. In: Southeast Asian affairs. (1989), S. 51 – 65.
BZ 05354:1989

Woronoff, Jon: Politics: the Japanese way. New York: St. Martin's Press 1988. 448 S.
B 67093   0-312-01332-9

L 237 e 10 Innenpolitik

Baerwald, Hans H.: Japan's house of Councillors election. In: Defence force journal. 29 (1989),9, S. 833 – 841.
BZ 4438:1989

Curtis, Gerald L.: The Japanese way of politics. New York: Columbia Univ. Pr. 1988. XVI, 301 S.
B 66845

Kohno, Masaru; Nishizawa, Yoshitaka: A study of the electoral business cycle in Japan. Elections and Government spending on public construction. In: Comparative politics. 22 (1989),2, S. 151 – 166.
BZ 4606:1989

Samuels, Richard J.: Japan in 1989. In: Asian survey. 30 (1990),1, S. 42 – 51.
BZ 4437:1990

L 237 e 20 Außenpolitik

Aliev, Rafik Šali-Akzamovič: Japonija: tradicii i vnešnjaja politika. In: Problemy dal'nego vostoka. (1990),1, S. 82 – 91.
BZ 05458:1990

Arnold, Walter: Political and economic influences in Japan's relations with China since 1978.
In: Millenium. 18 (1989),3, S. 415 – 434.
BZ 4779:1989

Drifte, Reinhard: Japan's foreign policy. London: Routledge 1990. 112 S.
Bc 9410   0-415-03234-2

Emmerson, John K.; Holland, Harrison M.: The eagle and the rising sun. America and Japan in the twentieth century. Reading, Mass.: Addison-Wesley 1988. VII, 199 S.
B 67881

Fujii, Hiroaki: Japan's foreign policy in an interdependent world. In: Japan review of international affairs. 3 (1989),2, S. 119 – 144.
BZ 4926:1989

Góralski, Władysław: Stosunki Japonii z krajami Europy Środkowo-Wschodniej. In: Sprawy międzynarodowe. 43 (1990),9, S. 99 – 112.
BZ 4497:1990

Ikeda, Tadashi: Japan's international contribution. In: Japan review of international affairs. 3 (1989),1, S. 3 – 26.
BZ 4926:1989

Kakizawa, Koji: Towards new relations between Japan and the UdSSR. In: International affairs <Moscow>. (1990),3, S. 74 – 79.
BZ 05208:1990

Kesavan, K. V.: Japan and the Tiananmen Square incident. Aspects of the bilateral relationship. In: Asian survey. 30 (1990),7, S. 669 – 681.
BZ 4437:1990

May, Bernhard: Die neue Entwicklungspolitik Japans. In: Asien. (1989),30, S. 40 – 59.
BZ 4760:1989

Mendl, Wolf: Stuck in a mould: The relationship between Japan and the Soviet Union. In: Millenium. 18 (1989),3, S. 455 – 478.
BZ 4779:1989

Mochizuki, Mike M.: Japan after the Cold War. In: SAIS review. 10 (1990),2, S. 121 – 137.
BZ 05503:1990

Nakanishi, Terumasa: Japan's security policy: Challenges and opportunities for the 1990s. In: Japan review of international affairs. 3 (1989),1, S. 43 – 56.
BZ 4926:1989

Nester, William: The Third World in Japanese foreign policy. In: Millenium. 18 (1989),3, S. 377 – 398.
BZ 4779:1989

Opitz, F.: Japans panasiatisches Programm – von Kita Ikkis „Neuorganisationsplan" zu Konoes „Wohlstandssphäre". Berlin: Schiller 1985. 18 S.
Bc 8687

Rosecrance, Richard; Taw, Jennifer: Japan and the theory of international leadership. In: World politics. 42 (1990),2, S. 184 – 209.
BZ 4464:1990

Sato, Seizaburo: The U.S.-Japan alliance under changing international relations. In: The Washington quarterly. 13 (1990),3, S. 69 – 95.
BZ 05351:1990

L 237 f Wehrwesen

Donko, Wilhelm M.: Die Luftstreitkräfte der japanischen Marine. In: Marine-Forum. 64 (1989),9, S. 317 – 319.
BZ 05170:1989

Holland, Harrison M.: Managing defense: Japan's dilemma. Lanham: Univ. Pr. of America 1988. XX, 134 S.
B 67862   0-8191-6766-5

Matsukane, Hisatomo: Japan and security of the sea lanes. In: Global affairs. 4 (1989),2, S. 49 – 64.
BZ 05553:1989

Role, Maurice: La stratégie navale japonaise dans l'Océan Indien au printemps 1942. In: Guerres mondiales et conflits contemporains. 40 (1990),159, S. 53 – 71.
BZ 4455:1990

1/2 + Un demi plus. Paris: Fondation pour les Études de Défense Nationale 1983. 367 S.
B 67556

L 237 g Wirtschaft

Inada, Juichi: Japan's aid diplomacy: Economic, political or strategic? In: Millenium. 18 (1989),3, S. 399 – 414.
BZ 4779:1989

L 237 h Gesellschaft

Japan in the global community. Its role and contribution on the eve of the 21st century. Ed.: Yasusuke Murakami. Tokyo: Univ. of Tokyo Pr. i. Komm. 1986. XVII, 129 S.
B 65806

Watanabe, Ben: The Japanese labor movement: toward total dissolution? In: Ampo. 20 & 21 (1989),4 & 1, S. 60 – 71.
BZ 05355:1989

L 237 i Geistesleben

Kasza, Gregory James: The state and the mass media in Japan, 1918-1945. Berkeley, Calif.: Univ. of California 1988. XVI, 335 S.
B 67890

L 237 k Geschichte

Japan ohne Mythos. 10 krit. Essays a. japanischer Feder 1946-1963. Hrsg.: Karl Friedrich Zahl. München: Judicum Verl. 1988. 333 S.
B 67482

Wetzler, Peter: Kaiser Hirohito und der Krieg im Pazifik. In: Vierteljahrshefte für Zeitgeschichte. 37 (1989),4, S. 611 – 644.
BZ 4456:1989

L 239 Jemen

Burrowes, Robert D.: Oil strike and leadership struggle in South Yemen: 1986 and beyond. In: The Middle East journal. 43 (1989),3, S. 437 – 454.
BZ 4463:1989

L 241 Jordanien

Lunt, James: Hussein of Jordan. A political biography. London: Macmillan 1989. XXXV, 278 S.
B 69203

Satloff, Robert Barry: Troubles on the East Bank. Challenges to the domestic stability of Jordan. New York: Praeger 1986. XIII, 138 S.
B 66457

Satloff, Robert: Jordan looks inward. In: Current history. 89 (1990),544, S. 57 – 60; 84 – 86.
BZ 05166:1990

L 243 Kambodscha

Bartu, Friedemann: Kampuchea. The search for a political solution gathers momentum. In: Southeast Asian affairs. (1989), S. 171 – 184.
BZ 05354:1989

Bektimirova, Nadežda Nikolaevna: Krizis i padenie monarchičeskogo režima v Kampučii 1953-1970. Moskva: Nauka 1987. 237 S.
Bc 6852

Bùi, Xuân Quang: Incontournable défi khmer rouge. In: Cosmopolitiques. (1989),12, S. 78 – 88.
BZ 05193:1989

Hervouet, Gérard: Les obstacles incontournables du processus de la paix au Cambodge. In: International journal. 44 (1989),3, S. 616 – 639.
BZ 4458:1989

Lamant, Pierre L.: Les partis politiques et les mouvements de résistance khmers vus par les services de renseignements français (1945-1952). In: Guerres mondiales et conflits contemporains. (1987),148, S. 79 – 96.
BZ 4455:1987

Leifer, Michael: Cambodian conflict – the final phase? London: Inst. for the study of conflict 1989. 29 S.
Bc 8620

Schier, Peter: Cambodge 1979-1989: rechercher la vérité et la paix. In: Politique étrangère. 54 (1989),4, S. 669 – 678.
BZ 4449:1989

Weggel, Oskar: Der Staat Kambodscha vor einem Neubeginn? Betrachtungen zur Lage nach dem Abzug der vietnamesischen Truppen. In: Südostasien aktuell. 8 (1989),6, S. 517 – 552.
BZ 05498:1989

L 245 Korea

Choe, Dok Sin: The Nation and I. Pyongyang: Foreign Languages Publ. House 1987. 287 S.
B 66631

Pak, Chi-Young: The Korean straits. Dordrecht: Nijhoff 1988. XIV, 157 S.
B 67554   90-247-3724-9

Ree, Erik v.: Socialism in one zone: Stalin's policy in Korea 1945-1947. Oxford: Berg 1989. XV, 299 S.
B 70451   0-85496-274-3

L 245.1 Nordkorea

Izumi, Hajime: North Korea and the changes in Eastern Europe. In: Japan review of international affairs. 4 (1990),1, S. 91 – 106.
BZ 4926:1990

Kim, Jae Taik: North Korean terrorism: trends, characteristics, and deterrence. In: Terrorism. 11 (1988),4, S. 309 – 322.
BZ 4688:1988

Kong, Dan Oh: North Korea in 1989. Touched by winds of change? In: Asian survey. 30 (1990),1, S. 74 – 80.
BZ 4437:1990

Metzler, John J.: Korean diplomacy. In: Global affairs. 5 (1990),1, S. 130 – 143.
BZ 05553:1990

North Korea in a regional and global context. Ed.: Robert A. Scalapino. Berkeley, Calif.: Univ. of California 1986. XVIII, 405 S.
B 67067   0-912966-82-3

L 245.2 Südkorea

Bedeski, Robert E.: Sino-Korean relations: some implications for Taiwan. In: Asian perspective. 13 (1989),1, S. 99 – 116.
BZ 4889:1989

Billet, Bret L.: South Korea at the crossroads. An evolving democracy or authoritarianism revisited? In: Asian survey. 30 (1990),3, S. 300 – 311.
BZ 4437:1990

Göthel, Ingeborg: Geschichte Südkoreas. Berlin: Deutsche Verl. d. Wissenschaften 1988. 220 S.
B 66998   3-326-00313-7

Haggard, Stephan; Moon, Chung-In: Institutions and economy policy: Theory and a Korean case study. In: World politics. 41 (1989),4, S. 210 – 237.
BZ 4464:1989

Korea: the year 2000. Ed.: Han Sung-Joo. Lanham: Univ. Pr. of America 1987. 275 S.
B 66852

Kwak, Tae-Hwan: Military capabilities of South and North Korea: A comparative study. In: Asian perspective. 14 (1990),1, S. 113 – 143.
BZ 4889:1990

Kyongsoo, Lho: Seoul-Moscow relations. In: Asian survey. 29 (1989),12, S. 1153 – 1166.
BZ 4437:1989

Kyu, Ho Youm; Salwem, Michael B.: A free press in South Korea. Temporary phenomenon or permanent fixture? In: Asian survey. 30 (1990),3, S. 312 – 325.
BZ 4437:1990

Lee, Chong-Sik: Political change, revolution, and the dialogue in the two Koreas. In: Asian survey. 29 (1989),11, S. 1033 – 1042.
BZ 4437:1989

Lee, Ming: Seoul's searching for „Nordpolitik": evolution and perspective. In: Asian perspective. 13 (1989),2, S. 141 – 178.
BZ 4889:1989

Soohyun, Chon: South Korea-Soviet trade relations. In: Asian survey. 29 (1989),12, S. 1177 – 1187.
BZ 4437:1989

Südkorea. Politik und Geschichte im Land der Morgenstille. Hrsg.: Rainer Werning. Köln: Pahl-Rugenstein 1988. 278 S.
B 66610

Young, Whan Kihl: South Korea in 1989. Slow progress toward democracy. In: Asian survey. 30 (1990),1, S. 67 – 73.
BZ 4437:1990

L 246 Kuweit

Assiri, Abdul-Reda: Kuwait's political survival in the 1980s and beyond: Small-nation response to regional pressure. In: American Arab affairs. (1989),30, S. 27 – 35.
BZ 05520:1989

Crystal, Jill: Coalitions in oil monarchies: Kuwait and Qatar. In: Comparative politics. 21 (1989),4, S. 427 – 443.
BZ 4606:1989

Melkumjan, Elena S.: Kuvejt v 60-80-e gody: Social-no-političeskie processy i vnešnjaja politika. Moskva: Nauka Glavn. red. vostočn. lit. 1989. 173 S.
Bc 8837   5-02-016443-7

L 247 Laos

Gunn, Geoffrey C.: Laos in 1989. Quiet revolution in the marketplace. In: Asian survey. 30 (1990),1, S. 81 – 87.
BZ 4437:1990

Worner, William: Economic reform and structural change in Laos. In: Southeast Asian affairs. (1989), S. 187 – 208.
BZ 05354:1989

L 249 Libanon

Argumosa Pila, Jesus: Líbano: ¿Repartición o anexión? In: Ejército. (1990),602, S. 32 – 43.
BZ 05173:1990

Grimblat, Francis: La communauté chiite libanaise et le mouvement nationaliste palestinien 1967-1986. In: Guerres mondiales et conflits contemporains. (1988),151, S. 71 – 92.
BZ 4455:1988

Hagopian, Elaine: Maronite hegemony to Maronite militancy: the creation and disintegration of Lebanon. In: Third world quarterly. 11 (1989),4, S. 101 – 119.
BZ 4843:1989

Khalidi, Walid: Reconstruire l'État et la société au Liban. In: Revue d'études Palestiniennes. (1989),31, S. 31 – 44.
BZ 4817:1989

Picaudou, Nadine: Le Liban entre la France et la Syrie (1918-1920). In: L'Afrique et l'Asie modernes. (1990),165, S. 97 – 111.
BZ 4689:1990

Rieck, Andreas: Michel 'Aun. In: Orient. 30 (1989),1, S. 5 – 12.
BZ 4663:1989

Rieck, Andreas: Samir Geagea (Samîr Ja'ja'). In: Orient. 30 (1989),1, S. 13 – 20.
BZ 4663:1989

Schbley, Ayla Hammond: Resurgent religious terrorism: a study of some of the Lebanese Shi'a Contemporary terrorism. In: Terrorism. 12 (1989),4, S. 213 – 247.
BZ 4688:1989

L 251 Malaysia

Ahmad, Mohd. Ismail: The economic upturn in Malaysia. In: Southeast Asian affairs. (1989), S. 236 – 246.
BZ 05354:1989

Chee, Stephen: Malaysia in 1988. A fractured polity. In: Southeast Asian affairs. (1989), S. 211 – 235.
BZ 05354:1989

Government and politics of Malaysia. Ed.: Zakaria Haji Ahmad. Singapore: Oxford Univ. Pr. 1987. XI, 178 S.
B 67037   0-19-582656-6

L 251.30 Singapur

Gurevič, Emma Markovna; Čufrin, Gennadij Illarionovič: Vnešnaja Politika Singapura. Moskva: Nauk 1989. 167 S.
Bc 9635

Haas, Michael: Third world sub-fascism and corporate dominance: the case of Singapore. In: Asian perspective. 14 (1990),1, S. 31 – 42.
BZ 4889:1990

Lew Eng Fee: Singapore in 1988. Uncertainties of a maturing polity. In: Southeast Asian affairs. (1989), S. 279 – 298.
BZ 05354:1989

Pohl, Manfred: Das politische System Singapurs. In: Südostasien aktuell. 9 (1989),1, S. 85 – 102.
BZ 05498:1989

Toh Mun Heng: The post-recessionary Singapore economy. Performance and prospects. In: Southeast Asian affairs. (1989), S. 299 – 314.
BZ 05354:1989

L 255 Mongolei

Enchsajchan, Ž.: Mongolija na putjach perestrojki. In: Problemy dal'nego vostoka. (1990),1, S. 3 – 11.
BZ 05458:1990

Mongolische Volksrepublik. Staat, Demokratie, Leitung. Berlin: Staatsverl. der DDR 1988. 294 S.
B 67738

Sanders, Alan J. K.: Mongolia in 1989. Year of adjustment. In: Asian survey. 30 (1990),1, S. 59 – 66.
BZ 4437:1990

L 257 Nepal

Kumar, Dhruba: Managing Nepal's India policy? In: Asian survey. 30 (1990),7, S. 697 – 710.
BZ 4437:1990

Shaha, Rishikesh: The 1986 elections in Nepal: implications for the future. In: International studies. 26 (1989),1, S. 1 – 14.
BZ 4909:1989

L 259 Pakistan

Ahmed, Ishtiaq: The concept of an islamic state: an analysis of the ideological controversy in Pakistan. Stockholm: Dept. of Political Science, Univ. 1985. VII, 255 S.
B 66766   91-7146-458-1

Ahmed, Munir D.: Benazir Bhutto. In: Orient. 30 (1989),3, S. 331 – 336.
BZ 4663:1989

Aumüller, Jutta: Ethnischer Regionalismus und Islam. Das Problem der politischen Legitimität in Pakistan. Berlin: Verl. Das Arabische Buch 1988. 125 S.
Bc 8753

Bhutto, Benazir: Tochter der Macht. Autobiographie. München: Droemer Knaur 1989. 460 S.
B 68540

Bray, John: Pakistan in 1989: Benazir's balancing act. In: The round table. (1989),310, S. 192 – 200.
BZ 4796:1989

Burki, Shahid Javed: Pakistan under Bhutto: 1971-1977. Basingstoke: Macmillan 1988. XII, 285 S.
B 67622   0-333-45085-X

Jones, Rodney W.: Pakistan and the United States: partners after Afghanistan. In: The Washington quarterly. 12 (1989),3, S. 65 – 87.
BZ 05351:1989

Kaniyalil, John: Pakistan: 1988 elections. In: Strategic analysis. 12 (1989),11, S. 1299 – 1322.
BZ 4800:1989

Kukreja, Veena: Restoration of democracy in Pakistan: one year of Benazir's rule. In: Strategic analysis. 13 (1990),11, S. 1163 – 1174.
BZ 4800:1990

Mukerjee, Dilip: ZIA's military legacy. In: The round table. (1989),310, S. 179 – 191.
BZ 4796:1989

Newman, Karl J.: Pakistan unter Ayub Khan, Bhutto und Zia-ul-Haq. München: Weltforum Verlag 1986. 190 S.
B 67451   3-8039-0327-0

Pakistan. Destabilisierung durch Kontinuität? Eine Dokumentation des Südasienbüros. Wuppertal: Südasienbüro 1989. 91 S.
Bc 02619

Richter, William L.: Pakistan under Benazir Bhutto. In: Current history. 88 (1989),542, S. 433 – 436; 449 – 451.
BZ 05166:1989

Weiss, Anita M.: Benazir Bhutto and the future of women in Pakistan. In: Asian survey. 30 (1990),5, S. 433 – 445.
BZ 4437:1990

Yadav, Sanjay Singh: Pakistan's policy in Afghanistan. In: Strategic analysis. 12 (1989),6, S. 605 – 614.
BZ 4800:1989

L 265 Saudi-Arabien

Abir, Mordechai: Saudi Arabia in the oil era: regime and elites. London: Croom Helm 1988. XIX, 247 S.
B 66079   0-7099-5129-9

Bangash, Zafar: The Makkah Massacre and future of the Haramain. Markham, Ont.: The Open Pr. 1988. V, 108 S.
Bc 8869

Besson, Yves: L'Ikhwân d'Ibn Sa'ûd: Mouvement national? In: Guerres mondiales et conflits contemporains. (1989),153, S. 77 – 90.
BZ 4455:1989

Casillas, Rex J.: Oil and diplomacy: the evolution of American foreign policy in Saudi Arabia, 1933-1945. New York: Garland 1987. 229 S.
B 66706   0-8240-8078-5

Kessler, Ronald: Khashoggi. The story of the world's richest man. New York: Bantam Pr. 1986. 274 S.
B 66712

Oberst, Robert C.: Political decay in Sri Lanka. In: Current history. 88 (1989),542, S. 425 – 428; 448 – 449.
BZ 05166:1989

Twinam, Joseph Wright: Controversial arms sales to Saudi Arabia: an American tragedy in possibly four acts. In: American Arab affairs. (1989),29, S. 47 – 55.
BZ 05520:1989

L 267 Syrien

Bokova, Lenka: Les Druzes dans la Révolution syrienne, 1925-1927. In: Guerres mondiales et conflits contemporains. (1989),153, S. 91 -104.
BZ 4455:1989

Brand, Laurie: Palestinians in Syria: the politics of integration. In: The Middle East journal. 42 (1989),4, S. 621 – 637.
BZ 4463:1989

Hopwood, Derek: Syria 1945-1986. Politics and society. London: Unwin Hyman 1988. 193 S.
B 67676

Ma'oz, Moshe: Asad. The sphinx of Damascus. London: Weidenfeld and Nicolson 1988. XIV, 226 S.
B 69204

Pipes, Daniel: The Alawi capture of power in Syria. In: Middle Eastern studies. 25 (1989),4, S. 429 – 479.
BZ 4624:1989

Ramati, Yohanan: Moscow and Damascus. In: Global affairs. 4 (1989),2, S. 97 – 110.
BZ 05553:1989

Salkin, Yves: La minorité druze en Syrie de 1920 a 1955. In: Guerres mondiales et conflits contemporains. (1988),151, S. 93 – 102.
BZ 4455:1988

Seale, Patrick: Asad of Syria: the struggle for the Middle East. London: Tauris 1988. 552 S.
B 68601   1-85043-061-6

L 268 Taiwan

Cheng, Tun-Jen: Democratizing the quasi-Leninist regime in Taiwan. In: World politics. 41 (1989),4, S. 471 – 499.
BZ 4464:1989

Dreyer, June Teufel: Taiwan in 1989. Democratization and Economic growth. In: Asian survey. 30 (1990),1, S. 52 – 58.
BZ 4437:1990

Gibert, Stephen P.: Safeguarding Taiwan's security. In: Comparative strategy. 8 (1989),4, S. 425 – 446.
BZ 4686:1989

Jacobs, Bruce: Taiwanese and the Chinese Nationalists, 1937-1945. In: Modern China. 16 (1990),1, S. 84 – 118.
BZ 4697:1990

Ku, Yen-lin: The feminist movement in Taiwan, 1972-87. In: Bulletin of concerned Asian scholars. 21 (1989),1, S. 12 – 22.
BZ 05386:1989

Ling, Ts'ai; Myers, Ramon H.: Winds of democracy. The 1989 Taiwan elections. In: Asian survey. 30 (1990),4, S. 360 – 379.
BZ 4437:1990

Nieh, Yu-Hsi: Die polititsche Krise in Taiwan. In: China aktuell. 15 (1990),4, S. 287 – 292.
BZ 05327:1990

Reinhardt, Monika: Politische Opposition in Taiwan 1947-1988. Die demokratische Fortschrittspartei. Bochum: Brockmeyer 1989. 192 S.
Bc 9544

Schubert, Günter: Taiwan an der Schwelle zu den 90er Jahren – Perspektiven für eine stabile Demokratie? In: Asien. (1990),35, S. 26 – 39.
BZ 4760:1990

Shaw, Yu-ming: Über das Wunder hinaus. Betrachtungen zur Republik China, dem chinesischen Festland und den sino-amerikanischen Beziehungen. Taipei: Kwang Hwa 1989.
Bc 9372

Tun Hwa Ko: Taiwan as a strategic asset. In: Global affairs. 4 (1989),2, S. 65 – 83.
BZ 05553:1989

L 269 Thailand

Buszynski, Leszek: New aspirations and old constraints in Thailand's foreign policy. In: Asian survey. 29 (1989),11, S. 1057 – 1072.
BZ 4437:1989

Fistié, Pierre: La politique extérieure thaïlandaise en mutation. In: L'Afrique et l'Asie modernes. (1990),164, S. 53 – 94.
BZ 4689:1990

Phongspaichit, Pasuk: Thailand. Miss universe 1988. In: Southeast Asian affairs. (1989), S. 336 – 348.
BZ 05354:1989

Reynell, Josephine: Political pawns. Refugees on the Thai-Kampuchean border. Oxford: Refugee Studies Pr. 1989. XI, 201 S.
Bc 9048

Rüland, Jürgen: Politischer und sozialer Wandel in Thailand. 1973-1988. In: Aus Politik und Zeitgeschichte. (1989),B 44, S. 3 – 16.
BZ 05159:1989

Rüland, Jürgen: The 17th general election of Thailand. In: Asien. (1989),30, S. 1 – 37.
BZ 4760:1989

Santasombat, Yos: The end of premocracy in Thailand. In: Southeast Asian affairs. (1989), S. 317 – 335.
BZ 05354:1989

L 271 Tibet

Dreyer, June Teufel: Unrest in Tibet. In: Current history. 88 (1989),539, S. 281 – 284; S. 288 – 289.
BZ 05166:1989

Ludwig, Klemens: Anhaltende Spannungen in Tibet. Hintergründe, Ursachen, Perspektiven. In: Aus Politik und Zeitgeschichte. (1990),B 32/90, S. 13 – 22.
BZ 05159:1990

L 277 Vietnam

Bui, Diem; Chanoff, David: In the Jaws of history. Boston, Mass.: Houghton Mifflin 1987. X, 367 S.
B 66186

Cima, Ronald J.: Vietnam in 1989. Initiating the post-Cambodia period. In: Asian survey. 30 (1990),1, S. 88 – 95.
BZ 4437:1990

Duiker, Willaim: Vietnam. A revolution in transition. In: Southeast Asian affairs. (1989), S. 351 – 368.
BZ 05354:1989

Fitzgerald, Daniel Myles: The Vietnam people's Army: regularization of command 1975-1988. Canberra: Australian National Univ. 1989. 114 S.
Bc 8876

Post, Ken: Revolution, socialism and nationalism in Vietnam. Vol. 1-3. Aldershot: Dartmouth Publ. 1989. XVIII, 348; XVI, 400; XV, 381 S.
B 69587

SarDesai, Damodar R.: Vietnam: trials and tribulations of a nation. Long Beach, Calif.: Long Beach Publ. 1988. X, 213 S.
B 70323   0-941910-04-0

Weggel, Oskar: Vietnam igelt sich ein. Reaktionen der SVC auf das Tiananmenmassaker und auf den Umbruch in Osteuropa. In: Südostasien aktuell. 9 (1989),1, S. 85 – 102.
BZ 05498:1989

Weggel, Oskar: Vom Altwerden und Absterben der Revolution. Betrachtungen zum Fall Vietnam. In: Südostasien aktuell. 8 (1989),4, S. 374 – 380.
BZ 05498:1989

Wiegersma, Nancy A.: Vietnam: peasant land, peasant revolution: patriarchy and collectivity in the rural economy. Basingstoke: Macmillan 1988. XIX, 281 S.
B 67035   0-333-45730-7

Wildgruber, Thomas: Der Traditionsbezug in der vietnamesischen Revolution. Hamburg: Inst. f. Asienkunde 1979. 128 S.
Bc 9030

Will, Gerhard: Sieg ohne Frieden. Vietnams Entwicklung seit 1975. In: Aus Politik und Zeitgeschichte. (1989),B 44, S. 17 – 24.
BZ 05159:1989

Wolf, Daniel; Lowman, Shep: Toward a new consensus on the Vietnamese boat people. In: SAIS review. 10 (1990),2, S. 101 – 119.
BZ 05503:1990

Zum Beispiel Vietnam. Red.: Uwe Hoering. Göttingen: Lamuv 1989. 96 S.
Bc 9017

L 279 Zypern

Brey, Hansjörg: Das „kleine Wirtschaftswunder" im Südteil der Republik Zypern nach 1974: Elemente eines ungewöhnlichen Entwicklungsweges. In: Südosteuropa-Mitteilungen. 30 (1990),2, S. 116 – 124.
BZ 4725:1990

Choisi, Jeanette: Zypern: jüngste Geschichte e. Insel im Spannungsfeld regionaler Gegensätze u. internat. Interessen. Berlin: Karoi-Verl. Bornemann 1987. 191 S.
B 65318   3-925863-05-2

MacHenry, James A.: The uneasy partnership on Cyprus: 1919-1939: The political and diplomatic interaction between Great Britian, Turkey, and the Turkish Cypriot community. New York: Garland 1987. XI, 319 S.
B 66569   0-8240-8069-6

L 300 Afrika

L 300 e Staat und Politik

Decolonization and African Independence. The transfers of power, 1960-1980. Ed.: Prosser Gifford. New Haven: Yale Univ. Pr. 1988. XXIX, 651 S.
B 68788

Hadjor, Kofi B.: On transforming Africa: discourse with Africa's leaders. Trenton, NJ: Africa World Press 1987. 162 S.
B 67069   0-86543-044-6

Kirchherr, Eugene C.: Place names of Africa: 1935-1986; a political gazetteer. Metuchen, NJ: Scarecrow Pr. 1987. VIII, 136 S.
B 66230   0-8108-2061-7

Legum, Colin: The coming of Africa's second independence. In: The Washington quarterly. 13 (1990),1, S. 129 – 140.
BZ 05351:1990

Nwanko, Nwafo R. L.; Nzelibe, Chinelo G.: Communication and conflict management in African development. In: Journal of black studies. 20 (1990),3, S. 253 – 266.
BZ 4607:1990

Nzongola-Ntalaja: Revolution and counter-revolution in Africa: essays in contemporary politics. London: Zed Books 1987. X, 130 S.
0-86232-750-4
B 66063

The precarious balance. State and society in Africa. Ed.: Donald Rothchile. Boulder, Colo.: Westview Pr. 1988. X, 357 S.
B 66588

L 300 e 20 Außenpolitik

Baker, Pauline H.: Africa in the new world order. In: SAIS review. 10 (1990),2, S. 139 – 152.
BZ 05503:1990

Lechini de Alvarez, Gladys: Así es Africa: su inserción en el mundo; sus relaciones con la Argentina. Buenos Aires: Ed. Fraterna 1986. 364 S.
B 68405   950-9097-64-0

Wallerstein, Immanuel: Africa and the modern world. Trenton, NJ: Africa World Pr. 1986. 209 S.
B 66209   0-86543-023-3

L 300 g Wirtschaft

Lancaster, Carol: Economic reform in Africa: Is it working? In: The Washington quarterly. 13 (1990),1, S. 115 – 128.
BZ 05351:1990

Nwanko, Nwafo R. L.; Shija, William M.F.: The communication environment of the food crisis in Africa. Some dependency issues in the political economy of development communications. In: Journal of black studies. 20 (1990),3, S. 267 – 286.
BZ 4607:1990

Riley, Stephen P.: African debt and western interests. London: Inst. for the study of conflict 1989. 26 S.
Bc 8719

L 300 k Geschichte

Africa and the First World War. Ed.: Melvin E. Page. New York: St. Martin's Press 1987. XI, 231 S.
B 65737   0-312-00411-7

Hargreaves, John D.: Decolonization in Africa. London: Longman 1988. XVI, 263 S.
B 67686

Istorija Tropičeskoj i Južnoj Afriki 1918-1988. Red.: A. B. Davidson. Moskva: Nauka Glavn. red. vostočn. lit. 1989. 410 S.
B 70174

Rezistenţa antifascistă si antiimperialista in Asia si Africa 1931-1945. Red.: Gehorghe Unc. Bucuresti: Ed. Militară 1986. 397 S.
B 61886

L 300 l Regionen/Gebiete

– Nordafrika

Anderson, Lisa: Liberalism in Northern Africa. In: Current history. 89 (1990),546, S. 145 – 148;174-175.
BZ 05166:1990

Deeb, Mary-Jane: Inter-Maghribi relations since 1969: a study of the modalities of unions and mergers. In: The Middle East journal. 43 (1989),1, S. 20 – 33.
BZ 4463:1989

Markakis, John: National and class conflict in the Horn of Africa. Cambridge: Cambridge Univ. Pr. 1987. XVII, 314 S.
B 67768   0-521-33362-8

Moràn, Fernando: El Magreb desde la nueva situación europea. In: Política exterior. 4 (1990),15, S. 6 – 18.
BZ 4911:1990

Sauldie, Madan M.: Super Powers in the Horn of Africa. New York, NY: APT Books 1987. 252 S.
B 68033

– Südliches Afrika

Coker, Christopher: South Africa's security dilemmas. New York: Praeger 1987. XIII, 112 S.
B 66637   0-275-92771-7

Gupta, Vijay: Pressures against regional cooperation: a study of the SADCC. In: International studies. 26 (1989),4, S. 299 – 322.
BZ 4909:1989

Kühne, Winrich: Südafrika nach der Unabhängigkeit Namibias: Durchbruch zu Verhandlungen? In: Aus Politik und Zeitgeschichte. (1990),B 8/89, S. 33 – 46.
BZ 05159:1990

Malinowski, Marek J.: Niepodległość Namibii. In: Sprawy międzynarodowe. 43 (1990),10, S. 51 – 68.
BZ 4497:1990

Southern Africa: prospects for peace and security. The second international conference on peace and security. Dordrecht: Nijhoff 1987. XXXI, 186 S.
B 66313

– Westafrika

Agyeman-Duah Baffour: Military coups, regime change, and interstate conflicts in West Africa. In: Armed forces and society. 16 (1990),4, S. 547 – 570.
BZ 4418:1990

Emudong, C. P.: The effects of war-time controls in the Gold-Coast, 1939-45: a case of the vulnerability of African social classes in a dependent colonial economy. In: Scandinavian journal of development alternatives. 8 (1989),4, S. 195 – 208.
BZ 4960:1989

Jordan, Donald: Changing American assessments of the Soviet threat in Sub-Saharan Africa 1975-1985. Lanham: Univ. Pr. of America 1987. V, 100 S.
B 66579   0-8191-6664-2

Raufer, Xavier: L'Afrique noire et l'Islam révolutionnaire. Développement visible, courants souterrains. In: L'Afrique et l'Asie modernes. (1989-90),163, S. 93 – 105.
BZ 4689:1989-90

Markakis, John: Nationalities and the state in Ethiopia. In: Third world quarterly. 11 (1989),4, S. 118 – 130.
BZ 4843:1989

L 310 Einzelne Staaten Afrikas

L 311 Abessinien/Äthiopien

Cliffe, Lionel: Forging a nation: the Eritrean experience. In: Third world quarterly. 11 (1989),4, S. 131 – 147.
BZ 4843:1989

Getu, Makonen: Socialism, participation, and agricultural development in post-revolutionary Ethiopia: a study of constraints. Stockholm: Almqvist & Wiksell 1987. 225 S.
B 65611   91-7146-477-8

Harbeson, John W.: The Ethiopian transformation: the quest for the post-imperial state. Boulder, Colo.: Westview Pr. 1988. XII, 239 S.
B 67536   0-8133-7418-9

Henze, Paul: Ethnic strains and regional conflict in Ethiopia. In: Conflict. 8 (1988),2/3, S. 111 – 140.
BZ 4687:1988

Jag'ja, Vatanjar Saidovič: Chajle Selassie I. In: Voprosy istorii. (1990),10, S. 62 – 77.
BZ 05317:1990

L 313 Ägypten

L 313 c Biographien

Sadat, Jehan: Ich bin eine Frau aus Ägypten. München: Scherz 1989. 380 S.
B 68046

L 313 e Staat und Politik

Botman, Selma: The rise of Egyptian communism: 1939-1970. Syracuse, NY: Syracuse Univ. Pr. XXII, 188 S.
B 68635   0-8156-2443-3

Dembski, Wojciech: Wpływ ideologii socjalistycznych na programy egipskich partii politycznych. Wrocław Zakład narodowy im. Ossolinskich 1987. 120 S.
Bc 7894

Entessar, Nader: Egypt and the Persian Gulf. In: Conflict. 9 (1989),2, S. 111 – 126.
BZ 4687:1989

Glänzl, Ralf: Ägypten und die Stabilität des Mittleren Ostens. Herford: Mittler 1988. XIII, 370 S.
B 68327

Makram-Ebeid, Mona: Political opposition in Egypt: democracy myth or reality? In: The Middle East journal. 43 (1989),3, S. 423 – 436.
BZ 4463:1989

Najjar, Fauzi: Elections and democracy in Egypt. In: American Arab affairs. (1989),29, S. 97 – 113.
BZ 05520:1989

Rondot, P.: L'Égypte face à la crise du Koweït. In: Défense nationale. 46 (1990),Oct., S. 99 – 116.
BZ 4460:1990

Saul, Samir: Y a-t-il une question des minorités en Égypte? Analyses égyptiennes et contexte historique. In: Guerres mondiales et conflits contemporains. (1988),151, S. 9 – 34.
BZ 4455:1988

L 313 i Geistesleben

Abun-Nasr, Jamil M.: Islam und Modernität im politischen Leben Ägyptens und der Länder des Maghreb. In: Aus Politik und Zeitgeschichte. (1990),B 22/90, S. 20 – 29.
BZ 05159:1990

Farah, Nadia Ramsis: Religious strife in Egypt. Crisis and ideological conflict in the seventies. New York, NY: Gordon and Breach 1986. XIII, 135 S.
B 66286

L 313 k Geschichte

Bonin, Hubert: Suez: du canal à la finance; (1858-1987). Paris: Ed. Economica 1987. XXVI, 673 S.
B 65931   2-7178-1264-4

Goldobin, Aleksej Michajlovič: Nacional'noosvoboditel'naja Bor'ba naroda Egipta. 1918-1936 gg. Moskva: Nauka Glavn. red. vostočn. lit. 1989. 327 S.
B 72410

L 315 Algerien

Ageron, Charles-Robert: Vers un syndicalisme national en Algérie (1946-1956). In: Revue d' histoire moderne et contemporaine. (1989),36, S. 450 – 463.
BZ 4586:1989

Faath, Sigrid: Die Berberbewegung Algeriens im Spannungsfeld zwischen gesellschaftlicher Realität und monolithischer Staatsideologie.
In: Orient. 30 (1989),3, S. 379 – 412.
BZ 4663:1989

Lassasi, Assasi: Non-Alignment and Algerian foreign Policy. Aldershot: Avebury 1988. XV, 234 S.
B 67613

Wassini, Khiary S.T.: Algérie: le désastre des généraux. Chemins verts 1987. 158 S.
Bc 9084

L 317 Angola

Angola, Mozambique, and the West. Ed.: Helen Kitchen. New York: Praeger 1987. XII, 154 S.
B 66306

Becker, Joachim: Angola, Mosambik und Zimbabwe: im Visier Südafrikas. Köln: Pahl-Rugenstein 1988. 329 S.
B 67301   3-7609-1244-3

Loiseau, Yves; Roux, Pierre Guillaume: Portrait d'un révolutionnaire en général: Jonas Savimbi. Paris: La Table Ronde 1987. 276 S.
B 65911

Martin, Phyllis M.: Peace in Angola? In: Current history. 88 (1989),538, S. 229 – 232;246.
BZ 05166:1989

L 329 Ghana

Amamoo, Joseph G.: The Ghanaian revolution. London: Jafint 1988. 234 S.
B 69400

Baynham, Simon: The military and politics in Nkrumah's Ghana. Boulder, Colo.: Westview Pr. 1988. XVI, 294 S.
B 66834

Hadjor, Kofi Buenor: Nkrumah and Ghana: the dilemma of postcolonial power. London: Kegan Paul 1988. IX, 114 S.
B 69339

Rooney, David: Kwame Nkrumah: the political kingdom in the Third World. London: Tauris 1988. VII, 292 S.
B 67162   1-85043-073-X

L 331 Guinea

Liniger-Goumaz, Max: Small is not always beautiful. London: Hurst 1988. 198 S.
B 68597

L 337 Kenia

Kanogo, Tabitha M.: Squatters and the Roots of Mau Mau 1905-63. London: Currey 1987. XVIII, 206 S.
B 66836

L 340 Kongo/ Volksrepublik Kongo

Nicolai, Marie: Ici Radio Katanga ... 1960-1961. Bruxelles: Collet 1987. 214 S.
B 69612

L 341 Liberia

Dunn, D. Ellwood; Tarr, S. Byron: Liberia: a national polity in transition. Metuchen, NJ: Scarecrow Pr. 1988. XII, 259 S.
B 66695

L 343 Libyen

Davis, John: Libyan politics: tribe and revolution; an account of the Zuwaya and their government. London: Tauris 1987. XII, 297 S.
B 66075   1-85043-043-8

Deeb, Mary-Jane: New thinking in Libya. In: Current history. 89 (1990),546, S. 149 – 152;177-178.
BZ 05166:1990

Gheijam, Ali M.: Mass communications in the Libyan Jamahiriya. In: Journal of black studies. 20 (1990),3, S. 324 – 334.
BZ 4607:1990

Kommentare zum grünen Buch. o.O.: Internationales Studien- u. Forschungszentrum des Grünen Buches 1988. 310 S.
B 67137

Mattes, Hanspeter: Qaddafis neue Ausgleichspolitik. In: Blätter des iz3w. (1989),161, S. 3 – 7.
BZ 05130:1989

Rondot, Pierre: Libye et Maghreb arabe. In: Défense nationale. 45 (1989),11, S. 117 – 142.
BZ 4460:1989

L 349 Marokko

Faath, Sigrid: Marokko. Die innen- u. außenpolitische Entwicklung seit d. Unabhängigkeit. Bd. 1. 2. Deutsches Orient Inst. 901 S.
010498

Fougerouse, Maurice: Le Maroc: vocations et réalités. Paris: Singer-Polignac 1987. X, 455 S.
B 65518   2-900927-20-X

Mar, Maria del: Maroc. Les droits de l'homme à l'encan. In: Cosmopolitiques. (1989),12, S. 95 – 102.
BZ 05193:1989

L 353 Mocambique

Derlugyan, Georgi: Mozambique: a tight knot of problems. In: International affairs <Moscow>. (1990),3, S. 103 – 112.
BZ 05208:1990

Zum Beispiel Mosambik. Göttingen: Lamuv-Verl. 1988. 128 S.
Bc 8730

L 354 Namibia

Allies in apartheid: Western capitalism in occupied Namibia. Ed.: Allan D. Cooper. Basingstoke: Macmillan 1988. XII, 203 S.
B 68368   0-333-45722-6

Aneja, Atul: Prospects of Namibia's independence: why South Africa will follow the Namibian accord. In: Strategic analysis. 12 (1989),6, S. 635 – 648.
BZ 4800:1989

Knight, Virginia Curtin: Namibia's transition to independence. In: Current history. 88 (1989),538, S. 225 – 228;239-241.
BZ 05166:1989

Mbuende, Kaire: Namibia, the broken shield: anatomy of imperialism and revolution. Malmö: Liber 1986. 213 S.
B 65577   91-40-05156-0

Schweigen, schreien. Frauen Namibias. Hrsg.: Caroline Allison. Erlangen: Verl. d. Ev.-Luth. Mission 1988. 110 S.
Bc 9007

L 357 Nigeria

Diamond, Larry: Class, ethnicity and democracy in Nigeria: the failure of the first republic. Basingstoke: Macmillan 1988. XIII, 376 S.
B 66887   0-333-39435-6

Feinstein, Alan: African revolutionary: the life and times of Nigeria's Aminu Kano. Boulder, Colo.: Rienner 1987. XVII, 387 S.
B 66542   1-55587-050-3

Joseph, Richard A.: Democracy and prebendal politics in Nigeria: the rise and fall of the Second Republic. Cambridge: Cambridge Univ. Pr. 1987. X, 237 S.
B 66087   0-521-34136-1

Kraus, Jon: Economic adjustment and regime creation in Nigeria. In: Current history. 88 (1989),538, S. 233 – 237;249-250.
BZ 05166:1989

Miles, William F.: The rally as ritual. Dramaturgical politics in Nigerian Hausaland. In: Comparative politics. 21 (1989),3, S. 323 – 338.
BZ 4606:1989

Mou, Daniel: Causes of student unrests in Nigeria: a theoretical exploration. In: Scandinavian journal of development alternatives. 8 (1989),4, S. 41 – 62.
BZ 4960:1989

Nolutshungu, Sam: Fragments of a democracy: reflections on class and politics in Nigeria. In: Third world quarterly. 12 (1990),1, S. 86 – 115.
BZ 4843:1990

Ogoh Alubo, S.: Crisis, repression and the prospects for democracy in Nigeria. In: Scandinavian journal of development alternatives. 8 (1989),4, S. 107 – 122.
BZ 4960:1989

Okafor, S. O.: Political unification and transition planning: Nigeria's experience 1947-1960. In: Scandinavian journal of development alternatives. 8 (1989),4, S. 147 – 158.
BZ 4960:1989

L 364 Rio de Oro/ Demokratische Arabische Republik Sahara

Mariñas Romero, Gerardo: El Sahara y la Legión. Madrid: Ed. San Martin 1988. 629 S.
B 71607   84-7140-261-0

L 367 Senegal

Wegemund, Regina: Die Rassenunruhen in Senegal und Mauretanien 1989. In: Afrika-Spectrum. 24 (1989),3, S. 255 – 274.
BZ 4614:1989

Zuccarelli François: La vie politique sénégalaise. Vol. 1. 2. Paris: CHEAM 1987/88. 157, 208 S.
B 71444

L 373 Sudan

Giovannini, Peter: Der Sudan zwischen Krieg und Frieden. Wien: Afro-Pub 1988. V, 136 S.
Bc 9095

Voll, John O.: Political crisis in Sudan. In: Current history. 89 (1990),546, S. 153 – 156;178-180.
BZ 05166:1990

L 375 Südafrikanische Republik

Cukierman, Maurice: Afrique du Sud. Cap sur la liberté. Paris: Messidor/Éd. sociales 1987. 279 S.
B 67568

Davies, Robert H.: The struggle for South Africa: a reference guide to movements, organizations and institutions. London: Zed Books 1988. XXII, 239 S.
B 66897   0-86232-760-1

Weisse Macht – schwarze Mehrheit. Mainz: Arbeitsgruppe Südafrika an der Univ. Mainz 1987. 301 S.
B 67411

L 375 c Biographien

– Buthelezi

Mzala: Gatsha Buthelezi, chief with a double agenda Mzala. London: Zed Books 1988. IX, 240 S.
B 66748   0-86232-792-X

– Chilembwe

Shepperson, George: Independent African: John Chilembwe and the origins, setting and significance of the Nyasaland native rising of 1915. Edinburgh: The Univ. Press 1987. XVI, 574 S.
B 66013   0-85224-540-8

– Mandela, N.

Búr, Gábor: Nelson Mandela. Budapest: Kossuth Könyvkiadó 1988. 169 S.
Bc 8828   963-09-33353-5

Nelson Mandela. His life in the struggle. Intern. Defence & Aid Fund for Southern Africa 1988. o. Pag.
Bc 02516

– Mandela, W.

Goulds, Sharon: Winnie Mandela. London: Hamilton 1988. 64 S.
B 67900

– Slabbert

Slabbert, Frederik van Zyl: The last white parliament. The struggle for South Africa by the leader of the white opposition. Madrid: Ed. San Martin 1987. 203 S.
B 68039

– Zondo

Meer, Fatima: Morgen werden sie mich hängen. Südafrika: die Geschichte des jugendlichen Attentäters Andrew Zondo. Reinbek: Rowohlt 1989. 153 S.
Bc 8717

L 375 d Land und Volk

Attwell, Michael: South Africa: background to the crisis. London: Sidgwick & Jackson 1986. XXX, 224 S.
B 65118   0-283-99370-7

Caligaris, Gianni; Tosolini, Aluisi: Boycott! Sudafrica, banche italiane e dintorni. Bologna: Servizio Missionario 1987. 127 S.
Bc 9053

Children of resistance. Statements from the Harare conference. Ed.: Victoria Brittain. London: Kliptown Books 1988. VII, 146 S.
B 67647

Greenberg, Stanley B.: Legitimating the illegitimate: state, markets and resistance in South Africa. Berkeley, Calif.: Univ. of California 1987. XXII, 251 S.
B 66536   0-520-06010-5

Lapping, Brian: Apartheid. Südafrika am Scheideweg: Geschichte und Politik der Rassentrennung. München: Heyne 1987. 333 S.
B 65957

Manning, Richard: „They can not kill us all". An eyewitness account of South Africa today. London: Tauris 1988. 255 S.
B 66046

Manning, Richard: Sie können uns nicht alle umbringen. Pulverfaß Südafrika. München: Heyne 1987. 302 S.
B 67342

Meredith, Martin: In the name of apartheid. London: Hamilton 1988. 252 S.
B 67687   0-241-12495-6

Nwanko, Nwafo R. L.; Mphahlele, Teresa K.: Communication rule structure and the communication management of the South African crisis. In: Journal of black studies. 20 (1990),3, S. 287 – 305.
BZ 4607:1990

Popular struggles in South Africa. Ed.: William Cobbett. London: Currey 1988. XIV, 234 S.
B 68089

Sachs, Alibe: Post-apartheid South Africa: a constitutional framework. In: World policy journal. 6 (1989),3, S. 589 – 608.
BZ 4822:1989

Unterhalter, Elaine: Forced removal: the division, segregation and control of the people of South Africa. Intern. Defence & Aid Fund for Southern Africa 1987. VIII, 177 S.
B 66124   0-904759-79-2

Zum Beispiel Südafrika. Red.: Ekkehard Launer. Göttingen: Lamuv-Verl. 1990. 96 S.
Bc 9482   3-88977-216-1

L 375 e Staat und Politik

Corder, Hugh: Crowbars and cobwebs: executive autocracy and the law in South Afrika.
In: South African journal on human rights. 5 (1989),1, S. 1 – 25.
BZ 4988:1989

Crocker, Chester A.: Southern Africa: eight years later. In: Foreign affairs. 68 (1989),4, S. 144 – 164.
BZ 05149:1989

Danaher, Kevin: South Africa: a new U.S. policy for the 1990s. San Francisco, Calif.: Institute for Food & Development Policy 1988. 69 S.
Bc 9142

Holland, Martin: The European Community and South Africa: European political co-operation under strain. London: Pinter 1988. VIII, 185 S.
B 67767   0-86187-948-1

Hund, John: Scepticism about human rights in South Africa. In: South African journal on human rights. 5 (1989),1, S. 26 – 36.
BZ 4988:1989

Karcher, Günther L.: Die Parlamentswahlen in Südafrika vom September 1989. Hintergrund, Analyse, Ausblick. In: Europa-Archiv. 44 (1989),19, S. 587 – 596.
BZ 4452:1989

Luyt, Cliffore: The killing fields: South Africa's human rights. Record in Southern Africa. In: Social justice. 16 (1989),2, S. 89 – 115.
BZ 4917:1989

Meulen, J. W. van der: Alternatieven voor het bloedbad. Constitutionele voorstellen in Zuid-Afrika. 's-Gravenhage: Nederlands Instituut voor Internationale Betrekkingen „Clingendael" 1989. 102 S.
Bc 9895

Murray, Christina; Sloth-Nielsen, Julia; Tredoux, Colin: The death penalty in the Cape Provincial Division: 1986-1988. In: South African journal on human rights. 5 (1989),2, S. 154 – 1182.
BZ 4988:1989

Pienaar, Sara: South Africa and international relations between the two world wars: the League of Nations dimension. Johannesburg: Witwatersrand Univ. Pr. 1987. 207 S.
B 66146   0-85494-936-4

Rule of fear: human rights in South Africa. Catholic Institute for International Relations 1989. VIII, 96 S.
Bc 9284   1-85287-056-7

South Africa: in transition to what? Ed.: Helen Kitchen. New York: Praeger 1988. XII, 201 S.
B 66627   0-275-92975-2

South-Africa: human rights and the rule of law. London: Pinter 1988. 159 S.
B 66181

Vale, Colin A.: South Africa: the second revolution. In: The journal of social, political and economic studies. 14 (1989),4, S. 453 – 484.
BZ 4670:1989

Vogelman, Lloyd: The living dead: living on death rowl. In: South African journal on human rights. 5 (1989),2, S. 183 – 1195.
BZ 4988:1989

Vyver, J. D. van der: Comments on the constitutional guidelines of the African National Congress. In: South African journal on human rights. 5 (1989),2, S. 133 – 153.
BZ 4988:1989

L 375 f Wehrwesen

Brittain, Victoria: Hidden lives, hidden deaths. South Africa's crippling of a continent. London: Faber and Faber 1988. XVII, 189 S.
B 67684

Tonndorf, Uwe: Wagenburg an der inneren Front. In: Blätter des iz3w. (1989),161, S. 41 – 46.
BZ 05130:1989

L 375 g Wirtschaft

Schöppner, Klaus Peter; Puhe, Henry: Boykotte und Sanktionen. Die Meinung der südafrikanischen Früchtearbeiter. Hannover: Mittelstands-Institut 1988. 45 S.
Bc 8524

L 375 h Gesellschaft

Friedman, Steven: Building tomorrow today: African workers in trade unions, 1970-1984. Johannesburg: Ravan Pr. 1987. 505 S.
B 67167   0-86975-287-1

Puschra, Werner: Schwarze Gewerkschaften in Südafrika. Bonn: Verl. Neue Gesellschaft 1988. 232 S.
B 67375   3-87831-462-0

Vale, Colin A.: Elite succession in South Africa. In: Global affairs. 4 (1989),3, S. 163 – 180.
BZ 05553:1989

L 375 i Geistesleben

Pinnock, Don: Culture as communication: the rise of the left-wing press in South Africa. In: Race and class. 31 (1989),2, S. 17 – 35.
BZ 4811:1989

Wasburn, Philo C.: The construction and defense of national self-images: the case of South Africa. In: Journal of political and military sociology. 17 (1989),2, S. 203 – 222.
BZ 4724:1989

L 377 Südafrikanische Gebiete

L 377.30 Botswana

Crowder, Michael: The flogging of Phinehas McIntosh. A tale of colonial folly and injustice, Bechuanaland 1933. New Haven: Yale Univ. Pr. 1988. XII, 248 S.
B 66820

Rey, Sir Charles Fernand: Monrach of all I survey. Buchuana diaries 1929-37. Ed.: Neil Parsons. Gaborone: Botswana Soc. 1988. XXIV, 282 S.
B 68371

L 381 Tansania

Mbwiliza, J.F.: The party programme of Chama Cha Mapinduzi in the context of a national and working class strategy of a transition to socialism in Tanzania. In: Socialism in the world. 13 (1989),72-73, S. 39 – 48.
BZ 4699:1989

Okoko, Kimse A.: Socialism and self-reliance in Tanzania. London: KPI 1987. XIII, 272 S.
B 66673   0-7103-0269-X

Seeberg, Karl-Martin: Der Maji-Maji-Krieg gegen die deutsche Kolonialherrschaft. Berlin: Reimer 1989. 120 S.
Bc 9067

Tanzania after Nyerere. Ed.: Michael Hodd. London: Pinter 1988. IX, 197 S.
B 66111   0-86187-916-3

Wilson, Amrit: US foreign policy and revolution. The creation of Tanzania. London: Pluto Pr. 1989. IX, 179 S.
B 67941

L 383 Togo

Sebald, Peter: Togo 1884-1914. E. Geschichte d. deutschen „Musterkolonie" a. d. Grundlage amtlicher Quellen. Berlin: Akademie-Verl. 1988. XXII, 792 S.
B 66223

L 387 Tunesien

Carpi, Daniel: L'atteggiamento italiano nei confronti degli ebrei della Tunisia durante la seconda guerra mondiale (giugno 1940 – maggio 1943). In: Storia contemporanea. 20 (1989),6, S. 1183 – 1246.
BZ 4590:1989

Trab Zemzemi, Abdel-Majid: La Tunisie face à l'imposture: [le bourguibisme]. Paris: Albatros 1987. 185 S.
B 67501   2-7273-0167-7

Vandewalle, Dirk: From the new state to the new era: toward a second republic in Tunisia. In: The Middle East journal. 42 (1988),4, S. 603 – 620.
BZ 4463:1988

Ware, L. B.: Ben Ali's constitutional coup in Tunisia. In: The Middle East journal. 42 (1988),4, S. 587 – 601.
BZ 4463:1988

L 389 Uganda

Bwengye, Francis Aloysius Wazarwahi: The agony of Uganda. From Idi Amin to Obote. London: Regency Pr. 1985. XXII, 379 S.
B 65546

Matovu, Jacob: Mass media as agencies of socialization in Uganda. In: Journal of black studies. 20 (1990),3, S. 342 – 361.
BZ 4607:1990

L 391 Zaire

Schatzberg, Michael G.: The dialactics of oppression in Zaire. Bloomington, Ind.: Indiana University Pr. 1988. X, 193 S.
B 69637   0-253-31703-7

L 392 Zambia

Burdette, Marcia M.: Zambia: between two worlds. Boulder, Colo.: Westview Pr. 1988. XIV, 210 S.
B 67788   0-566-00770-3

L 398 Zimbabwe

Abbott, Peter; Botham, Philip: Modern African wars. London: Osprey Publ. 1986. 48 S.
Bc 02256

Zimbabwe's prospects: issues of race, class, state and capital in Southern Africa. Ed.: Colin Stoneman. London: Macmillan 1988. XII, 377 S.
B 66647   0-333-46544-X

L 400 Amerika

L 402 Lateinamerika

L 402 c Biographien

Alexander, Robert J.: Biographical Dictionary of Latin American and Carribean political leaders. New York: Greenwood Pr. 1988. X, 509 S.
B 68019

L 402 e Staat und Politik

Conflictos territoriales en Iberoamérica y solución pacífica de controversias. Madrid: Instituto de Cooperación Iberoaméricana 1986. 116 S.
Bc 8431   84-7232-403-6

Grigulevič, Iosif Romual'dovič: Latinskaja Amerika: Cerkov i revoljucionnoe dviženie. 1960-1980-ch g. Moskva: Nauka 1988. 170 S.
Bc 8444

Paz, desarme y desarrollo en América Latina. Buenos Aires: Grupo Ed. Latinoamericano 1987. 386 S.
B 68407   950-9432-83-0

Riefe, Robert H.: Gorbachev, Castro and national liberation in Latin America. In: The journal of social, political and economic studies. 14 (1989),3, S. 259 – 282.
BZ 4670:1989

L 402 e 10 Innenpolitik

Cueva Dávila, Agustín: Las democracias restringidas de América Latina: elementos para una reflexion crítica. Quito: Planeta 1988. 147 S.
Bc 8880   9978-962-01-X f

Cuevas, Angela: Of Governments & guerillas. London: Inst. for the Study of Terrorism 1988. 64 S.
Bc 8981

Dix, Robert H.: Cleavage structures and party systems in Latin America. In: Comparative politics. 22 (1989),1, S. 23 – 37.
BZ 4606:1989

Dokumente. In: Lateinamerika. (1989),11/12, S. 81 – 138.
BZ 05479:1989

Falcoff, Mark: The democratic prospect in Latin America. In: The Washington quarterly. 13 (1990),2, S. 183 – 192.
BZ 05351:1990

Galeano, Eduardo: Democracy in Latin America: Best is that which best creates. In: Social justice. 16 (1989),1, S. 119 – 126.
BZ 4917:1989

González Casanova, Pablo: Liberation Struggles in Latin America. (Notes on the current situation). In: Social justice. 16 (1989),1, S. 109 – 118.
BZ 4917:1989

Martz, John D.: Electoral campaigning and Latin American democratization: the grancolombian experience. In: Journal of Inter-American studies and world affairs. 32 (1990),1, S. 17 – 43.
BZ 4608:1990

Poskonina, Ljudmila Semenovna: Latinskaja Amerika: kritika levoradikal'nych koncepcij. Moskva: Nauka 1988. 176 S.
Bc 9378

Violence and the Latin American revolutionaries. Ed.: Michael Rau. New Brunswick: Transaction Books 1988. IX, 156 S.
B 67163

L 402 e 20 Außenpolitik

Continuidad y cambio en las relaciones América Latina – Estados Unidos. Hrsg.: Monica Hirst. Buenos Aires: Grupo Ed. Latinoamericano 1987. 358 S.
B 67426   950-9432-95-4

Guttman, William L.; Laughlin, Scott D.: Latin America in the Pacific era. In: The Washington quarterly. 13 (1990),2, S. 169 – 181.
BZ 05351:1990

Kline, Michael: Castro and „new thinking" in Latin America. In: Journal of Inter-American studies and world affairs. 32 (1990),1, S. 83 – 118.
BZ 4608:1990

Murillo Viaña, Fernando: América Latina en los ochenta. Madrid: Ed. Cultura Hispánica 1986. 240 S.
B 67962   84-7232-399-4

Palmer, David: Actores y factores en las relaciones contemporáneas de los Estados Unidos y América Latina. In: Estudios internacionales. 21 (1988),82, S. 157 – 172.
BZ 4936:1988

Perina, Rubén; Ramírez, Norma A.: La importancia de América Latina en el sistema internacional en la década de los ochenta: un ensayo bibliográfico. In: Estudios internacionales. 21 (1988),82, S. 184 – 205.
BZ 4936:1988

Puig, Juan C.: Integración latinoamericana y regimen internacional. Caracas: Univ. S. Bolivar, Inst. de Altos Estudios de América Latina 1987. 408 S.
B 66465   980-237-015-0

Serbin, Andrés: América Latina y la „Conexión Europea" del Caribe no-hispanico. In: Estudios internacionales. 22 (1989),86, S. 248 – 276.
BZ 4936:1989

L 402 f Wehrwesen

La autonomía militar en América Latina. Caracas: Ed. Nueva Sociedad 1988. 390 S.
B 68931   980-6110-26-9

Buzeta Muñoz, Oscar: Las Fuerzas Armadas y la sociedad civil en democracia: un estudio de doctrina para América Latina. Santiago: Inst. Chileno de Estudios Humanísticos 1987. Getr. Pag.
010602

Hertling, Mark P.: Narcoterrorism. The new unconventional war. In: Military review. 70 (1990),3, S. 2 – 15.
BZ 4468:1990

Holt, Jimmie F.: LIC in Central America. Training implications for the US army. In: Military review. 70 (1990),3, S. 2 – 15.
BZ 4468:1990

Marcella, Gabriel: The Latin American military, low intensity conflict, and democracy. In: Journal of Inter-American studies and world affairs. 32 (1990),1, S. 45 – 82.
BZ 4608:1990

L 402 g Wirtschaft

The Americas in 1988. A time for choices. Lanham: Univ. Pr. of America 1988. XXII, 118 S.
B 68464

Avila Bernal, Alvaro: Corrupción y expoliación en América Latina: los casos de: Colombia, Venezuela, Brasil. Barcelona: Grijalbo 1988. 378 S.
B 71244   958-639-032-2

Latin America's Debt Crisis. Adjusting to the past or planning for the future? Ed.: Robert A. Pastor. Boulder, Colo.: Rienner 1987. XIII, 176 S.
B 68000

Scheman, L. Ronald; Bailey, Norman A.: Putting Latin American debt to work: a positive role for the US. In: Journal of Inter-American studies and world affairs. 31 (1989),4, S. 1 – 22.
BZ 4608:1989

Subrahmanya, K.: Economic crisis and the question of democratic transition in Latin America. In: Strategic analysis. 13 (1990),12, S. 1281 – 1308.
BZ 4800:1990

L 402 h Gesellschaft

Godio, Julio: Partidos, sindicatos y nuevos movimientos sociales en America Latina. Buenos Aires: Puntosur 1987. 179 S.
Bc 9110

L 402 i Geistesleben

Löwy, Michael: Marxismus und Religion: die Herausforderung der Theologie der Befreiung. Frankfurt: isp-Verl. 1990. 109 S.
Bc 9212   3-88332-172-9

L 402 k Geschichte

Batista Gonzalez, Juan: El mundo hispanoamericano ante la Segunda Guerra Mundial. In: Ejército. 50 (1989),596, S. 68 – 75.
BZ 05173:1989

Carmagnani, Marcello; Casetta, Giovanni: America Latina: la grande trasformazione 1945-1985. Torino: Einaudi 1989. VI, 176 S.
Bc 8929

L 409 Mittelamerika

L 409 d Land und Volk

Los refugiados centroamericanos. Heredia: Univ. para La Paz 1987. 259 S.
B 69126

L 409 e Staat und Politik

L'Amérique Centrale pouvoirs régionaux et enjeux mondiaux. XII, Congr. des Relations internationales du Québec, des 26 et 27 sept. 1985. Québec: Le Centre québécois de relations internationales 1985. 165 S.
B 65401

Anderson, Thomas P.: Politics in Central America. Guatemala, El Salvador, Honduras, and Nicaragua. New York: Praeger 1988. VIII, 256 S.
B 67817

Calloni, Stella: Disparen sobre Contadora. Montevideo: Ed. La Hora 1987. 190 S.
Bc 9637

Drago, Tito: Centroamérica, una paz posible. Madrid: El País Aguilar 1988. 278 S.
B 71484   84-03-91010-X

Griffiths, John: The Crisis in Central America. Hove: Wayland 1987. 78 S.
B 66257

Nordquist, Joan: Current Central American-U.S. Relations. Santa Cruz, Calif.: Reference and Research Services 1987. 68 S.
Bc 8907

Roett, Riordan: Perspectivas para el Plan Arias en El Salvador y Guatemala. In: Estudios internacionales. 21 (1988),82, S. 173 – 183.
BZ 4936:1988

Torres-Rivas, Edelberto: Centroamérica: la democracia posible. San José: Ed. Univ. Centroamericana 1987. 186 S.
Bc 8576   9977-30-101-8

Whelan, James Robert; Jaeckle, Franklin A.: The Soviet Assault on America's southern flank. Washington, DC: Regnery Gateway 1988. XI, 413 S.
B 68049

L 409 f Wehrwesen

Sohr, Raúl: Centroamérica en guerra: las fuerzas armadas de Centroamérica y México. México: Alianza Ed. Mexicana 1988. 289 S.
B 71481   968-6001-82-4

L 409 g Wirtschaft

Brockett, Charles D.: Land, power and poverty: agrarian transformation and political conflict in Central America. London: Allen & Unwin 1988. X, 229 S.
B 66705   0-04-497027-7

L 409 k Geschichte

Central America: historical perspectives on the contemporary crises. Ed.: Ralph Lee Woodward. New York: Greenwood Pr. 1988. 310 S.
B 68611   0-313-25938-0

L 410 Einzelne Staaten Amerikas

L 421 Argentinien

Sanguinetti, Horacio: Los socialistas independientes. Vol. 1. 2. Buenos Aires: Centro Ed. de América Latina 1987. 93; 95 – 248 S.
Bc 8382

L 421 c Biographien

Arturo Frondizi. Historia y problemática de un estadista. 1-4. Buenos Aires: Ed. Depalma 1983-88. XXXIII, 445; 628; 695; 597 S.
B 54416

Giussani, Pablo: ¿Por qué, doctor Alfonsín? Buenos Aires: Sudamericana/Planeta 1987. 301 S.
B 67745   950-37-0303-4

Luna, Félix: Perón y su tiempo. T. 1-3. Buenos Aires: Ed. Sudamericana 1986-1987. 607; 424; 427 S.
B 66472

L 421 d Land und Volk

Dinámica migratoria argentina (1955-1984). Democratización y retorno de expatriados. Buenos Aires: Centro Ed. de América Latina 1987. 135, 136-218 S.
Bc 8696

Los políticos argentinos y el antisemitismo. Bd. 1-3. Buenos Aires: Libreros y Ed. del Poligono 1984. 77; 84; 91 S.
Bc 8218

Weyne, Olga: El ultimo puerto: del Rhin al Volga y del Volga al Plata. Buenos Aires: Ed. Tesis 1987. 305 S.
B 70313   950-9109-43-6

L 421 e Staat und Politik

L 421 e 10 Innenpolitik

Alfonsin, Raúl: El poder de la democracia. Buenos Aires: Ed. Fund. Plural 1987. 232 S.
B 70965   950-99109-0-6

Barki, Irène: Pour ces yeux-là ...: la face cachée du drame argentin: les enfants disparus. Paris: Éd. La Découverte 1988. 348 S.
B 67572   2-7071-1741-2

Buchrucker, Cristián R.: Nacionalismo y peronismo: la Argentina en la crisis ideológica mundial; (1927-1955). Buenos Aires: Ed. Sudamericana 1987. 410 S.
B 66260   950-07-0430-7

Camarasa, Jorge: El juicio: proceso al horror. Buenos Aires: Sudamericana/Planeta 1985. 295 S.
B 67740   950-37-0175-9

Díaz Bessone, Ramón Genaro: Guerra revolucionaria en la Argentina: [1959-1978]. Buenos Aires: Circulo Militar 1988. 373 S.
B 69251   950-9097-05-0

Ensayos sobre la transición democrática en la Argentina. Buenos Aires: Puntosur Ed. 1987. 418 S.
B 67739

González Janzen, Ignacio: La Triple-A. Buenos Aires: Ed. Contrapunto 1986. 142 S.
Bc 8435   950-47—0008-X

Hodges, Donald Clark: Argentina, 1943-1987. The national revolution and resistance. Albuquerque: Univ. of New Mexico Pr. 1988. XVIII, 342 S.
B 67861

Horvath, Laszlo: Peronism and the three Persons. A checklist of material on peronism and on Juan Domingo, Eva, and Isabel Peron. Stanford, Calif.: Hoover Inst. 1988. XXII, 170 S.
010900

James, Daniel: Resistance and integration: Peronism and the Argentine working class, 1946-1976. Cambridge: Cambridge Univ. Pr. 1988. VIII, 303 S.
B 65877 0-521-34635-5

Kohen, Alberto: La Izquierda y los nuevos tiempos. Buenos Aires: Ed. Antarca 1987. 200 S.
Bc 8381 950-9768-13-8

Lateinamerika – innere Entwicklung. In: Weltgeschehen. (1989), 197 S.
BZ 4555:1989

Leuco, Alfredo: Los herederos de Alfonsín. Buenos Aires: Sudamericana/Planeta 1987. 281 S.
B 68406 950-37-0258-5

Mero, Roberto: Conversaciones con Juan Gelman: contraderrota, Montoneros y la revolución perdida. Buenos Aires: Ed. Contrapunto 1988. 189 S.
Bc 8695

Vargas, Otto: El marxismo y la revolución argentina. 1987. 183 S.
B 68415 950-9553-03-4

L 421 e 20 Außenpolitik

Escudé, Carlos: Patología del nacionalismo: el caso argentino. Buenos Aires: Ed. Tesis 1987. 165 S.
Bc 8433 950-9109-59-2

Rapoport, Mario: Política y diplomacia en la Argentina: las relaciones con EE.UU. y la URSS. Buenos Aires: Ed. Tesis 1987. 141 S.
Bc 8760 950-9109-43-6

Vacs, Aldo C.: A delicate balance: confrontation and cooperation between Argentina and the United States in the 1980s. In: Journal of Inter-American studies and world affairs. 31 (1989),4, S. 23 – 60.
BZ 4608:1989

L 421 f Wehrwesen

Feinmann, José P.: López Rega, la cara oscura de Perón: apuntes sobre las Fuerzas Armadas; Ezaiza y la teoría de los dos demonios. Buenos Aires: Ed. Legasa 1987. 122 S.
Bc 8226 950-600-095-6

Verbitsky, Horacio: Medio siglo de proclamas militares. Buenos Aires: Editora 1987. 168 S.
B 68408 950-9586-15-3

L 421 h Gesellschaft

López, Antonio: La FORA en el movimento obrero. 1. 2. Buenos Aires: Centro Ed. América Latina 1987. 126; 127-215 S.
Bc 8699

L 421 i Geistesleben

Harss, Luis: La patria madre. Montevideo: Arca/ Calicanto 1987. 106 S.
Bc 8796

L 421 k Geschichte

Rodríguez Fox, Alberto: Proceso al vencido: analisis critico de los golpes de estado desde la optica de los vencidos. Buenos Aires: 1987.
Bc 8378

L 425 Brasilien

L 425 c Biographien

Bedregal Gutiérrez, Guillermo: Víctor Paz: su presencia en la historia revolucionaria de Bolivia. La Paz: Ed. Los Amigos del Libro 1987. 433 S.
Bc 8375

Chávez Ortiz, Nuflo: Recuerdos de un revolucionario boliviano. La Paz: Centro de Estudios Políticos Bolivianos 1988. 226 S.
Bc 9326

Frei, Betto; Filho, Afonso Borges: Zeichen des Widerspruchs. Gespräche über Politik – Religion. Fribourg/Brig: Ed. Exodus 1989. 102 S.
Bc 9236

L 425 d Land und Volk

Allen, Elizabeth: Brazil: Indians and the new constitution. In: Third world quarterly. 11 (1989),4, S. 148 – 165.
BZ 4843:1989

Carneiro, María L.: O anti-semitismo na era Vargas: fantasmas de uma geraçao; (1930-1945). Sao Paulo: Ed. Brasiliense 1988. 590 S.
B 67951   85-11-13083-7

Mangin, Alain: A propos de „Géopolitique du Brésil" de Golbery. Une figure brésilienne de l'identité. In: Stratégique. 43 (1989),3, S. 5 – 36.
BZ 4694:1989

Silva, Martiniano J. da: Racismo á brasileira: raízes históricas; um novo nível de reflexao sobre a história social do Brasil. Brasília: Thesaurus Ed. 1987. 310 S.
B 68922

L 425 e Staat und Politik

Aleixo, José Carlos: Fundamentos e linhas gerais da política externa do Brasil. In: Política e estratégia. 6 (1989),4, S. 670 – 698.
BZ 4921:1989

Bothelho Gosálvez, Raúl: Historia de una infidencia diplomatica: (correspondencia Ríos Gallardo – Fellmann Velarde). La Paz: Ed. Siglo 1988. 88 S.
Bc 9327

Bruneau, Thomas C.; Hewitt, W. E.: Patterns of church influence in Brazil's political transition. In: Comparative politics. 22 (1989),1, S. 39 – 61.
BZ 4606:1989

Geddes, Barbara: Building „state" autonomy in Brazil, 1930-1964. In: Comparative politics. 22 (1989),2, S. 217 – 235.
BZ 4606:1989

Guevara Arze, Walter: Bases para replantear la revolución nacional: con el manifesto de Ayopaya. La Paz: Libr. Ed. „Juventud" 1988. 234 S.
B 69633

Guevara Arze, Walter: Radiografía de la negociación del gobierno de las Fuerzas Armadas con Chile. La Paz: Libreria Ed. „Juventud" 1988. 285 S.
B 69634

Kinzo, Maria D'Alva G.: Legal Opposition Politics under authoritarian rule in Brazil. The case of MDB, 1966-79. Basingstoke: Macmillan 1988. XIII, 284 S.
B 66640

Lafer, Celso: A política externa brasileira e a Europa: que convergências. In: Política e estratégia. 6 (1989),4, S. 699 – 711.
BZ 4921:1989

Malloy, James M.; Gamarra, Eduardo: Revolution and reaction: Bolivia, 1964-1985. New Brunswick: Transaction Books 1988. V, 244 S.
B 66873

Murillo Cárdenas, Eliodoro: Razón de Patria, Villaroel y nacionalismo revolucionario. La Paz: Ed. e Impr. Metodista 1988. 250 S.
Bc 9366

Onis, Juan de: Brazil on the tightrope toward democracy. In: Foreign affairs. 68 (1989),4, S. 127 – 143.
BZ 05149:1989

Pacheco, Eliezer: O Partido Comunista Brasilerieo: (1922-1964). Sao Paulo: Ed. Alfa-Omega 1984. XII, 236 S.
B 67196

Rochon, Thomas R.; Mitchell, Michael J.: Social bases of the transition to democracy in Brazil. In: Comparative politics. 21 (1989),3, S. 307 – 322.
BZ 4606:1989

Skidmore, Thomas E.: The politics of military rule in Brazil 1964-85. Oxford: Oxford Univ. Pr. 1988. XI, 420 S.
B 66581   0-19-503898-3

L 425 f Wehrwesen

As Forças Armadas no Brasil: autonomia e tutela armada. Rio de Janeiro: Espaço e Tempo 1987. 187 S.
B 68934   85-85114-34-7

Cavagnari Filhi, Geraldo Lesbat: Brasil e Argentina: Autonomia estratégica e cooperaçáo militar. In: Política e estratégia. 6 (1989),4, S. 591 – 607.
BZ 4921:1989

Luria, René: The Brazilian armed forces budgets and ambitions diverge. In: International defense review. 22 (1989),7, S. 933 – 938.
BZ 05569:1989

Proenca Junior, Domicio: Guns and butter? Arms industry, technology and democracy in Brazil. In: Bulletin of peace proposals. 21 (1990),1, S. 49 – 57.
BZ 4873:1990

L 425 g Wirtschaft

Brazil's economic and political future. Ed.: Julian M. Chacel. Boulder, Colo.: Westview Pr. 1988. XVI, 287 S.
B 66572   0-8133-0268-4

Sachs, Ignacy: Pluralité des développements Brésiliens. In: Vingtième siécle. (1990),25, S. 5 – 12.
BZ 4941:1990

L 425 h Gesellschaft

Crisis del sindicalismo en Bolivia. La Paz: Flacso 1987. 307 S.
B 69127

L 425 k Geschichte

Krempin, Michael: Keine Zukunft für Bolivien? Saarbrücken: Breibach 1989. 166 S.
Bc 9013

Roett, Riordan: Brazil's transition to democracy. In: Current history. 88 (1989),536, S. 117 – 120;149-151.
BZ 05166:1989

Vargas Valenzuela, José: Reportaje a la historia. La Paz: Ed. Los Amigos del Libro 1988. 228 S.
Bc 9330

L 427 Chile

L 427 c Biographien

Mardones, Orlando: „Mensch, du lebst noch?". Ein Chilene erzählt. Hrsg.: Winifried Roth. Darmstadt: Luchterhand 1989. 114 S.
Bc 9002

Skármeta, Antonio: Heimkehr auf Widerruf. Chile im Umbruch. München: Piper 1989. 195 S.
Bc 8946

Souze, Maria Dolores: Auge y ocaso de Augusto Pinochet: psicohistoria de un liderazgo. Santiago de Chile: Las Ed. del Ornitorrinco 1988. 137 S.
Bc 9158

Tohá, Moy de; Letelier, Isabel Marigarita de: Allende. Democrata intransigente. Santiago: Amerinda 1987. 146 S.
Bc 02378

L 427 e Staat und Politik

L 427 e 10 Innenpolitik

Cancino Troncoso, Hugo: Chile: la problemática del poder popular en el proceso de la vía chilena del sociialismo 1970 – 1973. Aarhus: Aarhus Universitetsforl. 1988. 519 S.
B 69593   87-7288-192-5

Chile: Rückfahrt zur Demokratie: [e. Veröff. d. Inst. für Demokratieforschung]. Hrsg.: Lothar Bossle. Würzburg: Creator-Verl. 1987. 175 S.
B 66025   3-89247-021-9

Constable, Pamela; Valenzuela, Arturo: Chile's return to democracy. In: Foreign affairs. 68 (1989),5, S. 169 – 186.
BZ 05149:1989

Covarrubias, María T.: 1938: la rebelión de los jóvenes; [Partido Conservador y Falange Nacional]. Santiago: Ed. Aconcagua 1987. 141 S.
Bc 8369

Dinamarca, Manuel: La República Socialista Chilena: orígenes legítimos del Partido Socialista. Santiago de Chile: Ed. Documentas 1987. 255 S.
B 67271

Falcoff, Mark; Valenzuela, Arturo; Purcell, Susan Kaufman: Chile: prospects for democracy. New York: Council on Foreign Relations 1988. XIII, 80 S.
Bc 9103

Fernandez, Alex Jilberto; Biekart, Kees: Oppositie wint verkiezingen, dictator behoudt de macht: cohabitatie in het Chili van de jaren '90. In: Internationale spectator. 44 (1990),2, S. 74 – 80.
BZ 05223:1990

Friedmann, Reinhard: La político chilena de la A a la Z: 1964 – 1988. Santiago: Melquiades, Serv. Ed. 1988. 206 S.
B 71212   956-231-027-1 f

Garretón, Manuel A.: Reconstruir la política: Transición y consolidación democrática en Chile. Santiago: Ed. Andante 1987. 293 S.
B 68850

Kaufman, Edy: Crisis in Allende's Chile. New perspectives. New York: Praeger 1988. XXXVIII, 376 S.
B 66733

Kosičev, Leonard Anatol'evič; Nizskij, Vadim Akimovič: Kolokola Čili. Moskva: Molodaja gvardija 1989. 190 S.
Bc 9776

Moulian, Tomas: Discusiones entre honorables: las candidaturas presidenciales de la derecha entre 1938 y 1946. Santiago de Chile: Flacso 1988. 341 S.
B 71225   956-205-027

Pérez Silva, Enrique: El regimen autoritario y la transición a la democracia en Chile: una aproximación. Santiago: Inst. de Ciencia Política 1987. 68 S.
010733

Pinochet y el pinochetismo: una democracia al desnudo. La Paz: Comité Boliviano de Apoyo a la Democracia Chilena 1988. 95 S.
Bc 9333

Ritterman, Michele: Liebe und Terror in Chile: e. Familie im Widerstand. Dortmund: Verl. Modernes Lernen 1988. V, 312 S.
B 67087   3-8080-0173-9

Rojas Wainer, Alejandro: La transformación del estado: la experiencia de la Unidad Popular. Santiago: Ed. Documentas 1987. 171 S.
Bc 8664

Sergeev, Fedor Michajlovič: Gestapo Pinočeta. Moskva: Sovetskaja Rossija 1987. 125 S.
Bc 7209

Urzúa Valenzuela, Germán: La democracia practica: los gobiernos radicales. Santiago: Ed. Melquíades 1987. 339 S.
B 67609

Varas, Augusto: Los militares en el poder: régimen y gobierno militar en Chile, 1973-1986. Santiago de Chile: Pehuén 1987. 246 S.
B 67416   956-16-01558

L 427 e 20 Außenpolitik

Benavides Correa, Alfonso: Una dificil vecindad: los irrenunciables derechos del Perú en Arica y los recusables acuerdos peruano-chilenos de 1985. Lima: Univ. Nacional Mayor de San Marcos 1988. 391 S.
B 71245

Política y relaciones internacionales. Santiago: Inst. de Ciencia Política, Pontificia Univ. Cat. de Chile 1987. 107 S.
Bc 02452

Robinson, Linda: Dwindling options in Panama. In: Foreign affairs. 68 (1989),5, S. 187 – 205.
BZ 05149:1989

Tricolor: historia y proyecciones de paz, desarrollo e integración del diferenco maritimo boliviano-chileno. Hrsg.: República de Bolivia, Ministerio de Relaciones Exteriores y Culto. La Paz: Ed. „Los Amigos del Libro", W. Guttentag T. 1988. 205 S.
Bc 8692

L 427 f Wehrwesen

González Salinas, Edmundo: Caballeria chilena: su historia guerrera; su evolución y progreso. Santiago: Estado Mayor General del Ejército 1987. 231 S.
B 68214

González Salinas, Edmundo: Reseñas historicas de las unidades e institutos del Ejército de Chile. Santiago: Estado Mayor General del Ejército 1987. 312 S.
B 68846

Remmer, Karen L.: Neopatrimonialism. The politics of military rule in Chile, 1973-1987. In: Comparative politics. 21 (1989),2, S. 149 – 170.
BZ 4606:1989

L 427 g Wirtschaft

Lavín Infante, Joaquín: Chile, revolución silenciosa. Santiago de Chile: Zig-Zag 1988. 155 S.
Bc 8379   956-12-0410-9

L 427 h Gesellschaft

„Queremos votar en las proximas elecciónes": historia del movimiento femenino chileno, 1913 – 1952. Santiago: Centro de Análisis y Difusión de la Condición de la Mujer 1986. 101 S.
Bc 02376

Celedón, María A.: Volver a ampezar. Santiago: Pehuén 1987. 169 S.
Bc 8219

Valenzuela, María E.: La mujer en el Chile militar. Santiago: Ed. Chile y América 1987. 249 S.
B 67265

L 427 i Geistesleben

Correa, Enrique: Iglesia y dictadura. Santiago: Cesoc 1986. 320 S.
B 67119

L 427 k Geschichte

Gazmuri Riveros, Christian: Testimonios de una crisis: Chile; 1900 – 1925. Santiago: Ed. Universitaria 1980. 90 S.
Bc 8228

Luzio Vieyra, Walter: Realizaciones del gobierno de las Fuerzas Armadas y carabineros. 1973-1986. Santiago: ENAPU 1987. XVI, 1127 S.
010711

Vial Correa, Gonzalo: Historia de Chile. (1891-1973). T. 1-3. Santiago de Chile: Santillana del Pacífico 1987. 424; 1004; 752; 671 S.
B 67264

L 429 Costa Rica

Costa Rica, crisis y desafíos. San José: DEI 1987. 218 S.
Bc 8589   9977-904-50-2

L 431 Ecuador

Hurtado, Osvaldo: El poder político en el Ecuador. Barcelona: Ariel 1989. 346 S.
B 70545   84-344-4231-0

Lecaro Bustamante, Arturo: Política internacional del Ecuador: 1809-1984. Quito: Universidad Central del Ecuador 1988. 548 S.
B 71242

Valencia Rodríguez, Luis: El conflicto territorial ecuatoriano-peruano: (programa de cooperación política regional); material de investigación. Quito: Casa de la Cultura Ecuatoriana „Benjamin Carrion" 1988. 137 S.
Bc 8881

Zavala Egas, Jorge: Las falacias del poder: el engaño constitucional en el Ecuador de 1987. Quito: Ed. El Conejo 1987. 147 S.
Bc 8662

7 pecados capitales: derechos humanos en el Ecuador; informe especial. Quito: Ed. El Conejo 1987. 164 S.
Bc 8663

L 433 El Salvador

Aneja, Atul: A negotiated peace in El Salvador. In: Strategic analysis. 14 (1990),1, S. 95 – 108.
BZ 4800:1990

Metzi, Paco: Hay que caminarlo: la lucha por la salud en una guerra popular. San Salvador: Ed. Universitaria 1987. 237 S.
Bc 8899

Sobrino, Jon: Sterben muß, wer an Götzen rührt: das Zeugnis der ermordeten Jesuiten in San Salvador; Fakten und Überlegungen. Fribourg: Ed. Exodus 1990. 121 S.
Bc 9364   3-905575-04-3

L 435 Guatemala

Ganugi, Andrea: Guatemala 1954: Cronaca di una morte annunciata. Firenze: Firenze Libri 1989. 63 S.
Bc 9226

Silva Giron, César A.: Cuando gobiernan las armas: Guatemala – 31 años de miseria. Guatemala 1987. 205 S.
B 66037

Simon, Jean-Marie: Guatemala: eternal spring – eternal tyranny. New York: Norton 1987. 256 S.
010978   0-393-02488-1

L 437 Guayana

Brotherson, Festus: The foreign policy of Guyana, 1970-1985: Forbes Burnham's search for legitimacy. In: Journal of Inter-American studies and world affairs. 31 (1989),3, S. 9 – 35.
BZ 4608:1989

Garavini di Turno A., Sadio: Política exterior de Guyana. Caracas: Inst. de Altos Estudios de América Latina, Univ. S. Bolivar 1988. 243 S.
B 71261   980-300-180-9

L 439 Honduras

La Contra en Honduras. Tegucigalpa: Centro de Documentación de Honduras 1987. 36 S.
Bc 02451

Honduras: pieza clave de la política de Estados Unidos en Centroamérica. Tegucigalpa: CEDOH 1987. 171 S.
Bc 8658

López Reyes, Walter: De cara al futuro: Fuerzas Armadas y constitución. Tegucigalpa: Ministerio de Relaciones Exteriores 1986. 557 S.
B 67270

Payne, Anthony J.: The Belize triangle: relations with Britain, Guatemala and the United States. In: Journal of Inter-American studies and world affairs. 32 (1990),1, S. 119 – 135.
BZ 4608:1990

Ramos, Ventura: Honduras: guerra y antinacionalidad. Tegucigalpa: Ed. Guaymuras 1987. 205 S.
Bc 8566

L 441 Kanada

L 441 c Biographien

Gellman, Peter: Lester B. Pearson, collective security, and the world order tradition of Canadian foreign policy. In: International journal. 44 (1988-89),1, S. 68 – 101.
BZ 4458:1988-89

L 441 d Land und Volk

Davies, Alan: After the holocaust: national attitudes to Jews. A tale of two trials. In: Holocaust and genocide studies. 4 (1989),1, S. 77 – 88.
BZ 4870:1989

Pozdeeva, I. V.; Koleneko, V. A.: Mežnacional'nye otnošenija v Kanade. In: Novaja i novejšaja istorija. (1990),1, S. 35 – 47.
BZ 05334:1990

L 441 e Staat und Politik

Canada-U.S. Relations. Perceptions and misperceptions. Ed.: Dorothy Robins-Mowry. Lanham: Univ. Pr. of America 1989. XIII, 49 S.
Bc 9089

Létourneau, Paul: Evaluation canadienne des perspectives ouvertes à l'Allemagne, 1943-1945. In: Guerres mondiales et conflits contemporains. 40 (1990),157, S. 5 – 24.
BZ 4455:1990

Martin, Ged: The 'principle of alternation' in the leadership of the liberal party of Canada. An unhelpful myth. In: The round table. (1989),310, S. 158 – 164.
BZ 4796:1989

Smith, Denis: Diplomacy of fear: Canada and the Cold War, 1941 – 1948. Toronto: Univ. of Toronto Pr. 1988. X, 289 S.
B 67640   0-8020-5770-5

L 441 f Wehrwesen

Bernier, Serge: L'historiographie militaire canadienne entre 1975 et 1988. In: Guerres mondiales et conflits contemporains. 40 (1990),157, S. 5 – 24.
BZ 4455:1990

Bland, Douglas: The administration of defence policy in Canada, 1947 to 1985. Kingston: Frye 1987. XII, 252 S.
B 67049   0-919741-68-1

Dangerfield, J. K.: The 1st Canadian division: enigma, dontradiction or requirement? In: Canadian defence quarterly. 19 (1990),5, S. 7 – 14.
BZ 05001:1990

Dowdy, William L.: The Canadian navy: torpedoed again. In: Armed forces and society. 16 (1989),1, S. 77 – 98.
BZ 4418:1989

Johnston, William: Canadian defence industrial policy and practice: a history. In: Canadian defence quarterly. 18 (1989),6, S. 21 – 28.
BZ 05001:1989

Morton, Desmond: Winning the second battle: Canadian veterans and the return to civilian life 1915 – 1930. Toronto: Univ. of Toronto Pr. 1987. XIV, 328 S.
B 66212   0-8020-5705-5

The RCN in transition 1910-1985. Ed.: William Alexander Binney Douglas. Vancouver: Univ. of British Columbia 1988. XI, 411 S.
B 68470

Sarty, Roger; Schurman, Donald M.: La marine canadienne de 1867 à 1945. In: Guerres mondiales et conflits contemporains. 40 (1990),157, S. 25 – 48.
BZ 4455:1990

Vano, Gerard S.: Canada: the strategic and military pawn. New York: Praeger 1988. 163 S.
B 66831

Wark, Wesley K.: The evolution of military intelligence in Canada. In: Armed forces and society. 16 (1989),1, S. 77 – 98.
BZ 4418:1989

L 441 g Wirtschaft

Cannizzo, C. A.: The federal government and defence industrial preparedness. In: Canadian defence quarterly. 18 (1989),6, S. 38 – 48.
BZ 05001:1989

Slack, Michael: Canada's defence industrial base: the challenges. In: Canadian defence quarterly. 18 (1989),6, S. 49 – 57.
BZ 05001:1989

L 443 Kolumbien

Behar, Olga: Noches de humo: cómo se paneó y ejecutó la toma del Palacio de Justicia. Bogotá: Planeta 1988. 235 S.
B 71247   958-614-281-7

Cano, Guillermo: Por que no ensayar la paz? Bogotá: Ed. Oveja Negra 1988. 145 S.
B 72309   958-06-0171-2

Castro, Jaime: Respuesta democrática al desafío guerrillero. Bogotá: Ed. Oveja Negra 1987. 95 S.
Bc 8698   958-06-0164-X

Democracy in Latin America: Colombia and Venezuela. Ed.: Donald L. Herman. New York: Praeger 1988. XI, 344 S.
B 67094   0-275-92478-5

Hartlyn, Jonathan: The Politics of coalition rule in Colombia. Cambridge: Cambridge Univ. Pr. 1988. XVII, 332 S.
B 67725

Heinz, Wolfgang S.: Menschenrechte und Justiz unter der Regierung Barco. In: Lateinamerika. (1989),11/12, S. 7 – 18.
BZ 05479:1989

Landazábal Reyes, Fernando: El desafio: Colombia, sus problemas y soluciones. Bogotá: Planeta 1988. 124 S.
Bc 9343   958-614-277-9

Landazábal Reyes, Fernando: La integración nacional. Bogotá: Planeta 1987. 178 S.
Bc 9348   958-614-226-4

Molina, Gerardo: Las ideas socialistas en Colombia. Bogotá: Ed. Tercer Mundo 1987. 360 S.
B 65456   958-601-123-2

Pizarro Leon-Gomez, Carlos: Guerra a la guerra. Bogotá: Ed. Tiempo Presente 1988. 134 S.
Bc 9411   958-9169-06-6

Vélez de Piedrahita, Rocío: El diálogo y la paz: mi perspectiva. Bogotá: Tercer Mundo Ed. 1988. 229 S.
B 71991   958-601-200-X

L 443 f Wehrwesen

Casas, Ulises:: De la guerrilla liberal a la guerrilla comunista. Bogotá: 1987. 222 S.
Bc 8577

Pinzón Rueda, Carmen Cecilia: El comportamiento de los medios de comunicación frente a la toma del Palacio de Justicia. Bogotá: Ed. Taller 1988. 156 S.
Bc 9342

Ramsey, Russell W.: Colombia's war: the facts about her army and her allies. In: The Army quarterly and defence journal. 120 (1990),1, S. 27 – 40.
BZ 4770:1990

L 443 g Wirtschaft

Camacho Guizado, Alvaro: Droga y sociedad en Colombia: el poder y el estigma. Bogotá: CIDSE, Univ. del Valle 1988. 174 S.
Bc 9399   958-9061-27-3

Heinz, Wolfgang S.: Kolumbien und der Kokainhandel. In: Europa-Archiv. 44 (1989),15/16, S. 487 – 496.
BZ 4452:1989

L 443 h Gesellschaft

Barco, Virgilio: El cambio social: un compromiso con Colombia; acciones y resultados de tres años de gobierno. Bogotá: Banco de la República, Depart. Ed. 1989. 364 S.
B 70356

L 445 Mexico

Dziedzic, Michael J.: Mexico: converging challenges. London: Internat. Inst. for Strategic Studies 1989. 89 S.
Bc 8902

L 445 c Biographien

Iwinski, Tadeusz: Lombardo Toledano i meksykanski ruch robotniczy. In: Z pola walki. 32 (1989),1, S. 83 – 91.
BZ 4559:1989

Lucio Cabañas y el Partido de los Pobres: una experiencia guerrillera en México. México: Ed. Nuestra América 1987.
B 68216

Suárez, Luis: Cárdenas: retrato inédito; testimonios de Amalia Solórzano de Cárdenas y nuevos documentos. México: Ed. Grijalbo 1987. 413 S.
B 68218   968-419-734-9

Vargas Arreola, Juan Bautista: A sangre y fuego con Pancho Villa. México: Fondo de Cultura Económica 1988. 364 S.
B 71482   968-16-2927-2

Zapata, Emiliano: Cartas. México: Ed. Antorcha 1987. 100 S.
Bc 8509

L 445 d Land und Volk

Mejía Piñeros, María C.: La lucha indígena: un reto a la ortodoxia. México: Siglo XXI 1987. 290 S.
B 68409   968-23-1406-2

L 445 e Staat und Politik

Fabela, Isidro: Historia diplomatica de la Revolución Méxicana. T. 1. 2. México: Inst. Nac. de Estudios Históricos 1985. 385; 438 S.
B 66480

Suárez Gaona, Enrique: ¿Legitimación revolucionaria del poder en México?: (los presidentes 1910-1982). México: Siglo XXI 1987. 201 S.
Bc 9222   968-23-1423-2

Teissier, Ernesto Julio: Ya nunca más: México en 1989. México: Grijalbo 1988. 241 S.
B 71483   968-419-770-5

Zorrilla, Luis G.: Relaciones de México con la República de Centro América y con Guatemala. México: Ed. Porrúa 1984. XX, 980 S.
B 67428   968-432-955-5

L 445 f Wehrwesen

Zapata, Emiliano: Leyes y decretos. México: Ed. Antorcha 1987. 115 S.
Bc 8508

L 445 g Wirtschaft

Teichman, Judith A.: Policy-making in Mexico: from boom to crisis. London: Allen & Unwin 1988. 178 S.
B 66151   0-04-445033-8

L 445 h Gesellschaft

Vizgunova, Julija Ivanovna: Rabočij Klass v osvoboditel'nom dviženii Meksiki 60-80 gody. Moskva: Nauka 1989. 142 S.
Bc 9217

L 445 i Geistesleben

In the Shadow of Buendia. The mass media and censorship in Mexico. London: Article 1989. XIX, 114 S.
Bc 9398

L 445 k Geschichte

Hall, Linda Biesele; Coerver, Don M.: Revolution on the border. The United States and Mexico, 1910-1920. Albuquerque: Univ. of New Mexico Pr. 1988. XII, 205 S.
B 68794

Puente, Ramon: La Dictadura, la revolución y sus hombres. México: Inst. Nac. de Estudios Históricos 1985. 374 S.
B 66493

Rodríguez Lapuente, Manuel: Breve historia gráfica de la Revolución Mexicana: [con 235 fotografías]. México: Ed. Gili 1987. 197 S.
B 68411   968-887-069-2

Ruiz Cervantes, Francisco J.: La revolución en Oaxaca: el movimiento de la soberanía (1915 – 1920). México: Fondo de Cultura Económica 1986. 219 S.
B 67117   968-16-2423-8

L 447 Nicaragua

¿Cómo va Nicaragua? Managua: Centro de Comunicación Internacional 1987. 41 S.
Bc 02448

L 447 c Biographien

El asesinato de Sandino: documentos testimoniales. Managua: Ministerio de Cultura 1986. 76 S.
Bc 8434

Hodges, Donald C.: Intellectual foundations of the Nicaraguan revolution. Austin, Tex.: Univ. of Texas Pr. 1986. XIII, 378 S.
B 61633   0-292-73843-9

Ortega Saavedra, Daniel: Combatiendo por la paz. México: Siglo XXI Ed. 1988. 281 S.
B 70386   968-23-1460-7

L 447 d Land und Volk

Danneberg, Erika: In Nicaragua. Notizen – Briefe – Reportagen. Wien: Schönbrunn-Verl. 1987. 175 S.
B 66382

Freeland, Jane: Nationalist revolution and ethnic rights: the Miskitu Indians of Nicaragua's Atlantic Coast. In: Third world quarterly. 11 (1989),4, S. 166 – 190.
BZ 4843:1989

L 447 e Staat und Politik

Bastenier, Miguel Angel: Nicaragua: das Jahr Null. In: Europa-Archiv. 45 (1990),12, S. 389 – 396.
BZ 4452:1990

Biver, Nico: Machtpoker nach der Wahl. Chamarro gibt sich konziliant. In: Dritte-Welt. 21 (1990),4, S. 5 – 9.
BZ 05283:1990

Carrera, Alvaro: Nicaragua. Frente sur. Diario de guerra. Caracas: Fondo Ed. „Carlos Aponte" 1987. 128 S.
Bc 8220

Close, David H.: Nicaragua. Politics, economics, and society. London: Pinter 1988. XVII, 221 S.
B 66316

Cruz, Arturo: Nicaragua's continuing struggle. New York, NY: Freedom House 1988. VIII, 63 S.
B 67889

Davis, Peter: Where is Nicaragua? New York: Simon and Schuster 1987. 349 S.
B 67648

Gilbert, Dennis: Sandinistas. The party and the revolution. New York, NY: Blackwell 1988. XIII, 234 S.
B 68489

Grande Preza, José L.: Nicaragua: seis años después. San Salvador: Ed. Epoca 1987. 89 S.
Bc 8694

Honey, Martha; Avirgan, Tony; Hodel, Georg: Das Attentat von La Penca. Zürich: Rotpunkt-Verl. 1988. 217 S.
B 67466

Núñez Soto, Orlando: Transición y lucha de clases en Nicaragua: (1979 – 1986). México: Siglo XXI 1987. 241 S.
B 67421

L 447 f Wehrwesen

Die Contra-Connection. Hrsg.: Christliche Initiative Mittelamerika e.V. Hamburg: Konkret Lit. Verl. 1988. 303 S.
B 66943   3-922144-72-1

Hegmanns, Dirk: Zur Einschätzung des Wirkungsgrades der Contra in Nicaragua. Bielefeld: Universität 1987. 16 S.
Bc 02350

L 447 h Gesellschaft

Medcalf, John: Briefe. Letters from Nicaragua. Catholic Institute for International Relations 1988. 57 S.
Bc 8989

Purcell, Betty: Light after darkness – an experience of Nicaragua. Dublin: Attic Pr. 1989. 160 S.
Bc 9045

L 447 i Geistesleben

Chamorro Cardenal, Jaime: Frente a dos dictaduras: la lucha or la libertad de expresión. San José: Libro Libre 1987. 188 S.
010742   9977-901-62-7

Rius [d.i. Eduardo del Rio García]: Carlos para todos. Managua: Ed. Vanguardia 1987. 111 S.
Bc 7887

L 447 k Geschichte

Rooper, Alison: Fragile victory: a Nicaraguan community at war. London: Weidenfeld and Nicolson 1987. XX, 229 S.
B 65863   0-297-79224-5

Sandino, Augusto Cesar: Patria y libertad: la guerra de Nicaragua. Montevideo: Ed. del Nuevo Mundo 1987. 142 S.
Bc 9639

L 447 l Regionen/ Städte

Mosquitia – die andere Hälfte Nicaraguas: über Geschichte u. Gegenwart d. Atlantikküste. Hrsg.: Klaus Meschkat. Hamburg: Junius Verl. 1987. 317 S.
B 67327   3-88506-155-4

L 449 Panama

Castillero Pimentel, Ernesto: Panamá y los Estados Unidos: 1903 – 1953. Panama 1988. 336 S., CXLI, 82 S.
B 69632

Miller, David Norman: Panama and U.S. policy. In: Global affairs. 4 (1989),3, S. 129 – 147.
BZ 05553:1989

Millett, Richard L.: The aftermath of intervention: Panama 1990. In: Journal of Inter-American studies and world affairs. 32 (1990),1, S. 1 – 15.
BZ 4608:1990

L 451 Paraguay

EE.UU. y el regimen militar paraguayo: (1954 – 1958). Asunción: El Lector 1987. 215 S.
Bc 8380

Fernández Estigarribia, José Félix: La sociedad internacional y el Estado autoriatrio del Paraguay. Asunción: Ed. Araverá 1987. 127 S.
Bc 9104

Ferreira Perez, Saturnino: Proceso político del Paraguay. Una visión desde la prensa. Vol. 1-3. Asunción: El Lector 1986-87. 360; 304; 348 S.
B 67743

Prieto, Justo J.: Constitución y régimen político en el Paraguay. Asunción: El Lector 1987. 348 S.
B 69129

L 453 Peru

L 453 c Biographien

Ensayos sobre Maríategui. Simposio de Nueva York, 12 de diciembre de 1980. Ed.: Victor Berger. Lima: Bibl. Amauta 1987. 186 S.
B 68932

Mariátegui. Unidad de pensamiento y acción. T. 1-2. Seminario internacional. 1986/87. 338; 387 S.
B 67195

Sánnchez, Luis Alberto: Testimonio personal. Memorias de un peruano del siglo XX. T. 1-6. Lima: Mosca Azul Ed. 1987-1988. 327; 388; 282; 268; 396; 302 S.
B 65529

L 453 e Staat und Politik

Andina, Lina: Sendero Luminoso. Das letzte Aufgebot der Revolution. In: Blätter des iz3w. (89-90),162, S. 34 – 40.
BZ 05130:89-90

APRA and the democratic Challenge in Peru. Ed.: Eugenio Chang-Rodriguez. New York, NY: Bildner Center for Western Hemisphere Studies 1988. VIII, 90 S.
Bc 9161

Custers, Geert: Sendero Luminoso: beperkt succes van Peru's guerrilla. In: Internationale spectator. 44 (1990),3, S. 177 – 183.
BZ 05223:1990

Harari, José: Contribución a la historia del ideario del M.L.N. Tupamaros. Análisis critico. Montevideo: Ed. Plural 1987. 442 S.
B 67274

Hurtado Oviedo, Víctor: Hayismo leninismo. Lima: Bahía Ed. 1987. 107 S.
Bc 8224

McClintock, Cynthia: The prospects for democratic consolidation in a „Least Likely" case. Peru. In: Comparative politics. 21 (1989),2, S. 127 – 148.
BZ 4606:1989

Vásquez Bazán, César: La propuesta olvidada. Lima: Okura Ed. 1987. 192 S.
Bc 8693

L 453 f Wehrwesen

Anderson, James: Sendero Luminoso. A new revolutionary model? London: Inst. for the Study of Terrorism 1987. 87 S.
Bc 8982

Fernández Salvatecci, José A.: Fuerza Armada: problema nacional. Lima: Fernández Salvatecci 1987. 39 S.
Bc 8225

L 453 i Geistesleben

Gamarra Romero, Juan Manuel: La reforma universitaria. El movimiento estudiantil de los años veinte en el Perú. Lima: Okura Ed. 1987. XXV, 275 S.
B 68849

Violencia y crisis de valoris en el Perú. Lima: Pontificia Univ. Cat. del Peru, Departamento de Humanidades 1988. 396 S.
B 69128

L 454 Surinam

Chin, Henk E.; Buddingh, Hans: Surinam. Politics, economics and society. London: Pinter 1987. XVII, 192 S.
B 66315

Fernandes Mendes, Hugo: Surinam: military threat and the restoration of democracy. In: Internationale spectator. 43 (1989),11, S. 662 – 668.
BZ 05223:1989

Gelder, Paul van: Tussen leger-groen en oranje boven. De Surinaamse crisis en het gebrek aan ontwikkellingsperspectief. In: Internationale spectator. 44 (1990),3, S. 185 – 193.
BZ 05223:1990

L 455 Uruguay

Ferreira, Juan Raúl: El Partido Nacional y los imperios. Montevideo: Ed. de la Banda Oriental 1987. 100 S.
Bc 9404

Herrera, Luis Alberto de: El Uruguay internacional: secuido de labor diplomatica en Norteamérica; (selección de documentos). Montevideo: Ministerio de Relaciones Exteriores 1988. 444 S.
B 70544

Lerin, François: Historia política de la dictadura uruguaya: (1973 – 1980). Montevideo: Ed. del Nuevo Mundo 1987. 140 S.
Bc 8795

Martinez, José Luis: Uruguay 1989 – Frente Amplio. Montevideo: Puntosur 1988. 151 S.
Bc 9035

Medina Pintado, María del C.: La alemana en el Uruguay: 1850 – 1930. Montevideo: Ed. Gráfico 1988. 282 S.
B 67311

Shoestring top cover ... The Uruguayan force. In: Air international. 39 (1990),2, S. 65 – 80.
BZ 05091:1990

Varela Petito, Gonzalo: De la república liberal al estado militar: crisis política en Uruguay 1968 – 1973. Montevideo: Ed. del Nuevo Mundo 1988. 204 S.
B 70663

Weinstein, Martin: Uruguay. Democracy at the crossroads. Boulder, Colo.: Westview Pr. 1988. XVI, 160 S.
B 67839

L 457 Venezuela

Ellner, Steve: Organized labor's political influence and party ties in Venezuela: Acción Democrática and its labor leadership. In: Journal of Inter-American studies and world affairs. 31 (1989),4, s. 91 – 130.
BZ 4608:1989

Ellner, Steve: Venezuela's Movimiento al Socialismo. From guerrilla defeat to innovative politics. Durham, NC: Duke Univ. Pr. 1988. XVI, 262 S.
B 67803

Ewell, Judith: Debt and politics in Venezuela. In: Current history. 88 (1989),536, S. 121 – 124;147-149.
BZ 05166:1989

Machillanda Pinto, José: Poder político y poder militar en Venezuela: 1958 1986. Caracas: Ed. Centauro 1988. 204 S.
B 71243

Schwartz, Rafael: Los Monjes: conflicto entre Venezuela y Colombia: (la verdad histórica). Caracas: C. Galindo 1987. 99 S.
Bc 8223   980-265-552-X

Venezuela y las relaciones internacionales en la Cuenca del Caribe. Caracas: Inst. Latinoamericano de Investigaciones Sociales 1987. 282 S.
B 65474   980-6077-14-8

Vicente Rangel, José: Los „Perros de la guerra" y el „secreto militar" en Venezuela. Caracas: Ed. Centauro 1988. 352 S.
B 71214   980-263-099-3

L 460 USA

Kronzucker, Dieter; Emmerich, Klaus: Das amerikanische Jahrhundert. Düsseldorf: Econ 1989. 368 S.
B 68547

L 460 c Biographien

– Alley

Snyder, Don J.: A soldier's disgrace: Ronald Alley died trying to clear his name. Dublin, NH: Yankee 1987. 254 S.
B 66760   0-89909-139-3

– Anderson

Harrison, Benjamin T.: Dollar Diplomat. Chandler Anderson and American diplomacy in Mexiko and Nicaragua, 1913-1928. Pullman, Wash.: Washington State Univ. Pr. 1988. XVI, 168 S.
Bc 8978

– **Bellinger**

Coletta, Paolo E.: Patrick N.L. Bellinger and U.S. naval aviation. Lanham: Univ. Pr. of America 1987. X, 466 S.
B 66611

– **Berle**

Schwarz, Jordan A.: Liberal. Adolf A. Berle and the vision of an American era. New York, NY: Free Pr. 1987. XI, 452 S.
B 67165

– **Bush**

Avar, János: George Bush. Ut az elnökséghez. Budapest: Kossuth Könyvkiadó 1989. 124 S.
Bc 8830

Bush, George; Gold, Victor: Blick nach vorn. Bertelsmann 1988. 312 S.
B 67340

– **Carter**

Spencer, Donald S.: The Carter implosion: Jimmy Carter and the amateur style of diplomacy. New York: Praeger 1988. IX, 162 S.
B 68391   0-275-93041-6

– **Chennault**

Byrd, Martha: Chennault. Giving wings to the tiger. Tuscaloosa, Ala.: Univ. of Alabama Pr. 1987. XVII, 451 S.
B 67842

– **Chomsky**

Chomsky, Noam: The Chomsky Reader. Ed.: James Peck. Serpent's Tail 1987. XIX, 492 S.
B 66060   1-85242-117-7

– **Eisenhower**

Brendon, Piers: Eisenhower. Von West Point ins Weiße Haus. München: Heyne Verl. 1988. 735 S.
B 67371

Dwight D. Eisenhower. Soldier, president and statesman. Ed.: Joann P. Krieg. Westport, Conn.: Greenwood Pr. 1987. XI, 366 S.
B 66832

– **Flynn**

Flynn, Elizabeth G.: Words on fire: the life and writing of Elizabeth Gurley Flynn. New Brunswick, NJ: Rutgers Univ. Pr. 1987. XII, 302 S.
B 68037   0-8135-1240-9

– **Fulbright**

Berman, William C.: William Fulbright and the Vietnam War. Kent, Ohio: Kent State Univ. 1988. X, 235 S.
B 67980

– **Garvey**

Marcus Garvey. Life and lessons. Ed.: Robert A. Hill. Berkeley, Calif.: Univ. of California 1987. LXIX, 451 S.
B 66833

– **Goldman**

Walter, Nicolas: Emma Goldman's disillusionment in Russia. In: The raven. 2 (1989),3, S. 232 – 242.
BZ 5019:1989

– **Graham**

Davis, Deborah: Katharine the Great: Katharine Graham and the Washington Post. Bethesda, Md.: National Press 1987. XII, 320 S.
B 69892   0-915765-43-8

– **Haywood**

Dubofsky, Melvyn: 'Big Bill' Haywood. Manchester: Manchester Univ. Pr. 1987. VIII, 184 S.
B 66625   0-7190-2162-6

– **Hiss**

Hiss, Alger: Recollections of a life. New York: Seaver Books 1988. IX, 240 S.
B 69734   0-8050-0612-5

– **Hoopes**

Hoopes, Townsend: Townsend Hoopes on arms control. Lanham: Univ. Pr. of America 1987. IX, 127 S.
B 66583

– **Hoover**

Understanding Herbert Hoover: ten perspectives. Ed.: Lee Nash. Stanford, Calif.: Hoover Inst. 1987. XIII, 196 S.
B 66764   0-8179-8541-7

– **Howard**

Wise, David: The spy who got away. The inside story of the CIA agent who betrayed his country. London: Collins 1988. 288 S.
B 67631

– **Jackson**

Barker, Lucius Jefferson: Our time has come. A delegate's diary of Jesse Jackson's 1984 presidential campaign. Urbana, Ill.: Univ. of Illinois 1988. XVIII, 233 S.
B 66838

– **Kennedy, J. F.**

Kostecki, Wojciech: Dallas ćwierć wieku później. Warszawa: Młodziezowa Agencja Wydawnicza 1988. 249 S.
B 70168

– **Kennedy, R. F.**

Morrow, Robert D.: The senator must die. Santa Monica, Calif.: Roundtable Publ. 1988. IX, 356 S.
B 71286

– **King**

Garrow, David J.: Bearing the cross: Martin Luther King, Jr. New York: Morrow 1986. 800 S.
B 67716   0-688-04794-7

– **Littell**

Littell, Norman M.: My Roosevelt years. Seattle: Univ.of Washington Pr. 1987. XXI, 422 S.
B 66759   0-295-96525-8

– **Little**

Little, Malcolm: The last speeches. Ed.: Bruce Perry. New York: Pathfinder 1989. 189 S.
B 71946

– **MacArthur**

Schaller, Michael: Douglas MacArthur: the Far Eastern general. Oxford: Oxford Univ. Pr. 1989. XI, 320 S.
B 69914   0-19-503886-X

– **Masaoka**

Masaoka, Mike Masaru; Hosokawa, Bill: They call me Moses Masaoka. New York: Morrow 1987. 383 S.
B 66691

– **Messersmith**

Stiller, Jesse H.: George S. Messersmith. Diplomat of democracy. Chapel Hill, NC: Univ. of North Carolina Pr. 1987. XIII, 346 S.
B 66692

– **Nixon**

Casper, Dale E.: Richard M. Nixon: a bibliographic exploration. New York: Garland 1988. IX, 221 S.
B 67300   0-8240-8478-0

– **Nunn**

Nunn, Sam: Sam Nunn on arms control. Lanham: Univ. Pr. of America 1987. X, 326 S.
B 66616

– **Reagan**

Anderson, Martin: Revolution. San Diego, Calif.: Harcourt Brace 1988. XXII, 486 S.
B 67760   0-15-177087-5

Avar, János: Az Elnök szerepében. Budapest: Magvetö Kiadó 1988. 294 S.
B 68201   963-14-1493-0

Fisher, George: „There you go again!". Editorial cartoons of the Reagan years. Fayetteville, Arkansas: The Univ. of Arkansas Pr. 1987. 199 S.
B 66555

Nikonov, V. A.: Ronal'd Rejgan. In: Voprosy istorii. (1989),2, S. 60 – 83.
BZ 05317:1989

– **Roosevelt, A.**

Roosevelt, Archibald Bulloch: For lust of knowing. Memoirs of an intelligence officer. Boston, Mass.: Little, Brown 1988. XIV, 500 S.
B 66283

– **Roosevelt, E.**

Scharf, Lois: Eleanor Roosevelt: first lady of American liberalism. Boston, Mass.: Twayne Publ. 1987. X, 202 S.
B 66570   0-8057-7769-5

– **Roosevelt, F.**

Mal'kov, Viktor Leonidovič: Franklin Ruzvel't. Problemy vnutrennej politiki i diplomatii. Moskva: Mysl' 1988. 350 S.
B 72138

Nisbet, Robert A.: Roosevelt and Stalin: the failed courtship. Washington, DC: Regnery Gateway 1988. 120 S.
B 72008   0-89526-558-3

Simpson, Michael: Franklin D. Roosevelt. Oxford: Blackwell 1989. 90 S.
Bc 8793

Ward, Geoffrey, C.: A first-class temperament: the emergence of Franklin Roosevelt. New York: Harper & Row 1989. XV, 889 S.
B 71856   0-06-016066-7

– **Scott**

Scott, John: Behind the Urals: an American worker in Russia's city of steel. Bloomington, Ind.: Indiana University Pr. 1989. XXV, 306 S.
B 71887   0-253-35125-1

– **Smedley**

MacKinnon, Janice R.; MacKinnon, Stephen R.: Agnes Smedley. Das Leben einer radikalen Frau mit d. unfehlbaren Instinkt, ihre Person in d. Zentrum d. weltweiten politischen u. sozialen Bewegungen ihrer Zeit zu rücken. Zürich: eFeF-Verl. 1989. 421 S.
B 70317

– **Spruance**

Buell, Thomas B.: The quiet warrior. A biography of admiral Raymond A. Spruance. Annapolis, Mass.: Naval Inst. Pr. 1987. XXXVI, 518 S.
B 66824

– **Taylor**

Cannon, Michael W.: Raising the Stakes: the Taylor-Rostow mission. In: The journal of strategic studies. 12 (1989),2, S. 125 – 165.
BZ 4669:1989

– **Truman**

The Harry S. Truman Encyclopedia. Ed.: Richard S. Kirkendall. Boston: Hall 1989. 404 S.
011056

– **Vann**

Sheehan, Neil: A bright shining lie. John Paul Vann and America in Vietnam. London: Cape 1989. 861 S.
B 69286

– **Wilson**

Thorsen, Niels Aage: The political thought of Woodrow Wilson – 1875-1910. Princeton, NJ: Princeton Univ. Press 1988. XIV, 272 S.
B 69744

Utkin, Anatolij Ivanovič: Diplomatija Vudro Vil'sona. Moskva: Meždunar. otnošenija 1989. 320 S.
B 70177

L 460 d Land und Volk

Baker, Lillian: Dishonoring America. The collective guilt of American Japanese. Lawndale, Calif.: Americans for Historical Accuracy 1988. 120 S.
Bc 9200

Bell, Derrick: And we are not saved: the elusive quest for racial justice. New York: Basic Books 1987. XII, 288 S.
B 66669   0-465-00328-1

Breitman, Richard; Kraut, Alan M.: American Refugee Policy and European jewry, 1933-1945. Bloomington, Ind.: Indiana University Pr. 1987. VIII, 310 S.
B 68036

Klayman, Richard: A generation of hope: 1929-1941. Malden, Mass.: Old Suffolk Sqare Pr. 1987. 166 S.
010824   0-932247-01-6

Lowenstein, Steven M.: Frankfurt on the Hudson: the German-Jewish community of Washington Heights, 1933-1983, its structure and culture. Detroit, Mich.: Wayne State Univ. Pr. 1989. 347 S.
B 69660   0-8143-1960-2

Manzanar. John Hersey u.a. New York: Times Books 1988. 167 S.
B 68588

Marcus, Jonathan: Discordant voices: the US Jewish community and Israel during the 1980s. In: International affairs <London>. 66 (1990),3, S. 545 – 558.
BZ 4447:1990

Pomerance, Alan: Tepeal of the blues. Secaucus, NJ: Citadel Press 1988. X, 264 S.
B 70003   0-8065-1105-2

Racism and sexism: an integrated study. New York: St. Martin's Press 1988. XI, 404 S.
B 66560   0-312-01217-9

Sider, Gerald M.: Geschichte, Hoffnung und Hegemonie. Über Kultur bei den Indianer-"Barbaren". In: Geschichtswerkstatt. (1989),8, S. 35 – 43.
BZ 4937:1989

Singer, David: Die gesellschaftlich-politische Lage der Juden in den Vereinigten Staaten. In: Geschichte in Wissenschaft und Unterricht. 40 (1989),11, S. 684 – 691.
BZ 4475:1989

Vigil, Maurilio E.: Hispanics in American politics: the search for political power. Lanham: Univ. Pr. of America 1987. X, 147 S.
B 66693   0-8191-6118-7

Wells, Leon W.: Who speaks for the vanquished?: American Jewish leaders and the holocaust. New York: Lang 1987. XIII, 337 S.
B 67511   0-8204-0728-3

– Farbige

Banerji, Sanjukta: Deferred Hopes: blacks in contemporary America. London: Sangam Books 1987. IX, 399 S.
B 67615

Clark, Hine, Darlene: Den Schleier lüften und die Stille durchbrechen. Die Geschichte der schwarzen Frauen während und nach der Sklaverei. In: Geschichtswerkstatt. (1989),18, S. 25 – 34.
BZ 4937:1989

Hooks, Bell: Talking back. Thinking feminist, thinking black. Boston, Mass.: South End Pr. 1989. 184 S.
Bc 9090

Inniss, Leslie; Feagin, Joe R.: The black „underclass" ideology in race relations analysis. In: Social justice. 16 (1989),4, S. 13 – 34.
BZ 4917:1989

Oliver, William: Black males and social problems. Prevention through afrocentric socialization. In: Journal of black studies. 20 (1989),1, S. 15 – 39.
BZ 4607:1989

Robinson, Jo Ann Gibson: The Montgomery Bus Boycott and the women who started it. Knoxville, Tenn.: Univ. of Tennessee 1989. XV, 190 S.
B 68479

L 460 e Staat und Politik

Baer, Judith A.: Equality under the constitution. Reclaiming the fourteenth amendment. Ithaca, NY: Cornell Univ. 1984. 308 S.
B 66281

Baktiari, Bahman; Moen, Matthew C.: American foreign policy and the Iran-Contra hearings. In: Comparative strategy. 7 (1988),4, S. 427 – 438.
BZ 4686:1988

Before watergate: problems of corruption in American Society. Ed.: Abraham S. Eisenstadt. Brooklyn, NY: Brooklyn College Pr. 1978. XIV, 231 S.
B 66033

Bertrand, Claude-Jean: Les Années soixante 1961-1974. Nancy: Pr. Univ. de Nancy 1989. 215 S.
Bc 9157

Bowman, James S.: Gubernatorial and presidential transitions: an annotated bibliography and resource guide. New York: Garland 1988. XXIV, 113 S.
B 66563   0-8240-7218-9

Elliott, Jeffrey M.; Ali, Sheikh Rustum: The state and local government. Political dictionary. Santa Barbara, Calif.: ABC-Clio Pr. 1988. XIV, 325 S.
B 66188

Falke, Andreas: Eine trügerische Normalität? Amerikanische Innen- und Wirtschaftspolitik und Präsident Bush. In: Aus Politik und Zeitgeschichte. (1989),B 45, S. 25 – 38.
BZ 05159:1989

First use of nuclear weapons: under the Constitution, who decides? Ed.: Peter Raven-Hansen. New York: Greenwood Pr. 1987. XII, 252 S.
B 65828   0-313-25520-2

Gibson, James L.: The policy consequences of political intolerance: political repression during the Vietnam war era. In: Journal of politics. 51 (1989),1, S. 13 – 35.
BZ 4441:1989

Glazer, Myron: The whistleblowers: exposing corruption in government and industry. New York: Basic Books 1989. XVI, 286 S.
B 69950   0-465-09173-3

Hagstrom, Jerry: Beyond Reagan. The new landscape of American politics. New York: Norton 1988. 319 S.
B 66862

Marshall, Jonathan; Scott, Peter Dale; Hunter, Jane: The Iran-Contra connection. Boston, Mass.: South End Pr. 1987. XII, 313 S.
B 68447

Menges, Constantine Christopher: Inside the National Security Council. New York: Simon and Schuster 1988. 418 S.
B 68809

Political issues in American today. Ed.: Philip John Davies. Manchester: Manchester Univ. Pr. 1987. 240 S.
B 65851   0-7190-1490-5

Rekonstruktion amerikanischer Stärke. Sicherheits- und Rüstungskontrollpolitik d. USA während der Reagan-Administration. Hrsg.: Helga Haftendorn. Berlin: Gruyter 1988. 344 S.
B 67113

Scott, Peter Dale: Northwards without North: Bush, counterterrorism, and the continuation of secret power. In: Social justice. 16 (1989),2, S. 1 – 30.
BZ 4917:1989

Smith, Hedrick: The Power Game. How Washington works. New York: Random House 1988. XXII, 793 S.
B 66734

Sowell, Thomas: Compassion versus guilt and other essays. New York: Morrow 1987. 246 S.
B 66678

Stevens, Paul Schott: The National Security Council: past and prologue. In: Strategic review. 17 (1989),1, S. 55 – 62.
BZ 05071:1989

L 460 e 10 Innenpolitik

Buckingham, Peter H.: America sees red. Anti-communism in America 1879s to 1980s. Claremont, Calif.: Regina Books 1988. XII, 253 S.
B 67898

Churchill, Ward: Agents of repression: the FBI's secret wars against the Black Panther Party and the American Indian Movement. Boston, Mass.: South End Pr. 1988. XVI, 509 S.
B 69709   0-89608-294-6

LaRue, L. H.: Political Discourse. A case study of the Watergate affair. Athens, Ga.: Univ. of Georgia Pr. 1988. XI, 172 S.
B 66855

Lerner, Michael: Abschied von den 80er Jahren. Orientierungspunkte für eine neue linke Politik. In: Blätter für deutsche und internationale Politik. 35 (1990),1, S. 108 – 115.
BZ 4551:1990

Martin, David C.: Best laid plans: the inside story of America's war against terrorism. New York: Harper & Row 1988. XXI, 392 S.
B 67762   0-06-015877-8

Newton, Michael: Terrorism in the United States and Europe, 1800-1959: an annotated bibliography. New York: Garland 1988. XI, 508 S.
B 70083   0-8240-5747-3

Das politische System der USA. Bonn: Bundeszentrale f. politische Bildung 1989. 36 S.
Bc 02590

Powell, Scott S.: Covert cadre: inside the Institute for Policy Studies. Ottawa: Green Hill 1987. XVIII, 469 S.
B 69913   0-915463-39-3

Schultz, Bud: It did happen here: recollections of political repression in America. Berkeley, Calif.: Univ. of California 1989. XXIV, 427 S.
B 70024   0-520-06508-5

Schwarz, John E.: America's hidden success: a reasessment of public policy from Kennedy to Reagan. New York: Norton 1988. XVI, 269 S.
B 65768   0-393-30447-7

Zwerman, Gilda: Domestic counterterrorism: U.S. government responses to political violence on the left in the Reagan era. In: Social justice. 16 (1989),2, S. 31 – 63.
BZ 4917:1989

L 460 e 11 Verfassung und Recht

Bolick, Clint: Changing course: civil rights at the crossroads. New Brunswick: Transaction Books 1988. XIV, 152 S.
B 66535   0-88738-179-0

Boyle, Francis A.: The hypocrisy and racism behind the formulation of U.S. human rights foreign policy: in honor of Clyde Ferguson. In: Social justice. 16 (1989),1, S. 71 – 93.
BZ 4917:1989

Haines, Herbert H.: Black Radicals and the civil rights mainstream, 1954-1970. Knoxville, Tenn.: Univ. of Tennessee 1987. XII, 231 S.
B 68474

Kalven, Harry: A worthy tradition: freedom of speech in America. New York: Harper & Row 1988. XXXII, 698 S.
B 66319   0-06-015810-7

National security and the U.S. constitution: the impact of the political system. Ed.: George C. Edwards. Baltimor, Ma.: Johns Hopkins Univ. Pr. 1988. XII, 340 S.
B 68587   0-8018-3684-0

Polenberg, Richard: Fighting faiths. The Abrams case, the Supreme Court, and free speech. New York: Viking 1987. XIV, 431 S.
B 67169

L 460 e 12 Regierung und Verwaltung

„The President needs help". Proceedings of a conference held on Jan. 15, 1987. Ed.: Frederick C. Mosher. Lanham: Univ. Pr. of America 1988. XIV, 83 S.
B 66571

Belin, David W.: Final disclosure: the full truth about the assassination of President Kennedy. New York: Scribner's 1988. XIV, 249 S.
B 68454   0-684-18976-3

Burton, David Henry: The learned Presidency. Theodore Roosevelt, William Howard Taft, Woodrow Wilson. London: Associated University Pr. 1988. 225 S.
B 66726

Ford, Gerald R.: Humor and the presidency. New York: Arbor 1987. 162 S.
B 67627

Kuklick, Bruce: The good Ruler. From Herbert Hoover to Richard Nixon. New Brunswick, NJ: Rutgers Univ. Pr. 1988. X, 202 S.
B 66842

Some views from the campus. Ed.: Frederick C. Mosher. Lanham: Univ. Pr. of America 1987. IX, 119 S.
B 66227

Zwirn, Jerrold: Access to U.S. government information. Guide to executive and legislative authors and authority. Westport, Conn.: Greenwood Pr. 1989. XVI, 158 S.
B 72899

L 460 e 13 Parlamente und Wahlen

Building a new consensus: Congress and foreign policy. In: SAIS review. 9 (1989),2, S. 61 – 71.
BZ 05503:1989

Do elections matter? Ed.: Benjamin Ginsberg. Armonk, NY: Sharpe 1986. 240 S.
B 68506

Gérard, Patrick: L'élection présidentielle américaine de 1984. Paris: Générale de Droit de Jurisprudence 1987. 310 S.
B 66153   2-275-00854-3

Gérard, Patrick: George Bush, président: histoire d'une élection. Nancy: Pr. Univ. de Nancy 1989. 237 S.
Bc 9156

Münzing, Ekkehard: Der amerikanische Präsidentschaftswahlkampf 1988. In: Zeitschrift für Politik. 36 (1989),4, S. 393 – 409.
BZ 4473:1989

Norris, Pippa: The 1988 American elections: long, medium and short-term explanations. In: Political quarterly. 60 (1989),2, S. 204 – 221.
BZ 4611:1989

Wayne, Stephen, J.: The Road to the White House. The politics of presidential elections. New York: St. Martin's Press 1988. XV, 318 S.
B 66858

L 460 e 14 Parteien

Alinsky, Saul David: Rules for radicals. A practical primer for realistic radicals. New York: Vintage Books 1989. XXV, 196 S.
Bc 9320

Arden, Caroline: Getting the donkey out of the ditch: the Democratic Party in search of itself. New York: Greenwood Pr. 1988. X, 178 S.
B 68393   0-313-25838-4

Bailey, Christopher J.: The Republican Party in the US Senate. Manchester: Manchester Univ. Pr. 1988. 166 S.
B 66638

Breines, Wini: Community and organization in the new left, 1962-1968: the great refusal. New Brunswick, NJ: Rutgers Univ. Pr. 1989. XIX, 187 S.
B 71445   0-8135-1402-9

Buhle, Paul: Marxism in the United States: [from 1870 to the present day]; remapping the history of the American left. London: Verso 1987. 299 S.
B 62898   0-86091-848-3

FBI on trial: the victory in the Socialist Workers Party suit against government spying. Ed.: Margaret Jayko. New York: Pathfinder 1988. 260 S.
B 70640   0-87348-532-7

Gorman, Robert A.: Yankee red: nonorthodox Marxism in liberal America. New York: Praeger 1989. XI, 192 S.
B 69684   0-275-92766-0

Gottfried, Paul; Fleming, Thomas: The conservative movement. Boston, Mass.: Twayne Publ. 1988. XV, 140 S.
B 66854

Kline, William G.: The individualist anarchists: a critique of liberalism. Lanham: Univ. Pr. of America 1987. VII, 121 S.
B 66231   0-8191-6395-3

Lieberman, Robbie: „My song is my weapon": People's Songs, American communism, and the politics of culture, 1930-1950. Urbana, Ill.: Univ. of Illinois 1989. XXIII, 201 S.
B 69667   0-252-01559-2

Muravchik, Joshua: U.S. political parties abroad. In: The Washington quarterly. 12 (1989),3, S. 91 – 100.
BZ 05351:1989

Nikonov, Vjačeslav Alekseevič: Respublikancy: ot Niksona k Rejganu. Moskva: Izd. Universiteta 1988. 287 S.
B 72119

Principy funkcionirovanija dvuchpartijnoj sistemy SSA: istorija i sovremennye tendencii. Red.: E. F. Jazykov. Bd. 1. 2. Moskva: Izd. Universiteta 1988/89. 286, 279 S.
B 68696

Reden, Armgard von: Funktionen und Organisation der amerikanischen Parteien in den achtziger Jahren: e. empir. Unters. zur Rekrutierung, Nominierung u. zum Wahlkampf von Kongresskandidaten. Frankfurt: Lang 1988. 502 S.
B 65906   3-8204-0250-0

Sirota, Naum Michajlovič: Kritika konservatizma SSA po problemam vojny, mira i revoljucii. Leningrad: Izd. Leningradskogo universiteta 1987. 158 S.
Bc 7226

Wattenberg, Martin P.: The decline of American political parties: 1952-1984. Cambridge, Mass.: Harvard Univ. Pr. 1986. XXI, 199 S.
B 67258   0-674-19535-3

L 460 e 20 Außenpolitik

Andrianopoulos, Argyris G.: Western Europe in Kissinger's global strategy. London: Macmillan 1988. XIII, 262 S.
B 67121

Beyonnd the Iran-Contra crisis: the shape of U.S. antiterrorism policy in the post-Reagan era. Ed.: Neil C. Livingstone. Lexington: Lexington Books 1988. XII, 339 S.
B 67073   0-669-16466-6

Brands, H. W.: Cold warriors: Eisenhower's generation and American foreign policy. New York: Columbia Univ. Pr. 1988. XII, 252 S.
B 70294   0-231-06526-4

Central America and the Reagan doctrine. Ed.: Walter F. Hahn. Lanham: Univ. Pr. of America 1987. XVI, 318 S.
B 66556

Chomsky, Noam: The culture of terrorism. London: Pluto Pr. 1988. 269 S.
B 66649   0-7453-0269-6

Containment. Concept and policy. Ed.: Terry L. Deibel. Washington, DC: National Defense Univ. Pr. 1986. IX, 746 S.
B 65274

Essays in twentieth century American diplomatic history dedicated to Professor Daniel M. Smith. Ed.: Clifford L. Egan. Lanham: Univ. Pr. of America 1982. XII, 225 S.
B 72325   0-8191-2126-6

Falk, Richard: United States foreign policy as an obstacle to realizing the rights of peoples. In: Social justice. 16 (1989),1, S. 57 – 70.
BZ 4917:1989

Ferrell, Robert H.: American diplomacy: the twentieth century. New York, NY: Norton 1988. XVI, 427 S.
B 66128   0-393-95609-1

Galbraith, Evan G.: Ambassador in Paris. The Reagan years. Washington, DC: Regnery Books 1987. XV, 160 S.
B 68468

Gibbs, Christopher C.: The great silent majority: Missouri's resistance to World War I. Columbia, Mo.: Univ. of Missouri Pr. 1988. IX, 174 S.
B 69666 0-8262-0683-2

Gill, Stephen: American hegemony and the Trilateral Commission. Cambridge: Cambridge Univ. Pr. 1990. XIII, 304 S.
B 72257 0-521-36286-5

Hartmann, Jürgen: Die Außenpolitik der Weltmächte. Eine Einführung. Frankfurt: Campus Verl. 1988. 295 S.
B 66276

Herz, Dietmar: Frieden durch Handel. Zur Außen- und Außenwirtschaftspolitik der Rooseveld-Administration. Frankfurt: Lang 1987. 259 S.
B 66366

Hoffmann, Stanley: La politique étrangère des États-Unis. In: Défense nationale. 46 (1990),4, S. 23 – 30.
BZ 4460:1990

Hulett, Louisa S.: From cold wars to star wars. Debates over defense and detente. Lanham: Univ. Pr. of America 1988. VII, 248 S.
B 67974

Hunt, Michael H.: American decline and the great debate: a historical perspective. In: SAIS review. 10 (1990),2, S. 27 – 40.
BZ 05503:1990

Kennedy's quest for victory. American foreign policy, 1961-1963. New York, NY: Oxford Univ. Pr. 1989. IX, 407 S.
B 69784

Kepley, David R.: The Collapse of the middle way. Senate republicans and the bipartisan foreign policy, 1948-1952. Westport, Conn.: Greenwood Pr. 1988. XI, 197 S.
B 66731

Kolko, Gabriel: Confronting the third world: United States foreign policy 1945-1980. New York, NY: Pantheon Books 1988. XIII, 332 S.
B 72334 0-394-75933-8

Krapels, Edward N.: Revitalizing U.S. oil security policy. In: SAIS review. 9 (1989),2, S. 185 – 201.
BZ 05503:1989

Kunovjánek, Vladimír: K vývoji Americké Zahraniční politiky po zvolení George Bushe. In: Ceskoslovenskỳ casopis historickỳ. 37 (1989),6, S. 801 – 829.
BZ 4466:1989

Landau, Saul: The dangerous doctrine: national security and U.S. foreign policy. Boulder, Colo.: Westview Pr. 1988. 205 S.
B 67061 0-8133-7506-1

Lewy, Guenter: Peace and revolution. The moral crisis of American pacifism. Grand Rapids, Mich.: Eerdmans 1988. X, 283 S.
B 67976

Lieber, Robert J.: Eagle revisited: a reconsideration of the Reagan era in USA foreign policy. In: The Washington quarterly. 12 (1989),3, S. 115 – 126.
BZ 05351:1989

Lowe, James T.: Our colonial heritage: diplomatic and military. Lanham: Univ. Pr. of America 1987. X, 326 S.
B 67070

Mal'kov, V. P.: Diplomatija SSA nakanune i posle Mjunchena. In: Voprosy istorii. (1988),10, S. 26 – 43.
BZ 05317:1988

Meiers, Franz-Josef: Von der Entspannung zur Konfrontation: d. amerikan. Sowjetpolitik im Widerstreit von Innen- u. Aussenpolitik 1969-1980. Bochum: Studienverl. Brockmeyer 1987. XII, 449 S.
B 67806   3-88339-630-3

Melanson, Richard A.: Action history, declaratory history, and the Reagan years. In: SAIS review. 9 (1989),2, S. 255 – 246.
BZ 05503:1989

National Interest, Rhetoric, leadership, and policy. Ed.: David W. Clinton. Lanham: Univ. Pr. of America 1988. XVI, 105 S.
B 67973

Newsom, David D.: Diplomacy and the American democracy. Bloomington, Ind.: Indiana University Pr. 1988. 226 S.
B 66728

Ninkovich, Frank A.: The diplomacy of ideas. U.S. foreign policy and cultural relations, 1938-1950. Cambridge: Cambridge Univ. Pr. 1981. X, 253 S.
B 66739

Nixon, Richard Milhouse: 1999. Victory without war. New York: Simon and Schuster 1988. 336 S.
B 67645

Paterson, Thomas G.: Meeting the Communist threat: Truman to Reagan. Oxford: Oxford Univ. Pr. 1988. XIV, 317 S.
B 66881   0-19-504533-5

Pumpjanskij, Aleksandr Borisovič: Alexander Pumpjanski. Washingtoner Kreuzung. Moskau: APN-Verl. 1988. 70 S.
Bc 7842

Rabe, Stephen G.: Eisenhower and Latin America: the foreign policy of anticommunism. Chapel Hill, NC: Univ. of North Carolina Pr. 1988. 237 S.
B 66753   0-8078-1761-9

Ravenal, Earl C.: Large-scale foreign Policy Change: the Nixon doctrine as history and portent. Berkeley, Calif.: Inst. of Internat. Studies 1989. VIII, 89 S.
Bc 9133

The Reagan foreign policy: [a foreign affairs reader]. Ed.: William G. Hyland. New York: New American Library 1987. XIX, 268 S.
B 66326   0-452-00889-1

Rosenberg, Emily S.: World War I and the growth of the United States predominance in Latin America. New York: Garland 1987. 264 S.
B 66710

Rubin, Barry: Religion and international affairs. In: The Washington quarterly. 13 (1990),2, S. 51 – 63.
BZ 05351:1990

Schmiegelow, Henrik: Idealismus und Realismus in der amerikanischen Außenpolitik. In: Außenpolitik. 40 (1989),1, S. 16 – 30.
BZ 4457:1989

Schneider, James C.: Should America go to war? The debate over foreign policy in Chicago, 1939-1941. Chapel Hill, NC: Univ. of North Carolina Pr. 1989. XX, 289 S.
B 69837   0-8078-1801-1

Smith, Hedrick: Foreign-policy making in Washington. In: International affairs <Moscow>. (1990),2, S. 43 – 55.
BZ 05208:1990

Tonelson, Alan: America in a multipolar world – whatever that is. In: SAIS review. 9 (1989),2, S. 45 – 59.
BZ 05503:1989

Vick, Alan J.: Building confidence during peace and war. In: Defense analysis. 5 (1989),2, S. 97 – 113.
BZ 4888:1989

Wooley, Wesley T.: Alternatives to anarchy. American supranationalism since World War II. Bloomington, Ind.: Indiana University Pr. 1988. XI, 244 S.
B 67885

L 460 e 23 Sicherheitspolitik

Boll, Michael M.: National Security Planning. Roosevelt through Reagan. Lexington, Ky.: Univ. Pr. of Kentucky 1988. XI, 271 S.
B 68472

Brown, Harold: The United States and Japan: high tech is foreign policy. In: SAIS review. 9 (1989),2, S. 1 -18.
BZ 05503:1989

Buckley, Thomas H.: American foreign and national security policies, 1914-1945. Knoxville, Tenn.: Univ. of Tennessee 1987. VIII, 210 S.
B 66690   0-87049-539-9

Bureaucratic politics and national security: theory and practice. Ed.: David C. Kozak. Boulder, Colo.: Rienner 1988. XV, 504 S.
B 68398   0-931477-91-3

Chace, James; Carr, Caleb: America invulnerable. The quest for absolute security from 1812 to star wars. New York, NY: Summit Books 1988. 367 S.
B 66879

Cohen, Richard; Wilson, Peter A.: Toward a U.S. national security strategy for the 1990s: Assuring 21st. Century competitiveness. In: Comparative strategy. 8 (1989),1, S. 21 – 53.
BZ 4686:1989

The development of American strategic thought 1945-1969. Ed.: Marc Trachtenberg. New York: Garland 1987-88. 601, 272.
B 66865

Hecht, James L.; Oliver, James K.: Savings, capital formation, and national security. In: SAIS review. 9 (1989),2, S. 111 – 128.
BZ 05503:1989

Herzfeld, Charles: Technology and national security: restoring the U.S. edge. In: The Washington quarterly. 12 (1989),3, S. 171 – 183.
BZ 05351:1989

Hunter, Robert Edwards: Organizing for national security. Washington, DC: Center for Strategic and International Studies 1988. VIII, 46 S.
Bc 9189

Kanwisher, Nancy: Cognitive heuristics and American security policy. In: The journal of conflict resolution. 33 (1989),4, S. 652 – 675.
BZ 4394:1989

López, Ernesto: Seguridad nacional y sedición militar. Buenos Aires: Ed. Legasa 1987. 193 S.
B 68410   950-600-093-X

Phillips, Robert L.: The normative basis of U.S. security policy. In: Global affairs. 4 (1989),3, S. 95 – 108.
BZ 05553:1989

Richardson, Robert C.: Risks and implications of a fading threat. In: The journal of social, political and economic studies. 14 (1989),4, S. 415 – 432.
BZ 4670:1989

L 460 e 29 Außenpolitische Beziehungen

Adwan, Mustafa A. Al; Kamath, P. M.: The US-PLO dialogue: breakthrough in the Middle East conflict or another manoeuvre? In: Strategic analysis. 12 (1989),5, S. 563 – 583.
BZ 4800:1989

Africa in the 1990s and beyond U.S. policy opportunities and choices. Ed.: Robert I. Rotberg. Algonac, Mich.: Reference Publ. 1988. 309 S.
B 68577

Baker, Pauline H.: The American challenge in Southern Africa. In: Current history. 88 (1989),538, S. 209 – 212; 245 – 246.
BZ 05166:1989

Blasier, Cole: The giant's rival. The USSR and Latin America. Pittsburgh, Pa.: Univ. of Pittsburgh Pr. 1987. XV, 240 S.
B 67981

Buve, Raymond: Honderdjaar problemen in de achtertuin: de Amerikaanse Midden-Amerikapolitiek. In: Internationale spectator. 44 (1990),2, S. 66 – 73.
BZ 05223:1990

David, Steven R.: Why the Third World matters. In: International security. 14 (1989),1, S. 50 – 85.
BZ 4433:1989

Farer, Tom J.: The grand strategy of the United States in Latin America. New Brunswick: Transaction Books 1988. XXXII, 294 S.
B 66541   0-88738-155-3

Farer, Tom J.: The United States as guarantor of democracy in the Caribbean basin: is there a legal way? In: The Jerusalem journal of international relations. 11 (1989),3, S. 40 – 63.
BZ 4756:1989

Fauriol, Georges A.: The third century: U.S. Latin American policy choices for the 1990s. Washington, DC: Center for Strategic and International Studies 1988. XVIII, 39 S.
Bc 9252

Gerster, Florian; Masyk, Eva-Maria: Partnerschaft im Wandel. Die sicherheitspolitischen Beziehungen zwischen den USA und Westeuropa. In: Aus Politik und Zeitgeschichte. (1989),B 45, S. 3 – 13.
BZ 05159:1989

Hitchcock, David I.: The United States in a changing Pacific Rim: Asian perceptions and the U.S. response. In: The Washington quarterly. 12 (1989),4, S. 123 – 138.
BZ 05351:1989

Hormats, Robert D.: Redefining Europe and the Atlantic link. In: Foreign affairs. 68 (1989),4, S. 71 – 91.
BZ 05149:1989

Hunter, Robert E.: The United States role in the Middle East. In: Current history. 89 (1990),544, S. 49 – 52; 88 – 89.
BZ 05166:1990

Intervention in the 1980s: U.S. foreign policy in the Third World. Ed.: Peter J. Schraeder. Boulder, Colo.: Rienner 1989. XIX, 351 S.
B 69794   1-55587-070-8

Johnson, Robert H.: The Persian Gulf in US strategy. In: International security. 14 (1989),1, S. 122 – 160.
BZ 4433:1989

Kelly, James A.: The United States in Southeast Asia: A political security agenda. In: The Washington quarterly. 12 (1989),4, S. 113 – 121.
BZ 05351:1989

Kreisberg, Paul H.: The U.S. and Asia in 1989. In: Asian survey. 30 (1990),1, S. 13 – 24.
BZ 4437:1990

Lynch, Allen: Stany Zjednoczone a Europa Wschodnia: w poszukiwaniu polityki. In: Sprawy międzynarodowe. 42 (1989),5, S. 47 – 62.
BZ 4497:1989

MacEoin, Gary: Central America's options. Death or life. Kansas City: Sheed & Ward 1988. 130 S.
Bc 8980

Neumann, Robert G.; Hunter, Shireen T.; Axelgard, Frederick W.: Revitalizing U.S. leadership in the Middle East. Washington, DC: Center for Strategic and International Studies 1988. X, 38 S.
Bc 9253

Newson, David D.: After the Cold War: U.S. interest in Sub-Saharan Africa. In: The Washington quarterly. 13 (1990),1, S. 99 – 114.
BZ 05351:1990

Perry, William J.: In search of a Latin America policy: the elusive quest. In: The Washington quarterly. 13 (1990),2, S. 125 – 134.
BZ 05351:1990

Siemens, Wolf-Rüdiger: Neue Herausforderungen für die Europapolitik der USA. In: IPW-Berichte. 19 (1990),5, S. 1 – 6.
BZ 05326:1990

SSA i obščeevropejskij process. Red.: Ju. P. Davydov. Moskva: Nauka 1989. 155 S.
Bc 8716

Thornton, Thomas Perry: The regional influentials: perception and reality. In: SAIS review. 9 (1989),2, S. 247 – 260.
BZ 05503:1989

Tichookeanskaja Bezopasnost'. Moskva: Nauka 1987. 142 S.
Bc 7211

Tulchin, Joseph S.: Los Estados Unidos y America Latina en la decada del 60. In: Estudios internacionales. 21 (1988),4, S. 462 – 497.
BZ 4936:1988

U.S. Middle East policy: the domestic setting. Boulder, Colo.: Westview Pr. 1988. 85 S.
Bc 9134

United States Policy in Latin America. A quarter century of crisis and challenge 1961-1986. Ed.: John D. Martz. Lincoln, Neb.: Univ. of Nebraska Pr. 1988. XXI, 336 S.
B 68134

VanDenHaag, Ernest: U.S. ends and means in Central America: a debate. New York: Plenum 1988. XII, 241 S.
B 67799   0-306-42857-1

Wiarda, Howard J.: Finding our way? Toward maturity in U.S.-Latin American relations. Washington, DC: American Enterprise Inst. f. Publ. Policy Research 1987. XVI, 286 S.
B 68768

Wiarda, Howard J.; Wiarda, Ieda Siqueira: The United States and South America: the challenge of fragile democracy. In: Current history. 88 (1989),536, S. 113 – 116; 151 – 152.
BZ 05166:1989

Young, Ronald J.: Missed oportunities for peace: U.S. Middle East policy 1981-1986; a report prepared for the American Friends Service Committee. Philadelphia: American Friends Service Committee 1987. VIII, 192 S.
B 66751   0-910082-11-1

– **Ägypten**

Bumbacher, Beat: Die USA und Nasser: amerikan. Ägypten-Politik d. Kennedy- u. Johnson-Administration; 1961-1967. Steiner 1987. 308 S.
B 66801   3-515-05008-6

Wahab Sayed-Ahmed, Muhammad Abd el-: Nasser and American foreign policy 1952-1956. London: LAAM 1989. 224 S.
B 68419

– **Angola**

McFaul, Michael: Rethinking the „Reagan Doctrine" in Angola. In: International security. 14 (1989/90),3, S. 99 -135.
BZ 4433:1989/90

– **Australien**

Young, Thomas-Durell: The Australian-United States strategic relationship: merely an issue of suitable real estate? In: Comparative strategy. 8 (1989),1, S. 125 – 138.
BZ 4686:1989

– **Bundesrepublik Deutschland**

Hanrieder, Wolfram F.: Vierzig Jahre deutsch-amerikanisches Bündnis. In: Außenpolitik. 40 (1989),2, S. 156 – 192.
BZ 4457:1989

Mazur, Zbigniew: Polityka administracji Ronalda Reagana wobec Republiki Federalnej Niemiec (1981-1984). In: Przeglad zachodni. 43 (1987),3, S. 53 – 86.
BZ 4487:1987

Smyser, W. R.: Restive partners: West Germany and the United States face a new era. In: The Washington quarterly. 13 (1990),1, S. 17 – 25.
BZ 05351:1990

– **China**

Cline, Ray S.: New realities for America's China policy. In: Strategic review. 17 (1989),4, S. 31 – 35.
BZ 05071:1989

Fairbank, John King: The United States and China. Cambridge, Mass.: Harvard Univ. Pr. 1983. XXVI, 632 S.
B 67395

Gregor, Anthony James: Arming the dragon. U.S. security ties with the People's Republic of China. Washington, DC: Ethics and Public Policy Center 1987. XI, 128 S.
B 66589

Hwang, Byong-Moo: The evolution of U.S.-China security relations and its implications for the Korean peninsula. In: Asian perspective. 14 (1990),1, S. 69 – 90.
BZ 4889:1990

Lord, Winston: China and America: beyond the big chill. In: Foreign affairs. 68 (1989),4, S. 1 – 26.
BZ 05149:1989

– Griechenland

Roubatis, Yiannis P.: Tangled webs: the U.S. in Greece, 1947-1967. New York, NY: Pella 1987. 228 S.
B 67052   0-918618-34-7

– Großbritannien

Lincove, David A.: The Anglo-American relationship: an annotated bibliography of scholarship, 1945-1985. New York: Greenwood Pr. 1988. XIII, 415 S.
B 68590   0-313-25854-6

– Iran

Bill, James A.: The Eagle and the lion: the tragedy of American-Iranian relations. New Haven: Yale Univ. Pr. 1988. XIII, 520 S.
B 67097   0-300-04097-0

Taheri, Amir: Nest of spies. America's journey to disaster in Iran. London: Hutchinson 1988. 314 S.
B 66716

– Israel

Green, Stephen: Living by the sword: America and Israel in the Middle East 1968-87. London: Faber and Faber 1988. XII, 279 S.
B 66682   0-571-15047-0

Katz, Samuel: Interdependence in U.S.-Israeli relations. In: Global affairs. 4 (1989),2, S. 84 – 96.
BZ 05553:1989

– Italien

Miller, James Edward: Roughhouse diplomacy: the United States confronts Italian communism, 1945-1958. In: Storia delle relazioni internazionali. 5 (1989),2, S. 279 – 311.
BZ 4850:1989

– Japan

Frost, Ellen L.: For richer, for poorer. The new U.S.-Japan relationship. New York: Council on Foreign Relations 1987. XIII, 199 S.
B 66811

Garten, Jeffrey E.: Japan and Germany: American concerns. In: Foreign affairs. 68 (1989),5, S. 84 – 101.
BZ 05149:1989

Kataoka, Tetsuya; Myers, Ramon H.: Defending an economic superpower. Reassessing the US-Japan security alliance. Boulder, Colo.: Westview Pr. 1989. IX, 120 S.
Bc 8914

Otte, Max: Herausforderungen für das amerikanisch-japanische Verhältnis. In: Europa-Archiv. 45 (1990),17, S. 521 – 530.
BZ 4452:1990

Polomka, Peter: U.S.-Japan: beyond the cold war. In: Asian perspective. 14 (1990),1, S. 171 – 186.
BZ 4889:1990

– **Kuba**

Brenner, Philip: From confrontation to negotiation. Boulder, Colo.: Westview Pr. 1988. X, 118 S.
B 67794

Smith, Wayne S.: Washington's quarrel with Castro. In: SAIS review. 9 (1989),2, S. 165 – 183.
BZ 05503:1989

Subject to solution: problems in Cuban-U.S. relations. Ed.: Wayne S. Smith. Boulder, Colo.: Rienner 1988. XVI, 158 S.
B 68392   1-55587-127-5

– **Mexiko**

The Congress and Mexico: bordering on change. Washington, DC: Center for Strategic and International Studies 1989. XVII, 44 S.
Bc 9358

– **Nicaragua**

Harrisson, Pierre; Lagnaux, J. P.; Mehrmann, C.: Etats-Unis contra Nicaragua. Genève: Center Europe-Tiers Monde 1988. 265 S.
B 67592

– **Pakistan**

Malik, Iftikhar H.: The Pakistan-U.S. security relationship. Testing Bilateralism. In: Asian survey. 30 (1990),3, S. 284 – 297.
BZ 4437:1990

– **Polen**

Winid, Bogusław: Posłowie polscy w Stanach Zjednoczonych w latach 1919-1929. In: Dzieje najnowsze. 21 (1989),4, S. 3 – 23.
BZ 4685:1989

– **Puerto Rico**

Perusse, Roland I.: The United States and Puerto Rico: decolonization options and prospects. Lanham: Univ. Pr. of America 1987. XIII, 177 S.
B 65844   0-8191-6657-X

– **Türkei**

Rustow, Dankwart A.: Turkey – America's forgotten ally. New York: Council on Foreign Relations 1987. XIV, 154 S.
B 66287

– **UdSSR**

Bialer, Seweryn: The global rivals: [The 40 year contest between America and the Soviet Union; a companion book to the public television series]. New York: Knopf 1988. 210 S.
B 68589   0-394-57194-0

Czempiel, Ernst-Otto: Machtprobe: d. USA u. d. Sowjetunion in d. achtziger Jahren. München: Beck 1989. 426 S.
B 68774   3-406-33625-6

Heyns, Terry L.: American and Soviet relations since détente. Washington, DC: National Defense Univ. Pr. 1987. XXIII, 244 S.
B 66920

Neil Macfarlane, S.: Superpower rivalry in the 1990s. In: Third world quarterly. 12 (1990),1, S. 1 – 25.
BZ 4843:1990

New issues in international crisis management. Ed.: Gilbert R. Winham. Boulder, Colo.: Westview Pr. 1988. X, 258 S.
B 66575   0-8133-7295-X

Payne, Richard J.: Opportunities and dangers of Soviet-Cuban expansion: toward a pragmatic U.S. policy. Albany, NY: State Univ. of New York 1988. XV, 261 S.
B 67791   0-88706-796-4

Sovetsko-amerikanskaja Vstreče na vysšem urovne, Zeneva, 19-21 nojabrja 1985 g. Moskva: Politizdat 1985. 79 S.
Bc 6060

U.S. Policy toward the Soviet Union. A long term western perspective. Ed.: Andrew J. Goodpaster. Lanham: Univ. Pr. of America 1988. XII, 252 S.
B 67886

Weiss, Seymour: U.S.-Soviet detente: the collision of hope and experience. In: Strategic review. 17 (1989),1, S. 16 – 24.
BZ 05071:1989

– Vietnam

Gardner, Lloyd C.: Approaching Vietnam: from World War II through Dienbienphu, 1941-1954. New York: Norton 1988. 440 S.
B 68002   0-393-02540-3

L 460 f Wehrwesen

Atkinson, Rick: The long gray line. London: Collins 1990. XIII, 592 S.
B 71177   0-00-215499-4

Bernstein, Thomas: Hochtechnologie, Rüstungsforschung und -entwicklung der USA Weg ins qualitative Wettrüsten. In: Militärwesen. 1990, 3. S. 76-81.
BZ 4485:1990

Coats, Wendell: The malingering McNamara model for the use of U.S. military force. In: Strategic review. 17 (1989),4, S. 18 – 30.
BZ 05071:1989

International ethics in the nuclear age. Ed.: Robert J. Myers. Lanham: Univ. Pr. of America 1987. 369 S.
B 68461

Motley, James B.: US unconventional conflict policy and strategy. In: Military review. 70 (1990),1, S. 2 – 16.
BZ 4468:1990

Puryear, Edgar F.: Nineteen stars: a study in military character and leadership. Novato, Calif.: Presidio Pr. 1987. XVIII, 437 S.
B 66282   0-89141-148-8

Richardson, Robert C.: How to absorb defense cuts safely. In: The journal of social, political and economic studies. 15 (1990),1, S. 3 – 23.
BZ 4670:1990

Sabrosky, Alan Ned: Border Wars. In: The journal of social, political and economic studies. 14 (1989),4, S. 433 – 442.
BZ 4670:1989

Sloan, Stephen: An enduring legacy or passing fad? In: Military review. 70 (1990),1, S. 42 – 49.
BZ 4468:1990

Vought, Donald B.; Babb, Michael A.: Support for insurgencies. Nike or Nemesis? In: Military review. 70 (1990),1, S. 17 – 31.
BZ 4468:1990

Watts, Max: US-Army – Europe. Von der Desertion zum Widerstand in der Kaserne. Berlin: Kater 1989. 108 S.
Bc 8735

L 460 f 00 Wehr- und Rüstungspolitik

Dempsey, David B.; Mott, William H.: US defence contracts. London: Longman 1987. 119 S.
010801   0-85121-139-9

Ferrari, Paul L.; Madrid, Raúl L.; Knopf, Jeff: U.S. Arms Exports: policies and contractors. Cambridge, Mass.: Ballinger 1988. XX, 475 S.
010786

Gray, Robert C.: The Bush administration and mobile ICBM. A framework for evalution. In: Survival. 31 (1989),5, S. 415 – 431.
BZ 4499:1989

Huffschmid, Jörg: Friedensdividende? Amerikanische Diskussion und Entwicklungsperspektiven nach dem Ende des Kalten Krieges. In: Blätter für deutsche und internationale Politik. (1990),8, S. 920 – 929.
BZ 4551:1990

Kotz, Nick: Wild blue Yonder. Money, politics, and the B-1 Bomber. New York, NY: Pantheon Books 1988. IX, 313 S.
B 67894

Moran, Theodore, H.: The globalization of America's defense industries. Managing the threat of foreign dependence. In: International security. 15 (1990),1, S. 57 – 99.
BZ 4433:1990

L 460 f 01 Wehrpolitik

Boyer, Yves: La politique de défense des États-Unis: l'Après-Guerre Froide. In: Défense nationale. 46 (1990),4, S. 31 – 44.
BZ 4460:1990

Brzezinski, Zbigniew: Planspiel. Das Ringen d. Supermächte u. d. Welt. Erlangen: Straube 1989. 290 S.
B 68182

Coats, Dan: U.S. defense policy and the emerging European security environment. In: Strategic review. 18 (1990),1, S. 9 – 15.
BZ 05071:1990

Deibel, Terry L.: Grand strategy lessons for the Bush administration. In: The Washington quarterly. 12 (1989),3, S. 127 – 138.
BZ 05351:1989

The foreign and domestic Dimensions of modern warfare. Vietnam, Central America, and nuclear strategy. Ed.: Howard Jones. Tuscaloosa: Univ. of Alabama Pr. 1988. 209 S.
B 67816

Kolodziej, Edward A.: United States defense policy: new answers for old questions. In: Defense analysis. 5 (1989),3, S. 183 – 205.
BZ 4888:1989

Krzeszowski, Henryk: O amerykanskich Silach zbrojnych. Wydawn. Min. Obrony 1987. 213 S.
B 63850

Pjadyšev, Boris Dmitrievič: Tret'ja Mirovaja – v bestsellerach i ne tol'ko. Moskva: Nauka 1985. 188 S.
Bc 6063

Schwartzman, David: Games of chicken. Four decades of U.S. nuclear policy. New York: Praeger 1988. XI, 232 S.
B 66580

Shafer, D. M.: Deadly paradigms: the failure of U.S. counterinsurgency policy. Princeton, NJ: Princeton Univ. Press 1988. XIII, 331 S.
B 66765 0-691-07774-6

Solomon, Russell: The Role of Japan in United States strategic policy for Northeast Asia. Canberra: Australian National Univ. 1986. 172 S.
Bc 8686

Van Cleave, William R.: The U.S.-Soviet military balance and arms control. In: Global affairs. 4 (1989),2, S. 1 – 18.
BZ 05553:1989

Voenno-techničeskaja Politika SSA v 80-e gody. Red.: Andrej Afanas'evič Kokošin. Moskva: Nauka 1989. 207 S.
Bc 9041

L 460 f 02 Wehrorganisation

Bernaldez, Pedro B.: The state in compromise: the US military bases in the Philippines. In: Asian perspective. 13 (1989),2, S. 89 – 109.
BZ 4889:1989

Duke, Simon: United States military forces and installations in Europe. Oxford: Oxford Univ. Pr. 1989. XXVI, 435 S.
B 70834 0-19-829132-9

Gates, David: American strategic bases in Britain: the agreements governing their use. In: Comparative strategy. 8 (1989),1, S. 99 – 123.
BZ 4686:1989

Gold, Dore: America, the Gulf and Israel: CentCom (Central Command) and emerging US regional security policies in the Mideast. Boulder, Colo.: Westview Pr. 1988. 118 S.
Bc 9121

Gregg, David W.: Beyond star wars: protection in time! Moraga, Calif.: Gregg 1986. 347 S.
B 65837

Sloan, G. R.: Geopolitics in United States strategic policy, 1890-1987. Brighton: Wheatsheaf 1988. XIV, 255 S.
B 66646

Toward a consensus on military Service. Report of the Atlantic Council's working group on military service. New York, NY: Pergamon Pr. 1986. XXI, 322 S.
B 66741

L 460 f 03 Militärhilfe/Waffenhandel

Bell, Bowyer J.: Revolutionary insurgency: the threat to this generation waiting for the fat lady to sing. In: Conflict. 9 (1989),3, S. 251- 270.
BZ 4687:1989

Laufer, Leopold Yehuda: Changing perspectives in the distribution of US foreign aid. In: The Jerusalem journal of international relations. 11 (1989),3, S. 26 – 39.
BZ 4756:1989

L 460 f 05 Kriegswesen

Barry, Deborah; Castro, Rodolfo; Vergara, Raúl: La Guerra total. La nueva ideología contrainsurgente en Centroamérica. Managua: CRIES 1987. 64 S.
Bc 02447

Berryman, Sue E.: Who serves?: the persistent myth of the underclass army. Boulder, Colo.: Westview Pr. 1988. X, 127 S.
B 66917   0-8133-7184-8

The changing U.S.-Soviet strategic balance. In: Global affairs. 5 (1990),2, S. 5 – 24.
BZ 05553:1990

Delaney, William, P.: Air defense of the United States. Strategic missions and modern technology. In: International security. 15 (1990),1, S. 181 – 211.
BZ 4433:1990

Kane, Francis X.; Meyer, Stewart C.; Howe, James R.: Strategic defenses and deterrence: a strategic-operational assessment. In: Strategic review. 17 (1989),1, S. 41 – 54.
BZ 05071:1989

Katz, Mark N.: Evolving Soviet perceptions of U.S.strategy. In: The Washington quarterly. 12 (1989),3, S. 157 – 167.
BZ 05351:1989

Layne, Christopher: Realism redux: strategic independence in a multipolar world. In: SAIS review. 9 (1989),2, S. 19 – 44.
BZ 05503:1989

Metge, Pierre: La doctrine américaine d'intervention dans la crise des représentations. In: Stratégique. 44 (1989),4, S. 5 – 39.
BZ 4694:1989

Payne, Keith B.; Find, Lawrence R.: Deterrence without defense: Gambling on perfection. In: Strategic review. 17 (1989),1, S. 25 – 40.
BZ 05071:1989

Smith, Keith: Economic and technological implications of 'discriminate deterrence'. In: Bulletin of peace proposals. 20 (1989),2, S. 205 – 217.
BZ 4873:1989

Walt, Stephen W.: The case for finite containment. Analyzing US grand strategy. In: International security. 14 (1989),1, S. 5 – 49.
BZ 4433:1989

Geheimer Nachrichtendienst/ Spionage/Abwehr

Casey, William: The secret war against Hitler. Washington, DC: Regnery Gateway 1988. XVI, 304 S.
B 68128

Ellis, Rafaela: The Central Intelligence Agency. New York, NJ: Chelsea House 1988. 92 S.
B 66528   0-87754-831-5

Holzman, Franklyn D.: Politics and guesswork. CIA and DIA estimates of Soviet military spending. In: International security. 14 (1989),2, S. 101 – 131.
BZ 4433:1989

Intelligence Support on arms control. US Governm. Pr. Off. 1987. 67 S.
Bc 02421

Jakovlev, Nikolaj N.: Tusmrkets Helte. CIA's usynlige krig mod Sovjetunionen. København: Sputnik 1986. 302 S.
B 66345

Kessler, Ronald: Spy vs. spy. Stalking Soviet spies in America. New York: Scribner's 1988. IX, 308 S.
B 67804

Kruh, Louis: Why was Safford pessimistic about breaking the German enigma cipher machine in 1942? In: Cryptologia. 14 (1990),3, S. 253 – 257.
BZ 05403:1990

Maškin, Valentin Konstantinovič: Putešestvie v noč'. Moskva: Izd. DOSAAF 1988. 158 S.
Bc 7901

O'Toole, G. J. A.: The encyclopedia of American intelligence and espionage: from the Revolutionary War to the present. New York, NY: Facts on File 1988. XIII, 539 S.
010906   0-8160-1011-x

Parnell, Ben: Carpetbaggers: America's secret war in Europe. Austin, Tex.: Eakin 1987. XV, 204 S.
B 66895   0-89015-592-5

Prados, John: Presidents' secret wars: CIA and Pentagon coert operations from World War II through Iranscam. New York, NY: Quill 1988. 560 S.
B 66826   0-688-07759-5

Ranelagh, John: The agency: the rise and decline of the CIA. New York: Simon and Schuster 1987. 869 S.
B 67690   0-671-63994-3

– SDI

Boczek, Matthew: Soviet views of SDI: the contrast between mass media and technical accounts. In: Defense analysis. 5 (1989),2, S. 129 – 138.
BZ 4888:1989

Claiming the heavens: the New York Times complete guide to the star wars debate. New York: Times Books 1988. XVII, 299 S.
B 67062   0-8129-1647-6

Robinson, David Z.: The strategic defense initiative: its effects on the economy and arms control. New York, NY: New York Univ.Pr. 1987. 50 S.
B 66208   0-8147-7404-0

York, Herbert: Does strategic defense breed offense? Lanham: Univ. Pr. of America 1987. VIII, 60 S.
B 66204

L 460 f 10 Heer

Adelman, Jonathan R.: Prelude to the Cold War. The Tsarist, Soviet, and U.S. Armies in the two world wars. Boulder, Colo.: Rienner 1988. VIII, 286 S.
B 67755

Allen, Richard F.: In or out of focus. In: Military review. 69 (1989),9, S. 2 – 19.
BZ 4468:1989

Binkin, Martin; Kaufmann, William W.: U.S. Army Guard and reserve: rhetoric, realities, risks. Washington, DC: Brookings Inst. 1989. XII, 162 S.
Bc 9061

Buscemi, Jon H.: Mash 2000 and airland battle. In: Military review. 69 (1989),9, S. 30 – 35.
BZ 4468:1989

Stanton, Shelby L.: Green Berets at war: U.S. Army Special Forces in Southeast Asia 1956-75. London: Arms and Armour Pr. 1986. XV, 360 S.
B 66929   0-85368-845-

Wilson, John B.: Armies, corps, divisions and separate brigades. Washington: Center of Military History United States Army 1987. XX, 736 S.
B 65736

L 460 f 13 Waffengattungen und Dienste

Duus, Masayo Umezawa: Unlikely Liberators. Honolulu: Univ. of Hawaii Pr. 1987. XI, 259 S.
B 66187

Halberstadt, Hans: Green Berets. Unconventional warfare. London: Arms and Armour Pr. 1988. IX, 134 S.
Bc 02614

L 460 f 20 Marine

Bauer, Karl Jack: A maritime history of the United States. The role of America's seas and waterways. Columbia, SC: Univ. of South Carolina Pr. 1988. XIV, 359 S.
B 66725

Cogar, William B.: Dictionary of admirals of the U.S. Navy. Annapolis, Ma.: Naval Inst. Pr. 1989. XXXI, 217 S.
011110

Cosentino, Michele: La componente anfibia della U.S. Navy. Compiti, struttura e caratteristiche generali. In: Rivista marittima. 123 (1990),4, S. 53 – 76.
BZ 4453:1990

Delgado, James, P.: What's become of sara? In: United States Naval Institute. Proceedings. 116 (1990),10, S. 45 – 50.
BZ 05163:1990

Friedman, Norman: The US maritime strategy. London: Jane's 1988. IX, 246 S.
B 66908   0-7106-0500-5

Gerrish, Donald A.: Sea-based air power and the airland campaign. In: Military review. 49 (1989),7, S. 22 – 30.
BZ 4468:1989

Golightly, Niel L.: Correcting three strategic mistakes. In: United States Naval Institute. Proceedings. 116 (1989),4, S. 32 – 38.
BZ 05163:1989

Palmer, Michael A.: Origins of the maritime strategy. American naval strategy in the first postwar decade. Washington, DC: Naval Historic al Centre 1988. XIX, 129 S.
Bc 8569

Polmar, Norman: Ships and aircraft of the U.S. Fleet. Annapolis, Ma.: Naval Inst. Pr. 1987. XI, 591 S.
B 66559

Roberts, William H.: The neglected ironclad: a design and constructional analysis of the U.S.S. new ironsides. In: Warship international. 26 (1989),2, S. 109 – 134.
BZ 05221:1989

Seaquist, Larry: The BBs are capital ships. In: United States Naval Institute. Proceedings. 115 (1989),8, S. 65 – 72.
BZ 05163:1989

Smith, Bradley E.: Maritime challenges to sustaining the force. In: Military review. 69 (1989),9, S. 20 – 29.
BZ 4468:1989

Terzibaschitsch, Stefan: Geleitschiffe der U.S. Navy: von d. Evarts- bis zur Claud Jones-Klasse. Herford: Koehler 1988. 180 S.
010768   3-7822-0457-3

L 460 f 30 Luftwaffe

Air Leadership. Proceedings of a conference. Ed.: Wayne Thompson. Washington, DC: Office of Air Force History 1986. VIII, 147 S.
Bc 9128

Brower, Michael: Targeting Soviet mobile missiles. Prospects and implications. In: Survival. 31 (1989),5, S. 433 – 446.
BZ 4499:1989

Brown, Michael E.: The U.S. manned bomber and strategic deterrence in the 1990s. In: International security. 14 (1989),2, S. 5 – 46.
BZ 4433:1989

Dugan, Michael J.: Air power. Concentration, response and the operational art. In: Military review. 49 (1989),7, S. 12 – 21.
BZ 4468:1989

Flanaghan, E. M.: Corregidor. The Rock Force assault, 1945. Novato, Calif.: Presidio Pr. 1988. XV, 331 S.
B 68564

Jansen, Harold E.: The History of the 446th Bomb Group (H). The Hague: 1989. 319 S.
010990

Rice, Donald: The manned bomber and strategic deterrence. The U.S. Air Force perspective. In: International security. 15 (1990),1, S. 100 – 128.
BZ 4433:1990

State of the force. The 1990 USAF almanac. USAF in facts and figures. In: Air force magazine. 73 (1990),5, S. 37 – 54.
BZ 05349:1990

Thompson, Lercy: The all Americans: the history of the 82nd Airborne Division. Newton Abbot: David & Charles 1988. 192 S.
B 68603   0-7153-9182-8

Worden, Michael: Forging the future from the past: military history at the USAF Academy. In: The Army quarterly and defence journal. 120 (1990),1, S. 53 – 64.
BZ 4770:1990

L 460 g Wirtschaft

The Alliance for Progress: a retrospective. Ed.: Ronald Scheman. New York: Praeger 1988. XXV, 272 S.
B 68586   0-275-92763-6

Barry, Tom: The soft war: the uses and abuses of US economic aid in Central America. New York: Grove Pr. 1988. XV, 304 S.
B 66883   0-8021-0003-1

Boe, Jonathan E.: American business: the response to the Soviet Union 1933-1947. New York: Garland 1987. VII, 391 S.
B 66704   0-8240-8075-0

Breslin, Patrick E.: Development and dignity: Grassroots development and the Inter-American Foundation. Boulder, Colo.: Westview Pr. 1987. XIII, 128 S.
B 66573   0-8133-0538-

Economic and strategic issues in US foreign policy. Ed.: Carl-Ludwig Holtfrerich. Berlin: De Gruyter 1989. XV, 297 S.
B 67782   3-11-011793-2

Galbraith, John Kenneth; Menshikov, Stanislav: Capitalism, communism and coexistence. From the bitter past to a better prospect. Boston, Mass.: Mifflin 1988. VI, 225 S.
B 67859

Hobér, Kaj: The legal Framework of the U.S. securities market. A short introduction. Stockholm: Stockholms Universitet 1988. 95 S.
Bc 8911

Lappé, Frances M.: Betraying the national interest. New York, NY: Grove Pr. 1987. XI, 179 S.
B 66565   0-8021-0012-0

Maccartney, Laton: Friends in high places. The Bechtel story: the most secret corporation. New York: Simon and Schuster 1988. 273 S.
B 66850

Niskanen, William A.: Reaganomics: an insider's account of the policies and the people. Oxford: Oxford Univ. Pr. 1988. X, 363 S.
B 68641   0-19-505394-X

Oil and America's security. Ed.: Edward R. Fried. Washington, DC: Brookings Inst. 1988. X, 124 S.
Bc 8912

Pullen, William George: World War Debts and United States foreign policy. 1919-1929. New York: Garland 1987. 157 S.
B 66709

Vollmer, C. D.: The future defense industrial environment. In: The Washington quarterly. 13 (1990),2, S. 93 – 109.
BZ 05351:1990

Walsh, Edward J.: Democracy in the shadows: citizen mobilization in the wake of the accident at three Mile Island. Westport, Conn.: Greenwood Pr. 1989. XIV, 227 S.
B 69725   0-313-26063-X

L 460 h Gesellschaft

Casale, Anthony M.: Where have all the flowers gone? The fall and rise of the Woodstock generation. Kansas City, Mo.: Andrews and McMeel 1989. X, 254 S.
B 71217   0-8362-1847-7

Goldstein, Toby: Waking from the dream. America in the sixties. New York, NY: Messner 1988. VII, 167 S.
B 67805

Nisbet, Robert A.: The present Age. Progress and Anarchy in modern America. New York: Harper & Row 1988. XII, 145 S.
B 67882

Terkel, Studs: The great divide: second thoughts on the American dream. New York, NY: Pantheon 1988. XIX, 439 S.
B 71012   0-394-57053-7

Zerowork. Politische Materialien aus den USA von 1975 und 1977 zum nordamerikanischen und internationalen Klassenkampf. Berlin: Sisina 1988. 288 S.
B 64123

L 460 h 10 Bevölkerung und Familie

Documenting America, 1935-1943. Ed.: Carl Fleischhauer. Berkeley, Calif.: Univ. of California 1988. XI, 361 S.
011048

Harrison, Cynthia: On account of sex: the politics of women's issues, 1945-1968. Berkeley, Calif.: Univ. of California 1988. XXII, 337 S.
B 67059   0-520-06121-7

Levin, Michael E.: Feminism and freedom. New Brunswick: Transaction 1987. XI, 336 S.
B 66727   0-88738-125-1

Woldemikael, Tekle: A case study of race consciousness among Haitian immigrants. In: Journal of black studies. 20 (1989),2, S. 224 – 239.
BZ 4607:1989

L 460 h 20 Stand und Arbeit

American Labor Policy. A critical appraisal of the National Labor Relations Act. Ed.: Charles J. Morris. Washington, DC: Bureau of National Affairs 1987. LI, 431 S.
B 66864

The cold War against labor. Ed.: Ann Fagan Ginger. Vol. 1. 2. Berkeley, Calif.: Meiklejohn Civil Liberties Inst. 1987. XXII, 915 S.
B 67999

Dubofsky, Melvyn: We shall be all: a history of the Industrial Workers of the World. Urbana, Ill.: Univ. of Illinois 1988. XVIII, 561 S.
B 66597   0-8129-6234-6

Fantasia, Rick: Cultures of solidarity: consciousness, action, and contemporary. Berkeley, Calif.: Univ. of California 1988. XI, 304 S.
B 72028   0-520-06053-9

Filippelli, Ronald L.: American labor and postwar Italy, 1943-1953: a study in Cold War politics. Stanford, Calif.: Stanford Univ. Pr. 1989. XVI, 288 S.
B 70577   0-8047-1579-3

Foner, Philip S.: U.S. labor and the Vietnam War. New York, NY: Internat. Publ. 1989. VII, 180 S.
B 70012   0-7178-0672-3

Foner, Philip, S.: U.S. labor movement and Latin America: a history of workers' response to intervention. South Hadley, Mass.: Bergin & Garvey
B 66839

German workers in Chicago. A documentary history of working-class culture from 1850 to World War I. Ed.: Hartmut Keil. Urbana, Ill.: Univ. of Illinois 1988. 427 S.
B 69891

Gitelman, Howard M.: Legacy of the Ludlow Massacre: a chapter in American industrial relations. Philadelphia: Univ. of Pennsylvania Pr. 1988. XV, 355 S.
B 69908   0-8122-8099-7

Golin, Steve: The fragile Bridge. Paterson silk strike 1913. Philadelphia, Pa.: Temple Univ. Pr. 1988. IX, 305 S.
B 67656

Halpern, Martin: UAW politics in the cold war era. Albany, NY: State Univ. of New York 1988. 361 S.
B 71018   0-88706-671-2

Nelson, Bruce C.: Beyond the martyrs: a social history of Chicago's anarchists. 1870-1900. New Brunswick, NJ: Rutgers Univ. Pr. 1988. XII, 305 S.
B 70130   0-8135-1344-8

Rank and file: personal histories by working-class organizers. Ed.: Alice Lynd. New York: Monthly Review Pr. 1988. XIX, 290 S.
B 70126   0-85345-752-2

Sullivan, Patrick J.: US Catholic institutions and labor unions: 1960-1980. Lanham: Univ. Pr. of America 1985. 545 S.
B 67051   0-8191-4970-5

L 460 i Geistesleben

Au, William A.: The cross, the flag, and the bomb: American catholics debate war and peace, 1960-1983. Westport, Conn.: Greenwood Pr. 1985. XVIII, 278 S.
B 65830   0-313-24754-4

Birnbaum, Norman: The radical renewal: the politics of ideas in modern America. New York, NY: Pantheon Books 1988. XI, 275 S.
B 67887   0-394-52315-6

Bullert, Gary: The catholic bishop's policy on strategic defense: a case of moral disarmament. In: The journal of social, political and economic studies. 14 (1989),3, S. 283 – 298.
BZ 4670:1989

Cashman, Sean Dennis: America in the twenties and thirties. The olympian age of Franklin Delano Roosevelt. New York Univ. Pr. 1989. XV, 632 S.
B 68032

Democracy upside down: public opinion and cultural hegemony in the United States. Ed.: Calvin F. Exoo. New York: Praeger 1987. X, 242 S.
B 65805   0-275-92453-X

Hitchcock, David I.: U.S. public diplomacy. Washington, DC: Center for Strategic and International Studies 1988. X, 53 S.
Bc 9190

Jakovlev, Nikolaj Nikolaevič: Religija v Amerike 80-ch: Zametki amerikanista. Moskva: Politizdat 1987. 192 S.
Bc 6830

Kaiser, Charles: 1968 in America: music, politics, chaos, counterculture, and the shaping of a generation. London: Weidenfeld and Nicolson 1988. XXV, 306 S.
B 70382   1-55584-242-9

Keim, Albert N.; Stoltzfus, Grant M.: The Politics of conscience. The historic peace churches and America at war, 1917-1955. Scottdale, Pa.: Herald Pr. 1988. 176 S.
Bc 8916

Liebovich, Louis: The press and the origins of the cold war, 1944-1947. New York: Praeger 1988. VIII, 173 S.
B 68580   0-275-92999-X

Nicola, Alessandro de: National security and the media: the American perspective. In: Il politico. 54 (1989),152, S. 597 – 634.
BZ 4541:1989

Rabkin, Yakov M.: Science between the superpowers. New York, NY: Priority Pr. Publ. 1988. VI, 119 S.
B 67659

Rorabaugh, William J.: Berkeley at war: the 1960s. Oxford: Oxford Univ. Pr. 1989. XII, 277 S.
B 70365   0-19-505877-1

Rosenzweig, Roy: Radical history review und linke amerikanische Historiker. In: Geschichtswerkstatt. (1989),18, S. 15 – 24.
BZ 4937:1989

Roy, Denny: The U.S. print media and the conventional military balance in Europe. In: Armed forces and society. 16 (1990),4, S. 509 – 528.
BZ 4418:1990

Schöpp, Joseph, C.: Ver-rückte Erzählwelten. Der Krieg als ästhetische Herausforderung in Joseph Hellers Catch-22, Kurt Vonneguts Slaughterhouse-Five und Thomas Pynchons Gravity's Rainbow. In: Krieg und Literatur. 2 (1990),3, S. 53 – 64.
BZ 5000:1990

Spofford, Tim: Lynch Street: the May 1970 slayings at Jackson State College. The Kent State Univ. Press 1988. 219 S.
B 68566　　　　　　　　　　0-87338-355-9

Tomsho, Robert: The American Sanctuary Movement. Austin, Tex.: Texas Monthly Pr. 1987. XII, 214 S.
B 68356　　　　　　　　　　0-87719-067-4

Whalen, Jack: Beyond the barricades: the sixties generation grows up. Philadelphia, Pa.: Temple Univ. Pr. 1989. VIII, 310 S.
B 70591　　　　　　　　　　0-87722-606-7

L 460 k Geschichte

Cashmann, Sean Dennis: America in the age of the titans. The progressive era and World War I. New York: New York Univ.Pr. 1988. XVI, 605 S.
B 66835

Ferrell, Claudine L.: Nightmare and dream: antilynching in congress, 1917-1922. New York: Garland 1986. 471 S.
B 65847　　　　　　　　　　0-8240-8264-8

A history of our time: readings in postwar America. Ed.: William H. Chafe. Oxford: Oxford Univ. Pr. 1987. XIII, 453 S.
B 65738　　　　　　　　　　0-19-504204-2

Kaspi, André: Etats-Unis 68. L'annee des contestations. Bruxelles: Ed. Complexe 1988. 191 S.
Bc 8804

Kiener, Jonathan M.: „Radical historians" und die Krise der amerikanischen Geschichtsschreibung 1959-1980. In: Geschichtswerkstatt. (1989),18, S. 6 – 14.
BZ 4937:1989

Knight, Douglas M.: Street of dreams: the nature and legacy of the 1960s. Durham, NC: Duke Univ. Pr. 1989. XIII, 211 S.
B 69952　　　　　　　　　　0-8223-0902-5

Pieroni, Alfredo: E se USA e URSS si alleassero? Milano: Sperling & Kupfer 1988. 234 S.
B 68532

Stone, Isidor F.: The Truman era, 1945-1952. Boston, Mass.: Little, Brown 1988. XXIX, 233 S.
B 69948　　　　　　　　　　0-316-81761-9

Treffer, Günter: USA. hpt-Verl. Ges. 1988. 124 S.
B 67478

Williams, William A.: The contours of American history. New York: Norton 1988. 513 S.
B 69963　　　　　　　　　　0-393-30561-9

L 460 l Einzelne Länder/Gebiete/Orte

Brinkley, David: Washington goes to war. New York: Knopf 1988. XVI, 286 S.
B 67888

Lamborn, Alan C.; Mumme, Stephen P.: Statecraft, domestic politics, and foreign policy making. The El Chamizal dispute. Boulder, Colo.: Westview Pr. 1988. IX, 211 S.
B 67657

Miller, Marc Scott: The Irony of victory. World War II and Lowell, Massachusetts. Urbana, Ill.: Univ. of Illinois 1988. XI, 233 S.
B 67658

Spitzberg, Irving J.: Racial politics in Little Rock, 1954-1964. New York: Garland 1987. 279 S.
B 65849   0-8240-8296-6

L 490 Westindien/ Antillen/Karibik

Baptiste, Fitzroy André: War, cooperation, and conflict. The European possessions in the Caribbean, 1939-1945. New York: Greenwood Pr. 1988. XIV, 351 S.
B 67712

Bryan, Anthony T.: The international dynamics of the Commonwealth Caribbean: Challenges and opportunities in the 1990s. In: Journal of Inter-American studies and world affairs. 31 (1989),3, S. 1 – 7.
BZ 4608:1989

Campbell, Horace: Rasta and resistance: from Marcus Garvey to Walter Rodney. Trenton, NJ: Africa World Press 1987. XIII, 234 S.
B 65275   0-86543-034-9

The Caribbean after Grenada: revolution, conflict, and democracy. Ed.: Scott B. MacDonald. New York: Praeger 1989. XVIII, 287 S.
B 68609   0-275-92722-9

The communist Challenge in the Caribbean and Central America. Washington, DC: American Enterprise Inst. f. Publ. Policy Research 1987. XIV, 249 S.
B 66586

Erisman, Michael H.: The Caricom states and US foreign policy: the danger of Central Americanization. In: Journal of Inter-American studies and world affairs. 31 (1989),3, S. 141 – 182.
BZ 4608:1989

Francis, Anselm A.: The new Law of the Sea and the security interests of the Caricom states. In: Journal of Inter-American studies and world affairs. 31 (1989),3, S. 97 – 115.
BZ 4608:1989

Gonzales, Anthony P.: Recent trends in international economic relations of the Caricom states. In: Journal of Inter-American studies and world affairs. 31 (1989),3, S. 63 – 95.
BZ 4608:1989

Levine, Barry B.: A return to innocence? The social construction of the geopolitical climate of the post-invasion Caribbean. In: Journal of Inter-American studies and world affairs. 31 (1989),3, S. 183 – 204.
BZ 4608:1989

Relaciones internacionales en la Cuenca del Caribe y la política de Colombia. Ed.: Juan Tokatlian. Bogotá: Camara de Comercio de Bogotá 1982. XII, 591 S.
B 67116

Sanders, Ron: The relevance and function of diplomacy in international politics for small Caribbean states. In: The round table. (1989),312, S. 413 – 424.
BZ 4796:1989

The Security of the Caribbean. A case study. London: Inst. for the study of conflict 1989. 32 S.
Bc 8583

Thorndike, Tony: The future of the British Caribbean dependencies. In: Journal of Inter-American studies and world affairs. 31 (1989),3, S. 117 – 140.
BZ 4608:1989

L 491 Dominikanische Republik

Taveras, Fafa: Detras de las rejas: (once años desupés). Santo Domingo: Ed. Bloque Socialista 1986. 276 S.
B 66267

Ulloa Morel, Luis A.: Estado, Iglesia y educación en la República Dominicana: (1930 – 1986). Santo Domingo: Ed. Búho 1987. 100 S.
Bc 8948

Vega, Bernardo:: Los Estados Unidos y Trujillo: año 1930; colección de documentos del Departamento de Estado, de las Fuerzas Armadas norteamericanas y de los Archivos del Palacil Nacional Dominicano. Santo Domingo: Fundación Cultural Dominicana 1986. 537 S.
010424

L 492 Haiti

Abbott, Elizabeth: Haiti. The Duvaliers and their legacy. New York: McGraw-Hill 1988. XII, 381 S.
B 68664

Plummer, Brenda Gayle: Haiti and the great powers, 1902-1915. Baton Rouge, La.: Louisiana State Univ. Pr. 1988. XIX, 255 S.
B 68791

L 493 Jamaica

Bosshard, Peter: Endlich haben wir eine Regierung der Liebe! Demokratischer Sozialismus in Jamaica unter Michael Manley (1972-1980). Basel: Z-Verl. 1987. 261 S.
B 66599

L 494 Kuba

L 494 c Biographien

Fermoselle, Rafael: Cuban Leadership after Castro: biographies of Cuba's top generals. Miami, Fla.: University of Miami 1987. 121 S.
Bc 9106

– Castro

Mina, Gianni: Habla Fidel. Milano: Mondadori 1988. 345 S.
B 68928   84-397-1226-X

– Che Guevara

Guevara, Ernesto Che: Che Guevara and the Cuban revolution. Writings and speeches of ... Ed.: David Deutschmann. Pathfinder/Pacific & Asia 1987. 413 S.
B 67164

Massari, Roberto: Che Guevara. Politik und Utopie. Das politische u. philosophische Denken Ernesto Che Guevaras. Frankfurt: dipa-Verl. 1987. 342 S.
B 66000

Surí Quesada, Emilio: Y nadie se cansa de pelear. La Habana: Ed. Política 1987. 185 S.
B 68412

Vargas Salinas, Mario: El „Che": mito y realidad. La Paz: SEPA Ed. 1987. 114 S.
Bc 8377   980-265-706-9 f

– Martí

Kapcia, Antoni: Martí, Marxism and morality: the evolution of an ideology of revolution. In: Journal of communist studies. 5 (1989),4, S. 161 – 183.
BZ 4862:1989

L 494 e Staat und Politik

Fernández, Damián J.: Cuba's foreign Policy in the Middle East. Boulder, Colo.: Westview Pr. 1988. XI, 160 S.
B 66595

Krzywicka, Katarzyna: Ewolucja stosunków kubańsko-radzieckich. In: Sprawy międzynarodowe. 43 (1990),6, S. 101 – 110.
BZ 4497:1990

Luria, René: La guerra de todo el pueblo. Cuba prepares to defend itself. In: International defense review. 23 (1990),10, S. 1105 – 1110.
BZ 05569:1990

Mazarr, Michael J.: Prospects for revolution in Post-Castro Cuba. In: Journal of Inter-American studies and world affairs. 31 (1989),4, S. 61 – 90.
BZ 4608:1989

Prizel, Ilya: Castro's quarrel with Moscow. In: SAIS review. 9 (1989),2, S. 151 – 163.
BZ 05503:1989

Salvatierra, Miguel: Sobre el futuro de Cuba y Nicaragua. In: Política exterior. 4 (1990),15, S. 167 – 182.
BZ 4911:1990

Socialist Cuba: past interpretations and future challenges. Ed.: Sergio G. Roca. Boulder, Colo.: Westview Pr. 1988. XIV, 253 S.
B 68456   0-8133-7461-8

L 494 f Wehrwesen

Domínguez, Jorge I.: The Cuban armed forces, the party and society in wartime and during rectification (1986-1988). In: Journal of communist studies. 5 (1989),4, S. 45 – 62.
BZ 4862:1989

L 494 g Wirtschaft

Casanova, Alfonso; Moreal González, Pedro: Cuba's external economic constraints in the 1980s: an assessment of the potential role of the United States. In: Journal of communist studies. 5 (1989),4, S. 84 – 97.
BZ 4862:1989

Cuba's socialist Economy toward the 1990s. Ed.: Andrew Zimbalist. Boulder, Colo.: Rienner 1987. IX, 188 S.
B 66870

Cuban political Economy. Controversies in Cubanology. Ed.: Andrew Zimbalist. Boulder, Colo.: Westview Pr. 1988. 240 S.
B 68798

Mesa-Lago, Carmelo: Cuba's economic counter-reform: causes, policies and effects. In: Journal of communist studies. 5 (1989),4, S. 98 – 139.
BZ 4862:1989

L 494 i Geistesleben

King, John: Cuban cinema: a reel revolution? In: Journal of communist studies. 5 (1989),4, S. 140 – 160.
BZ 4862:1989

L 494 k Geschichte

Allyn, Bruce J.; Blight, James G.; Welch, David A.: Essence of revision. Moscow, Havana, and the Cuban missile crisis. In: International security. 14 (1989/90),3, S. 136 – 172.
BZ 4433:1989/90

Azicri, Max: Comparing two social revolutions: the dynamics of change in Cuba and Nicaragua. In: Journal of communist studies. 5 (1989),4, S. 17 – 39.
BZ 4862:1989

Blight, James G.: On the brink: Americans and Soviets reexamine the Cuban missile crisis. New York: Hill and Wang 1989. XIV, 400 S.
B 69655   0-374-22634-2

Cline, Ray S.: Commentary: the Cuban missile crisis. In: Foreign affairs. 68 (1989),4, S. 190 – 196.
BZ 05149:1989

Garthoff, Raymond L.: Reflections on the Cuban missile crisis. Washington, DC: Brookings Inst. 1987. IX, 159 S.
B 66880   0-8157-3052-7

Guevara, Ernesto C.: Relatos de la guerra revoluciona ria. Montevideo: Monte Sexto 1987. 109 S.
Bc 8803

Hennessy, Alistair: The Cuban revolution: a wider view. In: Journal of communist studies. 5 (1989),4, S. 3 – 16.
BZ 4862:1989

Medland, William J.: The Cuban missile crisis of 1962: needless or necessary. New York: Praeger 1988. VIII, 167 S.
B 67797   0-275-92844-6

Pérez, Louis A.: Cuba: between reform and revolution. Oxford: Oxford Univ. Pr. 1988. XII, 504 S.
B 67653

L 495 Puerto Rico

Puerto Rico en el Caribe hoy. Buenos Aires: CLASCO 1987. 349 S.
B 67956   950-9231-21-7 f

Suarez, Manuel: Requiem on Cerro Maravilla: the police murders in Puerto Rico and the U.S. government coverup. Maplewood, NJ: Waterfront Pr. 1987. V, 378 S.
B 65504   0-943862-35-3

L 499 Kleine Antillen

L 499.23 Grenada

Mazurczak, Witold: Grenada. Zagubiony kleinot Antyli. Krakow: Krajowa agencja wydawn 1985. 118 S.
Bc 6058

L 499.40 Trinidad

Braveboy-Wagner, Jacqueline A.: The regional foreign policy or Trinidad and Tobago: Historical and contemporary aspects. In: Journal of Inter-American studies and world affairs. 31 (1989),3, S. 37 – 61.
BZ 4608:1989

L 500 Australien und Ozeanien

L 510 Australien

L 510 e Staat und Politik

Brown, Gary: Breaking the American alliance: an independent national security policy for Australia. Canberra: Australian National Univ. 1989. VII, 171 S.
Bc 9063

Donovan, Peter Francis: Defending the northern gateway. Canberra: Australian National Univ. 1989. 161 S.
Bc 9065

Higgott, Richard A.: The evolving World Economy. Some alternative security questions for Australia. Canberra: Australian National Univ. 1989. 90 S.
Bc 8874

McDougall, Derek: The Hawke government's policies towards the USA. In: The round table. (1989),310, S. 165 – 176.
BZ 4796:1989

McKinley, Michael: Discovering the principle of inverse relevance: Australia's strategic dilemmas in the Indian Ocean. In: Conflict. 9 (1989),3, S. 213 – 249.
BZ 4687:1989

L 510 f Wehrwesen

Babbage, Ross: Should Australia plan to defend Christmas and Cocos Islands? Canberra: Strategic defence studies centre 1988. 74 S.
Bc 8680

Ball, Desmond: Australia and the global strategic balance. Canberra: Australian National Univ. 1989. 103 S.
Bc 8875

Blaxland, John Charles: Organising an army: the Australian experience 1957 – 1965. Canberra: Australian National Univ. 1989. 153 S.
Bc 8873

Dovers, William Anthony George: Controlling civil maritime activities in a defence contingency. Canberra: Australian National Univ. 1989. 129 S.
Bc 9312

Downes, Cathy: High personnel Turnover: the Australian defence force is not a limited liability company. Canberra: Strategic defence studies centre 1988. 120 S.
Bc 8681

Hudson, M.W.: On time, within budget... In: Naval forces. 10 (1989),3, S. 24 – 34.
BZ 05382:1989

Smith, Hugh: Conscientious objection to particular wars: Australia's experience during the Vietnam war, 1965-1972. In: War and society. 8 (1990),1, S. 118 – 134.
BZ 4802:1990

Speed, Frank Warren: Command Structure of the Australian Defence Force. Canberra: Strategic defence studies centre 1987. X, 81 S.
Bc 8684

Twomey, Paul: Power arms control? – Australian perceptions of disarmament, 1919-1930. In: War and society. 8 (1990),1, S. 71 – 99.
BZ 4802:1990

L 520 Neuseeland

Thakur, Ramesh: Creation of the nuclear-free New Zealand myth. In: Defence force journal. 29 (1989),10, S. 919 – 939.
BZ 4438:1989

L 530 Ozeanien

The Security of Oceania in the 1990s. Ed.: David Hegarty. Canberra: Australian National Univ. 1989. 92 S.
Bc 9311

L 531 Indonesien

Alatas, Ali: A view from Jakarta. In: International affairs <Moscow>. (1990),3, S. 55 – 61.
BZ 05208:1990

Djiwandono, J. Soedjati: Progress in democratic experiment in Indoensia? In: Southeast Asian affairs. (1989), S. 155 – 167.
BZ 05354:1989

Halldorsson, Jon: A higher profile for Indonesia. In: Southeast Asian affairs. (1989), S. 137 – 154.
BZ 05354:1989

Horner, David: The Australian army and Indonesia's confrontation with Malaysia. In: Australian outlook. 43 (1990),1, S. 61 – 76.
BZ 05446:1990

Hulsbus, Joop: Verborgen dageraad: Nederlands-Indië en Zuidoost-Azie na de Japanse capitulatie, 1945-1947. Baarn: Uitgev. Hollandia 1988. 195 S.
B 68254   90-6410-010-1

Manullang, Achmad Christoph: Die Staatssoziologie der Pancasila. Würzburg: Creator-Verl. 1988. 252 S.
B 68291

Mody, Nawaz B.: Indonesia under Suharto. New York, NY: APT Books 1987. XVII, 405 S.
B 67865

Reeve, David: Golkar of Indonesia: an alternative to the party system. Singapore: Oxford Univ. Pr. 1985. XIV, 405 S.
B 68365   0-19-582570-5

Robison, Richard: Indonesia: the rise of capital. Canberra: Asian Studies Association of Australia 1988. XXV, 425 S.
B 67054

Suryadinata, Leo: Indonesia-China relations. A recent breakthrough. In: Asian survey. 30 (1990),7, S. 682 – 696.
BZ 4437:1990

L 531.2 Brunei

Hamzah, Abu Bakar: Brunei Darussalam. Continuity and tradition. In: Southeast Asian affairs. (1989), S. 91 – 104.
BZ 05354:1989

L 531.8 Timor

Sen, Rabindra: East Timor and Indonesian foreign policy. In: Strategic analysis. 12 (1989),3, S. 315 – 338.
BZ 4800:1989

L 532 Philippinen

Hawes, Gary: Theories of peasant revolution: a critique and contribution from the Philippines. In: World politics. 41 (1989),4, S. 261 – 298.
BZ 4464:1989

Majul, Adib Cesar: The Moros of the Philippines. In: Conflict. 8 (1988),2/3, S. 169 – 184.
BZ 4687:1988

Werning, Rainer: Wer eine Aquino hat, braucht keinen Marcos. In: Blätter des iz3w. (1989),161, S. 36 – 40.
BZ 05130:1989

L 532 c Biographien

Crisostomo, Isabelo T.: Cory: profile of a president. Boston, Mass.: Branden 1987. XVI, 323 S.
B 66745   0-8283-1913-8

Rosca, Ninotchka: Endgame: the fall of Marcos. New York, NY: Watts 1987. 195 S.
B 67299   0-531-15038-0

L 532 e Staat und Politik

Beams, Nick: Der Weg vorwärts für die philippinische Revolution. Essen: Arbeiterpresse-Verl. 1987. 106 S.
Bc 9032

Bello, Walden: U.S. sponsored Low-Intensity Conflict in the Philippines. San Francisco, Calif.: Institute for Food & Development Policy 1987. 118 S.
Bc 9088

Bernstein, Alvin H.; Heredia, Armando B.: Communist insurgency in the Philippines. In: Comparative strategy. 8 (1989),3, S. 279 – 295.
BZ 4686:1989

Capulong-Hallenberg, Virginia S.: Philippine foreign policy toward the U.S., 1972 – 1980: reorientation? Stockholm: Dept. of Political Science, Univ. 1987. 288 S.
B 66249   91-7146-478-6

Ilano, Alberto: The Philippines in 1988. On a hard road to recovery. In: Southeast Asian affairs. (1989), S. 249 – 263.
BZ 05354:1989

Lopez, Mario Antonio: The Philippines. Managing reform in a new democracy. In: Southeast Asian affairs. (1989), S. 264 – 276.
BZ 05354:1989

Sison, José Maria; Werning, Rainer: Das Projekt Befreiung. Köln: Pahl-Rugenstein 1988. 257 S.
B 67303

Vinogradov, Aleksandr Dmitrievič: SSA i Filippiny o pervom opyte neokolonial'noj politiki v Azii 1901-1946. Moskva: Nauka 1987. 85 S.
Bc 7549

L 533 Melanesien

L 533.2 Fidschi-Inseln

Thakur, Ramesh; Wood, Antony: Paradise regained or paradise defiled? Fiji under military rule. In: International studies. 26 (1989),1, S. 15 – 44.
BZ 4909:1989

West, Dalton: Ethnic strife in paradise – Fiji 1987. In: Conflict. 8 (1988),2/3, S. 217 – 235.
BZ 4687:1988

L 533.3 Papua Neuguinea

Blaskett, Beverly; Wong, Loong: Papua New Guinea under Wingti: accommodating Indonesia. In: Australian outlook. 43 (1990),1, S. 44 – 60.
BZ 05446:1990

L 533.4 Vanuatu

Schellhorn, Kai M.: Die Staatskrise in Vanuatu. In: Asien. (1989),33, S. 24 – 37.
BZ 4760:1989

L 533.5 Neukaledonien

Gabriel, Claude; Kermel, Gabriel: Les Sentiers de l'espoir. Montreuil: La Brèche-PEC 1988. 220 S.
B 69543

Mage, Tristan: Plaidoyer pour la Nouvelle-Calédonie. Nouvelle édition. Paris 1989. 28 S.
Bc 02617

L 534 Mikronesien

Peattie, Mark R.: Nan'yo. The rise and fall of the Japanese in Micronesia, 1885 – 1945. Honolulu: Univ. of Hawaii Pr. 1988. XXII, 382 S.
B 66863

L 600 Polargebiete

The Arctic challenge: Nordic and Canadian approaches to security and cooperation in an emerging international region. Ed.: Kari Möttölä. Boulder, Colo.: Westview Pr. 1988. XVI, 335 S.
B 68453   0-8133-7545-2

Jockel, Joseph T.: The US navy, maritime command and the Arctic. In: Canadian defence quarterly. 19 (1989),3, S. 23 – 34.
BZ 05001:1989

Lindsey, George: Strategic Stability in the Arctic. London: Internat. Inst. for Strategic Studies 1989. 87 S.
Bc 8780

Peterson, M. J.: Managing the frozen south. The creation and evolution of the Antarctic treaty system. Berkeley, Calif.: Univ. of California 1988. XI, 283 S.
B 67819

Politics of the Northwest-Passage. Ed.: Franklin Griffiths. Kingston: McGill-Queen's Univ. Pr. 1987. IX, 313 S.
B 66871

L 700 Weltmeere und Inseln

L 710 Europäische Randmeere

L 712 Ostsee

Andrén, Nils: The Baltic in a security perspective. In: Kungl. Krigsvetenskapsakademiens handlingar. 193 (1989),4, S. 123 – 134.
BZ 4384:1989

L 720 Mittelmeer

Barbati, Vittorio: Il Mediterraneo in un mondo che cambia. In: Rivista marittima. 123 (1990),4, S. 17 – 36.
BZ 4453:1990

L 730 Atlantik

L 739 Inseln im Atlantik

L 739.18 Bermuda/Inseln

Philip, Ira: Freedom fighters: from Monk to Mazumbo. London: Akira 1987. 275 S.
B 66184   0-947638-42-3

Zuill, William S.: The story of Bermuda and her people. London: Macmillan Caribbean 1987. XVI, 240 S.
B 65553   0-333-34156-2

L 739.22 Falkland-Inseln

Gustafson, Lowell S.: The sovereignty dispute over the Falkland (Malvinas) Islands. New York: Oxford Univ. Pr. 1988. XIII, 268 S.
B 65821   0-19-504184-4

L 739.28 Cape Verde

Lobban, Richard; Halter, Marilyn: Historical Dictionary of the Republic of Cape Verde. Metuchen, NJ: Scarecrow Pr. 1988. XIX, 171 S.
B 67652

L 740 Indischer Ozean

Martinez, Emile: Le Département français de la réunion et la coopération internationale dans l'Ocean Indien. Paris: L'Harmattan 1988. 109 S.
Bc 8807

L 743 Persischer Golf

Acharya, Amitav: The Gulf co-operation council and security: dilemmas of dependence 1981-1988. In: Middle East strategic studies quarterly. 1 (1989),2, S. 88 – 136.
BZ 4863:1989

Acharya, Amitav: US military strategy in the Gulf: [origins and evolution under the Carter and Reagan administrations]. London: Routledge 1989. XVI, 203 S.
B 68604   0-415-01004-7

The Arab Gulf and the Arab world. Ed.: B. R. Pridham. London: Croom Helm 1988. XV, 302 S.
B 66086   0-7099-4090-4

Crosscurrents in the Gulf: Arab, regional and global interests. Ed.: Richard Sindelar. London: Routledge 1988. XX, 239 S.
B 67945   0-415-00032-7

Great Power Interests in the Persian Gulf. New York: Council on Foreign Relations 1989. VIII, 77 S.
Bc 9188

Kechichian, Joseph A.: The GCC and the West. In: American Arab affairs. (1989),29, S. 20 – 31.
BZ 05520:1989

Noyes, James H.: Through the Gulf labyrinth: naval escort and U.S. policy. In: American Arab affairs. (1989),29, S. 1 – 19.
BZ 05520:1989

O'Ballance, Edgar: The GCC's foreign policy imperatives. In: Middle East strategic studies quarterly. 1 (1989),2, S. 75 – 87.
BZ 4863:1989

Peterson, Erik Roswell: The Gulf Cooperation Council. Search for unity in a dynamic region. Boulder, Colo.: Westview Pr. 1988. XXII, 346 S.
B 68772

Ramazani, Rouhollah K.: The Gulf Cooperation Council. Record and analysis. Charlottesville, Va.: Univ. Pr. of Virginia 1988. 240 S.
010917

L 749 Inseln im Indischen Ozean

L 749.34 Mauritius

Ringadoo, Veerasamy: Mauritius-India relations. In: International studies. 26 (1989),2, S. 165 – 176.
BZ 4909:1989

L 750 Pazifischer Ozean

Kreuzer, Peter: Regionale Kooperation im Südpazifik. South Pacific Forum. In: Asien. (1989),33, S. 5 – 23.
BZ 4760:1989

Weiss, Kenneth G.: The war will not subside: the Pacific theater in a NATO-Warsaw Pact War. In: Comparative strategy. 7 (1988),4, S. 399 – 410.
BZ 4686:1988

II
FORSCHUNGS- UND LITERATURBERICHTE

Michael Marek: Sprache und Politik im Nationalsozialismus. Tendenzen und Probleme der Forschung. Mit einem bibliographischen Überblick der seit 1945 erschienenen Literatur 405

Gerd. R. Ueberschär: Die deutsche Militäropposition zwischen Kritik und Würdigung. Zur neueren Geschichtsschreibung über die „Offiziere gegen Hitler" 428

Wolfgang Mallmann: Die Strategische Verteidigungsinitiative (SDI). Einführung, Chronologie, Literaturübersicht und Auswahlbibliographie 1983-1990 443

Ulrike Reupke und Heidrun Wurm: Die Bibliothek für Zeitgeschichte und die armenische Frage im 20. Jahrhundert. Mit einem chronologischen Verzeichnis des deutschen Schrifttums zur armenischen Frage von 1970 bis 1990 467

Thomas Trumpp: Bildüberlieferungen des Bundesarchivs (in Koblenz und Freiburg) zur Militär- und Kriegsgeschichte bis 1939 486

Korrekturhinweis zur Jahresbibliographie 61 (1989):
Der Beitrag von M. Bauermeister lautet:

Matthias Bauermeister:
**Die Stiftung Wissenschaft und Politik.
Eine parteineutrale Institution politikbezogener Forschung,
Beratung und Informationsvermittlung**

Sprache und Politik im Nationalsozialismus

Tendenzen und Probleme der Forschung. Mit einem
bibliographischen Überblick der seit 1945 erschienenen Literatur

von Michael Marek

Nürnberg, 14. März 1946. Der Verteidiger Dr. Stahmer stellte weitere Fragen. Auf die Frage: „Was verstehen Sie unter dem Ausdruck Herrenrasse?" antwortete Göring unter großem Gelächter: „Ich verstehe nichts darunter. In keiner meiner Reden oder meiner Schriften werden Sie das Wort finden. Sie sind entweder ein Herr oder Sie sind es nicht; aber wenn Sie ein Herr sind, haben Sie es nicht nötig, es besonders zu betonen" (Rheinische Post vom 16.3.46).
Angesichts der Verantwortung für die Ermordung der europäischen Juden verhöhnt Göring mit seiner Aussage im Nürnberger Kriegsverbrecher-Prozeß Millionen von Opfern des Nationalsozialsmus. Zugleich verweist dieser vergebliche Versuch, sich von der NS-Rassenideologie zu distanzieren, auf grundlegende Fragen zum Verhältnis von Sprache und Politik. Hätte die deutsche Bevölkerung nicht schon vor 1933 aus den Reden Hitlers oder den antisemitischen Hetzartikeln im „Völkischen Beobachter" die Gefährlichkeit des Nationalsozialismus erkennen können? Und, so fragten Dolf Sternberger, Gerhard Storz und Wilhelm E. Süßkind kurz nach Kriegsende, welche Bedeutung besaß das „Wörterbuch des Unmenschen" für die Herrschaft der Nazis? So unterschiedlich die Interpretationen des Nationalsozialismus auch sein mögen, in der Bewertung seiner politischen Sprache besteht ein bemerkenswerter Konsens. Übereinstimmend wird von der Forschung, aber auch von ehemaligen Parteigängern wie von Gegnern des Regimes die Auffassung vertreten, ein wesentlicher Teil der inneren Stabilität habe auf der Sprachpolitik beruht. Ihren prägnantesten Ausdruck hat diese Vorstellung im Topos von der „Macht des Wortes" gefunden – und damit den gesellschaftlichen Blick auf das Phänomen der nazistischen Massenfaszination ebenso geprägt wie verzerrt. Politik- und Geschichtswissenschaft rückten zumeist die manipulative Wirkung der Massenmedien ins Zentrum ihrer Rekonstruktionsbemühungen. Unter Vernachlässigung spezifischer Vermittlungsprozesse wurde dabei Sprache allenfalls als Ideologieträger betrachtet. Die Konzentration auf die Herrschaftsstrukturen des Regimes und seiner Protagonisten führte dazu, das Medium Sprache lediglich als illustratives Randphänomen einzustufen. Auf der anderen Seite tendierte die Sprachwissenschaft zum Sammeln und Belegen von NS-Begriffen und übersah dabei den Funktionszusammenhang von Sprache, Ideologie und Politik. Noch immer wird in den einschlägigen Untersuchungen die Gleichzeitigkeit von Sprache und Sprachlosigkeit (etwa bei der Planung und Durchführung des Holocausts), das Nebeneinander von Wortgewalt und Andeutungen in der Öffentlichkeit, die Dichotomie von Lebenswirklichkeit und sprachlicher Inszenierung der Macht, von Nachricht und Deutung, von strategischer Rationalität und symbolischer Mystifikation nicht als eine grundlegende Eigenschaft des Politischen verstanden, sondern vielmehr als ein Spannungsverhältnis, das es analytisch nach der einen oder anderen Seite aufzulösen gilt. Allen historischen und linguistischen Darstellungen zum Trotz ist bisher kaum eine befriedigende Klärung des Verhältnisses von Sprache und Politik im Nationalsozialismus gelungen.

1. ENTWICKLUNGSLINIEN IN DER WISSENSCHAFTLICHEN LITERATUR

Die wissenschaftliche Beschäftigung mit dem Thema ist inzwischen selbst Geschichte. Bereits zeitgenössische Autoren haben sich in der theoretischen Auseinandersetzung mit dem deutschen Faschismus für die NS-Sprache interessiert. Ernst Bloch, Kenneth Burke, Karl Kraus und Willi Münzenberg (um nur einige zu nennen) versuchten mittels Sprachkritik, einen Zugang zur Analyse des Nationalsozialismus zu finden. Nach dem Ende des NS-Regimes war es vor allem die publizistische und literarische Sprachkritik, die sich mit der L(ingua) T(ertii) I(mperii) befaßte – Klemperers Kürzel für die „Sprache des Dritten Reiches". Zu den wohl wichtigsten Beiträgen gehören die zwischen 1945 und 1948 in der Zeitschrift „Die Wandlung" veröffentlichten Aufsätze von Sternberger u.a. Ihre These, daß das „Wörterbuch des Unmenschen" das Wörterbuch der geltenden deutschen Sprache sei, greift zurück auf Kontinuitätselemente im Sprachgebrauch und hat bis heute die Sekundärliteratur wesentlich beeinflußt. Die wissenschaftliche Diskussion begann sich im Zuge des „Kalten Krieges" Mitte der 50er Jahre zu akademisieren. In der Folgezeit entstand die Mehrzahl der Untersuchungen. Die Literatur hat nicht nur eine Vielzahl kontroverser Deutungen hervorgebracht, sie hat zugleich ein hohes Maß an Spezialisierung und innerer Differenzierung des Forschungsfeldes bewirkt. Zu Recht verweisen die Autoren in den Zusammenfassungen zur Geschichte des Nationalsozialismus und der deutschen Sprache auf die Bedeutung der NS-Propaganda und ihrer Rhetorik. Doch dieses Bild täuscht. In der historisch-sozialwissenschaftlichen NS-Forschung ist das Verhältnis von Sprache und Politik weitgehend unbeachtet geblieben. Stellvertretend sei auf Thamers Gesamtdarstellung „Verführung und Gewalt. Deutschland 1933 – 1945" hingewiesen. In „Feier, Kult und Propaganda", in der Beschäftigung mit perfektionierten Massenveranstaltungen und Aktionsformen taucht Sprache nur unter dem Stichwort „Verführung und Gewalt" auf. Und auch die erste umfassende Monographie über Kunst und Massenkultur im deutschen Faschismus befaßt sich an keiner Stelle mit der politischen Sprache.[1] Bis heute liegen keine Gesamtsamtdarstellungen und nur wenige Forschungsüberblicke vor. Die meisten Autoren widmen sich ausschließlich Teilaspekten der politischen Sprache. Ihre Ergebnisse sind in bezug auf den Gegenstand entsprechend punktuell geblieben.

Das Ausmaß deskriptiver Akribie kann nicht darüber hinwegtäuschen, daß das Quellenmaterial in seiner Auswahl sehr begrenzt ist. Die anhaltende Dominanz stilistischer und lexikographischer Veröffentlichungen hat zu einer „Wörterbuchphilologie" (Hoppe 1983) des NS-Sprachgebrauches geführt. Die Debatte um ihr Für und Wider dauert an. Zu den Schwächen der Studien gehört, daß konkurrierende Hypothesen fehlen. Kontroversen unter den Wissenschaftlern sind eher die Ausnahme. Autoren, die eine andere Auffassung vertreten, übersehen, daß fast alle Untersuchungen von den gleichen faschismustheoretischen Vorstellungen getragen werden (Marek 1990). Schon 1947 hatte Victor Klemperer die Forderung nach fachübergreifender Forschung erhoben. Sie ist noch immer nicht eingelöst worden. Die Beiträge sind mehrheitlich davon entfernt, eine (inter)disziplinäre Diskussion zu führen. Die kooperative Bewältigung von Forschungsaufgaben findet ohnehin kaum statt. Erstaunlicherweise haben die vor 1945 geschriebenen Arbeiten von Klemperer, Pechau (einem ehemaligen SA-Mitglied!) und Seidel paradigmatisch auf die Forschungspraxis in der Bundesrepublik gewirkt. Ihre lexikographisch-stilistischen Ansätze wurden in den 60er Jahren nicht nur erweitert und systematisiert, sie zählen weiterhin zu den methodisch grundlegenden bei der Analyse der sprachlichen Verhältnisse im NS-Staat.

Versucht man die Sekundärliteratur zu periodisieren, so lassen sich 4 Phasen unterscheiden:[2] Zwischen 1945 und 1960 werden nur relativ wenige Arbeiten veröffentlicht, darunter zwei der wichtigsten (Sternberger u. a. 1983; Klemperer 1963). Diese Titel stehen für eine wertungsfreudige publizistische Sprachkritik. Ihre Autoren gehen von einem „idealtypischen Sprachverhalten" des guten bzw. richtigen Sprechens aus, ohne solche Kriterien zu reflektieren (Dahle 1969). Die Rede von der „Sprache des Nationalsozialismus" beherrscht auch die 2. Phase (60er Jahre), die hinsichtlich der normativ-moralisierenden Beurteilung politischer Sprache eine vorsichtige Haltung einnimmt und positivistisch genannt werden kann. Ihre Vertreter haben gezeigt, daß sprachliche Merkmale wie etwa „emotionale Sprache" oder „dynamisierender Stil" nicht nur beliebig sind, sondern wesentlich verbreiteter als angenommen. Die intensive Sammeltätigkeit der Wortforschung, die Erstellung von Bestandsverzeichnissen bzw. Vokabularien und die grammatische bzw. stilistische Analyse der Meinungssprache lösten einen Thematisierungsschub aus, der bis Mitte der 70er Jahre anhielt. Entgegen ihren theoretischen Prämissen verbirgt sich hinter der Sprachkritik nichts anderes als eine verdeckte Kritik am „totalitären System". Problem dieser Studien ist, daß sie Sprachformen des Nationalsozialismus aus den Erfordernissen seiner Propaganda zurückführen, ohne ihre gesellschaftliche Funktion zu reflektieren.

Im Unterschied zur moralisierenden Sprachkritik und zum Empirismus gehen ideologiekritischen Analysen (Ende der 60er Jahre) davon aus, daß sowohl die Inhalte der NS-Ideologie als auch ihre gesellschaftliche Funktion zu interpretieren sind. Solche Arbeiten verfügen über einen explizit formulierten Faschismusbegriff, doch in Verkehrung der wissenschaftlichen Tradition weisen sie nun der Sache den Primat zu, von der geredet wird (Haug 1967). Daher basieren viele Untersuchungsergebnisse überwiegend auf Inhaltsanalysen. Der Sprachgebrauch selbst bleibt sekundär. Seit Mitte der 70er Jahre bietet die Forschung ein uneinheitliches Bild. Die wenigen Untersuchungen divergieren in Methodik und Zielsetzung erheblich. In den letzten Jahren sind einige sozialgeschichtliche Schriften erschienen, die sich mit Aspekten der Inszenierung alltagssprachlicher Phänomene auseinandersetzen. Sie weisen am ehesten auf Veränderungen der bisherigen Forschungspraxis hin, da ihnen konkurrierende Sprach-, Politik- und Faschismusbegriffe zugrunde liegen.

2. METHODIK

Daß Sprache als Instrument politischen Handelns nicht nur Politik repräsentiert, sondern selbst politische Realität herstellt, kann kommunikationstheoretisch als gesichert gelten. Innerhalb der Forschung zum Nationalsozialismus hat sich diese Erkenntnis bisher nicht durchgesetzt. Schon die grundlegende Tätigkeit der Methodenwahl und Gegenstandssicherung stellt die Forschung vor außerordentliche Probleme. Sie liegen in der unübersehbaren, nicht wahrgenommenen Interdependenz ästhetischer, kultureller, sprachlicher und politischer Aspekte im NS-Staat, für die sich kein eingeübter (inter-)disziplinärer Zugriff anbietet. In der wissenschaftlichen Literatur werden sowohl germanistische Methoden benutzt (Lexikographie, Stilistik und Rhetorik) als auch sozialwissenschaftliche (Ideologiekritik, Diskursanalyse): Wortkundliche Studien sind bis Ende der 60er Jahre zu beobachten. Ihr Gegenstandsbereich umfaßt die Presse- und Sprachlenkung. Lexikographische Ansätze werden verwendet für die Untersuchung einzelner Wortgeschichten („Propaganda"), des NS-Sprachgebrauchs („Sonderbehandlung"), politisch motivierter Benennungen, des „NS-Duden" und bei der Zusammenstellung von Vokabularien (z.B. der Sprache in den KZs). Diese Arbeiten haben die Tendenz, sprachliche Elemente zu isolieren, den Kontext zu eliminieren und das Verständnis in textuelle Strukturen zu verhindern. Andere Autoren versuchen, die politische Sprache im Nationalsozialismus durch normative Begriffe für Redetechniken zu kennzeichnen. Stilistische und grammatische Merkmale der Syntax und Wortbildung gelten als Spezifika der öffentlichen Rede. Abhandlungen, die sich auf das gesamte Textkorpus beziehen, finden sich erst in den 70er Jahren. Sie befassen sich mit repräsentativen Reden führender Nazis. Die ideologiekritischen Ansätze der 70er Jahre stützen sich auf die semantische Inhaltsanalyse von Einzelwörtern. Ihr Ziel ist es, die Verwendungsweisen von Sprache als Form der Ausübung und Legitimation von Herrschaft zu belegen sowie die durch Sprache artikulierte Weltanschauung sichtbar zu machen. Ende der 70er Jahre schließlich wendet sich ein Teil der Forschung der Diskursanalyse zu. Diese Ansätze legen den Akzent auf die Wechselbeziehung von Politik und Sprache und betonen dabei die relative Autonomie der sprachlichen Materialität. Sie argumentieren gegen eine technizistische Konzeption von politischer Kommunikation, in der es einen Sprecher oder Schreiber gibt, der als Besitzer einer Botschaft weiß, was er sagen will, sowie eines Rezipienten, der lediglich die politische „message" zu decodieren hat. Statt dessen fragen die Autoren danach, welche sozial und politisch vorgängigen Strukturen bereits in Texten enthalten sind. So geht Maas (1984) davon aus, daß die Bedeutung des „faschistischen Diskurses" nicht darin bestand, mit ihm bestimmte Haltungen, Meinungen und Ideologien in der Bevölkerung zu produzieren, wie dies Manipulationstheorien annehmen. Die sprachpolitischen Eingriffe des NS-Regimes stellten, so Maas, Formulierungen bereit, um die Alltagserfahrungen verschiedener sozialer Schichten zu „verstaatlichen".

3. QUELLENAUSWAHL

Die begriffliche Vorstellung einer eigenständigen „Sprache des Nationalsozialismus" beruht auf einem fragwürdigen Verfahren. Für die Analyse werden vorwiegend Texte der propagandistischen Selbstdarstellung des NS-Regimes herangezogen. Die meisten Untersuchungen begnügen sich damit, die Aussagen von Parteiführern, die ideologisch-programmatischen Zielsetzungen der NSDAP, die positiven und negativen Normen des Nationalsozialismus mit der Wirklichkeit seiner Politik und Redewelt zu identifizieren. Als Quellenbasis dien(t)en vor allem Publikationen und Reden einzelner Nationalsozialisten, sodann Parteidokumente (Aufrufe, Proklamationen, Programme), Presseanweisungen und Sprachregelungen des Propagandaministeriums, ferner Zeitungs- bzw. Zeitschriftenartikel und Wörterbücher der deutschen Sprache. Diese enge Textauswahl führt dazu, daß von der administrativen Ebene bruchlos auf Bewußtsein und Erfahrungen der Bevölkerung geschlossen wird. Eine Gleichsetzung ist jedoch nur dann möglich, wenn man unterstellt, das NS-Regime und seine Anordnungen hätten das Alltagsleben unmittelbar bestimmt, wenn man Parteitagsreden mit der vielschichtigen Alltagssprache verwechselt. Derartige Generalsierungen basieren auf einer Forschungspraxis, die darauf verzichtet, das Quellenmaterial hinsichtlich der Zielgruppen auszuwerten. Die soziostrukturelle Eingrenzung der Adressaten bleibt zugunsten eines Öffentlichkeitsbegriffs ausgeblendet, in dem die Akklamationsfunktion eines imaginierten gesellschaftlichen Gesamtobjektes hervorgehoben wird. Die Nicht-Identifizierung des „sozialen Ortes" führt zur

Mißachtung kultureller und geschlechtsspezifischer Idiome, die die Nationalsozialisten der sprachlichen Inszenierung ihrer Politik sehr wohl beachtet haben. Desiderat bleiben ebenfalls Arbeiten zum Sprachgebrauch der Nationalsozialisten vor 1933. Die Auswahl der Quellen beschränkt sich überwiegend auf Texte der öffentlichen Sphäre. Weitgehend unerforscht sind institutionelle Kommunikationsformen. Das gilt auch für den Sprachgebrauch unterer Funktionäre der NSDAP. Im Gegensatz zu traditionellen Studien setzen alltagsgeschichtliche Untersuchungen einen Begriff politischen Sprechens voraus, der nicht mehr allein am ideologischen Wortschatz interessiert ist, sondern auch an Sprechhandlungen und Textsorten wie Flugblatt, Aufruf, Gebrauchsanweisung, Leserbrief, Rezept oder der Sprache im antifaschistischen Widerstand. Ihnen liegt ein Politikbegriff zugrunde, der nicht mehr allein auf den Staat rekurriert.

4. SPRACHANALYSE UND FASCHISMUSTHEORIE

Der Methodenstreit um die Interpretation des Nationalsozialismus spiegelt sich auch in der Haltung gegenüber einer allgemeinen Faschismustheorie wider. Konstitutiv für eine Theorie der politischen Sprache war der Totalitarismus- bzw. singularisierende Faschismusbegriff. Wenn überhaupt, dann ist für die Sprachanalyse nur unter präzisen Vorgaben eine generalisierende Deutung des Nationalsozialismus möglich. Im Gegensatz zur Historiographie liegen nur wenige vergleichende Untersuchungen zum Sprachgebrauch faschistischer Bewegungen vor. Allein Klein (1984, 1986) hat die Unterschiede zwischen Faschismus und NS-Regime herausgearbeitet. Während der Faschismus die italienische Muttersprache im Inland erst noch durchsetzen und verteidigen mußte (durch Verbot des Dialektgebrauches in der Presse und die umfassende Förderung des Italienischen in der Schule), brauchte sich der Nationalsozialismus um solche Probleme nicht zu kümmern. Im Gegensatz zu Italien verfügte Deutschland bereits über eine überregionale Standardsprache und konnte den Sprach- und Kulturerwerb im Ausland fördern. Kleins Kennzeichnung „Sprachpolitik im Inland vs. Sprachpolitik im Ausland" nimmt Bezug auf den Primat der Modernisierung einer weitgehend vorbürgerlichen Gesellschaft gegenüber dem Primat der pragmatischen Herrschaftstechnik eines imperialistischen Reiches. Desiderat bleiben auch Studien zur Sprachentwicklung im 20.Jahrhundert (Kaiserreich, Weimarer Republik, Nationalsozialismus, Bundesrepublik). Dennoch behaupten einige Autoren, daß es eine eigenständige „Sprache des Dritten Reichs" gegeben habe. Sie stützen sich auf Sprachlenkungen des Reichspropagandaministerium, mit denen neue Sprachzeichen („Blockwart"), neue Inhaltsseiten existierender Wörter („Umsiedlung"), positiv umgewertete Wörter der Propagandasprache („fanatisch") oder neue Ausdrucksseiten vorhandener Inhalte („Rechtswahrer" statt „Jurist") in den Sprachgebrauch eingeführt wurden. Insofern überrascht es nicht, daß der Terminus „Sprache des Dritten Reichs" auch über die fachwissenschaftlichen Grenzen hinaus gebräuchlich ist – unabhängig, ob sich die Einzelstudien mit der Semantik, Onomastik, Presse- oder Sprachlenkung befassen. Kontrovers ist allenfalls die Zugehörigkeit einzelner Wörter und Stilmittel, nicht aber die Existenz der nationalsozialistischen Sprache selbst. Dabei hat es an Hinweisen auf die Vorbilder der NS-Sprache nicht gefehlt (den christlichen Sprachgebrauch: Kotze u.a. 1966; den Sprachpurismus: von Polenz 19715; die politische Sprache im 19.Jahrhundert: Dieckmann 1964; die Wirtschaftswerbung: Voigt 1975 etc.). Diese Einsicht in die Kontinuität sprachlicher Phänomene wird nicht nur nicht zur Kenntnis genommen, sie stellt die These, die nationalsozialistische Sprache besitze ein unverwechselbares, signifikantes Profil, schlechterdings auf den Kopf. Autoren wie Fayé, Maas und Voigt haben die Vorstellung von einer „Sprache des Nationalsozialismus" grundlegend in Frage gestellt. Ihre Kritik an einer historisch isolierenden Faschismustheorie entspricht dem von Linguisten erhobenen Vorwurf einer synchron orientierten Betrachtung.

Diese forschungskritischen Überlegungen dürfen nicht dazu führen, wesentliche Tatsachen zu leugnen. Der Hinweis auf die Bedeutung der Sprachpolitik erhält seine Berechtigung, weil er formallinguistische Betrachtungen überschreitet. Zweifellos hat das NS-Regime über einen eng verflochtenen Lenkungsapparat Sprache für sich herrschaftstechnisch genutzt. Kritik ist jedoch dann gefordert, wenn Sprachlenkung als formaler Beleg für die Separierung des Nationalsozialimus und seiner Methoden vom bürgerlich-demokratischen Staat gilt. Von Polenz (1978) und Voigt (1975) haben demgegenüber gezeigt, daß es Presse- und Sprachlenkungsversuche in Deutschland auch vor 1933 und nach 1945 gab. Solchen Einwänden wird entgegengehalten, faschistisch sei nicht die Tatsache der Sprachlenkung an sich, sondern erst das systematische Vorgehen der Nazis. Was den Autoren als Besonderheit des NS-Regimes gilt, ließe sich auch als Widerlegung der Sonderwegsthese deuten, werden doch stillschweigend Kontinuitäten vorausgesetzt, die sonst keine Beachtung finden.

Durchgängig hat sich die Forschung auf die Beschäftigung mit der Meinungssprache konzentriert, wie sie für die Massenmedien und Propaganda typisch ist. Die Ursache für diese Wissenschaftspraxis liegt in der übergeordneten Vorstellung vom „Maßnahmenstaat" begründet. Die Gleichsetzung des Gewaltstaates mit dem Ideologischen an sich, setzt sich auf der sprachlichen Interpretationsebene fort. Nicht Sachbezogenheit und Rationalität gehören zum Wesen des NS-Staates, sondern einzig Meinungs- und Verhaltenssteuerung. Das faschismustheoretische Konzept des intentionalistisch lenkenden Führerstaates dient auch hier zur Erklärung der sprachlichen Verhältnisse. Diese erscheinen vor allem als Werk von „Ideologen".

ANMERKUNGEN:

1 Thamer, Hans Ulrich: Verführung und Gewalt. Deutschland 1933-45, Berlin 1986; Reichel, Peter: Der schöne Schein des Dritten Reiches. Faszination und Gewalt des Faschismus, München u.a. 1991.
2 Vgl. Dieckmann 1973.

BIBLIOGRAPHISCHER ÜBERBLICK

Die vorliegende Bibliographie verzeichnet die neuere Literatur zum Thema „Sprache und Politik im Nationalsozialismus". Eine solche Zusammenstellung des Schrifttums (vor allem wissenschaftlicher und publizistischer Arbeiten) fehlt noch immer in der Forschung bzw. ist aufgrund der disziplinären Zugriffe (von Politologie, Publizistik, Sprach- und Geschichtswissenschaft) bislang sehr unvollständig geblieben. Über diesen Mangel an forschungsgeschichtlicher Reflexion kann auch die große Zahl von Einzelstudien nicht hinwegtäuschen. Zu isoliert arbeitend, sind die vorgelegten Beiträge mehrheitlich davon entfernt, eine gemeinsame wissenschaftliche Diskussion zu führen. Ich habe deshalb versucht, den Anforderungen einer interdisziplinären Literatursichtung und -auswertung nachzukommen.[1]

Die Bibliographie umfaßt vorrangig deutschsprachige Titel im Zeitraum zwischen 1945 und 1990. Beiträge aus der Zeit von vor 1945 wurden dann aufgenommen, wenn sie die Forschungsentwicklung in der Bundesrepublik nachhaltig beeinflussen konnten. Andernfalls hätte es einer eigenständigen Untersuchung bedurft. Das gilt auch für die wenigen in der ehemaligen DDR erschienenen Arbeiten. Darüber hinaus wurden englisch- und italienischsprachige Veröffentlichungen nur dann berücksichtigt, wenn sie unter vergleichenden Gesichtspunkten den Sprachgebrauch und die Sprachpolitik faschistischer Bewegungen thematisieren.

Zur besseren Übersicht habe ich Monographien, Aufsätze etc. nach inhaltlichen Kriterien zu systematisieren versucht. Die Gliederung des Literaturverzeichnisses entspricht dabei der gängigen Forschungspraxis. Bedingung für die Aufnahme einer Arbeit war die Zuordnung in das folgende Themenraster:[2]

A. Bibliographien
B. Forschungsstand [Forschungs-, Literatur-, Tagungsberich te, Sammelbände]
C. Sprache der wissenschaftlichen Aufarbeitung
D. Prosodik
E. Orthographie
F. Lexik [-ographie, Wort- und Gebrauchsanalysen, Semantik]
G. Onomastik H. Text- und Redeanalysen
I. Diskursanalyse
K. Alltagssprache
L. Semiotik
M. Soziolekt
N. Idiomatik
O. Sprachkritik
P. Sprachlenkung, inszenierte Öffentlichkeit, Propaganda
Q. Sprache und NS-Ideologie [Ideologiekritik]
R. Stilistik und Rhetorik
S. Politische Sprache im italienischen Faschismus
T. Sprachwissenschaft im NS
U. NS-Sprachtheorie
V. Debatten, Rezensionen [u.a. zu Victor Klemperer]
W. Politische Sprache allgemein.[3]

LITERATURVERZEICHNIS

A. Bibliographien

Jäger, Siegfried: Faschismus, Rechtsextremismus, Sprache. Eine kommentierte Bibliographie, Duisburg 1990.

Kinne, Michael: Zum Sprachgebrauch der deutschen Faschisten. Ein bibliographischer Überblick, in: Diskussion Deutsch 14 (1983),73, S. 518-521.

Voigt, Gerhard: Bibliographie. Die deutsche Sprache in der Zeit des Nationalsozialismus, in: Praxis Deutsch 10 (1983), 58, S. 4-6.

Wigger, Arndt: Bibliographie: Sprachwissenschaft und Faschismus, in: Osnabrücker Beiträge zur Sprachtheorie 21 (1982), S. 105-119.

B. Forschungsstand [Forschungs-, Literatur-, Tagungsberichte, Sammelbände]

Antepoth, Andreas u.a.: Verschwiegen – Vergessen – Verdrängt. Altes und Neues vom Heimatverein. Zugleich ein Beitrag zum Problemkreis „Sprache im Nationalsozialismus", Frankfurt a. M. 1986.

Bolatzki, K. u.a.: Sprache des Nationalsozialismus? Literaturbericht und Strukturierungsvorschlag, Hannover 1976 (unveröff. masch. Manuskript).

Dieckmann, Walther: Sprachwissenschaft und Ideologiekritik. Probleme der Erforschung des öffentlichen Sprachgebrauchs in der Bundesrepublik und der DDR, in: Zum öffentlichen Sprachgebrauch in der Bundesrepublik Deutschland und in der DDR. Hrsg. von Manfred W. Hellmann, Düsseldorf 1973, S. 90-115.

Ehlich, Konrad: Über den Faschismus sprechen. Analyse und Diskurs, in: Sprache im Faschismus. Hrsg. von Konrad Ehlich, Frankfurt a. M. 1989, S. 7-34.

Hübsch, Monika: Benutzten die NS-Führer Zahnbürsten? Belastete Wörter und Nazi-Vergleiche auf dem Prüfstand, in: Tribüne 26 (1987),104, S. 31-36.

Macht der Verführung. Sprache und Ideologie des Nationalsozialismus. Tagung der Katholischen Akademie Stuttgart in Stuttgart-Hohenheim 29./30.1.1983. Hrsg von der Katholischen Akademie Stuttgart. Tagungsleitung Dieter R. Bauer, Stuttgart 1983.

Marek, Michael: „Wer deutsch spricht, wird nicht verstanden!" Der wissenschaftliche Diskurs über das Verhältnis von Sprache und Politik im Nationalsozialismus – Ein Forschungsbericht, in: Archiv für Sozialgeschichte 30 (1990), S. 454-492.

Sauer, Wolfgang W.: Sprachlosigkeit. Zum Problem der Sprachkritik während der Zeit des Faschismus, in: Kunst und Kultur im deutschen Faschismus. Hrsg. von Ralf Schnell, Stuttgart 1978, S. 329-344.

Schmitz-Berning, Cornelia: Die Behandlung des Themas „Öffentlicher Sprachgebrauch im Dritten Reich" in Sprachbüchern und Kursmaterialien für den Deutschunterricht, in: Sprache und Literatur in Wissenschaft und Unterricht 14 (1983),52, S. 106-112.

Sprache im Faschismus. Hrsg. von Konrad Ehlich, Frankfurt a. M. 1989.

Voigt, Gerhard: Zur Sprache des Faschismus. Ein Literaturbericht, in: Das Argument 9 (1967),43, S. 154-165.

Ders.: Zur Kritik der Theorien über die Sprache des Nationalsozialismus, Berlin 1970, (unveröff. Staatsexamensarbeit).

Ders: Bericht vom Ende der 'Sprache des Nationalsozialismus', in: Diskussion Deutsch 5 (1974),19, S. 445-464.

C. Sprache der wissenschaftlichen Aufarbeitung

Bloch, Ernst: Der Nazi und das Unsägliche. Über die Schwierigkeiten, den Nazismus ästhetisch, literarisch und sprachlich darzustellen, in: Das Wort 3 (1938),9, S. 110-114, (Neudruck: Zürich 1969).

Friedländer, Saul: Kitsch und Tod. Der Widerschein des Nazismus, München 1986.

Haug, Wolfgang F.: Der hilflose Antifaschismus. Zur Kritik der Vorlesungsreihen über Wissenschaft und NS an deutschen Universitäten, Frankfurt a. M. 1967.

Ders.: Vom hilflosen Antifaschismus zur Gnade der späten Geburt, Berlin 1987.

D. Prosodik

Schnauber, Cornelius: Ausdrucksphonetische Untersuchung von Rhythmus und und Melodik an Hitlers Rede zum Ermächtigungsgesetz. Diss., Hamburg 1969.

Ders.: Wie Hitler sprach und schrieb. Zur Psychologie und Prosodik der faschistischen Rhetorik, Frankfurt a. M. 1972.

E. Orthographie

Jellonek, Burkhard: Bemühungen um eine Rechtschreibreform unter den Nationalsozialisten von 1933-1945, in: Münstersches Logbuch zur Linguistik 4 (1979), S. 45-64.

F. Lexik [-ographie, Wort- und Gebrauchsanalysen, Semantik]

Adler, Hans G.: Wörterverzeichnis (der Lagersprache), in: Ders.: Theresienstadt 1941-45. Das Anlitz einer Zwangsgemeinschaft. Geschichte. Soziologie. Psychologie. Tübingen 1962, S. XXIX-LIX.

Ders.: Wörter der Gewalt, in: Muttersprache 75 (1965), S. 213-230.

Algner, Uwe: Ist Sprache zu allem fähig? Eine vergleichende Untersuchung der Lexika zur „Sprache des Nationalsozialismus", Hannover 1980, (unveröff. masch. Manuskript).

Auerbach, H.: Der Begriff „Sonderbehandlung" im Sprachgebrauch der SS, in: Gutachten des Instituts für Zeitgeschichte. Hrsg. vom Institut für Zeitgeschichte, Bd. II, Stuttgart 1966, S. 182-189.

Bartholmes, Herbert: Das Wort Volk im Dienste der Parteiterminologie der NSDAP und SED, in: Mitteldeutsche Vorträge 2 (1963), S. 33-46.

Ders.: Der Gebrauch des Wortes „Führer" und seiner Zusammensetzungen in der deutschen Arbeiterbewegung, in: Muttersprache 77 (1967),9, S. 262-279.

Bein, Alexander: Der jüdische Parasit. Bemerkungen zur Semantik der Judenfrage, in: Vierteljahrshefte für Zeitgeschichte 13 (1965),2, S. 121-149.

Berning, Cornelia: Die Sprache des Nationalsozialismus. Diss., Bonn 1958.

Dies.: Die Sprache des Nationalsozialismus, in: Zeitschrift für deutsche Wortforschung 16 (1960), S. 71-118/S. 178-188; 17 (1961), S. 83- 121/S. 171-182; 18 (1962), S. 108-118/S. 160-172; 19 (1963), S. 92-112.

Dies.: Vom „Abstammungsnachweis" zum „Zuchtwart". Vokabular des Nationalsozialismus, Berlin 1964.

Betz, Werner: The National-Socialist Vocabulary, in: Maurice Baumont: The Third Reich, London 1955, S. 784-796.

Blumental, Nachman: Slowa Niewinne. (Unschuldige Worte), Krakow u.a. 1947.

Ders.: On the Nazi Vocabulary, in: Yad Vashem Studies 1 (1957),1, S. 49-66.

Ders.: From the Nazi Vocabulary, in: Yad Vashem Studies 6 (1967), S. 69-82.

Brackmann, Karl-H. u.a.: NS-Deutsch. „Selbstverständliche" Begriffe und Schlagwörter aus der Zeit des Nationalsozialismus, Straelen 1988.

Buchheim, Hans: Der Ausdruck „Sonderbehandlung", in: Gutachten des Instituts für Zeitgeschichte. Hrsg. vom Institut für Zeitgeschichte, München 1958, S. 62-63.

Cobet, Christoph: Der Wortschatz des Antisemitismus in der Bismarckzeit, München 1973.

Dajan, Pinchas: Wörterbuch der Wendungen, Fachausdrücke und Spezialwörter zur Erleichterung der einheitlichen Übersetzung des deutschsprachigen Beweismaterials. (Hebräisches Typoskript in Yad-Vashem o.J.).

Dieckmann, Walther: Information oder Überredung. Zum Wortgebrauch der politischen Werbung in Deutschland seit der Französischen Revolution, Marburg 1964.

Enzi, Aldo: Il lessico della violenza nella Germania Nazista. Presentazione di Luigi Heilmann, Bologna 1971.

Esh, Saul: Words and their meanings. Twenty-five examples of Nazi-idiom, in: Yad Vashem Studies 5 (1961), S. 133-167.

Hermanns, Fritz: Brisante Wörter. Zur lexikographischen Behandlung parteisprachlicher Wörter in Wörterbüchern der deutschen Gegenwartssprache, in: Studien zur neuhochdeutschen Lexikographie II. Hrsg. von Herbert E. Wiegand, Hildesheim u.a. 1982, S. 87-108.

Jagoda, Z. u.a.: Slownik oswiecimski. (Auschwitz-Wörterbuch), in: Przeglad Lekarski-Oswiecim 1/1978, S. 78-94 (A-B); 1/1984, S. 62-67 (C); 1985, S. 56-63 (D).

Kogon, Eugen u.a.: Enttarnung der verschlüsselten Begriffe, in: Nationalsozialistische Massentötungen durch Giftgas. Eine Dokumentation. Hrsg. von Eugen Kogan u.a., Frankfurt a. M. 1983, S. 16-26.

Lange, Karl: Der Terminus „Lebensraum" in Hitlers „Mein Kampf", in: Vierteljahrshefte für Zeitgeschichte 13 (1965), 4, S. 426-437.

Laqueur, Walter: Was niemand wissen sollte. Die Unterdrückung der Nachrichten über Hitlers „Endlösung", Frankfurt a. M. u.a. 1981.

Lustig, Oliver: Lagerszotar. (Lagerwörterbuch), Kolozsvar-Napoca 1984.

Mehring, Marga: Menschenmaterial, in: Zeitschrift für deutsche Wortforschung 16 (1960),3, S. 129-143.

Mogge, Birgitta: Rhetorik des Hasses. Eugen Dühring und die Genese seines antisemitischen Wortschatzes, Neuss 1977.

Nail, Norbert: „Wehrsport". Gedanken anläßlich der Wiederbelebung einer Sprachleiche, in: Muttersprache 84 (1974),6, S. 129-131.

Neuburger, Otto: German-English dictionary of German administration terms. Civil Affairs Guide, Washington 1944, (War Departement Pamphlet 31-169).

Paechter, Heinz u.a.: Nazi-Deutsch. A glossary of contemporary German usage. With appendices on government, military and economic institutions, New York 1944.

Rauhut, Franz: „Der Volksgenosse muß erfaßt, ausgerichtet, gleichgeschaltet und eingesetzt werden". Ein sprach-psychologischer Versuch, in: Ein Leben aus freier Mitte. Festschrift für Prof. Dr. Ulrich Noack, Göttingen 1961, S. 342-352.

Römer, Ruth: Die Entwicklung des Wortes „Partei" zum Bestandteil von Eigennamen, in: Muttersprache 72 (1962), S. 326-332.

Dies.: Gibt es Mißbrauch der Sprache?, in: Muttersprache 80 (1970), S. 73-85.

Sauer, Wolfgang W.: Der Sprachgebrauch von Nationalsozialisten vor 1933, Hamburg 1978.

Ders.: Die Okkupation der Sprache durch die Nationalsozialisten oder: Ist die deutsche (Sprach-)Geschichte manchmal noch aktuell, in: Osnabrücker Beiträge zur Sprachtheorie 7 (1978), S. 38-56.

Ders.: Der „Duden". Geschichte und Aktualität eines „Volkswörterbuchs", Stuttgart 1988.

Ders.: Der Duden im „Dritten Reich", in: Sprache und Faschismus. Hrsg. von Konrad Ehlich, Frankfurt a. M. 1989, S. 104-119.

Schäfer, Renate: Zur Geschichte des Wortes „zersetzen", in: Zeitschrift für deutsche Wortforschung 18 (1962), S. 40-80.

Scheibe, Dietrich: Der Begriff „Ideologie" im Sprachgebrauch von Nationalsozialisten, in: Archiv für Begriffsgeschichte 27 (1983), S. 187-215.

Spricht das deutsche Volk unmenschlich?, in: Der Sprachdienst 7 (1963), S. 88-89.

Sternberger, Dolf u.a.: Aus dem Wörterbuch des Unmenschen. Neue und erweiterte Ausgabe mit Zeugnissen des Streits über die Sprachkritik, 3. Auflage Düsseldorf 1968 (erstmalig 1945-1948).

Ders.: Die Sprache der Verplanung, in: Frankfurter Allgemeine Zeitung 15.3.1979.

Stötzel, Georg: Naziverbrechen und öffentliches Sprachbewußtsein. Die Diskussion über belastete Wörter und unzulässige Vergleiche, in: Gesellschaft für Zeitgeschichte. 30. Jahrestagung – in memoriam Ernst H. Schallenberger – : Sprache und Zeitgeist. 29.10. – 1.11.87, in Zusammenarbeit mit der Evangelischen Akademie Mühlheim/Ruhr 1987 (masch. Manuskript).

Ders.: Nazi-Verbrechen und öffentliche Sprachsensibilität. Ein Kapitel deutscher Sprachgeschichte nach 1945, in: Deutscher Wortschatz. Lexikologische Studien. Ludwig Erich Schmidt zum 80. Geburtstag von seinen Marburger Schülern. Hrsg. von Horst Haider-Munske, Berlin u.a. 1988, S. 417-442.

Wellers, Georges: Le „traitement spécial" – „Sonderbehandlung" – qu'est-ce que c'est?, in: Le monde de juif 36 (1980), 100, S. 117-127.

Wulf, Joseph: Aus dem Lexikon der Mörder. 'Sonderbehandlung' und verwandte Worte in nationalsozialistischen Dokumenten, Gütersloh 1963.

– Fremdwort [-debatte]

Korlén, Gustav: Die Couch, Hitler und das Fremdwort. Sprachpurismus gestern und heute, in: Moderna Sprak 70 (1976), S. 329-342.

Loohuis, W. J. M.: Das Sprachgenie Adolf Hitler dargelegt am Gebrauch der Fremdwörter, München 1976.

Polenz, Peter von: Sprachpurismus und Nationalsozialismus. Die 'Fremdwort'-Frage gestern und heute, in: Eberhard Lämmert u.a. 1975, S. 111-165.

Rechtmann, Heinrich J.: Das Fremdwort und der deutsche Geist. Zur Kritik des völkischen Purismus, Nürnberg 1953.

Siggentaler, A. H.: Purismus im Dritten Reich?, in: Sprachspiegel 32 (1976),3, S. 77-78.

G. Onomastik

Alotta, Robert I.: Code-named operations of World War II: an interpretation, in: names 30 (1982),1, S. 5-14.

Bering, Dietz: Der Kampf um den Namen Isidor. Polizeivizepräsident Bernhard Weiss gegen Gauleiter Joseph Goebbels, in: Beiträge zur Namensforschung 18 (1983),1, S. 121-153.

Ders.: Das Stigma des jüdischen Namens. Bericht über Entstehung und Durchführung eines Forschungsprojektes im Grenzgebiet von Sprache und Geschichte, in: Sprachreport 2 (1987), S. 1-3.

Ders.: Der jüdische Name als Stigma, in: Die Zeit 7.8.1987.

Ders.: Der Name als Stigma. Antisemitismus im deutschen Alltag 1812-1933, Stuttgart 1987.

Ders.: Gewalt gegen Namen. Ein sprachwissenschaftlicher Beitrag zur Geschichte und Wirkung des Alltagsantisemitismus, in: Muttersprache 99 (1989), S. 193-212.

Ders.: Kampf um Namen. Bernhard Weiß gegen Joseph Goebbels, Stuttgart 1991.

Rennick, Robert M.: The Nazi name decrees of the nineteen thirties, in: names 18 (1970), S. 65-88.

H. Rede- und Textanalysen [-sammlungen]

Bauer, Winfried: Politische Reden auf Sekundarstufe II. Ein Unterrichtsmodell für Klasse 11, in: Der Deutschunterricht 30, 1978,1, S.87-109.

Boelcke, Willi A.: Goebbels und die Kundgebung im Berliner Sportpalast vom 18. Februar 1943. Vorgeschichte und Verlauf, in: Jahrbuch für die Geschichte Ost- und Mitteldeutschlands 19 (1970), S. 234-255.

Gomard, Kirsten: Zum Sprachgebrauch im Dritten Reich, in: Augias 2 (1981), S. 27-45.

Hesse, Horst: Hitler spricht – Eine Quellenauswahl aus Hitlerreden für den Unterricht, in: Geschichtsdidaktik 6 (1981),1, S. 39- 49.

Hitler, Adolf: Auszüge aus fünf exemplarischen Reden. Kommentiert von Christian Zentner, München o.J.

Klöss, Erhard: Reden des Führers. Politik und Propaganda Adolf Hitlers 1922-1945, München 1967.

Klose, Werner: Sprache der Aggression I: Hitlerjugend, Dortmund 1976.

Kotze, Hildegard von u.a.: „Es spricht der Führer". 7 exemplarische Hitler-Reden, Gütersloh 1966.

Kükelhahn, Kurt: Sprache als Werkzeug politischer Verführung. Der Wahlaufruf der NSDAP vom 1.März 1932, in: Muttersprache 93 (1983),1-2, S. 31-34.

Ludwig, Otto: Texte als Explikation von Haltungen. Zur Texttheorie der Nationalsozialisten in Deutschland, in: Sprache im Faschismus. Hrsg. von Konrad Ehlich, Frankfurt a. M. 1989, S. 120-136.

Maas, Utz: Sprache im Nationalsozialismus, in: Diskussion Deutsch 14 (1983),73, S. 499-517.

Ders.: Analyse einer Rede des „Reichsführers" Baldur von Schirach aus dem Jahre 1938, in: Rhetorik 4 (1985), S. 133-148.

Ders.: „Deutscher, iß Fisch!", in: Kulturrevolution 17-18 (1988), S. 19-24.

Ders.: Sprache im Nationalsozialismus. Analyse einer Rede eines Studentenführers, in: Sprache im Faschismus. Hrsg. von Konrad Ehlich, Frankfurt a. M. 1989, S. 162-197.

Meuerer, Reinhard u.a.: Texte des Nationalsozialismus. Beispiele, Analysen, Arbeitsanregungen, München 1982.

Moltmann, Günter: Goebbels Rede zum totalen Krieg am 18. Februar 1943, in: Vierteljahrshefte für Zeitgeschichte 12 (1964),1, S. 13- 43.

Nationalsozialismus und deutsche Sprache. Arbeitsmaterialien zum deutschen Sprachgebrauch während der nationalsozialistischen Herrschaft. Hrsg. von Michael Kinne, Frankfurt a. M. 1981.

Rittmann, U.: Dogmatischer Sprachgebrauch in nationalsozialistischen Texten während des Zweiten Weltkrieges, Göttingen 1973.

Schoebe, Gerhard: Die Hitler-Rede vom 8.11.1939. Erläuterungen und Hinweise für die Auswertung des Tonbandes, Hamburg 1960.

Schweinsberg-Reichart, Ilse: Analyse von Redeausschnitten: Hitler und Wels zum Ermächtigungsgesetz, in: Sprache und Sprechen. Hrsg. von Hellmut Geißner u.a., Bd. 1, Wuppertal 1968, S. 82-97.

Sluzalek, Ralf: Die Funktion der Rede im Faschismus, Oldenburg 1987.

Terveen, Fritz u.a.: Aus einer Wahlrede Hitlers in Eberswalde am 27. Juli 1932. AV-Beiheft zum Film des FWU, Göttingen o.J.

Voigt, Gerhard: Das Wortfeld als Instrument der Analyse. Untersuchung eines nationalsozialistischen Wahlaufrufes vom 1.3.1932, in: Praxis Deutsch 14 (1987),85, S. 62-64.

Wagner, Karl H.: Die Sprache als Mittel der Demagogie, in: Der Deutschunterricht 20 (1968),5, S. 61-75.

Wodak, Ruth: Der Stellenwert von Sprache in der Geschichtsforschung, in: Zeitgeschichte 10 (1983),7, S. 261-285.

Zehetmeier, Winfried: Bau und Wirkung demagogischer Rede. Zur Goebbelsrede vom 19. April 1945, in: Sprache und Sprechen. Hrsg. von Hellmut Geißner u.a., Bd. 4, Ratingen 1973, S. 56-74.

I. Diskursanalysen

Fayé, Jean Pierre: Totalitäre Sprachen. Kritik der narrativen Vernunft. Kritik der narrativen Ökonomie. 2 Bde., Frankfurt a. M. 1977 (in franz. Sprache 1972).

Maas, Utz: „Als der Geist der Gemeinschaft eine Sprache fand". Sprache im Nationalsozialismus. Versuch einer historischen Argumentationsanalyse, Opladen 1984.

Nemitz, Rolf: Was man von der Volksschule im Nationalsozialismus über die „normale Schule" lernen könnte, in: Heil Hitler, Herr Lehrer. Volksschule 1933-1945. Das Beispiel Berlin. Hrsg. von der Arbeitsgruppe Pädagogisches Museum Reinsbek 1983, S. 237-252.

Sauer, Christoph: Ein offener Brief im Dienste NS-Sprachpolitik in Holland, in: Der Deutschunterricht 37 (1985),2, S. 84-93.

Ders.: Nazi-Deutsch für Niederländer. Das Konzept der NS-Sprachpolitik in der Deutschen Zeitung in den Niederlanden 1940 – 1945, in: Sprache im Faschismus. Hrsg. von Konrad Ehlich, Frankfurt a. M. 1989, S. 237-288.

K. Alltagssprache

Bauer, Gerhard: Sprache und Sprachlosigkeit im „Dritten Reich", Köln 1988.

Ders.: Das flaue und beredte Schweigen unter dem Stiefel der SA, in: Vorgänge 28 (1989),1, S. 41-49.

L. Semiotik

Bauer, Gerhard: Hitlers Heil im Mund seines Volkes, in: Das Argument 29 (1988),166, S. 835-844.

Hill, Alette: Hitler's flag. A case study, in: Semiotica 38 (1982),1-2, S. 127-137.

Kalkofen, Hermann: Die Gestik der SA beim Führergruß. Zur 'Ritualisierung' eines politischen Signals, in: Zeitschrift für Semiotik 7 (1985),3, S. 175-188.

Stein, André L.: 'Making sense' at Auschwitz: A phenomenological look at signs, in: Ars semeiotica 3 (1980),3, S. 351362.

Ders.: Construction of reality in death camps. Groundwork for a phenomenology of signs, in: Semiotics unfolding 1 (1984),2, S. 617- 624.

M. Soziolekt

Bachem, Rolf: Rechtsradikale Sprechmuster der 80er Jahre. Eine Studie zum Sprachgebrauch der 'harten NS-Gruppen' und ihnen nahestehender Rechtsextremisten, in: Muttersprache 93 (1983),1-2, S. 59-81.

Ising, Erika: Partisanen im Hinterland des Feindes, in: Neue Zeit 4.5.1985.

Dies.: Die Sprache im deutschen antifaschistischen Widerstand, in: Zeitschrift für Germanistik 9 (1988),4, S. 404-421.

Kinne, Michael: Ein vernachlässigtes Thema: Sprache des antifaschistischen Widerstands, in: Der Sprachdienst 30 (1986),2, S. 43- 45.

Köhler, Günter: Die Sprache der Mörder von morgen, in: Neue Deutsche Presse 20 (1966),6, S. 27-28.

Oschlies, Wolf: „Lagerszpracha". Zu Theorie und Empirie einer KZ-spezifischen Soziolinguistik, in: Zeitgeschichte 13 (1985),1, S. 1-27.

Winterfeldt, Hans: Die Sprache im Konzentrationslager, in: Muttersprache 78 (1968), S. 126-152.

N. Idiomatik

Buchele, Marga: Der politische Witz als getarnte Meinungsäußerung gegen den totalitären Staat. Ein Beitrag zur Phänomenologie und Geschichte des inneren Widerstandes im Dritten Reich. Diss., München 1956.

Dröge, Franz: Der zerredete Widerstand. Zur Soziologie und Publizistik des Gerüchts im 2. Weltkrieg, Gütersloh 1970.

Gamm, Hans-J.: Der Flüsterwitz im Dritten Reich, München 1963.

Mieder, Wolfgang: Sprichwörter unterm Hakenkreuz, in: Muttersprache 93 (1983),1-2, S. 1-30.

Meier, John A. u.a.: Geflüstertes. Die Hitlerei im Volksmund, Heidelberg 1946.

Wirrer, Jan: Niederdeutsch im Nationalsozialismus, in: Jahrbuch des Vereins für niederdeutsche Sprachforschung 110 (1987), S. 24-58.

Ders.: Niederdeutsch im Nationalsozialismus. Vortragsresümee, in: Korrespondenzblatt des Vereins für niederdeutsche Sprachforschung 94 (1987), S. 27-28.

Ders.: Dialekt und Standardsprache im Nationalsozialismus – am Beispiel des Niederdeutschen, in: Sprache im Faschismus. Hrsg. von Konrad Ehlich, Frankfurt a. M. 1989, S. 87-103.

Zu Hitler fällt mir nur noch ein ... Satire als Widerstand. Hrsg. von Klaus Strohmeyer, Reinbek 1989.

O. Sprachkritik

Bähr, Rudolf: Grundlagen für Karl Kraus' Kritik an der Sprache im nationalsozialistischen Deutschland. Diss., Köln u. a. 1977.

Ders.: Grundlagen für Karl Kraus' Kritik an der Sprache im nationalsozialistischen Deutschland, in: Germanistische Dissertationen in Kurzfassungen. Bd. 6, Berlin 1981, S. 146-157.

Fischer, Heinrich: Die deutsche Sprache im Dritten Reich, in: Deutsche Rundschau 82 (1956),8, S. 848-850 (erstmalig 1942).

Kraus, Karl: Die Dritte Walpurgisnacht, München 1967 (erstmalig 1933).

Polenz, Peter von: Sprachkritik und sprachwissenschaftliche Methoden, in: Sprachnorm-Sprachpflege-Sprachkritik. Hrsg. von Hugo Moser, Düsseldorf 1968, S. 159-184.

Ders.: Politik und Sprache: vor 1945, in: Ders.: Geschichte der deutschen Sprache, Berlin u.a. 1978, S. 160-173.

Steiner, George: Das hohle Wunder, in: Ders.: Sprache und Schweigen. Essays über Sprache, Literatur und das Unmenschliche, Frankfurt a.M. 1969, S. 129-146 (in engl. Sprache 1960).

Teusch, Ulrich: Sprache und Faschismus: Karl Kraus' „Dritte Walpurgisnacht", in: Zeitgeschichte 12 (1985),9-10, S. 351-389.

P. Sprachlenkung, inszenierte Öffentlichkeit, Propaganda

Bergsdorf, Wolfgang: Die Sprache der Diktatur und ihre Wörter. Zur Technik nationalsozialistischer und kommunistischer Sprachlenkung in Deutschland, in: Deutschland-Archiv 11 (1978),12, S. 1299-1313.

Ders.: Wörter sind wie Arsen. Zur Technik totalitärer Sprachlenkung, in: Deutschland-Archiv 11 (1978), S. 87-102.

Ders.: Die Sprache der Diktatur und ihre Wörter. Zur Technik nationalsozialistischer und kommunistischer Sprachlenkung in Deutschland, in: Wörter als Waffen. Sprache als Mittel der Politik. Hrsg. von Wolfgang Bergsdorf, Stuttgart 1979, S. 102-127.

Ders.: Die Rolle der Sprache in der Politik, in: Stimmen der Zeit 104 (1979),12, S. 817-828.

Ders.: Sprachlenkung im Nationalsozialismus, in: Kampf um Wörter? Politische Begriffe im Meinungsstreit. Hrsg. von Martin Greifenhagen, München u.a. 1980, S. 65-74.

Bramstedt, Ernest K.: Goebbels und die nationalsozialistische Propaganda 1925 – 1945, Frankfurt a. M. 1971.

Elfferding, Wieland: Von der proletarischen Masse zum Kriegsvolk. Massenaufmarsch und Öffentlichkeit im deutschen Faschismus am Beispiel des 1. Mai 1933, in: Inszenierung der Macht. Ästhetische Faszination im Faschismus. Hrsg. von der Neuen Gesellschaft für Bildende Künste, Berlin 1987, S. 11-50.

Glunk, Rolf: Erfolg und Mißerfolg der nationalsozialistischen Sprachlenkung. Diss., München 1966.

Ders.: Erfolg und Mißerfolg der nationalsozialistischen Sprachlenkung, in: Zeitschrift für deutsche Sprache 22 (1966), S. 57-73/ S. 146-153; 23 (1967), S. 83-113/ S. 178-188; 24 (1968), S. 72- 91/ S. 184-191; 25 (1969), S. 116-128/ S. 180-183; 26 (1970) S. 84- 97/ S. 176-183; 27 (1971), S. 113-123/ S. 177-187.

Grieswelle, Detlef: Propaganda der Friedlosigkeit. Eine Studie zu Hitlers Rhetorik 1920-1933, Stuttgart 1972.

Karsch, Friderun: Die Sprache der politischen Propaganda, in: Geschichte in Wissenschaft und Unterricht 19 (1968),4, S. 218-229.

Lerg, Winfried B.: Die Ansprache von Joseph Goebbels am 19. März 1938 über die Propaganda zur Wahl zum Großdeutschen Reichstag. Ein Dokument zur Regie des öffentlichen Lebens im Dritten Reich, in: Publizistik 7 (1962),3, S. 167-177.

Lins, Ulrich: Die gefährliche Sprache. Die Verfolgung der Esperantisten unter Hitler und Stalin, Gerlingen 1988.

Münzenberg, Willi: Propaganda als Waffe, Jossa 1977, (erstmalig 1937).

Muszkat, Marian u.a.: Les revendications allemandes sur les territoires polonais occidentaux au point de vue de Droit Pénal International, in: Revue du Droit International, des Sciences diplomatiques et politiques 1 (1947), S. 31-42.

NS-Presseanweisungen der Vorkriegszeit. Edition und Dokumentation. Bearb. von Gabriele Toepser-Ziegert, 4 Bde., München u. a. 1984-1987.

Sauer, Christoph: Sprachpolitik und NS-Herrschaft. Zur Sprachanalyse des Nationalsozialismus als Besatzungsmacht in den Niederlanden 1940-1945, in: Sprache und Literatur in Wissenschaft und Unterricht 14 (1983),51, S. 80-99.

Ders.: Nicht drinnen und nicht draussen. NS-Sprachpolitik, die Niederlande und das „Neue Europa" im Februar/März 1941, in: Diskussion Deutsch 15 (1984),78, S. 408-432.

Ders.: „Niederländer, blickt nach dem Osten!" Die „Nederlandsche Oost-Compagnie" in der NS-Sprachpolitik, in: Germanistik Forschungsstand und Perspektiven. Vorträge des deutschen Germanistentages 1984. Hrsg. von Georg Stötzel, Teil 1, Berlin u.a. 1985, S. 278- 318.

Ders.: NS-Sprachpolitik in der Besatzungssituation: am Beispiel der „Deutschen Zeitung in den Niederlanden" 1940-1945, besonders der Rubrik „Spiegel der Woche", in: Politische Sprachwissenschaft. Zur Analyse von Sprache als kultureller Praxis. Hrsg. von Franz Januschek, Opladen 1985, S. 271-306.

Schmeer, Karlheinz: Die Regie des öffentlichen Lebens im Dritten Reich, München 1956.

Schöfer, Erasmus: Die Sprache im Dienst des modernen Staates, in: Sprache im technischen Zeitalter 8 (1963), S. 615-633.

Ders.: Die Sprache im Dienst des modernen Staates, in: Holzfeuer im hölzernen Ofen. Aufsätze zur politischen Sprachkritik. Hrsg. von Hans J. Heringer, Tübingen 1982, S. 130-149.

Voigt, Gerhard: Goebbels als Markentechniker, in: Warenästhetik. Beiträge zur Diskussion, Weiterentwicklung und Vermittlung ihrer Kritik. Hrsg. von Wolfgang F. Haug, Frankfurt a. M. 1975, S. 231-260.

Q. Sprache und NS-Ideologie [Ideologiekritik]

Bosmajian, Hamida A.: The magic word in Nazi persuasion, in: ETC 23 (1966), S. 23.

Bloch, Ernst: Erbschaft dieser Zeit, Frankfurt a. M. 1962.

Bohse, Jörg: Elemente von Pseudoklassenkampf in Goebbels Rede zum „totalen Krieg", in: Rhetorik, Ästhetik, Ideologie. Aspekte einer kritischen Kulturwissenschaft, Stuttgart, 1973, S. 219-236.

Bosch, Herbert: Ideologische Transformationsarbeit in Hitlers Reden zum Ersten Mai 1933, in: Projekt Ideologie-Theorie. Faschismus und Ideologie. Bd. 60, Berlin 1980, S. 107-140.

Dahle, Wendula: Der Einsatz einer Wissenschaft. Eine sprachinhaltliche Analyse militärischer Terminologie in der Germanistik 1933-1945. Diss., Bonn 1969.

Harbering, Rainer u.a.: Zum Zusammenhang von Sprache und Ideologie im deutschen Faschismus. Diss., Bremen 1972.

Hoffend, Andrea: Bevor die Nazis die Sprache beim Wort nahmen. Wurzeln und Entsprechungen nationalsozialistischen Sprachgebrauchs, in: Muttersprache 93 (1987), S. 257-299.

Marcuse, Herbert: Die Absperrung des Universums der Rede, in: Ders.: Der eindimensionale Mensch. Studien zur Ideologie der fortgeschrittenen Industriegesellschaft, Neuwied u.a. 1967, S. 103- 138.

Phelps, Reginald H.: Hitler als Parteiredner im Jahre 1920, in: Vierteljahrshefte für Zeitgeschichte 11 (1963), S. 274-330.

Straßner, Erich: Sprache im Nationalsozialismus, in: Rottenburger Jahrbuch für Zeitgeschichte 1983, Bd. 2, S. 77-85.

Ders.: Ideologie – Sprache – Politik. Grundfragen ihres Zusammenhanges, Tübingen 1986.

Winckler, Klaus: Studie zur gesellschaftlichen Funktion faschistischer Sprache, Frankfurt a. M. 1970.

Zimmermann, Ralf: Sprache im Nationalsozialismus und ihre ideologischen Wurzeln, Duisburg 1986 (Staatsexamensarbeit).

R. Stilistik und Rhetorik

Bork, Siegfried: Mißbrauch der Sprache. Tendenzen nationalsozialistischer Sprachregelung, Bern u.a. 1970.

Born, Jürgen: Zur Sprache des Oberkommandos der Wehrmacht, in: Wirkendes Wort 9 (1959),3, S. 160-169.

Burke, Kenneth: Die Rhetorik in Hitlers „Mein Kampf" und andere Essays zur Strategie der Überredung, Frankfurt a. M. 1967 (in engl. Sprache 1939).

Bytwerk, Randall L.: The rhetoric of defeat: Nazi propaganda in 1945, in: Central States speech journal 29 (1978),1, S. 44-52.

Ders.: Fritz Reinhardt and the „Rednerschule der NSDAP", in: Rhetorik 2 (1981), S. 7-18.

Ders.: Fritz Reinhardt and the „Rednerschule der NSDAP", in: The quarterly journal of speech 67 (1981), 3, S. 298-309.

Epping, Heinz: Die NS-Rhetorik als politisches Kampf- und Führungsmittel. Diss., Münster 1954.

Frind, Sigrid: Die Sprache als Propagandainstrument in der Publizistik des Dritten Reiches. Untersucht an Hitlers „Mein Kampf" und den Kriegsjahrgängen des „Völkischen Beobachters". Diss., Berlin 1964.

Dies.: Die Sprache als Propagandainstrument der Nationalsozialisten, in: Muttersprache 76 (1966),5-6, S. 129-135.

Hasubek, Peter: Sprache und Symbole im Dienste der politischen Ideologie, in: Ders.: Das deutsche Lesebuch in der Zeit des Nationalsozialismus. Ein Beitrag zur Literaturpädagogik zwischen 1933 und 1945, Hannover 1972, S. 151-172.

Jakob, Hans: An ihrer Sprache sollt ihr sie erkennen. Die Gleichschaltung der deutschen Sprache, in: Das Wort 3, (1938),1, S. 81-86. (Neudruck: Zürich 1969).

Kessemeier, Carin: Der Leitartikler Goebbels in den NS-Organen „Der Angriff" und „Das Reich", Münster 1967.

Kinne, Michael: Untersuchungen zur superlativistischen Lexik in nationalsozialistischen und sozialistischen Texten. Diss., Bonn 1973.

Klemperer, Victor: Die unbewältigte Sprache. Aus dem Notizbuch eines Philologen. „L(ingua) T(ertii) I(mperii)", 3. Aufl. Darmstadt 1966,(erstmalig 1947).

Lange, Gerhard: Sprachform und Sprechform in Hitlers Reden, in: Muttersprache 78 (1968),11, S. 342-349.

Ders.: Sprachform und Sprechform in Hitlers Reden, in: Sprechen und Sprache. Hrsg. von Helmut Geißner u.a., Bd. 1, Wuppertal 1969, S. 104-116.

Luchtenberg, Sigrid: Euphemismen im heutigen Deutsch. Mit einem Beitrag zu Deutsch als Fremdsprache. Diss., Frankfurt a.M. u.a. 1985.

Minnerup, Willi: Pressesprache und Machtergreifung am Beispiel der Berliner Germania, in: Sprache im Faschismus. Hrsg. von Konrad Ehlich, Frankfurt a. M. 1989, S. 198-236.

Neuhaus, Helmut: Der Germanist Dr. phil. Joseph Goebbels. Bemerkungen zur Sprache des Joseph Goebbels in seiner Dissertation aus dem Jahre 1922, in: Zeitschrift für deutsche Philologie 93 (1974),3, S. 398-416.

Nolte, Jost: Es war möglich, von der Sprache Hitlers auf Hitler zu schließen, in: Die Welt. Beilage: Welt der Literatur 18.1.1968.

Rigotti, Francesza: Der Chirurg des Staates. Zur politischen Metaphorik Mussolinis, in: Politische Vierteljahresschrift 28 (1987),3, S. 280-292.

Sauer, Christorph: Stil, NS-Propaganda und Besatzungspresse. Die Rubrik „Spiegel der Woche" in der „Deutschen Zeitung in den Niederlanden", in: Muttersprache 97 (1987),1-2, S. 79-108.

Schähle, Roland: Zur Sprache und Psyche der Täter. Auschwitz? – „Eine rein technische Frage für die Erstellung des Fahrplans", in: Tribüne 29 (1990),115, S. 105-116.

Schneider, Wolf: Wörter wie Arsen. Propaganda: Die Päpste, Lord Northcliffe und Goebbels, in: Ders.: Wörter machen Leute. Magie und Macht der Sprache, München 1976, S. 120- 135.

Schwelien, Joachim: Jargon der Gewalt, Frankfurt a. M. 1961.

Seidel, Eugen u.a.: Sprachwandel im Dritten Reich. Eine kritische Untersuchung faschistischer Einflüsse, Halle/Saale 1961.

Seidel, Ingeborg: Eugen Dühring als Vorläufer der Nationalsozialisten. Eine sprachliche Untersuchung, in: Festschrift für Victor Klemperer, Halle/Saale 1958, S. 389-396.

Voigt, Gerhard: Faschistische Rede? Zu Stilistik und Rezeption des Aufrufs A. Hitlers vom 19.12.1941, in: Sprache in Gegenwart und Geschichte. Hrsg. von Dietrich Hartmann u.a., Köln u.a. 1978, S. 281-293.

Volmert, Johannes: Politische Rhetorik des Nationalsozialismus, in: Sprache im Faschismus. Hrsg. von Konrad Ehlich, Frankfurt a. M. 1989, S. 137-161.

Wedleff, Margarete: Zum Stil in Adolf Hitlers Maireden, in: Muttersprache 80 (1970),4, S. 107-127.

Winckler, Lutz: Hitlers Rede zum 1. Mai 1933 – oder: Des Kaisers neue Kleider, in: Diskussion Deutsch 14 (1983),73, S. 483-498.

Winterfeldt, Hans: Elemente der Brutalität im nationalsozialistischen Sprachgebrauch, in: Muttersprache 75 (1965),7-8, S. 231-236.

Zabel, Hermann: „Es spricht der Ortsgruppenleiter". Zum Sprachgebrauch eines NS-Funktionärs, in: Wirkendes Wort 37 (1987),6, S. 407-418.

Zischka, Johannes: Die NS-Rassenideologie. Machttaktisches Instrument oder handlungsbestimmendes Ideal? Frankfurt a. M. u.a. 1986.

S. Politische Sprache im italienischen Faschismus

D'Oria, Domenico: Du mot fascisme, in: Annali della Facoltà di Lingue e Letterature Straniere dell'Università di Bari 1 (1980),1, S. 275-287.

Foresti, Fabio: Langue, propagande, destinataires dans l'Ita- lie fasciste. Quelques hypothèses, in: Beiträge zur romanischen Philologie 20 (1981),2, S. 255-265.

Ders.: Il problema linguistico nella „politica indigena" del colonialismo fascista, in: Parlare fascista. Convegno di studi „palare fascista", Genova 1984, S. 133-155.

Klein, Gabriella: Zur italienischen Sprachpolitik. Der Normbegriff des Italienischen während des Faschismus, in: Linguistische Berichte 79 (1982), S. 53-62.

Dies.: Tendenzen der Sprachpolitik des italienischen Faschismus und des Nationalsozialismus in Deutschland, in: Zeitschrift für Sprachwissenschaft 3 (1984),1, S. 100-113.

Dies.: La politica linguistica del fascismo, Bologna 1986.

Kramer, Johannes: Deutsch und Italienisch in Südtirol, Heidelberg 1981.

Maas, Utz: Zu Gabriella Klein, Tendenzen der Sprachpolitik des italienischen Faschismus und des Nationalsozialismus in Deutschland, in: Zeitschrift für Sprachwissenschaft 4 (1985),2, S. 242-245.

Neumann, Gerlinde: Zur Sprache der italienischen Neofschisten, in: Beiträge zur romanischen Philologie 20 (1981),2, S. 267-272.

T. Sprachwissenschaft im NS

Ahlzweig, Klaus: Die deutsche Nation und ihre Muttersprache, in: Sprache im Faschismus. Hrsg. von Konrad Ehlich, Frankfurt a. M. 1989, S. 35-57.

Bernsmeier, Helmut: Der deutsche Sprachverein im 'Dritten Reich', in: Muttersprache 93 (1983),1-2, S. 35-58.

Herles, Wolfgang: Natur gegen Kultur. Ansätze zu einer Mythologie nationalsozialistischen Germanistik, in: Gegenwart als kulturelles Erbe. Ein Beitrag der Germanistik zur Kulturwissenschaft deutschsprachiger Länder. Hrsg. von Bernd Thum, München 1985, S. 395-410.

Hunger, Ulrich: Die Runenkunde im Dritten Reich. Ein Beitrag zur Wissenschafts- und Ideologiegeschichte des Nationalsozialismus. Diss., Frankfurt a. M. u.a. 1984.

Kater, Michael: Das „Ahnenerbe" der SS 1935-1945. Ein Beitrag zur Kulturpolitik des Dritten Reichs, Stuttgart 1974.

Kemper, Raimund : Eine Wissenschaft „im Einsatz". Zu einem Buch über Nazi-Jargon in germanistischen Zeitschriften zwischen 1933 und 1945, in: Studi germanici 19-20 (1981-1982), 53-58, S. 341-380.

Lämmert, Eberhard u.a.: Germanistik – eine deutsche Wissenschaft, Frankfurt a. M. 1971.

Maas, Utz: Die Entwicklung der deutschsprachigen Sprachwissenschaft von 1900 bis 1950 – zwischen Professionalisierung und Politisierung, in: Zeitschrift für germanistische Linguistik 16 (1988),3, S. 253-290.

Ders.: Die vom Faschismus verdrängten Sprachwissenschaftler – Repräsentanten einer anderen Sprachwissenschaft?, in: Die Künste und Wissenschaften im Exil 1933-1945. Hrsg von Edith Böhne u.a., Heidelberg 1989, S. 551-623.

Norton, Donald H.: Karl Haushofer and the German Academy 1925-1945, in: Central European History, 1968, S. 80-99.

Olt, Reinhard u.a.: „Außenseiter": Otto Behaghel, ein eitel Hirngespinst und der Nationalsozialismus, in: Zeitschrift für Linguistik und Literaturwissenschaft 14 (1984),53-54, S. 194-223.

Römer, Ruth: Mit Mutter Sprache gegen die Nazis?, in: Linguistische Berichte (1971),14, S. 68-69.

Dies.: Sprachwissenschaft und Rassenideologie in Deutschland, München 1985.

Rosenbaum, Beate u.a.: „Notdürftig vom faschistischen Gedankengut gereinigt ...". Nationalsozialistische Sprachdidaktik und ihre Nachwirkungen in der Bundesrepublik Deutschland dargestellt am Beispiel Karl Reumuths, in: Linguistische Berichte (1982),77, S. 62-79.

Simon, Gerd: Materialien über den 'Widerstand' in der deutschen Sprachwissenschaft des Dritten Reiches. Der Fall Georg Schmidt-Rohr, in: Sprachwissenschaft und politisches Engagement. Zur Problem- und Sozialgeschichte einiger sprachtheoretischer, sprachdidaktischer und sprachpflegerischer Ansätze in der Germanistik des 19. und 20. Jahrhunderts. Hrsg. von Gerd Simon, Weinheim 1979, S. 153-206.

Ders.: Zündschnur zum Sprengstoff. Leo Weisgerbers keltologische Forschungen und seine Tätigkeit als Zensuroffizier in Rennes während des 2. Weltkrieges, in: Linguistische Berichte 79 (1982), S. 30-52.

Ders.: Die sprachsoziologische Abteilung der SS, in: Sprachtheorie, Pragmatik, Interdisziplinäres. Akten des 19. Linguistischen Kolloquiums Vechta 1984. Hrsg. von Wilfried Kürschner u.a., Bd. II, Tübingen 1985, S. 375-396.

Ders.: Sprachwissenschaft im III. Reich. Ein erster Überblick, in: Politische Sprachwissenschaft. Zur Analyse von Sprache als kultureller Praxis. Hrsg. von Franz Januschek, Opladen 1985, S. 97-141.

Ders.: Der Wandervogel als „Volk im Kleinen" und Volk als Sprachgemeinschaft beim frühen Georg Schmidt(-Rohr), in: Sprachwissenschaft und Volkskunde. Hrsg. von Herbert E. Brekle, Opladen 1986, S. 155-183.

Ders.: Wissenschaft und Wende 1933. Zum Verhältnis von Wissenschaft und Politik am Beispiel des Sprachwissenschaftlers Georg Schmidt-Rohr, in: Das Argument 28 (1986),158, S. 527-542.

Ders.: Sprachpflege im „Dritten Reich", in: Sprache im Faschismus. Hrsg. von Konrad Ehlich, Frankfurt a. M. 1989, S. 58-86.

Schümer, Dieter: Franz Thierfelder und Deutsch für Ausländer. Kontinuität und Neuorientierung seit 1932, in: Sprachwissenschaft und politisches Engagement. Zur Problem- und Sozialgeschichte einiger sprachtheoretischer, sprachdidaktischer und sprachpflegerischer Ansätze in der Germanistik des 19. und 20. Jahrhunderts. Hrsg. von Gerd Simon, Weinheim 1979, S. 207-229.

U. NS-Sprachtheorie

Bergmann, Karl: Der Deutschen wehrhafter Geist im Spiegel der Sprache, in: Zeitschrift für den deutschen Unterricht (1935), S. 201-207.

Müller, Karl: Unseres Führers Sprachkunst auf Grund seines Werkes „Mein Kampf", Dresden 1935.

Pechau, Manfred: Nationalsozialismus und deutsche Sprache. Diss., Greifswald 1935.

Pipgras, Kurt: Faschismus und Sprache. Wandlungen im Wortschatz. Diss., Kiel 1941.

Schultheiss, Tassilo: Sprachwissenschaft auf Schleichwegen, Berlin 1936.

Teichert, Friedrich: Artfremd oder deutsch? Ein Wörterbuch als Führer durch den Fremdwörterwulst des öffentlichen Lebens, Berlin 1934.

Thierfelder, Franz: Deutsch als Weltsprache. Bd. 1: Die Grundlagen der deutschen Sprachregelung in Europa, Berlin 1938.

V. Debatten, Rezensionen
[u.a. zu Victor Klemperer]

Betz, Werner: Kleine Beiträge. Zum Wörterbuch des Unmenschen, in: Zeitschrift für deutsche Wortforschung 16, (1960),1-2, S. 119-121.

Becker, Joachim U.: Was ist die Macht des Wortes? Utz Mass' Forschungen über das Sprachverhalten berechtigen ihn nicht zu Aussagen über die Sprache, in: Frankfurter Rundschau 13.3.1990.

Best, Otto F.: Entlarvende Sprachanalysen. Victor Klemperers Notizbuch „Lingua Tertii Imperii", in: Die Welt der Literatur 4.8.1966.

Dieckmann, Walther: Zum Wörterbuch des Unmenschen: IV. Propaganda, in: Zeitschrift für deutsche Sprache 21 (1965), S. 104-114.

Fricke, Karl W.: Die Sprache des Vierten Reiches, in: Deutsche Rundschau 78 (1952),12, S. 1243-1246.

Günter, Karl H.: LTI – Sprache des Imperialismus, in: Neues Deutschland 20.2.1971.

Himmel, Helmuth: Kleine Beiträge. Zum Wörterbuch des Unmenschen, in: Zeitschrift für deutsche Wortforschung 19 (1963), S. 113-116.

Hoppe, Gabriele: Ein Ende des Endes der 'Sprache des Nationalsozialismus' – für eine neue 'Wörterbuchphilologie'?, in: Diskussion Deutsch 14 (1983),74, S. 689-692.

Ischreyt, Heinz: Sprachlenkung und Sprachnormen, in: deutsche studien 23 (1968),6, S. 307-314.

Kammradt, Friedrich: Über den Mißbrauch der Sprache in der Zeit des Faschismus, in: Sprachpflege 5 (1958), S. 67-69.

Klemperer, Victor: Antwort auf F. Kammradt, in: Sprachpflege 5 (1958), S. 69-70.

Lang, Ewald: LTI – ein antifaschistisches Volksbuch, in: Forum 36 (1982),1, S. 14-15.

Ders.: Victor Klemperers LTI, in: Osnabrücker Beiträge zur Sprachtheorie 33 (1986), S. 69-79.

Maas, Utz: Macht des Wortes oder Lähmung der Sprache? Die Wirkung der Rede im Nationalsozialismus beruhte auf dem spezifischen Mißbrauch, der mit Sprache getrieben wurde, in: Frankfurter Rundschau 16.1.1990.

Ders.: Stellungnahme zu dem Beitrag von Simon, in: Zeitschrift für germanistische Linguistik 18 (1990),1, S. 94-96.

Sauer, Wolfgang W.: Schlag nach bei Berning? Anmerkungen zur Renaissance der 'Vokabularien zur NS-Sprache', in: Diskussion Deutsch 15 (1984),77, S. 319-324.

Schwab-Felisch, Hans: Die decouvrierenden Wörter, in: Die Zeit 19.8.1966.

Simon, Gerd: Sprachwissenschaft im Umfeld des Faschismus. Eine Replik auf die Rezension von Ingulf Ratke, in: Muttersprache 89 (1979), S. 377-379.

Ders.: Wider die Utzmaasereien in der Sprachwissenschaftsgeschichtsschreibung, in: Zeitschrift für germanistische Linguistik 18 (1990),1, S. 81-94.

Techtmeier, Bärbel: Bedeutung zwischen Wort und Text – Die Sprache des Faschismus im Spiegel von Victor Klemperers „LTI", in: Bedeutungen und Ideen in Sprachen und Texten. Hrsg. von Werner Neumann, Berlin/DDR 1987, S. 315-324.

Vodoz, Isabelle: Victor Klemperer: LTI (Lingua Tertii Imperii). Réflexions d'un linguiste juif: une forme de résistance, in: Nazisme et antinazisme dans la litterature et l'art allmands (1920-1945). Hrsg. von André Combes u.a., Lille 1986, S. 189-200.

W. Politische Sprache allgemein

Bergsdorf, Wolfgang: Politik und Sprache, München u.a. 1978.

Ders.: Über die Macht der Kultur. Kommunikation als Gebot der Politik, Stuttgart 1988.

Bibliographie: Politische Sprachkritik, in: Holzfeuer im hölzernen Ofen. Aufsätze zur politischen Sprachkritik. Hrsg. von Hans J. Heringer, Tübingen 1982, S. 317-332.

Dieckmann, Walther: Sprache in der Politik. Einführung in die Pragmatik und Semantik der politischen Sprache, Heidelberg 1975.

Dörner, Andreas: Politische Sprache – Instrument und Institution der Politik, in: Aus Politik und Zeitgeschichte (1991), B17, S. 3-11.

Edelman, Maurray: Politik als Ritual. Die symbolische Funktion staatlicher Institutionen und politischen Handelns, Frankfurt a. M. 1976 (in engl. Sprache 1964).

Geis, Michael J.: The Language of Politics, New York u.a. 1987.

Holzfeuer im hölzernen Ofen. Aufsätze zur politischen Sprachkritik. Hrsg. von Hans J. Heringer, Tübingen 1982.

Kampf um Wörter? Politische Begriffe im Meinungsstreit. Hrsg. von Martin Greiffenhagen, München u.a. 1980.

Klaus, Georg: Sprache der Politik, Berlin/DDR 1971.

Politik der Symbole – Symbole der Politik. Hrsg. von Rüdiger Voigt, Opladen 1989.

Reich, Hans H.: Sprache und Politik, in: Deutschunterricht in der Diskussion. Hrsg. von Dietrich Bouecke, Bd. 1, Paderborn 1979, S. 309- 332.

Sarcinelli, Ulrich: Symbolische Politik. Die Bedeutung symbolischen Handelns in der Wahlkampfkommunikation der Bundesrepublik Deutschland, Opladen 1987.

Sprache und Herrschaft. Die umfunktionierten Wörter. Hrsg. von Gerd-K. Kaltenbrunner, Freiburg u.a. 1975.

Sprache statt Politik? Politikwissenschaftliche Semantikund Rhetorikforschung. Hrsg. von Erich Letniak u.a., Opladen 1991.

Stummer, Peter 0.: Das Verhältnis von Sprache und Politik zwischen Sprachpolitik und Interessenanalyse: ein Forschungsüberblick, in: Deutsche Vierteljahresschrift für Literaturwissenschaft und Geistesgeschichte 49 (1975),4, S. 746-755.

Worte machen keine Politik. Beiträge zu einem Kampf um politische Begriffe. Hrsg. von Iring Fetscher u.a., Reinbek 1976.

Anmerkungen:

1 In der Bibliographie nicht enthalten sind Themen die sich nur marginal mit der politischen Sprache im NS-Staat beschäftigen wie etwa Medien [Presse, Rundfunk], Schule, Sprache des Rechtsextremismus in der Bundesrepublik etc.
2 Häufig werden in den Einzelstudien mehrere Aspekte zugleich thematisiert [z.B. Sprachlenkung und Ideologiekritik, Lexik und Soziolekt]. Solche Arbeiten habe ich ihren Schwerpunkten nach geordnet.
3 Angesichts fehlender Literaturberichte ist man zur weiteren Orientierung auf die Übersichten angewiesen, die sich mit dem Gegenstand „Sprache und Politik" allgemein beschäftigen. Ich habe deshalb einige grundlegende Titel aufgeführt.

Die deutsche Militäropposition zwischen Kritik und Würdigung.

Zur neueren Geschichtsschreibung über die „Offiziere gegen Hitler"

von Gerd R. Ueberschär

Die historische Forschung im ehemaligen Westen der Bundesrepublik Deutschland hat sich nach Kriegsende nur allmählich in mehreren Entwicklungsphasen und keineswegs geradlinig mit dem Widerstand gegen das NS-Regime als einem bedeutenden Phänomen der deutschen Geschichte zwischen 1933 und 1945 beschäftigt.[1] Die spezielle Forschung zur Militäropposition gegen Hitler stand von Anfang an unter besonders schweren Belastungen, da in den ersten Jahren nach dem Kriegsende das Vorhandensein einer deutschen Opposition von den Alliierten zunächst tabuisiert und die Bedeutung des Attentats von Oberst Graf von Stauffenberg als das Werk einer ganz kleinen Gruppe abgetan wurde, die nur gehandelt habe, weil der Krieg verloren ging. Diese Einstellung gegenüber den militärischen und nationalkonservativen Gegnern Hitlers wirkte lange nach. Einerseits hatte sich die Geschichtsschreibung mit dem Vorwurf des Landesverrates und der „Kriegsschuld" der Widerstandskämpfer auseinanderzusetzen, und andererseits hatten die jeweils vorherrschenden politischen Tendenzen einen nicht unerheblichen Einfluß auf Zielsetzung und Würdigung in der Historiographie zum Widerstand.[2]

Die ersten, noch im Ausland erschienenen deutschsprachigen Arbeiten, Niederschriften und Quelleneditionen über die „Offiziere gegen Hitler"[3] bemühten sich denn auch insbesondere um den faktischen Nachweis des „Andern Deutschlands"[4] und die moralisch-ethischen Begründungen seitens der Opponenten. Dabei standen Rehabilitierung und Würdigung der militärisch-konservativen Hitlergegner ebenso im Mittelpunkt wie die detaillierten Beschreibungen des Attentats von Claus Schenk Graf von Stauffenberg am 20. Juli 1944. Der mit militärischen Mitteln durchgeführte Umsturz- und Befreiungsversuch Stauffenbergs und seiner Offizierskameraden erhielt so sehr früh symbolische Bedeutung und prägte entscheidend die Begriffsbestimmung von allgemeiner „Opposition" und gezieltem „Widerstand" gegen die NS-Herrschaft.

Dabei blieb es nicht aus, daß es zumindest in der westdeutschen Forschung zur einseitigen Hervorhebung der militärisch-konservativen Widerstandsleistung kam, und der Arbeiterwiderstand als Folge der politischen Situation während des Kalten Krieges größtenteils verdrängt wurde. Als Ergebnis stellte man dabei in den Vordergrund, daß dem Widerstand der Militärs „aus den Kommandohöhen ein größeres Gewicht" beizumessen sei, „weil unter den bestehenden Verhältnissen nur dieser Weg gewisse Erfolgsaussichten hatte".[5] Dagegen betrachtete man die historischen „Versuche der politischen Linken, einen Massenwiderstand ins Leben zu rufen, als unverantwortlich".

Nach dem Abklingen des innerstaatlichen Harmonisierungsbedürfnisses und des Ost-West-Gegensatzes im Kalten Krieg kam es Mitte der sechziger Jahre zu einer Verbreiterung und Differenzierung des Widerstandsbegriffes. Die lange Zeit als „landesverräterisch" abqualifizierten Widerstandsaktivitäten von den nicht zur politisch-militärischen Elite zählenden kommunistischen und sozialdemokratischen Arbeiterkreisen oder anderen Gruppen, die mit dem Ausland Kontakt hielten, wurden nun stärker beachtet und in die historische Forschung einbezogen. Zugleich wurden die ersten Analysen der politischen Zukunfts- und Zielvorstellungen des Widerstandes vorgelegt.

Seither gibt es nicht nur eine stärker kritische, sondern auch eine differenziertere Betrachtungsweise des Phänomens Widerstand, als sie den Studien der fünfziger Jahre zugrunde lag. Sie führte vor allem zu einer Revision der bislang positiven Urteile über die Motive und Verfassungspläne des militärisch-konservativen Widerstandes. Neuere Gesamtdarstellungen über das Verhältnis zwischen Reichswehr, Wehrmacht und Hitler von Klaus-Jürgen Müller und Manfred Messerschmidt[6] machten schließlich den Anteil der Militärs am „Bündnis der Eliten"[7] insbesondere für die Zeit der Errichtung der NS-Herrschaft und deren Konsolidierung von 1933 bis 1939 deutlich; denn gerade in dieser Phase hielten die führenden Militärs an ihrem Anspruch fest, sowohl „militärisch-professionelle als auch zugleich politisch-soziale Führungselite" zu sein,[8] so daß sie gegenüber der NS-Führung nach 1933 eine Politik der politisch-ideologischen Öffnung praktizierten und erst allmählich über Fragen der Taktik, Methode und konkreten Ausgestaltung der NS-Außen- und Machtpolitik Differenzen entstanden. Diese Standardwerke leiteten eine grundlegende Neubewertung der Rolle der bewaffneten Macht im Dritten Reich ein;[9] sie ermöglichten genauere Analysen der nationalkonservativen Opposition auf ihrem Weg „von der Kooperation zum Widerstand" von 1933 bis 1939.[10] Dadurch geriet das Bild vom einheitlichen Widerstand der Offiziere gegen Hitler vom Beginn der nationalsozialistischen Machtübernahme an ins Wanken.

Die Untersuchungen der unterschiedlichen Bedeutung von Militär und Arbeiterschaft für die Widerstandsbewegung wurden auf dem 32. Historikertag im Oktober 1978 in Hamburg aufgegriffen. Dabei konnte man auf kritische Arbeiten der vorangegangenen Jahre über die politischen Absichten und Konzeptionen einzelner Widerstandskreise zurückgreifen. Noch im Vorfeld dieses Historikertages hatte sich insbesondere Klaus Hildebrand um eine zeitgemäße Einordnung und gerechte Interpretation bemüht. In seinem Beitrag über die „ostpolitischen Vorstellungen im deutschen Widerstand"[11] warnte er vor einer, die historischen Rahmenbedingungen außer acht lassenden, eilfertigen Berurteilung des militärisch- und bürgerlich-konservativen Widerstandes. Er äußerte dabei die Sorge, der Akzent der Widerstandsforschung könne sich allzu sehr auf Darstellungen des linken Widerstandes verschieben, so daß das Gewicht des nationalkonservativen Widerstandes für den einzigen in die Tat umgesetzten Umsturzversuch im Juli 1944 nicht mehr genügend berücksichtigt werde.

Die in den letzten Jahren publizierten Untersuchungen zur Opposition gegen Hitler zeigen jedoch, daß solche Befürchtungen nicht zutreffen. Die Erforschung der Aktivitäten des militärisch-konservativen Widerstandes bildet nach wie vor einen Schwerpunkt der Historiographie.[12] Dies machen insbesondere die zum 40. Jahrestag des 20. Juli 1944 neu vorgelegten oder wiederaufgelegten Publikationen von Gerhard Ritter, Fabian v. Schlabrendorff, Heinz Höhne, Rudolf Lill und Heinrich Oberreuter, Marion Thielenhaus, Bodo Scheurig und die in zeitlicher Nähe dazu veröffentlichten Arbeiten von Rainer A. Blasius, Hans v. Herwarth und Romedio Graf v. Thun-Hohenstein sowie der zur Ausstellung des Militärgeschichtlichen Forschungsamtes „Der militärische Widerstand gegen Hitler und das NS-Regimes 1933-1945" herausgegebene umfangreiche Ausstellungskatalog deutlich.[13] Ebenso haben Untersuchungen über die politisch-moralischen Motive nach wie vor einen festen Platz im Forschungs-

feld über die Militäropposition.[14] Dies kommt auch in dem von Huberta Engel im Auftrag der Forschungsgemeinschaft 20. Juli e. V. neu herausgegebenen Sammelband "Deutscher Widerstand – Demokratie heute" zum Ausdruck, in dem die Widerstandsgruppen sowohl der Gewerkschaften, Kirchen, des Kreisauer Kreises als auch des Militärs behandelt werden.[15]
Verstärkte Beachtung fanden in diesem Zusammenhang auch Interpretationen, die das unterschiedliche, vor allem zeitlich variierende Widerstandsverhalten einzelner Akteure betonen.[16] Dadurch verliert die Militäropposition gegen Hitler ihren monumentalen Charakter und macht eine kritische Überprüfung in jedem Einzelfall erforderlich. Dieser differenzierende Ansatz verbindet denn auch die Widerstandsforschung mit der Debatte über das Problem von Kontinuität und Diskontinuität in der deutschen Geschichte, wie sie in der Geschichtswissenschaft der Bundesrepublik Deutschland seit Anfang der sechziger Jahre geführt wird.
Die im Anschluß daran gewonnene Erkenntnis, daß das Dritte Reich – trotz Hitlers „Führerwille" und „Führerposition" – keineswegs einen monolithischen Block darstellte, sondern von mehreren politischen Kräften und Machtzentren getragen wurde,[17] ließ der partiellen und zeitlichen Einbindung von Angehörigen der Militäropposition in das NS-Herrschaftssystem eine besondere Bedeutung zukommen. Konservative Überzeugungen mit ihrer Orientierung auf alte Ordnungen und Ideale schlossen eine „Teilidentität der Interessen" mit dem Nationalsozialismus keineswegs aus. Dies konnte bis zur Verstrickung einzelner Hitlergegner in verbrecherische Aktionen der kriminellen Staatsführung führen; so hat die neue Studie von Theo J. Schulte über die Rolle der deutschen Armee bei der Besatzungspolitik in eroberten frontnahen sowjetischen Gebieten nach dem Überfall auf die UdSSR am 22. Juni 1941 die Mitverantwortung und Teilhabe einzelner Wehrmachtbereiche an den NS-Kriegsverbrechen im Osten detailliert nachgewiesen.[18]
Die kritischen Forschungsansätze haben folglich das Bild von einem permanenten und unerschütterlichen Widerstand von der ersten bis zur letzten Stunde verblassen lassen. Dies gilt sowohl für die alltäglichen Verweigerungsformen aus Arbeiterkreisen als auch für die Opposition aus Militärkreisen. Es kann heute kein „Schönheitsfehler" in der Biographie eines konservativen Hitlergegners mehr sein, anfängliche Zustimmung, Mitwirkung und Anpassung oder auch Fehleinschätzung des NS-Regimes nach 1933 als Schwächen und Irrtümer beim Namen zu nennen, wie dies überzeugend in den neuesten biographischen Arbeiten von Ulrich Heinemann über Fritz-Dietlof Graf von der Schulenburg,[19] von Gregor Schöllgen über Ulrich von Hassell[20] und von Marianne Meyer-Krahmer über ihren Vater Carl Goerdeler[21] oder in den von Rudolf Lill und Heinrich Oberreuter neu herausgegebenen „Porträts des Widerstands"[22] dargestellt wird. Auch die Widerstandshaltung einzelner Offiziere und Soldaten muß im Spannungsverhältnis zwischen prinzipieller Opposition und partieller Bereitschaft zu Anpassung und Mitwirkung beschrieben werden. Insofern ist der Widerstand „in seiner Polarität als Antinomie zur Diktatur Hitlers, aber auch als Teil der Geschichte des Dritten Reiches und seines Ortes innerhalb der modernen deutschen Geschichte" darzustellen, wie es Klaus Hildebrand formuliert hat.[23]
Es ist heute kaum noch möglich, den nationalkonservativen und militärischen Widerstand insgesamt als direkten Vorläufer der freiheitlich-demokratischen Grundordnung und liberalen Gesellschaftsform der Bundesrepublik darzustellen oder ihn als Verbindungsglied zwischen der Weimarer Republik und der heutigen Republik zu betrachten. Derartige Versuche laufen nach dem Urteil von Hans Mommsen auf „eine tendenzielle Fehlbeurteilung" hinaus und wären eine „unangemessene Inanspruchnahme des Vermächtnisses der deutschen Opposition"

für die Bundesrepublik Deutschland.[24] Ebenso ist es ein fragwürdiger Versuch, Teilbereiche oder Einzelpersönlichkeiten des Widerstandes wie etwa Graf Stauffenberg entweder für das politische Legitimationsbedürfnis der ehemaligen beiden deutschen Teilstaaten zu instrumentalisieren, wie dies zuletzt in besonderem Maße in der Historiographie der DDR geschah,[25] oder als „Symbol der deutschen Einheit"[26] hinzustellen. Zwar fühlte sich Stauffenberg für das „ganze Deutschland" als „das Reich"[27] verantwortlich, doch konnte er sich kaum konkret eine Ost-West-Teilung des deutschen Vaterlandes vorstellen, wie sie dann von 1949 bis 1990 bestand.

Die DDR-Historiographie machte es sich früher leicht, die vielfältigen Erscheinungsformen des Widerstandes mittels pauschaler Bewertungen und grober Einteilung in „progressiv" und „reaktionär" einzuordnen. Allerdings kam es dort schon in den letzten fünf Jahren vor dem Ende des DDR-Staates zu differenzierteren Einschätzungen und neuen Teilerkenntnissen; denn die SED-Führung akzeptierte 1984 die Bestrebung, „alle Personen und Sachverhalte des deutschen Widerstandskampfes" zu erfassen, und ordnete endlich zum 40. Jahrestag des 20. Juli das Attentat Stauffenbergs dem antifaschistischen Widerstand zu, wie insbesondere die mehrfach aufgelegte biographische Studie des Potsdamer Historikers Kurt Finker über Stauffenberg dokumentiert.[28] Die besondere Heraushebung des Widerstandes der Kommunisten blieb allerdings bestehen. Erst nach dem Sturz des SED-Regimes begannen ernsthafte und von der Parteidoktrin nicht mehr beeinflußte sowie teilweise sogar offizielle Versuche, die lange Zeit vorgenommene Reduzierung des deutschen Widerstandes allein auf den kommunistischen Teil aufzuheben und die Offiziere des 20. Juli als „traditionsbildend" und „geschichtsträchtig" zu erschließen.[29]

Es macht heute Mühe, einzelne Angehörige der Militäropposition gleichsam herosiert als konsequente Widerstandskämpfer von der ersten Stunde des Dritten Reiches an und als strahlende „Helden" zu verehren.[30] Die historische Forschung vermag nämlich zu zeigen, daß die sich erst allmählich herausbildende Distanz zum NS-Regime in vielen Fällen als Fachkritik einsetzte, die zunächst nicht an den Grundfesten des diktatorischen Systems rüttelte, vielmehr dieses sogar effizienter machen wollte. Nur wenige Offiziere faßten frühzeitig den unumstößlichen Entschluß, einen gewalttätigen Sturz Hitlers und seines Regimes konsequent zu planen und anzustreben.

Dieser Befund schmälert jedoch keineswegs Mut und Motivation der militärisch-konservativ geprägten Oppositionsgruppe in ihrem Kampf gegen das Unrechtsregime der Nationalsozialisten während des Krieges. Es ist deshalb auch zu Recht von Klaus-Jürgen Müller und Hans Mommsen darauf hingewiesen worden, daß mit der veränderten Betrachtungsweise, deren Mittelpunkt eben nicht allein die Suche und Frage nach dem „Aufstand des Gewissens" ist, „durchaus keine Abwertung" verbunden oder gar beabsichtigt ist.[31] Es kommt vielmehr darauf an, der früheren, vereinfachten Heroisierung und Monumentalisierung das tatsächliche, differenzierte Erscheinungsbild und die Komplexität des deutschen Widerstandes entgegenzusetzen; es kann dabei nicht um Wunschbilder gehen, sondern um das Erkennen der historischen Realität.

Mehrere Neuausgaben und neu kommentierte Editionen von Quellen bieten inzwischen für die Darstellung sowohl der Vielfalt innerhalb des Widerstandes als auch der Rigorosität und tief empfundenen Abscheu vor dem Terrorregime der Nationalsozialisten eine breitere Basis als früher.[32] Dies ermöglichen insbesondere die von Beate Ruhm von Oppen in erweiterter Form neuaufgelegten „Briefe an Freya" von Helmuth James Graf von Moltke sowie der

Nachdruck von dessen gesammelten Briefen als „Anwalt der Zukunft" und die nun von Horst Mühleisen erstmals umfassend herausgegebenen Briefe von Hellmuth Stieff in vortrefflicher Weise.³³ Sie lassen nicht nur die persönlichen grundsätzlichen Widerstandsmotive der Briefeschreiber, sondern auch die Gründe hervortreten, „warum viele der hohen Beamten, Militärs, Diplomaten, Geschäftsleute und Intellektuellen über verstohlene Kritik an den innenpolitischen Zuständen im Dritten Reich und an der wachsenden moralischen Verwilderung nicht hinauskamen und nicht die innere Energie aufbrachten, sich dem Dienst für das Regime zu entziehen".³⁴ Dagegen sind die konsequente Widerstandshaltung und das ständige Bemühen um Gleichgesinnte von dem späteren Obersten Helmuth Groscurth ein beispielhafter und deutlicher Beweis für das gleichwohl im Offizierskorps vorhandene Widerstandspotential und die sich daraus ergebende Energie, sich aus tiefer, grundsätzlicher Überzeugung und „Familientradition" gegen den Nationalsozialismus zu stellen.³⁵

Dieses „Dilemma der deutschen Militäropposition"³⁶ offenbarte sich sehr deutlich bei den von Hitler herbeigeführten Kriegen gegen Polen ab 1. September 1939 und gegen die Sowjetunion ab 22. Juni 1941. In beiden Fällen kam es nicht zu ernsthaften und nachhaltigen Widerstandsaktionen, obwohl man innerhalb der Militäropposition keineswegs von der Richtigkeit der Hitlerschen Angiffsentschlüsse überzeugt war. Als der deutsche Diktator am 31. August 1939 seinen endgültigen Befehl zum Angriff auf Polen gab, unterblieb die „Kraftprobe auf Biegen und Brechen" zwischen ihm und seinen politischen Gegnern im militärisch-konservativen Lager.³⁷ Biographische Arbeiten über einzelne bedeutende Offiziere und Generale verdeutlichen das Fazit: Es gab damals innerhalb der Militäropposition keinen Konsens über den Standpunkt von Admiral Canaris und Oberst Oster, die der Überzeugung waren, es fehle für den Überfall auf Polen „jede sittliche Grundlage".³⁸ Mehrheitlich herrschte vielmehr die Ansicht, die „Polenfrage" müsse „ja einmal gelöst werden", wie es der zum militärischen Widerstandskreis zählende General Hoepner formulierte.

Und obwohl man in diesen Kreisen ein Jahr später auch den „Sinn" des Krieges gegen die Sowjetunion nicht erkennen konnte, wie es Generalstabschef Halder kritisch formulierte,³⁹ war man im Frühjahr und Sommer 1941 sogar bereit, Hitlers rassenideologisch motivierten Vernichtungskrieg im Osten mitzutragen und in entsprechenden Befehlen gleichsam die Basis dieses Kampfes um „Lebensraum im Osten" zu liefern.⁴⁰ Generale und Offiziere wie Oster, Canaris, v. Witzleben und v. Stülpnagel, denen schon vor Kriegsbeginn die verhängnisvollen Auswirkungen der Hitlerschen Außen- und Machtpolitik bewußt wurden und die bereits damals den gewaltsamen Sturz des Diktators und Kriegstreibers anstrebten, um den Krieg zu verhindern, und die diese Anti-Hitler-Einstellung auch in der Zeit der Siege bis 1942/43 beibehielten, bildeten die Ausnahme.⁴¹ Gerade neuere biographische Arbeiten über „Hitlers Generalstabschef", Generaloberst Franz Halder, bezeugen die aktive Teilhabe und schuldhafte Verstrickung sowie Verantwortung der höheren Armeeführung als Ausführungsorgan des totalitären Herrschaftsanspruches im Rahmen der verbrecherischen Aktionen und Befehle des NS-Regimes.⁴²

Eine besondere Erörterung dürfte der Frage zukommen, inwiefern die politischen Bemühungen der Diplomaten des deutschen Auswärtigen Amtes, die vertragsgemäßen freundschaftlichen Beziehungen zwischen Berlin und Moskau in der Zeit von 1939 bis 1941 zu pflegen und auszubauen, schon als „Diplomatischer Widerstand gegen das Unternehmen Barbarossa" einzustufen sind.⁴³ So konstatiert denn auch Ingeborg Fleischhauer, daß bei dem deutschen Botschafter in Moskau, Graf von der Schulenburg, „jene letzte verbale Aufrichtigkeit" fehlte, die sein Handeln auch nach außen als Widerstand gegen das Hitler-Regime erkennen ließ; zudem unterblieb jegliches moralische und politische Signal, das seine Verweigerungshaltung gleichsam öffentlich dokumentiert hätte. Überwiegend orientierte sich die Haltung deutscher Widerstandskreise gegenüber der Sowjetunion an den antibolschewistischen Vorstellungen und Kreuzzugs-Ideen sowie militanten Feindbildern, wie sie von der NS-Propaganda vor 1939 und ab 1941 besonders betont und gefördert wurden.[44] Erst das Scheitern des „Unternehmens Barbarossa" und die Erkenntnis über die schweren Verbrechen im Osten vergrößerten dann wieder die Distanz zum Regime bei einem Teil des Offizierkorps.

Mehrere neuere Biographien über militärische Führerpersönlichkeiten – wie z. B. die Studien von David Irving über Rommel, Bodo Scheurig über v. Tresckow, Klaus-Jürgen Müller über Beck, Ulrich Heinemann über Fritz-Dietlof Graf von der Schulenburg sowie Heinrich Bücheler über Hoepner und v. Stülpnagel[45] – konstatieren denn auch die schon erwähnte Teilidentität der politischen Ziele als Ursache für das Mitwirken an herausragender Stelle als Funktionär der militärischen Elite des Dritten Reiches oder für das selbst bei später entschiedenen Hitlergegnern lange Zeit bestehende Zögern und Zaudern, wenn es darum ging, sich gegen den „Führer" zu stellen oder das Hindernis des Soldateneides gegenüber dem Diktator zu überwinden.

Für die Militärs war es ferner schwierig, sich über die Haltung der Bevölkerung im Falle eines Staatsstreichversuches Gewißheit zu verschaffen. Wiederholt wurde die Frage gestellt: Was macht der deutsche Arbeiter, wer steht hinter der Militäropposition?[46] Es bedeutete deshalb für die militärischen Widerstandskreise einen schweren Rückschlag ihrer Bemühungen, vielfältige in- und ausländische Kontakte zu knüpfen sowie über die Stimmung der Bevölkerung gegenüber dem NS-Sysstem ausreichend informiert zu sein, als im Zusammenhang mit einem Ermittlungsverfahren wegen Devisenverstöße im Frühjahr 1943 sowohl der Abwehrmitarbeiter Hans v. Dohnanyi festgenommen als auch Generalmajor Oster entlassen wurden. Über diesen „Fall Dohnanyi" und die Verkettung zahlreicher unglücklicher Umstände, die der NS-Justiz und SS-Willkür zum Schlag gegen die militärischen Verschwörer verhalfen und die gleichsam das Ende der Widerstandsgruppe in der Abwehr unter Admiral Canaris zur Folge hatten, informiert vortrefflich die nunmehr publizierte juristische Dissertation von Elisabeth Chowaniec.[47] Aufgrund umfangreicher Auswertung von Nachlaßunterlagen der Heidelberger Bonhoeffer-Forschungsstelle vermag die Juristin, den zweifelhaften Wert der Akten der Nachkriegsprozesse darzulegen. Nach ihrem überzeugenden Urteil sollten diese Prozeßmaterialien keinesfalls unkritisch und singulär als aussagekräftige Quellen herangezogen werden, da sonst die negative und diffamierende Darstellungsweise der ehemaligen Gestapobeamten, Verfolger und NS-Richter fortgeschrieben würde.

In den frühen Untersuchungen nach 1945 hat die „Lösung der Eidfrage" für den Soldaten und Offizier einen breiten Raum bei der Darstellung der Widerstandsprobleme eingenommen. Insbesondere vor dem Hintergrund der befreienden „Vollmacht des Gewissens"[48] jedes einzelnen Hitlergegners angesichts der von der NS-Führung verübten Verbrechen konnte die in der Forschung oftmals hoch eingeschätzte Eidfrage besser eingestuft und überwunden werden. Sie hat in neueren Publikationen zum militärischen Widerstand – wie die Studien von Friedrich Georgi über seinen Schwiegervater General Olbricht[49] und von August Graf von Kageneck über seinen Regimentskameraden Roland von Hößlin[50] verdeutlichen – nur noch insofern Bedeutung, als nun allgemein anerkannt wird, daß der Umsturz- und Befreiungsversuch des 20. Juli 1944 keineswegs „falsch und zu spät"[51], sondern zu Recht erfolgte, daß die

Verschwörer gleichsam „das Letzte gewagt" haben, um Deutschland von einer kriminellen Staatsführung und SS-Willkür zu befreien und vor dem totalen Untergang zu bewahren.[52] Im Gegensatz zu Darstellungen über den militärisch-politischen Verlauf des Zweiten Weltkrieges wird in der Historiographie zum Widerstand meist mit sehr deutlichen Worten das Versagen prominenter Feldmarschälle und Heerführer dargestellt, die sich stets von neuem von Hitlers Suggestionskraft und Überredungsvermögen blenden ließen oder die – wie im Falle des Feldmarschalls v. Manstein[53] – aufgrund abwartender und gegenüber dem „Führer" loyaler Haltung davor zurückschreckten, sich an die Spitze der Verschwörung oder ihr wenigstens zur Verfügung zu stellen. Dies gerade für Manstein detailliert zu beschreiben, ist das Verdienst seines früheren Ordonanzoffiziers, Alexander Stahlberg, der in seinem umfassenden Lebensbericht die Bedenken und Loyalitätshaltung Mansteins anschaulich vorstellt.[54] Um so unverständlicher erscheint es der kritischen Öffentlichkeit und Forschung, daß diese Heerführer dennoch nach 1945 für Traditionszwecke in Anspruch genommen wurden. Überliefert ist die Verbitterung von Stauffenbergs Mitverschwörer, Henning v. Tresckow, der – 1944 selbst zum Generalmajor befördert – nicht verstehen konnte, daß ein Teil seiner Generalskameraden „ihre Pflicht nur in der Erfüllung der ihnen erteilten Befehle sah".[55]

Vor dem Hintergrund dieser zeitgenössischen Kritik und der Beobachtung, daß insbesondere jüngere Offiziere wie Georg Freiherr von Boeselager,[56] Axel Freiherr von dem Bussche, Rudolf-Christoph Freiherr von Gersdorff, Ewald Heinrich von Kleist und Eberhard von Breitenbach zum persönlichen Einsatz und Opfer für ein Attentat gegen Hitler bereit waren, hat Wolfgang Schieder den verdienstvollen Versuch unternommen, das widersprüchliche Verhalten der Militäropposition anhand von Generationsunterschieden und unterschiedlichen Generationserlebnissen mit der Trennung in eine ältere Generalsgruppe und eine jüngere, das Offizierkorps vom Leutnant bis Oberst umfassende Generation zu erklären.[57] Wie wichtig für diese jüngere Widerstandsgeneration die persönlichen Freundschafts- und Verwandtschaftsbeziehungen waren, hat nunmehr Detlef Graf von Schwerin in seiner Studie über Albrecht von Kessel, Eduard Brücklmeier, Fritz-Dietlof Graf von der Schulenberg, Peter Graf Yorck von Wartenburg, Botho von Wussow und Ulrich-Wilhelm Graf Schwerin von Schwanenfeld dokumentiert.[58] Diese aufschlußreiche „Gruppenbiographie" des jüngsten Sohnes des am 8. September 1944 von den Nationalsozialisten hingerichteten Grafen Ulrich-Wilhelm von Schwerin erschien inzwischen auch mit dem Schwerpunkt auf die Ereignisse nach der Schlacht von Stalingrad als überarbeitetes und gekürztes Taschenbuch.[59] Auf vergleichbare Weise hat auch Peter Hoffmann mit seinem neuen beeindruckenden Buch über „Claus Schenk Graf von Stauffenberg und seine Brüder" eine derartige „Gruppenbiographie" vorgelegt.[60] In der umfassenden Untersuchung analysiert der in Montreal lehrende Professor für deutsche Geschichte die prägenden Faktoren für die humanitären und antitotalitären Vorstellungen von Claus, Berthold und Alexander von Stauffenberg. Als entscheidende Einflüsse und Antriebskräfte für ihre Widerstandshaltung nennt er die schwäbisch-adelige Familientradition, das Wissen und die Kenntnis der klassischen Antike sowie die Zuneigung zur Dichtung des 19. und 20. Jahrhunderts im Kreis um Stefan George. Es ist Hoffmanns Verdienst, auf die besondere Prägung der Brüder Stauffenberg durch Stefan George, die schon in frühen Studien skizziert wurde,[61] wieder deutlich hingewiesen zu haben. Denn sie kann zusätzliche Erklärungsmöglichkeiten für den „Weg zur Tat" am 20. Juli 1944 bieten.

Besonderes Interesse galt und gilt immer wieder der Frage, ab wann führende Militärs gegenüber Hitler den Schritt von der speziellen Fachkritik zur grundsätzlichen Opposition mit anderen Gleichgesinnten gingen. In vielen Einzelfällen reicht die Quellenlage allerdings nicht aus, um dafür ein exaktes Datum festzumachen. So wird beispielsweise auch im Falle von Feldmarschall Rommel ein steter, schon ab 1941, spätestens jedoch ab Ende November 1942 in Verbindung mit der verlangten Räumung Nordafrikas zu beobachtender Wandel des Heerführers vom anfänglichen Anhänger und Bewunderer zum entschiedenen Gegner Hitlers in der Forschung weitgehend akzeptiert; völlig verfehlt wäre es freilich, deshalb von einer „Verschwörung der Marschälle" zu sprechen.[62] Sie kam gerade nicht zustande.

Im Zusammmenhang mit der umfassenden Biographie Rommels von David Irving und dessen im rechtsextremistischen Umfeld vorgetragenen kritischen Aussagen zum 20. Juli 1944 kam es zur unsinnigen Konstruktion einer neuen Dolchstoßlegende und Verratsthese von Widerstandsleuten an der Westfront. Erfreuerlicherweise hat die seriöse Forschung allerdings sofort derartige Thesen über Sabotage und Verrat von Seiten des militärischen Widerstandes überzeugend zurückgewiesen.[63] Gleichwohl ist das Echo überraschend, das solchen geschichtlichen Verdrehungen von der angeblichen „Kriegsschuld des Widerstandes" immer wieder Glauben schenkt. Spekulationen aus rechtsextremer Ecke, in denen die Generale Beck, Oster, Thomas, Fellgiebel und Olbricht gar als Zuträger und Informanten des sowjetischen Agentenringes der „Roten Kapelle" eingeordnet werden, führen sich allerdings selbst ad absurdum; es gibt dafür keinerlei Belege.

Auch die lange Zeit distanzierte Betrachtungsweise des „Bundes Deutscher Offiziere" (BDO) und des „Nationalkomitees Freies Deutschland" (NKFD), die 1943 als antifaschistische Organisation „hinter Stacheldraht " gegründet wurden und mit Appellen und Aufrufen von außen zum Sturz Hitlers aufforderten,[64] hat in der Widerstandsforschung inzwischen einer vorurteilsfreien Interpretation Platz gemacht. In neueren Arbeiten werden sie jenem militärischen Teil der deutschen Widerstandsbewegung gegen den Nationalsozialismus zugerechnet, der „aus sittlichen Gebot, aus menschlichem Empfinden und aus Liebe zu Volk und Heimat [auch] hinter dem Stacheldraht sowjetischer Kriegsgefangenenlager" den Kampf gegen Hitler und das NS-System aufnahm.[65] Falsch ist allerdings die frühere These der ostdeutschen kommunistischen Führung, NKFD und BDO seien Wegbereiter des späteren DDR-Sozialismus gewesen. Gegen diese falsche Inanspruchnahme konnten sich beide Organisationen allerdings nicht mehr zu Wehr setzen, denn sie wurden von der sowjetischen Führung nach Kriegsende im November 1945 aufgelöst. Nach wie vor unbelegt sind Andeutungen in der DDR-Historiographie, Stauffenberg habe noch vor seinem Attentat versucht, Kontakt mit dem NKFD aufzunehmen;[66] eher gibt es Hinweise, daß er die Aktivitäten des NKFD zur Auflösung der deutschen Ostfront ablehnend verfolgt hat, da ihm und seinen militärischen Freunden gerade das Halten der Front im Osten als Pluspunkt für ihren außenpolitischen Spielraum sehr wichtig war.[67]

Die mittlerweile vorliegenden Untersuchungen zur Alltagsgeschichte der Zivilbevölkerung im Dritten Reich haben schließlich auch das Blickfeld für die unterschiedlichen Widerstandsformen im militärischen Bereich geschärft; allerdings liegt bislang noch keine vergleichende Studie über Widerstand und Verfolgung im Soldatenalltag vor, so daß die Frage nach der „Volksopposition" zwar in umfangreichen regionalgeschichtlichen Arbeiten,[68] jedoch nicht im Rahmen von Darstellungen über die Vielfalt individueller Verweigerungsformen im Bereich der bewaffneten Macht erörtert wird. Nur gelegentlich kann das Erstarken und Wachsen einer Widerstandshaltung anhand der persönlichen Erlebnisse und Eindrücke im Fronteinsatz, wie z. B. bei der Tätigkeit des zum Münchener Kreis der „Weißen Rose" zählenden Willi Graf als

Sanitätssoldat an der Ostfront, verfolgt werden – insbesondere dann, wenn aufgrund eigener Beobachtungen über die NS-Kriegs- und Besatzungspolitik direkt Ablehnung und Abscheu erzeugt wurden.[69]

Zudem ist es problematisch, die vielfältigen unterschiedlichen Einzelaktionen wie Fahnenflucht, Gehorsamsverweigerung, unerlaubte Entfernung von der Truppe, Selbstverstümmelung und Zersetzung der Wehrkraft generell als Ausdruck eines grundsätzlichen Widerstands- und Freiheitskampfes gegen den Nationalsozialismus zu verstehen. Bislang noch weitgehend unverbunden nebeneinander stehende Einzelfälle und biographische Skizzen über einzelne Deserteure, die in den letzten Jahren parallel zur Diskussion über die Errichtung von „Denkmalen für den unbekannten Deserteur"[70] erschienen, belegen allerdings in vielen Fällen die politischen bzw. sittlichen Motive der Auflehnung gegen das NS-Regime, auch wenn sie in der Regel nicht unmittelbar den Sturz Hitlers zum Ziele haben konnten, da der einzelne Deserteur isoliert und der bewußte Widerstand gegen den Nationalsozialismus selten das alleinige Motiv für den Entschluß zur Desertion war.

Die von Jörg Kammler, Norbert Haase, Günter Fahle und Fietje Ausländer vorgelegten Forschungsergebnisse zeigen aber auch, daß Fahnenflucht nicht immer Ausdrucksform eines politisch motivierten Widerstandes war.[71] Nicht widerspruchslos wird sich deshalb die allgemeine Feststellung von Norbert Haase durchsetzen, Deserteure ebenso als Widerstandskämpfer anzusehen wie andere Widerständler gegen Hitler und dessen Herrschaft, „solange Einigkeit darüber besteht, daß der verbrecherische Charakter des Regimes jegliche Form des Widerstehens rechtfertige".[72] Dies trifft zwar grundsätzlich zu, müßte jedoch solche Einzelfälle ausschließen, die aus Gewinnsucht, persönlichem Eigennutz oder sonstigen Beweggründen auf Kosten anderer resultierten. Deutlicher wird die oppositionelle Bewegung allerdings bei den als Zeugen christlicher Gewissensbedenken bekannt gewordenen Eid- und Kriegsdienstverweigern – wie z. B. die Publikationen über Hermann Stöhr, Michael Lerpscher, Franz Reinisch und Franz Jägerstätter eindrucksvoll dokumentieren.[73] Umfangreiche Zeugnisse für das Gewissensmotiv mehrerer, ausgewählter Kriegsdienstverweigerer bietet ferner die Bonner evangelisch-theologische Dissertation von Karsten Bredemeier über die Kriegsdienstverweigerung im Dritten Reich, die zudem deutlich macht, daß die Kirchen im Gewissenskonflikt mit der Wehrdienstfrage im Dritten Reich wenig Unterstützung boten.[74] Wie schwierig und heikel auch heute noch die materiellen und ideellen Forderungen nach Anerkennung und Rehabilitierung der Deserteure gegenüber den staatlichen Stellen durchzusetzen sind, umreißt der im Anschluß an eine Tagung der Geschichtswerkstatt Marburg vom Herbst 1991 publizierte Symposiumsbericht zur Diskussion über die Neubewertung der Deserteure während der NS-Zeit mit den detaillierten und informativen Referaten der Betroffenen und Fachhistoriker.[75]

Auch diese Forschungen bestätigen das von Hans Mommsen formulierte Resümee, daß die Militäropposition der führenden Offiziere ein Widerstand ohne „militärisches Fußvolk" war, daß der Widerstand gegen Hitler nur von einer kleinen Minderheit der Bevölkerung getragen wurde.[76] Vielleicht gibt dieses Fazit auch eine Erklärung für die Beobachtung, daß es nach dem Attentat Stauffenbergs trotz der vielfachen militärischen Rückschläge zu einer kurzfristigen Konsolidierung des NS-Regimes kam, während der nicht nur ehemalige, von Hitler schmählich entlassene Offiziere, wie z. B. Generalleutnant Ferdinand Heim, durch eine spezielle Ergebenheitsadresse gegenüber dem Diktator nach dem 20. Juli um eine Wiederverwendung im Rahmen eines neuen Frontkommandos baten,[77] sondern auch frühere Hitlergegner, wie z.B. Generalmajor Rudolf-Christoph Freiherr von Gersdorff, sich wieder als Soldat im Frontdienst einreihten.[78]

Dieses Ergebnis provoziert zugleich die Frage, ob der Widerstand doch nur ein schmaler, episodenhafter Ausschnitt der Geschichte des Dritten Reiches war, völlig untypisch für das Deutschland jener Jahre und untauglich als historisch-politischer Traditionsfaktor für die Gegenwart. Der Streit über diese Frage wird wohl kaum anhand neuer Quellen fortgeführt werden können, sondern er wird vielmehr als Diskussion um den Interpretationsrahmen der nationalsozialistischen Herrschaft und ihrer Durchsetzung in der Bevölkerung in den weiteren Veröffentlichungen über das Dritte Reich seinen festen Platz haben.

ANMERKUNGEN

1 Zur älteren Literatur siehe Regine Büchel: Der Deutsche Widerstand im Spiegel von Fachliteratur und Publizistik seit 1945, München 1975; neuere Überblicke bieten: Gerd R. Ueberschär: Gegner des Nationalsozialismus 1933-1945. Volksopposition, individuelle Gewissensentscheidung und Rivalitätskampf konkurrierender Führungseliten als Aspekte der Literatur über Emigration und Widerstand im Dritten Reich zwischen dem 35. und 40. Jahrestag des 20. Juli 1944, in: Militärgeschichtliche Mitteilungen (MGM) 35 (1984), S. 141 – 196; Kurt Finker: Widerstand und Geschichte des Widerstandes in der Forschung der DDR, in: Widerstand. Ein Problem zwischen Theorie und Geschichte. Hrsg. von Peter Steinbach, Köln 1987, S. 96 – 112; Klaus-Jürgen Müller und Hans Mommsen: Der deutsche Widerstand gegen das NS-Regime. Zur Historiographie des Widerstandes, in: Der deutsche Widerstand 1933 – 1945. Hrsg. von Klaus-Jürgen Müller, Paderborn u.a. 1986, S. 13 – 21. Dort finden sich jeweils auch Angaben zur älteren Literatur, so daß die Hinweise im folgenden auf neuere Arbeiten und Neuauflagen begrenzt bleiben können. Zu Literaturangaben insgesamt siehe auch: Bibliographie „Widerstand". Hrsg. von der Forschungsgemeinschaft 20. Juli e. V., bearb. von Ulrich Cartarius, München 1984; Wolfgang Altgeld: Zur Geschichte der Widerstandsforschung. Überblick und Auswahlbibliographie, in: 20. Juli. Portraits des Widerstands. Hrsg. von Rudolf Lill und Heinrich Oberreuter, Düsseldorf u.a. 1884, S. 377 – 391.
2 Vgl. dazu Peter Steinbach: Widerstandsforschung im politischen Spannungsfeld, in: Aus Politik und Zeitgeschichte. Beilage zur Wochenzeitung Das Parlament, (1988), B 28, S. 3 – 21.
3 Fabian von Schlabrendorff: Offiziere gegen Hitler, Zürich 1946, Neuausg. Frankfurt 1959, Neuedition in der Reihe „Deutscher Widerstand 1933 – 1945" unter dem Titel: Offiziere gegen Hitler. Neue, durchges. u. erw. Ausg. von Walter Bußmann. Nach der Edition von Gero v. Gaevernitz, Berlin 1984.
4 Ulrich von Hassell: Vom Andern Deutschland. Aus den nachgelassenen Tagebüchern 1938 – 1944, Frankfurt 1964; siehe dazu auch die Neuausgabe unter dem Titel: Die Hassell-Tagebücher 1938 – 1944. Ulrich von Hassell. Aufzeichnungen vom Andern Deutschland. Nach der Handschrift rev. und erw. Ausg. unter Mitarb. von Klaus P. Reiß, hrsg. von Friedrich Frhr. Hiller von Gaertringen, Berlin 1988.
5 Hans Mommsen: Die Opposition gegen Hitler und die deutsche Gesellschaft 1933 – 1945, in: Müller und Mommsen, Der deutsche Widerstand (wie in Anm. 1), S. 22 – 39, hier S. 23, auch zum folgenden Zitat.
6 Klaus-Jürgen Müller: Das Heer und Hitler. Armee und nationalsozialistisches Regime 1933 – 1940, Stuttgart 1969, 2. Aufl. 1988; Manfred Messerschmidt: Die Wehrmacht im NS-Staat. Zeit der Indoktrination, Hamburg 1969; Klaus-Jürgen Müller: Armee, Politik und Gesellschaft in Deutschland 1933 – 1945. Studien zum Verhältnis von Armee und NS-System, Paderborn 1979, 4. Aufl. 1986; ders.: Armee und Drittes Reich 1933 – 1939. Darstellung und Dokumentation unter Mitarb. von Ernst W. Hansen, Paderborn 1987, 2. unveränd. Aufl. 1989.
7 Fritz Fischer: Bündnis der Eliten. Zur Kontinuität der Machtstrukturen in Deutschland 1871-1945, Düsseldorf 1979.

8 Müller, Armee und Drittes Reich 1933 – 1939, (wie Anm. 6), S. 22.
9 Vgl. dazu eingehend das Nachwort in: Müller, Das Heer und Hitler, (wie Anm. 6), 2. Aufl. 1988, S. 713ff.
10 Vgl. die Zusammenfassung bei Klaus-Jürgen Müller: Die nationalkonservative Opposition 1933 – 1939. Von der Kooperation zum Widerstand, in: Aus Politik und Zeitgeschichte. Beilage zur Wochenzeitung Das Parlament, (1986), B 50, S. 19-30.
11 Klaus Hildebrand: Die ostpolitischen Vorstellungen im deutschen Widerstand, in: Geschichte in Wissenschaft und Unterricht 29 (1978), S. 213 – 241. 12 Siehe die Angaben bei Ueberschär, Gegner des Nationalsozialismus 1933 – 1945, (wie Anm. 1), S. 143 ff.
13 Ebd. S. 183 ff., mit genauen Literaturangaben.
14 Siehe dazu insbesondere die Arbeiten von Peter Hoffmann: Widerstand – Staatsstreich – Attentat. Der Kampf der Opposition gegen Hitler, 3., neu überarb. u. erw. Ausg., München 1979; ders.: Widerstand gegen Hitler. Probleme des Umsturzes, München 1979, 2. Aufl. 1984; Ger van Roon: Widerstand im Dritten Reich. Ein Überblick, München 1979, 3. Aufl. 1984; Helmuth James Graf von Moltke: Völkerrecht im Dienste der Menschen. Dokumente. Hrsg. von Ger van Roon, Berlin 1986; Aufstand des Gewissens. Der militärische Widerstand gegen Hitler und das NS-Regime 1933 – 1945, hrsg. vom Militärgeschichtlichen Forschungsamt. Herford u.a. 1984, 3. Aufl. 1987.
15 Deutscher Widerstand – Demokratie heute. Kirche, Kreisauer Kreis, Ethik, Militär, Gewerkschaften, hrsg. von Huberta Engel i. A. der Forschungsgemeinschaft 20. Juli e. V., Bonn u.a. 1992.
16 Vgl. u.a. Heinz Höhne: Canaris. Patriot im Zwielicht, Sonderausgabe München 1984 und Klaus-Jürgen Müller: General Ludwig Beck. Studien und Dokumente zur politischmilitärischen Vorstellungswelt und Tätigkeit des Generalstabschefs des deutschen Heeres (1933 – 1938), Boppard 1980.
17 Vgl. dazu: Der „Führerstaat": Mythos und Realität. Studien zur Struktur und Politik des Dritten Reiches. Hrsg. von Gerhard Hirschfeld und Lothar Kettenacker, Stuttgart 1981.
18 Theo J. Schulte: The German Army and Nazi Policies in Occupied Russia, Oxford u.a. 1989.
19 Ulrich Heinemann: Ein konservativer Rebell. Fritz-Dietlof Graf von der Schulenburg und der 20. Juli, Berlin 1990, (Deutscher Widerstand 1933-1945. Zeitzeugnisse und Analysen).
20 Gregor Schöllgen: Ulrich von Hassell 1891 – 1944. Ein Konservativer in der Opposition, München 1990.
21 Marianne Meyer-Krahmer: Carl Goerdeler und sein Weg in den Widerstand. Eine Reise in die Welt meines Vaters, Freiburg 1989, (Herder Taschenbuch 1553).
22 20. Juli – Porträts des Widerstands. Hrsg. von Rudolf Lill und Heinrich Oberreuter. Neuaufl. als Taschenbuchausg. München 1989 (Geschichte und Staat 281).
23 Klaus Hildebrand: Das Dritte Reich, München u.a. 1979, S. 186.
24 Hans Mommsen: Die Geschichte des deutschen Widerstands im Lichte der neueren Forschung, in: Aus Politik und Zeitgeschichte. Beilage zur Wochenzeitung Das Parlament, (1986), B 50, S. 3 – 18.
25 Vgl. dazu die Hinweise bei Ueberschär, Gegner des Nationalsozialismus 1933-1945, (wie Anm.1), S. 163 ff. Siehe auch die Presseartikel zum 40. Jahrestag des 20.7.1944, in: Neues Deutschland. Organ des Zentralkomitees der Sozialistischen Einheitspartei Deutschlands, 19.7.1984, S. 9 und in: Volksarmee, hrsg. vom Ministerium für Nationale Verteidigung, Berlin-Ost (1984),2, S. 9.
26 Wolfgang Venohr: Stauffenberg. Symbol der deutschen Einheit. Eine politische Biographie, Frankfurt u.a. 1986, unver. Neuausg. als Taschenbuch, Berlin 1990, (Ullstein-Buch Zeitgeschichte 33 126).
27 Zur Betonung des Reichsgedankens bei Stauffenberg vgl. Klaus-Volker Gießler: Briefwechsel zwischen Claus Graf Stauffenberg und Georg von Sodenstern von Februar/März 1939. Gedanken zum Wesen des Soldatentums, in: Aus der Arbeit der Archive. Beiträge zum Archivwesen, zur Quellenkunde und zur Geschichte. Festschrift für Hans Booms. Hrsg. v. Friedrich P. Kahlenberg, Boppard 1989, S. 552-564, hier S. 563.
28 Siehe dazu den Bericht von Werner Bramke: Der antifaschistische Widerstand in der Geschichtsschreibung der DDR in den achtziger Jahren. Forschungsstand und Probleme, in: Aus Politik und Zeitgeschichte. Beilage zur Wochenzeitung Das Parlament, (1988), B 28, S. 23-33, der für eine Vielschichtigkeit der DDR-Widerstandsforschung plädierte. Als gelungenes Beispiel dafür kann gelten: Kurt Finker: Stauffenberg und der 20. Juli 1944, Berlin-Ost 1967, 7. überarb. Aufl. 1989; ders.: An der Seite Stauffenbergs.

Zum 100. Geburtstags von Friedrich Olbricht, in: Militärgeschichte 27 (1988), S. 461-463; vgl. ferner ders.: Der 20. Juli 1944 und die DDR-Geschichtswissenschaft, Berlin 1990, (Beiträge zum Widerstand 1933-1945 39). Die Positionsänderung der SED wird deutlich in dem Artikel von Olaf Groehler und Klaus Drobisch: Der 20. Juli 1944, in: Neues Deutschland, 7./8.07.1984 und in: „Einheit" (1984), 7; danach folgten die Beiträge von Kurt Finker: Einige geschichtliche Erfahrungen aus dem 20. Juli 1944. Politischer Realismus und Verantwortungsbewußtsein, in: Die Wahrheit. Im Zeichen der Zeit, 14./15.07.1984; ders. Die mutige Tat des Obersten Stauffengerg gab das Signal, in: Neues Deutschland, 20.07.1984.

29 Siehe Der 20. Juli 1944. Bearb. v. Kornelia Lobmeier und Volker Brunne, Berlin-Ost 1990, (Material zur Unterstützung der staatsbürgerlichen Bildung); siehe ebenso Die Männer des 20. Juli. in: Trend. Militärwochenblatt der NVA der DDR Nr. 9/1990, S. 4 ff.

30 Diese Schwierigkeiten zeigen sich bei der Publikation von Heinrich Bücheler: Hoepner. Ein deutsches Soldatenschicksal des zwanzigsten Jahrhunderts, Herford 1980.

31 Müller und Mommsen, Der deutsche Widerstand, (wie Anm. 1), S. 16.

32 Vgl. zu den älteren Quellenpublikationen u. a. Helmuth Groscurth: Tagebücher eines Abwehroffiziers 1938 – 1940. Mit weiteren Dokumenten zur Militäropposition gegen Hitler. Hrsg. von Helmut Krausnick und Harold C. Deutsch, Stuttgart 1970; Die Hassell-Tagebücher 1938 – 1944, (wie Anm. 4); zum familiären Hintergrund von Groscurths Haltung siehe Helmuth Groscurth: Christ, Patriot, Soldat. Aus Herkunft und Leben eines deutschen Offiziers, in: Militärgeschichte, N. F. 1 (1991), S. 15 -22.

33 Helmut James von Moltke: Briefe an Freya 1939 – 1945. Hrsg. von Beate Ruhm von Oppen. 2., durchges. und erw. Aufl. München 1991; Hellmuth Stieff: Briefe. Hrsg. und eingeleitet von Horst Mühleisen, Berlin 1991, (Deutscher Widerstand 1933 – 1945); Freya von Moltke; Michael Balfour; Julian Frisby: Helmuth James Graf von Moltke 1907-1945, Berlin 1991 (Nachdruck der 2. Aufl. v. 1984; erste Auflage Stuttgart 1975 mit dem Untertitel „Anwalt der Zukunft").

34 So Hans Mommsen im Geleitwort zur Neuedition der Hassell- Tagebücher, (wie Anm. 4), S. 12.

35 Vgl. dazu: Groscurth, Christ, Patriot, Soldat, (wie Anm. 32), S. 15-22.

36 Gerd R. Ueberschär: Das Dilemma der deutschen Militäropposition, Berlin 1988, (Beiträge zum Widerstand 1933 – 1945 32).

37 Ebd. S. 9.

38 Ebd. S. 10, auch zum folgenden.

39 Zur ambivalenten Haltung Halders gegenüber Hitler vgl. nun Gerd R. Ueberschär: Generaloberst Franz Halder. Generalstabschef, Gegner und Gefangener Hitlers, Göttingen 1991.

40 Vgl. „Unternehmen Barbarossa". Der deutsche Überfall auf die Sowjetunion 1941. Berichte, Analysen, Dokumente. Hrsg. von Gerd. R. Ueberschär und Wolfram Wette, Paderborn 1984 (überarb. Neuausg. als Fischer-Taschenbuch u. d. T.: Der deutsche Überfall auf die Sowjetunion. „Untermehmen Barbarossa" 1941, Frankfurt 1991); Das Deutsche Reich und der Zweite Weltkrieg. Bd. 4: Der Angriff auf die Sowjetunion, Stuttgart 1983, 2. Aufl. 1987 (überarb. Neuausg. als Fischer-Taschenbuch, Frankfurt 1991).

41 Vgl. Klaus-Jürgen Müller: Witzleben – Stülpnagel – Speidel – Offiziere im Widerstand, Berlin 1988, (Beiträge zum Widerstand 1933 – 1945 7).

42 Ueberschär, Generaloberst Franz Halder (wie Anm. 39); Christian Hartmann: Halder. Generalstabschef Hitlers 1938-1942, Paderborn 1991.

43 Ingeborg Fleischhauer: Diplomatischer Widerstand gegen „Unternehmen Barbarossa". Die Friedensbemühungen der Deutschen Botschaft Moskau 1939 – 1941. Berlin u.a. 1991, zum folgenden Zitat S. 364; ferner dies.: Der Widerstand gegen den Rußlandfeldzug. Berlin 1978, (Beiträge zum Widerstand 1933 – 1945 31).

44 Vgl. Gerd R. Ueberschär: Die Haltung deutscher Widerstandskreise zu Hitlers Rußlandpolitik und Ostkrieg, in: Frieden mit der Sowjetunion – eine unerledigte Aufgabe. Hrsg. v. Dietrich Goldschmidt, Gütersloh 1989, S. 117-134.

45 Vgl. u. a. David Irving: Rommel. Eine Biographie, Hamburg 1978, 2. Aufl. 1979; Bodo Scheurig: Henning von Tresckow. Eine Biographie, Oldenburg 3. Aufl. 1973, ungekürzte Neuausg. als Ullstein-Taschenbuch, Frankfurt u.a. 1990, (Zeitgeschichte 33130); Klaus-Jürgen Müller: General Ludwig Beck. Studien und

Dokumente zur politisch-militärischen Vorstellungswelt und Tätigkeit des Generalstabschefs des deutschen Heeres 1933 – 1938, Boppard 1980; Ulrich Heinemann: Ein konservativer Rebell. Fritz-Dietlof Graf von der Schulenburg und der 20. Juli, Berlin 1990, (Deutscher Widerstand 1933 – 1945). Heinrich Bücheler: Hoepner. Ein deutsches Soldatenschicksal des zwanzigsten Jahrhunderts, Herford 1980; ders.: Carl-Heinrich von Stülpnagel. Soldat – Philosoph – Verschwörer. Biographie, Berlin 1989.

46 Vgl. Ueberschär, Generaloberst Franz Halder (wie Anm. 39), S. 53.
47 Elisabeth Chowaniec: Der „Fall Dohnanyi" 1943 – 1945. Widerstand, Militärjustiz, SS-Willkür, München 1991, (Schriftenreihe der Vierteljahrshefte für Zeitgeschichte 62).
48 Vgl. dazu insbesondere die beiden Sammelbände: Vollmacht des Gewissens. Hrsg. von der Europäischen Publikation e. V., Bd. 1: Probleme des militärischen Widerstandes gegen Hitler, Frankfurt u.a. 1960; Bd. 2: Der militärische Widerstand gegen Hitler im Kriege, Frankfurt u.a. 1965; siehe ferner: Aufstand des Gewissens, (wie Anm. 14).
49 Friedrich Georgi: Soldat im Widerstand: General der Infanterie Friedrich Olbricht, Berlin u.a. 1988, 2. Aufl. 1989; ders: „Wir haben das Letzte gewagt...". General Olbricht und die Verschwörung gegen Hitler, Freiburg 1990.
50 August Graf von Kageneck: Zwischen Eid und Gewissen. Roland Hößlin. Ein deutscher Offizier, Berlin u.a. 1991.
51 So der mißverständliche Titel bei Otto John: „Falsch und zu spät". Der 20. Juli 1944. Epilog, München u.a. 1984.
52 So Georgi, „Wir haben das Letzte gewagt...", (wie Anm. 49).
53 Vgl. auch die Literaturhinweise bei Ueberschär, Gegner des Nationalsozialismus 1933 – 1945, (wie Anm. 1), S. 174 ff.
54 Alexander Stahlberg: Die verdammte Pflicht. Erinnerungen 1932 bis 1945, Frankfurt 1987; überarb. und korrigierte Taschenbuchausg., Frankfurt 1990, (Ullsteinbuch Zeitgeschichte 33129).
55 Fabian von Schlabrendorff: Begegnungen in fünf Jahrzehnten, Tübingen 1979, S. 236.
56 Vgl. nun die umfangreich dokumentierte biographische Skizze von Heinz W. Doepgen: Georg v. Boeselager. Kavallerie-Offizier in der Militäropposition gegen Hitler, Herford u.a. 1986; ferner Philipp Freiherr von Boeselager: Der Widerstand in der Heeresgruppe Mitte, Berlin 1990, (Beiträge zum Widerstand 1933 – 1945 40).
57 Wolfgang Schieder: Zwei Generationen im militärischen Widerstand gegen Hitler, in: Der Widerstand gegen den Nationalsozialismus. Die deutsche Gesellschaft und der Widerstand gegen Hitler. Hrsg. von Jürgen Schmädeke und Peter Steinbach, München u.a. 1986, 2. Aufl. als unveränderte Taschenbuch-Neuausgabe München 1986, S. 436-459.
58 Detlef Graf von Schwerin: „Dann sind's die besten Köpfe, die man henkt". Die junge Generation im deutschen Widerstand, München 1991.
59 Detlef Graf von Schwerin: Die Jungen des 20. Juli 1944. Brücklmeier, Kessel, Schulenburg, Schwerin, Wussow, Yorck, Berlin 1991.
60 Peter Hoffmann: Claus Schenk Graf von Stauffenberg und seine Brüder, Stuttgart 1992.
61 Robert Boehringer: Mein Bild von Stefan George, München 1951, 2. Aufl., Düsseldorf u.a. 1967; ders.: Die Brüder Stauffenberg, o.O. 1968; Peter Hoffmann: Claus Graf Stauffenberg und Stefan George. Der Weg zur Tat, in: Jahrbuch der deutschen Schillergesellschaft 12 (1968), S. 520-542.
62 Siehe dazu weitere Angaben bei Ueberschär, Gegner des Nationalsozialismus 1933 – 1945, (wie Anm. 1), S. 175 ff.; ders.: Rommel zwischen Loyalität und militärischem Widerstand. Anmerkungen zur neueren Literatur, in: Wehrwissenschaftliche Rundschau 29 (1980), S. 188-192; vgl. auch Dieter Ose: Erwin Rommel, in: 20. Juli. Hrsg. von Lill und Oberreuter, (wie Anm. 1), S. 253-268.
63 Siehe die Hinweise bei Ueberschär, Gegner des Nationalsozialismus 1933 – 1945, (wie Anm.1) und Wolfgang Michalka: Widerstand oder Landesverrat? Die antifaschistische Opposition als Problem der Forschung, in: MGM 21 (1977), S. 207-214.
64 Zur Arbeit des NKFD siehe nun den umfangreichen Katalog: Flugblätter des Nationalkomitees Freies

Deutschland. Ausstellung 29. September – 2. November 1989. Konzeption: Klaus Kirchner; Red.: Eva Bliembach, Berlin 1989, (Staatsbibliothek Preußischer Kulturbesitz, Ausstellungskataloge 36); vgl. ferner Gerald Diesener: Der Beitritt kriegsgefangener Generale zur Bewegung „Freies Deutschland" 1944, in: Militärgeschichte 27 (1988), S. 455-460.

65 Alexander Fischer: Die Bewegung „Freies Deutschland" in der Sowjetunion: Widerstand hinter Stacheldraht? in: Aufstand des Gewissens, (wie Anm. 14), S. 439-458, hier S. 454; im Urteil zurückhaltender ist Bodo Scheurig: Freies Deutschland. Das Nationalkomitee und der Bund Deutscher Offiziere in der Sowjetunion 1943-1945, Neuaufl. Köln 1984; ders: Walther von Seydlitz-Kurzbach. General im Schatten Stalingrads, Berlin 2. Aufl. 1987, (Beiträge zum Widerstand 1933-1945 23); siehe dazu auch Walther v. Seydlitz: Stalingrad. Konflikt und Konsequenz. Erinnerungen, Oldenburg u.a. 2. Aufl. 1977; James D. Carnes: General zwischen Hitler und Stalin. Das Schicksal des Walther v. Seydlitz, Düsseldorf 1980; Sigrid Wegner-Korfes: Der 20. Juli 1944 und das Nationalkomitee „Freies Deutschland". Aus persönlichen Unterlagen der Familie von Oberst Ritter Albrecht Mertz v. Quirnheim, in: Zeitschrift für Geschichtswissenschaft 27 (1979), S. 535-544; zur neueren Diskussion vgl. Horst Zank: Das Nationalkomitee und der Widerstand, in: Geschichte in Wissenschaft und Unterricht 41 (1990), S. 298-301; Peter Steinbach: Der Widerstand in seiner ganzen Breite und Vielfalt, in: Ebda., S. 302-307; dagegen kritisch: Gehört das „Nationalkomitee Freies Deutschland" in die Berliner „Gedenkstätte Deutscher Widerstand"? Eine Diskussion. Hrsg. vom Verband der Heimkehrer, Kriegsgefangenen und Vermißtenangehörigen Deutschlands e. V., Bonn-Bad Godesberg o.J. (1989), (Schriftenreihe des BdH 79); neuerdings vortrefflich zusammengefaßt von Peter Steinbach: „Es gibt wichtigere Tugenden als den militärischen Gehorsam", in: Frankfurter Rundschau, 10.1.1991, S. 14.

66 Siehe dazu die unterschiedlichen Angaben in den verschiedenen Auflagen von Finker, Stauffenberg und der 20. Juli 1944, (wie Anm. 28), S. 208 ff. (1. Aufl.), S. 237 ff. (3. Aufl. von 1972), S. 181 ff. (6. überarb. Aufl. unter Mitarbeit v. Annerose Busse von 1984), S. 187 ff. (7. überarb. Aufl. von 1989).; ders.: Der 20. Juli 1944 und die DDR-Geschichtswissenschaft, (wie Anm. 28), S. 15 f.

67 Vgl. Ueberschär, Die Haltung deutscher Widerstandskreise zu Hitlers Rußlandpolitik und Ostkrieg (wie Anm. 44), S. 132.

68 Vgl. Bayern in der NS- Zeit. Hrsg. von Martin Broszat, Elke Fröhlich u. a., 6 Bde., München 1977-1983.

69 Vgl. dazu Willi Graf. Briefe und Aufzeichnungen, hrsg. von Anneliese Knoop-Graf und Inge Jens, Frankfurt 1988; ferner die Beiträge von Inge Jens und Anneliese Knoop-Graf in dem Sammelband: Piraten, Swings und Junge Garde. Jugendwiderstand im Nationalsozialismus, hrsg. von Wilfried Breyvogel, Bonn 1991; s. a.: Hans Scholl, Sophie Scholl. Briefe und Aufzeichnungen, hrsg. von Inge Jens, Frankfurt 1984.

70 Vgl. die Angaben bei Ueberschär, Gegner des Nationalsozialismus 1933 – 1945, (wie Anm. 1), S. 182 ff. und Fritz Soergel: Deserteure-Initiativen. Vorläufige Bestandsaufnahme, in: Geschichtswerkstatt (1990), 22, S. 32-42. Zur Bremer Denkmal-Diskussion siehe z. B. die redaktionellen Beiträge, in: Weser-Report 18.3.1987, 22.3.1987, 25.3.1987; Weser-Kurier 17.1.1997, 23.1.1987, 11.3.1987, 12.3.1987, 14.3.1987, 17.3.1987, 19.3.1987, 23.3.1987, 24.3.1987, 25.3.1987, 27.3.1987, 28.3.1987, 3.4.1987; „die tageszeitung" 25.3.1987; Bremer-Nachrichten 25.3.1987; Frankfurter Allgemeine Zeitung 6.3.1987 und 10.3.1987; weitere Hinweise nun bei Norbert Haase: Die Zeit der Kirschblüten ... Zur aktuellen Denkmalsdebatte und zur Geschichte der Desertion im Zweiten Weltkrieg, in: Verräter oder Vorbilder? Deserteure und ungehorsame Soldaten im Nationalsozialismus. Hrsg. v. Fietje Ausländer, Bremen 1990, S. 130-156.

71 Jörg Kammler: Ich habe die Metzelei satt und laufe über ... Kasseler Soldaten zwischen Verweigerung und Widerstand (1939-1945). Eine Dokumentation, Mitarb. Marc Poulain. Fuldabrück 2., verb. Aufl. 1985; Norbert Haase: Deutsche Deserteure. Mit einem Beitrag von Otl Aicher. Berlin 1. und 2. Aufl. 1987; Verräter oder Vorbilder? Deserteure und ungehorsame Soldaten im Nationalsozialismus. Hrsg. von Fietje Ausländer, Bremen 1990; Günter Fahle: Verweigern – Weglaufen – Zersetzen. Deutsche Militärjustiz und ungehorsame Soldaten 1939 – 1945. Das Beispiel Ems-Jade, Bremen 1990; Deserteure. Eine notwendige Debatte, Hamburg 1990, (Geschichtswerkstatt 22); dort auch weitere Literaturhinweise. Zur Reaktion der militärischen „Obrigkeit" siehe Manfred Messerschmidt und Fritz Wüllner: Die Wehrmachtjustiz im

Dienste des Nationalsozialismus. Zerstörung einer Legende, Baden-Baden 1987; Fritz Wüllner: Die NS-Militärjustiz und das Elend der Geschichtsschreibung. Ein grundlegender Forschungsbericht, Baden-Baden 1991.
72 Norbert Haase: Die Zeit der Kirschblüten ... Zur aktuellen Denkmalsdebatte und zur Geschichte der Desertion im Zweiten Weltkrieg, (wie Anm. 70), S. 145.
73 Georg Bergmann: Franz Jägerstätter. Ein Leben vom Gewissen entschieden, Stein am Rhein 1980; Eberhard Röhm: Sterben für den Frieden. Spurensicherung: Hermann Stöhr (1898 – 1940) und die ökumenische Friedensbewegung. Mit einem Vorwort von Bischof D. Kurt Scharf, Stuttgart 1985; Ernst T. Mader und Jakob Knab: Das Lächeln des Esels. Das Leben und die Hinrichtung des Allgäuer Bauernsohnes Michael Lerpscher (1905 – 1940), Blöcktach 1987, 3. durchges. Aufl. 1988, (Heimatkunde 3); zu allen vier Kriegsdienstverweigerern siehe nun Johannes Kleinwächter: Frauen und Männer des christlichen Widerstands. 13 Profile, Regensburg 1990.
74 Karsten Bredemeier: Kriegsdienstverweigerung im Dritten Reich. Ausgewählte Beispiele, Baden-Baden 1991.
75 „Ich habe die Metzelei satt ...". Deserteure – Verfolgte der Militärstrafjustiz und der Militärpsychiatrie im Zweiten Weltkrieg. Ein Symposiumsbericht, hrsg. von der Geschichtswerkstatt Marburg, Marburg 1992.
76 Mommsen, Die Opposition gegen Hitler und die deutsche Gesellschaft 1933-1945, (wie Anm. 5), S. 38.
77 Generalleutant Heim war am 26.11.1942 wegen angeblicher Schuld am Versagen seines Panzerkorps bei Stalingrad von Hitler abgelöst, dann aus dem Heer ausgestoßen und zuletzt vorzeitig verabschiedet worden. Nach einem Ergebenheitsbrief an Hitler v. 21.7.1944, in dem er als „alter nationalsozialistischer Offizier" dem „gütigen Geschick" für das Scheitern des Attentats dankte, und einem ähnlichen Schreiben an Hitlers Chefadjutanten General Schmundt wurde er reaktiviert und am 5.8.1944 zum Festungskommandanten von Boulogne ernannt, wo er jedoch am 22.9.1944 in US-Gefangenschaft geriet; zuvor war Heim noch von Hitler „in Anerkennung seiner vorbildlichen Haltung wieder zu den aktiven Generalen ... überführt" worden. Siehe dazu: Bundesarchiv-Militärarchiv Freiburg, Pers 6/614 und Msg 109/998. Die Frage, ob das ungewöhnliche Vorgehen Heims allein auf den angegebenen politischen Grund „als alter Gefolgsmann des Führers" zurückzuführen ist, muß offen bleiben.
78 Siehe dazu die Erinnerungen von Rudolf-Christoph Freiherr von Gersdorff: Soldat im Untergang, Frankfurt 1977.

Die Strategische Verteidigungsinitiative (SDI)

Einführung, Chronologie, Literaturübersicht
und Auswahlbibliographie 1983-1990

von Wolfgang Mallmann

I. EINFÜHRUNG

Nicht erst seit dem Präsidentenwechsel in Amerika 1988/89 ist es still um die Strategische Verteidigungsinitiative (SDI = Strategic Defense Initiative) der USA geworden. In den sieben Jahren nach der spektakulären Ankündigung Präsident Reagans, durch eine weltraumgestützte Abwehr ballistische Raketen „obsolet und impotent" zu machen, haben die Zweifel an der Machbarkeit eines solchen Schutzschirms zugenommen. Wiederholt nahm das Pentagon grundlegende Richtungs- und Schwerpunktänderungen am SDI-Programm vor. Der US-Kongreß blieb dem Vorhaben gegenüber skeptisch und kürzte zuletzt (Haushaltsjahr 1991) den SDI-Haushaltsantrag des Verteidigungsministeriums um fast die Hälfte, nachdem die Bush-Administration den ursprünglichen Entwurf der Regierung Reagan ohnehin schon gekappt hatte. Nach anfangs nahezu hysterischen Reaktionen setzte sich schließlich auch in der ehemaligen Sowjetunion als Hauptadressat des amerikanischen SDI-Programms eine realistischere Einschätzung durch, die u.a. diplomatisch dadurch sichtbar wurde, daß die sowjetische Regierung ihr Junktim zwischen einer Aufgabe des amerikanischen SDI-Projekts und dem Abschluß eines Abkommens über die Reduzierung der strategischen Offensivpotentiale (START = Strategic Arms Reduction Talks) aufgab.

Somit könnte man SDI wie viele andere Rüstungsprojekte zuvor mit dem Vermerk „zu teuer und technisch nicht realisierbar" zu den Akten legen. Dies wäre jedoch aus zumindest drei Gründen verfrüht und unangemessen.

Erstens: Die SDI-Debatte in den USA, die sich sehr stark an Fragen der technischen Machbarkeit und der Finanzierbarkeit einer Raketenabwehr orientierte, hat nur zum Teil die durch das SDI-Vorhaben aufgeworfenen grundlegenden Fragen diskutiert. Hierzu zählen u.a. Aspekte wie: Wäre nicht in den 90er Jahren angesichts zu erwartender Reduzierungen bei den strategischen Offensivwaffen eine gemischte Streitkräftestruktur, bestehend aus deutlich verringerten Offensivwaffen und (vertraglich zu begrenzenden) Defensivwaffen, wünschenswert? Ballistische Raketen, gegen die sich SDI ja vornehmlich (wenn nicht gar ausschließlich) richten sollte, scheinen spätestens ab Mitte der 90er Jahre keine erfolgversprechenden Verbesserungsmöglichkeiten anzubieten. Zielgenauigkeiten von weniger als 100m für Nukleargefechtsköpfe brauchen schlichterdings nicht mehr verbessert zu werden. Um so größer scheint der Anreiz zu sein, immer mehr Funktionen ballistischer Waffen an die weitaus flexibler einsetzbaren und zielgenaueren Marschflugkörper zu delegieren. Diese können zu relativ niedrigen Stückpreisen in großer Zahl beschafft werden. Und da ihre Zielgenauigkeit wächst, eröffnen sie die Möglichkeit, viele der wichtigen Ziele einer Gegenseite, die bislang Nuklearwaffen assigniert waren, auch konventionell zu bekämpfen.

Zweitens: Unabhängig davon, in welchem Maße sich die Verbesserung der Supermachtbeziehungen in den 90er Jahren auch in tatsächlich meßbaren Verminderungen der Nuklearpotentiale der USA und der Staaten der ehemaligen UdSSR niederschlägt, scheint offensichtlich, daß die Supermächte Nukleararsenale von einem solchen Umfang aufrechterhalten werden, der auf absehbare Zeit ausreicht, um Länder aus der Dritten Welt mit dem offensichtlichen Interesse, unberechenbare neue Mitglieder des Atomwaffen-Clubs zu werden, abzuschrecken. Besonders in den USA bestimmte gegen Ende der 80er Jahre die Sorge vor einer ungezügelten Proliferation ballistischer Raketen und entsprechendem Know-how viele rüstungskontrollpolitische Überlegungen. Eine Konsequenz daraus könnte sein, daß sich die USA (und möglicherweise auch die Staaten der ehemaligen UdSSR) durch begrenzte Raketenabwehrsysteme vor Erpressungsversuchen durch Staaten der Dritten Welt schützen wollen, die plötzlich nuklearfähig geworden sind.

Drittens: Unabhängig davon, ob das amerikanische SDI-Programm jemals zu einer tatsächlichen Stationierung von Raketenabwehrsystemen führen wird, haben die bisherigen Forschungs- und Entwicklungsprogramme beider Supermächte im Bereich von SDI schon jetzt zu Technologien geführt, die in kürzester Zeit zu einer ernsthaften Gefährdung von Satelliten führen. Weil aber politische und militärische Entscheidungsträger – nicht nur in Krisenzeiten – in immer stärkerem Maß vom reibungslosen Funktionieren einer Vielzahl von Satelliten abhängig geworden sind, scheint es dringend geboten, im Rahmen einer Diskussion über die rüstungskontrollpolitischen Implikationen von SDI auch die Verwundbarkeiten von Satelliten zu berücksichtigen.

Die folgende Chronologie und Literaturübersicht sollen die wichtigsten Etappen von SDI aufzeigen und die inhaltlichen Schwerpunkte der SDI-Diskussion skizzieren.

II. Chronologie

In dieser Chronologie sind die wichtigsten Etappen des SDI-Programms der USA sowie die internationalen Reaktionen darauf zusammengefaßt. Die Chronologie reicht, ebenso wie die Auswahlbibliographie, von der „Krieg-der-Sterne"-Rede des amerikanischen Präsidenten Ronald Reagan vom 23. März 1983 bis Ende März 1990 (Redaktionsschluß). Darüber sollte jedoch nicht vergessen werden, daß das Thema einer Abwehr ballistischer Raketen bereits Ende der 60er/Anfang der 70er Jahre ein bedeutsames Element der Beziehungen im Bereich der Rüstungskontrolle zwischen den Supermächten darstellte: Ende der 60er Jahre verfolgten beide Supermächte Pläne zum Aufbau von Raketenabwehrsystemen. Dennoch einigten sie sich 1972 im Rahmen des ABM-Vertrages auf einen weitgehenden Verzicht von Abwehrwaffen, die ballistische strategische Angriffswaffen der Gegenseite bekämpfen können.

DATUM	EREIGNIS/KOMMENTAR
23/03/83	USA: In einer Fernsehansprache fordert Präsident Reagan die Wissenschaftler seines Landes auf, ein weltraumgestütztes System zur Abwehr ballistischer Raketen zu entwickeln.
16/06/83	UdSSR: Vor dem Obersten Sowjet plädiert Außenminister Gromyko für ein „Verbot der Anwendung von Gewalt im Weltraum und vom Weltraum auf die Erde". Die UdSSR legt der UNO einen entsprechenden Vertragsentwurf vor.

Die Strategische Verteidigungsinitiative (SDI)

18/08/83	UdSSR: Staatschef Andropow verkündet ein einseitiges Moratorium über das weitere Testen von „Killer-Satelliten", solange andere Staaten auf die „Stationierung von Anti-Satelliten-Waffen jeglicher Art im Weltraum verzichten".
10/83	USA: Drei Studien, die vom Präsidenten in Auftrag gegeben wurden, äußern sich weitgehend optimistisch zu den Chancen einer Verwirklichung von SDI.
01/84	USA: Im Pentagon wird die Strategic Defense Initiative Organization (SDIO) gegründet.
23/01/84	USA: In seinem ersten Bericht an den Kongreß über „Sowjetische Verletzungen von Rüstungskontrollvereinbarungen" bezeichnet Präsident Reagan die phasengesteuerte Radaranlage bei Krasnojarsk „wegen ihres Stationierungsortes, ihrer Ausrichtung und ihrer Fähigkeiten" als eine Verletzung des ABM-Vertrages. Diese Anschuldigung wird in den folgenden Berichten 1985-1987 wiederholt.
03/84	NATO: US-Verteidigungsminister Weinberger informiert auf einer Tagung der Nuklearen Planungsgruppe in Cesme (Türkei) die Verbündeten über das SDI-Programm der USA.
10/04/84	USA: Beim Homing-Overlay-Experiment gelingt es, eine Gefechtskopfattrappe außerhalb der Atmosphäre abzufangen. Eine nicht-nukleare Abfangrakete zerstört den anfliegenden Gefechtskopf durch die bloße kinetische Energie beim Zusammenprall der beiden Flugkörper.
15/04/84	USA: Generalleutnant James Abrahamson wird zum ersten Direktor der SDIO ernannt.
20/02/85	USA: Sonderbotschafter Paul Nitze benennt Überlebensfähigkeit und Kosteneffizienz als wichtigste Kriterien für eine zukünftige Entscheidung über SDI.
18/03/85	USA: Verteidigungsminister Weinberger lädt 18 verbündete Regierungen zu einer Zusammenarbeit bei SDI ein. Die Form der Einladung führt bei vielen der Adressaten zu Irritationen.
29/05/85	UdSSR: Generaloberst Tscherwow gibt erstmals die Existenz eines sowjetischen Anti-Satellitensystems zu
07/85	USA/UdSSR: Nachdem Präsident Reagan das bilaterale Weltraumabkommen nicht verlängert, macht die UdSSR die Wiederaufnahme der Zusammenarbeit von einem Stopp des SDI-Programms abhängig, läßt diese Bedingung jedoch später fallen.
17/08/85	UdSSR: Antrag an die UNO-Generalversammlung, sie möge sich mit dem Thema „Internationale Zusammenarbeit bei der friedlichen Nutzung des Weltraums unter den Bedingungen seiner Nichtmilitarisierung" befassen.
06/09/85	USA: Bei einem Test mit Lasern (MIRACEL = MidInfrared Advanced Chemical Laser) wird auf dem Testgelände von White Sands eine Titan-Trägerrakete zerstört. Wissenschaftler zweifeln an, ob dieser Versuch unter realistischen Bedingungen stattgefunden hat.
07/09/85	USA/Kanada: Kanada lehnt eine SDI-Zusammenarbeit mit den USA ab.
27/09/85	USA: Erfolgreicher Versuch, mit einem schwachen landgestützten Laser trotz der Störungen durch die Erdatmosphäre eine Forschungsrakete zu erfassen.
11/10/85	USA: Präsident Reagan erklärt, daß die Entwicklung und das Testen von SDI-Systemen, die „auf anderen physikalischen Prinzipien beruhen", gemäß

	einer „weiten Interpretation" des ABM-Vertrages „voll gerechtfertigt" sei. Dies führt zu heftigen Kontroversen mit dem Kongreß.
17/11/85	UdSSR: Generaloberst Tscherwow gibt zu, daß auch die UdSSR Laser-Tests gegen Satelliten durchführt.
06/12/85	USA/Großbritannien: Unterzeichnung einer Rahmenvereinbarung über die Zusammenarbeit bei SDI.
12/85	USA: Die Eastport Study Group unterbreitet der SDIO ihren Bericht, wonach die Gefechtsführung sowie Führungs- und Fernmeldesysteme die Achillesferse von SDI darstellen.
27/03/86	USA/BRD: Unterzeichnung von zwei Rahmenabkommen über die Zusammenarbeit bei SDI.
24/04/86	Frankreich: Frankreich beabsichtigt, unter der Bezeichnung „Aster" ein eigenes System zur Abwehr von sowjetischen Mittelstreckenraketen zu entwickeln. Französische Spitzentechnologien sollen verhindern helfen, daß sich Frankreich direkt dem amerikanischen SDI-Programm anschließen muß.
06/05/86	USA/Israel: Unterzeichnung eines Rahmenabkommens über die Zusammenarbeit bei SDI.
06/86	UdSSR: Auf dem Luftwaffenstützpunkt Schtschelkowa brennt ein Düsenflugzeug vom Typ Iljuschin-76, das für Lasertests umgerüstet worden war, vollständig aus – ein „katastrophaler Fehlschlag" (US-Fachblatt „Defense Daily").
07/86	USA: Erstes SDI-Experiment mit Teilchenstrahlen deutet an, daß gegnerische Atomgefechtsköpfe mit Partikelstrahlen bekämpft werden können.
25/07/86	USA/UdSSR: Präsident Reagan schlägt vor, daß beide Seiten bis 1991 auf die Stationierung von modernen Raketenabwehrsystemen verzichten.
19/09/86	USA/Italien: Unterzeichnung eines Rahmenabkommens über die Zusammenarbeit bei SDI.
09/86	UdSSR: Fotos von US-Aufklärungssatelliten zeigen im sowjetisch-afghanistanischen Grenzgebiet zwei Großanlagen. Nach Ansicht von US-Experten könnte es sich dabei um Laser-Stationen zur Bekämpfung von Satelliten handeln.
11/10/86	USA/UdSSR: Auf dem Gipfeltreffen von Reykjavik können sich beide Seiten nicht auf die Bedingungen verständigen, den ABM-Vertrag erst nach Ablauf einer Frist von zehn Jahren zu kündigen.
06/11/86	UdSSR/USA: Außenminister Schewardnadse schlägt den USA Sondergespräche darüber vor, welche Aktivitäten im Rahmen des ABM-Vertrags zulässig sind.
21/07/87	USA/Japan: Unterzeichnung eines Rahmenabkommens über die Zusammenarbeit bei SDI.
10/87	UdSSR: Die Sowjetunion stoppt den Bau an der umstrittenen Radaranlage bei Krasnojarsk.
30/11/87	UdSSR: In einem US-Fernsehinterview vor dem Washingtoner Gipfeltreffen gibt Generalsekretär Gorbatschow zu, die UdSSR betreibe „mehr oder weniger alles im Bereich der Forschung, der Grundlagenforschung, was in den USA unter dem Begriff SDI erfaßt ist".
08/02/88	USA: Delta 181 Experiment. Eine Rakete vom Typ Delta setzt 14 Testobjekte

	im Weltraum aus. Sensoren erfassen diese Objekte unter verschiedenen Bedingungen und beobachten die Hitzeschweife der Triebwerke von Forschungsraketen.
23/03/88	USA: Grundsteinlegung für eine „Nationale Testeinrichtung" für SDI.
07/88	USA/Israel: Beide Staaten einigen sich auf die weitere Zusammenarbeit bei der Entwicklung der israelischen taktischen Abfangrakete Arrow.
10/88	UdSSR: Außenminister Schewardnadse schlägt bei einem Frankreich-Besuch eine Internationale Weltraumkontrollbehörde vor.
12/88	UdSSR: Nach Angaben der „New York Times" hat die UdSSR mit der Vernichtung bestimmter mobiler Radaranlagen, die nach Ansicht der USA einen Verstoß gegen den ABM-Vertrag darstellen, begonnen. Dies sei durch Aufklärungssatelliten der USA nachprüfbar.
10/04/89	USA: Der chemische Laser Alpha produziert erstmals einen Hochenergie-Laserstrahl.
06/89	USA: Der elektromagnetische Beschleuniger Thunderbolt beschleunigt ein Projektil auf eine Geschwindigkeit von 4,3 km/sec. Geplant sind Beschleunigungen bis zu 14 km/sec.
13/07/89	USA: Erster erfolgreicher Test eines Beschleunigers für neutrale Partikelstrahlen im Weltraum.
09/89	USA: Die Jason-Studiengruppe unterbreitet dem Pentagon ihren Bericht, in dem sie das Konzept einer Vielzahl kleiner Abfangsysteme (Brilliant Pebbles) unterstützt.
23/09/89	USA/UdSSR: Bei dem Außenministertreffen in Wyoming bieten die USA sowjetischen Experten als vertrauensbildende Maßnahme den Besuch von zwei SDI-Forschungsstätten an.
23/10/89	UdSSR: Außenminister Schewardnadse räumt vor dem Obersten Sowjet ein, die Radaranlage bei Krasnojarsk stelle, „um es eindeutig zu sagen, eine Verletzung des ABM-Vertrages" dar.
14/12/89	USA/UdSSR: Unter Leitung von Jurij Nasarkin, Chef der sowjetischen Delegation bei den Verhandlungen über Nuklearwaffen und den Weltraum, besuchen zehn Sowjet-Experten die Alpha-LaserTeststätte in San Juan Capistrano und die Teststätte für weltraumgestützte neutrale Partikelstrahlen in Los Alamos.
26/01/90	USA: Erster in einer Reihe von Tests mit kinetischen Abfangprojektilen in der oberen Erdatmosphäre (HEDI = High Endoatmospheric Defense Interceptor).
20/03/90	USA: In seinem Bericht zur Nationalen Sicherheitsstrategie nennt Präsident Bush die Proliferation von ballistischen Raketen als zusätzliche Rechtfertigung für SDI.
20/03/90	USA: Verteidigungsminister Cheney kündigt für das Haushaltsjahr 1991 eine 24prozentige Erhöhung des SDI-Budgets an.

III. Literaturübersicht*

Die wissenschaftliche und publizistische Behandlung des Themas SDI in den vergangenen sieben Jahren weist im wesentlichen ähnliche Schwerpunkte auf wie die politischen Debatten in den USA. Angesichts der technologischen Komplexität von SDI und der Vielzahl der durch SDI aufgeworfenen politischen, strategischen und rüstungskontrollpolitischen Fragen ist es einigermaßen verwunderlich, daß klassische Nachschlagewerke und Bibliographien über SDI rar geblieben sind. Die beste, obwohl inzwischen ein wenig veraltete Quelle ist Robert Lawrences Bibliographie und Forschungsführer von 1987 (145). Die Arbeit ist im Prinzip in zwei Teile gegliedert: Veröffentlichungen pro und Publikationen contra SDI. Jeder Teil beginnt mit einer langen Einleitung, gefolgt von Abstracts wichtiger Buch- und Zeitschriftentitel. Die Abstracts sind konzis, verständlich geschrieben und objektiv. Eine weitere gute Übersicht bietet der von Philip Boffey und anderen verfaßte und von der „New York Times" herausgegebene Führer (56). Weniger ambitiös, aber dennoch hilfreich ist der von Douglas Waller und anderen herausgegebene Band SDI: A Guide to Issues and References (251). Harry Waldmans Dictionary of SDI (76) wendet sich vornehmlich an den interessierten Laien und besticht vor allem durch ausgezeichnete Grafiken. Gleichermaßen für den Laien gedacht ist der vom National Strategy Information Center herausgegebene Katalog von 16 Fragen und Antworten zu SDI (143). Brian Champion behandelt in seiner Bibliographie mit Anmerkungen (53) das Thema SDI im Zusammenhang mit anderen strategischen Rüstungstechnologien (Marschflugkörper, MX-Rakete, Laser- und Weltraumwaffen, Stealth). Der Guide to the Strategic Defense Initiative (105) stellt eine weitere gute Einführung dar. Der bibliographische Aufsatz von Andrew Tuttle von der University of Nevada (264) bietet einen ausgewogenen Überblick über die englischsprachige Literatur zu SDI.

Die Washingtoner Kampagne zur Rettung des ABM-Vertrages hat ein nützliches Nachschlagewerk zum ABM-Vertrag und verwandten Bereichen (somit auch SDI) herausgegeben (34). Von der liberalen Arms Control Association stammt eine hilfreiche Sammlung von Zitaten zu SDI (12). Aufgeführt sind Stellungnahmen der Reagan-Administration, von Wissenschaftlern, Kongreß-Abgeordneten, Verbündeten und der Sowjetunion. Die Presseabteilung der US-Botschaft in Bonn hat zwei Chronologien herausgegeben: eine über Amerikas SDI-Programm (301) und eine über die Anstrengungen der UdSSR im Bereich der ballistischen Raketenabwehr (299).

Regelmäßige bibliographische Hinweise zu SDI finden sich seit 1984 in der von der Washingtoner Arms Control Association herausgegebenen Zeitschrift Arms Control Today (zehn Ausgaben pro Jahr). Aber auch die Bibliographien in vielen Fachzeitschriften zur Außen- und Sicherheitspolitik (z.B. Foreign Affairs, Survival, Europa-Archiv) verweisen auf Veröffentlichungen zu SDI. Die von Richard Burns herausgegebene Bibliographie zur Rüstungskontrolle (14) informiert einmal im Jahr u.a. über Neuerscheinungen zu SDI. Die Jahresbibliographie der Bibliothek für Zeitgeschichte erfaßt SDI-relevante Buchtitel und Zeitschriftenaufsätze im Allgemeinen Sachteil unter den Stichworten: Einzelne Rüstungskontrollverhandlungen/ ABM-Vertrag (F 012.4); Raketen/Raketenabwehr/-Lenkwaffen (F 518).

Regelmäßige Informationen über SDI bieten neben den einschlägigen Fachzeitschriften zur Außen- und Sicherheitspolitik vor allem die folgenden jährlich erscheinenden drei Quellen an: Der Bericht der SDI-Organisation im Pentagon an den Kongreß (291) faßt die wichtigsten amerikanischen Entwicklungen und Pläne im SDI-Bereich zusammen. Die gleichfalls vom Pentagon herausgegebene Broschüre „Soviet Military Power" (289) enthält jewels ein Kapitel

Die Strategische Verteidigungsinitiative (SDI)

über die militärischen Weltraumaktivitäten der UdSSR. Und das vom Stockholmer Internationalen Friedensforschungsinstitut SIPRI erstellte Jahrbuch über Rüstung und Abrüstung (163) berichtet regelmäßig über die militärische Nutzung des Weltraums, u.a. also auch über Raketen- und Satellitenabwehr.

Regierungsoffizielle Quellen der USA konzentrieren sich auf Verlautbarungen des Weißen Hauses (196, 303), des Verteidigungsministeriums (290-295) sowie des Außenministeriums (296-298).

Zur Frage der Beteiligung der Bundesrepublik an SDI fand 1986 eine Bundestagsdebatte statt, die durch eine Regierungserklärung eingeleitet wurde (3).

Seit Ronald Reagans Rede von 1983 wurde das Thema SDI im amerikanischen Kongreß kontrovers diskutiert, wobei Befürworter und Kritiker von SDI in beiden politischen Lagern anzutreffen waren (und sind). Der wissenschaftliche Dienst des Kongresses hat die Gesetzesinitiativen von Senat und Repräsentantenhaus zusammengefaßt (64), und Senator Larry Pressler bietet einen Gesamtüberblick über die SDI-Debatten im Kongreß (193). Unabhängig von den jährlichen Beratungen über den SDI-Etat als Teil des Verteidigungshaushaltes haben zu SDI in beiden Kammern ausführliche Anhörungen stattgefunden (272-278, 284-287).

Wiederholt haben wissenschaftliche Dienste des Kongresses SDI und wichtige Teilaspekte davon kritisch unter die Lupe genommen: so das Haushaltsamt (269), der Rechnungshof (270, 271) und das Amt für Technologieeinschätzung (280-283).

Dem eingangs aufgeführten Mangel an Nachschlagewerken stehen jedoch viele Sachbücher gegenüber, die – nicht selten als Sammelbände – ausführlich und umfassend die technologischen, strategischen und rüstungskontrollpolitischen Aspekte von SDI behandeln (herausragend: 20, 41, 124, 194, 236, 237, 260). In deutscher Sprache sind die beiden von Bernd W. Kubbig herausgegebenen Sammelbände (162) erwähnenswert; leider sind die darin enthaltenen Beiträge von sehr unterschiedlicher Qualität und teilweise nicht mehr aktuell.

Wichtige Einzelaspekte von SDI bestimmten gleichermaßen die politischen Debatten wie die wissenschaftlichen und publizistischen Diskussionen in Büchern und Zeitschriften. Breiten Raum nahm dabei die Frage nach den Reaktionen der Sowjetunion als Hauptadressat des SDI-Programms ein. Dabei ging es vor allem um Ausmaß und Zielsetzungen der sowjetischen Raketen- und Satellitenabwehrprogramme (28, 58, 70, 93, 158, 183, 187, 189, 191, 195, 209, 219, 235, 292), die denkbaren militärischen Gegenmaßnahmen (87, 92, 256) sowie die politisch-diplomatischen Reaktionen.

In den diplomatischen Auseinandersetzungen zwischen den beiden Supermächten stand die Frage im Vordergrund, ob und inwieweit sowjetische Aktivitäten eine Verletzung des ABM-Vertrages darstellen. Beginnend mit ihrem ersten Bericht an den Kongreß über sowjetische Verletzungen von Rüstungskontrollvereinbarungen (302) bezeichnete die Regierung Reagan die seit Anfang der 80er Jahre in Bau befindliche phasengesteuerte Radaranlage bei Krasnojarsk als eindeutigen Verstoß („clear-cut violation") gegen den ABM-Vertrag. Sie ging jedoch nicht so weit, dies als eine erhebliche Verletzung („material breach") zu interpretieren (82), was laut Artikel 60 des Wiener Abkommens über das Recht der Verträge von 1969 eine einseitige Beendigung oder Suspendierung des ABM-Vertrages zugelassen hätte. Durch das sowjetische Eingeständnis einer Vertragsverletzung durch Außenminister Schewardnadse im Oktober 1989 und den Stopp der Bauarbeiten an der umstrittenen Radaranlage ist dieser rüstungskontrollpolitische Streitpunkt zwischen den Supermächten weitestgehend ausgeräumt.

Im Gegenzug warf die UdSSR den USA vor, die Modernisierung von Frühwarnradars in Großbritannien (Fylingdales Moor) und auf Grönland (Thule) stelle gleichfalls Verstöße gegen den ABM-Vertrag dar (336). Sowjetische Äußerungen zum SDI-Programm der USA stellten zunächst vor allem propagandistische Aspekte in den Vordergrund (6) und setzten somit die verbalen Attacken gegen den NATO-Doppelbeschluß von 1979 fort (5, 44, 49, 99, 159, 160, 192, 211, 238, 243, 255, 304). Selbst nach der grundlegenden Änderung der sowjetischen Außen- und Rüstungskontrollpolitik unter Gorbatschow taten sich wichtige Verbündete der UdSSR (vor allem die DDR) schwer, auf propagandistische Elemente bei der Behandlung von SDI-relevanten Themen zu verzichten (10, 116, 319).

Gleichermaßen Gegenstand der diplomatischen Auseinandersetzung zwischen den Supermächten wie zwischen US-Regierung und dem Kongreß war die Frage, ob das SDI-Vorhaben nicht per se eine Verletzung des ABM-Vertrages darstellt. Dabei entwickelte sich eine heftige Kontroverse zwischen der US-Regierung und dem Kongreß über die Frage der Interpretation des ABM-Vertages sowie darüber, inwieweit die Regierung der Legislative vertrauliche Dokumente (z.B. Aufzeichnungen der Delegationen während der Verhandlungsphase) vorenthalten darf. Das Außenministerium ließ durch seinen Rechtsberater Abraham Sofaer vortragen, der ABM-Vertrag erlaube in der sogenannten „weiten Interpretation" auch weltraumgestützte Systeme und Komponenten zur Abwehr strategischer ballistischer Raketen (229, 230). Dem widersprachen u.a. die ehemaligen US-Unterhändler des ABM-Vertrages, Raymond Garthoff (89, 90) und John Rhinelander (199-201). Dem einflußreichen Senator Sam Nunn gelang es, dies in die parlamentarische Arbeit umzusetzen (177-179). Der Kongreß beschäftigte sich daraufhin mit den durch SDI aufgeworfenen Fragen im Hinblick auf die Einhaltung des ABM-Vertrages (275, 278, 286) und konnte dabei auf zwei Vorgaben des US-Außenministeriums zurückgreifen (297, 298).

Neben der UdSSR fühlten sich vor allem die westeuropäischen NATO-Staaten angesprochen. Unter den Stichworten SDI and/und NATO finden sich in der Auswahlbibliographie entsprechende Hinweise. Ob Abwehrsysteme gegen ballistische Raketen durch taktische Raketenabwehrwaffen in Europa (ATBM = Anti-Tactical Ballistic Missiles) ergänzt werden könnten, blieb bei Redaktionsschluß mindestens so zweifelhaft wie die Zukunft des amerikanischen SDI-Programms selbst.

Zusätzlich zeichnete sich ab, daß sich die USA letztlich mit einem zahlenmäßig begrenzten Raketenabwehrsystem begnügen könnten, das wichtige militärische Einrichtungen vor Überraschungsangriffen schützt (ALPS = Accidental Launch Protection System: 50, 85, 165, 327). Nur wenige Veröffentlichungen beschäftigen sich mit Kosten/Nutzen-Analysen von SDI (26, 176, 219, 238, 324). Auch steht eine klare Antwort auf die Frage nach den tatsächlich meßbaren nichtmilitärischen Auswirkungen von SDI nach wie vor aus (19, 138).

Demgegenüber scheint unstrittig, daß es viele Überschneidungen zwischen Raketenabwehr- und Anti-Satellitentechnologien gibt (51, 91, 108, 280), die es erforderlich machen, nach neuen und umfassenden Regelungen für eine Rüstungskontrolle im Weltraum zu suchen.

---

* Ziffern in Klammern verweisen auf die in der Auswahlbibliographie aufgeführten Buch- und Zeitschriftentitel.

IV. AUSWAHLBIBLIOGRAPHIE

1. Abrahamson, James A.: Die Strategische Verteidigungsinitiative und die Renaissance der Weltraumforschung, in: Amerika-Dienst. Hintergrundmaterial, (1985),5, S. 1-10.
2. Abrahamson, James A.: The Strategic Defense Initiative. A Technical Summary, in: NATO's Sixteen Nations, 31 (1986),2, S. 14-19.
3. Abschluß der Vereinbarungen über Technologieaustausch und Forschungsbeteiligung bei SDI mit den USA. Regierungserklärung und Aussprache. Deutscher Bundestag: Stenographischer Bericht. 210. Sitzung. Bonn: Plenarprotokoll 1986. S. 16051B-1684C.
4. Abshire, David M.: The Path to a More Mature Deterrent, in: Wireless Bulletin from Washington, (1985),87, S. 1121.
5. Achromejew, Sergej: SDI wird den USA nichts nützen, in: Stern Magazin 27.11.1986, S. 38-42; 196-197.
6. Adelman, Kenneth: Soviet Propaganda on SDI Uses Standard Themes, in: U.S. Policy Information and Texts, (1986),44, S. 5-13
7. Advances in the SDI Program. Prospects for Deployment and Implications for the ABM Treaty. Kenneth N. Luongo (ed.), Washington, D.C. 1987, (Proceedings from a Congressional Seminar May 14, 1987).
8. Altfeld, Michael F. und Stephan J. Cimbala: Closing the Window of Vulnerability. Peacekeeper and Point Defense, in: Comparative Strategy, 5 (1986),4, S. 375-393.
9. Altmann, Jürgen: Space Laser Weapons. Problems of Strategic Stability, in: Bulletin of Peace Proposals, 10 (1988),3/4, S. 343-356.
10. Andrejew, W. und S. Skorochodow: Kernwaffen der dritten Generation in den Sternenkriegsplänen der USA, in: Militärwesen. Zeitschrift für Militärpolitik und Militärtheorie, (1987),6, S. 60-72.
11. Arms Control and the Strategic Defense Initiative. Three Perspektives. Muscatine, Iowa 1985, (Occasional Papers 36).
12. Arms Control Association: Star Wars Quotes. Statements by Reagan Administration Officials, Outside Experts, Members of Congress, U.S. Allies, and Soviet Officials on the Strategic Defense Initiative. Washington, D.C. 1986.
13. Arms Control Association: Analysis of the President's Report on Soviet Noncompliance with Arms Control Agreements. Washington, D.C. 1987.
14. Arms Control, Disarmament and International Security. An Annual Bibliography. Richard D. Burns (ed.). Claremont, Calif. 1987ff.
15. Armstrong, Scott und Peter Grier: Strategic Defense Initiative. Splendid Defense or Pipe Dream. New York 1986.
16. The Aspen Strategy Group: The Strategic Defense Initiative and American Security. Lanham, Md. 1987.
17. Assessing Strategic Defense. Six Roundtable Discussions. Bruce W. Weinrod (ed.), Washington, D.C. 1985.
18. ATBMs and Western Security. Missile Defenses for Europe. Donald F. Hafner und John Roper (eds.), Cambridge, Ma. 1988.
19. Ball, James: SDI Spinoffs Offer Benefits for Human Welfare, in: U.S. Policy Information and Texts, (1988),53, S. 23-34.

20 Ballistic Missile Defense. Ashton Carter und David Schwartz (eds.), Washington, D.C. 1984.
21 Bertram, Christoph: Strategic Defense in Europe, in: NATO's Sixteen Nations, 31 (1986),4, S. 28-32.
22 Bethell, Tom: Star Wars Over NATO, in: American Spectator, (1985),Juni, S. 9-11.
23 Biden Jr., R. Joseph und John B. Rich III: The End of the Sofaer Doctrine. A Victory for Arms Control and the Constitution, in: Arms Control Today, 18 (1988),7, S. 3-8.
24 Bittorf, Wilhelm: SDI. Der große Bluff, in: Der Spiegel, 40 (1986),13, S. 162-185; 14, S. 184-204; 15, S. 196- 215.
25 Blau, Yom: SDI and Space Basing, in: NATO's Sixteen Nations, 31 (1986),2, S. 38-41.
26 Blechman, Barry M. und Victor A. Utgoff: Fiscal and Economic Implications of Strategic Defenses, Boulder, Co. 1986.
27 Blechman, Barry M. und Victor A. Utgoff: The macroeconomics of strategic defenses, in: International Security, 11 (1986-87),3, S. 33-70.
28 Bodansky, Yossef: Soviet Warfare in Space, in: Jane's Defence Weekly, 6 (1986),10, S. 561-567.
29 Boutwell, Jeffrey und Richard A. Scribner: The Strategic Defense Initiative. Some Arms Control Implications. Washington, D.C. 1985.
30 Bowman, Robert M.: Star Wars. Defense or Death Star? Potomac, Md. 1985.
31 Brauch, Hans G., Rainer Fischbach und Thomas Bast Eine Forschungsbibliographie zur Militarisierung des Weltraum, in: Die Friedenswarte, 65 (1985), S. 216-281.
32 Brauch, Hans G. und Rip Bulkeley: The Anti-Balistic Missile Treaty and World Security, Nottingham 1988.
33 Braun, Bertram: A Star Wars Bibliography, in: Arms Control Today, 14 (1984),6, S. 20.
34 Briefing Book on the ABM Treaty and Related Issues. Washington, D.C. 1986.
35 Broad, William J.: Star Warriors. A Penetrating Look into the Lives of the Young Scientists Behind Our Space Age Weaponry. New York 1985.
36 Brooks, Charles D.: S.D.I. A new dimension for Israel, in: The journal of social, political and economic studies, 11 (1986),4, S. 341-348.
37 Brooks, Harvey: The strategic defense initiative as science policy, in: International Security, 11 (1986), 2, S. 177-184.
38 Brown, Harold: The Strategic Defense Initiative. Defensive Systems and the Strategic Debate, in: Survival, 27 (1985),2, S. 55-64.
39 Brown, Harold: Is SDI Technically Feasible? in: Foreign Affairs, 64 (1986),3, S. 435-454.
40 Brown, Harold: Too Much, Too Soon. National decision on SDI Should Wait till 1990s, in: Arms Control Today, 17 (1987),4, S. 2-3.
41 Brown, Harold: The Strategic Defense Initiative. Shield or Snare? Boulder, Co. 1987.
42 Bruce, James, Douglas Cook und Douglas Waller: Star Wars. Breakthrough or Breakdown? in: Arms Control Today, 16 (1986),4, S. 8-12.
43 Brzezinski, Zbigniew, Robert Jastrow und Max M. Kampelman: Search for Security. The Case for the Strategic Defense Initiative, in: International Herald Tribune 28. Januar 1985, S. 4.
44 Bulkeley, Rip: Soviet military responses to the Strategic Defense initiative, in: Current Research on Peace and Violence, 10 (1987),4, S. 129-142.

45 Bundy, McGeorge, George Kennan, Robert S. McNamara und Gerard Smith: President's Choice: Star Wars of Arms Control, in: Foreign Affairs, (1984/85),Winter, S. 264-278.
46 Bundy, McGeorge: The Real Relation Between Star Wars and Arms Control, in: Arms Control Today, 15 (1985),3, S. 1, 3-4.
47 Bunn, George: Open Skies for Missile Killers? in: Arms Control Today, 17 (1987), S. 14-16.
48 Bunn, Matthew: Star Wars Testing and the ABM Treaty, in: Arms Control Today, 18 (1988),3, S. 11-19.
49 Burant, Stephen R.: Soviet Perspectives on the legal Regime in Outer Space. The Problem of Space Demilitarization, in: Studies in Comparative Communism, 19 (1986), 3/4, S. 161-175.
50 Cahn, Anne H. und Martha C. Little und Stephen Daggett: Nunn and Contractors Sell ALPS, in: Bulletin of the Atomic Scientists, 44 (1988),6, S. 10-12.
51 Carter, Ashton B.: Satellites and Anti-Satellites. The Limits of the Possible, in: International Security, (1986),3, S. 46-98.
52 Chalfont, Alun: Star wars. Suicide or survival? London 1985.
53 Champion, Brian: Advanced Weapons Systems. An Annotated Bibliography of the Cruise Missile, MX Missile, Laser and Space Weapons, and Stealth Technology, New York 1985.
54 Charlton, Michael: From Deterrence to Defense. The Inside Story of Strategic Policy, Cambridge, Ma. 1987.
55 Chayes, Abraham; Chayes, Antonia: The Future of the ABM Treaty, in: Arms Control Today, 17 (1987),1, S. 2-4.
56 Claiming the Heavens. The New York Times Complete Guide to the Star Wars Debate. Philip M. Boffey u.a. (eds.), New York 1988.
57 Clausen, Peter and Michael Brower: The Confused Course of SDI, in: Technology Review, (1987),Oktober, S. 60-67.
58 Cleave, William R. van: Fortress USSR. The Soviet strategic defense initiative and the U.S. strategic defense response. Stanford, Calif. 1986.
59 Computers in Battle. Will they Work? David Bellin und Gary Chapman (eds.), New York 1987.
60 Cooper, Henry F.: Die amerikanisch-sowjetischen Verhandlungen über einen Verteidigungs- und Weltraumvertrag. Große Hindernisse sind noch zu überwinden, in: NATO-Brief, 35 (1987),6, S. 8-13.
61 Cooper, Henry F.: Die amerikanisch-sowjetischen Verhandlungen über einen Verteidigungs- und Weltraumvertrag. Zwei Schritte vor, ein Schritt zurück, in: NATO-Brief, 36 (1988),1, S. 17-21.
62 Cordesman, Anthony H.: SDI und die Verteidigung Europas, in: Internationale Wehrrevue, 20 (1987),4, S. 409-414.
63 Cowen, Regina, Peter Rajcsanyi und Vladimir Bilandzic: SDI and European Security. Boulder, Co. 1987, (East-West Monograph Series 9)
64 Crawford, Robert J. und Steven A. Hildreth: Congress and the Strategic Defense Initiative. A Detailed Overview of Legislative Action, 1984-1987. Washington, D.C. 1987, (Report 87-749 F.)

65 Croft, Stuart: The United States and Ballistic Missile Defence. ABM and SDI. London 1987, (Faraday Discussion Paper 10.)
66 Croft, Stuart: The Impact of Strategic Defences on European-American Relations in the 1990s. London 1989, (Adelphi Papers 238).
67 Cuthbertson, Ian M.: The Anti-Tactical Ballistic Missile Issue and European Security, New York 1988.
68 Daalder, Ivo H.: The SDI Challenge to Europe, Cambridge, Mass. 1987.
69 Daalder, Ivo H.: NATO Strategy and Ballistic Missile Defense, London 1988, (Adelphi Papers 233).
70 Daggett, Stephen und Robert D. English: Assessing Soviet Strategic Defense, in: Foreign Policy (1988),1, S. 129-149.
71 Davis, Jacquelyn K. und Robert L. Pfalzgraff: Strategic Defense and Extended Deterrence. A New Transatlantic Debate, Washington, D.C. 1986, (National Security Papers 4)
72 Davis, William A. Jr.: Asymmetries in U.S. and Soviet Strategic Defense Programs. Implications for Near-Term American Deployment Options, Washington, D.C. 1986.
73 Dean, Jonathan: Will NATO Survive Ballistic Missile Defense? in: Journal of International Affairs, (1985), Sommer, S. 95-114.
74 Defending Deterrence. Managing the ABM Treaty Regime into the 21st Century. Antonia H. Chayes und Paul Doty (eds.), Washington D.C. 1989.
75 Deployment of Missile Defenses in the 1990s. Washington, D.C. 1986.
76 The Dictionary of SDI. Harry Waldman (ed.), Wilmington, Del. 1988, (SR Books. A Scholarly Resources Imprint).
77 Din, Allan W.: Strategic Defense Technology: Fact or Fiction? in: International Defence Review, 18 (1985),1, S. 29-34.
78 Downey, Thomas J., Bob Carr und Jim Moddy: Report from Krasnoyarsk, in: Bulletin of the Atomic Scientists, 43 (1987),11, S. 11-14.
79 Drell, Sidney D., Philip J. Farley und David Holloway: The Reagan Strategic Defense Initiative. A Technical, Political, and Arms Control Assessment, Stanford, Calif. 1984.
80 Durch, William J.: The ABM Treaty and Western Security, Cambridge, Mass. 1987.
81 Durch, William J.: The Future of the ABM Treaty, London: 1987, (Adelphi Papers 223).
82 Earle II, Ralph und John B. Rhinelander: The Krasnojarsk Radar. A 'Material Brech' of the ABM Treaty? in: Arms Control Today, (1988),7, S. 9-11.
83 Empty Promise. The Growing Case Against Star Wars. John Tirman (ed.), Boston, Mass. 1986.
84 Engels, Dieter, Jürgen Scheffran und Ekkehard Sieker: Die Front im All. SDI: Weltraumrüstung und atomarer Erstschlag, völlig überarb. Neuausg., Köln 1986, (Kleine Bibliothek 350. Politik und Zeitgeschichte).
85 Fainberg, Anthony: Limited Missile Defenses. What Can They Protect? in: Arms Control Today, 19 (1989),3, S. 17-22.
86 Falkenheim, Peggy L.: Japan and Arms Control. Tokyo's Response to SDI and INF, Ottawa 1987, (Aurora Papers).
87 Feigl, Hubert: Gegenmaßnahmen als Herausforderung für SDI, in: Europa-Archiv, 42 (1987),1, S. 11-22.
88 Freedman, Lawrence: Strategic Defence in the nuclear age, London 1987, (Adelphi papers 224).

89 Garthoff, Raymond I.: History Confirms the Traditional Meaning. U.S. and Soviet Subsequent Practuce Under the ABM Treaty, in: Arms Control Today, 17 (1987),7, S. 15- 19.
90 Garthoff, Raymond L.: Policy vs. Law. The Reinterpretation of the ABM Treaty, Washington, D.C. 1987.
91 Garwin, Richard I., Kurt Gottfried und Donald I. Hafner: Anti-Satelliten-Waffen, in: Spektrum der Wissenschaft, (1984),8, S. 20-32.
92 Garwin, Richard I.: Countermeasure. Defeating Space-based Defense, in: Arms Control Today, 15 (1985), 4, S. 2-3.
93 Gates, Robert M.: The Soviets and SDI, in: U.S. Policy Information and Texts, (1986),183, S. 25-32.
94 Gellner, Chales R.: Interpretation in the ABM Treaty. Salient Issues. Washington, D.C. 1987, (Congressional Research Service Report).
95 Gliksman, Alex: The Reagan initiative and the Pacific allies: The view from Japan and Australia, in: Asian Perspective, 10 (1986),2, S. 209-222.
96 Gliksman, Alex: SDI and the Pacific Allies, in: National Defense, 85 (1987),424, S. 40-43.
97 Goldblat, Jozef: New Means of Ballistic Missile Defense. The Question of legality and Arms Control Implications, in: Arms Control and Disarmament, 5 (1984),2, S. 176-180.
98 Gordon, Michael R.: Reagan's 'Star Wars' Proposals Prompt Debate Over Future Nuclear Strategy, in: National Journal, 16 (1984),1, S. 12-17.
99 Goure, Daniel: Soviet Counters to SDI, in: NATO's Sixteen Nations, 31 (1986),April, S. 34-37.
100 Graham, Daniel O.: Space Defenses Are a Bargain, in: Defense & Foreign Affairs, (1985),März, S. 24-26.
101 Gray, Colin S.: Case for Strategic Defense, in: Survival, 27 (1985),2, S. 50-55.
102 Gray, Colin S.: The transition from offense to defense, in: The Washington Quarterly,9 (1987),3, S. 59-72.
103 Guertner, Gary L. und Donald M. Snow: The Last Frontier. An Analysis of the Strategic Defense Initiative, Lexington, Ma. 1986.
104 Guha, Anton-Andreas: Schild oder Waffe? Die strategische Verteidigungsinitiative SDI und die Folgen für Europa, München 1986, (Heyne Report 10/6).
105 Guide to the Strategic Defense Initiative. Richard H. Buenneke und James A. Vedda (eds.), Arlington, Va. 1986.
106 Hadley, Stephen J.: Thinking About SDI, Washington, D.C. 1986.
107 Hamm, Manfred R. und Bruce W. Weinrod: The Transatlantic Politics of Strategic Defense, in: Orbis, (1986),1, S. 709-734.
108 Harkin, Tom: Star Wars. A Trojan Horse for ASAT Weapons, in: Arms Control Today, 19 (1989),2, S. 3-9.
109 Heisenberg, Werner: Die strategische Verteidigungsinitiative der Vereinigten Staaten, in: Aus Politik und Zeitgeschichte, (1986),43, S. 36-46.
110 Herken, Gregg: The Earthly Origins of Star Wars, in: Bulletin of the Atomic Scientiests, 43 (1987),10, S. 20- 27.

111 Herman, Robert G. und Carol V. Rose: Star Wars and NATO, in: Arms Control Today, 14 (1984),6, S. 8-9.
112 Hildreth, Stephen A.: The Strategic Defense Initiative. Issues for Phase I Deployment, Washington, D.C. 1988, (Issue Brief 7 March 1988).
113 Hochbrueckner, George J. und Frank McCloskey: A Sensible Initiative for the Budget, in: Arms Control Today, 18 (1988),5, S. 3-4.
114 Hoffman, Fred S.: Ballistic Missile Defenses and U.S. National Security. Summary Report, prepared for the Future Security Strategy Study, Washington, D.C. 1983.
115 Hoffman, Fred S.: The SDI in U.S. nuclear strategy, in: International Security, 10 (1985),1, S. 13-24.
116 Hoffmann, Horst: Cosmic Secret. Testfall SDI – Mythen u. Szenarien, Berlin 1988, (Nl Konkret 82).
117 Hoffmann, Hubertus: Moscow's Secret Strategic Defence Initiative, in: Military Technology, 10 (1986),11, S. 38-44.
118 Holm, Anthony C.: Why Are the Soviets against Missile Defense – Or Are They? in: Naval War College Review, 40 (1987),3, S. 53-65.
119 Holmes, Kim R.: The impact of strategic defense on the U.S.-USSR-PRC strategic triangle: Strategic and military dimensions, in: Asian Perspective, 10 (1986),2, S. 223-243.
120 Hunter, Robert E.: SDI: Return to Basics, in: The Washington Quarterly, 9 (1986),1, S. 155-167.
121 Ikle, Fred Charles: Nuclear Strategy: Can there be a Happy Ending? in: Foreign Affairs, 63 (1985), 4, S. 810- 826. (In deutscher Sprache in Auszügen nachgedruckt in: Frankfurter Zeitung 30. und 31. Mai 1985)
122 Institute for Foreign Policy Analysis: Strategic Defense Initiative. The First Five Years. A Conference Report, Cambridge, Ma. 1988.
123 Järvinen, Pertti: On the risks of a complex computing system – „Star Wars" as an example, in: Current research on peace and violence, 11 (1988),1-2, S. 35-39.
124 Jasani, Bhupendra und Christopher Lee: Waffen im Weltraum. Countdown zum Krieg der Sterne. Ein SIPRI-Report, Reinbek 1985, (rororo aktuell 5554).
125 Jastrow, Robert: SDI. So werden Atomwaffen überflüssig. Herford 1986.
126 Kade, Gerhard: Vom Nutzen des Sternenkriegs. Legenden u. Wirklichkeit, Köln 1987, (Kleine Bibliothek. Politik und Zeitgeschichte 432).
127 Kaltefleiter, Werner: The Strategic Defense Initiative. Some Implications for Europe, London 1985.
128 Kaltefleiter, Werner und Ulrike Schumacher: Deutsche Interessen im Konzept der strategischen Verteidigung, in: Aus Politik und Zeitgeschichte (1986),43, S. 25-35.
129 Kampelman, Max: SDI and Arms Control. An Extended ABM Treaty, in: NATO's Sixteen Nations, 32 (1987),6, S. 16- 23.
130 Karas, Thomas: The New High Ground. Systems and Weapons of Space Age War, New York 1983.
131 Kennedy, Edward, M.: Star Wars vs. the ABM Treaty, in: Arms Control Today, 14 (1984),6, S. 1, 18-19, 24.
132 Keyworth II, George A.: The Case for Arms Control and the Strategic Defense Initiative, in: Arms Control Today, 15 (1985),3, S. 1, 2, 8.

133 Kincade, William: Kein Frieden in den Sternen. Die technischen Probleme und politischen Folgen von „Star Wars", in: Die Zeit 13. September 1985, S. 17-19.
134 Kober, Stanley: Strategic defense, deterrence, and arms control, in: The Washington Quarterly, 10 (1987),1, S. 123-135.
135 Kubbig, Bernd W.: Die Neuinterpretation des ABM-Vertrages durch die Reagan-Administration. Situation und Perspektiven des Rüstungskontrollabkommens im Kontext von Genf und SDI, Frankfurt/M. 1985, (HSFK-Report 13).
136 Kubbig, Bernd W.: Die SDI-Debatte in der Reagan-Administration und im Kongress ab 1983, Frankfurt/M. 1988, (HSFK-Report 2).
137 Kubbig, Bernd W.: Die SDI-Rahmenvereinbarung zwischen Bonn und Washington: Eine Bilanz nach zwei Jahren, Frankfurt/M. 1988, (HSFK-Report 3).
138 Kubbig, Bernd W.: Zivilen Nutzen schaffen mit Raketenabwehrwaffen? Technologie- und industriepolitische Aspekte der SDI-Diskussion, Frankfurt 1986, (HSFK-Forschungsbericht 2).
139 Lakoff, Sanford und Herbert F. York: A Shield in Space? Technology, Politics and the Strategic Defense Initiative, Berkeley, Calif. 1989.
140 Lall, Betty G., Rosy Nimroody und Paul D. Brandes: Security Without Star Wars. Verifying a Ban on Ballistic Missile Defense, New York 1987.
141 Lamb, John M. und Ronald G. Purver: NORAD and the Canadian Defense Dilemma, in: Arms Control Today, 16 (1986), 2, S. 10-12.
142 Lambeth, Benjamin und Kevin Lewis: The Kremlin and SDI, in: Foreign Affairs 66 (1988),4, S. 755-770.
143 Larson, Joyce E. und William C. Bodie: The Intelligent Layperson's Guide to „Star Wars" 16 Questions and Answers on Strategic Defense and Space Weaponry. New York 1986.
144 Laser Weapons in Space. Policy and Doctrine. Hrsg. von Keith B. Payne (ed.), Boulder, Co. 1983.
145 Lawrence, Robert M.: Strategic Defense Initiative. Bibliography and Research Guide, Boulder, Co. 1987.
146 Lellouche, Pierre: L'Initiative de défense stratégique et la sécurité de l'Europe. Paris 1986, (Trauveaux et recherches de l'ifri).
147 Levine, Robert A.: The SDI Debate as a Continuation of History, Los Angeles 1986, (CSIA Working Papers 55).
148 Lewis, Kevin N.: BMD and US Limited Strategic Employment Policy, in: The Journal of Strategic Studies, 8 (1985), 2, S. 125-144.
149 Lin, Herbert: Software für Raketenabwehr im Weltraum, in: Spektrum der Wissenschaft, (1986),2.
150 Loebs, Grant: Strategic Defense. How Much Will it Cost? in: The Backgrounder (Heritage Foundation) 2. Oktober 1987, S. 1-9.
151 Longstreth, Thomas K. und John E. Pike: The Impact of U.S. and Soviet Ballistic Missile Defense Programs on the ABM Treaty, Washington, D.C. 1985.
152 Longstreth, Thomas K.: Space-Based Interceptors for Star Wars. Untestable Under Any Interpretation of the ABM Treaty. Washington, D.C. 1987.
153 Lord, Carnes: Taking Soviet Defenses Seriously, in: The Washington Quarterly, (1986),4, S. 83-100.

154 Lucas, Michael: SDI and Europe, in: World Policy Journal, (1986),2, S. 219-249.
155 Lutz, Dieter S.: Sternenkrieg, Weltraumrecht und Rüstungssteuerung, in: Aus Politik und Zeitgeschichte, (1984),48, S. 31-44.
156 Mack, Andrew: Threats to the ABM Treaty, in: Arms Control, 9 (1988),3, S. 99-115.
157 MacDonald, Bruce W.: Lost in Space. SDI Struggles Through its Sixth Year, in: Arms Control Today, 19 (1989),7, S. 21-26.
158 McConnell, James M.: SDI, the Soviet Investment Debate and Soviet Military Policy, in: Strategic Review, (1988),Winter, S. 47-62.
159 McNeill, Terry: The Soviets and SDI, in: Militarisation of Space. Hrsg. von Stephen Kirby und Gordon Robon, Brighton 1987.
160 Mikheyev, Dmitry: The Soviet Perspective on strategic defense initiative, Washington, D.C. 1987, (Foreign policy report).
161 Mendelsohn, Jack und James P. Rubin: SDI as Negotiating Leverage, in: Arms Control Today, 16 (1986),9, S. 6-9.
162 Die militärische Eroberung des Weltraums. Hrsg. von Bernd W. Kubbig, Frankfurt/M. 1990, 2 Bde., (edition suhrkamp. Neue Folge 510).
163 The Military Use of Outer Space, in: SIPRI Yearbook. World Armaments and Disarmament, Oxford (jährlich).
164 Milton, A. Fenner, M. Scott Davis und John A. Parmentola: Making Space Defense Work. Must the Superpowers Cooperate? New York 1989.
165 Miner, Deborah N. und Alan H. Rutan: What Role for Limited BMD? in: Survival, 29 (1987),2, S. 118-136.
166 Morality, Deterrence, and SDI: The Bishop's Challenge, in: Arms Control Today, 18 (1988),7, S. 12-16. (Enthält Auszüge aus dem Bericht der Nationalen Konferenz der Katholischen Bischöfe der USA vom Juni 1988, der sich kritisch zu SDI äußerte.)
167 Nagel, Ernst J.: Die strategische Verteidigungsinitiative als ethische Frage, Köln 1986, (Theologie und Frieden 2).
168 Nerlich, Uwe: Missile Defenses. Strategic and Tactical, in: Survival 27 (1985),3, S. 119-127.
169 Netherlands Institute of International Relations „Clingendael": The American Strategic Defence Initiative. Implications for West European Security. Report on a Workshop 26/27 April 1985, Den Haag 1986.
170 Nikutta, Randolph: Hilft SDI die Sowjetunion wirtschaftlich totzurüsten? Berlin 1985, (Arbeitspapiere der Berghof-Stiftung 21).
171 Nimroody, Rosy: Star Wars. The Economic Fallout. Cambridge, Mass. 1987.
172 1988 [nineteeneightyeight] Guide to the Strategic Defense Initiative. J. W. Schomisch (ed.), Arlington, Va. 1987.
173 Nitze, Paul H.: SDI Offers Hope of Greater Security. 1985 Alastair Buchan Memorial Lecture to the International Institute for Strategic Studies, in: Wireless Bulletin from Washington, (1985),58, S. 1-17.
174 Nitze, Paul H.: SDI. The Soviet Program, in: Wireless Bulletin from Washington, (1985),116, S. 13-20.
175 Nitze, Paul H.: Security Implications of SDI. Address to the North Atlantic Assembly, 15 October 1985, in: Wireless Bulletin from Washington, (1985),191, S. 3-9.

176 Nozette, Stewart und Robert Lawrence Kuhn: Commercializing SDI Technologies, New York 1987.
177 Nunn, Sam: Access to the ABM Treaty Record. The Senate's Constitutional Right, in: Arms Control Today, 16 (1986), 6, S. 3-7.
178 Nunn, Sam: ABM Reinterpretation 'Fundamentally Flawed'. in: Arms Control Today, 17 (1987),3, S. 8-14, 38.
179 Nunn, Sam: The ABM Reinterpretation Issue, in: The Washington Quarterly (1987),Herbst, S. 45-57.
180 O'Keefe, Bernard J.: The SDI and American R & D, in: International Security, 11 (1986),2, S. 190-192.
181 On the Defensive. The Future of SDI. Joseph S. Nye und James A. Schear (eds.), Lanham, Md. 1988.
182 Park, Yong-Ok: The strategic defense initiative and Korea, in: Asian Perspektive, 10 (1986),2, S. 189-208.
183 Parrott, Bruce: The Soviet Union and Ballistic Missile Defense. Boulder, Col. 1987.
184 Payne, Keith B.: Strategic Defense and Stability, in: Orbis, 28 (1984),2, S. 215-240.
185 Payne, Keith B.: The Deterrence Requirement for Defense, in: The Washington Quarterly, 9 (1986),1, S. 155-167.
186 Payne, Keith B.: Strategic Defense. „Star Wars" in perspective. Lanham, Md. 1986.
187 Payne, Keith B. und Sayre Stevens und William R. Harris: Forum: The Soviet Union and Ballistic Missile Defense, in: Orbis, (1986),4, S. 673-734.
188 Perspectives on Strategic Defense. Stephen W. Guerrier und Wayne C. Thompson (eds.). Boulder, Co. 1987.
189 Pike, John: Is There an ABM Cap? A Comparison of U.S. and USSR ABM Programs, in: Arms Control Today, 14 (1984),6, S. 2-3, 16-17.
190 Pike, John: The Strategic Defense Initiative. Areas of Concern, Washington, D.C. 1985.
191 Pilat, Joseph: Star Peace. Soviet Space Arms Control Strategy and Objectives, in: The Washington Quarterly, 10 (1987),1, S. 137-151.
192 Pogorschelski, D.: SDI: Gefahren, Illusionen, Alternativen, Moskau 1987, (Neue Zeit Sonderdruck).
193 Pressler, Larry: Star wars: the strategic defense initiative debates in Congress, New York 1986, (Praeger special studies, Praeger scientific).
194 Promise or Peril? The Strategic Defense Initiative. Thirty-five Essays by Statesmen, Scholars and Strategic Analysts. Zbigniew Brzezinski (ed.), Washington D.C. 1986.
195 Puschel, Karen: Can Moscow Live with SDI? in: Survival, 31 (1989),1, S. 34-51.
196 Reagan, Ronald: Address to the Nation on Defense and National Security, 23 March 1983, in: Public Papers of the Presidents of the U.S., Washington, D.C. 1984. S. 437443. (Deutsch: Fernsehansprache des Präsidenten der Vereinigten Staaten, Ronald Reagan, am 23. März 1983, zur Rüstungspolitik, in: Europa-Archiv (1983),10, S. D267- D270).
197 Reise ins Ungewisse (zur deutschen SDI-Beteiligung), in: Der Spiegel, 39 (1985),19, S. 22-51.
198 Rhee, Kang Suk: South Korea's participation in the SDI, in: Armed Forces & Society, 14 (1988),3, S. 391-406.
199 Rhinelander, John B.: How to Save the ABM Treaty, in: Arms Control Today, 15 (1985),4, S. 1, 5-9, 12.

200 Rhinelander, John B.: Reagan's 'Exotic' Interpretation of the ABM Treaty. Legally, Historically, and Factually Wrong, in: Arms Control Today, 15 (1985),8, S. 3-6.
201 Rhinelander, John B. und James P. Rubin: Mission Accomplished. An Insider's Account of the ABM Treaty Negotiating Record, in: Arms Control Today, 17 (1987),7, S. 3-14.
202 Richardson, Robert C.: Missile defense: a blueprint for early deployment of SDI, in: The Journal of Social, Political and Economic Studies, 11 (1986),3, S. 259-271.
203 Rivkin Jr., David B.: SDI. Strategic Reality or Never Land? in: Strategic Review (1987),Sommer, S. 43-54.
204 Romm, Joseph: Pseudo-Science and SDI, in: Arms Control Today, 19 (1989),8, S. 15-21.
205 Roper, John: The British Nuclear Deterrent and New Developments in Ballistic Missile Defence, in: The World Today (1985),Mai, S. 92-95.
206 Ross, Douglas A.: Coping with „Star Wars". Issues for Canada and the Alliance, Ottawa 1986, (Aurora Papers 2).
207 Rowny, Edward I.: Offense-Defense and Arms Control, in: The Washington Quarterly, (1987),Frühjahr, S. 5-12.
208 Rubenson, David; Bonomo, James: The Role of ATBM in NATO Strategy, in: Survival, 29 (1987),6, S. 511-527.
209 Rühle, Michael: Forschung für SDI. Eine technologische Herausforderung, in: Europäische Wehrkunde, 34 (1985),6, S. 310-315.
210 Rühle, Michael: Die strategische Verteidigung in Rüstung und Politik der UdSSR, Köln 1985, (Berichte des Bundesinstituts für ostwissenschaftliche und internationale Studien 40).
211 Sagdejew, Roald S. und Andrej A. Kokoschin: A Space-Based Anti-Missile System with Directed Energy Weapons. Strategic, Legal and Political Implications. Report by a Working Group of the Committee of Soviet Scientists for Peace, against Nuclear Threat. Moskau 1984.
212 Santis, Hugh De: An Anti-Tactical Missile Defense for Europe, in: SAIS Review, 6 (1986), S. 99-116.
213 Santis, Hugh De: SDI and the European Allies. Riding the Tiger. in: Arms Control Today, 16 (1986),2, S. 7-10.
214 Saperstein, Alvin M.: SDI. A Model for Chaos, in: Bulletin of the Atomic Scientists, 44 (1988),9, S. 40-43.
215 Schlesinger, James R.: Rhetoric and realities in the Star Wars debate, in: International Security, 10 (1985),1, S. 3-12.
216 Schmidt, Rudolf: Weltraumgestützte Raketenabwehrsysteme und Antisatellitenwaffen. Rüstungskontrollpolitische Konzepte und Verhandlungen, in: Europa-Archiv 42 (1987),3, S. 85-94.
217 Schneider, Fernand-Th.: L'IDS' vue par le président Reagan et par l'Europe de l'Alliance, in: Revue militaire suisse, 132 (1987),2, S. 91-96.
218 Schneiter, George R.: Implications of the Strategic Defense Initiative for the ABM Treaty, in: Survival, 27 (1985),5, S. 213-225.
219 Scott, William F.: The Soviets and Strategic Defense, in: Air Force Magazine, 69 (1986),3, S. 41-45.
220 SDI. Der Krieg im Weltraum. Hrsg. von John Tirman, München 1986.

221 SDI. Fakten und Bewertungen. Fragen und Antworten. Dokumentation. Hrsg. vom Bundesministerium für Verteidigung. Bonn 1986.
222 SDI and Stability. The Role of Assumptions and Perceptions. Klaus Gottstein (ed.), Baden-Baden 1988.
223 SDI Technology, Survivability and Software. John H. Gibbons (ed.), Princeton 1988.
224 The Search for Security in Space. Kenneth N. Luongo und Thomas W. Wander (eds.), Ithaca 1989.
225 Sherr, Alan B.: Sound Legal Reasoning or Policy Expedient? The 'New Interpretation' of the ABM Treaty, in: International Security, (1986/1987), S. 71-93.
226 Slocombe, Walter: An Immediate Agenda for Arms Control, in: Survival, 27 (1985),5, S. 204-225.
227 Smith, Dan: Strategic Defence. Forward to the Past? in: Arms Control, 8 (1987),September, S. 132-154.
228 Smith, Gerard C.: Star Wars is Still the Problem, in: Arms Control Today, 16 (1986),2, S. 3-6.
229 Sofaer, Abraham D.: The ABM Treaty and the Strategic Defense Initiative, in: Harvard Law Review, 99 (1986),8, S. 1972-1985.
230 Sofaer, Abraham D.: The ABM Treaty. Legal Analysis in the Political Cauldron, in: The Washington Quarterly, (1987),Herbst, S. 59-75.
231 Soofer, Robert M.: Missile Defenses and West European Security. NATO Strategy, Arms Control, and Deterrence, New York 1988.
232 Soofer, Robert M.: SDI and deterrence: a Western European Perspective, in: Comparative strategy, 7 (1988),1, S. 17-38.
233 Sorenson, David S.: Ballistic Missile Defense for Europe. In: Comparative Strategy, 5 (1985),2, S. 159-178.
234 Soviet Strategic Defense. A Chronology, in: U.S. Policy Information and Texts, (1986),181, S. 9-15.
235 Die sowjetische Weltraum- und atomare Rüstung aus amerikanischer Sicht, in: Österreichische Militärische Zeitschrift, 24 (1986),2, S. 144-147.
236 Space Weapons. The Arms Control Dilemma. Bhupendra Jasani (ed.), London 1984.
237 Space Weapons and International Security. Bhupendra Jasani (ed.), Oxford 1987.
238 Star Wars, Delusions and Dangers. Moscow 1985.
239 Star Wars and European Defence. Implications for Europe. Perceptions and Assessments. Hans G. Brauch (ed.), New York 1987.
240 The Star Wars Controversy. Steven E. Miller und Stephen van Evera (eds.), Princeton, N.J. 1986.
241 The Star Wars Debate. Steven Anzovin (ed.), New York 1986.
242 Stein, Jonathan B.: Anti-Tactical Ballistic Missiles. New Threat to the ABM Treaty, in: Arms Control Today, 15 (1985),8, S. 10-12.
243 „Sternenkriege": Illusionen und Gefahren. Moskau: Militärverlag 1985.
244 Strategic Defenses and Arms Control. Alvin M. Weinberg und Jack N. Barkenbus (eds.), New York 1988.
245 Strategic Defences and the Future of the Arms Race. A Pugwash Symposium. Johan Holdren (ed.), London 1987.

246 Strategic Defense in the 21st Century. Hans Binnendijk (ed.). Washington, D.C. 1986.
247 The Strategic Defense Initiative. An International Perspective. James Haug (ed.). Boulder, Co. 1987, (Strategic Studies Series 1).
248 Strategic Defense Initiative. Folly or Future? Hrsg. von Edward P. Haley, Boulder, Co. 1986.
249 The Strategic Defense Initiative. New Perspectives on Deterrence. Dorinda Dallmeyer (ed.), Boulder, Co. 1986.
250 The Strategic Defense Initiative. Its Implications for Asia and the Pacific. Jae Kyu Park und Byungjoon (eds.), Boulder, Co. 1987.
251 The Strategic Defense Initiative. Progress and Challenge. A Review of Issues and References. Douglas C. Waller (ed.), Claremont, Calif. 1988.
252 The Strategic Defense Initiative Debate. Can „Star Wars" Make Us Safe? Craig Snyder (ed.), Philadelphia 1986.
253 Strategic implications of SDI for France and West Germany, in: RUSI. Journal of the Royal United Services Institute for Defence Studies, 132 (1987),2, S. 51-56.
254 Stützle, Walther, Bhupendra Jasani und Regina Cowen: The ABM Treaty. To Defend or Not to Defend? Oxford: 1987, (Strategic Issue Papers 1).
255 Surikow, Boris: Die Sowjetunion plant keine strategische Verteidigung ihres Landes, in: Nowosti-Militärbulletin 4. Mai 1988, S. 1-4.
256 Surikov: How we'll Counter SDI, in: Jane's Defence Weekly 16. Juli 1988, S. 4, (Interview mit Generalmajor Boris Surikow).
257 Takeshita, Lloyd S.: The Strategic Defense Initiative and NATO, in: Military Review, (1986),4, S. 31-37.
258 Talbot, Strobe: The Risks of Taking Up Shields. In the Nuclear Age, It May Be Safer When Each Side Has Only Spears, in: Time 4. April 1983, S. 20-21.
259 Tammen, Ronald L. und James T. Bruce und Bruce W. MacDonald: Star Wars After Five Years. The Decisive Point, in: Arms Control Today, 18 (1988),6, S. 3-7.
260 The Technology, Strategy, and Politics of SDI. Stephan J. Cimbala (ed.), Boulder, Co. 1987.
261 Teller, Edward: Better a Shield Than a Sword. Perspectives on Defense and Technology, New York 1987.
262 Touchard, Georges-E.: Desinformation et initiative de défense stratégique, in: Défense nationale, A43 (1987),5, S. 27-41.
263 Tucker, Robert W., George Liska, Robert E. Osgood und David P. Calleo: SDI and U.S. Foreign Policy. Boulder, Co. 1987.
264 Tuttle, Andrew, C.: Bibliographic Essay: The Strategic Defense Initiative, in: Choice Magazine, (1989),September, S. 61-73.
265 Union of Concerned Scientists: Anti-Satellite Weapons. Arms Control or Arms Race? Cambridge, Mass. 1983.
266 Union of Concerned Scientists: Space-Based Missile Defense, Cambridge, Mass. 1984.
267 Union of Concerned Scientists: Star Wars. Myth and Reality, Washington, D.C. 1986.
268 United Nations Institute for Disarmament Research: Disarmament. Problems Related to Outer Space, New York 1987.
269 U.S. Congress. Congressional Budget Office: Strategic Defenses. Alternative Missions and Their Costs, Washington, D.C. 1989.

270 U.S. Congress. General Accounting Office: Strategic Defense Initiative Program. Accuracy of Statements Concerning DOE's X-Ray Laser Research Program, Washington, D.C. 1988.
271 U.S. Congress. General Accounting Office: Strategic Defense Initiative Program. Zenith Star Space-Based Chemical Laser Experiment, Washington, D.C. 1989.
272 U.S. Congress. House of Representatives. Committee on Armed Services. Defense Policy Panel: The MX Missile and the Strategic Defense Initiative. Their Implications on Arms Control Negotiations. Hearings, Washington, D.C. 1985.
273 U.S. Congress. House of Representatives. Committee on Armed Services. Research and Development Subcommittee and Defense Policy Panel: SDI Program, Washington, D.C. 1988.
274 U.S. Congress. House of Representatives. Committee on Foreign Affairs. Subcommittee on Arms Control, International Security and Science: Strategic Defense and AntiSatellite Weapons Policy. Hearing 24 April and 1 May 1985, Washington, D.C. 1985.
275 U.S. Congress. House of Representatives. Committee on Foreign Affairs. Subcommittee on Arms Control, International Security and Science: ABM Treaty Interpretation Dispute, Washington, D.C. 1986.
276 U.S. Congress. House of Representatives. Committee on Foreign Affairs. Subcommittee on Arms Control, International Security and Science: Technology Transfer and the Strategic Defense Initiative Research Agreements. Hearings, Washington, D.C. 1986.
277 U.S. Congress. House of Representatives. Committee on Foreign Affairs. Subcommittee on Arms Control, International Security and Science: Soviet Complicance with Arms Control Agreements. Washington, D.C. 1987.
278 U.S. Congress. House of Representatives. Committee on Foreign Affairs. Subcommittee on Arms Control, International Security and Science: Review of ABM Treaty Interpretation Dispute and SDI, Washington, D.C. 1987.
279 U.S. Congress. House of Representatives. Democratic Caucus: Strategic Defense, Strategic Choices. Staff Report on the Strategic Defense Initiative, Washington, D.C. 1988.
280 U.S. Congress. Office of Technology Assessment: Directed Energy Missile Defense in Space. Background Paper, Washington, D.C. 1984.
281 U.S. Congress. Office of Technology Assessment: Anti-Satellite Weapons, Countermeasures, and Arms Control, Washington, D.C. 1985.
282 U.S. Congress. Office of Technology Assessment: Ballistic Missile Defense Technologies, Washington, D.C. 1985.
283 U.S. Congress. Office of Technology Assessment: SDI. Technology, Survivability, and Software, Washington, D.C. 1988.
284 U.S. Congress. Senate. Committee on Armed Services. Subcommittee on Strategic and Theater Nuclear Forces: Strategic Defense Initiative, Washington, D.C. 1986.
285 U.S. Congress. Senate. Committee on Foreign Relations: Hearing on Strategic Defense and Anti-Satellite Weapons, Washington, D.C. 1984.
286 U.S. Congress. Senate. Joint Committee on Foreign Relations and Judiciary: The ABM Treaty and the Constitution, Washington, D.C. 1987.
287 U.S. Congress. Senate/House of Representatives Committees on Armed Services. Joint Hearings. Restructuring of the Strategic Defense Initiative Program, Washington, D.C. 1989.

288 U.S. Defense Science Board: Report of the Strategic Defense Milestone Panel, Washington, D.C. 1988.
289 U.S. Department of Defense: Soviet Military Power, Washington, D.C. 1981, (seitdem jährlich).
290 U.S. Department of Defense: Defense Against Ballistic Missiles. An Assessment of Technologies and Policy Implications, Washington, D.C. 1984.
291 U.S. Department of Defense. Strategic Defense Initiative Organization: Report to the Congress on the Strategic Defense Initiative, Washington, D.C. 1985, (seitdem jährlich).
292 U.S. Department of Defense; U.S. Department of State: Soviet Strategic Defense Programs, Washington, D.C. 1985.
293 U.S. Department of Defense: A Report to Congress on the Strategic Defense Initiative Deployment Schedule. Washington, D.C. 1987.
294 U.S. Department of Defense. Strategic Defense Initiative Organization: Report to Congress on the Strategic Defense System Architecture, Washington, D.C. 1988.
295 U.S. Department of Defense. Strategic Defense Initiative Organization: Strategic Defense System Space-Basel Architecture Fact Paper, Washington, D.C. 1990.
296 U.S. Department of State: The Strategic Defense Initiative. Fact Sheet, in: Wireless Bulletin From Washington, (1985),102, S. 1-12, (deutsche Fassung: Die Strategische Verteidigungsinitiative. Dokumentation des amerikanischen Außenministeriums, in: Amerika-Dienst, (1985),23, S. 1-19).
297 U.S. Department of State: The ABM Treaty. Part I. Treaty Language and Negotiating History, Washington, D.C. 1987.
298 U.S. Department of State: The ABM Treaty. Part II. Ratification Process, Washington, D.C. 1987.
299 U.S. Information Service. Embassy of the United States of America, Bonn: Soviet Strategic Defense. A Chronology, in: U.S. Policy Information and Texts, (1986),181, S. 9-15.
300 U.S. Information Service. Embassy of the United States of America, Bonn: Die Verhandlungen über Kern- und Weltraumwaffen. Amerikanische und sowjetische Vorschläge, in: Amerika-Dienst, (1990),4.
301 U.S. Information Service. Embassy of the United States of America, Bonn: Strategic Defense Initiative. Chronology 1983-1990, in: U.S. Policy Information and Texts, (1990),21, S. 17-29.
302 U.S. President: The President's Unclassified Report on Soviet Noncompliance with Arms Control Agreements, Washington, D.C. 1984, (seitdem jährlich).
303 U.S. President: The President's Strategic Defense Initiative. Washington, D.C. 1985, (deutsche Fassung: Die Strategische Verteidigungsinitiative. Fakten und Hintergründe. Bonn: United States Information Service. Botschaft der USA 1985).
304 Velikhov, Yevgeny P.: Space Weapons. Effect on Strategic Stability, in: Bulletin of the Atomic Scientists, 40 (1984),5, S. 12S-15S, (Supplement on Space Weapons).
305 Verteidigung im Weltraum? in: Österreichische Militärische Zeitschrift, 21 (1983),3, S. 250-255.
306 Vlahos, Michael: Strategic Defense and the American ethos. Can the nuclear world be changed? Boulder, Co. 1986, (Sais papers in international affairs 13).

307 Waller, Douglas C. and James T. Bruce: SDI's Covert Reorientation, in: Arms Control Today, 17 (1987),5, S. 2-8.
308 Weapons in Space. Franklin A. Long, Donald Hafner und Jeffrey Boutwell (eds.), New York 1986.
309 Weinberger, Caspar: Strategische Verteidigungsinitiative nützt allen Verbündeten, in: Amerika-Dienst. Dokumentation, (1985),1, S. 1-13.
310 Weinberger, Caspar: SDI Could Deter Warsaw Pact Attack on NATO, in: Wireless Bulletin from Washington, (1985),67, S. 17-24.
311 Weinberger Invites NATO Allies to Participate in SDI (Text of Weinberger letter), in: Wireless Bulletin from Washington, (1985),59, S. 13-14.
312 Weinberger, Caspar: Deterrence, Stability and Arms Reductions. The Goals of SDI. Address to the 8th NATO Round Table, Bonn, 5 December 1985, in: Wireless Bulletin from Washington, (1985),222, S. 3-12
313 Weinberger, Caspar: Why Offense Needs Defense, in: Foreign Policy, (1987),68, S. 3-18.
314 Weinrod, Bruce W: Strategic defense and the ABM treaty, in: The Washington Quarterly, 9 (1987),3, S. 73-87.
315 Weise, Hans-Heinrich: Amerikanische Pläne für ein weltraumgestütztes Raketen-Abwehrsystem, in: Europa-Archiv, 39 (1984),13, S. 401-406.
316 Weise, Hans-Heinrich: Weltraumgestützte Raketenabwehrsysteme und Antisatelliten-Waffen. Ihre Bedeutung für Sicherheit und Verteidigung, in: Weltraum und internationale Politik. Hrsg. von Karl Kaiser und Stephan von Welck, München 1987, S. 209-224, (Schriften des Forschungsinstituts der DGAP. Reihe internationale Politik und Wirtschaft 54).
317 Wellers, François: Les Lasers à électron libres en URSS, in: Defense nationale, (1988),4, S. 143-153.
318 Wells, Samuel, F. und Robert S. Litwak: Strategic Defenses and Soviet-American Relations, Cambridge, Mass. 1987.
319 Weltraumrüstung, Strategie, Widersprüche, Alternativen. Zur Auseinandersetzung mit den „Sternenkriegs"-Plänen der USA, Berlin 1987.
320 White, Andrew: European Perspectives on the Strategic Defense Initiative, in: Journal of International Studies, (1986),Sommer, S. 211-222.
321 Wilkening, Dean und Kenneth Watman und Michael Kennedy und Richard Darelik: Strategic Defences and First-Strike Stability, in: Survival, 29 (1987),2, S. 137-165.
322 Willke, Helmut: SDI. Die strategische Verteidigungsinitiative – 5 Jahre danach, in: Zeitschrift für Politik, 35 (1988), S. 353-364.
323 Wilson, Pete: A Missile Defense for NATO. We Must Respond to the Challenge, in: Strategic Review, (1986),1, S. 9-15.
324 Windmiller, David, E.: SDI: a strategy for peace and stability or the end to deterrence? in: Parameters. Journal of the US Army War College, 16 (1986),2, S. 16- 25.
325 Wirick, Gregory: Canadian Responses to the Strategic Defense Initiative. Ottawa 1985.
326 Wörner, Manfred: Europa braucht Raketenabwehr, in: Die Zeit, (1986),10, S. 45-46.
327 Woolf, Amy F.: Accidental Launch Protection System. Requirements and Proposed Concepts. Washington, D.C. 1989, (Congressional Research Issue Brief, 10. Februar 1989.)

328 Yonas, Gerold: Research and the strategic defense initiative, in: International Security, 11 (1986),2, S. 185-189.
329 York, Herbert: Does Strategic Defense Breed Offense? Lanham, Md. 1987.
330 Yost, David S.: Ballistic Missile Defense and the Atlantic Alliance, in: International Security, 7 (1982),2, S. 143-174.
331 Yost, David S.: European Anxieties About Ballistic Missile Defense, in: The Washington Quarterly 7 (1984),4, S. 112-129.
332 Yost, David S.: Soviet Ballistic Missile Defence and NATO, in: NATO Review, (1985),Oktober, S. 10-17.
333 Young, Alvyn: Ballistic Missile Defense. Capabilities and Constraints, in: The Fletcher Forum, 8 (1984),1, S. 147-175.
334 Zegveld, Walter und Christian Enzing: SDI and Industrial Technology Policy: Threat or Opportunity? New York 1987.
335 Zimmerman, Peter: Pork bellies and SDI, in: Foreign Policy, (1986),63, S. 76-87.
336 Zimmerman, Peter: The Thule, Fylingdales, and Krasnoyarsk Radars. Innocents Abroad? in: Arms Control Today, 17 (1987),2, S. 9-11.
337 Zuckerman, Solly: Star Wars in a nuclear world, London 1986.

Die Bibliothek für Zeitgeschichte und die armenische Frage im 20. Jahrhundert

Mit einem chronologischen Verzeichnis des deutschen Schrifttums zur armenischen Frage von 1970 bis 1990

von Ulrike Reupke und Heidrun Wurm

„Das armenische Thema", so bekannte Reichskanzler von Bethmann Hollweg dem preußischen Gesandten in Karlsruhe in einem Brief vom 9. September 1916, sei eines der heikelsten, die der Weltkrieg hervorgebracht habe; seine Diskussion jedoch könne „im gegenwärtigen Moment nur schaden". Eine Intervention bei der türkischen Regierung lehne er grundsätzlich ab.[1]
Zu diesem Zeitpunkt hatten die von dem türkischen Bundesgenossen im April 1915 wohl auch unter dem Druck des Kriegsverlaufs initiierten Armenierverfolgungen ihren Höhepunkt bereits überschritten. Mit den auf einen Völkermord hinauslaufenden, von Massakern großen Stils begleitenden Massendeportationen beabsichtigten die Jungtürken, die ihren politischen Zielen zuwiderlaufenden nationalen Aspirationen der Armenier Kleinasiens noch vor Beginn zukünftiger Friedensverhandlungen endgültig von der Tagesordnung zu schaffen. Die Frage nach der Mitschuld der Deutschen an diesen inzwischen zunehmend als ersten Völkermord des 20. Jahrhunderts bezeichneten tragischen Ereignissen, vor allem auch die Aussichten einer Einflußnahme auf das jungtürkische Regime, ist nur eine von vielen, die bis heute kontrovers diskutiert werden.[2]
Als seit langem bedeutendste historische und politikwissenschaftliche Fachbibliothek Deutschlands zur Geschichte der Kriege und anderer gewalttätiger Konflikte des 20. Jahrhunderts ist die Bibliothek für Zeitgeschichte hinsichtlich ihrer Bestände an Literatur zur armenischen Frage besondere Aufmerksamkeit wert. Um so mehr, da sie im Jahr 1915 als „Weltkriegsbücherei" mit der Zielsetzung gegründet worden war, die Materialien zu allen Ereignissen des Weltkrieges, zunächst noch beschränkt auf den Bereich der Mittelmächte, möglichst umfassend zu sammeln.[3]
In dieser Zeit versuchte der evangelische Pfarrer und bedeutendste deutsche Vorkämpfer der armenischen Interessen Johannes Lepsius verzweifelt, mit seinem im Juli 1916 herausgebrachten umfangreichen „Bericht über die Lage des armenischen Volkes in der Türkei" Kirchenkreise, Politiker und Presse in Deutschland aufzurütteln und eine Intervention zugunsten der Verfolgten herbeizuführen. Das Buch wurde von der deutschen Militärzensur umgehend verboten und eingezogen.[4]
Eine Verknüpfung der Weltkriegsbücherei mit den deutsch-türkischen Beziehungen jener Zeit ist in der Mitwirkung des Publizisten und Orientpolitikers Professor Ernst Jäckh beim Aufbau der Bibliothek gegeben. Diese Mitwirkung bedarf allerdings noch der Erhellung. Der wohl einflußreichste Turkophile Deutschlands und „Antipode Lepsius",[5] der über enge Kontakte zu den Jungtürken verfügte, gehörte dem Kreis prominenter Spezialisten aus Wissenschaft, Politik und Buchwesen an, deren Rat der Gründer der Weltkriegsbücherei, Richard Franck,

in Anspruch nahm.[6] Jäckh, der 1920 die Deutsche Hochschule für Politik gründen sollte und sich den türkischen Interessen zeitlebens engstens verbunden fühlte, hatte am 11. Februar 1914 die Deutsch-Türkische Vereinigung gegründet und kurz darauf, am 16. Juni, auch den Gründungsaufruf der Deutsch-Armenischen Gesellschaft mitunterzeichnet. Im Krieg übte er maßgeblichen Einfluß auf die deutsche Inlandspropaganda aus und konnte so auch der Verbreitung der Nachrichten über die an den Armeniern verübten türkischen Grausamkeiten entgegenwirken.[7]

Die Weltkriegsbücherei war schon vor Ausbruch des Zweiten Weltkriegs die bedeutendste zeitgeschichtliche Fachbibliothek Deutschlands. Sie gewann als Forschungsbibliothek noch mehr an Bedeutung, nachdem rund 70 Prozent der Bestände über die Kriegsjahre hinweggerettet worden waren : etwa 77.000 Bände, vor allem die von 1915 bis 1933 beschaffte Literatur zum Ersten Weltkrieg und zur Nachkriegszeit, die damit in Stuttgart „von den vernichteten Großformaten und Reihenwerken abgesehen, in einmaliger Vollständigkeit" erhalten geblieben war.[8] Damit wurde auch das Schrifttum, welches das Schicksal der Armenier im Ersten Weltkrieg beleuchtet, in wesentlichen Teilen gerettet. Die fortschreitende Aktualisierung der Sammelschwerpunkte der 1948 in „Bibliothek für Zeitgeschichte" umbenannten Weltkriegsbücherei ließ den Themenkreis 'Erster Weltkrieg' in den zahlreichen bibliographischen Spezialveröffentlichungen der Bibliothek immer stärker in den Hintergrund rücken. Die Armenische Frage ist hiervon nicht ausgenommen, obwohl sie seit rund zwanzig Jahren eine deutlich spürbare publizistische und politische Wiederbelebung erfährt. In den bisherigen Veröffentlichungen der Bibliothek für Zeitgeschichte wurde sie allerdings bestenfalls am Rande berührt.

Selbst die anhand der gedruckten Bestandverzeichnisse der Bibliothek von 1968 feststellbaren Lücken im älteren Schrifttum über die Regionen Vorderasien und Kaukasus scheinen bisher kaum geschlossen worden zu sein. Bei der Feststellung ist allerdings zu bedenken, daß der Wiederaufbau der Bibliothek nach 1945 lange von vielfältigen finanziellen Problemen belastet war. Die Wiederbeschaffung der im Krieg vernichteten ausländischen Literatur gestaltet sich schwierig, und ein systematischer Erwerb der, wie man formulierte „gesamten wichtigen internationalen Literatur zur Zeitgeschichte" war aufgrund des nachkriegsbedingt beschränkten Kaufetats erst ab 1960 wieder möglich.[9]

Gewisse Defizite im Bereich der fremdsprachigen Literatur klangen daher auch in der Bilanz der Bibliothek anläßlich ihres fünfzigjährigen Bestehens im Jahr 1965 an, wenngleich eher vage. Es hieß damals, man müsse, um den Aufgaben einer modernen zeithistorischen Fachbibliothek weiterhin gerecht werden zu können, in Zukunft mehr Gewicht auf die Beschaffung von Literatur in „weniger gängigen Fremdsprachen" legen.[10] Das wurde bald darauf am Beispiel der erfolgreichen Beschaffung japanischsprachiger Veröffentlichungen zum Zweiten Weltkrieg belegt.[11]

Die Region Vorderasien scheint von derartigen Erwerbungsaktivitäten unberührt geblieben zu sein. Jedenfalls muß der Bestand an Literatur zur Politik der Türkei im Ersten Weltkrieg und ihren Folgen letztlich enttäuschen. In den gedruckten Katalogen von 1968 spiegelt sich diesbezüglich eine Erwerbungspolitik, die über den konventionellen, eurozentrischen Zuschnitt nicht hinausgekommen war – von einigen während des Ersten Weltkriegs beschafften vorderorientalischen Zeitungen abgesehen.[12] Die historische Standartliteratur in orientalischen Sprachen fehlt völlig; zu letzteren gehört auch das im Sachkatalog den europäischen Sprachen zugeordnete Türkisch.[13]

Die Veröffentlichungen zur türkischen Armenierpolitik, die der gedruckte Katalog nachweist, erscheinen auf den ersten Blick hinsichtlich ihrer Zahl und sprachlichen Vielfalt beeindruckend. Doch zeigt sich, daß selbst die Publikationen des deutschen Sprachraums nur teilweise vorhanden sind.[14] Die neuerlich wieder aufgeflammte Kontroverse um die Echtheit der sogenannten 'Andonian-Papiere', die beispielsweise im Talaat-Pascha-Prozeß eine Rolle spielten, lenkt den Blick auf eine weitere empfindliche Lücke.[15]

Da die Bibliothek auch Geschichtsromane zur Region Vorderasien erworben hat, sei erwähnt, daß der literarische und zeithistorische berühmteste unter diesen noch bis 1967 fehlte: Franz Werfels vielfach aufgelegter und übersetzter Armenierroman 'Die vierzig Tage des Musa Dagh' von 1933. Da er die türkischen Armenierverfolgungen des Ersten Weltkriegs behandelt, war ein Verbot des Romans im nationalsozialistischen Deutschland auch von türkischer Seite angestrebt worden.[16] Die gedruckten Kataloge der Bibliothek für Zeitgeschichte von 1968, insgesamt 31 Bände, verlangen dem Benutzer, wie die meisten solcher Katalogpublikationen, große Geduld ab. Was die Literatur zur Armenischen Frage betrifft, so ist diese trotz einer ausführlichen Benutzungsanweisung, eines systematischen Verzeichnisses und eines Schlagwortregisters nicht ganz einfach zu finden. Dies vor allem deswegen, weil im Schlagwortregister gerade die mit 112 Titeln zum 'armenischen Thema' bei weitem ergiebigste Systemstelle fehlt: 'Türkisch-Armenien'. Man findet sie im Länderkatalog, und zwar unter 'Türkei' (asiatischer Teil) mit der Notation L 275.30. Das Schlagwort 'Armenien' verweist hingegen lediglich auf 'Russisch-/Sowjet-Armenien' (Länderkatalog, Notation L 265.13) sowie auf den 'Kriegsschauplatz Kaukasus/Armenien 1914/17' (Geschichtskatalog, Notation G K 3 k 212). Die für die Benutzung und Bewertung der Bestände zur armenischen Geschichte wichtigsten Systemstellen werden im folgenden aufgelistet, um die Suche nach ihnen zu erleichtern. Zu beachten ist, daß das Protokoll über den Talaat-Pascha-Prozeß lediglich als Biographie über den Ermordeten eingestuft wurde!

SYSTEMATISCHER KATALOG

B a n d 5 (= Geschichtskatalog)
Geschichte 1914-1918 (Weltkrieg I): Friede von Brest-Litowsk 1918

B a n d 6 (= Geschichtskatalog)
Außereuropäische Kriegsschauplätze: Vorderasien/ Türkische
Fronten: Kaukasus/Armenien 1914/17   S. 383-385
Friedensverträge 1919-1920:   Friede von Sèvres 1920   S. 475
                                  Konferenz von Lausanne 1922   S. 504

B a n d 19 (= Länderkatalog)
Russisch-Asien/Sowjetasien: Armenien   S. 105-106[18]
                                  Aserbaidschan   S. 106-107
                                  Karabach   S. 107
                                  Kaukasusländer allgemein   S. 112-115
                                  Karabach   S. 115

Syrien: Alexandrette/Hatay

Türkei: (asiatischer Teil):	Biographien: Talaat Pascha	S. 140
	Orientalische Frage	S. 165-166
	Geschichte 1914-1918	S. 166-168
	Zilizien	S. 171
	Armenien	S. 171-176[19]

Einen Überblick über die aktuellen Neuerwerbungen der letzten beiden Jahrzehnte vermitteln die entsprechenden Bände der 'Jahresbibliographie' der Bibliothek. Da die Literatur zur Geschichte Armeniens unter mehreren Systemstellen zu suchen ist, vermißt man ein Sachregister. Bei der gegenüber dem Katalog vereinfachten sachlichen Gliederung ist zu beachten, daß diese von Zeit zu Zeit modifiziert wird, so auch hinsichtlich der geographischen Zuordnung der Türkei.
Laut Mitteilung der Bibliotheksleitung wird die Literatur zur Geschichte Armeniens innerhalb des Schwerpunktes 'Internationale Geschichte' gesammelt, wobei aktuelles Schrifttum in allen Sprachen laufend erworben werde, der Anteil an Neuerscheinungen im Bereich der armenischen Geschichte jedoch naturgemäß eher gering sei.[20]
In der 'Jahresbibliographie' ist diese Literatur zumeist im Geschichtsteil '1. Weltkrieg, Kriegsschauplätze' zu finden, mehr noch im Länderteil 'Rußland/Sowjetunion' – bis 1974 auch 'Russisch-/Sowjetasien'. Das Gros der Literatur über die armenische Frage findet man im Länderteil 'Türkei' und damit, da die Türkei seit dem Berichtsjahr 1986 der Gruppe der europäischen Länder zugeordnet ist, im Länderteil 'Europa'.[21] Schrifttum über die unabhängige Republik Armenien (1919-1920) ist unter 'Sowjetunion' zu suchen.
Die Auseinandersetzung mit den türkischen Armenierdeportationen und -massakern und ihrer Wertung ist in den letzten beiden Jahrzehnten in eine neue Phase getreten. In gewisser Hinsicht auch in der Türkei, die sich wieder gezwungen sieht, zur armenischen Frage öffentlich Stellung zu nehmen, nicht zuletzt aufgrund einer Folge armenischer Mordanschläge auf Repräsentanten und Einrichtungen des Staates zwischen 1973 und 1986.[22]
In der 'Jahresbibliographie' ist das Wiederaufleben der Armenischen Frage seit etwa 1975 an einer zunehmenden Zahl von Veröffentlicheungen in verschiedenen westlichen Sprachen, einschließlich Spanisch und Griechisch, abzulesen. Die regelmäßige Verzeichnung das „armenische Thema" betreffender Publikationen türkischer Institutionen in Englisch, Französisch oder Deutsch, beispielsweise der 'Cyprus-Turkish Association' in London, ist als sichtbares Zeichen der gezielten Informationspolitik Ankaras im Ausland zu werten. Die Bibliothek für Zeitgeschichte ist daher in der Lage, ihren Benutzern auch die aktuelle türkische Argumentation aus erster Hand zu vermitteln.
Kann die ehemalige Weltkriegsbücherei ihren Rang als zeithistorische Forschungsbibliothek somit auch für das „armenische Thema" behaupten? Die meisten in westlichen Sprachen veröffentlichten Zeitschriftenaufsätze und Buchrezensionen zur Armenischen Frage – die allerdings von sehr unterschiedlicher Qualität sind – erscheinen in der amerikanischen Fachzeitschrift 'Armenian review'.[23] Diese wird von der Bibliothek für Zeitgeschichte nicht ausgewertet. Den die armenisch-türkischen Beziehungen berührenden Inhalt der Zeitschrift wie das übrige internationale wissenschaftliche Schrifttum zu diesem Thema erschließt sehr übersichtlich der seit 1975 in Wien erscheinende 'Turkologische Anzeiger'. Diese Fachbiblio-

graphie der türkischen Studien hat unter anderem den Vorzug, das einschlägige Schrifttum ohne jegliche sprachliche Einschränkung zu erfassen.[24] Dies ermöglicht ein internationaler Mitarbeiterkreis, zu dem seit Jahren mit Kevork B. Bardakjian auch ein bekannter armenischer Wissenschaftler zählt.

Allein die Zahl der armenischsprachigen Publikationen über die Vernichtungsaktionen des Ersten Weltkrieges wurden von den prominenten Historiker Richard G. Hovannisian in seiner Bibliographie „The Armenian holocaust" (2. Auflage 1980) auf mehrere Tausend beziffert.[25] Nicht eine von ihnen scheint bisher ihren Weg in die Bibliothek für Zeitgeschichte gefunden zu haben – ebenso wenig wie die Bibliographie selbst. Gleiches gilt für die türkische Bibliographie zur Armenischen Frage von Türkkaya Ataöv, Politologe in Ankara – eine Fundgrube, nicht nur für türkische Leser.[26] Ebenso fehlt Kevork B. Bardakjians kleine Schrift über Hitlers angebliche Erwähnung der Vernichtung der Armenier in einer Rede vom 22. August 1939.[27] Um so gespannter darf man sein, wie sich der 1988 erneut ausgebrochene armenisch-aserbaidschanische Konflikt, der in seinen Erscheinungen auf beklemmende Weise die Ereignisse des Ersten Weltkriegs in Erinnerung ruft, in den kommenden Berichtsjahren der „Jahresbibliographie" niederschlagen wird.

Für die etablierte deutsche Geschichtswissenschaft scheint die erneute Diskussion der Armenischen Frage, wie die im Anhang beigefügte Dokumentation nahelegt, bisher kaum ein aktuelles Thema gewesen zu sein. Eine Ausnahme ist der Leipziger Osteuropa-Historiker Ernst Werner. Der Marxist suchte bereits 1973 in einem Zeitschriftenaufsatz die direkte Auseinandersetzung mit den Tendenzen der um diese Zeit gerade erst einsetzenden modernen türkischen Historiographie zum „armenischen Thema".[28] Sein Kollege an der Universität Hamburg, Klaus-Detlev Grothusen, versuchte dagegen 1985 über einen an verschiedene Hamburger und Bremer Stellen gerichteten „quasi offenen" Brief, anläßlich einer von der Bremer Landeszentrale für Politische Bildung angekündigten Konferenz zum Thema „Genozid und Holocaust" Einfluß auf eine „vernünftige Planung einer derartigen Veranstaltung" zu nehmen.[29]

Die Mehrzahl der deutschen Autoren, deren Publikationen ermittelt werden konnten, kennzeichnet persönliche Betroffenheit über die so sehr in Vergessenheit geratene ungelöste armenische Frage. Unter denjenigen, die ihrer Solidariät mit den armenischen Interessen, wie einst Johannes Lepsius, durch Aufrüttelung von Politik und öffentlicher Meinung Nachdruck verleihen, steht die Berliner Slavistin Tessa Hofmann an erster Stelle. Als Vorstandsmitglied der Gesellschaft für bedrohte Völker hat sie deren Publikationen, vor allem die Zeitschrift 'Pogrom' zur wichtigsten deutschen Informationsquelle über die Gegenwartslage der Armenier in der Türkei und die daran geknüpfte Menschenrechtsarbeit entwickelt. Wegen ihrer Vielzahl und ihres teilweise sehr geringen Umfanges konnten die in der Zeitschrift erschienenen Beiträge in der Dokumentation jedoch nur in Auswahl berücksichtigt werden. Über ihr privates „Informations- und Dokumentationszentrum Armenien" hat Tessa Hofmann, eine der wenigen Deutschen, die auch das Armenische beherrschen, bereits mehrere Doktoranden betreut. Gerade als Deutsche fühlt sie sich besonders zur Diskussion um den armenischen Völkermord verpflichtet. Diese ist ihr kein „akademischer Selbstzweck", sondern wird „um die Würde der Opfer und die Rechte der Nachfahren geführt, deren Anerkennung der erste Schritt zur Lösung der seit über hundert Jahren anstehenden „armenischen Frage" darstellt."[30] Gleichfalls politisch einzustufen sind die Ziele des „Instituts für Armenische Fragen" in München, das in seinem Gründungsjahr 1977 mit der ersten modernen deutschsprachigen

Monographie über den Völkermord an die Öffentlichkeit trat. In seinem Geleitwort präsentiert der 1972 in den Westen emigrierte sowjetarmenische Kybernetiker und Institutsgründer Eduard W. Oganessian das Buch von Peter Lanne als ersten Beitrag zur Wiedererweckung der traditionsreichen deutschen Armenologie, über die er in grober Polemik feststellt, „daß sie sich zur Zeit in der Bundesrepublik kaum über das Niveau der Anekdoten von Radio Erivan hinaushebt".[31] Das auch ins Englische übersetzte Buch offenbart ein extrem armenozentrisches Geschichtbild und stützt sich in überraschend geringem Maß auf deutschsprachige Literatur. Selbst die Arbeiten von Johannes Lepsius werden nach französischen Übersetzungen zitiert. Der Autor wendet sich an eine Leserschaft, die für einen kruden christlichen Kulturchauvinismus mit rassistischen Untertönen empfänglich ist. Dieser wird besonders in zahllosen äußerst abschätzigen Urteilen über die Türken und den islamischen Kulturkreis zum Ausdruck gebracht, schlägt sich aber auch in Bemerkungen über die Serben, Asien sowie die „Dritte Welt" nieder. Die ausführlichen, durch keinerlei Quellenangaben belegten Auslassungen über die historischen Gegebenheiten der islamischen Staaten bleiben denkbar weit hinter dem Standard der bundesdeutschen Wissenschaft zurück. Inzwischen hat das offensichtlich der Partei Daschnakzutiun verbundene armenische Forschungsinstitut die ersten beiden Bände einer Dokumentation herausgebracht, die einmal alle derzeit zugänglichen einschlägigen Quellen zu den türkischen Armenierverfolgungen des Ersten Weltkrieges in sich vereinen soll. Für den zweiten Band hat das Institut Respekt und Dank der Wissenschaft verdient. In der Bearbeitung durch Artem Ohandjanian bietet er die Erstveröffentlichung aller relevanten amtlichen Dokumente Österreich-Ungarns.[32]

Dem türkischen Standpunkt versuchte der Österreicher Erich Feigl mit einer aufwendigen Bild- und Textdokumentation vom Jahr 1986 Geltung zu verschaffen. Der Dokumentarfilmer und Autor erfolgreicher historischer Sachbücher trauert dem Untergang „historisch gewachsener Großreiche" nach und vermag dem Freiheitsdrang unterworfener Völker entsprechend wenig abzugewinnen. Die in armenierfreundlichen Darstellungen häufig ignorierte oder beschönigte militante Seite der armenischen Nationalbewegung dient ihm als willkommener roter Faden, um die armenischen Ansprüche mit nachhaltiger Unterstützung von türkischer Seite auf breitester Front abzuwehren. Einer inhaltlichen Auseinandersetzung mit zeitgenössischen Berichten wie sie etwa in den von Johannes Lepsius publizierten reichsdeutschen Akten vorliegen, muß er erwartungsgemäß ausweichen. Dem ungeschlachten Chauvinismus eines Peter Lanne setzt Feigl den raffinierten Zynismus des in der Geschichte politisch stets überlegenen Gegners entgegen. Der Hinweis auf die Zahl der überlebenden Armenier soll die türkischen Verbrechen in Frage stellen, den Völkermord als Mythos erscheinen lassen.[33] Präzise Quellenzitate sucht man in dieser Propagandaschrift so gut wie vergebens.

In Uwe Feigels Untersuchung über die Armenierhilfe deutscher Protestanten seit dem Ende des 19. Jahrhunderts wird das herkömmliche Bild der deutsch-armenischen Beziehungen in vielen Punkten revidiert oder verfeinert. Das Bemühen des Theologen um die Klärung oder zumindest Sichtbarmachung von Widersprüchen in den Quellen hat Maßstäbe gesetzt, die angemessen zu würdigen offenbar noch manchem Wissenschaftler schwerfällt. Feigels Versuch, die publizistische Aufarbeitung der Armeniermassaker bis in die deutsche Gegenwart auszuloten, geht insofern ein wenig am eigentlichen Thema der Arbeit vorbei, als die im Kontext der deutsch-türkischen Beziehungen der neueren Zeit wohl wichtigste Persönlichkeit ausgespart wurde: Gotthard Jäschke (1894-1983). Der von Feigel eher beiläufig erwähnte „profunde Kenner der Türkei", der 1927 als Sekretär der deutschen Botschaft in Ankara mit der Armenierhilfe des „Deutschen Hilfsbundes für das Christliche Liebeswerk im Orient" in Berührung kam und später jahrzehntelang in dessen Kuratorium mitarbeitete,[34] war 1955 Ehrenmitglied des Instituts für Geschichte der Türkischen Revolution in Ankara geworden und 1974 Ehrendoktor der dortigen Atatürk-Universität. Er hatte sein umfangreiches wissenschaftliches Lebenswerk, das ihm internationale Anerkennung brachte, der Erforschung der Türkei des 20. Jahrhunderts gewidmet.[35]

Kann die Bibliothek für Zeitgeschichte, um abschließend noch einmal auf diese Frage zurückzukommen, ihren Rang als Forschungsbibliothek auch hinsichtlich der Armenischen Frage behaupten? Die komplexe Literaturlage läßt dies wohl kaum zu. Allerdings findet sich ein großer Teil des in Stuttgart fehlenden orientalistischen und orientalischen Schrifttums in der Universitätsbibliothek Tübingen. Diese pflegt im Rahmen des auf das Jahr 1949 zurückgehenden Sondersammelgebietsplans der Deutschen Forschungsgemeinschaft den Bereich Vorderer Orient, einschließlich der armenischen und türkischen Geschichte.[36] Daher bieten die beiden, kaum eine Stunde voneinander entfernten Bibliotheken zusammen besonders günstige Voraussetzungen für Arbeiten über das „armenische Thema", vor allem wenn diese das Ziel haben sollen, die übliche selektive Wahrnehmung von Fakten, Problemen und Quellenmaterialien zu überwinden.

ANMERKUNGEN

1 Gutsche, Willibald: Die Armeniergreuel 1915/16 und die Haltung der deutschen Reichsleitung, in: Zeitschrift für Geschichtswissenschaft 21 (1973), S. 747-748.

2 Zur Problematik des Forschungsstandes im allgemeinen und kontroversen Standpunkten in verschiedenen Einzelfragen s. E. V. Gulbekian und Gwynne Dyer: Correspondence, in: Middle Eastern studies 9 (1973), S. 128-130; Walker, Christopher J. und Gwynne Dyer: Correspondance, in: Middle Eastern studies 9 (1973), S. 376-385; Dyer, Gwynne: Turkish 'falsifiers' and Armenian 'deceivers'. Historiography and the Armenian massacres, in: Middle Eastern studies 12 (1976), S. 99-107; Wiederabdruck in: Armenian review 31 (1978), S. 70-79, dazu Libaridian, Gerard L.: Objectivity and the historiography of the Armenian genocide, in: Armenian review 31, (1978), S. 79-87, sowie Housepian, Marjorie und Gwynne Dyer: Correspondence, in: Middle Eastern studies 14 (1978), S. 397-402; außerdem die Kontroverse zwischen Richard G. Hovannisian und Stanford J. Shaw sowie Ezel Kural Shaw: The Armenian Question, in: International journal of Middle Eastern studies 9 (1978), S. 379-400.

3 Felger, Friedrich: Von der Entstehung der Weltkriegsbücherei, in: Berichte der Weltkriegsbücherei 11 (1931), S. 22.

4 Darüber ausführlich Feigel, Uwe: Das evangelische Deutschland und Armenien. Die Armenierhilfe deutscher evangelischer Christen seit dem Ende des 19. Jahrhunderts im Kontext der deutsch-türkischen Beziehungen, Göttingen 1989, S. 218-222. Zum Verbot des 'Bericht' auch Goltz, Hermann: Die 'armenischen Reformen' im Osmanischen Reich. Johannes Lepsius und die Gründung der DeutschArmenischen Gesellschaft, in: 75 Jahre Deutsch-Armenische Gesellschaft. Festschrift, Mainz 1989, S. 74-75, Anm. 115, mit Dokumentenbeleg.

5 So Goltz: Die 'armenischen Reformen', S. 70, Anm. 51.

6 Rohwer, Jürgen: 50 Jahre Weltkriegsbücherei. Bibliothek für Zeitgeschichte, in: 50 Jahre Bibliothek für Zeitgeschichte. Weltkriegsbücherei Stuttgart. 1915-1965, Frankfurt am Main 1965, S. 3.

7 Eine (technisch etwas mangelhafte) Faksimile-Wiedergabe des Gründungsaufrufs der Deutsch-Armenischen Gesellschaft bei Goltz: Die 'armenischen Reformen', S. 46. Über Jäckh s. vor allem Mogk, Walter:

Jäckh, Ernst, in: Neue deutsche Biographie 10 (1974), S. 264-267, mit Bibliographie, auch Goltz: Die 'armenischen Reformen', S. 30, 56-58.

8   Rohwer: 50 Jahre Weltkriegsbücherei, S. 32.
9   Rohwer: 50 Jahre Weltkriegsbücherei, S. 32.
10 Rohwer: 50 Jahre Weltkriegsbücherei, S. 36.
11 Rohwer, Jürgen: Entwicklungsprobleme einer historischen Spezialbibliothek. Bibliothek für Zeitgeschichte Stuttgart, in: Arbeitsgemeinschaft der Spezialbibliotheken: Bericht über die 11. Tagung in Stuttgart, Kiel 1967, S. 93, 98-99.
12 Rohwer: 50 Jahre Weltkriegsbücherei, S. 5, spricht von 37 aus der Türkei beschafften Zeitungen in Türkisch, Arabisch und Persisch. Der erste Bibliothekar der Weltkriegsbücherei, Felger: Von der Enstehung, S. 22, beschreibt die Erwerbungspolitik dahingehend, man habe „auch systematisch alles erreichbare Sammelmaterial in der deutschen Heimat, in Österreich-Ungarn, Bulgarien und der Türkei, sowie in den Etappen und an den Fronten der Mittelmächte gesammelt", mit dem Ziel, für die Bücherei „schlechterdings alles in den kriegsführenden und neutralen Staaten zusammenzubringen, was direkt oder indirekt mit dem Weltkrieg zusammenhing".
13 Die sprachliche Zuordnung des Türkischen s. Bibliothek für Zeitgeschichte – Weltkriegsbücherei Stuttgart: Systematischer Katalog 4, Boston, Mass. 1968, S. 307-308. Den Umfang der in Frage kommenden Literatur in armenischer und türkischer Sprache dokumentierte erstmals Hovannisian, Richard G.: Armenia on the road to independence 1918, Berkley 1967. Zur türkischen Standartliteratur s. auch Bihl, Wolfdieter: Die Kaukasus-Politik der Mittelmächte. Teil 1. Ihre Basis in der Orient-Politik und ihre Aktionen 1914-1917, Wien 1975, S. 10, 250ff.
14 Dies ergab ein Vergleich mit den Einträgen der weiter unten, Anm. 25, aufgeführten Bibliographie von Richard G. Hovannisian, soweit diese bibliographisch nachweisbar waren.
15 Zu der Kontroverse um die 'Andonian-Papiere' s. besonders ausführlich und mit Rückgriff auf die armenische und türkische Literatur Dadrian, Vahakn N.: The Naim-Adonian documents on the World War I destructions of Ottoman Armenians. The anatomy of a genocide, in: International journal of Middle Eastern studies 18 (1986), S. 311-360.
16 Laut freundlicher Mitteilung der ehem. stellvertretenden Leiterin der BfZ, Frau Dr. Hildegard Müller, vom 4.12.1990 besitzt die BfZ den Roman in einer Ausgabe von 1969. Zum Verbot des Romans im Jahr 1933 durch die Nationalsozialisten und gleichzeitige Aktivitäten des Publizisten der kemalistischen Regierung Falih Rifki [Atay] s. Jungk, Peter Stephan: Franz Werfel. Eine Lebensgeschichte , Frankfurt am Main 1987, S. 215, 218, 403. Atay war im Ersten Weltkrieg persönlicher Sekretär Talaat Paschas gewesen. So jedenfalls Dadrian: The Naim-Andonian documents S. 339, vgl. a. S. 352-353, Anm. 76.
17 Kriegsverluste sind in der Katalogpublikation nicht gekennzeichnet. Zu diesen gehört auch die darin aufgeführte maschinenschriftliche Abschrift von Niepage, Martin: Der türkische Bundesgenosse Deutschlands, o.J., 7 S. 18 Aufgeführt sind 22 Schriften, überwiegend sowjetarmenischer Autoren aus den sechziger Jahren, abgefaßt in Russisch. Außerdem die einzige im Katalog feststellbare Publikation in armenischer Sprache: Matenagitowt'yown haykakan matenagitowt'yan [Red.] Rafayel Isxanyan, Erevan 1963, 343 S. Die Eintragung im Katalog der BfZ erfolgte unter dem russischen Nebentitel: Bibliografija armjanskoj bibliografii.
19 Einige der an dieser Stelle aufgeführten 112 Schriften beziehen sich allerdings auf Sowjet-Armenien.
20 Schreiben von Frau Dr. Hildegard Müller vom 3. April 1990.
21 So auch schon einmal in der ersten Hälfte der sechziger Jahre, vgl. Jahresbibliographie 33 (1963) – 36 (1965).
22 Eine wohl aus türkischen Quellen zusammengestellte Chronologie der Anschläge vom 17. Januar 1973 bis Ende November 1986 bei Feigl, Erich: Ein Mythos des Terrors. Armenischer Extremismus. Seine Ursachen und Hintergründe, Freilassing u.a. 1986, S. 124-137.
23 The Armenian review, 1 (1948) ff. Die Zeitschrift wird von der Universitätsbibliothek Tübingen und der Staatsbibliothek Preußischer Kulturbesitz in Berlin gehalten (vgl. Zeitschriftendatenbank, Leihverkehrsausgabe [Microfiche])

24 Der 'Turkologische Anzeiger' wird jährlich vom Orientalischen Institut der Universität Wien herausgegeben. Folge 1-9 (=Berichtsjahr 1973-1982) wurden noch in der Wiener Zeitschrift für die Kunde des Morgenlandes 67-75 (1975-1983) veröffentlicht. Das Spezialschrifttum zur Armenischen Frage ist unter der Notation DGK (= Geschichte: Ethnische Gruppen: Armenier) zu suchen. Literatur über die Armenier als konfessionelle Gruppe ist an anderer Stelle (DF) zu finden.

25 Hovannisian, Richard G.: The Armenian holocaust. A bibliography relating to the deportations, massacres and dispersion of the Armenian people 1915-1923 , 2. rev. printing, Cambridge, Mass. 1980, S. XVI. Die Bibliographie enthält auch Hinweise auf Archivbestände in Deutschland und verschiedenen anderen Ländern.

26 Ataöv, Türkkaya: Ermeni Sorunu. Bibliyografya, Ankara 1981, (Ankara Üniversitesi Siyasal Fakültesi Yayinlari 467). Darin, unter Nr. 352, beispielsweise Werfels Roman (amerikan. Ausgabe New York 1934).

27 Bardakjian, Kevork B.: Hitler and the Armenian genocide, Cambridge, Mass. 1985, (The Zoryan Institute Special report 3). Zum selben Thema besitzt die BfZ einen Sonderdruck von Lowry, Heath W.: The U.S. Congress and Adolf Hitler on the Armenians, in: Political communication and persuasion 3 (1986), S. 11-140 (vgl. Jahresbibliographie 58 (1987) S. 298). Der Sonderdruck verdankt seine ungewöhnliche Verbreitung in Bibliotheken zweifellos der erwähnten Informationspolitik Ankaras.

28 Werner, Ernst: Die Armeniergreuel 1915/16 – ein armenisches Greuelmärchen? in: Zeitschrift für Geschichtswissenschaft 21 (1973), S. 219-225.

29 Boldt, Frank: Vorwort [unpaginiert], in: Artikel über Armenier und andere Minderheiten in der Türkei. Materialsammlung zur Konferenz „Genozid und Holocaust" der Landeszentrale für politische Bildung und der St. Stephani-Gemeinde Bremen vom 19.-24. April 1985, Bremen 1985.

30 Hofmann, Tessa: Vorwort zur Neuausgabe, in: Deutschland und Armenien 1914-1918. Sammlung diplomatischer Aktenstücke. Hrsg. u. eingel. von Johannes Lepsius, Bremen 1986, S. 12.

31 Oganessian, Eduard W.: Geleitwort. In: Lanne, Peter: Armenien. Der erste Völkermord des 20. Jahrhunderts, München 1977, S. 6.

32 The Armenian genocide. Documentation Vol. 2, München 1988.

33 Feigl, Erich: Ein Mythos des Terrors. Armenischer Extremismus. Seine Ursachen und Hintergründe, Freilassing u.a. 1986, S. 79, 102.

34 Feigl, Uwe: Das evangelische Deutschland und Armenien. Die Armenierhilfe deutscher evangelischer Christen seit dem Ende des 19. Jahrhunderts im Kontext der deutsch-türkischen Beziehungen, Göttingen 1989, (Kirche und Konfession 28), S. 272.

35 Zu Biographie und Werk Jäschkes s. Unat, Faik Resit: Profesör Dr. Gotthard Jäschke, in: Türk Tarih Kurumu: Belleten 28 (1964), S. 301-303 [türkisch]; Spuler, Bertold: Zum Geleit, in: Die Welt des Islams N.S. 15 (1974) S. 1-4 sowie S. 5-25 Schriftenverzeichnis Gotthard Jäschke; Spuler, Bertold: Gotthard Jäschke (18941983) zum Gedenken, in: Die Welt des Islams N.S.23/24 (1984) S. 498; Schwartz, Werner: Ergänzungen zum Schriftenverzeichnis Gotthard Jäschke seit 1973, in: Die Welt des Islams N.S. 23/24 (1984) S. 499-502; Kürschners Deutscher Gelehrtenkalender, 14. Ausg., (1983).

36 Die jeweiligen Neuerwerbungen sind in der von der Orientabteilung der Universitätsbibliothek Tübingen monatlich veröffentlichten Neuerwerbungsliste Vorderer Orient aufgeführt.

CHRONOLOGISCHES VERZEICHNIS DES DEUTSCHEN SCHRIFTTUMS ZUR ARMENISCHEN FRAGE VON 1970 BIS 1990

Einige aktuelle Veröffentlichungen wurden über die Länderdokumentation Vorderer Orient (ORDOK) des Deutschen Übersee-Instituts Hamburg ermittelt.

ABKÜRZUNGEN

ADK	Armenisch-Deutsche Korrespondenz (Mainz)
JGO	Jahrbücher für Geschichte Osteuropas (Wiesbaden)
WI	Die Welt des Islams (Leiden)
ZfG	Zeitschrift für Geschichtswissenschaft (Berlin, DDR)

1970

Rezension zu: Trumpener, Ulrich: Germany and the Ottoman Empire 1914–1918, Princeton, N.J. 1968. – Jäschke, Gotthard: WI N.S. 12 (1969/1970), S. 147-149; Werner, Ernst: ZfG 18 (1970), S. 1627-1630.

1973

Werfel, Franz: Die vierzig Tage des Musa Dagh. Roman. Neuausgabe, Frankfurt am Main 1973.

Werfel, Franz: Die vierzig Tage des Musa Dagh. Roman, Stuttgart u.a. 1973.

Diedrich, Hans-Christian: Johannes Lepsius, in: Zeichen der Zeit 27 (1973), S. 424-428.

Gutsche, Willibald: Die Armeniergreuel 1915/16 und die Haltung der deutschen Reichsleitung, in: ZfG 21 (1973), S. 747-748.

Werner, Ernst: Die Armeniergreuel 1915/16 – ein armenisches Greuelmärchen? in: ZfG 21 (1973), S. 218-225.

Rezension zu: Hovannisian, Richard G.: The Republic of Armenia. Vol. 1. The first year, 1918-1919, Berkley 1971. -Poll, Hans W.: JGO N.F. 21 (1973), S. 291-296.

1974

Schwede, Alfred O.: Geliebte fremde Mutter. Karen Jeppes Lebensweg, Berlin, DDR 1974.

Zürrer, Werner: Der Friedenvertrag von Sèvres. Ein kritischer Beitrag zur Problematik der Neuordnung des nahöstlichen Raumes nach dem Ersten Weltkrieg, in: Saeculum 25 (1974), S. 88-114.

1975

Sarkisyanz, Emanuel: A modern history of Transcaucasian Armenia. Social, cultural and political, Leiden 1975.

Werfel, Franz: Die vierzig Tage des Musa Dagh. Roman. 6. Aufl., Berlin, DDR u.a. 1975.

Rezension zu: Hovannisian, Richard G.: The Republic of Armenia. Vol. 1. The first year, 1918-1919, Berkley 1971. – Dombert, Günter: Historische Zeitschrift 221 (1975), S. 761-763.

1976

Goltz, Hermann: Erinnerungen an den Vater. Ein Besuch bei Veronika Lepsius, in: Standpunkt 4 (1976), S. 18-20.

Schwede, Alfred O.: Geliebte fremde Mutter. Karen Jeppes Lebensweg. 2. Aufl., Berlin, DDR 1976.

Schwede, Alfred O.: Lepsius und die Armenier, in: Standpunkt 4 (1976), S. 17-18.

1977

Ermacora, Felix: Der armenische Genozid und das Völkerrecht. Hrsg. vom Armenian National Committee, Deutsche Sektion. Fotomechanische Vervielfältigung eines am 21.4.1977 in Köln gehaltenen Vortrages.

Lanne, Peter: Armenien. Der erste Völkermord des 20. Jahrhunderts, München 1977. Rezension: Mugdan, Liselotte: ADK 19 (1977), S. 25-26.

Lanne, Peter: Armenia. The first genocide of the XX century. Translated from the German original by Krikor Balekdjian, München 1977; Deutsche Ausg. u.d.T.: Lanne, Peter: Armenien. Der erste Völkermord des 20. Jahrhunderts, 1977.

Rezension zu: Bihl, Wolfdieter: Die Kaukasus-Politik der Mittelmächte. Teil 1. Ihre Basis in der Orient-Politik und ihre Aktionen 1914-1917, Wien 1975, (Veröffentlichungen der Kommission für Neuere Geschichte Österreichs 61). – Jäschke, Gotthard: JGO N.F. 25 (1977), S. 447-449; Baumgart, Winfried: Historische Zeitschrift 224 (1977), S. 203-204.

1978

Schwede, Alfred Otto: Geliebte fremde Mutter. Karen Jeppes Lebensweg, 3. Aufl., Berlin, DDR 1978.

Werfel, Franz: Die vierzig Tage des Musa Dagh. Roman, Berlin, DDR u.a. 1978, 2 Bde., (Taschenbibliothek der Weltliteratur).

Jäschke, Gotthard: Die elviye-selase. KARS, ARDAHAN und BATUM, in: WI N.S. 18 (1977/78), S. 19-40.

Kempner, Robert M. W.: Ein Jude kämpft für die Rettung von einer Million armenischer Christen. Die Taten des Henry Morgenthau sen., in: Emuna. Israelforum (1978),3, S. 34-36.

UN-Menschenrechtskommission. „Memorandum 1975", in: ADK 20 (1978), S. 21-22.

Rezension zu: Bedoukian, Kerop: The urchin. An Armenian's ascape, London 1978. – Mangelsen-Mouradian, Seda: ADK 22 (1978), S. 19.

Rezension zu: Sarkisyanz, Emanuel: A modern history of Transcaucasian Armenia. Social, cultural and political, Leiden 1975. – Heyer, Friedrich: ADK 20 (1978), S. 2-3.

1979

„Christliche Minderheiten aus der Türkei". Ein Bericht eines Ausschusses von Kirchen, Frankfurt/Main 1979, (epd-Dokumentation 49); Englischer Originaltitel: Christian minorities of Turkey. Report produced by the Churches Committee on Migrant Workers in Europe, Brussels 1979.

Werfel, Franz: Die vierzig Tage des Musa Dagh. Roman. Ungekürzte Ausg., Frankfurt am Main 1979, (Fischer-Taschenbücher 2062).

Heyer, Friedrich: Zur Wiederbegründung der Deutsch-Armenischen Gesellschaft, in: Kirche im Osten 21/22 (1978/79), S. 312-323.

Pogrom 10 (1979),64, 59 S., Ill., Kt. Schwerpunktausgabe zur Situation nicht-türkischer Völker in der Türkei. Bearb. Tessa Hofmann, Gabriele Yonan und Christodoulos Yiallourides.

1980

Lepsius, Johannes: Der Todesgang des armenischen Volkes. Bericht über das Schicksal des armenischen Volkes in der Türkei während des Weltkrieges. Nachdruck der 4. Aufl. Potsdam 1930. Besorgt von der Deutsch-Armenischen Gesellschaft, Heidelberg 1980; Erstausg. erschienen u.d.T.: Lepsius, Johannes: Bericht über das Schicksal des armenischen Volkes in der Türkei während des Weltkrieges. Potsdam 1916.

Der Völkermord an den Armeniern vor Gericht. Der Prozeß Talaat Pascha. Neuaufl. 2. erg. u. mit Photos erw. Ausg., 5.-8. Tsd. Hrsg. u. eingel. von Tessa Hofmann im Auftrag d. Gesellschaft für Bedrohte Völker, Göttingen u.a. 1980, (Reihe Pogrom 1006); Originalausg. erschienen u.d.T.: Der Prozeß Talaat Pascha, Berlin 1921.

Werfel, Franz: Die vierzig Tage des Musa Dagh. Roman. Ungekürzte Ausg., 7.-11. Tsd., Frankfurt am Main 1980, (Fischer-Taschenbücher 2062).

Werfel, Franz: Die vierzig Tage des Musa Dagh. Roman, Stuttgart u.a. 1980.

Hofmann, Tessa: Die „armenische Frage" auf dem Berliner Kongress aus sowjetarmenischer Sicht, in: Südost-Forschungen 39 (1980), S. 220-226.

Kempner, Robert M. W.: Vor sechzig Jahren vor einem deutschen Schwurgericht. Der Völkermord an den Armeniern, in: Recht und Politik 16 (1980), S. 167-169.

Melikyan, Krikor: Zu Armenien fällt Herrn Krause nichts ein. Armenien im Spiegel deutscher Autoren, in: Die Horen 25 (1980), S. 159-169.

Mugdan, Liselotte: UN-Völkermord-Paragraph, in: ADK 26/27 (1980), S. 6-7.

Pogrom 11 (1980),72/73, 89 S., Ausgabe zum 65. Jahrestag des Völkermordes an den Armeniern. Enth. u.a.: S. 23-32: Palak'ean, Grigoris: Hay Goggot'an 1914-1920 [Das armenische Golgotha 1914-1920]. Auszugsweise übersetzt von Gerayer Koutcharian, nach der armenischen Ausgabe, erschienen Wien; Paris 1922-1959.
Rezension: Spuler, Bertold: Internationale Kirchliche Zeitschrift 71 (1981), S. 63-64.

1981

Europäische Gemeinschaften / Europäisches Parlament: Sitzungsdokumente 1981-1982. Ausgabe in deutscher Sprache (Luxemburg). Dokument 1-782/81, 18.11.1981. Entschließungsantrag, eingereicht von den Abgeordneten Jaquet, Nicolas, Charzot [u.a.], gemäß Artikel 47 der Geschäftsordnung, zur Lage des armenischen Volkes.

Ternon, Yves: Tabu Armenien. Geschichte eines Völkermordes. Ins Deutsche übertragen von Rudolf Ernst, Frankfurt/Main 1981; Französischer Originaltitel: Ternon, Yves: Les Arméniens, Paris 1977.
Rezension: Dülffer, Jost: Militärgeschichtliche Mitteilungen 32 (1982), S. 248-249; Glaser, Hermann: Die Zeit 12.3.1982, S.15; Ohnesorge, Henk: Die Welt 5.6.1982, Beilage „Welt des Buches" S. 5; Orland, Nachum: Frankfurter Rundschau 13.2. 1982, ZB, S. 4; Heller, Erdmute: Süddeutsche Zeitung 31.7.1981, S. 11; Vogler, Gernot: Der Tagesspiegel 20.9.1981, S. 60

Werfel, Franz: Die vierzig Tage des Musa Dagh. Roman. Ungekürzte Ausg., 12.-18. Tsd., Frankfurt am Main 1981.

Göckenjan, Hansgerd: Die Türkei und ihre christlichen Minderheiten, in: Ostkirchliche Studien 30 (1981), S. 97-129.

Goltz, Hermann: Armenien gedenkt des 'Anwalts der Armenier'. Berichte und Reflexionen, I-II, in: Standpunkt 9 (1981), S. 109-111, 162-166.

Goltz, Hermann: Armenische Tagebuchblätter und Erinnerungen, in: Standpunkte 9 (1981), S. 327-331.

Pogrom 12 (1981),85, 68 S., Schwerpunktausgabe zum Thema 'Nationale Minderheiten aus der Türkei'.

Rezension zu: Injarabian, Papken: La solitude des massacres, Paris 1980. – N.N.: ADK 32 (1981), S. 5.

Rezension zu: Moser, Pierre: Les Arméniens – où est la réalité ? St.-Aquilin-de-Pacy u.a. 1980. (Von der türkischen Botschaft verteiltes Buch). – Meyer, Enno: ADK 33 (1981), S. 17-18.

1982

Wegner, Armin T.: Die Verbrechen der Stunde – die Verbrechen der Ewigkeit, Neuausg., Hamburg 1982.

Goltz, Hermann: Bol'soj drug armjanskogo naroda, in: Patmabanasirakan handes (1982),99, S. 131-136.

Harutunjan, G. A. und G. L. Jepiskoposian: Geraubtes Andenken. Brief an die Redaktion der 'Neuen Zeit' Nr. 49 (Moskau 1981), in: ADK 36/37 (1982), S. 4-7. Kommentar zu der bekannten Zwangsveröffentlichungen der türkischen Armenier: Facts from the Turkish Armenians = Réalités exprimés par les Arméniens turcs = Türk Ermenlerinden gercekler, Istanbul 1980.

Spuler, Bertold: Die religiösen Minderheiten in der Türkei der Gegenwart, in: Saeculum 33 (1982), S. 88-94.

1983

Werfel, Franz: Die vierzig Tage des Musa Dagh. Roman. Ungekürzte Ausg., 19.-23. Tsd., Frankfurt am Main 1983, (Fischer-Taschenbücher 2062).

Werfel, Franz: Die vierzig Tage des Musa Dagh, Stuttgart u.a. 1983, (Bibliothek des 20. Jahrhunderts); Beilage u.d.T.: Buch, Hans C.: Franz Werfel. Die vierzig Tage des Musa Dagh.

Goltz, Hermann: Zwischen Deutschland und Armenien. Zum 125. Geburtstag des evangelischen Theologen Dr. Johannes Lepsius (15.12.1858 – 3.2.1926), in: Theologische Literaturzeitung (1983),108.

Gunter, Michael M.: The Armenian terrorist campaign against Turkey, in: Orient 24 (1983), S. 610-636.

Hofmann, Tessa: Kampf gegen die 'Verschwörung des Schweigens'. Der Völkermord an den Armeniern und die armenische Frage heute, in: I[nformations]z[entrum] 3[Dritte] W[elt], (1983),114, S. 27-35.

Koutcharian, Gerayer: Armenier 1983. Facetten eines ungelösten Problems, in: Progrom 14 (1983),98, S. 47-49.

1984

Arbeitsgruppe „Christliche Minderheiten in der Türkei und im Nahen Osten": „Die Lage der christlichen Minderheiten in der Türkei seit dem Staatsstreich im September 1980", Frankfurt am Main 1984, (epd-Dokumentation 26); Originalausg. erschienen im Juni 1982 in englischer Sprache.

Koutcharian, Gerayer: Die Armenier-Sitzung des Ständigen Tribunals der Rechte der Völker (Paris, 13.-16.4.1984). Internationale Menschenrechtsorganisation verurteilt türkischen Völkermord an den Armeniern, in: Pogrom 15 (1984),109, S. 31-32.

Das Verbrechen des Schweigens. Die Verhandlungen des türkischen Völkermords an den Armeniern vor dem Ständigen Tribunal der Völker (Paris, 13.-16.4.1984). Gesellschaft für Bedrohte Völker. Vorwort u. redaktionelle Bearb. von Tessa Hofmann, Göttingen u.a. 1984, (Pogrom-Taschenbücher 1012: Reihe Bedrohte Völker); Originalausg. erschienen u.d.T.: Le crime de silence. Paris 1984.

Werfel, Franz: Die vierzig Tage des Musa Dagh. Roman. Ungekürzte Ausg., Frankfurt am Main 1984, (Fischer-Taschenbücher 2062).

Wagner, Hans: Die Armenier. Ein vergessenes Volk am Rande der Geschichte, in: Geschichte (1984),58, S. 30-41.
Rezension: Berkian, Ara J.: ADK 45 (1984), S. 23.

1985

Armenier – deutsch behandelt. Dokumentation zur Bremer Konferenz „Genozid und Holocaust" (19.-24.4.1985). Hrsg. von der Armin T. Wegner-Gesellschaft, Bremen 1985.

Lang, David M. und Christopher J. Walker: Die Armenier. Deutsche Erstaufl., bearb. im Auftrag d. Deutsch-Armenischen Gesellschaft. Übersetzung N.N. Für den Druck vorber. von Ara J. Berkian und Enno Meyer, Oldenburg 1985, (Minority Rights Group, Bericht 32); Englische Originalausg. u.d.T.: Lang, David Marshall: The Armenians, 5. Aufl., London 1981.

Lehmann-Haupt, Therese. Erlebnisse eines zwölfjährigen Knaben während der armenischen Deportationen. Aufgezeichnet nach dem mündlichen Bericht des Knaben. Mit e. Anhang: Gutachten über die armenischen Massakers von Johannes Lepsius und einem Nachwort zum Neudruck von Helmut Donat, Bremen 1985; Erw. Nachdruck der ersten Buchausg. Potsdam 1921.

Vierbücher, Heinrich: Armenien 1915. Was die kaiserliche Regierung den deutschen Untertanen verschwiegen hat. Die Abschlachtung eines Kulturvolkes durch die Türken. Reprod. der Ausg. Hamburg-Bergedorf 1930. Mit einem Geleitwort von Walter Fabian u. einem Nachwort von Helmut Donat, Bremen 1985, (Schriftenreihe das andere Deutschland 5).
Rezension: N.N.: ADK 49 (1985), S. 20-21; Seifert, Heribert: Deutsches Allgem. Sonntagsblatt 22.09.1985, S. 12; Dülffer, Jost: Die Zeit 12.12.1986, S. 12.

Der Völkermord an den Armeniern vor Gericht. Der Prozeß Talaat Pascha. Neuauflage. 3. erg. u. überarb. Ausg., 9.-10. Tsd. Hrsg. u. eingeleitet von Tessa Hofmann im Auftrag der Gesellschaft für Bedrohte Völker, Göttingen u.a. 1985, (Reihe Pogrom 1006).

Werfel, Franz: Die vierzig Tage des Musa Dagh. Roman. Ungekürzte Ausg., 29.-30. Tsd., Frankfurt am Main 1985, (Fischer-Taschenbücher 2062).

Artikel über die Armenier und andere Minderheiten in der Türkei in den drei großen in der Bundesrepublik verbreiteten türkischen Tageszeitungen. Dokumentationszeitraum 1.6.-31.7.1984. Materialsammlung zur Konferenz „Genozid und Holocaust" der Landeszentrale für Politische Bildung und der St. Stephani-Gemeinde Bremen vom 19.-24.4.1985. Hrsg. von Frank Boldt, Bremen 1985.

Berkian, Ara J.: Zwischen Scheinobjektivität und Türkenliebe, in: ADK 48 (1985), S. 19-20, [Kommentar zu: Atsiz, Yagmur, Karl-Heinz Janßen und Kathrin Kramer: Terror gegen die Türken, in: Die Zeit 7.12.1984, S. 17-19].

Goltz, Hermann und R. S. Korchmazjan: Doktor Iogannes Lepsius. Stranicy zizni, (Po materialam archiva I. Lepsiusa), in: Strany i narody Bliznego i Srednego vostoka XII, Turcija , Erevan 1985, S. 116-142.

Hofmann, Tessa: Drei Dokumentationen zur aktuellen Lage christlicher Minderheiten in der Türkei (1979-84), in: Minoritas, Ser. A, 1 (1985),1, S. 141-146.

1986

Beiträge über armenische Geschichte, Armenisch-Apostolische Kirche, Armenische Kolonie zu Berlin. Hrsg. von Manfred Richter, Berlin 1986, (Dokumentation. Evangelisches Bildungswerk 50).

Deutschland und Armenien 1914-1918. Sammlung diplomatischer Aktenstücke. Hrsg. u. eingel. von Johannes Lepsius. Mit einem Vorwort zur Neuausgabe von Tessa Hofmann u. einem Nachwort von M. Rainer Lepsius, Bremen 1986; Nachdruck d. Ausg. Potsdam 1919. S. 543-549: Lepsius, M. Rainer: Johannes Lepsius – biographische Skizze. Rezension: Dülffer, Jost: Die Zeit 12.12.1986, S. 12; Heyer, Friedrich: ADK 54 (1986/87), S. 18-20.

Es geht um die historische Gerechtigkeit! Hamburg 1986, (Für den Text ist die Türkische Studentenvereinigung Hamburg verantwortlich). Vervielfältigte Informationsschrift. Mitunterzeichner: Türkische Gemeinde Hamburg e.V., sieben weitere türkische Vereinigungen aus dem Raum Hamburg sowie eine türkische Firma.

Feigl, Erich: Ein Mythos des Terrors. Armenischer Extremismus. Seine Ursachen und Hintergründe. Eine Bilddokumentation, Freilassing u.a. 1986.
Rezension: Ohnesorge, Henk: Die Welt 23.06.1987, S. 24; Orland, Nachum: Frankfurter Allgemeine Zeitung 15.9.1987, S. 29; Poll, Hans Walter: ADK 64 (1989), S. 49-51.

Kherdian, David: Der Schatten des Halbmonds. Das Schicksal eines armenischen Mädchens. Aus d. Amerikan. von Ingrid Weixelbaumer. Ungekürzte Ausg., München 1986, 191 S., (dtv 7856; dtv-Junior; dtv pocket); Originalausg. erschienen u.d.T.: Khardian, David: The road from home, New York 1979.

Kherdian, David: Der Schatten des Halbmonds. Das Schicksal eines armenischen Mädchens. Ungekürzte Ausg., 2. Aufl., München 1986, (dtv 7856; dtv-Junior; dtv pocket).

Der Völkermord an den Armeniern. Festabend zu Ehren von Ralph Giordano am 4.10.1986 in Hamburg. Hrsg. vom Armenischen Kulturverein Hamburg. Mit einem Anhang: Text zu der WDR-Fernseh-Dokumentation von Ralph Giordano „Die armenische Frage existiert nicht mehr – Tragödie eines Volkes" (ARD 21.4.1986), Bremen 1986.

Werfel, Franz: Die vierzig Tage des Musa Dagh. Roman. Ungekürzte Ausg., 33.-37. Tsd., Frankfurt am Main 1986, (Fischer Taschenbücher 2062).

Werfel, Franz: Die vierzig Tage des Musa Dagh. Roman. Ungekürzte Ausg., 38.-42. Tsd., Frankfurt am Main 1986, (Fischer-Taschenbücher 2062).

Hofmann, Tessa und Gerayer Koutcharian: The history of Armenian-Kurdish relations in the Ottoman Empire, in: Armenian review 39 (1986),4, S. 1-45. 3 Kt.

Schraps, Wolfgang: Auf der Suche nach dem verlorenen Volk, in: Geo (1986),3, S. 102-124. – Kritik: Geo (1986),7, S. 7-9 (Leserbriefe von: V. Garabetian, Martin Rooney/Helmut Donat, Günduz Yazici/Fevzi Yilkiran, J.W. Dawitjan, A.J. Berkian, Rupen Harutunyan, George Apochian); Zülch, Tilman: Völkermord darf nie vergessen werden, in: Geo (1986),7, S. 164-165; Berkian, Ara J.: ADK 51 (1986), S. 21-24; Berkian, Ara J.: Apropos Geo, in: ADK 52/53 (1986), S. 35-36.

1987

Akten des Internationalen Dr.-Johannes-Lepsius Symposiums an der Martin-Luther-Universität Halle-Wittenberg. Hrsg. von Hermann Goltz, Halle 1987, (Wissenschaftliche Beiträge. Martin-Luther-Universität Halle-Wittenberg, 1987, 47 : A, 96)
Rezension: Biedermann OSA, Hermenegild M: Ostkirchliche Studien 37 (1988), S. 199. – Heyer, Friedrich: ADK 59 (1988), S. 31.

The Armenian genocide I. Documentation, München 1987; Gesondert erschienener Index, mit Vorwort der Herausgeber sowie Vorwort von Felix Ermacora.
Rezension: Poll, Hans Walter: ADK 64 (1989), S. 45-46; Astourian, Stephan H.: Armenien review 42 (1989),4, S. 86-89.

Armenien. Völkermord, Vertreibung, Exil. 1979 -1987. Neun Jahre Menschenrechtsarbeit für die Armenier. Neun Jahre Berichterstattung über einen verleugneten Völkermord. Hrsg. von Tessa Hofmann u. Gerayer Koutcharian für die Koordinationsgruppe Armenien der „Gesellschaft für die Koordinationsgruppe Armenien der „Gesellschaft für Bedrohte Völker "', Göttingen u.a. 1987, (Pogrom Themen 1). Enth. hauptsächlich Wiederabdrucke bereits in der Zeitschrift Pogrom veröffentlichter Beiträge.

Europäische Gemeinschaften / Europäisches Parlament: Sitzungsdokumente. Serie A. Berichte. Ausgabe in deutscher Sprache, Luxemburg 1987. Dokument A 2-33/87 Teil A – C (15. April 1987): Vandemeulebroucke, Jaak H.: Bericht im Namen des Politischen Ausschusses über eine politische Lösung der armenischen Frage. – Teil A: Entschließungsantrag; Teil B: Begründung; Teil C: Stellungnahme des Politischen Ausschusses

Europäische Gemeinschaften / Europäisches Parlament: Verhandlungen des Europäischen Parlaments. Ausführliche Sitzungsberichte. Sitzungsperiode 1987-1988. Sitzungsbericht Nr. 2-353. Ausgabe in deutscher Sprache, Luxemburg 1987. Enth.: Sitzung am Donnerstag, 18.6.1987, 4. Armenische Frage, S. 266-273.

Europäische Gemeinschaften: Amtsblatt der Europäischen Gemeinschaften. C: Mitteilungen und Bekanntmachungen. 30 (1987),190, Ausgabe in deutscher Sprache. Enth. u.a.: Mitteilungen Europäisches Parlament. Sitzungsperiode 1987-1988, Protokoll der Sitzung vom Donnerstag, 18.6.1987, Teil I: Ablauf der Sitzung, 10. Armenische Frage (Aussprache), S. 93; 17. Armenische Frage (Abstimmung), S. 95-97; Teil II: Vom Parlament angenommene Texte, Armenische Frage. Entschließung zu einer politischen Lösung der Armenischen Frage, S. 119-121.

Schwede, Alfred Otto: Geliebte fremde Mutter. Karen Jeppes Lebensweg, 4.Aufl., Berlin, DDR 1987.

Vierbücher, Heinrich: Armenien 1915. Was die kaiserliche Regierung den deutschen Untertanen verschwiegen hat. Die Abschlachtung eines Kulturvolkes durch die Türken. Mit einem Geleitwort von Walter Fabian u. einem Nachwort von Helmut Donat. 3., erw. Aufl., Bremen 1987, (Schriftenreihe das andere Deutschland 5). Enth.: Donat, Helmut: Die Armeniermassaker im Spiegel der deutschen u. der internationalen Friedensbewegung (1895-1933), erw. Nachwort zur 3. Aufl. von „Armenien 1915", S. 87-108.

Werfel, Franz: Die vierzig Tage des Musa Dagh. Roman, 2. Aufl., Berlin, DDR u.a. 1987, 2 Bde, (Taschenbibliothek der Weltliteratur).

Hofmann, Tessa: Antiarmenische Hetzkampagne chauvinistischer Türken in der Bundesrepublik Deutschland, in: Pogrom 18 (1987),133, S. 35-36.

Hofmann, Tessa: Zur Lage der armenischen Minderheit in der Türkei, in: Pogrom 18 (1987),133, S. 32-34.

1988

The American genocide II. Documentation, München 1988. Mit e. Vorwort von Artem Ohandjanian sowie Wolfdieter Bihl.
Rezension: Poll, Hans Walter: ADK 64 (1989), S. 46-47; Manowc'aryan, A. L.: Patma-banasirakan handes 125 (1989),2, S. 212-214 [russisch]; Astourian, Stepan: Armenian review 42 (1989),4, S. 88-89.

Armenische Frage – türkisch beantwortet. Dokumentation über eine antiarmenische Hetzkampagne in Berlin-West sowie über die vom Europa-Parlament verabschiedete Resolution zur Armenischen Frage. Hrsg. von d. Armenischen Kolonie zu Berlin e.V.; Armenisch-Apostolische Kirchengemeinde Berlin. Mit e. Einleitung von Tessa Hofmann u. e. Nachwort von Jaak H. Vandemeulebroucke, Bremen 1988.
Rezension: N.N.: ADK 60 (1988), S. 29-30.

Kherdian, David: Der Schatten des Halbmonds. Das Schicksal eines armenischen Mädchens. Aus d. Amerik. von Ingrid Weixelbaumer, ungek. Ausg., 3. Aufl., 17.-22. Tsd., München 1988, (dtv 7856; dtv-Junior; dtv pocket); Originalausg. erschienen u.d.T.: Kherdian, David: The road from home, New York 1979.

Krikorian, Mesrob K.: Rußland als Schutzmacht orthodoxer Christen im osmanischen Reich, in: Tausend Jahre Christentum in Rußland. Hrsg. von Karl Christian Felmy u.a., Göttingen 1988, S. 859-867.

Meyer, Enno und Ara J. Berkian: Zwischen Rhein und Arax. 900 Jahre deutsch-armenische Beziehungen, Oldenburg 1988.
Rezension: Busse, Heribert: Geschichte in Wissenschaft und Unterricht 40 (1989), S. 382-383; Hannick, Christian: JGO N.F. 38 (1990), S. 261-262.

Ternon, Yves: Tabu Armenien. Geschichte eines Völkermordes. Übers. von Rudolf Ernst. Ungekürzte, um ein Vorwort für das Taschenbuch erw. Ausg., Frankfurt am Main u.a. 1988, (Ullstein-Sachbuch); Originalausgabe erschienen u.d.T.: Ternon, Yves: Les Arméniens, Paris 1977.

Werfel, Franz: Die vierzig Tage des Musa Dagh. Roman, Ungek. Ausg., 43.-47. Tsd., Frankfurt am Main 1988, (Fischer-Taschenbücher 2062)

Werfel, Franz: Die vierzig Tage des Musa Dagh. Roman, Ungek. Ausg., 48.-54. Tsd., Frankfurt am Main 1988, (Fischer-Taschenbücher 2062)
Rezension: LaRoche, Emanuel: Tages-Anzeiger (Zürich) 5.10.1988, TA-Extra „Buchzeichen" S. 4.

Feigel, Uwe: Armenier und Deutsche. Ein geschichtlicher Abriß, in: Materialdienst des Konfessionskundlichen Instituts Bensheim 39 (1988),6, S. 105-108. [Resumée der 1989 veröffentlichten Kieler evangelisch-theologischen Dissertation von 1987/88].

Nolte, Helmut: Das Trauma der armenischen Katastrophe aus sozialpsychochologischer Sicht, in: Sociologia internationalis 26 (1988), S. 71-84.

Vortrag zum Internationalen Symposium 'Identität in der Fremde. Das Beispiel: Die armenische Diaspora'. Evangelische Akademie Mülheim/Ruhr 19.-21.6.1987.

1989

Armenien. Kleines Volk mit großem Erbe. Hrsg. von Wilm Sanders. Mit Beiträgen von Ralph Giordano, Hagop Guektchian, Friedrich Heyer, Tessa Hofmann, Raffi Kantian, E. E. Pioch, Wilm Sanders, Hamburg 1989, (Publikationen der Katholischen Akademie Hamburg 6).
Rezension: Röseler, Peter-Frank: ADK 64 (1989), S. 51-54.

Bericht zur Lage der Armenier in der Türkei. Deutsch-Armenische Gesellschaft e.V., Mainz 1989. [Vervielfältigte Informationsschrift].

Ethnic groups in the Republic of Turkey. Comp. and ed. by Peter Alford Andrews. With the assistance of Rüdiger Benninghaus, Wiesbaden 1989. (Beihefte zum Tübinger Atlas des Vorderen Orients. Reihe B: Geisteswissenschaften 60). Enth.: Anschütz, Helga: Christliche Gruppen in der Türkei, S. 454472; Benninghaus, Rüdiger: Zur Herkunft und Identität der Hemsinli, S. 475-497.

Feigel, Uwe: Das evangelische Deutschland und Armenien. Die Armenierhilfe deutscher evangelischer Christen seit dem Ende des 19. Jahrhunderts im Kontext der deutsch-türkischen Beziehungen, Göttingen 1989, (Kirche und Konfession 28); Zgl.: Kiel, Univ., Diss. 1987/88.
Rezension: Goltz, Hermann: Das evangelische Deutschland und Armenien. Ein bibliogr. archival. Beitr. anläßlich e. deutschen theol. Diss, in: ADK 69 (1990), S. 2-17.

75 Jahre Deutsch-Armenische Gesellschaft. Festschrift. Mit Beiträgen von Hacik Gazerian, Hermann Goltz, Margrit Haghnazarian, Peter Hauptmann, Peter Frank Röseler, Mainz 1989.

Hilsenrath, Edgar: Das Märchen vom letzten Gedanken. Roman, München 1989.
Rezension: Poll, Hans Walter: ADK 65 (1989), S. 47-51. – Hielscher, Martin: Die Zeit 6.10.1989, S. 75; Hofmann, Tessa: Pogrom 21 (1991),151, S. 2; N.N.: Der Spiegel 4.9.1989, S. 233-236.

Koutcharian, Gerayer: Der Siedlungsraum der Armenier unter dem Einfluß der historisch-politischen Ereignisse seit dem Berliner Kongress. Eine politisch-geographische Analyse und Dokumentation, Berlin 1989, (Abhandlungen des Geographischen Instituts. Anthropogeographie 43); Zgl.: Berlin, Freie Univ., Diss. 1987.
Rezension: Poll, Hans Walter: ADK 68 (1990), S. 49-51.

Werfel, Franz: Die vierzig Tage des Musa Dagh. Roman, ungekürzte Ausg., 55.-57. Tsd., Frankfurt am Main 1989, (Fischer-Taschenbücher 2062).

Rezension zu: Hovannisian, Richard G.: The Republic of Armenia. Vol. 1. The first year, 1918-1919, Berkeley 1971. -Fragner, Bert: WI N.S. 29 (1989), S. 168-169.

Rezension zu: Ohandjanian, Artem: Der verschwiegene Völkermord Wien u.a. 1989. – Poll, Hans Walter: ADK 64 (1989), S. 48-49.

Albrecht, Richard: Die politische Ideologie des objektiven Gegners und die ideologische Politik des Völkermords im 20. Jahrhundert. Vorüberlegungen zu einer politischen Soziologie des Völkermords nach Hannah Arendt, in: Sociologia internationalis 27 (1989), S. 57-88.
Rezension: Heger, Christoph: ADK 66 (1989), S. 44-45.

Berkian, Ara J.: Ein Brief des Scherifen Hussein um 1915, in: ADK 64 (1989), S. 31-32.

Hofmann, Tessa: New aspects of the Talât Pasha court case. Unknown archival documents on the backround and procedure of an unintended political trial, in: Armenian Review 42 (1989),4, S. 41-53.

Krikorian, Mesrob: Der geschichtliche Weg des armenischen Volkes und seiner Kirche, in: Berliner theologische Zeitschrift 6 (1989), S. 260-268. Vortrag, gehalten am 18.12.1988 in der Luisen-Kirche Berlin Charlottenburg. [Carsten Colpe u.a.: redaktionelle [Literatur-]Ergänzung, S. 271].

Richter, Manfred: Der Einsatz des Johannes Lepsius für die Armenier. Ein Lehrstück christlicher Zivilcourage, in: Berliner theologische Zeitschrift 6 (1989), S. 245-259.

Strauss, Johann: Die nicht-muslimischen Minderheiten in Istanbul, in: Südosteuropa-Jahrbuch 19 (1989), S. 255-269. (Die Staaten Südosteuropas und die Osmanen).

1990

Albrecht, Richard: Vom „Volksfeind" zum „objektiven Gegner". Über die Karriere eines ideologisch-politischen Konzepts in unserem Jahrhundert oder Versuch einer vergleichenden politikwissenschaftlichen Aufarbeitung zweier Völkermorde im 20. Jahrhundert, in: ADK 67 (1990), S. 2-15. Erstdruck des Sendemanuskripts WDR 3, „Am Abend vorgestellt" vom 29.7.1989. Passion eines Volkes. Der Leidensweg der Armenier. Arbeitshilfe und Dokumentation zum 75. Jahrstag des Armeniergenocids vom 24.4.1915. Hrsg. vom Ökumenisch-Missionarischen Zentrum, Berliner Missionsgesellschaft, Berlin 1990.
Rezension: Röseler, Peter-Frank: ADK 68 (1990), S. 47-48.

Werfel, Franz: Die vierzig Tage des Musa Dagh. Roman, Frankfurt am Main 1990, (Fischer-Taschenbücher 9458).

Röseler, Peter-Frank: Der 75. Jahrstag des Völkermords an den Armeniern im Spiegel der deutschen Presse, in: ADK 70 (1990), S. 2-12.

Bildüberlieferungen des Bundesarchivs (in Koblenz und Freiburg) zur Militär- und Kriegsgeschichte bis 1939

von Thomas Trumpp

Bereits aus dem Jahre 1860 lassen sich Versuche amtlicher Stellen in Deutschland nachweisen, die während der ersten Hälfte des 19. Jahrhunderts entwickelten Techniken der Photographie für amtliche Dokumentationsaufgaben zu nutzen. Zunächst wurde in Preußen der Aufbau eines photographischen Archivs für Baudenkmäler geplant; doch waren es dann primär militärische Zwecke, für die maßstabgerechte Aufnahmeverfahren entwickelt werden mußten. Später wandten auch zahlreiche zivile Dienststellen des Staates und der Gemeinden die Photographie im Rahmen ihrer Geschäftstätigkeit an. Die photographische Dokumentation setzte sich im Ersten Weltkrieg endgültig als neue Form amtlicher Informationsverarbeitung durch; daneben trat schon damals die aktuelle Bildnachricht. Fortan sind grundsätzlich zwei unterschiedliche Entstehungszwecke bei amtlichen Bildüberlieferungen zu unterscheiden: die im Zuge der Wahrnehmung interner Dokumentations-, Informations- und Ausbildungsaufgaben entstandenen photographischen Aufnahmen sowie die im Rahmen amtlicher publizistischer Tätigkeit zur Verbreitung in der Öffentlichkeit bestimmten Bildnachrichten.

Während das Reichsarchiv, soweit bekannt, Bildgut amtlicher Herkunft nur in einem Falle übernommen hatte, legte das Bundesarchiv seit seinem Bestehen (3. Juni 1952) Gewicht auch auf die Sicherung historisch wertvoller Bilddokumente. Eine systematische Erfassungstätigkeit für die amtlichen Überlieferungen aus der Zeit vor 1945 war indes – u.a. wegen der Verluste aufgrund von Kriegs- und Nachkriegsereignissen – nur in Ausnahmefällen möglich. Deshalb erwarb das Bundesarchiv zusätzlich Bildüberlieferungen nichtamtlicher Herkunft (z.B. von Agenturen, siehe Bild 102) und sachthematische Sammlungen dann, wenn sie besonderen Aussagewert insbesondere für die politische und militärische Entwicklung besaßen. Für die Zeit nach 1945 liegt der Schwerpunkt in der Wahrnehmung archivischer Funktionen für die Bildproduktionen, die von obersten und oberen Bundesbehörden (z.B. Bundesministerium der Verteidigung, Presse- und Informationsamt der Bundesregierung) oder in deren Auftrag geschaffen wurden.[1]

Was die militärischen Bildüberlieferungen des Zweiten Weltkrieges angeht, so besitzt das Bundesarchiv aufgrund der Unikate (Filmnegative, bei denen die Emulsion mit einem allerdings aus Nitromaterial bestehenden Träger verbunden ist) des Bestandes Bild 101 (Propangandakompanien; Sept. 1939 – Okt. 1944, ca. 1.091.000 Nrn.)[2] ein Monopol, das eine wachsende Zahl von Besuchern aus fast allen Kontinenten in wissenschaftlicher und vor allem publizistischer Form benutzen und auswerten.[3] Bei den übrigen vom Bundesarchiv verwahrten Bilddokumenten militärischer Provenienz und Pertinenz, die nunmehr vorgestellt werden sollen, ist diese Einmaligkeit der Überlieferungsform nur bei wenigen Bildbeständen gegeben.

MILITÄR- UND KRIEGSGESCHICHTE BIS 1914

Bildgut zur Geschichte des Heiligen Römischen Reiches und des Deutschen Bundes (ca. 1.500 Nrn., Anfang 17. Jahrhundert – 1863) verwahrt die Außenstelle Frankfurt des Bundesarchivs (Seckbächer Gasse 4, Tel.: 069/2125220). Für den Zeitraum 1864-1914 kommen hierbei im Bundesarchiv vor allem drei Bildbestände in Frage. Sachthematische Bildsammlung (Bild 3, insgesamt ca. 450.000 Positive), hiervon Teil I: Preußen, Norddeutscher Bund, Deutsches Kaiserreich, 1864 – 1914; u.a.: Deutsch-Dänischer Krieg 1864 (Düppeler Schanzen, Apr. 1864); Deutscher Krieg 1866 (Langensalza, Königgrätz); Deutsch-Französischer Krieg 1870/71 (Sedan); Paraden[4] (Posen 1902, Erfurt 1903, Hamburg 1907, Hannover 1907, Karlsruhe 1909, Danzig 1910, Hamburg 1911, Stettin 1911, Berlin 1912, Zeithain 1912, Breslau 1913, Posen 1913); Manöver[4] (Döberitz). Heer: Gardekorps, Infanterie, Jäger und Schützen, Maschinengewehr-Abteilungen, Kavallerie, Artillerie, Pioniere, Verkehrstruppen, Nachrichtentruppen, Versorgungstruppen, Landwehr und Landsturm; Marine: Flottenmanöver vor der Halbinsel Hela anläßlich des Zusammentreffens von Kaiser Wilhelm II. und Zar Nikolaus II., 1901.
Luftfahrt: Luftschiffereinheiten, Luftschiffe, Flugzeuge und Flugzeugteile, Luftschiff- und Flugzeughallen, Fesselballone.[5]
Institut für Meereskunde (Bild 134, 7.763 Nrn., (19 Jh.) 1867 – 1939: Schiffsarten, vor allem Kriegsschiffstypen, ferner Stützpunkte und Anlagen, Werften sowie historische Schiffe und Gefechtsbilder.[6]
Sammlung Rolf Penselin (Bild 162, 110 Glasnegative und 140 Diapositive, 1895 – 1918): Flugzeugtypen; Flugplätze, Flughallen, Flugzeugbau; Flugzeugteile; Luft- und Erdaufnahmen. Bei dieser Sammlung überwiegt eindeutig die zivile Luftfahrt.[7]

DER ERSTE WELTKRIEG

Dieser Zeitraum ist im Bundesarchiv verstärkt mit Bildüberlieferung vertreten. Zahlreiche Bestände und Teilbestände sind hierbei heranzuziehen. Sachthematische Bildsammlung (Bild 3, insgesamt ca. 450 000 Positive), hiervon Teil II: Erster Weltkrieg, 1914 – 1918;[8] u.a.: politische und militärische Geschichte (Mobilmachung, Kriegsgegner und Verbündete, Kriegsfinanzierung, Psychologische Kriegführung, Kriegsbeute, Lebensmittelversorgung, Rüstungsindustrie, Flüchtlinge, Kriegsgefangene, Feldgottesdienste, Soldatenfriedhöfe); Landkrieg: Gaskrieg, Kavallerie, Panzertruppen, Tankabwehr, Filmtruppen, Feldgerichte, Partisanen; Seekrieg; Luftkrieg (mit zahlreichen Luftaufnahmen). Kriegsschauplätze: Westfront (mit einzelnen Kampfgebieten in Belgien und Nordfrankreich); Ostfront (Ostpreußen, Polen, Galizein, Litauen und Kurland, Finnland, Ukraine, Weißrußland, Georgien; Friede von Brest-Litowsk März 1918); Balkanfront (Rumänien und Friede von Bukarest Mai 1918, Serbien, Montenegro, Griechenland); Südfront (Italien, Isonzoschlachten); Außereuropa (Türkei und Vorderasien mit Palästina, Deutsche Kolonien, insbesondere Deutsch-Ostafrika.[9]
Heeresbildarchiv Stuttgart (Bild 103, ca. 13.300 Nrn., 1914 – 1935): Umfaßt zum einen ca. 500 Diareihen zu Instruktionszwecken für Dienststellen des Wehrkreiskommandos V (5. Division) in Stuttgart („Der Weltkrieg in Lichtbildern") mit insgesamt knapp 13.200 Diapositiven (Glas, überwiegend 8,5 x 10 cm), wovon inzwischen Dupnegative und Papierpositive

vorliegen und welche insbesondere das militärische Geschehen des Ersten Weltkrieges auf dessen verschiedenen Kriegsschauplätzen (einschließlich Kolonien) dokumentieren, zum andern 127 Negative (Glas, 13 x 18 cm) betreffend Ausbildung der Reichswehr in der Heeresfachschule Stuttgart und in der Werftschule Böblingen (Flieger-Erstz-Abteilung 10). Sammlung Carl Wöltje (Bild 105, 2.099 Glas- und Filmnegative, 1914 – 1918): Es handelt sich hierbei um Bildmaterial des Regimentsphotographen Wöltje über den Einsatz des 3. Hannoverschen Infanterie-Regiments Nr. 79 im Ersten Weltkrieg. Archiv des Ausschusses für deutsche Kriegsgefangene des Frankfurter Vereins vom Roten Kreuz/Archiv für Kriegsgefangenenforschung (Bild 117, ca. 1.000 Fotos, 1914 – 1918). Bild- und Filmamt (Bufa): Restüberlieferungen in Bild 104 (ca. 1.700 Glasnegative, 1917 – 1919) und Bild 3, die teilweise bei Barkhausen[10] abgebildet sind.

Kleine Erwerbungen Bild (Bild 116, ca. 15.000 Nrn., 1864 – Gegenwart): Hier finden sich diejenigen Nachlaßreste und sonstigen Splitterbestände (Fotos, zumeist in Alben formiert), die wegen ihres jeweiligen geringen Umfangs nicht als Provenienzbestände (mit eigener Bestandssignatur) aufgestellt werden können. Von den Nachlaßresten sind hier besonders erwähnenswert: Hippel, Hans-Joachim v. mit 21 Alben (ca. 900 Fotos), v.a. Geschichte der Luftfahrt in Deutschland, 1916 – 1936 (Bild 116/Hippel). Bei den sonstigen Splitterbeständen müssen in diesem Zusammenhang besonders hervorgehoben werden:
- Mannigfache und -faltige Erd- und Luftaufnahmen von verschiedenen Kriegsschauplätzen: Frankreich, Italien, Polen, Rußland, Türkei (Palästina) – des Ersten Weltkrieges (Bild 116/11-13, 15, 18-29, 32, 54, 63, 65-67, 80, 88, 95, 96, 104-106, 195, 197, 198, 200-204, 207-208, 217, 219)
- Lazarettzug, ca. 150 Photos, 1915-1918 Bild 116/209)
- Unsere erfolgreichen heldischen Flieger, Weltkrieg 1914 – 1918, Eine Sammlung von seltenen Originalfotos aus dem Privatarchiv von Karl Alois Beck, Leipzig, Verfasser (Bild 116/5, 259 Fotos)[11].

Institut für Meereskunde (Bild 134, 7763 Nrn., (19. Jh.) 1867-1939[12]. Sammlung Rolf Penselin (Bild 162, 110 Glasnegative und 140 Diapositive, 1895 – 1918).[13]

MILITÄR- UND KRIEGSGESCHICHTE 1919-1939[14]

Neben den im vorigen Abschnitt bereits erwähnten Beständen und Teilbeständen – Institut für Meereskunde (Bild 134, 7763 Nrn., (19. Jh.) 1867 – 1939) Heeresbildarchiv Stuttgart (Bild 103, ca. 13.300 Nrn., 1914-1935) – enthalten insbesondere zwei Bestände einschlägige Bildüberlieferungen. Sachthematische Bildsammlung (Bild 3, insgesamt ca. 450.000 Positive), hiervon
- Teil III: Weimarer Republik, 1918 – 1933, u.a.: Reichswehr, Paraden, Manöver;[15] Reichsheer: Infanterie, Kavallerie, Pioniere, Artillerie, Verkehrstruppen, Nachrichtentruppen; Reichsmarine: Flottenmanöver und -schauen, Kriegsschiffe,[16] Abgewrackte deutsche Kriegsschiffe; Luftwaffe, u.a.: Geheimer deutsch-russischer Luftwaffenaufbau,[17] Junkers-Zweigwerk Fili bei Moskau 1924 – 1926, Flugtag bei Bad Mergentheim 1926
- Teil IV: Nationalsozialistische Herrschaft in Deutschland, 1933 – 1939[18] u.a.: Reichswehr/Wehrmacht: Paraden, Manöver,[19] Militärwaisenhaus Potsdam; Heer: Infanterie, Gebirgsjäger, Maschinengewehr-Kompanien, Panzertruppen, Kavallerie, Pioniere, Artil-

lerie, Verkehrstruppen; Kriegsmarine: Flottenmanöver und -schauen, Schiffstypen und -arten,[21] Deutsche Versuchsanstalt für Luftfahrt in Berlin-Adlerhof.

A-B-C Actuelle-Bilder-Centrale G. Pahl, Berlin-Steglitz (Bild 102, ca. 224.000 Nrn., März 1923 – 1939). Dieser reichhaltige Bildbestand umfaßt Glasnegative (überwiegend 13 x 18 cm), Papiernegative wie -positive, die Georg Pahl 1923 – 1935 als selbstständiger Berliner Bildverleger und 1936 – 1939 als Berliner Bildberichter der Hearstpresse hergestellt hatte. Der überwiegende Teil dieser hauptsächlich auf Berlin beschränkten Bildüberlieferung liegt in der Zeit 1923 – 1935 und dokumentiert neben wichtigen Ereignissen und Persönlichkeiten aus Politik und Wehrwesen insbesondere das aktuelle Tagesgeschehen, wie es beispielsweise in Naturkatastrophen und aufsehenerregenden Vorgängen besonders offenkundig wird.[22]

ANMERKUNGEN:

1 Vgl. dazu im einzelnen Thomas Trumpp: Zur Geschichte, Struktur und Nutzung der photographischen Überlieferungen des Bundesarchivs; Bildarchiv, Bildsammlung oder Bildagentur? (Mit einer Liste der Bildbestände), Der Archivar, 36 (1983), Sp. 365-380.
2 Thomas Trumpp: Photographische Überlieferungen von Propagandakompanien des Zweiten Weltkrieges, Jahresbiblioigraphie Bibliothek für Zeitgeschichte 58 (1986), S. 467-471 und ders.: Photographische Überlieferungen von Propagandakompanien der Waffen-SS, ebenda 60 (1988), S. 571-575.
3 Rainer Hofmann und Hans Rail: Rechte an Lichtbildern, in: Aus der Arbeit der Archive; Beiträge zum Archivwesen, zur Quellenkunde und zur Geschichte. Hrsg. von Friedrich P. Kahlenberg, Boppard 1989, S. 318-327.
4 Teilweise Positive aus dem Bildbestand Oscar Tellgmann, Eschwege (Bild 136, S. 338 Glasnegative, 1893-1937). Oscar Tellgmann, seit 1896 am kaiserlichen Hof als privilegierter Photograph tätig, war vornehmlich auf Aufnahmen über das preußische Heer spezialisiert; sein Sohn Gustav Tellgmann setzte diese Tradition für die Reichswehr fort.
5 Das Bundesarchiv-Militärarchiv in Freiburg (Wiesentalstraße 10, Tel.: 0761/42006) verfügt über eine analoge sachthematische Bildsammlung (Militär- und Kriegsgeschichte bis 1914), in der u.a. zusätzlich dokumentiert ist: Herero- und Hottentotten-Aufstände 1889-1906 und Boxerkrieg 1900.
6 Das Fotoarchiv der Bibliothek für Zeitgeschichte (siehe im einzelnen Jahresbibliographie Bibliothek für Zeitgeschichte 52 (1980), S. 445-454) verwahrt eine Sammlung von Schiffsklassen und Einzelschiffen, die Ende 1991 über 600.000 Aufnahmen umfaßte, bei eimen jährlichen Zugang von ca. 5.000 Fotos.
7 Vgl. Werner Schwipps: Schwerer als Luft, die Frühzeit der Flugtechnik in Deutschland, Koblenz 1984 und Günter Schmitt: Fliegende Kisten von Kitty Hawk bis Kiew, Berlin (-Ost) 1985.
8 Das Bundesarchiv-Militärarchiv (siehe Anm. 5) verfügt über eine analoge sachthematische Sammlung (Militär- und Kriegsgeschichte 1. Weltkrieg). Die Abteilung IV – Kriegsarchiv – des Bayerischen Hauptstaatsarchivs in München (Leonrodstraße 57, Tel.: 089/183612) verwahrt die Luftaufnahmen der ehemaligen Luftschiffer- und Fliegertruppen der bayerischen Armee, die zum überwiegenden Teil aus den Kriegsschauplätzen des Ersten Weltkrieges einschließlich Palästina stammen (vgl. dazu Gerhard Heyl: Militärische Luftaufnahmen als Archivgut, Archivalische Zeitschrift 73 (1977), S. 172-176). Im Imperial War Museum (Lambeth Road, London SEl 6H2) befindet sich eine Fotosammlung Erster Weltkrieg mit über 250.000 Fotos bzw. Negative (Q-Serie). Auch das National Archives, Still Picture Branch (Washington, DC 20408) besitzt eine umfängliche Foto-Sammlung Erster Weltkrieg.
9 Einschlägige Bildüberlieferungen enthält auch Bild 105 (Walter Dobbertin, Daressalam und Tanga; 2952 Glasnegative, 1906-1918), u.a.: Angehörige der Schutz- und Polizeitruppe (u.a. Askari), Militärparaden,

Kasernen, Landungsversuch bei Tanga (Nov. 1914), Ende des deutschen Kreuzers Königsversuch (Juli 1915), gefecht bei Jassini (Nov. 1915), durch Kriegseinwirkungen beschädigte und zerstörte Anlagen (u.a. in Daressalam). Es handelt sich hierbei um Aufnahmen, die Walther Dobbertin in den Jahren 1906-1914 als einziger Berufsphotograph in Deutsch-Ostafrika und von 1914-1918 als Landsturmmann unter General der Infanterie Paul von Lettow-Vorbeck hergestellt hat.

10 Hans Barkhausen: Filmpropaganda für Deutschland im Ersten und Zweiten Weltkrieg, Hildesheim 1982.
11 Vgl. dazu Winfried Mönch: Fotografische Kriegs-Erinnerungs-Bildbände deutscher Einheiten aus dem Ersten Weltkrieg, Jahresbibliographie Bibliothek für Zeitgeschichte, 59(1987), S. 371-381.
12 Siehe Anm. 6.
13 Siehe Anm. 7.
14 Vgl. dazu auch die entsprechende sachthematische Sammlung Militärarchiv (siehe Anm. 5) und Georg Tessin: Deutsche Verbände und Truppen 1918 – 1939: Altes Heer, Freiwilligenverbände, Reichswehr, Heer, Luftwaffe, Landespolizei, Osnabrück 1974.
15 Siehe Anm. 4.
16 Siehe Anm. 6.
17 Vgl. dazu die Position „Getarnter Luftwaffenaufbau" in der sachthematischen Sammlung „Militär- und Kriegsgeschichte 1919 – 1939" des Bundesarchiv-Militärarchivs (siehe Anm. 5 und 14).
18 Zu Teil V: Nationalsozialistische Herrschaft in Europa, 1939 – 1945 siehe Thomas Trumpp: Photographische Überlieferung von Propagandakompanien des Zweiten Weltkrieges (wie Anm. 2), S. 468.
19 Siehe Anm. 4.
20 Siehe Anm. 6.
21 Das Fotoarchiv der Bibliothek für Zeitgeschichte (siehe Anm. 6) verwahrt eine Sammlung zur Entwicklung der deutschen Flugzeugtypen.
22 Weitere einschlägige Bildüberlieferungen zur Militär- und Kriegsgeschichte bis 1939 finden sich im Bildquellenhandbuch 1992 (u.a. mit 86 Bildanbietern nebst ihren Leistungsangeboten), hrsg. vom Bundesverband der Pressebild-Agenturen und Bildarchive e.V. (Geschäftsstelle: Mommsenstraße 21, 1000 Berlin 12), vor allem auf den S. 53, 77 (Bildarchiv Preußischer Kulturbesitz, Berlin), 115, 133, 205 (Süddeutscher Verlag Bilderdienst, München) und 219 (Ullstein Bilderdienst, Berlin); ferner im Verzeichnis fotografischer Sammlungen in der Deutschen Demokratischen Republik, bearbeitet von Klaus-Dieter Bernstein und Christa Bach, Dresden 1989, vor allem auf den S. 17 (Allgemeiner Deutscher Nachrichtendienst, Zentralbild), 31 (Armeemuseum in Dresden, Fotothek), 35 (Staatsarchiv Dresden) und 95 (Staatsarchiv Magdeburg, Außenstelle Wernigerode); last but not least im Bundesarchiv, Abteilung III, in Potsdam (u.a. Auswärtiges Amt, Nachrichten- und Presseabteilung).

III
ALPHABETISCHES VERFASSER- UND HERAUSGEBER-REGISTER

A

Aalders, W. *232*
Aardal, Bernt *233*
Abbal, O. *70*
Abbott, Elizabeth *394*
Abbott, Peter *342*
Abdolali, Nasrin *6*
Abed, George T. *115*
Abedin, Najmul *6*
Abelló i Güell, Teresa *288*
Abelshauser, Werner *182*
Aben, Jacques *132*
Abenheim, Donald *160*
Abeysinghe, Ariya *301*
Abir, Mordechai *327*
Abraham, Nabeel *115*
Abrahamian, Ervand *315*
Abrasimov, Petr Andreevic *250*
Abshire, David M. *30*
Abun-Nasr, Jamil M. *334*
Acharya, Amitav *401*
Achtamzjan, A. A. *238, 274*
Adám, Antal *124*
Adám, Magda *122*
Adam, Rudolf Georg *306*
Adamitza, P. *106*
Adams, R. J. Q. *213*
Addy, Premen *309*
Adelman, Jonathan R. *386*
Adelman, Kenneth L. *26*
Adolphi, Wolfram *308*
Adwan, Mustafa A. Al *377*
Agaev, S. L. *313*
Ageron, Charles-Robert *334*
Agnelli, Giovanni *131*
Aguirre Lavayéen, Jaoquín *67*
Agyeman-Duah Baffour *332*
Ahmad, Haji Zakaria *325*
Ahmad, Mohd. Ismail *325*
Ahmann, Rolf *82*
Ahmed, Hisham H. *46*
Ahmed, Ishtiaq *326*
Ahmed, Munir D. *326*
Ahrne, Göran *198*
Aja, Aja Akpuru *202*
Akashi, Yasushi *24*
Akermann, Paul *215*
Aksamitek, Stefan *241*
Akulichev, Alexadr. *89*
Alapuro, Risto *198*
Alatas, Ali *398*
Alba, Victor *285*
Albert Ferrero, Julio C. *110*
Albertz, Rainer *318*
Albion, Robert Greenhalg *42*
Albrecht, Richard *168*
Albrecht, Ulrich *58*
Albrechtsen, Keld *24*
Albright, David E. *263*
Albright, Harry *102*
Alcaraz i Gonzàlez, Ricard *288*
Alder, Konrad *46*
Alderman, Geoffrey *209*
Aldrich, Richard *213*
Alegi, Gregory *219*
Aleixo, José Carlos *349*
Alem, Jean P. *41*
Alesin, A. M. *271*
Alessandrini, Luca *225*
Alex, Jürgen *150*
Alexander, Martin S. *95, 205*
Alexander, Robert J. *343*
Alexander, Stella *227*
Alexandrescu, Sorin *249*
Alexandrov, Valentin *103*
Alexeyeva, Ludmilla *255*
Alfonsin, Raúl *347*
Alford, Jonathan *132*
Ali, Sheikh Rustum *369*
Alibejli, Gasan Dzangirogly *314*
Aliev, Rafik Sali-Akzamovic *320*
Alinsky, Saul David *372*
Allali, Jean Pierre *3*
Allan, Chris *215*
Allcock, John B. *227*
Allen, Elizabeth *349*
Allen, Louis *101, 102*
Allen, Richard F. *386*
Allen, Thomas B. *269*
Alles, A. C. *302*
Alles-Fernandez, Peter *54*
Allison, Caroline *336*
Allison, Roy *263*
Allyn, Bruce J. *396*
Alonso Baquer, Miguel *76, 286*
Alpert, Michael *74*
Althumudali, Lalith *302*
Altmann, Jürgen *26, 44*
Altrichter, Helmut *77, 250*
Alvah, Bessie *75*
Alvarez Rey, Leandro *288*
Alves, José Lopes *247*
Amamoo, Joseph G. *335*
Améry, Jean *87*
Amirahmadi, Hooshang *314 - 315*
Amishai-Maisels, Ziva: *3*
Amme, Carl H. *30*
Ammer, Thomas *156*
Amodia, José *284*
Amouroux, Henri *96, 198*
Anad, R. P. *9*
Anczewski, Ignacy *124*
Andersen, Arne *63*
Andersen, Walter K. *310*
Anderson, Benedict *6*
Anderson, James *362*
Anderson, Jon Lee *37*
Anderson, Lisa *332*
Anderson, Martin *366*
Anderson, Scott *37*
Anderson, Thomas P. *346*
Anderton, Charles H. *26*
Andina, Lina *361*
Andrain, Charles F. *119*
Andrén, Nils *124, 267, 400*
Andrés Gallego, José *287*
Andrianopoulos, Argyris G. *373*
Androsch, Hannes *238*
Aneja, Atul *336, 354*
Anér, Sven *279*
Anfilov, Viktor Aleksandrovic *93*
Angelozzi Gariboldi, Giorgio *64*
Angelucci, Enzo *84*
Anger, Jan *290*
Angerer, Jo *164*
Anker, Ingrid *161*
Annannepesov, Murad A. *277*
Annati, Massimo *270*
Antelme, Robert *176*

492

B

Antiw, Ljubomir *227*
Antoniw, Zdravko *99*
Antonov-Ovseenko, A. V. *253*
Antosjak, A.V. *277*
Appel, Roland *149*
Appleman, Roy Edgar *107*
Arans, David *274*
Arbós, Albert *284*
Archer, Robin *211*
Arcidiacono, Bruno *82*
Arct, Bohdan *85*
Arden, Caroline *372*
Ardito-Barletta, Nicolás *10*
Are, Giuseppe *124*
Argumosa Pila, Jesús *30, 286, 325*
Ari, Mostafa *111*
Arian, Asher *317*
Arjomand, Said A. *314*
Arkad'evic Arbatov, Georgij *23*
Armani, Giuseppe *220*
Armingeon, Klaus *133*
Armitage, Michael *30*
Arndt, Dieter *31*
Arnold, Hans *122, 236*
Arnold, Heinz Ludwig *150*
Arnold, Lorna *47*
Arnold, Walter *320*
Aron, Leon *257*
Arvidsson, Claes *261*
Arzt, Donna E. *121*
Ascher, Abraham *274*
Asendorf, Manfred *66*
Ash, Timothy Garton *245*
Asperger, Thomas *170*
Assiri, Abdul-Reda *324*
Atkins, Stephen E. *24*
Atkinson, Rick *382*
Atkinson, Scott *263*
Atta, Don van *256*
Attwell, Michael *338*
Au, William A. *391*
Aumüller, Jutta *326*
Autengruber, Peter *236*
Avar, János *364, 366*
Avenarius, Helene von *272*
Avenhaus, Rudolf *23*
Avila Bernal, Alvaro *345*

Avirgan, Tony *360*
Avnery, Uri *115*
Avrich, Paul *14*
Avril, Pierre *200*
Awwad, Emad *316*
Axelgard, Frederick W. *313, 378*
Axelrad, Albert S. *255*
Axt, Heinz-Jürgen *127, 293*
Ayache, Georges *249*
Ayers, Pat *60*
Azadi, Sousan *313*
Azicri, Max *396*
Aziz, A. *302*

B

Baaren, Henk van *95*
Babb, Michael A. *382*
Babbage, Ross *397*
Bachman, David *303*
Bachmann, Klaus *241*
Baciu, Nicolae *249*
Backes, Uwe *128*
Bacque, James *85*
Baczkowski, Wieslaw *54*
Bada, Juan *74*
Badigin, Konstantin *85*
Badstübner, Rolf *183, 196*
Baehrs, P. R. *20*
Baer, Judith A. *369*
Baerwald, Hans H. *320*
Bagley, Worth H. *263*
Bahadur, Kalim *300*
Bahle, Holger *40*
Bahrmann, Hannes *191*
Bailer-Galanda, Brigitte *238*
Bailey, Christopher J. *372*
Bailey, Norman A. *345*
Bailey, Sydney Dawson *20*
Baitenmann, Helga *61*
Baker, A. D. Michael *270*
Baker, C. Ashford *113*
Baker, Lillian *367*
Baker, Pauline K. *331, 377*
Baklan, Andrej Jakovlevic *272*
Baktiari, Bahman *369*
Balázs, Peter *295*
Balbin, Szymon *20*
Bald, Detlef *150*

Balencie, Jean-Marc *120*
Balic, Smail *121*
Balkoski, Josef *97*
Ball, Desmond *38, 41, 55, 257, 397*
Bally, J. J. *54*
Baló, György *295*
Banac, Ivo *227*
Banerjee, D. *299, 306*
Banerji, Sanjukta *368*
Bangash, Zafar *327*
Banny, Leopold *237*
Baptiste, Fitzroy André *393*
Bar-On, Dan *87*
Baral, J. K. *311*
Baranowsky, Wladimir *261*
Baratta-Dragono, Mario von *150*
Barbati, Vittorio *31, 401*
Barbé, Esther *24*
Barbieux, Jean *134*
Barbusse, Henri *198*
Barckhausen, Christiane *220*
Barco, Virgilio *357*
Bard, Mitchell G. *118*
Bardaji, Rafael L. *40, 44*
Bardehle, Peter *33*
Barker, Lucius Jefferson *365*
Barki, Irène *347*
Barnes, Scott Tracy *108*
Barou, Jean Pierre *253*
Barré, Jean-Luc *199*
Barre, Raymond *199*
Barry, Deborah *384*
Barry, Tom *388*
Barston, Ronald P. *17*
Barton, Brian *218*
Bartosek, Karel *93*
Bartoszewski, Wladyslaw T. *88*
Bartov, Omer *88, 176*
Bartu, Friedemann *322*
Baruab, Sanjib *257*
Barysnikov, Nikola Ivanovic *75*
Barzel, Rainer *202*
Basistov, Yuri *83*
Basko, Petr Kuzmic *278*
Bassett, Richard *234*

B

Bastenier, Miguel Angel 359
Batchelor, John 45
Bathke, Peter 118
Batista Gonzalez, Juan 345
Batowski, Henryk 245
Batt, Judy 289
Battenfeld, Richard 165
Battle, John M. 256
Bauche, Ulrich 187
Bauer, Ernest 234
Bauer, Gerhard 176
Bauer, Harald 130
Bauer, Karl Jack 387
Bauer, U. 194
Baum, Karl-Josef 162
Baum, Phil 115
Bauman, Janina 241
Bauman, Zygmunt 2
Baumann, Herbert 299
Baumann, Michael 156
Baumgartner, Frank R. 200
Baumgartner, Lothar 234
Bauriedl, Thea 182
Baxter, Brian S. 51
Baxter, Craig 301
Baynham, Simon 335
Bayo y Giroud, Alberto 74
Bazanov, Evgenij Petrovic 265
Beams, Nick 399
Beaumont, Roger 37
Bebel, August 61
Bebler, Anton 35, 126, 228 - 229, 237
Becher, Klaus 34
Becher, Walter 138
Bechtoldt, Heinrich 263
Beck, Herbert 26, 47
Beck, Pip 215
Beck, Reinhard 52
Beck, Robert J. 72
Becker, Heiner 143
Becker, Joachim 334
Bédarida, François 97
Bedeski, Robert E. 323
Bednarz, Klaus 241
Bedregal Gutiérrez, Guillermo 349
Beeler, Urs 281
Beer, Siegfried 211

Beesly, Patrick 94
Beetham, David 209
Beglov, S. I. 6
Begunov, S. F. 93
Behar, Olga 356
Beier, Rudolf 169
Beike, Mechtild 307
Beise, Marc 57, 193
Beit-Hallahmi, Benjamin 317
Beker, Avi 20
Bektimirova, Nadezda Nikolaevna 322
Béládi, László 254
Belardelli, Giovanni 225
Belavin, Nikolaj Ivanovic 270
Belin, David W. 371
Bell, Bowyer J. 384
Bell, Derrick 368
Bell, Ken 76
Bellers, Jürgen 165
Bellin, David 44
Bello, Walden 121, 399
Belonogov, Aleksandr M. 20
Belousov, Lev Sergeevic 225
Belousov, Sergej Romanovic 303
Ben-Ari, Jitzhak 317
Ben-Israel, Isaac 41
Benamou, Jean-Pierre 91
Benavides Correa, Alfonso 352
Bence, György 296
Bencze, Laszlo 296
Bender, Peter 190
Benedict, Hans 118
Benewick, Robert 302
Benito Secades, Javier de 51, 132
Benn, Tony 207
Bennett, Ralph 41, 98
Bennulf, Martin 279
Benoist, Jean-Marie 10
Benser, Günter 196
Benz, Wolfgang 147, 183
Bereznjak, Evgenij Stepanovic 91
Berg, Ger P. van den 260
Berg, Hans W. 299
Berg-Schlosser, Dirk 149

Berger, Hanruedi 283
Berger, Karin 3
Berger, Victor 361
Bergesen, Helge Ole 272
Berghahn, Marion 146
Berghahn, Volker R. 172
Berghe, Gie van den 87
Berghofer, Wolfgang 191
Bergmann, Knut 169
Bergmann, Theodor 250, 254, 289
Bergot, Erwan 106
Bergquist, Mats 104
Berkian, Ara J. 294
Berman, William C. 364
Bernaldez, Pedro B. 384
Bernatowicz, Grazyna 243
Bernauer, James 176
Bernier, Serge 356
Bernov, Yuri 245
Bernstam, Mikhail S. 256
Bernstein, Alvin H. 399
Bernstein, Barton J. 47
Bernstein, Gail Lee 319
Bernstein, Thomas 382
Berry, R. Michael 198
Berryman, Sue E. 385
Bertin, François 51
Bertrand, Claude-Jean 369
Besançon, Alain 255
Beschorner, Herward 164
Beßlich, Wolfgang 43
Besson, Yves 327
Best, Heinrich 173
Besteiro, Julián 283
Bethge, Arthur 176
Bethge, Horst 149
Betz, Hans-Georg 151
Beucker, Pascal 168
Beutelschmidt, Thomas 196
Beyer, Hans 186
Beyer, Helmut 186
Beyme, Klaus von 257
Bhambhri, Chander Prakash 311
Bhaskar, C. Uday 306
Bhat, Manju 309
Bhatia, Shyam 26
Bhatt, S. 9

B

Bhutto, Benazir *326*
Bialer, Seweryn *381*
Biass, Eric H. *54 - 55*
Biberaj, Elez *227*
Bibó, István *176*
Bickers, Richard Townshend *71*
Bickhardt, Stephan *196*
Biekart, Kees *352*
Bielenstein-Bosse, Barbara *278*
Bieling, Rainer *167*
Biermann, Rafael *27*
Bierzanek, Remigiusz *2, 62*
Bikar, A. *95*
Bill, James A. *314, 380*
Billet, Bret L. *323*
Billings-Yun, Melanie *106*
Billington-Greig, Teresa *207*
Billstein, Aurel *182*
Billstein, Reinhold *183*
Binkin, Martin *386*
Binns, Joe *128*
Birckenbach, Hanne-Margret *153*
Birgersson, Bengt O. *279*
Birkenhauer, Renate *176*
Birla, Krishna Kumar *309*
Birnbaum, Norman *391*
Biró, Gerd *297*
Biron, Georg *238*
Bishop, Donald H. *118*
Bittman, Ladislav *274*
Bitzel, Uwe *187*
Bitzinger, Richard A. *123*
Biver, Nico *359*
Bjerg, Hans Chr. *42*
Black, Michael *64*
Blacker, Coit D. *263*
Blackwill, Robert D. *33*
Blake, Gerald *9*
Blanco Ande, Joaquin *286*
Bland, Douglas *356*
Blaney, Harry C. *25*
Blank, Stephen *261*
Blaschke, Karlheinz *190*
Blasier, Cole *377*
Blasius, Dirk *176*
Blaskett, Beverly *400*
Blaxland, John Charles *397*

Blechman, Barry M. *18, 27*
Bleiber, Helmut *173*
Blight, James G. *396*
Blix, Hans *58*
Bloch, Czeslaw *62*
Bloch, Jacqueline *98*
Blohm, E. *94*
Bloomfield, Jon *259*
Bludau, Dietrich *83*
Blüdnikow, Bent *70*
Blum, Howard *42*
Blumenwitz, Dieter *156 - 157*
Blunden, Margaret *24, 35*
Bo, Carlo *220*
Boak, Helen L. *176*
Boban, Ljubo *228 - 229*
Bobbio, Luigi *222*
Bobbitt, Philip *39*
Bobrik, M. N. *246*
Bobylev, P. N. *270*
Bock, Helmut *18*
Boczek, Matthew *386*
Bodin, Michel *106*
Boe, Jonathan E. *388*
Boel, Geoff *78*
Bogaturov, Alexei *267*
Bögeholz, H. *303*
Bogomolov, Alekksandr Olegovic *299*
Böhm, Tadeusz *89*
Boissau, Raymond *107*
Bøjrnvad, Anders *137*
Bokan, Branko J. *99*
Bokarev, Jurij P. *272*
Bokova, Lenka *327*
Boland, Kevin *218*
Bolick, Clint *371*
Bolkestein, Frits *10*
Boll, Michael M. *376*
Bolleboom, Leo *97*
Bollinger, Stefan *151*
Bologna, Sergio *224*
Bonabello, Piero *106*
Boniface, Pascal *104*
Bonin, Hubert *334*
Bönisch, Monika *172*
Bonnafous, R. *107*
Bonnin, Michel *308*
Boog, Horst *84, 163*

Boogerman, Eric *200*
Boos-Nünning, Ursula *166*
Booth, Ken *103*
Borck, N. C. *42*
Borejsza, Jerzy W. *141*
Borell, Klas *280*
Borer, Ernst R. *272*
Borg, Marlies ter *51*
Borkenhagen, Franz H. U. *123*
Borkowski, Jan *75, 242*
Borodziej, Wlodzimierz *170*
Borovik, Yehuda *317*
Borovskij, Aleksandr Ivanovic *94*
Borsdorf, Ulrich *187*
Bosch, Anton *255*
Boschmann, Rüdiger *101*
Bossak, Jan *129*
Bossányi, Katalin *296*
Bosse, Peter Jochen *278*
Bosshard, Peter *394*
Bossle, Lothar *351*
Botham, Philip *342*
Bothelho Gosálvez, Raúl *349*
Botman, Selma *333*
Botos, János *295*
Botti, Alfonso *284*
Boulesbaa, Ahcene *20*
Bourderon, Roger *74*
Bourdrel, Philippe *205*
Bourne, John M. *67*
Bouteiller, Georges de *121*
Bovio, Oreste *1*
Bower, Tom *176*
Bowers, Stephen R. *127*
Bowker, Mike *104*
Bowman, James S. *369*
Boyce, David George *219*
Boyd, Carl *97, 102, 213*
Boyd, Gavin *17*
Boyer, Yves *30, 383*
Boyle, Francis A. *371*
Bozarslan, Hamit *292*
Brackmann, Karl-Heinz *176*
Braillard, Philippe *15*
Brams, Steven John *18*
Bramwell, Anna C. *62*
Brand, Laurie *328*

495

B

Brand, Richard *164*
Brandes, Detlef *217*
Brandes, Volkhard *183*
Brands, H. W. *373*
Brands, Maarten C. *155*
Brandstetter, Karl J. *265*
Brandt, Willy *139*
Brankoviw, Slobodan *229*
Brass, Paul R. *312*
Brassel-Moser, Ruedi *281*
Brauch, Hans Günter *28*
Braun, Dieter *311*
Brauns, Jan *163*
Brauteset, Steinar *95*
Brauzzi, Alfredo *42, 67, 223*
Braveboy-Wagner, Jacqueline A. *396*
Bray, John *326*
Braybrook, Roy *46, 50, 53*
Brebeck, Wulff-Eberhard *186*
Brecher, Michael *15*
Brechon, Pierre *200*
Breckner, Roswitha *78*
Bredin, Alexander Edward Craven *219*
Bredow, Wilfried von *104*
Breines, Wini *372*
Breitman, Richard *368*
Bremer, Heiner *185*
Brendon, Piers *364*
Brenke, Gabriele *155*
Brenner, Philip *381*
Breslin, Patrick E. *388*
Breuer, Robert *238*
Brey, Hansjörg *330*
Breyer, Siegfried *84, 162*
Breyer, Siegried *162*
Bridson, Amy M. *215*
Brie, André *27*
Briegel, Manfred *177*
Brinkley, David *392*
Brittain, Victoria *339 - 340*
Britten, Uwe *44*
Britton, James *98*
Broadbent, Ewen *213*
Brockett, Charles D. *346*
Bröckling, Ulrich *172*
Bromlej, Ju. V. *255*
Brook, Timothy *12*

Brooks, Robin J. *216*
Brooman, Josh *80*
Brosius, Hans-Bernd *15*
Broszat, Martin *170, 176*
Brotherson, Festus *354*
Broué, Pierre *254*
Brousek, Karl *87*
Brower, Michael *50, 388*
Brown, Anthony Cave *208*
Brown, Archie *257*
Brown, David: *2*
Brown, Eric M. *84*
Brown, Gary *397*
Brown, Harold *376*
Brown, James *293*
Brown, James F. *124*
Brown, Michael E. *124, 388*
Brown, Michael, E. *53*
Brown, Neville *39, 62*
Brown, Sue *18*
Brox, Ottar *233*
Bruce, Anthony *67*
Brücker, Herbert *164*
Brühl, Reinhard *68*
Brühl, Reinhardt *156*
Brumlik, Micha *147 - 148*
Bruneau, Thomas C. *349*
Brunet, Jean-Paul *201*
Brunner, Georg *296*
Brunner, Walter *84*
Brunot, Patrick *129*
Bruns, Wilhelm *193*
Brustein, William *225*
Brutscher, Peter *165*
Brütting, Georg *84*
Bryan, Anthony T. *393*
Brynen, Rex *115*
Brzezinski, Zbigniew *104, 255, 383*
Brzoska, Michael *57*
Buchala, Rudolf *124, 198*
Bucharin, Nikolaj Ivanovic *250*
Bucharina, Anna L. *251*
Bücheler, Heinrich *78*
Bucher, Peter *173*
Bucher-Johannessen, Olav *233*
Buchheim, Christoph *133*

Buchmann, Frank *45*
Buchner, Alex *89, 161*
Buchovsky, Vladimir *103*
Buchrucker, Cristián R. *347*
Buchsbaum, Jonathan S. *204*
Buck, David D. *67*
Buckingham, Peter H. *370*
Buckley, Thomas H. *376*
Buddingh, Hans *362*
Budzinski, Manfred *166*
Buell, Thomas B. *367*
Buesser, Carlos Alberto *113*
Buhle, Paul *372*
Bührer, Werner *133*
Bui, Diem *329*
Bùi, Xuân Quang *322*
Buijtenhijs, Robert *113*
Buitenhuis, Peter *64*
Bukowski, Slawomir *126*
Buldakov, Vladimir Prochorovic *272*
Bull, Trygve *232*
Bullert, Gary *391*
Bumbacher, Beat *379*
Bunce, Valerie *124*
Bunin, Igor Michajlovic *201*
Bunn, George *47*
Búr, Gábor *338*
Burcev, Vladimir L'vovic *251*
Burdette, Marcia M. *342*
Burdick, Charles *78, 86*
Burdzhalov, Eduard Nikolaevic *275*
Burg, Steven L. *255*
Burgmer, Inge Maria *149*
Burke, Edmund *60, 121*
Burke, Patrick *36*
Burki, Shahid Javed *326*
Burlazki, Fjodor *251*
Burley, Anne-Marie *173*
Burns, John P. *304*
Burrin, Philippe *3*
Burrowes, Reynold A. *114*
Burrowes, Robert D. *322*
Burton, Charles *299*
Burton, David Henry *371*
Buscemi, Jon H. *386*
Busch, Eckart *150*
Büsch, Otto *188*

C

Buschak, Willy *167*
Buscher, Frank M. *103*
Bush, George *364*
Busquets, Camil *42, 46*
Busse, Horst *176*
Busted, P. *137*
Buszynski, Leszek *329*
Büttner, Ursula *173*
Buve, Raymond *377*
Buzeta Muñoz, Oscar *344*
Bwengye, Francis Aloysius Wazarwahi *342*
Byczkowskie, Józef *159*
Bye, Ronald *232*
Byrd, Martha *364*
Byrd, Peter *211*
Byung, Kyu Kan *263*

C

Caballero Jurado, Carlos *267*
Caballero, Manuel *13*
Cabiro, Bernard *203*
Cable, James *42*
Caccavale, Romolo *221*
Cada, Václav *291*
Caforio, Giuseppe *60*
Cahen, Alfred *31*
Cailleteau, François *205*
Cain, Frank *50*
Caligaris, Gianni *339*
Caliw, Eduard *76*
Callaghan, John *208*
Calließ, Jörg *105*
Calloni, Stella *346*
Calman, Leslie J. *312*
Calvo, Michel A. *24*
Calvo-Goller, Norburga K. *24*
Camacho Guizado, Alvaro *357*
Camarasa, Jorge *347*
Cameron, Kenneth Neill *254*
Cameron, Watt *269*
Camilleri, Joseph A. *35*
Cammack, Paul *12*
Cammack, Paul A. *119*
Campanera, Albert *42*
Campbell, Duncan *41*
Campbell, Horace *393*
Campbell, Kurt, M. *22*

Campe, Hilmar von *66*
Câmpeanu, Pavel *257*
Canavero, Alfredo *223*
Cancino Troncoso, Hugo *351*
Canelas, Demetrio *73*
Canfield, Robert L. *300*
Canfora, Luciano *221*
Cannizzo, C. A. *356*
Cannon, Michael W. *367*
Cano, Guillermo *356*
Capdevielle, Jacques *205*
Capogreco, Carlo S. *219*
Capulong-Hallenberg, Virginia S. *399*
Carden, Ron M. *172*
Cardoso, Fernando Jorge *247*
Carlebach, Emil *139*
Carlsson, I. F. *29*
Carlton, David *26, 111*
Carmagnani, Marcello *345*
Carneiro, María L. *349*
Carnois, Marcel *70*
Carpi, Daniel *342*
Carr, Caleb *376*
Carr, Christopher D. *302*
Carrasco i Formiguera, Mmanuel *288*
Carrera, Alvaro *359*
Carter, April *216*
Casale, Anthony M. *389*
Casali, Luciano *225*
Casanova, Alfonso *395*
Casas, Ulises: *357*
Casetta, Giovanni *345*
Casey, William *385*
Cashman, Sean Dennis *391*
Cashmann, Sean Dennis *392*
Casillas, Rex J. *327*
Casoli, Vincenzo *222*
Casper, Dale E. *366*
Cassese, Antonio *115*
Cassimatis, Louis P. *206*
Castello, José Emilio *283, 287*
Castillero Pimentel, Ernesto *360*
Castner, Hartmut *152*
Castner, Thilo *152*

Castro Villalobos, José Humberto *247*
Castro, Jaime *356*
Castro, Rodolfo *384*
Catella, Francis *176*
Catephores, George *57*
Catudal, Honoré M. *269*
Cavagnari Filhi, Geraldo Lesbat *350*
Cavalcanti, G. Holanda *129*
Cchartisvili, Sandro Dement'evic *278*
Cecconi, Aldo *225*
Cegielski, Tadeusz *170*
Cejka, Eduard *290 - 291*
Celedón, María A. *353*
Celysev, Igor Alekseevic *77*
Cepulo, Dalibor *227*
Cerkasov, P. P. *96*
Cernjavskij, G. I. *253*
Cerovac, Ivan *229*
Cervera Pery, José *74*
Césari, Laurent *105*
Cescotti, Roderich *163*
Ceva, Lucio *100*
Chace, James *376*
Chacel, Julian M. *350*
Chafe, William H. *392*
Chalfont, Alun *214*
Chalmers, Malcolm *130*
Chalupa, Ales *291*
Chalupczak, Henryk *146, 246*
Chamorro Cardenal, Jaime *360*
Chan, Gerald *298*
Chan, Stephen *121*
Chang, David Wen-Wei *304*
Chang-Rodriguez, Eugenio *361*
Chanoff, David *329*
Chant, Christopher *43, 50, 214*
Charzat, Giselle *39*
Chatfield, Charles *20*
Chaudhuri, Nirad Chandra *309*
Chávez Ortiz, Nuflo *349*
Chazanov, B. Ja. *254*
Chee, Stephen *299, 325*

C

Chelkowski, Peter J. *117*
Chenault, Libby *71*
Cheng, Tun-Jen *328*
Cherubin, Dariusz *85*
Chiarini, Roberto *222*
Chilcote, Ronald H. *247*
Childs, David *78, 190 - 191*
Chin, Henk E. *362*
Chinnery, Phil *108*
Chirac, Jacques *256*
Choe, Dok Sin *323*
Choisi, Jeanette *330*
Choma, Ivan *298*
Chomsky, Noam *105, 319, 364, 373*
Chonigsman, Jakov Samojlovic *74*
Chopra, H. S. *131, 272*
Chopra, V. D. *311*
Chorobrych, Anatolij Michajlovic *253*
Choudhury, Dilara *311*
Chow, Nelson W. S. *307*
Christel, Albert *139*
Christie, G. *31*
Christison, Kathleen *118*
Chrobaczynski, Jacek *246*
Chrzanowski, Maciej *109*
Chubin, Sharam *111*
Chuchmák, Miroslav *291*
Churchill, Ward *370*
Ciechanowski, Konrad *88*
Ciechánski, Jerzy *21*
Cieplewicz, Mieczsław *89*
Cigar, Norman *270*
Cima, Ronald J. *329*
Cimbala, Stephen J. *36, 39*
Cimek, Henryk *246*
Citroen, Sophie *231*
Clark, Hine, Darlene *368*
Clark, Susan *211*
Clarke, Magnus *47*
Claude, Richard Pierre *8*
Claudín, Fernando *257*
Clay, Clemens *151*
Clay, Jason W. *2*
Clayton, Anthony *202*
Clemens, Walter C. *261*
Clemmesen, M. H. *137*

Cliff, Norman D. *214*
Cliffe, Lionel *333*
Cline, Ray S. *269, 379, 396*
Clinton, David W. *375*
Close, David H. *359*
Coate, Roger A. *16, 64*
Coates, Ken *17*
Coats, Dan *383*
Coats, Wendell *382*
Cobanjan, Sergej Samsonovic *176*
Cobbett, William *339*
Cockman, Terry L. *161*
Codevilla, Angelo *24*
Codevilla, Angelo M. *40*
Coello Lillo, Juan Luis *286*
Coen, Fausto *318*
Coerver, Don M. *358*
Coffey, Joseph I. *31*
Cogar, William B. *387*
Cohen, Asher *122*
Cohen, Christopher *40*
Cohen, Eliot A. *107*
Cohen, Naomi Wiener *318*
Cohen, Richard *376*
Cohen, Robert *232*
Cohen, Samy *202*
Cohn-Sherbok, Dan *3*
Coker, Christopher *210, 332*
Colard, Daniel *121, 128*
Cole, Jeffrey U. *113*
Coleman, Michael *213*
Coletta, Paolo E. *364*
Collet, André *44*
Collette, Christine *210*
Collins, John M. *38*
Collomb, Jean Daniel *282*
Collotti-Pischel, Enrica *64, 309*
Colombani, Jean-Marie *199*
Compton-Hall, Richard *53*
Conert, Hansgeorg *257*
Conley, D. *271*
Connell, G. G. *215*
Conner, Albert Z. *269*
Connoughton, Richard Michael *67*
Conquest, Robert *254, 278*
Conrad, Markus *164*

Conrad, Philippe *68*
Constable, Pamela *351*
Constantinu, Florin *249*
Cooper, Allan D. *336*
Cooper, Barry *211*
Cooper, Henry S. *55*
Cordell, K. *157*
Cordell, Karl *266*
Corder, Hugh *339*
Cordesman, Anthony H. *31*
Cordts, G. *63*
Cornelsen, Doris *195*
Corni, G. *226*
Corni, Gustavo *141*
Correa, Enrique *353*
Corterier, Peter *31*
Corvisier, André *204*
Cosentino, Michele *59, 271, 387*
Costa Bona, Enrica *94*
Cottam, Richard *315*
Courtland Monn, John Ellis van *102*
Coutts, Ken *216*
Covarrubias, María T. *351*
Covington, Stephen R. *31*
Cox, Michael *104*
Cox, Sebastian *84*
Craig, Keith *219*
Creasy, Pauline *132*
Creed, Roscoe *54*
Cremer, Rolf D. *308*
Crenshaw, Martha *14*
Crick, Bernard *209*
Crisostomo, Isabelo T. *399*
Crist, Rodney *317*
Croall, Jonathan *217*
Crocker, Chester A. *21, 339*
Croft, Stuart *27*
Crome, Peter *319*
Cronin, Audrey Kurth *105*
Crook, Paul *71*
Cross, John P. *37*
Cross, Tim *72*
Crowder, Michael *341*
Crowley, Joan F. *260*
Crowther, William E. *248*
Cruz, Arturo *359*
Cruz, Rafael *284*

D

Crystal, Jill *324*
Cséfalvay, Frantisek *94*
Cudlipp, Edythe *138*
Cudodeev, Ju. V. *76*
Cueva Dávila, Agustín *343*
Cuevas, Angela *343*
Cufrin, Gennadij Illarionovic *325*
Cukierman, Maurice *338*
Curbar'jan, A. O. *277*
Currie, Jack *84, 216*
Curtis, Gerald L. *320*
Curtis, Willie *50*
Custers, Geert *361*
Cutler, Thomas J. *108*
Cvetkoviw, Slavoljub *227*
Cviic, Christopher *227*
Cygan, Wiktor Krzysztof *89*
Cyganski, Miroslaw *159*
Cynk, Jerz B. *84*
Czarny, Marek *151*
Czempiel, Ernst-Otto *31, 381*
Czeppan, Karl *236*
Czerniakiewicz, Jan *241*
Cziomer, Erhard *156*
Czmur, Stefan *84*
Czubinski, Antoni *244, 246*

D

Daadler, Ivo H. *40*
Dabkowski, Tadeusz *92*
Dabrowski, Hans-Peter *54*
Dagnaud, Monique *201*
Dahlitz, Julie *24*
Dajnes, Vladimir Ottovic *255*
Dalgas Jensen, Leon *137*
Dalton, Russel J. *10*
Dalyell, Tam *208*
Danaher, Kevin *339*
Dangerfield, J. K. *356*
Dangl, Vojtech *70*
Daniel, Donald C. *33*
Daniel, Donald C. P. *271*
Daniel, Jean *200*
Daniel, Ute *60*
Daniels, Robert Vincent *258*
Danielsson, Bengt *47*
Däniker, Gustav *281*

Danneberg, Erika *359*
Danopoulos, Constantine P. *23, 206*
Danziger, Raphael *115*
Danzmayr, Heinz *237*
Dardaud, Gabriel *199*
Darweish, Marwan *319*
Darwin, John *212*
Dauber, Cori *39*
Dauth, Jürgen *299*
David, Steven R. *377*
Davidson, A. B. *331*
Davies, Alan *355*
Davies, Philip John *369*
Davies, Robert H. *338*
Davis, Brian L. *33*
Davis, Clarence Baldwin *211*
Davis, Deborah *365*
Davis, John *335*
Davis, Mary D. *204*
Davis, Paul *15*
Davis, Peter *359*
Davison, Kenneth L. *109*
Davy, Richard *212*
Davydov, Ju. P. *378*
Dawydow, Jurij P. *265*
De Jong, Ben *192*
De Luna, G. *101*
De Santis, Hugh *55*
Deacon, Richard *41*
Deák, István *124*
Dean, Jonathan *24*
Decleva, Enrico *223*
Dederichs, Erich *169*
Dedijer, Vladimir *85, 298*
Deeb, Mary-Jane *332, 335*
Dega, Czeslaw *42*
DeGrand, Alexander *222*
Deibel, Terry L. *373, 383*
Deist, Wilhelm *172 - 173*
Dekkers, C. A. *232*
Del Arenal, Celestino *16*
Del Castillo, Pilar *128*
Del Tredici, Robert *47*
Delaney, William P. *385*
Delcourt, Victor *97*
Delgado, James, P. *387*
Delgado, Jose Luis García *288*
Delhombre, Jean *204*

Della Rocca Morozzo, Roberto *224*
Delobeau, Francis *47*
Delors, Jacques *131*
DelTredici, Robert *47*
Dembski, Wojciech *333*
Demin, Veniamin Arkadevic *270*
Demirovic, Alex *201*
Demm, Eberhard *69, 71*
Dempsey, David B. *383*
Dempsey, Thomas A. *37*
Denikin, Anton Ivanovic *72*
Denitch, Bogdan *228*
Deppe, Frank *11, 152*
Deringil, Selim *293*
Derlugyan, Georgi *336*
Deroc, M. *99*
Derogy, Jacques *318*
Deron, Francis *308*
Derville, Jacques *200*
Deryabin, Yuri *122*
Desai, A. R. *311*
Desarzens, Olivier *95*
Desch, Michael C. *16*
Deschner, Günther *116*
Desjardins, Robert *266*
Dettmann, Hans *45*
Deutscher, Isaac *254*
Deutschmann, David *394*
Devereux, David R. *212*
Devernois, Henri *110*
Devillers, Philippe *107*
Dewar, Michael *212*
Dewey, Peter, E. *216*
Di Nolfo, Ennio *223*
Diamond, Larry *119, 336*
Díaz Bessone, Ramón Genaro *347*
Díaz del Corral, Eulogio *19*
Díaz-Plaja, Fernando *283*
Dibblin, Jane *47*
Dick, Richard *271*
Dickens, Peter *210*
Dickes, Ursula *304*
Dieckhoff, Alain *3*
Diéguez M., Maria Isabel *81*
Diehl, Ole *25*
Diehl, Paul F. *33*

E

Dienstbier, Jiri *290*
Dietrich, Donald J. *170*
Dietze, Gottfried *6*
Diez, José Manuel *51*
Dillon, G. M. *113*
Dimbleby, David *212*
Dinamarca, Manuel *351*
Dinan, Desmond *81*
Diner, Dan *3, 176*
Dinh, Tran van *17*
Dinstein, Yoram *8*
DiNunzio, Mario R. *10*
Dirks, Walter *170*
Dirlik, Arif *304*
Ditlev-Simonsen, Per *233*
Dittmer, Lowell *265, 304*
Dittmers, Manuel *151*
Dix, Robert H. *343*
Dixit, Aabha *306*
Dizdar, Zdravko *229*
Djalili, Mohammad-Reza *15*
Djilas, Milovan *124*
Djiwandono, J. Soedjati *398*
Djukoviw, Isidor *99*
Dlubek, Rolf *11*
Dmitricev, Timur Fedorovic *21*
Dmitrów, Edmund *91*
Dobias, Tibor *159*
Dobroczynski, Michal *242*
Dobrosky, Nanette *318*
Dobrowolski, Piotr *154*
Dodd, Norman L. *34*
Doehler, Edgar *172*
Doeker, Günther *9*
Doepfner, Andreas *94*
Doerfel, Marianne *176*
Doetsch, Doris *182*
Dogliani, Patrizia *225*
Doise, Jean *205*
Dolan, Sean *302*
Dollinger, Hans *169*
Domány, András *241, 295*
Domergue-Cloarec, D. *202*
Domes, Jürgen *309*
Domich Ruiz, Marcos *275*
Dominguez, Javier *287*
Domínguez, Jorge I. *395*
Domke, William Kinkade *16*

Donald, David *54*
Dondoviw, Radomir *99*
Dönhoff, Marion Gräfin *186*
Donini, Luigi *213*
Donko, Wilhelm M. *321*
Donovan, Peter Francis *397*
Dorr, Robert F. *55, 108*
Dorst, Klaus *68, 270*
Dostál, Vladimír *289*
Douglas, William *207*
Douglas, William Alexander Binney *356*
Douglass, Joseph D. *27*
Dovers, William Anthony George *397*
Dowdy, William L. *356*
Downes, Cathy *397*
Downs, Charles *247*
Drago, Tito *346*
Dray, Julien *204*
Drea, Edward J. *101*
Dregger, Alfred *25*
Dreher, Bernd *188*
Drell, Sydney David *27*
Dressel, Joachim *46*
Dreyer, Dietrich *281*
Dreyer, June Teufel *328 - 329*
Drifte, Reinhard *320*
Drimmel, Heinrich *238*
Drinan, Robert F. *8*
Drzyzga, Bernard *244*
Dube, Norbert *164*
Dubofsky, Melvyn *365, 390*
Dubois, Colette *86*
Duchacek, Ivo D. *9*
Dudeck, Anne *151*
Dugan, Michael J. *388*
Duiker, Willaim *329*
Duke, Simon *384*
Dülffer, Jost *21*
Dumas, Lloyd J. *58*
Dumbrell, John *109*
Dumoulin, André *47*
Duncan, Raymond *119*
Duncan, Ronald *12*
Dunin-Wasowicz, Krzysztof *246*
Dunn, D. Ellwood *335*
Dunn, Lewis A. *47*

Dunne, Michael *21*
Duparinov, M. *135*
Duppler, Jörg *162*
Durand, Arthur A. *85*
Durand, Pierre *142*
Durandin, Catherine *248*
Durisiw, Mitar *70*
Dussel, Konrad *168*
Düsterberg, Rolf *144*
Dutt, Sanjay *109*
Dutta, Sujit *304*
Duus, Masayo Umezawa *387*
Duyker, Edward *313*
Dwyer, Thomas R. *81*
Dyck, Cornelius *64*
Dykes, Vivian *78*
Dynin, Ivan Michajlovic *250*
Dzelebdziw, Milovan *99*
Dzeletoviw Ivanov, Pavle *99*
Dziedzic, Michael J. *357*
Dziewanowski, Marian K. *76*

E

Eames, Michael C. *53*
Eberstadt, Nicholas *299*
Eberstadt, Nick *127*
Ebinghaus, Angelika *180*
Eckert, Michael *165*
Edgar, Adrienne *158*
Edmonds, M. *215*
Edmonds, Martin *43, 203*
Edoin, Hoito *102*
Edwardes, Michael *310*
Edwards, Alistair *48*
Edwards, George C. *371*
Efinger, Manfred *25, 27*
Efrat, Elisha *319*
Efremova, Nata Pavovna *252*
Egan, Clifford L. *373*
Eggers, Michael *35*
Ehrenberg, Herbert *167*
Ehrhart, Hans-Georg *130, 203*
Ehrt, Siegfried *161*
Ehteshami, Anoushiravan *47, 118, 314*
Eichler, Jan *39, 202, 281*
Eisenstadt, Abraham S. *369*

500

F

Ekedahl, Carolyn McGiffert 263
Ekéus, Rolf 25
Elliott, Jeffrey M. 369
Ellis, Rafaela 385
Ellison, Herbert J. 263, 265
Ellner, Steve 363
Ellwein, Thomas 183
Elm, Ludwig 192
Elorza, Antonio 283
Elson, Diane 57
Elwood-Akers, Virginia 108
Emelin, A. S. 275
Emeljanov, Jurij Vasil'evic 250
Emmerich, Klaus 363
Emmerson, John K. 320
Emudong, C. P. 332
Enchsajchan, Z. 326
Enders, Thomas 153
Endres, Thaddäus 161
Engelhardt, Klaus 58
Engelmann, Bernd 170
Engert, Steffi 272
Enseñat, Amador y Berea 308
Entessar, Nader 314, 333
Entzinger, H. B. 62
Eppler, Erhard 153
Erdmann, Karl Dietrich 157
Erhard, Ludwig 140
Erickson, John 27
Eriksen, Tore Linné 113
Erisman, Michael H. 393
Ermacora, F. 2
Ermacora, Felix 236
Erskine, Ralph 100
Ertl, Harald 161
Eschenhagen, Wieland 171
Escolar Sobrino, Hipólito 74
Escudé, Carlos 348
Eshel, David 269
Eskildsen, Arly 136
Espadas Burgos, Manuel 284
Esteban, Jorge de 284
Esthus, Raymond A. 67
Estival, Bernard 50
Etschman, Wolfgang 113
Evangelista, Matthew 27, 268
Evans, Richard J. 171

Ewald, Hans-Gerd 183
Ewald, Thomas 177
Ewell, Judith 363
Exoo, Calvin F. 391
Eyal, Jonathan 297
Eychenne, Emilienne 96
Eymar Alonso, Carlos 12
Eytan, Walter 319
Ezell, Edward C. 45
Ezell, Virginia H. 45

F

Faath, Sigrid 334, 336
Fabela, Isidro 358
Fackenheim, Emil L. 3
Fairbank, John King 379
Falcoff, Mark 113, 343, 351
Falk, Dieter 292
Falk, Rainer 105
Falk, Richard 373
Falke, Andreas 369
Falkner, Thomas 14
Fan, David P. 15
Fane, Daria 267
Fangmann, Helmut 187
Fannig, Richard W. 19
Fansa, Nazir 315
Fantasia, Rick 390
Farah, Nadia Ramsis 334
Faremo, Osmund 233
Farer, Tom J. 8, 377
Farquharson, John E. 183
Farrar-Hockley, Anthony 23
Farré, Juan Avilès 284
Farwick, Dieter 31
Faulhaber, Max 140
Faurby, Ib. 136
Fauriol, Georges A. 377
Favez, Jean-Claude 146
Feagin, Joe R. 368
Featherstone, Kevin 124, 206
Feder, Klaus 194
Fedoseev, P. N. 20
Fegert, Hans 84
Feil, A. 194
Feinerman, James V. 304
Feinmann, José P. 348
Feinstein, Alan 337
Feist, Ursula 128

Feiveson, Harold, A. 30
Fejtö, François 295
Feldmann, Josef 281
Fenton, Thomas P. 8, 299
Ferdowsi, Mir A. 111
Ferenc, Tone 224
Ferencuhová, Bohumila 275
Ferge, Zsuzsa 297
Fermoselle, Rafael 394
Fernandes Mendes, Hugo 362
Fernández Estigarribia, José Félix 361
Fernandez Mateos, Francisco 51
Fernández Salvatecci, José A. 362
Fernández Temprano, Antonio 286
Fernandez, Alex Jilberto 352
Fernández, Damián J. 395
Féron, José 8
Ferrante, Ezio 71, 72, 224
Ferrari, Paul L. 383
Ferraris, Luigi Vittorio 223
Ferreira Perez, Saturnino 361
Ferreira, Juan Raúl 362
Ferrell, Claudine L. 392
Ferrell, Robert H. 373
Ferrero, Albert 110
Ferretti, Maria 251, 275
Ferris, John 41, 70, 100, 213
Ferris, John Robert 211
Feuchtwanger, Martin 146
Feuer, A. B. 78
Fields, A. B. 201
Figes, Orlando 272
Figner, Vera N. 251
Filho, Afonso Borges 349
Filippelli, Ronald L. 390
Filippowski, Adam 305
Fincham, Paul 76
Find, Lawrence R. 385
Finer, Samuel E. 43
Fink, Lawrence R. 267
Fink, Ulf 141
Finkelstein, Lawrence, S. 22
Finkelstein, Norman G. 3
Finnis, John 39
Finocchiaro, Maurice A. 220

G

Firsov, F. I. *254*
Fischer, Benno *191*
Fischer, Per *304*
Fischer, Rolf *295*
Fischer, S. *18, 193*
Fischer, Siegfried *194*
Fischer, Thomas *152*
Fischer-Defoy, Christine *177*
Fish, Joe *113*
Fish, Steven M. *267*
Fisher, David *73*
Fisher, George *366*
Fishman, Nina *209*
Fistié, Pierre *329*
Fitzgeorge-Parker, Tim *208*
Fitzgerald, Daniel Myles *329*
Fitzgerald, Mary C. *37*
Fitzmaurice, John *124*
Fitzpatrick, David *219*
Flach, Werner *8*
Flanagan, Stephen J. *33*
Flanaghan, E. M. *388*
Flapan, Simcha *318*
Flavin, Christopher *272*
Fleischhauer, Carl *389*
Fleischhauer, Ingeborg *72*
Fleisher, Paul *47*
Fleming, Thomas *372*
Flores, Mário Céesar *132*
Flowerree, Charles C. *27*
Flynn, Elizabeth G. *364*
Foerster, Friedrich Wilhelm *140*
Foitzik, Jan *72, 197*
Földesi, Margit *297*
Foner, Philip S. *390*
Fontaine, Roger W. *14*
Foot, Paul *219*
Ford, Gerald R. *371*
Ford, Ken *97*
Ford-Jones, Martyn R. *216*
Form, Wolfgang *177*
Fornaciari, Micheline *204*
Forrest, M. R. *44*
Forsythe, David P. *43*
Forty, George *214*
Foss, Christopher F. *51*
Fössinger, Josef *161*
Foster, Catherine *19*

Foster, Gregory D. *38*
Fougerouse, Maurice *336*
Fox, William, F. *14*
Fraddosio, Maria *225*
Franchini, Philippe *107*
Francillon, René J. *108*
Francis, Anselm A. *393*
Francis, Barbara-Corinna *304*
Franco Bahamonde, Francisco *283*
Franco, Hermenegildo *67*
Franey, Ros *219*
Franke, Klaus *31*
Franke, Volker *177*
Franks, Norman L. *78*
Franz-Willing, Georg *144*
Franzioch, Marion *166*
Frazier, Robert *183*
Frederiksen, P. C. *120*
Freedman, Lawrence *27, 114*
Freedman, Robert O. *316*
Freeland, Jane *359*
Freeman, Charles *8*
Freeman, Roger Anthony *79*
Frei, Betto *349*
Frei, Norbert *177*
Freire, António de Siqueira *247*
Freitag, Rainer *292*
Freitag, Walter W. *79*
Freudenstein, Roland *55*
Freund, Norman C. *6*
Fricke, Karl Wilhelm *191*
Fricker, John *55*
Fried, Edward R. *389*
Friedhoff, Herman *97*
Friedman, Edward *304*
Friedman, Norman *387*
Friedman, Steven *341*
Friedmann, Bernhard *157*
Friedmann, Reinhard *352*
Friedrich, Jörg *104*
Friend, Theodor *102*
Fritz, Friedrich *126*
Fritz, Gerhard *238*
Frodyma, Roman *70*
Fröhlich, Stefan *34*
Fronius, Hans *69*
Frossard, André *241*

Frost, Ellen L. *380*
Frost, Frank *108*
Frost, John *114*
Frow, Edmund *216*
Frow, Ruth *216*
Frowein, Jochen A. *8*
Fryer, Charles E. J. *215*
Fuchs, Jochen *150*
Fuchs, Katrin *31*
Fuellgraf, Frederico *47*
Fuentes, Jorge *130*
Fuhrmann, Marliese *177*
Fujii, Hiroaki *320*
Fuller, Graham E. *115*
Fuller, Graham F. *315*
Funigiello, Philip J. *272*
Funke, Hajo *152*
Funke, Manfred *141, 183*
Funkenstein, Amos *3*
Furedi, Frank *212*
Furlong, Robert D. M. *45*
Fursdon, Edward *34*
Furukawa, Theodore P. *35*
Fussell, Paul *88*
Futterknecht, Willy *280*
Fyfe, Albert J. *68*

G

Gabanyi, Anneli U. *248*
Gabanyi, Anneli Ute *248, 249*
Gabel, Charles A. *140*
Gabert, Josef *194*
Gabriel, Claude *400*
Gacon, Jean *205*
Gaertner, Heinz *27*
Gaffney, John *201*
Gagnon, Jean-Pierre *70*
Gál, Peter *120*
Galante, Severino *222*
Galbraith, Evan G. *374*
Galbraith, John Kenneth *388*
Galeano, Eduardo *343*
Galen, Klemens August Graf von *170*
Galickij, V.P. *86*
Galili, Ziva *275*
Gall, Vladimir *79*
Gamarra Romero, Juan Manuel *362*

G

Gamarra, Eduardo 350
Gambles, Ian 130
Gander, Terry 37
Gander, Terry J. 214
Gandhi, Indira 309
Gandhi, Mohandas Karamcand 309
Gandolfi, Alain 10
Ganguly, Sumit 311
Ganslandt, Herbert R. 206
Gantar Godina, Irena 289
Ganugi, Andrea 354
Gárate Córdoba, José, M. 74
Garavini di Turno A., Sadio 354
García Cabezas, Manuel 218
García Escudero, José M. 284
Garcia Fuentes, Antonio 283
Garcia Parra, Francisco 45
Garcia, Peter 120
Gardner, J. A. 111
Gardner, Lloyd C. 382
Gardner, Richard N. 10
Garfinkle, Adam M. 38
Garitaonandia, Carmeio 287
Garretón, Manuel A. 352
Garrison, J. 19
Garrison, Terry 209
Garrow, David J. 365
Garten, Jeffrey E. 380
Gartenschläger, Uwe 272
Garthe, Michael 128
Garthoff, Raymond L. 269, 396
Garvin, Tom 219
Gasch, Edel 140
Gates, David 33, 384
Gatow, Hanns-Heinz 192
Gaus, Günter 157
Gawrzyal, Agenor 167
Gay, William 36
Gazmuri Riveros, Christian 353
Gebhardt, Dieter 171
Gebhardt, James F. 93
Gebhart, Jan 290 - 291
Geddes, Barbara 349
Gehle, Heinz 157
Gehler, Michael 235
Geiges, Adrian 258

Geiling, K. 35
Geiß, Edgar W. 140
Geisenheyner, Stefan 44
Gelber, Harry, G. 303
Gelber, Yo'av 177
Geldard, I. 219
Gelder, Paul van 362
Geller, Michail 253
Gellermann, Günther W. 177
Gellman, Peter 355
Gellner, Ernest 274
Gemignani, Marco 107
Genese, Cecil 3
Genscher, Hans-Dietrich 123
Georg Lukacs 294
George, Alexander L. 16, 29
Geraedts, Friedhelm 142
Gérard, Patrick 372
Geras, Norman 12
Gerathewohl, Siegfried 43
Gerber, Margy 196
Géré, François 25
Geréb, Sándor 298
Geremek, Bronislaw 242
Gergely, Ferenc 297
Gerig, Uwe 109
Gerlach, Manfred 192
German, Paul 97
Germershausen, Andreas 165
Gerrish, Donald A. 387
Gershon, K. 3
Gershon, Karen 5
Gerstenberger, Heide 180
Gerster, Florian 377
Gerston, Larry N. 206
Getu, Makonen 333
Ghabra, Shafeeq G. 115
Ghafouri, Mahmoud 263
Ghaussy, A. Ghante 109
Ghebali, Victor-Yves 25, 106
Gheijam, Ali M. 335
Ghoble, Trimbak Ramrao 306
Ghosh, A. 311
Giacomo, Enzo di 222
Giakoumis, Pantelis 207
Gibbs, Christopher C. 374
Gibernau, J. A. 288
Gibert, Stephen P. 328
Gibianskij, L. Ja. 266

Gibianskij, Leonid Janovic 266
Gibowski, Wolfgang G. 192
Gibson, James L. 369
Gibson, Michael 23
Gier, G. J. G. de 231
Giesenfeld, Günter 313
Giessmann, Hans-Joachim 193
Gifford, Prosser 330
Gilbert, Dennis 360
Gilbert, Jane E. 146
Gilbert, Martin 76
Gilbert, Stephen P. 299
Gill, Anton 177
Gill, Graeme 260
Gill, Stephen 374
Gillespie, Richard 286
Gilmour, David 112
Gincberg, L. I. 173
Ginger, Ann Fagan 390
Ginsberg, Benjamin 372
Giordano, Ralf 76
Giorgerini, Giorgio 42
Giovannini, Peter 337
Gitelman, Howard M. 390
Gitelman, Zvi 255
Gitlin, Todd 103
Giussani, Pablo 347
Glaeßner, Gert-Joachim 146, 190, 197
Glaess, Michaela 177
Glantz, David M. 93, 267
Glänzl, Ralf 333
Glasner, Günther 194
Glaubitz, Joachim 266
Glazar, Richard 87
Glazer, Myron 369
Glines, Carroll V. 102
Gloeckner, Eduard 183
Glotz, Peter 122
Gluchowski, Peter 128
Godio, Julio 345
Godley, Wynne 216
Godson, Roy 41
Goetzendorff, Günter 140
Gold, Dore 384
Gold, Victor 364
Goldberg, Andrew C. 103

503

G

Goldblat, Jozef 47
Golden, Miriam 224
Goldfiem, Jacques de 305
Goldman, Ralph M. 10
Goldmanis, Juris 278
Goldobin, Aleksej Michajlovic 334
Goldschmidt, Arthur 118
Goldschmidt, Dietrich 156
Goldsmith, Catharine 280
Goldstein, Toby 389
Golembski, Jan 207
Golightly, Niel L. 387
Golin, Steve 390
Golovko, Nikolai 262
Gómez Casas, Juan 287
Gómez de las Heras Hernández 287
Gomm, Bernhard 271
Gomólka, Krystyna 250
Gondek, Leszek 244
Gong, Gerrit W. 308
Gonsior, Bernhard 26
Gonula, Joanna 115
Gonzales, Anthony P. 393
Gonzáles-Betes Fierro, Antonio 286
González Casanova, Pablo 343
Gonzalez Enríquez, Carmen 296
González Janzen, Ignacio 347
Gonzalez Portilla, Manuel 74
González Salinas, Edmundo 353
Gonzalez Seara, Luis 284
Goodman, Melvin A. 263
Goodpaster, Andrew J. 382
Góralski, Wladyslaw 320
Gorbacev, Michail Sergeevic 19, 251
Gorbatschow, Michail 11
Gordon, Helmut 141
Gordon, J. C. B. 173
Gordon, Sheila 81
Gorman, Robert A. 372
Gormley, Dennis M. 268
Gorodeckij, Gabriel 92, 212
Gorz, André 11
Gorzkowski, Kazimierz 91

Goschen, Seev 171
Goschler, Constantin 133
Gosztonyi, Péter 297
Gosztonyj, Péter 297
Göthel, Ingeborg 324
Gottfried, Paul 372
Gottlieb, Gidon 319
Gottlieb, Roger S. 12
Gottstein, Peter 118
Goul Andersen, Jürgen 136
Goulds, Sharon 338
Goulter, Christina 83
Gourdon, Joël 76
Goure, Daniel 263
Gower, Teri 42
Grabau, Rudolf 40
Grabowski, Bernd 277
Graf 177
Gräf, Dieter 191
Graf, Herbert 7
Graf, Willi 140
Graham-Brown, Sarah 115
Graml, Hermann 157
Gramsci, Antonio 220
Grancelli, Bruno 273
Grande Preza, José L. 360
Grant, Richard L. 303
Gray, Colin S. 2, 256
Gray, Robert C. 50, 383
Grayling, Christopher 212
Green, Stephen 380
Greenberg, Stanley B. 339
Greenleaf, W. H. 209
Greger, René 271
Gregg, David W. 384
Gregor, Anthony James 379
Gregor, James A. 264
Gregory, Shaun 48
Greilsammer, Ilan 131
Grein-Funk, Eberhard 160
Greiselis, W. 177
Grell, Janusz 242
Greussing, Kurt 238
Grevemeyer, Jan-Heeren 300
Grey, Jeffrey 107
Griesser-Pecar, Tamara 69
Griffiths, Franklin 400
Griffiths, Franklyn 268
Griffiths, John 346

Griffiths, Richard T. 135
Grigulevic, Iosif Romual'dovic 343
Grimblat, Francis 325
Grimnes, Ole K. 233
Grimstvedt, Bjarne 233
Gringauz, Samuel 4
Grix, Rolf 145
Grobar, Lisa M. 120
Gröh, Walter 9
Gromyko, A. A. 24
Gromyko, Anatoly 18
Gross Stein, Janice 119
Gross, Gerhard Paul 71
Gross, Jan T. 80
Grossman, David 316
Groth, Alexander J. 13, 81
Grothusen, Klaus-Detlev 127
Grove, Eric 34
Grubb, Michael 62
Grudzinski, Przemyslaw 48
Gruhn, Klaus 177
Grünbaum, Isi 189
Gruner, Wolf 146
Grunewald, Michel 168
Grupp, Peter 173
Guarasci, Roberto 222
Guarini, Ruggero 221
Guerout-Jesset, Anne-Marie 76
Guerra, Alfonso 11
Guerrero Roiz de la Parra, Juan 286
Guerrero Roiz dela Parra, Juan 80
Guevara Arze, Walter 349
Guevara, Ernesto C. 394, 396
Guha, Amalendu 6
Guillemin, René 271
Guillen, Pierre 34
Guillermo Nieto, Alberto 38
Guillon, Jean-Marie 96
Guillot, J. 50
Gumrukçu, Harun 293
Gunn, Geoffrey C. 324
Gunston, Bill 46, 54, 55
Guocang, Huan 304, 308
Gupta, Arvind 262 - 263, 265, 273

H

Gupta, Rakesh 268
Gupta, Surendra K. 266
Gupta, Vijay 332
Gurevic, Emma Markovna 325
Gurinovic, Anatolij Emel'janovic 19
Gurr, Ted Robert 15
Gurrea Gracia, Eusebio 286
Gurtov, Mel 16
Gusejnov, A. A. 261
Gustafson, Lowell S. 401
Gustafsson, Bengt 280
Gutiw, Mirko 229
Gutmann, Ethan 27
Gutsche, Willibald 145, 172
Guttman, William L. 344
Guyot, James F. 301
Gysler-Schöni, Rosy 282

H

Haack, Johannes F. 81
Haambote, Obino Richard 258
Haas, Michael 325
Haas, Peter J. 87
Habeeb, William Mark 16
Habel, Rainer 177
Haberl, Othmar N. 127
Haberl, Othmar Nikola 227
Habermann, Ursel 144
Habert, Philippe 128
Hachtmann, Rüdiger 178
Hacke, Christian 129
Hacker, Jens 262
Hackett, James T. 50
Haddad, Simon 316
Haddawi, Sami 318
Hadenius, Stig 280
Hadjor, Kofi B. 331
Hadjor, Kofi Buenor 335
Hafner, Annemarie 22
Hafner, Donald L. 50
Haftendorn, Helga 370
Haga, Arnfinn 234
Hagen, Manfred 197
Hagena, Hermann 43
Hager, Wolfgang 237
Haggard, Stephan 324

Hagopian, Elaine 325
Hagstrom, Jerry 369
Hahn, Jeffrey W. 258, 260
Hahn, Karl Josef 129
Hahn, Roland 149
Hahn, Walter F. 34, 373
Haig, Brian D. 36
Haimson, Leopold H. 61, 275
Haines, Herbert H. 371
Haining, Peter 218
Hajdu, Tibor 127
Hajnicz, Artur 244
Halberstadt, Hans 387
Halfmann, Jost 149
Halimarski, Andrzej 125, 306
Hall, David L. 113
Hall, Linda Biesele 358
Hall, William W. 79
Hallada, Raphael J. 40
Hallade, Jean 70
Halldorsson, Jon 398
Halliday, Fred 117
Halpern, Martin 390
Halpern, Nina P. 303
Halpern, Paul G. 71
Halter, Marilyn 401
Haltermann, Udo 80
Hamilton, Malcolm B. 279
Hamizrachi, Beate 112
Hamm, Manfred R. 27, 38
Hammond, William M. 108
Hampel, Frank 37
Hampsch, George H. 36
Hampson, Fen Osler 27
Hamzah, Abu Bakar 398
Hanisch, Wilfried 194
Hanke, Erich 189
Hannam, Charles 62
Hannl, Margarete 238
Hanrieder, Wolfram F. 154, 379
Hansel, Detlef 11
Hansen, F. 50
Hansen, Friedrich 48
Hansen, Niels 155
Hao, Yufan 107
Happel, Hans-Gerd 178
Harari, José 361
Harasimiuk, Stanislaw 167

Harbeson, John W. 333
Harbor, Bernard 48, 120
Harding, Harry 305 - 306
Hargreaves, John D. 331
Harkabi, Yehoshafat 119
Harkavy, Robert E. 23
Harle, Vilho 19
Harris, Kenneth 208
Harris, Larry 144
Harris, Nathaniel 141
Harrison, Benjamin T. 363
Harrison, Cynthia 389
Harrisson, Pierre 381
Harrod, Jeffrey 22
Harss, Luis 348
Hartley, Anthony 209
Hartlyn, Jonathan 357
Hartmann, Günter 192
Hartmann, Jürgen 374
Hartmann, Rolf 177
Hasiotis, Arthur C. 265
Haslam, Jonathan 21
Hass, Gerhart 72
Hassan, Omar al- 110
Hassner, Pierre 122
Hastings, D. J. 311
Hatschikjan, Margaditsch A. 136
Hattersley, Roy 210
Haug, Hans-Jürgen 165
Haug, Wolfgang F. 184
Hauges, Jens Chr. 95
Hauner, Milan 300
Haupt, Werner 52
Hauser, Przemyslaw 244, 246
Häussermann, Titus 150
Hautmann, Hans 238
Havel, Václav 289
Havighurst, Alfred F. 217
Hawes, Gary 399
Hawkes, Mirabel 302
Hawkins, Helen S. 49
Hayes, Denis 62
Hayes, Thomas 78
Haynes, Viktor 273
Hazareesingh, Sudhir 201
Headland, Ronald 147
Headrick, Daniel R. 16
Heal, Veryan 215

H

Heater, Derek *104*
Hecht, James L. *376*
Heck, Bruno *166*
Heffron, Mary J. *8, 299*
Hegarty, David *398*
Hegmanns, Dirk *360*
Hehn, Gerfried *49*
Heider, Paul *173*
Heidger, Ralf *152*
Heimann, Gerhard *260*
Heimrich, Birgit *319*
Hein, Christoph *171*
Heineman, Elizabeth *174*
Heinemann, Erich *187*
Heinemann, Gustav *140*
Heinemann, Ulrich *145*
Heinrich, Hans-Georg *124*
Heinrich, Lothar A. *292*
Heinz, Wolfgang S. *357*
Heise, Joachim *197*
Heisenberg, Wolfgang *18*
Heitman, Sidney *255*
Heitzer, Heinz *66, 197*
Heitzer, Horstwalter *184*
Helaers, M. *134*
Held, Werner *163*
Heller, Agnes *35*
Heller, Leonid *274*
Heller, Michel *254*
Hellman, Stephen *222*
Helmbold, Martin *62*
Helmer, Andé *38*
Helmriech. J. E. *202*
Hemmerling, Zygmunt *245*
Henderson, Margaret *93*
Henderson, William O. *142*
Hendrie, Andrew *54*
Henig, Ruth *69*
Henke, Josef *184*
Henkel, Martin *142*
Hennessy, Alistair *396*
Henningsen, Manfred *10, 148*
Henrich, Rolf *125*
Hentschel, Georg *178*
Henze, Paul *333*
Herbst, Jeffrey *113*
Heredia, Armando B. *399*
Heredia, Michael D. *38*
Herlemann, Beatrix *182*

Herman, Donald L. *356*
Hermand, Jost *178*
Hermann, Tamar *317*
Hermida Anca, Carlos *285*
Hermon, Elly *246*
Hernu, Charles *203*
Herre, Bettina *169*
Herrera, Luis Alberto de *362*
Herrick, Robert Waring *271*
Hersey, John *368*
Hertling, Mark P. *344*
Hérubel, Michel *102*
Hervouet, Gérard *322*
Herwig, Holger H. *162*
Herz, Christian *164*
Herz, Dietmar *374*
Herzfeld, Charles *376*
Herzog, Bodo *83*
Herzstein, Robert Edwin *234*
Hess, Wolf Rüdiger *141*
Hesse, Alexander *178*
Hesse, Helmut *133*
Heukenkamp, Rudolf *196*
Heukenkamp, Ursula *76*
Heuser, Beatrice *41, 228*
Hewedy, Amin *117*
Hewett, Edward A. *258, 273*
Hewish, Mark *45*
Hewitt, W. E. *349*
Heyd, Manfred *161*
Heydecker, Joe J. *68*
Heydorn, Volker Detlef *93*
Heyduk, Milos *291*
Heynitz von, Achim *125*
Heyns, Terry L. *381*
Hickel, Rudolf *195*
Hiemann, Günter *194*
Higgott, Richard A. *397*
Hijab, Nadia *118*
Hildebrandt, Karl-Heinz *70*
Hildermeier, Manfred *275*
Hill, John Richard *28*
Hill, Robert A. *364*
Hill, Ronald J. *251*
Hiller, Marlene P. *188*
Hillgruber, Andreas *72*
Hillman, Rolfe L. *102*
Hills, Denis *246*
Hills, Ken *68*

Hiltermann, Joost R. *115, 319*
Hinsley, F. H. *41*
Hinze, Rolf *161*
Hippel, Frank, N. *30*
Hippen, Reinhard *168*
Hippler, Jochen *36*
Hirdman, Sven *280*
Hirsch, Daniel *48*
Hirsch, Kurt *152*
Hirschfeld, Gerhard *96*
Hirst, Monica *344*
Hirt, Herbert *238*
Hirth, Peter *241*
Hiss, Alger *365*
Hitchcock, David I. *377, 391*
Hjarvard, Stig *24*
Hobér, Kaj *388*
Hobsbawn, Eric J. *67*
Hobson, Christopher Z. *13*
Hoch, Gerhard *87*
Höcker, Beate *166*
Hodd, Michael *342*
Hodel, Georg *360*
Hodges, Donald C. *359*
Hodges, Donald Clark *347*
Hodos, Georg Hermann *125*
Hoebink, Paul *133*
Hoensch, Jörg K. *155*
Hoering, Uwe *330*
Hoffman,, Hans-Jürgen *128*
Hoffmann, Ernst *197*
Hoffmann, Manfred *48*
Hoffmann, Peter *182*
Hoffmann, Stanley *131, 374*
Hofmann, Jürgen *197*
Hofmann-Göttig, Joachim *152*
Hofrichter, Jürgen *62*
Hogan, Michael J. *133*
Högberg, Kjell *40*
Hogg, Ian V. *45*
Höhne, Roland *201*
Hoidal, Oddvar K. *233*
Holford, John *216*
Holl, Karl *155*
Holland, Harrison M. *320 - 321*
Holland, Martin *339*

I

Holleman, Warren Lee *8*
Holloway, David *257*
Holmberg, Sören *279*
Holmes, Richard *73*
Holshek, Christopher *157*
Holt, Jimmie F. *345*
Holtermann, Henrik *136*
Holtfrerich, Carl-Ludwig *388*
Holzer, Jerzy *242*
Holzman, Franklyn D. *385*
Homan, C. *50*
Homayoun, Assad *314*
Honey, Martha *360*
Hooks, Bell *368*
Hoop, Jean-Marie de *68, 86*
Hoopes, Townsend *365*
Hoover, Arlie J. *170*
Höpel, Stefan *153*
Höpken, Wolfgang *135 - 136*
Höpker, Thomas *169*
Hopkinson, Michael *219*
Hopmann, P. Terrence *32*
Hopwood, Derek *328*
Horak, Stephan M. *69*
Horlacher, Olaf *192*
Horlemann, Jürgen *7*
Hormann, Joerg M. *161*
Hormann, Jörg M. *162*
Hormats, Robert D. *57, 377*
Horn, Hannelore *188*
Horner, David *398*
Hornung, Klaus *149*
Horváth, Jenö *250*
Horvath, Laszlo *347*
Hosokawa, Bill *366*
Hottinger, Arnold *112, 116*
Houbert, Jean *311*
Hough, Jerry F. *251*
Houghk, Jerry F. *257*
Houweling, Henk W. *130*
Hove, Peder *94*
Hoven, Ingrid *105*
Hoveyda, Fereydoun *278*
Howard, Patricia M. *307*
Howe, James R. *385*
Hoyt, Edwin Palmer *79*
Hrabak, Bogumil *229*
Hrbek, Rudolf *150*
Hríbek, Bruno *291*

Hrnko, Anton *291*
Hronsky, Marián *297*
Hsia Chang, Maria *304*
Hua Xuelan *303*
Huang, Shu-min *309*
Hubatschek, Gerhard *28*
Hubel, Helmut *120*
Huberband, Shimon *241*
Hübner, Kurt *195*
Hudson, M.W. *397*
Hudson, Rex A. *9*
Huebner, Klaus H. *79*
Huerten, Heinz *170*
Huffschmid, Jörg *383*
Hug, Peter *281*
Hughes, Michael *172*
Hui, Duanmu *304*
Huldt, Bo *281*
Hulett, Louisa S. *374*
Hüllen, Rudolf van *152*
Hulsbus, Joop *398*
Hund, John *340*
Hunt, Michael H. *374*
Hunter, Jane *369*
Hunter, Robert E. *104, 377*
Hunter, Robert Edwards *376*
Hunter, Shireen *315*
Hunter, Shireen T. *14, 378*
Huntley, Audrey *319*
Hurley, Shannon Marie Leslie *31*
Hurt, Harry *56*
Hurtado Oviedo, Víctor *361*
Hurtado, Osvaldo *354*
Husbands, Jo L. *35*
Hussain, Monirul *310*
Huszár, István *11*
Huxtable, Charles *68*
Huyn, Hans Graf *258*
Huyser, G. L. J. *34*
Hwang, Byong-Moo *380*
Hyde-Price, A. G. V. *258*
Hyland, William G. *375*
Hynes, Samuel Lynn *85*

I

Ifestos, Panayiotis *130*
Ignjatiw Mirko *99*
Iivonen, Jyrki *251*

Ikeda, Tadashi *320*
Ilano, Alberto *399*
Imbert, Claude *198*
ImHof-Piguet, Anne-Marie *280*
Imrie, Alex *162*
Inada, Juichi *321*
Indrio, Ugo *221*
Ingram, Derek *121*
Inniss, Leslie *368*
Inowlocki, Lena *149*
Intelmann, Peter *143*
Irvine, Sandy *210*
Irving, David *81, 141, 178*
Irwin-Zarecka, Iwona *242*
Isak, Hubert *106*
Isby, David C. *269*
Issautier, S. *205*
Istas, Marie *96*
Ivasov, L. G. *275*
Iwanow, Vitali *271*
Iwinski, Tadeusz *357*
Izsák, Lajos *298*
Izumi, Hajime *323*

J

Jacewicz, Andrzej *48*
Jackson, Julian *205*
Jackson, Paul *55*
Jackson, Robert *54*
Jacobs, Bruce *328*
Jacobs, G. *271*
Jacobsen, Bo *193*
Jacobsen, Carl G. *263*
Jacobsen, Carl Gustav *266*
Jacobsen, Kurt *258*
Jacobsen, Ludwig A. *182*
Jacobsen, Tor *86*
Jaeckle, Franklin A. *346*
Jaeger, Charles de *23*
Jag'ja, Vatanjar Saidovic *333*
Jagóra, Maciej L. *242*
Jaguaribe, Hélio *129*
Jah, Nalini Kant *311*
Jain, Bakhatawar Mal *311*
Jakob, Volker *147*
Jakobovits, Immanuel *4*
Jakobson, Max *198*
Jakovlev, Nikolaj N. *385*

K

Jakovlev, Nikolaj Nikolaevic 102, 391
James, Daniel 348
James, Dorris C. 81
James, Lawrence 212
James, Patrick 16
Jamieson, Alison 221
Jancar, Barbara W. 62
Jandriw, Berislav 228, 230
Janics, Kálmán 289
Jankowitsch, Peter 122
Janowski, Karol B. 243
Jansen, Harold E. 388
Jansen, Marc 260
Jansen, Silke 149
Janssen, Heinz 178
Jarecki, Jan 244
Jaschke, Hans-Gerd 201
Jaudenes Agacino, Ramòn 56
Jáuregui Campuzano, Fernando 285
Jayko, Margaret 372
Jazborovskaja, Inessa Sergeevna 275
Jazov, Dmitrij Timofeecic 28
Jazykov, E. F. 373
Jean, Carlo 131
Jedrusiak, Stanislaw 256, 262
Jefford, C. G. 216
Jelinek, Yeshayahu A. 104
Jeliw, Ivan 230
Jeménez Manzaneque, Antonio 286
Jencks, Harlan W. 307
Jenkins, Philip 14
Jenner, Harald 178
Jenner, William J. F. 303
Jens, Walter 7
Jensen, Fredy 137
Jensen, J. H. 127
Jensen, Jürgen 85
Jensen, Lloyd 25
Jenson, Jane 204
Jesse, Eckard 150
Jesse, Eckhard 128
Jessen, Hanns Christian 137
Jesurum, Stefano 221
Jesus, Quirino, A. de 247

Jimenez Rioja, Miguel 57, 81, 157, 160
Jobert, Michel 199
Jockel, Joseph T. 400
Joenniemi, Pertti 16
Jofre, Oscar L. 114
Johannesson, Rolf 141
Johlen, Heribert 164
John, Antonius 187
John, Jürgen 21
John, Michael 235
Johnson, Robert H. 378
Johnston, William 356
Joinet, Louis 43
Joksimoviw, Miodrag S. 70
Joksimoviw, Sekula 99
Joly, Elena 258
Jonca, Karol 178
Jones, David T. 29
Jones, Greta 103
Jones, Howard 383
Jones, Jill 184
Jones, Larry Eugene 174
Jones, Peter 28
Jones, Philip 25
Jones, R. W. 210
Jones, Reginald Victor 41
Jones, Robert A. 262
Jones, Rodney W. 326
Jong, Ben de 191
Joó, Rudolf 248
Joppke, Christian 165
Jordan, Amos A. 303
Jordan, Donald 332
Jordan, John 215
Joseph, Benjamin Manashe 317
Joseph, Richard A. 337
Joswig, Uwe 155
Jouve, Pierre 200
Jubrias Berlanga, Vicente 286
Juchler, Ingo 168
Judge, David 210
Juin, A. 100
Jung, Matthias 192
Jung, Otmar 69, 174
Jur'ev, Michail Filippovic 308
Jurga, Tadeusz 89
Juviler, Peter 258

K

Kabanov, Vladimir Vasil'evic 272
Kachka, Ju. 277
Kadeniw, Rahmija 99
Kahan, Stuart 252
Kahlenberg, Friedrich P. 1
Kähler, Wolfgang 84
Kaiser, Charles 391
Kaiser, Jakob 141
Kaiser, Jochen-Christoph 170, 178
Kaiser, Joseph H. 235
Kaiser, Karl 23, 211
Kaiser, Peter 9
Kakizawa, Koji 320
Kalden, Christof 15
Kaldor, Mary 104
Kalshoven, Frits 9
Kalven, Harry 371
Kam, Ephraim 40
Kamath, P. M. 377
Kambrod, Matthew R. 44
Kaminsky, Thomas 11
Kammler, Hans 18, 31
Kamp, Karl-Heinz 132
Kampelman, Max M. 30
Kampffmeyer, Thomas 57
Kamphuis, P. H. 95
Kamrava, Mehran 6
Kandulkov, Karl 87
Kane, Francis X. 385
Kanet, Roger E. 264
Kania, Stanislaw 89
Kanitkar, V. P. 312
Kaniyalil, John 327
Kannonier, Waltraud 60
Kanogo, Tabitha M. 335
Kanwisher, Nancy 376
Kapcia, Antoni 395
Kapfer, Herbert 175
Kaplan, Philip 95
Karcher, Günther L. 340
Karem, Mahmoud 29
Karpov, Vladimir V. 92
Karras, Rainer 55
Karsh, Efraim 16, 111, 267
Kartchner, Kerry M. 30
Kasiw, Biljana 228

K

Kasper, Hans-Hendrik *212*
Kasperek, József *91*
Kaspi, André *392*
Kass, Ilana *268*
Kästli, Tobias *281*
Kasza, Gregory James *322*
Katanka, Michael *216*
Kataoka, Tetsuya *380*
Katardziev, Ivan *230*
Katz, Josef *4*
Katz, Mark N. *125, 385*
Katz, Samuel *118, 380*
Kaufman, Edy *352*
Kaufmann, Friedrich *162*
Kaufmann, William W. *386*
Kaul, Kapil *111*
Kaulisch, Baldur *145*
Kavanágh, Gaynor *1*
Kaw, Marita *267*
Kawalec, Krzysztof *243*
Kazimiroviw, Vasa *230*
Keane, John *209*
Kebaili, Mohand Akli *129*
Kechichian, Joseph A. *401*
Kee, Robert *72*
Keeble, Curtis *212*
Keegan, John *76 - 77*
Keeley, Edmund *207*
Keil, Hartmut *390*
Keim, Albert N. *391*
Keith, Ronald C. *303*
Keithly, David M. *152*
Kellmann, Klaus *151*
Kelly, Aileen *250*
Kelly, James A. *378*
Kelly, John E. *61*
Kelso, Nicholas *213*
Kemp, Paul J. *98*
Kende, Pierre *296*
Keogh, Dermot *218*
Kepley, David R. *374*
Kerblay, Basile *258*
Kermel, Gabriel *400*
Kernic, Franz *237*
Kersaudy, François *95*
Kerschbaumer, Gert *240*
Kershaw, Ian *175, 178*
Kesaris, Paul L. *318*
Kesavan, K. V. *321*

Kessel, Martina *157*
Kessler, Ronald *327, 385*
Kettle, Michael *69*
Keval, Susanna *182*
Khalidi, Rashid *116*
Khalidi, Walid *325*
Khalil, Samir al *313*
Khan, Mohammad Mohabbat *301*
Khoury, Adel Theodor *65*
Kiely, David G. *46, 53*
Kiener, Jonathan M. *392*
Kießlich-Köcher, H. *48*
Kihl, Young Whan *300*
Kikuoka, Michael T. *73*
Kilgour, D. Marc *18*
Killingray, David *212*
Kim, Jae Taik *323*
Kim, Samuel S. *305*
Kim, Song-il *169*
Kimmel, Adolf *201*
Kinahan, G. *30*
King, John *396*
King, Richard D. *252*
Kintner, William R. *269*
Kinzo, Maria D'Alva G. *350*
Kiper, Manuel *49*
Kir'janov, Jurij Il-ic *273*
Kirchherr, Eugene C. *331*
Kirchmayr, Hans *68*
Kirchner, Emil J. *154*
Kirchner, Klaus *89*
Kireyev, Alexei *25*
Kirkendall, Richard S. *367*
Kis, Aladár *220*
Kisiel, Boguslaw *120*
Kisielewski, Tadeusz *157*
Kisiw-Kolanoviw, Nada *230*
Kistler, Helmut *184*
Kitchen, Helen *334, 340*
Kitchen, Martin *122*
Kjærgaard, Lars *136*
Klaauw, Bart van der *54*
Klar, John W. *102*
Klare, Michael *120*
Klaus, Kurt *187*
Klaveren, Alberto van *129*
Klayman, Richard *368*
Klee, Ernst *92*

Klein, Angelika *19*
Klein, Horst *234*
Klein, Jean *268*
Klein, Yitzhak *267*
Kleindel, Walter *68, 239*
Kleinert, Uwe *184*
Klenke, Dietmar *174*
Klenner, Fritz *238*
Klepacki, Zbigniew M. *126*
Kleßmann, Christoph *90, 157*
Klewitz, Bernd *178*
Klieman, Aharon *317*
Kline, Michael *344*
Kline, William G. *372*
Klintworth, Gary *304*
Kljucarev, Georgij V. *93*
Klosinski, Pawel *54*
Klüver, Max *178*
Knabe, Hubertus Joachim *191*
Knall, Bruno *129*
Knatz, Lothar *145*
Knight, A. W. *258*
Knight, Robert *236*
Knight, Douglas M. *392*
Knight, Virginia Curtin *336*
Knipping, Franz *174*
Knoche, Meinhard *128*
Knoll, Werner *161*
Knoop-Graf, Anneliese *140*
Knopf, Jeff *383*
Knorr, Lorenz *157*
Knox, Donald *107*
Knudsen, Erik L. *212*
Kobelt, Eduard J. *282*
Kobrynskaja-Frumkina, Irina *125*
Kobyliñska, Ewa *242*
Koch, Lothar *55*
Koch, Peter *139*
Kochanski, Stanislaw *45*
Köchler, Hans *15*
Koehl, Fritz *53*
Koenker, Diane *275*
Koerner, Francis *206*
Kogelfranz, Siegfried *74*
Kohen, Alberto *348*
Kohl, Helmut *77, 157*
Köhler, Jürgen *21*
Köhler, Otto *169*

K

Kohlhaas, Wilhelm *101*
Kohli, Atul *310*
Kohlmetz, Hartmut *130*
Kohno, Masaru *320*
Kohns, Jürgen *138*
Koizumi, Naomi *268*
Kokoska-Malír, Jaroslav *290*
Kokot, Jovan *99*
Kolar-Dimitrijeviw, Mira *228*
Kolb, Rudolf *161*
Koleneko, V. A. *355*
Kolko, Gabriel *374*
Kollár, Pavol *23*
Köllner, Lutz *58*
Kollontai, Alexandra *252*
Kolodziej, Edward A. *38, 203, 264, 383*
Kolomejczyk, Norbert *243, 261*
Kolosov, Andrei *264*
Kolst, Pål *268*
Komarov, F. I. *270*
Komorowski, Krzysztof *89*
Konder, Leandro *143*
Kong, Dan Oh *323*
Konieczny, Alfred *87, 91*
König, Ernest *25, 237*
Koninckx, Christian *134*
Könnemann, Erwin *174*
Konrád, György *296*
Koop, Gerhard *162*
Koopmann, Helmut *168*
Kopanski, Tomasz *75*
Koplev, Lev *252*
Koprivica-Ostriw, Stanislava *74*
Korányi, G.Tamás *297*
Korelc, Lleo *99*
Korionov, Vitalij Germanovic *261*
Kormanowa, Zanna *13*
Kornaros, Themos *87*
Korotkov, A. V. *70*
Korte, Detlef *179*
Korte, Karl-Rudolf *168*
Kortner, D. *132*
Kortunov, Sergei *103*
Kosiarz, Edmund *83*
Kosicev, Leonard Anatol'evic *352*

Kostecki, Wojciech *365*
Kostelancik, David J. *3*
Kosyk, Wolodymyr *260*
Kosyrev, Andrei V. *21*
Koth, Harald *11*
Kotsch, Detlef *171*
Kotz, Nick *383*
Koudelka, Alfred v. *234*
Koutek, Jaroslav *290*
Koval, Boris Iosifovic *66*
Kowalski, Wlodzimierz T. *81*
Kozak, David C. *376*
Kozebnikov, M. *271*
Kozlov, Nicholas N. *251*
Kozlowski, Eugeniusz *89*
Kozlowski, Jerzy *146*
Kozlowski, Krzysztof *247*
Kraemer, Sven F. *29*
Krag, Helen L. *4*
Krakau, Anton *25*
Krakowski, Elie D. *109*
Krallert-Sattler, Gertrud *165*
Kramer, Ann *216*
Kramer, Heinz *293*
Kramer, Mark *264, 268*
Kranzler, David *4*
Krapels, Edward N. *374*
Krapivin, Aleksandr Vasil'evic *135*
Krapke, Paul-Werner *52*
Krasikov, Anatolij *285*
Krasuski, Jerzy *156*
Kraus, Herbert *234*
Kraus, Jon *337*
Krause, Rudolf *98*
Krause, Udo *176*
Krausz, Tamás *254*
Kraut, Alan M. *368*
Krautkrämer, Elmar *78*
Krebs, Mario *143*
Kreis, John F. *46*
Kreisberg, Paul H. *378*
Kreisky, Bruno *119, 234*
Krell, Gert *157*
Kremp, Herbert *157*
Krempin, Michael *351*
Kren, Jan *171*
Krenzler, Horst G. *131*
Krepon, Michael *29*

Kretschmar, Ute *152*
Kreuter, Siegbert *292*
Kreuzer, Peter *402*
Krieg, Joann P. *364*
Kristiansen, Tom *233*
Krivine, Alain *205*
Krivka, Pavel *62*
Krivoguz, I. M. *13*
Krizek, Jaroslav *174*
Krjukov, V. *271*
Krochmalnik, Daniel *147*
Krockow, Christian Graf von *171*
Królikiewicz, T. *43*
Krolikowski, Werner *189*
Kronzucker, Dieter *363*
Kroplák, Miroslav *10*
Krosigk, Friedrich von *202*
Kruh, Louis *98, 386*
Kruks, Sonia *60*
Krulic, Joseph *99*
Kruppa, Bernd *174*
Kruzel, Joseph *121*
Krzeminski, Adam *243*
Krzeminski, Czeslaw *89*
Krzeszowski, Henryk *383*
Krzywicka, Katarzyna *395*
Krzyzaniak, Wojciech *153*
Ku, Yen-lin *328*
Kubbig, Bernd W. *28, 50*
Kuby, Erich *157*
Kuczmierowska, Hanna *91*
Kuczynski, Jürgen *172*
Kuegler, Dietmar *67*
Kuffner, Else *142*
Kugelmann, Cilly *4*
Kugler, Randolf *161, 179*
Kugler, Rolf *162*
Kuhlmann, Uta *164*
Kuhn, Annette *166*
Kühne, Winrich *332*
Kühnel, Wolfgang *192*
Kühnert, Uwe *209*
Kühnhardt, Ludger *310*
Kuhnt, Werner *179*
Kuhrt, Eberhard *197*
Kukk, Endel *278*
Kuklick, Bruce *371*
Kuklik, Jan *290*

L

Kukreja, Veena 327
Kukulka, Jan 202
Kul'Ko, Evgenij Nikolaevic 77
Kulesza, Ewa 109
Kulikova, I. S. 254
Kulke-Fiedler, Christine 122
Kulow, Karin 118
Kumar, Dhruba 326
Kumar, L. C. 264
Kunert, Andrzej Krzysztof 79
Kunovjánek, Vladimír 374
Kunzendorff, Volker 28
Künzli, Arnold 281
Kupchan, Charles A. 23
Kupffer, Heinrich 168
Kuplinski, Jerzy 89
Kuppe, Johannes L. 192
Küppers, Heinrich 186
Kurowski, Franz 83, 85, 162 - 163
Kuroyanagi, Yoneji 110
Kusiak, Franciszek 244
Kuxciuk, Lech 268
Kuz'micev, Anatolij Petrovic 270
Kuzmanova, Antonina 250
Kvacek, Robert 291
Kvam, Ragnar 318
Kwak, Tae-Hwan 324
Kwasniewicz, Wlodzimierz 46
Kwong, Julia 307
Kyongsoo, Lho 324
Kyu, Ho Youm 324

L

Labaki, Boutros 112
Labbé, Marie-Hélène 59
Laber, Jeri 109
Laberee, Benjamin W. 42
Lacey, Nicola 210
Lache, Stefan 105
LaCroix, Wilfred Lawrence 36
Lacroix-Riz, Annie 34
Ladd, James D. 213
Lafer, Celso 350
Lafferty, William M. 233
Laffin, John 118
Lafon, François 202
Lafontaine, Oskar 153

Lagnaux, J. P. 381
Lähnemann, Johannes 292
Laird, Robbin F. 211, 269
Laird, Robin 156
Lajtos, Arpád 294
Laloy, Jean 82
Lamant, Pierre L. 323
Lamb, Christopher J. 25
Lamborn, Alan C. 392
Lammers, Karl Christian 158
Lampe, Jürgen 172
Lampert, Heinz 184
Lancaster, Carol 331
Land, Rainer 159
Landau, Jacob M. 316
Landau, Saul 374
Landauer, Hans 235
Landazábal Reyes, Fernando 357
Landis, Arthur H. 74
Landkammer, Joachim 66
Lang, Jochen von 179
Lang, Josef 282
Langdon, Christopher 212
Langemarck, Helene 186
Langer-Stein, Rose 154
Langguth, Gerd 158
Langlet, Nina 279
Langley, Mike 214
Langlois, Jean-Pierre P. 38
Langner, Manfred 152
Lanir, Zvi 59
Lanitzki, Günter 84
Lanius, Karl 48
LaPalombara, Joseph 221
Lapidus, Gail W. 256
Lapp, Peter Joachim 190, 192
Lappé, Frances M. 388
Lapping, Brian 339
Lardy, Nicholas R. 307
Larrabee, F. Stephen 156
Larrazabal, Ramón Salas 81
Larsen, G. 137
Larsson, Tor 48
LaRue, L. H. 370
Lascenko, P. N. 297
Lasik, Aleksander 87
Laspeyres, Arnaud 68
Lassassi, Assassi 334

Lastours, Sophie de 47
Lattard, Alain 184
Lauber, Wolfgang 240
Laudowicz, Edith 7
Laufer, Leopold Yehuda 384
Laughlin, Scott D. 344
Laun, Kurt v. 158
Launay, Jacques de 97
Launer, Ekkehard 339
Lauro, Pietro 225
Lavieille, Jean Marc 28
Lavín Infante, Joaquín 353
Law, Derek G. 215
Lawacz, Malgorzata 300
Lawrence, John 114
Layne, Christopher 385
Lazarescu, Dan A. 205
Lazarev, Michail Semenovic 4
Laziw, Blagoje 99
Le Gloannec, Anne-Marie 183, 191
Leal, H.J.T. 85
Lebedeva, Natal'ja Sergeevna 77
LeBlanc, Paul 252
Lebovics, Herman 205
Lebow, Richard Ned 269
LeBricquir, Danielle 204
Lecaro Bustamante, Arturo 354
Lecerf, Yves 273
LeChêne, Evelyn 87
Lechini de Alvarez, Gladys 331
Leciejewski, Klaus 166
Lecomte, Patrick 200
Lecouturier, Yves 96
LeCuyer, Jack A. 133
Leczyk, Marian 246
Ledda, Elena 219
Ledesma Mendez, Angel 40
Ledovskij, A. M. 275
Lee, Chong-Sik 324
Lee, Lloyd Ervin 77
Lee, Ming 324
Lees, Martinonald S. 131
Lefaudeux, François 28
Leff, Carol S. 291
Lefranc, Pierre 199

511

L

Leggewie, Claus 166
Legro, Jeffrey W. 33
Legum, Colin 331
Lehmann, Albrecht 166
Lehmann, Rudolf 179
Lehne, Stefan 106
Leifer, Michael 300, 323
Leighton, Marian 30, 264
Lein, Hermann 239
Lellouche, Pierre 30
Lemanczyk, Tadeusz 254
LeMay, Curtis E. 54
Lembach, Kurt 85
Lemke, Michael 184
Lendvai, Paul 297
Lengel-Krizman, Narcisa 230
Lenk, Kurt 153
Lentz, Harris M. 10
Lenz, Otto 142
Leo, Gerhard 96
Leonarduzzi, Andrea 226
Leonhard, Elke 153
Leonhard, Wolfgang 73
Lepingwell, John W. R. 272
Lepszy, Norbert 153
Lerin, François 362
Lerner, Michael 370
Leslie, Winsome J. 59
Letelier, Isabel Marigarita de 351
LeTissier, Tony 98
Létourneau, Paul 355
Lett, Miklós 298
Letulle, Claude J. 86
Leuco, Alfredo 348
Leudesdorff, René 186
Leuwen, M. van 316
Levering, Ralph B. 104
Levin, Michael E. 389
Levin, Nora 256
Levine, Barry B. 393
Levine, Steven I. 305
Levit, I. L. 136
Levits, Egil 275
Levitt, Geoffrey M. 14
Levran, Aharon 116
Levy, Paul M.G. 87
Lew Eng Fee 325
Lewin, Abraham 242

Lewin, Ch. 86
Lewin, Moshe 273
Lewis, Julian 214
Lewis, Paul G. 243
Lewis, Peter 70
Lewis, Russell 209
Lewis, W. H. 256
Lewy, Guenter 374
Leydesdorff, Selma 231
Leys, Simon 308
Libb, Melva 108
Liczmanski, Ryszard 241
Lieber, Robert J. 16, 374
Lieberman, Robbie 372
Liebovich, Louis 391
Liedtke, Klaus 189
Lieshout, Jan van 232
Limaye, Madhu 310
Limbert, John W. 313
Lincoln, William Bruce 73
Lincove, David A. 380
Lindh, Jerry C. 35
Lindner, Bernd 191
Lindsey, George 400
Ling, Ts'ai 328
Liniger-Goumaz, Max 335
Linse, Ulrich 182
Linz, Juan J. 10
Lipinski, Waclaw 93
Lippoldt, Bernd 44
Littell, Franklin H. 9
Littell, Norman M. 365
Little, Malcolm 366
Litvin, Valentin 273
Liu, Alan P. L. 308
Livinstone, Neil C. 373
Lixl-Purcell, Andreas 148
Ljubimoa, V. V. 22
Lleigh, David 41
Lloyd, Alwyn T. 54
Lloyd, John 210
Lobban, Richard 401
Loch, Walter 32
Lochon, Christian 204
Lock, Peter 57
Lodgaard, Sverre 124
Loescher, Gil 62
Loewenstein, Bedrich 171
Lohfelden, Ferdinand 194

Loiseau, Yves 335
Lojek, Jerzy 90
Lokshin, Grigori 19
Lomana, Gloria 285
Lomax, Bill 297
London, Peter M. 216
Longeaux, L. A. 107
Longerich, P. 3
Longerich, Peter 179
Looney, Robert E. 111, 120
Lopes da Cruz, Augusto 83
López de la Torre, Francisco 286
López Garrido, Diego 285
López Ramón, Fernando 286
López Reyes, Walter 355
López Videla, Winsor 38
López, Antonio 348
López, Ernesto 376
Lopez, Mario Antonio 399
Lord, Winston 380
Lorenz, Einhart 139
Lorenz, Ina 147
Lorenzo Somonte, Bonifacio 288
Lörler, Sighart 195
Lorscheid, Helmut 160
Lösche, Peter 174
Loscilov, Igor Nikolaevic 44
Loth, Wilfried 104, 158
Loubet, Roland 79
Lovell, David W. 143
Low, Alfred D. 306
Löw, Helène 104
Löw, Konrad 141
Löw-Beer, Martin 168
Lowe, James T. 374
Lowenstein, Steven M. 368
Löwis, Henning von 197
Lowman, Shep 330
Lowther, William Walton 216
Löwy, Michael 345
Luard, Evan 16
Lubin, Nancy 278
Lucas, Michael 158
Luck, Hans von 79
Lücker, Hans August 129
Luczak, Czeslaw 91
Lüders, Carsten 184

512

M

Ludlam, Harry *83*
Ludwig, Klemens *329*
Ludwikowski, Rett R. *243*
Lüem, Walter *282*
Lukács, György *294*
Lukacs, John *80*
Lukas, Richard C. *242*
Lukasiewicz, Stanislaw *240*
Luke, Timothy *39*
Lumley, Robert *221*
Lummis, E. T. *97*
Lummis, Trevor *66*
Luna, Félix *347*
Luna, Giovanni de *225*
Lund, Paul *83*
Lundholm, Anja *179*
Lunt, James *322*
Luria, René *247, 350, 395*
Lusseyran, Jacques *79*
Lustgarten, Laurence *213*
Lustig, Michael M. *255*
Lustigman, Michael M. *4*
Lutz, Dieter S. *28, 123, 126, 150, 160*
Luxemburg, Rosa *174*
Luyt, Cliffore *340*
Luza, Radomir *239*
Luzio Vieyra, Walter *353*
Lynch, Allen *262, 378*
Lynch, Frances M. B. *135*
Lynd, Alice *390*
Lyons, Matthew Nemiroff *152*
Lytle, Michael A. *161*
Lyttelton, Adrian *226*

M

Ma'oz, Moshe *328*
Maas, Liselotte *190*
Mac-Anigboro, E. J. *111, 202*
MacCabe, Sarah *217*
MacCarney, Joseph *12*
MacCartney, Laton *389*
MacCullough Thew, Linda *218*
MacDermott, Kevin *291*
MacDonald, Donald S. *299*
MacDonald, Scott B. *393*
MacEoin, Gary *378*
MacEwan, Arthur *12*
MacFarlane, Neil *36*
MacGregor, Douglas A. *160*
MacHenry, James A. *330*
Machillanda Pinto, José *363*
Machowski, Heinrich *245*
MacInnes, John *216*
Mack, Andrew *266*
Mack, Maria Imma *179*
MacKay, Maria *174*
MacKee, Grant *219*
MacKercher, B. J. C. *208*
MacKinlay, John *119, 264*
MacKinnon, Janice R. *367*
MacKinnon, Stephen R. *367*
MacKintosch, Malcolm *35*
Macków, Jerzy *243*
MacNab, Toy *95*
MacWilliams, Wayne C. *103*
Madajczyk, Czeslaw *90*
Maddock, Roland T. *268*
Madeley, John *233*
Madrid, Raúl L. *383*
Magdoff, Harry *13*
Mage, Tristan *400*
Magenheimer, H. *126*
Magenheimer, Heinz *18, 82, 258*
Magenschab, Hans *68*
Magno, Michele *226*
Mahmood, Khalid *310*
Mähr, Wilfried *239*
Mai, Gunter *172*
Maier, Charles S. *4*
Maier, John H. *304*
Mair, Peter *129*
Majewski, Wieslaw *75*
Majul, Adib Cesar *399*
Makeev, Boris Nikolaevic *42*
Makkai, László *296*
Makoveev, Vasilij Filimonovic *79*
Makram-Ebeid, Mona *333*
Mal'kov, V. L. *278*
Mal'kov, V. P. *375*
Mal'kov, Viktor Leonidovic *366*
Malafeev, K. A. *199*
Malcolm, Neil *125, 264*
Maleck, Bernhard *151*
Malik, Iftikhar H. *381*
Malik, V. P. *312*
Malik, Yogendra K. *312*
Malinowski, Marek J. *332*
Mall, Ram Adhar *309*
Mallen *18*
Mallmann, Wolfgang *262*
Malloy, James M. *350*
Malmgren, Harald B. *58*
Malycha, Andreas *197*
Mammach, Klaus *182*
Mana, Emma *226*
Mancini, Italo *139*
Mandel, Ernest *11, 258*
Manfrass-Sirjacques, Francoise *158*
Mangin, Alain *349*
Mann, Dawn *260 - 261*
Mann, Michael *57*
Manning, Richard *339*
Manning, Robert *109*
Manogaran, Cheladurai *302*
Manor, James *310*
Manstein, Peter *174*
Mantelli, B. *179*
Mantelli, Brunello *86*
Mantzke, Martin *190*
Manullang, Achmad Christoph *398*
Manzilla, José A. *114*
Maoz, Zeev *6, 23*
Mar'ina, Valentina Vladimirovna *82*
Mar, Maria del *336*
Marcella, Gabriel *345*
Marcinkowski, Adam *244*
Marco, José Maria *283*
Marcus, Jonathan *368*
Marcus, Judith *294*
Marcus, Paul *4*
Mardones, Orlando *351*
Mariñas Romero, Gerardo *337*
Markakis, John *332 - 333*
Markovic, Mihailo *230*
Markovits, Andrei S. *236*
Markoviw Moma *100*
Markovsky, Barry *225*

M

Markowski, Jerzy 48
Marosán, György 294
Márquez Espada, Crispulo 75
Marquina Barrio, Antonio 284
Marquina, Antonio 284
Marrus, Michael R. 4, 147
Marsalek, Hans 234
Marseille, Jacques 206
Marshall, D. E. 68
Marshall, Jonathan 369
Marshall, Samuel Lyman Atwood 108
Martel, Gordon 69
Martelli, Roger 206
Martín Najera, Aurelio 286
Martin, David C. 370
Martin, Ged 355
Martin, Guy 113
Martin, Karl 162
Martin, Laurence 36
Martin, Phyllis M. 335
Martínez Sotomayor, Carlos 21
Martinez, Emile 401
Martínez, Jesús Manuel 75
Martinez, José Luis 362
Martinez-Valverde, Carlos 42
Martini, M. 224
Martino, Renato R. 298
Martins-Heuß, Kirsten 146
Martz, John D. 344, 378
Maruy, Jean-Pierre 132
Marx, Karl 143
Marz, Lutz 195
Masani, Zareer 312
Masaoka, Mike Masaru 366
Maskin, Valentin Konstantinovic 386
Mason, David T. 263
Mason, F. A. 84
Mason, Peter 213
Mason, R. A. 25
Massari, Roberto 394
Masselos, Jim 310
Massiczek, Albert 234
Massot i Muntaner, Josep 75
Mastanduno, Michael 59
Mastropaolo, Alfio 221

Masyk, Eva-Maria 377
Matanle, Ivor 77
Matera, Fabio 224
Mates, Leo 121
Matheny, Ray T. 85
Matheson, Christopher 208
Mathews, William G. 48
Matichescu, Olimpiu 73
Matijeviw, Zlatko 229
Matovu, Jacob 342
Matricardi, Paolo 84
Matsubara, Nozomu 6
Matsukane, Hisatomo 321
Matsulevits, Anni 278
Matt, Alphons 87
Mattausch, John 19
Mattes, Hanspeter 336
Matthée, Ulrich 288
Matthei, Dieter 163
Matthews, Bruce 302
Mattogno, Carlo 88
Mauersberger, Erhardt 169
Maull, Hanns W. 58, 125
May, Bernhard 321
Mayall, James 11
Mayer, Arno J. 4
Mayer, Karl J. 174
Mazarr, Michael J. 299, 395
Mazowiecki, Wojciech 246
Mazrui, Ali A. 208, 217
Mazur, Grzegorz 91
Mazur, Zbigniew 275, 379
Mazurczak, Witold 396
Mazzatosta, Teresa M. 222
Mbuende, Kaire 336
Mbwiliza, J. F. 341
McAdams, A. James 189
McAndrew, Bill 101
McCausland, Jeffrey 194
McGwire, Michael 271
McClintock, Cynthia 361
McDougall, Derek 397
McDowell, Mark A. 300
McFaul, Michael 379
McGregor, Charles 306
McKinley, Michael 397
McLellan, David 13
McLoughlin, Chris 37, 270
McMahon, Bernard F. 36

McPhee, Carol 207
Mead, Walter Russell 122
Meads, R. J. 214
Mearsheimer, John J. 122
Mechtenberg, Theo 191
Mecklenburg, Norbert 169
Medcalf, John 360
Medina Pintado, María del C. 362
Medland, William J. 396
Medvedev, Roj A. 254
Medvedev, Roj Aleksandrovic 92
Meer, Fatima 338
Mehl, Dominique 201
Mehrmann, C. 381
Mehrotra, O. N. 243, 306
Meiers, Franz-Josef 375
Meinhardt, Uwe 158
Meißner, Werner 303
Meissner, Boris 259, 262
Meissner, Hans-Otto 139
Meissner, Klaus-Peter 194
Meixner-Wülker, Emmy 143
Mejía Piñeros, María C. 358
Mejsnar, Josef 291
Melanson, Richard A. 375
Melikjan, Genrich Sasunikovic 70
Meliksetov, Arlen Vaagovic 308
Melkumjan, Elena S. 324
Melnik, Constantin 199
Melson, Robert 294
Melton, Keith 213
Memisoglu, Hüseyin 135
Memming, Johann 143
Mende, Erling v. 278
Mendl, Wolf 321
Mendler, Martin 25
Mendlewitsch, Doris 179
Mendras, Marie 259
Menger, Manfred 82
Menges, Constantine Christopher 369
Menshikov, Stanislav 388
Méray, Tibor 294
Meredith, Martin 339
Merk, Hans-Joachim 184

M

Merkel, Wolfgang 207, 286
Mero, Roberto 348
Merrick, Ken 85
Merrill, John 108
Merseburger, Peter 189
Mershon, Carol A. 225
Merz, Kai-Uwe 149
Mesa-Lago, Carmelo 395
Meschkat, Klaus 360
Messenger, Charles 77, 101, 139
Messerschmidt, Manfred 171
Mészáros, István 6
Metge, Pierre 385
Metselaar, M. V. 246
Metz, Steven 36, 40
Metzi, Paco 354
Metzler, John J. 323
Meulen, J. W. van der 340
Meyer, Enno 294
Meyer, Georg-Maria 194
Meyer, Gert 277
Meyer, H. 171
Meyer, Ralph C. 310
Meyer, Robert S. 19
Meyer, Stewart C. 385
Meyer-Landrut, Nikolaus 158
Meyer-Ranke, Peter 293
Meyrowitz, Henri 43
Meysels, Lucian O. 179
Mianowicz, Tomasz 298
Michalka, Wolfgang 78
Michalska, Hanna 92
Michel, Bernard 239
Michelsen, Gerd 63
Michowicz, Waldemar 25
Mickolus, Edward F. 14
Middlebrook, Martin 85, 114
Midlarsky, Manus I. 36
Miegel, Hartmut 162
Mielke, Erich 190
Mielke, Siegfried 167
Mignemi, Adolfo di 226
Mihok, Brigitte 248
Mikasch, Horst 187
Mikó, Imre 248
Mikoyan, Sergo A. 264
Milani, Mohsen M. 314
Miles, William F. 337

Miletiw, Anton 85
Miliband, Ralph 13
Milivojevic, Marko 229
Millar, James R. 273
Millard, Frances 243
Miller, A. J. 23
Miller, Charles 210
Miller, David 53
Miller, David Norman 361
Miller, Davina 213
Miller, James Edward 380
Miller, Marc Scott 393
Miller, Richard Lawrence 262
Millett, Richard L. 361
Mills, Chris P. 72
Milner, Marc 83
Milutinoviw, Milovan 100
Min, Chen 125
Mina, Gianni 394
Mina, Nima 300
Minassian, Anahide Ter 294
Mincev, Emil 38
Mindszenty, József 294
Miner, Steven Marritt 82
Mink, Georges 243
Minod, Walter 16
Mioche, Philippe 199
Miralles Palencia, Ricardo 288
Mircetiw, Dragoljub Z. 100
Mirkes, Adolf 179
Miroslawa 246
Misala, József 245
Miseje, Frantisek 93
Miserez, Diana 62
Mishell, William W. 278
Mishra, S. P. 311
Misra, G. S. 304 - 305
Missir di Lusignano, Livio 293
Mita, Ciriaco de 220, 222
Mitchell, Michael J. 350
Mitchell, Otis C. 179
Mitchell, Peter 109
Mitchell, Raymond 101
Mittelberg, David 318
Mitten, Richard 236
Mizin, Vasilij Michajlovic 79
Mjasnikov, Vladimir S. 303
Møller, Bøjrn 37

Mlynár, Zdeněk 291
Mochizuki, Mike M. 321
Modelski, George 42
Möding, Nori 186
Mody, Nawaz B. 398
Moe, Arild 272
Moe, Odd 198, 269
Moeller, Eberhard 53
Moen, Jan 233
Moen, Matthew C. 369
Moench, Walter 174
Moenig, Hans 49
Mofid, Kamran 313
Mogami, Toshiki 21
Mogilevkin, Il'ja Moiseevic 267
Mohan, C. Raja 312
Mohapatra, J. K. 311
Mohr, Eike 161
Molander, Johan 48
Molchow, Jako 98
Molden, Fritz 239
Molderings, Herbert 174
Molina, Gerardo 357
Moll, Hermann 35
Møller Jensen, Ole 137
Möller-Gulland, Niels 28
Mollin, Gerhard T. 179
Moltke, Helmuth J. von 143
Mommsen, Hans 178
Momper, Walter 122
Moncada, Alberto 287
Mond, Georges 90
Montgomery, John Dickey 120
Montgomery-Massinberg, Hugh 76
Montiel, Francisco-Félix 13
Monyak, Robert 260
Moodie, Michael 30, 32
Moon, Chung-In 324
Moore, Barrington 6
Moore, J. D. 48
Moore, Robin J. 122
Moorhouse, John 211
Moorthy, Shyamala 309
Mootz, Werner 45
Moraczewski, Marian 35, 244
Moràn, Fernando 332

N

Moran, Theodore, H. *383*
Moravcsik, Andrew *133*
Morbach, H. *137*
Moreal González, Pedro *395*
Moreno Gómez, Francisco *288*
Morini, Franco *222*
Morio, H. *155*
Morris, Benny *116*
Morris, Charles J. *390*
Morris, Charles R. *28*
Morris-Jones, Wyndraeth H. *310*
Morrison, David E. *114*
Morrison, Donald *252*
Morrow, Robert D. *365*
Morton, Desmond *356*
Moshel, Aharon *116*
Mosher, Frederick C. *371*
Moss, David *222*
Mosse, George L. *179*
Mostajo, Carlos *48*
Moszynski, Adam *90*
Motley, James B. *382*
Mott, William H. *383*
Möttöla, Kari *400*
Mou, Daniel *337*
Mougel, François-Charles *218*
Moulian, Tomas *352*
Mount, Ferdinand *210*
Mphahlele, Teresa K. *339*
Mroz, John Edwin *262*
Mrozek, Donald J. *108*
Mschwenieradse, Wladimir W. *11*
Mucke, Peter *164*
Muheim, Franz *281*
Mukerjee, Dilip *327*
Müller, Eckhard *138*
Müller, Erwin *25*
Müller, Hartmut *179*
Müller, Klaus *186*
Müller, Klaus-Jürgen *179*
Müller, Kurt *197*
Müller, Leo A. *153*
Müller, Manfred *180*
Müller, Michael *153*
Müller, Rolf-Dieter *92*
Müller-Hohagen, J. *184*

Müller-Rommel, Ferdinand *129*
Mulligan, Timothy P. *94*
Multan, Wojciech *126*
Mumme, Stephen P. *392*
Mündemann, Tobias *168*
Muniver, Bruno *110*
Munson, Henry *65*
Münzing, Ekkehard *372*
Murakami, Yasusuke *322*
Muravchik, Joshua *373*
Murdock, Jean Marie *14*
Murfett, Malcolm *215*
Murillo Cárdenas, Eliodoro *350*
Murillo Viaña, Fernando *344*
Murphey, Dwight D. *11*
Murray, Brian *305*
Murray, Christina *340*
Murthy, C. S. R. *313*
Musallam, Sami *116*
Müsch, Adolf *51*
Musialik, Zdzislaw *76*
Musicant, Haim *3*
Muslih, Muhammad Y. *116*
Müssener, Helmut *173*
Muszynski, Jerzy *125*
Muth, Heinrich *180*
Myagkow, Aleksei *272*
Myer, Charles R. *108*
Myers, Ramon H. *328, 380*
Myers, Robert J. *382*
Myrdal, Jan *133*
Mzala *338*

N

Naarden, Bruno *127*
Nacos, Brigitte *15*
Nagorski, Andrew *125*
Najjar, Fauzi *334*
Nakanishi, Terumasa *321*
Nakhleh, Emile A. *116*
Nakielski, Henryk *91*
Namatame, Osamu *305*
Namazova, A. S. *134*
Nandy, Ashis *310*
Naranjo Orovio, Consuelo *285*
Náray, Antal *294*

Narocnickij, A. L. *22*
Narro Romero, Juan *286*
Naruszewicz, Stanislaw *138*
Nash, Lee *365*
Nassif, Ramses *301*
Nation, Robert C. *252*
Nativi, Andrea *224*
Naumann, Gerhard *195*
Naumann, Horst *144*
Naumann, Klaus *160*
Naumann, Michael *196*
Nauroth, Holger *68*
Navalón, Antonio *284*
Nave-Herz, Rosemarie *171*
Navias, Martin S. *29, 212*
Nawrocki, Stanislaw *91*
Nay, Catherine *199*
Neckina, M. V. *275*
Neff, Donald *111*
Negash, Girma *314*
Negash, Tekeste *223*
Nehru, Jawaharlal *310*
Neil Macfarlane, S. *382*
Neil, Tom *79*
Neise, Volker *202*
Nekrich, Aleksander *276*
Nel, Philip *36*
Nelson, Bruce C. *390*
Nelson, Daniel N. *35, 125, 249*
Nelson, F. Burton *170*
Nelson, Harold W. *255*
Nemec, Petr *180*
Nemes, János *295*
Nenarokov, Albert *276*
Nenning, Günther *236*
Nerlich, Uwe *123*
Nesbit, Roy Conyers *94*
Nesoviw, Slobodan *228*
Nester, William *321*
Nester, William Raymond *320*
Nesterenko, Elena Ivanovna *276*
Nesvadba, Frantisek *77*
Neuhold, Hanspeter *236*
Neuman, H. J. *19*
Neumann, Davrid *7*
Neumann, Klaus *174*

O

Neumann, Osha 119
Neumann, Robert G. 378
Neuneck, Götz 48
Neuss, Beate 132
Neustadt, Ammon 317
Neustadt, Amnon 155
Nevakivi, Jukka 198
Newell, Richard S. 301
Newman, John 108
Newman, Karl J. 327
Newsom, David D. 375
Newson, David D. 378
Newton, Michael 370
Nezinskij, L. N. 262
Nezinskij, Leonid Nikolaevic 298
Nicholson, Michael 279
Nicola, Alessandro de 391
Nicolai, Britta 172
Nicolai, Marie 335
Nicolaus, Herbert 194
Nicolle, David 118
Nicosia, Francis R. 147
Niedermayer, Oskar 128
Niedhart, Gottfried 16
Nieh, Yu-Hsi 328
Nielsen, Andreas L. 163
Niemeyer, Gerhart 7
Niestlé, Axel 53
Niethammer, Lutz 147
Nikonov, V. A. 366
Nikonov, Vjaceslav Alekseevic 373
Nimmo, William F. 86
Ninkovich, Frank A. 158, 375
Nisan, Mordecahi. 119
Nisbet, Robert A. 367, 389
Nishizawa, Yoshitaka 320
Niskanen, William A. 389
Nixon, Richard Milhouse 375
Nizskij, Vadim Akimovic 352
Nodinot, Laurent 41
Nogee, Joesph L. 262
Nöldeke 187
Nolutshungu, Sam 337
Noorani, Abdul Gafoor Abdul Majeed 311
Nordmann, Ingeborg 242
Nordquist, Joan 257, 346

Norris, Pippa 372
Nortier, J. J. 232
Norton, Augustus R. 21
Nosov, Mikhail 267
Nossa, Kim Richard 129
Notkowski, Andrzej 241
Novak, Michael 106
Novazio, Emanuele 259
Novikov, G. N. 206
Novikov, Nikolaj Vasil'evic 253
Novikov, V. N. 251
Nowak, Edward K. 244
Nowarra, Heinz J. 54
Noyes, James H. 402
Nrager, Povl E. 193
Núñez Soto, Orlando 360
Nuñez, Jesus A. 49
Nunn, Sam 32, 366
Nuri, Maqsudul Hasan 312
Nütt, Hans 144
Nwanko, Nwafo R. L. 331, 339
Nye, Joseph S. 19, 29
Nzelibe, Chinelo G. 331
Nzongola-Ntalaja 331

O

O'Ballance, Edgar 111, 118, 402
O'Brien, Connor Cruise 318
O'Brien, Conor C. 6
O'Connor, Timothy Edward 251
O'Halpin, Eunan 219
O'Hare, Martin 266
O'Leary, Brendan 219
O'Neill, Robert 208, 213
O'Toole, G. J. A. 386
Oberg, James E. 273
Oberkofler, Gerhard 237
Oberländer, Erwin 72
Oberst, Robert C. 302, 327
Occleshaw, Michael 213
Oddone, Patrick 206
Odinzov, Michail 253
Odom, William E. 268
Odziemkowski, Janusz 90, 95
Oelfken, Tami 144

Ofer, Dalia 4
Ogoh Alubo, S. 337
Ogunbadejo, Oye 49
Ojeda, Jaime de 32
Okafor, S. O. 337
Okecki, Stanis 90
Okoko, Kimse A. 341
Oldenburg, Fred 266
Oldfield, Sybil 60
Oliner, Samuel P. 4
Oliveira, César 75
Oliveira, Joao Paulo de 130
Oliver López-Guarch, Paula 113
Oliver, James K. 376
Oliver, William 368
Olivová, Vêra 291
Olson, James S. 108
Olson, Robert W. 293
Olstad, A. 233
Olszewski, Edward 240
Omvedt, Gail 310
Oneto, José 285
Onis, Juan de 350
Opel, D. M. 123
Opitz, F. 321
Opitz, Peter J. 62, 266
Opitz, Waldtraut 61
Oppermann, Thomas 57
Oprescu, Paul 249
Oreja Aguirre, Marcelino 127
Oren, Michael 111
Orfali, Stephanie 147
Orlov, Boris Markovic 268
Orlova-Kopeleva, Raissa 252
Ortega Martín, Jose 286
Ortega Saavedra, Daniel 21, 359
Ortiz, Roman D. 39
Oschilies, Wolf 242
Oschlies, Wolf 248
Osmolovskij, Vladimir Petrovic 276
Osta, A. P. J. 224
Österreich, Tina 191
Ostow, Robin 190
Østreng, Willy 272
Ostrich, Ralph 314
Otis, Pauletta 302

P

Otte, Max 380
Otto, Bertram 187
Otto, Hans-Uwe 181
Ottomeyer, Klaus 240
Overby, L. Marvin 20
Owens, Mackubin Thomas 49
Owerdieck, Reinhard 236

P

Pacheco, Eliezer 350
Packe, Michael 79
Paetau, Rainer 186
Page, Melvin E. 331
Pahl-Weber, Elke 180
Paisley, Rhonda 218
Pak, Chi-Young 323
Palla, Marcotrizia 226
Palmer, David 344
Palmer, Laura 108
Palmer, Michael A. 387
Palski, Zbigniew 244
Pam, M. 232
Pamiatnij, Alexandr 89
Panajotov, Filip 135
Panayi, Panikos 218
Pancov, Aleksandr Vadimovic 69, 255
Pande, M. C. 15
Paniagua, Javier 283, 287
Pankowski, Zygmunt 52
Paparela, Ivo 229
Papeleux, Léon 82
Pappé, Ilan 111
Pappi, Franz Urban 153
Paranjpe, Shrikant 49
Paris, Michael 216
Parisot, Jacques 145
Parisot, Nelly 145
Parker de Bassi, María T. 71
Parker, Robert Alexander Clarke 77
Parmanand 311
Parnell, Ben 386
Parrish, Michael 86, 93
Parrott, Bruce 257
Parry, Don 41
Parsadanova, V. S. 246
Parsadanova, V.S. 90

Parsadanova, Valentina Sergeevna 87
Parsons, Anthony 314
Parsons, Neil 341
Parthasarathi, G. 310
Parzymies, Stanislaw 203, 244
Paschall, Rod 70
Pascu, Stefan 249
Pascual Adrian, Jesus R. 50
Pastor, Robert A. 345
Pastor, Werner 139
Pastorelli, Pietro 223
Patch, William L. 174
Patchen, Martin 7
Pater, Stanislaw 90
Paterson, Thomas G. 375
Patil, V. T. 310
Patrusev, S. V. 61
Patzwall, Klaus D. 180
Paucker, Arnold 182
Pauliak, Ervin 292
Paulmann, Johannes 217
Pauw, J. L. van der 232
Pavillon, Monique 282
Pavlov, Nikolaj Valentinovic 154
Pawlikowski, John T. 4
Pawlowski, Edward 90
Pawlowsky, Verena 239
Payne, Anthony J. 355
Payne, James L. 29
Payne, Keith 50
Payne, Keith B. 385
Payne, Richard J. 382
Payne, Rodger A. 47
Pearson, David E. 39
Peattie, Mark R. 400
Pech, Karlheinz 96
Peck, James 364
Peebles, Hugh B. 216
Pehe, Jiri 291
Pehle, Walter H. 147, 178
Peitsch, Helmut 171
Pejskar, Jozka 289
Pelagalli, Sergio 82, 220
Pelinka, Anton 236
Pelinka, Peter 236
Pelipas', Miichail Jakovlevic 212

Pellissier, Pierre 199
Peltier, Marc D. 160
Peltzer, Roger 105
Peng, Pai 303
Pengelley, Rupert 52
Penna, Cyril 79
Penninger, Reinhard 218
Peraziw, Gavro D. 230
Perczynski, Maciej 126
Perdue, William D. 15
Peregudov, S. P. 123
Peretti, Henri 76
Peretz, Don 316, 319
Pérez Ledesma, Manuel 11
Pérez Silva, Enrique 352
Perez, Carlos 53
Pérez, Louis A. 396
Pérez-Agote, Alfonso 288
Pérez-Bastardas, Alfred 283
Perina, Rubén 344
Perker, Brigitte 187
Perkins, Ken 208
Perlmutter, Amos 316
Perras, Galen Roger 102
Perrett, Bryan 77
Perry, Bruce 366
Perry, F. W. 122
Perry, William J. 378
Perusse, Roland I. 381
Peter, Hans 32
Peter, Karl 144
Peters, Hans-Rudolf 12
Peters, Susanne 160
Petersen, Nikolaj 136
Petersen, Traute 149
Peterson, Erik Roswell 402
Peterson, John 219
Peterson, M. J. 400
Petkoviw, Ranko 228
Petracchi, Giorgio 276
Petro, Nicolai N. 256
Petrov, Boris Fedorovic 93
Petrova, P. 135
Petrovsky, Vladimir 21
Petsch, Kurt 84
Petzold, Joachim 167
Peukert, Detlev 175
Pfannnenstein, Dittmar 177
Pfeiffer, I. 197

P

Phibbs, Brendan 79
Philip, Ira 401
Phillipps, W. Francis 68
Phillips, Anne 60
Phillips, Robert L. 376
Philpott, Bryan 68
Philpott, William J. 68
Phipps, John-Francis 19
Phongspaichit, Pasuk 329
Picaper, Jean-Paul 158
Picaudou, Nadine 325
Piekalkiewicz, Janusz 101
Piekarski, Maciej 91
Pienaar, Sara 340
Pienkowski, Tadeusz 90
Pieroni, Alfredo 392
Pieropan, Gianni 70
Pierson, Ruth Roach 61
Pietrow-Ennker, Bianka 180
Pike, David 197
Pike, David Wingeate 96
Pike, Douglas 110
Pilat, Joseph F. 44
Piller, Charles 37, 64
Pinkus, Benjamin 256
Pinnock, Don 341
Pinson, Koppel S. 4
Pintér, István 296
Pinzón Rueda, Carmen Cecilia 357
Pióro, Tadeusz 106
Pipes, Daniel 117, 328
Pirsch, Hans 7
Pisa, Beatrice 224
Pisano, Dominick A. 43
Pisano, Vittorfranco S. 200, 202
Pisarev, Jurij Alekseevic 69
Pitt, Barrie 77
Pitt, Frances 77
Piwowonski, Jan 245
Pizarro Leon-Gomez, Carlos 357
Pjadysev, Boris Dmitrievic 383
Planells Boned, Francisco 30
Plate, Eckart 74
Plato, Alexander v. 186
Pleiner, Horst 237

Plettenberg, Ingeborg 22
Plevza, Viliam 94
Plummer, Brenda Gayle 394
Pochlebkin, Vil'jam Vasil'evic 279
Pochoy, Michel 50
Podlewski, Stanislaw 91
Pohl, Manfred 326
Pohlman, Hartmut 38
Pohlmann, Hartmut 27
Poirier, Philip P. 213
Poirier, Robert G. 269
Polenberg, Richard 371
Polenov, L. A. 272
Poliakov, Léon 2, 7
Politi, Alessandro 112
Poljakova, E. Ju. 219
Polmar, Norman 269, 387
Polomka, Peter 380
Poltzin-Walter, Jutta 132
Pomerance, Alan 368
Ponomarev, I. A. 110
Pons Prades, Eduardo 285
Ponte, Fuzeta da 130
Pontusson, Jonas 279
Pooviw, Jovo 100
Popov, N. V. 262
Popov, N. S. 52
Poppetrov, Nikolaj 135
Popplewell, Richard 72
Porch, Douglas 71
Pork, Andrus 256
Portelli, Hugues 200
Porter, Ivor 213
Porter, Richard C. 120
Portero, Florentino 158
Pörtner, Rudolf 184
Portnov, Viktor Petrovic 260
Portugal'skij, Ricard Michajlovic 270
Posen, Barry R. 33
Poskonina, Ljudmila Semenovna 344
Pospielovsky, Dimitry V. 274
Posset, Anton 180
Post, Ken 330
Potapov, V.I. 248
Potichnyj, Peter J. 259
Potocnik, Christiana 235

Pöttering, Hans-Gert 131
Pötzl, Norbert F. 138
Powell, R. F. 44
Powell, Scott S. 370
Pozdeeva, I. V. 355
Pozdnyakov, Elgiz 17
Pozsgay, Imre 295
Prados, John 386
Pragal, Peter 190
Prange, Gordon W. 101
Preda, Eugen 80
Preisig, Dölf 282
Preradovich, Nikolaus von 141
Pressac, Jean Claude 88
Preston, Antony 53, 215
Pribiloviw, Kazimir 100
Pribylov, V. I. 80, 245
Pridham, B. R. 401
Pridham, Geoffrey 222 - 223
Prieto, Justo J. 361
Prizel, Ilya 395
Proctor, Robert N. 180
Proenca Junior, Domicio 350
Prokosina, Ekaterina Sergeevna 278
Pröll, Bernd 195
Prost, Antoine 204
Prybyla, Jan S. 57, 245
Puchala, Donald J. 16
Puente, Ramon 359
Puhe, Henry 341
Puig, Juan C. 344
Pullen, William George 389
Pulzer, Peter 149
Pumberger, Klaus 127
Pumpjanskij, Aleksandr Borisovic 375
Puntigam, Josef-Paul 94
Purcell, Betty 360
Purcell, Susan Kaufman 351
Puryear, Edgar F. 382
Puschra, Werner 341
Pushkarev, Sergei 276
Puskareva, Irina M. 273
Pusykewitsch, Teresa 244
Putensen, Dörte 137
Pyadyshev, Boris 301
Pye, Lucian W. 305

Q

Q
Quarrie, Bruce 270
Quazza, Guido 226
Quero Rodiles, Felipe 287

R
Rabe, Stephen G. 375
Rabel, Robert Giorgio 226
Rabkin, Yakov M. 391
Rabnovich, Abraham 111
Rabofsky, Eduard 237
Rabushka, Alvin A. 307
Raby, D. L. 248
Rachwald, Arthur R. 264
Radax-Ziegler, Senta 235
Rade, Bulat 100
Radeliw, Zdenko 230
Raeff, Marc 276
Rahimi, Fahima 301
Rahman, Lutfor 309
Rahne, Hermann 161, 195
Raim, Edith 180
Raimond-Dityvon, Claude 206
Raina, Niranjan Nath 313
Rainero, Romain H. 207
Raith, Werner 222
Rajan, M. S. 121
Ramati, Yohanan 117, 328
Ramazani, Rouhollah K. 314, 402
Ramet, Pedro 127, 228
Ramirez Verdun, Pedro 45
Ramírez, Norma A. 344
Ramos, Ventura 355
Ramos-Izquierdo Zamorano, Antonio 287
Ramsey, Russell W. 357
Randa, Philippe 93
Randle, Michael 130
Ranelagh, John 386
Ranger, Robin 29
Raouf, Wafik 116
Rapoport, Iakov 260
Rapoport, Mario 348
Raschhofer, Hermann 292
Rasdolgin, Anatoliy A. 271
Rasmussen, Detlef 79
Rastelli, Achille 83

Rathkolb, Oliver R. 235, 239
Ratkoviw, Borislav 71
Ratliff, William G. 139
Rau, Michael 344
Raufer, Xavier 333
Rave, Paul Ortwin 168
Raven-Hansen, Peter 369
Ravenal, Earl C. 375
Ray, Hemen 305
Razumnyj, Igor Andreevic 53
Read, Anthony 73
Reader, William Joseph 214
Rebhann, Fritz M. 239
Rechtziegler, Emil 58
Reden, Armgard von 373
Ree, Erik v. 323
Reed, John 43, 51 - 52, 249
Rees, Wyn 208
Reese-Schäfer, Walter 158
Reeve, David 398
Regenberg, Werner 52
Reich, Bernard 317
Reichel, Hans-Christian 106
Reichling, Gerhard 166
Reid, Brian H. 101
Reif, Karlheinz 62
Reifner, Udo 187
Reimaa, Markku 106
Reinares, Fernando 288
Reinbacher, Nina 304
Reinhardt, Monika 328
Reiß, Jochen 63
Reisky de Dubnic, Vladimir 264
Reisman, W. Michael 9
Reiss, Mitchell 17
Reiter, Erich 236
Remmer, Karen L. 353
Rensenbrink, John C. 243
Renzi, William A. 69
Renzsch, Wolfgang 149
Resnitschenko, W. G. 40
Reusch, Jürgen 18
Reuter, Jens 227 - 228
Reuter, Konrad 150
Reuter-Hendrichs, Irena 227
Reuveni, Sári 295
Revelli, Marco 225, 227
Rey, Sir Charles Fernand 341

Reynell, Josephine 329
Rezmer, Waldemar 90
Rhea, John 38
Rhodes, Benjamin D. 276
Rhodes, R. A. W. 127
Ribeiro, Alejandro 55
Ribhegge, Wilhelm 173
Rice, Christopher 276
Rice, Donald 388
Rice, Edward Earl 120
Rich, Bruce 59
Richardson, Robert C. 377, 382
Richelson, Jeffrey T. 41
Richert, Dominik 69
Richter, Dagmar 158
Richter, Heinz 98
Richter, Karel 73
Koznar, Vlastimil 289
Richter, Michael 151
Richter, Walli 292
Richter, William L. 327
Ridd, Rosemary 61
Ridolfi, M. 222
Rieck, Andreas 65, 325
Riefe, Robert H. 343
Riemann, Horst 162
Ries, Tomas 198, 280
Riese, Hajo 57
Riese, Hans-Peter 265
Rigby, Andrew 209, 218
Rigby, Thomas H. 273
Riley, Stephen P. 331
Rill, Robert 238
Rilling, Rainer 165
Rimanelli, Marco 221
Ringadoo, Veerasamy 402
Ringelblum, Emanuel 242
Rioux, Jean-Pierre 204
Ripamonti, Enrico 280
Risse-Kappen, Thomas 50
Rittberger, Volker 25, 154
Ritterman, Michele 352
Rius 360
Rizza, Mario 224
Robbe, Martin 65, 119
Robbins, Keith 207
Roberts, Brad 8
Roberts, Frank, 175

R

Roberts, Geoffrey 73
Roberts, Jonathan M. 17
Roberts, William H. 387
Robertson, David 39
Robertson, Myles L. 266
Robins-Mowry, Dorothy 355
Robinson, David Z. 386
Robinson, Jo Ann Gibson 369
Robinson, Linda 352
Robison, Richard 398
Robles Piquer, Carlos 284 - 285
Roca, Sergio G. 395
Rocard, Michel 203
Rocca, Gianni 254
Rochester, J. Martin 17
Rochon, Thomas R. 350
Rodin, V. N. 269
Rodríguez Calderon, Mirta 189
Rodríguez Fox, Alberto 348
Rodriguez Ibañez, José E. 287
Rodríguez Lapuente, Manuel 359
Roehn, Peter 314
Roesler, Jörg 184
Roett, Riordan 346, 351
Rogers, Paul 51
Rogge, John R. 121
Rohrssen, Katja 319
Rojas Wainer, Alejandro 352
Rojas, Marta 189
Role, Maurice 321
Rolls, Bill 79
Román Jiménez, Obdulio 52
Romaña Arteaga, José Miguel 289
Romeu Alfaro, Fernanda 285
Romeyk, Horst 186
Rondeau, Daniel 206
Rondot, P. 334
Rondot, Philippe 112
Rondot, Pierre 336
Ronge, Volker 166
Rony, Jean 223
Roodbeen, Hendrik 281
Roon, Arnold von 163
Rooney, David 335
Rooper, Alison 360

Roosevelt, Archibald Bulloch 366
Ropp, Klaus von der 113
Rorabaugh, William J. 391
Rorissier, Régis 107
Rosas, Fernando 248
Rosca, Ninotchka 399
Roschlau, Wolfgang 32, 159
Rose, Norman 5
Rose, Stephen 49, 101
Rosecrance, Richard 321
Rosefielde, Steven 273
Rosen, Edgar R. 226
Rosenau, James N. 16
Rosenberg, Alan 4
Rosenberg, Emily S. 375
Rosenfeld, Stephanie 121
Rosenkilde, William 137
Rosenstock, Wolf 88
Rosenthal, Gabriele 69, 171
Rosenzweig, Roy 391
Rosh, Lea 5
Rosignoli, Guido 224
Roßmüller, Heinrich 273
Rosna, Walter 127
Ross, George 205
Ross, Jeffrey Ian 15
Ross, Stewart 276
Rotbart, Vladislav 88
Rotberg, Robert I. 377
Rotfeld, Adam Daniel 125 - 126
Roth, Dieter 153
Roth, Jürgen 177
Roth, Karl Heinz 88
Roth, Stephen, J. 110
Roth, Winifried 351
Rothchile, Donald 331
Rothermund, Dietmar 309, 312
Rothmaler, Christiane 180
Rothschild, Robert 73
Rottman, Gordon L. 24, 35
Rotundo, Louis 92
Rotundo, Louis C. 93
Roubatis, Yiannis P. 380
Roussel, Hélène 205
Rousso, Henry 97
Roussopoulos, Dimitrios I. 14

Roux, Pierre Guillaume 335
Rowe, James G. 108
Rowecki, Stefan 241
Rowen, Henry S. 256
Roy, Denny 391
Roy, Louis an 97
Roy, Olivier 109
Roy, Sara 116
Rózanski, Henryk 241
Rozenblit, Marsha L. 235
Rozmus, Wlodzimierz 245
Ruben, Peter 12
Rubenstein, Richard L. 5, 235
Rubin, Barnett R. 301
Rubin, Barry 375
Rubin, Gerry R. 213
Rubin, Henryk 242
Ruck, Michael 180
Rudney, Robert 123
Ruether, Günther 196
Ruethers, Bernd 144
Ruhe, William J. 102
Ruhl, Klaus-Jörg 183
Rühl, Lothar 25
Ruhnau, Rüdiger 188
Ruiz Cervantes, Francisco J. 359
Ruiz, David 288
Rüland, Jürgen 329
Rules, James B. 7
Ruloff, Dieter 17
Rummel, Reinhardt R. 130
Runge, Irene 148
Rupesinghe, Kumar 7, 26
Rupnik, Jacques 290
Ruppert, Andreas 186
Rusco, Pierre 93
Rusconi, Gian Enrico 69
Rush, Myron 268
Rüstow, Dankwart A. 292, 381
Rutherford, Evan 214
Rutschmann, Werner 282
Rychlík, Jan 289
Rzesevskij, Oleg Aleksandrovic 77

S

Sá, Luís *131*
Sabarko, Boris *13*
Sabrosky, Alan Ned *382*
Sachs, Alibe *339*
Sachs, Ignacy *350*
Sachse, Carola *180*
Sack, Ralf *119*
Sacristan, E. *287*
Sadat, Jehan *333*
Sadkovich, James J. *82, 230*
Sadowski, Jan *91*
Saeed, Amera *300*
Saeter, Martin *264*
Saether, Wera *20*
Safrian, Hans *75*
Safronov, Vancetti Georgievic *88*
Sahagún, Felipe *17*
Sahliyeh, Emile F. *319*
Sahner, Wilhelm *150*
Saikal, Amin *109*
Sailer, Michael *36*
Sainclivier, Jacqueline *97*
Saith, Ashwani *307*
Saivetz, Carol R. *264*
Sakamoto, Yoshikazu *298*
Sakwa, Richard *257, 276*
Salamé, Ghassan *117*
Salamone, Francesca *224*
Salkin, Yves *328*
Sallaberry, Francis *96*
Salomoni, Antonella *273*
Saltmann, Jack *235*
Salvatierra, Miguel *395*
Salvy, Robert *53*
Salwem, Michael B. *324*
Samain, Bryan *215*
Samuel, Anna *147*
Samuel, Salomon *147*
Samuels, Richard J. *320*
Sanasarian, Eliz *294*
Sánchez Catalén, Antonio *75*
Sanchez, José Mariano *75*
Sánchez-Terán, Salvador *285*
Sander, Rudolf *290*
Sanders, Alan J. K. *326*
Sanders, Ron *22, 393*
Sandholtz, Wayne *132*

Sandhu, Bhim *305*
Sandino, Augusto Cesar *360*
Sandler, Todd *14*
Sandvoß, Rainer *189*
Sanguedolce, Joseph *200*
Sanguinetti, Horacio *346*
Sani, Massimo *86*
Sanjian, Gregory S. *35*
Sánnchez, Luis Alberto *361*
Santarelli, Enzo *220*
Santasombat, Yos *329*
Santoni, Alberto *163*
Sanz Díaz, Benito *289*
Saperstein, Alvin M. *58*
Sapir, Jacques *269*
Sapov, Petr Nikolaevic *52*
Sára, Sándor *297*
SarDesai, Damodar R. *330*
Sardo, Mario *26*
Sarty, Roger *356*
Sas, Grazyna *197*
Saslawskaja, Tatjana *259*
Saslawskaja, Tatjana I. *273*
Sassoon, Anne S. *220*
Satloff, Robert Barry *322*
Sato, Seizaburo *321*
Saul, Samir *334*
Sauldie, Madan M. *332*
Saulnier, Jean *203*
Saville, John *217*
Savioli, Arminio *319*
Sawczuk, Janusz *193*
Sawicki, Tadeusz *77, 98*
Sawodny, Wolfgang *51*
Sawuschkin, Robert *77*
Sayed, Mustapha K. el- *117*
Scala, Spencer M. di *223*
Scalapino, Robert A. *323*
Schade, Margot von *144*
Schaff, Adam *13*
Schafft von Loesch, Ursula *144*
Schafranek, Hans *234, 239*
Schahgaldian, Nikola B. *314*
Schaller, Michael *366*
Scharf, Lois *366*
Scharf, Wilfried *196*
Scharnagel, Wilfried *145*
Schassen, Brukhard von *15*

Schatzberg, Michael G. *342*
Schatzker, Chaim *5*
Schäuble, Wolfgang *132*
Schaufelberger, Walter *82, 282*
Schbley, Ayla Hammond *325*
Scheffer, David J. *49*
Scheffer, Paul *123*
Scheibert, Horst *52*
Scheinman, Lawrence *58*
Schell, Orville *305*
Schellhorn, Kai M. *400*
Scheman, L. Ronald *345*
Scheman, Ronald *388*
Schenk von Stauffenberg, Graf *55*
Schenker, Hillel *116*
Scherffig, Wolfgang *180*
Schieder, Wolfgang *144*
Schier, Peter *110, 323*
Schiers, Ulrich *161*
Schilde, Kurt *138, 189*
Schimmelpenningh, H. G. L. *97*
Schimmelpfennig, Anton F. *141*
Schipor, Ilie *249*
Schirmeister, Helga *26*
Schlagenhauf, Petra. I. *150*
Schlauch, Wolfgang T. *153*
Schlight, John *109*
Schmezer, Guido *283*
Schmid, Josef *167*
Schmid-Ospach, Michael *138*
Schmidt, Christian *24*
Schmidt, Max *158, 193*
Schmidt, Peter *155*
Schmidt, Vivien, A. *202*
Schmidt, Walter *147, 197*
Schmidt-Clausen, Kurt *142*
Schmidt-Eenboom, Erich *164*
Schmidt-Neke, Michael *133*
Schmidt-Waldherr, Hiltraud *175*
Schmiegelow, Henrik *375*
Schmitt, Anton *214*
Schmitt, Hermann *128*
Schmitz, David F. *223*
Schmollinger, Horst W. *151*

S

Schneer, Jonathan 211
Schneider, Dieter Marc 197
Schneider, Ernst 175
Schneider, James C. 375
Schneider, James J. 268
Schneider, Michael 93
Schneider, Robert 200
Schnibben, Cordt 193
Schnitzer, Helmut 237
Schoch, Bruno 223
Schofield, Carey 276
Schofield, Ernest 94
Scholten, Gerhard 144
Scholz, Günther 145
Schölz, Joachim 164
Schöneburg, Volkmar 175
Schönhuber, Franz 293
Schöpflin, George 13, 125
Schöpp, Joseph, C. 392
Schöppner, Klaus Peter 341
Schorr, Bianca 309
Schou, Arild 112
Schraeder, Peter J. 378
Schrag, Philip G. 49
Schreckenberg, Wilhelm 148
Schreiber, Gerhard 141
Schreiber, Thomas 133
Schreiter, Helfried 190
Schröder, Gerd 143
Schröder, Hans Joachim 80
Schröder, Hans-Jürgen 184
Schröder, Wulf 181
Schroeer, Dietrich 40
Schubert, Dirk 180
Schubert, Günter 328
Schubert, Michael 249
Schubik, Martin 58
Schudnagies, Christian 140
Schuker, Stephen A. 181
Schüle, A. 175
Schulte, Axel 60
Schulte, Heinz 195
Schulten, C. M. 232
Schultz, Bud 370
Schulz, Wolfgang 160
Schulz-Vobach, Klaus-Dieter 124
Schulze, Rainer 185 - 186
Schulze-Marmeling, Dietrich 218
Schumacher, Kurt 167
Schumacher, Martin 175
Schumann, Frank 192
Schurman, Donald M. 356
Schustereit, Hartmut 90
Schütze, Fritz 80
Schütze, Walter 26, 158, 203
Schwab, Erwin 94
Schwabe, Helmut 86
Schwarberg, Günther 92, 247, 318
Schwartz, Charles 64
Schwartz, Rafael 363
Schwartz, Richard 132
Schwartzman, David 383
Schwarz, Hans-Peter 185
Schwarz, John E. 370
Schwarz, Jordan A. 364
Schwarz, Siegfried 132
Schwarz, Wolfgang 158, 193
Schweid, Eliezer 5
Schweigerl, Gebhard 32
Schweinitz, Kurt Graf von 161
Schwengel, Hermann 12
Schwenke, Rainer 279
Scott, John 367
Scott, Peter Dale 369 - 370
Scowcroft, Brent 38
Seale, Patrick 328
Seaquist, Larry 387
Sebald, Peter 342
Sedov, Lev 276
Seeberg, Karl-Martin 342
Segal, David R. 35
Segal, Gerald 306
Segal, Jerome 116
Segal, Jerome M. 116
Segev, Samuel 317
Segev, Tom 138
Segrè, Claudio G. 219
Segre, Dan 316
Seibold, Carsten 168
Seidel, Jutta 12, 61
Seidelman, William E. 181
Seidelmann, Reimund 12
Seidler, Franz W. 181
Seiffert, Wolfgang 156
Sejranjan, Fridrich Gajkovic 252
Selivanov, Pentelejmon Alekseevic 276
Sella, Piero 11
Sema, A. 226
Seminara, Gaetano 225
Semirjaga, Michail Ivanovic 259
Sen, Rabindra 398
Senfft, Heinrich 171
Senghaas, Dieter 105, 123
Senker, Peter 210
Senokosov, Ju. P. 259
Sentis, Georges 97
Sentse, R. 15
Serbin, Andrés 344
Sergeev, Fedor Michajlovic 352
Serra, Cosimo 224
Serra, Maurizio 181
Serrano Secundino 285
Servan-Schreiber, Jean-Jacques 316
Sesay, Amadu 113
Sewell, Rob 175
Sezer, Duygu Bazogu 293
Shacbolt, Maurice 69
Shafer, D. M. 384
Shaha, Rishikesh 326
Shapira, Anita 315
Shapiro, Sherry B. 32
Sharkansky, Ira 318
Sharp, Alan 73
Shavit, Yaacov 5
Shaw, Duncan 287
Shaw, Yu-ming 304, 328
Shawcross, William 313
Shearman, Peter 267
Sheehan, Michael A. 37
Sheehan, Neil 367
Sheffy, Yigal 72
Shelah, Menachem 230
Shemesh, Moshe 119
Shenfield, Stephen D. 268
Shephard, K. 17
Shepherd, Robert 211
Shepperson, George 338
Sheriff, Sarah 121

Sherlock, Thomas D. 256
Shermann, Janann 45
Sherr, Alan B. 29
Sheth, D. L. 300
Shi Ming Hu 307
Shija, William M.F. 331
Shilin, P. A. 32
Shimoni, Yaacov 117
Shimshoni, Jonathan 318
Shinn, William T. 273
Shipway, Mark 217
Shirodkar, P.P. 313
Shlaim, Avi 317
Shorrock, William I. 203
Short, Anthony 109
Shtromas, Alexander 257
Shue, Vivienne 305
Sibony, Daniel 2
Siccama, Jan G. 130
Sichrovsky, Peter 315
Sick, Gary 112
Sicker, Martin 262
Sider, Gerald M. 368
Siebel, Gunter 39
Siebenborn, Kerstin 181
Siegel, Adam B. 29
Siegelbaum, Lewis H. 274
Siegerist, Joachim 149
Siemens, Wolf-Rüdiger 378
Siemers, Günter 301
Silianoff, Eugène 136
Silva Giron, César A. 354
Silva, Martiniano J. da 349
Simian, Guo 262
Simiw, Petar 228
Simkins, Peter 69
Simmers, Robert A. 30
Simon, Gerhard 259
Simon, Jean-Marie 354
Simonciw-Bobetko, Zdenka 230 - 231
Simovcek Ján 291
Simpson, Christopher 138, 185, 247
Simpson, John 315
Simpson, Michael 367
Sims, Nicholas, A. 49
Sinclair, Louis 255
Sindelar, Richard 401

Singer, Daniel 199
Singer, David 368
Singer, Marshall R. 302
Singh Yadav, Sanjay 110
Singh, Anita Inder 312
Singh, Bilveer 300
Singh, Jagdev 110
Singh, Jasjit 35, 312
Singh, K. R. 300
Sipols, Vilnis Janovic 262
Sipos, Péter 297
Sippel, Heinrich 153
Sirota, Naum Michajlovic 373
Sirriyeh, Hussein 112
Siskin, Valerij Aleksandrovic 276
Sison, José Maria 399
Sittkus, Albert 49
Sitzler, Kathrin 296
Skarenkov, L. K. 251
Skármeta, Antonio 351
Skennerton, Ian D. 45
Skidmore, Thomas E. 350
Skirda, Alexander 253
Skjelsbaek, Kjell 33
Slabbert, Frederik van Zyl 338
Slack, Michael 356
Sládek, Zdeněk 290
Slader, John 216
Slann, Martin 14
Slater, Robert O. 14
Sloan, G. R. 384
Sloan, Stanley R. 32
Sloan, Stephen 382
Sloth-Nielsen, Julia 340
Slowe, Peter 98
Slowikowski, M.Z. Rygor 41
Slusser, Robert M. 254
Smelser, Ronald M. 142
Smirnov, V. P. 202
Smirnov, Vladislav Pavlovic 77
Smith, Bradley E. 387
Smith, Chris 48
Smith, Denis 355
Smith, Duncan 189
Smith, Eric D. 99
Smith, Hedrick 370, 375
Smith, Howard E. 56

Smith, Hugh 397
Smith, Joseph 105
Smith, Keith 385
Smith, Malcolm 85
Smith, Peter Charles 101
Smith, Wayne S. 381
Smoke, Richard 16
Smolansky, Oles M. 262
Smoldas, Zdeněk 290
Smooha, Sammy 316
Smyser, W. R. 379
Smyser, William R. 156
Smyth, Jim 218
Snyder, Don J. 363
Snyder, Jack 123, 263
Snyder, Louis L. 181
Sobczak, Kazimierz 77
Sobrino, Jon 354
Sochor, Eugene 59
Sochor, Zenovia A. 253
Sodi, Risa 220
Soerensen, Flemming 137
Sofer, Sasson 315
Soffer, Ovadia 316
Sohr, Raúl 346
Sokolov, V. V. 250, 252
Sokolsky, Joel J. 34
Solinger, Dorothy J. 307
Solis Castro, José 277
Solli, Arne 233
Solomon, Russell 384
Somai, Giovanni 220
Somjee, Geeta 60
Sommer, Dirk 32
Sommer, Norbert 274
Sommermann, Karl-Peter 8
Somplatzki, Herbert 188
Sonderegger, Ronald 282
Sonia Olmeda Garcia, A. 24
Sonyel, Salahi R. 292
Soohyun, Chon 324
Sørensen, Henning af 137
Sorenson, David S. 39
Sorge, Richard 175
Sorgin, V. V. 217
Sorokin, Alekseg Ivanovic 270
Soule, John W. 218
Souresrafil, Behrouz 112, 317
Soutou, Georges-Henri 69, 203

S

Souze, Maria Dolores 351
Sowell, Thomas 370
Spanger, Hans-Joachim 193
Spanik, Stefan 112
Späth, Lothar 123
Späth, Wilhelm 131
Speed, Frank Warren 397
Spehnjak, Katarina 231
Spencer, Donald S. 364
Sperker, Karl Heinrich 78
Sperling, James C. 164
Spick, Mike 43, 54
Spiers, Edward M. 37
Spillmann, Kurt R. 281
Spirin, Leonid Michajlovic 277
Spittmann, Ilse 193, 196
Spitzberg, Irving J. 393
Spitzer, Hartwig 29
Spofford, Tim 392
Spoo, Eckard 152
Spourdalakis, Michalis 207
Sprang, Udo 302
Spriano, Paolo 221
Spring, Derek 95
Sprinzak, Ehud 317
Spurr, Russell 108
Ssesé Ceresuela, José 44
Staack, Michael 106, 154
Staar, Richard F. 243
Stache, Peter 51, 56
Stachura, Peter D. 175
Staden, Bernd von 123
Stafford, Edward P. 80
Stallworthy, Marks 210
Stancev, Vitalij I. 73
Stanchenko, Vladimir I. 264
Stanczyk, Janusz 115
Stanislawski, ladyslaw 90
Stanton, Shelby L. 386
Starcev, Vitalij Ivanovic 277
Starink, D. 109
Staritz, Dietrich 191
Starkov, V. A. 258
Staudt, Wolfgang 128
Stavis, Benedict 305
Steenberg, Sven 256
Stefani, Filippo 226
Stefanowicz, Janusz 73

Steffens, Mechthild 193
Steffensen, Steffen 181
Steger, Gerhard 239
Stehle, Hansjakob 78, 298
Stein, Geroge J. 281
Steinbach, Peter 86, 160, 182
Steinbach, Udo 118
Steinberg, Gerald M. 40
Steinberg, Matti 116 - 117
Steinborn, Norbert 187
Steininger, Rolf 158, 185
Steinweg, Wolfgang 188
Stephany, Pierre 135
Sterl, István 297
Stern, Frank 148
Stevens, Paul Schott 370
Stewart, Adrian 102
Stiller, Jesse H. 366
Stinnes, Manfred 103
Stirk, Peter M. R. 122
Stjernfelt, Bertil 22
Stock, Bradley W. 132
Stockfisch, Dieter 84
Stockinger, Josef 238
Stohl, Michael 15
Stojanovic, Svetozar 228
Stojka, Ceija 3
Stolarczyk, Mieczyslaw 159, 263
Stoltenberg, Gerhard 32
Stoltzfus, Grant M. 391
Stone, Isidor F. 392
Stone, Jay 67
Stone, Walter 45
Stoneman, Colin 343
Stoppel, Wolfgang 134
Storch, Dietmar 19
Strache, Wolf 185
Strasser, Johano 12
Strauß, Franz Josef 145
Streich, Jürgen 49
Streim, Alfred 88
Streit, Andrea 304
Stretch, Robert H. 109
Stricklin, David 66
Stridsberg, Sven 54
Strobel, Georg W. 243
Strohal, Eberhard 239
Stromberger, Helge 240

Stromseth, Jane E. 32
Strum, Philippa 318
Strychalski, Jerzy 76
Stuart, Douglas 32
Stuart, Douglas T. 34
Stubbs, Richard 300
Stubing, Eva 33
Stuldreher, Coenraad J. F. 88
Stürmer, Michael 129
Sturtivant, Ray 54
Suárez Gaona, Enrique 358
Suárez, Luis 358
Suarez, Manuel 396
Subrahmanya, K. 345
Subrahmanyam, K. 312
Sudarshan, Chitra 312
Sudholt, Gert 77
Sueo Sudo 320
Sugarev, Valentin Dmitrievic 42
Suleja, Wlodzimierz 243
Sullivan, Leonard 133
Sullivan, Patrick J. 390
Sulzberger, Cyrus L. 227
Sumida, Jon 215
Summers, Anne 214
Sumrall, Robert F. 53
Sung-Joo, Han 324
Suny, Ronald 256
Sunzi 24
Suppan, Arnold 229
Surí Quesada, Emilio 395
Suriyakumaran, C. 302
Suryadinata, Leo 398
Suryanarayan, V. 300
Süß, Walter 191
Sutov, A. D. 12
Swartley, Willard M. 64
Sweeney, Jim 239
Sweetman, Bill 55
Sweezy, Paul M. 13
Swindells, Julia 217
Swoboda, Ralf 194
Sywottek, Arnold 166
Szabó, Miklós 296
Szabo, Stephen F. 159
Szaflik, Józef Ryszard 247
Szakály, Sándor 294
Szarka, László 295

Szczexniak, Andrzej Leszek 90
Szczygielski, Zbigniew 247
Szebényi, Ferenc 295
Szenti, Tibor 298
Szilágyi, Akos 274
Szilágyi, Szabolcs 241
Szilard, Leo 49
Szinai, Miklos 298
Szporluk, Roman 143
Szuchanek, Friedrich 229, 290
Szymbiorski, Wojciech 112

T

Tabachnick, Stephen 208
Tabory, Mala 256
Taguieff, Pierre-André 11
Taheri, Amir 380
Takács, Imre 295
Talmud, Ilan 317
Talon, Vicente 293
Talos, Emmerich 239
Tamir, Avraham 316
Tan, Qingshan 307
Tanaky, Toshiro 130
Tanino, Sakutaro 303
Tarankanov, Nikolaj Dmitrievic 58
Tarín-Iglesias, José 288
Tarkowski, Krzysztof, A. 76
Tarr, S. Byron 335
Tarso Fleixa Lima, Paulo de 117
Tatu, Michel 252
Taufic, Camilo 64
Tauscher, Rolf 169
Tausk, Walter 148
Taveras, Fafa 394
Taw, Jennifer 321
Tayloe, Roberta Love 80
Taylor Philip M. 217
Taylor, Alan R. 121
Taylor, Brian 144
Taylor, Eric 60
Taylor, Frank 86
Taylor, Maxwell 15
Taylor, Paul 21
Taylor, Richard 211
Teague, Elizabeth 260
Teague, Paul 217

Teichman, Judith A. 358
Teicht, Arnold Peter 130
Teissier, Ernesto Julio 358
Teitgen, Pierre Henri 200
Tello Lazaro, José Angel 287
Teltschik, Horst 103, 156
Temmermann, Jean 134
Teresiak, Manfred 195
Terkel, Studs 389
Ternryd, Carl-Olof 279
Terrill, W. Andrew 33
Terry, Roy 214
Terzibaschitsch, Stefan 387
Tessler, Mark 116
Teveth, Shabtai 315
Thakur, Ramesh 16, 398 - 399
Thalmann, Rita 206
Thaysen, Uwe 190
Thee, Marek 17, 58
Thiago Cintra, José 17
Thiede, S. E. 34
Thomas, Andy 214
Thomas, Charles S. 181
Thomas, Gill 60
Thomas, Paul 259
Thompson, J. L. P. 218
Thompson, Kenneth W. 17
Thompson, Lercy 388
Thompson, Terry L. 274
Thompson, Wayne 387
Thompson, Wayne C. 160
Thompson, William R. 42
Thorndike, Tony 394
Thorne, Christopher 17
Thorniley, Daniel 261
Thornton, Peter 210
Thornton, Thomas Perry 378
Thorsen, Niels Aage 367
Thränert, Oliver 49
Thraves, Stephen 42
Tichvinskij, S. L. 277
Tichvinskij, Sergej Leonidovic 266
Tichy, Roland 167
Tieke, Wilhelm 187
Tiemann, Heinrich 167
Till, G. 271
Timm, Angelika 319

Timm, Klaus 319
Timmermann, Heiner 197
Timmermann, Heinz 261
Tirado, Isabel A. 261
Tishkov, Valerii 256
Tismaneanu, Vladimir 125
Tmej, Zdenek 188
Tnneson, Stein 107
Tnnesson, Stein 313
Tobler, Max 283
Togliatti, Palmiro 221
Toh Mun Heng 326
Tohá, Moy de 351
Tokatlian, Juan 393
Tokody, Gy. 297
Tolley, Howard 9
Tolmein, Oliver 169
Toma, Peter A. 296
Tomala, Mieczyslaw 154, 156
Tomassini, Luciano 17
Tomaszewski, Jerzy 136
Tomes, Jason H. 73
Tomsho, Robert 392
Tonelson, Alan 376
Tonndorf, Uwe 340
Topitsch, Ernst 82
Toraldo-Serra, Nicola Maria 317
Torgau, Dieter 185
Torres-Rivas, Edelberto 346
Torzecki, Ryszard 247
Tosolini, Aluisi 339
Toth, Robert C. 38
Touraine, Jean Michel 51
Touscoz, J. 2
Toussaint, Ingo 181
Trab Zemzemi, Abdel-Majid 342
Tracey, Gene D. 307 - 308
Trachtenberg, Marc 376
Tramitz, Angelika 69
Trampe, Gustav 26
Trapp, Frithjof 169
Travers, Timothy H. E. 71
Traxler, Hans 252
Tredoux, Colin 340
Treffer, Günter 392
Tremayne, Penelope 302
Trench, Charles C. 312

Trench, Charles Chenevix 312
Trench, Richard 85
Trenin, Dmitrij W. 265
Treviño Ruiz, José M. 215
Treviño Ruiz, José. 46
Trikiw, Savo O. 100
Trincia, Luciano 223
Tripp, Charles 111
Tritten, James John 46
Trizio, Pasquale B. 101
Troebst, Stefan 136
Troen, Selwyn Ilan 111
Trofimenko, Henry 26
Trotsenburg van, Edmund A. 40
Troyano, Thomas S. 30
Truscenko, Nikolaj Vladimirovic 252
Trzcielinska-Polus, Aleksandra 154
Tsakaloyannis, Panos 131
Tsang, Steve Yui-Sang 309
Tuck, Jim 253
Tucker, Anthony 112
Tufari Recalde, Pablo E. 74
Tügel, Franz 170
Tulchin, Joseph S. 378
Tully, Mark 312
Tun Hwa Ko 329
Tunander, Ola 39
Tunstall, George C. 72
Tunstall, Graydon 72
Turi, Gabriele 226
Turner, Henry Ashby 185
Turner, John 217
Turonek, Jerzy 94
Turpin, Patrick G. 214
Turrini, Alessandro 53
Tusa, Ann 185
Tusa, John 185
Tusell, Javier 284 - 285
Tutui, Gheorghe 105
Twinam, Joseph Wright 327
Twomey, Paul 397
Tyler, Rodney 210

U

Uffelmann, Uwe 185
Uka, Walter 143
Ul'janova, Marija Il'inicna 253
Ulam, Adam B. 254
Ulateig, Egil 233
Ulc, Otto David 291
Ulloa Morel, Luis A. 394
Ulrich, Axel 175
Ulrich, Bernd 173
Unc, Gehorghe 332
Unterhalter, Elaine 339
Unzueta, Patxo 289
Urban, G. R. 257
Urban, George 252
Urbanek, Bozena 92
Uribe y Orrego, Luis 67
Urjewicz, Charles 278
Urquhart, Brian 22, 208
Urzúa Valenzuela, Germán 352
Uscatescu, Jorge 249
Uschkalov, I. G. 63
Uschner, Manfred 48
Usyskin, G .S. 253
Utkin, Anatolij Ivanovic 367
Uxó Palasí, José 287, 288

V

V'junenko, Nikolaj Petrovic 42
Vacs, Aldo C. 348
Vad, Otto 24
Vadney, T. E. 103
Vaisse, Maurice 205
Vajda, Mihály 168
Valant, Gary 55
Valcarcel Sancho, Felix 24
Vale, Colin A. 340 - 341
Valencia Rodríguez, Luis 354
Valenta, Jiri 264
Valenzuela, Arturo 351
Valenzuela, J. Samuel 61
Valenzuela, María E. 353
Valette, Jacques 101, 107
Valeva, E. L. 135
Valli, Gianantonio 223
Valmont, Frédéric 138
Van Cleave, William R. 384
Van der Horst, Paul 62
Van Der Voort, Annet 147

Van Well, Günther 155
Vanaik, Achin 49
Vandenbroeke, Chris 134
VanDenHaag, Ernest 378
Vandewalle, Dirk 342
Vanhulle, Patrick 134
Vano, Gerard S. 356
Vanwelkenhuyzen, Jean 134
Varas, Augusto 352
Varela Petito, Gonzalo 363
Vargas Arreola, Juan Bautista 358
Vargas Peña, Benjamin 74
Vargas Salinas, Mario 395
Vargas Valenzuela, José 351
Vargas, Otto 348
Varslavan, Al'bert Janovic 279
Varsori, Antonio 105
Vascenko, P. F. 270
Vasconcelos, Alvaro 34
Vasconcelos, Alvaro de 32
Vaseckij, Nikolaj Aleksandrovic 255
Vasilev, V. A. 135
Vásquez Bazán, César 362
Vass, Henrik 296
Vasseur, Philippe 202
Vat, Christine van der 95
Vat, Dan van der 95
Vatin, Philippe 203
Vaupel, Dieter 185
Vaviw, Milorad 231
Vega Masana, Eulàlia 289
Vega, Bernardo 394
Vego, Milan 272
Vego, Milan N. 271
Vego, Milan Nikola 237
Veit, Wolfgang 129
Vélez de Piedrahita, Rocío 357
Venohr, Wolfgang 198
Verbeeck, Georgi 13
Verbeek, J. R. 232
Verbitsky, Horacio 348
Vergara, Raúl 384
Verkerke, J. Hoult 58
Vermeersch, Jens 134
Verona, Sergiu 249

Vetschera, Heinz *240*
Vial Correa, Gonzalo *353*
Vicente Rangel, José *363*
Vick, Alan J. *376*
Vigil, Maurilio E. *368*
Viguier, Raymond *200*
Villarroya Chueca, Jose *287*
Villaume, Poul *34*
Villiers, Jose Marie *134*
Vinogradov, Aleksandr Dmitrievic *399*
Viola, Natale *15*
Viotti, Paul R. *127*
Visintin A. *226*
Viskovic, Nikola *10*
Vislov, Oleg v. *81*
Vital, David *5*
Vivekananda, Franklin *301*
Vizgunova, Julija Ivanovna *358*
Vogel, Detlef *98*
Vogel, Heinrich *274*
Vogel, Walter *159*
Vogelbusch, Friedhelm *44*
Vogele, William B. *30*
Vogelman, Lloyd *340*
Vogt, Judith *117*
Vohra, A. M. *32*
Vohra, Ruchita *113, 313*
Vohra, Sahdev *311*
Vohryzka-Konopa, Frantisek Josef *290*
Voigt, Johannes H. *312*
Voigt, Karsten D. *20, 159*
Volgyes, Ivan *294*
Volkogonov, Dimitrij Antonovic *81, 254, 277*
Volkov, Fedov Dimitrievic *82*
Volkov, Vladimir Konstantinovic *125, 266*
Voll, John O. *338*
Vollmer, C. D. *389*
Vollnhals, Clemens *170*
Volz, Heinz *161*
Volze, Armin *195*
Voronov, V.N. *255*
Vought, Donald B. *382*
Voznjuk, Vladimir Sidoroovic *52*

Vresnik, Drago *100*
Vukceviw, Slavko *100*
Vyver, J. D. van der *340*

W

Wade, Ashton *209*
Wagenlehner, Günther *157*
Waginska-Marzec, Maria *20*
Wagner, Christian *302*
Wagner, Hans *181*
Wagner, Helmut *171*
Wagner, Hilde *13*
Wagner, Jürgen *194*
Wagner, Wolfgang *123, 159*
Wahab Sayed-Ahmed, Muhammad Abd el- *379*
Wahls, Hans *172*
Wajnsztejn, Jacques *15*
Wakil, Abdul *301*
Wakman, Mohammad Amin *301*
Waldburg-Zeil, Rafael *52*
Waldron, Arthur *308*
Walendowski, Edmund *245*
Walker, Jack L. *200*
Walker, Mark *49, 181*
Walker, R. B. J. *20*
Walker, R. B. *18*
Walker, Richard L. *105*
Walkowiak, Tom *53*
Wall, Richard *68*
Wallander, Celeste A. *259*
Waller, Michael *126, 128*
Wallerstein, Immanuel *13, 331*
Wallner, R. *163*
Wallraf, Wolfram *126*
Wallraff, Günter *145*
Walsh, Edward J. *389*
Walston, James *221*
Walt, Stephen W. *385*
Walter, Franz *174*
Walter, John *45*
Walter, Nicolas *209, 365*
Walters, Brian *46*
Walther, Siegfried *195*
Walzl, August *235*
Wandycz, Piotr *244*
Wandycz, Piotr S. *203*

Wanka, Willi *292*
Ward, Alwyn *80*
Ward, Arthur *85*
Ward, Geoffrey, C. *367*
Ward, Sheila *207*
Ware, Alan *10*
Ware, L. B. *342*
Wark, Wesley K. *218, 356*
Warnock, John W. *58*
Wasburn, Philo C. *341*
Wasserstein, Bernard *42*
Wassini, Khiary S.T. *334*
Wassmund, Hans *267*
Watanabe, Ben *322*
Waterford, Helen *148*
Watt, Donald Cameron *81*
Wattenberg, Martin P. *373*
Watts, Max *383*
Wayne, Stephen, J. *372*
Wæver, Ole *123*
Weber, Christian *192*
Weber, Hermann *14, 198*
Weber, Wolfgang *33*
Webster, Alexander F. *49*
Wec, Józef Janusz *151*
Wedborn, Helena *61*
Weeks, Albert L. *259*
Weeramantry, C. G. *49*
Wegemund, Regina *337*
Weggel, Oskar *105, 193, 308, 323, 330*
Wegierski, Jerzy *92*
Wegner, Bernd *94, 181*
Wehler, Hans-Ulrich *172*
Wehner, Gerd *185*
Wehrli, Edmund *283*
Wehrmann, Volker *187*
Wehrschütz, Christian *194*
Wehrstedt, U. *36*
Wehry, G. A. M. *232*
Weichold, Jochen *13*
Weidenhammer, Karl-Heinz *150*
Weigel, George *64*
Weihs, Joachim *59*
Weilemann, Peter R. *159*
Weiler, Peter *217*
Weimann, Gabriel *15*
Weimann, Heinz *1*

W

Weinberg, Gerhard L. *73*
Weinberg, Leonard *15*
Weinberger, David *36*
Weiner, Myron. *62*
Weinrauch, James *315*
Weinstein, Martin *363*
Weinzierl, Erika *235, 238*
Weiß, Wolfgang *140*
Weiss, Anita M. *327*
Weiss, Kenneth G. *402*
Weiss, Seymour *382*
Weiss, Thomas G. *21*
Weiss, Thomas, G. *22*
Weisskirchen, Gert *20*
Welch, David A. *168, 396*
Welch, Jasper *51*
Welch, Thomas J. *59*
Welham, Michael G. *43, 270*
Welkerling, Wolfgang *142*
Well, Günther van *103*
Wells, Leon W. *5, 368*
Wells, Samuel F. *33*
Wendt, Bernd-Jürgen *175*
Wenzke, R. *291*
Werblan, Andrzej *126*
Werner, Horst *57*
Wernik, Romuald *83*
Werning, Rainer *324, 399*
Werrell, Kenneth P. *51*
Wertheimer, Jack *148*
Wessel, Harald *143*
Wessel, Karl Friedrich *19*
Wessels, Herbert *138*
Wessling, Berndt W. *144*
West, Dalton *400*
Westad, Odd Arne *110*
Westers, Marnix F. *231*
Westing, Arthur H. *18*
Westoby, Adam *14*
Westphal, Uwe *169*
Wette, Wolfram *80*
Wettern, Desmond *53*
Wettig, Gerhard *126, 259, 265, 269*
Wetzel, Juliane *88*
Wetzlaugk, Udo *189*
Wetzler, Peter *322*
Weyne, Olga *347*
Whalen, Jack *392*

Whealey, Robert H. *75*
Wheelock, Wade *310*
Whelan, James Robert *346*
White, Paul C. *44*
Whitley, Michael J. *163*
Whitmore, Mark Graham *52*
Wiarda, Howard J. *130, 379*
Wiarda, Ieda Siqueira *379*
Wiatr, Jerzy J. *245*
Wichmann, Ulrich *163, 215*
Wickbom, Jan *280*
Widmer, Albert *281*
Wiebes, Cess *33*
Wieczorek, Pawel *34, 245*
Wiedmer, Jo *51*
Wiegersma, Nancy A. *330*
Wieland, Günther *181*
Wiener, Ralph *181*
Wiesenthal, Simon *5*
Wieviorka, Annette *104*
Wieviorka, Michel *15*
Wiffen, Drusilla *203*
Wilamowitz-Moellendorff, Urlich von *128*
Wilbur, Clarence M. *308*
Wildgruber, Thomas *330*
Wilhelmus, Wolfgang *148*
Wilke, Manfred *151, 167*
Wilkenfeld, Jonathan *15*
Will, Gerhard *330*
Willenberg, Samuel *88*
Williams, William A. *392*
Williamson, Len *80*
Willis, Guy *53*
Willms, Bernard *132*
Wilson, Alfred J. *302*
Wilson, Amrit *342*
Wilson, Frank L. *201*
Wilson, Heather Ann *9*
Wilson, Jane S. *49*
Wilson, John B. *386*
Wilson, Michael *71*
Wilson, Peter A. *376*
Wilzewski, Jürgen *39*
Wimmer, Kurt *240*
Winckler, Lutz *205*
Windass, Stan *131*
Windrem, Robert *257*
Winham, Gilbert R. *382*

Winid, Boguslaw *381*
Winiecki, Jan *274*
Winkel, Udo *188*
Winner, David *279*
Winock, Michel *103*
Winogrodzki, Marian *90*
Winrow, Gareth M. *194*
Winter, Detlef *181*
Winter, Lothar *133*
Winterton, Jonathan *217*
Winton, Harold R. *214*
Wirtitsch, Manfred *236*
Wise, David *42, 365*
Wiseberg, Laurie S. *260*
Wisner, Henryk *244*
Wisskirchen, Josef *148*
Wistrich, Ernest *126*
Witkowski, Rafal *91*
Witzel, Dietrich F. *83*
Woerlee, M. G. *112*
Wojna, Ryszard *244*
Woldemikael, Tekle *389*
Wolf, D. *35*
Wolf, Daniel *330*
Wolf, Gottfried *143*
Wolf, Markus *190*
Wolf, Peter *151*
Wolf, Siegbert *142*
Wolinetz, Steven, P. *232*
Wolkogonow, D. *255*
Wollenberg, Jörg *12*
Woller, Hans *226*
Wolpin, Miles D. *120*
Woltersdorf, Hans Werner *89*
Wong, Loong *400*
Wood, Antony *399*
Woodard, Joseph K. *259*
Woodward, Joseph K. *272*
Woodward, Ralph Lee *346*
Woodward, Susan L. *228*
Wooley, Wesley T. *376*
Worden, James William *204*
Worden, Michael *388*
Worner, William *325*
Wörner-Waetzmann, Inge *145*
Woronoff, Jon *320*
Wosnessenskaja, Julia *146, 260*

Wrainwricht, William H. *107*
Wrangel, Olaf von *159*
Wróblewski, Jan *247*
Wulf, Herbert *160*
Wulff, Torgil *9*
Würdemann, Hermann *80*
Wyatt, J. R. *37*
Wyciechowska, Iwona *21*

X, Y, Z

Xylander, Marlen von *99*
Yacono, Xavier *112*
Yacoub, Joseph *115*
Yadav, Sanjay *301*
Yadav, Sanjay Singh *265, 327*
Yagil, Limore *204*
Yahuda, Michael B. *305*
Yamamoto, Keith R. *37*
Yenne, Bill *54*
Yérasimos, Stéphane *293*
Yershov, Stal *61*
York, Herbert *386*
Yorke, Valerie *117, 119*
Yost, David S. *29, 39*
Young, George *101*
Young, James Edward *5*
Young, John T. *15*
Young, John W. *211*
Young, Ronald J. *379*
Young, Thomas-Durell *122, 379*
Young, Whan Kihl *324*
Yudken, Joel S. *64*
Yüeh, Tai-yün *303*
Z (Pseud.) *260*
Zabih, Sepehr *315*

Zacharov, Matvej Vasil'evic *270*
Zacharov, Vasilij Georgievic *274*
Zafrullah Khan, Muhammad *65*
Zahl, Karl Friedrich *322*
Zak, Moshe *117*
Zakheim, S. *29*
Zaloga, Steven J. *270*
Zamojski, Jan E. *206*
Zaninovich, M. George *228*
Zank, Wolfgang *198*
Zaorskaja, Irina Jur'evna *277*
Zapantis, Andrew L. *98*
Zapata, Emiliano *358*
Zariski, Raphael *133*
Zartman, I. William *105*
Zattler, Jürgen *105*
Zavala Egas, Jorge *354*
Zeeman, Bert *33*
Zelenák, Stefan *125*
Zelinka, Fritz Felix *161*
Zellner, Wolfgang *31*
Zertal, Idith *5*
Zgórniak, Marian *91*
Zhai, Zhihai *107*
Ziebura, Gilbert *66*
Zieger, Gottfried *159*
Ziegler, Armin *187*
Zielbauer, György *295*
Ziem, Karlernst *110*
Ziemelis, Sigurds Vol'demarovic *279*
Zierer, Dietmar *165*
Zigalina, Ol'ga Ivanovna *314*

Zilin, P. A. *31*
Zilm, Franz-Rudolf *188*
Zimbalist, Andrew *395*
Zimmer, Matthias *150*
Zimmerman, Roy R. *64*
Zimmermann, Michael *146*
Zinnecker, Jürgen *166*
Zivkov, Todor *135*
Zivkoviw, Aleksandar *100*
Znamenskij, O. N. *276*
Znamierowska-Rakk, Elzbieta *136*
Zöbisch, R. *291*
Zöllner, Erich *240*
Zonik, Zygmund *88*
Zorrilla, Luis G. *358*
Zsifkovits, Valentin *7*
Zubek, Voytek *243*
Zuccarelli François *337*
Zucconi, Mario *119*
Zugbach, R. G. von *215*
Zuill, William S. *401*
Zukrowska, Katarzyna *33*
Zum Winkel, Detlef *169*
Zunda, Antonij Leonardovic *279*
ZurMühlen, Patrik von *182*
Zvada, Ján *18*
Zweig, Ronald W. *104, 318*
Zwerman, Gilda *371*
Zwirn, Jerrold *371*
Zyrjanov, Pavel Nikolaevic *254*
Zysman, John *132*